Margit Bentin, Jürgen Böker, Hartwig Brunn, Thomas Kreye, Birgit Mertens, Thomas Meyer, Karin Palmu, Klaus Richter, Siegfried Rothe, Dr. Dirk Scharf, Markus Schultheis, Horst Volke, Dieter Zimmer-Bentin

Handbuch

Büromanagement

2. Auflage

Bestellnummer 3503

Winklers
westermann

Die in diesem Produkt gemachten Angaben zu Unternehmen (Namen, Internet- und E-Mail-Adressen, Handelsregistereintragungen, Bankverbindungen, Steuer-, Telefon- und Faxnummern und alle weiteren Angaben) sind i. d. R. fiktiv, d. h., sie stehen in keinem Zusammenhang mit einem real existierenden Unternehmen in der dargestellten oder einer ähnlichen Form. Dies gilt auch für alle Kunden, Lieferanten und sonstigen Geschäftspartner der Unternehmen wie z. B. Kreditinstitute, Versicherungsunternehmen und andere Dienstleistungsunternehmen. Ausschließlich zum Zwecke der Authentizität werden die Namen real existierender Unternehmen und z. B. im Fall von Kreditinstituten auch deren IBANs und BICs verwendet.

Die in diesem Werk aufgeführten Internetadressen sind auf dem Stand zum Zeitpunkt der Drucklegung. Die ständige Aktualität der Adressen kann vonseiten des Verlages nicht gewährleistet werden. Darüber hinaus übernimmt der Verlag keine Verantwortung für die Inhalte dieser Seiten.

Druck: westermann druck GmbH, Braunschweig

service@winklers.de
www.winklers.de

Bildungshaus Schulbuchverlage Westermann Schroedel Diesterweg Schöningh Winklers GmbH, Postfach 33 20, 38023 Braunschweig

ISBN 978-3-8045-**3503**-9

EU-Mitgliedsstaaten

Belgien
30 500 km²
37.400,00 EUR / Jahr

Bulgarien
111 000 km²
6.600,00 EUR / Jahr

Dänemark
43 100 km²
48.400,00 EUR / Jahr

Deutschland
357 000 km²
38.000,00 EUR / Jahr

Estland
45 200 km²
15.900,00 EUR / Jahr

Finnland
338 100 km²
39.200,00 EUR / Jahr

Frankreich
544 000 km²
33.300,00 EUR / Jahr

Griechenland
132 000 km²
16.300,00 EUR / Jahr

Großbritannien
242 900 km²
36.100,00 EUR / Jahr

Irland
70 300 km²
58.800,00 EUR / Jahr

Italien
301 300 km²
27.600,00 EUR / Jahr

Lettland
64 600 km²
12.800,00 EUR / Jahr

Litauen
65 300 km²
13.500,00 EUR / Jahr

Luxemburg
2 590 km²
92.900,00 EUR / Jahr

Malta
316 km²
22.700,00 EUR / Jahr

Niederlande
41 500 km²
41.300,00 EUR / Jahr

Österreich
83 900 km²
40.000,00 EUR / Jahr

Polen
312 700 km²
11.000,00 EUR / Jahr

Portugal
92 300 km²
17.900,00 EUR / Jahr

Rumänien
238 400 km²
8.600,00 EUR / Jahr

Schweden
450 000 km²
46.600,00 EUR / Jahr

Slowakei
49 000 km²
14.900,00 EUR / Jahr

Slowenien
20 300 km²
19.300,00 EUR / Jahr

Spanien
504 800 km²
24.000,00 EUR / Jahr

Tschechien
78 900 km²
16.700,00 EUR / Jahr

Ungarn
93 000 km²
11.500,00 EUR / Jahr

Zypern
9 300 km²
21.000,00 EUR / Jahr

Kroatien
56 500 km²
11.000,00 EUR / Jahr

132 000 km² = Fläche 29.100,00 EUR = Bruttoinlandsprodukt je Einwohner (2016)

Vorwort

Das Handbuch Büromanagement ermöglicht **selbstständiges Arbeiten** im Unterricht und im Betrieb. Es setzt den Rahmenlehrplan des neuen Ausbildungsberufes unter besonderer Berücksichtigung der neu formulierten **Kompetenzanforderungen** konsequent um, indem **zu allen dreizehn Lernfeldern** die notwendigen Basisinformationen für schülerzentriertes Arbeiten bereitgestellt werden.

Das Handbuch Büromanagement legt nicht nur Wert auf die Vermittlung der notwendigen beruflichen **Fachkompetenz** in **Büro- und Geschäftsprozessen**, es fördert darüber hinaus auch in besonderem Maße die Vermittlung von **Selbst-** und **Sozialkompetenz**. Damit soll insbesondere der Forderung nach **selbstorganisiertem Lernen** und dem Gesichtspunkt des **lebenslangen Lernens** Rechnung getragen werden.

Dies wird durch ein eigenes **Methodenlexikon** unterstützt, das das Methodenrepertoire der Lernenden erweitert. So zeigt das Handbuch zum Beispiel auf, wie ein Protokoll zu erstellen bzw. ein Referat zu gliedern ist oder eine Betriebserkundung, ein Projekt oder eine Zukunftswerkstatt durchzuführen sind. Kommunikationsregeln, Informationen zur Teamarbeit, zu Präsentationstechniken und zu Lernstrategien erweitern gezielt das **Methodenrepertoire** der Kaufleute für Büromanagement.

Das innovative Lernkonzept des Handbuches berücksichtigt in ganz besonderer Weise die Bedeutung der **Strukturierung** und **Visualisierung** bei der Generierung von Lernprozessen, was sich bei der Erstellung jeder einzelnen Buchseite ablesbar niedergeschlagen hat.

Die Berücksichtigung einer Vielzahl von schülernahen praxisbezogenen **Beispielen** bei der Wissensvermittlung hilft, abstrakte Zusammenhänge anschaulich erkennen und verstehen zu können.

Das Handbuch Büromanagement weist einen **ganzheitlichen Ansatz** auf:

- Es verbindet **ökonomisches** und **ökologisches Wissen**, unterstützt das Organisieren, Koordinieren und Durchführen bürowirtschaftlicher und projektbezogener Abläufe, die Pflege von Kundenbeziehungen und entsprechender kommunikativer Gestaltung von Gesprächssituationen.
- Es unterstützt die Lernenden dabei, ihre **Arbeitsprozesse** im Büro **eigenverantwortlich** und effizient zu **planen** und zu **gestalten** sowie **gesundheitliche** und **rechtliche Aspekte** zu berücksichtigen.

Das Handbuch Büromanagement dient auch der Förderung von **Fremdsprachenkompetenz** und der Vermittlung von Grundlagenwissen in der **Textverarbeitung** und **Tabellenkalkulation**.

- Ausschnitte aus **Originalgesetzestexten** unterstützen den Umgang mit juristischen berufsbezogenen Fachtexten. Die Integration ökonomischer, ökologischer und rechtlicher Aspekte fördert gezielt **vernetztes Denken**.

Darüber hinaus kann das Handbuch Büromanagement zur Prüfungsvorbereitung und Weiterbildung genutzt werden.

Für Hinweise und Verbesserungsvorschläge sind Autoren und Verlag jederzeit aufgeschlossen und dankbar. Falls der Benutzer des Handbuches entscheidende Informationen vermisst, bittet das Autorenteam um eine entsprechende Nachricht per E-Mail: service@winklers.de

Notwendige Ergänzungen und Aktualisierungen (z. B. aufgrund von Gesetzesänderungen) findet der Benutzer des Handbuches unter der Internetadresse **www.winklers.de** direkt über die Bestellnummernsuche beim Handbuch (Bestellnummerneingabe: **3503**).

Braunschweig, Frühjahr 2018 *Autoren und Verlag*

Inhaltsüberblick

Inhalt

1 Die eigene Rolle im Betrieb mitgestalten und den Betrieb präsentieren

2 Büroprozesse gestalten und Arbeitsvorgänge organisieren

3 Aufträge bearbeiten

4 Sachgüter und Dienstleistungen beschaffen und Verträge schließen

Inhalt

17 Rahmenlehrplan Kaufmann und Kauffrau für Büromanagement

1 Die eigene Rolle im Betrieb mitgestalten und den Betrieb präsentieren

Im Lernfeld werden unterschiedliche **methodische Kompetenzen** benötigt, um den eigenen **Ausbildungsbetrieb präsentieren** zu können. Um dieses Ziel zu erreichen, sollten die folgenden Seiten aus den Kapiteln „Arbeitsmethoden/Gesetzestexte“ berücksichtigt werden:

- Internetrecherche S. 504
- Lernstrategien S. 499
- Arbeitstechniken S. 500
- Teamarbeit S. 498
- Präsentationsformen S. 468
- Präsentation von Gruppenarbeitsergebnissen S. 487
- Bewertung von Präsentationen S. 488
- Feedbackregeln S. 496

Vorstellung des Ausbildungsbetriebes *Presentation of the training company*

Zu Beginn der Berufsausbildung gilt es, den eigenen Ausbildungsbetrieb zu erkunden und seine Stellung in der Gesamtwirtschaft zu bestimmen. Jedes Unternehmen lässt sich durch ausgewählte Merkmale beschreiben und damit von anderen Unternehmen abgrenzen. Im Folgenden ist ein **Steckbrief** abgebildet, der es ermöglicht, den eigenen Ausbildungsbetrieb anhand verschiedener Merkmale zu charakterisieren. Es ist ohne Weiteres möglich, diesen Steckbrief durch weitere Merkmale zu ergänzen.

Steckbrief zum Vergleich von Ausbildungsbetrieben

Beispiel: Modellunternehmen OfficeCom KG

Merkmale

Gründungsjahr des Unternehmens	1968
Rechtsform	Kommanditgesellschaft (KG)
Internetadresse	www.officecomkg-wvd.de
Unternehmensstandort(e)	Braunschweig
Anzahl der Beschäftigten	302
Anteil von weiblichen Beschäftigten	32 %
Umsatz in €	12.666.060,00
Umsatzveränderung gegenüber Vorjahr	+ 3,7 %
Anteil des Auslandsumsatzes	32 %
Auslandsmärkte	Niederlande, Belgien, Frankreich, Dänemark
Gewinn in €	2.948.546,00
Gewinnveränderung gegenüber Vorjahr	+ 1,7 %
Produktionsprogramm	Schreibtische, Aktenschränke, Schreibtischsessel
Kundenzielgruppen	Facheinzel- und Großhandel, Versandhäuser
Tätigkeitsfelder von Kaufleuten für Büromanagement im Unternehmen	Kaufmännische Tätigkeiten in der Materialwirtschaft, im Marketingbereich, im Personalbereich, im Controlling, im Sekretariat
Aufstiegsmöglichkeiten von Kaufleuten für Büromanagement im Unternehmen	Projektleiter/-in, Abteilungsleiter/-in; Hauptabteilungsleiter/-in

Siehe dazu auch: Daten des Modellunternehmens S. 212, statistische Kennzahlen S. 259 ff.

Möchte man den eigenen Ausbildungsbetrieb mit Unternehmen der Region, mit wirtschaftlichen Daten des Bundeslandes oder des Gesamtstaates vergleichen, hilft eine Internetrecherche weiter (siehe dazu auch S. 504). Regionale Adressen können beispielsweise die Industrie- und Handelskammern (www.diht.de) sein. Weitere nützliche Quellen sind die entsprechenden Arbeitgeber- und Arbeitnehmerorganisationen: z. B. Bundesverband der Deutschen Industrie e. V. (BDI) und Deutscher Gewerkschaftsbund (DGB).

Methodische Hinweise

Um Steckbriefe von unterschiedlichen Unternehmen zu präsentieren, müssen methodische Gestaltungsregeln beachtet werden. Vgl. Kapitel 15.

Duales Ausbildungssystem in Deutschland *Dual system of education in Germany*

Die berufliche **Erstausbildung** der staatlich anerkannten Ausbildungsberufe im Sinne des **Berufsbildungsgesetzes (BBiG)** von 1969 bzw. 2005 findet in Form des **dualen Ausbildungssystems** statt. Die Ausbildung erfolgt dabei an **zwei Lernorten:**

Duales Ausbildungssystem

- Berufsschule
- Ausbildungsbetrieb

Das **BBiG** benennt Rechte und Pflichten der an der Ausbildung beteiligten Personen und Institutionen und beschreibt die Ordnung/Organisation der Berufsausbildung. § 5 des BBiG definiert als Grundlage einer ordnungsgemäßen Berufsausbildung die sogenannte **Ausbildungsordnung**:

§§ 4 und 5 – Ausbildungsordnung

§ 4 – Anerkennung von Ausbildungsberufen

(1) Als Grundlage für eine geordnete und einheitliche Berufsausbildung kann das Bundesministerium für Wirtschaft und Technologie oder das sonst zuständige Fachministerium im Einvernehmen mit dem Bundesministerium für Bildung und Forschung durch Rechtsverordnung, die nicht der Zustimmung des Bundesrates bedarf, Ausbildungsberufe staatlich anerkennen, die Anerkennung aufheben und hierfür Ausbildungsordnungen nach § 5 erlassen.
(2) Für einen anerkannten Ausbildungsberuf darf nur nach der Ausbildungsordnung ausgebildet werden.

§ 5 – Ausbildungsordnung

(1) Die Ausbildungsordnung hat festzulegen
1. die Bezeichnung des anerkannten Ausbildungsberufes,
2. die Ausbildungsdauer; sie soll nicht mehr als drei und nicht weniger als zwei Jahre betragen,
3. die beruflichen Fertigkeiten, Kenntnisse und Fähigkeiten, die mindestens Gegenstand der Berufsausbildung sind (Ausbildungsberufsbild),
4. eine Anleitung zur sachlichen und zeitlichen Gliederung der Vermittlung der beruflichen Fertigkeiten, Kenntnisse und Fähigkeiten (Ausbildungsrahmenplan),
5. die Prüfungsanforderungen.

Die „Verordnung über die Berufsausbildung zum Kaufmann für Büromanagement und zur Kauffrau für Büromanagement vom 11. Dez. 2013 (Bundesgesetzblatt Teil I, Nr. 72, S. 4125), regelt die Ausbildung dieses kaufmännischen Ausbildungsberufes.
Während der **Ausbildungsrahmenplan** verbindlich festlegt, was im Ausbildungsbetrieb zu vermitteln ist, wird im von der Kultusministerkonferenz (KMK) beschlossenen **Rahmenlehrplan** (siehe S. 540 ff.) für den **berufsbezogenen** Unterricht der Berufsschule definiert, was der Lernort Berufsschule im berufsbezogenen Bereich zu vermitteln hat. Rahmenlehrplan und Ausbildungsordnung des Bundes sind aufeinander abgestimmt (Rechtsgrundlage: „Gemeinsames Ergebnisprotokoll vom 30. Mai 1972“). Aufgrund von landesspezifischen Schulgesetzen erlassen die zuständigen Kultusministerien zusätzlich **Lehrpläne** für die sogenannten allgemeinbildenden Fächer (z. B. Deutsch).

Ausbildungsvertrag *Articles of apprenticeship*

Der Ausbildungsvertrag wird zwischen dem **Auszubildenden** und dem Ausbildenden geschlossen. Bei minderjährigen Auszubildenden muss ein Erziehungsberechtigter den Vertrag mit unterzeichnen. Der Ausbildende, der Inhaber des Ausbildungsbetriebes, kann **Ausbilder** im Betrieb beauftragen, die Berufsausbildung des Auszubildenden im Einzelnen zu gewährleisten. Der unterschriebene Ausbildungsvertrag wird der zuständigen **Industrie- und Handelskammer (IHK)** zur Prüfung vorgelegt und von ihr in das Verzeichnis der Berufsausbildungsverhältnisse eingetragen. Das **Berufsbildungsgesetz (BBiG)** regelt die Rechte und Pflichten von Auszubildenden und Ausbildenden.

vgl.: Hübscher, Heinrich u. a.: IT-Handbuch, IT-Systemkaufmann/-frau, Informatikkaufmann/-frau, 10. Aufl., Braunschweig 2017, S. 6

Rechte und Pflichten laut Berufsbildungsgesetz (BBiG)

Rights and duties according to the vocational training act

Pflichten des Auszubildenden (= Rechte des Ausbildenden)	Pflichten des Ausbildenden (= Rechte des Auszubildenden)

Der Auszubildende hat ...

- sich zu bemühen, die berufliche Handlungsfähigkeit zu erwerben, die erforderlich ist, um das Ausbildungsziel zu erreichen;
- die ihm im Rahmen seiner Berufsausbildung aufgetragenen Aufgaben sorgfältig auszuführen;
- am Berufsschulunterricht und an Prüfungen teilzunehmen;
- den Weisungen zu folgen, die ihm im Rahmen der Berufsausbildung von weisungsberechtigten Personen erteilt werden;
- die für die Ausbildungsstätte geltende Ordnung zu beachten;
- Werkzeug, Maschinen und sonstige Einrichtungen pfleglich zu behandeln;
- über Betriebs- und Geschäftsgeheimnisse Stillschweigen zu wahren;
- ein Berichtsheft zu führen.

Pflichten bei Ausübung einer Nebentätigkeit:
Grundsätzlich ist die Ausübung einer Nebentätigkeit zwar erlaubt, sie darf den Auszubildenden aber nicht so stark belasten, dass er seine vertraglichen Pflichten, insbesondere das Erreichen des Ausbildungszieles, nicht mehr erfüllen kann. Aus diesem Grund ist die Ausübung der Nebentätigkeit mit dem Ausbildenden abzustimmen.

Der Ausbildende hat ...

- mit dem Auszubildenden einen Berufsausbildungsvertrag zu schließen und ihn schriftlich niederzulegen;
- mit dem Auszubildenden eine Probezeit zu vereinbaren (mindestens einen Monat, höchstens vier Monate);
- dafür zu sorgen, dass dem Auszubildenden die berufliche Handlungsfähigkeit vermittelt wird, die zum Erreichen des Ausbildungszieles notwendig ist;
- die Ausbildung planmäßig durchzuführen;
- dem Auszubildenden kostenlos die notwendigen Ausbildungsmittel zur Verfügung zu stellen;
- den Auszubildenden zum Besuch der Berufsschule sowie zum Führen von Berichtsheften anzuhalten;
- dafür zu sorgen, dass der Auszubildende charakterlich gefördert sowie sittlich und körperlich nicht gefährdet wird;
- sicherzustellen, dass dem Auszubildenden nur Verrichtungen übertragen werden, die dem Ausbildungszweck dienen und seinen körperlichen Kräften angemessen sind;
- den Auszubildenden für die Teilnahme am Berufsschulunterricht und an Prüfungen freizustellen;
- dem Auszubildenden eine angemessene Vergütung zu gewähren; die Ausbildungsvergütung muss mindestens jährlich ansteigen;
- dem Auszubildenden bei Beendigung des Ausbildungsverhältnisses ein Zeugnis auszustellen.

Zusätzliche Rechte und Pflichten, wie z. B. Urlaubsansprüche, besondere Schutzrechte Jugendlicher, werden in weiteren Gesetzen geregelt.

aus: Hübscher, Heinrich u. a.: IT-Handbuch, IT-Systemkaufmann/-frau, Informatikkaufmann/-frau. 10. Aufl. Braunschweig: Westermann, 2017, S. 7.

Lebenslanges Lernen *Lifelong Learning*

Der rasche **technische Wandel** und die **Globalisierung** der Märkte führen dazu, dass die einmal erworbenen Qualifikationen rasch an Wert verlieren, man spricht in diesem Zusammenhang auch von der **„Halbwertzeit des Wissens“**, die immer geringer wird. Passt man sich dieser Entwicklung nicht schnell genug an, besteht letztlich die Gefahr, arbeitslos zu werden oder zumindest unattraktive Tätigkeiten ausführen zu müssen.

Die **Fortbildung** bezieht sich eher auf die Fortführung der beruflichen Ausbildung, die **Weiterbildung** umfasst darüber hinaus die generelle Ausweitung der eigenen Qualifikationen, unabhängig vom gewählten Beruf. Diese begriffliche Trennung wird häufig nicht mehr benutzt. Stattdessen unterscheidet man z. B. die

- **Anpassungsfortbildung** (z. B. Anpassung an technischen Fortschritt)
- **Aufstiegsfortbildung** (Vorbereitung auf höherwertige Aufgaben)
- **Ergänzungsfortbildung** (Weiterbildung)

Laut § 1 Absatz 4 des **BBiG** soll die berufliche Fortbildung „es ermöglichen, die berufliche Handlungsfähigkeit zu erhalten und anzupassen oder zu erweitern und beruflich aufzusteigen“. Die klare Trennung zwischen Fort- und Weiterbildung verliert auch ihre Bedeutung durch die Diskussion um den Erwerb von **Schlüsselqualifikationen** (z. B. Team- und Kommunikationsfähigkeit) während der Berufserstausbildung. Diese Schlüsselqualifikationen sollen den Arbeitnehmer frühzeitig und umfassend auf die Veränderung in Wirtschaft und Gesellschaft vorbereiten. In der modernen Berufsausbildung wird deswegen nicht nur Wert auf **Fachkompetenz** gelegt, ebenso wichtig sind beispielsweise **Methoden-** und **Sozialkompetenz**.

Kündigungsrecht laut BBiG *Right to Give Notice According to the Vocational Training Act*

- Voraussetzungen, unter denen der Berufausbildungsvertrag gekündigt werden kann, sind in die Vertragsniederschrift aufzunehmen (**§ 11**);
- Während der Probezeit kann das Berufsausbildungsverhältnis jederzeit ohne Einhalten einer Kündigungsfrist gekündigt werden (**§ 22 Abs. 1**);
- Nach der Probezeit kann das Berufsausbildungsverhältnis nur gekündigt werden
  1. aus einem wichtigen Grund ohne Einhalten einer Kündigungsfrist,
  2. von Auszubildenden mit einer Kündigungsfrist von vier Wochen, wenn sie die Berufsausbildung aufgeben oder sich für eine andere Berufstätigkeit ausbilden lassen wollen (**§ 22 Abs. 2**);
- Die Kündigung muss schriftlich erfolgen (**§ 22 Abs. 3**);
- Wird das Berufsausbildungsverhältnis nach der Probezeit vorzeitig gelöst, kann der Auszubildende oder der Ausbildende unter Umständen schadensersatzpflichtig werden. Dies gilt nicht im Falle des **§ 22 Abs. 2 Nr. 2**.

Wichtige Gesetze zum Arbeits- und Tarifrecht *Important labour and industrial relations laws*

Gesetz	Abkürzung
Gesetz zum Schutz der arbeitenden Jugend (Jugendarbeitsschutzgesetz) – siehe S. 15 und 513 ff.	JArbSchG
Arbeitsschutzgesetz	ArbSchG
Mindesturlaubsgesetz für Arbeitnehmer (Bundesurlaubsgesetz)	BundUrlG
Kündigungsschutzgesetz	KSchG
Gesetz zum Schutze der erwerbstätigen Mutter (Mutterschutzgesetz)	MuSchG
Tarifvertragsgesetz	TVG
Arbeitszeitgesetz	ArbZG
Gesetz über die Drittelbeteiligung der Arbeitnehmer im Aufsichtsrat	DrittelbG
Betriebsverfassungsgesetz	BetrVerfG
Gesetz über die Mitbestimmung der Arbeitnehmer (Mitbestimmungsgesetz)	MitbestG
Gesetz zum Schutz vor Missbrauch personenbezogener Daten (Bundesdatenschutzgesetz)	BDSG
Bürgerliches Gesetzbuch – siehe S. 516 ff.	BGB
Allgemeines Gleichbehandlungsgesetz	AGG

Jugendarbeitsschutzgesetz (JArbSchG)

Geltungsbereich des Gesetzes

- Das Gesetz schützt **Kinder** (Personen unter 15 Jahren) und **Jugendliche** (Personen ab 15 Jahren, aber noch unter 18 Jahren), die sich in der Berufsausbildung befinden oder in einem Beschäftigungsverhältnis als Arbeitnehmer oder Heimarbeiter tätig sind (§ 1).
- Auf Jugendliche, die der Vollzeitschulpflicht unterliegen, finden die für Kinder geltenden Vorschriften Anwendung (§ 2).

Arbeitszeit/Pausen/Schichtzeit/Nachtruhe

- Jugendliche dürfen nicht mehr als 8 Std. täglich und nicht mehr als 40 Std. wöchentlich beschäftigt werden.
- Wird die Arbeitszeit an einzelnen Werktagen verkürzt, kann die Arbeitszeit an anderen Tagen auf maximal 8,5 Stunden verlängert werden (§ 8).
- Die Pausenzeiten gelten nicht als Arbeitszeit (Ausnahme: Schichtzeit). Als Arbeitspause gilt nur eine Arbeitsunterbrechung von mindestens 15 Minuten (§ 11).
- Jugendliche dürfen nach Beendigung der täglichen Arbeitszeit nicht vor Ablauf einer ununterbrochenen Freizeit von mindestens 12 Stunden beschäftigt werden (§ 13).
- Bei Jugendlichen darf die Schichtzeit prinzipiell 10 Stunden nicht überschreiten.
- Ausnahmen: im Bergbau unter Tage: max. 8 Stunden, im Gaststättengewerbe, in der Landwirtschaft, in der Tierhaltung, auf Bau- und Montagestellen: max. 11 Stunden.
- Schichtzeit ist die tägliche Arbeitszeit unter Hinzurechnung der Ruhepausen (§ 4).
- Jugendliche dürfen prinzipiell nur zwischen 6 und 20 Uhr beschäftigt werden (§ 14).
- Ausnahmen bei Jugendlichen über 16 Jahren:
  - im Gaststätten- und Schaustellergewerbe bis 22 Uhr
  - in mehrschichtigen Betrieben bis 23 Uhr
  - in Bäckereien und Konditoreien ab 5 Uhr
  - in der Landwirtschaft ab 5 Uhr oder bis 21 Uhr

Fünftagewoche/Wochenendarbeit/Feiertagsruhe

- Jugendliche dürfen nur an 5 Tagen in der Woche beschäftigt werden. Die beiden wöchentlichen Ruhetage sollen nach Möglichkeit aufeinanderfolgen (§ 15).
- An Samstagen und Sonntagen dürfen Jugendliche prinzipiell nicht beschäftigt werden (§§ 16, 17).
- Zulässige Ausnahmen sind zum Beispiel:
  - in offenen Verkaufsstellen (Sa.)
  - in Krankenanstalten (Sa., So.)
  - in Bäckereien und Konditoreien (Sa.)
  - in der Landwirtschaft (Sa., So.)
- Am 24. und 31. Dezember nach 14 Uhr und an gesetzlichen Feiertagen dürfen Jugendliche nicht beschäftigt werden (§ 18); Ausnahmen sind in § 18 Abs. 2 geregelt.

Urlaub

- Der bezahlte Erholungsurlaub beträgt laut § 19 jährlich …
  1. mindestens 30 Werktage, wenn der Jugendliche zu Beginn des Kalenderjahres noch nicht 16 Jahre alt ist,
  2. mindestens 27 Werktage, wenn der Jugendliche zu Beginn des Kalenderjahres noch nicht 17 Jahre alt ist,
  3. mindestens 25 Werktage, wenn der Jugendliche zu Beginn des Kalenderjahres noch nicht 18 Jahre alt ist.
- Der Urlaub soll Berufsschülern in der Zeit der Schulferien gegeben werden. Soweit er nicht in den Schulferien gegeben wird, ist für jeden Berufsschultag, an dem die Berufsschule während des Urlaubs besucht wird, ein weiterer Urlaubstag zu gewähren.

Berufsschulunterricht

- Der Arbeitgeber muss den Jugendlichen für die Teilnahme am Berufsschulunterricht, an Prüfungen und außerbetrieblichen Ausbildungsmaßnahmen freistellen. Am Arbeitstag vor der schriftlichen Abschlussprüfung ist der Jugendliche außerdem freizustellen (§§ 9 – 10).

Gefährliche Arbeiten

- Jugendliche dürfen keine Arbeiten ausführen, die ihre physische oder psychische Leistungsfähigkeit übersteigen, die ihre Gesundheit gefährden oder bei denen sie sittlich gefährdet werden (§ 22).

Jugend- und Auszubildendenvertretung (JAV) *Youth and trainees' representatives*

1

Rechtsgrundlage

Betriebsverfassungsgesetz §§ 60–71

Wahlen

Alle **zwei** Jahre in der Zeit vom 1. Okt. bis 30. Nov. (§ 64)

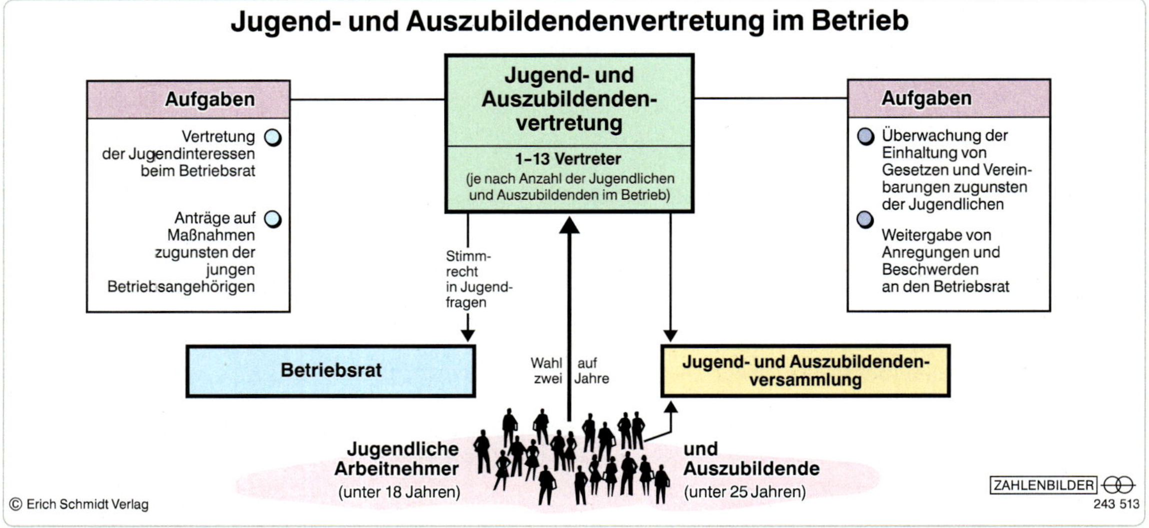

Betriebsrat *Works council*

Rechtsgrundlage und Wahlen

- **Rechtsgrundlage:** § 1 ff. Betriebsverfassungsgesetz (BetrVerfG)
- **Amtszeit:** alle **vier** Jahre in der Zeit vom 1. März bis 31. Mai (§ 13)
- **Wahlberechtigte:** alle Arbeitnehmer, die das 18. Lebensjahr vollendet haben (§ 7)
- **Wählbarkeit:** alle Wahlberechtigten, die 6 Monate dem Betrieb angehören (§ 8)

Errichtung von Betriebsräten

In Betrieben mit i. d. R. mindestens 5 ständigen wahlberechtigten Arbeitnehmern, von denen 3 wählbar sind, werden Betriebsräte gewählt (§ 1). Leitende Angestellte sind nach § 5 nicht wahlberechtigt.

Allgemeine Aufgaben des Betriebsrates

- Überwachung der Einhaltung von Gesetzen, Unfallverhütungsvorschriften, Tarifverträgen und Betriebsvereinbarungen
- Beantragung von Maßnahmen, die dem Betrieb und der Belegschaft dienen, beim Arbeitgeber
- Förderung der Durchsetzung der tatsächlichen Gleichstellung von Frauen und Männern sowie der Vereinbarung von Familie und Erwerbstätigkeit
- Weiterleitung und Unterstützung der Anregungen von Arbeitnehmern und Jugendvertretern
- Förderung der Eingliederung Schwerbehinderter
- Vorbereitung und Durchführung der Wahl einer Jugend- und Auszubildendenvertretung
- Förderung der Beschäftigung älterer Arbeitnehmer
- Förderung der Integration ausländischer Arbeitnehmer im Betrieb (§ 80)
- Förderung und Sicherung der Beschäftigung im Betrieb
- Förderung von Maßnahmen des Arbeitsschutzes und des betrieblichen Umweltschutzes (§ 80)

Stellung des Betriebsrates

Der Betriebsrat arbeitet unter Beachtung der geltenden Tarifverträge vertrauensvoll zum Wohl der Arbeitnehmer und des Betriebes mit dem Arbeitgeber zusammen (§ 2).

Betriebsrat

Works council

Rechte des Betriebsrates

... in wirtschaftlichen Angelegenheiten	... in personellen Angelegenheiten	... in sozialen Angelegenheiten
Beispiele: ▪ Unterrichtung über wirtschaftliche und finanzielle Lage des Unternehmens (§ 106) ▪ Kenntnis von Rationalisierungsvorhaben und Investitionsprogrammen (§ 106)	*Beispiele:* ▪ Erstellung von Personalfragebogen (§ 94) ▪ Unterrichtung bei Einstellungen, Umgruppierungen und Versetzungen (§ 99)	*Beispiele:* ▪ Mitentscheidung über Arbeitszeit, Pausenregelung und Urlaubsplanung (§ 87) ▪ Mitbestimmung bei Kündigungen (§ 102)

In **wirtschaftlichen** und **personellen** Angelegenheiten hat der Betriebsrat in der Regel ein **Mitwirkungsrecht,** in **sozialen** Angelegenheiten ein **Mitbestimmungsrecht** (Betriebsrat wird nicht nur informiert oder angehört, er hat auch mitzuentscheiden).

Laufende Tätigkeit des Betriebsrates

Betriebsratssitzungen und **Sprechstunden** des Betriebsrates finden in der Regel während der Arbeitszeit statt (§§ 30, 39).
Der Betriebsrat kann mit dem Arbeitgeber **Betriebsvereinbarungen** beschließen (z. B. über Errichtung von Sozialeinrichtungen) (§ 88).

Betriebsversammlungen sind vom Betriebsrat in jedem Kalendervierteljahr einzuberufen. Der Betriebsrat hat in der Betriebsversammlung einen Tätigkeitsbericht zu erstatten (§ 43). Der Betriebsrat hat bezüglich Betriebs- und Geschäftsgeheimnissen **Geheimhaltungspflicht** (§ 79).

Zahl der Betriebsratsmitglieder

Anzahl der Betriebsräte	bei Zahl der wahlberechtigten Arbeitnehmer im Unternehmen (§ 9)	Zahl der von beruflicher Tätigkeit freigestellten Betriebsräte	bei Zahl der wahlberechtigten Arbeitnehmer im Unternehmen (§ 38)
1	5 – 20	1	200 – 500
3	21 – 50	2	501 – 900
5	51 – 100	3	900 – 1 500
7	101 – 200	4	1 501 – 2 000
9	201 – 400	5	2 001 – 3 000
11	401 – 700	6	3 001 – 4 000
13	701 – 1 000	7	4 001 – 5 000
15	1 001 – 1 500	8	5 001 – 6 000
17	1 501 – 2 000	9	6 001 – 7 000
19	2 001 – 2 500	10	7 001 – 8 000
21	2 501 – 3 000	11	8 001 – 9 000
23	3 001 – 3 500	12	9 001 – 10 000
25	3 501 – 4 000	+1	+2 000
27	4 001 – 4 500		
29	4 501 – 5 000		
31	5 001 – 5 500		
33	6 001 – 7 000		
35	7 001 – 9 000		
+2	+3 000		

- Männer und Frauen müssen entsprechend ihrem zahlenmäßigen Verhältnis im Betriebsrat vertreten sein, wenn dieser aus mindestens drei Mitgliedern besteht.
- Die Mitglieder des Betriebsrats sowie die Jugend- und Auszubildendenvertreter sind nach § 15 Abs. 1 KSchG während ihrer Amtszeit und ein Jahr danach **unkündbar**.

Tarifvertragsrecht

Law governing collective bargaining

Tarifautonomie

Das Recht der Tarifvertragsparteien, Tarifverträge ohne Einflussnahme des Staates frei aushandeln zu dürfen (**Tarifautonomie**), ist im Artikel 9 Absatz 3 **Grundgesetz** abgesichert: „*Das Recht, zur Wahrung und Förderung der Arbeits- und Wirtschaftsbedingungen Vereinigungen zu bilden, ist für jedermann und für alle Berufe gewährleistet. Abreden, die dieses Recht einschränken oder zu behindern suchen, sind nichtig, hierauf gerichtete Maßnahmen sind rechtswidrig.*" Näheres regelt das **Tarifvertragsgesetz**. Die Tarifvertragsparteien werden auch als **Sozialpartner** bezeichnet.

Tarifvertragsparteien

1. Möglichkeit:

Arbeitgeberverband ◄── **Branchentarifvertrag** ──► **Gewerkschaft**

Die Interessenvertretungen von Arbeitgebern und Arbeitnehmern handeln **Branchentarifverträge** (z. B. für die Metall verarbeitende Industrie) für einen bestimmten Tarifbezirk (z. B. ein Bundesland) in Form von **Flächentarifverträgen** aus.

2. Möglichkeit:

Arbeitgeber ◄── **Haustarifvertrag** ──► **Gewerkschaft**

Die Gewerkschaft handelt mit einem großen Arbeitgeber (z. B. einem Konzern) einen **Haustarifvertrag** aus. Er gilt nur für dieses Unternehmen.

Ablauf von Tarifvertragsverhandlungen

Jede Gewerkschaft ist rechtlich frei, die genauen Bestimmungen zur Durchführung einer Urabstimmung festzulegen (z. B. den Mindestzustimmungsprozentsatz von zurzeit 75 %) oder ein Schlichtungsverfahren vorzusehen.

Gründe für Tarifverträge

- Beide Vertragsparteien erhoffen sich mehr Macht, um die eigenen Interessen durchzusetzen („Einigkeit macht stark").
- Ökonomisch sind Tarifverträge sinnvoll, da Einzelverhandlungen zwischen einzelnen Arbeitgebern und -nehmern unnötig Zeit und Geld kosten würden.
- Arbeitgeber und -nehmer können langfristig planen, da während der Dauer eines Tarifvertrages **„Friedenspflicht"** (Verbot von Arbeitskampfmaßnahmen) besteht. Produktionsausfälle werden so vermieden, was sich auch volkswirtschaftlich positiv auswirkt.
- Die Aushandlung und der Abschluss von Tarifverträgen führen zur politischen Stabilisierung des Staates. Demokratische Spielregeln (zum Beispiel die Urabstimmung) werden durch das Verfahren von Tarifvertragsverhandlungen eingeübt und verfestigen sich im Bewusstsein der Bürger.

350318

Tarifvertragsrecht

Law governing collective bargaining

Schlichtungsverfahren

Wird zwischen Gewerkschaft und Arbeitgeberverband ein sogenanntes **Schlichtungsverfahren** vereinbart, um harte Tarifauseinandersetzungen zu verhindern, schlägt ein neutraler Schlichter, der von beiden Tarifvertragsparteien akzeptiert wird (z. B. ein ehemaliger Bundesminister), eine Tariflösung vor. Gewerkschaft wie auch Arbeitgeberverband sind allerdings nicht an diesen **Schlichterspruch** gebunden, sie können trotzdem ihre „Kampfmittel" einsetzen. Der politische Druck der Öffentlichkeit (z. B. über Massenmedien) und der Regierung führen aber in der Regel zu einer Übernahme des Schlichterspruchs.

Streik und Aussperrung

Die Gewerkschaft ruft einen **Streik** aus, um ihre Tarifforderungen durchzusetzen. Die Gewerkschaftsmitglieder erhalten für diese Zeit des Verdienstausfalls ein sogenanntes Streikgeld von ihrer Gewerkschaft, das sie vorher durch ihre Beitragszahlungen angespart haben. Umfangreiche Streiks reduzieren die angesammelten Beiträge, die Streikkasse droht leer zu werden. Bei den Arbeitgebern führen die Streiks unter Umständen zum Produktionsstillstand und damit zu Umsatz- und Gewinnausfällen. Dieser enorme **wirtschaftliche Druck** auf beide Tarifvertragsparteien ist aber gewollt – nur dadurch kommt eine Tarifeinigung zustande. Damit die Antwort des Arbeitgeberverbandes auf den Streik – die **Aussperrung** – nicht zu einem sofortigen Zusammenbruch der Streikkasse der Gewerkschaft führt, sind Aussperrungen im Umfang rechtlich begrenzt – es geht darum, dass keine der beiden Seiten ein Übergewicht erhält. Man spricht vom **Grundsatz der Verhältnismäßigkeit** (Übermaßverbot).

Streikarten

Warnstreik	Diese Streikart dient in der Regel in der ersten Verhandlungsphase zur Untermauerung der Gewerkschaftsforderungen; er umfasst nur relativ wenige Arbeitnehmer und wird nur für kurze Zeit durchgeführt.
Flächenstreik	Unternehmen werden „in der Fläche" bestreikt, z. B. im gesamten Tarifbezirk.
Schwerpunktstreik	Nur ausgewählte Unternehmen (z. B. Zulieferbetriebe) oder sogar nur bestimmte Abteilungen werden bestreikt. Diese Streikart ist für die Gewerkschaft kostengünstig, verspricht aber hohen Erfolg.
politischer Streik	Diese Streikart verfolgt rein politische Zwecke und ist durch Art. 9 Abs. 3 des **Grundgesetzes** nicht geschützt. Er kann allenfalls als letztes Mittel dienen, um die verfassungsmäßige Ordnung zu erhalten im Sinne des **Widerstandsrechts** laut Art. 20 Abs. 4 des Grundgesetzes: *„Gegen jeden, der es unternimmt, diese Ordnung zu beseitigen, haben alle Deutschen das Recht zum Widerstand, wenn andere Abhilfe nicht möglich ist."*

Arten von Tarifverträgen

- **Lohn- bzw. Gehaltstarifvertrag:**
  regelt die Höhe des Arbeitsentgelts in der Regel für ein oder zwei Jahre.
- **Mantel- bzw. Rahmentarifvertrag:**
  „ummantelt" den Lohn- bzw. Gehaltstarifvertrag durch die Festlegung bestimmter Rahmenbedingungen, wie z. B. Arbeitszeit, Urlaubsregelung, Lohngruppeneinteilung. Er hat in der Regel eine mehrjährige Laufzeit.

Geltung von Tarifverträgen

Tarifverträge gelten prinzipiell nur für die **Arbeitnehmer**, die Mitglied der Gewerkschaft sind, und für **Arbeitgeber**, die Mitglied des Arbeitgeberverbandes sind. Ist zwar der Arbeitnehmer Mitglied der Gewerkschaft, der Arbeitgeber aber nicht Mitglied des Arbeitgeberverbandes, muss der Arbeitgeber nicht das Tarifentgelt zahlen. Arbeitnehmer, die kein Gewerkschaftsmitglied sind, erhalten von ihrem im Arbeitgeberverband organisierten Arbeitgeber trotzdem das zwischen den Tarifvertragsparteien vereinbarte Tarifentgelt. Im anderen Falle würden die nicht organisierten Arbeitnehmer in die Gewerkschaft eintreten und deren Verhandlungsposition verbessern, was nicht im Interesse des Arbeitgebers sein kann.

Unter besonderen Umständen (z. B. bei Wettbewerbsverzerrungen) kann der Bundesminister für Arbeit und Soziales einen Tarifvertrag für **allgemein verbindlich** erklären, das heißt, er gilt für alle Arbeitnehmer und Arbeitgeber eines Tarifbezirks – unabhängig von ihrer Zugehörigkeit zu einem Interessenverband.

Mitbestimmung *Co-determination*

Individual- und Kollektivrechte

Neben **individuellen** Rechten des Arbeitnehmers, die sich aus seinem Arbeitsvertrag und seinen individuellen Rechten laut §§8–84 des Betriebsverfassungsgesetzes (z.B. Recht auf Einsicht in die Personalakte) ergeben, kann der Arbeitnehmer **Kollektivrechte** durch besondere Organe ausüben (z.B. Betriebsrat handelt Betriebsvereinbarung aus). Das wird zum Beispiel bei **Betriebsänderungen** notwendig: Bei Betriebsänderungen hat der Arbeitgeber bei Unternehmen mit in der Regel mehr als 20 wahlberechtigten Arbeitnehmern laut § 111 bzw. § 112 den Betriebsrat über geplante Betriebsänderungen, die für Arbeitnehmer nachteilig sein könnten, zu informieren und mit dem Betriebsrat diese Änderungen zu beraten. Denkbar ist z.B. bei einem Zusammenschluss mit anderen Betrieben die Erstellung eines Sozialplans für zu entlassende Arbeitnehmer.

Betriebliche Mitbestimmung (Überblick)

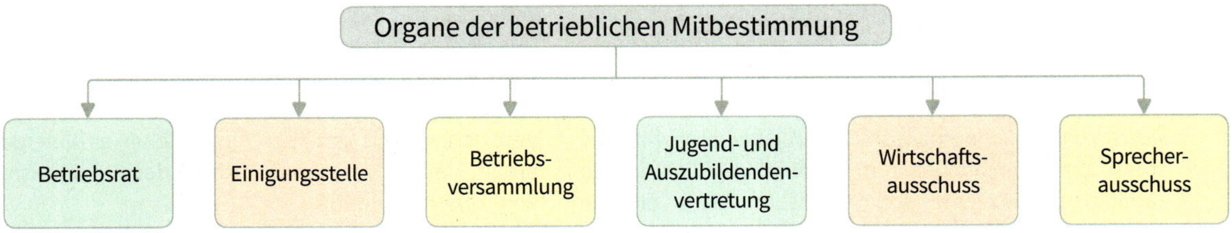

Betriebsrat und **Jugend- und Auszubildendenvertretung** siehe S. 16 f.

Betriebsversammlung (§§ 42 ff. BetrVerfG)

Betriebsversammlungen sind vom Betriebsrat in jedem Kalendervierteljahr einzuberufen. Vor den versammelten Arbeitnehmern erstattet der Betriebsrat seinen Tätigkeitsbericht. Der Arbeitgeber ist einzuladen, da er vierteljährlich über die wirtschaftliche Lage und über das Personal- und Sozialwesen zu berichten hat.

Betriebsausschuss (§ 27 BetrVerfG)

Besteht ein Betriebsrat aus mindestens neun Mitgliedern, wird ein Betriebsausschuss gebildet, der die laufenden Geschäfte des Betriebsrates führt. Der Betriebsrat kann dem Betriebsausschuss mit der Stimmenmehrheit seiner Mitglieder Aufgaben zur selbstständigen Erledigung übertragen; dies gilt nicht für den Abschluss von Betriebsvereinbarungen.

Einigungsstelle (§ 76 BetrVerfG)

Sie dient zur Beilegung von Meinungsverschiedenheiten zwischen Arbeitgeber und Betriebsrat. Die Einigungsstelle besteht aus einer gleichen Anzahl von Beisitzern, die vom Arbeitgeber und dem Betriebsrat bestellt werden, sowie einem unparteiischen Vorsitzenden, der von beiden Seiten bestimmt wird. Beschlüsse werden mit einfacher Mehrheit gefasst. Durch eine Betriebsvereinbarung kann eine ständige Einigungsstelle errichtet werden.

Wirtschaftsausschuss (§§ 106 ff. BetrVerfG)

In Unternehmen mit mehr als 100 ständig beschäftigten Arbeitnehmern ist ein Wirtschaftsausschuss zu bilden. Er hat die Aufgabe, wirtschaftliche Angelegenheiten mit dem Arbeitgeber zu beraten und den Betriebsrat zu informieren.

Der Wirtschaftsausschuss besteht aus mindestens drei und höchstens sieben Mitgliedern, die vom Betriebsrat bestimmt werden. Dieses Organ soll monatlich einmal zusammentreten.

Der Arbeitgeber hat den Wirtschaftsausschuss rechtzeitig und umfassend über die wirtschaftlichen Angelegenheiten des Unternehmens unter Vorlage der erforderlichen Unterlagen zu unterrichten.

Sprecherausschuss (§§ 1 ff. SprAuG)

In Unternehmen mit in der Regel mindestens zehn leitenden Angestellten werden Sprecherausschüsse der leitenden Angestellten gewählt. Der Sprecherausschuss soll mit dem Arbeitgeber vertrauensvoll zusammenarbeiten und vertritt die besonderen Interessen der leitenden Angestellten.

Grundlagen des Wirtschaftens *Basics of economic behaviour*

Gesellschaftliche Einbindung des Betriebes

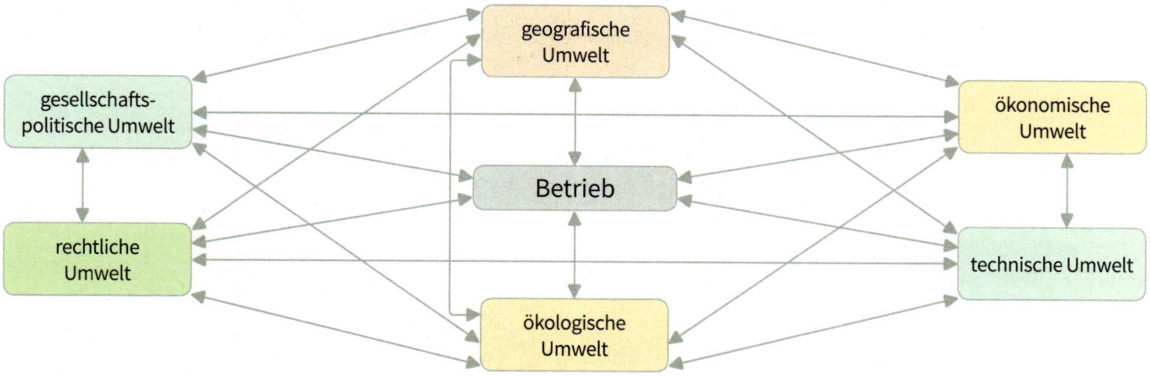

aus: Koppelmann, Udo: Beschaffungsmarketing, 4. Auflage. Berlin, Heidelberg, New York: Springer Verlag 2004, S. 87.

Unternehmen als Adressaten unterschiedlicher Ansprüche

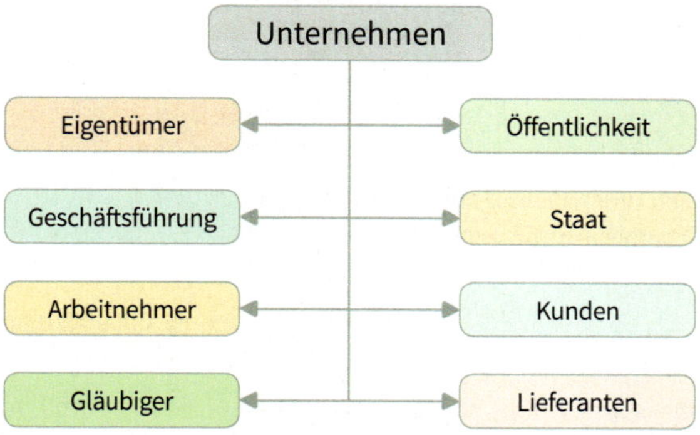

Im Vordergrund unternehmerischen Handelns stehen …

- bei Verfolgung des **Shareholder-Konzepts allein** die Ansprüche der Anteilseigner (Shareholder),
- bei Verfolgung des **Stakeholder-Konzepts** die Ansprüche **aller** Anspruchsgruppen (Stakeholder). (Zu möglichen Ansprüchen siehe rechts.)

vgl.: Struwe, Jochen: Kursbuch Betriebswirtschaftslehre, Frankfurt a. M. 1994, S. 30

Interessenten/ Stakeholder	Anspruch
Eigentümer (Shareholder)	■ Vermögenssicherung ■ Vermögensmehrung ■ Einkommensmaximierung ■ Macht und Prestige
Geschäftsführung	■ Einkommenserzielung ■ Arbeitsplatzsicherung ■ Macht und Prestige
Arbeitnehmer	■ Arbeitsplatzsicherheit ■ Einkommenserzielung ■ humane Arbeitsbedingungen
Gläubiger	■ Verzinsung des Fremdkapitals ■ Absicherung der Kapitaltilgung ■ künftige Geschäftssicherung
Öffentlichkeit	■ Anpassung an das Umfeld ■ Schonung der Umwelt ■ positiver Wertschöpfungsbeitrag
Staat	■ Sicherung der Abgaben ■ Beachtung staatlicher Ziele
Kunden	■ bedarfsgerechte Angebote
Lieferanten	■ rentable Absatzmöglichkeiten ■ Ausweitung des Geschäfts

Betrieb und Unternehmen

Betrieb:

Der Betrieb kann als planvoll organisierte Wirtschaftseinheit bezeichnet werden, in der Sachgüter und Dienstleistungen durch Kombination der Produktionsfaktoren unter Beachtung des Wirtschaftlichkeitsprinzips erstellt und abgesetzt werden, **unabhängig** vom Wirtschaftssystem.

Anm.: In der Fachliteratur werden die Begriffe „Betrieb“ und „Unternehmen“ z. T. unterschiedlich definiert.

Unternehmen:

= Betrieb des marktwirtschaftlichen Wirtschaftssystems, der gekennzeichnet ist durch
- selbstständige, autonome Bestimmung seines Wirtschaftsplanes,
- Verfolgung des erwerbswirtschaftlichen Prinzips (Gewinnmaximierung).

Der Begriff Betrieb ist hier weiter gefasst als der Begriff Unternehmen.

Güter- und Finanzbewegungen eines Industriebetriebes

The flow of goods and money in a business enterprise

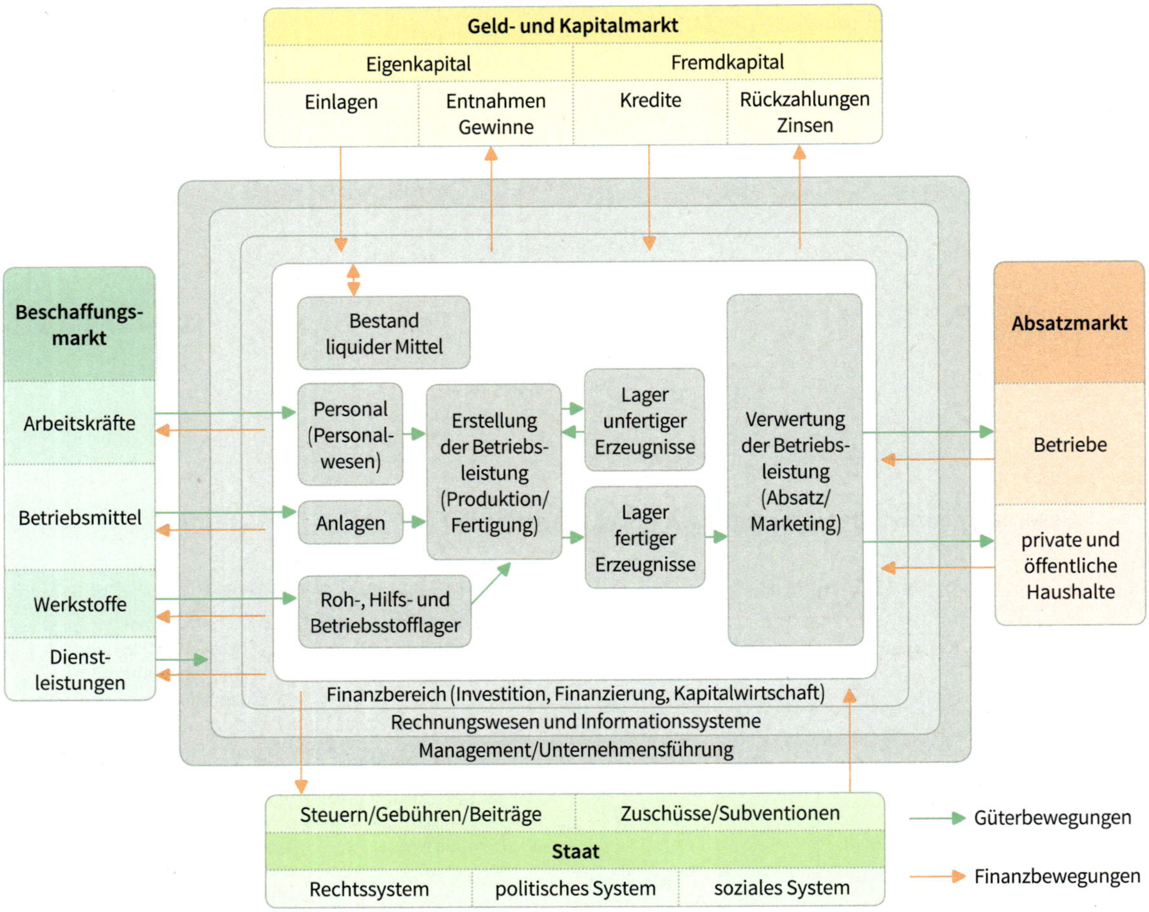

Nach Günter Wöhe, vgl. Brockhaus Enzyklopädie in 24 Bänden, Dritter Band, 19. Aufl., Mannheim 1987, S. 231

Die realen betriebswirtschaftlichen Prozesse eines Unternehmens, die sich in Güter- und Finanzbewegungen widerspiegeln, werden mithilfe der Finanzbuchhaltung (siehe S. 227 ff.) **zahlenmäßig abgebildet.** Dabei handelt es sich einerseits um **innerbetriebliche Prozesse,** wie z. B. die Zahlung von Löhnen. Andererseits werden auch die **Beziehungen nach außen** zu anderen Wirtschaftssubjekten, wie z. B. zu Kunden (Warenverkäufe), Lieferanten (Waren- und Werkstoffeinkäufe), Banken (Kreditaufnahme) zahlenmäßig dargestellt. Aufgabe der Finanzbuchhaltung ist es, die sich in Verbindung mit den Geschäftsprozessen ergebenden **Werteströme** zu erfassen.

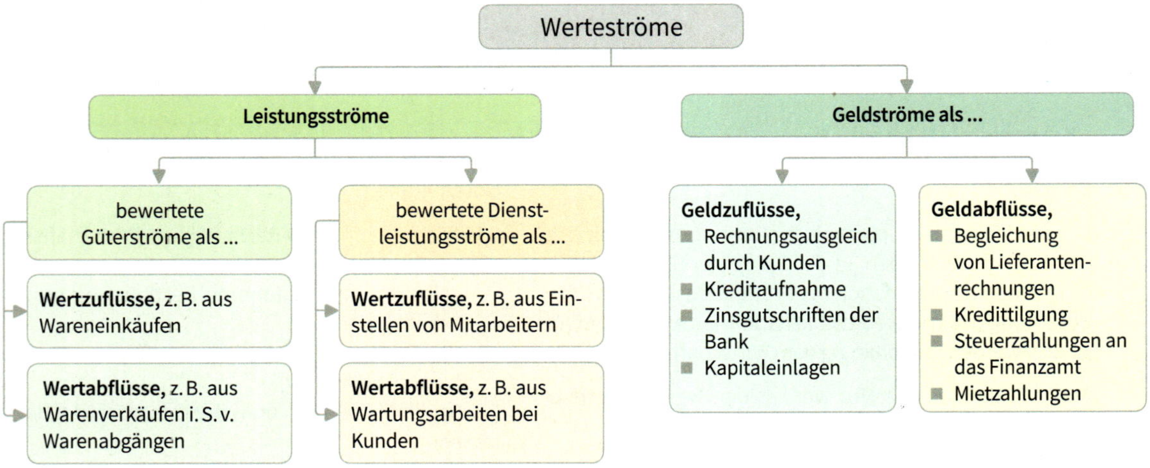

Aufgaben, Ziele und Arten von Betrieben

Roles, objectives and types of business enterprises

Aufgaben und Ziele

Die volkswirtschaftliche Aufgabe von Betrieben sollte sein, durch den Einsatz von Produktionsfaktoren Sachgüter und Dienstleistungen zu erzeugen, die der Bedürfnisbefriedigung dienen.

- Güter
  - freie Güter (unbegrenzt vorhanden)
  - Wirtschaftsgüter (knappe Güter)
    - Sachen
      - Produktionsgüter
        - Verbrauchsgüter
        - Gebrauchsgüter
      - Konsumgüter
        - Verbrauchsgüter
        - Gebrauchsgüter
    - Rechte
    - Dienstleistungen

Da die Güter i.d.R. knapp sind, muss mit ihnen gewirtschaftet werden. Für wirtschaftliches Handeln (Handeln nach dem **ökonomischen Prinzip**) gelten die folgenden Grundsätze:

Minimalprinzip: Eine vorbestimmte Leistung mit möglichst geringen Mitteln erzielen.

Maximalprinzip: Mit gegebenen Mitteln die größtmögliche Leistung erzielen.

- **Verfolgung wirtschaftlicher Ziele**
  - **Wachstumsziele:** Steigerung von Absatz, Marktanteil, Umsatz, Produktqualität; Erschließung neuer Märkte
  - **Erfolgsziele:** Gewinn, Rentabilität des Eigenkapitals – des Gesamtkapitals – des Umsatzes
  - **Finanzziele:** Sicherung der Liquidität – der Kreditwürdigkeit – der Kapitalstruktur
- **Verfolgung sozialer Ziele**
  Sicherung des Arbeitsplatzes – der Arbeitszufriedenheit
- **Verfolgung ökologischer Ziele**
  umweltverträgliche Produkte – Produktionsverfahren
- **Verfolgung gesellschaftlicher Ziele**
  Image, Corporate Identity, Macht

Arten von Betrieben

- **nach Art der Leistung**
  - Sachleistungsbetriebe, z. B. Computerhersteller
  - Dienstleistungsbetriebe, z. B. Handelsbetriebe
- **nach Wirtschaftszweigen**
  - Industriebetriebe
  - Handwerksbetriebe
  - Handelsbetriebe
  - Kreditinstitute
  - Versicherungsbetriebe
  - Verkehrsbetriebe
- **nach dem vorherrschenden Einsatz eines Produktionsfaktors**
  - arbeitsintensive Betriebe (hoher Lohnkostenanteil), z. B. Handwerksbetriebe
  - anlage- oder kapitalintensive Betriebe (hoher Maschinenkostenanteil), z. B. Chemiebetriebe
  - materialintensive Betriebe (hoher Materialkostenanteil), z. B. Stahlwerke
  - energieintensive Betriebe (hoher Energiekostenanteil), z. B. Betriebe der Aluminiumherstellung
- **nach der rechtlichen Stellung in Verbindung mit den verfolgten Zielen**

Ziele der …

privatwirtschaftlichen/ erwerbswirtschaftlichen Betriebe	genossenschaftlichen Betriebe	gemeinwirtschaftlichen und öffentlichen Betriebe
z. B. Gewinnmaximierung; Umsatzsteigerung; Erhöhung des Marktanteils	Versorgung der Mitglieder mit Gütern/ Dienstleistungen zu günstigen Konditionen; gegenseitige Hilfe	Versorgung der Bevölkerung mit Gütern/Dienstleistungen; Kostendeckung

Produktionsfaktoren und Faktorkombination

Factors of production and factor combination

Volkswirtschaftliche Produktionsfaktoren

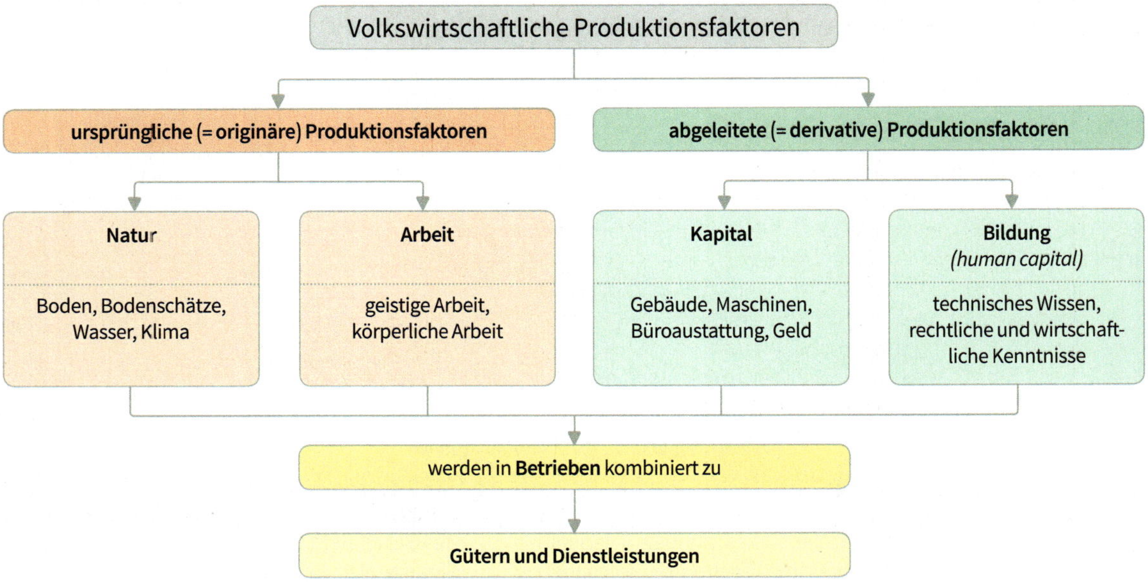

- Die Volkswirtschaftslehre erklärt, wie sich der Ertrag der Faktorkombination auf die Produktionsfaktoren in Form von Arbeitslohn (Arbeit), Bodenrente, Pachten (Boden) und Zins (Kapital) verteilt. Der restliche Ertrag ist der Unternehmergewinn.
- Dieses System der Produktionsfaktoren eignet sich also zur **Theorie der Einkommensbildung und -verteilung** in einer Volkswirtschaft.

Betriebswirtschaftliche Produktionsfaktoren

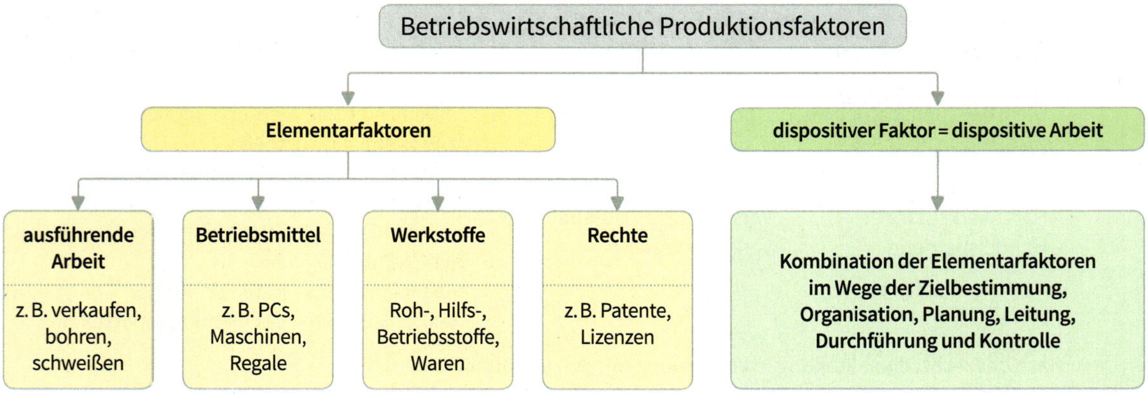

- In der Betriebswirtschaftslehre wird der Faktor Arbeit in die **dispositive** und die **ausführende Arbeit** aufgeteilt; andererseits ist der Faktor Boden kein eigenständiger Produktionsfaktor, sondern Teil des Faktors Betriebsmittel.
- Dieses System eignet sich zur Erklärung **betrieblicher Prozesse**, da den eingesetzten Produktionsfaktoren eine Vielzahl von Kostenarten wie Betriebsstoffkosten, Löhne und Gehälter, Zinskosten, Abschreibungen, soziale Abgaben usw. entspricht.

aus: Hübscher, Heinrich u. a.: IT-Handbuch, IT-Systemkaufmann/-frau, Informatikkaufmann/-frau, 10. Aufl., Braunschweig 2017, S. 34

Unternehmensphilosophie *Corporate philosophy*

Langfristige Grundlage für das Agieren eines Unternehmens im Markt ist die **Unternehmensphilosophie**. Diese „Weltanschauung" des Unternehmens legt grundlegende Wertvorstellungen und Ziele fest, die in Form von Unternehmensgrundsätzen im **Unternehmensleitbild** schriftlich festgehalten werden. Eine ganz spezifische Unternehmensethik kann zum Beispiel dazu führen, dass ein Unternehmen sich spezielle soziale oder ökologische Ziele setzt. Gerade aber bei der Verfolgung dieser gewählten sozialen oder ökologischen Ziele kann es zu **Zielkonflikten** mit wirtschaftlichen Zielen kommen. Wird zum Beispiel in wirtschaftlich schwierigen Zeiten auf die Verfolgung vorher festgelegter sozialer oder ökologischer Ziele verzichtet, kann es unter Umständen zu langfristigen Problemen mit den Kunden kommen – die **Unternehmensidentität** wird aus Kundensicht nachhaltig gestört. Die Folge könnte sein, dass die Kunden zu einem Mitbewerber wechseln.

Unternehmensphilosophie	***Beispiel:*** Kundenbedürfnisse im Bereich Büromöbel befriedigen
↓	↓
Unternehmensleitbild Unternehmensgrundsätze	***Beispiel:*** Unternehmensgrundsätze der OfficeCom KG (Auszug): ▪ Wir orientieren uns an den Kundenbedürfnissen. ▪ Wir berücksichtigen ökologische Anforderungen.
↓	↓
Unternehmensidentität im Markt	***Beispiel:*** Bereitstellung zeitgemäßer Büromöbel

Unternehmensstrategie *Corporate strategy*

Begriff

Mithilfe von **Unternehmensstrategien**, d. h. langfristigen Planungen, positioniert sich das Unternehmen im Markt:

- Festlegung der **Geschäftsfelder**, in denen das Unternehmen tätig sein soll
- Aufstellung von **obersten Unternehmenszielen**
- Bestimmung **unternehmenspolitischer Instrumente** (z. B. die Festlegung der Preispolitik) zur Beeinflussung der Marktgegebenheiten

Zielhierarchie und Zielarten (Auswahl)

Um **oberste Unternehmensziele**, die sich direkt aus der Unternehmensphilosophie ableiten, verwirklichen zu können, müssen verschiedene **Einzelziele** in eine Rangfolge gebracht werden: Man spricht von einer **Zielhierarchie**.

Unternehmensphilosophie + **Unternehmensleitbild** → **Oberziel(e)** / **Unterziele**

Beispiele von Einzelzielen:

- **Wirtschaftliche Ziele:**
  - **Wachstumsziele:** Steigerung von Absatz, Marktanteil, Umsatz, Produktqualität
  - **Erfolgsziele:** Gewinn, Rentabilität des Eigen-(Kapitals)
  - **Finanzziele:** Sicherung der Liquidität, der Kreditwürdigkeit, der Kapitalstruktur
- **Soziale Ziele:**
  Sicherung des Arbeitsplatzes, der sozialen Leistungen
- **Ökologische Ziele:**
  umweltverträgliche Produkte
- **Gesellschaftliche Ziele:**
  Image, Corporate Identity, Macht

Unterscheidungskriterium	Ausprägungen	Erklärung	Beispiele
Priorität	**strategische Ziele**	werden langfristig verfolgt	grundlegende Positionierung im Markt
	operative Ziele	werden kurzfristig verfolgt	Modernisierung der Ladengestaltung
Formalisierungsgrad der Ziele	**Formalziele**	beschreiben langfristige Ziele	Erhöhung des Marktanteils auf 60 %
	Sachziele	Verwirklichen der Formalziele durch konkrete Maßnahmen	Einsatz eines Warenwirtschaftssystems
hierarchische Einordnung	**Oberziele**	werden in der Geschäftsführung festgelegt	langfristige Gewinnmaximierung
	Unterziele	werden von Abteilungsleitern zur Verwirklichung der Oberziele festgelegt	Senkung der Personalkosten durch Einsatz von Teilzeitkräften

1

Formen der Arbeitsteilung

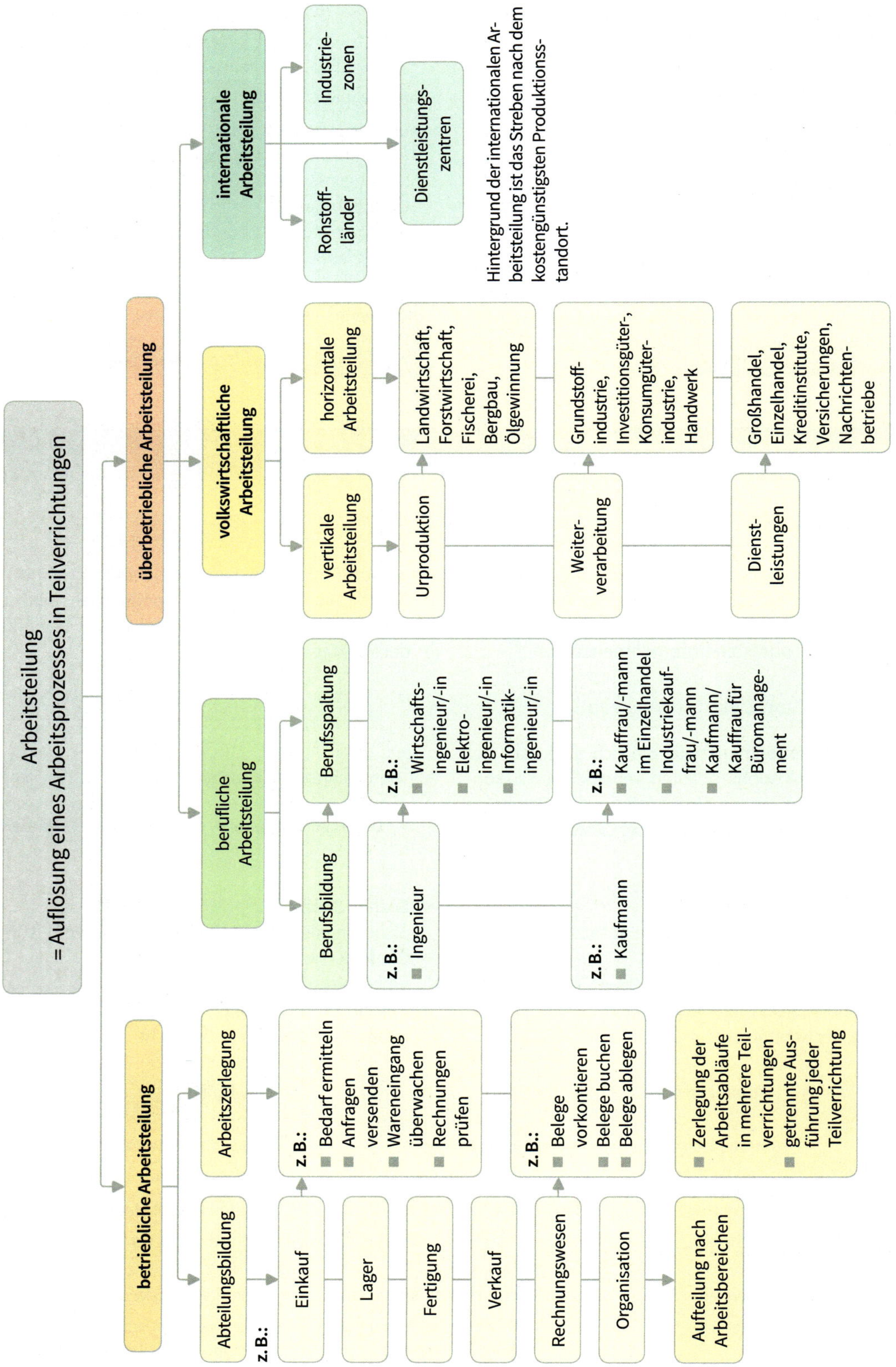

vgl.: Heinemeier/Limpke/Jecht: Wirtschaftslehre für Kaufleute im Einzelhandel, 2. Aufl., Darmstadt 1991, S. 31

Strukturveränderungen der deutschen Wirtschaft

Structural changes in the German economy

Wirtschaftssektoren

Die Struktur einer Volkswirtschaft lässt sich am Anteil der einzelnen Wirtschaftssektoren an der Gesamtleistung dieser Volkswirtschaft messen. In der Regel werden drei Wirtschaftssektoren unterschieden:

- Der **primäre Sektor** bezeichnet die Urproduktion. Darunter werden alle Betriebe der Rohstoffgewinnung (Gewinnungsbetriebe) zusammengefasst. Hierzu gehören die Land-, Forst- und Fischwirtschaft, der Bergbau sowie die Öl- und Gasgewinnung.
- Der **sekundäre Sektor** beinhaltet die Be- und Verarbeitung von Rohstoffen in Handwerks- und Industriebetrieben (Weiterverarbeitungsbetriebe). Bedeutende Industriebranchen in Deutschland sind z. B. die Automobil-, die Maschinenbau- und die Chemieindustrie.
- Der **tertiäre Sektor** (Dienstleistungssektor) umfasst die „verteilende Wirtschaft" (Handelsbetriebe) mit den Groß- und Einzelhandelsbetrieben sowie weitere Dienstleistungsbetriebe, wie z. B. Banken. Zunehmend werden Unternehmen des Informations- und Telekommunikationsbereichs gesondert zum **quartären Sektor** zusammengefasst.

vgl.: Böker, Jürgen u. a.: Wirtschaftspolitik/Wirtschaftsordnung, 3. Aufl., Darmstadt 2005, S. 15

Erwerbstätige nach Wirtschaftssektoren

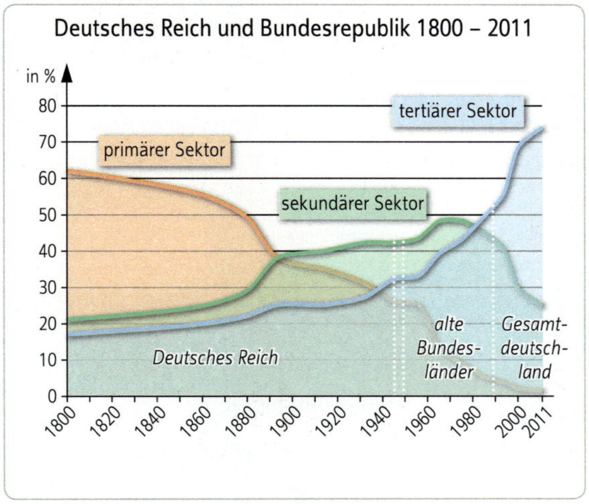

Wertschöpfung[1] nach Wirtschaftssektoren

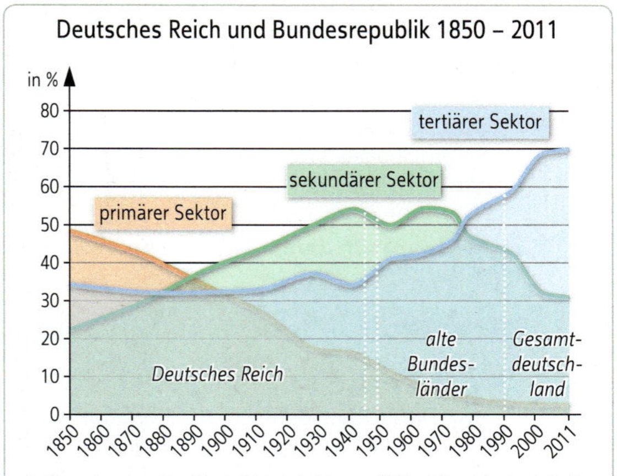

1 Gesamtsumme der wirtschaftlichen Leistungen (Güter, Dienste) – heute in der Regel das Bruttoinlandsprodukt

vgl.: Geißler, R.: Die Sozialstruktur Deutschlands. Mit einem Beitrag von Thomas Meyer, 7. Aufl., Wiesbaden 2014, S. 10 f.

Das 4-„Sektoren"-Modell (1882–2010)

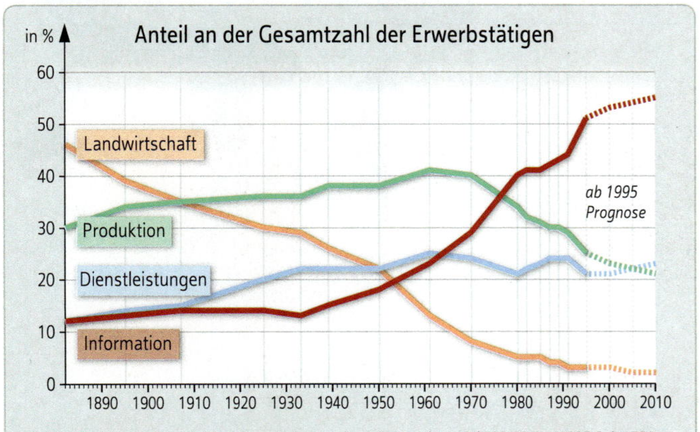

Quelle: Dr. Werner Dostal: Die Informatisierung der Arbeitswelt. In: MittAB 28. Jg./1995 Seite 529

Stufen der ökonomischen Entwicklung der Gesellschaft

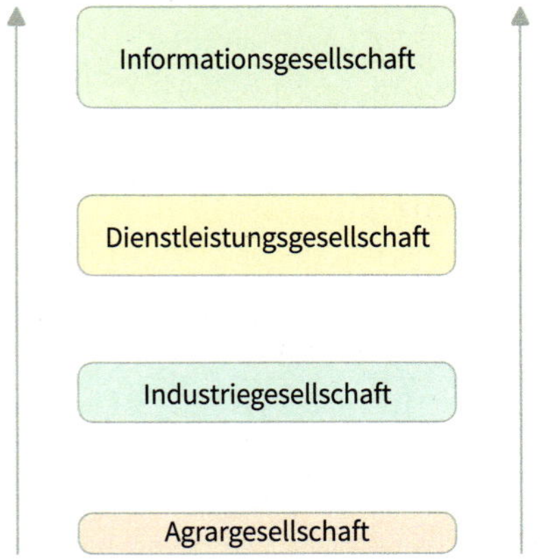

Auswirkungen der Arbeitsteilung

The effects of division of labour

Positive und negative Auswirkungen

Knappheit

verlangt

Wirtschaften

bedeutet

Arbeitsteilung

positive Wirkung

- Steigerung der Produktivität und verbesserte Versorgung mit Gütern
- rationelles Wirtschaften
- Steigerung des allgemeinen Wohlstandes
- Förderung des Weltfriedens durch die internationale Wirtschaftsverflechtung

verlangt

- Koordination und Integration der einzelnen Wirtschaftsprozesse auf nationaler und internationaler Ebene
- Durchsetzung des Leistungsprinzips

negative Wirkung

- Abhängigkeiten durch Verzicht auf Selbstversorgung
- Zunahme wirtschaftlicher und damit politischer Macht Weniger
- Unüberschaubarkeit des Wirtschaftsprozesses
- Motivationsverlust

aus: Bundesverband Deutscher Banken (Hrsg.): Schul/Bank. Wirtschaft. Materialien für den Unterricht, Köln 1994

Datenmaterial

Die größten deutschen Unternehmen
Jahresumsätze 2016 in Mrd. €

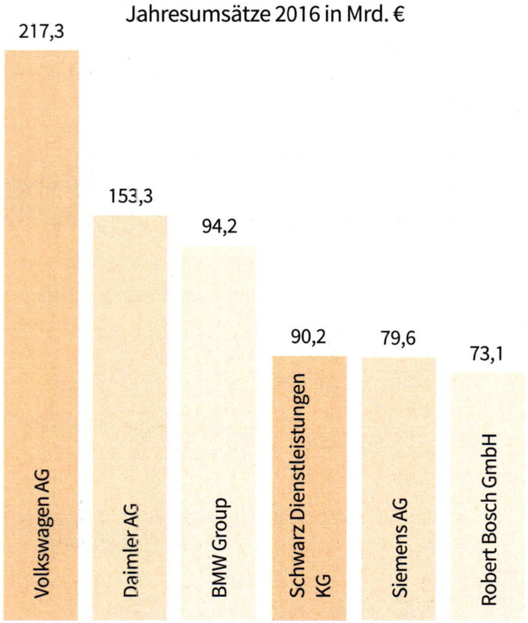

Beispiel: Siemens-Standorte

Zahlen aus https://www.boerse.de/wissen/groesste-unternehmen-deutschland, abgerufen am 20.11.2017

Einfacher Wirtschaftskreislauf

- Am **Wirtschaftsgeschehen** eines Staates sind viele sogenannte Wirtschaftssubjekte beteiligt, wie z. B. Groß- und Außenhandelsbetriebe, Industriebetriebe, Banken, Versicherungen, private Haushalte, öffentliche Haushalte (Bund, Länder, Gemeinden), ausländische Betriebe.
- Um die vielschichtigen Zusammenhänge zwischen diesen Wirtschaftseinheiten zu verstehen, werden **Modelle** gebildet, die die Wirklichkeit in vereinfachter Form darstellen.
- Das folgende **Modell eines einfachen Wirtschaftskreislaufs** stellt lediglich die Beziehungen zwischen den privaten Haushalten und den inländischen Unternehmen (ohne Banken) dar. Die Einflüsse der Banken, des Staates und der ausländischen Unternehmen werden nicht berücksichtigt. Das Modell spiegelt also eine **geschlossene Volkswirtschaft ohne staatliche Aktivität** wider (zum Modell eines erweiterten Wirtschaftskreislaufs siehe folgende Seite).

Weitere Annahmen:
- Die privaten Haushalte verwenden ihr gesamtes Einkommen für den Kauf von Gütern und Dienstleistungen.
- Alle von den Unternehmen erzeugten bzw. bereitgestellten Güter und Dienstleistungen werden an private Haushalte verkauft.

Im Wirtschaftskreislauf fließt dem Geldstrom ein wertmäßig gleich großer Strom an Gütern und Dienstleistungen entgegen.

1
- Peter Schmidt arbeitet als Angestellter in der **OfficeCom KG**.
- Betriebsgrundstück und Gebäude hat die OfficeCom KG von Herrn Kurt Schmidt gepachtet.
- Die Gesellschafter der OfficeCom KG haben das notwendige Eigenkapital erbracht.

Die privaten Haushalte stellen also den Unternehmen die sogenannten volkswirtschaftlichen **Produktionsfaktoren** Arbeit, Boden und Kapital zur Verfügung. Dabei ist mit Kapital sowohl Geldkapital als auch Sach- oder Realkapital (Gebäude, Maschinen, Fuhrpark usw.) gemeint.

2 Als Gegenleistung für die Bereitstellung dieser Produktionsfaktoren erhalten sie Geld oder **Einkommen** von den Unternehmen:
- für den Faktor Arbeit: Löhne, Gehälter
- für den Faktor Boden: Miete, Pacht
- für den Faktor Kapital: Gewinne, Zinsen

3 Die privaten Haushalte **geben** ihre Einkommen für den Kauf von Konsumgütern und Dienstleistungen **aus**. Das bedeutet für die Unternehmen Umsatzerlöse, die diese wieder für die Bezahlung der Produktionsfaktoren ausgeben → Wirtschaftskreislauf

4 Die Unternehmen liefern den privaten Haushalten die gekauften **Güter** und **Dienstleistungen**.

Erweiterter Wirtschaftskreislauf

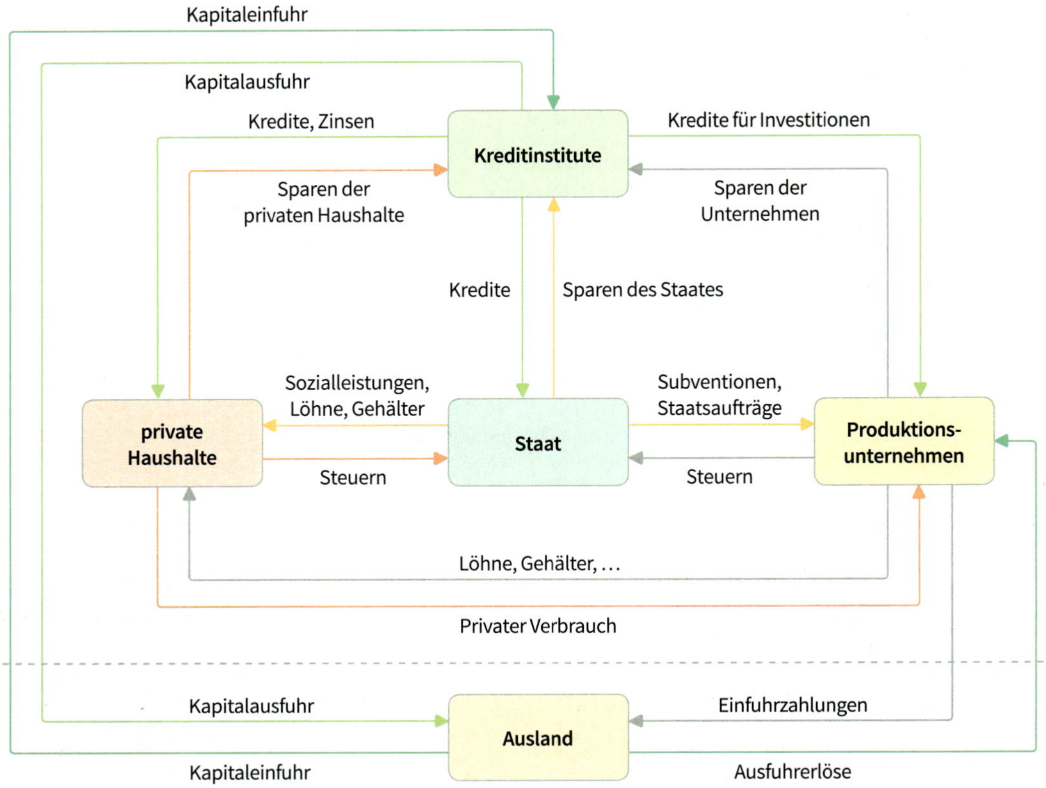

aus: Bundesverband deutscher Banken (Hrsg.): Ordner Wirtschaft. Materialien für den Unterricht, Köln 1994, 2.1/4

Art des Wirtschaftssubjektes	Haupttätigkeiten, z. B.	Zwischen- und Endziele, z. B.
privater Haushalt	■ Verkauf von Arbeitskraft ■ Konsumieren ■ Sparen	■ Sicherung der Existenz durch Erzielung von Einkommen zur Befriedigung von Bedürfnissen, Schaffung und Vermehrung von Eigentum und Ansehen
Unternehmen a) Kreditinstitut	■ Gewährung von Krediten ■ Aufnahme von Krediten ■ Abwicklung des Zahlungsverkehrs	■ Sicherung der Existenz ■ Deckung der Kosten (langfristig) ■ Erzielung von positivem Nettogewinn ■ Erweiterung der Einflussnahme auf Märkte
b) Produktionsunternehmen	■ Produktion von Sachgütern und Dienstleistungen ■ Investitionen	■ Gewinnmaximierung
öffentlicher Haushalt, z. B. Gemeinde	■ Einnahme von Steuern und Gebühren ■ Durchführung von Haushaltsplänen ■ Bereitstellung von Dienstleistungen ■ Durchführung von Verwaltungsaufgaben	■ soziale Sicherung der Bürger ■ Unterhaltung und Sicherung der Betriebsfähigkeit von Ver- und Entsorgungseinrichtungen ■ Bau und Unterhalt von Sport-, Kultur-, Erholungs- und Verwaltungseinrichtungen ■ Schutz der Bürger/-innen vor inneren und äußeren Gefahren

aus: Herber, Hans/Engel, Bernd: Volkswirtschaftslehre für Bankkaufleute. 6., neu bearbeitete Aufl. Wiesbaden: Springer Fachmedien 1994, S. 3 f.

Marktstrukturen und ihre Auswirkungen *Market structures and their effects*

Begriff Markt

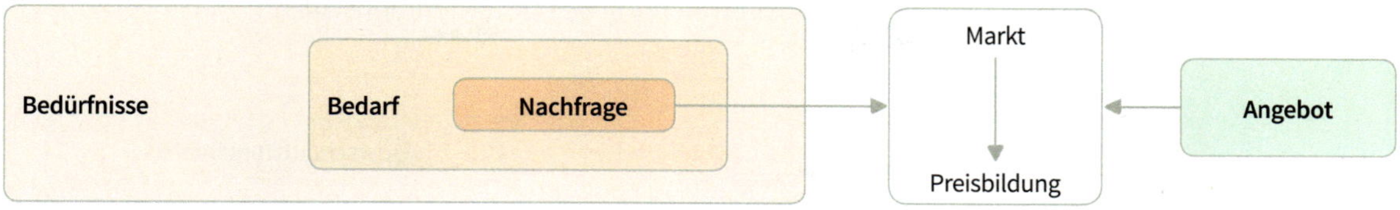

- **Bedürfnisse**
  … sind Wünsche des Menschen, um Mangelempfindungen zu kompensieren, z. B. Trinken gegen Durst, Essen gegen Hunger.
  … sind Triebfeder wirtschaftlichen Handelns.
- **Bedarf**
  … ist der Teil der Bedürfnisse, der durch Einkommen gedeckt werden kann.
- **Nachfrage**
  … ist der auf dem Markt erscheinende Bedarf.

In der Fachliteratur wird zwischen dem abstrakten und dem konkreten Markt unterschieden:

- Der **abstrakte Markt** ist eine Zusammenfassung von Angebots- und Nachfragebeziehungen. Er ist der theoretische Ort, an dem sich Angebot und Nachfrage treffen und an dem die Preisbildung stattfindet.
- Der **konkrete Markt** ist sachlich, zeitlich und örtlich bestimmt, z. B. die Cebit-Messe im Jahr 20.. in Hannover.

Marktarten

- **Unterscheidung nach Umfang der staatlichen Marktbeeinflussung:**
  freie Märkte (ohne Staatseingriff; Modell der freien Marktwirtschaft), regulierte Märkte.
- **Unterscheidung nach Umfang der Marktzutrittsmöglichkeit:**
  offene Märkte (jedermann kann als Anbieter oder Nachfrager auftreten), geschlossene Märkte.
- **Unterscheidung nach Stellung des Betriebes im Markt:**
  Beschaffungsmärkte, Absatzmärkte.
- **Unterscheidung nach Art der gehandelten Sachgüter und Leistungen:**
  Werkstoffmärkte für Roh-, Hilfs- und Betriebsstoffe, Betriebsmittelmärkte, Arbeitsmärkte, Geld- und Kapitalmärkte, Informationsmärkte.
- **Unterscheidung nach Art der Verwendung der Sachgüter und Leistungen:**
  Investitionsgütermärkte, Konsumgütermärkte.
- **Unterscheidung nach geograf. Gesichtspunkten:**
  Inlandsmarkt (örtlich, regional, national), Auslandsmarkt (EU-Markt, Weltmarkt).
- **Unterscheidung nach räumlich-zeitlichen Gesichtspunkten:**
  zentralisierte Märkte (Punktmärkte; organisierte Märkte), dezentralisierte Märkte (unorganisierte Märkte).
- **Unterscheidung nach Marktposition:**
  Verkäufermärkte (Nachfrage > Angebot; Verkäufer haben starke Marktposition), Käufermärkte (Angebot > Nachfrage; Käufer haben starke Marktposition).
- **Unterscheidung nach Vollkommenheit der Märkte:**
  vollkommene Märkte, unvollkommene Märkte.

Marktformen

Anbieter / Nachfrager	einer	wenige	viele
einer	bilaterales Monopol	beschränktes Nachfragemonopol	Nachfragemonopol
wenige	beschränktes Angebotsmonopol	bilaterales Oligopol	Nachfrageoligopol
viele	Angebotsmonopol	Angebotsoligopol	Polypol

Erklärung: mono = ein; oligo = wenig; poly = viel
aus: Hübscher, Heinrich u. a.: IT-Handbuch, IT-Systemkaufmann/-frau, Informatikkaufmann/-frau, 10. Aufl., Braunschweig 2017, S. 38

Funktionen des Betriebes *The company functions*

1

Funktionen
(Teilaufgaben zur Erreichung des Unternehmensziels)

- **Grundfunktionen** → Aufgaben, die sich aus dem eigentlichen Leistungszusammenhang ergeben
- **Querschnittsfunktionen** → Aufgaben, die sich auf den ganzen Betrieb beziehen

	Beschaffung	**Leistungserstellung**	**Absatz/Marketing**
Grundfunktionen und ihre Teilaufgaben	*Zum Beispiel:* ■ Klärung des Bedarfs nach Art, Menge und Zeitpunkt ■ Ermittlung der Bezugsquellen ■ Einholung und Prüfung von Angeboten ■ Bestellung ■ Bestellungs-, Terminüberwachung ■ Herbeiholen der Leistungen ■ Übernahme mit Kontrolle, Qualitätsprüfung, Reklamationen ■ Rechnungsprüfung	*Zum Beispiel:* ■ Forschung und Entwicklung ■ Konstruktion ■ Planung des Fertigungsverfahrens ■ Arbeitsvorbereitung ■ Lagerung der Werkstoffe ■ Fertigungsdurchführung ■ Fertigungskontrolle ■ Lagerung der Fertigerzeugnisse ■ Verpackung ■ Hilfsfunktionen wie Wartung, Instandhaltung, Energieversorgung, innerbetrieblicher Transport	*Zum Beispiel:* ■ Marktforschung, -erkundung ■ Einsatz der Marketinginstrumente ■ Absatzanbahnung (Anfragen bearbeiten, Angebote erstellen) ■ Auftragsabwicklung ■ Rechnungserstellung ■ Kundenservice wie Beratung, Wartung, Reparaturen ■ Kundenpflege
	Finanzierung/Rechnungswesen	**Personalwesen**	**Informationswesen**
Querschnittsfunktionen und ihre Teilaufgaben	*Zum Beispiel:* ■ Kapitalbedarfsrechnung ■ Investitionsrechnung ■ Finanzplanerstellung ■ Eigen- oder Fremdfinanzierung ■ Kreditbeschaffung ■ Liquiditätsüberwachung ■ Finanzbuchhaltung ■ Jahresabschluss ■ Bilanzanalyse ■ Kosten- und Leistungsrechnung ■ Statistik und Vergleichsrechnung ■ Planungsrechnung	*Zum Beispiel:* ■ Personalbedarfsermittlung ■ Stellenausschreibung ■ Personalauswahl ■ Personaleinstellung ■ Personalleasing ■ Personaleinsatz ■ Personalentwicklung (Personalförderung) ■ Personalbetreuung (Sozialwesen) ■ Arbeitsbewertung und Entlohnung ■ Personalentlassung ■ Personalcontrolling	*Zum Beispiel:* ■ Informationsmanagement (Sammlung, Verarbeitung und Speicherung qualitätsrelevanter Daten und Informationen) ■ Nutzung von Informationsquellen (nichtelektronische und elektronische, interne und externe Quellen)

Vgl.: Hübscher, Heinrich u. a.: IT-Handbuch. IT-Systemkaufmann/-frau, Informatikkaufmann/-frau, 10. Aufl., Braunschweig 2017, S. 59

Sämtliche hier genannten **Funktionen** und ihre jeweiligen Teilaufgaben stellen **Geschäftsprozesse** dar, die laufend zu optimieren sind. Voraussetzung dafür sind Prozessanalysen, für die verschiedene Methoden zur Verfügung stehen. Zur Veranschaulichung der Geschäftsprozesse können unterschiedliche Darstellungsformen eingesetzt werden, unter anderem die so genannten „Ereignisgesteuerten Prozessketten" (siehe hierzu im Einzelnen ausführlich Lernfeld 11, S. 409ff.).

Vollmachten

Power of attorney

Prokura

Die Prokura ermächtigt zu allen Arten von gerichtlichen und außergerichtlichen Geschäften und Rechtshandlungen, die der Betrieb **(irgend)eines** Handelsgewerbes mit sich bringt (§ 49 HGB).

Beginn der Prokura
- Im **Innenverhältnis** mit der Erteilung
- Im **Außenverhältnis** gegenüber Dritten (z. B. Lieferanten), wenn diese Kenntnis erlangt haben (Geschäftsfreundebrief) oder mit Eintragung und Veröffentlichung im Handelsregister (deklaratorische Wirkung des HR)

Ende der Prokura
- Beendigung des Rechtsverhältnisses
- Widerruf durch Geschäftsinhaber
- Auflösung des Geschäftes
- Tod des Prokuristen
- Wechsel des Geschäftsinhabers

Arten
- **Einzelprokura**
  Ausübung der Vollmacht ohne Mitwirkung einer anderen Person
- **Gesamtprokura**
  Ausübung der Vollmacht nur im Zusammenwirken mit einer anderen vertretungsberechtigten Person
- **Filialprokura**
  Beschränkung der Vertretungsvollmacht auf den Betrieb einer Niederlassung

Handlungsvollmacht

Die allgemeine Handlungsvollmacht erstreckt sich auf alle Geschäfte und Rechtshandlungen, die der Betrieb eines **bestimmten** Handelsgewerbes gewöhnlich mit sich bringt (§ 54 HGB).

Arten nach dem Umfang
- **Allgemeine Handlungsvollmacht**
  Auf Dauer erteilte Vollmacht, die zur Erledigung **aller** gewöhnlichen Rechtsgeschäfte in dem betreffenden Handelsgewerbe befugt
- **Artvollmacht**
  Auf Dauer erteilte Vollmacht, die zur Erledigung einer **bestimmten Art von wiederkehrenden** Geschäften befugt, z. B. Einkaufen
- **Spezialvollmacht**
  Vollmacht, die zur Erledigung eines **einzelnen** Rechtsgeschäftes ermächtigt, z. B. Kauf eines PC

Erteilung der Vollmachten

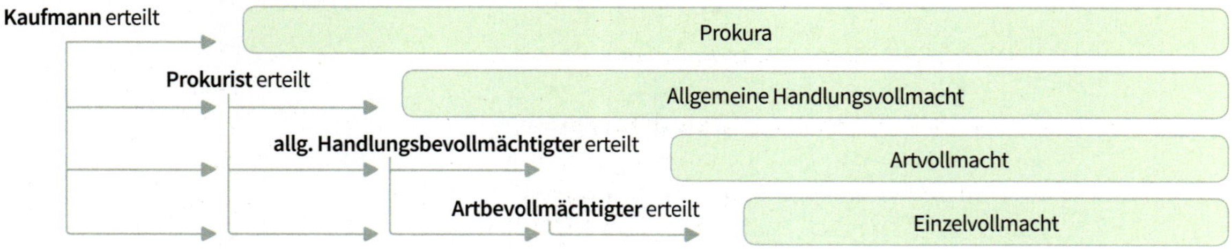

Umfang der Vollmachten

Unternehmer/-in	Prokura	Allgemeine Handlungsvollmacht	Artvollmacht	Einzelvollmacht
Steuererklärungen/Bilanz unterschreiben, Eid leisten, HR-Eintragungen anmelden, Insolvenz anmelden, Geschäft verkaufen, Prokura erteilen, Gesellschafter aufnehmen	Geschäfte, für die eine Vertretungsvollmacht gesetzlich verboten ist			
Grundstücke belasten/verkaufen	Geschäfte, für die eine besondere Vollmacht notwendig ist			
Prozesse führen, Darlehen aufnehmen, Wechsel unterschreiben	Geschäfte, die ohne besondere Vollmacht möglich sind			
Grundstücke kaufen, Zahlungsgeschäfte erledigen, verkaufen, Mitarbeiter entlassen/einstellen	Geschäfte, die ohne besondere Vollmacht möglich sind	Geschäfte, die ohne besondere Vollmacht möglich sind		
Einkaufen	Geschäfte, die ohne besondere Vollmacht möglich sind	Geschäfte, die ohne besondere Vollmacht möglich sind	Geschäfte, die ohne besondere Vollmacht möglich sind	

aus: Berner, Steffen; Müller, Jürgen; Richtsteiger, Klaus-Jürgen u. a.: Betriebswirtschaftslehre der Unternehmung. 25. Aufl. Hahn-Gruiten: Europa Lehrmittel 2010, S. 202, 205.

2 Büroprozesse gestalten und Arbeitsvorgänge organisieren

Anforderungen an die Gestaltung der Arbeitsprozesse, des Arbeitsplatzes und -raumes

Profile of process of working, workspace and -room

Begriff Arbeitsprozess

Ein Arbeitsprozess umfasst genau definierte, festgelegte Aufgaben. Er ist auf bestimmte Ziele (z. B. betriebswirtschaftliche, ablauforganisatorische, ergonomische und ökologische Ziele) ausgerichtet und daher ergebnisorientiert.

Anforderungen an die Gestaltung von Arbeitsprozessen

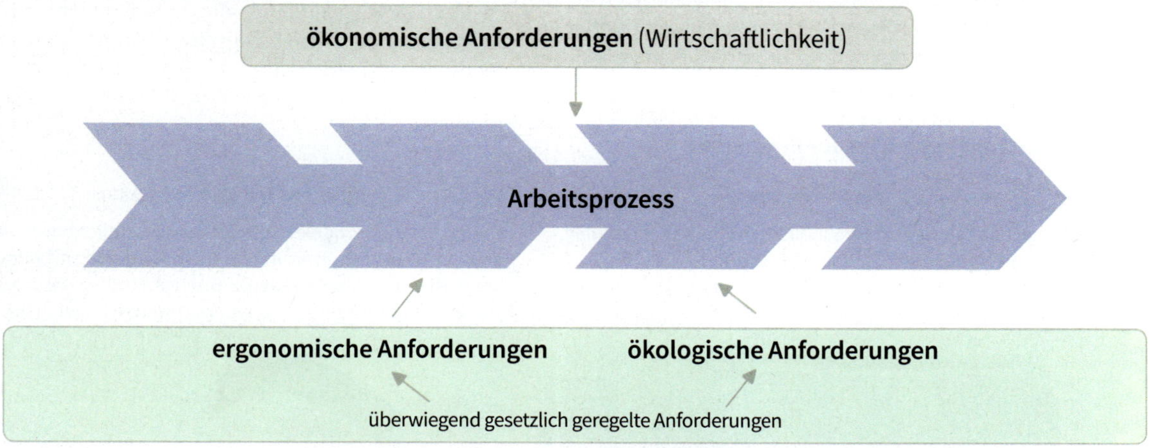

- **Ökonomische Anforderungen** an die Gestaltung von Arbeitsprozessen beinhalten betriebswirtschaftliche Gesichtspunkte, d. h. die Abwägung von Aufwendungen (z. B. Personal- und Raumkosten) und Erträgen (die Einnahmen aus der betrieblichen Tätigkeit).
- **Ergonomische Anforderungen** an die Gestaltung von Arbeitsprozessen beinhalten gesundheitsvorbeugende und -erhaltende Gesichtspunkte, d. h. Regelungen für Arbeitsstätten, Arbeitsgeräte und sonstige Arbeitsbedingungen.
- **Ökologische Anforderungen** an die Gestaltung von Arbeitsprozessen beinhalten das Benutzen von ökologischen, nachhaltigen Materialien bei Büroarbeitsplätzen und ein ökologisch nachhaltiges Verhalten im Umgang mit Gebrauchs- und Verbrauchsmaterialien.

EU Ecolabel www.ecolabel.eu

Das EU Ecolabel wird für Produkte/Dienstleistungen vergeben, die geringere Umweltauswirkungen als Vergleichbare haben, z. B. Vermeidung, Verringerung von Schadstoffen/Emissionen oder geringerer Energieverbrauch.

energy ENERGY STAR

Mit diesem Label der EU können Hersteller freiwillig stromsparende Computer, Bildschirme, Drucker, Kopierer und andere Geräte der EDV versehen. Es handelt sich dabei um eine Vergabe der amerikanischen Umweltbehörde, die die EU-Richtlinien einbezieht.

Arten von Arbeitsprozessen (Auswahl)

Prozessart	Prozessziel
materielle Prozesse	Herstellung von Gütern
informationelle Prozesse	Austausch von Informationen
Innovationsprozesse	Entwicklung und Einführung neuartiger Produkte oder Dienstleistungen

Anforderungen an die Gestaltung der Arbeitsprozesse, des Arbeitsplatzes und -raumes

Profile of process of working, workspace and -room

Begriffe Arbeitsplatz und Ergonomie

2

- Der **Arbeitsplatz** ist jene Stelle im Unternehmen oder in einer Organisation, an der Arbeitsprozesse ablaufen. Dabei spielt die ergonomische Gestaltung für den Arbeitserfolg eine große Rolle.
- Unter **Ergonomie**[1] versteht man die fachübergreifende Wissenschaft von menschlicher und automatisierter Arbeit, basierend auf den Naturwissenschaften und Gesellschaftswissenschaften.

Die Ergonomie hat das **Ziel**, Arbeitsbedingungen und -prozesse so zu gestalten, dass der arbeitende Mensch möglichst wenig ermüdet. Um dies zu erreichen, müssen die Faktoren **Raum, Zeit** und **Wirtschaftlichkeit** optimal aufeinander abgestimmt sein. Die Ergonomieforschung wird im deutschsprachigen Raum von der REFA[2] (Verband für Arbeitsgestaltung, Betriebsorganisation und Unternehmensentwicklung) betrieben.

Anwendungsbereiche der Ergonomie

Produktergonomie	tätigkeitsbezogene Ergonomie
Sie hat das Ziel, benutzerfreundliche Produkte herzustellen, z. B. eine ergonomisch gestaltete Tastatur. 	Sie hat das Ziel, Produktionsprozesse hinsichtlich eines vorbeugenden **Arbeitsschutzes** und einer vorbeugenden **Arbeitssicherheit** optimal zu gestalten, z. B. einen Produktionsprozess, bei dem die Unfallverhütungsvorschriften eingehalten werden. 

Gesetzliche Vorschriften zum Arbeitsschutz

Alle Maßnahmen, Mittel und Methoden zum sozialen und technischen Arbeitsschutz (siehe S. 42 ff., S. 95) sind in Gesetzen und Verordnungen verankert. Ziel der Vorschriften ist die Unfallverhütung zum Schutz der Arbeitnehmer. Der Arbeitsschutz umfasst die Vermeidung von Arbeitsunfällen, die Einschränkung psychischer Belastungen und den personenbezogenen Schutz (Mutterschutz, Jugendschutz). Im Unternehmen können diese Ziele mithilfe von Arbeitsschutzmanagementsystemen erreicht werden. Dabei werden Ziele und Methoden der **Arbeitsschutzmaßnahmen** in einem Katalog festgehalten und regelmäßig evaluiert.

[1] ergo (griech.): Arbeit, nomis (griech.): Regel

[2] ehemals: **Re**ichsausschuss **f**ür **A**rbeitszeitermittlung (gegründet 1924)

Anforderungen an die Gestaltung der Arbeitsprozesse, des Arbeitsplatzes und -raumes

Profile of process of working, workspace and -room

Gesetze, Verordnungen, Richtlinien bzw. Normen im Büro

Arbeitsstättenverordnung (ArbStättV)	Betriebssicherheitsverordnung (BetrSichV)
Bildschirmarbeitsplatzverordnung (BildscharbV)	Lärm- und Vibrations-Arbeitsschutzverordnung (LärmVibrationsArbSchV)
Arbeitszeitgesetz (ArbZ)	Produktionssicherheitsgesetz (ProdSG) (GPSG)
Arbeitssicherheitsgesetz (ASiG)	Technische Regeln
DIN 4549 Büromaschinentische und Bildschirmarbeitstische	DIN 4551 und 4552 Bürodrehstühle
Sicherheitsregeln für Bildschirmarbeitsplätze	Gerätesicherheitsgesetz

Arbeitszeitregelung bei Telearbeit: Grundsätzlich gelten für Tele-Arbeitsverhältnisse die Arbeitszeitregelungen aus dem Arbeitszeitgesetz, Tarifvertrag und/oder betriebliche Regelungen. Den Tele-Beschäftigten soll eine möglichst selbstständige Zeiteinteilung gewährt werden. Die Pflicht zur Zeiterfassung sollte vom Arbeitgeber auf den Beschäftigten übertragen werden. Tägliche Arbeitszeiten, die über die Grenze von acht Stunden hinausgehen, sind nach § 16 ArbZG festzuhalten.

Gesetzliche Vorschriften und Empfehlungen für Arbeitsräume

Einflussfaktor	gesetzliche Vorschriften	Empfehlungen (Auswahl)
Licht	600 – 1200 Lux, flimmerfrei	Die Beleuchtung soll von links bzw. von vorn erfolgen (Rechtshänder), auf Reflexionsfreiheit von Tischplatten ist zu achten. Tageslicht ist Kunstlicht vorzuziehen. Am Schreibtisch unterstützen Arbeitsplatzlampen den Mitarbeiter in seiner Sehfähigkeit.
Lärm	bis 55 dB	Teppichböden und Stellwände können den Lärm dämpfen. Geräuschintensive Geräte werden in Nebenräumen untergebracht.
Temperatur	19 – 21 Grad Celsius, 40 – 60 % Luftfeuchtigkeit	Eine Klimaanlage sorgt für gleichbleibende Temperaturen.
Luftgeschwindigkeit	bis 0,14 m/Sekunde	Es muss darauf geachtet werden, nicht im Durchzug zu sitzen.
Farbe	keine	Helle und freundliche Farben sind empfehlenswert, die Farben Blau und Grün wirken beruhigend, die Farben Rot, Gelb, Orange und Braun wirken anregend (siehe auch unter www.farbenundleben.de).
persönliche Einflussfaktoren	keine	Betriebssport, Fahrsicherheitstraining (ökologisches und entspanntes Fahren zum Arbeitsplatz), Kummerkästen, Mitarbeiterbefragungen, Gesundheitszirkel, Aktionen für gesunde Ernährung (siehe auch unter www.BAuA.de)

Farben und ihre Wirkung

Farbe	Assoziationen	Wirkung
Rot	Vitalität, Aktivität, Dynamik, Wille, Gefahr, Kampf, Blut, Liebe, Lust, Leidenschaft, Sex	▪ wirkt stimulierend, aktivierend und aufregend, wärmend ▪ weckt innere Kräfte („Urkräfte“) ▪ Rot macht aktiv (auch sexuell), unruhig, aggressiv, wirkt sehr schnell!
Orange	Freude, Lebhaftigkeit, Spaß, Lebensbejahung, Ausgelassenheit, Tatkraft, Ausdauer	▪ aufbauend und leistungssteigernd ▪ weckt die Arbeitsfreude ▪ stimmungsaufhellend ▪ macht heiter, ausgeglichen, fröhlich und genussfreudig ▪ fördert die Geselligkeit
Gelb	Reife, Wärme, Optimismus, Weite, Offenheit, Kommunikation, Kraft, Erfolg, Glück	▪ wirkt sonnig, luftig, heiter, licht ▪ freundlich, optimistisch ▪ geistig anregend ▪ stimmt heiter

Farbe	Assoziationen	Wirkung
Grün	Wachstum, Hoffnung, Durchsetzungsvermögen, Beharrlichkeit, Entspannung, Ruhe, Zufriedenheit, Natürlichkeit, Heiterkeit und Gelöstheit	■ wirkt beruhigend und ausgleichend ■ erfrischt und regeneriert ■ fördert die Konzentration und seelische Ausgewogenheit
Blau	Harmonie, Zufriedenheit, Ruhe, Unendlichkeit, Freundlichkeit und Freundschaft, innerer Frieden	■ entspannend, lösend, harmonisierend ■ fördert Kommunikation und die Sachlichkeit und Präzision der Gedanken
Violett	Selbstbezogenheit, Unbewusstsein, Mystik, innere und geistige Kraft, Inspiration, Magie, Frieden, Würde	■ fördert inneres Gleichgewicht ■ wirkt ausgleichend und regenerierend ■ weckt meditative Kräfte ■ regt das Unterbewusstsein an
Rosa	Romantik, Liebe	■ fördert Ruhe ■ wirkt erfrischend ■ verbessert das Urteilsvermögen
Braun	Sinnlichkeit, Bequemlichkeit, Anpassung, Schwere, zurückgezogen	
Weiß	Reinheit, Sauberkeit, Ordnung, Leichtigkeit, Vollkommenheit, illusionär, Schutz, Einigkeit, Beruhigung, Wohlbefinden. Symbol für Reinheit und Tod. Aber nicht nur, denn Weiß ist auch die Farbe der Weite und des Weitblicks.	
Schwarz	Negation, Auflehnung, Undurchdringlichkeit, Trauer, Einengung, Abgeschlossenheit, Funktionalität, pessimistisch, hoffnungslos, schwer, Erneuerung, Wandel, Loslassen	
Grau	Neutralität, Trostlosigkeit, Nüchternheit, Elend, Nachdenklichkeit, Sachlichkeit, Funktionalität, Schlichtheit, unbeteiligt	

aus: Marlene Stadler, unter: http://www.farbenundleben.de/farbwirkung/farbwirkung_allgemein.htm [15.06.2018].

Büroräume bzw. Büroraumkonzepte

Bürokonzepte bzw. Büroraumkonzepte sind **Strukturmodelle** zur Gestaltung von Büroflächen. Sie bieten Lösungskonzepte zur Gestaltung der **Organisationskultur** eines Unternehmens in räumlicher und zeitlicher Hinsicht. Durch sie werden **Arbeitsabläufe** gegliedert, sie führen zu mehr Effizienz und Effektivität. Gleichzeitig stellen sie im Unternehmen einen hohen **Kostenfaktor** dar, den es zu optimieren gilt.

Ziele von Büroraumkonzepten

- Optimierung von Organisationsstrukturen
- Maximierung der Wertschöpfung
- Minimierung des Flächenverbrauchs
- Verbesserung der Mobilität am Arbeitsplatz
- Verbesserung der Teamarbeit und der Entwicklung von Konfliktlösungsfähigkeit
- Verbesserung der Effizienz der Arbeitsprozesse

Auf den folgenden Seiten werden verschiedene Formen von Büroraumkonzepten dargestellt. Dabei muss auch auf die **behindertengerechte Gestaltung** geachtet werden. Sowohl die äußere Form von Bürogebäuden als auch die Raumgestaltung fördert die Motivation und Kreativität der Mitarbeiter (siehe S. 46). Daher achten Unternehmen bei Büroneubauten auch auf die Architektur des Gebäudes.

Anforderungen an die Gestaltung der Arbeitsprozesse, des Arbeitsplatzes und -raumes

Profile of process of working, workspace and -room

Formen von Büroräumen bzw. Büroraumkonzepten mit ihren Merkmalen

Büroraum-konzept / Merkmal	Einzelbüro[1]	Gruppenbüro[1]	Kombibüro (Großraumbüro)	Business-Clubs (Der Arbeitnehmer wechselt ständig seinen Arbeitsplatz.)
Personenzahl	1	bis zu 25	bis zu 100	flexibel
Größe	8 – 50 m^2	pro Person 1,5 m^2	bis zu 250 m^2	pro Person 1,5 m^2
Akustik	gut	mittelmäßig	mittelmäßig	mittelmäßig
Kommunikation	Behinderung von Kommunikation durch lange Wege	gute persönliche Kommunikation durch kurze Wege	gute persönliche Kommunikation durch kurze Wege	gute persönliche Kommunikation durch kurze Wege
Ergonomie	Sie kann durch hohe Individualität geprägt sein.	mittelmäßige Ergonomie, da Störungen akustischer Art möglich sind	gute Ergonomie durch optimale Architektur (Farbwirkungen) und flächenwirtschaftliche Bürokonzepte	Sie kann eingeschränkt sein durch wechselnde Benutzung von Arbeitsmitteln (unterschiedliche Einstellungen z. B. bei Bürostühlen).
Privatsphäre	sehr gut	mittelmäßig	mittelmäßig bis schlecht	keine
vertreten z. B. in folgenden Ländern	häufig in Deutschland, Österreich, Schweiz	vor allem in Großbritannien und USA	vor allem in Skandinavien, Finnland und den baltischen Staaten	international

Kleinraumbüro (Einpersonenbüro)

[1] Einzelbüros und kleine Gruppenbüros (bis zu 5 Personen) werden auch als Zellenbüros bezeichnet.

Großraumbüro (Bürolandschaft)

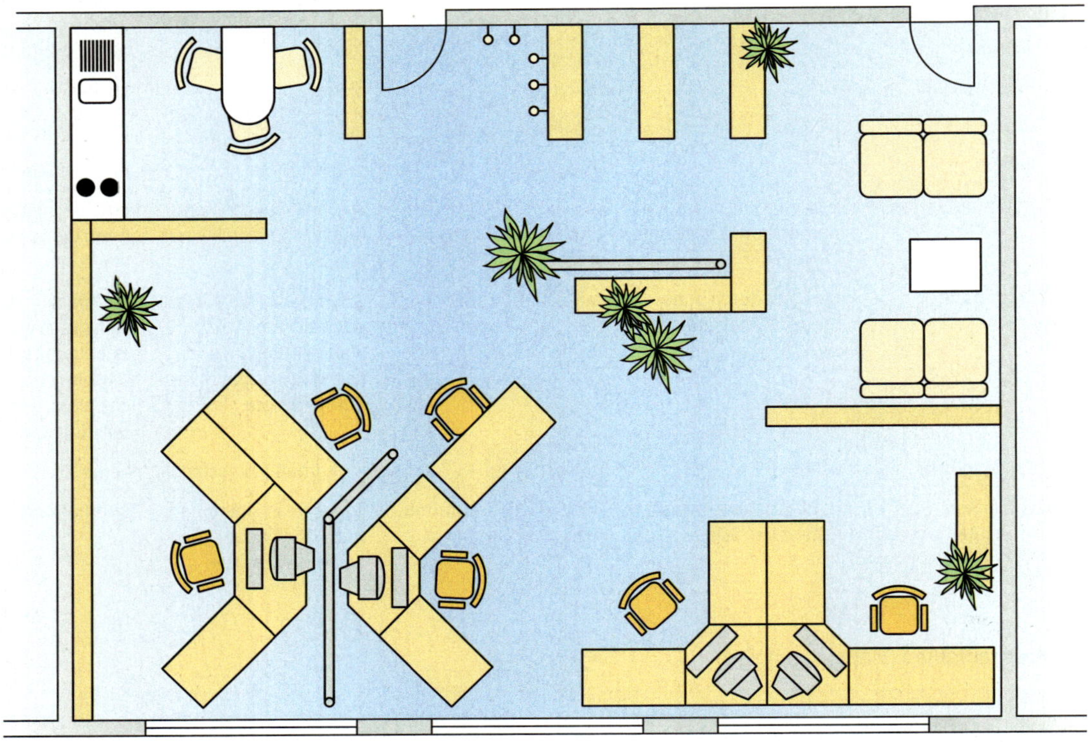

Bürokonzept Telearbeit

Begriffliche Abgrenzung und Zielsetzung

Telearbeit ist eine Arbeitsform, die, ausgehend von der Schweiz, von Norwegen, Finnland und den Niederlanden, auf dem Vormarsch ist. In den Niederlanden sind bereits gesetzliche Regelungen zur Telearbeit vorhanden, in den übrigen Ländern regeln die Bedingungen der Arbeitsvertrag oder die Betriebsvereinbarung. Der Arbeitgeber richtet dem Arbeitnehmer den Arbeitsplatz nach dessen Bedürfnissen zu Hause ein. Damit kann der Arbeitnehmer international flexibel seine Arbeitszeiten entsprechend der Auftragslage erledigen. Telearbeit ist hauptsächlich bei ergebnisorientierten Arbeitsabläufen anzutreffen. Allerdings sind der Datenschutz und die Überwachung von Arbeitnehmern problematisch.

Hauptgründe für Telearbeit

- Hohe Büromieten, vor allem in Metropolen, können vermieden werden.
- Mit der Telearbeit kann eine Verbesserung der Vereinbarkeit von Familie und Beruf einhergehen.
- Es stellt sich eine höhere Zufriedenheit beim Arbeitnehmer durch die Eigengestaltung der Arbeitszeit ein, damit geht eine höhere Arbeitseffizienz einher.
- Lange Pendelzeiten können so vermieden werden.
- Der ländlichen Entvölkerung aufgrund des demografischen Wandels wird entgegengewirkt.
- Durch geringeres Verkehrsaufkommen wird die Umwelt geschont.

Formen und Merkmale von Telearbeit

Formen von Telearbeit / Merkmal	Teleheimarbeit	alternierende Telearbeit	Mobile Telearbeit	Telecenter	Televillage
Arbeitsplatz	Alle Arbeiten werden zu Hause erledigt.	Es existieren *zwei* Arbeitsplätze.	Der Arbeitsplatz befindet sich beim Kunden.	Telecenter bieten Arbeitsplätze, die von den Unternehmen gemietet werden, sie sind wohnortnah.	Wohnsiedlungen mit Telearbeitsplätzen, extra für Telearbeiter konzipiert, eigene Architektur, z. B. in Österreich anzutreffen
Kommunikation	E-Mails, Telefon, Internet	E-Mails, Telefon, Internet, persönliche Konferenzen vor Ort	E-Mails, Telefon, Internet, der Kundenkontakt ist persönlich.	E-Mails, Telefon, Internet, Treffpunkte von Teleworkern in Telecafés oder Restaurants im Telecenter (unterschiedliche Unternehmen)	E-Mails, Telefon, Internet (Das ganze Dorf besteht aus Teleworkern, die sich in Restaurants, Gaststätten usw. persönlich austauschen).
Vereinbarkeit von Familie und Beruf	Gut möglich, allerdings ist eine strenge Arbeitsdisziplin und -organisation notwendig.	Gut möglich, allerdings muss für eine Kinderbetreuung während der Präsenzzeiten im Unternehmen gesorgt werden.	schlecht	Gut möglich, allerdings ist eine strenge Arbeitsdisziplin und -organisation notwendig.	Gut möglich, allerdings ist eine strenge Arbeitsdisziplin und -organisation notwendig.
Ökologie	sehr gut, da keine Fahrtwege	gut, da geringe Fahrtwege	schlecht, da lange Fahrtwege	gut, da geringe Fahrtwege	sehr gut, da keine Fahrtwege
Ökonomie	sehr gut, da geringe Kosten hinsichtlich Raumstruktur und -mietkosten aus Arbeitgebersicht. Sehr gut, da geringe Fahrtkosten aus Arbeitnehmersicht	mittelmäßig, da ein Arbeitsplatz noch zur Verfügung gestellt werden muss	gut, da der Kunde der Arbeitsplatz ist	sehr gut, da geringe Kosten hinsichtlich Raumstruktur und -mietkosten (günstige Mietpreise)	sehr gut, da keine Kosten hinsichtlich Raumstruktur und -mietkosten
Auswirkung auf persönliche Entwicklung	Isolation und Vereinsamung können zu Depressionen führen.	Beruflicher Wiedereinstieg ist gut möglich.	Es ist eine typische Vertretertätigkeit, die Freiheit, aber auch Isolation mit sich bringt (starker Bezug zum Kunden).	geringe Isolation, da guter Austausch mit anderen Teleworkern möglich ist	geringe Isolation und gute Integration in die (Dorf-) Gemeinschaft der Teleworker, da alle unter den gleichen Bedingungen arbeiten, gute Karrierechancen

Anforderungen an die Gestaltung der Arbeitsprozesse, des Arbeitsplatzes und -raumes

Profile of process of working, workspace and -room

Anforderungen an Arbeitgeber und Arbeitnehmer bei der Einführung von Telearbeit

Arbeitgeber	Arbeitnehmer
■ Bereitstellung des geeigneten Arbeitsplatzes mit PC ■ Aspekte von Arbeitszeit und Arbeitsumgebung müssen berücksichtigt werden. ■ Zielvereinbarung mit dem Arbeitnehmer ■ keine herkömmliche Kontrollfunktion möglich (Vertrauensarbeitszeit)	■ Der Arbeitnehmer muss eine strenge Arbeitsdisziplin (Selbstkompetenz) bei der Vereinbarkeit von Familie und Beruf aufbringen. ■ Er muss kommunikationsbereit auch außerhalb der regulären Arbeitszeit sein und eine positive Einstellung gegenüber ergebnisorientierter Arbeit aufweisen.

Erfahrungen mit Telearbeit

- Tatsächlich ist eine Zunahme von Freizeit zu verzeichnen, z. B. durch den Wegfall von Fahrzeiten.
- Es besteht aber eine große Gefahr der **verdeckten Mehrarbeit** durch ständige Präsenz in virtuellen Ebenen.
- Dadurch ist die Arbeitssucht bei „teleworkern" auf dem Vormarsch.
- Die Telearbeit setzt bei dem Arbeitnehmer eine hohe Methoden-, Selbst- und Sozialkompetenz voraus.
- Die Vereinbarkeit von Familie und Beruf ist relativ gut möglich.
- Teleworker klagen häufig über eine zunehmende Vereinsamung mit den entsprechenden Folgen (z. B. Sucht).
- Die Karrierechancen sind auch bei Telearbeit gegeben.
- Die Unternehmen nutzen bei Einführung von Telearbeitsformen die Kreativitätspotenziale der Mitarbeiter.
- Die Datensicherung über sogenannte „Clouds" bzw. Drop-Boxes stellt noch ein Problem dar.

Zukunftsformen der Büroarchitektur

Aufgrund des Wandels von der bisherigen Industriegesellschaft hin zur Kommunikations- und Informationsgesellschaft und durch die zahlreichen **internationalen Kontakte** heutiger Unternehmen gewinnen **Telearbeitsplätze mit Internetanschluss** immer größere Bedeutung. Man spricht hier auch von **reversiblen** (in die Ursprungsform zurücksetzbaren) Raumformen oder **non-territorialen** (nicht auf bestimmte Büros festgelegten) Büroformen, wie die auf Seite 39 aufgeführten Business-Clubs.

reversible Bürokonzepte	non-territoriale Bürokonzepte
Hier können die Möbel flexibel nach den Aufgaben umgestellt werden, sodass aus einem Einzelbüro ein Gruppenbüro bzw. ein Teambüro entsteht.	Hierbei steht ein Raum mehreren Mitarbeitern zur Verfügung (Lounge). Je nach Aufgabengebiet benutzen die Mitarbeiter diesen Raum. Man unterscheidet folgende Unterformen: ■ *Desk-Sharing*: Ein Arbeitsplatz wird auf zwei Mitarbeiter aufgeteilt. ■ *Room-Sharing*: Ein Raum wird auf die Mitarbeiter aufgeteilt. ■ *Building-Sharing:* Mitarbeiter suchen sich einen entsprechenden Raum, in dem sie mit ihrem Rollcontainer (abschließbar) arbeiten können.

Anforderungen an die Gestaltung von Arbeitsmitteln im Arbeitsraum

Sowohl bei der Tätigkeit in den genannten Büroräumen als auch bei der Telearbeit werden **Büromöbel und Büromaschinen** eingesetzt, die sicherheitstechnisch geprüft und ergonomisch gestaltet sein sollen. Optimale Arbeitsmittel fördern das Wohlbefinden; Arbeitsunfälle und Berufskrankheiten können so weitgehend vermieden werden. Die Büromöbel sollten **aufeinander abgestimmt, flexibel, zweckmäßig und normgerecht** sein. Büromaschinen, wie Kopiergeräte oder Geräte der Telekommunikation, sollten optimal integriert werden können.

Der **Bildschirmarbeitsplatz** ist eine gebräuchliche Bezeichnung für Arbeitsplätze mit EDV-gestützter Tätigkeit. Er unterliegt dem besonderen Schutz nach § 19 Arbeitsschutzgesetz und der Verordnung über Sicherheit und Gesundheitsschutz gemäß EU-Richtlinie 90/270 EWG. Bildschirmtätigkeiten müssen regelmäßig durch andere Tätigkeiten oder Pausen unterbrochen werden. Außerdem muss der Arbeitgeber regelmäßig Augenuntersuchungen anbieten. Der Arbeitgeber kann darüber hinaus zur Verbesserung des gesundheitlichen Wohlbefindens der Arbeitnehmer diesen regelmäßig Zeit für Augengymnastik und Fitness-Möglichkeiten während der Arbeitstätigkeit einräumen.

Anforderungen an die Gestaltung der Arbeitsprozesse, des Arbeitsplatzes und -raumes

Profile of process of working, workspace and -room

Anforderungen an Bürodrehstühle und Bildschirmarbeitsplätze

Bürodrehstuhl	Bildschirmarbeitsplatz
▪ bewegliches Untergestell durch Rollen oder Gleiter ▪ mindestens fünf Rollen ▪ kippsicher ▪ wegrollsicher ▪ verstellbare Sitzhöhe und -tiefe ▪ abgerundetes Vorderteil des Sitzes ▪ verstellbare, dynamische Rückenlehne	▪ flimmer-, reflexions- und strahlungsarmer Bildschirm mit konturenscharfen Schriftzeichen ▪ flexibler Monitor (Abstand 50 cm) ▪ höhenverstellbare und flexible Tastatur ▪ reflexionsfreier Bildschirmarbeitstisch mit abgerundeten Kanten ▪ ergonomische Maus und Mauspad

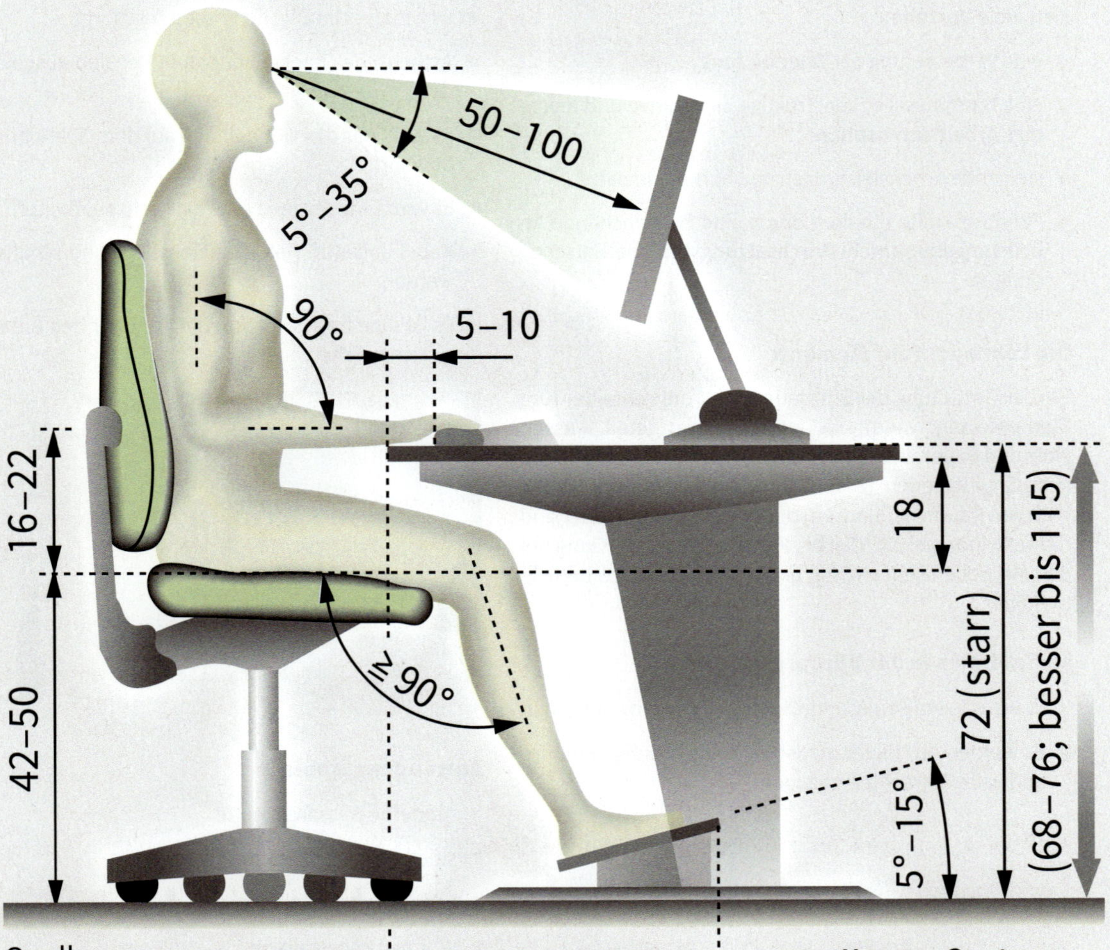

Quelle:
Sedus /eigene Recherche

Ordnung und Gestaltung humaner Arbeitsumgebungen nach Feng-Shui

2

Begriff und Zielsetzung

Feng-Shui (deutsch: Wind und Wasser) ist eine Harmonielehre aus China. Ziel ist die Harmonisierung des Menschen mit seiner Umgebung, die durch eine besondere Gestaltung der Lebensräume und damit der Arbeitsumgebungen erreicht werden soll. Es basiert auf den beiden Polen **Yin** und **Yang**. Ying ist die ruhige Lebensenergie, die durch die Architektur positiv beeinflusst werden kann, Yang die aktive Lebensenergie. Werden die Prinzipien von Ying und Yang in den Arbeits- und Ruheräumen im Unternehmen beachtet, ergeben sich viele **Vorteile**:

- eine Verbesserung der **Teambildung**
- eine harmonische, konstruktive, innovative und lebendige **Arbeitsatmosphäre**
- steigende Arbeitsleistungen und höhere Umsätze
- Führungskräfte erhalten durch eine entsprechende Arbeitsumgebung mehr **Durchsetzungskraft** bei Entscheidungen.

Die Lehre der fünf Elemente

Bei der Gestaltung der Büroräume wird die **Lehre der fünf Elemente** angewandt: Die Elemente **Erde, Metall, Wasser, Holz und Feuer** werden in die Arbeitsumgebung nach den Feng-Shui-Kriterien (z. B. Schreibtischanordnung innerhalb von Räumen, Pflanzen) optimal eingefügt. Dabei sind die Auswirkungen von **Farbe, Form, Maßen und Klang** auf den Menschen sehr wichtig und entsprechend zu berücksichtigen.

Maßnahmen in der Büroorganisation

- Es werden große, gesunde, kräftige Pflanzen aufgestellt.
- Es werden nur Bilder aufgehängt, die freudige Emotionen beim Betrachter erzeugen.
- Es wird alles entfernt, was im Weg zum Arbeitsplatz liegt oder steht.
- Büroutensilien werden in den Lieblingsfarben der Mitarbeiter angeschafft.
- Große Papierkörbe werden in leuchtenden Farben angeschafft.
- Fünfzehn Minuten werden täglich für das Aufräumen reserviert.
- Es wird regelmäßig für Frischluft gesorgt.
- Ästhetische Objekte können in Regalen ausgelegt werden.
- Es wird nur das Notwendige auf dem Schreibtisch aufbewahrt.
- Es wird überwiegend mit Tageslicht gearbeitet.
- Kabel sollen in Kabelkanäle gelegt und so unsichtbar werden.
- Es ist eine freie Sicht von der Tür über den Arbeitsplatz zu ermöglichen.

Anwendungsgebiete

- moderne Büroarchitektur
- städtebauliche Planung
- Landschaftsgestaltung
- Wohnraumgestaltung

Ökologische Anforderungen an den Arbeitsplatz

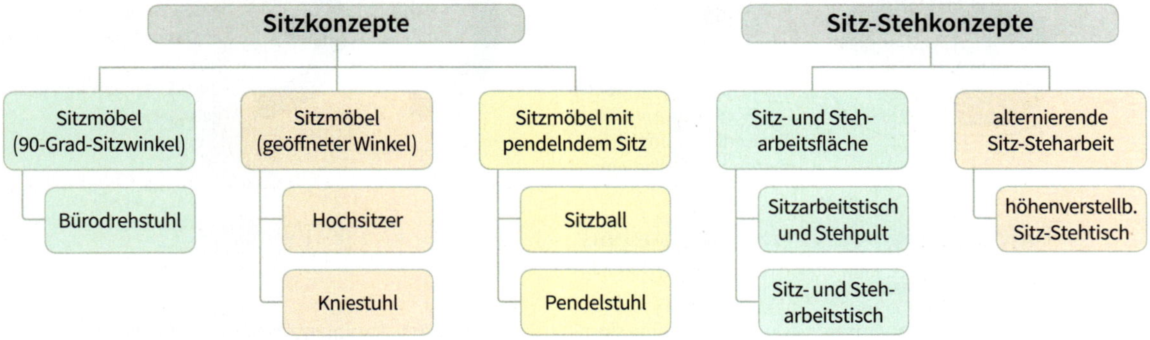

Quelle: Wittig, Thomas: Ergonomische Untersuchung alternativer Büro- und Bildschirmarbeitsplatzkonzepte. Bremerhaven: Wirtschaftsverlag NW Verlag für neue Wissenschaft GmbH 2000.

Am Arbeitsplatz lassen sich vielfältige Ressourcen einsparen, wodurch die Arbeitseffizienz gesteigert und die Kosten gesenkt werden können.

ökologische Anforderungen	Beispiellösungen
Tische und Stühle sollen am Arbeitsplatz aus gesundheitsfördernden Materialien bestehen, deren Materialherkunft auch bekannt ist.	■ Holztische und -stühle aus nachhaltigem Holz, ohne Beschichtung und umweltschädliche Lasur ■ Textilien aus umweltfreundlichen Materialien (z. B. Baumwolle, keine Chemiefasern)
Tische und Stühle sollen langlebig und erweiterungsfähig sein.	■ Tische und Stühle sollten in ihrer Verarbeitung höchster Qualität entsprechen und damit eine lange Nutzungsdauer haben. ■ Sie sollten an neue Anforderungen anpassbar sein. Ergänzungs- und Einsatzteile müssen nach mehreren Jahren noch verfügbar sein.
Bildschirmarbeitsplätze sollen stromsparend ausgestattet werden.	■ Anschaffung von **TFT-Bildschirmen** (Flachbildschirmen mit Energiesparmodus), es erfolgt ein automatisches Abschalten in den Arbeitspausen. ■ Es ist der **Festplattenruhemodus** zu verwenden, um Strom zu sparen. ■ Es sollen nur **recyclefähige Toner- und Tintenkartuschen** benutzt werden. ■ Es ist auf die Verwendung von **USB-Sticks** statt CD-ROMS zu achten.
Die Arbeitnehmer und -geber sollen sich am Arbeitsplatz ökologisch verhalten.	■ Es soll **Bewusstsein** für das Energiesparen geschaffen werden. Dies kann z. B. durch Sammeln von **Altpapier** erfolgen. ■ Netzteile wie Drucker und Lautsprecher sollen ausgeschaltet werden, wenn sie aktuell nicht gebraucht werden. ■ Notebooks sollten im Stromnetz betrieben werden, um **Akkus zu vermeiden.** Auch der Einsatz von **Videokonferenzen** spart Kosten und dient dem Umweltschutz. Glühlampen sollen gegen **Energiesparlampen** ausgetauscht werden, **Bewegungsmelder** ersetzen Lichtschalter, Stoßlüften ermöglicht den effizienten Energieverbrauch. **Heimarbeit** dient dem Umweltschutz durch geringen CO_2-Ausstoß mangels Pendelverkehr. Es sollen außerdem am Arbeitsplatz nur ökologische und **nachhaltige und nicht gesundheitsgefährdende** Materialien eingesetzt werden.
Der Arbeitgeber soll beim Kauf auf Fertigungsprozesse der Lieferanten achten.	■ Das im Fertigungsprozess für Büromaterialien und -möbel benötigte **Wasser** muss sparsam verwendet werden. Bevorzugt werden geschlossene Wasserkreisläufe. ■ Die **Energie**- und **Chemiemenge** für die Herstellung, den Transport und die Lagerung von Büromaterialien und -möbeln muss berücksichtigt werden.
Der Arbeitgeber stellt eine Ökobilanz auf.	■ Der ökologische Standard bei der Verwendung von Büromaterialien und -möbeln muss kontinuierlich verbessert werden. Basis sind die Ökobilanzierungen anhand der in ISO 14000 definierten Kriterien.

Auf der Folgeseite sind zwei Prüfzeichen abgebildet, die die Umsetzung ökologischer Anforderungen an Produkte testieren.

Anforderungen an die Gestaltung der Arbeitsprozesse, des Arbeitsplatzes und -raumes

Profile of process of working, workspace and -room

Das GS-Zeichen (geprüfte Sicherheit) kennzeichnet z. B. bei einem Bürostuhl die Einhaltung der Mindeststadards der EU. Es erfüllt damit die Anforderungen des Produktsicherungsgesetzes. DIN-Normen u. a. verfeinern diese Anforderungen. Das Zeichen wird freiwillig verwendet.

Das CE-Zeichen (Communauté européenne) bestätigt dem Hersteller in Eigenverantwortung, dass das Produkt die Anforderungen der Europäischen Union erfüllt. Nur die GS-Zeichen sind gesetzlich geregelt.

Kreativitätsfördernde Arbeitsplatzgestaltung

Begriff und Abgrenzung

Die Kreativität der Arbeitnehmer kann durch eine sinnvolle autonome Arbeitsplatzgestaltung im Hinblick auf Zeit, Art und Raum gefördert werden. Büroeinrichtungen können gegenüber den Mitarbeitern das Vertrauen der Unternehmensleitung sichtbar machen. Bei der Reflexion der Gestaltung des eigenen Arbeitsplatzes helfen die folgenden Empfehlungen an den Arbeitgeber weiter:

- **Monotonie** am Arbeitsplatz **vermeiden**. Gute Ideen entstehen oft durch Ortswechsel, also Meetings im Coffee-Shop oder in Ruhezonen. Neue Formen und Farben können bei der Kreativitätsförderung helfen.
- **Privatheit** am Arbeitsplatz **zulassen**. Mitarbeiter dürfen eigene „Freiräume" bei der Arbeitsplatzgestaltung entwickeln.
- **Keine Flächenminimierung durchführen.** Diese senkt die Leistungsfähigkeit der Mitarbeiter, die ihren eigenen Rückzugsraum für das Wohlbefinden benötigen.
- An die **Gesundheit** der Mitarbeiter denken. Kreativität, Motivation und Gesundheit hängen eng zusammen. Gutes mobiles Sitzen (siehe Abbildung S. 43) fördert die Leistungsfähigkeit.
- Raum für **informelle Kommunikation** einrichten. Es sollen Extra-Räume wie Lounges und Teeküchen für ungestörte Kommunikation geschaffen werden. Diese sollen funktional und einladend wirken. Es soll auch darauf hingewiesen werden, dass der Austausch mit Kollegen toleriert und gewünscht wird.

Mehr Wohlbefinden durch Einfluss auf die Arbeitsplatzgestaltung?

Büro der Zukunft

Weltweit nahmen bis Februar 2010 6.728 Personen an einer Online-Befragung zum Thema „Kreativitätsfördernde Faktoren am Arbeitsplatz" teil. Die 18- bis 25-Jährigen stellten die folgende Reihenfolge auf: 1. Menschen im Umfeld, 2. Ambiente und Atmosphäre, 3. Bürotechnologie. Besonders geschätzt wurden Büroräume mit nahe gelegenen Einkaufsmöglichkeiten, Coffee Shops oder Restaurants. Geschätzt wird auch umweltfreundliches Verhalten des Arbeitgebers. Bei der Arbeitsplatzgestaltung bevorzugen die Mitarbeiter **helle** und **offene** Arbeitsumgebungen. 59 % bevorzugen einen klaren, reduzierten Stil mit **zurückhaltenden** Farben. In allen Ländern eher ungeliebt sind Arbeitsplätze, die mit Kollegen geteilt werden müssen. In Deutschland wünschen sich 87 % einen eigenen Arbeitsplatz.
Nach einem Versuch, in dem Probanden ihren eigenen Arbeitsplatz selbst gestalten durften (Pflanzen, Bilder, Arbeitszeit, Büromöbel, Farben), zeigte sich: Je größer der Einfluss der Beschäftigten auf die Gestaltung des eigenen Arbeitsplatzes, desto zufriedener und motivierter waren sie. Sie identifizierten sich stärker mit ihrem Arbeitgeber und fühlten sich physisch wohler. Sie waren zudem um 32 % produktiver als vorher. **Kosteneinsparungen**, die mit sogenanntem „Desk-Sharing" oder flexiblen Arbeitsplatzmodellen erreicht wurden, können den **Produktionsverlust** durch **mangelnde Identifikation** und **geringeres Wohlbefinden** der Beschäftigten nicht aufwiegen. „Das Bürodesign bestimmt nicht nur, ob der Rücken weh tut, es hat auch einen Einfluss darauf, wie die Menschen ihre Aufgabe bewältigen, wie viel Initiative sie zeigen und wie zufrieden sie sind."

nach: Psychology Research into Identity and Space Management, Exeter, 2011

Selbstreflexion bei der Gestaltung des eigenen Arbeitsplatzes

Bei der Gestaltung des eigenen Arbeitsplatzes soll die nachfolgende Checkliste helfen, Schwachpunkte aufzuzeigen, die an geeigneter Stelle, z. B. beim Ausbilder, vorgetragen werden sollen. Dabei ist auf den innerbetrieblichen **Instanzenweg** (zum Beispiel Ausbilder, Abteilungsleiter, Betriebsinhaber) zu achten. Die Checkliste sollte gemeinsam im Team besprochen und kreative neue Lösungswege für die künftigen Arbeitsplätze aufgezeigt werden.

Anforderungen an die Gestaltung der Arbeitsprozesse, des Arbeitsplatzes und -raumes

Profile of process of working, workspace and -room

Beispiel einer Checkliste zur Selbstreflexion

Analyse des Gegenstands	Ist-Zustand	Soll-Zustand	Veränderungsvorschläge	Lösungsvorschlag, weitergeleitet am ..... an............................
Arbeitsraum	Schreibtisch steht an der Tür	Schreibtisch soll vor dem Fenster stehen (Lichteinfall von vorn oder links bei Rechtshändern).	Schreibtisch umstellen (Verkabelung des PCs beachten)	23. Mai 20.. an Herrn Meyer (Ausbilder)
Luft	Klimaanlage stört	angenehmes Raumklima	Klimaanlage wird abgeschaltet und durch Stoßlüften ersetzt	2. Juni 20.. an Herrn Meyer (Ausbilder)
Telearbeit	geringe Kommunikation	effektivere Teamarbeit durch mehr Kommunikation	Vereinbarung von festen Kommunikationszeiten	6. August 20.. an Herrn Meyer (Ausbilder)
Lärm	98 dB (gemessen)	65 dB	Zwischenwände; mehr Einsatz von E-Mails; Bemühen um geringen Lärmpegel im Team	Teambesprechung am .... um .... mit Herrn Meyer (Ausbilder) und Abteilungsleiterin Frau Wirtz

Bürowirtschaftliche Arbeitsabläufe unter Berücksichtigung des Zeitmanagements

Office management and time management

Begriff und Zielsetzung

Unter Zeitmanagement versteht man Vorgehensweisen zur Abarbeitung von Terminen, z. B. bei Projekten. Das Ziel ist die Optimierung des Umgangs mit der Zeit. Die Aufgaben werden nach **Wichtigkeit** und **Dringlichkeit** abgearbeitet bzw. delegiert. An dem Konzept wurde von Arbeitsmedizinern insofern Kritik geübt, als es nicht möglich sei, damit Hektik und den damit verbundenen Stress auszuschalten oder zu verringern. Viele Aufgaben ließen sich nur durch Ruhe und nochmaliges Nachdenken (was Zeit kostet) optimal erledigen.

Terminplanung

Eine gute Terminplanung ist die Grundlage für ...
- eine höhere Arbeitszufriedenheit,
- die rationelle Abwicklung von Aufgaben,
- eine gute Zeit-Kosten-Rechnung,
- mehr Motivation und Steigerung der Arbeitsleistung.

Telefonate, unangemeldete Besucher, langwierige Besprechungen und Unfähigkeit zur Selbstdisziplin können zu **Arbeitsunzufriedenheit** führen.

Terminarten

Je nach Anlass unterscheidet man verschiedene Terminarten: **fixe** (zum Beispiel Feiertage) und **variable** (zum Beispiel Lieferzeiten) und je nach Gebiet **personenbezogene** (zum Beispiel Geburtstage) und **sachbezogene** (zum Beispiel Lieferzeiten für eine Ware).

Anlässe für Terminplanungen in den Unternehmensbereichen

Beschaffung	Produktion	Absatz	Rechnungswesen	Personalwesen
Bestellungen Lieferungen Vertreterbesuche Messen Gewährleistung	Produktionsstart Fertigstellung Instandhaltung Schichten Durchlaufzeiten	Lieferungen Werbung Messe Kundenbesuche Feiertage	Rechnungsausgleich Steuerzahlungen Abgaben Aufbewahrungsfristen	Einstellungen Kündigungen An-/Abmeldung zur Sozialversicherung Ferientermine

Bürowirtschaftliche Arbeitsabläufe unter Berücksichtigung des Zeitmanagements

Office management and time management

Regelkreissystem der Terminplanung

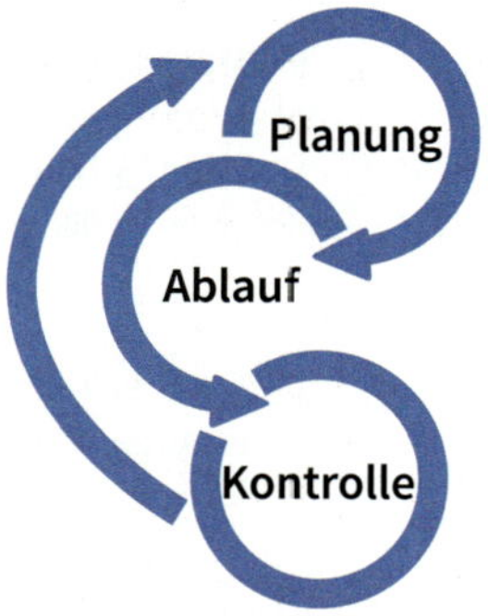

Beispiel:
Ein 10-jähriges Betriebsjubiläum soll gefeiert werden. Dazu bedarf es in den jeweiligen Abteilungen einer Planung der Aktivitäten, zum Beispiel von Ansprachen, der Bewirtung und des Programms. Der Termin muss mit allen Beteiligten abgesprochen, die Durchführung kontrolliert und Unstimmigkeiten müssen für das nächste Mal berücksichtigt werden.

Prozessschritte/Methoden des Zeitmanagements/der Terminplanung

Prozessschritte	mögliche Techniken/Methoden der Umsetzung
1. Ziele erkennen und formulieren, d. h. sich einen Überblick über die Aufgabenstellung verschaffen	Einfache **To-do-Listen** erstellen, z. B. über Telefonate mit Kunden (siehe Tabelle unten)
2. Prioritäten setzen nach **Dringlichkeit** (beispielsweise Gerichtstermine) und **Wichtigkeit** (beispielsweise Stärkung der Kundenzufriedenheit bei Beschwerden)	ABC-Analyse, Getting things done, Eisenhower-Methode (siehe unten)

To-do-Aufgabe	Termin	Besonderheit
Einladung und Betreuung vom XY-Popstar für das Jubiläum	12. Dezember 20..	VIP (very important person), Konsequenz: **Personenschutz einplanen**

- **ABC-Analyse**
  A = wichtig und dringend
  B = durchschnittlich wichtig und nicht dringend
  C = weniger wichtig und nicht dringend

Dieses Instrument ist flexibel einsetzbar (siehe unten).

- **Getting things done:** erweiterte ABC-Analyse nach D. Allen

Aufgaben	Aufgabenbeschreibung	Zeit	Termin
A	Kundenanfrage	1 h	14:00 Uhr Antwort
B	Angebot	4 h	12.12. . . um 12:00 Uhr Abgabe
C	Ablage	2 h	15:00 Uhr

- **Eisenhower-Methode:** Ein Diagramm wird nach **Wichtigkeit** und **Dringlichkeit** erstellt und es wird entschieden, ob bestimmte Aufgaben delegiert werden können.[1]

Zunahme an Wichtigkeit hinsichtlich der Zeit ↑		
	B-Priorität wichtig zielführend selbst bearbeiten Zeiten zur kontinuierlichen Bearbeiten einplanen hohe Aufmerksamkeit	**A-Priorität** wichtig und dringend zielführend selbst bearbeiten sofort erledigen kein Aufschub hohe Aufmerksamkeit
	D-Priorität unwichtig komplett wegdelegieren ablehnen ggfs. archivieren	**C-Priorität** dringend, aber nicht wichtig delegieren eilig abarbeiten ablehnen, wenn möglich

Zunahme an Dringlichkeit hinsichtlich der Zeit →

[1] Dieses Prinzip wurde von dem US-amerikanischen Präsidenten Eisenhower praktiziert und ist daher nach ihm benannt.

Bürowirtschaftliche Arbeitsabläufe unter Berücksichtigung des Zeitmanagements

Office management and time management

Prozessschritte	mögliche Techniken/Methoden der Umsetzung
2. Prioritäten setzen nach **Dringlichkeit** (beispielsweise Gerichtstermine) und **Wichtigkeit** (beispielsweise Stärkung der Kundenzufriedenheit bei Beschwerden)	■ **Das Pareto-Prinzip** Das Pareto-Prinzip ist eine Zeitmanagement-Methode, die dabei hilft, die wichtigen Bereiche, beispielsweise eines Projektes, nach Priorität zu ordnen.[1] **Nach diesem Prinzip werden nur 20 % der Zeit benötigt, um 80 % der Gesamtaufgaben zu erledigen.** Die verbleibenden 80 % der Zeit dienen der Perfektionierung. Im Zeitmanagement verbessert das Pareto-Prinzip die Zeit-Leistungs-Relation durch das Setzen von Prioritäten.
3. Planung von Arbeitsprozessen	**ALPEN-Methode:** Sie zeigt, wie der Arbeitstag in Schritte eingeteilt werden kann, um eine höhere Arbeitszufriedenheit zu gewährleisten. **A** ufgaben notieren (To-do-Liste, Tagesplan) **L** änge schätzen (Zeitaufwand/Aufgabe/Termine) **P** ufferzeiten einplanen (für sich selbst und Unvorhersehbares) **E** ntscheidungen über Prioritäten treffen (z. B. ABC-Methode) **N** achkontrolle (Unerledigtes auf den nächsten Tag übertragen)
4. Delegation von Aufgaben	Es wird überlegt, welche Aufgaben andere Unternehmen erledigen können (**Outsourcing**), zum Beispiel Ausgliederung der Buchhaltung an Steuerberaterbüros, des Telefonmarketings an Call-Center.

ABC-Analyse und Prioritäten

Tagesplan nach Prioritäten	Datum		
Tätigkeiten	**A**	**B**	**C**
Besucher empfangen	X		
Sitzung vorbereiten	X		
Ablage durchführen			X
Kollegen vertreten	X		
Protokoll führen	X		
Termine planen und kontrollieren	X		
Post bearbeiten	X		
Schriftverkehr erledigen	X		
Veranstaltungen planen	X		
Veranstaltungen abrechnen		X	
Geschäftsreisen planen	X		
Geschäftsreisen abrechnen		X	
Telefonkontakte herstellen	X		
E-Mail-Kontakte herstellen	X		
Internetrecherche durchführen	X		
Pufferzeiten für unerwartete Aufgaben		X	
Kollegen kontaktieren (persönlich)		X	

[1] Dieses Prinzip wurde erstmals von dem italienischen Wirtschaftswissenschaftler Vilfredo Pareto angestellt und ist daher nach ihm benannt.

Bürowirtschaftliche Arbeitsabläufe unter Berücksichtigung des Zeitmanagements

Office management and time management

Phasen der Terminplanung

Eine Terminplanung sieht eine **effiziente** Gestaltung von **Tages-, Wochen- und Monatsplanungen** vor. Dabei müssen alle Tätigkeiten kritisch im Hinblick auf ökonomische Gesichtspunkte, auf die richtige Priorität (Bedeutung) und auf das zielgerichtete Handeln untersucht werden. Man unterscheidet folgende Phasen:

- die **Rahmenplanung**, die sich über Monate hinweg erstreckt,
- die **Wochenplanung**, die mithilfe von Tagesplänen durchgeführt wird und
- die **Steuerungsplanung**, die sich auf weitreichende Koordinierung von Terminen erstreckt.

Dabei sind die nachfolgend aufgeführten **Terminplanungsmittel** hilfreich:

Hilfsmittel		Beschreibung
elektronischer Kalender		Für den PC gibt es verschiedene Programme, mit deren Hilfe Jahres-, Monats-, Wochen- oder Tageskalender geführt werden können. Außerdem können Terminabstimmungen unter mehreren Mitarbeitern über das Netz durchgeführt und so Überschneidungen vermieden werden.
Terminkalender		Sie sind erhältlich als Tages-, Wochen-, Monats- oder Jahreskalender. Es empfiehlt sich besonders der Wochenkalender. Chef und Sekretariat sollten die gleichen Kalender führen.
Terminmappe		Sie ist auch als Pultordner bekannt. Sie eignet sich als Monats- oder Jahresmappe für kurz- oder langfristige Planungen. Die Terminmappe ist besonders geeignet, wenn Geburtstage geplant werden müssen.
Terminregistratur		Die Terminregistratur als laterale Hängeregistratur wird im Schreibtisch aufbewahrt. Sie besteht aus 12 Hängemappen für die Übersicht der Monate und aus 31 Hängemappen für die tägliche Arbeit.
Terminkartei		Die Karten stehen hintereinander im Karteikasten und sind besonders gut für jährlich wiederkehrende Termine geeignet (Messen, Geburtstage).
Jahresübersicht		Sie bietet den Überblick über Termine des ganzen Jahres und kann für Messe-, Geburtstags- und Seminartermine eingesetzt werden.
Terminzettel	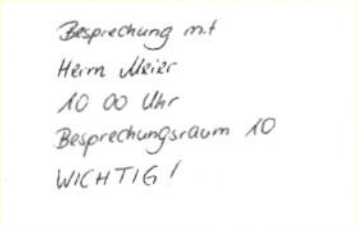	Sie werden zur Festlegung von Bearbeitungsterminen eingesetzt, z. B. mit Bitte um Rücksprache und Stellungnahme. Gegebenenfalls können sie in einer Terminregistratur untergebracht werden.
Terminlisten	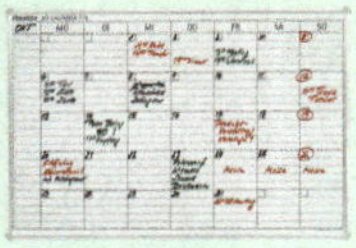	Terminlisten werden für größere Projekte erstellt, z. B. auch für die Planung einer Tagung.

Bürowirtschaftliche Arbeitsabläufe unter Berücksichtigung des Zeitmanagements *Office management and time management*

Hilfsmittel		Beschreibung
Zeitplanbücher		Sie dienen dem Zeitmanagement, um die Zeit optimal zu nutzen. Es gibt Zeitplanbücher für die Tages-, Monats- und Jahresplanungen sowie für spezielle Planungen, z. B. Bauplanungen.
Plantafeln	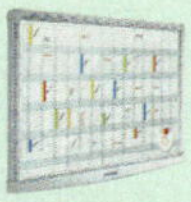	Auf den Plantafeln können Projekte übersichtlich dargestellt werden.
Balkendiagramme		Balkendiagramme können z. B. für den zeitlichen Bedarf von Sitzungsräumen eingesetzt werden (Raumbelegungsplan).

Beispiel: Bildschirm Outlook; Terminplanung

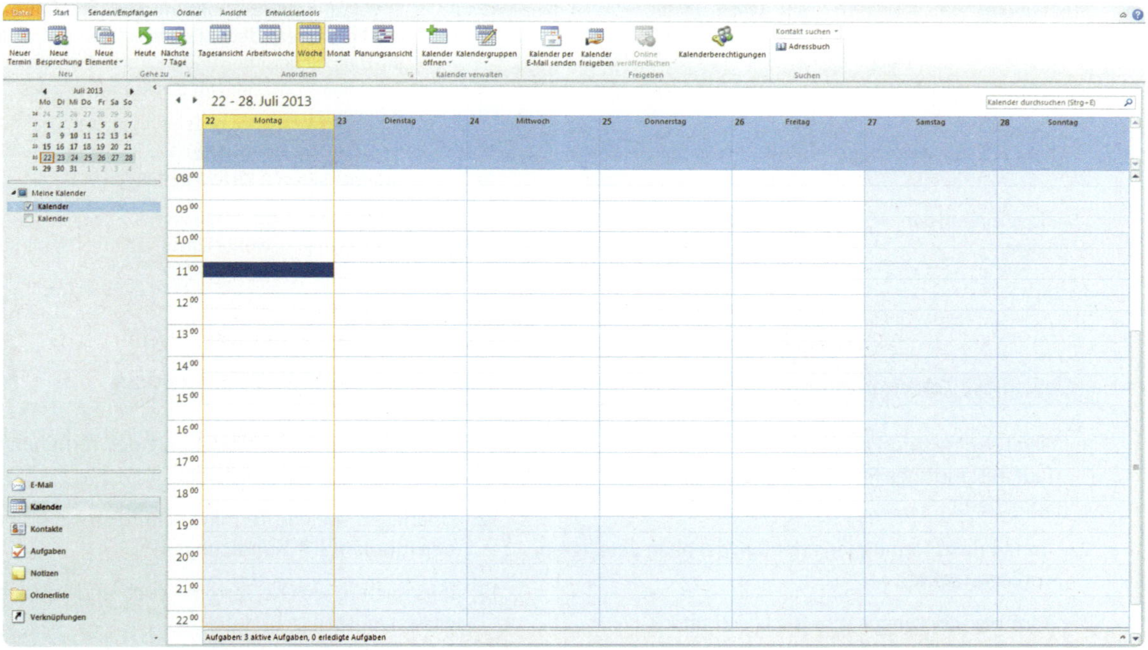

Zeitprobleme und ihre Behebung

Zeitprobleme (Zeitdiebe und Zeitfallen) entstehen auch bei geplanter Tätigkeit, hauptsächlich durch die Differenz von **Fremdzeit und Eigenzeit.**

- Unter **Fremdzeit** ist die fremdgesteuerte Zeit zu verstehen, z. B. Anrufe von Kunden.
- **Eigenzeit** ist die selbstgesteuerte Zeit, über die man selbst verfügen kann. Durch selbstgemachten Zeitdruck und Zeitfallen kann diese systematisch verändert werden.
- **Ziel** ist es, durch die Vermeidung von Zeitfallen und Zeitdruck Fremdzeit und Eigenzeit **in Einklang** zu bringen.

Bürowirtschaftliche Arbeitsabläufe unter Berücksichtigung des Zeitmanagements

Office management and time management

Zeitfalle	Ist-Zustand	Empfehlung
E-Mail-Bearbeitung	Die Mitarbeiter erhalten täglich viele hundert E-Mails, die auch sinnlosen Inhalt haben.	■ Verzicht auf E-Mail-Verteiler ■ Begrenzung des Lesens und Schreibens von E-Mails: nur 2 – 3 x am Tag ■ **Kombination** von E-Mails und Telefonaten ■ Informationen und Vorschläge per E-Mail weiterleiten
Störungen am Arbeitsplatz	Die Kunden und Kollegen kommen unaufgefordert an den Arbeitsplatz.	■ Einhaltung einer ungestörten **Mindestarbeitszeit** mithilfe eines Türschilds (Bitte nicht stören!).
Trödeln am Arbeitsplatz	Es wird sich mit Arbeiten beschäftigt, die untypisch für den Arbeitsplatz sind (Putzen, Küche aufräumen).	■ Beschäftigung von **Aushilfen**
Planung zu geringer Pufferzeiten	Es liegt unstrukturiertes Arbeiten mit wenig Zusatzzeiten vor.	■ Erstellen einer **Tätigkeitsanalyse** hinsichtlich der benötigten Zeit – es wird eine Pufferzeit von 20 % bis 30 % empfohlen.
Telefonate unzureichend vorbereiten	Es entsteht ein gehetzter Eindruck des Gegenübers am Telefon.	■ gründliche Vorbereitung des Telefonats mithilfe einer **Telefonnotiz**
Unordnung	Alle Vorgänge liegen unstrukturiert auf dem Schreibtisch.	■ Entwicklung einer **strukturierten Ablage** mithilfe von Vorordnern: Jedes Papier sollte nur einmal in die Hand genommen und bearbeitet werden. ■ Einplanen von Zeiten für das Aufräumen des Arbeitsplatzes
zu hohe Anspruchshaltung	Es werden zu hohe Ansprüche an Arbeitsqualität und -tempo gestellt.	■ Senkung der **Ansprüche** ■ Überdenken von Zielvorstellungen
Selbstzweifel an der Tätigkeit	Es wird am Sinn der augenblicklichen Tätigkeit gezweifelt.	■ **Neubewertung** der Tätigkeit ■ Überlegungen, woher Unzufriedenheit kommt

Checkliste Terminplanung

1. Alle Termine sofort eintragen (auf ausländische Feiertage achten, Termine rasch absprechen)
2. Immer nach Terminplan arbeiten, der allen Beteiligten vorliegen sollte
3. Terminerinnerungen schriftlich festhalten (z. B. per E-Mail)
4. Tätigkeiten im Kalender nach ABC-Analyse eintragen
5. Dem Vorgesetzten immer einen Grund für den Termin eintragen (z. B. Tagung)
6. Terminnotiz beim Posteingang mit Textmarker markieren und eintragen
7. Terminrückgabekarten benutzen (Welchen Termin möchte der Vorgesetzte wahrnehmen?)
8. Immer Zeitreserven einplanen
9. Täglich Termine überwachen
10. Bestätigte und unbestätigte Termine mit Kugelschreiber bzw. Bleistift unterscheiden
11. Immer die kostengünstigste Art der Terminanfragen wählen (z. B. E-Mail oder Brief)
12. Überlegen, welche Termine schriftlich bestätigt werden müssen (z. B. Kündigungen)
13. Informieren, welche Termine auch andere Personen wissen müssen (z. B. Hotel)
14. Bei Abgabeterminen für andere immer genügend Zeit einplanen
15. Bei Terminen mit Vorlaufzeit immer Voraushinweise anfertigen (z. B. Steuererklärung)
16. Unterlagen immer rechtzeitig bereitlegen (z. B. Geschäftsreisevorbereitungen)
17. Alle erledigten Termine aus der Planung streichen
18. Möglichst den Zeitplan einhalten
19. Zeitgefühl und Termingefühl bei ausländischen Partnern beachten (z. B. arabische Welt)
20. Zeitverschiebungen beachten (z. B. bei Geschäftsreisen)

Vorbereitung, Durchführung und Nachbereitung von Besprechungen und Sitzungen

Preparatory operations of business conferences

Begriff

Je nach Teilnehmerkreis und Zielsetzung werden **Besprechungen** und **Sitzungen** unterschieden, die in der Regel unternehmensintern in wenigen Stunden durchgeführt werden.

Besprechungen	Sitzungen
Sie sind die einfachste Form des Gedankenaustauschs zwischen zwei oder wenigen Personen.	Sie sind Veranstaltungen mit einem kleinen oder mittleren Teilnehmerkreis und einer festgelegten Tagesordnung.
↓ kurzfristige Planung	↓ langfristige Planung

Ziele

- **Information**
  Beispiel: Geschäftsleitung informiert über Produktveränderungen.
- **Kontaktpflege**
  Beispiel: Geschäftsleitung lädt Großkunden ein.
- **Entwicklung von Problemlösungsstrategien**
  Beispiel: Geschäftsleitung lädt Abteilungsleiter zur gemeinsamen Lösungsfindung bei neuen gesetzlichen Vorschriften und Richtlinien ein.

Um Besprechungen und Sitzungen nachhaltig durchführen zu können, müssen sie vor- und nachbereitet werden:

Vorbereitung → Durchführung → Nachbereitung

Vorbereitung von Besprechungen und Sitzungen

Folgende **Fragestellungen** sollten bei der Planung von Besprechungen und Sitzungen berücksichtigt werden:

- Um **welche** Veranstaltungsart[1] handelt es sich? → Besprechung/Sitzung
- **Was kann** bei der Veranstaltungsart erreicht werden? → Zielvorgaben/Tagesordnung
- **Welche** Beschlüsse sind zu fassen? → Beschlüsse
- **Was muss** erreicht werden? → Ergebnisse
- **Wer** soll teilnehmen? → Teilnehmer
- **Wo** soll sie stattfinden? → Ort
- **Wann soll** sie stattfinden? → Zeitpunkt und -raum
- **Welche** Kosten entstehen? → Kostenhöhe/Kostenstelle

1 Veranstaltungen im Allgemeinen siehe Lernfeld 12

Vorbereitung, Durchführung und Nachbereitung von Besprechungen und Sitzungen

Preparatory operations of business conferences

Checkliste zur Planung von Besprechungen und Sitzungen

Fragestellung	Vorbereitungsaspekte	Hinweise zur Vorbereitung
Um welche Art der Veranstaltung handelt es sich?	Besprechung oder Sitzung	Sollen Außenstehende (Referenten) eingeladen werden? (Einladungsschreibung)
Wann soll die Verstanstaltung stattfinden?	Datum und Uhrzeit müssen festgelegt werden.	Dabei müssen Biorhythmus und mögliche Feiertage berücksichtigt werden.
Wo soll die Veranstaltung stattfinden?	Welche Räume werden im Unternehmen genutzt? Sollen Räume angemietet werden?	Falls Konferenzräume in Hotels angemietet werden sollen, müssen diese rechtzeitig reserviert werden.
Wer soll teilnehmen?	Wer gehört zum Teilnehmerkreis?	Unterlagen für die Teilnehmer müssen vorbereitet und verteilt werden, Schreibunterlagen werden bestellt.
Wie lange soll die Veranstaltung stattfinden?	Der Zeitbedarf muss mithilfe der Tagesordnung abgeschätzt werden, Pufferzeiten sind einzuplanen.	Bei verändertem Besprechungs- bzw. Sitzungsverlauf müssen Strategien zur Einhaltung des Zeitumfangs entwickelt werden.
Wie soll die Tagesordnung ausssehen?	Die Anmeldefrist für die Tagesordnungspunkte muss eingehalten werden. Danach werden die technischen Medien geplant (PC, Beamer, Flip-Chart usw.).	Die Tagesordnung muss nach der Zielsetzung geordnet werden: Ideen- und Informationssammlung, Diskussion, Entscheidung und Beschlussfassung.
Wer leitet die Veranstaltung und führt die jeweiligen Tagesordnungspunkte ein?	Der Leiter der Veranstaltung begrüßt dem Ziel und Rahmen entsprechend die Teilnehmer und gibt als Moderator das Rederecht an die jeweiligen Sprecher der Tagesordnungspunkte weiter.	Der Leiter der Veranstaltung plant und überwacht die gesetzten Zeitvorgaben und leitet sinnvoll und humorvoll zum nächsten Tagesordnungspunkt über.
Wer führt während der Veranstaltung Protokoll?	Im Vorfeld wird der Protokollant auf seine Aufgabe mit Informationen vorbereitet. Es wird die Protokollart festgelegt.	Bei großen Veranstaltungen wird ein Zweitprotokollant eingeplant.
Wie sieht die Sitzordnung aus?	Die Sitzordnung wird dem Ziel entsprechend geplant (siehe Abbildung S. 56).	Es werden Namensschilder sowie mobile Mikrofone benötigt.
Wie werden die Teilnehmer bewirtet?	Die Art der Bewirtung hängt von der Zeitdauer ab. Bei wenigen Stunden wird ein Kaffee- und Teegedeck mit Keksen, Kuchen oder belegten Brötchen gereicht, bei längeren Sitzungen muss unter Umständen ein leichtes Mittagessen oder Snacks (Finger-Food) gereicht werden. Dies kann durch ein Catering-Unternehmen oder bei außerbetrieblichen Sitzungen durch das Hotel geschehen. Bei unternehmensinternen Bewirtungen werden im Vorfeld Mitarbeiter zur Bewirtung eingeplant und eingearbeitet.	Folgende Bewirtungsgegenstände sind bei Besprechungen und Sitzungen erforderlich:

Tassen mit Untertassen, Teller	verschiedene Gläser
Bestecke	Servietten
Obst	Kekse und Kuchen, glutenfrei, laktosefrei
Wasser (still – mittel – classic) und Obst- und Gemüsesäfte	Kaffeespezialitäten: Filterkaffee, Crema, Cappuccino, Latte Macchiato, Espresso, auch entkoffeinierte Kaffeegetränke
Milch, Zucker, Zitrone und Schalen zur Ablage der Teebeutel	Samowar und Teebeutel: Darjeeling-, Assam-, Früchte-, Rooibos- und Kräutertees
exquisite Kuchen	Finger-Food (evtl. Bio)
Thermoskannen	Abfalleimer
vegetarische und vegane Snacks	Besonderheiten bei ausländischen Gästen

Vorbereitung, Durchführung und Nachbereitung von Besprechungen und Sitzungen

Preparatory operations of business conferences

Fragestellung	Vorbereitungsaspekte	Hinweise zur Vorbereitung
Wie verläuft die Bewirtung?	Je nach Teilnehmergröße kann die Bewirtung **während** der Sitzung oder in den **Pausen** erfolgen.	Bei großen Besprechungen und Sitzungen ist eine Trennung von Getränke- und Snackbuffett sinnvoll.
Wie erfolgt die Mediennutzung der Teilnehmer?	Bei großen und langen Besprechungen sollen Internetzugänge möglich sein.	Die Bereitstellung von internetfähigen PCs bzw. Zugängen (Steckdosen) muss geplant werden.
Wie erfolgt die Gesprächsführung während der Veranstaltung?	Vor Beginn werden Regeln zum reibungslosen Ablauf vom Leiter festgelegt.	Siehe auch S. 54

Durchführung von Besprechungen und Sitzungen

Besprechungen und Sitzungen werden im oder außerhalb des Unternehmens durchgeführt. Für größere Besprechungen und Sitzungen wird gesondert eingeladen (s. S. 418). Viele Hotels bieten für Besprechungen und Sitzungen Räume mit angenehmem Ambiente an. Bei der Anfrage nach solchen Räumlichkeiten kann die Checkliste auf S. 54 benutzt werden. Vor Beginn der Besprechungen und Sitzungen werden Regeln zum reibungslosen Ablauf festgehalten. Es wird auf folgende Inhalte hingewiesen:

Beginn

- angemessene Begrüßung
- Hinweis auf Rauchverbot
- Verweis auf Geheimhaltung
- Nachfrage nach Änderungen der Tagesordnung
- Absprache der Pausenzeiten

Durchführung

- Abarbeitung der Tagesordnungspunkte (Information, Diskussion, Beschluss)
- Strukturierung der Gespräche
- Einhaltung von Kommunikationsregeln, z. B. Stoppen von Vielrednern (s. S.492 ff.)

Ende

- Verabschiedung
- Hinweis auf Informationsmaterial

Der folgende Vordruck ist ein **Instrument**, das sowohl **vor, während** und **nach** Besprechungen und Sitzungen eingesetzt werden kann:

Besprechung ☐ **Sitzung** ☐

Ort:	Datum:	Zeit:	Leitung:	
TOP (Tagesordnungspunkt)	TOP-Leitung	Beschluss	geplante Zeit (Soll-Zeit)	tatsächliche Zeit (Ist-Zeit)

Informationen zu den Tagesordnungspunkten:
o als Anlage
o werden von den Leitern der TOPs direkt verschickt

Sitzordnung

Besprechungen und Sitzungen werden je nach Art, Größe und Personenkreis in unterschiedlichen Sitzordnungen durchgeführt:

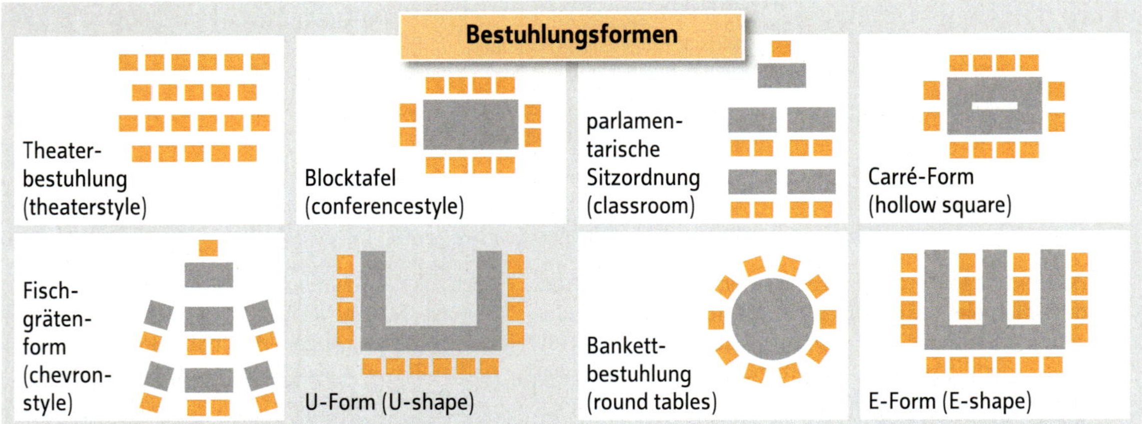

Quelle: PCS Professional Conference Systems GmbH

Getränke und Verpflegung (Bewirtung)

Während Besprechungen und Sitzungen wird meist nur leichte Kost gereicht: Kaffee, Tee, Mineralwasser und verschiedene Fruchtsäfte, Gebäck oder kalte Platten (s. S. 54).

Protokollführung

Während der Besprechungen und Sitzungen wird Protokoll geführt. Vorher muss festgelegt werden, welche **Art des Protokolls** angewandt wird (Verlaufs- oder Ergebnisprotokoll; im Einzelnen siehe dazu S. 479). Während der Besprechungen und Sitzungen wird eine **Teilnehmerliste** herumgereicht, in der die Teilnehmer durch ihre Unterschrift ihre Teilnahme dokumentieren. Sie wird als Anlage dem Protokoll beigefügt (siehe S. 479).

Teilnehmerliste

Ort:	Datum:	Zeit:
Name		Unterschrift

Nachbereitung von Besprechungen und Sitzungen

Eine Nachbereitung von Besprechungen und Sitzungen ist erforderlich, um deren **Effektivität** und damit die **Zufriedenheit** der Teilnehmer zu verbessern. Am Ende von Besprechungen und Sitzungen geben die Teilnehmer häufig ein Feedback (siehe Feedback-Regeln S. 496). Die Teilnehmer vermitteln vielfach ihre Gefühle und Eindrücke in einer **„Manöverkritik"** oder einem **Blitzlicht** (siehe S. 488).

Nach der Feststellung des **Zufriedenheitgrades** mithilfe von Befragungen und Abstimmungen an den Besprechungen und Sitzungen wird in der Regel eine **To-do-Liste** erstellt. Sie wird entweder am Ende der Besprechungen und Sitzungen erstellt und verteilt oder mit dem Protokoll an die Teilnehmer versendet. Diese Liste dient zum einen der **Dokumentation**, zum anderen dient sie zum **Abarbeiten der beschlossenen Aufgaben**.

Vorbereitung, Durchführung und Nachbereitung von Besprechungen und Sitzungen *Preparatory operations of business conferences*

***Beispiel*: To-do-Liste**

Schritt	Aufgabe	Verantwortlicher	Priorität	Status
1	Ziele festlegen	Teamleitung	A	erledigt
2	Aufgabe A erledigen	Team Müller/Schulze	B	in Bearbeitung
3	Aufgabe B erledigen	Abteilungsleiterin Becker	C	offen

Die wichtigsten **Dokumente** bei Besprechungen und Sitzungen sind die **Tagesordnung**, die **Teilnehmerliste**, verschiedene **Fragebögen**, die **To-do-Liste** und das **Protokoll**. Alle Dokumente werden mithilfe der elektronischen Datenverarbeitung erstellt und weiterverarbeitet. Sie können elektronisch auch mithilfe von sogenannten **„Clouds"** (Datenspeicherung im Internet) verteilt und gespeichert werden. Weiterhin können sie gegebenenfalls in speziellen fachgebundenen **sozialen Netzwerken** veröffentlicht werden. Eine weitere Möglichkeit ist die Veröffentlichung auf der **Homepage** des Unternehmens, falls diese Dokumente der Öffentlichkeit zugänglich gemacht werden sollen.

Informations- und Kommunikationsprozesse *Processes of information and communication*

Begriff und Zielsetzung

Jeden Tag gehen im Unternehmen viele Informationen auf unterschiedlichen Wegen ein: **schriftlich** in Form elektronischer und mechanischer Post (E-Mails, Telefax, Briefe) und **mündlich** (Gespräche, Telefonate). Das Ziel ist es, diese eingehenden Informationen entgegenzunehmen und entsprechend weiterzuleiten. Dazu ist es notwendig, die **Wege** zu beschreiben, auf denen Informationen eingehen und weitergegeben werden. Dabei unterscheidet man die **direkte** und **indirekte** Kommunikation.

Kommunikation	
direkte	**indirekte**
Gesprächspartner/-in „face-to-face"	mithilfe von Kommunikationseinrichtungen, z. B. Telefon, E-Mail

Wege der Informationsübermittlung

Informationsmittel		Beschreibung
Gespräch		Das Gespräch ist eine **mündliche** Informationsübermittlung, zum Beispiel in Konferenzen. Protokolle dienen der Dokumentation von Gesprächen und stellen ein **schriftliches** Kommunikationsmittel dar.
Telefon		Das Telefon ist ein **schnelles, weltweites** Übertragungsmittel für **mündliche** Informationen. Die Gesprächsinhalte können mithilfe von Telefonnotizen dokumentiert werden. **Mobile Telefone** verfügen heute über eine Vielzahl von Funktionen (zum Beispiel das Erstellen von Fotos und Videos und Nutzen von Internetverbindungen). Die einzelnen Funktionen ergeben sich aus dem jeweiligen Produktprofil des Herstellers.[1]
E-Mails		Das Versenden und Empfangen von Informationen mithilfe von E-Mails erfolgt in **elektronischer** Form. Dabei verfügen die Nutzer über eigene E-Mail-Adressen. Die Kommunikation kann **zeitnah** und **kostengünstig** erfolgen und eingescannte Dokumente können als Anhang versandt werden.

[1] Die Telefonkosten richten sich ebenfalls nach den Kommunikationsdienstleistern, die im Internet zu finden sind: www.billiger-telefonieren.de, eingesehen am 22.02.2018

Informationsmittel		Beschreibung
Telefax		Das Telefax ermöglicht die Korrespondenz in **elektronischer** Form mithilfe von Telefonleitungen. Dabei werden Dokumente, Urkunden und Briefe mithilfe eines Scanners abgetastet und per Telefonleitung zum Empfänger weitergeleitet. Dort werden die Signale in schriftliche Form umgewandelt und am Empfangsgerät ausgegeben. Diese Form der Informationsübermittlung ist besonders für Dokumente geeignet, die **schnell und sicher** übertragen werden sollen.
Briefe		Briefe sind **schriftliche** Mitteilungen an den Empfänger. Sie werden normgerecht erstellt (DIN 5008) und mithilfe von Postdienstleistungen zugestellt.[1] Die Kosten für Briefzustellungen richten sich nach **Gewicht, Größe, Wichtigkeit, Schnelligkeit und Entfernung.**

Informationen können inner- und außerbetrieblich ausgetauscht werden, man spricht dann von **innerbetrieblicher** und **außerbetrieblicher Kommunikation**.

Innerbetriebliche Kommunikationseinrichtungen

Telefon

Innerhalb eines Betriebes wird häufig eine **Telefonanlage** eingesetzt (auch *Hausanlage* oder *Nebenstellenanlage* genannt). Telefongespräche innerhalb eines Betriebes verursachen keine Verbindungskosten und sind an jedem Anschluss jederzeit möglich. Gegenüber dem öffentlichen Telefonnetz ist die Vertraulichkeit der Gespräche höher (Abhörsicherheit) und es gibt gegenüber einem normalen Telefonanschluss oftmals erweiterte Möglichkeiten, z. B.:

- **Zentrale Anrufbeantworter-Funktion:** Jedem Teilnehmeranschluss wird durch die Telefonanlage ein Anrufbeantworter bereitgestellt. Individuelle Geräte am Arbeitsplatz sind nicht erforderlich.
- **Konferenzschaltung:** Zu einem normalen Telefongespräch kann ein dritter Gesprächsteilnehmer hinzugefügt werden (Dreierkonferenz).
- **Makeln:** Von jedem Apparat kann ein Telefongespräch innerhalb des Betriebes direkt weitervermittelt werden.
- **Rufumleitung:** Rufe auf einen zeitweise unbesetzten Apparat können automatisch an eine Vertreterin/einen Vertreter weitergegeben werden.
- **Rufgruppen:** Ein Anruf wird an alle Apparate einer Arbeitsgruppe gegeben. Der erste Apparat aus der Gruppe, der abgenommen wird, erhält das Gespräch.

Zeitgemäße Telefonanlagen bieten neben dem Anschluss an das integrierte Sprach-Daten-Telefonnetz ISDN (**Integ**rated **S**ervices **D**igital **N**etwork) direkten Zugang zu öffentlichen Mobiltelefonnetzen. Mobile Telefonkommunikation auf dem Firmengelände wird durch Funktelefone nach dem DECT-Standard (**D**igital **E**nhanced **C**ordless **T**elecommunications) unterstützt.

Sprechanlage

Wechselsprechanlage

- Bedienen einer Sprechtaste ist erforderlich
  Das Gerät funktioniert abwechselnd als Mikrofon oder als Lautsprecher.

Gegensprechanlage

- Keine Sprechtaste; Sprechen und Hören sind gleichzeitig möglich

Rufanlage

- Lautsprecher in verschiedenen Betriebsbereichen
- Durchsagen von einer Zentrale aus
- Einsatz: z. B. in Warenhäusern
- Rückruf per Telefon

Pieper/Pager

- mobiles Empfangsgerät (Funk), das bei Anruf ein akustisches Signal abgibt und die Trägerin/den Träger so zum Anruf eines Telefonanschlusses oder zum Aufsuchen eines vereinbarten Treffpunktes im Gebäude auffordert (sog. „Anpiepen“)
- In neuer Zeit wird der Pieper oder Pager immer mehr durch die sehr viel leistungsfähigeren und flexibleren Mobiltelefone, Smartphones, mobile drahtlose Terminals und Tablet-Computer ersetzt.

Betriebsfunk

- mobile Kommunikation innerhalb des Betriebes mithilfe von Funkgeräten
- Im Unterschied zum Telefon ist Gruppenkommunikation möglich.
- Typische Nutzer: Werksschutz, Werksfeuerwehr, Instandsetzungspersonal

Betriebsfunk ist in Deutschland durch den Gesetzgeber besonders reglementiert und bedarf der Genehmigung und Zuteilung von Funkkanälen durch die Bundesnetzagentur. Für die Nutzung sind monatliche Gebühren an die Genehmigungsbehörde zu entrichten.

[1] Informationen zu Briefsendungen und Postdienstleistungen gibt es im Internet bei verschiedenen Anbietern, z. B. unter www.post.de

E-Mail

- Übermittlung von Textnachrichten und Bildern in elektronischer Form
- erfordert eine elektronische Postadresse, einen E-Mail--Service oder Server und in der Regel einen Zugang des Unternehmens zum Internet
- Als Zugang dienen Arbeitsplatzrechner, mobile Computer und Smartphones.

Intranet

Auf leistungsfähigen, mit viel Speicherplatz ausgestatteten Computern (sog. Servern) werden für den Geschäftsbetrieb notwendige Software-Programme vorgehalten, die auch vom Arbeitsplatz-Computer aus genutzt werden können. Die Server sind in der Regel im Rechenzentrum eines Unternehmens untergebracht. Die speziellen Software-Programme können üblicherweise mithilfe sogenannter Internet-Browser genutzt werden.

Voraussetzung für den Betrieb eines Intranets ist das Vorhandensein eines lokalen Datennetzes (LAN = Local Area Network) und die Mitarbeiter/-innen müssen über einen an das LAN angeschlossenen Arbeitsplatzcomputer verfügen. Neben Zugang zu Daten und Dokumenten bieten Intranets üblicherweise auch gemeinsame Nutzung von Druckern, E-Mail und computergestütztes Fax.

Intranet – *Beispiel*

Das Beispielunternehmen betreibt ein eigenes Rechenzentrum. Alle Abteilungen des Unternehmens sind durch Intranet-Server und E-Mail im LAN direkt miteinander verbunden und teilen Funktionen wie Fax und Drucker. Da ein Internetzugang vorhanden ist, können alle Stationen das Internet gemeinsam nutzen.

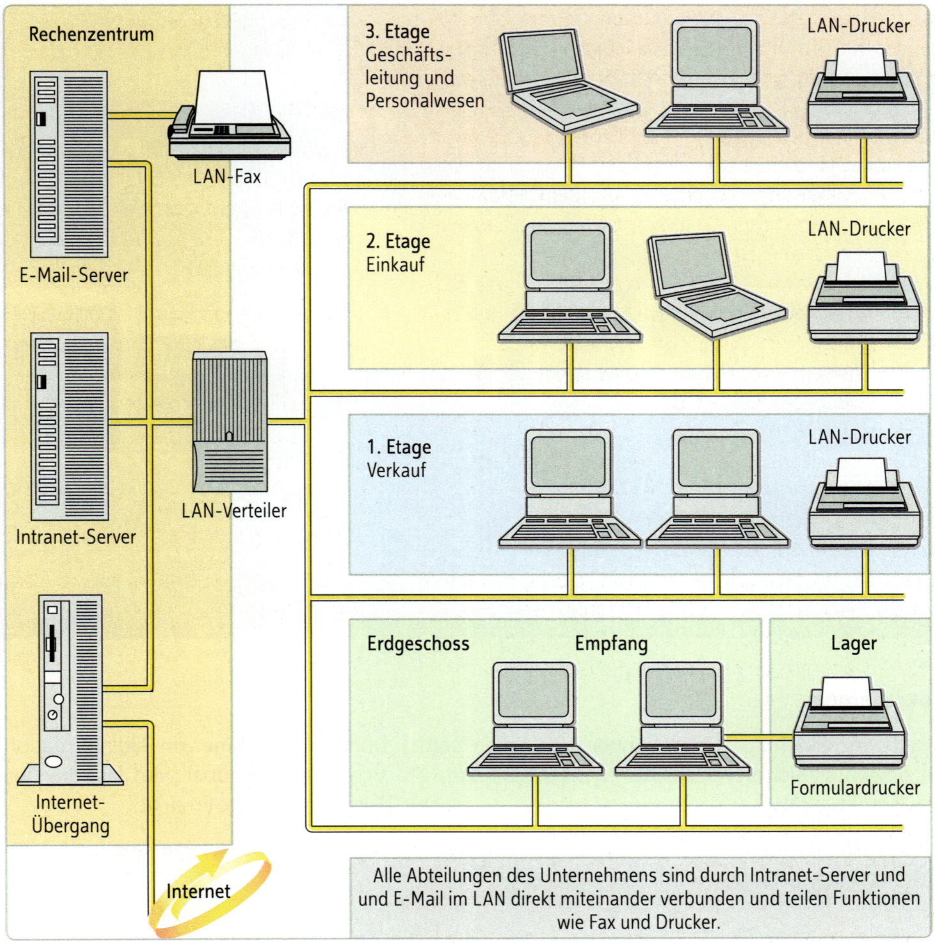

Durch technische Fortentwicklung ist die Leistungsfähigkeit von drahtlosen LANs (Wireless LAN, WLAN) und von Mobilfunknetzen drastisch erhöht worden. Neue Arten von Endgeräten (Smartphones, Tablet Computer) werden auch von Unternehmen verstärkt genutzt, um die innerbetriebliche Kommunikation mithilfe von Datenverarbeitung zu flexibilisieren und deren Reichweite zu vergrößern.

Außerbetriebliche Kommunikation

Begriff

Fast alle Unternehmen haben vielfältige Kontakte zu anderen nationalen und internationalen Unternehmen und Körperschaften. Die Unternehmen pflegen externe Kommunikation zur Abwicklung von elementaren Funktionen wie Einkauf, Verkauf und Zahlungsverkehr.

Notwendigkeit

Aufgrund der zunehmenden Firmenverflechtungen (Globalisierung) ist die außerbetriebliche Kommunikation von besonderer Bedeutung, um die Geschäftsbeziehungen zu pflegen, zu vertiefen und zu erweitern. Moderne Produktionsmethoden, wie z. B. Just-in-time-Fertigung, setzen eine schnelle und reibungslose außerbetriebliche Kommunikation zwingend voraus.

Internet

Das Internet ist das weltumspannende digitale Netzwerk, das aus nichtkommerziellen Zwecken hervorgegangen ist. Es gibt keine zentrale Verwaltung bzw. Koordinierung. Der Austausch erfolgt über sogenannte Internet-Dienste wie www (world wide web) oder E-Mail-Verkehr. Mithilfe einer **Internetrecherche** (siehe S. 135, 504) werden zu bestimmten Themen Informationen gesucht und gefunden.

Videokonferenz

Die Konferenzteilnehmer/-innen können sich sehen und hören, obwohl sie sich an verschiedenen Orten befinden.

Alle Teilnehmer können von ihrem Arbeitsort aus teilnehmen. Es entstehen keine Reisekosten und Arbeitsausfälle durch Reisetätigkeit können vermieden werden.

Durch Hinzunahme von Bildinformationen und durch das sichtbare Gegenüber wird fast die Qualität persönlicher Zusammenkünfte erreicht.

Voraussetzungen

(Auf beiden Seiten einer Verbindung jeweils:)

- Videokonferenzraum mit Kommunikationsanschlüssen
- Einheitliches bzw. passendes Videokonferenzsystem
- Farbfernsehkameras (feste und bewegliche)
- Dokumenten-Kamera
- Besonders beleuchteter Dokumententisch
- Eigenbild-Kontrollmonitore
- Mikrofone
- Konferenztisch mit Steuerpult
- Empfangsbildschirme

Übertragung

- Über das Telefonnetz:
  Es werden mehrere ISDN-Anschlüsse gebündelt. Mit zwei bis vier auf diese Weise gleichzeitig genutzten Anschlüssen (= bis zu acht gleichzeitige Telefonverbindungen über ISDN) lassen sich qualitativ hochwertige Videokonferenz-Sitzungen betreiben.
- Über das unternehmenseigene Datennetz:
  Nutzung vorhandener Datenleitungen innerhalb des Unternehmens (nur in sehr großen Unternehmen und/ oder bei sehr häufiger Nutzung)
- Über das Internet:
  Nutzung eines eigenständigen DSL-Internet-Anschlusses mit hoher Bandbreite zu einem nutzungsunabhängigen Kostensatz

Kosten

Durch die Nutzung eines Videokonferenzsystems entstehen Investitions- und Betriebskosten. Die notwendige technische Instandhaltung des Systems durch geschultes Personal ist dabei die Hauptkomponente der Betriebskosten.

Durch die zunehmend nutzungsunabhängige Tarifierung von Standard-Telekommunikationsleistungen seitens der großen Anbieter (Flatrate) und die scharfe Konkurrenz auf dem Telekommunikationsmarkt entfallen betriebszeitabhängige Kosten in der Regel ganz. Die sehr hohe Transportkapazität des Internets ermöglicht dabei besonders kostengünstige Verbindungen über DSL auch bei häufiger Nutzung, sodass ein separater Telefon- und DSL-Anschluss ganz unabhängig von der übrigen Telekommunikations-Infrastruktur des Unternehmens oft die wirtschaftlichste Wahl darstellen wird.

Beispiel:
Tägliche Produktionsbesprechung der Fertigungsleiter eines Industrieunternehmens mit den Standorten Kiel und München über DSL 16.000. Ein zeit- und übertragungsmengenunabhängiger sogenannter DSL- und Internet-Flatrate-Tarif für Geschäftskunden eines namhaften Telekommunikationsanbieters im Jahr 2018 sieht für diese Verbindungsleistung einen Festpreis von 44,90 €/Monat vor.

Zur Sicherstellung der Leistung legt das Unternehmen den ISDN- und Internetanschluss doppelt aus. Bei Ausfall einer der Anschlüsse kann so leicht auf den zweiten umgeschaltet werden oder bei Bedarf kann die Leistung beider Anschlüsse gebündelt werden.

Bei Nutzung von Telefonverbindungen oder Verbindung über Internet ist auch die Schaltung von Videokonferenzen mit externen Partnern wie Lieferanten oder Kunden möglich.

Die Poststelle als Ein- und Ausgangsort von Informationen

Die Poststelle ist eine Stelle im Unternehmen, die die eingehenden und ausgehenden Informationen (schriftlich, elektronisch) koordiniert. Durch die Rationalisierung in den Unternehmen verwalten häufig die Sachbearbeiter ihren E-Mail-Verkehr selbst. Die schriftlichen Informationen (ein- und ausgehende Briefe) werden von der Poststelle aber auch im Zeitalter der elektronischen Kommunikation mithilfe bestimmter Tätigkeitsabläufe konventionell bearbeitet. Werden Maschinen bei der Postbearbeitung benutzt, spricht man von einer **„Poststraße“**.

Postbearbeitung

Auch im Zeitalter der elektronischen Kommunikation ist der konventionelle Postversand von Waren und Originalschriftstücken notwendig.

Tätigkeiten beim Posteingang

1. **Entgegennahme der Post** direkt vom Boten oder durch Entnahme aus dem Postfach

   Notwendige Vollmachten:

   - *Einfache Postvollmacht:*
     ermächtigt zur Annahme aller gewöhnlichen Sendungen
   - *Besondere Vollmacht:*
     ermächtigt zur Annahme der Sendungen mit dem Zusatz „Eigenhändig“, „Postlagernd“ und zur Erteilung von Untervollmachten

2. **Sortieren der Post nach Privat- und Geschäftspost** sowie **Irrläufern**

   Beispiel: **Privatbrief (nicht öffnen!)**
   Frau
   Karin Weber
   Palmu GmbH
   Bahnhofstraße 28
   38154 Königslutter

   Beispiel: **Geschäftsbrief**
   Palmu GmbH
   Karin Weber
   Bahnhofstraße 28
   38154 Königslutter

3. **Öffnen der Eingangspost**
   (manuell oder maschinell)

4. **Kontrolle der Anlagen auf Vollständigkeit**

5. **Anbringen des Eingangsstempels** (vgl. S. 63)
   (Datum, Uhrzeit, Kurzzeichen)

6. **Verteilen der Eingangspost**
   a) zentral in die Postfächer der Mitarbeiter/-innen oder
   b) dezentral in die Abteilungen

Posteingang per E-Mail

Das Schriftgut kann auch – wenn es als E-Mail eingeht – direkt in einem Ordner gespeichert und damit aufbewahrt werden. Gehen schriftliche Mitteilungen in der Poststelle ein, werden diese eingescannt und ebenfalls in einem Ordner elektronisch aufbewahrt. Die elektronische Aufbewahrungsform hat viele Vorteile (schnell, sicher, transparent) und verursacht geringe Archivierungskosten.

Tätigkeiten beim Postausgang

1. **Zusammenstellen von Originalen, Durchschlägen und Anlagen**
   - Einlegen in die Unterschriftenmappe zur Unterschrift
   - Trennung der einzelnen Schriftstücke, Ablage der Durchschläge

2. **Falten der Originale**
   (manuell oder maschinell)

   Falzarten:

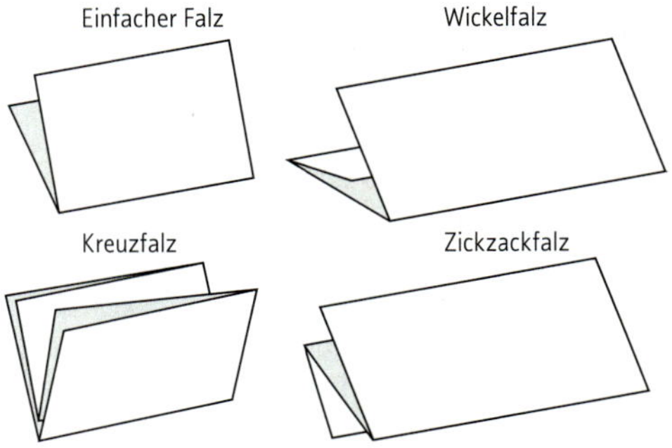

3. **Beifügen der Anlagen**

4. **Kuvertieren der Sendungen**
   (manuell oder maschinell)

   Briefhüllenformate (Briefumschläge)
   C6-Format

   DIN-Lang (DL)
   mit/ohne Fenster

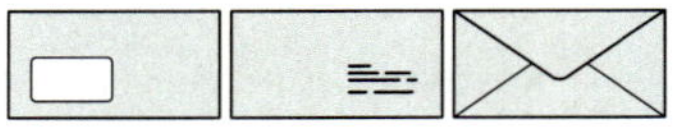

   Versandtaschenformate (Auswahl)
   C5/C4

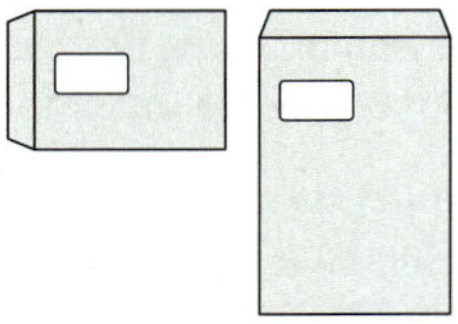

5. **Schließen der Briefhüllen**
   (manuell oder maschinell)

6. **Wiegen der Sendungen** mithilfe einer elektronischen Briefwaage (gleichzeitig kann sie auch Frankiermaschine sein)

7. **Frankieren der Sendungen** mithilfe von Frankiersystemen (vgl. S. 63)
   a) *Wertvorgabesystem* (Der Postkunde bezahlt einen Betrag, bis zu dem er frankieren kann.)

Tätigkeiten beim Postausgang

b) *Elektronische Briefmarke* Im Internet bietet die Deutsche Post unter „shop.deutschepost.de" die Möglichkeit der elektronischen Frankierung direkt über den eigenen PC. Hierbei kann im Voraus ein benötigter Portobetrag online gekauft werden. Dieser Betrag kann anschließend für die Frankierung des jeweiligen Portos verwendet werden.

Postausgang

Datum	Empfänger	Art der Sendung	absendende Abteilung	Namens-zeichen

***Beispiel:* Frankiermöglichkeiten**

***Beispiel:* Eingangsstempel**

Eingang	
Datum: 08-02-.. Uhrzeit: 10:30 h Abteilung: *Einkauf* Sachbearbeiter (Kurzzeichen): *Weg*	Bemerkungen: *Anlagen fehlen*

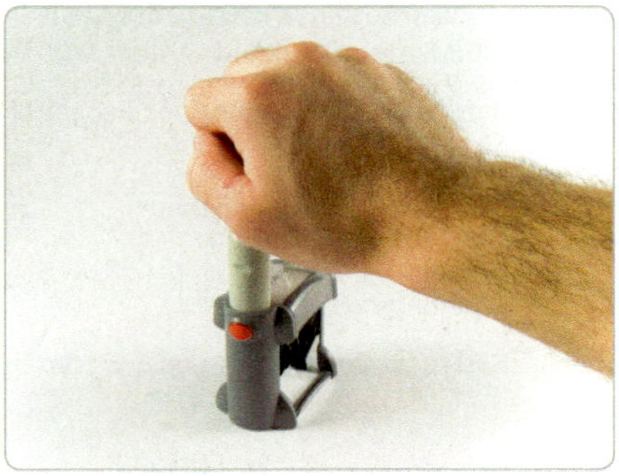

Beispiel für Eingangsstempel
(Nachweis für gerichtliche und außergerichtliche Angelegenheiten)

Digitale Postbearbeitung

2

Begriff

Unter **digitaler Postbearbeitung** versteht man die Bearbeitung der ein- und ausgehenden Post mithilfe elektronischer Medien.

Prozess Eingangspost/Ausgangspost

1. **Digitalisieren** der eingehenden Papierpost in der Posteingangsabteilung
   - Vorsortieren der eingehenden Post (persönlich)
   - Öffnen der Post
   - Vorbereitung der Post für den Digitalisierungsprozess (Barcodes anbringen)
   - Digitalisierung der Post mit einem Scanner
   - Vernichtung der Papierdokumente
2. **Klassifizieren** und Indexieren der digitalisierten Post
   - automatische Erkennung des Empfängers
   - automatische Erkennung der Dokumentenart
   - automatische Erkennung des Inhalts (z. B. Rechnung)
3. **Verteilung der Post**
   - automatische Weiterleitung der Post an den Empfänger mittels Workflow
   - automatische Weiterleitung von sonstiger Post
4. **Archivierung** der digitalisierten Post
   - automatische Archivierung mit Hilfe von Dokumentationssystemen
   - Bereitstellung über das Dokumentationssystem an einzelne Benutzergruppen
5. **Ausgangsposterstellung**
   - Die Dokumente werden elektronisch erstellt, archiviert und verschickt.
   - Einige Dokumente (Zeichnungen usw.) werden gescannt, archiviert und als Anhang versendet.

Kosten- und Nutzenanalyse

Kostenfaktoren	Nutzen
Einführungskosten (Projektkosten wie Konzepterstellung, Produktauswahl, Installation, Konfiguration und Kundeneinführung), Dokumentation, Schulung und Testphase	Basisnutzen (schnelle Erfassung der Eingangspost und schneller Versand der Ausgangspost sowie automatische sichere Langzeitarchivierung mit zentraler Datenhaltung im Rechenzentrum und Transparenz durch Regelung der Zuständigkeiten)
Hardwarekosten (z. B. Server, Scanner, Datensicherung)	Prozessnutzen (kurze Durchlaufzeiten ab Posteingang, besser strukturierte Arbeitsabläufe und -prozesse)
Softwarekosten (z. B. Betriebssystem, Datensicherung, Scan-IOCR-System, Workflow-System, DMS-Archiv)	Unternehmensnutzen (bessere Wettbewerbsfähigkeit durch höhere Reaktionsfähigkeit im Kundenverkehr)
Betriebskosten (Wartung und Reparatur)	Mitarbeiterzufriedenheit durch Vereinfachung und Standardisierung von Arbeitsabläufen
IT-Kosten (Netzwerk-Kosten)	Kostenersparnis und Ertragssteigerung durch manuelle Tätigkeiten
Schulungskosten	Verbesserte Kundenbindung
Kosten für Optimierung und Erweiterungen	Transparenz innerhalb der Unternehmen

Frankiersysteme

Stamping systems

Begriff

Frankieren bedeutet das Freimachen bzw. Bezahlen von Briefen, Paketen und anderen Postsendungen. Dies erfolgt manuell per Briefmarke oder elektronisch mit verschiedenen Systemen.

Frankierarten

Frankierarten	Beschreibung
Briefmarke	Briefmarken werden aufgeklebt und können in Bögen gekauft werden.
Plusbrief	Es handelt sich um einen Brief mit aufgedruckter Briefmarke.
Frankiermaschinen	Die Frankierung erfolgt durch einen digitalen Frankiervermerk (Matrixcode), über eine von der Deutschen Post zugelassene Frankiermaschine. Das Portoguthaben wird online geladen. Portoänderungen werden online bereitgestellt, was wiederum sicher, kostensparend und einfach ist. Kostencontrolling ist ebenfalls möglich. Das Druckbild des Stempels ist werbewirksam und professionell durch die hohe Druckqualität.
DV-Freimachung	Mit der DV-Freimachung haben Kunden die Möglichkeit, über ihre eigenen IT-Systeme Sendungen mit einer speziellen Software zu optimieren und gleichzeitig zu frankieren. Gleichzeitig werden alle notwendigen Einlieferungsunterlagen erstellt und elektronische Daten zur Einlieferung an die Deutsche Post übermittelt. Die notwendige Software bieten neben der Deutschen Post verschiedene Softwarehersteller an.
Handyporto	Über ein Mobiltelefon wird per SMS an eine Servicenummer der Deutschen Post das Wort „Brief“ oder „Karte“ übermittelt. Dann erhält der Sender einen zwölfstelligen Zahlencode per SMS, der als Frankierung dient und auf der Sendung, dort, wo die Briefmarke aufgeklebt wird, handschriftlich eingetragen wird. Danach wird der Brief/die Karte wie gewohnt verschickt. Mit der Mobilfunkrechnung erfolgt dann die Bezahlung. Die Frankierung kostet mehr als das Frankieren mit Briefmarke.
Internetmarken	Mithilfe des kostenlosen Online-Service INTERNETMARKE (www.shop.deutschepost.de) kann das Porto für Briefe sofort, einfach und schnell über einen Ausdruck der Frankierung auf Etikettenbögen oder direkt über Office-Lösungen auf das Dokument gedruckt werden.

Vorteile von Frankiermaschinen

- Unabhängigkeit: Frankiermaschinen können jederzeit und an jedem Ort eingesetzt werden.
- Kostenkontrolle: Ein Kostencontrolling ist jederzeit möglich, da die Frankiermaschine entsprechende Reports zur Verfügung stellt.
- Werbemöglichkeit: Werbung kann jederzeit im Frankiervermerk mit abgedruckt werden.

Beispiele: **Frankierarten**

2

Sendungsarten *Mailing types*

Begriff

Bei den Sendungsarten handelt es sich um die Art, wie Schriftstücke versandt werden können. Als Auswahlkriterien dienen **Größe**, **Gewicht**, **Kosten** und **Häufigkeit** des zu versendenden Schriftstücks.

Sendungsarten der Deutschen Post AG[1]

Sendungsarten	Beschreibung
Brief	Beförderung von Schriftstücken innerhalb weniger Tage in Deutschland Standardbrief: bis 20 g, 23,5 x 12,5 cm (B6/DL), bis 0,5 cm dick Kompaktbrief: bis 50 g, 23,5 x 12,5 cm (B6/DL), bis 1 cm dick Großbrief: bis 500 g, 35,3 x 25,0 cm (B4), bis 2 cm dick Maxibrief: bis 1.000 g, 35,3 x 25,0 cm (B4), bis 5 cm dick
Postkarte	150 – 500 g/m^2 schwer; offene Mitteilungen werden verschickt.
Infobrief	Mindestens 50 inhaltsgleiche Sendungen werden verschickt.
Infopost	preisgünstige Versandart, unter folgenden Bedingungen: ▪ mindestens 4.000 Stück ▪ mindestens 250 Stück für die gleiche Region oder ▪ mindestens 50 Stück für den Leitbereich (die ersten drei Ziffern der Postleitzahl)
Büchersendung	Bücher und Broschüren werden preisgünstig verschickt; offener Versand.
Postwurfsendung	Schreiben oder Warensendungen gleichen Inhalts können ohne Anschrift an alle Haushalte bzw. an Postfachinhaber verschickt werden.
Blindensendung	Informationen an Blinde können unentgeltlich verschickt werden; offener Versand zwecks Kontrolle.

Besondere Versendungsformen

Einschreiben	verschiedene Varianten: ▪ **Einwurf:** Dokumentation der Zustellung in den Briefkasten oder das Postfach durch den Postbediensteten ▪ **Eigenhändig (Übergabe):** Einschreiben, Nachnahmesendungen und Pakete können mit diesem Vermerk verschickt werden. Die Sendungen werden nur an den Empfänger bzw. an eine bevollmächtigte Person (schriftliche Vollmacht) ausgehändigt. ▪ **Rückschein:** Einschreiben, Nachnahmesendungen und Pakete können mit diesem Vermerk verschickt werden. Die Deutsche Post AG schickt den Rückschein an den Absender zurück und bestätigt damit die Zustellung durch Unterschrift des Empfängers.
Nachnahme	Mit diesem Vermerk werden Geldbeträge durch die Deutsche Post AG eingezogen. Dies ist möglich bei Briefen, Postkarten und Paketen. Der Betrag ist maximal 3.500,00 € bei Paketen, bei Briefen maximal 1.600,00 €; die Sendung wird nur gegen Bezahlung ausgehändigt.
Werbeantwort	Absender von Werbesendungen, Katalogen oder Ähnlichem können den Versand mit diesem Vermerk erleichtern, indem sie eine vorbereitete Antwortkarte beifügen, die der Empfänger portofrei verschicken kann.
Postvertriebsstück	Zeitungen und Zeitschriften können kostengünstig versandt werden.
Postzustellungsauftrag	Amtliche Schriftstücke werden amtlich zugestellt,, urkundlich wird der Empfänger festgehalten. Die Urkunde geht an den Auftraggeber zurück, der Zustellungsempfänger kann sich den rechtlichen Konsequenzen nicht entziehen (Fristenregelungen).
Expressbrief	Schnelle Zustellung über Nacht, Zustellung vor 09:00 Uhr, 10:00 Uhr oder 12:00 Uhr, Extraentgelte für Sonn- und Feiertagszustellung. Haftung bis 500,00 € im Falle von Verlust oder Beschädigung.

[1] vgl. www.deutschepost.de. Alternative Briefdienstleister bieten teilweise andere Sendungsarten und Versendungsformen an.

Sendungsarten *Mailing types*

Prospektservice	Prospektservice für Werbeaktionen, die bundes- oder europaweit durchgeführt werden. Mit dem elektronischen Service können die Prospekte vom PC aus als Postwurfsendungen an alle Haushalte bzw. an Postfachinhaber verschickt werden. Mithilfe einer Software werden die zu bewerbenden Gebiete ausgewählt. Dadurch ist die Kostentransparenz während der Planung hinsichtlich der Versandkosten gegeben, außerdem entfallen die aufwendigen Tätigkeiten beim Postausgang.
Mailingfactory	Dies ist ein Service der Deutschen Post AG zur Durchführung von Mailing-Aktionen. Der Kunde übergibt die Daten online, die Deutsche Post AG setzt sie um: Druck, Kuvertierung, Freimachung und Versand.

Haftung der Deutschen Post AG

Haftungsanlass	Haftungsumfang
Verlust/Beschädigung	bis max. 500,00 €
Verlust von Einschreiben	25,00 €, bei Einwurfeinschreiben 20,00 €
Transportversicherungen	bis zur Höhe der Versicherung
Verlust von Briefen	keine Haftung
Nachnahmesendungen	bis zur Höhe der Nachnahmegebühr sowie für den ordnungsgemäßen Einzug
Bei Schäden durch Absender, mangelhafter Verpackung und späterer Anzeige	keine Haftung

Kurier-, Express- und Paketdienste *Courier-, express- and parcel-services*

Begriff und Vorteile

Diese Dienste unterscheiden sich hinsichtlich der Bedürfnisse des jeweiligen Absenders im Hinblick auf Kosten und Geschwindigkeit sowie Sicherheit.

Vorteile der Dienste

- hoher Lieferservice (flächendeckend, rund um die Uhr)
- Flexibilität (just-in-time möglich, dadurch werden Lagerkosten gespart)
- Laufzeitüberwachung (Sendungsverfolgung; tracking & tracing, Ursachen von Lieferzeitüberschreitungen werden schnell aufgedeckt)
- Anpassung an spezielle Kundenwünsche (Sondertransporte)
- Pünktlichkeit (Planungssicherheit, Geld-zurück-Garantie)

Die Kurier-, Express- und Paketdienste bieten häufig ein Paket an Dienstleistungen an wie Zustellung, Nachlauf, Vorlauf, Abholung und Transport.

Qualitätsanforderungen

Um den Kundenwünschen gerecht zu werden, müssen die Kurier-, Express- und Paketdienste heute folgende **Qualitätsanforderungen** erfüllen:

- Branchenkenntnisse (nur bestimmte Transporte, z. B. Tiere)
- Know-how von Transporten von bestimmten Produkten (Medikamente und Gefahrengut)
- Kostentransparenz von Tarifen
- Komplexität des Angebots (Outsourcing möglich)
- Vertrauen und Zuverlässigkeit
- Einsatz eines elektronischen Sendungsverfolgungssystems
- Einsatz ökologischer Packmaterialien
- Internationales Netzwerk (eigene Niederlassungen)
- Just-in-time-Service
- Tür-zu-Tür-Service, auch im Ausland
- Kundenfreundlichkeit
- Flexibilität

Normgerechte Ordnung und Aufbewahrung von Dokumenten und Schriftstücken

Filing of documents and papers according to standards

Registratur

2

Unter Registratur versteht man die Aktenablage eines Unternehmens oder einer Organisation. Dabei werden verschiedene **Registraturformen** und **Ablageorte** unterschieden.

Ablageorte

Ablageorte	Beschreibung
Arbeitsplatzablage	Schriftstücke befinden sich unmittelbar am Arbeitsplatz. Sie werden noch für die Bearbeitung benötigt.
Abteilungsregistratur	Sie steht in der jeweiligen Abteilung und beinhaltet alle Akten der Abteilung. Flexible Möbel erleichtern den Zugang für alle Mitarbeiter der Abteilung.
Zentralregistratur	Die Zentralregistratur bewahrt Unterlagen vom gesamten Unternehmen auf. Sie liegt zentral im Unternehmen und ist allen Mitarbeitern zugänglich; meistens ist hier mindestens ein Mitarbeiter beschäftigt, der auch vertrauliche Unterlagen (zum Beispiel Patente) verwaltet.
Altablage	Erledigtes Schriftgut wird meist im Keller oder auf dem Dachboden aufbewahrt; es gibt auch die Möglichkeit, Schriftgut in angemieteten Speichern aufzubewahren.

Registraturformen

Registraturform	Vorteile	Nachteile	Anwendung	Schriftgutbehälter
liegende Registratur	schnelle Ablage, preisgünstig, leicht zu verschicken	schlechter Zugriff, unpraktikable Aufbewahrung, unsicher	Prospektmaterialien, Präsentationsmaterialien	▪ Aktendeckel ▪ Mappen ▪ Einstellmappen ▪ Hefter
stehende Registratur	schnelle, sichere Ablage, gute Gliederung durch Trennblätter, übersichtlich	hoher Platzbedarf (Totraum durch Hebelmechanik), schwere Versendbarkeit	gelochtes Schriftgut, z. B. Lieferscheine, oder ungelocht, z. B. Prospekte	▪ Ordner ▪ Stehsammler
hängende Registratur (vertikal oder horizontal hängend)	schneller Zugriff von Einzelakten, gute Versendbarkeit	hoher Platzbedarf (vertikal), Spezialanfertigung von Registraturmöbeln	Personalakten, Kundenakten, Verträge	▪ Pendelmappen ▪ Pendeltaschen ▪ Hängemappen ▪ Hängetaschen ▪ Pendelhefter

Überlegungen zur Einrichtung einer Registratur

Bei der Einrichtung einer Registratur sind folgende Überlegungen anzustellen:

- **Zugriffsgeschwindigkeit** (Wie häufig wird auf das Schriftgut zugegriffen?)
- **Kostengesichtspunkte** (Investitionen, laufende Kosten, Personalkosten)
- **Praktikabilität** (Müssen Schriftstücke häufig transportiert werden?)
- **Umfang der Schriftstücke** (Wie groß sind die Schriftstücke?)
- **Sicherheit der Schriftstücke** (Inwieweit handelt es sich um vertrauliche Schriftstücke?)
- **Aufbewahrungszeit** (Altablage: Aufbewahrungsfrist laut HGB, Archiv: dauerhaft aufzubewahrendes Schriftgut)
- **Aktenform**: Sammelakten (z. B. gleiche Schriftstücke wie Rechnungen befinden sich in einem Behälter) oder Einzelakten (Personalakten)
- **Heftungsform** (Kaufmännische Heftung: das aktuelle Schriftstück liegt obenauf oder behördliche Heftung: das aktuelle Schriftstück wird nach unten geheftet.)
- Anfall von **gelochtem** oder **ungelochtem Schriftgut**?
- **Standort der Registratur** (Arbeitsplatz-/Abteilungs-/Zentralregistratur)

Anforderungen an eine revisionssichere Archivierung von mechanischen und elektronischen Daten

- Die Aufbewahrung muss ordnungsgemäß sein.
- Die Aufbewahrung muss vollständig sein.
- Jedes Dokument muss mit dem Original übereinstimmen.
- Nur Berechtigte dürfen die Dokumente einsehen.
- Das Wiederfinden muss in angemessener Zeit erfolgen.
- Die Vernichtung erfolgt frühestens nach Ablauf der Aufbewahrungsfrist.
- Es muss eine jederzeitige Prüfung durch Sachverständige des gesamten organisatorischen und technischen Verfahrens möglich sein (Reproduzierbarkeit).

Normgerechte Ordnung und Aufbewahrung von Dokumenten und Schriftstücken

Filing of documents and papers according to standards

Elektronische Archivierung

Unter elektronischer Archivierung versteht man die langfristige Aufbewahrung elektronischer Informationen im Sinne des Enterprise Content Managements. Dafür werden spezielle Systeme (Software) eingesetzt. Sie sind notwendig, um eine jederzeitige Revision durchführen zu können.

Die ISO DIN 15489-1/-2 legen **die internationalen Standards** zur Information und Dokumentation fest. Dazu existiert in Europa das **elektronische Dokumentationssystem MoReg** (Modellregistratur), das zur Einrichtung einer elektronischen Registratur benutzt werden kann.

Aufbewahrungsfristen von Schriftgut

Die Registratur ist die geordnete Aufbewahrung von Schriftgut. Man unterscheidet handelsrechtliche **Aufbewahrungsfristen** und betriebliche **Aufbewahrungsprinzipien:**

Handelsrechtliche Aufbewahrungsfristen gem. §§ 257, 261 HGB, § 147 AO (Abgabenordnung)

- 10 Jahre für Handelsbücher, Inventare, Eröffnungs- und Schlussbilanzen, Buchungsbelege (steuerlich relevante Unterlagen)
- 6 Jahre für empfangene Handelsbriefe, Kopien der abgesandten Handelsbriefe

Betriebliche Aufbewahrungsprinzipien

- Handelsbriefe dienen als Beweismittel.
- Firmengründungsunterlagen werden nicht vernichtet.
- Notarielle Verträge werden nicht vernichtet.

Wertstufen von Schriftgut

Je nach Wert eines Schriftstückes unterscheidet man:

Tageswert: Schriftstücke vermitteln einmalige Informationen und werden danach vernichtet, z. B. Tageszeitungen, unverlangte Angebote, Rundschreiben.

Prüfwert: Schriftstücke werden über einen Zeitraum bearbeitet und danach vernichtet, z. B. Bewerbungen.

Gesetzeswert: Schriftstücke, die den gesetzlichen Aufbewahrungsvorschriften entsprechen

Dauerwert: Schriftücke, die dauerhaft im Unternehmen verbleiben, z. B Firmengründungsunterlagen, Meisterbriefe, Patente, Lizenzen

In einem sogenannten **Schriftgutkatalog** wird die Wertigkeit der betrieblichen Schriftstücke festgelegt, um so eine transparente Registraturarbeit für alle Bereiche zu gewährleisten.

Schriftgutkatalog

Bei großen Mengen von Schriftgut ist es manchmal sinnvoll, einen Schriftgutkatalog anzufertigen, um einen Überblick über die Wertigkeit des Schriftgutes zu behalten.

Beispiel für einen Schriftgutkatalog:

Abteilung	Schriftgutart	Aufbewahrungsfrist endet
Einkauf	Angebotsvergleiche	-
Verkauf	Rechnungen	Dezember 2027 (Rechnungen von 2017)
Buchhaltung	Kontoauszüge	Dezember 2027 (Kontoauszüge von 2017)
Verwaltung	Aktenvermerke	-
Marketing	Entwürfe	-

Normgerechte Ordnung und Aufbewahrung von Dokumenten und Schriftstücken

Filing of documents and papers according to standards

Ordnungssysteme

Für das sichere Auffinden von Schriftgut bietet es sich an, bestimmte Ordnungssysteme zu benutzen:

- **Alphabetisch**, abgelegt wird nach den Kriterien:
  - Nachname, Vorname, Ort, Straße, Hausnummer
  - „Gebrüder“ wird wie ein Vorname behandelt.
  - Ä steht hinter AE, Ü steht hinter UE usw.
  - Titel und andere Zusatzbezeichnungen, z. B. „GmbH“, bleiben unberücksichtigt.
- **Numerisch**, abgelegt wird nach Nummern, z. B. Kunden- oder Rechnungsnummern
- **Alphanumerisch**, abgelegt wird nach der Kombination Alphabet und Nummer, z. B. A3
- **Chronologisch**, abgelegt wird nach dem Datum
- **Dekadisch**, abgelegt wird nach Haupt- bzw. Untergruppen, z. B. 336 Arbeitsagentur
- **Mnemotechnisch**, abgelegt wird nach bestimmten Merkhilfen, z. B. AR = Ausgangsrechnung
- **Farblich**, abgelegt wird nach Farben, z. B. Eingangsrechnungen: grüner Ordner

Beispiele Schriftgutbehälter

Pultordner

Sie dienen zum Vorsortieren von Schriftgut zur Ablage oder zur Organisation des Schriftverkehrs.

Beispiele:

- Erinnerungshilfe für wichtige Termine im Jahresverlauf (z. B. Messen) mit 12 Registerblättern
- Anschreiben an Mitarbeiter zum Geburtstag (Registerblätter vom 1. – 31. des Monats)

Hängemappenwagen

Beispiel:

Vertikale Hängeregistratur mit Reitern als Hilfsmittel zur besseren Übersicht

Normgerechte Ordnung und Aufbewahrung von Dokumenten und Schriftstücken

Filing of documents and papers according to standards

Schriftgutbehälter (Überblick)

Art \ Form	liegend	stehend	vertikal hängend	lateral hängend	wahlweise
geheftet	Hefter 	Stehordner 	Hängetasche 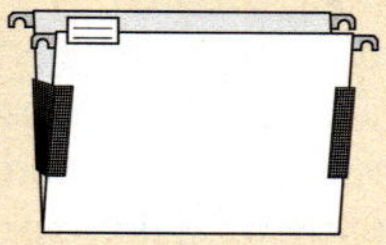	Hängehefter 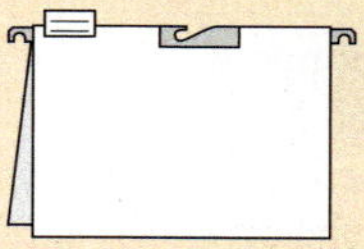	Signal für Hängeregistratur 
			Hängeordner 	Pendeltasche 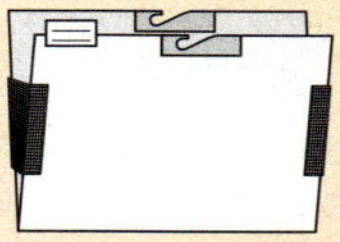	Sichtstreifen für Pendelleiste 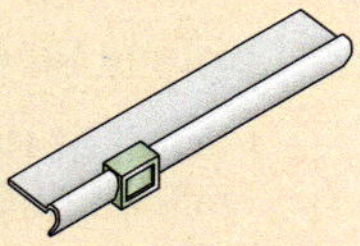
ungeheftet	Jurismappe 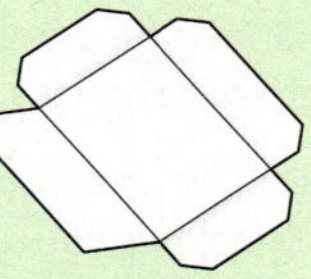	Sammler 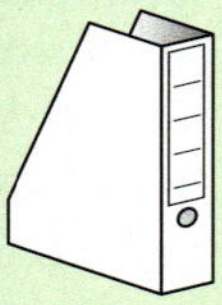	Hängemappe 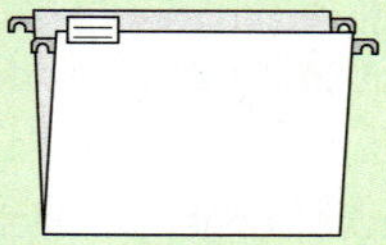	Hängemappe 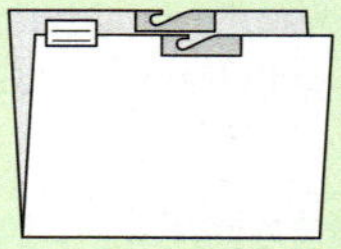	Sichthüllen 
	Aktendeckel 	Ablageschachtel 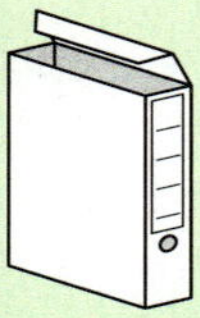	Hängesammler 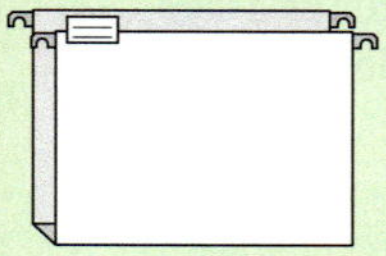	Hängesammler 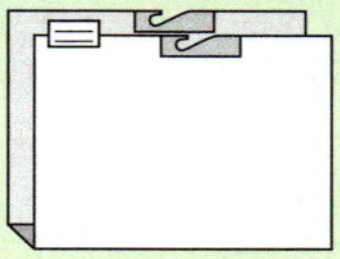	Einsteckmappe 
organisationsmittel	Register 	Trennblätter 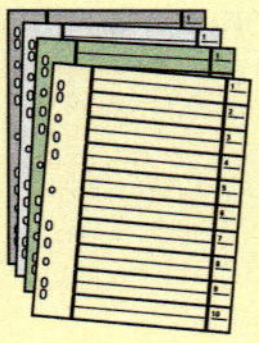	Reiter 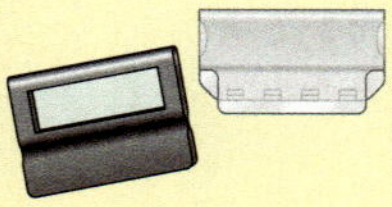	selbstklebende Tabs 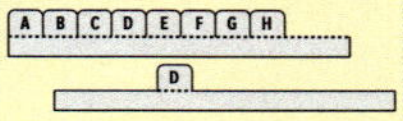	Stecksignal 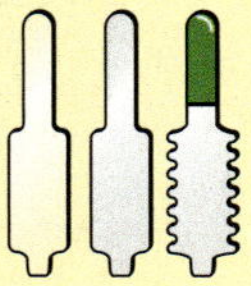

Normgerechte Ordnung und Aufbewahrung von Dokumenten und Schriftstücken

Filing of documents and papers according to standards

Mikrografie

2

Begriff

Die Mikrografie ist ein Verfahren, mit dem Originalschriftstücke fotografisch in stark verkleinerter Form auf einen Film aufgenommen und bei Bedarf mit Lesegeräten oder Lese-/Rückvergrößerungsgeräten wiedergegeben werden. Mikrofilmformen werden zur Archivierung von wertvollen Unterlagen benutzt. Mikrofilme sind lange haltbar und technologisch unabhängig von bestimmter Software. Parallel wird häufig digital verfilmt, also die Originale per Scanner auf andere Datenträger übertragen. Man spricht dann von hybrider Archivierung. Mit dem **European Register of Microform and Digital Masters (EROMM)** existiert **eine internationale Datenbank,** die als Nachweis für bereits verfilmte Werke dient.

Gründe für die Mikrografie

Nach § 157 HGB und § 147 AO dürfen, mit Ausnahme der Eröffnungsbilanz und dem zugrundeliegenden Inventar, alle aufbewahrungspflichtigen Unterlagen auf einem Bildträger aufbewahrt werden. Die Mikrografie ersetzt damit die papierne Aufbewahrung. Mikrofilme können bis zu 150 Jahre lang aufbewahrt werden, im Gegensatz dazu ist die Aufbewahrung auf Datenträgern wie CD oder DVD nicht dauerhaft. Diese Tatsache ist wichtig für die Verfilmung von Patenten oder Lizenzen, die dauerhaft aufbewahrt werden. Für die Verfilmung aus betrieblicher Sicht sprechen folgende Gründe:

- Sicherheit (Viele wertvolle Unterlagen können auf kleinem Raum aufbewahrt werden.)
- Raumersparnis (bis zu 95 %)
- Kostensenkung (Kosten für Personal, Registraturmöbel, Porto- und Verpackungskosten)
- Zeitersparnis (Wege- und Wartezeiten entfallen, Unterlagen können schnell gesendet werden.)

Einsatzmöglichkeiten der Mikrografie

- Arbeitsverfilmung (Unterlagen werden an mehreren Arbeitsplätzen zur Verfügung gestellt, z. B. Telefonbücher, Arzneimittelverzeichnisse.)
- Sicherheitsverfilmung (Schutz vor Umwelteinflüssen, z. B. Firmengründungsunterlagen)

Aufnahmeverfahren

- **Simplex-Verfahren** (Die Abbildung einer A4-Vorlage erfolgt über die ganze Filmbreite, Einzelzuführung, es können 6 bis 9 Ordner verfilmt werden, die Verkleinerung ist „20- bis 24-fach".)
- **Duplex-Verfahren** (Vorder- und Rückseite werden gleichzeitig belichtet und auf dem Film nebeneinander abgebildet, es können 6 bis 9 Ordner verfilmt werden, die Verkleinerung ist „30- bis 50-fach".)
- **Duo-Verfahren** (Zuerst wird die eine, dann die andere Filmhälfte belichtet, es können so 10 Ordner verfilmt werden, die Verkleinerung ist „30- bis 50-fach".)

Kameraformen

- **Schrittkamera:** Sie verfilmt mechanisch jedes Schriftstück und ist besonders für unterschiedlich große Vorlagen, z. B. Landkarten, geeignet.
- **Durchlaufkamera:** Sie verfilmt Massenschriftgut und wird z. B. bei der Erstellung von Kontoauszügen (Kopien) eingesetzt.
- **COM** = Computer Output Micrography: Dieses System verfilmt automatisch das Schriftgut, das ausgedruckt wird, auf Datenträger, digitale Form der Mikroverfilmung.
- **Endloskamera:** Sie verfilmt EDV-Ausdrucke.

Mikrofilmformen

Rollfilm	**Jacket** = Mikrofilmtasche	**Mikrofiche**
wird für abgeschlossene Vorgänge eingesetzt	wird für Unterlagen eingesetzt, die ständig gebraucht und auch verändert werden, an der Mikrofilmtasche lassen sich Ordnungsmerkmale anbringen.	werden für Einzelblätter angefertigt; z. B. Listen, Handbücher in der Automobilbranche

Bilder siehe auch https://www.zeutschel.de/de/produkte/scanner/mikrofilmscanner/

Normgerechte Ordnung und Aufbewahrung von Dokumenten und Schriftstücken

Electronical documents systems

Elektronisches Dokumentationssystem

Begriff und Zielsetzung

Unter dem **elektronischen Dokumentationssystem** wird eine datenbankgestützte Verwaltung elektronischer Dokumente verstanden. Dabei unterscheidet man bei den **Dokumenten** folgende **Merkmale:**

- physische Eigenschaften (Papier oder Datei)
- formale Eigenschaften (Aufbau eines Dokuments)
- Ordnung (fachliche Zugehörigkeit und Einordnung in den Aktenplan)
- Inhalt
- Charakter (wichtig für die Aufbewahrungspflichten)
- Zeit (Erstellungsdatum)
- Erzeuger (Autor, Absender)
- Nutzer (Bearbeiter, Leser)

Das **Ziel** ist es, **gute Lösungen** für die Verwaltung großer Datenmengen und umfassender dynamischer Ablagesysteme (**ECM**: **E**nterprise **C**ontent **M**anagement) zu finden. Dabei stehen Aufbewahrungsdauer und Archivierung im Vordergrund. Hierbei werden alle Arten von Dokumenten datengestützt und unabhängig von Dateimanagern verwaltet.

Kostenaufwand gegenüber herkömmlicher Registratur

Die elektronischen Dokumentationssysteme sind **aufwendig** und **komplex.** Aufgrund ihrer komplizierten Technik sind sie auch entsprechend **kostenintensiv**. Es sind **personalintensive Dienste** notwendig, um die Dokumente zu scannen (**Scannerpool**), zu archivieren (**Katalogpool**), zu drucken und zu verteilen (**Druckerpool**) und dauerhaft zu verwalten (**Schlagwortpool**) sowie formal zu prüfen (**Prüfpool**).

Einsatzgebiete

In elektronischen Dokumentationssystemen werden vor allem folgende Dokumente einsetzt:

- kaufmännische Dokumente (Handelsbriefe usw.)
- technische Zeichnungen
- Fachbücher

Vorteile und Nachteile des elektronischen Dokumentationssystems

Vorteile	Nachteile
Es gewährleistet eine gute Auffindbarkeit.	Es entstehen hohe Fixkosten durch Hard- und Software.
Es ist sicher im Finden von Dokumenten, die der gesetzlichen Aufbewahrungsfrist unterliegen.	Der Betrieb, die Wartung und die Pflege der Dokumentationssysteme verursachen hohe Kosten.
Es sichert die Zugriffsrechte.	Hohe Kosten entstehen bei der Einführung durch umfangreiche Personalschulungen.
Es dient dem Datenschutz.	Der Einsatz ist schwierig bei mobilen Mitarbeitern.
Geschäftsprozesse werden automatisch verfolgt.	
Eine Doppelablage (auf Papier) entfällt.	

Karteien und Dateien

Card and computer files

Begriff

Die Kartei speichert auf einzelnen Karten, die nach einem einheitlichen Muster ausgefüllt werden, häufig benötigte Informationen. Heute wird sie von Dateien (elektronischen Karteien) abgelöst, die die gleiche Funktion wahrnehmen.

Formen

- Sachkartei, z. B. Lagerkartei (-datei)
- Personenkartei, z. B. Kundenkartei (-datei)
- Terminkartei, z. B. Zahlungskartei (-datei)

Aufbau einer Kartei

- Kartenleiste zum Aufnehmen von Ordnungsmitteln (Reiter, Kerben, Tabs)
- Kartenkopf (Platz für Überschriften, z. B. Lieferant)
- Kartenrumpf (Platz für laufende Eintragungen)
- Kartenfuß (enthält z. B. Bestelldaten oder interne Daten)

Elektronische Dateisysteme

Elektronische Dateisysteme sind Ablageorganisationen auf einem Datenträger eines Computers. Dateien können gelesen, verändert, gespeichert oder gelöscht werden.

Wichtige Dateien eines Unternehmens sind:

- Kundendatei;
- Lieferantendatei;
- Personaldatei;
- Rechnungsdatendatei.

Beispiel:

Werkstoff-Dispositions- und Bestandskarte

Benennung		**Karte-Nr.**	
Sachnummer		**Seite**	

	Verrechnungspreis		Mengeneinheit	Lagerort	Lieferzeit
Datum					
Betrag					

Jahr	Jan.	Febr.	März	April	Mai	Juni	Juli	Aug.	Sept.	Okt.	Nov.	Dez.	Bestellmenge	Mind. Best.

Datum	Auftrags.-Nr.	Verwendung	Bedarf		Bestellung		Lagerbewegung		Bestand		
			Menge	KW	Menge	KW	ZU	AB	effektiv	verfügbar	
1	2	3	4	5	6	7	8	9	10	11	
											1
											2
											3
											4
											5
											6
											7
											8
											9
											10
											11
											12
											13
											14

Rechnergestützte Informationsverarbeitung im Büro

Computer-aided information processing in the office

Einsatzgebiete der Informationstechnik (IT)[1] im Büromanagement

- Bearbeitung von gleichartigen Belegen oder Schriftstücken
- bei sich häufig wiederholenden und schematisierbaren Arbeiten
- Verarbeitung großer Datenmengen
- Durchführung von umfangreichen Rechenoperationen mit langen Bearbeitungszeiten
- Ermöglichung eines schnelleren Informationsaustausches

Bestandteile eines Rechnersystems

Hardware

Zur Hardware gehören alle physikalisch-technischen Bestandteile eines Rechnersystems:

- **Eingabegeräte**
  z. B. Tastatur, Scanner, Barcodeleser
- **Ausgabegeräte**
  z. B. Monitor, Drucker
- **Prozessor**, auch Zentraleinheit (engl.: CPU = **c**entral **p**rocessing **u**nit) genannt
- **interner Speicher**
  - **ROM** (Nurlesespeicher, engl.: **r**ead-**o**nly **m**emory)
  - **RAM** (Schreib-Lese-Speicher, engl.: **r**andom **a**ccess **m**emory)
  - **externe Speicher**
    z. B. Festplatte, CD, DVD, Memory-Stick, Memory-Card, Halbleiterlaufwerk (engl.: SSD = **s**olid-**s**tate-**d**rive)
  - **Cloud-Speicher** (engl.: cloud = Wolke)
    Die Dateien sind zentral auf dem Server eines Dienstleisters gespeichert, auf den alle nutzungsberechtigten Gräte über ein Netzwerk, z.B. das Internet, zugreifen können.

Software

Zur Software gehören alle Programme, die zum Betrieb eines Rechnersystems und zur Lösung von bestimmten Aufgaben genutzt werden.

- **System- bzw. systemnahe Software**
  Betriebssystem (engl.: **o**perating **s**ystem), z. B. Microsoft Windows oder Mac OS X, Datenbankverwaltungssystem , z. B. Access, Software-Entwicklungssoftware, z. B. Microsoft Visual Studio
- **Anwendungssoftware**
  - **Standardsoftware**
    z. B. Microsoft Office-Paket, u. a. mit Word (siehe S. 76 f.), Excel (siehe S. 120 f.), PowerPoint (siehe S. 81 f.)
  - **Individualsoftware**
    betriebsspezifische Spezialprogramme, z. B. Dienstreiseabrechnungsprogramm der OfficeCom KG
  - **Branchensoftware**
    z. B. Abrechnungsprogramm für Lebensmittelfilialbetriebe

Arbeiten mit dem Betriebssystem

Aufgaben

Das **Betriebssystem** gehört zur Systemsoftware. Es besteht aus einer Gruppe von Programmen, die …

- den internen und externen Speicher verwalten,
- geringe Hard- und Softwareunterschiede anpassen,
- Kommunikation mit dem Benutzer ermöglichen,
- die Bestandteile der Zentraleinheit verwalten,
- die Peripheriegeräte steuern,
- den Systemstart durchführen.

Arbeiten mit Microsoft WINDOWS 10

Benutzeroberfläche

Über die **Benutzeroberfläche** (engl.: user interface) kommunizieren die Benutzer eines Computersystems mit dem Betriebssystem und den Programmen. Bei den heute üblichen grafischen Benutzeroberflächen werden den Benutzern auf dem Monitor **Icons** (Symbolbilder) angezeigt, die beim Anklicken mit der Maus oder durch einen Tastendruck den entsprechenden Befehl an das Betriebssystem (z. B. **Microsoft Windows**) weitergeben.

Systemstart mit Microsoft Windows 10

Nach dem Einschalten des Computers mit dem Netzschalter (Kaltstart) findet folgender Prozess statt:

1. **Stufe:** Das BIOS (= **B**asic-**I**nput-**O**utput-**S**ystem, ein Programm, das im ROM-Speicher steht) wird gestartet und sorgt für die Einleitung der weiteren Stufen.
2. **Stufe:** Im Selbsttest wird die Hardware auf Funktionstüchtigkeit überprüft.
3. **Stufe:** WINDOWS wird gebootet, d. h., es wird in den Arbeitsspeicher geladen.
4. **Stufe:** Start von WINDOWS.

[1] **Informationstechnik** (Abk. **IT**, engl.: information technology) ist der Oberbegriff für die Informationsverarbeitung mit einem dafür benötigten informationstechnischen System (Hard- und Software), z. B. Rechner(Computer-)system. Oft wird der Begriff **Informationstechnologie** mit der gleichen Bedeutung (Synonym) verwendet.

2

An- und Abmeldung mit einem Benutzerkonto (engl.: user account) **oder Account**

Um den Zugang zu Windows 10 zu ermöglichen, muss i. d. R. ein Benutzerkonto (Account) angelegt werden. Mehrere Benutzer benötigen jeweils einen eigenen Account:

1. Starten Sie die Desktop-App „System-steuerung" ([Windows-Taste] + [X]).
2. Wählen Sie in der Kategorie „Benutzerkonten" den gleichnamigen Unterpunkt „Benutzerkonten".
3. Wählen Sie „Anderes Konto verwalten".
4. Wählen Sie „Neuen Benutzer in den PC-Einstellungen hinzufügen".
5. In der Einstellung-App unter „Weitere Benutzer" das Plus-Symbol [+] anklicken.
6. Anmeldeinformationen (E-Mail-Adresse) eingeben.
7. Passwort festlegen.
8. Das Einloggen mit dem Account des neuen Nutzers ist anschließend möglich.
9. Zur Abmeldung Windows-Symbol und Symbol „Ein/Aus" anklicken.

Programme bzw. Apps[1] starten

- Wenn das Symbol des gewünschten Programms auf dem Desktop abgebildet wird, das Symbol mit einem Doppelklick mit der linken Maustaste auswählen und starten.
- Durch Anklicken des Windows-Symbols werden die meistverwendeten Programme angezeigt. Durch Doppelklick auf das Programmsymbol können die Programme gestartet werden, z. B. Microsoft Word 2016.

- Nicht so häufig verwendete Programme können auch über das Eingabefeld „Web und Windows durchsuchen" gesucht und gestartet werden.

- **Verschieben oder Kopieren eines Ordners oder einer Datei**
  - In der Bedienungsoberfläche des Windows-Explorers das Laufwerk, den Ordner oder die Datei markieren, rechte Maustaste ➡ Kontextmenü: Ausschneiden oder Kopieren
  - Zielordner oder -laufwerk markieren, rechte Maustaste ➡ Kontextmenü: Einfügen
  - Datei bzw. Ordner umbenennen
  - Im Windows-Explorer Ordner oder Datei markieren, rechte Maustaste ➡ Kontextmenü: Umbenennen
  - Evtl. neuen Namen für den Ordner bzw. die Datei eingeben ➡ RETURN

- **Datei bzw. Ordner löschen**
  - Im Windows-Explorer Ordner oder Datei markieren, rechte Maustaste ➡ Kontextmenü: Löschen
  - Frage, ob Ordner/Datei wirklich in den Papierkorb verschoben werden soll, mit „ja" bestätigen.
  - Ordner/Datei wird in den Papierkorb verschoben. Der Papierkorb kann später geleert werden.

Ordner- und Dateioperationen unter Windows 10

Für alle Operationen auf einem Datenträger / Laufwerk ist zunächst das Symbol anzuklicken, um den Windows-Explorer zu starten.

Textverarbeitung mit Microsoft Word 2016

Eingabe von Text

Schritt 1: Microsoft Word starten (siehe oben)

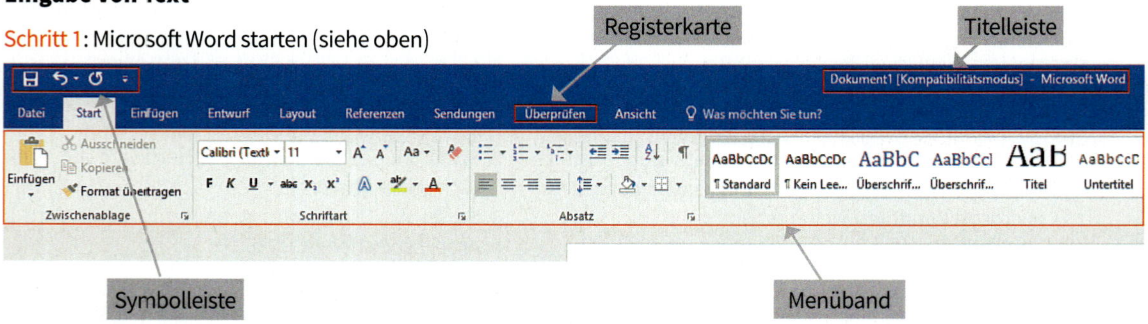

[1] App bezeichnet Anwendungssoftware (engl.: **App**lication software) allgemein. Mit dem Betriebssystem Windows 8 wurden die Windows-Apps eingeführt, die für die Bedienung per Touchscreen (berührungsempfindlicher Bildschirm) optimiert sind.

Nach dem Öffnen von **Microsoft Word** erscheint die Startseite mit der **Titelleiste** und der **Menüleiste**. In der **Titelleiste** wird der Name des Textdokuments angezeigt. Die Menüleiste enthält **Registerkarten**, **Schaltflächen** und **Symbole**, über die Aktionen in und mit einem Textdokument erledigt werden können, z. B. **„Speichern"** eines Dokuments. Außerdem wird ein leeres Dokument, das wie ein weißes Blatt Papier aussieht, auf der Bildschirmseite angezeigt.

Schritt 2: **Texteingabe**
In das leere Dokument können Texte **eingegeben** und grafische Elemente **eingefügt** werden. Bei aktivierter Rechtschreibprüfung können die Texte entweder automatisch während der Eingabe oder später manuell korrigiert werden. Bei der Rechtschreibprüfung werden die einzelnen Wörter mit einem in Word installierten Wörterbuch (in Englisch, Deutsch, Französisch, Italienisch) verglichen. Dieses Wörterbuch kann ständig erweitert werden. Die von Word als fehlerhaft erkannten Wörter werden mit roten, gewellten Linien unterstrichen, z. B. ist auf dem unten abgebildeten Dokument „Sitzungsprotokoll" der Schriftzug ***OfficeCom KG*** als fehlerhaft markiert. Die Word-Rechtschreibprüfung kennt das Wort **OfficeCom** nicht, d. h. es ist nicht im Wörterbuch hinterlegt und markiert es deshalb als fehlerhaft. Word prüft nur Rechtschreibfehler (rote Linie) und Grammatikfehler (grüne Linie). Die Zuverlässigkeit der Prüfung ist begrenzt. Die Sinnhaftigkeit von Textpassagen wird nicht überprüft.

Die Einstellungen zur Rechtschreib- und Grammatikprüfung können in Microsoft Word über

1. Datei 

2. Optionen 

3. Dokumentprüfung 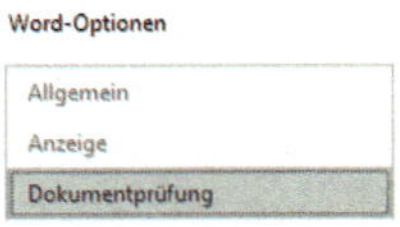

geändert werden.

Beispiel: **Sitzungsprotokoll** (Auszug)

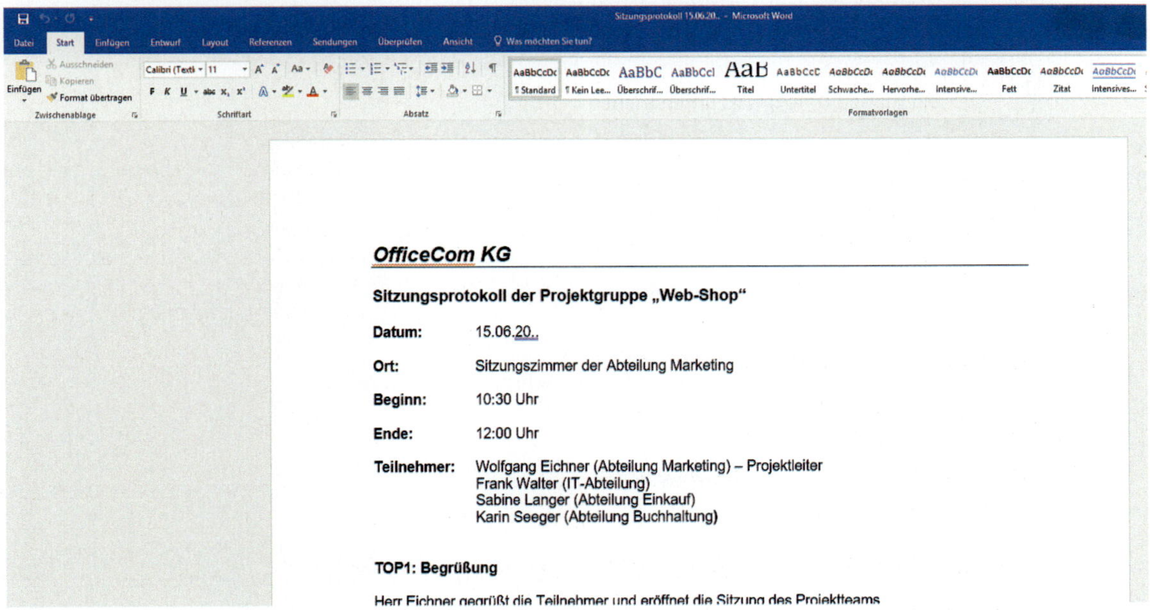

OfficeCom KG

Sitzungsprotokoll der Projektgruppe „Web-Shop"

Datum: 15.06.20..
Ort: Sitzungszimmer der Abteilung Marketing
Beginn: 10:30 Uhr
Ende: 12:00 Uhr
Teilnehmer: Wolfgang Eichner (Abteilung Marketing) – Projektleiter
Frank Walter (IT-Abteilung)
Sabine Langer (Abteilung Einkauf)
Karin Seeger (Abteilung Buchhaltung)

TOP1: Begrüßung

Herr Eichner begrüßt die Teilnehmer und eröffnet die Sitzung des Projektteams

Formatierungen von Textelementen

In dem abgebildeten Textdokument sind einige Formatierungen enthalten, die nachstehend näher erläutert werden. Zum Beispiel enthält der Schriftzug ***OfficeCom KG*** drei vom Standard abweichende Einstellungen:

- Schriftart → Arial
- Schriftgröße → 14
- Schriftschnitt → fett und kursiv

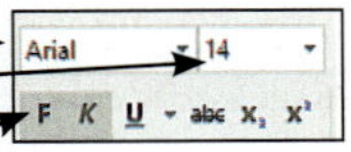

Formatierung dieser Textdarstellungen:

1. Registerkarte **„Start“** anklicken
2. Schaltflächen der Gruppe **Schriftart** werden angezeigt.
3. Auswahl der Schriftart **„Arial“**
4. Auswahl der Schriftgröße **„14“**
5. Anklicken des Buttons **„F“**
6. Anklicken des Buttons ***„K“***

Alternativ können mit der rechten Maustaste ausgewählte Schaltflächen der Gruppe **Schriftart** aufgerufen werden:

1. rechte Maustaste betätigen
2. Schaltflächen der Gruppe **Schriftart** werden angezeigt.
3. Auswahl der Schriftart **„Arial“**
4. Auswahl der Schriftgröße **„14“**
5. Anklicken des Buttons **„F“**
6. Anklicken des Buttons ***„K“***

Weitere Formatierungsmöglichkeiten mit den Schaltflächen in der Gruppe Schriftarten:

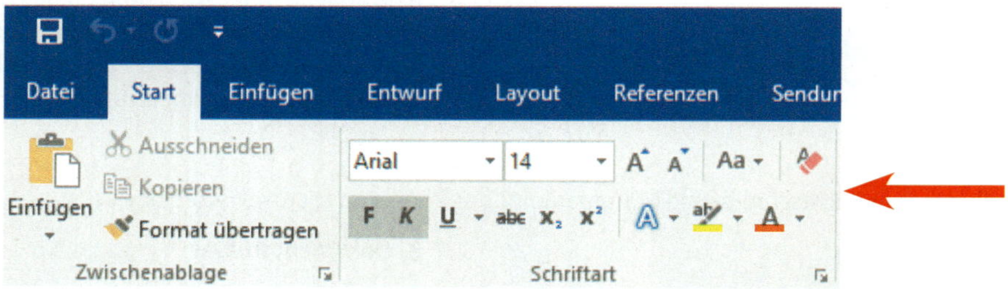

Symbol	Formatierung
	Der ~~markierte Text~~ wird durchgestrichen.
	Der markierte Text wird unterstrichen.
	Der $_{\text{markierte Text}}$ wird tiefgestellt.
	Der $^{\text{markierte Text}}$ wird hochgestellt.
	Der markierte Text wird in der gewählten Schriftfarbe dargestellt.
	Die Formatierungen werden gelöscht.
	Der markierte Text wird in einer größeren Schriftgröße dargestellt.
	Der markierte Text wird in einer kleineren Schriftgröße dargestellt.
	Der markierte Text wird mit der gewählten Hintergrundfarbe hervorgehoben.
	Der markierte Text wird mit der ausgewählten Kontur dargestellt.
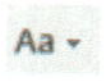	Der MARKIERTE Text wird mit der gewählten Groß- und/oder Kleinschreibung dargestellt.

Die Textformatierungen können auch mithilfe des Fensters **„Schriftart“** durchgeführt werden. Das Fenster wird durch Betätigung der **rechten Maustaste** und die Auswahl der Schaltfläche **„Schriftart“** aufgerufen.

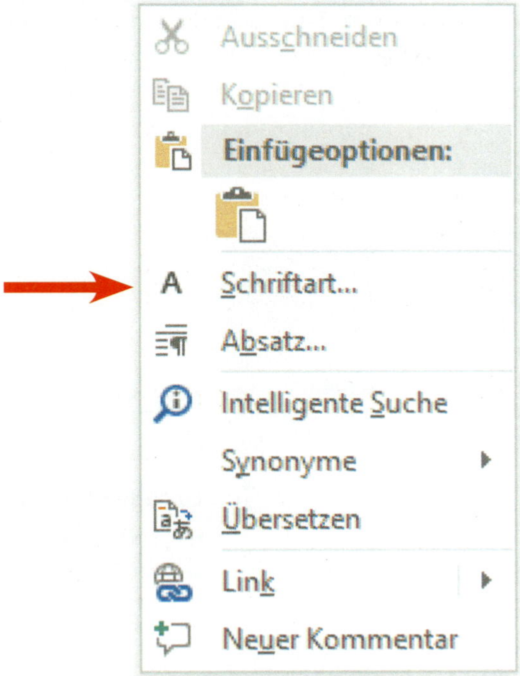

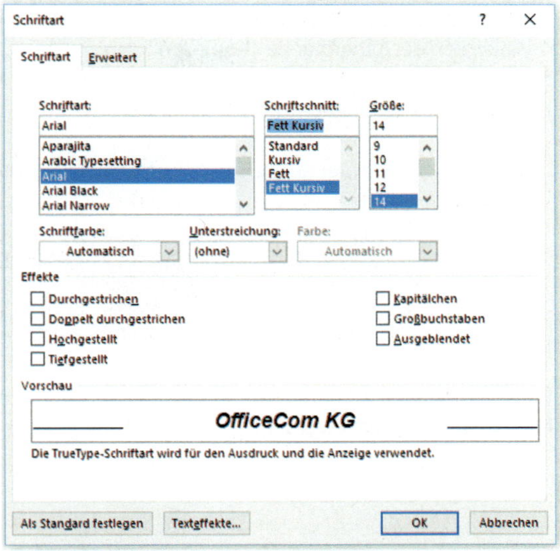

Markieren, Ausschneiden, Kopieren, Einfügen und Löschen von Textelementen

Beispiel:
In dem Protokoll soll der Name des Vertreters der IT-Abteilung in dem Projektteam „Walter“ an eine andere Stelle des Protokolls kopiert werden.

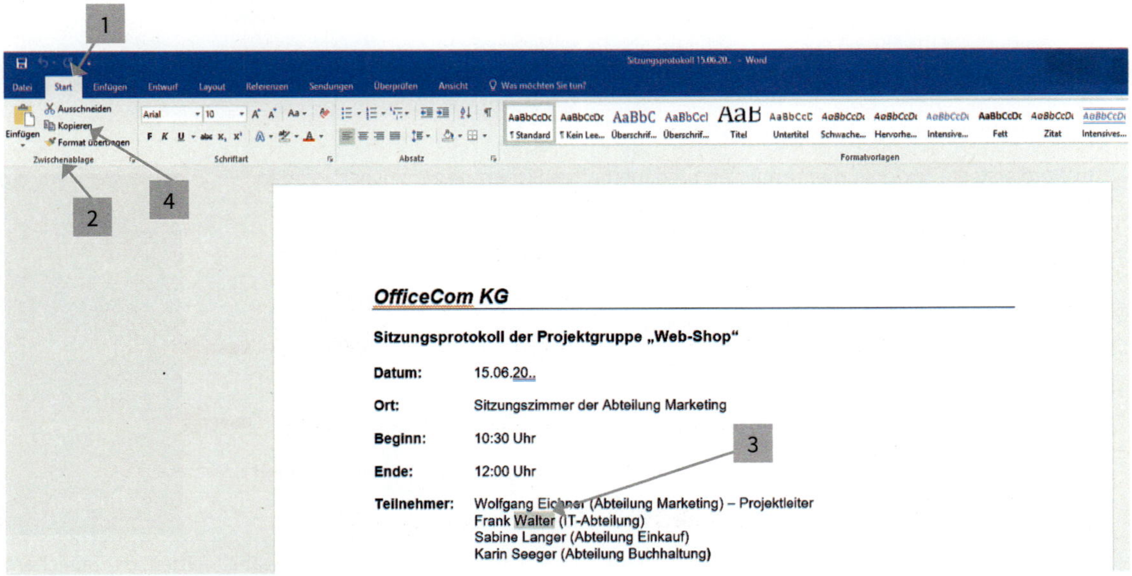

Markieren, Kopieren, Einfügen:

1. Registerkarte **„Start“** anklicken
2. Schaltflächen der Gruppe **Zwischenablage** werden angezeigt
3. Text, der kopiert werden soll, mit der Maus markieren
4. Anklicken der Schaltfläche **„Kopieren“**
5. Textstelle, wo der Text eingefügt werden soll, markieren
6. Auswahl **„ursprüngliche Formatierung beibehalten“** auswählen

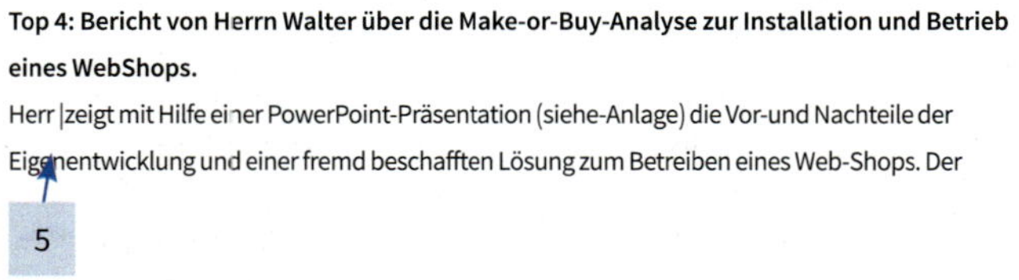
Top 4: Bericht von Herrn Walter über die Make-or-Buy-Analyse zur Installation und Betrieb eines WebShops.
Herr |zeigt mit Hilfe einer PowerPoint-Präsentation (siehe-Anlage) die Vor-und Nachteile der Eigenentwicklung und einer fremd beschafften Lösung zum Betreiben eines Web-Shops. Der

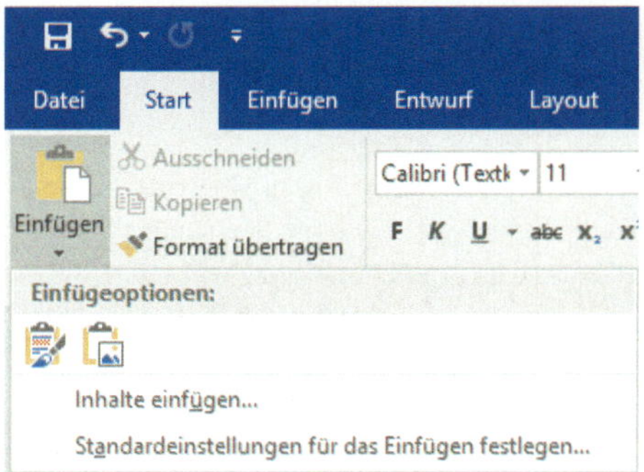

Diese Vorgänge können alternativ durch Aufruf der Schaltfläche mit der **rechten Maustaste** ausgeführt werden.

Zum **Ausschneiden** von Textelementen wird anstatt der Schaltfläche **„Kopieren“** die Schaltfläche **„Ausschneiden“** gewählt.

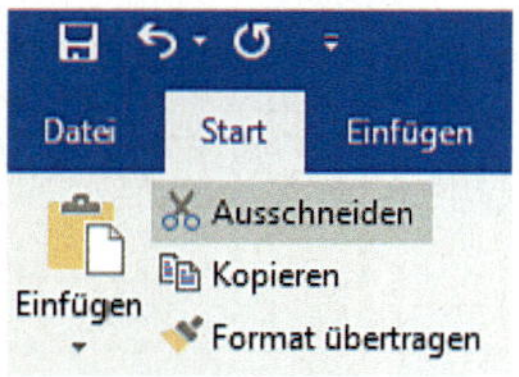

Zum **Löschen** von Textelementen ist zunächst das zu löschende Textelement bzw. der Textbereich mit der Maus zu markieren.
Anschließend wird der Löschvorgang durch Betätigen der **„Entf“**-Taste ausgelöst.

Word-Dokumente speichern und öffnen

In Word erstellte Textdokumente müssen zur dauerhaften Sicherung gespeichert werden:

1. **„Datei“** anklicken
2. **„Speichern“** oder **„Speichern unter“** auswählen
3. Speicherort (Laufwerk/Ordner) wählen, wohin das Dokument gespeichert werden soll
4. Beim ersten Speichervorgang **„Dateinamen“** eingeben
5. Button **„Speichern“** anklicken

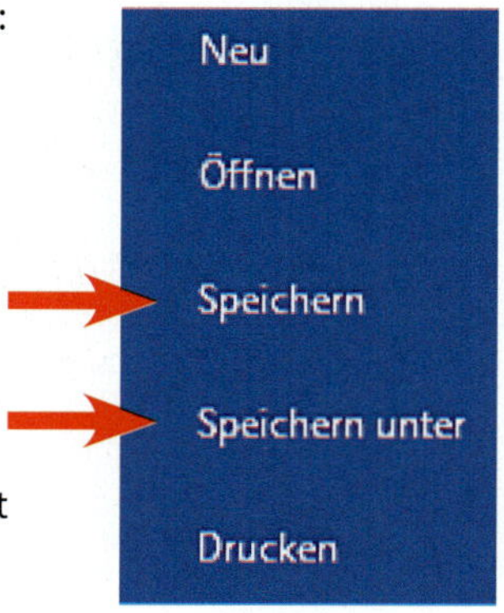

Der Speichervorgang kann alternativ durch Anklicken des Symbols  durchgeführt werden.

Zum **Öffnen** eines Word-Dokuments muss auf der **Datei**-Schaltfläche **„Öffnen“** ausgewählt werden, der Speicherort gewählt und der Button **„Öffnen“** angeklickt werden.

Präsentationen erstellen mit dem Präsentationsprogramm Microsoft PowerPoint 2016

Begriff

Bei **PowerPoint** handelt es sich um ein Programm, das besonders für die visuelle Darstellung verschiedener Sachverhalte geeignet ist. PowerPoint bietet viele Vorlagen und Hilfen für die Gestaltung.

Die Gestaltungsmöglichkeiten reichen von einfachen Folien mit Texten, Grafiken, Fotos, Tabellen und Diagrammen bis hin zu Folien, in die Audio- und Videodateien sowie sogenannte Links (engl., deutsch: „Verknüpfung, Verbindung, Verweis“) integriert sind.

PowerPoint-Dateien bestehen aus mehreren Arbeitsblättern, die Folien genannt werden. Die **Folien** können nicht nur gedruckt werden, sondern auch direkt vom PC/Laptop als sog. Bildschirmshow über ein Projektionsgerät (Beamer) wiedergegeben werden.

Anwendungsmöglichkeiten

- Präsentation von Arbeitsergebnissen
- grafische Darstellung von Arbeitsabläufen
- Erstellen von Schemazeichnungen
- Erstellen von Übersichten, z. B. Organigrammen
- Zusammenfassen und anschauliches Aufbereiten von Daten aus anderen Programmen

Neue Präsentation erstellen

Schritt 1: **PowerPoint starten**, z.B.

- Zur Suche **PowerPoint** eingeben
- App **„PowerPoint“** auswählen
- Programm starten

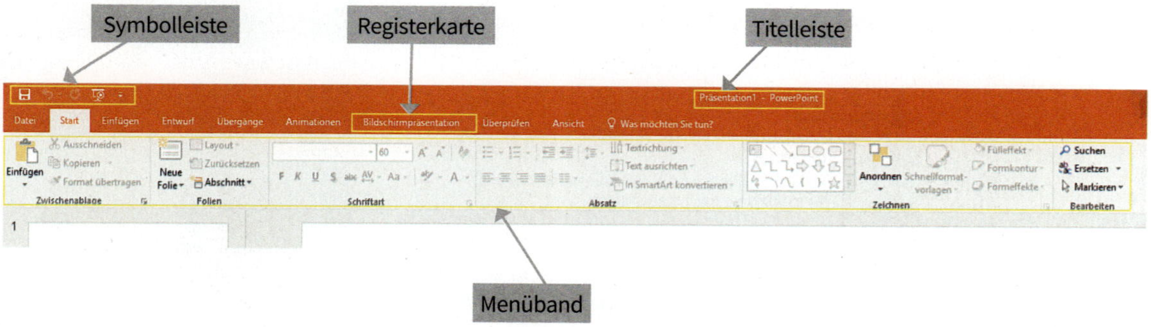

Nach dem Öffnen von PowerPoint erscheint die Startseite. Zunächst ist „Neu“ und eine Vorlage (z. B. Organisch) auszuwählen. Anschließend wird eine Folie in dem ausgewählten Design und die Menüleiste mit den Registerkarten angezeigt.

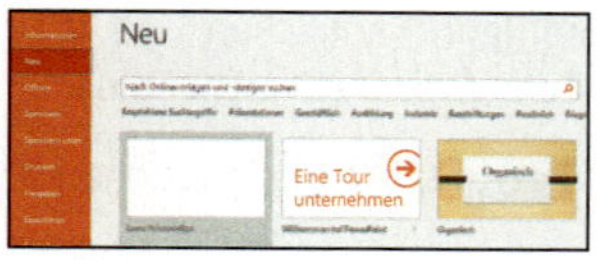

Schritt 2: Folienaufbau und -layout entwerfen, Text- und Grafikelemente eingeben bzw. einfügen und farbig gestalten

Beispiel:

Folie zur Präsentation einer Tagesordnung

Nach dem Start von **PowerPoint** wird eine leere **Titelfolie** auf dem Bildschirm angezeigt.

2

PowerPoint stellt dem Benutzer umfangreiche Folienlayouts zur Verfügung. Diese werden nach Anklicken der Registerkarte **Entwurf** angezeigt. Die Auswahl erfolgt durch einen Klick auf das ausgewählte **Design**.

Nach der Auswahl wird eine leere Folie in dem gewählten Design angezeigt. In diese Folie können nun Texte eingegeben und grafische Elemente, z. B. der Schriftzug ***OfficeCom KG***, mithilfe von **„WordArt"** eingefügt werden. Das Design kann auch später wieder geändert werden. Allerdings sind dabei oft Nachbearbeitungen des Layouts nötig.

Bearbeitungsschritte:

1. Schriftzug ***OfficeCom KG*** einfügen:
   - Registerkarte **„Einfügen"** anklicken und in der Schaltfläche Text **„WordArt"** auswählen.
   - In **„WortArt"** das gewünschte Design suchen und auswählen.

   - Anschließend den Text eingeben und Schriftfarbe, Schriftgröße, Schriftart z. B. über die Schaltfläche **Schriftart** anpassen und Hintergrund nach eigenen Vorstellungen gestalten.

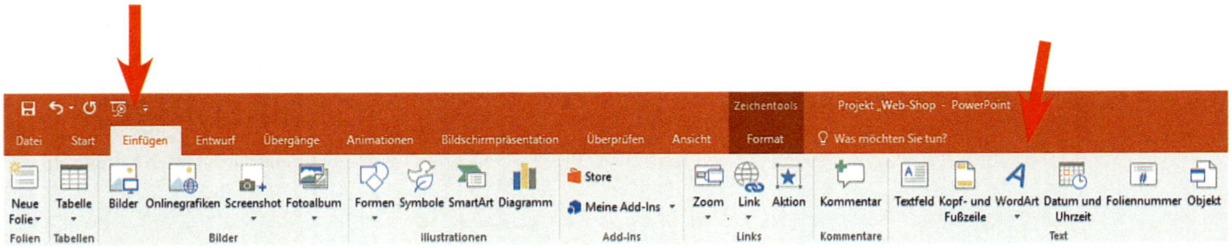

2. Titeltext „Projekt ‚Web-Shop'" und „Sitzung des Projektteams am 15.06.20.." in das voreingestellte Textfeld eingeben und Schriftfarbe sowie Schriftgröße über die Schaltfläche **„Schriftart"** anpassen.
3. In das zweite Textfeld die Tagesordnung eingeben und Schriftfarbe, Hintergrundfarbe etc. anpassen.
4. Die Größe der Textfelder kann durch Klick auf einen Markierungspunkt und Ziehen mit der **Maus** verkleinert oder vergrößert werden.
5. Präsentation speichern

Animation von Texten

PowerPoint bietet die Möglichkeit, u. a. Textelemente animiert zu präsentieren. So können die Tagesordnungspunkte in der Präsentation der Sitzung des Projektteams einzeln nacheinander auf der Folie erscheinen, z. B. mit der **Effektoption „Einfliegen"**.

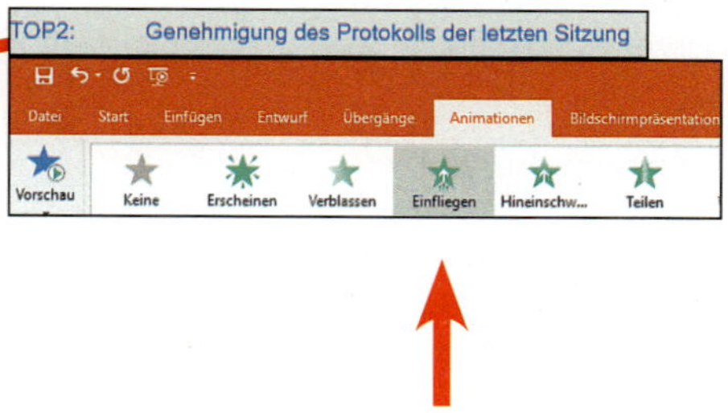

Bearbeitungsschritte:
1. „TOP 2: Genehmigung" markieren
2. Registerkarte **„Animationen"** anklicken
3. gewünschte **Effektoption** auswählen, z. B. **„Einfliegen"**

4. Im **Animationsbereich** wird die Animation hinzugefügt.
5. Dieser Vorgang muss für die übrigen Tagesordnungspunkte wiederholt werden. Dabei können die **Effektoptionen** variiert werden.

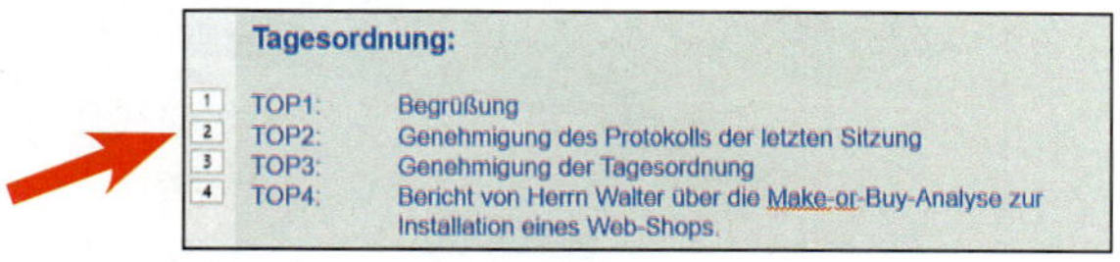

6. Die animierten Textelemente werden mit Nummern gekennzeichnet und im Animationsbereich mit der Zuordnung der Effektoption und der Position angezeigt. Über Öffnen eines Auswahlmenüs können die Animationen weiter bearbeitet werden, z. B. kann die Einflugrichtung über Effektoptionen variiert werden.

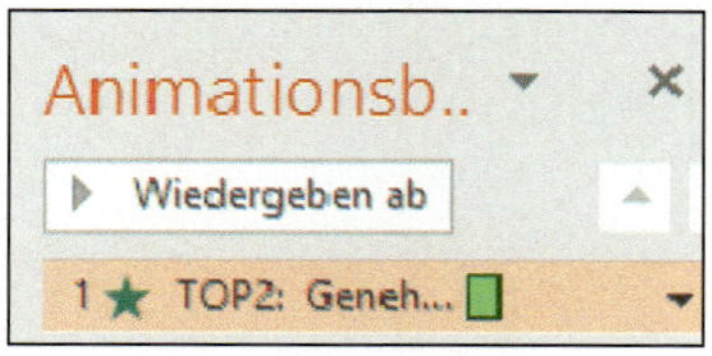

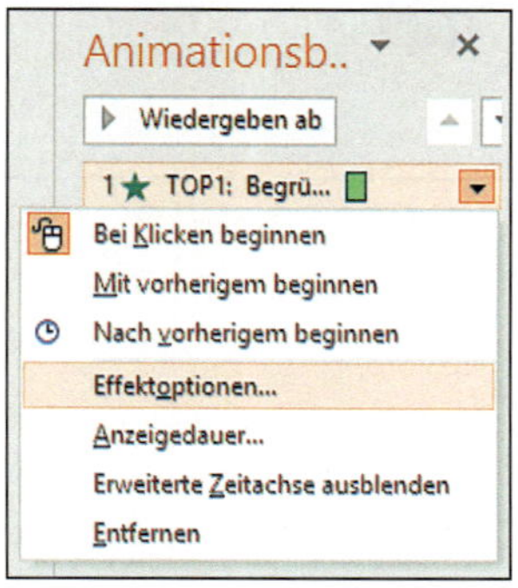

Rechnergestützte Informationsverarbeitung im Büro

Computer-aided information processing in the office

Dokumentenmanagementsysteme

Dokumentenmanagementsysteme (DMS) werden eingesetzt, um elektronische Dokumente (z. B. digitalisierte Texte, Grafiken, Bilder, Videos, Audiodateien) aller Art zu archivieren und zu verwalten. Ziel dieser Systeme ist, die elektronischen Dokumente mithilfe eines Datenbanksystems zentral zu speichern und berechtigten Nutzern zugänglich zu machen.

Die **Aufgaben eines DMS-Systems** sind:

- Digitalisierung von Dokumenten, z. B. Einscannen von Eingangsrechnungen
- Bearbeitung der gespeicherten Dokumente
- Zuordnung von kurzen, den Inhalt der Dokumente beschreibenden Informationen (Metadaten)
- Speicherung der Dokumente und der beschreibenden Informationen in einem geeigneten Format in einer Datenbank
- Ermöglichung des Zugriffs (evtl. Recherche) auf die Dokumente
- Verwaltung der Zugangsberechtigungen zu den Dokumenten
- visuelle Darstellung der Dokumente oder auf Papier
- Verteilung von Dokumenten
- Organisation (u. a. Katalogisierung, Kategorisierung, Versionisierung) und Pflege der Daten in der Datenbank

Die **Vorteile** von elektronischen Dokumentenmanagementsystemen sind z. B.:

- orts- und zeitunabhängige Zugriffsmöglichkeit auf Dokumente
- Sicherung der gespeicherten Dokumente gegen Verlust und Manipulation
- gleichzeitige Zugriffsmöglichkeit auf Dokumente durch mehrere Nutzer des Systems
- erleichterte und schnelle Suche nach Dokumenten
- Erfüllung der gesetzlichen Vorschriften (Auffindbarkeit, Aufbewahrungsfristen, Wiederlesbarkeit)
- umfangreiche Ordnungsfunktionen, z. B. nach Kundengruppen
- Verlinkung zu externen Dokumenten möglich
- Verknüpfung mit Geschäftsprozessen möglich

Onlineanwendungen

Eine Onlineanwendung (auch Internetanwendung, Webanwendung) wird im Internet auf einem Server ausgeführt. Sie wird jedoch von einem Nutzer auf einem individuellen Rechner (PC, Laptop, Tablet, Smartphone) zu Hause oder im Betrieb bedient. Der Datentransfer erfolgt über das Internet.

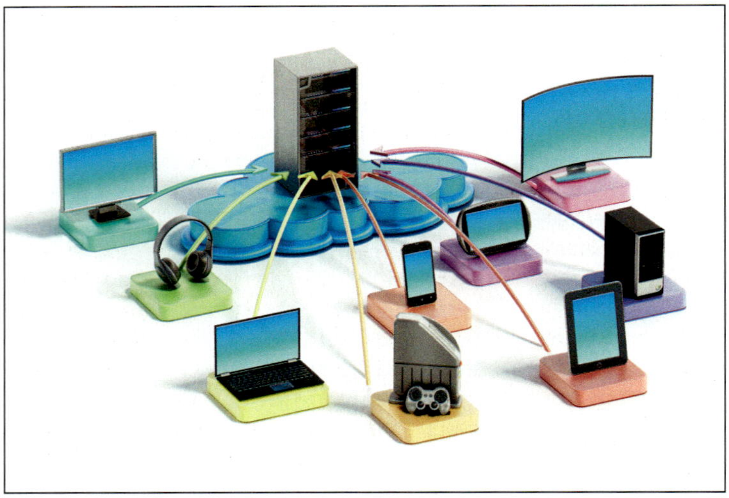

Arten von Onlineanwendungen

- **Suchmaschinen** sind Programme zur Internet-Recherche von Dokumenten (u. a. Texte, Bilder, Videos, Grafiken, Audiodateien), die z. B. im World Wide Web gespeichert sind. Nach Eingabe eines Suchbegriffs durch den Nutzer listet die verwendete Suchmaschine (z. B. Google, Yahoo, Bing) Verweise auf eventuell relevante Dokumente auf. In der Regel werden die Titel und kurze Beschreibungen der gefundenen Webseiten sowie die Internet-Adressen angezeigt.

- Beim **Onlineshopping** werden die Waren nicht in einem Ladengeschäft, sondern in einem „Laden" im Internet über ein speziell für ein Unternehmen eingerichtetes „Onlineshop-System" verkauft. Zum Angebot von Onlineshops gehören alle Arten von Produkten und Dienstleistungen.

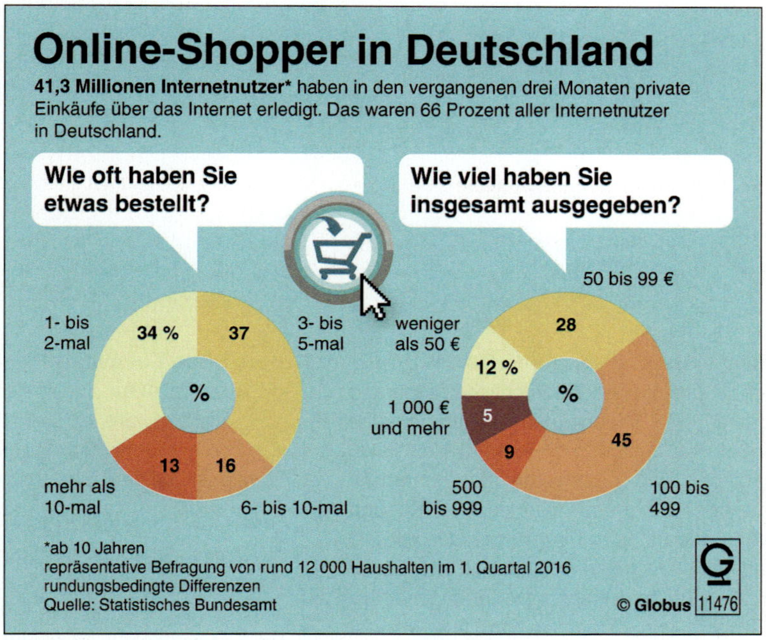

Abzugrenzen von einem Onlineshop ist **E-Commerce** (siehe Seite 136). Onlineshopping ist ein Teilbereich des elektronischen Handels.

Die potenziellen Käufer können über ihre Computer, Tablets oder Smartphones im Onlineshop stöbern, sich über die Eigenschaften, das Aussehen und die Preise z. B. von Waren informieren. Die Zahlung erfolgt i. d. R. bargeldlos durch Überweisung, Lastschriftverfahren, Kreditkarte, Vorauskasse oder spezielle Online-Bezahlsysteme, z. B. Paypal (siehe Seite 184).

Verbraucher haben beim Abschluss eines Vertrags im Internet nach den Regelungen des Fernabsatzrechts i. d. R. ein 14-tägiges Widerrufs- bzw. Rückgaberecht.

- **Onlinebanking** (siehe Seite 178)

- In einer **Onlinecommunity** (deutsch: Internet-Gemeinschaft) kommuniziert eine Gruppe von Internetnutzern miteinander und interagiert teilweise in einem virtuellen Raum. Der Austausch von Meinungen, Erfahrungen, Dokumenten, Daten und Informationen erfolgt auf einer speziellen Community-Plattform, die Werkzeuge, z. B. E-Mail, Foren, Chatsysteme, Dateisysteme, Instant Messaging[1] oder Tauschbörsen, zur Verfügung stellt. Die Mitglieder der Gruppe müssen ein Benutzerkonto (Account) in dem System anlegen und sich zur Nutzung des Systems mit den Zugangsdaten dieses Kontos anmelden. Selten erhalten auch nicht registrierte Gäste einen Zugang.

[1] Instant Messaging (deutsch: für sofortige Nachrichtenübermittlung) ist eine Methode, bei der die Teilnehmer mit Textnachrichten kommunizieren.

Arten von Onlineanwendungen

- Kommerzielle Netzgemeinschaften werden als **Business Communities** bezeichnet. In einer derartigen unter Aufsicht eines Unternehmens stehenden Community können die an den Geschäftstätigkeiten mitwirkenden Mitarbeiter der beteiligten Unternehmen und Kunden zusammengeführt werden. Ein von einem Unternehmen im Internet angebotenes Kundenforum ist ein typisches Beispiel einer Business-Community. Es ermöglicht die Kommunikation mit dem Unternehmen und der Kunden untereinander über die angebotenen Waren und Dienstleistungen.

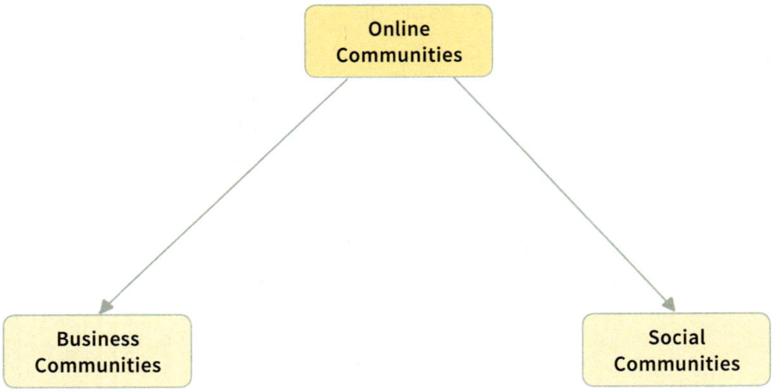

- Social Communities sind **soziale Netzwerke** im Internet, über die die Mitglieder persönliche Daten und Informationen (Texte, Bilder, Video-Dateien, Sprache und Audio-Dateien) austauschen können, z. B. Facebook, WhatsApp, Twitter, Instagram. Problematisch ist der Umfang der personenbezogenen Daten, die von den Betreibern der sozialen Plattformen gespeichert werden und ohne einstellbare Sicherheitsmechanismen, auch über Suchmaschinen, zu finden sind. Der Datenschutz wird von den Betreibern nur unzureichend gewährleistet. Die Gefahr des Missbrauchs wird hoch eingeschätzt.

  Auch die weitgehend unkontrollierte Verbreitung von strafbaren Inhalten in sozialen Netzen wie Beleidigung, Volksverhetzung, „Fake-News" gibt Anlass zur Kritik. Zur Verbesserung der Situation wurde vom Bundesministerium der Justiz und für Verbraucherschutz der Entwurf eines Gesetzes zur Verbesserung der Rechtsdurchsetzung in sozialen Netzwerken (Netzwerkdurchsetzungsgesetz – NetzDG) vorgelegt.

  Trotzdem ist die Beliebtheit der sozialen Netzwerke nicht gesunken. Die Vorteile sind die Vernetzung der gesamten Menschheit und die Möglichkeit, mit jedem Menschen, der Zugang einem Netzwerk hat, Kontakt aufzunehmen und mit ihm zu kommunizieren. Unternehmen nutzen die sozialen Netzwerke auch für kommerzielle Werbung (siehe Seite 212).

- Beim **Cloud-Computing** (deutsch: Rechnerwolke) wird die IT-Infrastruktur, z. B. Speicherkapazität, Rechnerleistung und Software, als Dienstleistung dem Nutzer über das Internet zur Verfügung gestellt. Dabei muss die Software nicht auf dem lokalen Rechner installiert sein.

  Beim Einsatz moderner Cloud-ERP-Systeme (siehe Seite 107), auch bekannt als Software-as-a-Service (SaaS) oder Software on demand, z. B. SAP, Actindo, wird die Software nicht auf einem unternehmenseigenen lokalen Server oder PC installiert, sondern sie wird gegen Zahlung eines Nutzungsentgelts gemietet. Normalerweise werden auch die Daten des Anwenders (z. B. Lagerbestand, Artikeldaten) auf den Servern des Systemanbieters gespeichert. Den Betrieb, die Pflege und Wartung dieser Cloud-Systeme übernimmt ebenfalls der Anbieter. Die Betreiber derartiger Systeme haben in besonderem Maße den Datenschutz und die Datensicherheit zu gewährleisten.

  Die Vorteile durch den Einsatz einer ERP-Lösung aus der Cloud liegen vor allem in der Kostenersparnis. Die Kosten für die unternehmenseigene IT-Infrastruktur und das IT-Personal werden minimiert. Auch die Umstellungskosten auf ein solches Cloud-System fallen geringer aus als bei der Installation von ERP-Systemen in einer lokalen unternehmensspezifischen IT-Infrastruktur.

Nutzen und Risiken von Onlineanwendungen

- Die **Verfügbarkeit** eines schnellen Internetzugangs ist in Deutschland nicht überall gleich verteilt. Benachteiligt sind die Internetnutzer, die über keine oder nur eine langsame Internetverbindung verfügen. Während in den Großstädten in Deutschland die Versorgung mit schnellen Internetzugängen gesichert ist, ist die Verfügbarkeit z. B. von schnellen Breitbandnetzen vor allem in ländlichen Regionen rückständig. So lag Ende 2016 die Breitbandverfügbarkeit >= 50 Mbit/s in Städten bei 89,5 %, während sie auf dem Land nur bei 33,8 % lag.[1] Ohne ausreichende Verfügbarkeit eines schnellen Internets sind die potenziellen Nutzer von den Möglichkeiten der modernen Informationsgesellschaft weitgehend ausgeschlossen.
- Bei Onlineanwendungen bestehen **Zugriffsmöglichkeiten** auf Informationen, Daten und Dokumente, unabhängig von Ort und Zeit. Oft ist auch der gleichzeitige Zugriff mehrerer Personen auf dieselben Informationen möglich. Der Ablauf der Verarbeitung muss geregelt sein. So können z. B. mehrere Sachbearbeiter über ein Online-ERP-System gleichzeitig den Lagerbestand abfragen, nicht aber gleichzeitig Zu- oder Abgänge für einen Artikel buchen.
- Ein positiver Effekt der Nutzung des Internets ist die **Zeit- und Kostenersparnis**. Z. B. zur Sichtung von Angeboten können auf den Webseiten potenzieller Lieferanten schnell die Gestaltung und die Eigenschaften von Produkten, Preise sowie die Lieferungs- und Zahlungsbedingungen recherchiert werden. Neben der Minimierung der Bearbeitungszeiten werden Kosten, z. B. Portokosten und Personalkosten, eingespart.
- **Datenschutz- und Datensicherheit**
  Die sozialen und geschäftlichen Netzwerke, z. B. Facebook, speichern und nutzen u. a. die personenbezogenen Daten der registrierten Nutzer u.a. für Werbung und die Analyse des Surfverhaltens. Die Ergebnisse dieser Analyse können z. B. zur personalisierten Werbung beim nächsten Aufruf der Webseite verwendet werden. Die Gefahr des Eindringens unbefugter Dritter in die Internetnetzwerke, z. B. durch Hackerangriffe, ist groß. Der damit verbundene potenzielle Missbrauch von Personendaten und/oder Geschäftsdaten ist möglich. Die Vermeidung des Missbrauchs von Daten, die im Internet gespeichert sind, kann in den Netzwerken nur durch umfangreiche technische und organisatorische Maßnahmen verhindert werden.
- **Gefahr der Manipulation durch Suchmaschinen**
  Die von Millionen Menschen weltweit genutzten Suchmaschinen, u. a. Google mit einem Marktanteil weltweit von über 90 %, sind kritisch zu betrachten. Allein mit der Monopolstellung hat Google großen Einfluss auf die Nutzer. So können Kenntnisse und Meinungsbildung der Nutzer beeinflusst werden. Zur Personalisierung der Antworten auf Suchanfragen und zur Gestaltung der Suchmaschinen-Webseiten wird das individuelle Nutzerverhalten in der Vergangenheit analysiert, entsprechend der festgestellten Vorlieben wird Werbung eingeblendet und gefundene Treffer weiter oben in einer Liste platziert.

  In einem Protokoll wird der Suchverlauf von jedem Nutzer mehrere Monate lang, mit detaillierten Informationen über die eingegebenen Suchbegriffe und welche Treffer gewählt wurden, gespeichert. Die Speicherung des Suchverhaltens kann nur umständlich vom Nutzer abgeschaltet werden.

  Problematisch ist auch, dass Werbeanzeigen für bestimmte Suchbegriffe gekauft werden können. Die Werbung wird als normaler Treffer angezeigt und ist nicht direkt als Werbung zu erkennen. Bezahlt wird jeder Klick auf die Werbung.

  Eine weitere Gefahr sind durch Kriminelle manipulierte Suchmaschinen. Dabei wird die Software gehackt und so verändert, dass Links zu verseuchten Web-Anwendungen (z. B. Musik-Raubkopien) in der Trefferliste weit oben angezeigt werden, um den Nutzer dazu anzuregen, diese angeblichen Suchergebnisse anzuklicken.

[1] BMVI: Aktuelle Breitbandverfügbarkeit in Deutschland (Stand Mitte 2016), Berlin, Seite 4

Eigenverantwortliches Schreibtraining (Tastschreiben) *self-training (typewriting)*

10-Finger-Tastschreiben

Auf dem Tastenfeld hat jeder Finger seinen festen Platz. Aus der **Grundstellung a s d f j k l ö** werden alle Schreib- und Funktionstasten bedient.

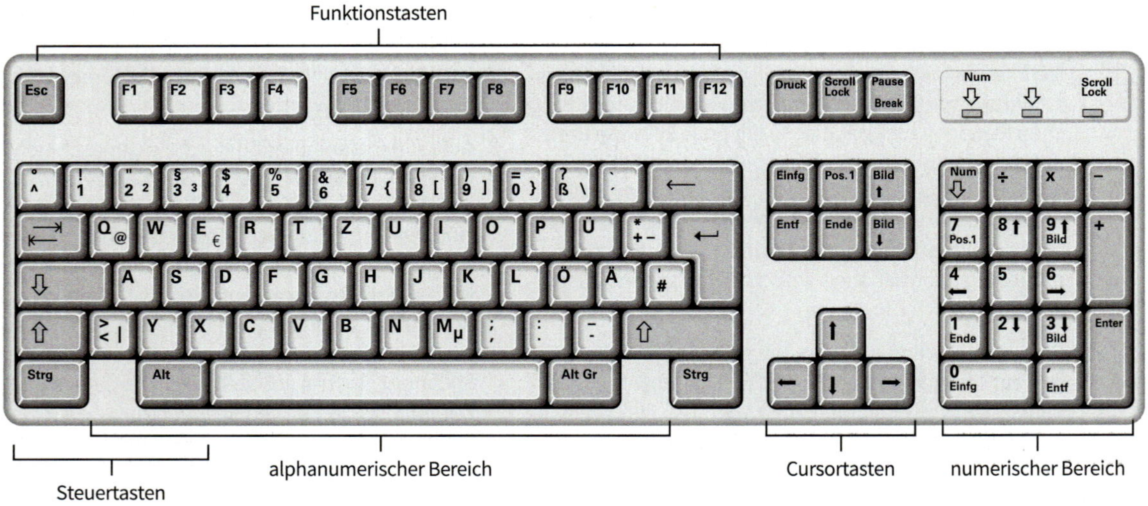

Übungsablauf

Der nachfolgende Übungsablauf stellt die Erarbeitung der Tastatur dar. Jede Grifffolge ist aus der Grundstellung heraus so lange zu üben, bis der Bewegungsablauf automatisiert und Griffe „blind" ausgeführt werden können.

Grundstellung
aaa sss ddd fff jjj kkk lll ööö asa ada afa aja aka ala aöa sds sfs sjs sks sls sös dad das
dak dal daö fas fad fass faj fak fal fall lak jak jall jaffa kalla all fall dass jass sad falk kalk jalka

Erarbeitung g und h
lag sah gah aha fahl kahl klag gas hall hass gall haha gala hak saga

Erarbeitung e und i, r und u, w und o und q und p
frei die dei sei sie jei kei lei reif rief frei freude friede jule welle wie weil wo wer war prall pass paar
quell quall quer quirl wahr porös posse power ruder luder klag klag half kulg fuhr ölig lisa löwe

Erarbeitung von t und z, Komma
das, dies, ist, wo, dort, dort, fort, zwei, rief, folge, klage, juli, kuli, fruit, ruder, zur, zeige, hart

Erarbeitung von v und m, b und n
viel, mehr, banane, nunmehr, meist alles, ganz bunt, ganz viel, dann ist, darum gekommen

Großschreibung
Für Großbuchstaben der rechten Hand dient der linke Umschalter, für Großbuchstaben der linken Hand dient der rechte Umschalter. Dabei wird der Umschalter niedergedrückt, der Großbuchstabe mit der anderen Hand niedergedrückt und dann der Umschalter wieder losgelassen.
Die Wolle ist geliefert, am Kai befinden sich die meisten Fische, die besten Angebote sind hier, sie malte ihm ein hervorragendes Bild, daher sollte er sich jetzt keine Sorgen machen.

Erarbeitung von Punkt und Doppelpunkt sowie Semikolon und Bindestrich (I)
Noch immer gehören nicht zur Europäischen Union: Norwegen, Schweiz, Island, Liechtenstein; dies sind die so genannten EFTA-Staaten; als künftige Beitrittskandidaten werden die Länder Serbien und Türkei angesehen; hier ist bereits mit Brüssel verhandelt worden.

Erarbeitung von c und x und y und Bindestrich (II)
Die Boxer kamen total cool aus dem Ring. Das Publikum konnte durch den Ein- und Ausgang des Stadions die Zeremonie verfolgen und alle Boys in ihren Ausgangsboxen bewundern. Das Spiel Spanien – Finnland endete unentschieden. Anschließend konnten die Besucher mit dem Intercity-Express nach New York fahren und den Harry-Potter-Film im Kino ansehen.

Eigenverantwortliches Schreibtraining (Tastschreiben) *self-training (typewriting)*

Übungsablauf

Erarbeitung von a und ü und ß und ? und ˝ und !
Wo? Wer? Wie? Warum? Weshalb? Wieso? Womit? Wie war es hier? Warum war er dort? Vielen Dank für das Geschenk! Alles Gute für dieses Jahr! Alle schreiben mit „Roxy“-Füller.

Erarbeitung der Zahlen 1 und 2, 3 und 0, 4 und 9, Zeichen § = $)
1 Baum, 2 Gärten, in § 3 stehen die nachfolgenden Rechte, §§ 49, 34 beinhalten alle wichtigen Einzelheiten, EZB = Europäische Zentralbank, 12.000 $, a) Europäische Gemeinschaft, b) Mitgliedsländer, c) geschichtliche Entwicklung, d) Osterweiterung, e) Weiterentwicklung

Erarbeiten der Zahlen 4 und 8, 6 und 7, Zeichen % (& /
4 Finger, 6 Jahre, 84 Cent, 6 Euro, 7 cm, die Preise haben sich um 47 % erhöht, die EZB (Europäische Zentralbank) hat ihren Sitz in Frankfurt/Main. Die Firma Weber & Palmu bietet ihre Waren den Kunden im europäischen Wirtschaftsraum an. Das Verfahren Weber ./. Ande ist abgeschlossen.

Erarbeitung von ´ ` ˆ † * Akzenten
Anette von Droste-Hülshoff (*1797 †1848) war eine berühmte deutsche Dichterin.
Wie gehts dir? „Die Landschaft Kusamu ist wirklich wunderschön!“ Café, Ampère, Nîmes,
Die Temperatur in Rovaniemi (Nordfinnland) lag bei –40 °C, der Winkel hat 45°.

Autorenkorrektur gemäß DIN 16 511

Wenn Schreibfehler, Formfehler oder nachträgliche Änderungen auf dem Ausdruck vorgenommen werden, bezeichnet man diese Änderungen als „Autorenkorrektur“. Die Korrekturzeichen sind genormt, um eine einheitliche Vorgehensweise zu ermöglichen. Jedes eingezeichnete Korrekturzeichen wird auf dem Rand wiederholt und die erforderliche Änderung ist rechts neben das wiederholte Korrekturzeichen zu schreiben.

Beispiel:

	Korrekturzeichen:	Erklärung:
Ersätzen	/e	Falsches Zeichen ersetzen
Andere Schriftart	~~~	Es wird eine andere Schrift verlangt.
Falsche Bachstiben	/u /a	Falsche Buchstaben werden ersetzt.
Fehlende Bstaben	/uch	Fehlende Buchstaben werden angezeigt.
Überflüüüüssige Buchstaben	⊢⊣ /ϑ	Das Zeichen ϑ (deleatur = es werde getilgt) wird angemerkt.
Vertsellet Buchstaben	⊓st ⊓te	Sie werden am Rand gekennzeichnet.
FehlendeZwischenräume	Y	Sie werden am Rand vermerkt.
Das Anhängen von Absätzen	⌒	Absätze, die zusammengehören, werden am Rand gekennzeichnet.
kann so erfolgen.	⌐	Eine Zeile frei halten.

Textbeispiel:

Der Europäische Computer-Führerschein, abgekürzt ECDL — /L,
ist der beliebteste Nachweis über umfassende Kenntnisse — ⌒
im IT-Bereeich. Er ist heute für das berufliche Weiterkommen — /ϑ
fast unentbehrlich und umfasst sieben Module: 1. Grundlagen der Infor- — ⌐
mationstechnologie: Hard- und Software, Sicherheit, Copyright — /t, ⌐
2. Computerbenutzung und Dateiverwaltung, 3. Textverarbeitung, — ⌐
Clipart, Tabellen, Seriendruck, 4. Tebellenkalkulation, 5. Daten- — ⌐ /a ⌐
banken, 6. Präsentationen für Folieen, Diagramme, Bildschirmprä- — ⌐ /ϑ
sentationen, Ausdruck, 7. Informations- und Kommunikationsnetze: — ⌐
Navigieren im Internet, E-Mail-Funktionen.

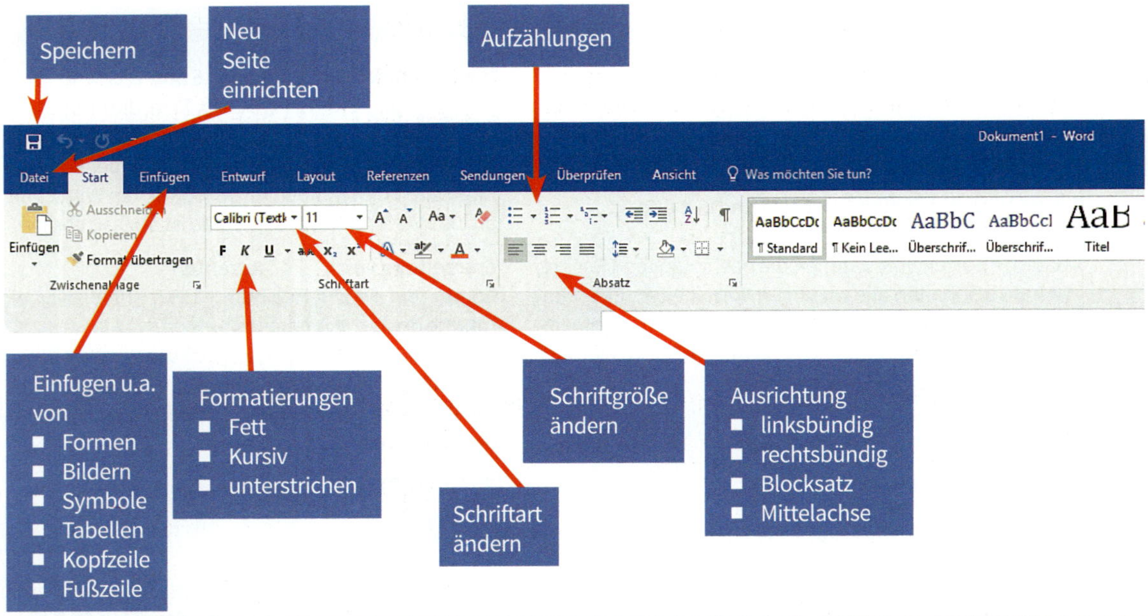

Formatierung mithilfe des Textverarbeitungsprogramms – Beispiel

Dieser Text ist zunächst einzugeben und dann mithilfe des Textverarbeitungsprogramms entsprechend zu formatieren:

Im Nordosten Europas ...

Um welches Land handelt es sich?

In Europa sind nur Spanien, Frankreich, Deutschland und Schweden flächenmäßig größer. Und wer hat schon 60.000 Seen im Land? Das nördliche Viertel des Landes liegt nördlich des Polarkreises – nur Island liegt noch nördlicher. Und Sibirien, Alaska, Südgrönland findet man auf dem Globus auf derselben Höhe. Im Juli liegen die Temperaturen zwischen 13 und 20 °C, im Februar zeigt das Thermometer auch mal –40 °C. Hier leben 17 Einwohner pro Quadratkilometer.

Dieses Land hat das früheste Frauenwahlrecht in Europa; auch der Verteidigungsminister war eine Frau. Die Musikwelt kennt *Jean Sibelius* und die Kunstwelt **Alvar Aalto.** Weltberühmt sind auch Janne Arhunen und Mika Häkkinen. Und nicht zu vergessen: NOKIA, die ehemalige Fabrik für Gummistiefel. Das Klima formt Land und Leute, es prägt die Landschaften und es prägt die Lebensart. Klare Linien kennzeichen die finnische Lebenskultur.

Die Namen sagen etwas über die Sprache aus. Die Sprache gehört zur finno-ugrischen Sprachenfamilie, zu der auch das Estnische und das Ungarische gehören. Die Kinder können nach der Schule die folgenden Sprachen:

- Muttersprache
- Schwedisch
- Englisch
- Deutsch
- Spanisch, Französisch oder Russisch

Und nicht zuletzt das Saunaleben. Der Begriff Sauna umfasst Erholung und Entspannung pur. In jeder Wohnung findet man sie, die trockene und heiße Sauna. Man unterscheidet folgende Arten:

Sauna-Art	*Anwendung*
Wohnungs-Sauna	jeden zweiten Tag, praktisch, jedoch wenig Abkühlung
Block-Sauna	einmal wöchentlich, bevorzugt im Sommerhaus, See zur Abkühlung
Rauch-Sauna	einmal jährlich, lange Vorbereitung, bevorzugt im Sommer

Und nun: gute Reise oder auf finnisch hyvää matka!!

Datensicherung

Data protection

Begriff

Als **Datensicherung** bezeichnet man die Sicherung u. a. von Datenbeständen und elektronischen Dokumenten vor:

- Verlust
- Zerstörung
- Verfälschung
- Missbrauch

Die **Maßnahmen** zur Datensicherung erfüllen weitgehend auch die Anforderungen an den Datenschutz (siehe S. 334).

Mögliche **Gefahren** sind z. B.:

- Feuer, Wasser, Blitzschlag
- technische Störungen (z. B. Stromausfall)
- Bedienungsfehler
- Missbrauch von Daten
- vorsätzliche Zerstörung
- **Computer-Viren**[1]

Maßnahmen

Durch Datensicherungsmaßnahmen sollen die Risiken und Gefahren weitgehend eingeschränkt bzw. verhindert werden.

Datensicherungsmaßnahmen

technische

- Notstromaggregate
- Alarmanlagen

organisatorische

personelle

- Zugangskontrolle
- Vier-Augen-Prinzip

- **Plausibilitätskontrollen**
  Die eingegebenen Daten werden auf Plausibilität (Stimmigkeit) geprüft.
  Beispiel:
  Die geleisteten Arbeitsstunden eines Mitarbeiters können einen Höchstwert von 250 Stunden/Monat nicht übersteigen.
- **Kennwörter**
  Bevor ein Mitarbeiter auf bestimmte Daten und Programme Zugriff hat, wird ein über die Tastatur eingegebenes Kennwort (password) softwaremäßig auf Richtigkeit überprüft.
- **Verschlüsselung**
  Dieses Verfahren wird vor allem zur Sicherung von Übertragungsdaten angewandt. Dabei werden Übertragungsdaten vom Absender durch ein Programm chiffriert (verschlüsselt) und beim Empfänger der Daten wieder dechiffriert (entschlüsselt).
- **Sicherungskopien**
  Zur Sicherung der Datenbestände werden in festen Zeitabständen (z. B. täglich) Kopien (engl. **backup**) angefertigt.
- **Prüfziffern**
  Bei diesem Verfahren wird ein Ordnungsbegriff, z. B. die Europäische Artikelnummer (EAN) durch eine aus den Ziffern der Nummer errechnete Prüfziffer ergänzt. Nach jeder Verarbeitung des Ordnungsbegriffs wird diese Prüfziffer neu berechnet und mit der eingegebenen Prüfziffer verglichen.

  Beispiel EAN-13-Code:

  9 783142 310206

  Prüfziffer
- **Virenschutzprogramme**
  Diese Software überprüft Programme, Dateien oder den gesamten Computer, ob sie bekannte Merkmale von Schadprogrammen enthalten. Die Virenschutzprogramme können so eingestellt werden, dass die Überprüfung automatisch im Hintergrund abläuft.
- **Dateiarchivierung**
  Eine spezielle Form des Backups ist die Dateiarchivierung. Dabei werden nicht ganze Verzeichnisse oder Laufwerke gesichert, sondern nur ausgewählte Dateien, z.B. mit einer bestimmen Dateiendung.

[1] **Computer-Viren** sind Programme, die in andere Programme eingeschleust werden und dann beim Starten des „infizierten" Programms gleichzeitig oder stattdessen ausgeführt werden. Ein **Computer-Wurm** ist ein Computer-Virus, das die Eigenschaft hat, nachdem es einmal ausgeführt wurde, sich selbst zu vervielfältigen, ohne fremde Programme zu infizieren. Als **Computer-Trojaner** werden Computer-Viren bezeichnet, die, als nützliche Anwendungen getarnt, im Hintergrund unbemerkt unerwünschte Funktionen ausführen.

Datensicherung

Data protection

Großvater-Vater-Sohn-Technik

Ein weit verbreitetes Verfahren ist das sogenannte **Generationenprinzip** („Großvater-Vater-Sohn-Prinzip"). Dabei wird eine festgelegte Anzahl früherer Sicherungskopien aufbewahrt. Zum Beispiel ist eine aktuelle Sicherungskopie einer Lagerbestandsdatei der „Sohn". Mit der Speicherung des Sohns wird die Sicherungskopie von gestern zum „Vater" und die von vorgestern zum „Großvater". Erst wenn die aktuelle Lagerbestandsdatei (Sohn) fehlerlos ist, darf die Sicherungskopie von vorgestern (Großvater) gelöscht werden. Wichtig ist, dass mit den Lagerbewegungsdaten (Zu- und Abgänge) ebenso verfahren werden muss.

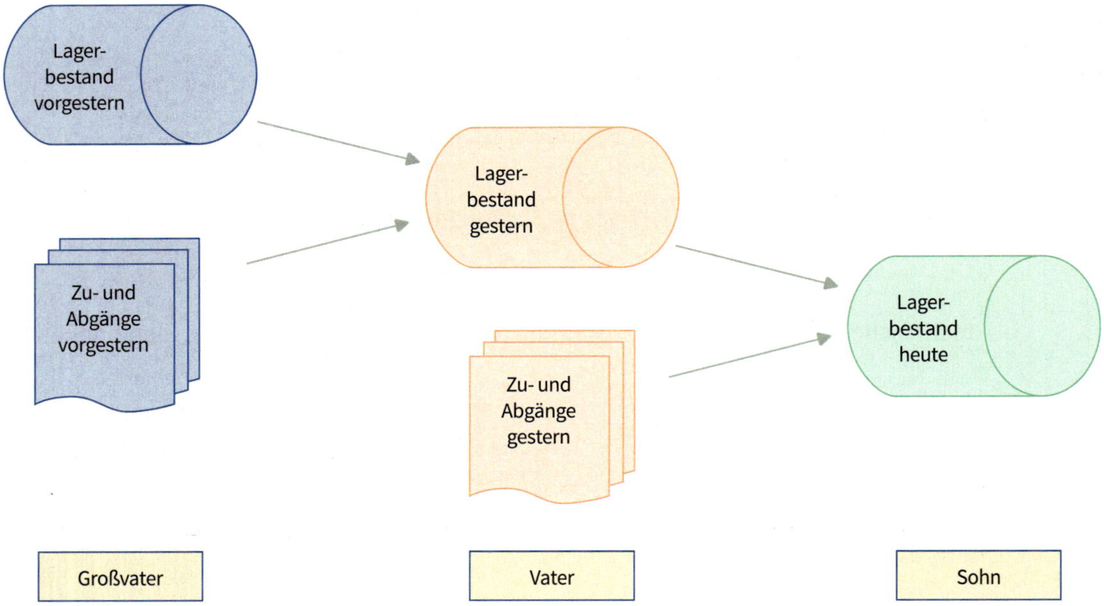

Datenpflege

Die **Pflege** von Datenbeständen hat die Aufgabe, die Daten immer auf dem aktuellen Stand zu halten, fehlerhafte Daten zu berichtigen und überflüssig gespeicherte Daten zu löschen. So sind z. B. nach dem Umzug eines Mitarbeiters die Personalstammdaten des Mitarbeiters zu aktualisieren oder aufgrund der Kündigung eines Mitarbeiters sind nach Ablauf einer Aufbewahrungsfrist alle Daten, die im Zusammenhang mit diesem Mitarbeiter stehen (z. B. Lohnabrechnungen), zu löschen.

Datenaufbewahrung

Für elektronisch aufbewahrte Daten und auf optischen Bildträgern archivierte Dokumente sind die Grundsätze ordnungsmäßiger Speicherbuchführung (GoS), die Grundsätze ordnungsmäßiger DV-gestützter Buchführungssysteme (GoBS) und die Grundsätze zum Datenzugriff und zur Prüfbarkeit digitaler Unterlagen zu beachten. Außer Bilanzen und Jahresabschlüssen, die im Original aufbewahrt werden müssen, können die übrigen aufbewahrungspflichtigen Unterlagen bzw. Daten auf einem Bild- oder Datenträger archiviert werden. Die auf diesen Medien archivierten Unterlagen bzw. Daten müssen während der Aufbewahrungsfrist jederzeit sichtbar gemacht werden können. Dabei muss sichergestellt sein, dass die Wiedergabe mit den ursprünglichen Dokumenten bzw. Daten übereinstimmt. Die Papierbelege können bei ordnungsgemäßer Aufbewahrung auf Bild- oder Datenträgern vernichtet werden.

Erhaltung und Förderung der Gesundheit am Arbeitsplatz

Maintenance and promotion of health at the workplace

Belastungen am Arbeitsplatz

Der derzeitige **demografische Wandel** in Deutschland schlägt sich in einer Erhöhung des **Durchschnittsalters** der **Belegschaften** nieder. Verstärkt wird dieser Trend durch das Hinausschieben des **Renteneintrittsalters.** Darüber hinaus trägt der **Strukturwandel** von der Industrie- zur **Dienstleistungs-** und **Informationsgesellschaft** zu einer Veränderung der **Arbeitsplatzstrukturen** bei. Durch die Zunahme **computergestützter Arbeitsplätze** findet heute eher eine Veränderung von der körperlichen hin zur **stärkeren psychischen Belastung** statt. Damit einhergehend sollte das Augenmerk der Unternehmen verstärkt auf die Prävention von psychischen Erkrankungen gerichtet sein. In diesem Zusammenhang sind neue Maßnahmen zur Gestaltung von zwischenmenschlichen Beziehungen am Arbeitsplatz von Nöten (z. B. Förderung der Empathiefähigkeit).

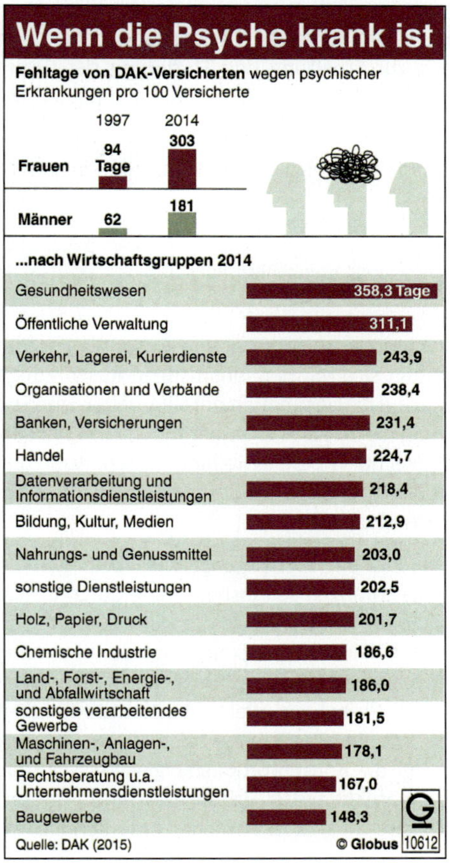

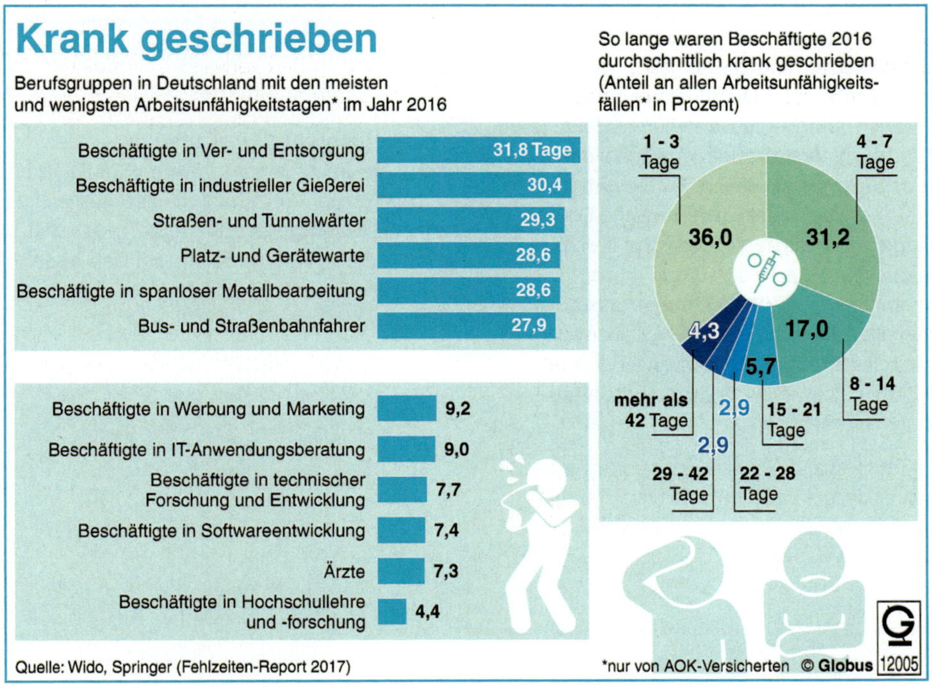

Maßnahmen zur Erhaltung und Förderung der Gesundheit

Establish measures designed to promote the health

2

Viele Unternehmen sehen sich heute verstärkt in der Verantwortung, auf die Belastungen am Arbeitsplatz mit **präventiven Maßnahmen** zu reagieren. Zukünftig sollen Maßnahmen zur **Erhaltung** und **Förderung** der **Gesundheit** verstärkt in die Unternehmenskultur integriert werden, z.B. durch die Einführung eines betrieblichen **Gesundheitsmanagements**.

Ein betriebliches Gesundheitsmanagement[1] kann in drei Bereiche eingeteilt werden:

- Betriebliches Gesundheitsmanagement
  - Arbeits- und Gesundheitsschutz
  - Gesundheitsförderung
  - betriebliche Eingliederung

- Der betriebliche **Arbeits- und Gesundheitsschutz** beschäftigt sich mit den langfristigen **Auswirkungen** der Arbeit auf die **Gesundheit** der Mitarbeiter. Einen eigenen Beitrag hierzu kann er selber durch eine sinnvolle und zeitgerechte **Arbeitseinteilung** leisten. Außerdem stehen ihm in größeren Unternehmen u.a. **Betriebsärzte beratend zur Seite.**
  - Das Ziel der **Vorbeugung** arbeitsbedingter Gesundheitsstörungen soll insbesondere durch die **Chronobiologie**[2] umgesetzt werden. Sie beschäftigt sich mit der zeitlichen Organisation und der physischen und psychischen **Leistungsfähigkeit** im **Tagesverlauf**. So ist es effizient und effektiv, **bestimmte Tätigkeiten** zu bestimmten **Tageszeiten** zu erledigen. Beispielsweise steigt die **Konzentrationsfähigkeit bis 12 Uhr**, sinkt dann ab (Mittagstief) und steigt erst wieder gegen 15 Uhr an, erreicht aber **nicht** mehr ihr **morgendliches Hoch**.
  - Der **Betriebsarzt** wird vom Arbeitgeber nach Maßgabe des Gesetzes über Betriebsärzte, Sicherheitsingenieure und andere Fachkräfte für Arbeitssicherheit nach dem **Arbeitssicherheitsgesetz** (ASIG) bestellt. Die **Träger** der **gesetzlichen Unfallversicherung** regeln die Vorschriften für Betriebsärzte im einzelnen. Arbeitgeber dürfen nur Ärzte bestellen, die über die erforderlichen **arbeitsmedizinischen Fachkenntnisse** verfügen. Seine Aufgabe ist die **Förderung** und **Erhaltung** der **Gesundheit** sowie der **Arbeits- und Beschäftigungsfähigkeit** der Mitarbeiter. Dabei stützen sie sich auf eine **ganzheitliche Betrachtungsweise** der Arbeitsbedingungen hinsichtlich psychischer, sozialer und somatischer Prozesse. Der Arbeitgeber muss den Mitarbeitern regelmäßige **arbeitsmedizinische Untersuchungen** ermöglichen.
  - Beim **Arbeits- und Gesundheitsschutz** sind insbesondere die Vorgaben der gesetzlichen Unfallversicherung (u.a. Unfallverhütungsvorschriften) zu berücksichtigen (vgl. hierzu S. 320, Kapitel 8).

- Bei der **betrieblichen Gesundheitsförderung** können zeitlich befristete Einzelmaßnahmen zur **Verhaltensvorsorge** bei Ernährung, Bewegung und Stressbewältigung eingesetzt werden.
  - Eine **nachhaltige Verhaltensänderung** der Mitarbeiter mit dem Ziel einer **gesunden Ernährung** kann zum Beispiel durch das Anbieten von **Vollwertkost** in der Betriebskantine, **Informationsmaterial** und Aushänge am Schwarzen Brett über eine gesunde Ernährung mit Kalorien- und Nährwertangaben erreicht werden.
  - Durch sinnvolle **Pausengestaltung** und/oder **Sportprogramme** innerhalb des Unternehmens kann z.B. Muskelverspannungen und/oder Wirbelsäulenschäden vorgebeugt werden.
  - Im Rahmen der **Stressbewältigung** können mithilfe von Seminaren den Mitarbeitern Fertigkeiten vermittelt werden, um z.B. **Alltagsprobleme** zu bewältigen. Veränderungen bei der **Lebenseinstellung** oder beim Aufbau von erholsamen **Aktivitäten nach der Arbeit** können zur Stressbewältigung beitragen.

- Bei der **betrieblichen Eingliederung** werden mit Mitarbeitern, die wegen einer schweren Krankheit oder wegen psychischer Belastung länger ausgefallen sind, **Krankenrückkehrgespräche** geführt. Das Ziel besteht zunächst darin, eine Rückkehr auf den **alten Arbeitsplatz** zu ermöglichen, wenn dies vom Mitarbeiter auch **selbst** gewünscht wird.

[1] vgl.: http://www.uni-hannover.de/de/universitaet/projekte/gesundheit/bgm; eingesehen am 04.08.2013
[2] Chronos (griech.): Zeit
[3] vgl.: http://www.zeit.de/karriere/beruf/2013-06/chefsache-betriebliches-g...; eingesehen am 04.08.2013

Spezielle Regelungen zum Arbeits- und Gesundheitsschutz

Specific regulations for work security and health protection

Begriffliche Abgrenzung

Im Rahmen der Sicherheit und Gesundheit am Arbeitsplatz ist eine Unterscheidung zwischen **sozialem** und **technischem** Arbeitsschutz vorzunehmen.

Arbeits- und Gesundheitsschutz

sozialer Arbeitsschutz	technischer Arbeitsschutz
Der soziale Arbeitsschutz bezieht sich in erster Linie auf die **persönliche Verfassung** (Konstitution) des Arbeitnehmers, z. B. einen jugendlichen Mitarbeiter, der sich im **Wachstum** befindet, oder Menschen mit Behinderungen, insbesondere Mitarbeiter, die **schwerbehindert sind.**	Der technische Arbeitsschutz bezieht sich auf die Vermeidung möglicher Unfall- und Gesundheitsgefahren, die sich einerseits aus der **Arbeitsumgebung**, anderseits aus der eigentlichen **Arbeitstätigkeit** ergeben können (s. S. 96 ff.).

Sozialer Arbeitsschutz

Die gesetzlichen Regelungen zum sozialen Arbeitsschutz betreffen entweder nur **bestimmte** Arbeitnehmergruppen oder **alle Arbeitnehmergruppen**:

gesetzliche Regelungen zum sozialen Arbeitsschutz

für

bestimmte Arbeitnehmergruppen	alle Arbeitnehmergruppen
Beispiele:	*Beispiele:*
■ **Jugendarbeitsschutzgesetz** (JArbSchG) (siehe S. 15)	■ **Arbeitszeitgesetz** (AZG) (siehe S. 96)
■ **Mutterschutzgesetz** (MSchG) (siehe S. 331)	■ **Bundesurlaubsgesetz** (BundUrlG)
■ **Schutz schwerbehinderter Menschen** (Sozialgesetzbuch, SGB IX § 68) (siehe S. 331)	■ **Bundesdatenschutzgesetz** (BDSG) (siehe S. 215)

Inklusion

Seit dem Inkrafttreten der **Behindertenrechtskonvention** der Vereinten Nationen haben die unterzeichnenden Staaten folgende **Umsetzungsverpflichtung** gemäß Art. 24 Bildung, Abs. 5 beschlossen:

„Die Vertragsstaaten stellen sicher, dass Menschen mit Behinderungen ohne Diskriminierung und gleichberechtigt mit anderen Zugang zu allgemeiner Hochschulbildung, Berufsausbildung, Erwachsenenbildung und lebenslangem Lernen haben. Zu diesem Zweck stellen die Vertragsstaaten sicher, dass für Menschen mit Behinderungen angemessene Vorkehrungen getroffen werden."

Daraus ergibt sich für die Bundesrepublik Deutschland die Verpflichtung, das Internationale Recht unter Berücksichtigung des EU-Rechts in deutsches Recht umzusetzen.

- Durch das Inkrafttreten des **Allgemeinen Gleichbehandlungsgesetzes (AGG)** (siehe S. 99 ff.) sind sowohl private als auch öffentliche Arbeitgeber aufgefordert, durch das Anbieten von Arbeitsplätzen für Menschen mit Behinderungen, z. B. Rollstuhlfahrer, einen **behindertengerechten** Arbeitsplatz, insbesondere im Bürobereich, einzurichten und dementsprechend auszuschreiben.
- Durch eine Veränderung der herkömmlichen **Ausschreibungs- und Einstellungspraxis** (siehe S. 307 ff., Kapitel 8) soll auch diesem benachteiligten Personenkreis durch die Unternehmen eine Teilhabe an **allen gesellschaftlichen Lebensbereichen,** man spricht dann von **Inklusion,** ermöglicht werden.

Spezielle Regelungen zum Arbeits- und Gesundheitsschutz

Specific regulations for work security and health protection

2

Ziele und Regelungen des Arbeitszeitgesetzes

- **Ziele**
  - Gewährleistung der **Sicherheit** und des **Gesundheitsschutzes** der volljährigen Arbeitnehmer bei der Arbeitszeitgestaltung;
  - Verbesserung der Rahmenbedingungen für *flexible Arbeitszeiten*;
  - Schutz der *Arbeitsruhe* an Sonntagen und den staatlich anerkannten Feiertagen
- **Regelungen**
  - Grundsätzlich darf die werktägliche Arbeitszeit **acht** Stunden nicht überschreiten Ausnahme: Verlängerung auf bis zu **zehn** Stunden, wenn innerhalb von **sechs** Kalendermonaten oder innerhalb von **24** Wochen im **Durchschnitt** acht Stunden werktäglich **nicht** überschritten werden.
  - **Arbeitszeitunterbrechung** durch im **Voraus feststehende Ruhepausen** von mindestens **30** Minuten bei einer Arbeitszeit von mehr als ***sechs*** bis ***neun*** Stunden und **45** Minuten bei einer Arbeitszeit von mehr als **9** Stunden
  - ununterbrochene **Ruhezeit** von mindestens elf Stunden nach Beendigung der täglichen Arbeitszeit. Ausnahmeregelungen: Landwirtschaft, Krankenhäuser, Verkehrsbetriebe und Gaststätten

Technischer Arbeitsschutz

Die Abgrenzung beim Arbeitsschutzrecht zwischen **sozialem** und **technischem** Arbeitsschutz sind fließend. Es wird durch außerbetriebliche und innerbetriebliche **Überwachungsorgane** kontrolliert, ob die sozialen und technischen **Vorgaben** in den Büro- und Arbeitsräumen eingehalten werden.

Überwachungsorgane des technischen Arbeitsschutzes

innerbetriebliche Funktionsträger und Überwachungsorgane	außerbetriebliche Überwachungsorgane
▪ Sicherheitsbeauftragte ▪ Werkschutz und Betriebsfeuerwehren ▪ Betriebsrat	▪ staatliche Gewerbeaufsichtsämter ▪ Berufsgenossenschaften

Innerbetriebliche Funktionsträger und Überwachungsorgane

Für den innerbetrieblichen Arbeits- und Gesundheitsschutz der Mitarbeiter sind über den **Arbeitgeber** hinaus der **Sicherheitsbeauftragte**, der **Werksschutz** und **Betriebsfeuerwehren** und der **Betriebsrat** zuständig.

Sicherheitsbeauftragte	Werksschutz und Betriebsfeuerwehren
In Unternehmen mit mehr als **20** beschäftigten Arbeitnehmern muss der Arbeitgeber einen Sicherheitsbeauftragten (SGB VII), in der Regel einen Mitarbeiter, bestellen bzw. beauftragen. Er soll den **Arbeitgeber** bei der Durchführung des Unfallschutzes **unterstützen**. Er hat sich durch **ständige Überwachung** von dem Vorhandensein und der ordnungsgemäßen Benutzung und Beschaffenheit vorgeschriebener **Schutzeinrichtungen** zu überzeugen.	Diese Einrichtungen werden in der Regel in großen Industrieunternehmen, je nach **Gefahrenpotenzial** der Betriebsstätteneinrichtungen, genutzt. Sie sind wie der Sicherheitsbeauftragte in kleineren Unternehmen mit ähnlichen Aufgaben betraut und können darüber hinaus durch die vorhandene Nähe schnell Rettungsdienste und Brandbekämpfungsmaßnahmen durchführen.

Betriebsrat

Der Betriebsrat hat im Rahmen des Arbeits- und Unfallschutzes nach § 89 des Betriebsverfassungsgesetzes ein Mitbestimmungs-, Informations-, Überwachungs-, Gestaltungs- und Unterstützungsrecht.

Arbeits- und Unfallschutzrechte des Betriebsrates

Mitbestimmungsrecht: Bei Arbeitsschutzmaßnahmen zur Verhütung von Arbeitsunfällen und Berufskrankheiten darf er **mitbestimmen** (§ 87, Abs. 1, Nr. 7 BetrVerfG).

- **Informationsrecht:** Bei Anordnungen des Gewerbeaufsichtsamtes muss er unverzüglich **informiert** und bei betrieblichen Unfällen unterrichtet werden.
- **Überwachungsrecht:** Er **überwacht** Gesetze und Verordnungen, die zugunsten der Arbeitnehmer erlassen wurden.
- **Gestaltungsrecht:** Bei der **Gestaltung** und Planung von Bauten, technischen Anlagen, Arbeitsverfahren und Arbeitsplätzen ist er zu beteiligen.
- **Unterstützungsrecht:** Er kann sich von Betriebsärzten und Arbeitssicherheitskräften **beraten** lassen und er kann sich an Unfalluntersuchungen durch Berufsgenossenschaften oder Betriebsbesichtigungen von Gewerbeaufsichtsämtern **beteiligen**.

Spezielle Regelungen zum Arbeits- und Gesundheitsschutz

Specific regulations for work security and health protection

Außerbetriebliche Überwachungsorgane

Für die Einhaltung und die Umsetzung bzw. Überwachung der gesetzlichen Arbeitsschutzvorschriften sind hauptsächlich die Staatlichen **Gewerbeaufsichtsämter** und die **Berufsgenossenschaften** zuständig.

staatliche Gewerbeaufsichtsämter

Die staatlichen Gewerbeaufsichtsämter sind für die Einhaltung von **Gesetzen** und **Verordnungen** zum Arbeitsschutz zuständig und können zu diesem Zweck betriebliche Einrichtungen auf Bundesebene, u. a. in Industrieunternehmen, **überwachen** und **kontrollieren**.

Berufsgenossenschaften

Bei den Berufsgenossenschaften handelt es sich um Selbstverwaltungseinrichtungen, Körperschaften des öffentlichen Rechts, und sie sind dadurch berechtigt, eigene **Unfallverhütungsvorschriften** zu erlassen. Sie kontrollieren ihre Einhaltung selbst und werden auch als **Träger** der **gesetzlichen Unfallversicherung** tätig, wenn sich zum Beispiel Arbeitsunfälle ereignet haben.

Bedeutung des Arbeits- und Gesundheitsschutzes

Die Gesundheits- und Unfallverhütungsvorschriften haben für die **Mitarbeiter**, die **Arbeitgeber/Betriebe** und für die **Gesellschaft** eine große Bedeutung.

Mitarbeiter

- Durch präventive Gesundheits- und Unfallverhütungsmaßnahmen sollen die Mitarbeiter vor **Verletzungen** mit der Folge von **Schmerzen** und ängstlichen Erfahrungen weitestgehend geschützt werden.
- Außerdem soll der **Verlust** der **Arbeitsfähigkeit**, der in der Regel zu einer Minderung der Erwerbsfähigkeit führt, vermieden werden. Diese können letztlich zu einer **Einkommensminderung** des Mitarbeiters führen.

Arbeitgeber/Betrieb

- Ein erkrankter bzw. verletzter Mitarbeiter könnte für einen Industriebetrieb unter Umständen zu einem **Produktionsausfall** bzw. zu **Kundenverlusten** mit entsprechenden wirtschaftlichen Einbußen führen.
- In Extremfällen muss ein **verletzter Mitarbeiter** über einen längeren Zeitraum oder sogar auf Dauer **ersetzt** werden.

Gesellschaft

- **Entlastung** der **Sozialsysteme**, wenn geringere Leistungen der gesetzlichen Unfallversicherungen in Anspruch genommen werden.
- **Verringerung** der **Umweltbelastungen** mit entsprechenden geringeren Folgekosten bei der Schadensregulierung

Verbots-, Warn-, Gebots-, Rettungs- und Brandschutzzeichen beim Gesundheitsschutz

Im Rahmen des Gesundheitsschutzes haben Verbots-, Warn-, Gebots-, Rettungs- und Brandschutzzeichen unterschiedliche Bedeutungen.

Verbotszeichen
Bedeutung: Absolutes Verbot einer bestimmten Handlung
Beispiele: Offenes Feuer verboten; Rauchverbot (P 2!)
Kennzeichnung: roter Rand, Hintergrund weiß, Symbol schwarz

Warnzeichen
Kennzeichnung: schwarzer Rand, Hintergrund gelb, Symbol schwarz
Bedeutung: Warnhinweis auf besondere Gefahrenstoffe (W 3/1!)
Beispiele: Stoffe sind giftig oder feuergefährlich.

Gebotszeichen
Kennzeichnung: Hintergrund blau, Symbol weiß (M 1/2!)
Bedeutung: Gebotshinweis auf besondere Schutzvorschriften
Beispiele: Schutzhelm tragen, Gehör- bzw. Augenschutz

Spezielle Regelungen zum Arbeits- und Gesundheitsschutz

Specific regulations for work security and health protection

Rettungszeichen
Kennzeichnung: Hintergrund grün, Zeichen bzw. Symbol weiß
Bedeutung: Flucht- oder Rettungshinweise (E 1!)
Beispiele: Notausgangs- oder Rettungswegrichtungsangabe

Brandschutzzeichen
(Feuerlöscher!)
Kennzeichnung: Hintergrund rot, Zeichen bzw. Symbol weiß
Bedeutung: Verwendungshinweis auf bestimmte Hilfsgeräte
Beispiele: Löschschlauch oder Feuerlöschgerät

Belastungen und Konflikte am Arbeitsplatz

Belastungen durch Stress und Burnout

- Der Übergang von einem positiv zu einem negativ empfundenen Arbeitsprozess, der durch anhaltenden **Stress** bis hin zu einem **Burnout** (engl. Ausbrennen) gekennzeichnet sein kann, ist häufig fließend. Negative Anzeichen (Indikatoren) für diese Entwicklung zeigen sich u. a. in einer Verschlechterung des **Betriebsklimas** und in der Zunahme der **Krankheitsquote**.
- Mitarbeiter gehen mit **Stresssituationen** unterschiedlich um:
  - Für den einen Mitarbeiter reicht zur Arbeitsbewältigung u. a. die Teilnahme an einem **Stressseminar** aus, in dem z. B. die Technik des **autogenen Trainings** mit Entspannungsübungen erlernt wird.
  - Bei einem anderen Mitarbeiter führen aber ähnlich gelagerte Arbeitsprozesse und -anforderungen zum **Burnout**, schließlich zur „inneren Kündigung" vom Unternehmen.
- Nimmt neben der Krankheits- auch die **Fluktuationsquote** in einem Unternehmen erheblich zu, ist nicht nur der **Abteilungsleiter**, sondern auch eine andere Führungskraft, gegebenenfalls sogar der **Personalvorstand**, gefordert, den Ursachen (z. B. eventuell vorhandenen **Konflikten**) auf den Grund zu gehen und Abhilfe zu schaffen.

Konflikte durch Mobbing

Abgeleitet aus dem Englischen „to mob" hat **Mobbing** die Bedeutung von „jemanden **anpöbeln**, über jemanden **herfallen**". Eine moderne Form des Mobbings stellt „**Cybermobbing**" dar: Von einer Person werden (intime) Fotos oder über diese Person falsche Behauptungen im Internet veröffentlicht (z. B. in einem „Social Network").

- Der schwedische Arbeitspsychologe Leymann hat insgesamt 45 Mobbing-Handlungen, wie zum Beispiel „... Angriffe auf das soziale Ansehen oder auf die Möglichkeiten, sich mitzuteilen, ..."[1] beschrieben. Bezogen auf den Arbeitsplatz handelt es sich nur dann um Mobbing, „... wenn während eines halben Jahres mindestens **wöchentlich** eine dieser Mobbing-Handlungen vorkommt".[2]
- Eine besondere Form des Mobbings stellt das **Bossing** dar, bei dem Vorgesetzte ihr **Arbeitsumfeld** so beeinflussen, dass Mitarbeiter ihren Arbeitsplatz verlieren. Als weitere **Merkmale** führt ein Mobbingberater an:
  - Der typische Bosser sei ehrgeizig und karriereorientiert. Oft habe er Angst, seinen Besitzstand oder ein gutes Einkommen zu **verlieren**.
  - **Frauen** und **schlecht ausgebildete Angestellte** seien besonders häufig **Opfer** von Bossing.[3]

Leymann[4] nennt als typische Schikanen am Arbeitsplatz:			
gezieltes **Vorenthalten** von Informationen	interne **Versetzungen**	schlechte **Beurteilungen**	**Entlassungen** mit fadenscheinigen Begründungen

Auswirkungen von Mobbing und Bossing am Arbeitsplatz

Neben den physischen und psychischen Schäden entstehen durch Mobbing-Handlungen **volkswirtschaftliche Schäden**. Bezogen auf Deutschland kann festgestellt werden: „Fällt jemand wegen eines **Burnout** oder einer **Depression** aus, dann fehlt er oft sehr lange – im Schnitt **37 Tage**, ...; bei anderen Erkrankungen sind es im Durchschnitt nur 13 Tage."[5]

[1] Nachlese Herbsttagung 2011: Mobbing am Arbeitsplatz; http://angestellte.ch/newsroom/medienmitteilungen/showData/nachlese-herbsttagung-2011-mobbing-am-arbeitsplatz, eingesehen am 25.04.2015
[2] *ebd.*
[3] *ebd.*
[4] *vgl. ebd.*
[5] aus: „Gesund im Job? Burn out?". In: Süddeutsche Zeitung vom 24./25.8.13, S. 28 f.

Spezielle Regelungen zum Arbeits- und Gesundheitsschutz

Specific regulations for work security and health protection

Strategien zur Bewältigung von Belastungen und Konflikten am Arbeitsplatz

Um Belastungen und Konflikte durch Mobbing am Arbeitsplatz zu bewältigen, können unterschiedliche Strategien angewandt werden.[1]

- **Strategien** gegenüber dem **Mobber**:
  - **direkte Ansprache** des Mobbers unter vier Augen. „So geben Sie ihm die Chance einzulenken, ohne sein Gesicht zu verlieren."

  - **selbstsicheres Entgegentreten** und ihm verdeutlichen, dass man sein „... **hinterhältiges Spiel** durchschaut ..., dann hören ... meist ... Mobbing-Attacken auf."

  - Anfertigen von **Aufzeichnungen**: „Wie und wann sind **Angriffe** erfolgt? Wer war daran **beteiligt**? Welche **Folgen** hatte dies für Sie?"

- **Strategien** für das **eigene** emotionale und körperliche **Befinden**:
  - **Unterstützung** bei **Kollegen** oder **Selbsthilfegruppen** suchen. **Nicht** „... die ganze Angelegenheit mit sich **allein ausmachen**".

  - **Stressabbau** durch körperliche **Bewegung** „... in Form von Joggen, Walken, Gartenarbeit, Schwimmen usw."

  - **Mobbingberatungsstellen**[2] und/oder **Selbsthilfegruppen** in Anspruch nehmen, wenn die psychische Belastung zu groß wird.

Gesetzeslage zum Mobbing[3]

Gesetzliche Bestimmungen über die Hilfe für Mobbingopfer stehen insbesondere im **Betriebsverfassungsgesetz** (BetrVG) und im **Allgemeinen Gleichbehandlungsgesetz** (AGG).

- **Beschwerderecht** beim **Arbeitgeber** gemäß § 84, Abs. 1 des BetrVG mit der Konsequenz der Androhung bzw. Aussprache einer **Abmahnung**, gegebenenfalls einer **Versetzung** oder sogar einer **Kündigung**, nutzen.
- **Beschwerderecht** beim **Betriebsrat** gemäß § 85, Abs. 1 des BetrVG. Der Betroffene bittet um **Unterstützung** gegenüber dem Arbeitgeber und, falls vorhanden, erwartet die Nutzung einer **Sozialberatung durch kompetente Fachleute**.
- Inanspruchnahme des **Beschwerderechts** als **Mobbingopfer**, wenn es bei vorliegenden Handlungen um Mobbinghandlungen geht, die z. B. aus religiösen oder ethnischen Gründen durchgeführt wurden und die gegen das Ziel des **AGG** (auch Antidiskrimierungsgesetz) gemäß § 1 verstoßen.

[1] Mobbing am Arbeitsplatz: Hilfe für Mobbing-Opfer; http://www.palverlag.de/Mobbing.html. Eingesehen am 20.11.2017

[2] Informationen über Mobbingberatungsstellen und Selbsthilfegruppen im Internet

[3] Mobbing am Arbeitsplatz, ebd.

Spezielle Regelungen zum Arbeits- und Gesundheitsschutz

Specific regulations for work security and health protection

Lösungsstrategien durch Work-Life-Balance

*„Die bessere **Vereinbarkeit** von Beruf und Privatleben (Work-Life-Balance) als Richtschnur für eine moderne Personalpolitik und Arbeitsorganisation ermöglicht die **aktive Gestaltung** dynamischer und flexibler Arbeits- und Lebensverhältnisse. Work-Life-Balance bildet die integrative Klammer für eine Reihe von bereits etablierten Maßnahmen und Konzepten – angefangen von der Verwirklichung der **Chancengleichheit** von Frauen und Männern über Ansätze einer altersgerechten **Laufbahngestaltung** bis hin zu Modellen einer familienfreundlichen **Arbeitsorganisation**.“*[1]

In einem Leitfaden für eine familienorientierte Personalpolitik sind auch für kleine und mittlere Unternehmen mögliche **Lösungsstrategien** erarbeitet worden, die u.a. den demografischen Wandel berücksichtigen. Ein Hilfsmittel stellt die nachfolgende **Checkliste**[2]) dar:

Checkliste für familienorientierte Personalpolitik

	vorhanden	
	ja	nein
Zeitmanagement		
▪ Gleitzeit		
▪ Abgestufte Teilzeit		
▪ Teilzeit während der Elternzeit		
▪ Pausen		
▪ Urlaubsregelung		
▪ Sonderurlaub		
Arbeitsablaufmanagement		
▪ Arbeit mit nach Hause nehmen		
▪ Alternierende Telearbeit		
▪ Teamarbeit		
▪ früher beruflicher Wiedereinstieg		
▪ Eltern-Kind-Arbeitszimmer		

	vorhanden	
	ja	nein
Kommunikation nach innen und außen		
▪ Akzeptanz von „Familienkarrieren“		
▪ Kontaktmöglichkeit		
▪ Intranet		
▪ Betriebsfest		
Familienservice für Mitarbeiterinnen und Mitarbeiter		
▪ Essen aus der Betriebskantine		
▪ haushaltsnahe Dienste		
▪ Geburtsbeihilfe		
▪ Kooperation in der Kinderbetreuung		
▪ Belegplätze in Kindergärten		
▪ Unterstützung bei der Kinderbetreuung in Notsituationen		
▪ Zuschuss zur Kinderbetreuung		
▪ Unterstützung bei der Pflege		
▪ Aushilfstätigkeit für Angehörige		

Diese vorgeschlagene Checkliste als Richtschnur für organisatorische Veränderungen berücksichtigt die oben dargestellten aktuellen Entwicklungen (u.a. demografischer Wandel) und Ziele (u.a. Work-Life-Balance) und könnte einen Beitrag zur Verbesserung des **Betriebsklimas** und der **Unternehmenskultur** darstellen.

[1] aus: Bundesministerium für Familie, Senioren, Frauen u. Jugend (Hrsg.): Work- Life- Balance. Motor für wirtschaftliches Wachstum und gesellschaftliche Stabilität. Berlin, August 2005, S. 6

[2] aus: Deutscher Industrie- und Handelskammertag (DIHK), BM f. Gesundheit, Beruf und Familie (Hrsg.): Familienorientierte Personalpoltik. Berlin, Juni 2010, 6. Auflage, S. 32 f.

Burn-out

Begriff

Unter dem Begriff **Burn-out-Syndrom** versteht man einen Zustand totaler körperlicher, emotionaler und geistiger **Erschöpfung** sowie verringerter Leistungsfähigkeit. Es ist ein Zustand, unter dem immer mehr Menschen in der heutigen **Arbeitsgesellschaft** leiden. Durch den Wegfall von direkten Bezugspersonen am Arbeitsplatz, zunehmender **Individualisierung** auch durch Homeoffice und den Wegfall von **festen Arbeitszeiten** wird dieser Trend bestärkt. Der vermehrte Aufenthalt in **multimedialen sozialen Netzwerken** statt der Kommunikation in **Face-to-Face-Beziehungen** unterstützt diesen Prozess. Arbeitnehmer können Arbeits- und Freizeit durch den Einsatz moderner Kommunikationsmittel nicht mehr voneinander trennen und bürden sich langfristig mehr **Pflichten** auf, als sie bewältigen können, sodass **Überforderung, Misserfolge und Frustration** zum Dauerzustand werden. Dies ist ein schleichender Prozess. Daher ist es notwendig, dass Führungskräfte, aber auch Kollegen untereinander, sich beobachten, um rechtzeitige Hilfe anzubieten.

Symptome

psychische Symptome	körperliche Symptome	geistige Symptome
Verlust der Fähigkeit zur Freude	Müdigkeit	negative Gedanken
Interesselosigkeit	Schlafstörungen	Vergesslichkeit
Lustlosigkeit	Übelkeit	Konzentrationsstörungen
Antriebslosigkeit	Schwächegefühl	Verlust der geistigen Kreativität
Reizbarkeit	Bauchschmerzen	
Unzufriedenheit	Kopfschmerzen	
Niedergeschlagenheit	Anfälligkeit für Infekte	
Resignation	Unruhe	
Verlust des Selbstvertrauens		
Angst		
Panikattacken		

Empfehlungen für eine entspannte Unternehmenskultur mit einer guten Arbeitsatmosphäre

1. Gehen Sie mit Mitarbeitern und Kollegen in den Dialog, sodass jeder seinen Talenten entsprechend eingesetzt werden kann.
2. Sorgen Sie für ein gutes Betriebsklima, in dem das Vertrauen vorhanden ist, sich auch bei Belastungen an Kollegen oder Vorgesetzte zu wenden.
3. Führen Sie den Dialog auf Augenhöhe.
4. Schulen Sie die Mitarbeiter hinsichtlich gesunder Lebensweise.
5. Fördern Sie Gesundheitsmaßnahmen im Unternehmen.
6. Minimieren Sie Überstunden.
7. Achten Sie darauf; dass es eine gute Urlaubsregelung gibt.
8. Vereinbaren Sie konkrete Schritte, wenn bei einem Mitarbeiter Erschöpfungssymptome auftauchen.
9. Erlauben Sie den Mitarbeitern, sich zu regenerieren.
10. Sorgen Sie für eine kommunikationsfreie Zone (z. B. Verbot von Diensthandy nach Arbeitsende).

3 Aufträge bearbeiten

Leistungs-, Geld- und Informationsflüsse *Performance, money and information flow*

Die folgende Abbildung zeigt neben den Leistungs- und Geldströmen insbesondere die Vielzahl von **Informationsströmen**, die sich im möglichen Verlauf einer Auftragsabwicklung bei der OfficeCom KG ergeben. Diese Informationsströme finden ihren Ausdruck zum Beispiel in Handelsbriefen wie Anfragen, Angeboten, Bestellungen, Mahnungen und in **Buchungsbelegen für die Finanzbuchhaltung** wie Rechnungen von Lieferanten oder an Kunden und Kontoauszügen.

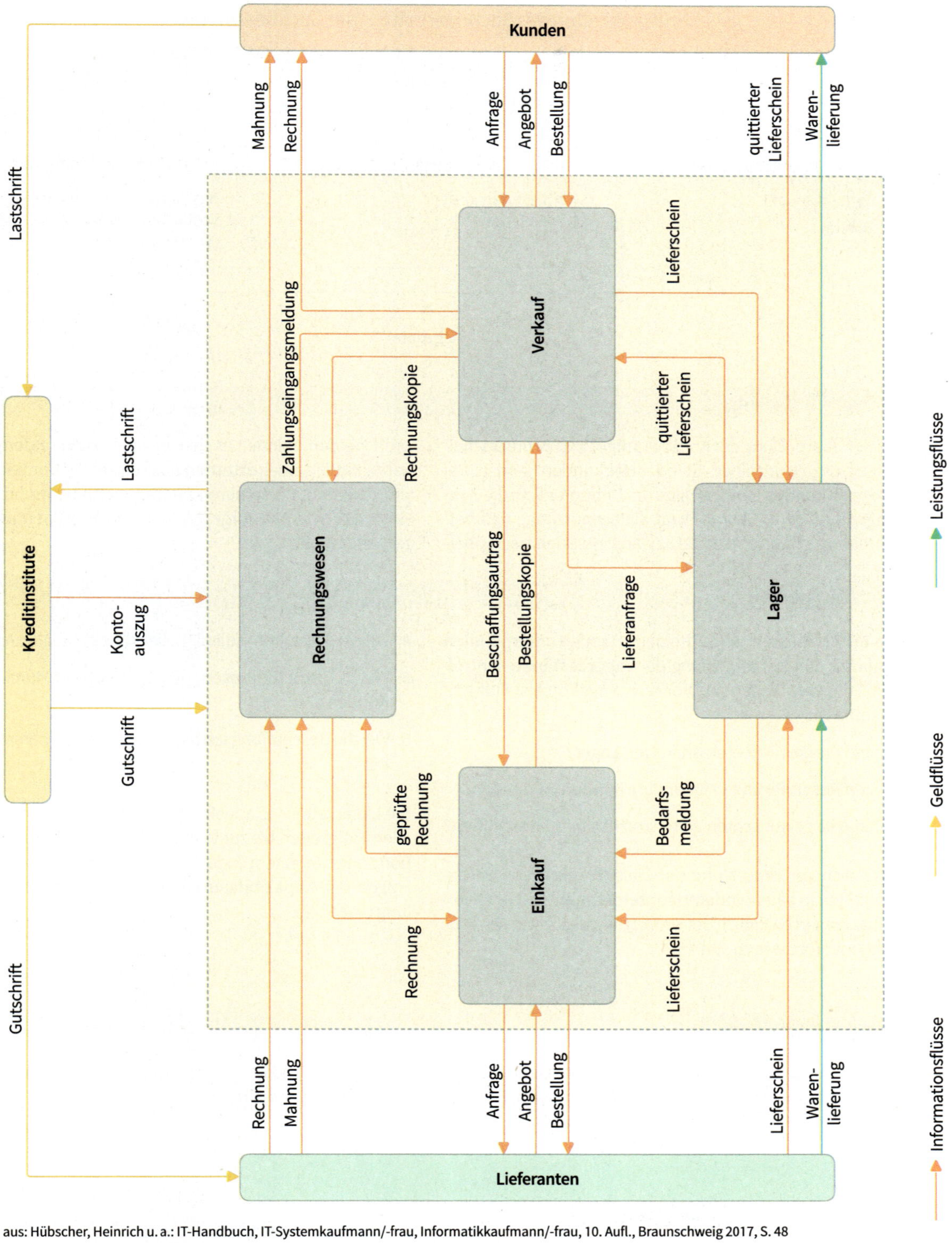

aus: Hübscher, Heinrich u. a.: IT-Handbuch, IT-Systemkaufmann/-frau, Informatikkaufmann/-frau, 10. Aufl., Braunschweig 2017, S. 48

Anfragebearbeitung

Enquiry processing

Begriff

Beim Eingang einer **Anfrage** eines Kunden sind bei der Sachbearbeitung in der Verkaufsabteilung zwecks Angebotserstellung verschiedene Prüftätigkeiten durchzuführen.

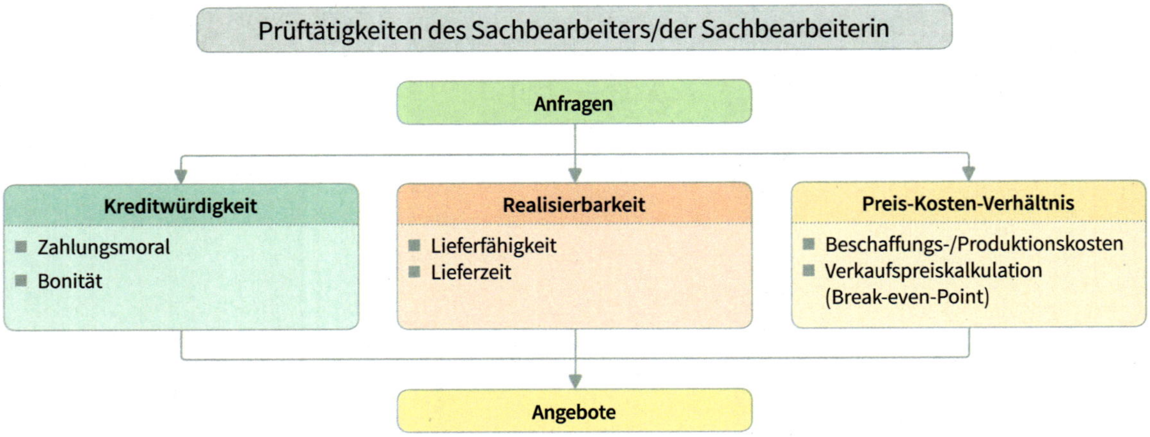

Kreditwürdigkeit

Bei der Überprüfung der Kreditwürdigkeit ist zu unterscheiden, ob es sich um einen **Alt-** oder **Neukunden** handelt. Bei einem **Altkunden** kann mithilfe der Debitorenliste die **Zahlungsmoral** (u.a. Skonto- und Zielausnutzung, Zielüberschreitung, Mahnbescheide, Zwangsmaßnahmen) überprüft werden. Handelt es sich um einen **Neukunden,** dann kann mithilfe einer **externen Auskunftei** die **Bonität** überprüft werden. Bei höheren Auftragswerten entscheidet in Grenzfällen der/die Vorgesetzte, ob ein Angebot unterbreitet werden soll.

Realisierbarkeit

Die **Lieferfähigkeit** wird in einem **Handelsunternehmen** zunächst durch Überprüfung der **Lagerbestände** kontrolliert. Folgende Fragen sind vor einer Angebotserstellung zu überprüfen:

1. Sind die gewünschten Artikel auf **Lager**?
2. Sind **Reservierungen** für andere Kunden vorhanden?
3. Sind die gewünschten Waren rechtzeitig zu **beschaffen**?

Zusätzlich zur Umsetzung der Lieferfähigkeit von Fertigprodukten in einem **Industrieunternehmen** sind noch folgende Fragen bezüglich der Umsetzung des gesamten Produktionsprozesses zu stellen:

4. Welche **Produktionsdauer** haben die angefragten Artikel?
5. Welche **Produktionsengpässe** entstehen durch ABC-Kunden?
6. Welche **Beschaffungszeiten** bestehen z.B. für Fremdbauteile?

Die **Lieferzeit** eines angefragten Produktes ergibt sich aus allen Tätigkeiten bis zur Warenverpackung und der Transportdauer. In einem Industrieunternehmen spielen auch Fragen der **Kapazitätsauslastung** für die Angebotserteilung eine Rolle.

Preis-Kosten-Verhältnis

Der Verkaufspreis des Produktes, das dem Kunden angeboten wird, soll mindestens **kostendeckend** sein. Er sollte sowohl die Beschaffungs- bzw. Produktions- als auch die Verwaltungs- und Vertriebskosten decken sowie einen Gewinnzuschlag enthalten.

Auftragsabwicklung *Order processing*

Begriff

Die Auftragsabwicklung stellt einen Prozess zur Erfüllung von **Kundenaufträgen** ab Lager vom Zeitpunkt der Kundenbestellung bis zum Eingang der Rechnung beim Kunden dar.

Teilfunktionen der Auftragsabwicklung

Die Auftragsabwicklung setzt sich aus den Teilfunktionen Auftragsübermittlung, Auftragsbearbeitung, Auftragszusammenstellung und Versand zusammen.

Auftragsabwicklung

Auftragsübermittlung

Zum Beispiel durch:
- formlose schriftliche oder mündliche Bestellung durch Kunden
- Bestellannahme durch Außendienstmitarbeiter
- automatisierte Bestellsysteme (Einzelhandelsketten)
- Internet (E-Commerce)

Auftragsbearbeitung

Überprüfung der Kundenaufträge im Hinblick auf (zum Beispiel):
- Preiskonditionen
- Lieferungsmodalitäten
- Bonität des Kunden
- Einplanung in das Logistiksystem

Auftragszusammenstellung und Versand

- Zusammenstellung der Güter im Lager (Kommissionierung)
- Anfertigung und Zusammenstellung der Versandpapiere
- Güterversand durch firmeneigenen Fuhrpark oder externe Transportträger

Auftragsabwicklungsfunktionen bei Lagerfertigung nach Phasen der Auftragsabwicklung (Beispiel)[1]

		Auftragsübermittlungsphase	Auftragsprüfungsphase	Auftragsdispositions- und Leistungserbringungsphase	Fakturierungsphase
Koordinationsfunktionen der Auftragsabwicklung	Auftragsnetz definieren	Auftragsnetz erzeugen	Auftragsnetz aktualisieren	Auftragsnetz aktualisieren	Auftragsnetz aktualisieren
	Aufträge erteilen	Auftrag an Unternehmen erteilen	Auftragsprüfungsaufträge erteilen Auftragsbestätigung erteilen	Kommissionier- und Versandauftrag erteilen	Fakturierungsauftrag erteilen
	Aufträge leiten		Auftrag priorisieren	Priorisierung überprüfen	
	Aufgabenausführung steuern			Kommissionieraufträge reihen Auslieferungstour planen	
	Aufträge überwachen			Liefertermineinhaltung überprüfen	
	Prozessübergreifend koordinieren		Produkte reservieren		
Fachfunktionen der Auftragsabwicklung			Bonität prüfen Auftragsmodalitäten prüfen Liefermodalitäten prüfen		Vorfakturierung durchführen Nachfakturierung durchführen
Tätigkeiten der Leistungserbringer				kommissionieren verpacken versenden	

[1] aus: Rohweder, Dirk: Informationstechnologie und Auftragsabwicklung. Berlin: Erich Schmidt Verlag 1996, Seite 162 f.

Modell zur kaufmännischen Auftragsbearbeitung *Model for commercial order processing*

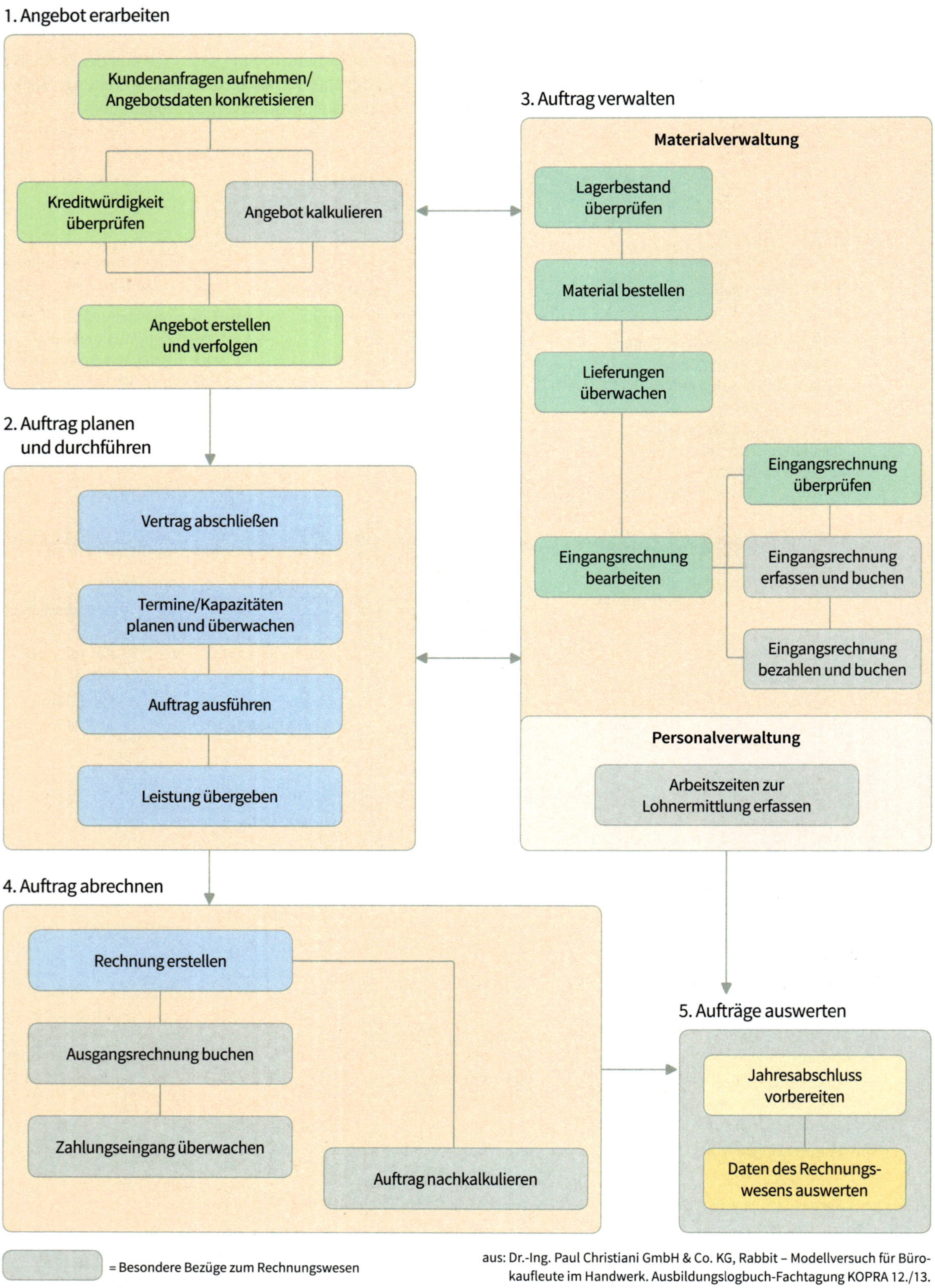

aus: Dr.-Ing. Paul Christiani GmbH & Co. KG, Rabbit – Modellversuch für Bürokaufleute im Handwerk. Ausbildungslogbuch-Fachtagung KOPRA 12./13. Dez. 1997 in Osnabrück

Unternehmenseigenes Datennetz

Corporate network/Intranet

Vernetzung mehrerer Standorte

Größere Unternehmen verfügen oftmals über mehrere Verwaltungs- und Fertigungsstandorte oder Filialen. Die Entfernungen zwischen diesen Standorten sind üblicherweise zu groß, um mit der Technik lokaler Netze überbrückt zu werden. Es kommen dann nachrichtentechnische Fernverbindungen zum Einsatz, die bei Netzwerkservice-Anbietern (Carriern) eingekauft werden.

Standortübergreifende Vernetzung eines Unternehmens ermöglicht die Bündelung dezentral erhobener Daten in zentralen Informationssystemen und vereinfacht die unternehmensweite Finanz- und Produktionsplanung. Teure, aber notwendige Infrastruktur-Dienste, z.B. E-Mail oder Rechenzentrum, können an zentralen Punkten zusammengefasst und dadurch kostengünstiger bereitgestellt werden.

Corporate Network – Beispiel

Das Beispielunternehmen bezieht Zugang zu einem ERP-System (**ERP** = **E**nterprise **R**esource **P**lanning) von einem Rechenzentrumsbetreiber (**ASP** = **A**pplication **S**ervice **P**rovider) und Internetzugang sowie E-Mail von einem Internet-Serviceanbieter (**ISP** = **I**nternet **S**ervice **P**rovider). Über das Netzwerk sind die drei mit lokalen Netzwerken ausgestatteten deutschen Fertigungsstätten, das Intranet des britischen Tochterunternehmens und die Konzernzentrale untereinander und mit Internet und ERP-System vernetzt.

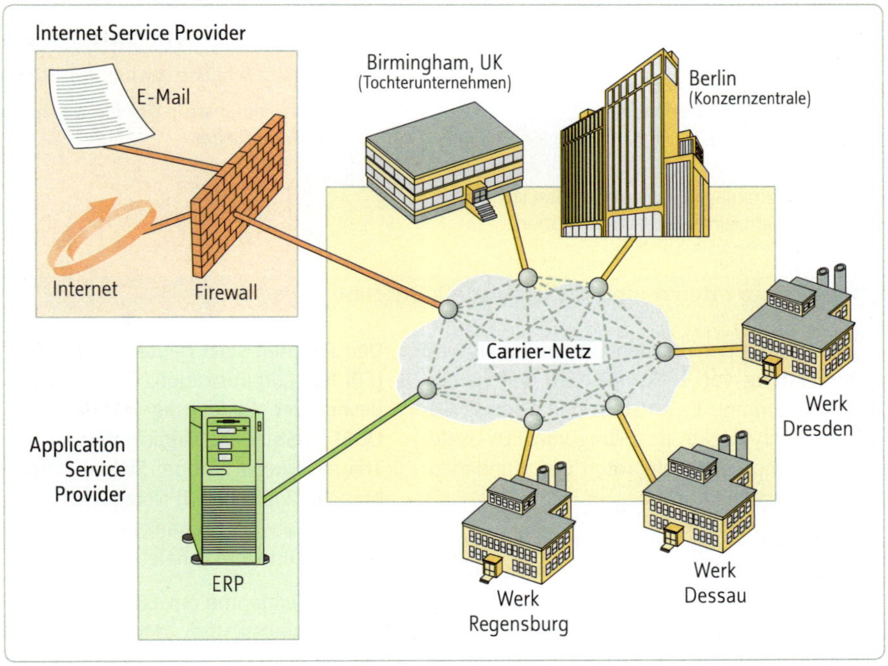

Softwareverwendung im vernetzten Unternehmen

- Im vernetzten Unternehmen arbeiten zentrale Server und Arbeitsplatzrechner (sogenannte Client-Rechner) eng zusammen. Technische Grundlage dieser Zusammenarbeit ist das **Betriebssystem** jedes Rechners. Beispiele für Betriebssysteme sind: Linux, Microsoft Windows, Apple OS X. Das Betriebssystem ist die Grundlage für die Ausführung aller weiteren Software.
- Software zur Unterstützung betrieblicher Abläufe kann als **Standardsoftware** für verschiedene Einsatzzwecke fertig bezogen werden. **ERP**-Software (**E**nterprise **R**esource **P**lanning) ist Standardsoftware für die Unterstützung allgemeiner Geschäftsabläufe jedes Unternehmens, von der Buchführung über Personalwesen, Einkauf, Auftragsabwicklung, Verwaltung von Material- oder Warenflüssen bis zur Finanz- und Absatzplanung. Beispiele für ERP-Systeme sind SAP, Oracle PeopleSoft oder Sage ERP X3.
- **Branchensoftware** ist Standardsoftware, die auf bestimmte typische Belange einzelner Geschäfts- oder Marktbereiche abgestimmt ist. Beispielsweise existieren Software-Lösungen für den besonderen Bedarf von Steuerberatern, Arztpraxen oder für das Speditionsgewerbe.
- **Einzelarbeitsplätze** ohne Anbindung an das unternehmenseigene Datennetz sind heute selten geworden.

ISDN (Integrated Services Digital Network)

ISDN (diensteintegrierendes digitales Kommunikationsnetz) ist die auf dem Telefonnetz aufbauende Vielzweck-Übertragungstechnik für Sprache (Telefon), Texte, Datenübertragung und Bildinformationen (Telefax). Gegenüber der herkömmlichen Übertragungstechnik im Telefonnetz ergeben sich Vorteile bez. der Übertragungsqualität und bei Daten und Bildern bez. der Übertragungsgeschwindigkeit. Mit einem ISDN-Anschluss können mehrere Verbindungen gleichzeitig genutzt werden.

ISDN wurde 1989 in Deutschland erstmals flächendeckend angeboten und die Nutzung ist seit 1992 sprunghaft angestiegen. Seit 1994 wird in Europa ein einheitlicher ISDN-Standard verwendet (sog. Euro-ISDN), sodass überall in Europa einheitliche Anschlussbedingungen für ISDN-Endgeräte vorliegen.

ISDN-Versionen mit teils unterschiedlichen Anschlussbedingungen sind weltweit verfügbar und mit der europäischen ISDN-Version verträglich, sodass zurzeit ISDN-Kommunikation nahezu weltumspannend möglich ist.

ISDN: Anschlussarten

Basisanschluss

- **Standard-Leistungsumfang:**
  ein Anschluss, zwei Leitungen, drei Nummern (maximal zwei gleichzeitige Verbindungen)
- **Mehrgeräteanschluss:**
  Direktanschluss von bis zu acht Endgeräten an einen ISDN-Basisanschluss (z. B. Telefonanlage, 2 x Fax-Gerät, 5 x Büro-PC)
- **Anlagenanschluss:**
  Nur für ältere Telefonanlagen geeignet; es lässt sich am Basisanschluss ein einzelnes Endgerät betreiben.

Primärmultiplex-Anschluss

- Maximal 30 gleichzeitige Verbindungen, ein einzelnes Endgerät
- Telefonanlagen mit sehr vielen Teilnehmern
- Zugangsanschlüsse von Internet-Providern
- PC-Einwahlpunkte in Firmennetze für Reisende und Heimarbeiter

EDI (Electronic Data Interchange/Elektronischer Datenaustausch)

Die Auftragsabwicklung der meisten Unternehmen wird durch die Verwendung von elektronischen Datenverarbeitungssystemen geprägt. Es entsteht der Wunsch, Geschäftsprozesse durch direkte Kopplung von EDV-Systemen mit den Systemen der Lieferanten und Kunden zu beschleunigen und zu vereinfachen.

Die rechtssichere Abwicklung von Geschäften durch elektronischen Datenaustausch erfordert eine gemeinsame Sprache, sichere Übertragungswege und die eindeutige gegenseitige Identifizierbarkeit der Kommunikationspartner. Dies wird durch standardisierte Nachrichtenformate und Datenverschlüsselung gewährleistet.

Den Rahmen setzt heute der globale Standard EDIFACT (EDI For Administration, Commerce and Transport). Von besonderer Bedeutung ist daneben der europäische ODETTE-Standard (Organisation for Data Exchange by Tele Transmission in Europe). Sichere Datenübertragung bieten branchentypische EDI-Netzwerkprovider, wie z. B. ENX (European Network Exchange Association) für die Automobilindustrie und ihre Zulieferer.

Für die Teilnahme am EDI ist der Zugang zu einem EDI-Übertragungssystem erforderlich (sog. EDI-Konverter). Dies kann von einem Provider bereitgestellt werden. Größere Unternehmen verfügen oft über eigene, selbstbetriebene EDI-Konverter.

Herkömmlicher Geschäftsverkehr – Übermittlung erfordert zusätzlichen Personal- und Zeitaufwand

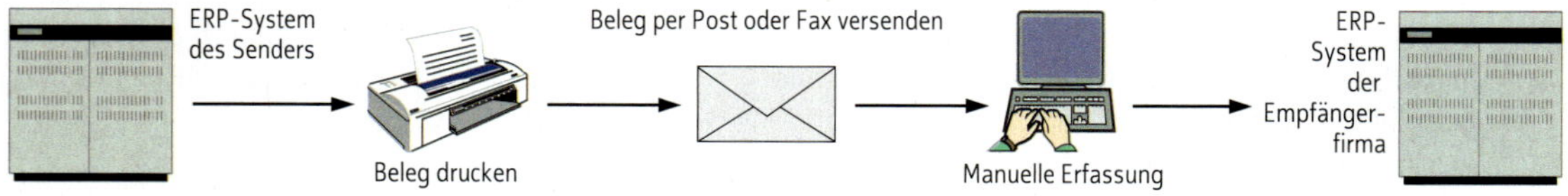

Elektronischer Datenaustausch – Automatische Übermittlung direkt zwischen Systemen, Übermittlung über Internet oder EDI-Provider-Netz

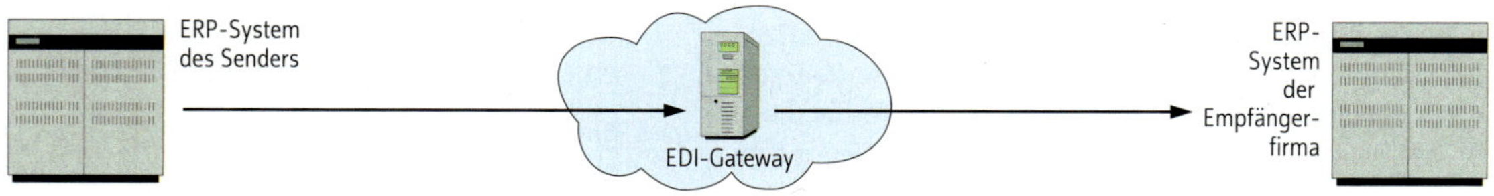

Erstellung von Angeboten
Preparation of offers

Betriebswirtschaftliche und rechtliche Bedeutung des Angebotes

Ein **vollständiges** Angebot enthält Angaben über: Ware, Preis, evtl. Rabatt, Verpackungs- und Beförderungskosten, Lieferzeit und Zahlungsbedingungen. Außerdem enthält es den Erfüllungsort (Ort, an dem der Schuldner seine Leistungen zu erfüllen hat) und den Gerichtsstand (Sitz des Gerichtes, das im Streitfall zuständig ist).
Ein Angebot ist grundsätzlich **verbindlich**. Falls ein Lieferant sich **nicht binden** will, muss das Angebot entweder zeitlich befristet sein oder sogenannte Freizeichnungsklauseln (z. B. „unverbindlich", „freibleibend") enthalten.

Widerruf
Ein Angebot kann widerrufen werden. Der Widerruf muss vor oder gleichzeitig mit dem Angebot eintreffen (z. B. als Fax).

Anpreisungen
Bei Schaufensterauslagen und Anzeigen in Zeitungen oder Zeitschriften handelt es sich **nicht** um Angebote, sondern um sogenannte Anpreisungen, die sich an die Allgemeinheit richten und daher unverbindlich sind.

Aufbau und Inhalt eines Angebotes

- Eingehen auf Anfrage (verlangtes Angebot) oder Vorstellen des Unternehmens (unverlangtes Angebot)
- Beschreiben des Artikels bzw. des Sortiments
- Nennen der Angebotsbedingungen (Preise, Lieferungs- u. Zahlungsbed., Lieferzeit, Erfüllungsort, Gerichtsstand)
- freundl. Abschlusssatz (Hoffnung auf Bestellung)

aus: Bentin, Margit u. a.: Beschaffungsprozess, 5. Aufl., Braunschweig 2012, S. 28

Textbausteine: Angebot
Terms and phrases: offer

Angebot

Aufbau und Inhalt	Formulierungsvorschläge
1. Eingehen auf Anfrage (verlangtes Angebot) oder Vorstellen des Unternehmens (unverlangtes Angebot)	Wir danken für Ihre Anfrage und bieten an: … Über Ihr Interesse an unserem Unternehmen freuen wir uns sehr.
2. Beschreibung des Artikels bzw. des Sortiments	Wir haben den gewünschten Artikel in erforderlicher Menge vorrätig. Wir können die gewünschte Menge von … binnen … Tagen liefern.
3. Nennen der Angebotsbedingungen (Preise, Lieferungs- und Zahlungsbedingungen, Lieferzeit, Erfüllungsort, Gerichtsstand)	Bei Abnahme von … Stück liefern wir frei Haus. Unsere Rechnung ist binnen 30 Tagen netto Kasse zahlbar. Bei Zahlung innerhalb 10 Tagen gewähren wir 3 % Skonto. Wir hoffen auf Ihr Verständnis, dass wir neue Kunden nur gegen Nachnahme beliefern.
4. Freundlicher Abschlusssatz (Hoffnung auf Bestellung)	Wir freuen uns auf Ihre Bestellung. Wir hoffen, Ihren Auftrag zu erhalten.

3

Rabattarten und ihre Funktion

Rabatt: Gewährung eines Preisnachlasses aus unterschiedlichen Gründen, in unterschiedlichen Formen und zu unterschiedlichen Zeitpunkten

Rabattart	**Erklärung**	**Funktion** (Aufgabe)
Mengenrabatt	Das Unternehmen gewährt einen Preisnachlass auf die Abnahme größerer Warenmengen; oftmals gestaffelt nach Abnahmemengen.	Anreiz zur Bestellung größerer Warenmengen; Reduzierung von Bestellkosten; Erhöhung der Lagerumschlagshäufigkeit
Wiederverkäuferrabatt	Der Hersteller gewährt einen Preisnachlass an Abnehmer, die die Ware weiterverkaufen (z. B. an Einzelhändler).	Schaffung von einheitlichen und überschaubaren Kalkulationsgrundlagen für Abnehmer der unterschiedlichen Wirtschaftsstufen; möglichst Durchsetzung einer einheitlichen Preisgestaltung gegenüber Endverbrauchern
Treuerabatt	Das Unternehmen gewährt Stammkunden einen Preisnachlass.	Dauerhafte Bindung von Kunden an das Unternehmen
Sonderrabatt	Das Unternehmen gewährt einen Preisnachlass bei bestimmten Anlässen (z. B. Geschäftsjubiläum, Messe).	Anlocken von Kunden aus einem besonderen Anlass
Naturalrabatt	Das Unternehmen gewährt einen Preisnachlass in Form von Waren. Entweder liefert der Verkäufer zur bestellten Warenmenge noch Ware kostenlos hinzu (Draufgabe) oder er berechnet nicht die gesamte Lieferung (Dreingabe).	Anreiz zur Bestellung größerer Warenmengen; Reduzierung von Bestellkosten; Erhöhung der Lagerumschlagshäufigkeit
Bonus	Das Unternehmen gewährt nachträglich einen Preisnachlass, der meistens nach Abschluss des Gesschäftsjahres eingeräumt wird, wenn der Abnehmer einen Mindestumsatz erreicht oder überschritten hat.	Anreiz zu höheren Abnahmemengen durch einen insgesamt günstigeren Einkaufspreis; langjährige Bindung von Kunden an das Unternehmen
Skonto[1]	Das Unternehmen möchte Kunden zur möglichst schnellen Bezahlung von Rechnungen veranlassen.	Anreiz zur Zahlung vor Ablauf des Zahlungsziels; Erhöhung der Liquidität beim Verkäufer

[1] Der Skonto wird häufig wegen seiner besonderen Funktion nicht als Rabattart definiert.

aus: Bentin, Margit u. a.: Beschaffungsprozess, Lehrerband, 3. Aufl., Braunschweig 2012, S. 126

Lieferungsbedingungen *Conditions of delivery*

Verkäufer	Anfuhr und Verladung	Versand-station	Transport	Empfangs-station	Zufuhr	Käufer
	Beförderungskosten					
Vertragsklauseln	Rollgeld bzw. Hausfracht (Versand)	Belade-kosten	Fracht	Entlade-kosten	Rollgeld bzw. Hausfracht	… übernimmt
1. „ab Werk" „ab Lager"	**Käufer** →					… alle Beförderungskosten
2. „unfrei" „ab hier" (gesetzliche Regelung lt. BGB)	**Verkäufer** →	**Käufer** →				… Beförderungskosten ab Versandstelle einschl. Beladekosten
3. „frei Waggon" „frei Schiff"	**Verkäufer** →		**Käufer** →			… Beförderungskosten ab Versandstelle ohne Beladekosten
4. „frei" „frachtfrei" „frei dort"	**Verkäufer** →			**Käufer** →		… Beförderungskosten ab Empfangsstelle
5. „frei Haus" „frei Lager"	**Verkäufer** →					… keine Beförderungskosten

aus: Bentin, Margit u. a.: Beschaffungsprozess, 5. Aufl., Braunschweig 2012, S. 27

Lieferzeit *Delivery period*

Gesetzliche Regelung:
Ist im Angebot keine Regelung über den Zeitpunkt der Lieferung vereinbart worden, kann der Käufer sofortige Lieferung verlangen und der Verkäufer muss sofort liefern.

Vertragliche Regelung:
Es kann eine vertragliche Regelung über die Lieferzeit vereinbart werden. Dann hat der Käufer zwei Möglichkeiten:

- **Terminkauf: Lieferung innerhalb einer bestimmten Frist** (z. B. Lieferung innerhalb 90 Tagen) oder **zu einem bestimmten Zeitpunkt** (Termin)
- **Fixkauf: Lieferung zu einem genau festgelegten Zeitpunkt**, wobei die Klauseln *fest, fix, genau, exakt* meist mit angegeben werden.

vgl.: Gaik, Petra u. a.: Warenbeschaffung im Einzelhandel. 2. Aufl., Darmstadt 2002, S. 33–35

Zahlungsbedingungen *Terms of payment*

Zahlung

vor der Lieferung

Beispiele:
- „Vorauszahlung"
- „Anzahlung der Hälfte des Kaufpreises, bei Lieferung Zahlung des Restbetrages"

bei der Lieferung

Beispiele:
- „gegen bar"
- „gegen Nachnahme"
- „sofort netto Kasse"

nach der Lieferung

Beispiele:
- „3 Monate Ziel" (Zielkauf)
- „innerhalb 8 Tagen 3 % Skonto oder 30 Tage Ziel"
- Ratenzahlung

Gesetzliche Regelung: Der Käufer ist verpflichtet, die Ware unverzüglich bei Lieferung zu bezahlen.

Die Kosten der Zahlung (z. B. Überweisungsentgelt) muss der Käufer tragen, „Geldschulden sind Schickschulden".

DIN 5008: Erstellung von Geschäftsbriefen *DIN 5008: Creating of business letters*

Geschäftsbriefe sollten formgerecht nach den Vorgaben der DIN 5008 erstellt werden:

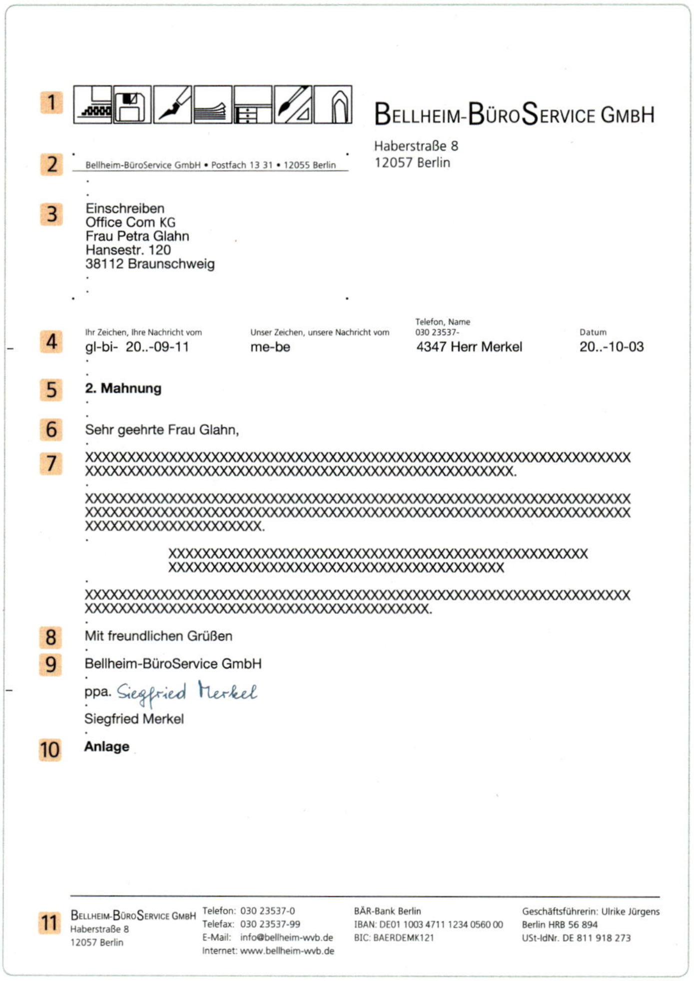
1 Bellheim-BüroService GmbH
Haberstraße 8
12057 Berlin
2 Bellheim-BüroService GmbH • Postfach 13 31 • 12055 Berlin
3 Einschreiben
Office Com KG
Frau Petra Glahn
Hansestr. 120
38112 Braunschweig
4 Ihr Zeichen, Ihre Nachricht vom: gl-bi- 20..-09-11 | Unser Zeichen, unsere Nachricht vom: me-be | Telefon, Name: 030 23537- 4347 Herr Merkel | Datum: 20..-10-03
5 **2. Mahnung**
6 Sehr geehrte Frau Glahn,
7 xxxxxxxxxxxxxxxxxxxxxxxxxxxxxxxxxxxxxxxxxxxxxxxxxxxxxxxxxxxxxxxxxxxxxx
xxxxxxxxxxxxxxxxxxxxxxxxxxxxxxxxxxxxxxxxxxxxxxxxxxxx.

xxxxxxxxxxxxxxxxxxxxxxxxxxxxxxxxxxxxxxxxxxxxxxxxxxxxxxxxxxxxxxxxxxxxxx
xxxxxxxxxxxxxxxxxxxxxxxxxxxxxxxxxxxxxxxxxxxxxxxxxxxxxxxxxxxxxxxxxxxxxx
xxxxxxxxxxxxxxxxxxxxx.

xxxxxxxxxxxxxxxxxxxxxxxxxxxxxxxxxxxxxxxxxxxxxxxxxxxxxx
xxxxxxxxxxxxxxxxxxxxxxxxxxxxxxxxxxxxxxxxxxx

xxxxxxxxxxxxxxxxxxxxxxxxxxxxxxxxxxxxxxxxxxxxxxxxxxxxxxxxxxxxxxxxxxxxxx
xxxxxxxxxxxxxxxxxxxxxxxxxxxxxxxxxxxxxxxxxxxxx.
8 Mit freundlichen Grüßen
9 Bellheim-BüroService GmbH
ppa. Siegfried Merkel
Siegfried Merkel
10 **Anlage**
11 Bellheim-BüroService GmbH, Haberstraße 8, 12057 Berlin | Telefon: 030 23537-0, Telefax: 030 23537-99, E-Mail: info@bellheim-wvb.de, Internet: www.bellheim-wvb.de | BÄR-Bank Berlin, IBAN: DE01 1003 4711 1234 0560 00, BIC: BAERDEMK121 | Geschäftsführerin: Ulrike Jürgens, Berlin HRB 56 894, USt-IdNr. DE 811 918 273

1 Der **Briefkopf** enthält die Firma des Absenders, häufig wird zusätzlich ein werbewirksames Firmenlogo hinzugefügt.

2 Oberhalb des Anschriftfeldes erscheint die **Postanschrift des Absenders.**

3 Inhalte des neunzeiligen **Anschriftfeldes:**
- In den ersten 3 Zeilen, der sogenannten **Zusatz-** und **Vermerkzone**, werden – soweit notwendig – postalische Vermerke, z. B. die Versendungsform („Einschreiben"), genannt.
- Es folgt die sechszeilige **Anschriftzone**, in der mit der Empfängerbezeichnung begonnen wird.
- Unter der Empfängerbezeichnung folgen Postfach oder Straße und Hausnummer; die Postfachnummer ist von rechts beginnend zweistellig zu gliedern.
- Unmittelbar darunter werden Postleitzahl und Bestimmungsort genannt; bei Auslandsanschriften werden Bestimmungsort und -land in Großbuchstaben geschrieben.

4 Inhalte der **Bezugszeichenzeile:**
- in Kurzform Zeichen (in der Regel Buchstaben), die zur Identifizierung des Schreibenden dienen („Ihr Zeichen" bzw. „Unser Zeichen");
- Daten des vorangegangenen Schriftverkehrs („Ihre Nachricht vom" bzw. „unsere Nachricht vom");
- Telefonnummer (funktionsbezogen gegliedert, z. B.: 0531 12345);
- Absendedatum in numerischer (z. B. 2018-10-04) oder alphanumerischer Schreibweise (z. B. 4. Oktober 2018).

Neben der Bezugszeichenzeile können weitere Kommunikationsangaben in einer **Kommunikationszeile rechts neben dem Anschriftfeld** genannt werden. Möglich ist auch ein eigenständiger **Informationsblock** rechts neben dem Anschriftfeld.

5 Nach zwei Leerzeilen folgt der **Betreff**, der den Inhalt des Briefes in Kurzform nennt, um z. B. die Postverteilung in der Poststelle von Großunternehmen zu beschleunigen. Der Betreff wird in der Regel in Fettdruck geschrieben.

6 Nach zwei Leerzeilen wird die **Anrede** formuliert, die in der Regel mit einem Komma schließt.

7 Nach einer Leerzeile beginnt der eigentliche **Brieftext**. Längere Textteile sind sinnvoll durch Absätze zu untergliedern. Nach jedem Absatz ist eine Leerzeile einzuplanen.

8 Nach einer Leerzeile erscheint die **Grußformel**, die stets mit einem Großbuchstaben beginnt.

9 Nach einer Leerzeile wird die **Firma des Absenders** genannt. Darunter ist Platz für die handschriftliche Unterschrift des Unterzeichners zu lassen, eventuell erfolgt zusätzlich eine maschinenschriftliche Namenswiedergabe des Unterzeichners.

10 In Fettdruck erscheinen in der Regel **Anlagen-** bzw. **Verteilervermerke**.

11 Der **Brieffuß** enthält in vorgedruckter Form **Geschäftsangaben** des Absenders (vgl. § 37 a bzw. § 125 a HGB).

Kommunikationsangaben: Überblick

Die Kommunikationsangaben auf Geschäftsbriefen (z. B. Telefonnummer oder E-Mail-Adresse) haben den Zweck, sofort mit dem Geschäftspartner in Verbindung treten zu können, zum Beispiel durch das Schreiben eines Antwortbriefes oder durch das Versenden eines Telefaxes. Die notwendigen Angaben dazu stehen z. B. in der **Bezugszeichenzeile** (siehe S. 112) oder im **Brieffuß** (siehe S. 112). Sollte der dort zur Verfügung stehende Raum nicht ausreichen, um alle notwendigen Kommunikationsangaben einzufügen, empfiehlt die DIN 5008, rechts neben dem Anschriftfeld entweder eine sogenannte **Kommunikationszeile** oder einen **Informationsblock** einzusetzen.

Kommunikationszeile

Die **beiden Leitwörter** der **Kommunikationszeile**, z. B. Telefax und E-Mail, stehen rechts neben dem Anschriftfeld 125 mm von der linken Blattkante entfernt. Die unter den Leitwörtern eingetragenen Kommunikationsangaben (z. B. Telefaxnummer) stimmen in ihrer Höhe mit der letzten Zeile des neunzeiligen Anschriftfeldes überein:

	Telefax	E-Mail
9	0531 771-463	kunzekg@t-online.de

Informationsblock

Statt der Bezugszeichenzeile wird bei Geschäftsbriefen immer mehr der sogenannte **Informationsblock** gewählt, der es ermöglicht, **mehr Kommunikationsangaben** als in der Bezugszeichenzeile unterzubringen. Dieser Informationsblock erscheint rechts neben dem Anschriftfeld 125 mm von der linken Blattkante entfernt. Die erste Kommunikationsangabe steht in der Höhe der ersten Zeile des Anschriftfeldes:

1	Ihr Zeichen: lw-mu
2	Ihre Nachricht vom: 2018-08-11
3	Unser Zeichen: kr-bs
4	Unsere Nachricht vom: 2018-08-04
5	
6	Name: Frau von Lieres und Wilkau
7	Telefon: 0711 124-871
8	Mobil: 0170 713972
9	Telefax: 0711 124-890
	E-Mail: inselwall@t-online.de
	Datum: 2018-08-14

E-Mail

Eine **geschäftliche E-Mail** besteht aus:

- **E-Mail-Kopf** (E-Mail-Adresse, Verteiler, Betreff)
- **Text mit Anrede** (Die Anrede wird vom folgenden Text durch eine Leerzeile getrennt.)
- **Abschluss** (meist in Form eines elektronischen Textbausteins zugesteuert, enthält Grußformel, Kommunikations- und Geschäftsangaben)

Eine geschäftliche E-Mail unterliegt denselben gesetzlichen Vorschriften wie ein Geschäftsbrief, d. h., es müssen am Ende einer E-Mail die notwendigen **Kommunikationsangaben** sowie der jeweiligen Rechtsform entsprechende **Geschäftsangaben** gemacht werden:

Telefon: +49 453996-583
Telefax: +49 436996-5689
E-Mail: martin.mueller@westermann.de
Internet: www.westermann.de

Bildungshaus Schulbuchverlage Westermann Schroedel
Diesterweg Schöningh Winklers GmbH
Georg-Westermann-Allee 66
38104 Braunschweig
Geschäftsführer: Ulrike Jürgens, Thomas Michael, Dr. Peter Schell
Amtsgericht Braunschweig – HRB 9572

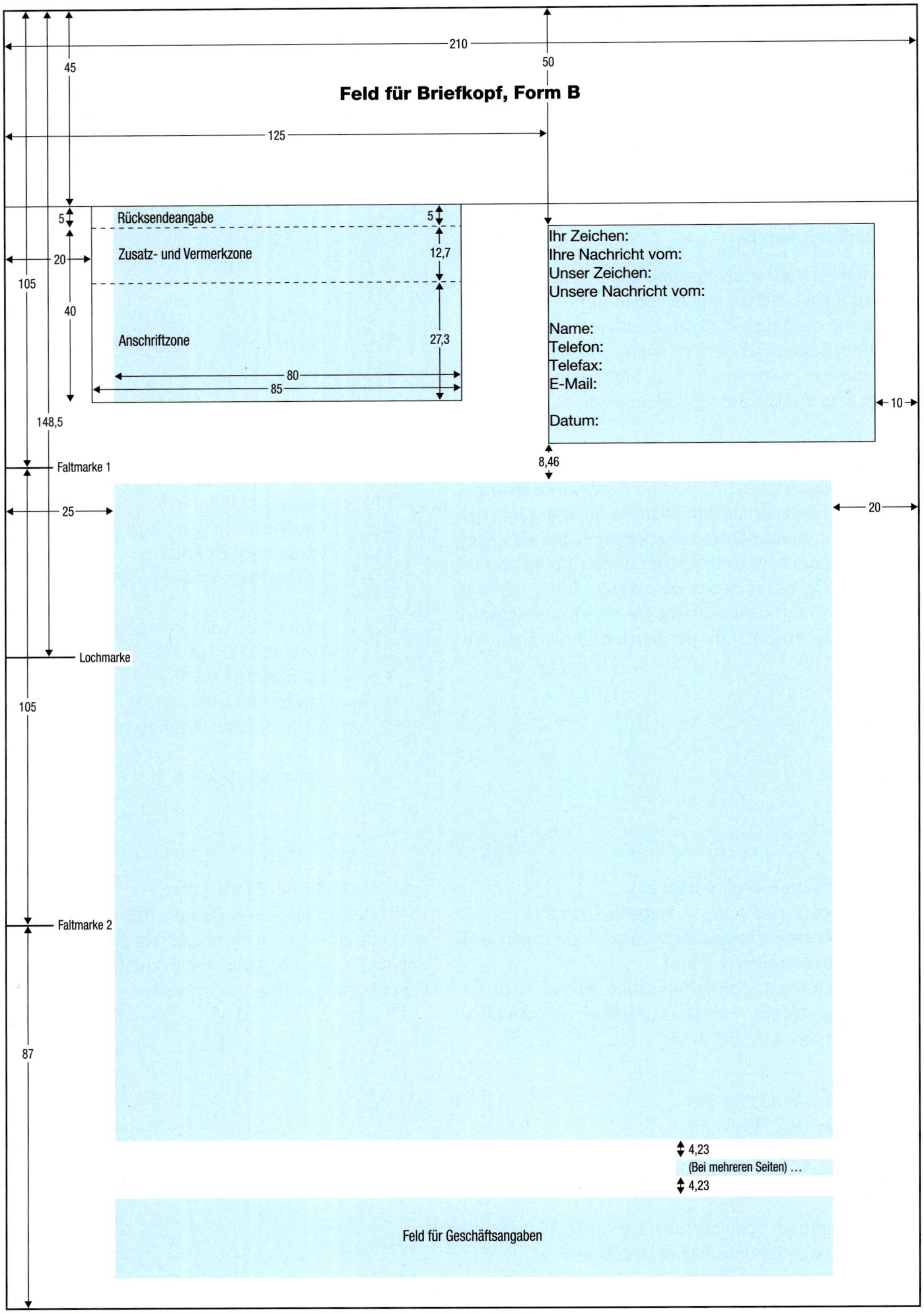

Geschäftsbrief A4 mit Standardinformationsblock, Form B, DIN 5008, Maße in Millimeter

aus: Breitkreutz, Rainer; Gladigau, Gerhard; Richter, Klaus: Gutes Deutsch – Gute Briefe, Fachbuch für Korrespondenz in Wirtschaft und Verwaltung. 27., überarbeitete u. erweiterte Aufl., Braunschweig 2013, S. 16

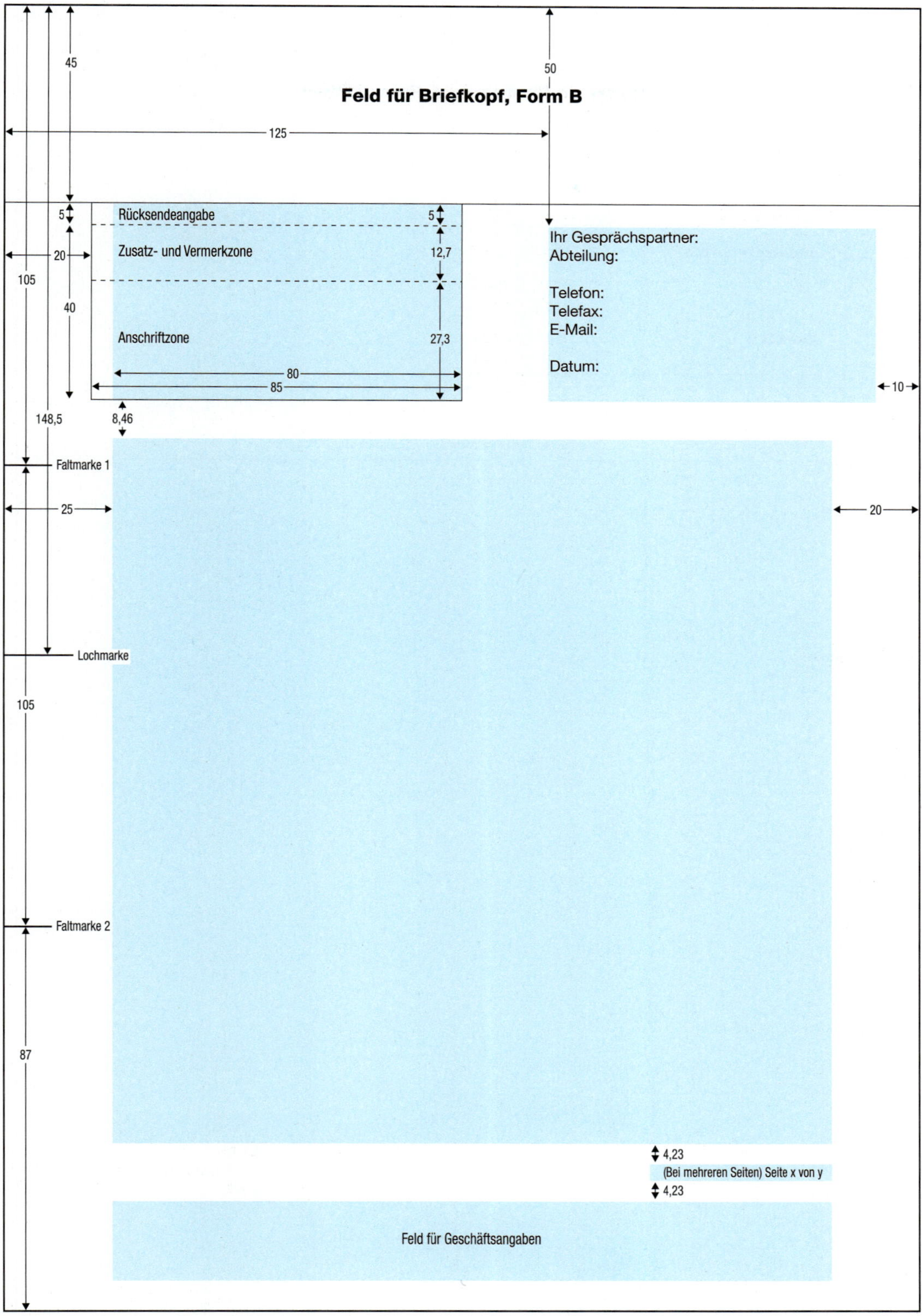

Geschäftsbrief A4 mit gestaltetem Informationsblock (Beispiel), Form B, DIN 5008, Maße in Millimeter

aus: Breitkreutz, Rainer; Gladigau, Gerhard; Richter, Klaus: Gutes Deutsch – Gute Briefe, Fachbuch für Korrespondenz in Wirtschaft und Verwaltung. 27., überarbeitete u. erweiterte Aufl., Braunschweig 2013, S. 17

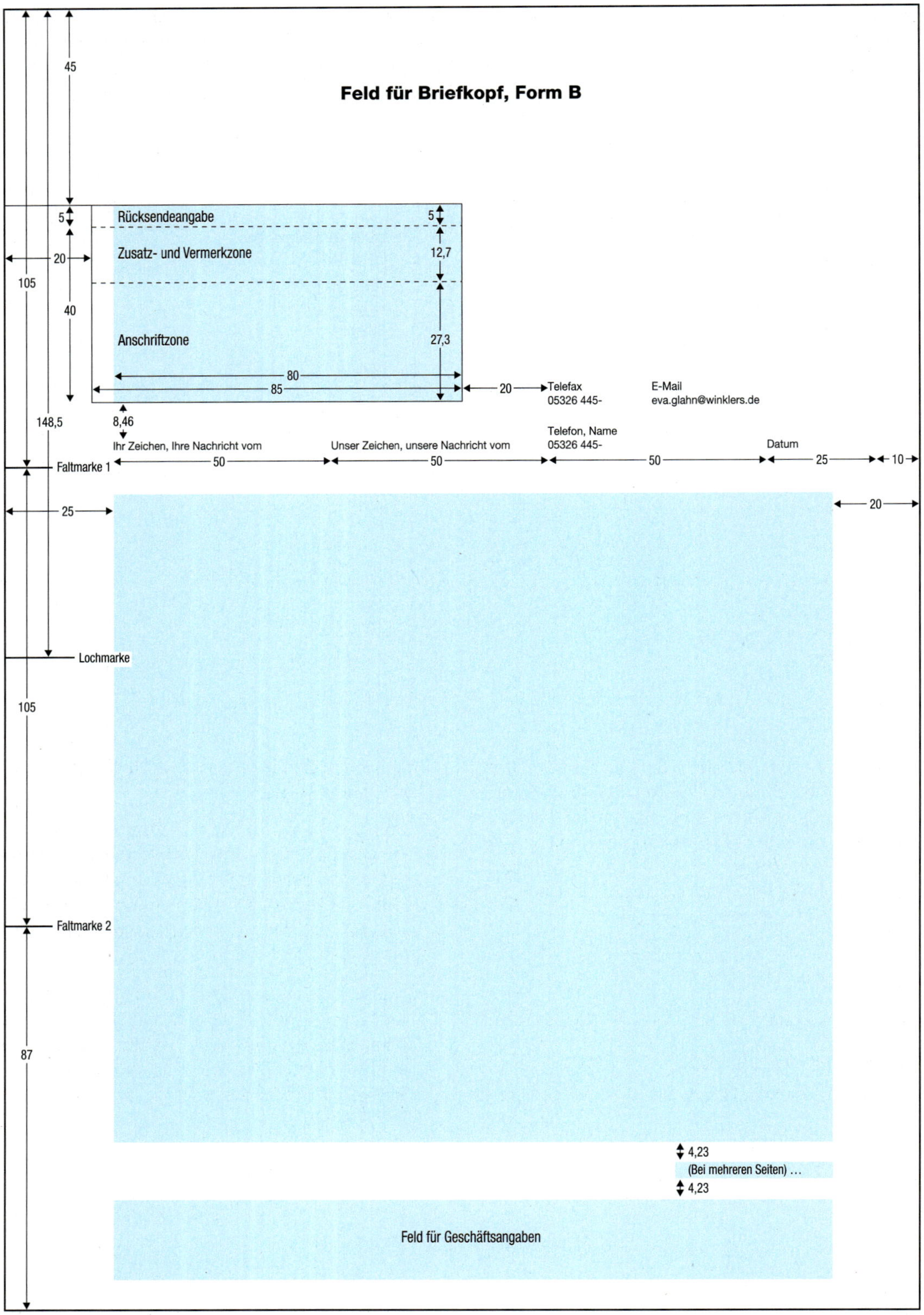

Geschäftsbrief A4 mit Kommunikations- und Bezugszeichenzeile, Form B, DIN 5008, Maße in Millimeter

aus: Breitkreutz, Rainer; Gladigau, Gerhard; Richter, Klaus: Gutes Deutsch – Gute Briefe, Fachbuch für Korrespondenz in Wirtschaft und Verwaltung. 27., überarbeitete u. erweiterte Aufl., Braunschweig 2013, S. 18

Corporate Design

Das gesamte Auftreten eines Unternehmens in der Öffentlichkeit – ob durch das Aushändigen einer Visitenkarte eines Mitarbeiters oder das Zusenden eines Verkaufsprospektes – müssen der sogenannten **Corporate-Identity-Strategie** des Unternehmens auf der Grundlage einer bestimmten **Unternehmensphilosophie** entsprechen. Diese Strategie hat das Ziel, die **Unternehmensidentität** bei der Kundschaft zu verankern. Die folgende Abbildung zeigt die einzelnen Bestandteile der **Corporate Identity**[1]:

Schematische Darstellung der Corporate Identity:

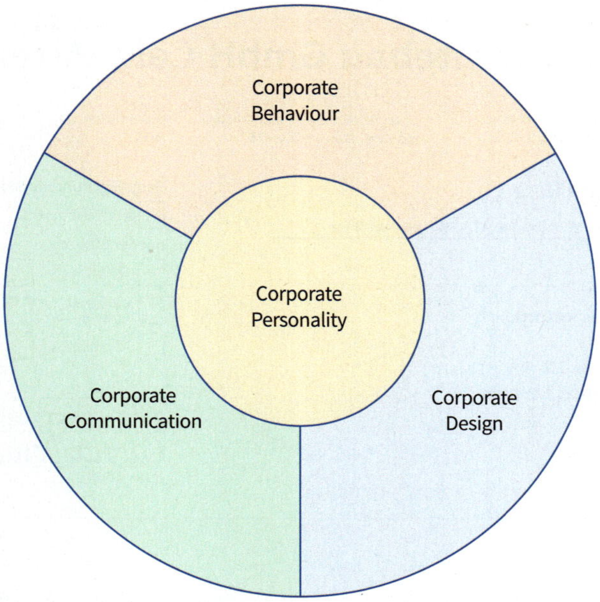

Im Zentrum der entsprechenden Überlegungen des Unternehmens steht die **Corporate Personality**, das historisch gewachsene Selbstverständnis des werbenden Unternehmens. Darin kann sich beispielsweise die Tradition eines Familienunternehmens ausdrücken – die Kunden verbinden damit z.B. bewährte Markenqualität oder regionale Verbundenheit des Unternehmens.

Als Instrumente der Corporate Identity gelten die folgenden drei Bereiche[2]:

- **Corporate Communication** (Unternehmenskommunikation):
  Alle vom Unternehmen eingesetzten Werbemittel werden so aufeinander abgestimmt, dass das Unternehmen von außen als ein einheitlich wirkendes Ganzes wahrgenommen wird.
- **Corporate Design** (Unternehmenserscheinungsbild):
  Die optische Erscheinung des Unternehmens im Markt wird durch aufeinander abgestimmte optische Elemente, z. B. Nutzung eines Firmenlogos, von ausgewählten Farben und Schriftzeichen, wiedererkennungsfähig gestaltet.
- **Corporate Behaviour** (Unternehmensverhalten):
  Die Mitarbeiter des Unternehmens sollen einheitliche Verhaltensweisen gegenüber allen Kunden praktizieren, ein „Wir-Gefühl“ sollte die Beziehungen zwischen den Mitarbeitern bestimmen.

[1] vgl. Birkigt, Stadler, Funck: Corporate identity, verlag moderne industrie GmbH, Landsberg, S. 19

[2] vgl. Theis, Hans-Joachim: Handbuch Handelsmarketing. Erfolgreiche Strategien und Instrumente im Handelsmarketing. Band 1. Deutscher Fachverlag, Frankfurt am Main 2007, S. 633 ff.

Sind lediglich Unterlagen zu verschicken, für die ein besonderer, begleitender Text nicht nötig ist, bedient man sich der **Kurzmitteilung**. Sie ist ein festgelegter Vordruck und für die Verwendung einer Fensterbriefhülle mit dem Format DL gedacht. Die Größe des Vordruckes (1/3 A4 – möglich ist auch 2/3 A4) entspricht dem Abschnitt des Geschäftsbriefes bis zur Bezugszeichenzeile. Diese wird ausnahmsweise zwischen Briefkopf und Anschriftfeld angeordnet. Der Raum rechts neben dem Anschriftfeld enthält kurze Auswahltexte, die jeweils nur anzukreuzen sind und für den Empfänger Bearbeitungshinweise darstellen. Die Unterschrift des Absenders schließt dieses Feld ab.

Gerätebau GmbH Calw-Alzenberg

Ihr Zeichen, Ihre Nachricht vom	Unser Zeichen, unsere Nachricht vom	Telefon 07051 124-	Datum
be-04 30..-03-12	do-re 20..-03-08	401	20..--03-16

Kurzmitteilung

Gerätebau GmbH, Postfach 61 42, 75351 Calw-Alzenberg

Stanzwerkzeuge
Düber KG
Postfach 12 86
72708 Reutlingen

Beigefügte Unterlagen erhalten Sie

- [ ] mit Dank zurück
- [x] zum Verbleib

mit der Bitte um

- [ ] Anruf
- [ ] Entscheidung
- [x] Erledigung
- [ ] Kenntnissnahme
- [ ] Prüfung
- [ ] Rückgabe
- [ ] Rücksprache
- [ ] Stellungnahme
- [ ] Zustimmung

Bitte vorrangig bearbeiten!

Carola Dombrowski
Unterschrft

Kurzmitteilung

Geschäftsinterne Mitteilung

Ein wichtiges Mittel der innerbetrieblichen Kommunikation ist die **geschäftsinterne Mitteilung**. Durch sie werden wichtige Hinweise an andere Abteilungen gegeben, Entscheidungshilfen angefordert oder aktuelle Informationen ausgetauscht. Der Inhalt wird knapp formuliert, eine eigene Bewertung des dargestellten Sachverhaltes ist möglich und häufig erforderlich. Die Mitteilung endet mit Datum und Unterschrift.

In vielen Fällen ist die geschäftsinterne Mitteilung auch als Beweismittel von Bedeutung. Durch sie kann belegt werden, ob eine Information weitergegeben wurde bzw. ob jemand von ihr hätte wissen müssen.

Rundschreiben

Viele Informationen sind für den Betrieb und seine Mitarbeiter von allgemeiner Bedeutung. Man verbreitet sie deshalb als innerbetriebliches Rundschreiben, das entweder alle interessierten Abteilungen nach einem Verteiler durchläuft oder am Schwarzen Brett ausgehängt wird. Da der Inhalt häufig über eine bloße Information hinausgeht und betriebsinterne Anordnungen enthalten kann, werden Rundschreiben im Gegensatz zur Aktennotiz oder zur internen Mitteilung förmlicher abgefasst. Sie enthalten einen Betreffvermerk und beginnen mit einer Anrede; der Text wird in zusammenhängenden Sätzen formuliert und am Ende stehen Gruß und Unterschrift.

Man spricht auch von Rundschreiben, wenn an Geschäftsfreunde Mitteilungen gleichlautenden Inhaltes gegeben werden. Diese **außerbetrieblichen Rundschreiben** werden als Geschäftsbrief nach DIN 5008 entworfen. Um aber den Eindruck eines unpersönlichen Massenbriefes zu vermeiden, werden sie ansprechend formuliert; der Text wird elektronisch gespeichert. Mithilfe der Textverarbeitungssoftware wird die gewünschte Zahl der Briefe erstellt, die Namen- und Adressenangaben der Geschäftspartner werden einer Adressdatei entnommen und an den entsprechenden Stellen des Briefes eingefügt.

aus: Breitkreutz, Rainer; Gladigau, Gerhard; Richter, Klaus: Gutes Deutsch – Gute Briefe, Fachbuch für Korrespondenz in Wirtschaft und Verwaltung. 27., überarbeitete u. erweiterte Aufl., Braunschweig 2013. S. 219, 206

Hermann Schier
Speditionsgeschäft

Rundschreiben Nr. 23/20..

Moers
20..-09-15

Stellenausschreibung - Lagerleiter/-in

Liebe Mitarbeiterinnen und Mitarbeiter,

unser langjähriger Mitarbeiter Herr Horst Neuß geht zum Ende des Jahres in den verdienten Ruhestand, sein Arbeitsplatz soll wieder neu besetzt werden.

In Abstimmung mit dem Betriebsrat bieten wir die Stelle des Lagerleiters/der Lagerleiterin zuerst interessierten Belegschaftsmitgliedern an. Bitte geben Sie Ihre Bewerbungen bis zum 15. Nov. bei Frau Hornfeld im Personalbüro ab.

Freundliche Grüße

Die Geschäftsleitung

ppa. Horst Grunert

Horst Grunert

Verteiler
Personalabteilung
Belegschaft/Aushang

Innerbetriebliches Rundschreiben

aus: Breitkreutz, Rainer; Gladigau, Gerhard; Richter, Klaus: Gutes Deutsch – Gute Briefe, Fachbuch für Korrespondenz in Wirtschaft und Verwaltung. 27., überarbeitete u. erweiterte Aufl., Braunschweig 2013, S. 206 f.

Rechnungserstellung (Fakturierung) mit dem Tabellenkalkulationsprogramm Excel

Billing with the Excel spreadsheet

Ausgangssituation

Die OfficeCom KG setzt zur Rechnungserstellung eine Excel-Tabelle ein.

Schritt 1: Einrichten der Rechnungstabelle und Eingabe der Rechnungspositionsdaten (Artikel, Menge, Einzelpreis)
Beispiel: (Auszug)

	A	B	C	D	E
1	**OfficeCom KG**				
2					
21	**Rechnung-Nr. 34565**				
22	Pos.	Artikel	Menge	Einzelpreis in €	Gesamtpreis in €
23	1	Bürostuhl S345	10	235,50	2355,00
24	2	Regal R4566, weiß	5	159,00	795,00
25	3	Schreibtisch T5466	2	999,00	1998,00
26				Summe:	5148,00
27				+ 19 % Ust:	978,12
28				Rechnungsbetrag:	6126,12

Dateneingabe und Formatierung

- **Markieren**
  Eine Zelle durch Ansteuerung mit den Cursor-Tasten oder durch Anklicken mit der Maus markieren.
- **Eingabe**
  In die markierte Zelle können über die Tastatur Buchstaben, Zahlen und Sonderzeichen eingegeben werden.
- **Formatierung**
  Die markierte Zelle kann nach Anwahl der entsprechenden Menüpunkte formatiert werden (z. B. Hintergrundfarbe, Schriftart, Schriftfarbe, Schriftgröße, Rahmen).

Durch Betätigung der RETURN-Taste wird die Bearbeitung einer Zelle abgeschlossen.

Schritt 2: Eingabe der **Formeln** zur Berechnung des jeweiligen **Gesamtpreises**, der **Umsatzsteuer** und des **Rechnungsbetrags** sowie Eingabe der **Summenfunktion** zur Berechnung des Netto-Rechnungsbetrags
Beispiel:

	A	B	C	D	E
22	Pos.	Artikel	Menge	Einzelpreis in €	Gesamtpreis in €
23	1	Bürostuhl S345	10	235,5	=C23*D23
24	2	Regal R4566, weiß	5	159	=C24*D24
25	3	Schreibtisch T5466	2	999	=C25*D25
26				Summe:	=SUMME(E23:E25)
27				+ 19 % Ust:	=E26*19/100
28				Rechnungsbetrag:	=E26+E27

Inhalt von „Spalte C, Zeile, 23" multipliziert mit Inhalt von „ Spalte D, Zeile 23"

Funktion „Summe" ermittelt die Summe des markierten Bereichs: E23 bis E25

Formel addiert die Inhalte der Zellen E26 und E27

Rechnungserstellung (Fakturierung) mit dem Tabellenkalkulationsprogramm Excel

Billing with the Excel spreadsheet

Eingabe von Formeln in eine Excel-Tabelle

- Die zu bearbeitende **Zelle** durch Mausklick **ansteuern**.
- Die **Eingabe der Formeln** zur Berechnung von Ergebnissen (z. B. Gesamtpreisermittlung) erfolgt i. d. R. über die Tastatur. Der Eingabe einer Formel muss stets ein **Gleichheitszeichen** (=) vorangestellt werden. Es sind die vorgeschriebenen Schreibweisen und Klammersetzungen zu beachten.
- Die Formeln können durch Anklicken des **Buttons „Formeln"** und Auswahl der Funktion **„Formeln anzeigen"** angezeigt werden:

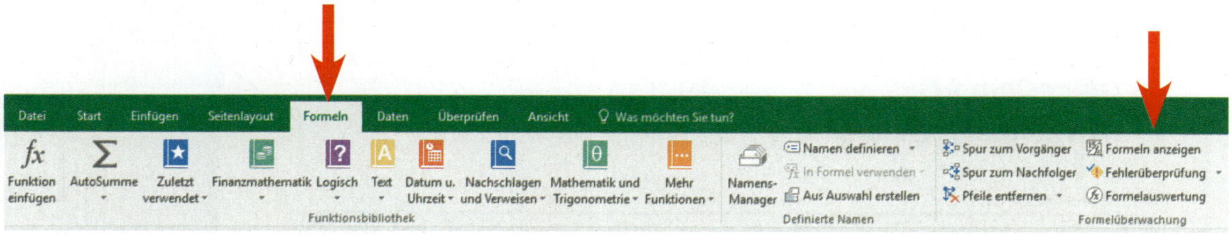

Provisionsabrechnung mit dem Tabellenkalkulationsprogramm Excel

Commission calculation with the Excel spreadsheet

Ausgangssituation

Die OfficeCom KG erstellt die Provisionsabrechnungen für die Außendienstmitarbeiter mit Excel-Tabellen.

Beispiel:

	A	B	C	D	E
1	*OfficeCom AG*				
2	**Provisionsabrechnung**				
3					
4	Provisionssatz		5	Prozent	
5	Artikel	Menge	Preis in €	Umsatz in €	Provision in €
6	Stuhl S123	3000	199,00	597.000,00	29.850,00
7	Schreibtisch T456	4000	245,00	980.000,00	49.000,00
8	Regal R987	1000	329,00	329.000,00	16.450,00

Adressierung

Mit der **Adressierung** in Excel wird die Position einer Zelle (z. B. D7) in einer Tabelle festgelegt. Eine **Adresse** kennzeichnet eine Zelle in der Tabelle. Sie besteht aus der Position der Spalte (z. B. **D**) und der Position der Zeile (z. B. **7**). Man unterscheidet prinzipiell die relative und die absolute Adressierung.

Bei der **relativen Adressierung** wird beim Kopieren der Formeln der Zellbezug zur Ursprungszelle automatisch angepasst. Bei der **absoluten Adressierung** wird der Zellbezug zu einer Ausgangszeile auch beim Kopieren beibehalten.

- **Relative Adressierung**
  Die Formel in der Zelle **D7** in der Tabelle „Provisionsabrechnung" ist **relativ adressiert**, d. h., dass der Inhalt von der Zelle **B7**, die zwei Spalten vor der Zelle **D7** ist, mit dem Inhalt der Zelle **C7**, die eine Spalte vor der Zelle **D7** ist, multipliziert werden soll. Im Prinzip wird bei der relativen Adressierung eine Zelle nicht absolut angesprochen, sondern über den Abstand (z. B. B7 ➔ aktuelle Spalte D – 2 Spalten (➔ B), aktuelle Zeile +-0 Zeilen) zu dieser Zelle. Nach dem Kopieren der Formel in die nächste Zeile wird aus dem Bezug zur Zelle B7 der Bezug zur Zelle B8.

Provisionsabrechnung mit dem Tabellenkalkulationsprogramm Excel

Commission calculation with the Excel spreadsheet

- **Absolute Adressierung**
  Bei der **absoluten Adressierung** wird die Adresse beim Kopieren nicht verändert. Die Adressierung bezieht sich immer auf dieselbe Zelle. Vor die Spalten- und Zeilenbezeichnung in der Adresse muss stets ein **Dollarzeichen** (**$**) gesetzt werden.

In dem Beispiel „Provisionsabrechnung" wird ein einheitlicher Provisionssatz von 5 % für alle Artikel festgelegt. Dieser Provisionssatz ist in der Zelle C5 abgelegt. Die absolute Adresse lautet dann immer **„$C$4"**, d. h. der Bezug zu dieser Zelle wird nicht z. B. durch das Kopieren verändert.

Beispiel:

	A	B	C	D	E
1	***OfficeCom AG***				
2	**Provisionsabrechnung**				
3					
4	Provisionssatz		5	Prozent	
5	Artikel	Menge	Preis in €	Umsatz in €	Provision in €
6	Stuhl S123	3000	199	=B6*C6	=D6*$C$4/100
7	Schreibtisch T456	4000	245	=B7*C7	=D7*$C$4/100
8	Regal R987	1000	329	=B8*C8	=D8*$C$4/100

Zelle D7

absolut adressiert

relativ adressiert

Zelleninhalte ausschneiden oder kopieren

Inhalte von einzelnen Zellen oder Zellenbereichen können an andere Positionen in einer Tabelle übertragen werden. Beim **Ausschneiden** werden die Inhalte in den ursprünglichen Zellen gelöscht, beim **Kopieren** bleiben die Inhalte erhalten und werden zusätzlich in die Zielbereiche übertragen. In dem Beispiel Provisionsabrechnung können z. B. die Formeln in den Zellen D6 und E6 in den Bereich D7 bis E8 kopiert werden.

	A	B	C	D	E
1	***OfficeCom AG***				
2	**Provisionsabrechnung**				
3					
4	Provisionssatz		5	Prozent	
5	Artikel	Menge	Preis in €	Umsatz in €	Provision in €
6	Stuhl S123	3000	199	=B6*C6	=D6*$C$4/100
7	Schreibtisch T456	4000	245	↓	↓
8	Regal R987	1000	329		

Beispielhafter Ablauf:

1. Zelle bzw. Bereich markieren
2. rechte Maustaste drücken
3. Ausschneiden bzw. Kopieren auswählen
4. den Zielbereich bzw. die Zielzelle markieren
5. rechte Maustaste drücken
6. Einfügen auswählen

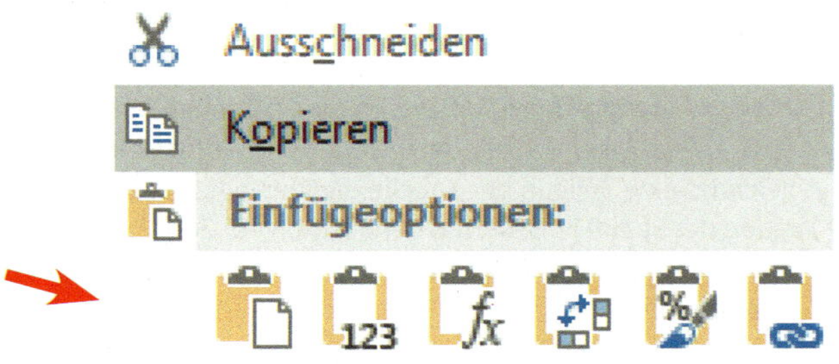

Provisionsabrechnung mit dem Tabellenkalkulationsprogramm Excel

Commission calculation with the Excel spreadsheet

Eine **Alternative** zum **Kopieren** von Zellen bzw. Zellbereichen ist das **Ziehen mit der Maustaste**:

1. Zelle bzw. Bereich, der kopiert werden soll, mit der Maus markieren
2. Mauszeiger auf dem kleinen Rechteck unten rechts positionieren
3. Maus nach unten ziehen
4. Die Formeln werden kopiert.
5. Die berechneten Werte werden angezeigt.

Umsatz in €	Provision in €
=B6*C6	=D6*$C$4/100

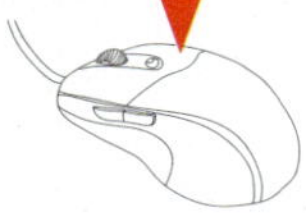

Umsatz in €	Provision in €
=B6*C6	=D6*$C$4/100
=B7*C7	=D7*$C$4/100
=B8*C8	=D8*$C$4/100

Umsatz in €	Provision in €
597.000,00	29.850,00
980.000,00	49.000,00
329.000,00	16.450,00

Zellen einfügen

Beispiel:
In der Tabelle „Provisionsabrechnung“ sollen vor Zeile 2 zwei weitere Zeilen eingefügt werden, um z. B. den Abrechnungszeitraum und den Namen des Außendienstmitarbeiters in die Tabelle eingeben zu können.

Beispielhafter Ablauf:

- Markierung der Zeile, hinter die eine weitere Zeile eingefügt werden soll, z. B. Zeile 2
- rechte Maustaste betätigen
- „Zellen einfügen“ auswählen
- Eine Zeile wird eingefügt.
- Bei Einfügung mehrerer Zeilen muss der Vorgang wiederholt werden.

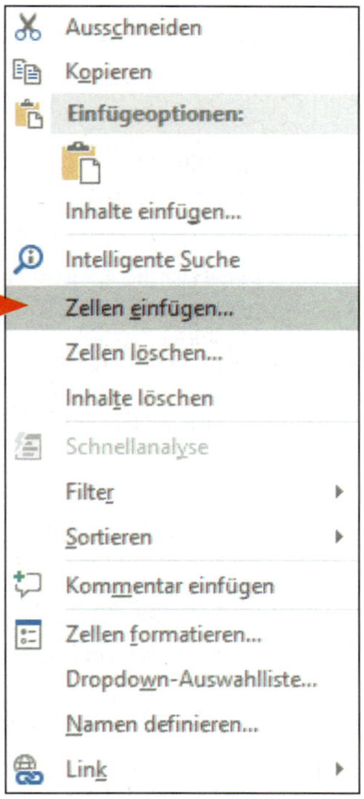

	A	B	C	D	E
1	Provisionsabrechnung				
2	Abrechnungszeitraum:		Juli 20..		
3	Außendienstmitarbeiter:		Felix Müller		
4					
5	Provisionssatz		5	Prozent	
6	Artikel	Menge	Preis in €	Umsatz in €	Provision in €
7	Stuhl S123	3000	199,00	597.000,00	29.850,00
8	Schreibtisch T456	4000	245,00	980.000,00	49.000,00
9	Regal R987	1000	329,00	329.000,00	16.450,00

Dreisatzrechnung

Rule of three

Begriff

Die Dreisatzrechnung dient dazu, von mindestens zwei bekannten Größen auf eine weitere unbekannte Größe zu schließen. Man spricht deshalb auch von der „Schlussrechnung“.

Sind lediglich zwei Größen gegeben und eine dritte gesucht, so spricht man von der einfachen **Dreisatzrechnung**. Sind mehr als zwei Größen gegeben und eine weitere gesucht, so spricht man von der **zusammengesetzten Dreisatzrechnung**.

Für den Rechenweg der Dreisatzrechnung sind folgende drei Sätze von Bedeutung:

1. Der **Angabesatz** enthält die bekannten, in der Aufgabenstellung angegebenen Größen.
2. Der **Fragesatz** enthält die gesuchte Größe.
3. Der **Bruchsatz** wird aus Angabe- und Fragesatz gebildet und ergibt das gesuchte Ergebnis.

Berechnung des einfachen Dreisatzes

Berechnung des einfachen Dreisatzes mit geradem (direktem) Verhältnis

Beispiel 1:
120 kg einer Ware kosten 500,00 €. Wie hoch ist der Preis für 210 kg dieser Ware?

Merke:
Eine *größere Menge der Ware* würde auch *mehr kosten (je schwerer – desto mehr)*. Man spricht deshalb von einem **geraden (direkten) Verhältnis.** Dies läge auch bei einer geringeren Menge vor, die ja weniger kosten würde *(je leichter – desto weniger)*.

Gegeben ist die Ausgangsmenge 120 kg zu einem Preis von 500,00 €.

Gesucht ist der Preis für 210 kg.

Lösung:
Angabesatz: 120 kg einer Ware kosten 500,00 €.
Aus dem Angabesatz kann man durch Division auf den Preis eines Kilos schließen: 500,00/120

Fragesatz: Die Kosten für 210 kg der Ware betragen x €. Daraus folgt, dass 210 kg 500,00/120 · 210 € kosten. Das ergibt den Bruchsatz.

Bruchsatz: $x = \frac{500{,}00 \cdot 210}{120} = \underline{\underline{875{,}00}}$

Antwortsatz:
210 kg der Ware kosten 875,00 €.

Beispiel 2:
Für eine Geschäftsreise benötigen wir 3.000,00 US-$. Wie viel Euro müssen wir bei einem Eurowechselkurs von 1,30 bei unserer Bank eintauschen?

Merke:
Eine *größere Menge einer fremden Währung* würde auch *mehr kosten (je mehr – desto mehr).* Auch hier liegt demnach ein **gerades (direktes) Verhältnis** vor.

Gegeben ist der Eurowechselkurs 1 zu 1,30, d. h., für 1,00 € erhalten wir 1,30 US-$.

Gesucht ist der Preis für 3.000,00 US-$.

Lösung:
Angabesatz: 1,30 US-$ kosten 1,00 €.

Aus dem Angabesatz kann man durch Division den Preis für einen € ausdrücken als: 1/1,30

Fragesatz: Die Kosten für 3.000,00 US-$ betragen x €. Daraus folgt, dass 3.000,00 US-$ 3.000 · 1/1,30 € kosten. Das ergibt den Bruchsatz.

Bruchsatz: $x = \frac{3.000{,}00 \cdot 1}{1{,}30} = \underline{\underline{2.307{,}69}}$

Antwortsatz:
Bei einem Eurowechselkurs von 1,30 kosten 3.000,00 US-$ 2.307,69 €.

3503124

Berechnung des einfachen Dreisatzes mit ungeradem (indirektem) Verhältnis

Beispiel:
Nach einer Warengroßlieferung würden 3 Mitarbeiter 16 Stunden für die Bestückung des Lagers benötigen. Wie lange würden die Einlagerungsarbeiten dauern, wenn 8 Mitarbeiter zum Einsatz kämen?

Merke:
Eine *höhere Anzahl* an Mitarbeitern würde *weniger Zeit (je mehr – desto weniger)* benötigen. Man spricht deshalb von einem **ungeraden (indirekten) Verhältnis.** Dies läge auch bei einer geringeren Anzahl von Mitarbeitern vor, die ja noch länger brauchen würden *(je weniger – desto mehr).*

Gegeben ist die Mitarbeiteranzahl 3 und die Arbeitszeit 16 Stunden.
Gesucht ist die Arbeitszeit bei 8 eingesetzten Mitarbeitern.

Lösung:

Angabesatz: 3 Mitarbeiter benötigen 16 Stunden.
Aus dem Angabesatz kann man durch Multiplikation auf die Gesamtarbeitszeit für einen Mitarbeiter schließen: $16 \cdot 3$

Fragesatz: 8 Mitarbeiter benötigen x Stunden.
Daraus folgt, dass 8 Mitarbeiter $16 \cdot 3/8$ Stunden benötigen.

Das ergibt den Bruchsatz.

Bruchsatz: $x = \frac{16 \cdot 3}{8} = \underline{\underline{6}}$

Antwortsatz:
8 Mitarbeiter würden für die Einlagerungsarbeiten 6 Stunden benötigen.

Berechnung des zusammengesetzten Dreisatzes

Beispiel:
30 m einer selbstklebenden Kunststofffolie kosten bei einer Breite von 0,90 m 270,00 €. Wir benötigen 75 m dieser Folie in einer Breite von 1,20 m. Wie hoch ist der Preis der 1,20 m breiten Folie?

Merke:
Wenn in der Aufgabenstellung mehr als zwei Größen gegeben sind und eine weitere gesucht wird, so spricht man von einem **zusammengesetzten Dreisatz**. In diesem Fall ist die Aufstellung von mehr als drei Sätzen erforderlich, die *sowohl direkte als auch indirekte Verhältnisse* beinhalten können. Im Fall dieses Beispiels liegen *zwei gerade Verhältnisse* vor *(je mehr Folie – desto höher der Preis).*

Gegeben sind im Beispiel die drei Größen 30 m Länge, 0,90 m Breite zum Preis von 270,00 €.
Gesucht ist der Preis bei einer Länge von 75 m und einer Breite von 1,20 m.

Lösung:

Angabesatz:
Eine Kunststofffolie von 30 m Länge und 0,90 m Breite kostet 270,00 €.
Daraus folgt, dass 1 m der Breite 0,90 m $270{,}00/30 \cdot 0{,}90$ € und 75 m $270{,}00 \cdot 75/30 \cdot 0{,}90$ € kosten.

Fragesatz: Eine Kunststofffolie von 75 m Länge und 1,20 m Breite kostet x €.
Daraus folgt, dass 75 m der Breite 1,20 m $270{,}00 \cdot 75 \cdot 1{,}20/30 \cdot 0{,}90$ € kosten.

Das ergibt den Bruchsatz.

Bruchsatz: $x = \frac{270{,}00 \cdot 75 \cdot 1{,}20}{30 \cdot 0{,}90} = \underline{\underline{900{,}00}}$

Antwortsatz:
75 m einer Kunststofffolie von 1,20 m Breite kosten 900,00 €.

Prozentrechnung

3

Begriff

Die Prozentrechnung dient dazu, unterschiedliche Zahlenwerte vergleichbar zu machen, indem sie in ein Verhältnis zu Hundert gesetzt werden. **Prozent** (%) bedeutet demgemäß **„vom Hundert"**.

Folgende rechnerische **Größen** werden für die Prozentrechnung benötigt:

1. Der **Grundwert (G)** ist ein Zahlenwert, der dem Ganzen (100 % = z. B. 100,00 €) entspricht.
2. Der **Prozentwert (W)** ist ein Zahlenwert, der einem Teil oder einem Vielfachen vom Ganzen (z. B. 40 % = 40,00 € oder 160 % = 160,00 €) entspricht.
3. Der **Prozentsatz (p)** ist ein Wert, der einem Teil vom Ganzen in Prozent (z. B. 30 %) ausgedrückt entspricht.

Berechnung des Grundwertes

Beispiel: Wir erhalten 2 % Skonto bei der Bezahlung einer Rechnung. Dies bringt uns eine Ersparnis von 75,00 € ein.

Fragesatz: Wie hoch ist der Rechnungsbetrag?

Gegeben: Prozentsatz p = 2 % und Prozentwert W = 75,00 €

Gesucht ist der Grundwert G.

$$\text{Grundwert (G)} = \frac{100 \cdot \text{Prozentwert (W)}}{\text{Prozentsatz (p)}}$$

$$G = \frac{100 \cdot 75{,}00}{2} = \underline{\underline{3.750{,}00}}$$

Antwortsatz: Der Rechnungsbetrag lautet über 3.750,00 €.

Berechnung des Prozentwertes

Beispiel: Beim Kauf eines Lieferwagens im Wert von 37.000,00 € wird uns ein Rabatt in Höhe von 8 % eingeräumt.

Fragesatz: Welchen Betrag könnten wir beim Kauf sparen?

Gegeben: Grundwert G = 37.000,00 € und Prozentsatz p = 8 %

Gesucht ist der Prozentwert W.

$$\text{Prozentwert (W)} = \frac{\text{Grundwert (G)} \cdot \text{Prozentsatz (p)}}{100}$$

$$W = \frac{37.000{,}00 \cdot 8}{100} = \underline{\underline{2.960{,}00}}$$

Antwortsatz: Durch den Rabatt könnten wir 2.960,00 € sparen.

Berechnung des Prozentsatzes

Beispiel: Im letzten Monat hatten wir einen Umsatz von 112.000,00 € zu verzeichnen. Diesen konnten wir im Folgemonat um 12.320,00 € steigern.

Fragesatz: Welchem Prozentsatz entspricht diese Steigerung?

Gegeben: Prozentwert W = 12.320,00 € und Grundwert G = 112.000,00 €

Gesucht ist der Prozentsatz p.

$$\text{Prozentsatz (p)} = \frac{100 \cdot \text{Prozentwert (W)}}{\text{Grundwert (G)}}$$

$$p = \frac{100 \cdot 12.320{,}00}{112.000{,}00} = \underline{\underline{11}}$$

Antwortsatz: Der Umsatz konnte um 11 % gesteigert werden.

Berechnung des vermehrten Grundwertes (Prozentrechnung auf Hundert)

Beispiel: Ein Kunde zahlt für eine Ware 148,75 € **inklusive** 19 % Umsatzsteuer.

Fragesatz: Wie hoch ist der Warennettobetrag ohne die Umsatzsteuer?

Bei dem in diesem Fall um 19 % erhöhten Wert spricht man vom **vermehrten Grundwert.**

Gegeben: vermehrter Grundwert = 148,75 € und Prozentsatz p der Erhöhung = 19 %

Gesucht ist der Grundwert G.

$$\text{Grundwert (G)} = \frac{\text{vermehrter Grundwert} \cdot 100}{100 + \text{Prozentsatz (p) der Erhöhung}}$$

$$G = \frac{148{,}75 \cdot 100}{100 + 19} = \underline{\underline{125{,}00}}$$

Antwortsatz: Der Warennettobetrag beläuft sich auf 125,00 €.

Berechnung des verminderten Grundwertes (Prozentrechnung im Hundert)

Beispiel 1: Ein Kunde erhält beim Warenkauf einen Rabatt von 10 %. Es ergibt sich ein zu zahlender Warenwert von 180,00 €.

Fragesatz: Wie hoch ist der ursprüngliche Warenwert ohne Rabatt?

Bei dem in diesem Fall um 10 % verminderten Wert spricht man vom **verminderten Grundwert.**

Gegeben: verminderter Grundwert = 180,00 € und Prozentsatz p der Verminderung = 10 %

Gesucht ist der Grundwert G.

$$\text{Grundwert (G)} = \frac{\text{verminderter Grundwert} \cdot 100}{100 - \text{Prozentsatz (p) der Verminderung}}$$

$$G = \frac{180{,}00 \cdot 100}{100 - 10} = \underline{\underline{200{,}00}}$$

Antwortsatz: Der Warenwert ohne Rabatt beträgt 200,00 €.

Beispiel 2: Eine Kundin nutzt die Möglichkeit des Skontoabzugs in Höhe von 3 % und überweist 480,15 € auf unser Bankkonto.

Fragesatz: Wie hoch ist der eigentliche Rechnungsbetrag ohne Skontoabzug?

Auch hier handelt es sich um einen um 3 % verminderten Grundwert.

Gegeben: verminderter Grundwert = 480,15 € und Prozentsatz p der Verminderung = 3 %

Gesucht ist der Grundwert G.

$$\text{Grundwert (G)} = \frac{\text{verminderter Grundwert} \cdot 100}{100 - \text{Prozentsatz (p) der Verminderung}}$$

$$G = \frac{480{,}15 \cdot 100}{100 - 3} = \underline{\underline{495{,}00}}$$

Antwortsatz: Der ursprüngliche Rechnungsbetrag ohne Skontoabzug beträgt 495,00 €.

4 Sachgüter und Dienstleistungen beschaffen und Verträge schließen

Beschaffung *Purchasing*

Begriff

Als **Beschaffung im weiteren Sinne** können alle Tätigkeiten des Unternehmens bezeichnet werden, die dazu dienen, die Mittel zu erhalten, die zur Leistungserstellung notwendig sind. Dies können neben Betriebsmitteln alle zu beschaffenden Materialien, das Personal und das Kapital sein. Bei der **Beschaffung im engeren Sinne** betrachtet man dagegen die Roh-, Hilfs- und Betriebsstoffe, die Handelswaren und ergänzende Dienstleistungen.

Beschaffungsprozess und -organisation

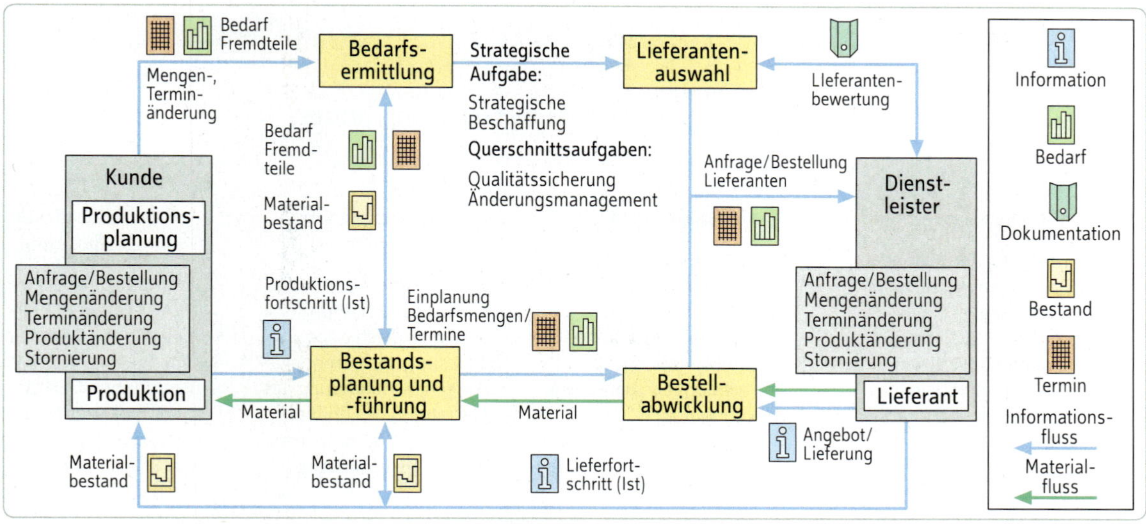

aus: Thaler, Klaus: Supply Chain Management. Prozessoptimierung in der logistischen Kette. 3., akt. und erw. Aufl. Köln/Wien: Bildungsverlag 1 2001, S. 140.

Der Beschaffungsprozess kann nicht losgelöst von anderen unternehmensbezogenen Teilprozessen, wie z. B. dem Produktions- und Absatzprozess, betrachtet werden. Die Prozessbetrachtung geht davon aus, dass alle unternehmensbezogenen Teilprozesse letztendlich von den Kundenanforderungen oder -wünschen abhängig sind.

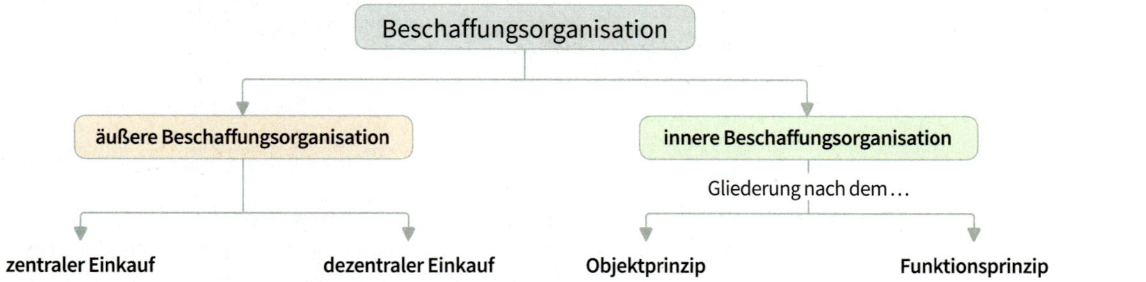

Vom **zentralen Einkauf** wird gesprochen, wenn **eine** Stelle alle Güter und Dienstleistungen beschafft. Als **Vorteile** können z. B. günstigere Einkaufskonditionen und organisatorische Vereinfachungen gerade im Hinblick auf Terminplanung und -überwachung genannt werden. Als **Nachteile** werden v. a. die Bürokratisierung des Einkaufs und der damit verbundene Kostenaspekt angesehen. Beim **dezentralen Einkauf** können unterschiedliche Unternehmensteile (z. B. Abteilungen) den Einkauf getrennt vornehmen oder der Einkauf wird jeweils für Produktgruppen gebündelt.

Wird die Beschaffungsorganisation auf **Objekte**, z. B. auf bestimmte Materialien, ausgerichtet, ist ein Mitarbeiter für alle entsprechenden Beschaffungstätigkeiten zuständig. Wird die Beschaffungsorganisation dagegen auf **Funktionen** (oder Verrichtungen) ausgerichtet, ist ein Mitarbeiter jeweils nur für eine bestimmte Beschaffungstätigkeit, z. B. die Lieferantenauswahl, zuständig – aber für alle Materialien.

Beschaffungslogistik *Purchasing logistics*

Begriff und Zielsetzung

Die **Beschaffungslogistik** befasst sich mit der **Planung, Steuerung** und **Kontrolle** von **Material-** und **Informationsflüssen** zwischen dem Unternehmen und seinen **Lieferanten** und den sogenannten **Logistikdienstleistern** (z. B. Transportunternehmen). Als Teil der gesamten Logistik von Unternehmen muss die Beschaffungslogistik im Rahmen des Beschaffungsprozesses Güter und Informationen

- in der richtigen Menge,
- in der notwendigen Qualität,
- am richtigen Ort,
- zum richtigen Zeitpunkt,
- zu möglichst geringen Kosten

beschaffen.

Aufgabenbereiche

Aufgabenbereiche im Beschaffungsprozess

Bedarfsermittlung
Ermittlung der benötigten Mengen an Einkaufsgütern, Abgleich mit Daten aus der Bestandsplanung und -führung, enge Kooperation mit Produktions- und Marketingabteilung

Lieferantenauswahl
Gezielte Suche und Auswahl von neuen Lieferanten, Bewertung von Lieferanten, Erarbeitung von Zielvorgaben, z. B. für Verhandlungen über Preise und Konditionen

Bestandsplanung und -führung
Mengen- und wertmäßige Planung und Überprüfung von Warenbeständen, Erfassung der Warenbewegungen, Verhinderung des Auftretens von Fehlmengen; enge Zusammenarbeit mit Bedarfsermittlung

Bestellabwicklung (Disposition)
Einholen und Vergleichen von Angeboten, Erarbeitung von Bestellvorschlägen, Auslösen von Bestellungen, Erfassen und Überwachen von Wareneingängen, Überprüfen der Eingangsrechnungen

Logistiksoftware

Um die sogenannte **Logistikkette (Supply Chain)** im Hinblick auf die Faktoren **Qualität, Zeit** und **Kosten** zu optimieren, wird mithilfe spezieller Software eng mit Lieferanten und Logistikdienstleistern zusammengearbeitet. Die notwendigen Informationen (z. B. Übermittlung von Bestelldaten, sofortiger Zugriff auf Liefer- und Transporttermine) können somit zeitgleich von allen Beteiligten genutzt werden. Wird bei Beschaffungsaktivitäten das Internet genutzt (z. B. mithilfe von elektronischen Marktplätzen), spricht man vom **E-Procurement** (siehe zum E-Commerce S. 219).

Fragen der optimalen Lagerhaltung (z. B. Nutzung von Eigen- oder Fremdlagern) werden von der **Lagerlogistik** beantwortet (siehe zur Lagerhaltung S. 166 f.).

Einsparung von Lagerkosten

Um Lagerkosten im Rahmen des Beschaffungsprozesses zu minimieren oder sogar gänzlich einzusparen, werden verschiedene Konzepte genutzt. Die beiden bekanntesten sind das **Just-in-time-Konzept** und die Nutzung von **Konsignationslagern**.

Just-in-time-Konzept

Inhalt des Konzepts ist die Überlegung, dass Lagerkosten im Unternehmen eingespart werden können, wenn die Zulieferer die zur Produktion benötigten Materialien in der notwendigen Menge genau zum Zeitpunkt des Produktionsbeginns anliefern. Bei dieser produktionssynchronen Logistik werden praktisch die Lagerkosten des Produktionsunternehmens auf die Zulieferbetriebe in Form von Transport- und Lagerkosten abgewälzt. Kritik wird an diesem Konzept vor allem aus ökologischer Sicht geübt, da die Anzahl von Transportfahrten – zum Beispiel per Lkw – dadurch häufig zugenommen hat.

Konsignationslager

Unter einem Konsignationslager versteht man ein produktionsnahes Lager des Zulieferers beim Abnehmer (Produktionsunternehmen), das auf Kosten des Zulieferers betrieben wird. Erst bei Entnahme der Waren entstehen dem Abnehmer Kosten. Da dem Zulieferer dadurch hohe Kosten für Einrichtung und Führung des Lagers entstehen, sind meist langfristige Lieferbeziehungen Voraussetzung.

Ökonomische und ökologische Aspekte der Beschaffungsplanung

Economic and ecological aspects of purchasing

Beschaffungsplanung

Beschaffungsplanung

	Beispiele:
Materialplanung Was soll bestellt werden?	Welche Art von Kopierpapier soll beschafft werden?
Mengenplanung Wie viel soll bestellt werden?	Soll zunächst nur eine Probemenge bestellt werden?
Zeitplanung Wann soll bestellt werden?	Soll sofort oder zu einem späteren Zeitpunkt bestellt werden?
Preisplanung Wie hoch darf der maximal akzeptierbare Einkaufspreis sein?	Kann der Einkaufspreis von … € unterschritten werden?
Bezugsquellenplanung Wo soll bestellt werden?	Soll bei einem Lieferanten bestellt werden, dessen Standort in der Nähe ist, oder bei dem, der die größte Sortimentstiefe hat?

Ökologie und Nachhaltigkeit im Rahmen der Beschaffungsplanung

Gesichtspunkte der Ökologie und Nachhaltigkeit bei der Beschaffungspolitik eines Unternehmens

	Beispiele:
Reduzierung des Verpackungsaufwandes bei einzukaufenden Produkten	■ recyclingfähiges Verpackungsmaterial ■ Mehrwegverpackungen
Reduzierung des Transportaufwandes bei einzukaufenden Produkten	■ Verringerung der Entfernung zum Lieferanten ■ Einkauf von Großmengen
Beachtung von Kundenwünschen im Hinblick auf umweltfreundliche bzw. nachhaltige Produktionsweise und ökologische Materialien	■ Vermeidung/Verringerung von Schadstoffemissionen bei der Herstellung der Produkte ■ Herstellung recyclingfähiger Produkte
Beachtung staatlicher Auflagen bei Beschaffungstätigkeiten	■ Klärung von Entsorgungsfragen bei Einkaufsverhandlungen ■ Einhaltung gesetzlicher Bestimmungen

Auswirkungen

ökonomisch	**ökologisch**
■ Einsparung/Erhöhung betriebswirtschaftlicher Kosten ■ Einsparung volkswirtschaftlicher Folgekosten	Verbesserung der Umweltqualität (z. B. durch Verringerung der Luft-, Wasser- und Bodenbelastung, Einsparung von Rohstoffen)

vgl.: Bentin, Margit u. a.: Beschaffungsprozess, Lehrerband, 3. Aufl., Braunschweig 2012, S. 129

Optimale Bestellmenge *Optimal order quantity*

Begriff

Bei der Planung der Bestellmengen muss die Einkaufsabteilung eines Betriebes die entstehenden Kosten grundsätzlich möglichst gering halten.

Die **optimale Bestellmenge** ist die Menge, bei der die Summe aus Lager- und Bestellkosten am geringsten ist.

Zielkonflikt zwischen Lager- und Bestellkosten

- Die Beschaffung größerer Mengen in größeren Zeitabständen verursacht relativ hohe Lagerkosten.
- Die Beschaffung kleinerer Mengen in kleineren Zeitabständen verursacht relativ hohe Bestellkosten.

Beispiel

Die OfficeCom KG ermittelt in der nachstehenden Tabelle die optimale Bestellmenge für den Laserdrucker LD 02, der vor einiger Zeit in das Sortiment aufgenommen wurde, aufgrund folgender Bedingungen:

- Pro Jahr werden aufgrund der Nachfrage 20.000 Laserdrucker benötigt. Eine Bestelleinheit umfasst eine Palette mit 50 Laserdruckern. Im Jahr werden somit 400 Paletten benötigt.
- Unser Lieferant berechnet bei jeder Bestellung unabhängig von der Menge 20,00 € für die Auftragsbearbeitung.
- Die OfficeCom KG kalkuliert – ebenfalls unabhängig von der Bestellmenge – 20,00 € für die Arbeitsvorgänge beim Wareneingang und bei der Rechnungsprüfung ein.
- Eine Palette mit 50 Laserdruckern verursacht während der Lagerdauer durchschnittliche Lagerkosten (anteilige Lagerverwaltungskosten und Zinskosten für das in der Ware gebundene Kapital) von 5,00 €.
- In einem Jahr besteht die Möglichkeit, bis zu sechzehnmal zu bestellen.

	A	B	C	D	E
1	Ermittlung der optimalen Bestellmenge - Laserdrucker LD 02				
2	Mögliche Anzahl der Bestellungen bei unserem Lieferer pro Jahr	Bestellmenge Paletten	Lagerkosten EUR	Bestellkosten EUR	Gesamtkosten EUR
3	1	400,00	2.000,00	40,00	2.040,00
4	2	200,00	1.000,00	80,00	1.080,00
5	4	100,00	500,00	160,00	660,00
6	8	50,00	250,00	320,00	570,00
7	10	40,00	200,00	400,00	600,00
8	16	25,00	125,00	640,00	765,00

Bei der Ermittlung der optimalen Bestellmenge (siehe Tabelle) sind für die OfficeCom KG folgende Fragen zu klären:

a) Bei welcher Bestellhäufigkeit sind die Gesamtkosten am geringsten?
*(hier: bei **8 Bestellungen** pro Jahr = 570,00 € Gesamtkosten)*

b) Wie viel Paletten müssen jeweils bestellt werden, um die Summe aus Lager- und Bestellkosten zu minimieren (optimale Bestellmenge)?

*(hier: **50 Paletten**)*

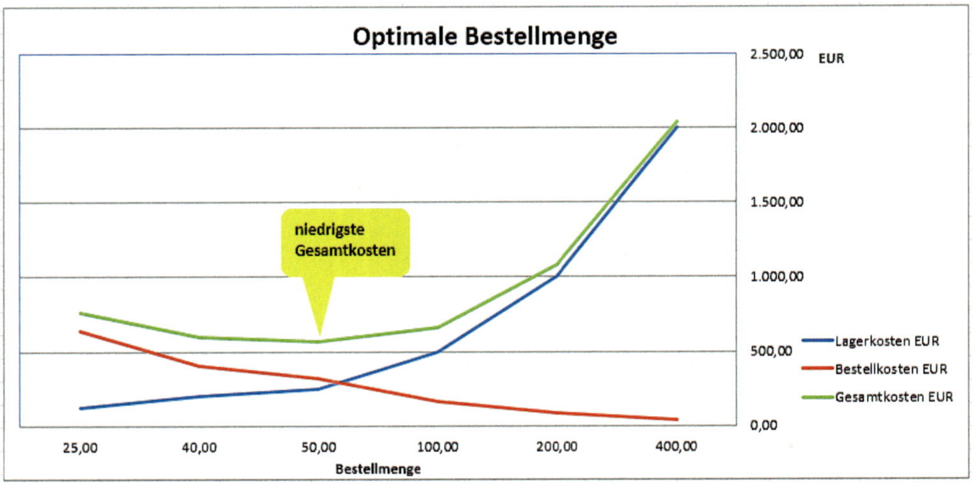

ABC-Analyse

Begriff

- Die ABC-Analyse ist ein Verfahren zur wirtschaftlichen Bewertung der zu beschaffenden und zu lagernden Güter und dient damit der Wirtschaftlichkeitskontrolle. Die jeweiligen Artikel werden entsprechend dem Verbrauch nach ihrem *Mengenanteil und nach ihrem Wertanteil am gesamten Einkaufs- bzw. Warenvolumen des Lagers* in A-, B- und C-Güter eingeteilt.
- **A-Güter** haben einen hohen Wertanteil, jedoch nur einen geringen Mengenanteil am Gesamtvolumen.
- **B-Güter** haben einen mittleren Wert- und Mengenanteil am Gesamtvolumen.
- **C-Güter** haben nur einen geringen Wertanteil, jedoch einen hohen Mengenanteil am Gesamtvolumen.

Aufgrund der Einordnung in diese Klassen sollen dann entsprechend angepasste wirtschaftliche Maßnahmen für die einzelnen Artikel angestrebt werden.

Wirtschaftliche Maßnahmen als Konsequenz aus der ABC-Analyse

Bei der **Gruppe A** ist aus wirtschaftlichen Gründen eine gründliche Marktanalyse sowie Lieferantensuche und -auswahl erforderlich, um Fehlinvestitionen zu vermeiden. Weiterhin sollte eine genaue Warendisposition und Bestandsführung sowie -überwachung (z. B. kleine Bestellmengen) angestrebt werden.

Bei Gütern der **Gruppe C** sollte die Senkung der Beschaffungs- und Lagerkosten im Vordergrund stehen (z. B. durch Sammelbestellungen oder telefonische Bestellungen).

Güter der **Gruppe B**, die weder der Gruppe A noch der Gruppe C zugeordnet werden, sollten entsprechend mit möglichst geringem wirtschaftlichen und organisatorischen Aufwand betreut werden.

Beispiel

Die OfficeCom KG will das Lager für die Bauteilkomponenten einer umfangreichen Modellserie (Serie 501) wirtschaftlich optimieren. Zu diesem Zweck soll zu Beginn eines neuen Quartals u. a. für flexible Verbindungselemente eine ABC-Analyse zur Wirtschaftlichkeitskontrolle durchgeführt werden. Dazu soll zunächst der Anteil der einzelnen Artikel an der Gesamtverbrauchsmenge und am Gesamtverbrauchswert ermittelt werden, um eine entsprechende Rangfolge für die Einordnung in die A-, B-, und C-Klasse festlegen zu können (siehe Tabelle).

– Modellserie 501 / Flexible Verbindungselemente –
Artikel nach Verbrauchsmengen und Verbrauchswerten

Art.-Nr.	Verbrauchsmengen			Verbrauchswerte				Artikelgruppe
	Einheiten Stück	Anteil %	Rangfolge	Stückpreis €	Warenwert €	Anteil %	Rangfolge	
501-01	46	4,55	4	165,00	7.590,00	38,24	1	A
501-02	15	1,48	5	450,00	6.750,00	34,00	2	A
501-05	120	11,87	3	29,90	3.588,00	18,07	3	B
501-12	350	34,62	2	3,45	1.207,50	6,08	4	C
501-23	480	47,48	1	1,49	715,20	3,60	5	C
Gesamt	**1.011**	**100,00**			**19.850,70**	**100,00**		

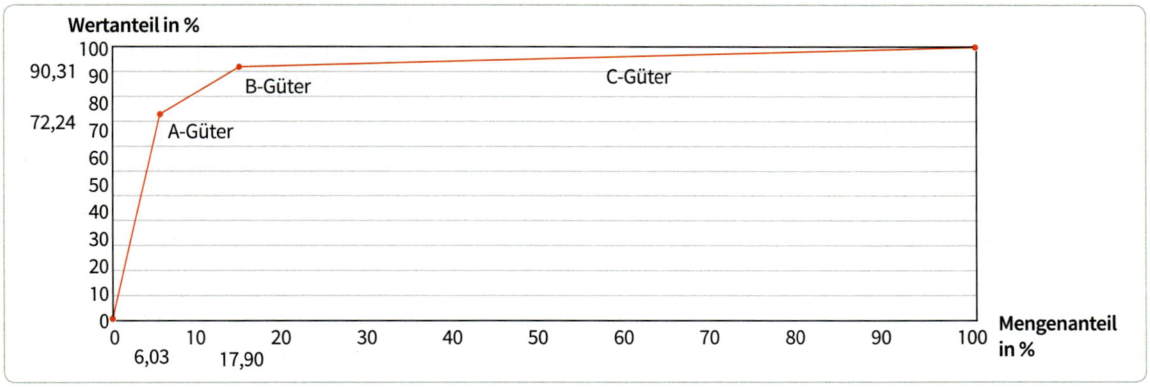

Bestellverfahren der Vorratsbeschaffung *Different kinds of reordering goods*

Bestellpunktverfahren

Die Bestellung erfolgt beim Erreichen eines **bestimmten Lagerbestandes** (Bestellpunkt). Wird er erreicht, erfolgt eine Meldung zur Nachbestellung vom Lager an den Einkauf. Daher wird dieser Bestellpunkt auch als Meldebestand und das Verfahren als *Meldebestandsverfahren* bezeichnet.

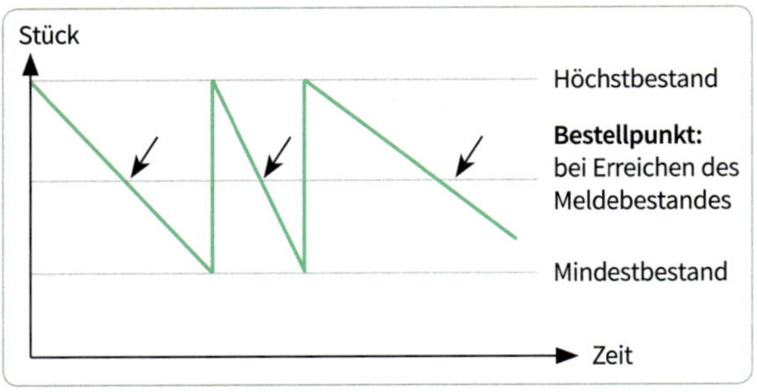

Bei der Festlegung des Bestellpunktes, also des entsprechenden Lagerbestandes, müssen Lieferzeit, Tagesverbrauch sowie ein Mindestbestand (eiserne Reserve) des Artikels berücksichtigt werden. Das Bestellpunktverfahren ist bei unregelmäßigem Verbrauch sinnvoll, wenn der Bestellpunkt (Meldebestand) fortlaufend angepasst wird, um zu niedrige bzw. zu hohe Bestände zu vermeiden.

Bestellrhythmusverfahren

Die Bestellung erfolgt jeweils in einem festen zeitlichen Rhythmus, also in **gleichbleibenden Zeitintervallen**, sodass die Bestellmengen zur Erreichung des Höchstbestandes je nach gerade erreichtem Lagerbestand unterschiedlich hoch sein können.

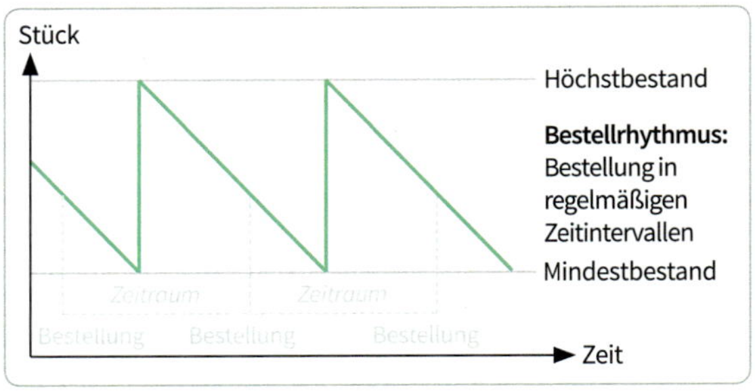

Das Bestellrhythmusverfahren ist nur bei relativ konstantem Verbrauch sinnvoll. Bei wechselnden Verbrauchsmengen aufgrund von Nachfrageschwankungen besteht schnell das Risiko zu geringer oder zu hoher Lagerbestände.

Eigenfertigung oder Fremdbezug? *Make or buy?*

Insourcing/Outsourcing

Unternehmen entscheiden, ob sie Güter und Dienstleistungen selbst erstellen oder einkaufen. Entscheidet man sich dafür, bisher im eigenen Unternehmen erstellte Leistungen von anderen erstellen zu lassen, spricht man von **Outsourcing**. Umgekehrt bedeutet die Erstellung bisher fremder Leistungen in eigener Regie **Insourcing**.

Einflussgrößen und Kostenvergleich

- Kosten
- Sicherheit (Unabhängigkeit vom Lieferanten)
- betriebliche Einflussnahme auf Endleistung
- ökologische Aspekte (z. B. Entsorgung)
- organisatorischer Aufwand
- Qualifikation des Personals

Werden nur die Kosten zur Entscheidung herangezogen, kann ab einer bestimmten Menge (**kritische Menge**) die Eigenfertigung günstiger sein als der Fremdbezug (Fixkostendegression durch Auslastung der teuren Maschinen).

Beispiel: Das Unternehmen kann ein bisher selbst gefertigtes Teil auch von einem Lieferanten beziehen:

Kosten der Eigenfertigung:	Kosten des Fremdbezugs:
$K_f = 12.000{,}00$ €; $k_v = 20{,}00$ €	Bezugspreis: 50,00 €
$\rightarrow K_E = 12.000 + 20\,x$	$\rightarrow K_F = 50\,x$

Bei der Entscheidung „Eigenfertigung oder Fremdbezug“ spielen neben den Kosten auch die übrigen Einflussgrößen und deren Gewichtung eine Rolle. Die **kritische Menge** ist die Menge, bei der die Kosten von Eigenfertigung und Fremdbezug gleich hoch sind und bei der **langfristig** über die Beschaffungsalternative entschieden werden muss.

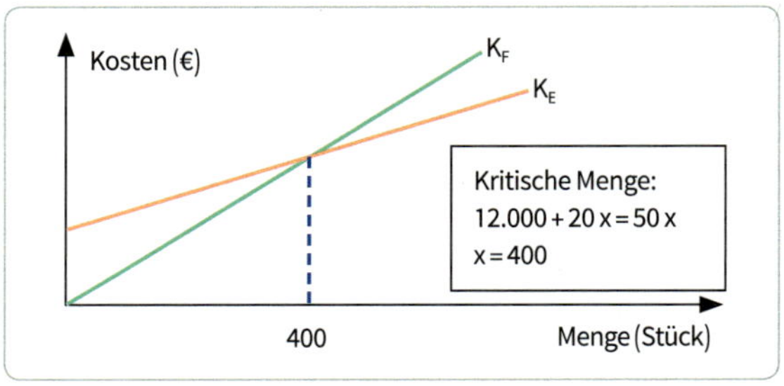

Bezugsquellenermittlung

Finding a suitable supplier

Bezugsquellenermittlung – interne und externe

Die Auswahl *bekannter* Lieferanten erfolgt durch die **interne Bezugsquellenermittlung**, z. B. durch:

- Lieferantendateien
- Warendateien

Die Auswahl *neuer* Lieferanten erfolgt mithilfe der **externen Bezugsquellenermittlung**, z. B. durch:

- Internet
- Adressenverzeichnisse (z. B. „Gelbe Seiten“, „Wer liefert was?“)
- Fachzeitschriften
- Vertreterbesuche
- Kataloge, Prospekte, Preislisten von Firmen
- Fachmessen
- Ausstellungen

Bezugsquellenermittlung mithilfe des Internets – Beispiel

1. Schritt:
Lieferantensuche mithilfe des Brancheninformationsdienstes „Wer liefert was?“ (www.wlw.de)

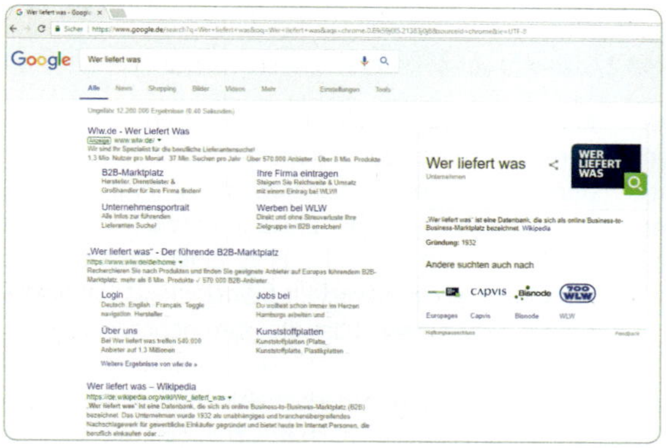

2. Schritt:
Eingeben des Suchbegriffs (***Beispiel:*** Folien Tintenstrahldrucker) und anklicken „Produkt oder Dientleistung“ oder Firma

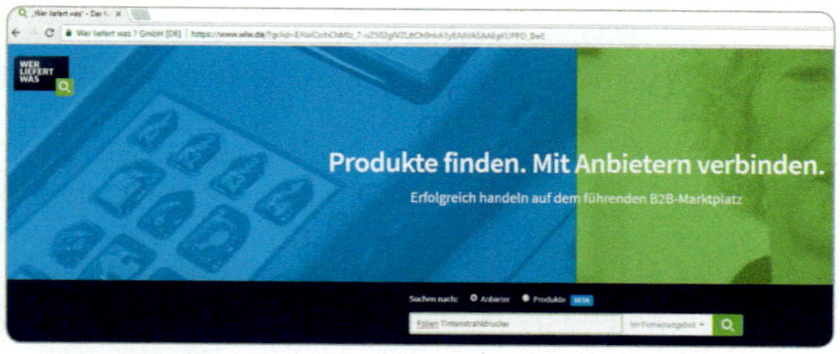

3. Schritt:
Auswahl einer Rubrik (***Beispiel:*** Folien Tintenstrahldrucker)

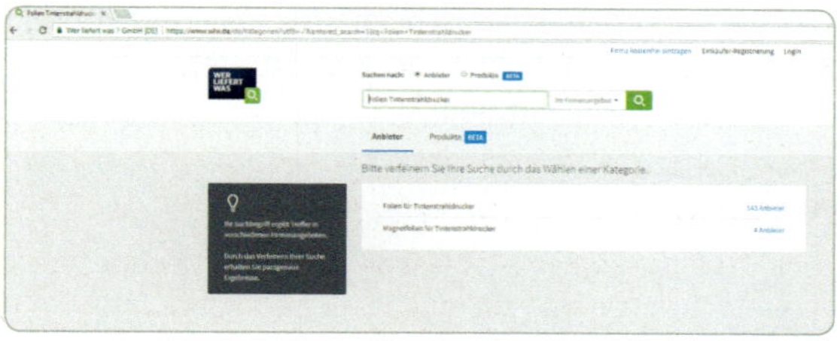

4. Schritt:
Lieferantenauswahl

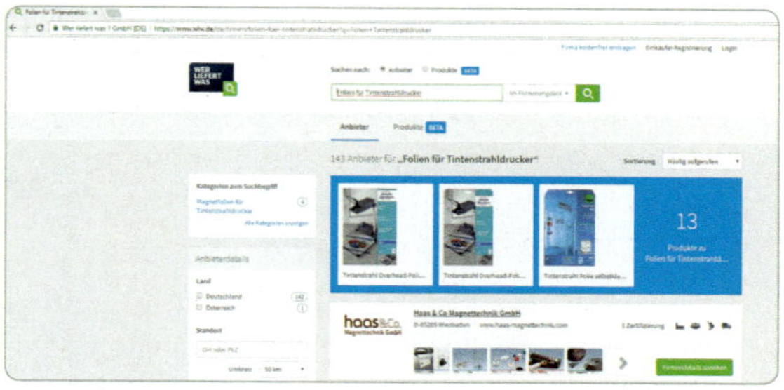

E-Commerce

Begriff

Electronic Commerce („E-Commerce“ oder „E-Business“) ermöglicht die umfassende, digitale Abwicklung von Geschäftsprozessen zwischen Unternehmen und Kunden über private und öffentliche Netze (Internet). Dabei beinhaltet das Electronic Commerce auch die digitale Bezahlung und, was digitalisierbare Güter (z. B. Musik, Videoclips) und Dienstleistungen angeht, eine digitale Übertragung.

Ziele

E-Commerce beschleunigt die Abwicklung von Geschäftsprozessen, gestaltet häufig Prozessabläufe effizienter und senkt damit die Kosten für die Beteiligten. Auf Marktveränderungen (z. B. Preisänderungen) kann mithilfe von E-Commerce in der Regel schneller reagiert werden (z. B. über sofortigen Informationsaustausch).

Formen des E-Commerce

- **B2B** = Business-to-Business: Geschäftsbeziehungen zwischen Unternehmen sowie öffentlichen Institutionen
- **B2C** = Business-to-Consumer oder Business-to-Customer: „Electronic Shopping“ von Konsumenten, die über das Internet oder per Onlinedienst Waren kaufen
- **B2G** = Business-to-Government: Geschäftsbeziehungen zwischen Unternehmen und staatlichen Einrichtungen
- **Intra-Business:** Intra- und/oder Extranet unterstützen Geschäftsprozesse und Kommunikationsbeziehungen

Elektronische Marktplätze im Beschaffungsprozess

Unternehmen vereinbaren mit Mitbewerbern, für den kostengünstigen Einkauf von Produkten einen gemeinsamen **Handelsplatz** im Internet einzurichten. Beispielsweise entstand über eine derartige Vereinbarung ein elektronischer Megamarktplatz für die Zuliefererbetriebe von Autokonzernen. Spezielle Softwarehäuser richten dazu geeignete **Portale** ein. Die entstandenen **Onlinemarktplätze** ermöglichen aufgrund der raschen elektronischen Reaktionsmöglichkeiten kurzfristige Dispositionen, die Preistransparenz erhöht sich. Viele Einzelarbeitsschritte des bisherigen Beschaffungsvorganges werden verzichtbar. Die Einkäufer können sofort vergleichen, wer das günstigste Angebot offeriert; sie können sich auch zusammenschließen, um höhere Rabattsätze zu erreichen, oder sie führen Auktionen durch, bei denen die Lieferanten mit ihren Angeboten in Wettbewerb treten. Der Einkauf mittels der E-Commerce-**Plattform** führt in der Regel zu einer deutlichen Kostensenkung. Diese Preisvorteile beim Einkauf können kalkulatorisch dazu führen, dass die Unternehmen ihre Produkte und Dienstleistungen preiswerter im Absatzmarkt anbieten können. Betriebswirtschaftlich effizientere Lösungen führen somit volkswirtschaftlich zu einem verstärkten (internationalen) Wettbewerb und zu einer möglichen Erhöhung des Bruttoinlandsproduktes.

Arten von Portalen

Ziel: Reduzierung der Informationsflut des Internets (Kosten- und Zeitersparnis) beim User, zielgruppenspezifisches Direktmarketing beim Anbieter (Vermeidung von Streuverlusten, Erhöhung der Kontaktrate)

Lösung: Zielgruppenspezifischer Einsatz des Internets durch Nutzung von **Portalen**

Arten von Portalen

B2B-Portale	B2C-Portale	Portal-Networks
für spezielle Produkte/Leistungen eines informationssuchenden **Unternehmers**	für spezielle Produkte/Leistungen eines informationssuchenden **Konsumenten**	„Eingangstore“ für spezifische User, die Verknüpfungen zu **sämtlichen Bedürfnissen** des Users bieten
Beispiel: Ein Industrieunternehmen sucht in einem Portal für Büroausstattung nach Schreibtischen.	***Beispiel:*** Ein Endverbraucher sucht in einem Portal für Büroausstattung nach einer Schreibtischlampe.	***Beispiel:*** Ein Autokäufer sucht in einem Autoportal zusätzlich zu den Autos günstige Finanzierungsmöglichkeiten sowie Versicherungen.

vgl.: Hübscher, Heinrich u. a.: IT-Handbuch, IT-Systemkaufmann/-frau, Informatikkaufmann/-frau, 10. Aufl., Braunschweig 2017, S. 412

Anfrage

Betriebswirtschaftliche und rechtliche Bedeutung der Anfrage

Eine Anfrage dient der Geschäftsanbahnung und Information und ist **unverbindlich**.

Allgemeine Anfrage:
Bitte um Zusendung von allgemeinem Informationsmaterial (z. B. Katalog), gegebenenfalls mit Mustern.

Spezielle (bestimmte) Anfrage:
Bitte um spezielle Informationen über die Lieferung von bestimmten Artikeln, ggf. mit Mustern.

Aufbau und Inhalt einer speziellen Anfrage

1. Grund der Anfrage
2. Nennen der gewünschten Ware
3. Angabe der erforderlichen Menge
4. Erfragen der Preise, Lieferungs- und Zahlungsbedingungen
5. Hinweis auf gewünschten Liefertermin

nach: Bentin, Margit u. a.: Beschaffungsprozess, 5. Aufl., Braunschweig 2012, S. 18

Textbausteine zur Anfrage

Anfrage

Aufbau und Inhalt	Formulierungvorschläge
1. Grund der Anfrage	Ihre Erzeugnisse sind uns von einem anderen Unternehmen empfohlen worden. Wir werden in nächster Zeit mehrfach Bedarf an … haben und bitten um ein Angebot. Wir haben Ihre Anzeige in der Fachzeitschrift … vom … gelesen und bitten um ein Angebot über: …
2. Nennen der gewünschten Ware	Wir erwarten ein ausführliches Angebot über: … Wir interessieren uns für … Für eine Sonderaktion benötigen wir …
3. Angabe der erforderlichen Menge	Wir benötigen … Stück. Beachten Sie bitte, dass für unser Unternehmen nur große Mengen infrage kommen.
4. Erfragen der Preise, Lieferungs- und Zahlungsbedingungen	Bitte schreiben Sie uns, ob Sie die Artikel … in der erforderlichen Menge binnen … Tagen liefern können. Informieren Sie uns auch über Ihre Lieferungs- und Zahlungsbedingungen.
5. Hinweis auf gewünschten Liefertermin	Wir benötigen die Ware bis zum … Die Artikel müssen in der … Kalenderwoche geliefert werden.

aus: Bentin, Margit u. a.: Beschaffungsprozess, Lehrerband, 3. Aufl., Braunschweig 2012, S. 123

Weitere Formulierungsvorschläge sind dem Korrespondenzfachbuch „Gutes Deutsch – gute Briefe“ (Winklers Bestellnummer 4774) auf Seite 87 zu entnehmen.

Serienbriefe *Serial letters*

Begriff

Serienbriefe sind mit einem **Textverarbeitungssystem** (z. B. Word) erzeugte Briefe mit gleichem Text, die an viele Empfänger versendet werden. Dabei werden in einem standardisierten **Ausgangsdokument** z. B. Anrede und Adresse durch **Platzhalter** (z. B. «Anrede») ersetzt, anschließend wird dieses Dokument gespeichert. In einer separaten Datentabelle (z. B. einer Excel-Tabelle) werden die variablen Daten (Adresse etc.) erfasst und als **Datenquelle** für die Serienbriefe gespeichert. Der standardisierte Ausgangsbrief wird zur Erstellung der personalisierten Serienbriefe mit der Datenquelle (z. B. Excel-Tabelle mit den Adressdaten) **verknüpft**. Durch die Kombination des standardisierten Ausgangsdokuments mit den individuellen Daten wird beim Empfänger der Anschein eines persönlichen Schreibens erweckt.

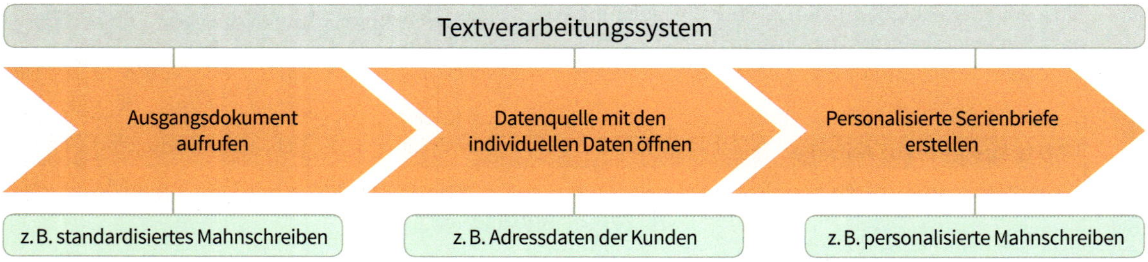

Ablauf zur Erstellung von Serienbriefen mit dem Word-Serienbrief-Assistenten

Das Ausgangsdokument und die variablen Daten in Form einer Tabelle müssen bereits erstellt und gespeichert worden sein.

Schritt 1:
Register „Sendungen“ auswählen ➔ „Seriendruck-Assistent mit Schritt-für-Schritt-Anweisungen“ anklicken ➔ z. B. „Briefe“ anklicken ➔ „Weiter: Dokument wird gestartet“ anklicken

Schritt 2:
„Mit vorhandenem Dokument beginnen“ anklicken ➔ Liste mit bereits vorhandenen Dokumenten wird angezeigt ➔ gewünschtes Dokument auswählen ➔ Öffnen ➔ Dokument Serienbrief wird geöffnet ➔ „Weiter Empfänger wählen“ anklicken

Schritt 3:
z. B. „Vorhandene Liste verwenden“ anklicken ➔ Mit der Funktion „Durchsuchen“ die Datenquelle (z. B. Excel-Tabelle) suchen und öffnen ➔ „Weiter: Schreiben Sie Ihren Brief“ anklicken

Schritt 4:
Tabelle auswählen (i. d. R. die Tabelle 1$) ➔ Die Empfängerliste wird angezeigt ➔ OK ➔
„Weiter: Schreiben Sie Ihren Brief“ anklicken

Schritt 5:
z. B. Adressblock auswählen ➔ Adresselemente festlegen ➔ evtl. „übereinstimmende Felder“ festlegen ➔ Vorschau der Empfängerliste wird angezeigt ➔ OK ➔ „Weiter: Vorschau auf Ihre Briefe“ anklicken

Schritt 6:
Vorschau auf einen personalisierten Serienbrief wird angezeigt ➔ „Weiter Seriendruck beenden“ anklicken

Schritt 7:
„Drucken“ oder „Individuelle Briefe bearbeiten“ auswählen

Der personalisierte Serienbrief wird ausgedruckt oder kann individuell bearbeitet werden, z. B. durch Hinzufügung weiterer Textelemente. Der Druck von Serienbriefen ist auch ohne den Seriendruckassistenten möglich.

Angebot und Angebotsvergleich

Offer/Comparison of offers

Betriebswirtschaftliche und rechtliche Bedeutung des Angebotes

Ein **vollständiges** Angebot enthält Angaben über: Ware, Preis, evtl. Rabatt, Verpackungs- und Beförderungskosten, Lieferzeit und Zahlungsbedingungen. Außerdem enthält es den Erfüllungsort (Ort, an dem der Schuldner seine Leistungen zu erfüllen hat) und den Gerichtsstand (Sitz des Gerichtes, das im Streitfall zuständig ist).
Ein Angebot ist grundsätzlich **verbindlich**. Falls ein Lieferant sich **nicht binden** will, muss das Angebot entweder zeitlich befristet sein oder sogenannte Freizeichnungsklauseln (z. B. „unverbindlich", „freibleibend") enthalten.

Widerruf
Ein Angebot kann widerrufen werden. Der Widerruf muss vor oder gleichzeitig mit dem Angebot eintreffen (z. B. als Fax).

Anpreisungen
Bei Schaufensterauslagen und Anzeigen in Zeitungen oder Zeitschriften handelt es sich **nicht** um Angebote, sondern um sogenannte Anpreisungen, die sich an die Allgemeinheit richten und daher unverbindlich sind.

Aufbau und Inhalt eines Angebotes

- Eingehen auf Anfrage (verlangtes Angebot) oder Vorstellen des Unternehmens (unverlangtes Angebot)
- Beschreiben des Artikels bzw. des Sortiments
- Nennen der Angebotsbedingungen (Preise, Lieferungs- u. Zahlungsbed., Lieferzeit, Erfüllungsort, Gerichtsstand)
- freundl. Abschlusssatz (Hoffnung auf Bestellung)

aus: Bentin, Margit u. a.: Beschaffungsprozess, 5. Aufl., Braunschweig 2012, S. 28

Beurteilungskriterien (Angebotsvergleich)

Angebotsvergleich

Ziel
Ermittlung des Lieferanten, bei dem bestellt werden soll

Entscheidungskriterien

quantitatives Kriterium
Einstandspreis bestimmt durch:
- Listenpreis
- Lieferrabatt
- Lieferskonto/Zahlungsziel
- Bezugskosten
  - Verpackungskosten
  - Transportkosten

Es sollte ein möglichst **günstiger** Einstandspreis erzielt werden.

qualitatives Kriterium
- Qualität der Ware
- Liefermenge
- Lieferzeit
- Zuverlässigkeit des Lieferanten
- Verhalten des Lieferanten bei Reklamationen
- Kulanz des Lieferanten
- Kundendienst des Lieferanten
- Gewährleistungsbedingungen

Qualitative Gesichtspunkte **können** das Kriterium des Einstandspreises relativieren.

aus: Bentin, Margit u. a.: Beschaffungsprozess, Lehrerband, 3. Aufl., Braunschweig 2012, S. 125

Beispiel für einen Preisspiegel

Artikel-Nr.: *x*	Artikel: *Laserdrucker*		Datum: *x*	
Lieferant: Angebot vom: Bestellmenge:	*A* *x* *15*		*B* *x* *15*	
I. Quantitativer Vergleich:		**€**		**€**
	pro Stück	Gesamt	pro Stück	Gesamt
Listeneinkaufspreis	*1.290,00*	*19.350,00*	*1.325,00*	*19.875,00*
– Rabatt	*15 %*	*2.902,50*	*12 %*	*2.385,00*
= Zieleinkaufspreis		*16.447,50*		*17.490,00*
– Lieferskonto	*2 %/ 10 Tage*	*328,95*	*3 %/ 14 Tage*	*524,70*
= Bareinkaufspreis		*16.118,55*		*16.965,30*
+ Verpackungskosten	–	–	–	–
+ Transportkosten	*frei Haus*		*frei Haus*	
= Einstandspreis	*1.074,57*	*16.118,55*	*1.131,02*	*16.965,30*
II. Qualitativer Vergleich:	**(siehe auch S. 146 ff.)**			
Mindestbestellmenge	–		–	
Lieferzeit	*vier Wochen*		*drei Wochen*	
Kundendienst	*unbekannt*		*gut*	
weitere qualitative Kriterien	*neuer Anbieter*		*stellt zuverlässige und langlebige Geräte her*	
Bestellung bei	*abhängig von der Gewichtung der Kriterien*			

Zahlungsbedingungen *Terms of payment*

Zahlung

vor der Lieferung

Beispiele:
- „Vorauszahlung“
- „Anzahlung der Hälfte des Kaufpreises, bei Lieferung Zahlung des Restbetrages“

bei der Lieferung

Beispiele:
- „gegen bar“
- „gegen Nachnahme“
- „sofort netto Kasse“

nach der Lieferung

Beispiele:
- „3 Monate Ziel“ (Zielkauf)
- „innerhalb 8 Tagen 3 % Skonto oder 30 Tage Ziel“
- Ratenzahlung

Gesetzliche Regelung: Der Käufer ist verpflichtet, die Ware unverzüglich bei Lieferung zu bezahlen.

Die Kosten der Zahlung (z. B. Überweisungsentgelt) muss der Käufer tragen, „Geldschulden sind Schickschulden“.

Verpackungskosten *Packing costs*

Gesetzliche Regelung:
Die Kosten der **Schutz- und Versandverpackung** sind Kosten der Abnahme. Sie sind vom Käufer zu tragen.

Da viele Waren sich nicht ohne Verpackung verkaufen lassen, sind die Kosten der **Verkaufsverpackung** schon im Kaufpreis enthalten. Ist der Kaufpreis nach dem Gewicht der Ware zu berechnen, ist das Verpackungsgewicht abzuziehen.

Wichtig:		Bruttogewicht (Ware und Verpackung
	=	Rohgewicht oder Gesamtgewicht)
	–	Tara (Gewicht der Versandverpackung)
	=	Nettogewicht (Reingewicht der Ware)

Vertragliche Regelung:
- **Reingewicht einschließlich Verpackung**
  Die Verpackungskosten sind im Preis enthalten, Verpackung wird nicht berechnet. Der Verkäufer trägt die Verpackungskosten.
- **Reingewicht ausschließlich Verpackung**
  Die Verpackungskosten werden zusätzlich berechnet, der Käufer trägt die Verpackungskosten. Die Verpackung kann
  a) Eigentum des Käufers werden,
  b) vom Lieferanten dem Käufer leihweise überlassen werden. Bei Rückgabe erfolgt eine Gutschrift der Verpackungskosten entweder ganz oder teilweise.

  Beispiel: Holzpaletten, faltbare Alubehälter, Getränkekästen
- **Rohgewicht einschließlich Verpackung**
  (brutto für netto = bfn = b/n)
  Die Verpackung wird wie Ware berechnet, die Verpackung wird Eigentum des Käufers, der Käufer zahlt die Verpackung.

  Beispiel: Obst und Gemüse in Kisten und Kartons

Lieferzeit *Delivery period*

Gesetzliche Regelung:
Ist im Angebot keine Regelung über den Zeitpunkt der Lieferung vereinbart worden, kann der Käufer sofortige Lieferung verlangen und der Verkäufer muss sofort liefern.

Vertragliche Regelung:
Es kann eine vertragliche Regelung über die Lieferzeit vereinbart werden. Dann hat der Käufer zwei Möglichkeiten:

- **Terminkauf: Lieferung innerhalb einer bestimmten Frist** (z. B. Lieferung innerhalb 90 Tagen) oder **zu einem bestimmten Zeitpunkt** (Termin)
- **Fixkauf: Lieferung zu einem genau festgelegten Zeitpunkt**, wobei die Klauseln *fest, fix, genau, exakt* meist mit angegeben werden.

vgl.: Gaik, Petra u. a.: Warenbeschaffung im Einzelhandel. 2. Aufl., Darmstadt 2002, S. 33–35

Allgemeine Geschäftsbedingungen (AGB)

Begriff

Nach §305 BGB sind **Allgemeine Geschäftsbedingungen** (AGB) „alle für eine Vielzahl von Verträgen vorformulierten Vertragsbedingungen, die eine Vertragspartei (Verwender) der anderen Vertragspartei bei Abschluss eines Vertrags stellt“. Der Endverbraucher spricht in diesem Zusammenhang von dem **„Kleingedruckten“**, das sich meist auf der Rückseite von Kaufvertragsformularen befindet. Geregelt werden darin z. B. Erfüllungsort und Gerichtsstand oder die Zahlungsbedingungen.

Merkmale

Allgemeine Geschäftsbedingungen:

- sind **vorformulierte Vertragsbedingungen** (also nicht zwischen Käufer und Verkäufer einzeln ausgehandelte Vertragsbedingungen),
- werden für eine **Vielzahl von Verträgen** „gestellt“, d. h. formuliert,
- können für **einzelne Wirtschaftsbereiche**, z. B. für das Speditionsgewerbe, speziell von den beteiligten Unternehmen ausgearbeitet werden, man spricht dann von den **„zum Handelsbrauch erstarkten AGB“**.

Gründe

Allgemeine Geschäftsbedingungen sind aus dem heutigen Vertragsrecht nicht wegzudenken; man fragt sich, warum sie sich so stark durchgesetzt haben. Die **Gründe** dafür sind:

- **Zeit-** und damit **Kostenersparnis** für die beteiligten Unternehmen. Das einzelne Aushandeln von Vertragsbedingungen würde demgegenüber hohe Personalkosten verursachen.
- Das **Vertragsrisiko** wird für die Vertragspartei **begrenzt**, die die AGB im eigenen Interesse vorformuliert. Häufig akzeptiert die andere Vertragspartei stillschweigend die vorgelegten Allgemeinen Geschäftsbedingungen.
- Die Bestimmungen des BGB zu den AGB **schützen** im besonderen Maße **Endverbraucher**, da bestimmte Sonderbestimmungen im Vertragsrecht für den Verkauf an Endverbraucher gelten (Näheres siehe S. 142).
- Da einzelne AGB-Bestimmungen laut BGB verboten sind (z. B. kurzfristige Preiserhöhungen von bestellter, aber noch nicht ausgelieferter Ware), **schützen** die AGB-Bestimmungen **vor unfairen Vertragsbestimmungen**. Die **Rechtssicherheit** im Wirtschaftsleben wird damit erhöht. Dies unterstützt auch der Inhalt des §307 BGB, nach dem Bestimmungen in AGB unwirksam sind, wenn sie den Vertragspartner entgegen den Geboten von **Treu und Glauben** unangemessen benachteiligen.

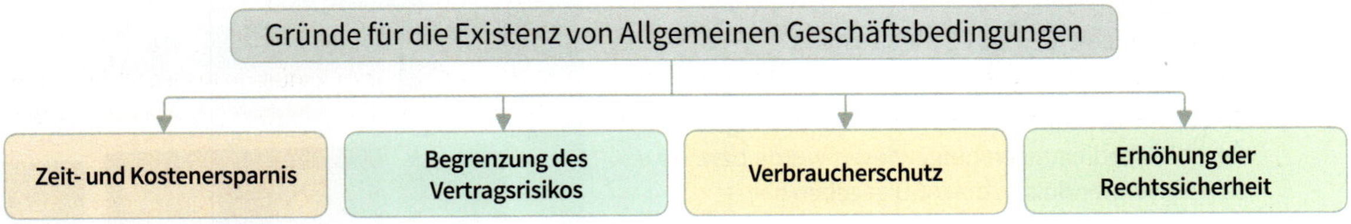

Geltung von Allgemeinen Geschäftsbedingungen

- Häufig werden neben Allgemeinen Geschäftsbedingungen individuelle Vereinbarungen im Vertrag festgehalten, z. B. in Hinsicht auf Lieferungs- und Zahlungsbedingungen. Eventuell widersprechen einzelne Teile der AGB den einzeln ausgehandelten Bedingungen. In diesem Fall gilt der **„Vorrang der Individualabrede“**, d. h., dass einzeln ausgehandelte Vertragsabreden stets Vorrang vor den AGB haben.
- Möglich ist es auch, dass beide Vertragspartner AGB benutzen. Denkbar ist, dass sie sich in einzelnen Punkten **widersprechen.** In diesem Fall tritt an deren Stelle das **gesetzliche Recht** laut BGB.
- Werden völlig ungewöhnliche Vertragsklauseln als AGB benutzt (sogenannte **Überraschungsklauseln**), so werden sie rechtlich gesehen nicht Vertragsbestandteil, sind also unwirksam.
- Treten bei der Auslegung von AGB **Zweifel** zwischen den Vertragsparteien auf, gehen sie prinzipiell zulasten des Verwenders, werden also in dieser Hinsicht auch nicht wirksam.

Allgemeine Geschäftsbedingungen (AGB)

Sonderbestimmungen für den Verkauf an Endverbraucher

Da **Endverbraucher** im Gegensatz zu Unternehmern als besonders **schutzwürdig** gelten, räumt ihnen das BGB im Umgang mit Allgemeinen Geschäftsbedingungen besondere **Rechte** ein, z. B.:

- Endverbraucher müssen **ausdrücklich** auf die Allgemeinen Geschäftsbedingungen hingewiesen werden (z. B. auf der Vorderseite des Vertrages wird auf das „Kleingedruckte" auf der Rückseite hingewiesen). Dieser ausdrückliche Hinweis kann in bestimmten Fällen auch durch einen **deutlich sichtbaren Aushang** am Ort des Vertragsabschlusses umgesetzt werden (z. B. bei der Benutzung von Parkplätzen). Dazu gehört, dass der Vertragspartner in zumutbarer Weise vom Inhalt der AGB Kenntnis nehmen kann und er mit ihnen **einverstanden** ist.
- Nachträgliche **kurzfristige Preiserhöhungen** für bestellte, aber noch nicht ausgelieferte Waren sind innerhalb von vier Monaten nach Vertragsabschluss verboten und somit unwirksam.

Als prinzipiell **verboten** und damit unwirksam gelten weiterhin:

- eine **Verkürzung der gesetzlichen Gewährleistungsfrist** im Rahmen der Mängelhaftung,
- das Setzen einer **unangemessen langen Lieferfrist**,
- ein **Ausschluss der Haftung** des Verkäufers bei **grobem Verschulden**,
- der **Ausschluss des Rücktritts vom Vertrag** bei Leistungsstörungen,
- ein **Ausschluss von Kundenrechten** bei Leistungsstörungen (z. B. bei Reklamationsrechten oder beim Lieferungsverzug).

verbotene Klauseln in Allgemeinen Geschäftsbedingungen bei Verkäufen an Endverbraucher

- **kurzfristige Preiserhöhungen**
- **Haftungsausschluss bei grobem Verschulden des Verkäufers**
- **verkürzte Gewährleistungsfrist**
- **Ausschluss des Rücktritts vom Vertrag oder anderen Kundenrechten bei Leistungsstörungen**
- **unangemessen lange Lieferzeit**

Tipps für Endverbraucher beim Umgang mit Allgemeinen Geschäftsbedingungen

- Vor jedem Vertragsabschluss sollten Allgemeine Geschäftsbedingungen genau und **in Ruhe durchgelesen** werden, für Fragen sollte sich Zeit genommen werden.
- Es ist stets zu prüfen, ob der Käufer auf die Allgemeinen Geschäftsbedingungen **hingewiesen** wurde bzw. ob er sein **Einverständnis** zu den AGB gegeben hat.
- Hat der Endverbraucher bei Allgemeinen Geschäftsbedingungen eines Vertrages das Gefühl, diese seien einseitig zugunsten des Verkäufers formuliert, sollte er sich **fachkundig beraten** lassen, zum Beispiel durch einen Rechtsanwalt oder durch Verbraucherberatungszentralen.
- Hat der Endverbraucher ein besonderes Interesse an einzelnen Vertragsbedingungen (z. B. eine kurze Lieferfrist oder eine bestimmte Zahlungsweise), sollte er diese **Vertragsbestandteile einzeln** mit dem Verkäufer **aushandeln**, denn es gilt der Vorrang der Individualabrede.

Erfüllungsort und Gerichtsstand

Place of performance and court of jurisdiction

Erfüllungsort

Der Erfüllungsort ist der Ort, an dem der Verkäufer die Ware liefert bzw. der Käufer die Ware bezahlt. Wenn die Vertragsparteien im Kaufvertrag keinen Erfüllungsort bestimmt haben, gilt die **gesetzliche Regelung**: Der Erfüllungsort ist der Wohn- bzw. Geschäftssitz des jeweiligen Waren- bzw. Geldschuldners (§ 269 BGB). Es gibt also zwei gesetzliche Erfüllungsorte, wenn die Vertragsparteien nicht an demselben Ort wohnen.

Bedeutung

Am Erfüllungsort geht die Gefahr auf den Käufer über, z. B. wenn die Ware beschädigt wird oder verloren geht. Geldschulden sind Schick- oder Bringschulden, deshalb hat der Käufer das Geld auf seine Kosten und Gefahr an den Wohn- oder Geschäftssitz des Verkäufers zu schicken. In der Praxis vereinbaren Käufer und Verkäufer im Allgemeinen einen **vertraglichen** Erfüllungsort, meistens den Wohn- oder Geschäftssitz des Verkäufers.

Beispiel

Das Einzelhandelsfachgeschäft Büro 2000 GmbH in Dresden schließt einen Kaufvertrag mit der OfficeCom KG in Braunschweig. Sie soll 50 Bürostühle an die Büro 2000 GmbH liefern. Ein Erfüllungsort wurde nicht vereinbart. Der Erfüllungsort für die **Warenlieferung** der OfficeCom KG ist Braunschweig. Hier muss der Verkäufer die Ware lediglich zur Abholung bereitstellen, denn **Warenschulden sind Holschulden**. In Braunschweig geht die Gefahr, dass die Ware beschädigt wird oder verloren geht, auf die Büro 2000 GmbH über. Die Büro 2000 GmbH muss die **Zahlung** an ihrem Wohn- bzw. Geschäftssitz in Dresden leisten. Die GmbH hat ihre Zahlungsverpflichtung jedoch erst erfüllt, wenn sie das Geld auf ihre Kosten und Gefahr fristgemäß an den Verkäufer überweist, denn **Geldschulden sind Schick- oder Bringschulden**.

Wenn die OfficeCom KG mit der Büro 2000 GmbH schriftlich vereinbart hätte: „Erfüllungsort für beide Teile ist Braunschweig“, so gäbe es nur diesen einen Erfüllungsort. In diesem Fall würde der Büroartikelhersteller die Ware wiederum an seinem Geschäftssitz zur Abholung bereitstellen, aber das Einzelhandelsfachgeschäft müsste die Zahlung so rechtzeitig vornehmen, dass sie fristgemäß beim Verkäufer eingeht.

Gerichtsstand

Durch die Festlegung des Erfüllungsortes wird auch der Gerichtsstand bestimmt, vor dem der Gläubiger seinen Vertragspartner verklagen kann.

Je nach Höhe des Streitwertes müsste z. B. eine Klage des Verkäufers beim Amtsgericht (bis 5.000,00 € Streitwert) oder beim Landgericht (über 5.000,00 € Streitwert) eingereicht werden. Beim zweiseitigen Handelskauf kann der Gerichtsstand zwischen Käufer und Verkäufer vertraglich vereinbart werden.

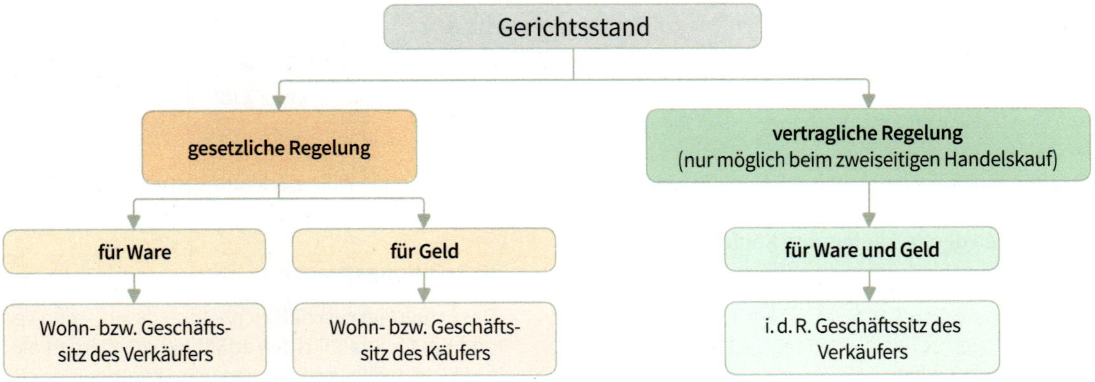

Beispiel

Wenn die OfficeCom KG in Braunschweig mangelhafte Bürostühle an die Büro 2000 GmbH in Dresden geliefert hat, muss diese den Lieferanten am Geschäftssitz in Braunschweig verklagen. Gerät hingegen die Büro 2000 GmbH in Zahlungsverzug, muss die OfficeCom KG in Dresden klagen, wenn kein Gerichtsstand vereinbart wurde. Ist als Gerichtsstand „Braunschweig“ festgelegt worden, hat der Verkäufer die Klage an seinem Geschäftssitz in Braunschweig einzureichen. Ebenso müsste der Käufer den Lieferanten in Braunschweig verklagen, wenn dieser in Lieferungsverzug geraten ist.

Bestellung *Order*

Rechtliche Bedeutung

Eine Bestellung ist **verbindlich**, sie kann schriftlich oder mündlich erteilt werden. Bei einer mündlichen Bestellung ist eine sofortige schriftliche Bestätigung empfehlenswert, um Missverständnisse zu vermeiden.

Bestellung aufgrund eines Angebots:
Ein Kaufvertrag wird abgeschlossen. In der Bestellung wird auf das Angebot Bezug genommen. Es liegen zwei übereinstimmende Willenserklärungen vor.

Bestellung ohne vorheriges Angebot:
Die Bestellung muss konkrete Angaben enthalten. Sie ist nur für den Auftraggeber/die Auftraggeberin verbindlich, der Lieferer kann ablehnen oder zustimmen. Es liegt nur eine Willenserklärung vor; die zweite erfolgt durch Auftragsbestätigung oder Warenlieferung.

Widerruf:
Der Widerruf muss vor oder gleichzeitig mit der Bestellung eintreffen, z. B. per Telefon oder als Fax.

Aufbau und Inhalt

1. Auf das Angebot, den Katalog, die Preisliste usw. eingehen
2. Art, Preis, Menge und Qualität der Ware angeben
3. Liefertermin und Lieferungsbedingungen nennen
4. Gewünschte Zahlungsweise angeben

Kaufvertrag

- Bei einem Kaufvertrag handelt es sich um ein zwei- oder mehrseitiges Rechtsgeschäft.
- Willenserklärungen, die im Rahmen eines Kaufvertrags abgegeben werden, heißen ANTRAG und ANNAHME.

I. Verpflichtungsgeschäft

a) Zustandekommen des Kaufvertrags

	ANTRAG		ANNAHME	
1. Möglichkeit VERKÄUFER	ANGEBOT →	**KAUFVERTRAG**	← BESTELLUNG	KÄUFER
2. Möglichkeit KÄUFER	BESTELLUNG →	**KAUFVERTRAG**	← BESTELLUNGS-ANNAHME	VERKÄUFER
3. Möglichkeit KÄUFER	BESTELLUNG →	**KAUFVERTRAG**	← LIEFERUNG	VERKÄUFER

Das Verpflichtungsgeschäft ist abgeschlossen, wenn zwei übereinstimmende Willenserklärungen vorliegen.

b) Pflichten des Verkäufers und Käufers

Pflichten

des **Verkäufers**
- die Ware zur rechten Zeit, am richtigen Ort, in der richtigen Art und Weise liefern
- Eigentum an der Ware übertragen
- den Kaufpreis anneh-

des **Käufers**
- die ordnungsgemäß gelieferte Ware annehmen und prüfen
- den Kaufpreis vereinbarungsgemäß bezahlen

II. Erfüllungsgeschäft

Das **Erfüllungsgeschäft** ist abgeschlossen, wenn Verkäufer und Käufer ihre Pflichten erfüllt haben. Werden die Pflichten nicht erfüllt, spricht man von **Störungen** des Kaufvertrags.

vgl.: Bentin, Margit u. a.: Beschaffungsprozess, 5. Aufl., Braunschweig 2012, S. 42

Kaufmännischer Schriftverkehr: Bestellung

Beispiel:

Sports Fashion GmbH • Opferstraße 159 • 01109 Dresden

Telefon: 0351 72169-0
Telefax: 0351 72169-99
Internet:
www.sportsfashion-wvd.de
E-Mail:
sportsfashion@t-online.de

Schrader KG
Bültenweg 35
38106 Braunschweig

Ihr Zeichen, Ihre Nachricht vom	Unser Zeichen, unsere Nachricht vom	Telefon-Durchwahl	Datum
j-g 20..-08-26	m-l	0351 72169 -12	20..-09-01

Bestellung

Sehr geehrte Damen und Herren,

wir danken für Ihr Angebot und bestellen:

50 T-Shirts der Marke „Celebration"
in Schwarz
je 10 Stück in den Größen S, M, L, XL, XXL,
Nettopreis 9,99 EUR je Stück zzgl. USt.

Wir benötigen die Ware am 18. September 20...

Lieferungsbedingung: Lieferung frei Haus
Zahlungsbedingungen: Nach Rechnungserhalt innerhalb 30 Tagen;
bei Zahlung binnen 10 Tagen 2 % Skonto

Erfüllungsort und Gerichtsstand: Braunschweig

Mit freundlichem Gruß

Sports Fashion GmbH

i. A. Bettina Meier

Bettina Meier

Zwinger Bank
IBAN DE81 1118 2244 0008 8899 43

Textbausteine zur Bestellung

Bestellung

Aufbau und Inhalt	Formulierungvorschläge
1. auf das Angebot, den Katalog, die Preisliste usw. eingehen	Wir danken für Ihr Angebot und bestellen: … Die Preisliste haben wir erhalten und bestellen: …
2. Art, Preis, Menge und Qualität der Ware angeben	… 50 Kugelschreiber „Venus", Nr. 112, schwarz, … €/St. 25 Bleistifte „Sonny", Nr. 13, … €/St.
3. Liefertermin und Lieferungsbedingungen nennen	Wir bitten Sie, spätestens in zwei Wochen frei Haus zu liefern. Die Lieferung muss bis zum … erfolgt sein, sonst verweigern wir die Annahme. Sollte Ihr Lagerbestand nicht ausreichen, bitten wir um sofortige Teillieferung. Unsere Filiale wird am … eröffnet. Bitte sorgen Sie dafür, dass die Sendung pünktlich bei uns eintrifft.
4. gewünschte Zahlungsweise angeben	Bitte gewähren Sie uns ein Zahlungsziel von … Monaten. Mit Ihren Zahlungsbedingungen sind wir einverstanden.

aus: Bentin, Margit u. a.: Beschaffungsprozess, Lehrerband, 3. Aufl., Braunschweig 2012, S. 130

Nutzwertanalyse mit dem Tabellenkalkulationsprogramm Excel

Cost-benefit analysis with the spreadsheet program Excel

Begriff

- Lieferantenauswahl auf der Grundlage
  - **quantifizierbarer Größen** wie Einkaufspreis, Lieferungs- und Zahlungsbedingungen und
  - **qualitativer Aspekte** wie Qualität und Umweltverträglichkeit der Produkte, Kulanzverhalten, Zuverlässigkeit, Kundendienst usw.
- Als Entscheidungsgrundlage dient die **Lieferantenmatrix**.

Vorgehensweise

(1) Auswahl der Entscheidungskriterien

(2) Gewichtung der Kriterien in v. H.; je höher die Prozentzahl, desto wichtiger ist das entsprechende Kriterium für den Entscheidungsprozess.

(3) Bewertung der infrage kommenden Lieferanten anhand der Kriterien (z. B. sehr gut = 5 Punkte; ungenügend = 0 Punkte)

(4) Errechnen der gewichteten Punktwerte: Multiplizieren der Gewichtungsfaktoren mit den vergebenen Punktezahlen

(5) Addition der gewichteten Punktwerte; der Lieferant mit der höchsten Punktwertsumme erhält den Zuschlag.

Beispiel:

Entscheidungskriterien	Gewichtung der Kriterien	Lieferant A		Lieferant B	
		Punkte	gewichtete Punkte	Punkte	gewichtete Punkte
Preis	40 %	5	200	4	160
Qualität	30 %	3	90	5	150
Zuverlässigkeit	20 %	4	80	2	40
Kulanzverhalten	10 %	2	20	3	30
Summe	100 %		390		380

Ausgangssituation

Die OfficeCom KG führt die **Nutzwertanalysen** mit dem Tabellenkalkulationsprogramm Excel durch.

Beispiel:

Spalten

Zeilen

	A	B	C	D	E	F
1	Nutzwertanalyse					
2			Lieferant A		Lieferant B	
3	Entscheidungskriterien	Gewichtung in Prozent	Punkte	gewichtete Punkte	Punkte	gewichtete Punkte
4	Preis	30	5	150	4	120
5	Qualität	25	3	75	5	125
6	Zuverlässigkeit	15	4	60	2	30
7	Kulanzverhalten	10	2	20	3	30
8	Einhaltung ökologischer Standards[1]	10	2	20	1	10
9	sozialer Standards[1]	10	2	20	1	10
10		100	Summe:	345	Summe:	325
11	Auswahl			ja		nein

[1] **FAIRTRADE (engl.: fairer Handel)**: Die Fairtrade-Standards sollen die Lebens- und Arbeitsbedingungen von Kleinbauern und Arbeitern, die in den ärmsten Ländern der Welt leben, nachhaltig verbessern.

Funktion SUMME mit dem Funktionsassistenten

Zur Ermittlung der Summen der gewichteten Punkte kann die Funktion **SUMME(Zahl1:Zahl2)** benutzt werden. Dazu ist in die Zelle **D10** die Funktion **„=SUMME(D4:D9)“** einzugeben. Der Zellenbereich **D4** bis **D9** kann mit der Maus markiert oder über die Tastatur (Eingabe: „D4:D9“) eingegeben werden. Nach Betätigung der RETURN-Taste wird der Wert angezeigt. Der Inhalt dieser Zelle **D8** kann in die Zelle **F10** kopiert werden. Die Adressen werden automatisch angepasst.

Eine Alternative ist die Nutzung des **Funktionsassistenten:** Dazu ist der Button „Formeln“ anzuklicken und **„Funktion auswählen“** auszuwählen.

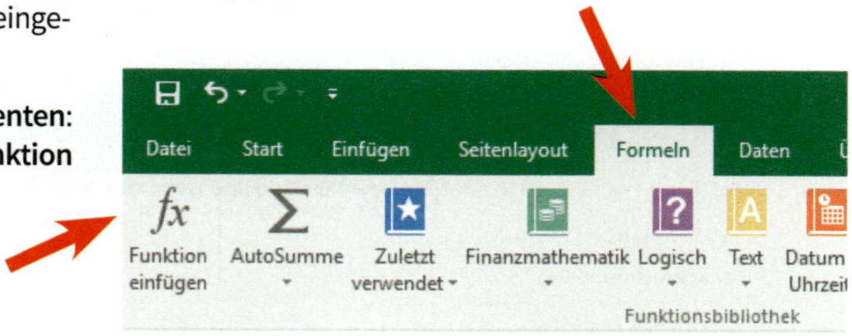

Aus dem angezeigten Eingabeformular **„Funktion einfügen“** ist die Funktion **„SUMME“** auszuwählen und mit **„OK“** zu bestätigen:

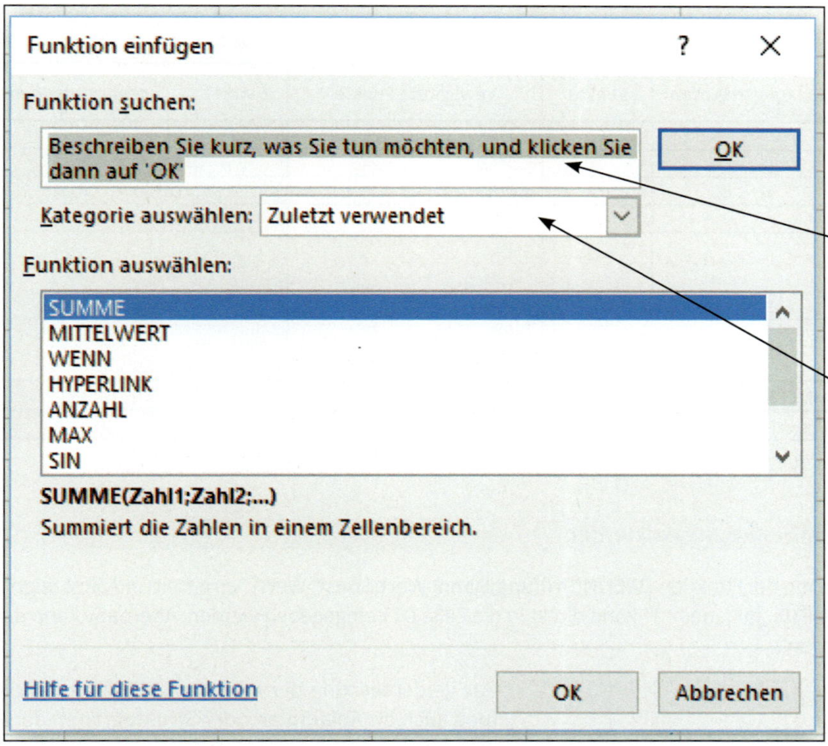

Wenn die Funktion, die ausgeführt werden soll, noch nicht bekannt ist, kann hier durch Eingabe eines Stichworts, z. B. „Summe bilden“, eine entsprechende Funktion gesucht werden. Excel schlägt dann eine Funktion (z. B. **SUMME**) vor.

Hier können verschiedene Funktionskategorien (z. B. statistische Funktionen), die Excel zur Verfügung stellt, ausgewählt werden. Bei Wahl der Kategorie **„Zuletzt verwendet“** werden die Funktionen in einer Liste angezeigt, die zuletzt vom Benutzer verwendet worden sind.

Nach Bestätigung mit „OK“ wird das Formular „Funktionsargumente“ angezeigt. In das Eingabeformular „Funktionsargumente“ ist der Zellenbereich einzugeben, der summiert werden soll. Der Zellenbereich kann auch mit der Maus markiert werden. Das Ergebnis wird in dem Formular im unteren Bereich angezeigt. Die Eingaben werden mit „OK“ bestätigt.

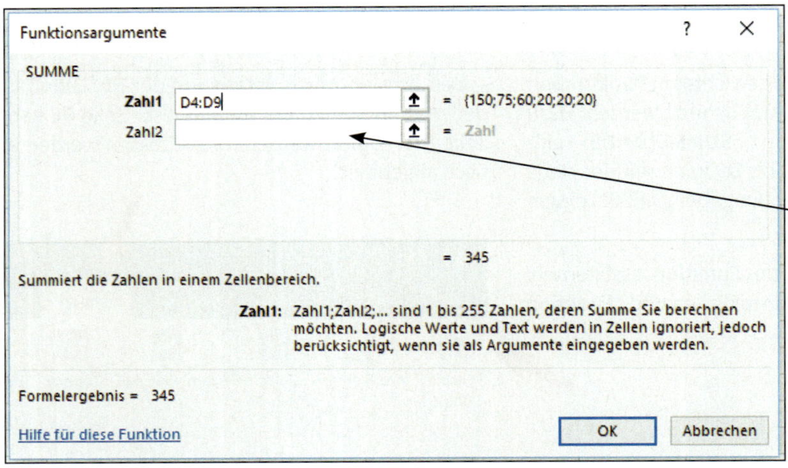

Hier kann ein zweiter Zellenbereich zur Berechnung einer Summe eingegeben werden.

Die Formeln werden in die Tabelle übernommen und das Ergebnis wird angezeigt:

	A	B	C	D	E	F
1	Nutzwertanalyse					
2			Lieferant A		Lieferant B	
3	Entscheidungs-kriterien	Gewichtung in Prozent	Punkte	gewichtete Punkte	Punkte	gewichtete Punkte
4	Preis	30	5	=C4*B4	4	=E4*B4
5	Qualität	25	3	=C5*B5	5	=E5*B5
6	Zuverlässigkeit	15	4	=C6*B6	2	=E6*B6
7	Kulanzverhalten	10	2	=C7*B7	3	=E7*B7
8	Einhaltung ökologischer Standards[1]	10	2	=C8*B8	1	=E8*B8
9	Einhaltung sozialer Standards[1]	10	2	=C9*B9	1	=E9*B9
10		=SUMME(B4:B9)	Summe:	=SUMME(D4:D9)	Summe:	=SUMME(F4:F9)
11	Auswahl			=WENN(D10>F10;"ja";"nein")		=WENN(F10>D10;"ja";"nein")

Funktion WENN mit dem Funktionsassistenten

Das optimale Angebot kann mit der Funktion **„WENN(Prüfung;Dann_Wert;Sonst_Wert)“** ermittelt und angezeigt werden. Die Funktion **„=WENN(D10>F10;„ja“;„nein“)“** kann direkt in die Zelle D11 eingegeben werden. Alternativ kann der **Funktionsassistent** genutzt werden.

Programmablaufplan

Zelle D11

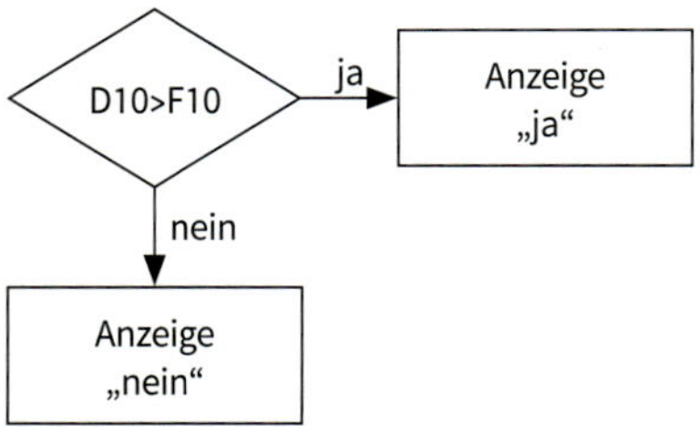

Zur Verdeutlichung der Funktion **„WENN“** kann die Prüfung auch als **Ablaufplan oder Struktogramm** dargestellt werden:

Struktogramm

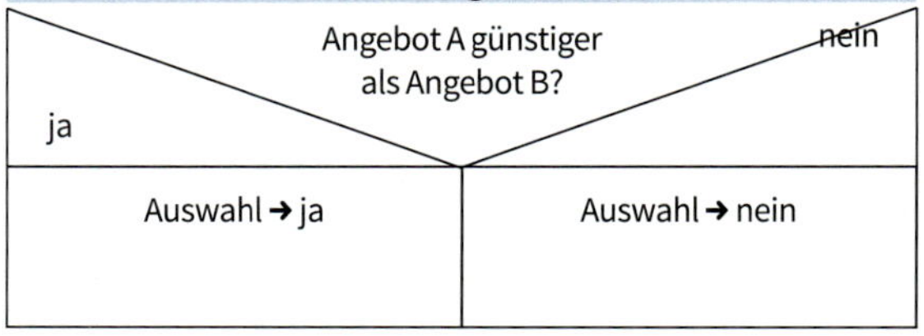

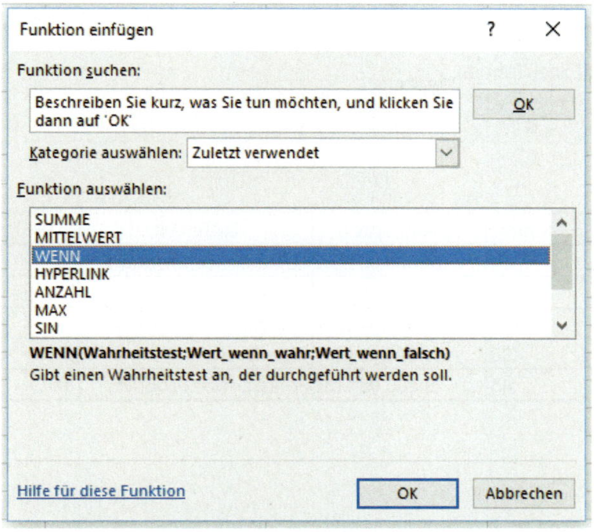

Zunächst ist **„Funktion einfügen"** auszuwählen. Dann ist die Funktion „WENN" auszuwählen und mit „OK" zu bestätigen. Es erscheint dann das Formular zur Eingabe der Funktionsargumente.

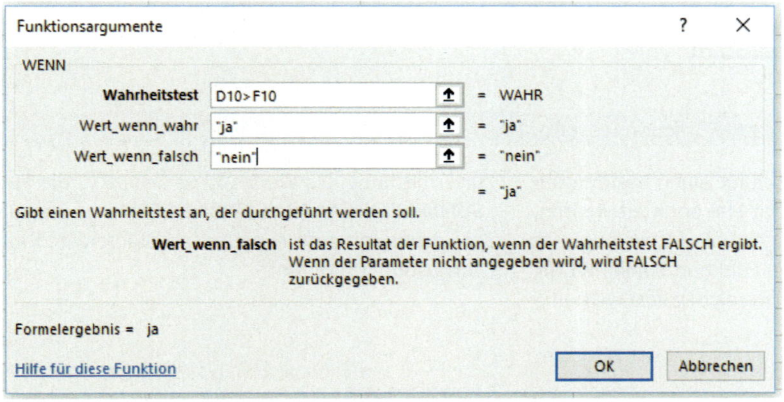

Als Funktionsargumente sind die Prüfung (Bedingung) D10 > F10, der Dann_Wert (Ja-Fall) und der Sonst_Wert (Nein-Fall) einzugeben. Das Ergebnis der Prüfung wird in dem Formular **„Funktionsargumente"** angezeigt. Mit „OK" sind die Eingaben zu bestätigen.

Der Inhalt der Zelle D11 kann nicht einfach in die Zelle F11 kopiert werden, da die Prüfung in dieser Zelle umgekehrt formuliert werden muss.

	A	B	C	D	E	F
1	Nutzwertanalyse					
2			Lieferant A		Lieferant B	
3	Entscheidungs-kriterien	Gewichtung in Prozent	Punkte	gewichtete Punkte	Punkte	gewichtete Punkte
4	Preis	30	5	=C4*B4	4	=E4*B4
5	Qualität	25	3	=C5*B5	5	=E5*B5
6	Zuverlässigkeit	15	4	=C6*B6	2	=E6*B6
7	Kulanzverhalten	10	2	=C7*B7	3	=E7*B7
8	Einhaltung ökologischer Standards[1]	10	2	=C8*B8	1	=E8*B8
9	Einhaltung sozialer Standards[1]	10	2	=C9*B9	1	=E9*B9
10		=SUMME(B4:B9)	Summe:	=SUMME(D4:D9)	Summe:	=SUMME(F4:F9)
11	Auswahl			=WENN(D10>F10;"ja";"nein")		=WENN(F10>D10;"ja";"nein")

Die Funktion wird in die Tabelle übernommen und die Ergebnisse werden angezeigt.

Wareneingangsliste auswerten mit dem Tabellenkalkulationsprogramm Excel

Evaluating goods receipt list using the Excel spreadsheet

Ausgangssituation

Die OfficeCom KG erfasst die **Wareneingänge** in einer Excel-Tabelle.

	A	B	C	D	E	F	G
1	**Wareneingangsliste**						
2							
3	Artikelnummer	Artikelbezeichnung	Datum	Menge	Einkaufspreis	Lieferant	Prüfung
4	S6788	Schreibtischstuhl	24.05...	50	10.000,00 EUR	Folke Office Products	ok
5	T1122	Schreibtisch	25.05...	40	12.000,00 EUR	Möbilius	Mängel
6	S6788	Schreibtischstuhl	26.05...	100	20.000,00 EUR	Folke Office Products	ok
7	K4566	Schrank	27.05...	30	14.400,00 EUR	Möbilius	ok
8	R9887	Regal	27.05...	45	9.800,00 EUR	Folke Office Products	ok
9							
10	Einkaufssumme Artikel-Nr.: S6788	30.000,00 EUR					
11	Anzahl Wareneingänge mit Mängeln	1					

Funktion SUMMEWENN mit dem Funktionsassistenten

Aus der Wareneingangstabelle soll für einen bestimmten Artikel der Einkaufswert im Monat Mai ermittelt werden, z. B. für den Artikel „Schreibtischstuhl" (Artikelnummer S6788). Das Problem kann mit der Funktion **SUMMEWENN (Bereich;Suchkriterien;Summe_Bereich)** gelöst werden.

Zur Ermitttlung des Wertes ist in Zelle **B10 die Funktion „SUMMEWENN(A4:A8;"S6788";E4:E8)"** einzugeben. Zur Lösung mit dem Funktionsassistenten sind folgende Schritte durchzuführen:

1. Button **„Formeln" auswählen**
2. **„Funktion einfügen"** auswählen
3. evtl. Kategorie „Math. & Trigonom." auswählen
4. **„SUMMEWENN"** auswählen
5. mit **„OK"** die Eingaben bestätigen

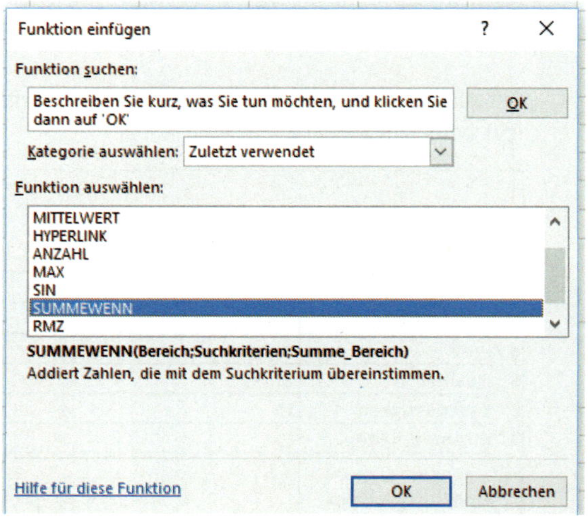

Anschließend öffnet sich das Eingabeformular für die **Funktionsargumente:**

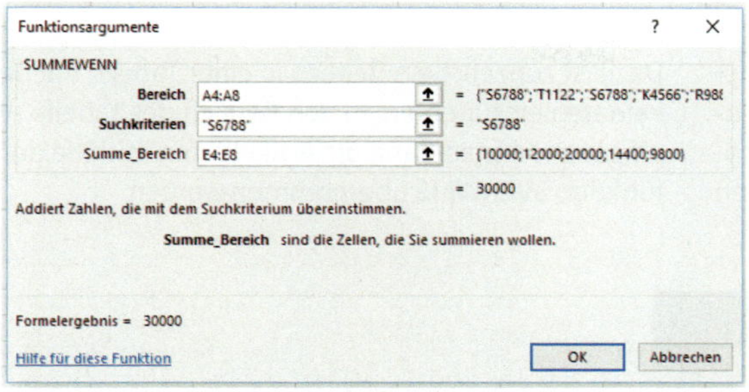

Vorgehensweise:

1. **Bereich** eingeben, in dem sich das Suchkriterium bzw. die Suchkriterien befinden (A4:A8)
2. Suchkriterium eingeben („S6788“)
3. In **Summe_Bereich** ist der Bereich (E4:E8) einzugeben, aus dem die zu addierenden Werte ermittelt werden sollen.

Tabelle mit Anzeige der festgelegten Formel:

	A	B	C	D	E	F	G
1	**Wareneingangsliste**						
2							
3	Artikelnummer	Artikelbezeichnung	Datum	Menge	Einkaufspreis	Lieferant	Prüfung
4	S6788	Schreibtischstuhl	24.05...	50	10000	Folke Office Products	ok
5	T1122	Schreibtisch	25.05...	40	12000	Möbilius	Mängel
6	S6788	Schreibtischstuhl	26.05...	100	20000	Folke Office Products	ok
7	K4566	Schrank	27.05...	30	14400	Möbilius	ok
8	R9887	Regal	27.05...	45	9800	Folke Office Products	ok
9							
10	Einkaufssumme Artikel-Nr.: S6788	=SUMMEWENN(A4:A8;"S6788";E4:E8)					

Funktion ZÄHLENWENN mit dem Funktionsassistenten

Beispiel: Die Wareneinkaufs-Abteilung möchte die Häufigkeit von Reklamationen ermitteln. Dieser Wert kann mithilfe der Funktion „**ZÄHLENWENN**“ ermittelt werden.

	A	B	C	D	E	F	G
1	**Wareneingangsliste**						
2							
3	Artikelnummer	Artikelbezeichnung	Datum	Menge	Einkaufspreis	Lieferant	Prüfung
4	S6788	Schreibtischstuhl	24.05...	50	10000	Folke Office Products	ok
5	T1122	Schreibtisch	25.05...	40	12000	Möbilius	Mängel
6	S6788	Schreibtischstuhl	26.05...	100	20000	Folke Office Products	ok
7	K4566	Schrank	27.05...	30	14400	Möbilius	ok
8	R9887	Regal	27.05...	45	9800	Folke Office Products	ok
9							
10	Einkaufssumme Artikel-Nr.: S6788	=SUMMEWENN(A4:A8;"S6788";E4:E8)					
11	Anzahl Wareneingänge mit Mängeln	=ZÄHLENWENN(G4:G8;"Mängel")					

Die Vorgehensweise ist die dieselbe wie mit der Funktion „SUMMEWENN“.

Wareneingangsliste auswerten mit dem Tabellenkalkulationsprogramm Excel

Evaluating goods receipt list using the Excel spreadsheet

Funktion SVERWEIS

Ausgangssituation:

Artikeldaten (Artikelnummer, Artikelbezeichnung, Lieferant) müssen bei jedem Wareneingang neu in die Wareneingangsliste eingetragen werden. Um diese zeitaufwendigen Eingaben zu vermeiden, kann die Suchfunktion **SVERWEIS** genutzt werden.

Dazu ist zunächst ein Bereich in einer Tabelle mit den Artikeldaten einzurichten. In den Bereich der Tabelle „Wareneingang" können dann die Artikeldaten mithilfe der Suchfunktion **SVERWEIS** übernommen werden.

Artikeldaten - Excel

	A	B	C
1	**Artikeldaten**		
2			
3	Artikelnummer	Artikelbezeichnung	Lieferant
4	K4566	Schrank	Möbilius
5	R9887	Regal	Folke Office Products
6	S6788	Schreibtischstuhl	Möbilius
7	T1122	Schreibtisch	Folke Office Products

Wareneingang - Excel

	A	B	C	D	E	F	G
1	**Wareneingangsliste**						
2							
3	Artikelnummer	Artikelbezeichnung	Lieferant	Menge	Einkaufspreis gesamt	Datum	Prüfu
4	S6788	Schreibtischstuhl	Möbilius	50	10.000,00 €	24.05...	ok
5	T1122	Schreibtisch	Folke Office Products	40	12.000,00 €	25.05...	Mänge
6	S6788	Schreibtischstuhl	Möbilius	100	20.000,00 €	26.05...	ok
7	K4566	Schrank	Möbilius	30	14.400,00 €	27.05...	ok

Die Suchfunktion SVERWEIS[1] hat folgenden Aufbau:

=SVERWEIS(Adresse mit dem Suchkriterium, Suchbereich in der Tabelle, Spaltenindex)

Artikeldaten - Excel

	A	B	C
1	**Artikeldaten**		
2			
3	Artikelnummer	Artikelbezeichnung	Lieferant
4	K4566	Schrank	Möbilius
5	R9887	Regal	Folke Office Products
6	S6788	Schreibtischstuhl	Möbilius
7	T1122	Schreibtisch	Folke Office Products

	A	B	C	D
1	**Wareneingangsliste**			
2				
3	Artikelnummer	Artikelbezeichnung	Lieferant	Menge
4	S6788	=SVERWEIS(A4;[Artikeldaten.xlsx]Tabelle1!$A$4:$C$7;2)	=SVERWEIS(A4;[Artikeldaten.xlsx]Tabelle1!$A$4:$C$7;3)	50
5	T1122	=SVERWEIS(A5;[Artikeldaten.xlsx]Tabelle1!$A$4:$C$7;2)	=SVERWEIS(A5;[Artikeldaten.xlsx]Tabelle1!$A$4:$C$7;3)	40
6	S6788	=SVERWEIS(A6;[Artikeldaten.xlsx]Tabelle1!$A$4:$C$7;2)	=SVERWEIS(A6;[Artikeldaten.xlsx]Tabelle1!$A$4:$C$7;3)	100
7	K4566	=SVERWEIS(A7;[Artikeldaten.xlsx]Tabelle1!$A$4:$C$7;2)	=SVERWEIS(A7;[Artikeldaten.xlsx]Tabelle1!$A$4:$C$7;3)	30
8	R9887	=SVERWEIS(A8;[Artikeldaten.xlsx]Tabelle1!$A$4:$C$7;2)	=SVERWEIS(A8;[Artikeldaten.xlsx]Tabelle1!$A$4:$C$7;3)	45

[1] In SVERWEIS steht das **S** für senkrecht.

Wareneingangsliste auswerten mit dem Tabellenkalkulationsprogramm Excel

Evaluating goods receipt list using the Excel spreadsheet

In der auf der auf der vorhergehenden Seite abgebildeten Wareneingangstabelle sollen für jede Artikelnummer die entsprechenden Artikeldaten aus der Artikeltabelle gesucht und in die Wareneingangstabelle übernommen werden. Z. B. befinden sich die Artikeldaten zu der in Zelle A4 gespeicherten Artikelnummer „S6788“ in der Artikeltabelle in den Zellen B6 und C6.

Alle Artikeldaten befinden sich im Bereich $A$4 bis $C$7 (absolut adressiert). Damit die Artikeldaten aus der korrekten Spalte übernommen werden, ist ein Spaltenindex anzugeben: Spalte B → Index 2, Spalte C → Index 3.

Quelltabelle

	A	B	C
1	Artikeldaten		
2			
3	tikelnumm	Artikelbezeichnung	Lieferer
4	K4566	Schrank	Möbilius
5	R9887	Regal	Folke Office Products
6	S6788	Schreibtischstuhl	Folke Office Products
7	T1122	Schreibtisch	Möbilius

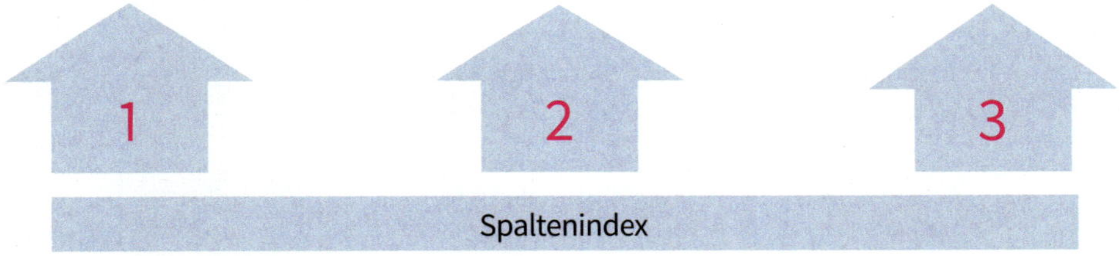

Vorgehensweise der Suchfunktion **SVERWEIS**:

Schritt 1: Die Funktion **SVERWEIS** sucht in der ersten Spalte (A4 bis A7) des gewählten Tabellenbereichs (A4 bis C7) von oben nach unten die vorher in der Tabelle Wareneingang eingegebene Artikelnummer (S6788). **Wichtig** ist, dass der gewählte Tabellenbereich nach dem Suchbegriff (Artikelnummer) **aufsteigend sortiert**[1] ist. Ohne diese Sortierung würde die Suche nicht korrekt ausgeführt und die Fehlermeldung „#NV“ (no value) angezeigt.

Schritt 2 und 3: Nach dem Auffinden des gesuchten Wertes überträgt die Suchfunktion SVERWEIS die durch den Spaltenindex spezifizierten Inhalte aus den entsprechenden Zellen (B6 und C6) der Quelltabelle (Artikeldaten) in die entsprechenden Zellen (B4 und C4) der Zieltabelle (Wareneingangstabelle).

Zieltabelle

	A	B	C	D	E	F	G
1	**Wareneingangsliste**						
2							
3	tikelnumm	Artikelbezeichnung	Lieferant	Menge	Einkaufspreis gesamt	Datum	Prüfung
4	S6788	Schreibtischstuhl	Möbilius	50	10.000,00 €	24.05...	ok
5	T1122	Schreibtisch	Folke Office Products	40	12.000,00 €	25.05...	Mängel
6	S6788	Schreibtischstuhl	Möbilius	100	20.000,00 €	26.05...	ok
7	K4566	Schrank	Möbilius	30	14.400,00 €	27.05...	ok
8	R9887	Regal	Folke Office Products	45	9.800,00 €	27.05...	ok

[1] Zur Sortierung des Tabellenbereichs ist dieser Bereich zu markieren, dann die Schaltflache „Daten“ aufzurufen und „Sortieren“ anzuklicken. In der sich öffnenden Schaltflache „Sortieren“ sind der Sortierbereich und die Reihenfolge (aufsteigend: A ➔ Z) zu bestimmen und mit OK zu bestätigen.

Rechtliche Grundlagen des Wirtschaftsprozesses

Legal framework of the economic process

Rechtsordnung

Die Funktionsfähigkeit des Güter- und Geldstromes im Wirtschaftsleben wird u. a. sowohl durch ungeschriebenes Recht oder Gewohnheitsrecht (z. B. Handelsbräuche) als auch durch geschriebenes Recht (z. B. Verfassungsrecht) beeinflusst.

Die Summe aller Rechtsvorschriften, die in einem Staatswesen zur Anwendung kommen, wird als **Rechtsordnung** bezeichnet. In Deutschland wird diese Rechtsordnung durch das Grundgesetz (z. B. Artikel 14 Absatz 1: Eigentumsgarantie und Absatz 2: Sozialbindung) festgelegt. Im Rahmen der europäischen Integration (u. a. gemeinsame Währung) kommen weitere Gesetze dazu, die in den zuständigen EU-Institutionen beschlossen werden und in der Regel einen höheren Rang einnehmen.

4

Hierarchie der Rechtsvorschriften

Begriff	Bedeutung	Beispiele
Naturrecht (Gewohnheitsrecht)	**Inbegriff der herrschenden Auffassungen**	**Menschenrechte**
geschriebenes (positives) **Recht**	schriftlich fixierte Handlungsnormen	
Völkerrecht	zwischenstaatliches Recht	Charta der UNO
EU-Recht	Vereinheitlichung von Rechtsvorschriften für EU-Mitgliedstaaten	EU-Vertrag über …
Verfassung (Grundgesetz)	normativer Rahmen für die Gesetzgebung Deutschlands	Grundgesetz
Gesetz	spezielle Rechtsvorschriften	Gewerbesteuergesetz
Verordnung	Ergänzungs- und Durchführungsbestimmungen zu den Gesetzen	Gewerbesteuerdurchführungsverordnung
Satzung	einzelne Rechtsvorschrift für einen besonderen Zweck	Bestimmung des Gewerbesteuerhebesatzes
Gerichtsurteil	richterliche Entscheidung im Einzelfall	Korrektur eines Gewerbesteuerbescheids

Rechtssubjekte – Rechtsfähigkeit

Die Rechtsordnung unterscheidet prinzipiell zwischen Personen (Rechtssubjekten) und Gegenständen (Rechtsobjekten). Nur **Rechtssubjekte** können Träger von Rechten und Pflichten sein (= Rechtsfähigkeit) und rechtswirksame Erklärungen abgeben.

Rechtssubjekte

natürliche Personen (§ 1 BGB):
Menschen von der Vollendung der Geburt bis zur Feststellung des Todes

Sie sind **rechtsfähig**, d. h., sie besitzen die Fähigkeit, Träger von Rechten und Pflichten zu sein.

Die Rechtsfähigkeit beginnt mit der Geburt und endet mit dem Tod.

juristische Personen[1] (§ 21 ff. BGB und § 6 HGB): Personenvereinigungen oder Vermögensmassen mit eigener Rechtspersönlichkeit

Sie sind wie die natürlichen Personen **rechtsfähig** und haben eine eigene **Rechtspersönlichkeit.**

Die Rechtsfähigkeit beginnt mit der **Registereintragung** (z. B. Handelsregister) und endet mit ihrer Löschung.

- **privates Recht**
  zum Beispiel: Aktiengesellschaften oder eingetragene Vereine
- **öffentliches Recht**
  zum Beispiel: Körperschaften (Bund, Länder) oder Anstalten (Schulen)

Rechtsfähigkeit: Eigenschaft, Träger von Rechten und Pflichten zu sein

Beginn und Ende der **Rechtsfähigkeit**

- … mit Vollendung der Geburt, dem Tod oder der Todeserklärung
- … durch Registereintragung bzw. -löschung
- … durch staatlichen Hoheitsakt

Auszug aus dem Bundesanzeiger

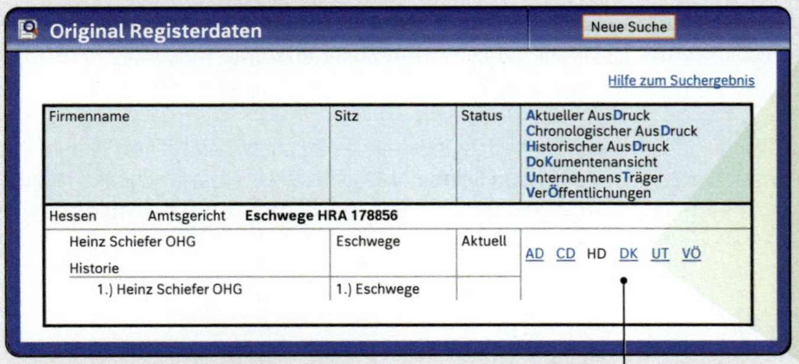

Bildschirmdarstellung der Suchmaske — Auswahlmöglichkeiten der Dokumente — Suchergebnis (hier: UT)

Data:

Data	Value
DokumentArt	UT
DokumentGroesse	0
DokumentAnzahl	0
RegisterNummer	178856
RegisterArt	HRA
GerichtsKennzeichen	W1328
Firma	Heinz Schiefer OHG
Sitz	Eschwege
Rechtsform	Offene Handelsgesellschaft
Kapital	0,00 EUR
Eintragungsdatum	2004-08-07
Bilanz_vorhanden	
Strasse	Bauernweg 25
PLZ	37269
Ort	Eschwege

[1] Juristische Personen haben im Gegensatz zu Menschen keine eigene **Handlungsfähigkeit**. Darunter versteht man im rechtlichen Sinn die Fähigkeit, verantwortlich und rechtswirksam handeln zu können. Juristische Personen handeln mittels ihrer Organe (z. B. über einen Vorstand).

Rechtliche Grundlagen des Wirtschaftsprozesses

Legal framework of the economic process

Rechtssubjekte – Geschäftsfähigkeit

Geschäftsfähigkeit:
Fähigkeit, Rechtsgeschäfte wirksam abschließen zu können

Geschäftsunfähigkeit

Personen

- Minderjährige bis zum vollendeten **7. Lebensjahr** (§ 104 BGB)
- dauernd Geisteskranke (§ 104 BGB)

beschränkte Geschäftsfähigkeit

Personen

Minderjährige zwischen dem vollendeten **7. Lebensjahr** und **18. Lebensjahr** (§ 106 BGB)

volle Geschäftsfähigkeit

Personen

- Volljährige (ab vollendetem 18. Lebensjahr, § 2 BGB)
- Minderjährige, die ein **Erwerbsgeschäft** betreiben oder in einem **Dienst**- oder **Arbeitsverhältnis** stehen (§ 112 f. BGB)

Sonderfälle der Geschäftsfähigkeit

Botentätigkeit

Personen, die als **Bote** einen Auftrag für den gesetzlichen Vertreter ausführen

Das Rechtsgeschäft ist gültig.

zum Beispiel:
Die fünfjährige Carla kauft im Sportfachgeschäft für ihren Vater eine Packung Tennisbälle.

Taschengeldparagraf

Beim Kauf einer Sache mit eigenen Mitteln, die Personen mit beschränkter Geschäftsfähigkeit zur **freien Verfügung** stehen (§ 110 BGB)

Das Rechtsgeschäft ist gültig.

zum Beispiel:
Der sechzehnjährige Ralf kauft sich von seinem Taschengeld ein Fantrikot von „Eintracht Braunschweig".

Schenkung

ohne rechtliche Nachteile

Schenkungen, mit denen lediglich rechtliche **Vorteile** verbunden sind, sind auch **ohne** Zustimmung des gesetzlichen Vertreters rechtskräftig (§ 107 BGB).

zum Beispiel:
Die fünfzehnjährige Iris erhält von ihrer Tante zum Geburtstag eine Sportjacke geschenkt.

mit rechtlichen Nachteilen

Bei Schenkungen mit rechtlichen **Nachteilen** kann der gesetzliche Vertreter seine Zustimmung verweigern (§ 108 BGB).

zum Beispiel:
Der sechzehnjährige Wolfgang bekommt von seinem Patenonkel zum Sekundarabschluss I ein Mofa geschenkt. Mögliche Folgekosten sind z. B.: Versicherung, Betriebskosten.

Rechtliche Grundlagen des Wirtschaftsprozesses

Legal framework of the economic process

Fallbeispiele zur Geschäftsfähigkeit

	Fallbeispiele	Begründung/Rechtsquelle
Geschäftsunfähigkeit 	▪ Die 6-jährige Anna kauft sich eine Barbiepuppe. Der Vater ist damit nicht einverstanden. Die Verkäuferin muss das Spielzeug zurücknehmen und den bezahlten Geldbetrag zurückerstatten. ▪ Am nächsten Tag wird Anna mit einem Einkaufszettel zum Bäcker geschickt, um Brötchen zu kaufen.	▪ Willenserklärungen Geschäftsunfähiger sind **nichtig**, d. h. von vornherein ungültig. Für Geschäftsunfähige handelt ausschließlich der **gesetzliche Vertreter**. ▪ Tritt der Geschäftsunfähige lediglich als **Bote** auf, kommt das Rechtsgeschäft zustande, weil er die Willenserklärung eines Geschäftsfähigen überbringt (§ 104 ff. BGB).
beschränkte Geschäftsfähigkeit 	▪ Der 15-jährige David hat sich mit Einwilligung seiner Eltern ein gebrauchtes Musikinstrument gekauft. ▪ Seine 16-jährige Schwester will an einem Casting-Wettbewerb teilnehmen und kauft sich eine Karaoke-Anlage ohne Genehmigung der Eltern.	▪ Das Rechtsgeschäft von David ist gültig, weil vor dem Abschluss des Kaufvertrages das **Einverständnis** des gesetzlichen Vertreters (in der Regel der Eltern) vorlag.[1] ▪ Das Rechtsgeschäft seiner Schwester ist ungültig. Ihre Eltern haben **nach** dem Vertragsabschluss **keine Genehmigung** erteilt. Solche Rechtsgeschäfte sind **nichtig** (§§ 107–109, 111 BGB).[2]
Rechtlicher Vor- und Nachteil 	▪ Die 9-jährige Milena bekommt von ihrer Oma zu Weihnachten 100,00 €, die auf ihr Sparbuch eingezahlt werden. ▪ Milena hat inzwischen ein Guthaben von 1.000,00 € angespart und hat die Absicht, sich ein Pony zu kaufen.	▪ Milena kann das Geld auch ohne Zustimmung ihrer Eltern behalten, da es lediglich einen **rechtlichen Vorteil** mit sich bringt (§ 107 BGB). ▪ Mit dem Tierkauf sind **Verpflichtungen**, z. B. Unterbringungs- und Futterkosten, verbunden. Die **Einwilligung** der Eltern ist für die Gültigkeit des Rechtsgeschäftes **erforderlich** (§ 108 BGB).
Taschengeldparagraf 	▪ Inzwischen hat sich die Schwester von David von ihrem ersparten Taschengeld eine Karaoke-Anlage gekauft. ▪ Zusätzlich schafft sie sich eine Video-Anlage an. Wegen fehlender Barmittel schließt sie einen Ratenkauf mit dem Händler ab.	▪ Rechtsgeschäfte, die ein beschränkt Geschäftsfähiger mit Mitteln aus seinem **angesparten Taschengeld** bewirkt, sind rechtswirksam (§ 110 BGB). ▪ Werden Schulden aus Rechtsgeschäften nicht sofort bezahlt, wie z. B. bei **Ratenkäufen**, sind derartige Rechtsgeschäfte nicht wirksam. Der beschränkt Geschäftsfähige kann nur über gegenwärtiges, nicht aber **zukünftiges** Taschengeld verfügen.
selbstständiger Betrieb eines Erwerbsgeschäftes 	Die inzwischen 17-jährige Schwester von David hat große Erfolge bei der Castingshow erzielt und darf mit Erlaubnis ihrer Eltern einen Manager engagieren, der für sie Verträge aushandeln und Tourneeauftritte planen soll.	Wenn eine beschränkt geschäftsfähige Person mit Ermächtigung des gesetzlichen Vertreters und der Genehmigung des Vormundschaftsgerichtes **selbstständig ein Erwerbsgeschäft** betreibt, sind die entsprechenden Rechtsgeschäfte wie bei einem voll Geschäftsfähigen **gültig** (§ 112 BGB).
Dienst- oder Arbeitsverhältnis 	Paul ist 17 Jahre alt und hat einen Arbeitsvertrag für Lagertätigkeiten in einem Industrieunternehmen abgeschlossen. Nach drei Wochen kündigt er das Arbeitsverhältnis und beginnt ein neues Arbeitsverhältnis mit gleicher Tätigkeit bei einem anderen Unternehmen.	Ein beschränkt Geschäftsfähiger kann im Rahmen seines **Dienst- oder Arbeitsverhältnisses** Rechtsgeschäfte **unbeschränkt** abschließen. Diese Rechtsgeschäfte (Kündigung des alten und Abschluss des neuen Arbeitsverhältnisses) sind daher voll gültig.

[1] Rechtsgeschäfte von beschränkt Geschäftsfähigen haben nur dann Gültigkeit, wenn die gesetzlichen Vertreter **vor** dem Rechtsgeschäft ihre **Einwilligung** geben.

[2] Rechtsgeschäfte von beschränkt Geschäftsfähigen sind bis zur **nachträglichen Genehmigung** oder Ablehnung durch den gesetzlichen Vertreter **„schwebend unwirksam"**. Wenn der gesetzliche Vertreter schweigt, gilt die Genehmigung als nicht erteilt. Das Rechtsgeschäft ist dann von Anfang an nichtig.

Rechtliche Grundlagen des Wirtschaftsprozesses

Legal framework of the economic process

Rechtsobjekte – Sachen und Rechte

Rechtsobjekte

- **Sachen** (körperlich)
  - **unbeweglich** (Immobilien)
    zum Beispiel: unbebaute Grundstücke
  - **beweglich** (Mobilien)
    zum Beispiel: Automobile
    - vertretbare Sachen (Gattungsware)
      zum Beispiel: ein Neuwagen
    - nicht vertretbare Sachen (Stückware)
      zum Beispiel: ein Formel-1-Rennwagen
- **Rechte** (nicht körperlich)
  - **Schuldrechte**
    zum Beispiel: Verbindlichkeiten
  - **Sachenrechte**
    zum Beispiel: Patente

Besitz und Eigentum

Besitz = tatsächliche Herrschaft über eine Sache

- **rechtmäßig**
  zum Beispiel: Benutzung eines geliehenen Fahrrades
- **unrechtmäßig**
  zum Beispiel: Benutzung eines gestohlenen Fahrrades

Eigentum = rechtliche Herrschaft über eine Sache; wird erworben an …

- **unbeweglichen Sachen**
  – durch Auflassung und Eintragung ins Grundbuch
  zum Beispiel: Kauf einer Eigentumswohnung
- **beweglichen Sachen**
  – durch Einigung und Übergabe
  zum Beispiel: Kauf eines Fahrrads

Amtsgerichtsbezirk	Grundbuchamt	Grundbuch von	
Göppingen	Faurndau	Faurndau	Erste Abteilung — Einlegeblatt 1

Lfd. Nr. der Eintragungen	Eigentümer	Lfd. Nr. der Grundstücke im Bestandsverzeichnis	Grundlage der Eintragung
1	2	3	4
1a	S c h a l l e r , Hans, Angest. Göppingen		
1b	Schaller geb. Neumeier, Lotte daselbst		
	– je zur Hälfte –	Nr.1	Auflassung vom 17. Februar 20.. 28. Februar 20..

Arten von Rechtsgeschäften

Types of legal acts

Begriff

Zum Zustandekommen eines Rechtsgeschäfts bedarf es einer oder mehrerer **Willenserklärungen**. Unter einer Willenserklärung versteht man mündliche oder schriftliche Äußerungen einer Person oder die aktive Handlung einer Person. Rechtsgeschäfte zwischen mehreren Personen kommen durch das beiderseitige Einverständnis zustande. Es zeigt sich durch die Abgabe übereinstimmender Willenserklärungen. Es gibt jedoch auch Rechtsgeschäfte, die wirksam sind, wenn nur eine Person eine Willenserklärung abgibt.

Arten

Arten von Rechtsgeschäften

einseitige Rechtsgeschäfte

Für die Rechtswirksamkeit ist die Willenserklärung **einer** Person erforderlich.

nicht empfangsbedürftige Rechtsgeschäfte

zum Beispiel:

Testament
Ein Familienvater setzt handschriftlich sein Testament auf und versieht es mit Ort, Datum und seiner Unterschrift. Die Willenserklärung des Familienvaters ist rechtswirksam. Er muss das Testament niemandem offenlegen.

empfangsbedürftige Rechtsgeschäfte

zum Beispiel:

Mahnung, Bürgschaft, Anfechtung, Kündigung
Ein Geschäftsinhaber kündigt seiner Verkäuferin zum 31. Januar. Die Kündigung ist erst wirksam, wenn sie der Mitarbeiterin zugeht, z. B. wenn er ihr das Schriftstück aushändigt oder zuschickt.

mehrseitige Rechtsgeschäfte

Für die Rechtswirksamkeit sind **mindestens zwei** übereinstimmende Willenserklärungen erforderlich. Dadurch entsteht ein **Vertrag**.

einseitig verpflichtend
Ein Vertragspartner verpflichtet sich zu einer Leistung.

zum Beispiel:

Schenkung
Eine Person verpflichtet sich zu einer unentgeltlichen Vermögensübertragung an eine andere Person. Ein Vater schenkt seiner Tochter zum Schulabschluss ein Mountainbike.

mehrseitig verpflichtend
Alle Vertragspartner verpflichten sich zu einer Leistung.

zum Beispiel:

Kauf
Eine Person veräußert Sachen oder Rechte gegen Bezahlung. Eine Verkäuferin verkauft ein Sweatshirt an eine Kundin, die dieses bezahlt.

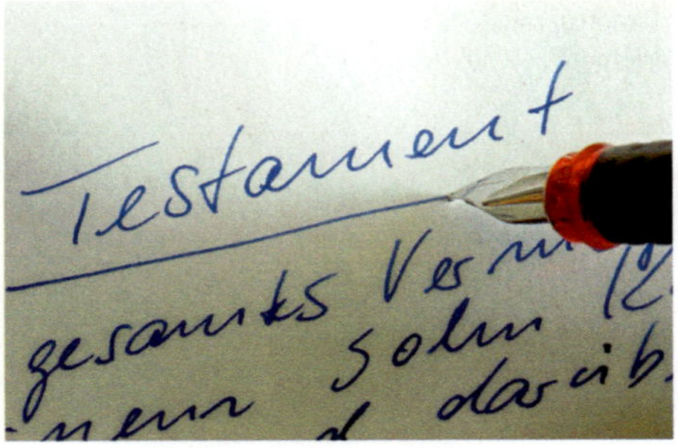

Formen von Rechtsgeschäften *Forms of legal acts*

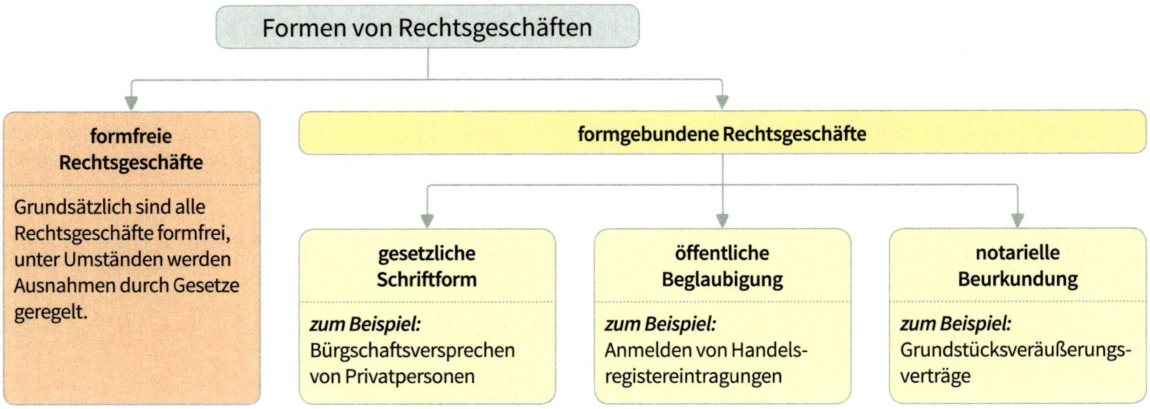

Zustandekommen von mehrseitigen Rechtsgeschäften (Verträge) *Multilateral legal acts*

Ein **mehrseitiges** Rechtsgeschäft kommt durch **Antrag** (vgl. § 145 BGB) und **Annahme** (vgl. § 147 BGB) zustande, wenn beide Willenserklärungen übereinstimmen. Hierbei ist der Antrag grundsätzlich bindend und die Annahme muss unter bestimmten Voraussetzungen erfolgen, damit das Rechtsgeschäft zustande kommt:

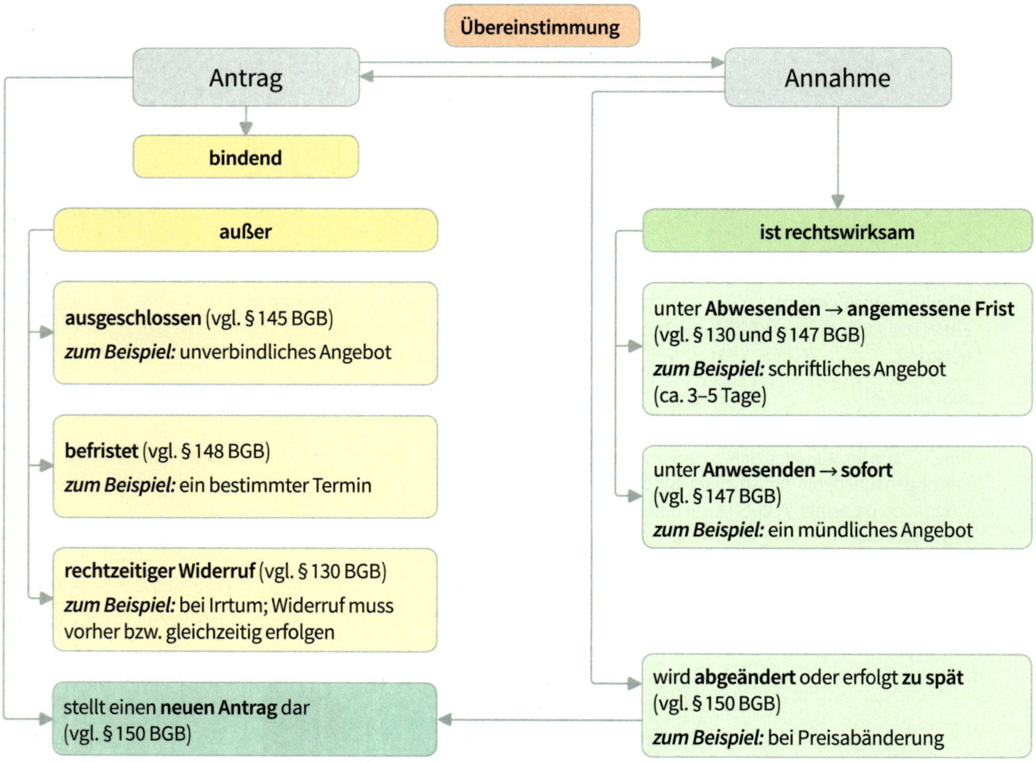

Nichtigkeit von Rechtsgeschäften *Nullity of legal acts*

Bei Vorliegen bestimmter Sachverhalte sind Rechtsgeschäfte von Anfang an **nichtig**, weil keine rechtswirksamen Willenserklärungen vorliegen.

nichtige Rechtsgeschäfte (RG)

- RG mit **Geschäftsunfähigen** (§ 105 BGB)
  zum Beispiel: Ein fünfjähriges Kind kauft Süßigkeiten.
- **Schein**- oder **Scherz**geschäfte (§§ 117 f. BGB)
  zum Beispiel: „mein Haus für ein Bier"
- RG mit **Formfehlern** (§ 125 BGB)
  zum Beispiel: ein mündlich abgeschlossener Grundstückskaufvertrag
- RG, die gegen ein **Gesetz** verstoßen (§ 134 BGB)
  zum Beispiel: Rauschgifthandel
- sittenwidrige RG: **Wucher** (§ 138 BGB)
  zum Beispiel: ein Jahreszinssatz von 35 %

Anfechtbarkeit von Rechtsgeschäften *Voidability of legal acts*

Anfechtbare Rechtsgeschäfte sind so lange gültig, wie sie nicht von einem der Vertragspartner angefochten werden.

anfechtbare Rechtsgeschäfte (RG)

- **Erklärungsirrtum** (§ 119 BGB)
  zum Beispiel: ein Zahlendreher bei einem Angebot (15,00 € statt 51,00 €)
- **Übermittlungsirrtum** (§ 120 BGB)
  zum Beispiel: ein Übertragungsfehler bei einem Fernschreiben (15,00 € anstatt 815,00 €)
- **Drohung** oder **Täuschung** (§ 123 BGB)
  zum Beispiel: Fälschung eines Originalgemäldes

Verpflichtungs- und Erfüllungsgeschäft *Executory contract and delivery*

Rechtsgeschäfte unterliegen grundsätzlich der **Vertragsfreiheit**, die ein wichtiges Merkmal der marktwirtschaftlichen Ordnung ist. Aber: Einmal geschlossene Verträge sind einzuhalten. Die Vertragspartner (zum Beispiel: Verkäufer und Käufer) übernehmen beim Abschluss eines Kaufvertrages folgende Pflichten:

Verpflichtungen des Verkäufers (§§ 433 ff. BGB)

- **Übergabe** der bestellten Ware zur rechten **Zeit**, am richtigen **Ort**, in der richtigen **Art** und **Weise**
- **Eigentumsübertragung** der gewünschten Ware

Verpflichtungen des Käufers (§§ 433 ff. BGB)

- **Abnahme** der Ware
- **Bezahlung** des vereinbarten Kaufpreises

Nach dem **allgemeinen Kaufvertragsrecht** regelt das BGB die speziellen Rechte des **Verbrauchsgüterkaufs** (§§ 474 ff. BGB). Hierbei handelt es sich um einen Kaufvertrag, bei dem ein Verbraucher (vgl. § 13 BGB) von einem Unternehmer (vgl. § 14 BGB) eine **bewegliche Sache** kauft.

Nichtige und anfechtbare Rechtsgeschäfte: Fallbeispiele

Void and voidable legal acts: case examples

Fallbeispiele für nichtige und anfechtbare Rechtsgeschäfte

	Fallbeispiele	Begründung/Rechtsquelle
Formvorschriften 	Nach bestandener Abschlussprüfung hat Paul die Absicht, bei seinen Eltern auszuziehen und sich von seinem bereits zugeteilten Bausparvertrag eine kleine Eigentumswohnung zu kaufen. Paul hat bei der Prüfungsvorbereitung gelesen, dass für derartige Kaufverträge besondere gesetzliche Formvorschriften gelten sollen.	Rechtsgeschäfte, die nicht in der vorgeschriebenen **gesetzlichen Form** abgeschlossen werden, sind **nichtig**, d. h., sie sind ungültig. Kaufverträge für eine Eigentumswohnung oder Grundstückskaufverträge, bei denen eine Eigentumsübertragung erfolgen soll, sind nur mit einer notariellen Beurkundung gültig. Diese Vorschriften haben die Funktion, die Vertragsparteien vor voreiligen Abschlüssen zu schützen (§§ 125 ff., 311 und 873 BGB).
gute Sitten 	Zur Finanzierung seiner Eigentumswohnung fehlen Paul noch 10.000,00 €. Eine Privatbank bietet ihm in einem Kreditvertragsentwurf ohne besondere Formalitäten und ohne Bonitätsprüfung einen Kredit zum monatlichen Zinssatz von 2,5 %, d. h. 30 % jährlich, an.	Wenn jemand einem anderen unter Ausnutzung seiner Zwangslage, seiner Unerfahrenheit oder seines fehlenden Urteilsvermögens eine Leistung verspricht, die im Missverhältnis zur versprochenen Leistung steht, liegt ein Verstoß gegen die **guten Sitten** (in diesem Fall Zinswucher) vor. Derartige Rechtsgeschäfte sind **nichtig** (§ 138 BGB).
gesetzliches Verbot 	Die Eltern von Anna bringen von einer Urlaubsreise aus einem Nicht-EU-Land zehn Zigarettenstangen mit. Die deutschen Zöllner beschlagnahmen die Zigaretten und schreiben eine Strafanzeige, da die Eltern versäumten, die Zigaretten zu verzollen.	Rechtsgeschäfte, die gegen ein **gesetzliches Verbot** verstoßen, sind **nichtig** (§ 134 BGB). Hierunter fällt der Handel von Waren, die über eine Grenze geschmuggelt werden oder deren Handel gegen das Betäubungsmittelgesetz verstößt, z. B. Drogen.
Scheingeschäft 	Der Verkäufer von Pauls zukünftiger Eigentumswohnung schlägt ihm vor, vor dem Notar einen niedrigeren Kaufpreis (40.000,00 €) als den vereinbarten (50.000,00 €) anzugeben, um Grunderwerbsteuer sowie Notar- und Gerichtsgebühren zu sparen.	Rechtsgeschäfte, die aufgrund von übereinstimmenden Willenserklärungen nur **zum Schein** abgegeben werden, sind **nichtig**. Wenn Verkäufer und Käufer sich vom Notar den Kaufpreis von 40.000,00 € beurkunden lassen und Paul eine Überweisung von 40.000,00 € vornimmt, ist das Rechtsgeschäft trotzdem zustande gekommen (§ 117 BGB).
Irrtum 	■ **Erklärungsirrtum:** In einem Angebot wird versehentlich ein falscher Preis, z. B. statt 100,00 nur 10,00 €, genannt. ■ **Übermittlungsirrtum:** Eine Nachricht wird von einem Boten oder in einem Fax falsch mitgeteilt bzw. übermittelt. ■ **Eigenschafts- oder Motivirrtum:** Ein Industrieunternehmen verkauft an einen Großhändler eine Ware zu einem niedrigeren Marktpreis in der Hoffnung, dass es diesen niedrigeren Preis auch später von seinem Zulieferer eingeräumt bekommt. Der Zuliefererpreis ist aber tatsächlich gestiegen.	Rechtsgeschäfte, die auf einem Erklärungs- bzw. Übermittlungsirrtum basieren, können **nachträglich angefochten** werden, wenn diese Willenserklärungen bei Kenntnis der Sachlage und bei verständiger Würdigung des Falles **nicht** abgegeben worden wären (§ 119 f. BGB). Beim Motiv- oder Eigenschaftsirrtum ergibt sich gegenüber dem Erklärungs- und Übermittlungsirrtum insofern ein Unterschied, als hierbei der empfangende Vertragspartner auf die Gültigkeit der abgegebenen Erklärung vertrauen darf und **geschützt** werden soll. Der vereinbarte niedrigere Preis mit dem Großhändler gilt.
arglistige Täuschung/Drohung 	■ **Täuschung:** Dem Käufer eines gebrauchten Fahrzeugs wird auch nach mehrmaliger Frage nicht mitgeteilt, dass es sich um einen Unfallwagen handelt. ■ **Drohung:** Der Verkäufer droht dem Käufer mit einer Anzeige, wenn er den stillschweigend vereinbarten Restbetrag nicht zahlt.	Rechtsgeschäfte, die aufgrund von Willenserklärungen durch arglistige Täuschung oder durch widerrechtliche Drohung zustande gekommen sind, können **nachträglich angefochten** werden (§ 123 BGB).

Vertragsart	Vertragspartner	Vertragsinhalt	Gesetzliche Regelung
Kaufvertrag	Käufer/Verkäufer	entgeltliche Veräußerung von Sachen und Rechten	§§ 433–473 BGB
Verbrauchsgüterkauf	Verbraucher/ Unternehmer	entgeltliche Veräußerung von beweglichen Sachen	§§ 474–479 BGB
Darlehensvertrag	Darlehensgeber/ Darlehensnehmer	entgeltliche Überlassung eines Geldbetrages	§§ 488–498 BGB
Sachdarlehensvertrag	Darlehensgeber/ Darlehensnehmer	entgeltliche Überlassung von vertretbaren Sachen gegen spätere Rückerstattung gleicher Art, Güte und Menge	§§ 607–609 BGB
Darlehensvermittlungs-vertrag	Verbraucher/Unterneh-mer/Darlehensvermittler	Vermittlung oder Abschluss eines Darlehens-vertrages gegen Entgelt	§ 655 a–e BGB
Ratenlieferungsvertrag	Verbraucher/ Unternehmer	Lieferung mehrerer zusammengehörend gekaufter Sachen in Teilleistungen und entgeltliche Entrichtung in Teilzahlungen	§ 505 BGB
Schenkungsvertrag	Schenker/Beschenkter	unentgeltliche Zuwendung	§§ 516–534 BGB
Mietvertrag	Mieter/Vermieter	entgeltliche Überlassung der vermieteten Sache zum Gebrauch	§§ 535–580 BGB
Pachtvertrag	Pächter/Verpächter	entgeltliche Überlassung der verpachteten Sache zum Gebrauch sowie Genuss der Erträge	§§ 581–597 BGB
Leihvertrag	Verleiher/Entleiher	unentgeltliche Überlassung von Sachen zum Gebrauch	§§ 598–606 BGB
Dienstvertrag	Arbeitnehmer/ Arbeitgeber	entgeltliche Leistung von Diensten	§§ 611–630 BGB
Werkvertrag	Unternehmer/ Besteller	Herstellung eines versprochenen Werks gegen Entgelt	§§ 631–651 BGB
Reisevertrag	Reisender/ Reiseveranstalter	entgeltliche Erbringung einer Gesamtheit von Reiseleistungen (Reise)	§ 651 a–m BGB
Gesellschaftsvertrag	Gesellschafter/ Gesellschafter	gegenseitige Verpflichtung der Gesellschafter, die Erreichung eines gemeinsamen Zweckes in der durch den Vertrag bestimmten Weise zu fördern	§§ 705–740 BGB

Arten des Kaufvertrages

Types of sales contracts

Kaufvertragsarten

Unterscheidung nach ...

der Art, Güte und Beschaffenheit der Ware

- **Kauf auf Probe**
  Rückgaberecht innerhalb einer vereinbarten Frist (z. B. Rückgabe innerhalb von zwei Wochen)
- **Kauf nach Probe**
  Qualität der kostenlosen Probe ist für Folgemenge verbindlich (z. B. Kauf von Sweatshirts aufgrund eines Musters)
- **Kauf zur Probe**
  Kauf einer kleinen Menge zu Testzwecken
- **Gattungskauf**
  Kauf von vertretbarer Ware (nur der Gattung nach bestimmbare Ware, also mehrfach vorhanden), die sich nach Maß, Zahl oder Gewicht bestimmen lässt (z. B. fabrikneue Markenskier)
- **Stückkauf**
  Kauf nicht vertretbarer Ware (nur einmalig vorhanden), z. B. Kauf eines gebrauchten Paares Skier
- **Spezifikationskauf**
  Bei Vertragsabschluss werden nur Art und Menge der Ware bestimmt, die nähere Bestimmung der Ware (z. B. Farbe) erfolgt innerhalb einer vereinbarten Frist (z. B. bei Kauf von Trainingsanzügen: Farbe, Maß, Form).
- **Ramschkauf**
  Kauf der gesamten Warenmenge zu einem Pauschalpreis (z. B. bei einer Insolvenz Pauschalpreis für Gesamtwarenbestand)

der rechtlichen Stellung der Vertragspartner

- **Verbrauchsgüterkauf**
  Endverbraucher kauft Ware vom Unternehmen, lt. §476 ff. BGB gilt die Beweislastumkehr. (Tritt in den ersten 6 Monaten nach Kauf ein Sachmangel auf, wird davon ausgegangen, dass er schon bei Lieferung bestand. Der Verkäufer hat die Ware zurückzunehmen. Nach Ablauf von 6 Monaten liegt die Beweislast beim Käufer.)
- **bürgerlicher Kauf**
  Beide Vertragspartner sind Privatpersonen (z. B. Wolfgang kauft das gebrauchte Fahrrad von Kai).
- **einseitiger Handelskauf**
  Ein Vertragspartner ist Kaufmann laut HGB, der andere Privatperson (z. B. ein Unternehmer kauft in einem Fachgeschäft Handschuhe).
- **zweiseitiger Handelskauf**
  Beide Vertragspartner sind Kaufleute laut HGB (z. B. die OfficeCom KG kauft Rohstoffe vom Hersteller).

der Lieferzeit

- **Sofortkauf**
  Kauf einer Ware gegen sofortige Zahlung (Zug-um-Zug-Geschäft)
- **Terminkauf**
  Kauf einer Ware und Lieferung innerhalb eines festgelegten Zeitraums oder bis zu einem Zeitpunkt (z. B. „Lieferung binnen 10 Tagen nach Auftragseingang“)
- **Fixkauf**
  Kauf einer Ware und Lieferung zu einem genau festgelegten Lieferzeitpunkt (z. B. „fix am 30. Mai“); Liefertermin ist wesentlicher Vertragsbestandteil, d. h., nach Ablauf des Liefertermins hat Lieferung keinen Sinn mehr für Käufer
- **Kauf auf Abruf**
  Kauf einer Ware und Lieferung zu vom Käufer zu bestimmenden Lieferzeitpunkten

dem Zeitpunkt der Zahlung

- **Kauf auf Anzahlung**
  Käufer leistet eine Anzahlung vor der Warenlieferung (z. B. wenn keine zuverlässigen Angaben über die Zahlungsfähigkeit eines neuen Kunden vorliegen).
- **Kauf auf Vorauszahlung**
  Käufer zahlt Ware vor der Lieferung (z. B. bei Sonderanfertigung).
- **Barkauf**
  Käufer zahlt Ware bei Übergabe (z. B. Wocheneinkauf in einem Supermarkt).
- **Zielkauf**
  Käufer zahlt nach der Lieferung (z. B. vereinbartes Zahlungsziel: 30 Tage).
- **Ratenkauf**
  Käufer zahlt in mehreren Raten.

dem Ort der Warenübergabe

- **Handkauf**
  Ware wird im Geschäftssitz des Verkäufers gegen Bezahlung dem Käufer übergeben.
- **Platzkauf**
  Ware wird an den Geschäftssitz des Käufers gesendet; Käufer und Verkäufer haben Geschäftssitz am selben Ort.
- **Versendungskauf**
  Ware wird zum Käufer versendet; Käufer und Verkäufer haben Geschäftssitz an verschiedenen Orten.

3503164

Warenannahme

Acceptance of goods

Tätigkeiten

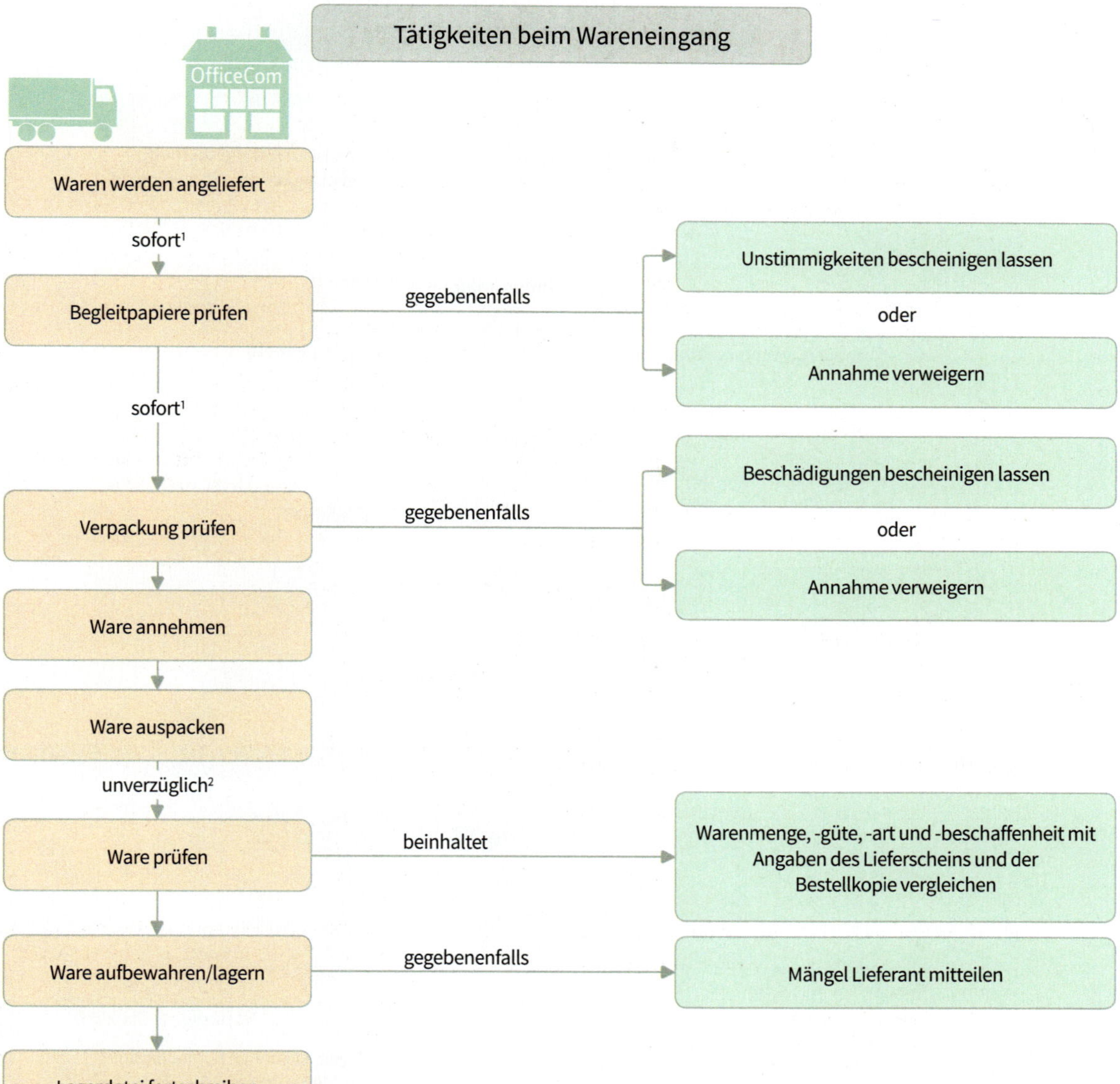

[1] Überprüfung in Anwesenheit des Absenders/Zustellers
[2] Überprüfung ohne schuldhaftes Zögern (§ 121 BGB)

aus: Bentin, Margit u. a.: Beschaffungsprozess, Lehrerband, 3. Aufl., Braunschweig 2012, S. 131

Prüfungs- und Rügepflicht

Zweiseitiger Handelskauf (beide Vertragspartner handeln als Kaufleute):

Die Ware muss **unverzüglich**, d. h. ohne schuldhafte Verzögerung, geprüft werden. Offene (sofort erkennbare) Mängel sind unverzüglich, versteckte Mängel unverzüglich nach Entdeckung, jedoch innerhalb zweier Jahre nach Lieferung zu rügen (§ 377 I – IV HGB und § 438 BGB).

Einseitiger Handelskauf (ein Vertragspartner handelt als Privatperson):

Die Ware muss innerhalb **zweier Jahre** nach Lieferung geprüft und gegebenenfalls gerügt werden (§ 438 BGB). Siehe auch S. 170.

vgl.: Bentin, Margit u. a.: Beschaffungsprozess, 5. Aufl., Braunschweig 2012, S. 59

Lagerhaltung

Storekeeping

Überbrückungsfunktionen

Überbrückung von …

Zeitproblemen
- zwischen der Beschaffung des Lagergutes und dessen Weiterverkauf (Handelsbetrieb)
- zwischen der Beschaffung des Lagergutes und dessen Verwendung bei der Produktion (Industriebetrieb)

Raumproblemen
- zur Herstellung der Lieferfähigkeit vor Ort (Handelsbetrieb)
- zur Aufrechterhaltung der Produktionsfähigkeit vor Ort (Industriebetrieb)

Mengenproblemen
- zur Herstellung der Lieferfähigkeit in ausreichenden Mengen
- zur Schaffung eines Spielraumes bei erhöhter Nachfrage

Preisproblemen
- zur Nutzung von Mengenrabatten
- zur Inanspruchnahme von Sonderangeboten
- zur Vorbeugung gegen vorhersehbare Preiserhöhungen

Zielkonflikte

Ziele der Lagerhaltung

Leistungsziele

ertragswirtschaftlich

möglichst hohe Lieferbereitschaft bzw. Produktionsbereitschaft
- ständige Bereitschaft zur Erfüllung der Kundennachfrage (Handelsbetrieb)
- ständige Gewährleistung eines reibungslosen Produktionsablaufs (Industriebetrieb)

Zielkonflikt

kostenwirtschaftlich

möglichst geringe Kapitalbindung
- niedriger Kapitalbedarf
- geringe Zinskosten
- geringe Lagerkosten

Spekulationsziele

ertragswirtschaftlich
- Erwartung von Warenpreiserhöhungen

kostenwirtschaftlich
- Erwartung von Kostensteigerungen

vgl.: Bentin, Margit u. a.: Beschaffungsprozess, Lehrerband, 3. Aufl., Braunschweig 2012, S. 133

Ziele der Lagerhaltung *Storekeeping objectives*

Ziele der Lagerhaltung

Sachziele

Bereitstellung von Werkstoffen (Waren) …

- in der gewünschten Art und Qualität
- in der erforderlichen Menge
- am richtigen Lager- bzw. Einsatzort
- zum erforderlichen Zeitpunkt
- zum günstigsten Preis

Formalziele

Minimierung der …

- Lagerkosten (z. B. durch Senkung der Miet-, Energie- und Personalkosten)
- innerbetrieblichen Transportkosten
- Kapitalbindung (durch Auswertung von Lagerkennzahlen)
- Lagerrisiken (z. B. durch Lagergutkontrolle und Nutzung entsprechender Lagereinrichtung)

Einflussgrößen der Materialbereitstellung *Influences of material supply*

Einflussgrößen der Materialbereitstellung

außerbetriebliche Marktdaten

- Beschaffungsmarktverhältnisse, ***zum Beispiel:***
  - Marktmacht der Lieferanten
  - saisonale Schwankungen von Preisen bzw. Mengen
- Absatzmarktverhältnisse, ***zum Beispiel:***
  - Marktmacht der Mitbewerber
  - saisonale Schwankungen von Preisen und Mengen

innerbetriebliche Unternehmensdaten

- Erzeugnisprogramm, ***zum Beispiel:***
  - breites oder schmales Sortiment
  - tiefes oder flaches Sortiment
- Kapazitätsauslastung, ***zum Beispiel:***
  - hohe oder niedrige Auslastung
  - gleichmäßige oder situative Auslastung
- Finanzlage, ***zum Beispiel:***
  - sichere oder unsichere Liquiditätsverhältnisse

Lagerarten *Types of storage*

Lagerarten	Funktionen
Beschaffungslager (Lager für Roh-, Hilfs- und Betriebsstoffe, Fremdbauteile, Handelswaren)	■ Sicherung der Produktion ■ Überbrückung saisonaler Schwankungen ■ Ausgleich von Preisschwankungen auf dem Beschaffungsmarkt
Produktionslager ■ **Zwischenlager** ■ **Handlager** (Lager für Kleinmaterial) ■ **Halbfabrikatelager** (Lager für unfertige Erzeugnisse)	 ■ Puffer wegen ungenügender oder nicht möglicher zeitlicher Abstimmung der Fertigungsstufen ■ Sicherung kontinuierlicher Fertigung Einsparung von Wegezeiten und -kosten ■ entweder wie Zwischenlager oder Prozesslager (z. B. Trocknen von Farbe oder Leim, Abbinden von Beton)
Absatzlager ■ **Fertigfabrikatelager** (Lager für fertige Erzeugnisse) ■ **Versandlager**	■ Produkte sind noch nicht unmittelbar für den Versand vorgesehen ■ Sicherung der Absatzbereitschaft ■ Sicherung der Produktion bei Saisonartikeln ■ kurzfristige Lagerung der versandfertigen Produkte

Siehe zu weiteren Warenwerten (Eigen- u. Fremd-, zentrales u. dezentrales Lager S. 218)

Kennzahlen

Kontrolle von Kapitalbindung und Kosten der Lagervorräte (Lagerkennzahlen):

Aus der Lagerbestandsdatei sich ergebende Monatsendbestände (Einheiten):

Januar	900	Juli	220
Februar	325	August	775
März	465	September	550
April	420	Okober	820
Mai	275	November	615
Juni	515	Dezember	670

Unterlagen aus der Buchhaltung

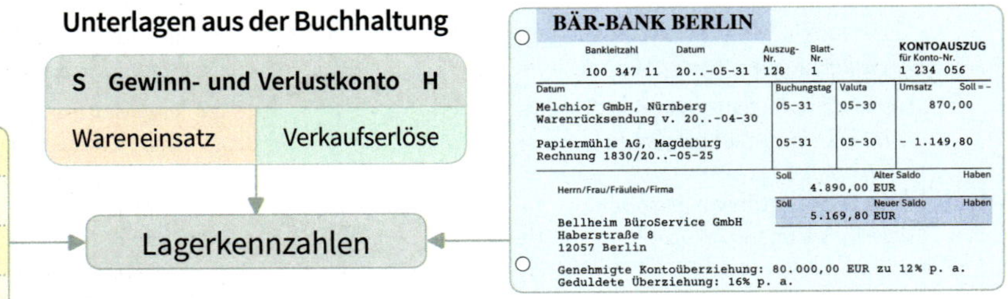

durchschnittlicher monatlicher Lagerbestand[1] $= \frac{\text{Anfangsbestand} + 12\ \text{Monatsbestände}}{13} = \frac{600.000 + 6.550.000}{13} = 550.000$

Der durchschnittliche monatliche Lagerbestand beträgt 550.000 Stück.
Das sind bei einem Einstandspreis von 10,85 € je 1.000 Stück 5.967,50 €.

Umschlagshäufigkeit $= \frac{\text{Wareneinsatz pro Jahr}}{\text{durchschnittlicher Lagerbestand}} = \frac{107.415{,}00^{2}}{5.967{,}50} = 18$

Der durchschnittliche Lagerbestand wird 18-mal pro Jahr umgeschlagen.

durchschnittliche Lagerdauer $= \frac{360}{\text{Umschlagshäufigkeit}} = \frac{360}{18} = 20$

Die durchschnittliche Lagerdauer beträgt 20 Tage.

Lagerzinssatz $= \frac{\text{Jahreszinssatz} \cdot \text{durchschnittliche Lagerdauer}}{360} = \frac{12 \cdot 20}{360} \mathrel{\hat{=}} 0{,}67$

Für die Berechnung des Lagerzinssatzes wird der Zinssatz für eine kurzfristige Kontoüberziehung bei der Bank zugrunde gelegt. Der Lagerzinssatz beträgt 0,67 %.

Lagerzinskosten $= \frac{\text{Lagerzinssatz} \cdot \text{durchschnittlicher Lagerbestand}}{100} = \frac{0{,}67 \cdot 5.967{,}50}{100} \mathrel{\hat{=}} 39{,}98$

Die Lagerzinskosten für das Produkt betragen 39,98 € pro Lagerperiode.

[1] Es gibt auch andere Zeiteinteilungen, z. B. quartalsmäßig, jährlich.
[2] Beim Wareneinsatz handelt es sich um einen angenommenen Wert.

Lagerbestandsgrößen

Mindestbestand (eiserner Bestand)

Er gibt die Menge an, die nur bei außerordentlichen Lieferschwierigkeiten (z. B. Streik) in Anspruch genommen werden darf. Dazu muss der zu überbrückende Zeitraum geschätzt und als Rechengröße festgelegt werden.

Höchstbestand

Er gibt die Warenmenge an, die höchstens eingelagert werden kann (z. B. abhängig von Lagerkapazität, Verderb).

Meldebestand

Er gibt die Menge an, bei der die Lagerverwaltung der Einkaufsabteilung mitteilt, dass Ware bestellt werden muss.

Meldebestand = (durchschnittlicher Tagesabsatz · Lieferzeit) + Mindestbestand

vgl.: Bentin, Margit u. a.: Beschaffungsprozess, 5. Aufl., Braunschweig 2012, S. 47

Rechnungsprüfung
Invoice auditing

Arten

Ist die eingetroffene Ware mangelfrei, wird die Rechnung wegen Nutzung möglicher Skontofristen unverzüglich geprüft.

Rechnerische Prüfung:
Überprüfung der rechnerischen Daten (z. B. Listenpreis, Rabatt, Transportkosten)

Sachliche Prüfung:
Überprüfung von Art, Güte und Menge der aufgeführten Waren anhand des Bestelldurchschlages und des Lieferscheines

Geldschulden

Geldschulden sind **Schick**- oder **Bringschulden** (§ 270 ff. BGB). Daraus ergibt sich für den Käufer:

- Er muss die **Überweisungskosten** übernehmen;
- er muss das **Transportrisiko** für das Geld tragen;
- er muss darauf achten, dass das Geld rechtzeitig auf dem Konto des Zahlungsempfängers **eingeht**, wenn als vertraglicher Erfüllungsort der Geschäftssitz des Verkäufers vereinbart ist (geschäftsüblich).

Gilt nur der **gesetzliche** Erfüllungsort, genügt die rechtzeitige **Absendung** des Geldbetrages.

Kaufvertragsstörungen: Überblick
Anomaly in sales contracts: overview

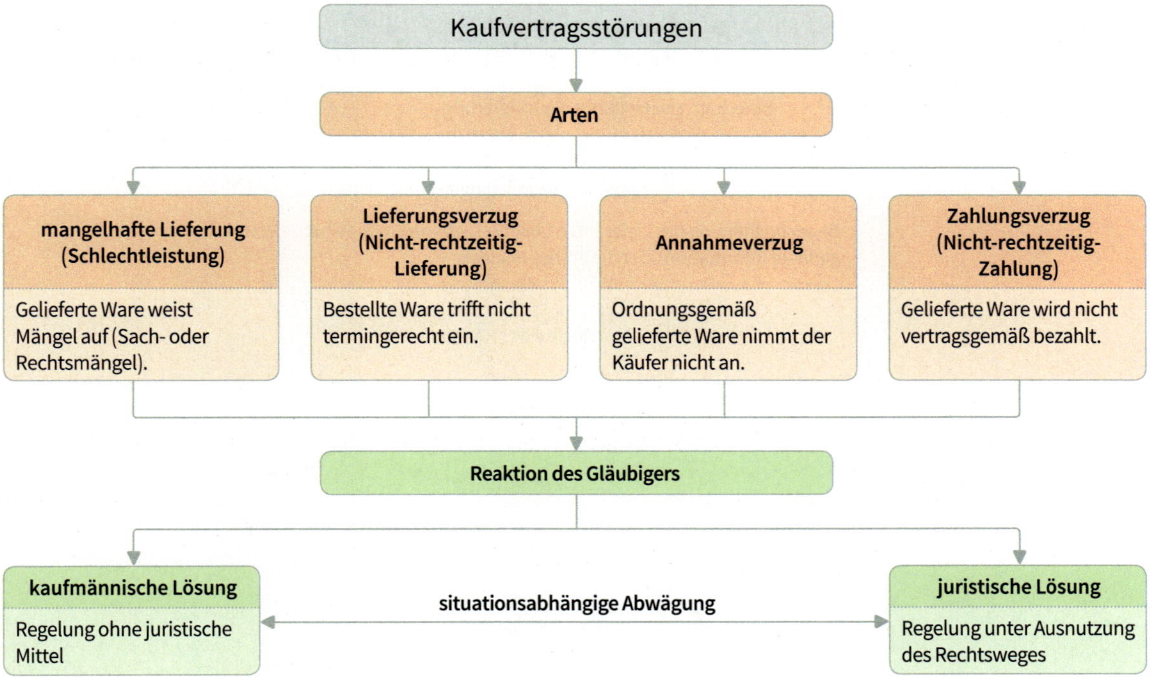

aus: Bentin, Margit u. a.: Beschaffungsprozess, Lehrerband, 3. Aufl., Braunschweig 2012, S. 140

Kaufmännische Lösungen bei Kaufvertragsstörungen

Der Unternehmer wird nur in Ausnahmefällen zum Kaufvertragsrecht des BGBs und HGBs greifen, um nach Lösungen für Kaufvertragsstörungen zu suchen. Zunächst wird er stets eine **kaufmännische Lösung** für Vertragsstörungen suchen, da es für ihn am wichtigsten ist, zu Kunden und Lieferanten gute Geschäftsverbindungen aufrechtzuerhalten. Er wird dem Vertragspartner entgegenkommen, damit sich **langfristige Geschäftsbeziehungen** ergeben können, denn nur dadurch wird er seine **Unternehmensziele** erreichen können.

Im Zweifel wird er sogar dem Vertragspartner Rechte zubilligen, die BGB bzw. HGB gar nicht vorsehen. Nur wenn eine gütliche Einigung nicht möglich ist, wird er vom Vertragsrecht Gebrauch machen und eventuell den **Rechtsweg**, z. B. mithilfe eines Rechtsanwaltes, einschlagen.

Mangelhafte Lieferung

Defective delivery

Mangelarten

Sachmangel

Rechtsmangel

Mangel in der Art
Gattungsmangel (falsche Ware geliefert)

Mangel in der Menge
Quantitätsmangel (zu wenig Ware geliefert)

Mangel in der Qualität
Mangel in der Beschaffenheit (verdorbene/beschädigte Ware, Fehlen einer zugesicherten Eigenschaft)

Montagemangel
mangelhafte Montage/Montageanleitung

Rügefristen (vgl. S. 164 und 165)

Mängelarten / Arten des Kaufes	offene Mängel	versteckte Mängel	arglistig verschwiegene Mängel
zweiseitiger Handelskauf	unverzüglich	unverzüglich nach Entdeckung, jedoch innerhalb zweier Jahre	innerhalb dreier Jahre
einseitiger Handelskauf	innerhalb zweier Jahre nach Lieferung		innerhalb dreier Jahre

Reklamation (Mängelrüge)
Benachrichtigung des Lieferanten über die Lieferung mangelhafter Ware mit genauer Information über die Art des Mangels

Rechte des Käufers

vorrangige Rechte

Nacherfüllung
- Beseitigung des Mangels (Nachbesserung: max. 2-mal)
- Ersatzlieferung (Lieferung gleichartiger Ware)

nachrangige Rechte

nach abgelaufener Frist zur Nacherfüllung[1]

Minderung
Herabsetzung des Kaufpreises

Rücktritt
Rückgängigmachung des Kaufvertrages

Schadensersatz
auch bei Rücktritt vom Kaufvertrag möglich

Ersatz vergeblicher Aufwendungen
statt Schadensersatz

[1] Das Setzen einer angemessenen Nachfrist ist z. B. entbehrlich (vgl. § 281 BGB), wenn
- der Verkäufer die Nacherfüllung verweigert oder
- wenn besondere Umstände vorliegen, die unter Abwägung der beiderseitigen Interessen die sofortige Geltendmachung des Schadensersatzanspruches rechtfertigen

Lieferungsverzug

Voraussetzungen

Fälligkeit

Überschreiten des Liefertermins durch den Lieferanten

Mahnung

Aufforderung des Lieferanten, die Ware zu liefern.
Mahnung entfällt, wenn …

- der Liefertermin kalendermäßig bestimmt ist oder sich kalendermäßig berechnen lässt.
- der Lieferant die Lieferung endgültig verweigert.
- aus besonderen Gründen der sofortige Eintritt des Verzugs gerechtfertigt ist.

Verschulden

Fahrlässigkeit oder vorsätzliches Handeln des Lieferanten

Eintritt des Lieferungsverzuges

Setzen einer angemessenen Frist zur Leistungserfüllung

Rechte des Käufers

ohne Nachfristsetzung

- Bestehen auf Lieferung
- Bestehen auf Lieferung und Verlangen eines Schadensersatzes (Verzögerungsschaden)

mit Nachfristsetzung

- Schadensersatz statt Leistung (Nichterfüllungsschaden) oder Ersatz vergeblicher Aufwendungen
- Rücktritt vom Kaufvertrag (auch einschließlich Schadensersatz statt Leistung)

Schadensersatz

Berechnung eines konkreten Schadens

Ein entstandener Schaden wird prinzipiell **konkret berechnet**, z. B. eine Preisdifferenz bei einem notwendig gewordenen Deckungskauf.

Berechnung eines abstrakten Schadens

Eine **abstrakte Schadensberechnung** ist in gesetzlich festgelegten Fällen möglich, z. B. bei der Berechnung von Verzugszinsen nach § 288 BGB.

Vereinbarung einer Konventionalstrafe

Um die meist komplizierte Schadensberechnung kaufmännisch zu vereinfachen, wird häufig von vornherein eine sogenannte **Konventionalstrafe** vereinbart. Tritt der Schadensfall ein, muss diese Vertragsstrafe geleistet werden.

Zahlungsmittel

Terms of payment

Zahlungsmittel

Zahlungsmittel
- **Bargeld** (Münzgeld oder Banknoten)
- **Buch- bzw. Giralgeld** (Guthaben bei einem Kreditinstitut)
- **Geldersatzmittel** (Scheck, Wechsel)

4

Klassische Formen der Zahlung (Zahlungsarten)

Traditional methods of payment

Zahlungsarten werden danach unterschieden, ob der Zahlungspflichtige und/oder der Zahlungsempfänger beim Zahlungsvorgang Bargeld oder Buchgeld (unter Einschaltung eines Kreditinstituts) verwenden:

Barzahlung	**halbbare Zahlung**	**bargeldlose Zahlung/ Zahlung mit Buchgeld**
Zahlungspflichtiger *und* Zahlungsempfänger benötigen *kein* Konto.	Zahlungspflichtiger *oder* Zahlungsempfänger benötigen *ein* Konto.	Zahlungspflichtiger *und* Zahlungsempfänger benötigen *je ein* Konto.
Formen: ▪ persönliche Übergabe ▪ Übergabe durch Boten ▪ postalische Bargeldübermittlung[1] [1] Deutsche Postbank AG	**Formen:** ▪ Zahlschein, ▪ Nachnahme } ***Bareinzahlung:*** Zahlungsempfänger benötigt ein Konto. ▪ Zahlungsanweisung[1], ▪ Barscheck } ***Barauszahlung:*** Zahlungspflichtiger benötigt ein Konto.	**Formen:** ▪ Verrechnungsscheck ▪ Überweisung ▪ Lastschrift ▪ Electronic Cash (Bank-Card mit PIN) ▪ ELV (Bank-Card mit Unterschrift) ▪ Geldkarte (aufladbare Bank-Card) ▪ Kreditkarte

Barzahlung

Übergabe

Die **Barzahlung** kann **persönlich** oder **durch einen Boten** erfolgen. Ein Bote, der die Barzahlung entgegennimmt, sollte die Vollmacht des Zahlungsempfängers nachweisen können. Der Zahlungspflichtige kann eine Quittung verlangen.

Formen der Quittung
Quittungsvordruck, Inkassostempel auf der Rechnung, Kassenbon

Verwendung der Quittung
Buchungsbeleg, Steuerbeleg, Beleg für Umtausch und Gewährleistungsansprüche

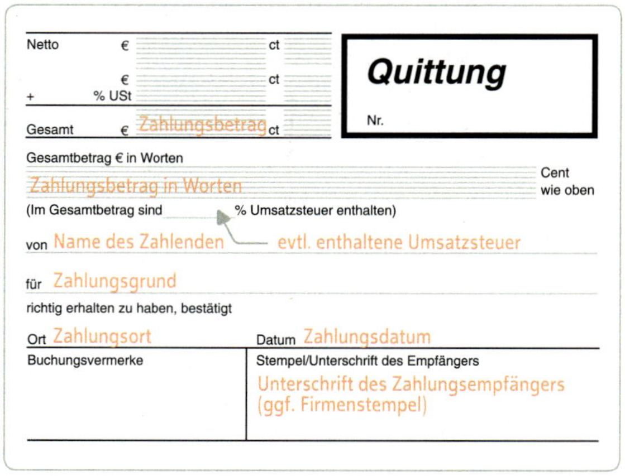
Quittung
Nr.

Netto € ct
+ % USt € ct
Gesamt € Zahlungsbetrag ct

Gesamtbetrag € in Worten
Zahlungsbetrag in Worten — Cent wie oben
(Im Gesamtbetrag sind % Umsatzsteuer enthalten)
von Name des Zahlenden — evtl. enthaltene Umsatzsteuer
für Zahlungsgrund
richtig erhalten zu haben, bestätigt
Ort Zahlungsort — Datum Zahlungsdatum
Buchungsvermerke — Stempel/Unterschrift des Empfängers
Unterschrift des Zahlungsempfängers (ggf. Firmenstempel)

Postalische Bargeldübermittlung

Die Übermittlung von Bargeld erfolgt bei der Post über den „Western Union Bargeldtransfer“. Mit diesem Service, der von der Postbank in Zusammenarbeit mit dem Vertragspartner „Western Union“ angeboten wird, kann innerhalb weniger Minuten weltweit Bargeld angewiesen und empfangen werden. Zur Übermittlung muss ein Sendeformular der „Western Union“ ausgefüllt und zusammen mit dem Transferbetrag und den anfallenden Entgelten in einer Filiale der Postbank oder der Deutschen Post AG abgegeben werden. Für diesen Service benötigt weder der Absender noch der Empfänger ein Girokonto.

Halbbare Zahlung

Begriff

Die **halbbare Zahlung** ist dadurch gekennzeichnet, dass *entweder* der Zahlungspflichtige *oder* der Zahlungsempfänger ein Konto für den Zahlungsvorgang einsetzt.

Zahlschein

Die Zahlung mit **Zahlschein** ermöglicht die Zahlung auf das Konto des Zahlungsempfängers, wenn der Zahlungspflichtige kein Konto hat. Der Zahlungspflichtige füllt den Zahlschein aus und zahlt den Geldbetrag bar ein.

Der Zahlungsempfänger bekommt den Betrag auf seinem Konto gutgeschrieben.

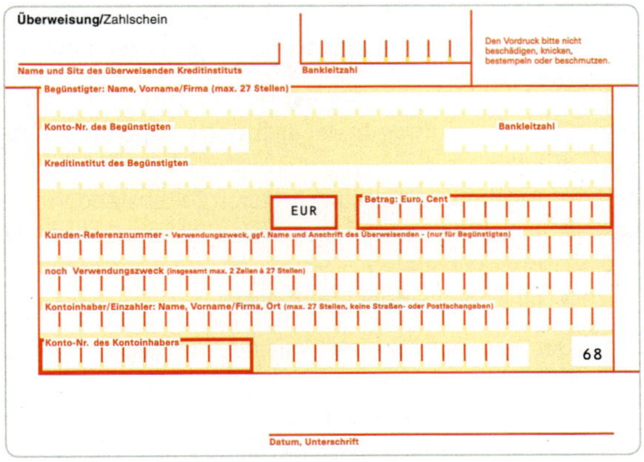

Nachnahme

Die Deutsche Post AG stellt dem Zahlungspflichtigen Briefe oder Waren gegen Zahlung des Nachnahmebetrages zu. Für die Nachnahme muss der Absender (Zahlungsempfänger) der Brief- oder Warensendung eine Nachnahmemarke mit dem gewünschten Zahlungsbetrag zzgl. des Übermittlungsentgeltes beifügen. Darüber hinaus muss vom Absender ein Inkasso-Beleg mit seinen Kontodaten bei der Post hinterlegt werden.

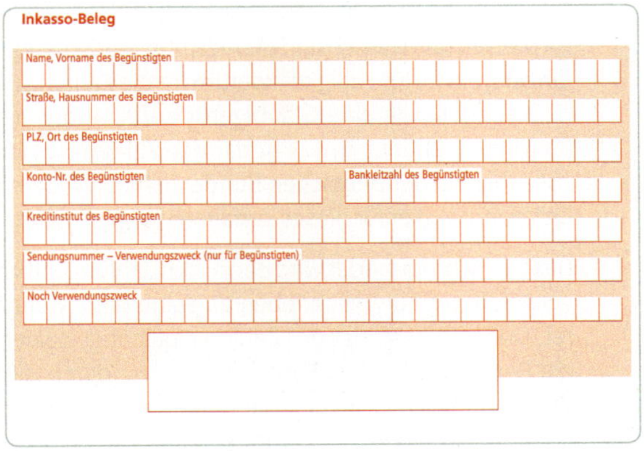

Die Deutsche Post AG überweist den eingezogenen Betrag auf das Konto des Zahlungsempfängers. Die Nachnahme-Summe darf 1.600,00 € nicht übersteigen. Bei einer fehlerhaften Geldübertragung haftet die Post nur bis zu diesem Betrag.

Zahlungsanweisung

Mit der **Zahlungsanweisung** kann der Inhaber eines Postbankkontos den Geldbetrag in unbegrenzter Höhe von seinem Konto abbuchen und dem Zahlungsempfänger durch den Postzusteller bar auszahlen lassen.

Barscheck

Die Zahlung mit **Barscheck** erfordert ein Konto des Zahlungspflichtigen, für das sein Kreditinstitut ihm Scheckformulare ausgehändigt hat.
Der Barscheck ist wie jeder Scheck eine Anweisung des Zahlungspflichtigen (Scheckaussteller) an sein Kreditinstitut, den Scheck bei Vorlage durch den Zahlungsempfänger (Scheckinhaber) einzulösen.
Eine **halbbare** Zahlung kann erfolgen, wenn der Zahlungspflichtige einen **Barscheck** ausstellt und dem Zahlungsempfänger übergibt. Der Zahlungsempfänger kann den Barscheck beim Kreditinstitut des Zahlungspflichtigen vorlegen und sich den Betrag bar auszahlen lassen. Der Betrag wird vom Konto des Zahlungspflichtigen abgebucht. Da der Barscheck ein Inhaberpapier ist, kann er von jedem Besitzer bar eingelöst werden und gilt daher als relativ unsicher.

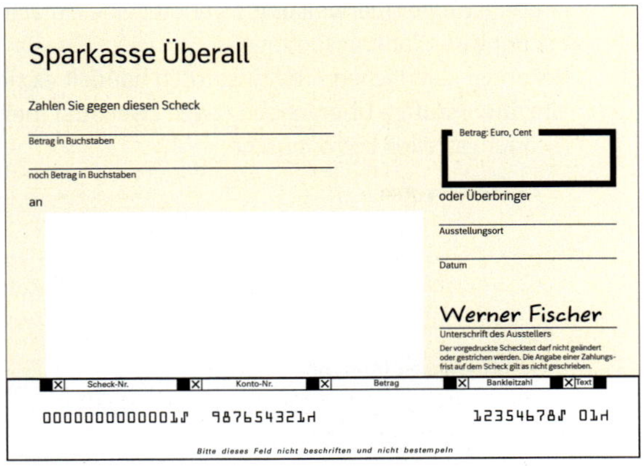

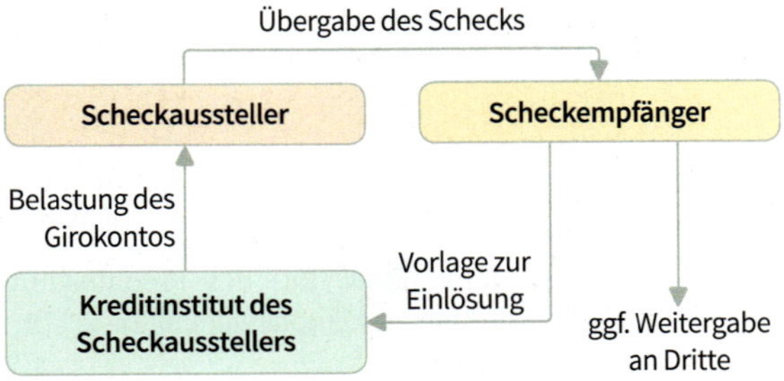

Bargeldlose Zahlung

Begriff

Die **bargeldlose Zahlung** erfordert die Nutzung von Konten sowohl des Zahlungsempfängers als auch des Zahlungspflichtigen. Der Zahlungsbetrag wird vom Konto des Zahlungspflichtigen auf das Konto des Zahlungsempfängers gebucht (Buchgeld).

Im Zuge der Digitalisierung und Automatisierung im Zahlungsverkehr erlangen die verschiedenen Möglichkeiten der elektronischen Kartenzahlung als Alternative zu den herkömmlichen bargeldlosen Zahlungsformen wie Überweisung und Verrechnungsscheck (siehe S. 175) immer mehr an Bedeutung. Für den EURO-Zahlungsraum gibt es im Rahmen von SEPA (Single European Payment Area) vereinheitlichte Überweisungsvorgänge (siehe S. 175).

Überweisung

Die **Überweisung** ist der Auftrag eines Kontoinhabers an sein Kreditinstitut, den angegebenen Geldbetrag von seinem Konto abzubuchen und auf dem Konto des Empfängers gutschreiben zu lassen. Die normale Überweisung kann

- schriftlich auf einem Überweisungsformular,
- durch Eingabe der Überweisungsdaten an einem Selbstbedienungsterminal des Kreditinstituts,
- fernmündlich durch Telefonbanking,
- per Computer als Onlinebanking (siehe S. 178) erfolgen.

Haben Zahlungspflichtiger und Zahlungsempfänger das Konto bei demselben Kreditinstitut, handelt es sich um eine **einstufige Überweisung**: Es erfolgt eine einfache Umbuchung des Zahlungsbetrages.
Bei unterschiedlichen Kreditinstituten handelt es sich um eine **mehrstufige Überweisung**, weil zwei oder mehr Verrechnungsstellen betroffen sind.

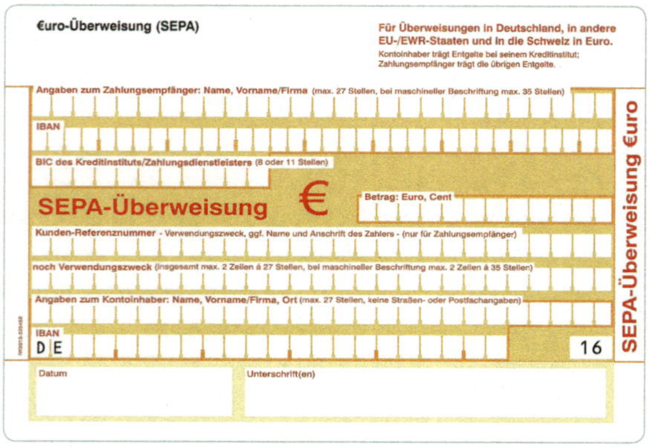
€uro-Überweisung (SEPA)

Für Überweisungen in Deutschland, in andere EU-/EWR-Staaten und in die Schweiz in Euro.
Kontoinhaber trägt Entgelte bei seinem Kreditinstitut; Zahlungsempfänger trägt die übrigen Entgelte.

Angaben zum Zahlungsempfänger: Name, Vorname/Firma (max. 27 Stellen, bei maschineller Beschriftung max. 35 Stellen)

IBAN

BIC des Kreditinstituts/Zahlungsdienstleisters (8 oder 11 Stellen)

SEPA-Überweisung €

Betrag: Euro, Cent

Kunden-Referenznummer - Verwendungszweck, ggf. Name und Anschrift des Zahlers - (nur für Zahlungsempfänger)

noch Verwendungszweck (insgesamt max. 2 Zeilen à 27 Stellen, bei maschineller Beschriftung max. 2 Zeilen à 35 Stellen)

Angaben zum Kontoinhaber: Name, Vorname/Firma, Ort (max. 27 Stellen, keine Straßen- oder Postfachangaben)

IBAN
DE 16

Datum

Unterschrift(en)

SEPA-Überweisung €uro

Folgende **Übermittlungsdaten** sind notwendig:

- Name und Anschrift des Empfängers
- Bankverbindung (IBAN, BIC des Kreditinstituts/Zahlungsdienstleisters des Empfängers; siehe S. 179)
- Verwendungszweck
- Zahlungs- bzw. Überweisungsbetrag
- Kontonummer des Auftraggebers (Kontoinhaber)
- Name und Ort des Auftraggebers
- Auftragsdatum
- Unterschrift des Auftraggebers

Dauerauftrag

Der **Dauerauftrag** ist die Anweisung eines Kontoinhabers an sein Kreditinstitut, in bestimmten Zeitabständen einen jeweils gleichen Betrag auf das Konto des Empfängers zu überweisen (z. B. bei Mietzahlungen). Er wird bis zum Widerruf des Auftraggebers vom Kreditinstitut ausgeführt.

Bei Änderungen der Zahlungsbedingungen (Empfänger, Betrag, Zahlungsrhythmus) muss der Dauerauftrag mit entsprechendem Umstellungs- und Kostenaufwand geändert werden.

Der Dauerauftrag bietet sich unter folgenden **Voraussetzungen** an:

- regelmäßige Zahlung in festen Zeitabständen
- gleichbleibender Überweisungsbetrag und Verwendungszweck
- gleichbleibender Empfänger

Der Dauerauftrag bietet folgende **Vorteile**:

- Arbeitsersparnis
- kein Versäumnisrisiko für den Auftraggeber
- weniger Verwaltungsaufwand für das Kreditinstitut
- gesicherter Zahlungseingang
- Vermeidung von Mahnverfahren für den Empfänger

SEPA-Lastschriftverfahren

Bei der SEPA-Lastschrift wird der Zahlungsempfänger vom Zahlungspflichtigen durch ein Mandat ermächtigt, fällige Forderungsbeträge von dessen Girokonto einziehen zu lassen. Dazu sendet der Zahlungsempfänger dem Zahlungspflichtigen ein SEPA-Lastschriftmandat zu. Der Zahlungsvorgang wird also vom Zahlungsempfänger eingeleitet.

Das SEPA-Lastschriftmandat enthält neben rechtlichen Hinweisen den Namen und die Anschrift des Zahlungsempfängers, ein festes Fälligkeitsdatum für die Zahlung (Kontobelastung) sowie eine **Gläubiger-Identifikationsnummer** (Creditor Identifier bzw. CI), die der Zahlungsempfänger zunächst bei der Deutschen Bundesbank anfordern muss. Erst dann wird er für dieses Verfahren freigeschaltet.

Das Lastschriftmandat wird dann vom Zahlungspflichtigen ausgefüllt und unterschrieben an seine Bank weitergeleitet. Dadurch bestätigt der Zahlungspflichtige seiner Bank die Berechtigung zum Forderungseinzug durch die Bank des Zahlungsempfängers. Die Bank des Zahlungspflichtigen wird also autorisiert, vom Zahlungsempfänger eingereichte Lastschriften einzulösen.

Bargeldlose Zahlung

SEPA-Lastschriftverfahren
Generell gilt das SEPA-Lastschriftmandat unbefristet bis zum Widerruf durch den Zahlungspflichtigen. Es verfällt jedoch, wenn 36 Monate nach der letzten Lastschrift keine Folgelastschrift vom Zahlungsempfänger eingereicht wurde.
Bei der SEPA-Lastschrift wird für Privatkunden und für Firmen zwischen zwei Lastschriftverfahren unterschieden:

Die SEPA-Basislastschrift (Core Direct Debit)
Die Basislastschrift ist insbesondere für das Bezahlen durch Verbraucher geeignet. Der Zahlungsempfänger muss dem Zahlungspflichtigen spätestens 14 Tage vor Fälligkeit der Lastschrift eine Information (Pre-Notification) zukommen lassen. Die tatsächliche Einreichung der Lastschrift muss dann bei erst- oder einmaliger Ausführung spätestens 5 Tage vor Fälligkeit erfolgen. Für Folgelastschriften verkürzt sich diese Frist auf 2 Tage.
Der Zahlungspflichtige kann einer erfolgten Lastschrift bis zu 8 Wochen nach der Kontobelastung ohne Angabe von Gründen widersprechen und die Erstattung des Lastschriftbetrages verlangen. Bei unautorisierten Lastschriften (nicht erteiltes oder gelöschtes Mandat) verlängert sich die Widerspruchsfrist auf 13 Monate. Nach Ablauf dieser Fristen ist kein Widerspruch mehr möglich.

Die SEPA-Firmenlastschrift (Business to Business Direct Debit)
Die Firmenlastschrift ist ausschließlich für den Verkehr mit Geschäftskunden, also Unternehmen vorgesehen und berücksichtigt verstärkt deren Bedürfnisse. Verbraucher sind von der Nutzung ausgeschlossen. Auch hier muss der Zahlungsempfänger dem Zahlungspflichtigen spätestens 14 Tage vor Fälligkeit der Lastschrift eine Information (Pre-Notification) zukommen lassen. Die Einreichung der Lastschrift muss jedoch grundsätzlich spätestens einen Tag vor Fälligkeit erfolgen. Mit der Bestätigung des Firmenlastschrift-Mandats autorisiert der Zahlungspflichtige bei seiner Bank alle damit verbundenen Zahlungen, also auch alle Folgezahlungen. Bei der Firmenlastschrift hat ein autorisierter Geldeinzug unmittelbare Gültigkeit. Der Zahlungspflichtige kann also bei einer bereits erfolgten autorisierten Kontobelastung keine Erstattung des Lastschriftbetrages verlangen. Um die weitere Ausführung von Lastschriften zu verhindern, muss er dem Lastschriftmandat bei seiner Bank widersprechen.

SEPA-Firmenlastschrift (Business to Business Direct Debit)

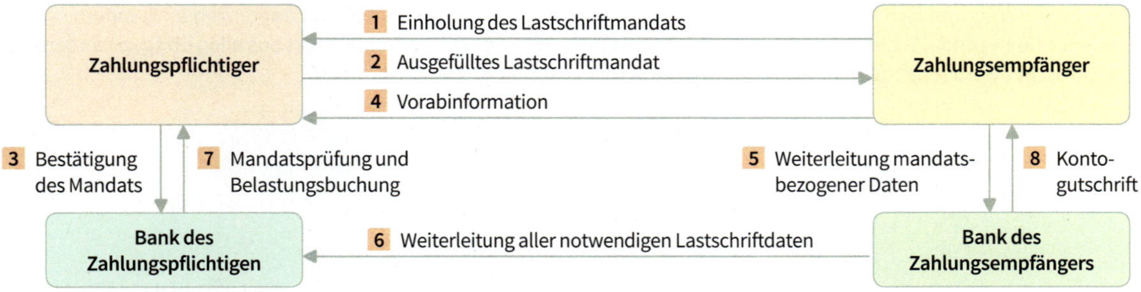

Sammelüberweisung
Bei der Sammelüberweisung werden mehrere Überweisungen an verschiedene Zahlungsempfänger zusammengefasst. Auf dem Konto des Zahlungspflichtigen erfolgt dann nur eine Lastschrift mit dem entsprechenden Gesamtbetrag. Diese Form der Überweisung ist besonders bei einer hohen Anzahl an Überweisungsbeträgen vorteilhaft, da auf Dauer Bürotätigkeiten und Buchungskosten eingespart werden können.

Eilüberweisung
Die Kreditinstitute bieten die Möglichkeit, Eilüberweisungen gegen entsprechend höhere Gebühren *deutlich schneller* als normale Überweisungen abzuwickeln. Dies kann sich bei sehr vielen Zahlungsverpflichtungen rechnerisch lohnen, wenn dadurch z. B. Skontofristen eingehalten oder Verzugszinsen vermieden werden können.

Verrechnungsscheck
Der **Verrechnungsscheck** ist wie der Barscheck eine Anweisung des Zahlungspflichtigen (Scheckaussteller) an sein Kreditinstitut, den Scheck bei Vorlage durch den Zahlungsempfänger (Scheckinhaber) einzulösen. Diese Einlösung darf beim Verrechnungsscheck vom bezogenen Kreditinstitut jedoch nur als Gutschrift des Scheckbetrages auf einem Konto des Zahlungsempfängers erfolgen und gilt daher als sicher. Der Kontoinhaber kann bei Bedarf als Zahlungsempfänger ermittelt werden.

Das Scheckformular wird für die Verwendung als Verrechnungsscheck durch Stempelaufdruck „Nur zur Verrechnung" oder durch zwei Schrägstriche kenntlich gemacht.

Scheck: Überblick

Begriff

Der Scheck ist die **schriftliche Anweisung** eines Kontoinhabers (Aussteller) an sein Kreditinstitut (Bezogener), bei Vorlage des Schecks den angegebenen Geldbetrag von seinem Konto an den Scheckinhaber zu zahlen. Dies geschieht beim Barscheck durch Barauszahlung und beim Verrechnungsscheck durch Überweisung auf ein vom Scheckinhaber angegebenes Konto.

Gesetzliche Bestandteile

Die Scheckurkunde ist an rechtliche Formvorschriften gebunden. Ein Scheckformular ist nur gültig, wenn es folgende **gesetzliche Bestandteile** enthält (siehe folgende Abbildung):

- Bezeichnung „Scheck“ im Text der Urkunde
- Anweisung, bei Vorlage den Scheckbetrag zu zahlen
- Name des Bezogenen
- Zahlungsort
- Ort und Tag der Ausstellung
- Unterschrift des Ausstellers

Fälligkeit und Funktion

Die Forderung aus dem Scheck kann nur durch Vorlage geltend gemacht werden, sie ist also **bei Sicht** fällig.

Die Zahlung mit Scheck erfolgt **zahlungshalber**, das zugrunde liegende Schuldverhältnis der Scheckausstellung erlischt also erst mit der Einlösung des Schecks.

Scheckarten: Inhaber- und Orderscheck

- Scheckformulare beinhalten i. d. R. als **Inhaberscheck** die *„Überbringerklausel“*, die das bezogene Kreditinstitut dazu berechtigt, an jeden Scheckinhaber zu zahlen, weil die Scheckweitergabe und die damit verbundene Übertragung der Rechte aus dem Scheck formlos durch Einigung und Übergabe geschieht.
- Im Gegensatz dazu werden für den Scheckverkehr mit dem Ausland häufig **Orderschecks** verwendet, die eine *„Orderklausel“* beinhalten. Sie sind durch einen roten Randstreifen mit dem Aufdruck „Orderscheck“ gekennzeichnet.

Beim Orderscheck wird der Name des Zahlungsempfängers genannt. Für die Scheckweitergabe ist ein schriftlicher Übertragungsvermerk (Indossament) auf der Scheckrückseite erforderlich. Das bezogene Kreditinstitut ist verpflichtet, bei der Scheckeinlösung die Legitimation des Zahlungsempfängers sowie eventuelle Indossamente zu prüfen.

Einlösungsfristen

Die Scheckeinlösung ist an gesetzliche Vorlegungsfristen gebunden, die mit dem Ausstellungsdatum beginnen:

- 8 Tage für im Inland ausgestellte Schecks
- 20 Tage für Schecks aus dem europäischen Ausland und an das Mittelmeer angrenzenden Ländern
- 70 Tage für Schecks aus allen übrigen Ländern

Der Scheck und seine gesetzlichen Bestandteile

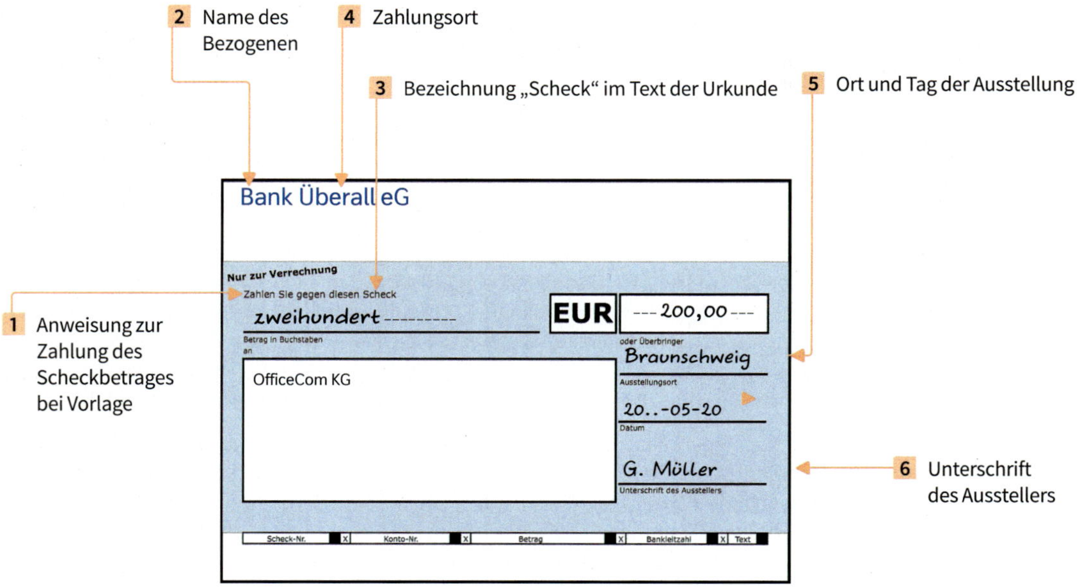

Elektronische Zahlungssysteme (ohne Kreditkarte)

Mit der Verbreitung elektronischer Zahlungssysteme hat die **girocard** im bargeldlosen Zahlungsverkehr eine große Bedeutung erlangt.

Neben der Bargeldbeschaffung am Geldautomaten und dem Ausdrucken von Kontoauszügen wird sie vor allem auch für die direkte bargeldlose Zahlung als eigenständiges Zahlungsmittel eingesetzt.

Die Kreditinstitute haben ihren Service in Bezug auf die Bank-Card im Rahmen des „Electronic-Cash-Systems" entsprechend erweitert. Durch Kartenlesegeräte und unterschiedliche Übermittlungssysteme kann die girocard bzw. die GeldKarte direkt für die bargeldlose Zahlung eingesetzt werden.

Neben der Maestro Karte, mit der weltweit bargeldlose Zahlungen und Bargeldverfügungen an Geldautomaten möglich sind, ist von VISA-Europe die europäische Debitkarte „V PAY" entwickelt worden.

Sie kann national und europaweit überall dort eingesetzt werden, wo sich bei Händlern und Geldautomaten das V PAY-Akzeptanzlogo findet. Die Karte ist mit moderner Chip- und PIN-Technologie ausgestattet. Zu ihrer Verwendung muss immer eine PIN eingegeben werden: Dadurch wird das Risiko des Betrugs durch Kartendiebstahl oder -fälschung stark reduziert.

Merkmale	Zahlungssysteme		
	girocard (Point-of-Sale-Banking: POS)	**Elektronisches Lastschriftverfahren (ELV)**	**GeldKarte**
Funktion	Zahlungsvorgang mit Karte und PIN	Zahlungsvorgang mit Karte und Unterschrift	Zahlungsvorgang durch vorher aufgeladene GeldKarte
Zahlungsvorgang	■ Einlesen der Kartendaten und der PIN ■ Aufbau einer Onlineverbindung ■ Überprüfung der Kartengültigkeit der PIN, der Sperrdatei und des Kontosaldos im Rechenzentrum des bezogenen Kreditinstituts ■ Meldung über das Prüfungsergebnis; bei positiver Autorisierung erfolgt die Zustimmung zur Begleichung des Zahlungsbetrages. ■ Gutschrift des Zahlungsbetrages auf dem Konto des Zahlungsempfängers	■ Einlesen der Kartendaten (Kontonummer und Bankleitzahl) ■ manuelle Eingabe des Zahlungsbetrages zur Erstellung eines Lastschriftbelegs ■ Unterschrift des Zahlungspflichtigen auf dem Lastschriftbeleg ■ Legitimationsprüfung (Unterschriftenvergleich) durch den Zahlungsempfänger ■ Lastschrift auf dem Konto des Zahlungspflichtigen	■ Aufladen der GeldKarte bis maximal 200,00 € durch den Karteninhaber ■ Lastschrift in Höhe der Aufladesumme auf dem Konto des Karteninhabers ■ Gegenbuchung auf einem internen Verrechnungskonto (Kartensammelkonto) bei der bezogenen Bank ■ Belastung des Chips mit dem Zahlungsbetrag beim Zahlungsvorgang durch den Zahlungsempfänger
Berechtigungsnachweis (Identifikation) des Karteninhabers	durch PIN	durch Unterschrift	nicht erforderlich, da der geladene Betrag bereits vor dem Zahlungsvorgang vom Zahlungspflichtigen entrichtet wird (Bargeldfunktion)
Zahlungsgarantie	ja	nein	ja
Verfügungshöchstbetrag	max. 2.000,00 € pro Tag	keine Begrenzung	max. 200,00 € pro Tag
Vorteile	kein Zahlungsrisiko für den Zahlungsempfänger durch umfassende Prüfung	geringere Kosten für den Zahlungsempfänger durch Wegfall der Autorisierungsgebühr	Zeitersparnis durch Wegfall der Legitimationsprüfung
Nachteile	hohe Kosten für den Zahlungsempfänger durch Autorisierungs- und Transaktionsentgelt	Zahlungsrisiko durch Widerspruchsrecht des Karteninhabers	Verlustrisiko für den Karteninhaber durch die Bargeldfunktion

Elektronische Zahlungssysteme/Kartenzahlung *Electronic payment system/card payment*

Elektronische Zahlungssysteme (Überblick)

girocard
Möglichkeit der bargeldlosen Zahlung mit Karte und PIN oder des Abhebens von Bargeld am Geldautomaten. Auch kontaktlose Zahlungen sind mit entsprechender girocard und einem entsprechend ausgestatteten Terminal möglich.

maestro
Weltweite Möglichkeit der bargeldlosen Zahlung mit Karte und PIN sowie des Abhebens von Bargeld am Geldautomaten; kontaktlose Zahlungen sind in Verbindung mit einer kontaktlosfähigen Karte und entsprechendem Lesegerät möglich.

V PAY
Europaweite Möglichkeit der bargeldlosen Zahlung mit Karte und PIN sowie des Abhebens von Bargeld am Geldautomaten

girogo
Bargeldlose Zahlungsmöglichkeit von Kleinbeträgen mittels vorgeladenem Guthaben. Dieses kann mit bis zu 200,00 € aufgeladen werden und gilt nur in Deutschland.

Ablaufschema einer POS-Zahlung über das Terminal

Kunde bei der Zahlung im Geschäft

1. Ermittlung und Anzeige des Zahlungsbetrages an der Zahlstelle
2. Bestätigung des Zahlungsbetrages durch den Kunden
3. Einführen der Karte in das Kartenlesegerät durch den Kunden
4. Eingabe der persönlichen Geheimzahl (PIN) in das Lesegerät durch den Kunden

Autorisierungsstelle

5. Karten-Identifizierung durch das Terminal
   - PIN-Prüfung am Point of Sale
     - Offline PIN-Prüfung PIN wird vom Kartenchip überprüft (hauptsächliches Verfahren)
     - Online PIN-Prüfung PIN wird online im Hintergrundsystem geprüft (nur, wenn das Terminal oder der Kartenchip dieses Verfahren zulassen)
   - Offline- oder Online-Transaktion
     - Prüfung einer eventuellen Kartensperre
     - Bei möglicher Offline-Transaktion überprüft die Karte das mögliche Offline-Limit. Reicht das Limit nicht aus, wird eine Online-Transaktion durchgeführt.

Kunde bei der Zahlung im Geschäft

6. Rückmeldung über erfolgte Zahlung: „Zahlung erfolgt“
7. Erstellung der Zahlungsbestätigung für den Kunden nach positiver Rückmeldung

Kreditinstitut

8. Sammelgutschrift aller Kartenumsätze eines Tages auf dem Girokonto des Händlers
9. Abbuchung über den Zahlungsbetrag auf dem Girokonto des Kunden

vgl.: Deutscher Sparkassenverlag, Stuttgart

Onlinebanking

Bargeldlose Zahlungsvorgänge können per PC online mit dem kontoführenden Kreditinstitut erfolgen. Für die Kontostandsabfrage bekommt der Kontoinhaber den Zugang zum Rechner des Kreditinstituts und zu seinem Konto durch seine persönliche Identifikationsnummer (Onlinebanking-PIN, auch alphanumerisch). Durch die zusätzliche Eingabe einer Transaktionsnummer (TAN) bzw. einer indizierten Transaktionsnummer (iTAN; indiziert = numeriert) ist jeder Kontozugriff mit Veränderung des Kontostandes möglich (z. B. Erteilung von Überweisungsaufträgen, Einrichten oder Verändern eines Dauerauftrages). Die Transaktionsnummern für das Onlinebanking werden dem Kontoinhaber vom kontoführenden Kreditinstitut persönlich zugeteilt. Die Verwendung einer TAN bzw. einer iTAN kann jeweils nur einmal erfolgen und gleicht einer elektronischen Unterschrift.

Begriff

Der gesamte europäische Zahlungsverkehr des Euro-Währungsraums im Rahmen der „Single Euro Payments Area“ (SEPA) ist so standardisiert, dass nationale und grenzüberschreitende Zahlungen im gesamten Euro-Zahlungsverkehrsraum einheitlich abgewickelt werden können. Ziel der SEPA ist es, dass bargeldlose Zahlungen in den Teilnehmerländern im nationalen und grenzüberschreitenden Zahlungsverkehr standardisiert und ohne Unterschiede für den Bankkunden erfolgen können.

Alle inländischen und grenzüberschreitenden Überweisungen und Lastschriften werden über internationale Kontonummern (International Bank Account Number, IBAN) ausgeführt. Die IBAN-Nummer ist eine 22-stellige Kombination aus Länderzeichen, Bankleitzahl und Kontonummer. Für Auslandsüberweisungen wird zusätzlich die internationale Bankleitzahl (Bank Identifier Code, BIC) benötigt.

Merkmale von SEPA

Als Merkmale von SEPA können genannt werden:

- schrankenlose Abwicklung des insgesamt anfallenden Euro-Zahlungsverkehrs über ein Konto bei einer beliebigen europäischen Bank, z. B. für Menschen, die im Ausland arbeiten;
- europaweite Nutzung von Zahlungsdienstanbietern;
- besserer Service: Unternehmer und Verbraucher können die Bank mit dem optimalen Preis-Leistungs-Verhältnis in Europa für ihre Bankgeschäfte wählen;
- Nutzung von Möglichkeiten zur Kosteneinsparung für Unternehmen, indem sie ihre Bankverbindungen straffen und die Abwicklung des Zahlungsverkehrs und die Liquiditätsüberwachung konzentrieren;
- effizientere Abwicklung des Zahlungsverkehrs im europäischen Zahlungsraum; er ist schneller, sicherer und bequemer geworden.
- kurze Überweisungslaufzeiten: Den Kunden wird der Überweisungsbetrag nach einer maximalen Abwicklungszeit von einem Bankarbeitstag gutgeschrieben (vorher maximale Abwicklungsdauer von drei Bankarbeitstagen).
- europaweite Verwendung von Debitkarten (Kreditkarten) für alle Euro-Zahlungen;
- Information der Kunden über das exakte Datum der Kontobelastung infolge der Angabe eines Fälligkeitsdatums bei SEPA-Lastschriften, dadurch Möglichkeit zur genauen Liquiditätsvorsorge zwecks Lastschrifteinlösung.

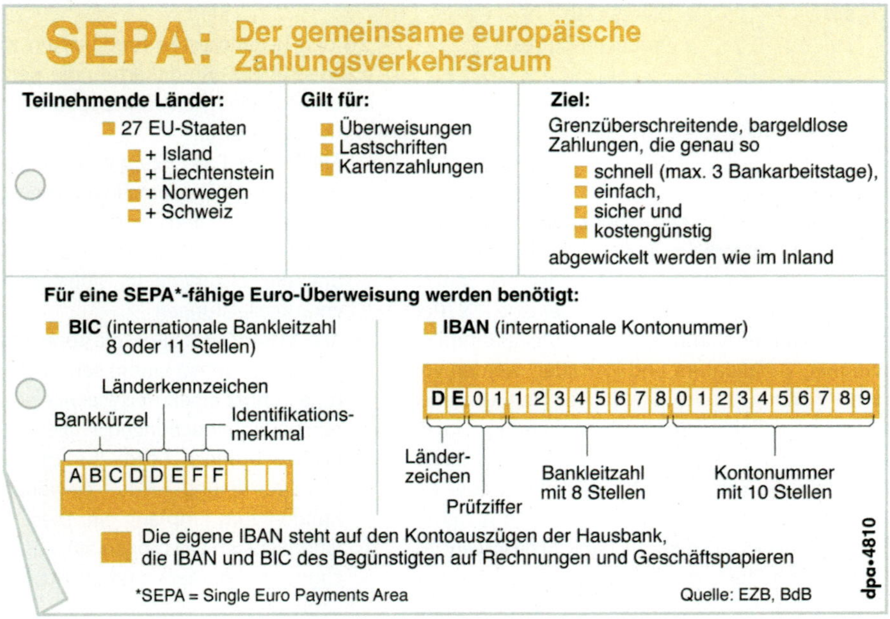

Kreditkarte *The credit card*

Begriff

Die **Kreditkarte** ist ein weltweit verbreitetes bargeldloses Zahlungsmittel. Sie besteht aus Plastik und hat das Format einer Scheckkarte. Sie wird von Kreditkartengesellschaften (i. d. R. in Zusammenarbeit mit Banken sowie Nichtbanken) an Kunden mit einwandfreier Bonität ausgegeben, z. B. Ausgabe der MasterCard an Kunden der NORD/LB. Die Bonitätsprüfung erfolgt nach einer ausdrücklichen Einwilligung des Kunden mittels einer Abfrage bei der SCHUFA (Schutzgemeinschaft für allgemeine Kreditsicherung). So wird die Bank über evtl. vorliegende Negativmerkmale, z. B. Scheckkartenmissbrauch, unterrichtet. Nach einer positiven Auskunft räumt die Bank dem Kunden einen eigenen Kreditrahmen ein. Nach einem Kauf werden die Daten erfasst, und der Kunde erkennt die Zahlung durch seine Unterschrift oder seine PIN an. Seine Umsätze werden per Lastschrift von seinem Girokonto abgebucht, teilweise erst bis zu einem Monat nach dem Kauf. Die Kreditkarte ist auch im Rahmen des Mobile Payment einsetzbar (s. S. 183).

Arten

- MasterCard
- VISA
- Diners Club
- American Express

Die Kreditkarte ist auch im Rahmen des Mobile Payment einsetzbar (siehe S. 183).

Ziele

Die **Kreditkarte** berechtigt den Inhaber bei Vorlage der Karte bei Vertragsunternehmen weltweit bargeldlos zu bezahlen und sich an Geldautomaten oder bei Banken Bargeld zu beschaffen, sofern die Karte über eine PIN (**P**ersönliche **I**dentifikations-**N**ummer) verfügt. Die Kartendaten (Kartennummer, Verfalldatum und Prüfziffer) werden von einem auf der Kartenrückseite befindlichen Magnetstreifen abgelesen. Auch bei Einkäufen oder Reisebuchungen im Internet ist häufig eine Kreditkarte erforderlich. Bei Auslandsreisen außerhalb der Euroländer braucht man weder viel Bargeld der Landeswährung mitzunehmen noch Travellers Cheques (Reiseschecks) bei der Hausbank zu besorgen.
Der Kreditkarteninhaber kann aus einem monatlichen Verfügungsrahmen (ca. 2–3 Gehaltseingänge) einen kurzfristigen Kredit in Anspruch nehmen. Die Karte sichert den Vertragsunternehmen den Zahlungseingang. In Deutschland nehmen die Unternehmen lieber die BankCard: Die Kaufsumme kann unverzüglich dem Girokonto des Kunden belastet werden und die Umsatzprovision der Kartengesellschaft entfällt.

Ausstattung

Die **Standardkarte** ermöglicht die normale Nutzung der Kreditkarte. Darüber hinaus bietet heute fast jede große Kreditkartengesellschaft **Zusatzleistungen** an.

Beispiele:
- Auslandsreise-Krankenversicherung
- Verkehrsmittel-Unfallversicherung
- Reise-Service-Versicherung
- Auslands-Autoschutzbrief-Versicherung
- Kfz-Reise-Haftpflichtversicherung für Mietfahrzeuge
- Reise-Rechtsschutzversicherung für Mietfahrzeuge
- Reise-Privat-Haftpflichtversicherung weltweit

Zu den bekanntesten Kreditkarten zählen die American Express-(AMEX)-Kreditkarten, die derzeit in 17 Varianten zu unterschiedlichen Jahresgebühren angeboten werden. Die Klassiker sind:
- **AMEX Blue Card:** Sie gilt als Einstiegskarte für Berufsanfänger mit kleinem Einkommen. Sie umfasst die Zahlungsfunktion und diverse Versicherungsleistungen.
- **AMEX Card:** Sie ist die AMEX-Standardkarte und enthält über die Leistungen der Blue Card hinaus weitere Versicherungsleistungen.
- **AMEX Gold Card:** Sie ist die populärste AMEX-Kreditkarte und bietet neben einem sehr umfangreichen Versicherungsschutz einen Reiseservice sowie Sonderkonditionen bei Hotelbuchungen, Flügen, Mietwagen u. v. a.
- **AMEX Platinum Card:** Sie ist die kostenintensivste AMEX-Karte und nicht frei wählbar: AMEX lädt ihre Kunden zum Empfang ein. Diese Karte weist die umfangreichsten Leistungen auf, z. B. Vorteile bei Hotelbuchungen, Upgrades und Zutritt zu Flugplatz-Business-Lounges.

Vorteile
- internationales bargeldloses Zahlungsmittel
- weltweite Bargeldbeschaffung
- kurzfristige Kreditgewährung
- Begrenzung der Haftung bei Verlust oder Diebstahl auf 50,00 €, vorausgesetzt die Sperrung der Karte wurde unverzüglich veranlasst
- Vielzahl von Zusatzleistungen, je nach Kartenvariante (s. o.)

Nachteile
- **aus Sicht des Verkäufers**
  – prozentuale Provision an die Kreditkartengesellschaft
  – zusätzliche Kosten für den Kartenleser
- **aus Sicht des Kunden**
  – Bargeldbeschaffung ist relativ teuer
  – Gefahr hoher Verschuldung

Gemäß der Zahlungsdiensterrichtlinie der EU, die am 13.01.2018 in Kraft getreten ist, dürfen Händler für Kartenzahlungen keine gesonderten Gebühren mehr von den Kunden verlangen. Dies gilt auch für kostendeckende Aufschläge.

Prepaid-Kreditkarten räumen keine Kredite ein, vielmehr muss man – wie bei einer Geldkarte – erst einen Betrag einzahlen, den man dann ausgeben kann. Sie wird ohne SCHUFA-Abfrage und ohne Einkommensnachweis auch bei geringer Bonität ausgegeben.

Co-Branding-Cards (engl. co-branding bedeutet Markenpartnerschaft) werden oft von Dienstleistungs- oder Industrieunternehmen in Zusammenarbeit mit einer Bank oder einer Kartengesellschaft an Kunden ausgegeben. Dies können neben dem weltweiten Karteneinsatz auch die speziellen Leistungen des kooperierenden Unternehmens in Anspruch nehmen, z. B. mittels der Lufthansa Miles & More Credit Card Prämienmeilen und attraktive Versicherungsleistungen rund ums Reisen.

Bei **Debitkarten** (engl. debit bezeichnet einen Schuldposten) werden Eingänge sofort den Girokonten der Käufer belastet, ebenso auch der Bargeldbezug an Geldautomaten; sie räumen jedoch keinen Kreditrahmen ein. Sie können nur in Verbindung mit einem Girokonto benutzt werden. Die bekannteste deutsche Debitkarte ist die im Rahmen des „Electronic-Cash-Systems" eingesetzte Maestro-Karte (früher EC-Karte). Sie wird besonders im Einzelhandel sehr viel verwendet, aber außerhalb Europas kaum akzeptiert.

Beispiel: Ein Kunde kauft bei der OfficeCom KG ein und bezahlt mit der MasterCard.

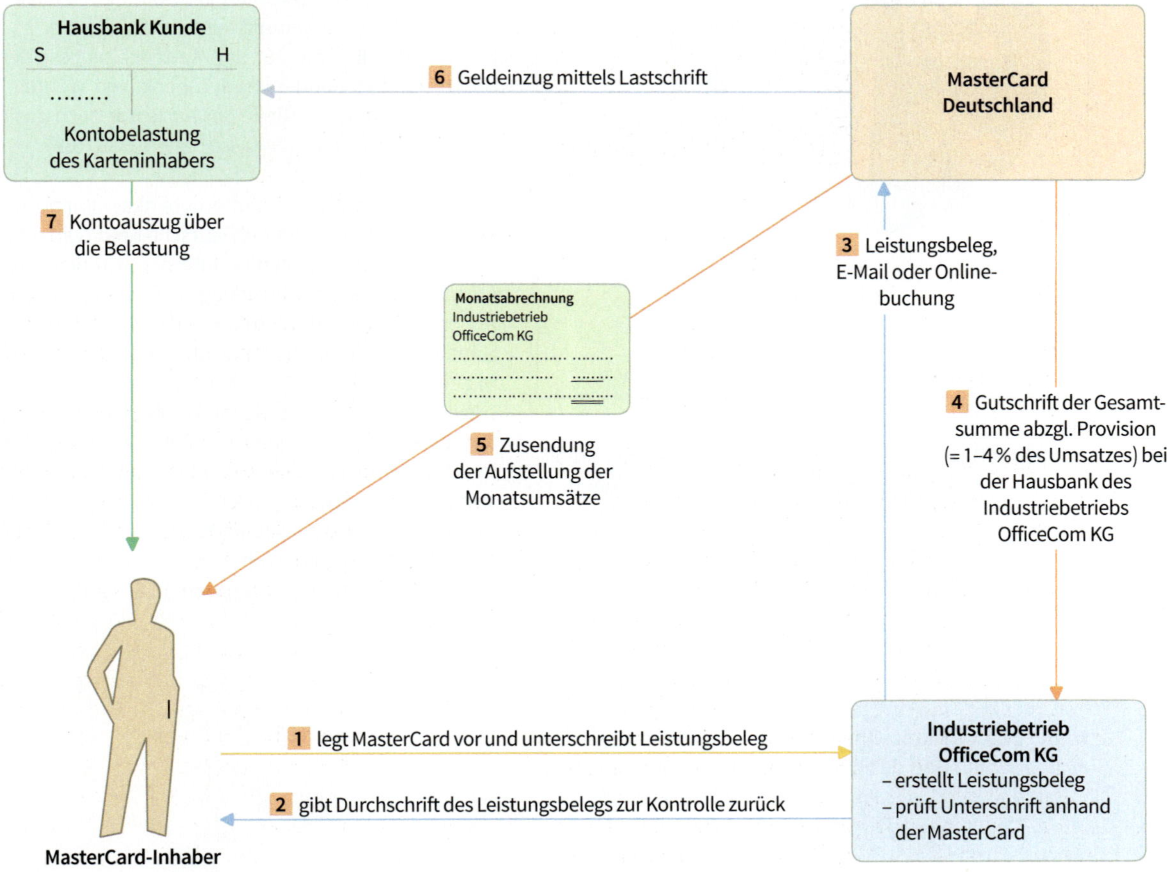

Volkswirtschaftliche Bedeutung

Die Zahlung mit Kreditkarte, bei der nicht das Girokonto, sondern ein spezielles Kreditkartenkonto belastet wird, hat einen tendenziell wachsenden Anteil an den Zahlungstransaktionen. Sie gewährt dem Karteninhaber für einen überschaubaren Zeitraum von bis zu einem Monat kostenlosen Kredit. Bei entsprechender Ausstattung kann er über verschiedene Zusatzleistungen verfügen.
Handel und Gastronomie akzeptieren wegen des starken Wettbewerbs die Kreditkarte – trotz der teilweise hohen Gebühren, die sie zu tragen haben. Die Kreditkarte wird vor allem zu Einkäufen im Internet sowie zur Bezahlung an Tankstellen, in Hotels und Pensionen benutzt.

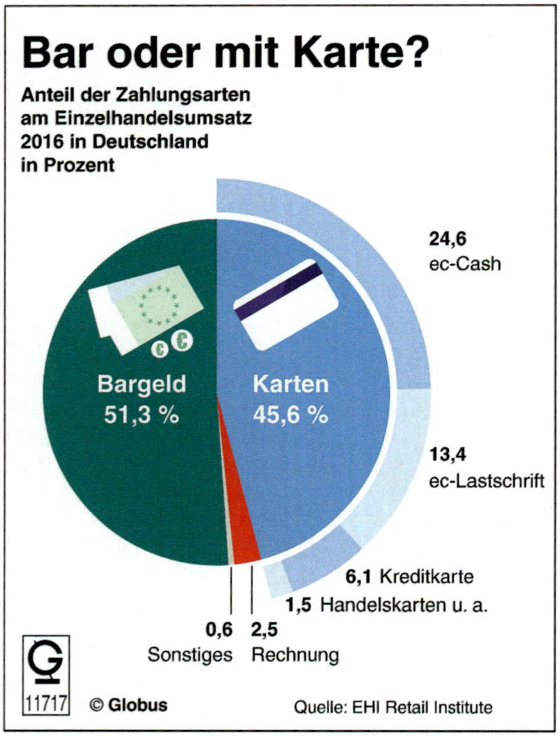

Beim **Kreditkartenbetrug** werden die Inhaber von Kreditkarten und/oder die Verkäufer aufgrund gestohlener oder gefälschter Kreditkartendaten finanziell geschädigt. Neben dem physischen Kartendiebstahl werden Kartendaten zunehmend mittels elektronischen Vorgehens illegal erworben, z. B.:

- Der Betrüger schickt E-Mails mit gefälschten Absenderadressen an Karteninhaber und erschleicht die Kartendaten, um diese dann zu missbrauchen (sog. Phishing).
- Der Täter lockt in Onlineshops mit extrem günstigen Angeboten und das Opfer gibt gutgläubig seine Daten preis.
- Der Hacker greift auf E-Mail-Verkehr zu oder benutzt, um an die Daten zu gelangen, Sicherheitslöcher und meist Insiderwissen.

Zumeist vergeben die Kreditkartengesellschaften aufsteigende Kreditkartennummern. Das nutzt der Betrüger: Erbeutet er eine Karte mit Verfalldatum, so ist es leicht, die nächstfolgenden Kartennummern zu ermitteln und die Kartendaten zu fälschen. Die errechnete Prüfziffer ist kein sicherer Schutz, weil ihre Berechnung bekannt ist.

Dynamische Entwicklung im internationalen Zahlungsverkehr

Innovative Zahlverfahren, vor allem Internetzahlungen, Mobiltelefon- und neuartige Kartenzahlungen, gewinnen immer mehr an Bedeutung. In Niedersachsen hat die deutsche Kreditwirtschaft auf Basis der Geldkarte, einer vorausbezahlten elektronischen Geldbörse, einen Großversuch mit „girogo“ durchgeführt. Der Kunde kann mit der neuen Chip-Karte von Banken und Sparkassen bis zu 20,00 € kontaktlos bezahlen. Ebenso wird sein Guthaben bis zu 200,00 € automatisch an der Handelskasse aufgefüllt.
Auch die Kreditkartengesellschaften MasterCard und Visa versuchen, die neuen Karten abzusetzen. Vorausbezahlte Karten spielen hierbei eine wichtige Rolle, vor allem für Menschen ohne Bankkonten, die somit ebenfalls am bargeldlosen Zahlungsverkehr teilnehmen können.
In Zukunft sollen die auf den Kartenchips gespeicherten Daten auf das Kundenhandy übertragen werden. Dann müsste der Kunde anstelle der Karte nur noch das Handy vor das Lesegerät an der Kasse halten. (s. S. 183)

Unterdessen gewinnt der Interneteinkauf immer mehr an Bedeutung. Dazu bietet die Deutsche Kreditwirtschaft u. a. speziell für das Bezahlen im Internet „giropay“ an. Unter Ausnutzung der Onlinebanking-Anwendung der Bank generiert „giropay“ automatisch eine Überweisung an den Händler. Der Kunde bestätigt die Überweisung nur noch mit einer TAN. Ein weiteres stark verbreitetes Verfahren ist „PayPal“. Der Kunde braucht ein PayPal-Benutzerkonto, um mittels dieses Verfahrens Interneteinkäufe zu bezahlen. Der Kunde muss schon vor dem Kauf für Guthaben auf seinem Benutzerkonto sorgen oder PayPal belastet das Bankkonto oder die Kreditkarte des Kunden mit der Kaufsumme. PayPal ist grenzüberschreitend anwendbar, da es in vielen Ländern angeboten wird. (s. S. 184)

Mobile (kontaktlose) Zahlungsfunktionen (Mobile Payment)

Bedeutung

Zukünftig können Bezahlvorgänge im Einzelhandel zunehmend mit mobilen Kommunikationsgeräten (z. B. Smartphone, Smartwatch, Tablet) abgewickelt werden. Bisher wird die kontaktlose Zahlungsfunktion hauptsächlich bei der bargeldlosen Zahlung kleinerer Beträge (**Micropayment**) eingesetzt.

Bestrebungen, das Mobiltelefon für beliebige Bezahlvorgänge einzusetzen, gibt es schon seit vielen Jahren. Durch die Einführung und Verbreitung von Smartphones und mobilem Internet sowie durch die weitverbreitete Nutzung von Smartphones und Tablets gibt es eine breite Basis für die weitere Entwicklung von Mobile Payment.

Voraussetzungen

Die technischen Voraussetzungen für kontaktlose Bezahlvorgänge bestehen einerseits in einem **QR-Code** (**Q**uick **R**esponse), der vom Kassenterminal gescannt wird und den Rechnungsbetrag enthält, der dann vom Kunden über eine PIN autorisiert wird, andererseits in der **NFC-Technologie** (**N**ear **F**ield **C**ommunication). Dabei handelt es sich um einen internationalen Übertragungsstandard für den kontaktlosen Austausch von Daten per Funk über kurze Strecken. Durch NFC können Daten wie z. B. digitale Berechtigungen zwischen zwei Geräten, die kurzzeitig ohne besondere Anmeldung miteinander verbunden sind und nahe aneinandergehalten werden, fehlerfrei ausgetauscht werden. Diese Technologie hat sich weitgehend gegen andere Verfahren durchgesetzt. Die Ausrüstung von Smartphones und Kreditkarten für das kontaktlose Bezahlen wird hauptsächlich mittels NFC-Chips vorgenommen, die zunehmend in mobilen Kommunikationsgeräten integriert sind.

Vorgehensweise bei der kontaktlosen Zahlung am Kassenterminal

Um die kontaktlose Zahlung über mobile Kommunikationsgeräte nutzen zu können, kann sich der Nutzer eine entsprechende **App** (z. B. Wallet-App) auf sein Gerät herunterladen, in der eine Zahlungsart (BankCard oder Kreditkarte) hinterlegt wird. Zur Bezahlung muss das Smartphone (bzw. die Smartwatch) vor ein Lesegerät eines entsprechend ausgerüsteten Kassenterminals gehalten werden, um den Rechnungsbetrag zu bezahlen. Ab einem bestimmten Kaufwert (z. B. 25,00 €) muss die Transaktion durch die PIN oder durch den Fingerabdruck des Nutzers bestätigt werden. Für die kontaktlose Zahlung am Kassenterminal können zunehmend auch entsprechend ausgerüstete Bank-Cards oder Kreditkarten eingesetzt werden.

Die kontaktlose Zahlung über Smartphone oder BankCard bzw. Kreditkarte gilt als relativ sicher, da per NFC nur verschlüsselte Daten übertragen werden und ein unbefugtes Auslesen der Daten auf der kurzen Strecke zum Kassenterminal nahezu ausgeschlossen ist.

Um die mobile Zahlungsfunktion zukünftig fest zu etablieren und die Akzeptanz zu erhöhen, wäre es wichtig, dass sich die Anbieter dieser Zahlungsfunktion auf eine einheitliche technische Lösung verständigen, damit nicht für verschiedene Zahlungsvorgänge jeweils unterschiedliche Apps heruntergeladen werden müssen. Diesbezüglich wird ein einheitlicher europäischer Standard angestrebt.

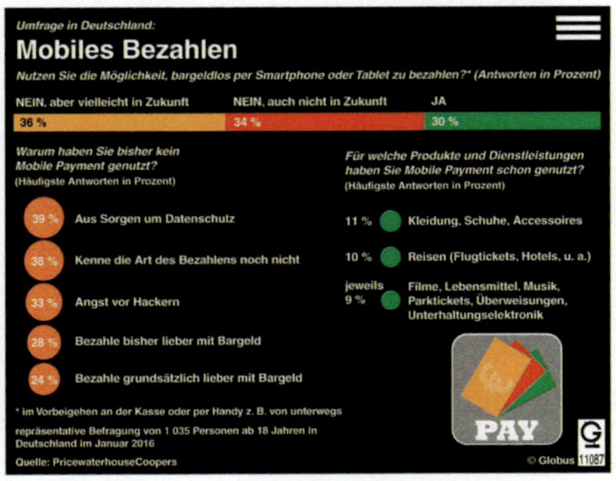

Internet-Bezahlsystem „PayPal“

Begriff

PayPal (deutsch: *Bezahlfreund*) ist ein Dienstleistungsunternehmen, das die Zahlungsabwicklung im Internethandel unterstützt.

Bedeutung

Das Bezahlsystem PayPal ist ein **Micropayment-System**, das es ermöglicht, bei der Bezahlung z. B. im Rahmen eines Internetkaufs dem Empfänger Geld zu übermitteln bzw.

Geld zu empfangen, **ohne dass der Empfänger die Kontonummer oder die Kreditkartennummer des Kunden erfährt**. Diese Daten werden nur intern bei PayPal gespeichert. Voraussetzung für die Nutzung von PayPal ist, dass der Zahlungsempfänger über eine E-Mail-Adresse verfügt. PayPal ist ein virtuelles Konto, das nur der E-Mail-Adresse des PayPal-Mitglieds zugeordnet ist. Es hat keine eigene Kontonummer. Mit diesem Konto können Zahlungen ausgeführt oder empfangen werden. PayPal ist als Unternehmen für die Dauer des Geldtransfers als Transaktionär und als Treuhänder für die Überweisungsbeträge verantwortlich.

So soll die Sicherheit im elektronischen Datenverkehr erhöht werden. Getätigte Zahlungen über PayPal können dem Zahlungsempfänger sofort gutgeschrieben werden, sodass die sonst übliche Laufzeit einer normalen Banküberweisung entfällt. Dadurch kann der Zahlungsempfänger sehr schnell sein Geld erhalten, wodurch für den Kunden auch eine entsprechend schnellere Lieferung nach dem Zahlungseingang möglich wird.
PayPal ist allerdings kein Bankkonto, sondern eher ein personenbezogenes Treuhandkonto, das im Auftrag des Kunden von PayPal verwaltet wird.

Das PayPal-System hat insbesondere im Onlinehandel eine große Bedeutung gewonnen, da es sich als sichere Möglichkeit der Geldtransaktion im Internethandel etabliert hat.

Vorgehensweise bei der Nutzung von PayPal

Für die Nutzung von PayPal muss man zunächst die persönlichen Daten und die Kontodaten registrieren lassen. Zur Bestätigung dieser Daten wird von PayPal eine Testüberweisung auf das angegebene Konto ausgeführt. Die Daten sind dann ausschließlich bei PayPal gespeichert.

Die PayPal-Mitglieder müssen sich über die **PayPal-Internetadresse** einloggen und können dann an jede beliebige E-Mail-Adresse Geld versenden.

Hat der Empfänger kein PayPal-Konto, so wird er per E-Mail über den Zahlungseingang informiert und muss sich zunächst bei PayPal registrieren lassen, um über den gesendeten Betrag verfügen zu können.

Zahlung über PayPal

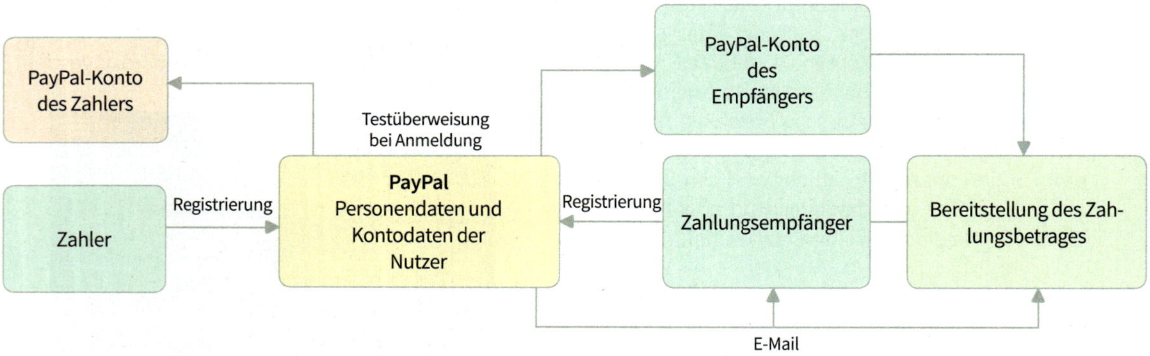

Zahlungsmöglichkeiten

Für die Zahlung mit PayPal gibt es verschiedene **Möglichkeiten:**

Banküberweisung	Das eigene PayPal-Konto kann durch Banküberweisung aufgeladen werden, um für zukünftige PayPal-Zahlungen das Geld zur Verfügung zu stellen, wobei die tatsächliche Verfügung über das Geld oft erst einige Tage später möglich ist.
Kreditkarte	Bei einer Zahlung per Kreditkarte wird der Zahlungsbetrag direkt auf dem Konto des Empfängers gutgeschrieben, nachdem die Kreditkarte mit dem Zahlungsbetrag belastet wurde. Als abbuchender Zahlungsempfänger wird dann PayPal auf der Kreditkartenabrechnung bzw. auf dem Kontoauszug des Empfängers ausgewiesen.
Lastschrift	Bei der Zahlung durch Lastschrifteinzug wird dem Empfänger der Zahlungsbetrag durch PayPal sofort gutgeschrieben. Danach erst erfolgt die Abbuchung beim PayPal-Kunden.

Beschaffungscontrolling *Procurement monitoring*

Ziele

Als wichtige Ziele des Beschaffungscontrollings können angesehen werden …

- Erkennen von Schwachstellen der Beschaffungslogistik, das heißt der Versorgungswege und -zeiten bis zu den Bedarfsstellen; das schließt den innerbetrieblichen Transport ein;
- Erarbeiten von Alternativen zur Beseitigung dieser Schwachstellen;
- Vermeidung von Reibungsverlusten an den Schnittstellen zu anderen Abteilungen bzw. Bereichen wie z. B. Produktion, Absatz, Finanzwesen durch eine prozessorientierte Organisation;
- Senkung der Beschaffungskosten mithilfe unterschiedlicher Verfahren.

Verfahren

Zur Durchführung des Beschaffungscontrollings dienen verschiedene Instrumente oder Verfahren.

Beispiele für Verfahren:
- ABC-Analyse der Werkstoffe (s. S. 133)
- quantitativer Angebotsvergleich (Preisspiegel) (s. S. 139)
- Nutzwertanalyse der Lieferanten (qualitativer Angebotsvergleich) (s. S. 139)
- Bestellverfahren mit Meldebeständen (s. S. 139)
- Anwendung des KAIZEN- oder des KVP-Prinzips
- Ermittlung der optimalen Bestellmenge (s. S. 132)
- Entscheidung über Eigenfertigung oder Fremdbezug (s. S. 134)
- Vergleich von Istkosten und Normalkosten im Beschaffungsbereich mithilfe des BAB (s. S. 375, 391)
- Einführung der Prozesskostenrechnung im Beschaffungsbereich, um anstelle der Gemeinkosten dieses Bereichs die Kosten einzelner Teilprozesse (z. B. Kosten pro Bestellvorgang) zu ermitteln

Kennzahlen

Beispiele

Kontrolle der Anschaffungskosten:

Einkaufsergebnis = Auftragsvolumen in ME · (durchschnittlicher Angebotspreis aller Angebote – effektiver Angebotspreis der einzelnen Lieferanten)

Kontrolle der Bestellabwicklungskosten:

$$\text{Kosten einer Bestellung} = \frac{\text{monatliche Kosten der Abteilung Einkauf}}{\text{monatliche Anzahl der Bestellungen}}$$

$$\text{Bestellwert pro 1,00 € Kosten} = \frac{\text{Gesamtbestellwert eines Monats}}{\text{monatliche Kosten der Abteilung Einkauf}}$$

$$\text{durchschnittlicher Bestellwert} = \frac{\text{Gesamtbestellwert pro Monat}}{\text{Anzahl der Bestellungen pro Monat}}$$

Leistungskontrolle des Lieferanten:

$$\text{Reklamationsquote} = \frac{\text{Zahl der Reklamationen}}{\text{Gesamtzahl der Lieferungen des Lieferanten i}}$$

$$\text{Verzugsquote} = \frac{\text{Zahl der verspäteten Lieferungen des Lieferanten i}}{\text{Gesamtzahl der Lieferungen des Lieferanten i}}$$

5 Kunden akquirieren und binden

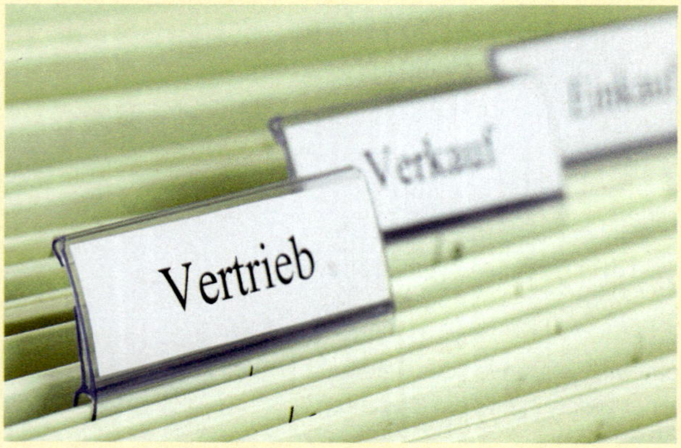

Marketing

Die Marktsituation und unternehmerisches Handeln

Marktsituation

Verkäufermarkt

Marktmacht der Verkäufer ist größer als die der Käufer. (Nachfrage > Angebot)

Käufermarkt

Marktmacht der Käufer ist größer als die der Verkäufer. (Angebot > Nachfrage)

unternehmerisches Handeln

Absatz

„Absatz“ ist eine betriebswirtschaftliche Funktion des Unternehmens, wie z. B. auch Beschaffung, Finanzierung oder Produktion. Die Produkte bzw. Dienstleistungen sollen in einem gegebenen Kundensegment zu einem möglichst hohen Preis zum Kunden gelangen.

Marketing

„Marketing“ ist eine Konzeption der Unternehmensführung, „bei der im Interesse der Erreichung der Unternehmensziele alle betrieblichen Aktivitäten konsequent auf die gegenwärtigen und künftigen Erfordernisse der Märkte ausgerichtet werden“, d. h. Ausrichtung der gesamten Unternehmenspolitik an den Kundenwünschen.

vgl.: Bidlingmaier, Johannes: Marketing, Reinbek 1973, S. 15

Marketingkonzeption

Damit das Industrieunternehmen ein klares **Marketingkonzept** entwickeln kann, benötigt es genaue **Daten** über den zu bearbeitenden Markt, über die Merkmale der zu versorgenden Kunden. Eine genaue **Marktuntersuchung** liefert die entsprechenden Informationen. Daneben müssen die Mitbewerber (die Konkurrenten) auf dem Markt beobachtet und beurteilt werden, man spricht von einer **Konkurrenzanalyse.** Als Ergebnis der Abstimmung der erhobenen Daten mit der eigenen Unternehmensphilosophie (siehe auch S. 25) werden **Marketingziele** (z. B. Verstärkung der Kundenbindung) und das **Leistungsprogramm** (z. B. Breite und Tiefe des Sortiments) festgelegt.

Mit ganz bestimmten absatzpolitischen Instrumenten (z. B. Sortiments-, Preis- und Werbepolitik) wird die **Marktbearbeitung** vorgenommen, damit die Unternehmens- bzw. Marketingziele erreicht werden können.

Die laufende **Überprüfung** des Marketingkonzepts führt zu neuen Daten und kann zur **Veränderung** der **Unternehmensphilosophie** und des **Marketingkonzepts** führen.

Marketing als Prozess

Analyse

Marktuntersuchung

Datenerhebung über Kunden und Mitbewerber und ihr Verhalten

Unternehmensphilosophie

Festlegung grundlegender Wertvorstellungen und Ziele des Industrieunternehmens

Planung und Organisation

Erstellung eines Marketingkonzepts

Planung und Koordinierung der **Marketingziele** und des **Leistungsprogramms** des Industrieunternehmens

Umsetzung des Marketingkonzepts

Marktbearbeitung durch Einsatz **absatzpolitischer Instrumente** (z. B. Sortiments-, Preis- und Werbepolitik)

Kontrolle

laufende **Überprüfung** des Marketingkonzepts

5

Quantitative Analyse des Marktes

Bei der quantitativen Marktanalyse geht es um die Erfassung der mengen- und wertmäßigen Größe des Marktes sowie um die Prognose seiner Entwicklung in der Zukunft.

Dabei sind drei **Marktgrößen** zu unterscheiden:

- Das **Marktpotenzial** entspricht der überhaupt möglichen Aufnahmefähigkeit eines Marktes für eine Warenart.
- Das **Marktvolumen** ist die realisierte oder prognostizierte effektive Absatzmenge aller Industrieunternehmen in einem Markt.
- Der **Marktanteil** ist der realisierte Umsatz oder die realisierte Absatzmenge eines Unternehmens, ausgedrückt als Prozentsatz des Marktvolumens.

Abb. aus: Hill, Wilhelm u. Rieser, Ignaz: Marketing-Management. 2., durchges. Aufl. Bern, Stuttgart, Wien: UTB 1993, S. 111 f., 177.

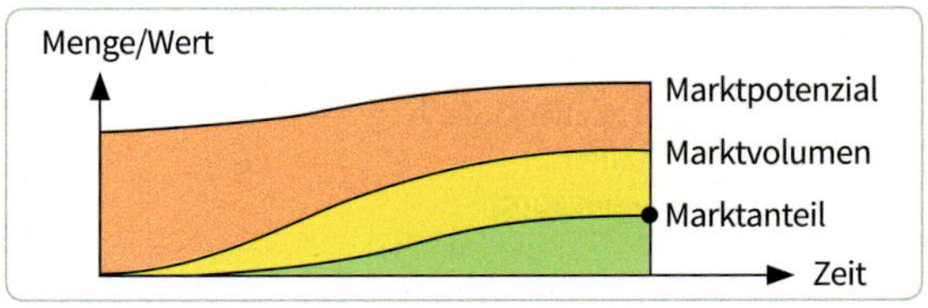

	Marktanteil	
Marktvolumen	**steigern**	**halten**
wächst	+	+
stagniert	+	=
schrumpft	?	–

Absatzmenge: + steigt – sinkt = bleibt konstant ? Wirkung offen

Von der Marktuntersuchung zur Marketingkonzeption

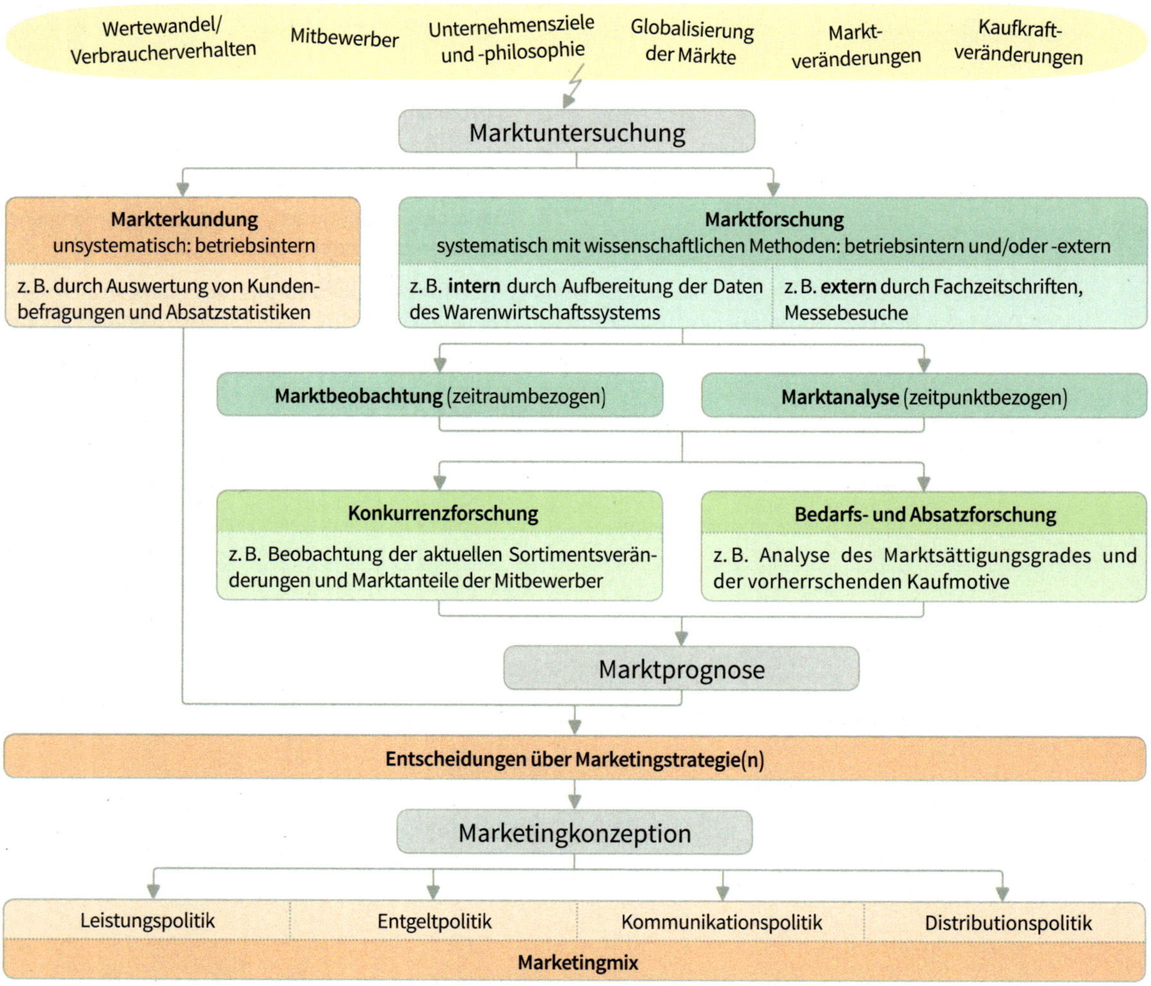

aus: Bentin, Margit u. a.: Absatz/Marketing, Lehrerband. 2. Aufl. Braunschweig: Bildungshaus Schulbucherverlage 2009, S. 122.

Markterkundung und Marktforschung *Market scouting and market research*

Marktuntersuchung

Gründe

Ständige internationale und nationale Marktveränderungen, hervorgerufen z. B. durch den Wertewandel in der Gesellschaft oder durch die unterschiedliche ökonomische Entwicklung einzelner Regionen (zu den Konjunkturphasen siehe S. 277), machen eine Marktuntersuchung für die agierenden Unternehmen unverzichtbar. Unterbleiben die Beobachtung und Untersuchung von Marktveränderungen, besteht die Gefahr, dass einzelne Unternehmen vom Markt verschwinden und sich Mitbewerber durchsetzen.

Formen

- Bei der **Markterkundung** handelt es sich um eine betriebsinterne, unsystematische Informationssammlung durch Einzelbeobachtungen und Gespräche, z. B. Auswerten von Kundenbefragungen und Marktberichten, Auswerten interner Absatzstatistiken, Gespräche mit Kunden usw.
- Bei der **Marktforschung** handelt es sich um das systematische Beschaffen und Verarbeiten von Informationen mithilfe wissenschaftlicher Methoden. Bei der Marktforschung werden unternehmensintern Daten (Buchhaltung, Verkaufsberichte, Reklamationen usw.) und/oder unternehmensextern Daten (Statistiken, Fachzeitschriften, Messebesuche usw.) beschafft.

Marktprognose

Bei der Marktprognose handelt es sich um eine Vorhersage zur Marktentwicklung auf der Grundlage gesammelter Daten der Markterkundung bzw. -forschung. Die Marktprognose unterstützt die Entscheidung über absatzpolitische Aktivitäten des Unternehmens.

Marktforschung

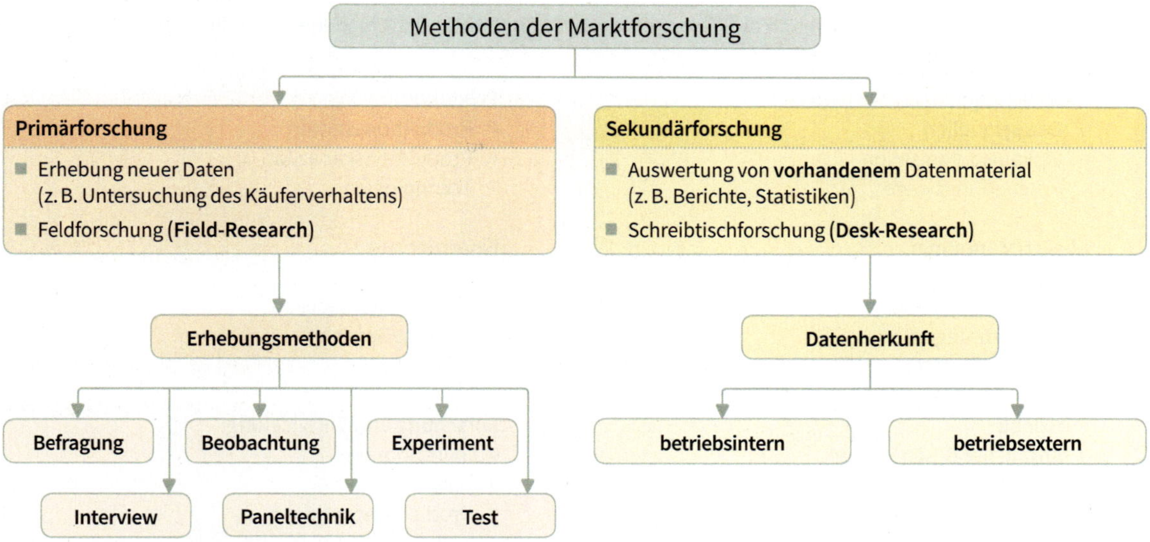

aus: Bentin, Margit u. a.: Absatz/Marketing, Lehrerband, Braunschweig 2009, S. 123

Marketingforschungsprozess

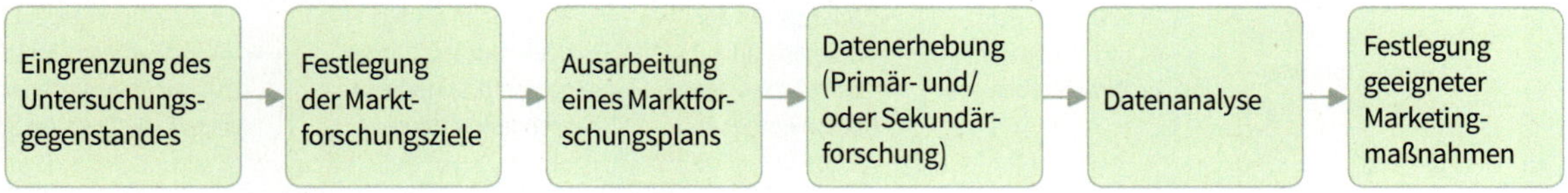

Marktforschung: Zielgruppen *Market research: target groups*

Zielgruppen der Marktforschung
- Kunden (Bestands- und Neukunden)
- Konkurrenten (Mitbewerber)

Konkurrenzanalyse *Competitor analysis*

Konkurrenzforschung

Unternehmen erheben im Rahmen der **Konkurrenzforschung** vor allem folgende Daten:

- Welche Konkurrenten (Mitbewerber) existieren regional, national und international?
- Welche Produkte bzw. Dienstleistungen bieten die Mitbewerber an?
- Welche Marktanteile besitzen die Mitbewerber im Hinblick auf die angebotenen Produkte bzw. Dienstleistungen im Gesamtmarkt bzw. in bestimmten Teilmärkten (z. B. im Ausland)?
- Welche Marketingstrategie(n) verfolgen die Mitbewerber?
- Welche Stärken und Schwächen weisen die Mitbewerber auf?
- Mit welchen potenziellen Mitbewerbern muss demnächst gerechnet werden?

Beispiele

Die **Konkurrenzanalyse** kann sich außerdem an einzelnen Daten der verschiedenen Funktionsbereiche der zu analysierenden Unternehmen orientieren:

Beschaffung:
- Bezugsquellen
- Einkaufsorganisation
- Beschaffungswege

Absatz/Marketing:
- Absatzmärkte
- Absatzorganisation
- Werbestrategien
- Werbeaktivitäten

Personal:
- Anzahl der Beschäftigten
- Struktur der Beschäftigten
- Personalkosten

Produktion:
- Produktionsstätten
- Produktionskapazität
- Technologien

Finanzierung:
- Gesamtkapital
- Eigenkapitalquote
- Umsatz/Gewinn
- Cashflow

Forschung und Entwicklung:
- Investitionen
- Patente
- Produktinnovationen

Konkurrenzanalyse als Prozess

Bestimmung der Konkurrenzunternehmen mit ihren Produkten und Dienstleistungen → Erkennen der Strategien der Mitbewerber → Sammeln und Analysieren der Stärken und Schwächen der Mitbewerber → Einschätzung von Reaktionen der Mitbewerber auf (unsere) geplante(n) Marketingmaßnahmen → Festlegen von Marketingmaßnahmen gegenüber Mitbewerbern unter Berücksichtigung der eigenen Marketingstrategie(n)

vgl.: Hübscher, Heinrich u. a.: IT-Handbuch, IT-Systemkaufmann/-frau, Informatikkaufmann/-frau, 10. Aufl., Braunschweig 2017, S. 358

Primärforschung: Auswahlverfahren und Erhebungsmethoden *Field research*

Auswahlverfahren der Primärforschung

Vollerhebung:

Alle Angehörigen einer Zielgruppe werden untersucht; nur bei einer kleinen, überschaubaren Zielgruppe praktikabel (z. B. Käufer von Spezialmaschinen).

Teilerhebung:

Angehörige einer Zielgruppe werden stichprobenhaft (i. d. R. repräsentativ) untersucht. Man unterscheidet insbesondere zwischen der **Zufallsauswahl** (Randomverfahren) und dem **Quotenverfahren.** Bei der Zufallsauswahl wird aufgrund der Wahrscheinlichkeitstheorie zum Beispiel jeder hundertste Bürger aus einem Adressbuch ausgesucht. Bei dem Quotenverfahren werden nach vorher festgelegten Merkmalen, wie z. B. Alter, Geschlecht, Einkommen, beliebige Bürger nach bestimmten prozentualen Anteilen (Quoten) ausgewählt. Die Teilerhebung bietet sich bei sehr großen Zielgruppen (z. B. Käufer von Fernsehzeitschriften) an.

aus: Bentin, Margit u. a.: Absatz/Marketing. 4., aktualisierte Aufl., Braunschweig 2009, S. 21 u. 25

***Beispiel:* Quotenanweisung**

Befragung Nr.: 125
Fragebogen Nr.: 851–866
Interviewer/-in: Claudia Buchholz
Ausweis Nr.: 86
Gesamtzahl der Interviews: 16

Planquadrate des Erhebungsgebietes:				
	B6	4	B8	5
	B7	7		
Geschlecht:	männlich:	7	weiblich:	9
Alter:	18–25	3	46–55	3
	26–35	4	56–65	2
	36–45	3	66–75	1
Berufsgruppe:	Arbeiter	5	Selbstständige	2
	Angestellte	6	ohne Beruf	1
	Beamte	2		

Erhebungsmethoden der Primärforschung

Befragung:
Schriftliche, mündliche oder fernmündliche Datenerhebung zur Erstellung eines Meinungsbildes zu einem bestimmten Produkt bzw. zu einer bestimmten Produktgruppe – Unterscheidung zwischen offenen und geschlossenen (z. B. Alternativ-, Mehrfachauswahl- und Skalenfragen) Fragen

Interview:
Erhebung zu einer grundsätzlichen Meinung, die für ein bestimmtes Konsumverhalten ausschlaggebend sein kann, um wirkliche Kaufmotive offenzulegen

Paneltechnik:
Regelmäßige Befragung einer bestimmten Personengruppe über einen längeren Zeitraum anhand von speziellen Fragebögen (z. B. regelmäßige Aufzeichnung des Konsumverhaltens eines 4-Personen-Haushaltes)

Test:
Meinungserhebung in einer Zielgruppe für ein bestimmtes Produkt anhand von neutral verpackten Warenproben

Experiment:
Spezielle Form der Beobachtung oder Erfragung von Reaktionen auf unterschiedliche Produktmerkmale (z. B. Gestaltung, Qualität und Preise)

Beobachtung:
Erhebung von Sachverhalten und Verhaltensweisen ohne Befragung

aus: Bentin, Margit u. a.: Absatz/Marketing. 4., aktualisierte Aufl., Braunschweig 2009, S. 24

Sekundärforschung: Betriebsinterne und -externe Quellen *Desk research*

Betriebsinterne Quellen

- Berichte der Außendienstmitarbeiter
- Daten der Lagerbuchhaltung
- Absatz- und Umsatzstatistiken
- Kundendateien
- Eigene Messeberichte
- Auswertung des Verhaltens der Mitbewerber

Betriebsexterne Quellen

- Statistische Jahrbücher
- Veröffentlichungen der Industrie- und Handelskammern
- Publikationen von Branchenverbänden
- Geschäftsberichte, Kataloge
- Daten von Unternehmensberatern und Marktforschungsinstituten

Clusteranalyse

Die Clusteranalyse stellt eine Möglichkeit dar, durch die **Primärerhebung** gewonnene große **Datenmengen** mithilfe **mathematisch-statistischer Verfahren** auszuwerten.

Die Zielsetzung der Clusteranalyse ist es, große Datenmengen von Befragten **nach bestimmten Merkmalen** zu **aussagefähigen Größen** (Gruppen) **zusammenzufassen.**

aus: Bentin, Margit u. a.: Absatz/Marketing, 4., aktualisierte Aufl., Braunschweig 2009, S. 26

Beispiel:
Von vielen Konsumenten liegen aufgrund einer Befragung Merkmale, wie z. B. Haushaltseinkommen, Haushaltsgröße, Alter, Geschlecht, vor. Die befragten Konsumenten werden mithilfe der Clusteranalyse so zusammengefasst, dass verschiedene (heterogene) Konsumentengruppen (Cluster) mit möglichst ähnlichen (homogenen) Merkmalen entstehen. So können Konsumentengruppen, wie z. B. gut verdienende Singles, Alleinerziehende mit geringem Einkommen, gebildet werden.

5

Kundentypologie (Beispiel)

Typ / Merkmale	Typ 1 Umweltbewusster Konsument	Typ 2 Fortschrittsbewusster Konsument	Typ 3 Die neuen Alten	Typ 4 Einkommensschwache Teens und Twens
Einstellung	persönlicher Beitrag zur Umwelt	Orientierung an technischem Stand/Zeitgeist	persönlicher Beitrag zur Umwelt	nicht signifikant
Geschlecht (Prozentanteile)	weibl.: 62 % männl.: 38 %	weibl.: 42 % männl.: 58 %	weibl.: 59 % männl.: 41 %	weibl.: 47 % männl.: 53 %
Ø Alter	29 Jahre	38 Jahre	64 Jahre	20 Jahre
Ø Haushaltsgröße	2,6 Personen	1,5 Personen	1,7 Personen	1,2 Personen
Ø Haushaltsnettoeinkommen	2.100,00 €	2.400,00 €	1.500,00 €	900,00 €
Ø akzept. Mehraufwand f. Neuansch.	70,00 €	80,00 €	100,00 €	10,00 €

aus: Bentin, Margit u. a.: Absatz/Marketing, 4., aktualisierte Aufl., Braunschweig 2009, S. 26

Marktsegmentierung und Marktpositionierung

Begriff

Die Auswertung der Clusteranalyse dient dazu, den Markt in **Teilmärkte (Marktsegmente)** mit relativ homogenen Kundengruppen aufzuteilen. Die Clusteranalyse ist demnach ein Instrument der Marktsegmentierung. Die Segmentierung des Marktes in Teilmärkte führt dazu, dass die entstandenen Kundengruppen jeweils gezielt mit einer individuellen Marketingkonzeption bearbeitet werden können. Letztendlich muss aber der Einsatz dieser individuellen Konzeptionen gegenüber den entstandenen Kosten einen Mehrerlös für das Unternehmen erbringen.

Das Unternehmen muss prüfen, welche Marktsegmente mit welchen Produkten bedient werden können. Dabei kann auch entschieden werden, bestimmte Marktsegmente bzw. Kundenzielgruppen nicht mit dafür speziell geschaffenen Produkten zu versorgen, da die erwartete Absatzmenge zu gering ist. Man unterscheidet häufig sogenannte A-, B- und C-Kunden, wobei für die umsatzstarken **A-Kunden** (Schlüssel-Kunden) spezielle **Key-Account-Manager** betreuend eingesetzt werden. Für lukrativ erscheinende Marktsegmente mit entsprechenden Kundenzielgruppen werden sogar gezielt Produkte entwickelt, sie werden speziell im **Markt positioniert.** Die Kunden verbinden dann mit diesen Produkten bestimmte Eigenschaften und Vorstellungen. Dadurch grenzen sich diese Produkte von Konkurrenzprodukten deutlich ab. Das Unternehmen kann diese **Marktpositionierung** nutzen, um z. B. eine bestimmte Preispolitik zu verfolgen.

Ist ein Produkt aus der Sicht der Kunden mit positiven Attributen belegt, wird es Mitbewerbern sehr schwer fallen, Marktanteile zu gewinnen. Optimal ist die Situation für ein Unternehmen, wenn es ein Produkt mit einem **Alleinstellungsmerkmal** aufweist.

Marktsegmentierung

Voraussetzungen zur Bildung von Marktsegmenten

- Die Marktsegmente müssen eine **zeitliche Stabilität** aufweisen. Die Kundengruppen müssen zeitlich so lange bestehen, dass geeignete Marketingkonzeptionen eingesetzt werden können.
- Die Bearbeitung der Marktsegmente muss **wirtschaftlich** sein. Sind die Kundengruppen zu klein, ist eine kundenspezifische Marketingkonzeption für das Unternehmen nicht rentabel.
- Die Verhaltensweisen der Kundengruppen in den Marktsegmenten müssen zuverlässig und objektiv **messbar** sein.
- Die gebildeten Marktsegmente müssen mithilfe der jeweils gewählten Marketingkonzeption für das Unternehmen **zugänglich** sein.
- Die ermittelten Verhaltensweisen der Kundengruppen müssen für den Einsatz einer segmentspezifischen Marketingkonzeption **relevant**, also von Bedeutung sein.[1]

[1] vgl.: Walter, Tobias: Segmentspezifische Vertriebsstrategien im Großhandel. Analyse nachfrageorientierter Vertriebsinstrumente im Produktionsverbindungshandel, Künzelsau 2003, S. 112 f.

Typen von Käuferverhalten/Faktoren der Kaufentscheidung

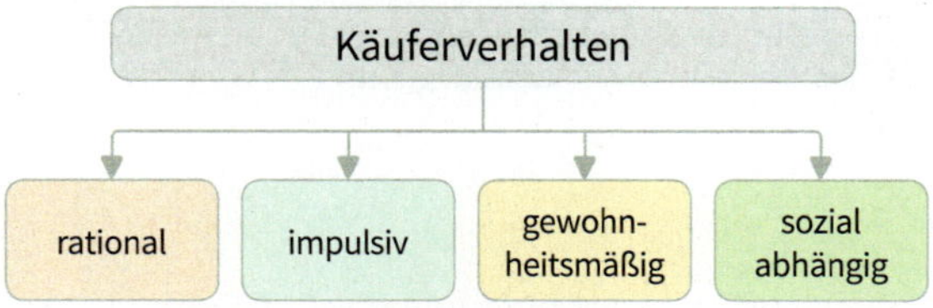

aus: Vry, Wolfgang: Absatzwirtschaft. Lehrbücher für Fachwirte und Fachkaufleute. 3., überarb. Aufl.. Ludwigshafen (Rhein): Kiehl Verlag 1995, S. 40.

aus: Vry, Wolfgang, a. a. O., S. 44

Erklärung konsumtiven Verhaltens

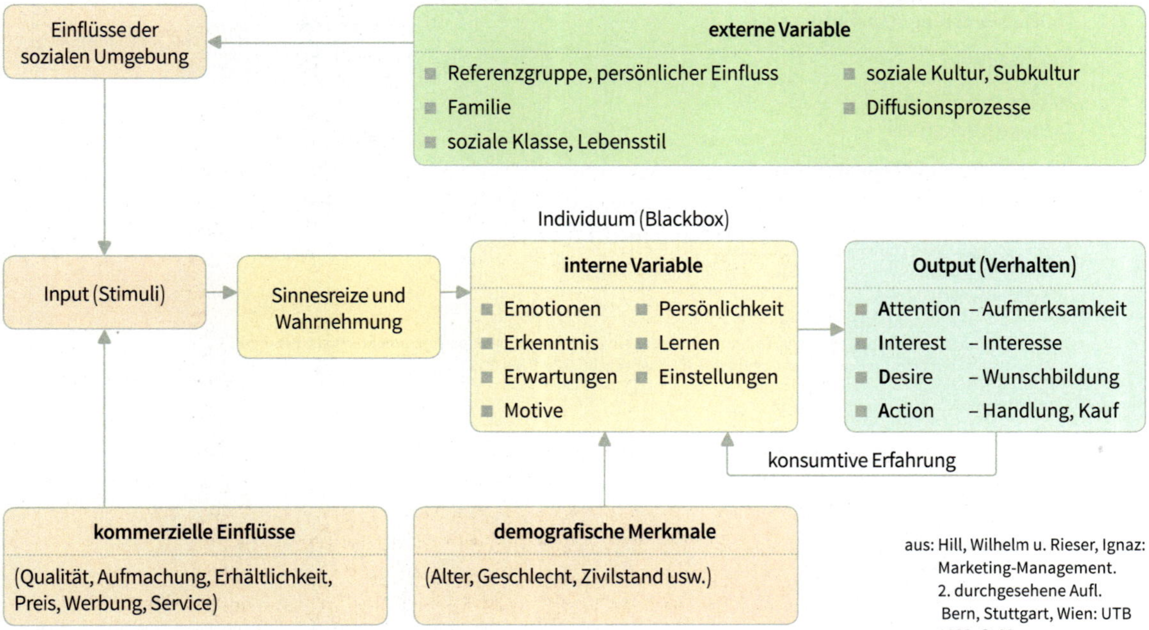

aus: Hill, Wilhelm u. Rieser, Ignaz: Marketing-Management. 2. durchgesehene Aufl. Bern, Stuttgart, Wien: UTB 1993, S. 68.

Kundenakquise

Acquiring customers

Begriff

Der Begriff **Akquisition** steht sowohl für eine „Erwerbung“ als auch für „Kundenwerbung“. Die „Neuerwerbung“ bzw. die Gewinnung von Kunden und die Bindung an das Unternehmen sind von zentraler Bedeutung im Rahmen der Absatzwirtschaft. Neue Kunden können als Wachstumsgröße betrachtet werden, bereits vorhandene Kunden sichern die Existenz des Unternehmens. Während neue Kunden erst „erobert“ werden müssen, sollte bei den bestehenden Kundenbeziehungen eine Erhöhung der Kauffrequenz und Kaufintensität angestrebt werden.

Gewinnung von Neukunden

Die Gewinnung neuer Kunden läuft in der Regel in **vier Schritten** ab:

- **Kontaktphase:** Vorstellen des Unternehmens und des Leistungsangebotes
- **Evaluationsphase:** Überprüfung, ob Kontaktaufnahme erfolgreich war, mit dem Ziel, eine positive Einstellung beim potenziellen Käufer aufzubauen
- **Kaufphase:** Verhandlungen zwischen Nachfrager und Anbieter, ggf. Vertragsabschluss
- **Nutzungsphase:** Kundenzufriedenheit mit Ziel der Kundenbindung

Instrumente der Kundenakquisition: Wichtigkeit und Intensität in verschiedenen Bereichen

Instrument	Dienstleister	Hersteller von Industriegütern	Hersteller von Konsumgütern	Handel
(Media-)werbung	○○	○	○○	○○
Information/Schulung/Werbeunterlagen für den Handel			○○·	
Verkaufsgespräch	○○○	○○○	○○○·	○
Persönliche Beziehungen	○○○	○○○	○○○·	
Telefongespräch	○○	○○		
Mailing, Direktmarketing, Wurfsendung	○	○	○	○○○
Verkaufsförderung/-unterlagen	○○	○○	○○	○○
Merchandising			○○	
Messen, Präsentationen, Tagungen, Kongresse	○	○○	○·	
Preisgestaltung/Sonderangebote/Aktionen/Werbezuschüsse/Rabatte	○○	○○	○○·	○○○

Bedeutung = Wichtigkeit und Intensität des Einsatzes
○ = relativ bedeutsam ○○ = bedeutsam ○○○ = sehr bedeutsam
· Zielgruppe handel

aus: Bundesministerium für Wirtschaft und Technologie: Bedeutung von Kommunikationsinstrumenten nach Branchen. Abgerufen unter: https://www.agev.de/mediathek/file/uebersicht_05.pdf [06.02.2018].

Kundendienst und Kundenpflege

After sales and customer service

Bedeutung

Der **Kundendienst** und die **Kundenpflege** nehmen in vielen Unternehmen eine wichtige Rolle ein, da hierdurch eine vorteilhafte Abgrenzung zum Mitbewerber möglich ist. Ein überzeugendes **Serviceangebot** kann sowohl bei der Herstellerauswahl als auch beim Herstellerwechsel ausschlaggebend sein. Viele Unternehmen legen deshalb **Kundendienststandards** (z. B. nach der ISO 9000) fest, mit denen z. B. auf der Homepage geworben wird.

Kundendienste können gegen Entgelt oder unentgeltlich angeboten werden. Der Umfang des Kundendienstes wird bei **A-**, **B-** und **C-Kunden** Unterschiede aufweisen. Bei den umsatzstarken A-Kunden (Schlüsselkunden) werden zur individuellen Betreuung häufig sogenannte **Key-Account-Manager** eingesetzt.

Serviceleistungen

Serviceleistungen können dem Kunden vor, während oder nach dem Kauf angeboten werden.

Beispiele für **Grundleistungen**:

- Lieferservice
- Montage
- Garantie
- Wartung
- Reparatur
- Entsorgung

Darüber hinausgehende Leistungen können sein:

- Schulungen
- gemeinsames Marketing
- Beratung
- Newsletter
- Veranstaltungsevents
- Projektbetreuung

Kundendienststandards: Qualitätssicherung/Qualitätsmanagement

Der Kunde erwartet nicht nur fehlerfreie Produkte, sondern auch, dass die Qualitätssicherung des Herstellers das gesamte Leistungsangebot umfasst, denn der Kunde möchte weitgehend auf die Wareneingangskontrolle verzichten. Daher wächst die Bedeutung eines sogenannten Qualitätsmanagements.

Genormte Qualitätsmanagementsysteme haben in den letzten Jahren Einzug in zahlreiche Unternehmen gehalten, allen voran die Qualitätsmanagementsysteme der Normenreihe DIN EN ISO 9000 ff. Bei der letzten Aktualisierung wurde vor allem der Aspekt der Kundenorientierung aufgewertet.

Die Einhaltung der Standards ist die Voraussetzung für ein Unternehmen, um wettbewerbsfähig zu bleiben, denn die Kunden erwarten stets die Erfüllung der aktuellen Normen.

Qualitätsmanagement-Konzepte, z. B.:

ISO 9000	TQM	Kaizen
Zertifizierung von Unternehmen nach der ISO-Norm	Total Quality Management als Managementkonzept	Fernöstliches Managementsystem, Leitgedanke der ständigen Verbesserung, bekannt unter dem Begriff „Kontinuierlicher Verbesserungsprozess“ (KVP)

vgl.: www.wuppertal.ihk24.de

Customer Relationship Management (CRM)

Begriff

CRM stellt eine **Managementphilosophie** dar, die eine vollständige Ausrichtung des Unternehmens auf vorhandene und potenzielle Kundenbeziehungen zum Inhalt hat. Das Unternehmen hat sich also eher am Kunden und seinen Wünschen als am Produkt auszurichten. CRM-Systeme koordinieren und optimieren marketingpolitische Entscheidungen in einem Anwendungssystem, das neben der Kunden- und Artikelstammdatenverwaltung z. B. noch die Komponenten Versandwegverfolgung und Callcenterunterstützung beinhaltet.

Ziele

- Verbesserung der Kundenbeziehungen
- Erschließung neuer Märkte
- Verstärkung der Kundenbindung
- stärkere Durchdringung bestehender Märkte
- Erhöhung der Wirtschaftlichkeit

Kundenmanagement *Customer management*

Begriff und Zielsetzung

Internationaler Wettbewerbsdruck macht es für die Unternehmen zunehmend erforderlich, von der **Produkt-** zur **Kundenorientierung** überzugehen, das heißt, der Kundengewinnung und -pflege erhöhte Aufmerksamkeit zu schenken.

Aufgrund der IT-Technologie ist es heutzutage möglich, zu vertretbaren Kosten mit dem **einzelnen** Kunden in Interaktion zu treten, z.B. durch die Nutzung von Datenbanken. Wird dies verwirklicht, spricht man vom **Kundenmanagement** (siehe auch S. 195 zum **C**ustomer **R**elationship **M**anagement).

Phasen

Phase des Kundenmanagements	Hauptaufgabe
Zielkunden finden	■ Zielmärkte definieren ■ Zielkunden gewinnen
Bedürfnisse der Zielkunden befriedigen	■ den Kundenwert in konkrete Kundenvorteile verwandeln ■ die Marktangebote auf den Entscheidungskontext des Kunden abstimmen
Bindung zu den Zielkunden aufbauen	■ Loyalität der Kunden fördern ■ ein Marktinformationssystem entwickeln

aus: Kotler, Philip; Jain, Dipak C.; Maesincee, Suvit: Marketing der Zukunft. Mit „Sense and Response" zu mehr Wachstum und Gewinn. Übersetzerin: Bühler, Maria. Frankfurt/Main: Campus 2002, S. 145.

Erläuterungen:

Zielkunden finden: Zu diesem Zweck wird der Gesamtmarkt in Teilmärkte, in **Marktsegmente**, zerlegt. In diesen Marktsegmenten werden die für das Unternehmen als am wichtigsten geltenden Kunden als **Zielkunden** identifiziert bzw. definiert.

Da nicht alle Kunden in einem Teilmarkt gleich wertvoll für das Unternehmen sind, muss ihr **gegenwärtiger** und ihr **zukünftiger Wert** für das Unternehmen eingeschätzt werden. Die Folge könnte z. B. sein, dass man sich intensiver um die bestehenden Topkunden des Unternehmens kümmert, mit dem Ziel, sie langfristig an das Unternehmen zu binden.

Bedürfnisse der Zielkunden befriedigen: Einzelne Kundenzielgruppen erwarten je nach Marktsegment unterschiedliche oder unterschiedlich gewichtete Kundenvorteile (z.B. abhängig vom Einkommen), die vom Unternehmen individuell befriedigt werden müssen.

Wie man beim Produkt vom Produktlebenszyklus spricht (siehe S. 198), so spricht man auch beim Kunden vom **Kundenlebenszyklus:** In unterschiedlichen Lebenssituationen erwartet der Kunde andere Produkte (z.B. Kleinwagen als Jugendlicher, später Familienwagen). Die Positionierung des Produktangebotes muss darauf jeweils genau abgestimmt werden, damit die Unternehmensziele realisiert werden können.

Bindung zu den Zielkunden aufbauen: Das Kundenmanagement erfordert umfassende **Marktinformationssysteme**, mit denen die Kundendaten gesammelt und schließlich auch ausgewertet werden müssen.

Neben Angaben über Einkommen, Alter und Bildungsstand sind genaue Kundenpräferenzen, bestimmte Konsummuster zu erheben, man spricht von **Kundenprofildaten.** Die Erhebung der Daten muss zu passgenauen Kundenangeboten führen. Eine enge Verzahnung mit der Beschaffungsabteilung bzw. der Produktentwicklung ist aus diesem Grund notwendig. Softwaregestützte Plattformen wie **E**nterprise **R**esource **P**lanning (siehe S. 107) und **S**upply **C**hain **M**anagement unterstützen diesen Abstimmungsprozess.

Kann dem einzelnen Kunden ein individuelles Angebot unterbreitet werden, das den Kundenvorteil erhöht, lassen sich meist auch **langfristige Kundenbeziehungen** aufbauen.

Kundenbindung *Customer relations*

Mithilfe der **Kundenbindung** sollen das Abwandern von Kunden verhindert und Folge- bzw. Wiederholungskäufe ausgelöst werden. Voraussetzung ist die **Kundenzufriedenheit**. Um sie zu erreichen, ist es notwendig, die **Kundenwünsche** zu kennen.

Kundenwünsche	→	**Leistungserwartung des Kunden**
gute Qualität	→	Das Produkt überzeugt, es ist besser als das der Mitbewerber.
Sortimentserweiterung	→	stetige Erweiterung der Angebotspalette
angemessener Preis	→	Das Preis-Leistungs-Verhältnis stimmt.
kurze Lieferzeit	→	Die Zeitspanne zwischen Auftragserteilung und Leistungserbringung ist klein.
pünktliche Lieferung	→	Der Liefertermin wird eingehalten.
offene Kommunikation	→	Der Kunde kann jederzeit Informationen über den Auftrag erhalten.
guter Kundenservice	→	Eingehen auf individuelle Kundenwünsche
Eingehen auf Reklamationen	→	kundenfreundliches Verhalten bei Problemen im Rahmen der Auftragsabwicklung

Wirkungen von Kundenzufriedenheit	
500–700 % …	teurer ist es, neue Kunden zu gewinnen, als alte zu halten.
300 % …	größer ist die Wahrscheinlichkeit, dass sehr zufriedene (= begeisterte) Kunden im Gegensatz zu zufriedenen Kunden das Unternehmen erneut aufsuchen.
Fast 100 % …	ist die Wahrscheinlichkeit, dass sehr zufriedene Kunden zu den besten Werbeträgern des Unternehmens werden.
50–70 % …	aller Käufe sind auf Empfehlungen von Bekannten zurückzuführen.
75 % …	der zu Wettbewerbern wechselnde Kunde stört sich an mangelnder Servicequalität.
25–85 % …	beträgt die Steigerung des RoI[1], die jeder Prozentpunkt nachhaltig erhöhter Kundenzufriedenheit bewirkt.
25 % …	der zu Wettbewerbern wechselnde Kunde stört sich an unzureichender Produktgüte und/oder zu hohem Preis.
7,25 % …	beträgt die Gewinnsteigerung, wenn die Abwanderungsrate von Kunden um 5 % reduziert und damit die Kundenbindung erhöht wird.

[1] RoI = Return on Investment

in Anlehnung an: Töpfer, Mann: Kundenzufriedenheit als Meßlatte für den Erfolg, S. 61 sowie Lötscher: Warum ist die Kundenzufriedenheit so wichtig?, S. 4 f.
aus.: Theis, Hans-Joachim: Handbuch Handelsmarketing: Erfolgreiche Strategien und Instrumente im Handelsmarketing. Band 1. Frankfurt am Main: Deutscher Fachverlag (dfv) GmbH 2007, S. 178.

Kundenrückgewinnung *Customer win-back*

Prozess einer systematischen Kundenrückgewinnung

Leider wird der Rückgewinnung von ehemaligen Kunden häufig zu wenig Aufmerksamkeit geschenkt, der entstandene Schaden für das Unternehmen ist meist beträchtlich. Wie der Prozess einer systematischen **Kundenrückgewinnung** aussehen kann, verdeutlicht folgendes **Prozessschema**:

1. Identifikation	→	Verlorene Kunden werden mit geeigneten Instrumenten identifiziert.
2. Analyse	→	Ursachen der Abwanderung werden aufgedeckt und systematisiert. Rückgewinnungsmaßnahmen werden hinsichtlich ihrer Kosten-Nutzen-Relation bewertet.
3. Problembehebung	→	Die Probleme, die der Abwanderung zugrunde liegen, werden behoben.
4. Rückgewinnung	→	Maßnahmen zur Rückgewinnung werden eingeleitet, insbesondere Kommunikation und Anreizschaffung.
5. Nachbetreuung	→	Zurückgewonnene Kunden werden im Rahmen eines Kundenbindungssystems weiter betreut.

Quelle: Homburg, Christian: Marketingmanagement, S. 799. Aus: Theis, Hans-Joachim: Handbuch Handelsmarketing: Band 1. Frankfurt am Main: Deutscher Fachverlag (dfv) GmbH, 2007, S. 257.

Marketingmaßnahmen

Marketing measures

Produkt- und Sortimentspolitik

Produkt- und Sortimentspolitik

In Industrie- und Handwerksbetrieben spricht man von Produkt-/Programmpolitik, in Handelsbetrieben von Sortimentspolitik.

Entscheidungsbereiche

Produkt-/Programmpolitik
in Industrie- und Handwerksbetrieben

Sortimentspolitik
in Handelsbetrieben

Produktgestaltung

- **Qualität** (Langlebigkeit, Umweltverträglichkeit)
- **Aufmachung** (Form, Größe, Farbe)
- **Verpackung** (werbewirksam, transportgerecht)
- **Markierung** (Name, Schriftzug)

produktbegleitende Servicepolitik

- **Kundendienst**
- **Garantieleistungen**
- **Verkäuferschulung**

prozessorientierte Produktpolitik

- **Innovation** (Einführung neuer Produkte)
- **Variation** (Änderung von Produkteigenschaften)
- **Elimination** (Herausnahme von Produkten aus dem Programm)

Programm- und Produktgestaltung

- **Maßnahmen**
  - Sortimentserweiterung
  - Sortimentsbereinigung
  - Sortimentsveränderung
- **Zusammensetzung**
  - Kernsortiment (hauptsächliche Artikel)
  - Randsortiment (zusätzliche Artikel)
- **Struktur**
  - Sortimentsbreite (Anzahl der Artikelgruppen)
  - Sortimentstiefe (Anzahl der Artikel pro Artikelgruppe)

vgl.: Bentin, Margit u. a.: Absatz/Marketing. Lehrerband, Braunschweig 2009, S. 124

Strategien der Produktinnovation

Produktdifferenzierung

Aufnahme programmnaher Produkte

Beispiel:
Produktion von Laserdruckern neben Tintenstrahldruckern

Produktdiversifikation

Aufnahme programmferner Produkte

Beispiel:
Erweiterung um neue Produktlinien

horizontal

Angebot von weiteren Produkten der gleichen Wirtschaftsstufe

Beispiel: Druckerhersteller vertreibt PCs

vertikal

Angebot von weiteren Produkten vor- oder nachgelagerter Produktionsstufen

Beispiel:
Druckerhersteller kauft Großkunden auf

lateral

Angebot von weiteren Produkten ohne jeden Zusammenhang mit bisherigem Produktionsprogramm

Beispiel:
Druckerhersteller kauft Versicherungsunternehmen auf

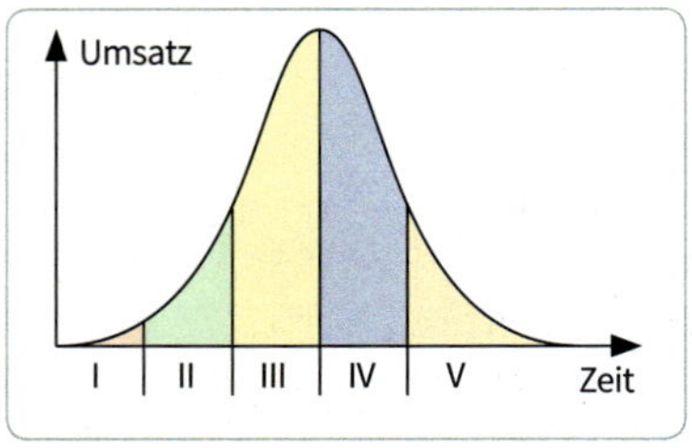

Produktpolitische Entscheidungen im Verlauf des Produktlebenszyklus

I	II	III	IV	V
Einführung	Wachstum	Reife	Sättigung	Degeneration
Innovation, Produktdifferenzierung, Produktpflege	Produktdifferenzierung, Produktpflege	Produktdifferenzierung	Elimination, Produktvariation	Elimination, Produktvariation

vgl.: Bentin, Margit u. a., Absatz/Marketing, 4., aktualisierte Aufl., Braunschweig 2009, S. 40 f.

Begriff

Die **Portfolio-Analyse** (portfolio [engl.] = Mappe, hier im übertragenen Sinn eine Mappe mit den Produkten eines Unternehmens) ist ein weit verbreitetes Instrument strategischer Unternehmens- und Marketingplanung, mit der Chancen und Risiken der Produkte bzw. sogenannter Strategischer Geschäftseinheiten im Absatzmarkt sichtbar gemacht werden.

Ziel

Das Hauptziel der Portfolio-Analyse besteht darin, die Wachstumsmöglichkeiten des Unternehmens unter Berücksichtigung vorhandener Ressourcen zu erkennen und betriebswirtschaftliche Schlussfolgerungen zu ziehen.

Portfolio-Matrix

Ein Unternehmen muss sich laufend über die aktuelle Wettbewerbsposition seiner Produkte informieren. Hierfür wird häufig das Instrument der Portfolio-Matrix angewandt. Sie stellt in vier Feldern die beiden zentralen Einflussfaktoren „Marktanteil" und „Marktwachstum" gegenüber und unterscheidet auf jeder Achse die Intensitätsgrade „niedrig" und „hoch". In jedem der vier Matrixfelder treffen hohes und niedriges Marktwachstum mit hohen oder niedrigen Marktanteilen zusammen.

Mithilfe der Matrix werden die Produkte eines Unternehmens aufgeteilt in:

I Fragezeichen/Hoffnungen („Question marks"), d. h. Nachwuchsprodukte

II Sterne („Stars"), d. h. Zukunftsprodukte

III Milchkühe („Cash cows"), d. h. Basisprodukte und

IV Arme Hunde („Poor dogs"), d. h. Ergänzungsprodukte.

Diese vier Begriffe beschreiben die derzeitige **Wettbewerbssituation** der Produkte (Maßstab ist der prozentuale Marktanteil) sowie deren zu **erwartendes Marktwachstum** (gemessen in Prozent).

Aus der Portfolio-Analyse lassen sich erste Hinweise und Ansatzpunkte für die künftige strategische Gestaltung von Produkt-Markt-Aktivitäten ableiten. Jedes Unternehmen muss also Vorsorge treffen, dass es jederzeit über genügend „Fragezeichen/Hoffnungen", „Sterne" und „Milchkühe" verfügt, damit es auch „arme Hunde" verkraften kann, zu denen alle Produkte in der Endphase ihres Produktlebenszyklus einmal werden. Dabei ist es besonders wichtig, ständig für genügend Nachwuchs an Produkten, d. h. für „Hoffnungen" zu sorgen, damit das Unternehmen fortbestehen kann.

Die sogenannte **SWOT-Analyse** wird sowohl im Rahmen des **strategischen Marketings** als z. B. auch bei der **Planung der Produkt- und Sortimentspolitik** genutzt. Der Begriff **„SWOT“** stellt eine Abkürzung der vier folgenden Wörter dar:

Strengths → Stärken	Opportunities → Chancen
Weaknesses → Schwächen	Threats → Risiken

Mit dieser Methode werden sowohl die **internen Stärken** und **Schwächen** des Unternehmens als auch die **Chancen** und **Risiken** analysiert, denen das Unternehmen **im Markt** begegnet.

Die betriebswirtschaftliche Bestandsaufnahme durch die SWOT-Analyse kann in der anschließenden Auswertungsphase dazu führen, dass bestehende **Geschäftsfelder** (Tätigkeitsbereiche/Einsatzgebiete des Unternehmens im Markt) eingeschränkt oder neue erschlossen werden, um das Ziel der langfristigen Gewinnmaximierung zu erreichen.

Beispiel für unternehmensinterne Stärken und Schwächen:

Stärken (Strenghts)

- gute Marktposition durch bewährte Markenprodukte
- Wettbewerbsvorsprung durch hoch qualifizierte Mitarbeiter
- Anwendung modernster nachhaltiger Technologie

Schwächen (Weaknesses)

- Kostennachteile durch rein inländische Standorte
- Begrenzte Liquiditätsreserven engen die Unternehmensentwicklung ein.
- veraltete Organisationsstruktur

Beispiele für unternehmensexterne Chancen und Risiken:

Chancen (Opportunities)

- Neue Technologien ermöglichen Produktinnovationen.
- Neue ausländische Absatzmärkte können durch die Globalisierung entstehen.
- Öffentliche Subventionen können zu Produktneuheiten führen.

Risiken (Threats)

- Bisherige Technologien laufen aus.
- schärfere ökologische Bestimmungen auf EU-Ebene
- Demografischer Wandel kann zu Absatzproblemen führen.

Festgestellte **Stärken** werden vom Unternehmen taktisch und strategisch genutzt, analysierte **Schwächen** müssen langfristig beseitigt werden.

Externe Chancen (z. B. sich abzeichnende Markttrends) müssen erkannt und durch entsprechende marketingpolitische Entscheidungen (z. B. im Bereich der Produktpolitik Entwicklung neuer Produkte) sinnvoll für das eigene Unternehmen genutzt werden.

Externe Risiken (z. B. sich abzeichnende demografische Veränderungen) müssen in ihrer Dimension eingeschätzt und unter Umständen Abwehrkonzepte (z. B. Erschließung neuer Märkte) entwickelt werden.

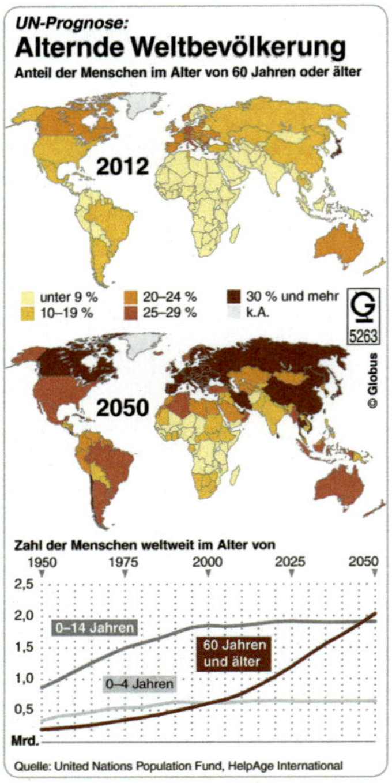

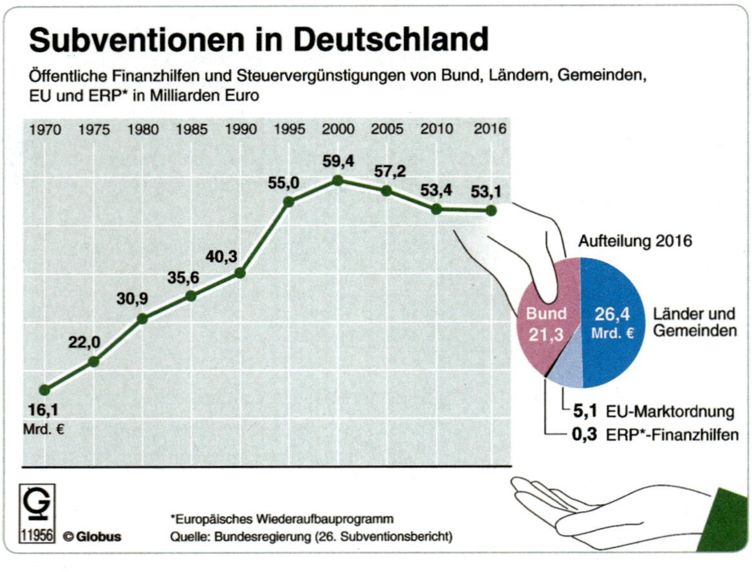

Modell des vollkommenen Marktes

Model of an ideal market

Der **vollkommene Markt** ist ein theoretisches Modell der Volkswirtschaftslehre, mit dessen Hilfe komplexe wirtschaftliche Zusammenhänge – zum Beispiel die Marktpreisbildung – erklärt werden sollen. Als ein dem Modell nahekommender Markt gilt der Aktienhandel an der Börse. Treffen eine oder mehrere der im Folgenden genannten Bedingungen des vollkommenen Marktes nicht zu, handelt es sich um einen sogenannten **unvollkommenen Markt,** und nur diese sind in der Wirklichkeit anzutreffen.

Bedingungen des vollkommenen Marktes (Modell der vollständigen Konkurrenz)

- Vielen Anbietern eines bestimmten Produktes stehen viele Nachfrager gegenüber, es handelt sich also um ein **Polypol** (s. S. 31). Das bedeutet, dass die Marktanteile der Anbieter sehr klein sind und damit zwangsläufig auch ihre Kapazitäten.
- Die Anbieter und Nachfrager verfügen in diesem Modell über eine vollständige Marktübersicht, das heißt, jeder Anbieter kennt alle seine Mitbewerber und alle Nachfrager; jeder Nachfrager kennt alle übrigen Nachfrager und alle Anbieter (**Markttransparenz**).
- Anbieter und Nachfrager **reagieren** auf Marktänderungen **ohne zeitliche Verzögerung**, z. B. bei Preisänderungen (s. u.).
- Das von den Anbietern angebotene **Produkt** ist **homogen**, das heißt, das Produkt sieht bei allen Anbietern gleich aus, hat die gleiche Qualität und erfüllt identische Aufgaben – die Güter unterscheiden sich nicht.
- Angebot und Nachfrage treffen an einem bestimmten Ort aufeinander, es handelt sich um einen **Punktmarkt;** ein realer, dem Modell nahekommender Ort ist z. B. der Wochenmarkt.
- Nachfrager und Anbieter haben **keine** Vorlieben (**Präferenzen**). So haben z. B. die Nachfrager keine **sachlichen** Vorlieben für das Produkt, da es bei allen Anbietern gleich ist. Ob sie bei der Metall GmbH oder bei dem Einzelkaufmann Schulte e.K. kaufen, ist ihnen gleich, da sie keine **persönlichen** Vorlieben haben. Auch der **zeitliche** Aspekt ist zu vernachlässigen (Kauf im Sommer oder Winter, um 14:00 Uhr oder 23:00 Uhr) wie auch der Ort des Kaufs (in München, Hamburg oder Peking, Transportkosten spielen keine Rolle) – sie haben keine zeitlichen und **räumlichen** Vorlieben. Gleiches gilt für die Anbieter.

Preisbildung auf dem vollkommenen Markt

Unter den genannten Bedingungen ergibt sich für das angebotene Produkt ein sogenannter **Einheitspreis**, der von dem einzelnen Anbieter nicht verändert werden kann, um z. B. seinen Absatz oder seinen Gewinn zu erhöhen; er ist daher für jeden Anbieter eine **feste Größe**. Warum ist das so?

- Erhöht ein Anbieter den Preis des Produktes, z. B. um seinen Gewinn zu erhöhen, werden seine bisherigen Kunden (Nachfrager) sofort zu den anderen Anbietern wechseln.
- Senkt dagegen ein Anbieter den Produktpreis, z. B. um seinen Absatz und damit seinen Marktanteil zu erhöhen, werden alle Kunden der anderen Anbieter sofort bei ihm kaufen wollen – nur sind seine Kapazitäten viel zu gering, um die gesamte Nachfrage zu befriedigen.

In beiden Fällen führt die Preisänderung nicht zu dem gewünschten Ergebnis, ist also nicht möglich.

Anbieter- und Nachfrageverhalten

Supply and demand behaviour

Bestimmungsgründe der Nachfrage privater Haushalte

Bestimmungsgründe der Nachfragekurve *N*:

- individuelle Nutzeneinschätzung bezüglich des Gutes
- Höhe des verfügbaren Einkommens/des Vermögens
- Preis des nachgefragten Gutes, Preise anderer Güter (Substitutionsgüter, Komplementärgüter)

Normalerweise besteht folgende Beziehung zwischen Preis und nachgefragter Menge des Gutes: Mit steigendem/sinkendem Preis eines Gutes sinkt/steigt die Nachfrage nach diesem Gut.

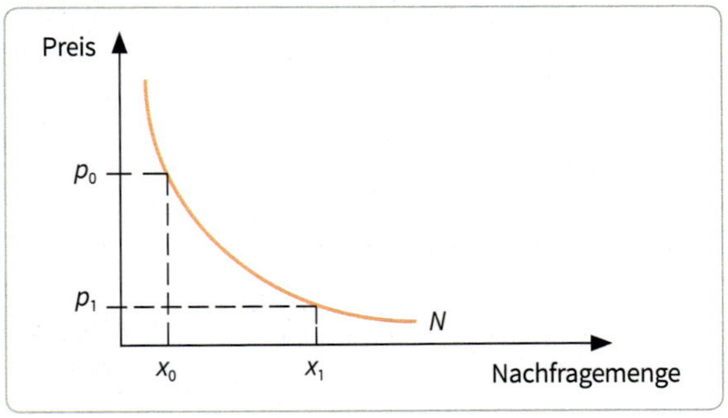

Anbieter- und Nachfrageverhalten
Supply and demand behaviour

Bestimmungsgründe des Angebots privater Betriebe

Bestimmungsgründe der Angebotskurve A_0:

- Zielsetzung des Anbieters (Gewinnmaximierung, Kostendeckung, Ausweitung des Marktanteils, ...)
- Marktposition des Anbieters (Monopol, Oligopol, ...)
- tatsächliche bzw. erwartete Marktlage (Konjunktur, Preise der Konkurrenz, Nachfrageentwicklung, ...)
- Kostenstruktur des Anbieters (Faktorpreise, ...)
- Preis des angebotenen Gutes

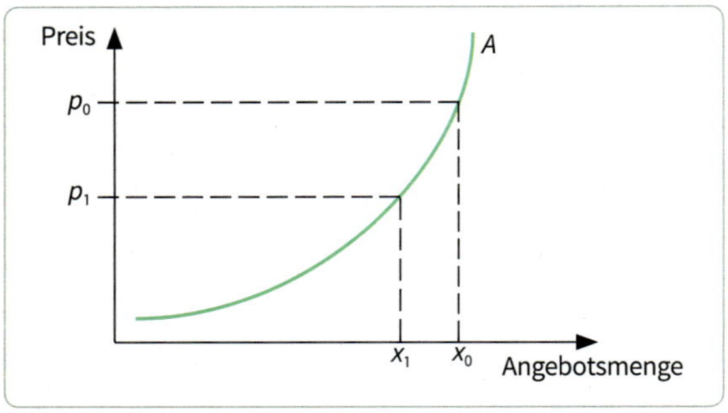

Normalerweise besteht folgende Beziehung zwischen Preis und angebotener Menge des Gutes:

- Mit steigendem Preis eines Gutes steigt die Angebotsmenge dieses Gutes, da weitere Anbieter, angelockt durch sich verbessernde Gewinnchancen, auf den Markt drängen.
- Mit sinkendem Preis eines Gutes sinkt die Angebotsmenge dieses Gutes, da es sich für zunehmend mehr Anbieter aus Kostengründen nicht mehr lohnt, weiter zu produzieren.

Gleichgewichtspreis und -menge
Price and quantity equilibrium

Marktgleichgewicht

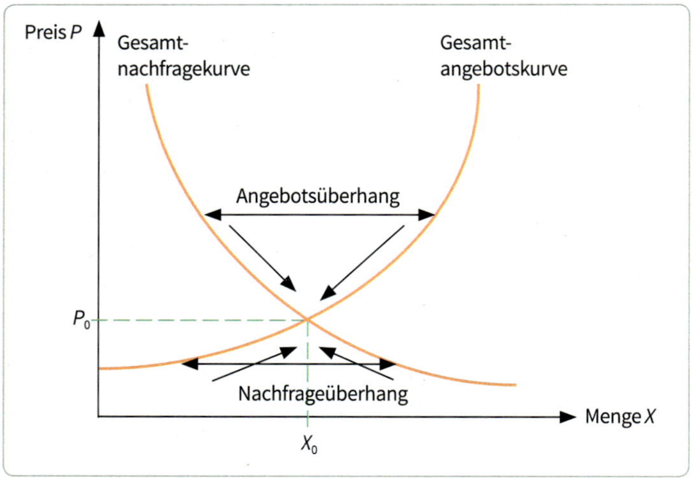

P_0 = Einheits- oder Gleichgewichtspreis
Preis, bei dem der Markt „geräumt" ist, d. h., die zum Preis P_0 insgesamt angebotene Menge wurde auch abgesetzt bzw. die zum Preis P_0 nachgefragte Menge wurde befriedigt.

X_0 = Gleichgewichtsmenge
angebotene und nachgefragte Menge stimmen überein.

Bei einem **Angebotsüberhang** ist das Angebot größer als die Nachfrage, die Nachfrager haben die stärkere Position: **Käufermarkt.** Um zu verkaufen, senken die Anbieter den Preis. Viele Nachfrager warten auf weitere Preissenkungen. Wegen vergleichsweise zu hoher Kosten werden einige Anbieter aufgeben müssen und vom Markt verschwinden. Dadurch verringert sich das Angebot. Dieser dynamische Prozess setzt sich so lange fort, bis langfristig das **Marktgleichgewicht** – auf einem niedrigeren Niveau – eintritt.

Bei einem **Nachfrageüberhang** ist die Nachfrage größer als das Angebot, die Anbieter haben die stärkere Position: **Verkäufermarkt.** Um den Gewinn zu steigern, erhöhen die Anbieter den Produktpreis. Die Nachfrage wird sinken. Angelockt durch höhere Gewinnchancen drängen weitere Anbieter auf den Markt, das Angebot wird größer. Dieser Prozess setzt sich so lange fort, bis langfristig das **Marktgleichgewicht** – auf einem höheren Niveau – eintritt.

Preis- und Konditionenpolitik *Terms and pricing policy*

Begriffliche Abgrenzung und Zielsetzung

Die Preis- und Konditionenpolitik, in der Literatur häufig als Kontrahierungspolitik zusammengefasst, kennzeichnet folgende Entscheidungsbereiche bei der Berechnung des Verkaufspreises:

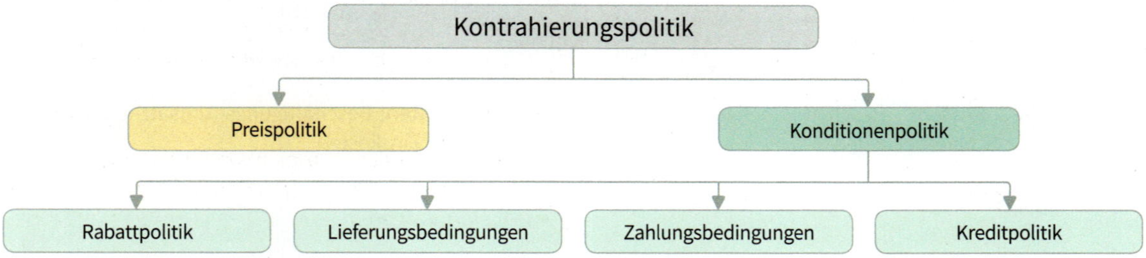

Ziel dieses absatzpolitischen Instrumentes ist es, unter Berücksichtigung der Kosten im Unternehmen und des preispolitischen Verhaltens der Mitbewerber und der Konsumenten langfristig den Gewinn zu sichern und zu steigern. Die Kontrahierungspolitik muss in die Unternehmensphilosophie, die allgemeine Unternehmenszielsetzung, eingebettet sein.

Entscheidungsbereiche der Preis- und Konditionenpolitik

Der Preis eines Produktes wird betriebsintern durch die Kosten und betriebsextern durch die Marktbedingungen – das Verhalten der Mitbewerber und Kunden – beeinflusst. Ein Unternehmen muss versuchen, zwischen der kosten- und der marktorientierten Preisbildung eine Verbindung herzustellen.

Kostenorientierte Preisfindung

Bei der kostenorientierten Preisfindung fragt man zunächst, welche Kosten die Herstellung und der Vertrieb eines Produktes verursachen. Dazu ermittelt man den Verkaufspreis mithilfe des folgenden Kalkulationsschemas:

	Fertigungmaterial (Einzelkosten)[1]		300,00 €		
+	Materialgemeinkosten[2]	5 %	15,00 €		
=	**Materialkosten (I)**		**315,00 €**		
	Fertigungslöhne (Einzelkosten)[1]		235,00 €		
+	Fertigungsgemeinkosten[2]	150 %	352,50 €		
+	Sondereinzelkosten der Fertigung[3]		7,50 €		
=	**Fertigungskosten (II)**		**595,00 €**		
=	**Herstellkosten (I + II)**				**910,00 €**
+	Verwaltungsgemeinkosten[2]	14 %			127,40 €
+	Vertriebsgemeinkosten[2]	12 %			109,20 €
+	Sondereinzelkosten des Vertriebs[3]				53,40 €
=	**Selbstkosten**		100 %		**1.200,00 €**
+	Gewinnzuschlag	15 %	15 %		180,00 €
=	**Barverkaufspreis**		115 %	95 %	**1.380,00 €**
+	Kundenskonto (i. H.)	3 %		3 %	43,58 €
+	Vertreterprovision (i. H.)	2 %		2 %	29,05 €
=	**Zielverkaufspreis**		95 %	100 %	**1.452,63 €**
+	Kundenrabatt (i. H.)	5 %	5 %		76,45 €
=	**Listenverkaufspreis**		**100 %**		**1.529,08 €**

[1] **Einzelkosten:** Kosten, die dem Produkt direkt zugerechnet werden können (z. B. Kosten eines Elektromotors für eine Waschmaschine).

[2] **Gemeinkosten:** Kosten, die dem Produkt nicht direkt zugerechnet werden können (z. B. Gehalt für eine Chefsekretärin). Die Gemeinkosten werden den Einzelkosten prozentual zugeschlagen (z. B. über einen Verteilungsschlüssel).

[3] **Sondereinzelkosten:** Kosten, die aufgrund eines speziellen Kundenauftrages entstehen (z. B. Maschineneinstellkosten für die Herstellung von Sondermaßen oder Kosten für Sondertransporte).

vgl.: Bentin, Margit u. a.: Absatz/Marketing, 4., aktualisierte Aufl., Braunschweig 2009, S. 48

Der Wettbewerbsdruck durch die Mitbewerber kann ein Unternehmen dazu zwingen, den kalkulierten Verkaufspreis zu unterschreiten. Dabei stellt sich für ein Unternehmen die Frage, bis zu welcher **Preisuntergrenze** ein Produkt angeboten werden kann.

Für einen **längeren Zeitraum** kann ein Unternehmen das Produkt zum Selbstkostenpreis anbieten (z. B. in konjunkturschwachen Zeiten). **Kurzfristig** kann der Verkaufspreis bis zur Höhe der variablen Kosten gesenkt werden, da die fixen Kosten unabhängig von der Produktionsmenge gleichbleibend anfallen.

langfristige Preisuntergrenze = Höhe der Selbstkosten

kurzfristige Preisuntergrenze = Höhe der variablen Kosten

Variable Kosten: Beschäftigungs-(umsatz-)abhängige Kosten, z. B. Materialkosten

Fixe Kosten: Beschäftigungs-(umsatz-)unabhängige Kosten, z. B. Zinskosten

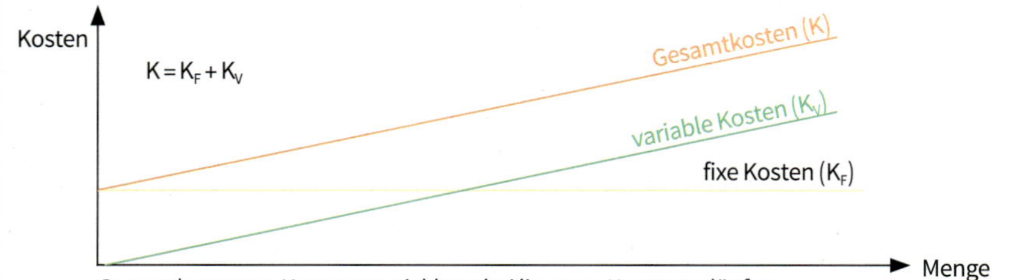

Gesamtbezogene Kostenentwicklung bei linearen Kostenverläufen

Kundenorientierte Preisfindung

Jedes Unternehmen muss sich bei der Preisfindung an der **Kaufkraft der Kunden** orientieren. Deshalb wird sich die Preisgestaltung auch an den am Markt erzielbaren Preisen ausrichten. Liegt der bisher kalkulierte Preis über dem am Markt realisierbaren, muss das Unternehmen nach Möglichkeiten suchen, Kosten zu senken, z. B. bei der Beschaffung oder Herstellung. Kosten können auch reduziert werden, indem die Absatzmenge gesteigert wird. In diesem Fall werden die Fixkosten auf eine größere Produktionsmenge verteilt; man spricht von der **Fixkostendegression**. Den Zusammenhang zwischen der abgesetzten Menge und den erzielbaren Marktpreisen drückt die sogenannte **Preis-Absatz-Funktion** aus. Sie zeigt auf, welche Mengen zu welchen Preisen absetzbar sind.

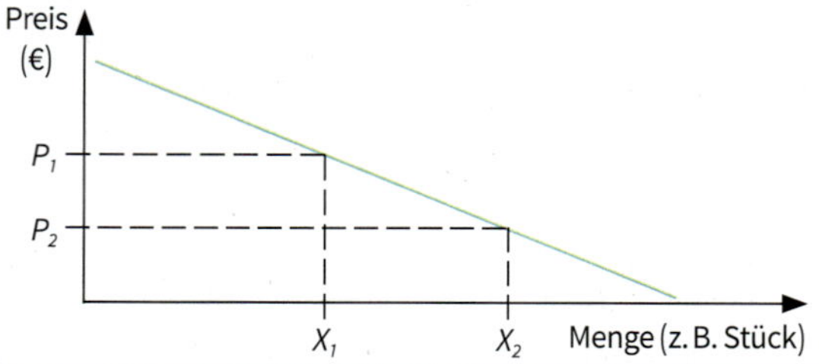

Preiselastizität der Nachfrage

Bei der Preisfindung muss das Unternehmen das Verhalten der Nachfrager berücksichtigen. Im Normalfall sinkt (steigt) die Nachfrage, wenn der Preis steigt (sinkt). Das Ausmaß der Nachfrageänderung aufgrund einer Änderung des Preises kommt in der Preiselastizität der Nachfrage zum Ausdruck:

$$\text{Preiselastizität der Nachfrage} = \frac{\text{prozentuale Änderung der Nachfragemenge}}{\text{prozentuale Änderung des Preises}}$$

Steigt (sinkt) der Preis z. B. um 10 % und sinkt (steigt) die Nachfrage deshalb um mehr als 10 %, dann ist der Quotient der Preiselastizität der Nachfrage größer als 1, d. h., die Nachfrager reagieren elastisch, also sehr stark.

Beispiel: Preisänderung bei Luxusgütern.

Steigt (sinkt) der Preis z. B. um 10 % und sinkt (steigt) die Nachfrage deshalb um weniger als 10 %, dann ist der Quotient der Preiselastizität der Nachfrage kleiner als 1, d. h., die Nachfrager reagieren unelastisch, also relativ wenig.

Beispiel: Preisänderung bei Notwendigkeitsgütern.

Konkurrenzorientierte Preisfindung

Bei der konkurrenzorientierten Preisfindung beziehen die Unternehmen die preispolitischen **Verhaltensweisen der Mitbewerber** in ihre Preisgestaltung ein.
Die Unternehmen können einerseits aggressive Preispolitik betreiben, um so Marktanteile auf Kosten der Mitbewerber zu gewinnen. Sinnvoll ist diese Preispolitik nur, wenn durch den gesteigerten Gesamtumsatz der geringere Erlös pro Stück mindestens ausgeglichen werden kann. Andererseits können sich die Unternehmen an die Preispolitik der Mitbewerber anpassen, die Preisführerschaft von mächtigen Konkurrenten wird dabei anerkannt.

vgl.: Bentin, Margit u. a.: Absatz/Marketing, 4., aktualisierte Aufl., Braunschweig 2009, S. 49

Preis- und Konditionenpolitik

Preisstellungssysteme

Beim **Bruttopreissystem** weist das Unternehmen Bruttopreise im Katalog aus, auf die den Kunden Rabatte in unterschiedlicher Höhe gewährt werden. Beim **Nettopreissystem** weist das Unternehmen im Katalog oder in Verkaufsverhandlungen bereits bereinigte Nettopreise aus. Unterschiedliche Preise für unterschiedliche Verkaufsmengen werden jeweils als Nettopreise aufgeführt.

Strategien der Preis- und Konditionenpolitik

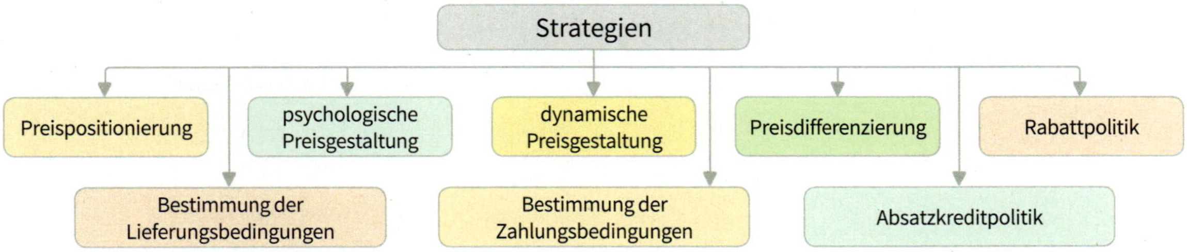

Preispositionierung

Mit der Preispositionierung steuert ein Unternehmen mit seinem Produkt ganz bewusst einen bestimmten Preisbereich an. Dies erfolgt z. B. bei **Markenwaren**, die im oberen **Preissegment** angeboten werden. Ein hoher, gleichbleibender Qualitätsstandard, verbunden mit einem entsprechenden Marken- bzw. Firmenimage, soll über empfohlene Verkaufspreise zu einer einheitlichen Preisgestaltung im Facheinzelhandel führen.

Polarisierung der Märkte

Interessant ist die Beobachtung von Unternehmensberatern, dass das **Preisbewusstsein** der Bevölkerung sich im Zeitablauf verändert hat. Heutzutage wird eine Art **Polarisierung** dieses Preisverhaltens beobachtet, das heißt, dass derselbe Konsument bei einigen Produkten sehr auf den – möglichst niedrigen – Preis achtet, während er bei hochwertigen Spitzenprodukten häufig bereit ist, einen höheren Preis zu akzeptieren. Die Preispolitik der Unternehmen muss diesen Trend berücksichtigen, um nicht große Teile der Kundschaft zu verlieren.

aus: Haller, Sabine: Handelsmarketing. Modernes Marketing für Studium und Praxis. Hrsg. Weis, Hans Christian. 3., vollkommen überarbeitete Aufl. Ludwigshafen (Rhein): Kiehl Verlag 2008, S. 266.

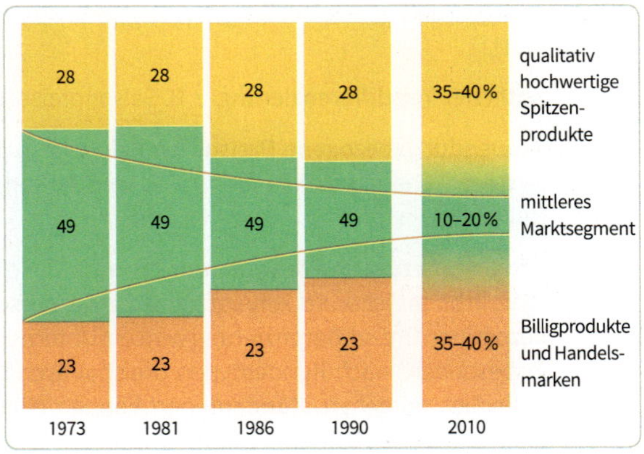

Psychologische Preisgestaltung

Die häufig in Unternehmen anzutreffende **psychologische Preisgestaltung** ist v. a. in **drei Varianten** anzutreffen:

- **Preise unterhalb runder Preise,**
  z. B. 1,99 € statt 2,00 €
  Der Kunde soll durch die geschickte psychologische, optische Gestaltung eines „gebrochenen Preises" verleitet werden, die preiswert erscheinende Ware zu kaufen.
- **„runde Preise"**
  Durch runde Preise (z. B. 200 € oder alle Artikel zu 1 €) soll der Eindruck erweckt werden, die Preise seien vertrauensvoll kalkuliert worden, auf „psychologische Tricks" habe man verzichtet.
- **„Multipack-Preise"**
  Bei dieser Preisgestaltung wird das Produkt in Multipacks angeboten (z. B. drei Dosensuppen zu 2,99 € statt zum Einzelpreis von 0,95 €), um den Kunden zum Kauf von vermeintlich günstigeren Großabnahmemengen zu verleiten. Dass drei Einzeldosen zu je 0,95 € 2,85 € ergeben, merken die Kunden häufig nicht, da sie nicht nachrechnen.

Dynamische Preisgestaltung

Mit der dynamischen Preisgestaltung versucht ein Unternehmen, Preise flexibel an die Marktsituation anzupassen. Das kann z. B. durch einen niedrigen Einführungspreis für ein neues Produkt geschehen, um so schnell einen großen Umsatz zu erzielen (sogenannte **Penetrationsstrategie**).

Eine andere Möglichkeit wäre, zunächst einen hohen Preis zu verlangen, der von einer bestimmten Käuferschicht akzeptiert wird. Um danach neue Käuferschichten zu erschließen, wird der Preis schrittweise gesenkt (sogenannte **Skimmingstrategie**).

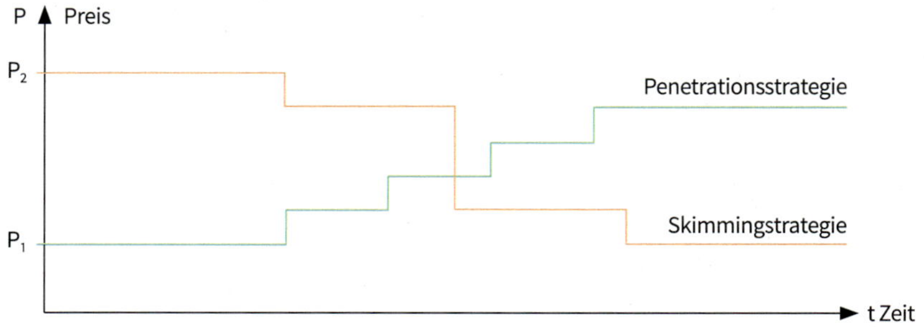

Preisdifferenzierung

Formen:[1]

- **Räumliche Preisdifferenzierung** (unterschiedliche Preise, z. B. in Großstädten und ländlichen Gebieten),
- **mengenmäßige Preisdifferenzierung** (z. B. Mengenrabatt),
- **zeitliche Preisdifferenzierung** (z. B. Saisonpreise),
- **verwendungsbezogene Preisdifferenzierung** (z. B. unterschiedliche Mietpreise für private und gewerbliche Nutzung),
- **personenbezogene Preisdifferenzierung** (z. B. Schülertarife in öffentlichen Verkehrsmitteln). Bei der **personenbezogenen Preisdifferenzierung** wird ein Unternehmen insbesondere nach Kundentypen preispolitisch unterschiedlich vorgehen. **Kundentypen** können nach unterschiedlichen **Kriterien** (Gesichtspunkten) unterteilt werden. Unterscheidet man die Kunden nach der **Zugehörigkeit** zur Kundendatei, spricht man entweder von **Bestands** - oder von **Neukunden**. Unterscheidet man die Kunden nach der **Häufigkeit** ihrer getätigten Käufe, spricht man von **Stamm**- bzw. von **Laufkunden**. Unterscheidet man die Kunden nach ihrem **Umsatzanteil** und ihrer **Anzahl**, spricht man in Anlehnung an die ABC-Analyse im Beschaffungsbereich von **A-Kunden** (wenige Kunden mit hohem Umsatzanteil), **B-Kunden** (durchschnittliche Anzahl an Kunden mit mittlerem Umsatzanteil) und **C-Kunden** (viele Kunden mit einem geringen Umsatzanteil). Das Unternehmen wird sich vornehmlich um die A-Kunden kümmern; soweit der Aufwand nicht zu hoch ist, werden auch B-Kunden mit speziellen Marketingaktivitäten bearbeitet.

[1] vgl.: Hüttner, M. u. a.: Marketing-Management, München 1994

Rabatt- und Zugabenpolitik

Die Unternehmen nutzen z. B. folgende **Preisnachlässe**, um Preisdifferenzierungen (s. o.) vornehmen zu können:

- **Mengenrabatt** (z. B. Großabnehmer),
- **Wiederverkäuferrabatt** (z. B. für Großhändler),
- **Treuerabatt** (z. B. für Stammkunden),
- **Saisonrabatt** (z. B. für spezielle Saisonverkäufe),
- **Sonderrabatt** (z. B. für Sonderaktionen),
- **Jubiläumsrabatt**,
- **Personalrabatt**,
- **Naturalrabatt** (als Drauf- oder Dreingabe),
  - **Draufgabe:** Kunde erhält zur gekauften Ware zusätzlich gratis eine weitere Mengeneinheit.
  - **Dreingabe:** Kunde zahlt nur einen Teil der Ware, den verbleibenden Rest erhält er gratis.

3503206

- **Bonus** (nachträglicher Preisnachlass bei Erreichen eines Mindestumsatzes),
- **Skonto** (Nachlass bei vorzeitiger Zahlung).

Der Verkauf von Kleinstmengen ist für Industrieunternehmen meist zu kostenintensiv. Deswegen verlangen sie entweder eine **Mindestbestellmenge** oder erheben **Zuschläge** für Kleinbestellungen.

Bestimmung der Lieferungsbedingungen

Kundenorientierte Lieferungsbedingungen können dazu beitragen, sich von Wettbewerbern abzuheben.

Zu den wichtigen Lieferungsbedingungen gehören:

- Gestaltung der Transport- und Versicherungskosten (besonders wichtig im Auslandsgeschäft),
- Verpflichtung des Herstellers zur Zahlung einer Konventionalstrafe (Vertragsstrafe) bei verspäteter Lieferung,
- Regelung des Umtauschrechtes (besonders wichtig bei Versandhäusern).

Bestimmung der Zahlungsbedingungen

Zu den wichtigsten Zahlungsbedingungen gehören:

- Bestimmung von Zahlungsfristen (z. B. Skontofrist),
- Regelung der Zahlungsweise/Zahlungsabwicklung (z. B. Barzahlung, Ratenzahlung),
- Zahlungssicherung (z. B. Lieferung gegen Eigentumsvorbehalt).

Absatzkreditpolitik

Wichtige absatzkreditpolitische Maßnahmen:

- Einräumen eines Kreditrahmens unter Gewährung eines günstigen Zinssatzes,
- Zahlungsaufschub,
- Leasing (Leistung einer geringen Anzahlung und laufender Ratenzahlungen während der vertraglichen Nutzungsdauer),
- Vereinbarung eines verlängerten Zahlungszieles,
- Anbieten eines Ratenkaufvertrages.

Beispiel für eine **Rabattstaffel:**

Nettoauftragswert	Rabattsatz
ab 1.000,00 €	5 %
ab 5.000,00 €	10 %
ab 10.000,00 €	12 %
ab 25.000,00 €	13 %
ab 50.000,00 €	15 %

Beispiel für eine **Bonusstaffel:**

Umsatz pro Geschäftsjahr	Bonus
50.000,00 €	1,0 %
100.000,00 €	1,5 %
250.000,00 €	2,0 %
500.000,00 €	2,5 %
1.000.000,00 €	3,0 %

Ziele

Die **Kommunikationspolitik** versucht gezielt, das Verhalten potenzieller Kunden mithilfe besonderer **Kommunikationsmittel** oder **-instrumente** zu beeinflussen, um bestimmte Ziele zu erreichen. Beim Einsatz der Kommunikationspolitik werden prinzipiell **ökonomische** und **psychologische Ziele** unterschieden:

- **Ökonomische Ziele** sind in der Regel leichter messbar, da sie leicht quantifizierbar sind, z. B. Erhöhung des Umsatzes oder Steigerung des Marktanteils.
- **Psychologische Ziele** sind meist nicht so leicht messbar wie ökonomische Ziele. Es geht in der Regel darum, die Wirkung der Unternehmensleistungen am Markt auf die Kunden zu ermitteln und zu verändern. Beispielsweise sollen das wahrgenommene Produkt- oder Unternehmensimage verbessert und die Kundenzufriedenheit erhöht werden.

Strategische Entscheidungen

Bevor einzelne Instrumente der Kommunikationspolitik (z. B. Werbung oder Direktmarketing) vom Unternehmen eingesetzt werden, ist eine übergeordnete **Corporate-Identity-Strategie** auf Basis einer vorher bestimmten **Unternehmensphilosophie** (vgl. S. 25) festzulegen. Diese Strategie hat das Ziel, die **Unternehmensidentität** im Markt zu verankern. Die folgende Abbildung zeigt die einzelnen Bestandteile der **Corporate Identity.**[1]

Schematische Darstellung der Corporate Identity (Identitätsmix)

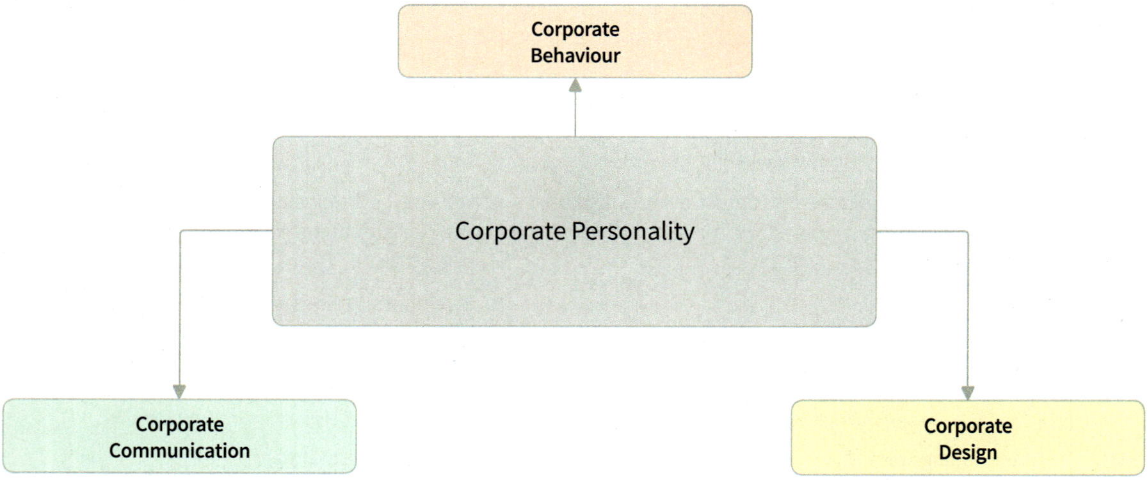

Quelle: Birkigt, Klaus Stadler, Marinus M. Funck, Hans-Joachim: Corporate Identity. Landsberg: Verlag Moderne Industrie 2002, S. 19.

Im Zentrum der strategischen Überlegungen steht die **Corporate Personality,** das historisch gewachsene Selbstverständnis des Unternehmens.
Als Instrumente der Corporate Identity dienen die drei folgenden Bereiche:[2]

- **Corporate Communication** (Unternehmenskommunikation):
  Alle vom Unternehmen eingesetzten Instrumente der Kommunikationspolitik werden so aufeinander abgestimmt, dass das Unternehmen von außen als ein einheitlich wirkendes Ganzes wahrgenommen wird.
- **Corporate Design** (Unternehmenserscheinungsbild):
  Die optische Erscheinung des Unternehmens im Markt wird durch aufeinander abgestimmte optische Elemente, z. B. Nutzung eines Firmenlogos, von ausgewählten Farben und Schriftzeichen, wiedererkennungsfähig gestaltet.
- **Corporate Behaviour** (Unternehmensverhalten):
  Die Mitarbeiter des Unternehmens sollen einheitliche Verhaltensweisen gegenüber externen Kunden praktizieren, ein „Wir-Gefühl" sollte im Rahmen dieses Abstimmungsprozesses entstehen.

[1] vgl.: Theis, Hans-Joachim: Handbuch Handelsmarketing. Band 1, Frankfurt am Main 2007, S. 635 ff.
[2] vgl.: ebd., S. 633 ff.

Kommunikationspolitik *Communication policy*

Begriffliche Abgrenzung und Zielsetzung

Die Kommunikationspolitik versucht gezielt, das Verhalten von potenziellen Kunden mithilfe besonderer Kommunikationsmittel zu beeinflussen:

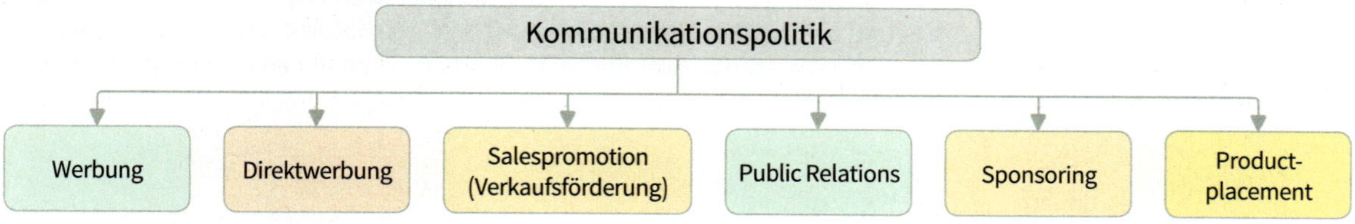

Entscheidungsbereiche der Kommunikationspolitik

(Klassische) Werbung

- **Werbende:** Wer wirbt?
  Nach der Stellung der Werbenden im Absatzprozess unterscheidet man zwischen **Herstellerwerbung** und **Handelswerbung**.

  Nach der Anzahl der Werbenden unterteilt man in **Einzelwerbung** und **Kollektivwerbung**, die sich wiederum in **Sammelwerbung** (mehrere Unternehmen werben unter Nennung der Einzelfirmen) und **Gemeinschaftswerbung** (mehrere Unternehmen werben ohne Nennung ihrer Firma, z. B. „Die Milch macht's") aufgliedert.

- **Werbeziel:** Welche Wirkung soll erzielt werden?[1]
  In der Fachliteratur werden **ökonomische** (z. B. Umsatzsteigerung) und **außerökonomische** Ziele (z. B. Markenimage verbessern) unterschieden.

  Eine weitere geläufige Unterteilung von Werbezielen lautet:
  Einführungswerbung (z. B. für ein neues Produkt), **Expansionswerbung** (z. B. zur Erhöhung des Marktanteils) und **Erinnerungswerbung** (z. B. zum Erhalt des bisherigen Bekanntheitsgrades).

- **Werbezielgruppen:** Wer soll umworben werden?[1]
  Die Werbezielgruppe muss genau bestimmt werden, um **Streuverluste** beim Einsatz der Werbeträger und Werbemittel so gering wie möglich zu halten.

- **Werbezielgebiet:** Wo soll geworben werden?[1]
  Das Unternehmen hat zu entscheiden, ob auf dem **Gesamtmarkt** oder auf bestimmten **Teilmärkten** geworben werden soll.

- **Werbeträger:** Welche Medien sollen genutzt werden?[1]
  Werbeträger werden gewöhnlich in **Printmedien** (z. B. Zeitschriften), **elektronische Medien** (z. B. Internet) und **Außenwerbung** (z. B. Plakate) unterteilt, deren Nutzung sich in sehr unterschiedlich hohen Werbekosten niederschlagen kann.

- **Werbemittel:** In welcher Form soll geworben werden?[1]
  Die Auswahl der geeigneten Werbemittel muss Erkenntnisse der Wahrnehmungspsychologie berücksichtigen. Die Gestaltung des Werbemittels entscheidet meistens darüber, ob die Werbebotschaft den Umworbenen zielgerichtet erreicht und die beabsichtigte Wirkung erzielt.

Beispiele:

Werbeträger	Werbemittel
Zeitung, Zeitschrift	Anzeige, Beilage
Fernsehen	Fernsehspot
Kino	Kinospot, Werbefilm
Fahrzeuge	Beschriftung von Firmenwagen, Straßenbahnen, Speditions-Lkws
Internet	Pop-ups, Homepage-Gestaltung

- **Werbebotschaft:** Wie soll geworben werden?[1]
  Die Werbebotschaft sollte den **Nutzen, den Vorteil** des Produktes für den Umworbenen herausstellen.

- **Werbeetat:** Welche Geldmittel stehen zur Verfügung?[1]
  Häufig wird ein **prozentualer Anteil der Werbeausgaben** am Umsatz festgelegt, obwohl ein antizyklisches Vorgehen sinnvoller wäre. Der Werbeetat soll vor allem an den Werbezielen ausgerichtet werden.

- **Werbetiming:** Wann soll (wie) geworben werden?[1]
  Die Werbemaßnahmen sollten in einem **Werbeplan** festgehalten werden, auch wenn Werbeaktionen der Mitbewerber kurzfristige Änderungen hervorrufen können.
  Das Werbetiming ist gerade bei der Einführung neuer Produkte besonders wichtig.

[1] vgl.: Hüttner, a. a. O., S. 220 ff.

Entscheidungsbereiche der Kommunikationspolitik

(Klassische) Werbung

Beim Werbetiming wird grundsätzlich zwischen **zyklischer** und **antizyklischer Werbung** unterschieden: Im Gegensatz zur zyklischen Werbung werden bei der **antizyklischen Werbung** gerade in **wirtschaftlich schwierigen Zeiten** (z. B. Wirtschaftskrise mit Umsatzrückgängen) die Werbeausgaben erhöht. Man erhofft sich dadurch einen **Umkehrtrend** bei der wirtschaftlichen Entwicklung des Unternehmens.

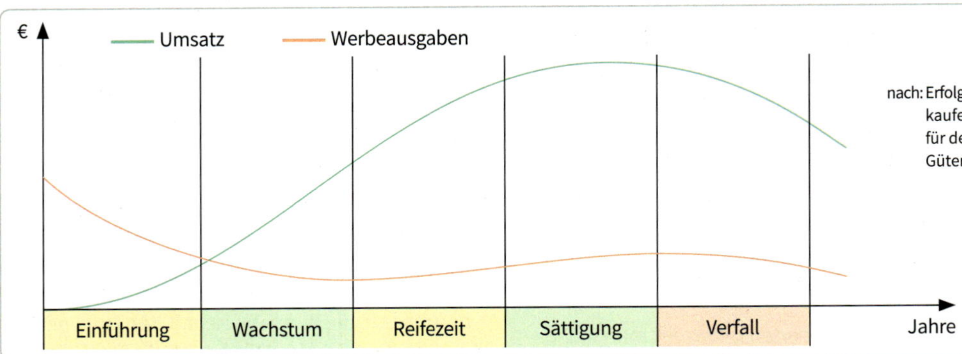

nach: Erfolgreich werben und verkaufen. Das Werbehandbuch für den Miele-Fachhändler, Gütersloh 1990

Werbeerfolgskontrolle: Wie soll der Werbeerfolg gemessen werden?

Man unterscheidet die **ökonomische** von der **außerökonomischen Werbeerfolgskontrolle.** Der ökonomische Werbeerfolg soll sich aufgrund der folgenden Formel berechnen lassen:

Werbegewinn
= werbebedingter Mehrumsatz – Werbekosten

Gerade die genaue Ermittlung des werbebedingten Mehrumsatzes ist aber aufgrund von Zuordnungsproblemen kaum möglich.

Die **außerökonomische Werbeerfolgskontrolle** versucht z. B., über Befragungen Werbekontakte und Werbewirkungen zu messen.

vgl.: Bentin, Margit u. a.: Absatz/Marketing, 4., aktualisierte Aufl., Braunschweig 2009, S. 54 f.

Werbegrundsätze

Die **Werbung** eines Unternehmens sollte sich prinzipiell an folgenden **Werbegrundsätzen** ausrichten:

- **Wahrheit** der Werbeaussage
  Die Werbung darf keine Unwahrheiten enthalten, Näheres regelt das Gesetz gegen den unlauteren Wettbewerb (UWG).
- **Klarheit**
  Die Werbeaussage muss für den Umworbenen klar verständlich sein, das werbende Unternehmen sollte dabei auch berücksichtigen, dass sich bestimmte Werbeaussagen leicht einprägen lassen (z. B. durch einen Werbeslogan).
- **Wirksamkeit**
  Damit die Werbemaßnahme optimal wirkt, müssen Werbebotschaft, Werbemittel und -träger treffsicher ausgewählt werden. Die Wirksamkeit wird erhöht, wenn gezielt Wiederholungen der Werbemaßnahme genutzt werden.
- **Soziale Verantwortung**
  Viele Branchenverbände setzen sich dafür ein, dass die Werbemaßnahmen sozial verantwortlich gestaltet werden, da ansonsten die Werbeaktion eher Schaden für das Unternehmen zur Folge hat. Im Medienzeitalter wird dieser Werbegrundsatz immer wichtiger. Text- und Bildaussagen sollten den gesellschaftlichen Werten grundsätzlich entsprechen.
- **Wirtschaftlichkeit**
  Die Werbeausgaben sollten in einem angemessenen Verhältnis zum Werbeerfolg stehen.

Werbegrundsätze

Gelegentlich fühlen sich Umworbene von bestimmten Werbemaßnahmen negativ berührt. Die Institution des **Deutschen Werberates** bietet ein **Konfliktmanagement zwischen** werbender **Wirtschaft** und den **Umworbenen** an. Der Werberat ist eine Institution der 42 vom Zentralverband der deutschen Werbewirtschaft *(ZAW)* vertretenen Organisationen der werbenden Firmen, Medien, Agenturen, Werbeberufe und Forschung. Er wird von allen relevanten Marktbeteiligten der Werbewirtschaft getragen.

Der Werberat stellt zum einen **Grundregeln der Werbung** auf, zum anderen bietet er allen Umworbenen ein **Beschwerdeverfahren** für anstößige Werbung an. Jeder kann sich per Telefon, Fax, Post oder E-Mail (werberat@werberat.de) über eine konkrete Werbemaßnahme beschweren (Weiteres siehe unter www.werberat.de).

Bilanz Deutscher Werberat

	2012	2016
Werbeaktivitäten vor dem Werberat	**479**	**703**
davon Werberat nicht zuständig	174	262
unberechtigte Beschwerden	233	324
▪ Werbung nach Beschwerde eingestellt/abgeändert	66	95
▪ öffentliche Rüge	6	22

Quelle: https://www.werberat.de/sites/default/files/uploads/media/beschwerdebilanz_2012_bis_2016.jpg [15.06.2018].

AIDA-Regel

Beim **Abfassen von Werbetexten** sollte die sogenannte **AIDA-Regel** berücksichtigt werden:

A: Attention: Der Werbetext muss die **Aufmerksamkeit** beim Umworbenen wecken. Die geschickte Platzierung eines sogenannten **Eye-Catchers** (z. B. eines Fotos) oder eines **Werbeslogans** entscheiden häufig schon innerhalb der ersten Sekunde beim Betrachter darüber, ob er gewillt ist, weiterzulesen.

I: Interest: Das sprachlich und grafisch gut gestaltete Werbemittel (z. B. ein Werbebrief) soll **Interesse** beim Betrachter wecken. Wichtig ist es, die Interessen, die Bedürfnisse des potenziellen Kunden zu erkennen – diese Interessen müssen gezielt angesprochen werden.

D: Desire: Das Interesse des Kunden ist bereits geweckt, jetzt gilt es, den **Kaufwunsch** gezielt anzusprechen. Der Leser des Werbetextes soll ja schließlich dazu angeregt werden, das Produkt oder die Dienstleistung zu erwerben. Produktvorteile müssen kundenorientiert herausgestellt werden.

A: Action: Nachdem der Kaufwunsch angesprochen wurde, muss der Kunde konkret **zum Kauf veranlasst** werden. Zum Beispiel kann eine fertig gestaltete Bestell-Postkarte oder ein Bestell-Fax diese Kundenaktivität herausfordern.

aus: Breitkreutz, Rainer; Gladigau, Gerhard; Richter, Klaus: Gutes Deutsch – Gute Briefe, Fachbuch für Korrespondenz in Wirtschaft und Verwaltung, 27., überarb. u. erweiterte Aufl., Braunschweig 2013, S. 92 f.

Werbeplan

Ein vollständiger **Werbeplan** sollte folgende **Inhalte** aufweisen:

- **Werbeinhalt:** Wofür soll geworben werden?
- **Werbeziel(e):** Welche Wirkung soll bei den Umworbenen erreicht werden?
- **Streukreis:** Welche Zielgruppe(n) werden umworben?
- **Werbebotschaft:** Welchen Nutzen, welchen Vorteil hat das Produkt für den Umworbenen?
- **Reichweitenbestimmung:** Wie hoch ist die Anzahl der Umworbenen?
- **Streugebiet:** In welchem geografischen Raum wird geworben?
- **Streuzeit:** Zu welchen Zeitpunkten in welchem Zeitraum wird geworben?
- **Streuweg:** Welche Werbemittel und Werbeträger werden ausgewählt?
- **Werbeetat/Streudichte:** In welchem Verhältnis stehen die eingesetzten Werbemittel, der Werbeetat, zum Streugebiet?

Der **Werbeetat**, auch Werbebudget genannt, kann **zu Beginn** der **Werbeplanung** festgelegt werden. Der Umfang der Werbemaßnahme(n) hat sich dann am Werbeetat auszurichten. Möglich ist aber auch, dass der Werbeetat nach allen anderen inhaltlichen Festlegungen **am Schluss** der Höhe nach geplant wird. Werbeziel(e), Streukreis, Streugebiet usw. bestimmen dann den Umfang des Werbeetats.

Die **Höhe des Werbeetats** kann grundsätzlich als **Festbetrag** für einen Zeitraum (z. B. ein Geschäftsjahr) oder eine Werbeaktion bestimmt werden. Häufig wird auch ein fester **Prozentsatz** vom Umsatz oder Gewinn festgelegt. Denkbar ist auch, dass man sich am Umfang der Werbeaktionen der **Mitbewerber** orientiert.

Auszug aus einem Werbeplan:

Werbeplan für Skianzug			Terminübersicht											
Werbeträger:	Werbemittel:	Werbebotschaft:	Jan.	Febr.	März	Apr.	Mai	Juni	Juli	Aug.	Sept.	Okt.	Nov.	Dez.
Litfaßsäule	Plakat	atmungsaktive Textilie									x	x	x	
Regionalzeitung	Zeitungsanzeige	trendige Modenschau im Verkaufsraum											x	

Entscheidungsbereiche der Kommunikationspolitik

Direktwerbung

Im Gegensatz zur anonymen Massenumwerbung werden bei der Direktwerbung die Zielpersonen direkt individuell angesprochen. Diese Form der Werbung hat an Bedeutung so stark zugenommen, dass zusammen mit dem Direktverkauf an Letztverwender und -verbraucher vom sogenannten **Direktmarketing** gesprochen wird. Neben individuell adressierten Werbesendungen zählt zur Direktwerbung vor allem das **Telefonmarketing**. Die neuen elektronischen Medien bieten eine Vielzahl von Möglichkeiten für Direktwerbung. Diese sind jedoch zugleich durch das verschärfte Wettbewerbsrecht beschränkt.

Werbung im Internet

- Werbung und Serviceangebote auf eigenen WWW-Seiten (Website)
- Bannerwerbung[1]
  - auf Portalseiten[2]
  - in Online-Medien
- E-Mail-Werbung
  - mit Einverständnis des Empfängers
  - ohne Einverständnis des Empfängers (UCE[3], „Spam")
- über Suchmaschinen
  - als Anzeige
  - durch Listung in den Suchergebnissen
- in sozialen Netzwerken

UCE ist nach dem Gesetz gegen den unlauteren Wettbewerb (UWG § 7 Abs. 2) unzulässig. E-Mail-Werbung ist dann wettbewerbsrechtlich einwandfrei, wenn der Empfänger in die Zusendung vorher eingewilligt hat.

Bannerwerbung ist im Allgemeinen im Internet eher unbeliebt, vor allem, wenn sie die vom Nutzer eigentlich besuchten Seiten überdeckt (sogenannte Pop-ups).

Als Alternative zur herkömmlichen Bannerwerbung nutzen Unternehmen zunehmend Werbung über **Suchmaschinen**. Hier werden Anzeigen möglichst passend zu Suchanfragen geschaltet. Zugleich bemühen sich die Unternehmen, mit ihren Angeboten bei Suchmaschinen auf vorderen Plätzen gelistet zu werden (**SEO** = (engl.) **S**earch **E**ngine **O**ptimization, Suchmaschinenoptimierung). Darüber hinaus kooperieren führende Suchmaschinenunternehmen mit Online-Medien, sodass zunehmend Werbung im Internet gezielt auf die vermuteten Interessen der Nutzer geschaltet wird.

Die gestiegene Popularität von **sozialen Netzwerken** im Internet macht diese für kommerzielle Werbung attraktiv. Allerdings werden solche Netzwerke unter Datenschutzaspekten häufig sehr kritisch beurteilt.

[1] Werbebanner sind Werbeflächen mit Verlinkung, früher v. a. im Kopfbereich von Portalseiten, heute in unterschiedlichsten Formen.
[2] Portalseiten sind speziell gestaltete WWW-Einstiegsseiten mit Suchfunktionen, Nachrichten und/oder Verzeichnissen.
[3] UCE = (engl.) Unsolicited Commercial E-Mail, unverlangt zugesandte Werbe-E-Mail, meist als „Spam" oder „Junk" (engl. „Abfall") bezeichnet.

Salespromotion (Verkaufsförderung)

Salespromotion umfasst eine Vielzahl von verkaufsfördernden Aktionen, um den Absatz kurzfristig zu steigern.

Nach den Zielgruppen dieser Aktion unterscheidet man:

- **Verbraucher-Promotions**
  Die Konsumenten werden auf ein Produkt aufmerksam gemacht oder zum Kauf angeregt.
  Beispiele: Gewinnspiele, Produktproben, Warengutscheine, Produktvorführung im Einzelhandelsgeschäft.
- **Außendienst-Promotions**
  Der firmeneigene Außendienst wird z. B. durch Sonderprämien oder Wettbewerbe motiviert; Schulungen und geeignete Verkaufsunterlagen unterstützen den Außendienst.
- **Händler-Promotions**
  Sonderrabatte, Verkaufsprämien und Rücknahmegarantien motivieren die Handelspartner; das Zurverfügungstellen von Displaymaterial (z. B. Aufsteller, Schaufensterdekoration) und die Durchführung von Schulungen unterstützen die Beratungs- und Verkaufstätigkeit des Handels.

Public Relations (PR)

Im Mittelpunkt der Öffentlichkeitsarbeit (PR) steht nicht ein Produkt des Unternehmens, sondern das ganze Unternehmen. Ziel der PR-Maßnahmen ist vor allem die Imagepflege des Unternehmens in der Öffentlichkeit, daneben auch eine nach innen gerichtete Wirkung: Die Mitarbeiter des Unternehmens sollen ein Wir-Gefühl entwickeln, die Motivation soll gesteigert werden. Ein besonderes Interesse gilt bei den PR-Aktivitäten sogenannten Meinungsführern oder Multiplikatoren (z. B. Medienvertreter). Gute Pressebeziehungen werden in der Regel durch eine Presseabteilung unterstützt.

Mögliche **PR-Maßnahmen** sind:

- Veröffentlichungen (Pressemitteilungen, Erstellung von Sozial- und Ökobilanzen),
- Vorträge und Diskussionsrunden,
- Veranstaltungen und Ausstellungen,
- Werksbesichtigungen.

Der PR-Gedanke wird bei der Gestaltung einer **Corporate Identity** (Unternehmensidentität) aufgegriffen. Ein einheitliches Bild des Unternehmens nach außen, eine Unternehmenskultur soll geschaffen werden. Dies geschieht z. B. durch Schaffung von einheitlichen Zeichen (Symbolen) des Unternehmens (u. a. auf Briefbögen, Visitenkarten, Firmen-Pkws und -Lkws) oder durch besondere Verhaltensregeln, die von den Mitarbeiterinnen und Mitarbeitern gegenüber Kunden, Lieferanten und der Öffentlichkeit einzuhalten sind.

Sponsoring

Das Unternehmen (der Sponsor) unterstützt durch Finanz-, Sach- oder Dienstleistungen Personen, Organisationen oder Institutionen (Gesponsorte) und erwartet dafür bestimmte Gegenleistungen (z. B. besondere Werbemöglichkeiten), die vertraglich abgesichert sind.

Mithilfe des Sponsorings versucht das Unternehmen, das positive Image des Gesponsorten auf sich zu übertragen. Die Sponsoringaktivitäten erreichen auch Zielgruppen, die sich mit herkömmlichen Mitteln der Kommunikationspolitik nicht oder kaum ansprechen lassen.

Formen des Sponsorings sind vor allem:

- Sportsponsoring,
- Sozialsponsoring,
- Kultursponsoring,
- Umweltsponsoring.

Productplacement[1]

Durch Productplacement versucht ein Unternehmen, **Markenartikel** z. B. in Kinofilmen, Fernsehsendungen, Videoclips oder Theateraufführungen so geschickt zu platzieren, dass sie vom Zuschauer nicht als Werbemaßnahme identifiziert werden. Produktinnovationen (z. B. neue Automodelle) werden gern in neue Filmproduktionen eingebaut (Innovationplacement).

Insbesondere das Zapping, d. h. das Umschalten des Fernsehprogramms mithilfe der Fernbedienung bei Werbeblöcken, führt zu einem sprunghaften Anstieg des Productplacements.

In Privatfernsehgesellschaften haben sich spezielle Dauerwerbesendungen etabliert, bei denen Markenprodukte geschickt als Gewinne platziert werden.

Bei der sogenannten **Herstellermarke** wird das Produkt durch den Hersteller markiert. Man spricht von einem **Zeichen**, zum Beispiel einem Wort oder einem Bild. Nach dem **Markengesetz** können Marken rechtlich durch Eintragung beim **Deutschen Patent- und Markenamt** bzw. beim Europäischen Markenamt geschützt werden.

Marken schützen den „guten Namen" des Produktes und führen zu einer **Abgrenzung** von ähnlichen Produkten der **Mitbewerber**.

Ein **Markenartikel** soll dem Kunden eine **gleichbleibende** oder **verbesserte Qualität** garantieren.

[1] vgl.: Hüttner, a. a. O., S. 250 ff.

aus: Bentin, Margit u. a.: Absatz/Marketing, 4., aktualisierte Aufl., Braunschweig 2009, S. 56 f.

Gesetz gegen den unlauteren Wettbewerb (UWG)

Das Gesetz will verhindern, dass zu Zwecken des Wettbewerbs Handlungen vorgenommen werden, die **wettbewerbswidrig** sind und somit einen fairen Wettstreit zwischen allen Unternehmen behindern. Gleichzeitig sollen die Konsumenten vor irreführenden Angaben geschützt werden. Somit stellt das UWG eine **Rechtsnorm** dar, die indirekt über die Stärkung des Wettbewerbs den Schutz der Verbraucher bewirkt.

Gesetz gegen den unlauteren Wettbewerb (UWG)

Grundsätzlich **verboten** sind:

- unlautere geschäftliche Handlungen
- irreführende Werbung
- Mondpreiswerbung
- Lockvogelwerbung
- vergleichende Werbung (Ausnahmen siehe § 6 UWG)
- Verrat von Geschäfts- und Betriebsgeheimnissen
- unzumutbare Belästigung

geregelt u. a. in:

§ 1 UWG (Zweck des Gesetzes)

Dieses Gesetz dient dem Schutz der Mitbewerber, der Verbraucherinnen und Verbraucher sowie der sonstigen Marktteilnehmer vor unlauteren geschäftlichen Handlungen.

§ 3 UWG (Generalklausel)

Unlautere geschäftliche Handlungen sind unzulässig, wenn sie geeignet sind, die Interessen von Mitbewerbern, Verbrauchern oder sonstigen Marktteilnehmern spürbar zu beeinträchtigen.

§ 4 UWG nennt Beispiele für **unlautere geschäftliche Handlungen**, insbesondere die Vornahme von Handlungen, die geeignet sind,

- die Entscheidungsfreiheit der Verbraucher oder anderer Marktteilnehmer durch Ausübung von Druck oder Ähnlichem zu beeinträchtigen,
- die geschäftliche Unerfahrenheit von Kindern und Jugendlichen auszunutzen,
- den Werbecharakter von Wettbewerbshandlungen zu verschleiern,
- die Kennzeichen, Waren, Dienstleistungen u. a. eines Mitbewerbers herabzusetzen oder zu verunglimpfen,
- Mitbewerber gezielt zu behindern.

Rechtsfolgen bei Wettbewerbsverstößen im Sinne des UWG

- **privatrechtliche Ansprüche auf**
  - Unterlassung
  - Schadensersatz
- **strafrechtliche Verfolgung**
  - Freiheitsstrafen
  - Geldstrafen

Das neue **Gesetz zur Bekämpfung unerlaubter Telefonwerbung und zur Verbesserung des Verbraucherschutzes bei besonderen Vertriebsformen** erweitert den Verbraucherschutz. Die wichtigsten **Bestimmungen** sind:

- Der Angerufene muss **vor dem Telefonat** seine **Einwilligung** zu dieser Form des Direktmarketings gegeben haben.
- Der Angerufene muss die Rufnummer des Anrufenden erkennen können, ein **Unterdrücken der Rufnummer** ist **unzulässig**.
- Bei Verstößen kann ein **Bußgeld** verhängt werden.

Grenzen der Werbung

Limits of advertising

Überblick

Kreative Mitarbeiter in **Werbeagenturen** arbeiten täglich an der Verbesserung der von ihnen geplanten Werbeaktionen, um gezielt ausgewählte Kundengruppen anzusprechen. Allerdings sind häufig professionell ausgearbeitete Werbeaktionen für die Unternehmen kaum noch finanzierbar – die Werbung stößt an **wirtschaftliche Grenzen**. Die Grenzen der Werbung sind aber nicht nur wirtschaftlicher (ökonomischer) Art, auch **rechtliche und ethische Grenzen** müssen beachtet werden:

Grenzen der Werbung

wirtschaftliche Grenzen

Problem:
Ist die Werbeaktion noch finanzierbar für das Unternehmen?

rechtliche Grenzen

Problem:
Ist die Werbeaktion vereinbar mit geltenden Rechtsbestimmungen?

Beispiel:
Werbung für Lübecker Marzipan, das in Tschechien hergestellt wird

ethische Grenzen

Problem:
Ist die Art und Weise, wie geworben wird, mit ethischen Grundsätzen vereinbar?

Beispiel:
Werbung, die die Menschenwürde verletzt

Schlussfolgerung:

ganzheitliche Betrachtung der Werbung: Beachtung **wirtschaftlicher, rechtlicher** und **ethischer** Aspekte

Umgang mit personenbezogenen Daten

Ein besonders sensibler Bereich in der Kommunikationspolitik von Unternehmen ist der Umgang mit personenbezogenen Daten, vornehmlich von **Kundendaten**. Nach dem **Bundesdatenschutzgesetz (BDSG)** sind laut § 46 personenbezogene Daten als „Einzelangaben über persönliche oder sachliche Verhältnisse einer bestimmten oder bestimmbaren natürlichen Person" definiert. Der Bürger erwartet aufgrund des verfassungsrechtlich garantierten **Grundrechtes auf informationelle Selbstbestimmung**, dass sehr sorgfältig mit den über ihn gespeicherten Daten umgegangen wird und sie keinesfalls ohne Zustimmung an Dritte weitergegeben werden. Man spricht juristisch vom **Transparenzgebot**, welches bedeutet, dass jeder Betroffene, z. B. ein Kunde eines Unternehmens, erkennen können muss, welche seiner personenbezogenen Daten von wem, wann, zu welchem Zweck und in welchem Umfang erhoben oder verwendet worden sind. Unternehmen, die mit personenbezogenen Daten z. B. Werbemaßnahmen durchführen möchten, sichern sich juristisch dadurch ab, dass sie vor geplanten Werbemaßnahmen eine schriftliche bzw. elektronische **Einwilligung** der Kunden einholen. Dies wird häufig beim Abschluss eines Kaufvertrages oder bei der Teilnahme an Gewinnspielen vorgenommen. Die Kunden eines Unternehmens haben auch ein **Auskunftsrecht** gegenüber diesem Unternehmen, d. h., sie können verlangen, dass die über sie gespeicherten Daten ihnen mitgeteilt werden. Wird diesem Auskunftsrecht nicht entsprochen, kann vor der Beauftragung eines Rechtsanwaltes auch der entsprechende **Landesdatenschutzbeauftragte** eingeschaltet werden. Der Kunde eines Unternehmens kann auch nachträglich der Nutzung seiner Daten **widersprechen**, er kann u. U. die **Berichtigung** oder **Löschung** seiner Daten verlangen.

***Beispiel:* Datenschutzerklärung der Braunschweiger Zeitung (Auszug)**

[..] (1) Im Folgenden informieren wir Sie gemäß der Verordnung (EU) 2016/679 (Datenschutzgrundverordnung „DSGVO") über die Erhebung personenbezogener Daten bei Nutzung unserer Webseite(n). Personenbezogene Daten sind alle Daten, die auf Sie persönlich beziehbar sind, z. B. Name, Adresse, E-Mail-Adressen, Nutzerverhalten. [..]
(3) Alle personenbezogenen Daten werden grundsätzlich bei Ihnen erhoben. Bei Bestellung eines Geschenk- oder Leser-werben-Leser-Abonnements werden Ihre personenbezogene Daten bei Dritten (Schenker oder Vermittler) erhoben.
(4) Bei Ihrer Kontaktaufnahme mit uns per E-Mail oder über ein Kontaktformular werden die von Ihnen mitgeteilten Daten (Ihre E-Mail-Adresse, ggf. Ihr Name und Ihre Telefonnummer) von uns gespeichert, um Ihre Fragen zu beantworten. Die in diesem Zusammenhang anfallenden Daten löschen wir, nachdem die Speicherung nicht mehr erforderlich ist, oder schränken die Verarbeitung ein, falls gesetzliche Aufbewahrungspflichten bestehen. [...].

Quelle: Datenschutzerklärung der Braunschweiger Zeitung (Auszüge). Stand: 23. Mai 2018, abgerufen unter https://www.braunschweiger-zeitung.de/service/article207726537/Datenschutzerklaerung.html [05.07.2018].

Begriffliche Abgrenzung und Zielsetzung

Die **Zielsetzung** der Distributionspolitik, die mit den übergeordneten Zielen der Unternehmenspolitik (Unternehmensphilosophie) abgestimmt sein muss, besteht darin, „... das richtige Produkt zur richtigen Zeit, im richtigen Zustand, in der richtigen Menge am richtigen Ort den Abnehmern zur Verfügung zu stellen".

vgl.: Knoblich, H.: Absatzpolitik, Göttingen 1994, S. 158

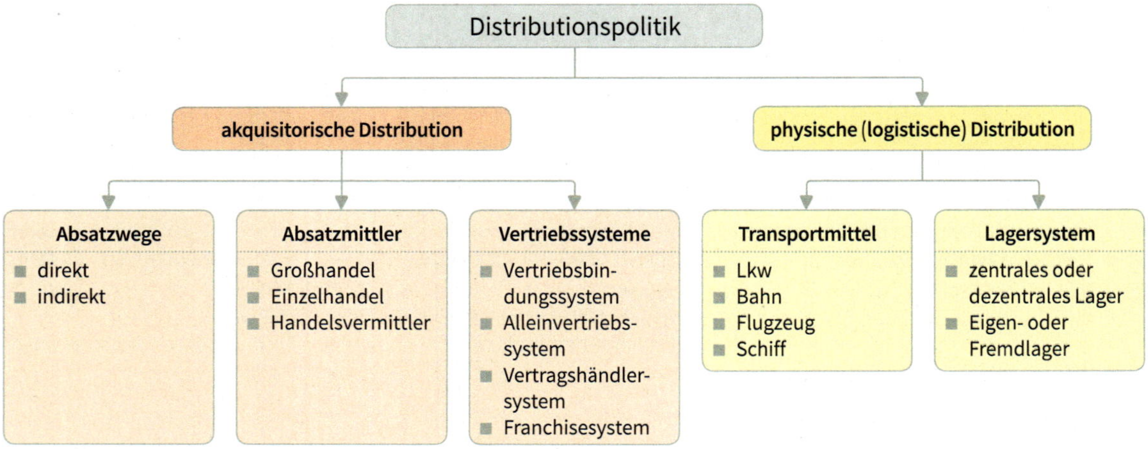

Die **akquisitorische Distribution** kann als das Management der Verteilungskanäle bezeichnet werden. Sie beschäftigt sich vor allem mit der Wahl des Distributionssystems.

vgl.: Hüttner, a. a. O., S. 255

Unter **physischer Distribution** (Marketinglogistik) versteht man „die Planung, Steuerung, Realisation und Kontrolle aller Güter und Dienstleistungen, die von den Anbietern zu den Abnehmern gelangen sollen".

vgl.: Weis, H. C.: Marketing, Ludwigshafen 2007, S. 411

Entscheidungsbereiche der akquisitorischen Distribution

1. Entscheidung über den Absatzweg

Direkter Absatzweg
Beim direkten Absatzweg übernimmt der Hersteller alle Verteilerfunktionen seines Produktes bis zum Verwender bzw. Konsumenten unter Umgehung des institutionellen Handels. Der Hersteller kann sich dabei entweder direkt an den Kunden wenden (z. B. bei Großkunden) oder es werden betriebseigene Absatzorgane (u. a. Verkaufsniederlassungen und/oder **Reisende**) dazwischengeschaltet.

Indirekter Absatzweg
Beim indirekten Absatzweg verteilt der Hersteller sein Produkt mithilfe betriebsfremder Organe: Selbstständige Handelskettenglieder (Groß- und Einzelhandel) und/oder selbstständige Handelsvermittler (Handelsvertreter, Kommissionär, Handelsmakler).

Bestimmungsfaktoren für die Wahl des Absatzweges[1]

- betriebsinterne Faktoren, wie u. a. Betriebsgröße (z. B. Groß- oder Kleinbetrieb) oder eigene Absatzorganisation (stark oder schwach ausgebaut)
- die Eigenart der Ware, wie z. B. der Verwendungszweck (Produktionsmittel/Konsumgut) oder die Erklärungsbedürftigkeit (technische Komplexität)
- betriebsexterne Faktoren, wie z. B. die Anzahl und Größe der Abnehmer, Entfernung zu den Absatzmärkten oder gesetzliche Bestimmungen

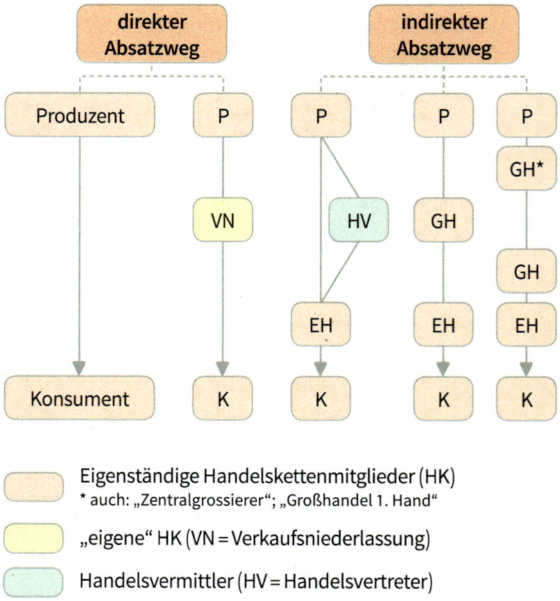

[1] vgl.: Knoblich, H.: Absatzpolitik, a. a. O., S. 162 f.

Entscheidungsbereiche der akquisitorischen Distribution (Fortsetzung)

2. Entscheidung über Absatzmittler

Großhandel
Der Großhandel kauft i. d. R. von Produktionsunternehmen in eigenem Namen und für eigene oder fremde Rechnung Waren. Es ist u. a. abhängig von der jeweiligen Betriebsform (z. B. Sortiments- und/oder Spezialgroßhandel), welche Distributionsfunktionen (u. a. Lagerung, Sortimentsbildung usw.) vom Großhandel übernommen werden können.

Einzelhandel
Der Einzelhandel kauft entweder direkt vom Hersteller und/oder über Handelsvermittler oder den Großhandel im eigenen Namen und für eigene oder fremde Rechnung Waren, um sie an den Konsumenten weiterzuverkaufen. Für den Hersteller ist es von Bedeutung, inwiefern der Einzelhändler das Marketingkonzept des Herstellers mitträgt.

Handelsvermittler
Zu den Handelsvermittlern zählen der Handelsvertreter, Kommissionär und Handelsmakler.

- Der **Handelsvertreter** ist selbstständiger Gewerbetreibender und ständig damit beauftragt, für andere Unternehmen (d. h. im fremden Namen) Geschäfte abzuschließen. Er kann im Wesentlichen seine Tätigkeit selbst bestimmen. In der Regel ist er für mehrere Unternehmen tätig (Mehrfirmenvertreter). Als Vergütung erhält er eine Vermittlungs- oder Abschlussprovision.
- Der **Kommissionär** ist selbstständiger Gewerbetreibender und übernimmt es gewerbsmäßig, Verträge im eigenen Namen auf fremde Rechnung abzuschließen. Er trägt kein Absatzrisiko, da er nicht verkaufte Ware zurückgeben kann. Als Vergütung erhält er eine Provision (festen Prozentsatz) vom vereinbarten Preis.
- Der **Handelsmakler** ist selbstständiger Gewerbetreibender und wird nur im Bedarfsfall aufgrund seiner guten Marktkenntnisse mit der Anschaffung oder dem Verkauf von Waren oder Dienstleistungen beauftragt. Als Vergütung erhält er je zur Hälfte vom Verkäufer und Käufer (falls nicht anders vertraglich vereinbart) einen bestimmten Prozentsatz vom Auftragsvolumen.

3. Entscheidung über die Form des vertraglichen Vertriebssystems

Durch den Aufbau eines vertraglichen Vertriebssystems versucht der Hersteller, bestimmte Abnehmer auszuschließen. Ausgewählte selbständige Handelsunternehmen können so in seine Vertriebskonzeption eingebunden werden.

Vertriebsbindungssystem
Vertriebsbindungen können sich je nach Gestaltung der Verträge u. a. erstrecken auf:

- Vertriebswegebindungen in räumlicher Hinsicht, z. B. Exportverbot für inländische Abnehmer,
- Vertriebswegebindungen in personeller Hinsicht, z. B. Vertriebsbeschränkung auf bestimmte Abnehmerkreise (sogenannte Kundenbeschränkungsklauseln),
- Vertriebsbindungen in zeitlicher Hinsicht, z. B. Beschränkungen hinsichtlich der Vertriebszeit neuer bzw. auslaufender Modelle (vgl.: Knoblich, a. a. O., S. 189).

Vertragshändlersystem
Der Vertragshändler verpflichtet sich durch vertragliche Regelungen, im eigenen Namen und auf eigene Rechnung Waren des Herstellers unter Einhaltung der Marketingkonzeption zu vertreiben (u. a. Bewahrung des Images und angemessener Kundendienst).

Alleinvertriebssystem
Der Hersteller verpflichtet sich, in einem bestimmten Absatzgebiet nur den allein vertriebsberechtigten Händler zu beliefern (z. B. bei Neueinführung eines Produktes).

Franchisesystem
Der Franchisenehmer (z. B. Groß- oder Einzelhandelsbetrieb) schließt mit einem Franchisegeber (z. B. Hersteller) einen Vertrag. Der Franchisevertrag geht in der vertraglichen Bindung über den Vertrag mit dem Vertragshändler hinaus, da der Name bzw. die Firma des Franchisenehmers in den Hintergrund treten. Für die Übernahme eines ausgereiften Marketingkonzepts (z. B. Fastfood-Kette) hat der Franchisenehmer ein Entgelt an den Franchisegeber zu entrichten.

Intensitätsskala der Bindungen in Absatzkanälen

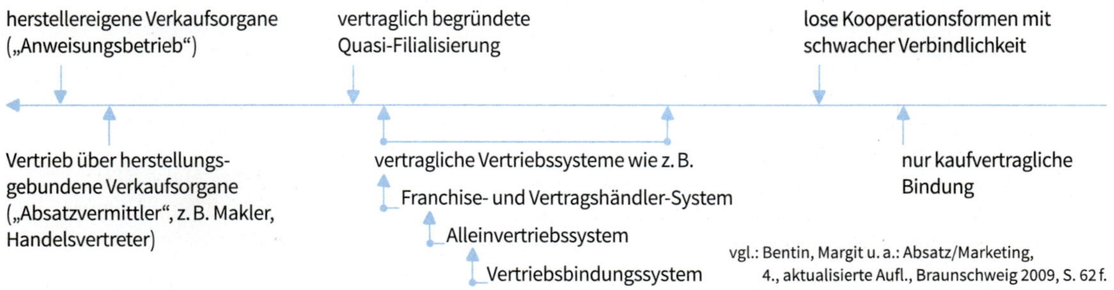

vgl.: Bentin, Margit u. a.: Absatz/Marketing, 4., aktualisierte Aufl., Braunschweig 2009, S. 62 f.

5

Entscheidungsbereiche der akquisitorischen Distribution (Fortsetzung)

4. Festlegung eines vertikalen Marketings

Unter vertikalem Marketing versteht man die Einflussnahme auf die zwischen Hersteller und Handel auftretenden Zielkonflikte, die u. a. aus der Aufteilung der Vertriebsspanne resultieren. Zur Problemlösung werden deshalb zwischen Hersteller und Handel häufig vertragliche Vereinbarungen zur Durchsetzung eines einheitlichen Marketings eingesetzt.

vgl.: Hüttner, a. a. O., S. 265

Entscheidungsbereiche der physischen Distribution

1. Entscheidung über die Transportmittel

Im Rahmen der physischen Distribution (**Marketinglogistik**) geht es um die Problemlösung, wie Güter durch Transportmittel und die entsprechenden Transportvorgänge über Lagersysteme in die Nähe des Verwenders/Kunden (gewerbliche Abnehmer, Händler, Verbraucher) gelangen. Die wichtigsten **Gründe** für die Auswahl eines Transportmittels sind:

- Eigenart des Produkts (z. B. Verderblichkeit, Gewicht, Größe des Produkts),
- Kosten des Transportmittels,
- Transportgeschwindigkeit,
- Zuverlässigkeit des Transportträgers und Haftungsumfang,
- Umweltverträglichkeit des Transportmittels.

Diese Bestimmungsgründe entscheiden auch darüber, ob ein eigener oder fremder Fuhrpark genutzt werden soll.

2. Entscheidung über das Lagersystem

Bei der Festlegung des Lagersystems muss zunächst geklärt werden, ob nur ein Zentrallager oder auch regionale Auslieferungslager (dezentrale Lager) errichtet werden sollen.

Zentrallager oder Regionallager

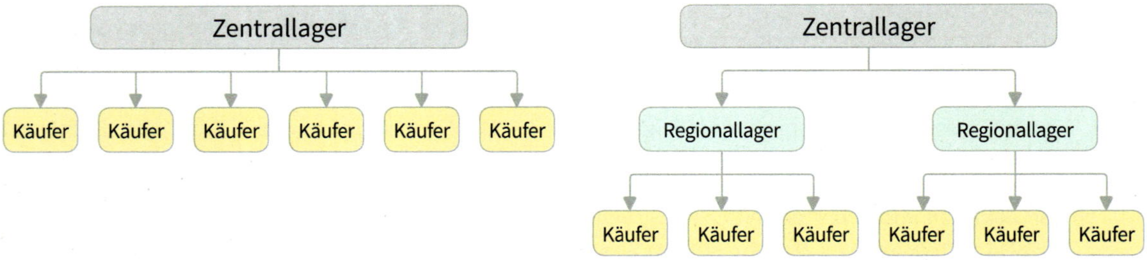

Fall A:

- hohe Transportkosten
- niedrige Lagerkosten
- langsame Liefermöglichkeiten

Fall B:

- geringe Transportkosten
- hohe Lagerkosten
- schnelle Liefermöglichkeiten

aus: Weis, Hans Christian: Marketing. 16., verbesserte und aktualisierte Auflage 2012. Herne: NBW Verlag 2012, S. 488.

Eigen- und Fremdlager

Für die Entscheidung, ob ein Lager in Eigen- oder Fremdregie geführt werden soll, sind vor allem die unterschiedlich hohen Kosten ausschlaggebend (z. B. hohe Fixkosten beim Eigenlager). Ein weiterer Grund für diese Entscheidung könnte z. B. die Einflussnahme auf die Kontrolle des Lagerpersonals sein.

aus: Bentin, Margit u. a.: Absatz/Marketing. 4., aktualisierte Aufl. Braunschweig: Bildungshaus Schulbuchverlage 2009, S. 64.

E-Commerce

Begriff und Ziele

Electronic Commerce („E-Commerce“ oder „E-Business“) ermöglicht die umfassende, digitale Abwicklung von Geschäftsprozessen zwischen Unternehmen und deren Kunden über private und öffentliche Netze (Internet). Dabei beinhaltet das Electronic Commerce auch die digitale Bezahlung und, was digitalisierbare Güter (z. B. Musik, Videoclips) und Dienstleistungen angeht, eine digitale Übertragung.

E-Commerce beschleunigt die Abwicklung von Geschäftsprozessen, gestaltet häufig Prozessabläufe effizienter und senkt damit die Kosten für die Beteiligten. Auf Marktveränderungen kann mithilfe von E-Commerce in der Regel schneller reagiert werden (z. B. über sofortigen Informationsaustausch).

Formen des E-Commerce

- **B2B** = Business-to-Business: Geschäftsbeziehungen zwischen Unternehmen sowie öffentlichen Institutionen
- **B2C** = Business-to-Consumer oder Business-to-Customer: „Electronic Shopping“ von Konsumenten, die über das Internet oder per Onlinedienst Waren kaufen
- **B2G** = Business-to-Government: Geschäftsbeziehungen zwischen Unternehmen und staatlichen Einrichtungen
- **Intra-Business:** Intra- und/oder Extranet unterstützen Geschäftsprozesse und Kommunikationsbeziehungen

Elektronische Marktplätze im Absatzprozess

Das Internet hat den Anbietern viele neue Möglichkeiten eröffnet. Mithilfe des Internets können im Rahmen des Absatzes neue Wege beschritten werden, ein Beispiel dafür sind die nachfolgend aufgeführten **Auktionen** (**Auctions**):

Englische Auktionen: Die Käufer bieten gegeneinander und der Käufer mit dem höchsten Preisangebot erhält den Zuschlag. Dieser Auktionstyp ist zurzeit im Internet vorherrschend. Auf diese Weise werden z. B. gebrauchte Ausrüstungsgüter und Fahrzeuge verkauft.

Dänische Auktionen: Die Verkäufer platzieren ihre Angebote und der Käufer akzeptiert dann das Angebot des niedrigsten Bieters. So funktioniert z. B. der Blumenmarkt in Amsterdam.

Auktionen mit verschlossenen Angeboten: Der Einzige, der die Angebote kennt, ist der Auktionator. Zum Beispiel würde ein Unternehmen, das ein Kraftwerk bauen will, verschlossene Angebote anfordern, sodass kein Anbieter weiß, zu welchen Konditionen seine Konkurrenten anbieten bzw. angeboten haben.

Double Auctions: Es gibt Kauf- und Verkaufsangebote. Die Kauf- und Verkaufsinteressenten nennen ihre Preise, die von Softwareprogrammen so verarbeitet werden, dass ein Abschluss herbeigeführt werden kann. Ein Beispiel hierfür sind die Aktienmärkte: Es gibt eine große Zahl von Käufern und Verkäufern, und Angebot und Nachfrage ändern sich ständig.[1]

[1] vgl.: Kotler, Philip, Jain, D. C., Maesincee, S., Marketing der Zukunft, Frankfurt/New York, 2002, S. 186/187

Arten von Portalen

Ziel: Zielgruppenspezifisches Direktmarketing beim Anbieter (Vermeidung von Streuverlusten, Erhöhung der Kontaktrate)

Lösung: Zielgruppenspezifischer Einsatz des Internets durch Nutzung von **Portalen**

Arten von Portalen

B2B-Portale	B2C-Portale	Portal-Networks
für spezielle Produkte/Leistungen eines anbietenden **Unternehmers**	für spezielle Produkte/Leistungen eines informationssuchenden **Konsumenten**	„Eingangstore“ für spezifische User, die Verknüpfungen zu **sämtlichen Bedürfnissen** des Users bieten
Beispiel: Ein Unternehmen bietet in einem Portal Schreibtische für den Großhandel an.	***Beispiel:*** Ein Unternehmen bietet in einem Portal zum Verkauf ab Werk extrem leistungsstarke Sitzrasenmäher an.	***Beispiel:*** Ein Autohersteller bietet in einem Autoportal zusätzlich zu den Autos günstige Finanzierungsmöglichkeiten sowie Versicherungen an.

vgl.: Hübscher, Heinrich u. a.: IT-Handbuch, IT-Systemkaufmann/-frau, Informatikkaufmann/-frau, 10. Aufl., Braunschweig 2017, S. 412

Marketingmix

Marketing mix

Die absatzpolitischen Instrumente dürfen nicht isoliert voneinander eingesetzt werden, sie müssen aufeinander abgestimmt sein, um oberste Unternehmens- bzw. Marketingziele zu verfolgen.

Marketing ist als eine Konzeption der Unternehmensführung zu verstehen, „bei der im Interesse der Erreichung der Unternehmensziele alle betrieblichen Aktivitäten konsequent auf die gegenwärtigen und künftigen Erfordernisse der Märkte ausgerichtet werden"[1]. Die zunehmende Marktmacht der Kunden zwingt die Unternehmen dazu, sich in ihrer gesamten Unternehmenspolitik an den Kundenwünschen auszurichten.

Das sogenannte **Marketingmix** ist eine möglichst optimale Kombination des Mitteleinsatzes, d.h. eine „zielgerichtete Auswahl und qualitative, quantitative sowie zeitliche Kombination der absatzpolitischen Instrumente"[2]. Der qualitative Aspekt des Marketingmix betrifft die Art der einzelnen Instrumente, der quantitative Aspekt bezieht sich auf das Gewicht der einzelnen Instrumente innerhalb des Marketingmix, und der zeitliche Aspekt beinhaltet Dauer und Abfolge des Einsatzes der einzelnen Instrumente[3]. Das Marketingmix ist eingebettet in die vom Unternehmen festgelegten **Marketingstrategien**, also in unternehmenspolitische Richtlinien, die einen Handlungsrahmen für den Einsatz der absatzpolitischen Instrumente vorgeben.[4]

[1] vgl.: Bidlingmaier, J.: Marketing, Reinbek 1973, S. 15
[2] vgl.: Hüttner, a. a. O., S. 278
[3] vgl.: Knoblich, a. a. O., S. 300 f.
[4] vgl.: Hüttner, a. a. O., S. 81

5

Im Rahmen des Marketingmix müssen die unterschiedlichen **Beziehungen** beachtet werden, die prinzipiell zwischen diesen Instrumenten bestehen können:

- **Konkurrierende Beziehungen**, d.h., zwei Instrumente stören sich in ihrer Wirkung (z.B. stehen Premiumpreise im Widerspruch zum Vertrieb über Absatzkanäle, die untere Einkommensschichten ansprechen).
- **Substitutive Beziehungen**, d.h., zwei Instrumente sind austauschbar in Bezug auf eine bestimmte Wirkung (z.B. lassen sich durch den Vertrieb über den Fachhandel in gewissen Grenzen unternehmenseigene Beratungsleistungen – „begleitende" Servicepolitik – ersetzen).
- **Komplementäre Beziehungen**, d.h., zwei Instrumente unterstützen sich in ihrer Wirkung (z.B. wird das Image hoher Qualität, das durch entsprechende Werbung erzeugt werden soll, durch eine aufwendige Verpackung unterstützt).
- **Konditionale Beziehungen**, d.h., der Einsatz des einen Instrumentes setzt den Einsatz des anderen voraus (z.B. setzt die Präsentation der Produktverpackung im Rahmen der Werbung deren Gestaltung voraus).
- **Indifferente Beziehungen**[5], d.h., es bestehen keine erkennbaren gegenseitigen Beeinflussungen zwischen zwei Instrumenten (z.B. Werbung und Marketing-Logistik).

[5] vgl.: Hüttner, a. a. O., S. 281

Das Marketingmix dient letztendlich dazu, bei den anvisierten Kundenzielgruppen eine **Positionierung** der Produkte bzw. des Unternehmens im Markt zu ermöglichen, um sich von den Produkten der Mitbewerber abzugrenzen.

vgl.: Bentin, Margit u. a., Absatz/Marketing, 4., durchgesehene Aufl., Braunschweig 2009, S. 67 f.

Marketingcontrolling

Aufgaben

Strategisches Marketingcontrolling

Im Bereich des **strategischen** Marketingcontrollings werden **langfristige** Absatzstrategien wie z. B. Modellpolitik und Distributionswege bestimmt, Marketingkonzeptionen entwickelt sowie Plandaten festgelegt.

Operatives Marketingcontrolling

Das **operative** Marketingcontrolling ist dagegen auf das laufende, **kurzfristige** Absatzgeschehen ausgerichtet und beinhaltet u. a. die Aufstellung von Kosten-, Umsatz- und Gewinnbudgets, den Soll-Ist-Vergleich dieser Zahlen und die Abweichungsanalyse.

Verfahren

Das **Marketingcontrolling** wird mithilfe unterschiedlicher **Verfahren** oder **Instrumente** durchgeführt.

Beispiele:

- Deckungsbeitragsrechnung zur optimalen Sortimentsgestaltung S. 389
- Plankostenrechnung
- ABC-Analyse der Kunden S. 133
- Marktanalyse S. 188
- Erhebungstechniken der Marktforschung S. 189
- Konkurrenzanalyse S. 190
- Kundenanalyse S. 192
- Produkt-Lebenszyklus-Analyse S. 198
- Portfolio-Analyse und -Matrix S. 199
- Bestimmung der Preisuntergrenzen S. 204
- Break-even-Analyse S. 390

Kennzahlen

Beispiele:

Kontrolle der Marktentwicklung:

$$\text{Marktanteil} = \frac{\text{eigener Absatz (in ME) oder Umsatz (in €) des Produktes i}}{\text{Marktvolumen (in ME oder €) des Produktes i}}$$

Kontrolle des Faktoreinsatzes:

$$\text{Umsatz pro Marketingmitarbeiter} = \frac{\text{Umsatz}}{\text{Anzahl der Marketingmitarbeiter}}$$

$$\text{Werbegewinn} = \text{werbebedingter Mehrumsatz} - \text{Werbekosten}$$

$$\text{Tausenderpreis} = \frac{\text{Kosten des Werbemediums}}{\text{Anzahl der erreichten Personen}} \cdot 1.000$$

Erfolgskontrolle:

$$\text{Angebotseffizienz} = \frac{\text{Anzahl der zu Bestellungen führenden Angebote}}{\text{Gesamtzahl der Angebote}} \cdot 100$$

$$\text{Deckungsbeitrag des Produktes i} = \text{Umsatz} - \text{variable Kosten}$$

$$\text{Rentabilität des Umsatzes in v. H.} = \frac{\text{Gewinn}}{\text{Umsatz}} \cdot 100$$

Kontrolle der Kundenzufriedenheit:

$$\text{Reklamationsquote} = \frac{\text{Anzahl fehlerhafter Aufträge}}{\text{Gesamtzahl der Aufträge}}$$

Weitere mögliche Kontrolldaten: Anzahl von Kunden und Interessenten, Anzahl der Angebote, Auftragseingänge, Auftragsbestand und Lagerbestand in Euro, Anteil der Vertriebskosten an den Gesamtkosten.

6 Werteströme erfassen und beurteilen

Rechnungswesen in verschiedenen Lebenssituationen

Accountancy in everyday situations

Rechnungswesen – „Geheime Wissenschaft"?

Rechnungswesen ist keine „geheime Wissenschaft", vielmehr begegnet es uns alltäglich in den verschiedensten Lebenssituationen wie zum Beispiel beim Einkaufen im Supermarkt an den Kassen, die in das Warenwirtschaftssystem des Betriebes eingebunden sind, oder bei den jährlichen Rechenschaftsberichten des Kassenwarts eines Sportvereins über die Höhe und Verwendung der Vereinsbeiträge sowie in weiteren Situationen, wie die folgenden grafischen Darstellungen zeigen:

Rechnungswesen in privaten Haushalten

Häufig führen private Haushalte zur Eigenkontrolle ein Haushaltsbuch.

Informationen über

- Art, Höhe und Struktur der monatlichen Einnahmen und Ausgaben und deren Veränderungen im Zeitvergleich
- Einnahmen- oder Ausgabenüberschuss

Haushaltsbuch	Monat Mai in €
A. Einnahmen	
1. Gehalt	2.450,00
2. Kindergeld	184,00
Gesamt	2.634,00
B. Ausgaben	
1. Lebensmittel	580,00
2. Bekleidung	210,00
3. Miete	590,00
4. Versicherungen	350,00
5. Anschaffungen	300,00
6. Gesundheits- und Körperpflege	45,00
7. Verkehrsmittel und Information	163,00
8. Bildung, Unterhaltung, Freizeit	78,00
Gesamt	2.316,00
C. Sparen	318,00

Rechnungswesen öffentlicher Haushalte

Bund, Länder und Gemeinden sind gesetzlich verpflichtet, sogenannte Haushalte aufzustellen.

Informationen über

- Herkunft und Verwendung der Steuereinnahmen
- Vergleich mit dem Vorjahr
- prozentuale Veränderungen gegenüber dem Vorjahr

Rechnungswesen der Volkswirtschaft

Statistische Landesämter und das Statistische Bundesamt sowie Privatunternehmen stellen Berechnungen über die Entwicklung der Volkswirtschaft an.

Informationen über

- Entwicklungen der Wirtschaft, gemessen am nominalen oder realen Bruttoinlandsprodukt (BIP)
- Entstehung, Verwendung und Verteilung des BIP

(Zum BIP siehe auch S. 293)

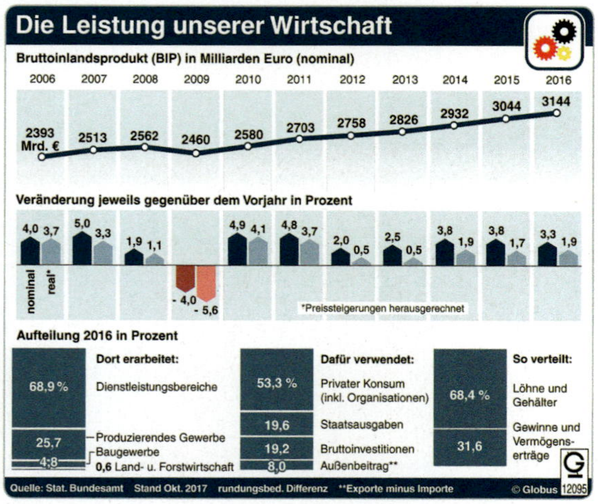

Die Finanzbuchhaltung und die Kosten- und Leistungsrechnung werden anhand des folgenden Modellunternehmens OfficeCom KG verdeutlicht:

OfficeCom KG

Name Sitz Amtsgericht Handelsregister Nr. Telefon Telefax E-Mail Internet	OfficeCom KG Hansestraße 120, 38112 Braunschweig Braunschweig HRA 126 0531 3648941 0531 4766083 info.officecom-wvb@t-online.de www.officecomkg-wvb.de
Komplementäre Kommanditisten	Dr. Frank Richter, Frauke Schönau Herbert Hauser, Dr. Carla Seltig
Gegenstand	Herstellung und Vertrieb von Büromöbeln und Zubehör
Geschäftsjahr	1. Januar bis 31. Dezember
Bankverbindung	Hartbank Braunschweig, IBAN: DE66 2705 0008 0021 345839 BIC: HABABR2
USt-IDNr. Steuernummer	DE 328 495 331 11/238/14805
Produkte (Fertigerzeugnisse)	■ Schreibtische ■ Aktenschränke ■ Schreibtischsessel
Werkstoffe ■ Rohstoffe ■ Hilfsstoffe ■ Betriebsstoffe ■ Fremdbauteile	 ■ Holz, Edelstahlrohre ■ Schrauben, Kleinteile, Lacke ■ Strom, Gas, Wasser, Heizöl, Schmierstoffe ■ Gasdruckfedern, Stuhlrollen, Hängeregister
Handelswaren	Schreibtischlampen, Schreibtischsets, Faxgeräte, Drucker, Telefonapparate
Mitarbeiter/-innen	■ 195 Facharbeiter/-innen ■ 47 Ungelernte und Angelernte ■ 60 Angestellte
Maschinen	■ NC-gesteuerte Maschinen ■ Roboter ■ Montagebänder

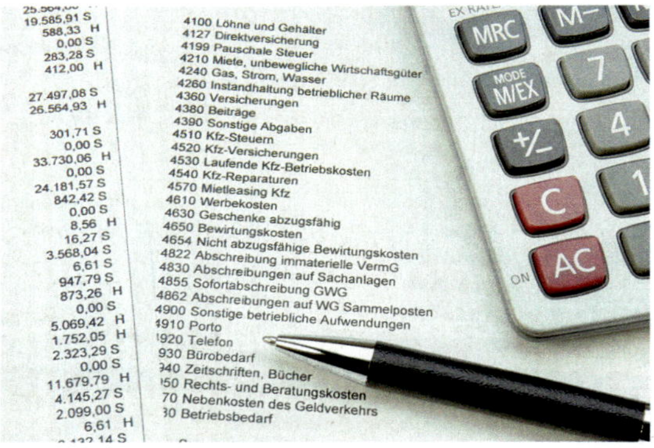

Leistungs-, Geld- und Informationsströme *Performance, money and information flow*

Um einen Überblick über das betriebliche Geschehen zu behalten, ergibt sich die Notwendigkeit eines umfassenden betrieblichen Rechnungswesens; denn Einkauf, Lagerung und Verkauf von Waren sowie die damit einhergehenden Zahlungsvorgänge lösen eine Flut von Leistungs-, Geld- und Informationsströmen aus. Dabei finden die **Informationsströme** ihren Ausdruck zum Beispiel in **Handelsbriefen** wie Anfragen, Angeboten, Bestellungen, Mahnungen und **Buchungsbelegen** wie Rechnungen von Lieferanten und an Kunden und Kontoauszügen, wie der mögliche Verlauf des Geschäftsprozesses „Auftragsabwicklung" in der OfficeCom KG zeigt:

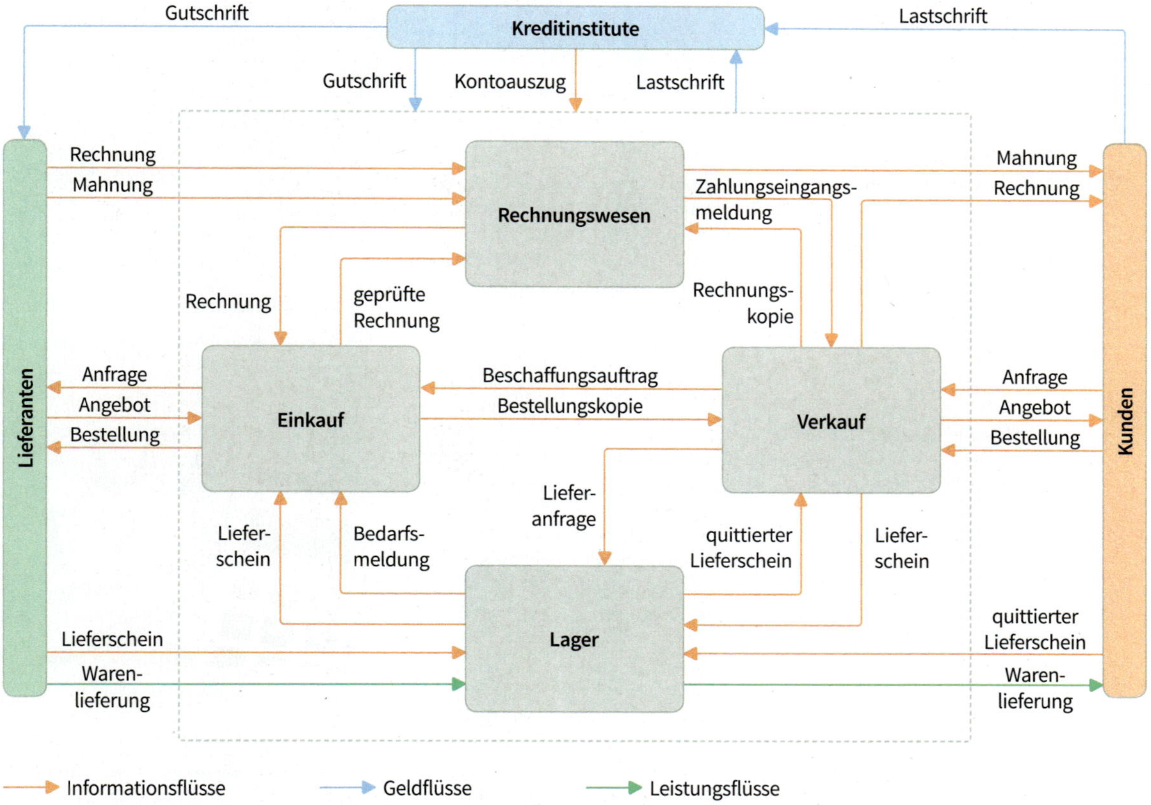

Die aus der betrieblichen Tätigkeit entstehenden **Leistungs- und Geldströme**, zusammengefasst in dem Begriff **Werteströme** (da in Euro ausgedrückt), lassen sich wie folgt gliedern:

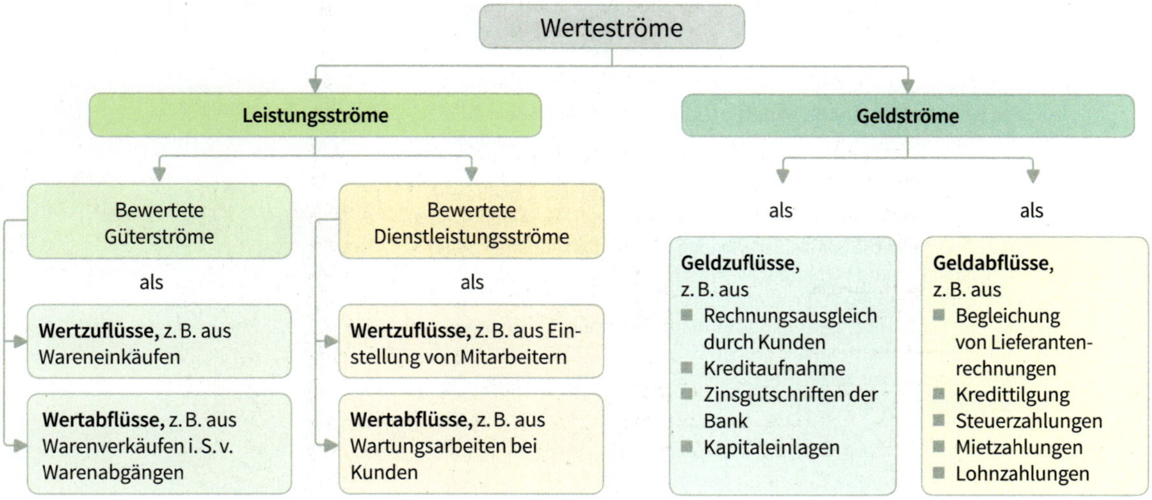

Bereiche und Aufgaben des betrieblichen Rechnungswesens

Roles and areas of corporate accountancy

Ziel des Industrieunternehmens ist es, erfolgreich zu wirtschaften, das heißt, möglichst Gewinne zu erzielen. Um das Ergebnis sämtlicher betrieblicher Handlungen, die im Laufe eines Jahres stattfinden, ermitteln zu können, benötigt das Unternehmen ein leistungsstarkes Rechnungswesen, das üblicherweise in die folgenden vier Bereiche gegliedert wird:

Bereiche und Aufgaben des betrieblichen Rechnungswesens

- Finanzbuchhaltung
- Kosten- und Leistungsrechnung
- Statistik
- Planungsrechnung

Finanzbuchhaltung

Aufgabe der Finanzbuchhaltung (oder Buchführung) ist es, sämtliche **Geschäftsfälle**, die zu einer Veränderung des Unternehmensvermögens (z. B. Rohstoffbestand, Bankguthaben, Betriebs- und Geschäftsausstattung) und/oder des Unternehmenskapitals (z. B. Eigenkapital, Verbindlichkeiten gegenüber Lieferanten, Darlehensschulden) führen, auf der Grundlage von Belegen (z. B. Rechnungen/Kontoauszügen) zu erfassen.
Zur Finanzbuchhaltung siehe ausführlich S. 227 ff.

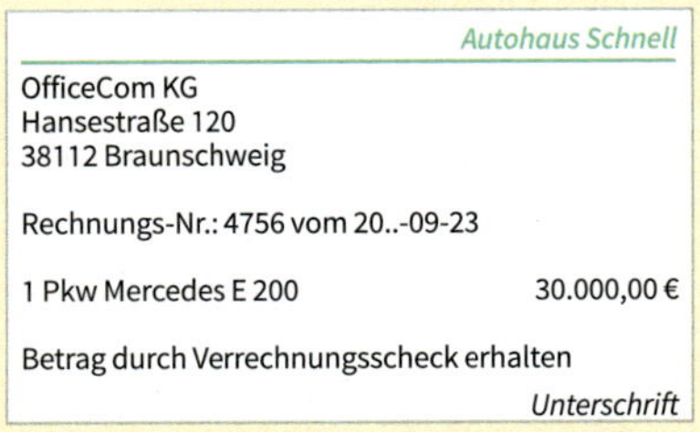
Autohaus Schnell

OfficeCom KG
Hansestraße 120
38112 Braunschweig

Rechnungs-Nr.: 4756 vom 20..-09-23

1 Pkw Mercedes E 200 30.000,00 €

Betrag durch Verrechnungsscheck erhalten

Unterschrift

Kosten- und Leistungsrechnung

Sie ist eine rein innerbetriebliche Rechnung, bei der sämtliche Kosten, die bei Beschaffung, Produktion und Verkauf der Waren bzw. Dienstleistungen entstehen, erfasst werden (**Kostenartenrechnung**). Außerdem wird festgestellt, wo die Kosten entstanden sind (**Kostenstellenrechnung**). Schließlich werden auf der Grundlage der Kosten die Verkaufspreise der Waren errechnet (**Kostenträgerrechnung** oder Kalkulation – siehe hierzu S. 377 ff.).
Zur Kosten- und Leistungsrechnung siehe ausführlich S. 363 ff.

Statistik

Aus den Daten der Finanzbuchhaltung und der Kosten- und Leistungsrechnung werden Statistiken wie zum Beispiel Umsatzstatistiken und Personalstatistiken erstellt. Dabei wird die Fülle der Daten zum besseren Verständnis zu Tabellen, Grafiken und Kennzahlen aufbereitet, mit deren Hilfe innerbetriebliche Vergleiche und Vergleiche mit Unternehmen derselben Branche oder anderer Branchen durchgeführt werden. Durch diese Vergleiche werden **Stärken und Schwächen** des eigenen Unternehmens sichtbar.
Zur Aufbereitung statistischer Daten siehe ausführlich S. 273 ff.

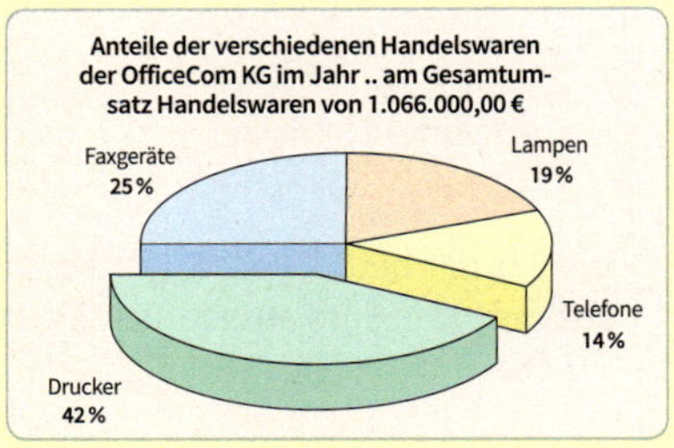

Planungsrechnung

Um **Entscheidungen für die Zukunft** zu treffen, zum Beispiel über eine Vergrößerung des Unternehmens, Änderungen des Sortiments, Neueinstellungen oder Entlassungen von Mitarbeitern, ist das Unternehmen auf Zahlen aus der Finanzbuchhaltung, der Kosten- und Leistungsrechnung und der Statistik angewiesen. Darüber hinaus benötigt das Unternehmen noch Informationen über die zur Wahl stehenden technischen Verfahren, über Leistungsfähigkeit und Verhalten der Mitbewerber, über das Verbraucherverhalten, die allgemeine Wirtschaftslage und vieles mehr. Aufgrund der getroffenen Entscheidungen werden Einzelpläne erstellt, die in einen Gesamtplan des Unternehmens münden.
Siehe zum Beispiel zur Sortimentsplanung S. 198, zur Investitions- und Finanzierungsplanung S. 351 ff.

Verknüpfung der Teilbereiche des betrieblichen Rechnungswesens

How the various corporate accountancy sections are linked

Die folgende grafische Darstellung zeigt, wie die einzelnen Teilbereiche des betrieblichen Rechnungswesens zusammenhängen:

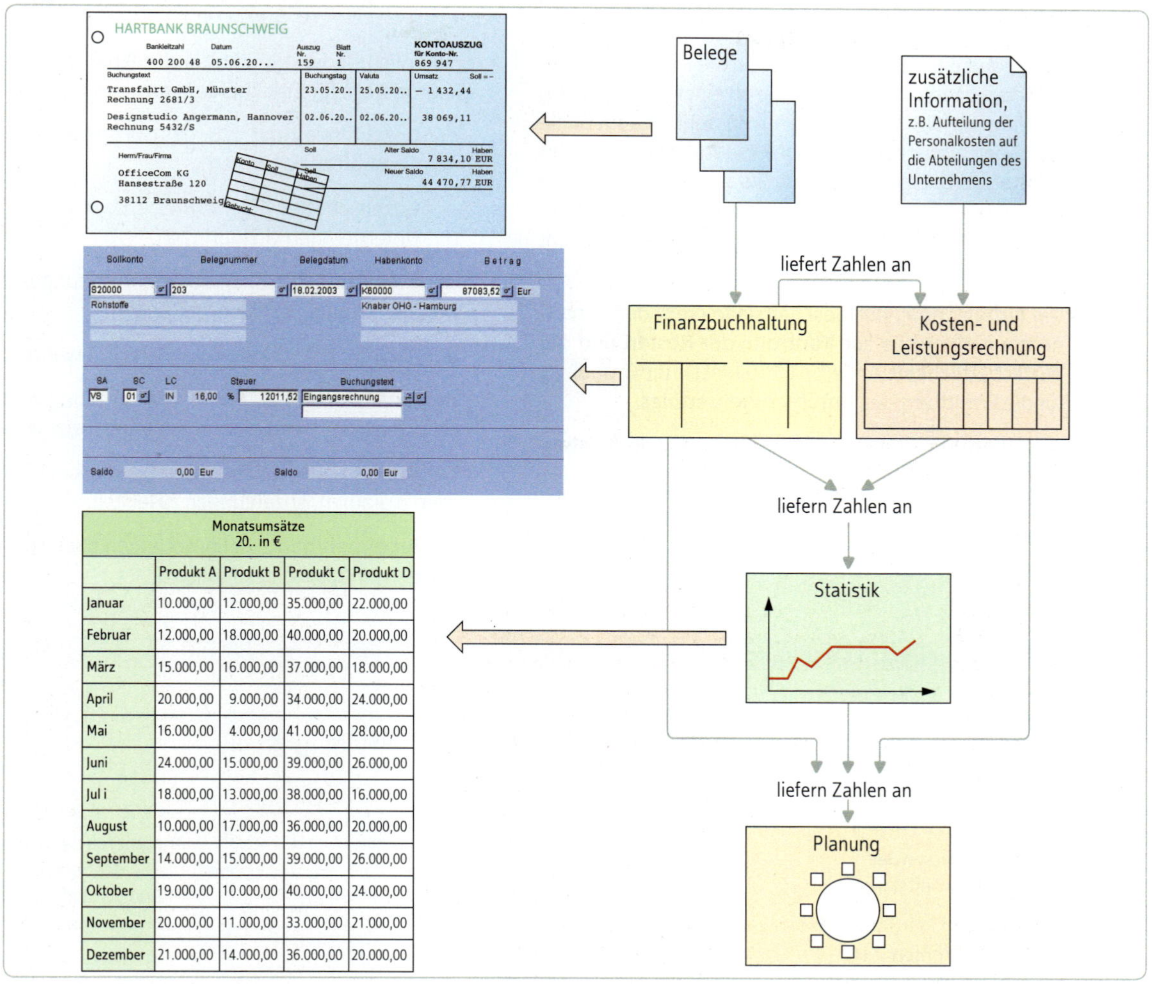

Monatsumsätze 20.. in €				
	Produkt A	Produkt B	Produkt C	Produkt D
Januar	10.000,00	12.000,00	35.000,00	22.000,00
Februar	12.000,00	18.000,00	40.000,00	20.000,00
März	15.000,00	16.000,00	37.000,00	18.000,00
April	20.000,00	9.000,00	34.000,00	24.000,00
Mai	16.000,00	4.000,00	41.000,00	28.000,00
Juni	24.000,00	15.000,00	39.000,00	26.000,00
Jul i	18.000,00	13.000,00	38.000,00	16.000,00
August	10.000,00	17.000,00	36.000,00	20.000,00
September	14.000,00	15.000,00	39.000,00	26.000,00
Oktober	19.000,00	10.000,00	40.000,00	24.000,00
November	20.000,00	11.000,00	33.000,00	21.000,00
Dezember	21.000,00	14.000,00	36.000,00	20.000,00

Finanzbuchhaltung

Financial bookkeeping

Gründe der Finanzbuchhaltung

Rechtliche Gründe

Unternehmen sind **gesetzlich verpflichtet**, die Geschäftsfälle aufzuzeichnen, das heißt Bücher zu führen:

- §238 Abs. 1 Satz 1 HGB (Handelsgesetzbuch): *„Jeder Kaufmann ist verpflichtet, Bücher zu führen und in diesen seine Handelsgeschäfte und die Lage seines Vermögens nach den Grundsätzen ordnungsmäßiger Buchführung ersichtlich zu machen."*
- §5 Abs. 1 Satz 1 EStG (Einkommensteuergesetz): *„Bei Gewerbetreibenden, die aufgrund gesetzlicher Vorschriften verpflichtet sind, Bücher zu führen und regelmäßig Abschlüsse zu machen …, ist für den Schluss des Wirtschaftsjahres das Betriebsvermögen anzusetzen …, das nach den handelsrechtlichen Grundsätzen ordnungsmäßiger Buchführung auszuweisen ist."*
- Weitere Buchführungsbestimmungen finden sich in der Abgabenordnung (§ 140f AO i.V.m. § 141 AO), im Körperschaftsteuergesetz (KStG), im Umsatzsteuergesetz (UStG) und im Gewerbesteuergesetz (GewStG). Sondervorschriften zur Bilanzierung und zum Jahresabschluss regeln das Aktiengesetz (AktG), GmbH-Gesetz (GmbHG) und das Genossenschaftsgesetz (GenG).

Finanzbuchhaltung *Financial bookkeeping*

Gründe der Finanzbuchhaltung

Wirtschaftliche Gründe

- Um jederzeit die **Übersicht** über die vielfältigen Geschäftsprozesse zu behalten, die zu einer Änderung des **Vermögens** (z. B. Warenbestand, Kassenbestand, Bankguthaben, Betriebs- und Geschäftsausstattung) und des **Kapitals** (z. B. Eigenkapital, Bankdarlehen, Verbindlichkeiten gegenüber Lieferanten) führen, zeichnet das Unternehmen derartige Geschäftsfälle auf. Dies geschieht in der Finanzbuchhaltung.
- Die Aufzeichnung der Geschäftsfälle dient dem Unternehmen einerseits zur **Kontrolle** der **Kosten** und der **Wirtschaftlichkeit**. Andererseits bildet sie die Grundlage für die Ermittlung des **Unternehmenserfolgs**.
- Die Finanzbuchhaltung liefert Zahlen für die **Kosten-** und **Preiskalkulation** der Waren.
- Schließlich bilden die Zahlen der Finanzbuchhaltung die Grundlage für **Entscheidungen** unter anderem ...
  - der **Geschäftsleitung**, z. B. das Sortiment zu ändern, das Geschäft zu vergrößern,
  - der **Gesellschafter**/Eigentümer, z. B. neues Kapital in das Unternehmen einzubringen,
  - der **Lieferanten**, z. B. Geschäftsbeziehungen aufzunehmen, Zahlungsziele zu verlängern,
  - der **Banken**, z. B. weitere Darlehen zu gewähren,
  - des **Finanzamts**, z. B. eine Betriebsprüfung vorzunehmen, die Höhe der Einkommensteuer festzulegen,
  - der **Kunden**, z. B. weiter Waren bei diesem Unternehmen zu kaufen, Anzahlungen zu leisten,
  - der **Arbeitnehmer**, z. B. Forderungen nach Lohnerhöhungen zu stellen, zu kündigen.

Aufgaben der Finanzbuchhaltung

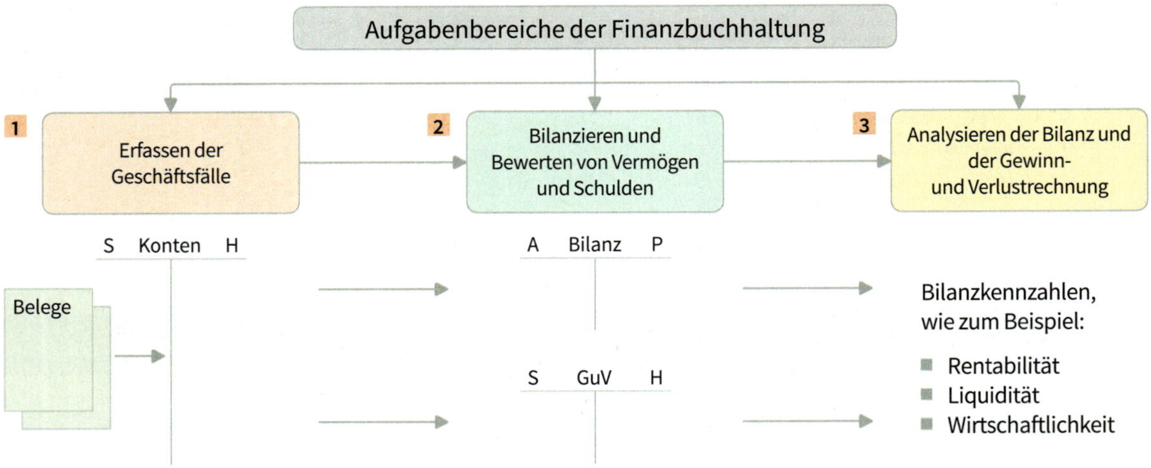

1 Erfassung aller wirtschaftlich relevanten Geschäftsfälle wie Einkäufe, Verkäufe, Gehaltszahlungen u. a. m. auf Konten

2 Erstellung der Bilanz, aus der die Bestände der verschiedenen betrieblichen Vermögensgegenstände, der Schulden und des Eigenkapitals hervorgehen, und der Gewinn- und Verlustrechnung (GuV) als Gegenüberstellung von Erträgen und Aufwendungen

3 Analyse von Bilanz und Gewinn- und Verlustrechnung mithilfe von Bilanzkennzahlen

Inventur

Physical inventory

Begriff

Jeder Kaufmann ist nach § 240 Abs. 1 und 2 HGB sowie nach § 140 f. AO verpflichtet, eine art-, mengen- und wertmäßige **Bestandsaufnahme** sämtlicher Vermögensteile und der Schulden durchzuführen.

Zeitpunkt

Die Inventur ist durchzuführen
- bei Gründung oder Übernahme eines Unternehmens,
- zum Schluss eines jeden Geschäftsjahres und
- bei Auflösung oder Verkauf des Unternehmens.

Inventurarten

- **nach der Art der Bestandsermittlung**
  - körperliche Inventur
  - Buchinventur
- **nach dem Umfang der Bestandsermittlung**
  - Vollinventur
  - Stichprobeninventur
- **nach dem Zeitpunkt der Bestandsermittlung**
  - Stichtagsinventur
  - zeitlich verlegte Inventur
  - permanente Inventur

vgl.: Scharf, Dirk: Finanzbuchhaltung 1: Grundlagen, Wiesbaden 1995, S. 6

Körperliche Inventur

- mengenmäßige Bestandsaufnahme aller körperlichen Vermögensgegenstände durch Zählen, Messen und Wiegen
- anschließende Bewertung dieser Vermögensgegenstände

Beispiele:
Grundstücke, Gebäude, Maschinen, Fuhrpark, Betriebs- und Geschäftsausstattung, Vorräte an Roh-, Hilfs- und Betriebsstoffen, Kassenbestand

Buchinventur

- Ermittlung der Bestände des nichtkörperlichen Vermögens und der Schulden aufgrund der Aufzeichnungen der Finanzbuchhaltung

Beispiele:
Forderungen, Bank- und Postbankguthaben, Darlehen, Hypothekenschulden, Eigenkapital

Vollinventur

- Aufnahme **aller** einzelnen Vermögensgegenstände und Schuldenteile
- im Regelfall nach § 240 Abs. 1 und 2 HGB

Stichprobeninventur

- Inventur mittels **Stichproben**
- aus Vereinfachungsgründen
- Voraussetzung: Erfüllung der Bedingungen nach § 241 Abs. 1 HGB

Stichtagsinventur

- Inventur zum Bilanzstichtag (= Ende des Geschäftsjahres)
- Durchführung zeitnah, das heißt in der Regel innerhalb zehn Tagen vor oder nach dem Bilanzstichtag (Abschnitt 30 Abs. 1 EStR)
- Berücksichtigung von Bestandsveränderungen zwischen dem Tag der Bestandsaufnahme und dem Bilanzstichtag durch Rückrechnung bzw. Fortschreibung
- Organisatorische und arbeitstechnische Probleme durch großen Arbeitsanfall innerhalb weniger Tage

Permanente Inventur

- Ermittlung des Vermögensbestandes nach Art, Menge und Wert lediglich anhand von Lager- und Anlagedateien (§ 241 Abs. 2 HGB und Abschnitt 30 Abs. 2 EStR)
- Voraussetzung: laufende Aufzeichnung aller Zu- und Abgänge in diesen Dateien
- Überprüfung der Bestände gemäß Buchhaltung auf Übereinstimmung mit den Istbeständen durch körperliche Inventur einmal im Wirtschaftsjahr, wobei der Zeitpunkt dafür frei wählbar ist (Abschnitt 30 Abs. 2 Ziff. 2 EStR)
- Zeitliche Entzerrung des Arbeitsanfalles, da die Prüfung nicht für alle Bestände gleichzeitig vorgenommen werden muss.

Inventurarten

Zeitlich verlegte Inventur

Durchführung der körperlichen Inventur nach § 241 Abs. 3 HGB bzw. nach Abschnitt 30 Abs. 3 EStR …

- innerhalb der letzten **drei Monate vor dem Bilanzstichtag**:

  Inventur vor dem Bilanzstichtag: Alle Zugänge zwischen Aufnahmetag und Bilanzstichtag werden dem Wert am Aufnahmetag zugerechnet. Alle Abgänge werden vom Wert des Aufnahmetages abgezogen.

  Der Bestand des Aufnahmetages wird also auf den Bestand des späteren Bilanzstichtages **fortgeschrieben**.

  Beispiel:

	Bestand lt. Inventur am 29.11.:	30 Stück
+	Einkäufe zwischen 30.11. und 31.12.:	7 Stück
–	Verkäufe zwischen 30.11. und 31.12.:	8 Stück
=	Bestand am Bilanzstichtag 31.12.:	29 Stück

- innerhalb **zweier Monate nach dem Bilanzstichtag:**

  Inventur nach dem Bilanzstichtag: Alle Zugänge seit dem Bilanzstichtag werden vom Wert des Aufnahmetages abgezogen, alle Abgänge zugezählt.

  Der Bestand des Aufnahmetages wird also auf den Bestand des früheren Bilanzstichtages **zurückgerechnet**.

  Beispiel:

	Bestand lt. Inventur am 16.02.:	32 Stück
–	Einkäufe zwischen 31.12. und 16.02.:	8 Stück
+	Verkäufe zwischen 31.12. und 16.02.:	5 Stück
=	Bestand am Bilanzstichtag 31.12.:	29 Stück

Organisatorischer Ablauf der Inventur

Beispiel: Körperliche Inventur

- Bestimmung des **Inventurleiters**
- Aufstellung eines **Aufnahmeplans** mit Festlegung der Inventurbereiche und der personellen Besetzung der Aufnahmegruppen
- Erstellung von **Aufnahmevordrucken** und -richtlinien
- Festlegung des **Inventurzeitpunktes** bzw. -zeitraumes
- **Stichproben** durch Aufsichtspersonen
- **Mengenmäßige Bestandsaufnahme** („einer zählt, einer schreibt“)
- **Unterschrift** der aufnehmenden Personen
- Sammeln der ausgefüllten Vordrucke
- **Bewertung** der einzelnen mengenmäßig erfassten Positionen
- Feststellung von **Inventurdifferenzen** durch Vergleich der Inventurbestände mit den Buchbeständen

Beispiel: Aufnahmevordruck

OfficeCom KG

Inventurliste Nr. 7				Inventur am: 31.12.20..			
Bezeichnung	Einheit	aufgenommene Menge	geprüft	Wert je Einheit in €	geprüft	Gesamtwert in €	geprüft
1	2	3	4	5	6	7	8
Datum:		aufgenommen und gerechnet:		geprüft:			

Inventurdifferenzen
Inventory differences

Begriff Inventurdifferenz

Die Bestände der einzelnen Vermögensarten und der Schulden werden mithilfe der körperlichen Inventur als Ist- (tatsächliche) Bestände erfasst und mit den Sollbeständen der Buchführung verglichen. Ergeben sich dabei Abweichungen zwischen Ist- und Sollbeständen (Istbestände größer oder kleiner als Sollbestände), die als Inventurdifferenzen bezeichnet werden, müssen die Sollbestände durch entsprechende Korrekturbuchungen an die Istbestände angepasst werden.

Arten und Ursachen von Inventurdifferenzen

Zwei Arten von Inventurdifferenzen lassen sich unterscheiden, nämlich **Mengendifferenzen** und **Wertdifferenzen.**

Ursachen von Mengendifferenzen

Bei Mengendifferenzen sind die Istbestände der Vermögensgegenstände lt. Inventur – z. B. bei den Handelswaren – höher oder geringer als die Bestände, die sich aus der Buchführung ergeben.

Beispiele:

- Der Einkauf von Handelsware wurde vergessen zu buchen oder auf einem falschen Konto (z. B. Rohstoffe) gebucht oder doppelt auf dem Konto Aufwendungen für Handelswaren gebucht.
- Der Verbrauch von Rohstoffen wurde nicht oder doppelt erfasst.
- Ein Diebstahl, z. B. von Betriebsstoffen, wird erst durch die Inventur ersichtlich.
- Waren wurden falsch gelagert, sind deshalb zu Bruch gegangen, wurden aber bisher nicht ausgebucht.
- In der Kasse ergibt sich ein Fehlbetrag oder ein Überschuss, weil z. B. Wechselgeld falsch herausgegeben wurde.
- Fehler bei der Inventuraufnahme, z. B. Übersehen von Warenbeständen oder Zahlendreher beim Aufschreiben, führen dazu, dass – nach Auffinden des Fehlers - die „Istbestände“ an die Sollbestände angeglichen werden müssen.

Ursachen von Wertdifferenzen

Wenn die Istmengen lt. Inventur und die Sollmengen lt. Buchführung übereinstimmen, können trotzdem wertmäßige Unterschiede bei Bilanzpositionen bestehen.

Beispiele:

- Handelswaren, die sich nicht mehr oder nur noch sehr schwer verkaufen lassen („Ladenhüter“), verlieren z. B. wegen fortgeschrittener technischer Entwicklung an Wert.
- Maschinen wurden zum Ende des laufenden Geschäftsjahres noch nicht abgeschrieben.

Korrekturbuchungen von Inventurdifferenzen (Beispiele)

Die Angleichung der Sollbestände an die (tatsächlichen) Istbestände erfolgt mithilfe von **Korrekturbuchungen**, für die jeweils **Eigenbelege** anzufertigen sind.

Fälle	Buchungen	
Die Inventur der Handelsware Schreibtischlampe SL 8 bei der OfficeCom KG ergab zum 31.12.20.. einen Bestand von 46 Stück zu je 105 €, das Warenwirtschaftssystem (WWS) weist jedoch 48 Stück aus.	Aufwendungen für Handelswaren an Handelswaren	210,00 € 210,00 €
Istbestand der Kasse: 4.295,00 € Sollbestand der Kasse: 4.325,75 € Kassenfehlbetrag: 30,75 €	Sonstige Aufwendungen an Kasse	30,75 € 30,75 €
Die Inventur der OfficeCom KG zum 31.12.20.. ergab folgende Bestände: Rohstoffe 20.500,00 €, Hilfsstoffe 4.000,00 €. Die Bestände lt. WWS betrugen jedoch für Rohstoffe 19.500,00 € und für Hilfsstoffe 5.000,00 €. Nachforschungen ergaben, dass eine Eingangsrechnung für Rohstoffe über 1.000,00 € zzgl. 19% USt versehentlich auf dem Konto Aufwendungen für Hilfsstoffe erfasst wurde.	Direkte Korrekturbuchung: Aufwendungen für Rohstoffe an Aufwendungen für Hilfsstoffe Alternative Buchungen: 1. Storno- oder Rückbuchung: Verbindlichkeiten aus LL an Aufwendungen für Hilfsstoffe 2. Neubuchung: Aufwendungen für Rohstoffe an Verbindlichkeiten aus LL Auf dem Konto Vorsteuer ändert sich nichts.	 1.000,00 € 1.000,00 € 1.000,00 € 1.000,00 € 1.000,00 € 1.000,00 €

Inventar

Drawing up an inventory

Begriff

- Ergebnis der Inventur
- Ausführliches **Verzeichnis** aller Vermögensteile und Schulden eines Unternehmens am Bilanzstichtag

Materielle Anforderungen

- **Vollständigkeit:** Alle und nur tatsächlich vorhandenen Vermögenswerte und Schulden sind im Inventarverzeichnis enthalten.
- **Richtigkeit:** Die nachprüfbaren Angaben über Bezeichnung der Vermögens- bzw. Schuldenart, Menge, Zustandsbeschreibung, Einzelwert und Gesamtwert entsprechen den Tatsachen (ergibt sich aus § 238 Abs. 1 HGB).

Formelle Anforderungen

- **Dauer des Geschäftsjahres:** Zwölf Monate dürfen nicht überschritten werden.
- **Zulässigkeit des angewandten Inventurverfahrens**
- **Unterzeichnung:** Die Aufnahmeblätter und das Inventar sind von den jeweils Verantwortlichen zu unterzeichnen, nicht vom Kaufmann selbst.
- **Aufbewahrungsfrist:** Das Inventar einschließlich aller Unterlagen, insbesondere der Aufnahmelisten, ist **zehn Jahre** lang aufzubewahren (§ 257 Abs. 4 HGB).

6

Inhalt

Das Inventar gliedert sich in Vermögen (mit Anlagevermögen und Umlaufvermögen), Schulden (mit langfristigen Schulden und kurzfristigen Schulden) und Reinvermögen (oder Eigenkapital).

Begriffe Anlage-, Umlauf- und Reinvermögen

- **Anlagevermögen (AV):**
  Langfristige Nutzung
  Beispiele:
  Grundstücke, Gebäude, Maschinen, Fuhrpark, Betriebs- und Geschäftsausstattung, Beteiligungen, Wertpapiere des AV
- **Umlaufvermögen (UV):**
  Ständige Veränderung in Menge und Zusammensetzung
  Beispiele:
  Vorräte an Waren, Forderungen aus Lieferungen und Leistungen, Bankguthaben, Kassenbestand
- **Langfristige Schulden**
  Beispiele:
  Hypothekenschulden, Darlehensschulden
- **Kurzfristige Schulden**
  Beispiele:
  Verbindlichkeiten aus Lieferungen und Leistungen, Steuerverbindlichkeiten
- **Reinvermögen oder Eigenkapital (EK)**
  Vermögen
  – Schulden
  = Reinvermögen (Eigenkapital)

Gliederungsprinzipien

- **Vermögen:**
  Das Vermögen ist nach zunehmender **Liquidität** (Flüssigkeit) oder **Geldnähe** gegliedert. Zum Beispiel müssen Waren erst verkauft werden, um wieder zu Geld zu werden. Dagegen verfügt man mithilfe des Bankkontos sofort über Geld.
- **Schulden:**
  Die Schulden sind nach der **Dringlichkeit** (Fälligkeit) **der Rückzahlung** oder Tilgung gegliedert. Verbindlichkeiten gegenüber Lieferanten sind i. d. R. kurzfristig zu tilgen, während Darlehensschulden häufig über einen längeren Zeitraum zurückgezahlt werden.

Aufbau des Inventars

- Das Inventar kann **viele Seiten** umfassen, im ***Beispiel auf der folgenden Seite*** angedeutet durch die Hinweise auf die gesonderten Verzeichnisse.
- Es wird häufig in **Staffelform**, also alle Positionen untereinander angeordnet, aufgestellt und
- **dreispaltig** geführt: 1. Spalte: Bezeichnung des Gegenstandes, 2. Spalte: Euro-Beträge, wenn Hauptpositionen noch unterteilt sind, 3. Spalte: Euro-Beträge als Zusammenfassung von unterteilten Positionen oder von nicht unterteilten Hauptpositionen.

Beispiel eines Inventars (in Staffelform)

Inventar
der OfficeCom KG in Braunschweig für den 31. Dezember 20. .

	€	€
A. Vermögen		
I. Anlagevermögen		
1. Gebäude		
– Fabrikgebäude	1.460.300,00	
– Verwaltungsgebäude	879.000,00	
– Lagergebäude	120.000,00	2.459.300,00
2. Maschinen lt. Anlagenverzeichnis 1		360.550,00
3. Werkzeuge lt. Anlagenverzeichnis 2		48.986,00
4. Betriebs- und Geschäftsausstattung lt. Anlagenverzeichnis 3		50.100,00
5. Fuhrpark		
– Lkw lt. Anlagenverzeichnis 4	210.000,00	
– Pkw lt. Anlagenverzeichnis 5	198.000,00	408.000,00
II. Umlaufvermögen		
1. Rohstoffe lt. Verzeichnis 6		370.800,00
2. Hilfsstoffe lt. Verzeichnis 7		62.000,00
3. Betriebsstoffe lt. Verzeichnis 8		41.490,00
4. Unfertige Erzeugnisse lt. Verzeichnis 9		80.100,00
5. Fertige Erzeugnisse lt. Verzeichnis 10		216.800,00
6. Waren lt. Verzeichnis 11		21.000,00
7. Forderungen an Kunden		
– F. Schmitz, Hannover	63.200,00	
– P. Gardener, Hamburg	124.000,00	
– K. Laube, München	4.300,00	191.500,00
8. Kassenbestand		3.560,00
9. Bankguthaben		
– Nord/LB Hannover	380.000,00	
– Deutsche Bank Frankfurt	210.000,00	590.000,00
Summe des Vermögens		4.904.186,00
B. Schulden		
I. Langfristige Schulden		
1. Hypothek der Volksbank Braunschweig		1.600.000,00
2. Darlehen der Nord/LB Hannover		720.000,00
II. Kurzfristige Schulden		
1. Verbindlichkeiten an Lieferanten		
– H. Mannig, München	160.000,00	
– M. Kern, Karlsruhe	69.540,00	229.540,00
2. Sonstige Verbindlichkeiten		34.980,00
Summe der Schulden		2.584.520,00
C. Ermittlung des Reinvermögens		
Summe des Vermögens		4.904.186,00
– Summe der Schulden		2.584.520,00
= Reinvermögen (Eigenkapital)		2.319.666,00

Bilanz *The balance sheet*

Rechtsgrundlagen

- § 242 Absatz 1 HGB schreibt dem Kaufmann vor, neben dem Inventar eine **Bilanz** zu erstellen, sowohl zu **Beginn seines Handelsgewerbes** als auch zum **Schluss eines jeden Geschäftsjahres**.
- Die Bilanz ist in **deutscher Sprache** und in **Euro** aufzustellen (§ 244 HGB) und sie muss den **Grundsätzen ordnungsmäßiger Buchführung** genügen, das heißt, sie muss klar und übersichtlich sein (§ 423 HGB).
- Die Bilanz ist vom Kaufmann unter Angabe des Datums zu **unterschreiben** (§ 245 HGB).

Begriff

- Die Bilanz ist eine kurz **gefasste Übersicht** des häufig sehr umfangreichen Inventars.
- Das Wort Bilanz stammt aus dem lateinischen bilanx (bi – doppelt, lanx – Schale) und bedeutet sinngemäß Balken- oder Doppelwaage.
- In der Bilanz wird das **Vermögen** des Unternehmens (**Aktiva** genannt) dem **Kapital** des Unternehmens (als **Passiva** bezeichnet) gegenübergestellt, wobei die **Höhe des Vermögens** immer der **Höhe des Kapitals entspricht** (siehe hierzu auch die Beispiele „Wertänderungen in der Bilanz" und die zugehörige „Bilanzwaage" auf der Seite 237).

Vergleich Inventar – Bilanz

Inventar

- Ausführliche, umfangreiche Darstellung der einzelnen Vermögens- und Schuldenwerte
- Angabe von Mengen, Einzelwerten und Gesamtwerten der einzelnen Vermögens- und Schuldenarten
- Darstellung in Staffelform
- Unterschrift des Kaufmanns nicht erforderlich, da die Bilanz unterschrieben werden muss, die ja aus dem Inventar abgeleitet ist

Bilanz

- Kurz gefasste Darstellung des Vermögens und des Kapitals
- Nur Angabe der Gesamtwerte der Hauptpositionen der verschiedenen Bilanzposten
- Darstellung in Kontoform
- Unterschrift des Unternehmers

Form und Gliederungsprinzipien

- Die Gegenüberstellung von Vermögen (Aktiva) und Kapital (Passiva) erfolgt
  - in **Staffelform**, also untereinander, oder
  - in **Kontoform**, also nebeneinander (siehe unten).
- Die **Aktiva** oder Vermögenspositionen sind, wie im Inventar, nach **zunehmender** Liquidität oder **Geldnähe** gegliedert.
- Die **Passiva** oder Kapitalpositionen sind, ebenfalls wie im Inventar, nach zunehmender **Dringlichkeit** der **Rückzahlung** angeordnet.

(Zu den Mindestgliederungsvorschriften der Bilanz nach § 266 Absatz 2 und 3 HGB siehe S. 553.)

Bilanz

	Aktiva	Passiva	
Vermögen	Anlagevermögen	Eigenkapital	Kapital
	Umlaufvermögen	Fremdkapital (Schulden)	
	Summe Vermögen	Summe Kapital	

Bilanz

The balance sheet

Interpretation der Bilanzseiten

Aktiva	**Bilanz**	**Passiva**
Die Aktiv- oder Vermögensseite der Bilanz zeigt …		Die Passiv- oder Kapitalseite der Bilanz zeigt …
▪ die **Mittelverwendung**: In welchen Vermögensarten (zum Beispiel Betriebsgrundstücke, Maschinen, Waren) wurden die finanziellen Mittel angelegt?	⟷	▪ die **Mittelherkunft**: Woher stammen die finanziellen Mittel, mit denen die Vermögenswerte finanziert wurden, von den Inhabern des Unternehmens (Eigenkapital) oder zum Beispiel von Banken als Kredite (Fremdkapital)?
▪ die **Investitionen** der Finanzmittel: die verschiedenen Güter des Anlage- und Umlaufvermögens.	⟷	▪ die **Finanzierung** der Investitionen: mit eigenen oder fremden Mitteln.
▪ die **Vermögensarten**: Anlage- und Umlaufvermögen.	⟷	▪ die **Kapitalarten**: Eigen- und Fremdkapital.
▪ die im Wesentlichen **konkrete** Seite der Bilanz: Das Vermögen kann man „anfassen" (Ausnahme: z. B. Forderungen an Kunden).	⟷	▪ die **abstrakte** Seite der Bilanz: Weder Eigen- noch Fremdkapital lässt sich „anfassen".

Bilanzgleichungen

Aus der Tatsache, dass die Summe des Vermögens, der Aktiva, immer der Höhe des Kapitals (der Passiva) entsprechen muss, ergeben sich die folgenden Bilanzgleichungen:

Vermögen = Kapital

Anlage- + Umlaufvermögen = Eigen- + Fremdkapital

Vermögen – Fremdkapital = Eigenkapital

Vermögen – Eigenkapital = Fremdkapital

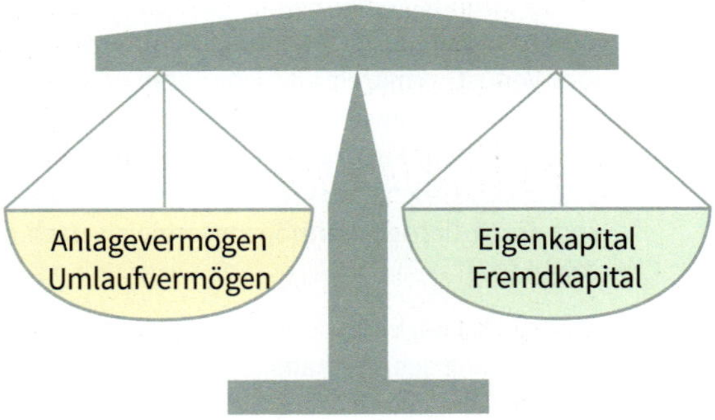

Unterzeichnung und Aufbewahrungsfrist der Bilanz

Die Bilanz ist vom Kaufmann zu **unterschreiben**; das sind, je nach Rechtsform des Unternehmens

- in dem Einzelunternehmen: der Inhaber persönlich,
- in der offenen Handelsgesellschaft: alle Gesellschafter,
- in der Kommanditgesellschaft: alle persönlich haftenden Gesellschafter (Vollhafter oder Komplementäre),
- in der Aktiengesellschaft: alle Mitglieder des Vorstands,
- in der Gesellschaft mit beschränkter Haftung: alle Geschäftsführer.

Die Bilanz ist, wie das Inventar, nach § 257 Absatz 4 HGB **10 Jahre lang aufzubewahren.**

Beispiel einer Bilanz (in Kontoform)

Der folgenden Bilanz liegt das Inventar von Seite 233 zugrunde.

Aktiva	Bilanz OfficeCom KG in Braunschweig zum 31. Dezember 20.. in €		Passiva
I. Anlagevermögen		**I. Eigenkapital**	2.319.666,00
1. Gebäude	2.459.300,00	**II. Fremdkapital**	
2. Maschinen	360.550,00	1. Hypotheken	1.600.000,00
3. Werkzeuge	48.986,00	2. Darlehen	720.000,00
4. Betriebs- und Geschäftsausstattung	50.100,00	3. Verbindlichkeiten aus Lieferungen und Leistungen	229.540,00
5. Fuhrpark	408.000,00	4. Sonstige Verbindlichkeiten	34.980,00
II. Umlaufvermögen			
1. Rohstoffe	370.800,00		
2. Hilfsstoffe	62.000,00		
3. Betriebsstoffe	41.490,00		
4. Unfertige Erzeugnisse	80.100,00		
5. Fertige Erzeugnisse	216.800,00		
6. Waren	21.000,00		
7. Forderungen aus Lieferungen und Leistungen	191.500,00		
8. Kassenbestand	3.560,00		
9. Bankguthaben	590.000,00	*Ort, Datum*	
	4.904.186,00	*Unterschrift*	4.904.186,00

6

Erfolgsermittlung durch Kapitalvergleich

- Auf der Grundlage der Bilanz – wie auch schon des Inventars – kann der **Erfolg** des Unternehmens (Gewinn oder Verlust) ermittelt werden. Dabei wird das Eigenkapital (oder Reinvermögen) am Ende des Geschäftsjahres mit dem Eigenkapital (oder Reinvermögen) am Anfang des Geschäftsjahres verglichen. (Erfolgsermittlung durch **Betriebsvermögensvergleich** nach §4 Absatz 1 EStG)
- Eigenkapital am Ende des Geschäftsjahres > Eigenkapital am Anfang des Geschäftsjahres → Kapitalmehrung → **Gewinn**

  Eigenkapital am Ende des Geschäftsjahres < Eigenkapital am Anfang des Geschäftsjahres → Kapitalminderung → **Verlust**
- Werden während des Geschäftsjahres vom Unternehmer oder den Gesellschaftern Vermögensgegenstände wie Bargeld oder Grundstücke in das Unternehmen eingebracht, so führt diese **Einlage** zu einer Eigenkapitalmehrung. Da sie jedoch **nicht** vom Unternehmen **erwirtschaftet** wurde, stellt sie keinen Gewinn dar. Sie muss daher vom Eigenkapital am Ende des Geschäftsjahres abgezogen werden.
- Entnimmt der Unternehmer andererseits im Vorgriff auf zukünftige Gewinne z. B. Geld für einen Urlaub (**Privatentnahme**), so fehlt dieser Betrag am Ende des Geschäftsjahres dem Vermögen und damit auch dem Eigenkapital. Zur genauen Gewinnermittlung muss also die Privatentnahme dem Eigenkapital hinzugerechnet werden. (Privatentnahmen können nur der Einzelunternehmer sowie die Vollhafter der OHG und der KG vornehmen.)
- Bei dieser Art der Erfolgsermittlung werden allerdings die Quellen oder **Ursachen des Erfolges** oder Misserfolges **nicht sichtbar** – anders dagegen bei der Erfolgsermittlung mithilfe der Gewinn- und Verlustrechnung (siehe hierzu S. 248).

Beispiel:

Eigenkapital am Ende des Berichtsjahres	2.319.666,00 €	
+ Privatentnahmen des Berichtsjahres	48.000,00 €	
– Privateinlagen des Berichtsjahres	200.000,00 €	
= korrigiertes Eigenkapital am Ende des Berichtsjahres	2.167.666,00 €	
– Eigenkapital des Vorjahres	2.000.000,00 €	
= Gewinn/Verlust des Berichtsjahres	167.666,00 €	(Gewinn)

Wertänderungen in der Bilanz

Bilanzpositionen verändern sich in der laufenden Periode aufgrund von Geschäftsfällen.
Die **Bilanzwaage**, in der die aktiven und die passiven Bestandskonten nebeneinander aufgeführt werden, zeigt die veränderten Bestände der Bilanzpositionen nach jedem Geschäftsfall.

Arten von Wertänderungen	Wirkung auf die Bilanzsumme	Beispiele für Geschäftsfälle
■ Aktivtausch	Bilanzsumme bleibt unverändert.	1. Kauf eines Pkw gegen Bankscheck (30.000,00 €)
■ Passivtausch	Bilanzsumme bleibt unverändert.	2. kurzfristige Verbindlichkeit wird in Darlehen umgeschuldet (10.000,00 €)
■ Aktiv-Passiv-Mehrung	Bilanzsumme wird größer.	3. Einkauf von Waren auf Ziel (25.000,00 €)
■ Aktiv-Passiv-Minderung	Bilanzsumme wird kleiner.	4. Tilgung eines Darlehens durch Banküberweisung (5.000,00 €)

Bilanzwaage

Die Änderungen der Vermögens- und Kapitalpositionen in der Bilanzwaage ergeben sich aus den oben genannten Beispielen 1. bis 4. für Geschäftsfälle.

Beispiel:

	Bilanz								
	Aktiva				(in Tsd. €)	Passiva			
Geschäftsfall	Maschinen	Fuhrpark	Waren	Bankguthaben	Bilanzsumme	Eigenkapital	Darlehensschulden	Verbindlichkeiten	Bilanzsumme
Ausgangslage	420	60	230	40	750	200	400	150	750
1	420	90	230	10	750	200	400	150	750
2	420	90	230	10	750	200	410	140	750
3	420	90	255	10	775	200	410	165	775
4	420	90	255	5	770	200	405	165	770

vgl.: Scharf, Dirk, Finanzbuchhaltung 1. Grundlagen, Gabler, Wiesbaden 1995, S. 14

Auflösung der Bilanz in Bestandskonten

Würde nach jedem Geschäftsfall eine neue Bilanz erstellt (siehe Bilanzwaage), so entspräche die Zahl der Bilanzen eines Geschäftsjahres der i. d. R. sehr großen Zahl an Geschäftsfällen.
Der Aufwand wäre beträchtlich.

Daher wird die Bilanz in T-Konten zerlegt. Die linke Seite jedes Kontos wird mit „Soll", die rechte mit „Haben" bezeichnet.
Bei den Benennungen der Kontenteile „Soll" und „Haben" handelt es sich lediglich um Vereinbarungen – z. B. ist „Haben" **nicht** im Sinne von „das habe ich" zu interpretieren.

Einrichtung der Bestandskonten

- Benennung der Konten entsprechend der Bilanzpositionen
- Eintragen der Anfangsbestände in die Konten, ablesbar aus der Eröffnungsbilanz des lfd. Jahres (= Schlussbilanz des vergangenen Jahres)

Formelle Anforderungen

- Anfangsbestände der Vermögensposten
  → Sollseite der aktiven Bestandskonten
- Anfangsbestände der Kapitalposten
  → Habenseite der passiven Bestandskonten

vgl: Hübscher, Heinrich u. a.: IT-Handbuch. IT-Systemkaufmann/-frau, Informatikkaufmann/-frau, 10. Aufl., Braunschweig 2017, S. 434

Bestandskonten

Balance sheets accounts

Beispiel für eröffnete Bestandskonten

Eröffnungsbilanz (in Tsd. €)

Aktiva			**Passiva**
Maschinen	420	Eigenkapital	200
Fuhrpark	60	Darlehen	400
Waren	230	Verbindlichkeiten	150
Bankguthaben	40		
	750		750

Soll	Maschinen (in Tsd. €)	Haben
AB	420	

Soll	Fuhrpark (in Tsd. €)	Haben
AB	60	

Soll	Waren (in Tsd. €)	Haben
AB	230	

Soll	Bankguthaben (in Tsd. €)	Haben
AB	40	

Soll	Eigenkapital (in Tsd. €)	Haben
	AB	200

Soll	Darlehen (in Tsd. €)	Haben
	AB	400

Soll	Verbindlichkeiten (in Tsd. €)	Haben
	AB	150

vgl.: Scharf, Dirk, Finanzbuchhaltung 1. Grundlagen, Wiesbaden 1995, S. 16

Erfassung von Geschäftsfällen

Beispiel:

Autohaus Schnell

OfficeCom KG
Hansestraße 120
38112 Braunschweig

Rechnungs-Nr.: 4756 vom 20..-09-23

1 Pkw Mercedes E 200 30.000,00 €

Betrag durch Verrechnungsscheck erhalten

Unterschrift

Fragen:	**Antworten:**	
1. Welche Konten werden von dem Geschäftsfall berührt?	Konto Fuhrpark	Konto Bankguthaben
2. Um welche Art von Konto handelt es sich jeweils?	aktives Bestandskonto	aktives Bestandskonto
3. Welche Art von Veränderung findet auf den Konten jeweils statt?	Zugang	Abgang
4. Auf welcher Seite des jeweiligen Kontos ist die Veränderung zu erfassen?	Sollseite	Habenseite

Aktive Bestandskonten:
Zugänge auf der Sollseite
Abgänge auf der Habenseite

Passive Bestandskonten:
Zugänge auf der Habenseite
Abgänge auf der Sollseite

vgl: Hübscher, Heinrich u. a.: IT-Handbuch. IT-Systemkaufmann/-frau, Informatikkaufmann/-frau, 10. Aufl., Braunschweig 2017, S. 435

3503238

Bestandskonten *Balance sheets accounts*

Kontenabschluss

- Errechnung der Endbestände (Salden) in den Konten:
  Anfangsbestand
  \+ Zugänge
  − Abgänge
  = Endbestand (Saldo)
- Eintragung der Salden auf der jeweils „schwächeren“ Seite der Konten zum wertmäßigen Ausgleich von Soll- und Habenseite
- Zusammenfassung der Endbestände in der Schlussbilanz

Abgeschlossene Konten/Schlussbilanz

Beispiel:

Soll	Maschinen (in Tsd. €)		Haben
AB	420	EB	420

Soll	Eigenkapital (in Tsd. €)		Haben
EB	200	AB	200

Soll	Fuhrpark (in Tsd. €)		Haben
AB	60	EB	90
1.) Zugang	30		
	90		90

Soll	Darlehen (in Tsd. €)		Haben
4.) Abgang	5	AB	400
EB	405	2.) Zugang	10
	410		410

Soll	Waren (in Tsd. €)		Haben
AB	230	EB	255
3.) Zugang	25		
	255		255

Soll	Verbindlichkeiten (in Tsd. €)		Haben
2.) Abgang	10	AB	150
EB	165	3.) Zugang	25
	175		175

Soll	Bankguthaben (in Tsd. €)		Haben
AB	40	1.) Abgang	30
		4.) Abgang	5
		EB	5
	40		40

Die Anfangsbestände der Konten entsprechen den Zahlen der Ausgangslage der Bilanzwaage auf S. 237.
Die Buchungen 1 bis 4 auf den Konten basieren auf den Geschäftsfällen 1 bis 4 auf S. 237 und die Zahlen der Schlussbilanz entsprechen der letzten Zeile der Bilanzwaage auf S. 237.

vgl.: Scharf, Dirk: Finanzbuchhaltung 1: Grundlagen, Wiesbaden 1995, S. 18

Aktiva	Schlussbilanz (in Tsd. €)		Passiva
Maschinen	420	Eigenkapital	200
Fuhrpark	90	Darlehensschulden	405
Waren	255	Verbindlichkeiten	165
Bankguthaben	5		
	770		770

Kontenbewegungen

Soll	Aktive Bestandskonten	Haben
Anfangsbestand		Abgänge
Zugänge		Endbestand (= Saldo)

Soll	Passive Bestandskonten	Haben
Abgänge		Anfangsbestand
Endbestand (= Saldo)		Zugänge

Buchungssatz *Set balance sheet entries*

Einfacher Buchungssatz

- Der einfache Buchungssatz ist die Kurzfassung der Vorüberlegungen (siehe Fünf-Schritt-Methode unten) zur Buchung eines Geschäftsfalls, bei dem nur **zwei Konten** angesprochen werden.
- Zuerst wird das Konto mit der Sollbuchung, anschließend das Konto mit der Habenbuchung genannt, verbunden durch das Wort „an".

Soll (Name des Kontos und Betrag in €)
an Haben (Name des Kontos und Betrag in €)

Buchung von Geschäftsfällen (Fünf-Schritt-Methode)

Aktiva	Bilanz Passiva
Anfangsbestände der aktiven Bestandskonten, z. B. ■ Maschinen ■ Fuhrpark ■ Waren ■ Kassenbestand ■ Bankguthaben	**Anfangsbestände der passiven Bestandskonten**, z. B. ■ Eigenkapital ■ Darlehensschulden ■ Verbindlichkeiten aus LL
Bilanzsumme	Bilanzsumme

Soll	Aktive Bestandskonten Haben
Anfangsbestand + Zugänge (Mehrungen)	– Abgänge (Minderungen) = Schlussbestand (Saldo)
Kontensumme	Kontensumme

Soll	Passive Bestandskonten Haben
– Abgänge (Minderungen) = Schlussbestand (Saldo)	Anfangsbestand + Zugänge (Mehrungen)
Kontensumme	Kontensumme

Um Geschäftsfälle zu buchen, geht man nach der **Fünf-Schritt-Methode** folgendermaßen vor:

Schritte	1. Schritt	2. Schritt	3. Schritt	4. Schritt	5. Schritt		
Geschäftsfälle	**angesprochene Konten**	**aktives (A)/ passives (P) Bestandskonto**	**Zugang (+) Abgang (–)**	**Sollseite/ Habenseite des Kontos**	**Buchungssatz (Soll an Haben)** **Buchungstext**	**Soll**	**Haben**
Die OfficeCom KG kauft Waren im Wert von 16.000,00 € mithilfe der Bankkarte.	Rohstoffe, Bankguthaben	A A	+ –	Soll Haben	Waren an Bankguthaben	16.000,00 €	16.000,00 €
Die OfficeCom KG bezahlt eine Lieferantenrechnung über 12.343,00 € durch Banküberweisung.	Verbindlichkeiten aus LL, Bankguthaben	P A	– –	Soll Haben	Verbindlichkeiten aus LL an Bankguthaben	12.343,00 €	12.343,00 €
Die OfficeCom KG nimmt einen Kredit über 50 .000,00 € bei ihrer Hausbank auf und lässt den Betrag dem Geschäftskonto gutschreiben.	Bankguthaben, Darlehen	A P	+ +	Soll Haben	Bankguthaben an Darlehensschulden	50.000,00 €	50.000,00 €
Die OfficeCom KG verkauft einen alten Geschäfts-PKW an einen Angestellten zum Preis von 850,00 € bar.	Kassenbestand, Fuhrpark	A A	+ –	Soll Haben	Kassenbestand an Fuhrpark	850,00 €	850,00 €

Buchungssatz

Set balance sheet entries

Einfacher Buchungssatz

Beleg

Die OfficeCom KG kauft für die Lagerverwaltung einen neuen PC im Wert von 2.500,00 € auf Ziel, folgende Eingangsrechnung liegt vor:

BELLHEIM-BÜROSERVICE GMBH
Haberstraße 8
12057 Berlin

Bellheim-BüroService GmbH · Postfach 13 31 · 12055 Berlin

OfficeCom KG
Hansestraße 120
38112 Braunschweig

Ihre Bestellung	Liefertermin	Lieferung	Vertreter	Kunden-Nr.
20..-08-01	20..-08-20	frei Haus	–	541

Lieferanschrift
siehe oben

Auftrags-Nr. 912

Datum 20..-08-20

Rechnung Nr. 912/3

Menge	Artikelbezeichnung	Einzelpreis	Gesamtpreis
1 St.	Personal Computer (gemäß Angebot vom 15. Juli 20..)	2.500,00 €	2.500,00 € [1]

Zahlungsbedingung:
zahlbar innerhalb 14 Tagen nach Rechnungsdatum ohne Abzug

[1] Auf die Berücksichtigung der Umsatzsteuer wird an dieser Stelle verzichtet.

Vorüberlegungen zur Buchung

- Konto Betriebs- und Geschäftsausstattung – aktives Bestandskonto – Zugang – Sollseite
- Konto Verbindlichkeiten aus Lieferungen und Leistungen (LL) – passives Bestandskonto – Zugang – Habenseite

Buchungssatz

Buchung	Soll	Haben
Betriebs- und Geschäftsausstattung	2.500,00 €	
an Verbindlichkeiten a. LL		2.500,00 €

einfacher Buchungssatz – allgemein	
Konto/Betrag in € an Konto/Betrag in €	Soll an Haben

Zusammengesetzter Buchungssatz

- Der zusammengesetzte Buchungssatz ist die Kurzfassung der Vorüberlegungen (siehe Fünf-Schritt-Methode unten) zur Buchung eines Geschäftsfalls, bei dem **mehr als zwei Konten** angesprochen werden.
- Zuerst werden die Konten mit den Sollbuchungen, anschließend die Konten mit den Habenbuchungen genannt, verbunden durch das Wort „an".

Beispiel:
Soll (Name des Kontos und Betrag in €)
Soll (Name des Kontos und Betrag in €)
an Haben (Name des Kontos und Betrag in €)

- Der Wert (in €) der Sollbuchungen muss dem Wert der Habenbuchungen entsprechen.

Buchung von Geschäftsfällen (Fünf-Schritt-Methode)

Aktiva	Bilanz Passiva
Anfangsbestände der aktiven Bestandskonten, z. B. ▪ Maschinen ▪ Fuhrpark ▪ Waren ▪ Kassenbestand ▪ Bankguthaben	**Anfangsbestände der passiven Bestandskonten**, z. B. ▪ Eigenkapital ▪ Darlehensschulden ▪ Verbindlichkeiten aus LL
Bilanzsumme	Bilanzsumme

Soll	Aktive Bestandskonten Haben
Anfangsbestand + Zugänge (Mehrungen)	− Abgänge (Minderungen) = Schlussbestand (Saldo)
Kontensumme	Kontensumme

Soll	Passive Bestandskonten Haben
− Abgänge (Minderungen) = Schlussbestand (Saldo)	Anfangsbestand + Zugänge (Mehrungen)
Kontensumme	Kontensumme

Um Geschäftsfälle zu buchen, geht man nach der **Fünf-Schritt-Methode** folgendermaßen vor:

Schritte	1. Schritt	2. Schritt	3. Schritt	4. Schritt	5. Schritt		
Geschäftsfälle	**angesprochene Konten**	**aktives (A)/ passives (P) Bestandskonto**	**Zugang (+) Abgang (−)**	**Sollseite/ Habenseite des Kontos**	**Buchungssatz (Soll an Haben)**		
					Buchungstext	**Soll**	**Haben**
Die OfficeCom KG kauft Waren für 7.000,00 €, davon für 6.000,00 € auf Ziel; der Rest wird sofort mithilfe der Bankkarte bezahlt.	Waren, Bankguthaben, Verbindlichkeiten a. LL	A A P	+ − +	Soll Haben Haben	Waren an Bankguthaben an Verbindlichkeiten a. LL	7.000,00 €	 1.000,00 € 6.000,00 €
Die OfficeCom KG kauft aus der Insolvenzmasse der BüroTec AG eine Oberfräse für 1.200,00 € sowie einen Geschäfts-Pkw für 4.000,00 € bar.	Maschinen, Fuhrpark, Kassenbestand	A A A	+ + −	Soll Soll Haben	Maschinen Fuhrpark an Kassenbestand	1.200,00 € 4.000,00 €	 5.200,00 €

Zusammengesetzter Buchungssatz

Beleg

Die OfficeCom KG kauft einen Pkw zum Preis von 20.000,00 €; 5.000,00 € werden sofort bei Abholung mit Scheck bezahlt, der Rest ist in 10 Tagen fällig, folgende Eingangsrechnung liegt vor:

AUTOHAUS SCHNELL e.K.

Autohaus Schnell e. K. · Friedrichstraße 68 · 10117 Berlin

Autohaus Schnell e. K.
Friedrichstraße 68
10117 Berlin
Telefon: 030 3720659
Telefax: 030 3720660
Internet: www.autoschnell-wvb.de
E-Mail: info.autoschnell-wvb@gmx.de

OfficeCom KG
Hansestraße 120
38112 Braunschweig

Ihre Bestellung	Liefertermin	Lieferung	Vertreter	Kunden-Nr.
20..-03-05	20..-04-20	Abholung	—	126

Lieferanschrift
siehe oben

Auftrags-Nr. 99/3

Datum 20..-04-20

Rechnung Nr. 99/3/385

Menge	Artikelbezeichnung	Preis
1 St.	Pkw Polo (gemäß Angebot vom 17. Februar 20..)	20.000,00 € [1]

Zahlungsbedingung:
Anzahlung: 5.000,00 € bei Abholung
Rest innerhalb 10 Tagen nach Rechnungsdatum ohne Abzug

*Scheck über
5.000,00 Euro
dankend erhalten
20..-04-20
Schnell*

[1] Auf die Berücksichtigung der Umsatzsteuer wird an dieser Stelle verzichtet.

Vorüberlegungen zur Buchung

- Konto Fuhrpark – aktives Bestandskonto – Zugang – Sollseite
- Konto Bankguthaben – aktives Bestandskonto – Abgang – Habenseite
- Konto Verbindlichkeiten – passives Bestandskonto – Zugang – Habenseite

Buchungssatz

Buchung	Soll	Haben
Fuhrpark	20.000,00 €	
an Bankguthaben		5.000,00 €
an Verbindlichkeiten a. LL		15.000,00 €

zusammengesetzter Buchungssatz – allgemein	
Beispiel:	
Konto/Betrag in €	Soll
Konto/Betrag in €	Soll
an Konto/Betrag in €	an Haben

Arten von Geschäftsfällen

- Die bisher genannten Geschäftsfälle führten zu **Veränderungen der Bestände des Anlage- und Umlaufvermögens sowie von Schuldenpositionen**, nicht dagegen des Eigenkapitals. Die entsprechenden Buchungen wurden auf Bestandskonten vorgenommen.
- Darüber hinaus gibt es Geschäftsfälle, die im Zusammenhang mit dem eigentlichen **Geschäftszweck** des Industrieunternehmens, nämlich der Herstellung von Erzeugnissen durch Einsatz der betriebswirtschaftlichen Produktionsfaktoren – Arbeitskräfte, Betriebsmittel und Werkstoffe – und dem Verkauf dieser Erzeugnisse entstehen. Derartige Geschäftsfälle führen zu **Veränderungen des Eigenkapitals**; sie werden als **erfolgswirksame Geschäftsfälle** bezeichnet.

Eigenkapitalveränderungen

Die Eigenkapitalveränderungen können in zweierlei Weise erfolgen:

- Geschäftsfälle wie Lohnzahlung durch Banküberweisung über 10.000,00 € (Buchung: **Eigenkapital an Bankguthaben 10.000,00 €**) oder Verbrauch von Heizöl für 6.300,00 € in der Produktion (Buchung: **Eigenkapital an Betriebsstoffe 6.300,00 €**) führen zu **Minderungen des Eigenkapitals** auf der Sollseite des Kontos „Eigenkapital".
- Geschäftsfälle wie Zinsgutschrift der Bank über 680,00 € (Buchung: **Bankguthaben an Eigenkapital 680,00 €**) oder Verkauf von Fertigerzeugnissen (Umsatzerlöse) auf Ziel über 25.000,00 € (Buchung: **Forderungen aus LL an Eigenkapital 25.000,00 €**) führen zu **Mehrungen des Eigenkapitals** auf der Habenseite des Kontos „Eigenkapital".

Aufwendungen

Der gesamte Verbrauch oder **Werteverzehr an Gütern, Diensten und Abgaben** in einer Periode (also im Wesentlichen der Verbrauch an Produktionsfaktoren) wird als **Aufwand** bezeichnet. Er führt einerseits zur Verminderung von Vermögenspositionen wie zum Beispiel Bankguthaben oder Bestand an Betriebsstoffen, andererseits zu einer **Minderung des Eigenkapitals**.

Erträge

Der gesamte **erfolgswirksame Wertezufluss** in einer Periode, insbesondere aus dem Verkauf der Erzeugnisse, wird als **Ertrag** bezeichnet. Er führt einerseits zur Erhöhung von Vermögenspositionen wie zum Beispiel Bankguthaben oder Forderungen, andererseits zu einer **Mehrung des Eigenkapitals**.

Erfolgsermittlung durch Eigenkapitalvergleich

- Bisher wurden die Aufwendungen und Erträge direkt auf dem passiven Bestandskonto „Eigenkapital" gebucht, und zwar die Aufwendungen im Soll, da sie das Eigenkapital vermindern, und die Erträge im Haben, da sie das Eigenkapital erhöhen (siehe oben).
- Der Saldo auf dem Konto „Eigenkapital" zeigt, ob das Unternehmen im laufenden Geschäftsjahr Gewinn oder Verlust gemacht hat. Der Saldo ergibt sich dabei wie folgt:

  Jahresanfangsbestand des Eigenkapitals
  \+ Mehrungen aus Erträgen
  – Minderungen aus Aufwendungen
  = Jahresendbestand des Eigenkapitals

Beispiel 1: **Gewinn**

Jahres-AB des Eigenkapitals	120.000,00 €
+ Erträge	90.000,00 €
– Aufwendungen	65.000,00 €
= Jahres-EB des Eigenkapitals	145.000,00 €

Ist der Jahresendbestand größer als der Jahresanfangsbestand, sind also die **Erträge höher als die Aufwendungen**, hat das Unternehmen einen **Gewinn** (in diesem Beispiel 25.000,00 €) erzielt.

Beispiel 2: **Verlust**

Jahres-AB des Eigenkapitals	120.000,00 €
+ Erträge	90.000,00 €
– Aufwendungen	95.000,00 €
= Jahres-EB des Eigenkapitals	115.000,00 €

Ist der Jahresendbestand kleiner als der Jahresanfangsbestand, sind also die **Erträge geringer als die Aufwendungen**, hat das Unternehmen einen **Verlust** (in diesem Beispiel 5.000,00 €) erzielt.

Erfolgskonten

Operating accounts

Notwendigkeit von Erfolgskonten

- Nur auf der Grundlage des Kontos „Eigenkapital“ die **Quellen oder Ursachen des Erfolgs (Gewinn) oder Misserfolgs (Verlust)** zu ermitteln, ist bei der großen Anzahl von Buchungen auf diesem Konto sehr schwierig und zeitraubend wegen der fehlenden Übersichtlichkeit. Daher werden die erfolgswirksamen Geschäftsfälle zur besseren Transparenz auf **Unterkonten** des Kontos „Eigenkapital“ gebucht.
- Diese Unterkonten werden als **Erfolgskonten** bezeichnet, die sich in **Aufwandskonten** und **Ertragskonten** gliedern.
- Sie treten jeweils **an die Stelle des Kontos „Eigenkapital“**. Das bedeutet:
  - Da die Minderungen des Eigenkapitals durch Aufwendungen auf der Sollseite des Eigenkapitalkontos erfasst wurden, werden die **Aufwendungen in den Aufwandskonten** ebenfalls auf der **Sollseite** gebucht.
  - Da die Mehrungen des Eigenkapitals durch Erträge auf der Habenseite des Eigenkapitalkontos gebucht wurden, werden die **Erträge in den Ertragskonten** auch auf der **Habenseite** gebucht.

Soll	**Eigenkapital**	**Haben**
Minderungen des Eigenkapitals durch Aufwendungen		Anfangsbestand
Schlussbestand		Mehrungen des Eigenkapitals durch Erträge

Buchungen besser auf **Erfolgskonten**

Soll	**Aufwandskonten**	**Haben**
+		Saldo
+		
+		

Soll	**Ertragskonten**	**Haben**
Saldo		+
		+
		+

Buchungssätze erfolgswirksamer Geschäftsfälle (Beispiele)

Bei den Buchungssätzen der oben genannten Geschäftsfälle wird das Konto „Eigenkapital“ ersetzt durch die entsprechenden Aufwands- bzw. Ertragskonten:

Geschäftsfälle	bisherige Buchungen auf dem Konto Eigenkapital		künftige Buchungen auf den Aufwands- bzw. Ertragskonten	
Lohnzahlung durch Banküberweisung über 10.000,00 €	Eigenkapital an Bankguthaben	10.000,00 € 10.000,00 €	Löhne an Bankguthaben	10.000,00 € 10.000,00 €
Verbrauch von Heizöl für 6.300,00 €	Eigenkapital an Betriebsstoffe	6.300,00 € 6.300,00 €	Aufwendungen für Betriebsstoffe an Betriebsstoffe	 6.300,00 € 6.300,00 €
Zinsgutschrift der Bank über 680,00 €	Bankguthaben an Eigenkapital	680,00 € 680,00 €	Bankguthaben an Zinserträge	680,00 € 680,00 €
Verkauf von Waren (Umsatzerlöse) auf Ziel über 25.000,00 €	Forderungen aus LL an Eigenkapital	25.000,00 € 25.000,00 €	Forderungen aus LL an Umsatzerlöse für Waren	25.000,00 € 25.000,00 €

Wichtige Aufwandsarten

- **Aufwendungen für Werkstoffe**
  Sie entstehen durch den Verbrauch von Roh-, Hilfs- und Betriebsstoffen in der Fertigung. Die Zuordnung der Materialien zu diesen drei Werkstoffarten ist abhängig von der Art der Produkte, die das Industrieunternehmen herstellt (die OfficeCom KG stellt Büromöbel her):
  - **Aufwendungen für Rohstoffe**
    Rohstoffe machen den **Hauptbestandteil** des Produktes aus. Bei der OfficeCom KG sind dies im Wesentlichen Holz und Edelstahlrohre.
  - **Aufwendungen für Hilfsstoffe**
    Hilfsstoffe gehen als **Nebenbestandteil** in die Erzeugnisse ein. Bei der OfficeCom KG handelt es sich hierbei unter anderem um Schrauben, Kleinteile, Leim, Lacke.
  - **Aufwendungen für Betriebsstoffe**
    Betriebsstoffe sind **nicht Bestandteil** des Erzeugnisses. Die OfficeCom KG setzt Strom, Gas, Wasser, Heizöl, Schmierstoffe usw. ein.
- **Aufwendungen für Vorprodukte/Fremdbauteile**
  Diese von den Lieferanten bezogenen Materialien gehen **ohne weitere Bearbeitung** in die fertigen Erzeugnisse des Industrieunternehmens ein. Bei der OfficeCom KG sind dies unter anderem Gasdruckfedern, Hängeregister und Stuhlrollen.

  Der **Verbrauch der Werkstoffe** wie der **Vorprodukte/Fremdbauteile** wird erfasst bzw. ermittelt
  - laufend mithilfe von **Materialentnahmescheinen** oder
  - nachträglich durch **Inventur**.
- **Abschreibungen auf Sachanlagen**
  Die **Wertminderungen** von Fertigungsmaschinen und Gegenständen der Betriebs- und Geschäftsausstattung, verursacht insbesondere durch die **Abnutzung**, sind Aufwendungen, die als Abschreibungen bezeichnet werden (siehe hierzu ausführlich S. 267f.).
- **Aufwendungen für Handelswaren**
  Handelswaren sind Produkte, die ein Industrieunternehmen von seinen Lieferanten bezieht und **ohne Be- oder Verarbeitung weiterverkauft**. Das können Zubehörteile wie zum Beispiel ein Mousepad zum PC sein. Oder sie dienen der Ergänzung bzw. Abrundung des Absatzprogramms. Die OfficeCom KG, die Büromöbel herstellt, hat als Handelswaren Schreibtischlampen, Schreibtischsets, Faxgeräte, Drucker und Telefonapparate im Absatzprogramm.
- **Personalaufwendungen**
  - **Löhne** (**Fertigungslöhne**: Sie stehen in unmittelbarem Zusammenhang mit der Fertigung der Erzeugnisse; **Hilfslöhne**: Sie entfallen auf betriebliche Nebentätigkeiten wie zum Beispiel im Lager- und Transportbereich), **Gehälter**, **Ausbildungsvergütungen**
  - **gesetzliche soziale Aufwendungen** wie zum Beispiel Arbeitgeberanteil zur Sozialversicherung (Renten-, Arbeitslosen-, Kranken-, Pflege-, Unfallversicherung), Lohnfortzahlungen im Krankheitsfall
  - **freiwillige soziale Aufwendungen**
    wie zum Beispiel Kosten der betrieblichen Altersversorgung, Fahrtkostenzuschüsse, Essenszuschüsse
- **weitere diverse Aufwendungen**
  Hierunter fallen zum Beispiel
  - **Zinsaufwendungen** für aufgenommene Kredite,
  - **Mietaufwendungen** für gemietete Fertigungshallen,
  - Aufwendungen für **Werbekampagnen**,
  - Aufwendungen für **Büromaterial**, **Telekommunikation** und **Porto**,
  - betriebliche **Steuern**.

Wichtige Ertragsarten

- **Umsatzerlöse für eigene Erzeugnisse**
  Sie bilden die Hauptertragsart eines Industrieunternehmens.
- **Umsatzerlöse für (Handels-)Waren**
  Sie dienen der Abrundung des Verkaufssortiments.
- **Umsatzerlöse für erbrachte Dienstleistungen**, z. B. aus Wartungsarbeiten von Maschinen beim Kunden

Beispiele **weiterer diverser Erträge**
- **Zinserträge** aus der Anlage von Geld,
- **Mieterträge** zum Beispiel aus der Vermietung von Teilen des Bürogebäudes,
- Erträge aus **Provisionen**,
- Erträge aus dem **Verkauf gebrauchter Gegenstände** des Anlagevermögens

Belegbuchungen

Beleg 1

OfficeCom KG — Materialentnahmeschein

Stückzahl	Fertig.-anfang	Bereitstellung	Liefertermin	Kolonne	Auftrags-Nr.	Kostenstelle
10	9	14	18	2	1800 703	24

Sachbearbeiter TB: Winkler — erstellt ..-03-22 — Benennung: Schreibtisch Modell St 34 — Zeichnung-Nr. Z 96
Sachbearbeiter AV: Hiesch — erstellt ..-03-25 — Montage-Hinweis
Ersatz für — Ursprung — Ersetzt durch — Mat. — Seite

Gew.	Mat. KZ	Stück-zahl	Benennung/Abmessung	Pos. Pl. V	Teile-Zchng.-Nr. DIN	Mat.-Güte DIN	Kauf-teil	Disp. E	Disp. AV
		40	Edelstahlrohre	20	12-200-20/22	9627 K	K		
			710 mm lang, Ø 80 mm						

Ausgabedatum: ..-03-31
Ausgeber: Schmidt
Empfänger: Peters

Konto | Soll | Haben — Gebucht:

Nur für die Buchhaltung
Preis je Stück: 94,61 €
Gesamtpreis: 3.784,40 €

Beleg 3

Hartbank Braunschweig — KONTOAUSZUG

Bankleitzahl	Datum	Auszug Nr.	Blatt Nr.	für Konto-Nr.
250 500 08	..-05-15	166	1	21 345 839

Buchungstext	Buchungstag	Valuta	Umsatz Soll = –
Miete Jäger OHG für ..-05	..-04-30	..-05-01	3.480,00 €

Herrn/Frau/Firma
OfficeCom KG
Hansestraße 120
38112 Braunschweig

Konto | Soll | Haben — Gebucht:

Soll — Alter Saldo — Haben 1.104.366,28 €
Soll — Alter Saldo — Haben 1.107.846,28 €

BIC: HABABR2
IBAN: DE66 2505 0008 0021 3458 39

Beleg 2

OfficeCom KG

OfficeCom KG • Hansestr. 120 • 38112 Braunschweig

Telefon AG
Elektronstraße 12
65933 Frankfurt/Main

OfficeCom KG
Geschäftsräume:
Hansestraße 120
38112 Braunschweig
Tel.: 0531 3688941
Fax: 0531 4766083
E-Mail: info.officecom-wvd@t-online
Internet: www.officecomkg-wvd.de

Ihre Bestellung vom	Liefertermin	Lieferung frei Haus	Vertreter	Kunden-Nr.
..-01-15	..-03-31	durch Spedition	–	16-6-55

Lieferanschrift
Telefon AG
Elektronstraße 12
65933 Frankfurt/Main

Auftrags-Nr. **124/11** Datum **..-02-08**
Rechnungs-Nr. **3269/BT** Datum **..-03-31**

Menge	Artikelbezeichnung	Einzelpreis	Gesamtpreis
5 St.	Color Laserjet CL 410	380,00 €	1.900,00 €
	Rabatt: 5 %		95,00 €
			1.805,00 €
	19 % Umsatzsteuer		342,95 €
			2.147,95 €

Zahlungsbedingungen:
2 % Skonto, zahlbar innerhalb 10 Tagen nach Rechnungsdatum;
netto Kasse, zahlbar innerhalb 4 Wochen nach Rechnungsdatum.

Beleg 4

Deutsche Telekom AG
53171 Bonn

DV 03 0,55

OfficeComKG
Hansestraße 120
38112 Braunschweig

Datum ..-06-21
Seite 1 von 4
Kundennummer 298 100 9725
Rechnungsnummer 913 685 3071
Buchungskonto 476 020 3885
Haben Sie noch Fragen zu Ihrer Rechnung? www.telekom.de/rechnungshilfe
Telefon 0800 33 01000

Ihre Rechnung für Juni 20..

Die Leistungen im Überblick (Summen)		Beträge (Euro)
Monatliche Beträge		33,36
Nutzungsabhängige Beträge		485,82
Beträge anderer Anbieter		4,24
Summe der oben angeführten Beträge		523,42
Umsatzsteuer 19 % auf ...	523,42	99,45
Rechnungsbetrag		**622,87**

Der Rechnungsbetrag wird nicht vor dem 7. Tag nach Zugang der Rechnung von Ihrem Konto 0021345839, BLZ 25050008 abgebucht.

Auf einem Blick alles Wichtige -
mehr Details sehen Sie auf der Rückseite dieser Rechnung.

Konto | Soll | Haben — Gebucht:

Beleg Nr.	Buchungssatz	Soll	Haben
Beleg 1	Aufwendungen für Rohstoffe an Rohstoffe	3.784,40 €	3.784,40 €
Beleg 2*	Forderungen aus LL an Umsatzerlöse für Waren	1.805,00 €	1.805,00 €
Beleg 3	Bankguthaben an Mieterträge	3.480,00 €	3.480,00 €
Beleg 4*	Porto, Telefon, Telefax an Bankguthaben	523,42 €	523,42 €

* Auf die Berücksichtigung der Umsatzsteuer wird an dieser Stelle verzichtet.

Gewinn- und Verlustkonto (GuV) *Profit and loss accounts*

Begriff und Aufgabe

Da die Erfolgskonten Unterkonten des Kontos „Eigenkapital“ sind, werden sie über das Konto „Eigenkapital“ abgeschlossen. Dies geschieht allerdings nicht direkt, sondern die **Aufwands- und Ertragskonten** werden zunächst **über** das sogenannte **Gewinn- und Verlustkonto abgeschlossen.**

Hier werden die Salden aller Ertrags- (auf der Haben-Seite) und Aufwandskonten (auf der Soll-Seite) einander gegenübergestellt.

Sind die Erträge höher als die Aufwendungen, ergibt die **Differenz (Saldo)** den **Gewinn**; sind die Erträge geringer als die Aufwendungen, bedeutet der Saldo einen **Verlust**. Durch diese Gegenüberstellung von Erträgen und Aufwendungen können dann die **Ursachen für den Unternehmenserfolg oder -misserfolg** ermittelt werden.

Erst der Saldo des „Gewinn- und Verlustkontos“ wird über das Konto „Eigenkapital“ abgeschlossen.

Buchungen

- Abschluss der Aufwandskonten:
  GuV an Aufwandskonten
- Abschluss der Ertragskonten:
  Ertragskonten an GuV
- Abschluss des Kontos GuV
  – für den Fall eines Gewinnes:
  GuV an Eigenkapital
  – für den Fall eines Verlustes:
  Eigenkapital an GUV

Gewinnfall

Soll	Gewinn- und Verlustkonto	Haben
Aufwendungen		Erträge
Gewinn		

Soll	Eigenkapital	Haben
Schlusskapital		Anfangskapital
		Gewinn

Verlustfall

Soll	Gewinn- und Verlustkonto	Haben
Aufwendungen		Erträge
		Verlust

Soll	Eigenkapital	Haben
Verlust		Anfangskapital
Schlusskapital		

Buchungen erfolgswirksamer Geschäftsfälle auf Konten und Abschluss (Beispiel)

Der folgenden Darstellung liegen die Buchungssätze der Geschäftsfälle auf S. 247 zugrunde:

Soll		Löhne	Haben
Bankguthaben	10.000,00	GuV	10.000,00

Soll		Aufwendungen für Betriebsstoffe	Haben
Betriebsstoffe	6.300,00	GuV	6.300,00

Soll		Zinserträge	Haben
GuV	680,00	Bankguthaben	680,00

Soll		Umsatzerlöse	Haben
GuV	25.000,00	Forderungen aus LL	25.000,00

Soll		GuV-Konto	Haben
Löhne	10.000,00	Umsatzerlöse	25.000,00
Aufw. für Betriebsst.	6.300,00	Zinserträge	680,00
Eigenkapital	9.380,00		
	25.680,00		25.680,00

Soll		Eigenkapital	Haben
Schlussbestand	109.380,00	Anfangsbestand	100.000,00
		GuV	9.380,00
	109.380,00		109.380,00

(Zur Gewinn- und Verlustrechnung nach § 275 Absatz 2 und 3 HGB (in Staffelform) siehe S. 554.)

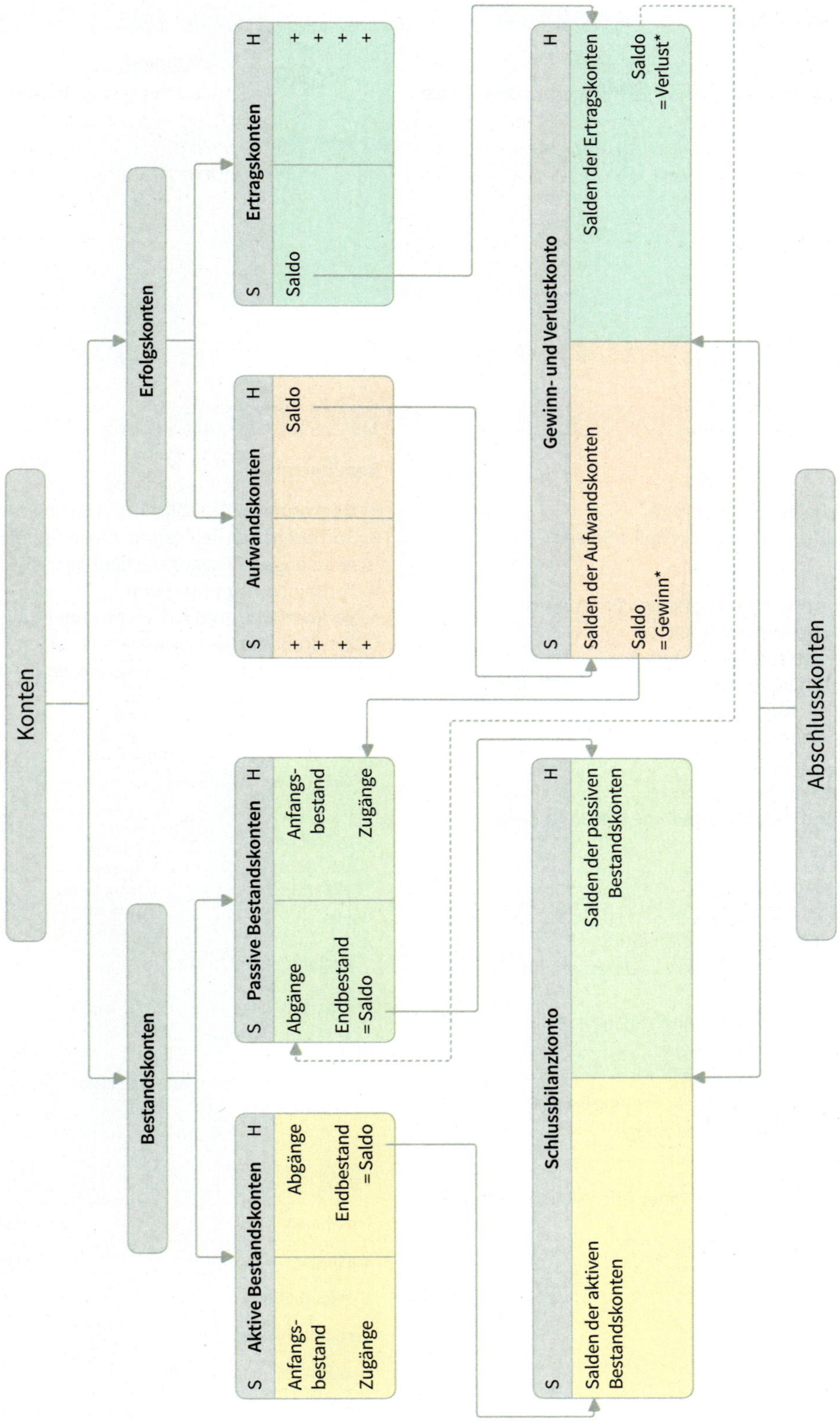

vgl.: Scharf, Dirk, Finanzbuchhaltung 1. Grundlagen, Wiesbaden 1995, S. 26

* Buchung auf Eigenkapitalkonto (= passives Bestandskonto)

Organisation der Buchführung
Organising the bookkeeping

Schritte zur Erfassung von Geschäftsfällen

1. Schritt: Kontierung der **Belege**

2. Schritt: Buchungen im **Grundbuch**

3. Schritt: Buchungen im **Hauptbuch**

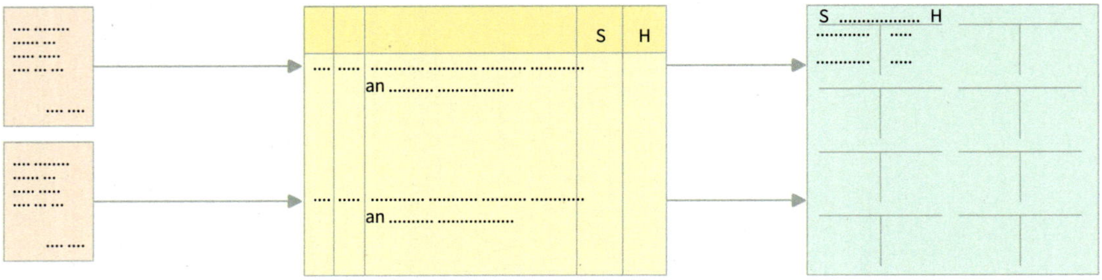

Belege

Arten

- **Interne Belege** (Eigenbelege)
  Im Unternehmen selbst erstellte Belege

  Beispiele:
  - Durchschriften von Ausgangsrechnungen
  - Quittungsdurchschriften
  - Gutschriftsanzeigen an Kunden
  - Begleitbriefe zu selbst ausgestellten Schecks
  - Lohn- und Gehaltslisten
  - Materialentnahmescheine

- **Externe Belege** (Fremdbelege)
  Von außen in das Unternehmen gelangte Belege

  Beispiele:
  - Eingangsrechnungen
  - Quittungen
  - Kontoauszüge der Kreditinstitute
  - Gutschriftsanzeigen von Lieferanten für Preisnachlässe und Boni
  - Begleitbriefe zu erhaltenen Schecks

- **Ersatzbelege (Notbelege)**
  - **Ersatz** für abhanden gekommene Belege
  - **Nicht erhältliche** Fremdbelege

  Beispiel:
  Ersatzbeleg für ein von einer öffentlichen Telefonzelle aus geführtes Gespräch

Bearbeitung

- **Überprüfen** auf sachliche und rechnerische Richtigkeit
- **Sortieren** nach Belegarten, zum Beispiel nach Eingangsrechnungen, Ausgangsrechnungen usw.
- Fortlaufend **nummerieren**
- **Vorkontieren** mithilfe eines Kontierungsstempels auf der Grundlage des Kontenplans
- **Ablegen** nach der Buchung und zehn Jahre lang (§ 257 HGB) aufbewahren

Beispiel:

Celler Maschinenfabrik ER 48

OfficeCom KG
Hansestraße 120
38112 Braunschweig

Konto	Soll	Haben
Maschinen	20.000,00	
Vorsteuer	3.800,00	
Bankguthaben		5.000,00
Verbindlichk.		18.800,00
Gebucht: 20..-04-16 J IV/3ka*		

Rechnungs-Nr.: 25 678 20..-04-12

1 St. Drehbank	20.000,00 €
19 % Umsatzsteuer	3.800,00 €
	23.800,00 €

Zahlbar 5.000,00 € sofort per Scheck
Rest in zwei Wochen

Konto	Soll	Haben
Maschinen	20.000,00	
Vorsteuer	3.800,00	
Bankguthaben		5.000,00
Verbindlichkeiten		18.800,00
Gebucht: 20..-04-16 J IV/3ka*		

* J IV/3: Die Buchung erfolgte im Journal (Grundbuch) für April auf Seite 3.
ka: Kurzzeichen des Buchhalters

Prozess der Belegbearbeitung als Ereignisgesteuerte Prozesskette (EPK)

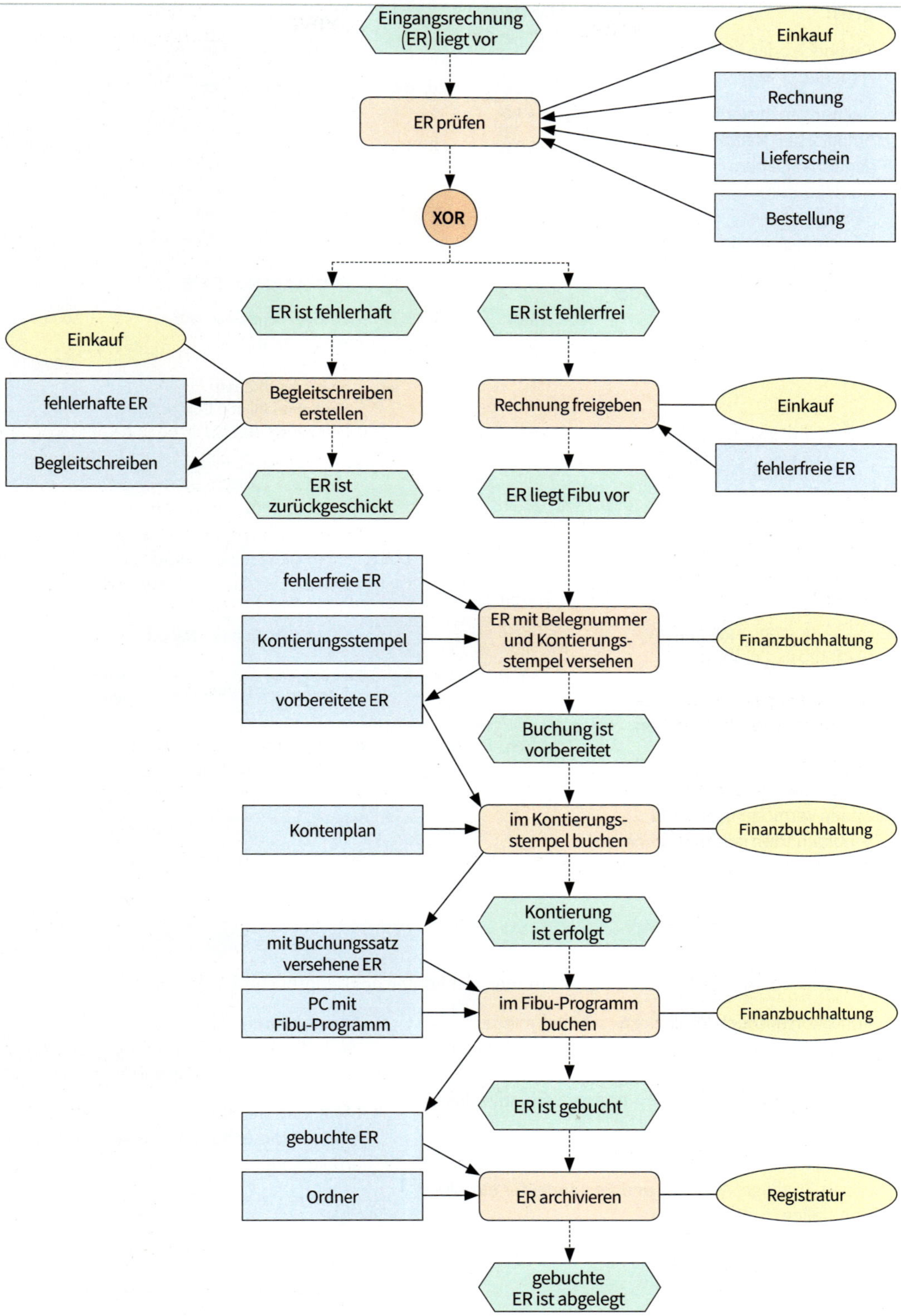

zur Bedeutung der Symbole siehe S. 410

Grundbuch

Begriff:

- Tagebuch oder Journal (jour [frz.] = Tag)
- Buchungen **in zeitlicher** (chronologischer) **Reihenfolge** mit folgenden Angaben:
  - Belegdatum,
  - Belegnummer,
  - Buchungssatz und Buchungstext,
  - Euro-Beträge der Soll- und der Habenbuchung.

Beispiel:

Seite 9		Grundbuch April 20..		
Beleg-datum	Beleg-Nr.	Buchungssatz/-text	Soll	Haben
20.04.	ER 48	Maschinen Vorsteuer an Bankguthaben an Verbindlichkeiten Kauf einer Drehbank von Celler Maschinenfabrik Rechnungs-Nr.: 25 678	20.000,00 3.800,00	 5.000,00 18.800,00
21.04.	ER 49	Betriebs- und Geschäftsausstattung Vorsteuer an Bankguthaben Kauf eines PC von Compufix Rechnungs-Nr.: 123	2.000,00 380,00	 2.380,00
⋮	⋮			

6

Hauptbuch

Begriff:

- Gesamtheit aller Konten des betrieblichen Kontenplans
- Buchen der Geschäftsfälle **nach sachlichen Gesichtspunkten**
- Durch Saldierung in den Konten ist der jeweilige Stand der einzelnen Vermögensteile und Schuldenarten jederzeit schnell ermittelbar.

Beispiel:

Konto Bankguthaben					
Datum	Beleg-Nr.	Buchungstext	Gegen-konto	Betrag	
				Soll	Haben
20.04.	ER 48	Verrechnungsscheck an Celler Maschinenfabrik	Masch./ Vorst.	–	5.000,00
⋮	⋮	… … …			

Nebenbücher

Nebenbücher dienen der Erläuterung bestimmter Sachkonten des Hauptbuches:

- **Kontokorrentbuch** (Buch der Geschäftsfreunde)
  - **Debitorenbuchhaltung** → erfasst Forderungen an Kunden
  - **Kreditorenbuchhaltung** → erfasst Verbindlichkeiten gegenüber Lieferanten
- **Lagerdatei**
  erfasst Zugänge, Abgänge und Bestände der einzelnen Materialien
- **Anlagendatei**
  weist Zugänge, Abschreibungen und Abgänge der einzelnen Güter des Anlagevermögens aus
- **Lohn- und Gehaltslisten**
  nehmen die Lohn- und Gehaltsabrechnungen der Mitarbeiter auf

aus: Hübscher, Heinrich u. a.: IT-Handbuch. IT-Systemkaufmann/-frau, Informatikkaufmann/-frau, 10. Aufl., Braunschweig 2017, S. 441

Grundsätze ordnungsmäßiger Buchführung (GoB)

- Um Handelsgeschäfte und Vermögenslage ersichtlich zu machen, sind **Handelsbücher** zu führen (§ 238 Abs. 1 HGB).
- Hierzu ist ein **Buchführungssystem** zu verwenden, wobei sowohl die einfache als auch die doppelte Buchführung dem Anspruch der **Nachprüfbarkeit** Genüge tun würden.
- Im Falle der doppelten Buchführung sind die Geschäftsfälle in zeitlicher Reihenfolge im Journal oder **Grundbuch** und nach sachlichen Gesichtspunkten im **Hauptbuch** auf Sachkonten sowie in Nebenbüchern, wie z. B. Kassenbuch, Kontokorrentbuch, aufzuzeichnen.
- Die Bücher sind in einer **lebenden Sprache** zu führen (§ 239 Abs. 1 HGB).
- Die Aufstellung des Jahresabschlusses erfolgt in **deutscher Sprache** und die Bewertung in **Euro** (§ 244 HGB).
- Die Eintragungen in die Handelsbücher sind **zeitgerecht** und **geordnet** vorzunehmen (§ 239 Abs. 2 HGB).
- Eintragungen dürfen nur so geändert werden, dass der **urspüngliche Inhalt** noch feststellbar ist (§ 239 Abs. 3 HGB).
- Allen Buchungen müssen **Belege** zugrunde liegen.
- Handelsbücher, Inventare, Bilanzen, Buchungsbelege und Lageberichte müssen **10 Jahre**, Handelsbriefe und sonstige Unterlagen **6 Jahre** aufbewahrt werden (§ 257 HGB).
- Die Dauer des **Geschäftsjahres** darf **12 Monate** nicht überschreiten (§ 240 Abs. 2 HGB).
- Die Beachtung des **Stichtagsprinzips** (Bewertung der Vermögensgegenstände und der Schulden zum Abschlussstichtag) nach § 252 Abs. 1 Ziff. 3 HGB soll die Berücksichtigung zukünftiger Ereignisse ausschließen.
- Grundsätzlich gilt für die einzelnen Vermögensgegenstände und die Schulden das Prinzip der **Einzelbewertung**.

vgl.: Hübscher, Heinrich u. a.: IT-Handbuch. IT-Systemkaufmann/-frau, Informatikkaufmann/-frau, 10. Aufl., Braunschweig 2017, S. 428 und 437

Kontenrahmen

- **Systematische Gliederung** aller **Konten** der Betriebe einer Branche, zum Beispiel für Industriebetriebe der Industrie-Kontenrahmen
- Gliederung nach dem **Abschlussgliederungsprinzip** (im Hinblick auf den Jahresabschluss)
- Aufbau nach dem **dekadischen System** in
  - 10 Kontenklassen; je Klasse in
  - 10 Kontengruppen; je Gruppe in
  - 10 Kontenarten; je Art in
  - 10 Kontenunterarten; jede Unterart …

(Zum Industrie-Kontenrahmen (IKR) für Aus- und Fortbildung siehe S. 555 f.)

Abschlussgliederungsprinzip

Soll	8010 Schlussbilanzkonto		Haben
Kontenklasse	Aktiva	Passiva	Kontenklasse
0	Immaterielle Vermögensgegenstände und Sachanlagen	Eigenkapital, Wertberichtigungen und Rückstellungen	3
1	Finanzanlagen	Verbindlichkeiten und passive Rechnungsabgrenzung	4
2	Umlaufvermögen und aktive Rechnungsabgrenzung		

Soll	8010 Gewinn- und Verlustkonto		Haben
Kontenklasse	Aufwendungen	Erträge	Kontenklasse
6	Betriebliche Aufwendungen	Erträge	5
7	Weitere Aufwendungen		

Kontenplan

- **Betriebsindividuelle** Ausgestaltung des Kontenrahmens
- Aufbau ebenfalls nach dem **dekadischen System**
- Nicht benötigte Konten werden weggelassen, zusätzliche Konten eingefügt.
- Im Buchungssatz tritt an die Stelle der Kontobezeichnung die **Kontonummer**.

Beispiel: Kontenplan OfficeCom KG

Auf der Grundlage des Industrie-Kontenrahmens (siehe S. 555 f.) und der Unternehmensbeschreibung (siehe S. 224 f.) hat die OfficeCom KG folgenden **Kontenplan** erstellt:

Kontonummer	Kontobezeichnung
0510	Bebaute Grundstücke
0700	Technische Anlagen und Maschinen
0840	Fuhrpark
0860	Büromaschinen, Organisationsmittel und Kommunikationsanlagen
0870	Büromöbel und sonstige Geschäftsausstattung
2280	Waren (Handelswaren)
2400	Forderungen aus Lieferungen und Leistungen gegenüber Kunden
2401	Fischer Elektronik e. K., Hannover
2402	Telefon AG, Frankfurt/Main
2600	Vorsteuer (19 %)
2800	Hartbank Braunschweig
2880	Kasse
3000	Kapital Komplementär Dr. Frank Richter
3010	Kapital Komplementär Frauke Schönau
3070	Kommanditkapital Herbert Hauser
3080	Kommanditkapital Dr. Carla Seltig
4250	Langfristige Verbindlichkeiten (Darlehen)
4400	Verbindlichkeiten aus Lieferungen und Leistungen gegenüber Lieferanten
4401	Knaber OHG. Hamburg
4402	Transfahrt AG; Hamburg
4403	Wohlfahrt e. K., Braunschweig
4404	Maschinenfabrik Kurt Utzinger e. K., Magdeburg
4405	Scharte KG, Braunschweig
4406	Carl B. Fischer GmbH, Braunschweig
4407	Autohaus Schnell e. K., Berlin
4800	Umsatzsteuer (19 %)
5100	Umsatzerlöse aus Handelswaren
5101	Erlösberichtigungen
5710	Zinserträge
6030	Aufwendungen für Betriebsstoffe
6050	Aufwendungen für Energie
6080	Aufwendungen für Waren (Handelswaren)
6081	Bezugskosten
6082	Nachlässe
6520	Abschreibungen auf Sachanlagen
6820	Portokosten
6830	Kosten für Telekommunikation
7510	Zinsaufwendungen
8010	Schussbilanzkonto
8020	Gewinn- und Verlustkonto

Rechtliche Grundlage

Der Umsatzsteuer unterliegen im Wesentlichen nach **§ 1 Absatz 1 UStG** *„1. die Lieferungen und sonstigen Leistungen, die ein Unternehmer im Inland gegen Entgelt im Rahmen seines Unternehmens ausführt. ... 4. die Einfuhr von Gegenständen aus dem Drittlandsgebiet in das Inland ... 5. der innergemeinschaftliche Erwerb im Inland gegen Entgelt“* sowie nach **§ 3 Absatz 1 b UStG** *„... die Entnahme eines Gegenstandes durch einen Unternehmer aus seinem Unternehmen für private Zwecke ...“*

Steuerart/Steuersätze

- **Verkehrsteuer:** ihrer Wirkung nach jedoch Verbrauchsteuer, da letztlich der Endverbraucher mit der Steuer belastet wird
- **Allgemeiner Steuersatz:** 19 % (§ 12 Absatz 1 UStG)
- **Ermäßigter Steuersatz:** 7 % (§ 12 Absatz 2 UStG); gilt unter anderem für Lebensmittel und Druck-Erzeugnisse (vgl. im Einzelnen „Liste der dem ermäßigten Steuersatz unterliegenden Gegenstände“ – Anhang zu § 12 Absatz 2 UStG).

Normal-Umsatzsteuersätze im Vergleich

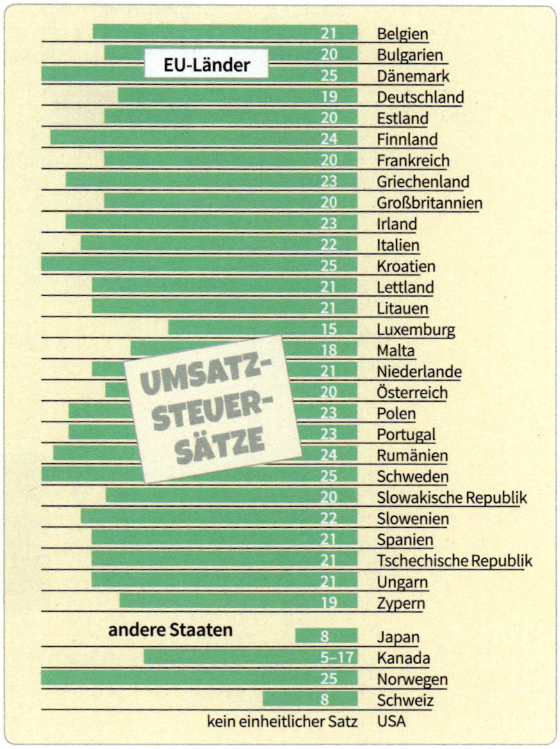

Wesen

Beispiel eines dreistufigen Güterweges mit Umsatzsteuer (USt): Herstellung und Verkauf eines Büroschreibtisches

Umsatzstufe	Verkaufspreis netto	– Einkaufspreis netto	= Mehrwert	USt = 19 % des Mehrwertes[1]
1. Sägewerk	200,00 €	0,00 €	200,00 €	38,00 €
2. Holzgroßhandlung	300,00 €	200,00 €	100,00 €	19,00 €
3. OfficeCom KG	800,00 €	300,00 €	500,00 €	95,00 €
4. Endverbraucher	zahlt und trägt		800,00 €	152,00 €

Beispiel eines dreistufigen Güterweges mit Vorsteuerabzug (USt – VSt):

Umsatzstufe	Rechnung an Stufe	erhaltene USt von Stufe	– gezahlte VSt an Stufe	= Zahllast an das Finanzamt
1. Sägewerk	2: Nettowert 200,00 € + 19 % USt 38,00 € = Rg.-betrag 238,00 €	2: 38,00 €	–	38,00 €
2. Holzgroßhandlung	3: Nettowert 300,00 € + 19 % USt 57,00 € = Rg.-betrag 357,00 €	3: 57,00 €	1: 38,00 €	19,00 €
3. OfficeCom KG	4: Nettowert 800,00 € + 19 % USt 152,00 € = Rg.-betrag 952,00 €	4: 152,00 €	2: 57,00 €	95,00 €
4. Endverbraucher	zahlt an Stufe 3: Nettowert 800,00 € + 19 % USt 152,00 € = Rg.-betrag 952,00 €			∑ 152,00 €

[1] Die Umsatzsteuer wird umgangssprachlich häufig als Mehrwertsteuer bezeichnet.

Grafische Darstellung und Erläuterung des Umsatzsteuersystems

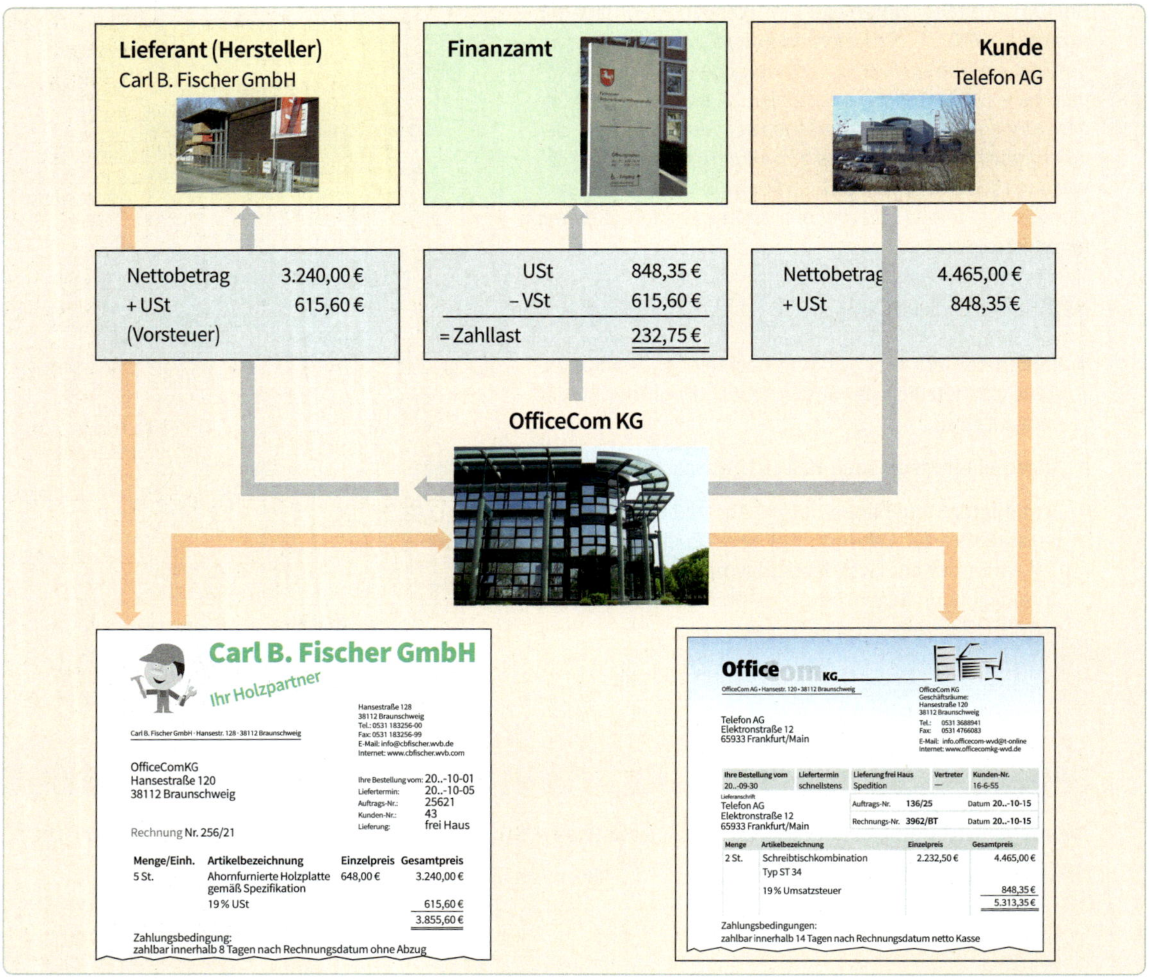

- Die OfficeCom KG verkauft zwei Schreibtischkombinationen an den Kunden Telefon AG und erhält dafür den Nettobetrag von 4.465,00 € sowie die Umsatzsteuer in Höhe von 848,35 €.
- Diesen **erhaltenen Umsatzsteuerbetrag** von 848,35 € **schuldet** die OfficeCom KG dem Finanzamt.
- Andererseits muss die OfficeCom KG für den Einkauf dieser beiden Schreibtischkombinationen den Nettobetrag von 3.240,00 € zuzüglich 615,60 € Umsatzsteuer an ihren Lieferanten Carl B. Fischer GmbH zahlen.
- Der **gezahlte Umsatzsteuerbetrag** von 615,60 € stellt für die OfficeCom KG als Vorsteuer eine **Forderung** an das Finanzamt dar.
- Die OfficeCom KG verrechnet die gezahlte Umsatzsteuer von 615,60 € (Vorsteuer) mit der erhaltenen Umsatzsteuer von 848,35 € und führt die **Differenz** von 232,75 € als **Zahllast** an das Finanzamt ab.
- Der Betrag der Zahllast von 232,75 € macht 19 % von dem in der OfficeCom KG geschaffenen **Mehrwert** von 1.225,00 € (4.465,00 € – 3.240,00 €) aus.
- Die erhaltene Umsatzsteuer von 848,35 € ist für die OfficeCom KG ein **durchlaufender Posten**, da ein Teil dieses Betrages in Höhe von 615,60 € an den Lieferanten „fließt", der anderen Teil in Höhe von 232,75 € als Zahllast an das Finanzamt gezahlt wird.
- Die beim Einkauf zu zahlende Umsatzsteuer (Vorsteuer) bedeutet für das Unternehmen (OfficeCom KG) **keinen Aufwand**, die aus dem Verkauf erhaltene Umsatzsteuer **keinen Ertrag**.
- Mit der Umsatzsteuer wird ausschließlich der **Endverbraucher** (Telefon AG) belastet.

Umsatzsteuer

Value added tax (VAT)

Konten

- Die aus Verkäufen erhaltene **Umsatzsteuer** ist eine (zu hohe) **Verbindlichkeit** gegenüber dem Finanzamt.
- Sie wird auf dem **passiven Bestandskonto** „Umsatzsteuer“ erfasst.

- Die bei Einkäufen zu zahlende Umsatzsteuer (= **Vorsteuer**) stellt eine **Forderung** an das Finanzamt dar.
- Sie wird auf dem **aktiven Bestandskonto** „Vorsteuer“ gebucht.

Buchungen

Buchung beim Einkauf (Kreditorenbuchhaltung)

Beispiel:
Zieleinkauf von 10 ISDN-Karten (Handelswaren) für den Internetzugang, Nettowert pro Stück: 69,50 € + 19 % USt
Buchungssatz:

Aufwendungen für Waren	695,00 €	
Vorsteuer	132,05 €	
an Verbindlichkeiten		827,05 €

Buchung beim Verkauf (Debitorenbuchhaltung)

Beispiel:
Barverkauf von zwei PCs (Handelswaren) einschließlich Monitor, Nettowert pro Stück: 1.460,00 € + 19 % USt
Buchungssatz:

Kasse	3.474,80 €	
an Umsatzerlöse für Waren		2.920,00 €
an Umsatzsteuer		554,80 €

Ermittlung und Überweisung der Zahllast

Beispiel:
Am Monatsende weisen die Konten „Vorsteuer“ und „Umsatzsteuer“ nach diversen Buchungen folgende Beträge auf:

S	VSt	H
3.620,00 €		

S	USt	H
		4.135,00 €

Buchung zur Ermittlung der Zahllast:

Umsatzsteuer	3.620,00 €	
an Vorsteuer		3.620,00 €

Buchung zur Überweisung der Zahllast an das Finanzamt:
(4.135,00 € – 3.620,00 € = 515,00 €)

Umsatzsteuer	515,00 €	
an Bankguthaben		515,00 €

Passivierung der Zahllast

Wenn im Dezember der Betrag der erhaltenen Umsatzsteuer höher ist als der der gezahlten Vorsteuer, dann ist die Zahllast zum 31. Dezember zu passivieren. So lange die Zahllast nicht an das Finanzamt gezahlt wurde, stellt sie eine Verbindlichkeit gegenüber dem Finanzamt dar, die auf der Passivseite der Jahresbilanz auszuweisen ist. Auf der Grundlage des vorangegangenen ***Beispiels*** sind folgende **Buchungen** vorzunehmen:

zum 31. Dezember des alten Jahres

Umsatzsteuer	3.620,00 €	
an Vorsteuer		3.620,00 €
Umsatzsteuer	515,00 €	
an Schlussbilanzkonto		515,00 €

zum 1. Januar des neuen Jahres

Eröffnungsbilanzkonto	515,00 €	
an Umsatzsteuer		515,00 €

am 10. Januar des neuen Jahres

Umsatzsteuer	515,00 €	
an Bankguthaben		515,00 €

Vorsteuerüberhang

Ist in einem Monat der Vorsteuerbetrag höher als der Umsatzsteuerbetrag, so kann dieser sogenannte **Vorsteuerüberhang** auf Antrag vom Finanzamt **erstattet** werden oder er wird mit der Zahllast des nächsten Monats **verrechnet**. Für Dezember ist der Vorsteuerüberhang zu **aktivieren**, da er eine Forderung an das Finanzamt darstellt.
Beispiel: USt: 5.160,00 €, VSt: 7.096,00 €
Buchungen zum 31. Dezember

Umsatzsteuer	5.160,00 €	
an Vorsteuer		5.160,00 €
Schlussbilanzkonto	1.936,00 €	
an Vorsteuer		1.936,00 €

Umsatzsteuer-Voranmeldung

- Die Verrechnung der Vorsteuer mit der Umsatzsteuer führt zu der von den Unternehmen an das Finanzamt abzuführenden Umsatzsteuer-Zahllast.
- Die Umsatzsteuer-Zahllast wird dem Finanzamt mithilfe der Software „Elster“ (**el**ektronische **Steuer**e**r**klärung) über das Internet gemeldet.
- Umsatzsteuer-Vorauszahlungen auf die Zahllast sind mithilfe des Formulars „Umsatzsteuer-Voranmeldung“ grundsätzlich **vierteljährlich**, bei einer Vorjahres-Umsatzsteuer von mehr als 7.500,00 € **monatlich** (bis zum 10. des folgenden Monats) zu leisten.
- Mithilfe der **Umsatzsteuerjahreserklärung**, die bis zum 31. Mai des Folgejahres einzureichen ist, legt das Finanzamt die endgültig für das laufende Jahr abzuführende Umsatzsteuer in Form eines **Umsatzsteuerbescheids** fest.

6

Beispiel Umsatzsteuer-Voranmeldung

Die OfficeCom KG hat für den Monat Januar 2018 folgende Umsatzsteuer-Voranmeldung abgegeben:

– Bitte weiße Felder ausfüllen oder ☒ ankreuzen, Anleitung beachten –

2018

Fallart	Steuernummer	Unterfallart
11	11/238/14805	56

30 Eingangsstempel oder -datum

Umsatzsteuer-Voranmeldung 2018

Finanzamt
Braunschweig-Altewiekring

38100 Braunschweig

Unternehmer – ggf. abweichende Firmenbezeichnung – Anschrift – Telefon – E-Mail-Adresse
OfficeCom KG
Hansestraße 120
38112 Braunschweig
Tel.: 0531 3648941
E-Mail: info.officecom-wvb@t-online.de

Voranmeldungszeitraum
bei **monatlicher** Abgabe bitte ankreuzen | bei **vierteljährlicher** Abgabe bitte ankreuzen

18 01	Jan.	X	18 07	Juli		18 41	I. Kalendervierteljahr	
18 02	Feb.		18 08	Aug.		18 42	II. Kalendervierteljahr	
18 03	März		18 09	Sept.		18 43	III. Kalendervierteljahr	
18 04	April		18 10	Okt.		18 44	IV. Kalendervierteljahr	
18 05	Mai		18 11	Nov.				
18 06	Juni		18 12	Dez.				

Berichtigte Anmeldung (falls ja, bitte eine „1" eintragen) 10

Belege (Verträge, Rechnungen, Erläuterungen usw.) sind beigefügt bzw. werden gesondert eingereicht (falls ja, bitte eine „1" eintragen) 22

I. Anmeldung der Umsatzsteuer-Vorauszahlung

	Kz	Bemessungsgrundlage ohne Umsatzsteuer volle EUR	Kz	Steuer EUR	Ct
Lieferungen und sonstige Leistungen (einschließlich unentgeltlicher Wertabgaben)					
Steuerfreie Umsätze mit Vorsteuerabzug					
Innergemeinschaftliche Lieferungen (§ 4 Nr. 1 Buchst. b UStG) an Abnehmer **mit** USt-IdNr.	41				
neuer Fahrzeuge an Abnehmer **ohne** USt-IdNr.	44				
neuer Fahrzeuge außerhalb eines Unternehmens (§ 2a UStG)	49				
Weitere steuerfreie Umsätze mit Vorsteuerabzug (z.B. **Ausfuhrlieferungen**, Umsätze nach § 4 Nr. 2 bis 7 UStG)	43				
Steuerfreie Umsätze ohne Vorsteuerabzug Umsätze nach § 4 Nr. 8 bis 28 UStG	48				
Steuerpflichtige Umsätze (Lieferungen und sonstige Leistungen einschl. unentgeltlicher Wertabgaben)					
zum Steuersatz von 19 %	81	28.560		5.426	40
zum Steuersatz von 7 %	86				
zu anderen Steuersätzen	35		36		
Lieferungen land- und forstwirtschaftlicher Betriebe nach § 24 UStG an Abnehmer **mit** USt-IdNr.	77				
Umsätze, für die eine Steuer nach § 24 UStG zu entrichten ist (Sägewerkserzeugnisse, Getränke und alkohol. Flüssigkeiten, z.B. Wein)	76		80		
Innergemeinschaftliche Erwerbe					
Steuerfreie innergemeinschaftliche Erwerbe Erwerbe nach §§ 4b und 25c UStG	91				
Steuerpflichtige innergemeinschaftliche Erwerbe zum Steuersatz von 19 %	89				
zum Steuersatz von 7 %	93				
zu anderen Steuersätzen	95		98		
neuer Fahrzeuge (§ 1b Abs. 2 und 3 UStG) von Lieferern **ohne** USt-IdNr. zum allgemeinen Steuersatz	94		96		
Ergänzende Angaben zu Umsätzen					
Lieferungen des ersten Abnehmers bei **innergemeinschaftlichen Dreiecksgeschäften** (§ 25b Abs. 2 UStG)	42				
Steuerpflichtige Umsätze, für die der **Leistungsempfänger** die **Steuer nach § 13b Abs. 5 Satz 1 i.V.m. Abs. 2 Nr. 10 UStG schuldet**	68				
Übrige steuerpflichtige Umsätze, für die der **Leistungsempfänger** die **Steuer nach § 13b Abs. 5 UStG schuldet**	60				
Nicht steuerbare sonstige Leistungen gem. § 18b Satz 1 Nr. 2 UStG	21				
Übrige nicht steuerbare Umsätze (Leistungsort nicht im Inland)	45				
Übertrag zu übertragen in Zeile 45				5.426	40

3503258

– 2 –

Steuernummer: 11 / 238 / 14805

	Kz	Bemessungsgrundlage ohne Umsatzsteuer volle EUR	Kz	Steuer EUR	Ct
Übertrag				5.426	40
Leistungsempfänger als Steuerschuldner (§ 13b UStG)					
Steuerpflichtige sonstige Leistungen eines im übrigen Gemeinschaftsgebiet ansässigen Unternehmers (§ 13b Abs. 1 UStG)	46		47		
Andere Leistungen eines im Ausland ansässigen Unternehmers (§ 13b Abs. 2 Nr. 1 und 5 Buchst. a UStG)	52		53		
Lieferungen sicherungsübereigneter Gegenstände und Umsätze, die unter das GrEStG fallen (§ 13b Abs. 2 Nr. 2 und 3 UStG)	73		74		
Lieferungen von Mobilfunkgeräten, Tablet-Computern, Spielekonsolen und integrierten Schaltkreisen (§ 13b Abs. 2 Nr. 10 UStG)	78		79		
Andere Leistungen (§ 13b Abs. 2 Nr. 4, 5 Buchst. b, Nr. 6 bis 9 und 11 UStG)	84		85		
Steuer infolge Wechsels der Besteuerungsform sowie Nachsteuer auf versteuerte Anzahlungen u. ä. wegen Steuersatzänderung			65		
Umsatzsteuer					
Abziehbare Vorsteuerbeträge					
Vorsteuerbeträge aus Rechnungen von anderen Unternehmern (§ 15 Abs. 1 Satz 1 Nr. 1 UStG), aus Leistungen im Sinne des § 13a Abs. 1 Nr. 6 UStG (§ 15 Abs. 1 Satz 1 Nr. 5 UStG) und aus innergemeinschaftlichen Dreiecksgeschäften (§ 25b Abs. 5 UStG)			66	3.189	10
Vorsteuerbeträge aus dem innergemeinschaftlichen Erwerb von Gegenständen (§ 15 Abs. 1 Satz 1 Nr. 3 UStG)			61		
Entstandene Einfuhrumsatzsteuer (§ 15 Abs. 1 Satz 1 Nr. 2 UStG)			62		
Vorsteuerbeträge aus Leistungen im Sinne des § 13b UStG (§ 15 Abs. 1 Satz 1 Nr. 4 UStG)			67		
Vorsteuerbeträge, die nach allgemeinen Durchschnittssätzen berechnet sind (§§ 23 und 23a UStG)			63		
Berichtigung des Vorsteuerabzugs (§ 15a UStG)			64		
Vorsteuerabzug für innergemeinschaftliche Lieferungen neuer Fahrzeuge außerhalb eines Unternehmens (§ 2a UStG) sowie von Kleinunternehmern im Sinne des § 19 Abs. 1 UStG (§ 15 Abs. 4a UStG)			59		
Verbleibender Betrag					
Andere Steuerbeträge					
In Rechnungen unrichtig oder unberechtigt ausgewiesene Steuerbeträge (§ 14c UStG) sowie Steuerbeträge, die nach § 6a Abs. 4 Satz 2, § 17 Abs. 1 Satz 6, § 25b Abs. 2 UStG oder von einem Auslagerer oder Lagerhalter nach § 13a Abs. 1 Nr. 6 UStG geschuldet werden			69		
Umsatzsteuer-Vorauszahlung/Überschuss					
Anrechnung (Abzug) der festgesetzten **Sondervorauszahlung** für Dauerfristverlängerung (nur auszufüllen in der letzten Voranmeldung des Besteuerungszeitraums, in der Regel Dezember)			39		
Verbleibende Umsatzsteuer-Vorauszahlung ...... **(bitte in jedem Fall ausfüllen)** **Verbleibender Überschuss** - bitte dem Betrag ein Minuszeichen voranstellen -			83	2.237	30

II. Sonstige Angaben und Unterschrift

Ein Erstattungsbetrag wird auf das dem Finanzamt benannte Konto überwiesen, soweit der Betrag nicht mit Steuerschulden verrechnet wird.

Verrechnung des Erstattungsbetrags erwünscht / Erstattungsbetrag ist abgetreten (falls ja, bitte eine „1“ eintragen) ...... **29** [ ]

Geben Sie bitte die Verrechnungswünsche auf einem besonderen Blatt an oder auf dem beim Finanzamt erhältlichen Vordruck „Verrechnungsantrag“.

Das **SEPA-Lastschriftmandat** wird ausnahmsweise (z.B. wegen Verrechnungswünschen) für diesen Voranmeldungszeitraum **widerrufen** (falls ja, bitte eine „1“ eintragen) ...... **26** [ ]

Ein ggf. verbleibender Restbetrag ist gesondert zu entrichten.

Hinweis nach den Vorschriften der Datenschutzgesetze:
Die mit der Steueranmeldung angeforderten Daten werden auf Grund der §§ 149 ff. der Abgabenordnung und der §§ 18, 18b des Umsatzsteuergesetzes erhoben. Die Angabe der Telefonnummern und der E-Mail-Adressen ist freiwillig.

Bei der Anfertigung dieser Steueranmeldung hat mitgewirkt:
(Name, Anschrift, Telefon, E-Mail-Adresse)

Datum, Unterschrift

- nur vom Finanzamt auszufüllen -

11 [ ] **19** [ ]

[ ] **12** [ ]

Bearbeitungshinweis

1. Die aufgeführten Daten sind mit Hilfe des geprüften und genehmigten Programms sowie ggf. unter Berücksichtigung der gespeicherten Daten maschinell zu verarbeiten.
2. Die weitere Bearbeitung richtet sich nach den Ergebnissen der maschinellen Verarbeitung.

Datum, Namenszeichen

Kontrollzahl und/oder Datenerfassungsvermerk

Die Zahllast wird als „Verbleibende Umsatzsteuer-Vorauszahlung“, ein Vorsteuerüberhang als „Verbleibender Überschuss“ bezeichnet. Beide Größen führen dazu, dass die Konten „Umsatzsteuer“ bzw. „Vorsteuer“ zum Monatsende bzw. Quartalsende immer ausgeglichen, in der Summe null sind. Daher wird die Umsatzsteuer als durchlaufender Posten bezeichnet.

Die Umsatzsteuer-Voranmeldung wird nicht unterschrieben, da sie elektronisch an das Finanzamt übermittelt wird.

Buchungen im Überblick

Buchungen

- Einkauf von Waren
- Bezugskosten
- Skonti, Boni, sonstige Preisnachlässe
- Rücksendungen

Anschaffungskosten der Waren

	Anschaffungspreis netto (ohne USt)	→ Listeneinkaufspreis
+	Anschaffungsnebenkosten netto (ohne USt)	→ z. B. Einfuhrzoll, Transport-, Verpackungskosten, Provisionen
–	Anschaffungspreisminderungen	→ z. B. Rabatt, sonstiger Preisnachlass, Bonus, Skonto
=	Anschaffungskosten	→ Wert, mit dem die Waren letztendlich auf dem Konto „Waren" ausgewiesen werden

6

Beispiele für Einkaufsbelege

Eingangsrechnung für Waren

KNABER OHG

Knaber OHG · Dreieichweg 8 · 21029 Hamburg

Dreieichweg 8
21029 Hamburg
Tel.: 040 7342856
Fax: 040 7342858
E-Mail: knaber.aber.wvd@t-online.de
Internet: www.knaber-aber-wvd.de

OfficeCom KG
Hansestraße 120
38112 Braunschweig

Ihre Bestellung vom	Liefertermin	Lieferung durch	Vertreter	Kunden-Nr.
..-02-07	..-03-01	Spedition	–	18-9-1943

Lieferanschrift: OfficeCom KG, Hansestraße 120, 38112 Braunschweig
Auftrags-Nr.: 123/13 — Datum: ..-02-08
Rechnungs-Nr.: 2338/M — Datum: ..-03-01

Menge	Artikelbezeichnung	Einzelpreis	Gesamtpreis
10 St.	Toner-Kartuschen	102,00 €	1.020,00 €
	Rabattt 8 %		81,60 €
			938,40 €
	19 % Umsatzsteuer		178,30 €
			1.116,70 €

Zahlungsbedingungen:
2 % Skonto, zahlbar innerhalb 14 Tagen nach Lieferung;
netto Kasse, zahlbar innerhalb 6 Wochen nach Lieferung.

Eingangsrechnung für Frachtkosten

Transfahrt AG

Transfahrt AG · Siemensstr. 110 · 21029 Hamburg

OfficeCom KG
Hansestraße 120
38112 Braunschweig

Tel.: 040 334455
Fax: 040 234518
E-Mail: transf-ag-wvd@t-online.de
Internet: www.transf-ag-wvd.de

Rechnung Nr. 4498/5

Ihr Auftrag vom	Liefertermin	Kunden-Nr.	Rechnungsdatum
..-02-25	..-03-01	1369	..-03-01

Lieferanschrift
OfficeCom KG
Hansestraße 120
38112 Braunschweig

Gemäß Frachttabelle berechnen wir für o. a. Auftrag

Lieferung	10 St. Toner-Kartuschen	
von	Hambug	
nach	Braunschweig	120,00 €
	19% Umsatzsteuer	22,80 €
		142,80 €

Zahlung: sofort ohne Abzug

Diese beiden Belege bilden die Grundlage für die folgenden Buchungen beim Wareneinkauf.

Erfassung der Wareneinkäufe

- Im Unternehmen OfficeCom KG werden die **Wareneinkäufe** auf dem **Aufwandskonto** „Aufwendungen für Waren" gebucht.
- Auf dem **Bestandskonto** „Waren" werden dagegen lediglich der **Jahresanfangsbestand**, der durch Inventur ermittelte **Jahresendbestand** und als Saldo die **Bestandsveränderung** der Waren erfasst.
- Ist das Warensortiment groß, werden häufig **Warengruppen** gebildet. Es werden dann so viele Konten „Aufwendungen für Waren" bzw. „Waren" geführt, wie es Warengruppen gibt.
- **Bezugskosten** wie z. B. Frachtkosten werden auf dem Konto „Bezugskosten", einem **Unterkonto** des Kontos „Aufwendungen für Waren", erfasst.
- **Skonti, Boni und sonstige Preisnachlässe** werden auf dem Konto „Nachlässe", ebenfalls ein **Unterkonto** des Kontos „Aufwendungen für Waren", gebucht.
- Beide Unterkonten werden über das Konto „Aufwendungen für Waren" abgeschlossen.

Wareneinkauf

Merchandise purchase

Buchungen

Eingangsrechnung/Sofortrabatte

Sofortrabatte des Lieferanten mindern im Vorhinein den Listeneinkaufspreis und werden nicht gebucht.

Beispiel:
Die Eingangsrechnung für Waren (siehe S. 260) wird wie folgt gebucht:

Aufwendungen für Waren	938,40 €	
Vorsteuer	178,30 €	
an Verbindlichkeiten a. LL		1.116,70 €

Bezugskosten

Beispiel:
Die Eingangsrechnung für die Frachtkosten (siehe S. 260) ist zu buchen:

Bezugskosten	120,00 €	
Vorsteuer	22,80 €	
an Verbindlichkeiten a. LL		142,80 €

Nachträgliche Anschaffungspreisminderungen (z. B. Skonto)

Zieht das Unternehmen OfficeCom KG beim Rechnungsausgleich Skonto ab, mindert sich der Wert der eingekauften Waren. Diese Wertminderung kann direkt auf der Haben-Seite des Kontos „Aufwendungen für Waren" oder, der besseren Übersicht wegen, auf dem Unterkonto „Nachlässe" gebucht werden. Da sich die Bemessungsgrundlage für die Umsatzsteuer vermindert, ist die Vorsteuer zu korrigieren.

Beispiel:
Die Eingangsrechnung für Waren (s. o.) wird unter Abzug von 2 % Skonto durch Banküberweisung bezahlt:

Nettobuchung (sofortige Steuerkorrektur)

Verbindlichkeiten a. LL	1.116,70 €	
an Nachlässe		18,77 €
an Vorsteuer		3,57 €
an Bankguthaben		1.094,36 €

Bruttobuchung (spätere Steuerkorrektur)

Verbindlichkeiten a. LL	1.116,70 €	
an Nachlässe		22,34 €
an Bankguthaben		1.094,36 €

Steuerkorrekturbuchung am Monatsende:

Nachlässe	3,57 €	
an Vorsteuer		3,57 €

Analog werden sonstige Preisnachlässe – z. B. aufgrund von Reklamationen – und Boni gebucht.

Abschluss der Unterkonten

- Konto „Bezugskosten" über das Konto „Aufwendungen für Waren"

  Beispiel:

Aufwendungen für Waren	120,00 €	
an Bezugskosten		120,00 €

- Konto „Nachlässe" über das Konto „Aufwendungen für Waren"

  Beispiel:

Nachlässe	18,77 €	
an Aufwendungen für Waren		18,77 €

Darstellung der Konten

Auf dem Konto „Aufwendungen für Waren" ergeben sich nach Abschluss der Unterkonten „Bezugskosten" und „Nachlässe" folgende Zahlen:

Soll	Aufwendungen für Waren		Haben
Verbindlichkeiten a. LL	938,40	Nachlässe	18,77
Bezugskosten	120,00		

Soll	Bezugskosten		Haben
Verbindlichkeiten a. LL	120,00	Aufwendungen für Waren	120,00

Soll	Nachlässe		Haben
Aufwendungen für Waren	18,77	Verbindlichkeiten a. LL	18,77

Rücksendungen

- Sendet das Unternehmen OfficeCom KG Waren, die z. B. Mängel aufweisen, an den Lieferanten zurück, wird die Minderung direkt auf dem Konto „Aufwendungen für Waren“ auf der Haben-Seite netto gebucht, da sich die Waren mengen- und wertmäßig verringert haben.
- Gleichzeitig ist die Vorsteuer zu korrigieren, da sich die Bemessungsgrundlage verändert hat.
- Die Verbindlichkeiten nehmen in entsprechender Höhe ab.

Beispiel:
Die OfficeCom KG erhält von ihrem Lieferanten Wolf Knaber OHG eine Gutschriftanzeige, die zu buchen ist:

Verbindlichkeiten a. LL	126,41 €
an Aufwendungen für Waren	93,84 €
an Vorsteuer	17,83 €

6

KNABER OHG

Knaber OHG • Dreieichweg 8 • 21029 Hamburg

OfficeCom KG
Hansestraße 120
38112 Braunschweig

Dreieichweg 8
21029 Hamburg

Tel.: 040 7342856
Fax: 040 7342858

E-Mail: knaber.aber-wvd@t-online
Internet: www.knaber-aber-wvd.de

Datum
.. -03-03

Gutschriftanzeige – Auftrags-Nr.: 123/13 vom 7. Februar ..

Sehr geehrte Damen und Herren,

aufgrund der von Ihnen an uns gemäß telefonischer Vereinbarung vom 2. März .. zurückgesandten mangelhaften 2 Tonerkartuschen aus Auftrag 123/13 vom 7. Februar .. (Einzelpreis 102,00 € abzüglich 8 % Rabatt) im Gesamtwert von 187,68 € zuzüglich 19 % Umsatzsteuer erhalten Sie eine Gutschrift in gleicher Höhe.

Wir bitten um gleich lautende Buchung.

Mit freundlichen Grüßen

Knaber OHG
i. A. Heffemann

Bankverbindung:
Hamburger Sparkasse
IBAN DE88 2005 0550 0015 264869
BIC HASPDEHH4XX

Steuernr. 20/310/74502
USt-IDNr. DE 450 432 629

KnaberOHG
Sitz Hamburg
Amtsgericht Hamburg
Handelsregister
Nr. HRA 967

Wareneinsatz/Bestandsveränderungen

Sales input/Inventories movements

Ermittlung

Am Ende des Geschäftsjahres stellt das Unternehmen den tatsächlichen Wareneinsatz, auch Umsatz zu Einstandspreisen genannt, fest. Dabei sind drei mögliche Fälle zu unterscheiden:

1. Ist der **Warenendbestand** lt. Inventur **gleich** dem **Warenanfangsbestand**, dann entsprechen die im laufenden Jahr gekauften Waren, die als Aufwendungen für Waren gebucht wurden, dem Wareneinsatz.

   Beispiel:

Warenanfangsbestand:	60.000,00 €
– Warenendbestand lt. Inventur:	60.000,00 €
=	00,00 €
+ Wareneinkäufe (Aufwendungen für Waren)	450.000,00 €
= Wareneinsatz	450.000,00 €

2. Ist der **Warenendbestand größer** als der **Warenanfangsbestand**, dann wurden nicht alle im laufenden Jahr gekauften Waren verkauft – ein Teil ist auf Lager gegangen. Es handelt sich um eine **Bestandsmehrung**, die von den Wareneinkäufen abzuziehen ist.

   Beispiel:

Warenanfangsbestand:	60.000,00 €
– Warenendbestand lt. Inventur:	80.000,00 €
= Bestandsmehrung	–20.000,00 €
+ Wareneinkäufe (Aufwendungen für Waren)	450.000,00 €
= Wareneinsatz	430.000,00 €

3. Ist der **Warenendbestand kleiner** als der **Warenanfangsbestand**, dann wurden alle im laufenden Jahr gekauften Waren und darüber hinaus noch ein Teil des Lagerbestandes verkauft. Es handelt sich um eine **Bestandsminderung**, die den Wareneinkäufen hinzuzurechnen ist.

   Beispiel:

Warenanfangsbestand:	60.000,00 €
– Warenendbestand lt. Inventur:	50.000,00 €
= Bestandsminderung	10.000,00 €
+ Wareneinkäufe (Aufwendungen für Waren)	450.000,00 €
= Wareneinsatz	460.000,00 €

Buchungen

Die OfficeCom KG hatte im Jahr 20.. u. a. folgende **Geschäftsfälle** zu buchen:

Geschäftsfälle	Buchungssätze		
1. **Wareneinkäufe** auf Ziel, insgesamt: 450.000,00 € netto, zuzüglich 19 % Umsatzsteuer	Aufwend. für Waren Vorsteuer an Verbindlichkeiten a. LL	450.000,00 € 85.500,00 €	 535.500,00 €
2. **Bestandsmehrung** auf Konto „Waren“: 20.000,00 € netto	Waren an Aufwendungen für Waren	20.000,00 €	 20.000,00 €
3. **Wareneinsatz** als Differenz zwischen den Wareneinkäufen (450.000,00 € netto) und der Bestandsmehrung (20.000,00 € netto)	Gewinn- und Verlustkonto an Aufwendungen für Waren	430.000,00 €	 430.000,00 €

Jahresanfangsbestand (AB) der Waren: 60.000,00 € netto

Warenendbestand (EB) lt. Inventur: 80.000,00 € netto

Darstellung der Buchungen auf Konten:

Soll	Waren		Haben
AB	60.000,00	EB	80.000,00
2) Aufwendungen für Waren	20.000,00		

Soll	Aufwendungen für Waren		Haben
1) Verbindlichkeiten a. LL	450.000,00	2) Waren	20.000,00
		3) GuV	430.000,00

Soll	Gewinn- und Verlustkonto		Haben
3) Aufwendungen für Waren **(Wareneinsatz)**	430.000,00		

Im Falle einer **Bestandsminderung** von 10.000,00 € (Warenanfangsbestand 60.000,00 €) lautet die Buchung 2:

Aufwendungen für Waren	10.000,00 €	
an Waren		10.000,00 €

Die übrigen Buchungen 1) und 3) lauten, mit den entsprechenden Zahlen, gleich.

Schematische Darstellung der Konten „Waren“ und „Aufwendungen für Waren“

Soll	Waren Haben
▪ Anfangsbestand ▪ Bestandsmehrung[1] (Gegenkonto: „Aufwendungen für Waren“)	▪ Bestandsminderung[1] (Gegenkonto: „Aufwendungen für Waren“) ▪ Endbestand lt. Inventur

[1] Die entsprechenden Buchungen sind alternativ zu sehen.

Soll	Aufwendungen für Waren Haben
▪ laufende Einkäufe (Gegenkonto: z. B. „Verbindlichkeiten a. LL“) ▪ Bezugskosten (aus dem Abschluss des Kontos: „Bezugskosten“) ▪ Bestandsminderung[2] (Gegenkonto: „Waren“)	▪ Rücksendungen (Gegenkonto: „Verbindlichkeiten a. LL“) ▪ Nachlässe (aus dem Abschluss des Kontos: „Nachlässe“) ▪ Bestandsmehrung[2] (Gegenkonto: „Waren“)

[2] Die entsprechenden Buchungen sind alternativ zu sehen.

Buchungen im Überblick

Buchungen
- Verkauf von Waren
- Ausgangsfrachten
- Skonti, Boni, sonstige Preisnachlässe
- Rücksendungen

Konten

Für die Buchungen werden die folgenden zusätzlichen Konten benötigt:

- Umsatzerlöse für Waren → Ertragskonto
- Frachten und Fremdlager → Aufwandskonto
- Erlösberichtigungen → Unterkonto des Kontos „Umsatzerlöse für Waren"

6

Beispiele für Verkaufsbelege

Ausgangsrechnung für Waren

OfficeCom KG

OfficeCom KG • Hansestr. 120 • 38112 Braunschweig

Telefon AG
Elektronstraße 12
65933 Frankfurt/Main

OfficeCom KG
Geschäftsräume:
Hansestraße 120
38112 Braunschweig
Tel.: 0531 3688941
Fax: 0531 4766083
E-Mail: info.officecom-wvd@t-online
Internet: www.officecomkg-wvd.de

Ihre Bestellung vom	Liefertermin	Lieferung frei Haus	Vertreter	Kunden-Nr.
..-01-15	..-03-31	durch Spedition	–	16-6-55

Lieferanschrift
Telefon AG
Elektronstraße 12
65933 Frankfurt/Main

Auftrags-Nr. 124/11 — Datum ..-02-08
Rechnungs-Nr. 3269/BT — Datum ..-03-31

Menge	Artikelbezeichnung	Einzelpreis	Gesamtpreis
5 St.	Color Laserjet CL 410	380,00 €	1.900,00 €
	Rabatt: 5 %		95,00 €
			1.805,00 €
	19 % Umsatzsteuer		342,95 €
			2.147,95 €

Zahlungsbedingungen:
2 % Skonto, zahlbar innerhalb 10 Tagen nach Rechnungsdatum;
netto Kasse, zahlbar innerhalb 4 Wochen nach Rechnungsdatum.

Eingangsrechnung für Frachtkosten

SPEDITION WOHLfahrt

Wohlfahrt e. K. • H.-Büssing-Ring 8 • 38102 Braunschweig

OfficeCom KG
Hansestraße 120
38112 Braunschweig

Tel.: 0531 663478
Fax: 0531 256889
E-Mail: wohlfahrt-sped-wvd@t-online
Internet: www.sped-wohlfahrt-wvd.de

Rechnung Nr. 3372/8

Ihr Auftrag vom	Liefertermin	Kunden-Nr.	Rechnungsdatum
.. -03-26	.. -03-31	1586	.. -03-31

Lieferanschrift
Telefon AG
Elektronstraße 12
65933 Frankfurt/Main

Für den Transport aus o. a. Auftrag berechnen wir gemäß Frachttabelle

Lieferung	5 Stück Laserdrucker Color	
von	Braunschweig	120,00 €
nach	Frankfurt/Main	
	19 % Umsatzsteuer	22,80 €
		142,80 €

Zahlung: sofort ohne Abzug

Buchungen

Verkauf der Waren

Sofortrabatte (z. B. Mengen-, Sonderrabatte) werden in der Buchhaltung nicht erfasst, da sie im Vorhinein die Verkaufserlöse mindern.

Beispiel: Die OfficeCom KG bucht den Verkauf der Laserdrucker aufgrund des o. a. Belegs.

Buchungssatz:

	Soll	Haben
Forderungen a. LL	2.147,95 €	
an Umsatzerlöse f. Waren		1.805,00 €
an Umsatzsteuer		342,95 €

Ausgangsfrachten

Vom Verkäufer zu tragende Transportkosten werden auf dem Aufwandskonto „Frachten und Fremdlager" gebucht:

Beispiel: Da die OfficeCom KG die Laserdrucker frei Haus liefert, trägt sie die Transportkosten und bucht den o. a. Beleg.

Buchungssatz:

	Soll	Haben
Frachten und Fremdlager	120,00 €	
Vorsteuer	22,80 €	
an Verbindlichkeiten a. LL		142,80 €

Skonti, Boni, sonstige Preisnachlässe

- Skonti, Boni und sonstige Preisnachlässe, die dem Kunden gewährt werden, schmälern die Umsatzerlöse.
- Die entsprechende **Buchung** erfolgt **nicht direkt** auf dem Konto „Umsatzerlöse für Waren“, sondern auf dem Unterkonto „Erlösberichtigungen“, das über das Konto „Umsatzerlöse für Waren“ abgeschlossen wird.
- Als **Bruttobuchung** sind die Nachlässe zunächst mit ihrem Bruttowert (also einschließlich Umsatzsteuer) auf dem Konto „Erlösberichtigungen“ zu buchen. **Später**, am Monatsende, ist die Umsatzsteuer zu korrigieren.
- Als **Nettobuchung** sind die Nachlässe mit ihrem Nettowert, also ohne Umsatzsteuer, auf dem Konto „Erlösberichtigungen“ zu buchen. **Gleichzeitig** ist die Korrekturbuchung der Umsatzsteuer vorzunehmen.

Beispiel:
Die Telefon AG begleicht die Ausgangsrechnung (siehe S. 264) unter Abzug von 2 % Skonto durch Banküberweisung.

Die OfficeCom KG bucht:

Bruttobuchung:

Bankguthaben	2.104,99 €	
Erlösberichtigungen	42,96 €	
an Forderungen a. LL		2.147,95 €

Berechnung des Umsatzsteueranteils:

119 % = 42,96 €
19 % = x €

$$x = \frac{42{,}96\,€ \cdot 19\,\%}{119\,\%} = \underline{\underline{6{,}86\,€}}$$

Buchung zur Korrektur der Umsatzsteuer:

Umsatzsteuer	6,86 €	
an Erlösberichtigungen		6,86 €

Nettobuchung:

Bankguthaben	2.104,99 €	
Erlösberichtigungen	36,10 €	
Umsatzsteuer	6,86 €	
an Forderungen a. LL		2.147,95 €

Rücksendungen

- Durch die Rücksendung verkaufter Waren, z. B. wegen Mängeln, verringern sich die Umsatzerlöse.
- Die Buchung erfolgt auf der Soll-Seite des Kontos „Umsatzerlöse“ als Nettobuchung.
- Die Umsatzsteuer ist anteilig zu korrigieren.
- Die Forderungen aus Lieferungen und Leistungen verringern sich um den Bruttowert der zurückgegebenen Waren.

Beispiel:
Die OfficeCom KG gewährt aufgrund einer mangelhaften Lieferung eine Gutschrift.

Die OfficeCom KG bucht:

Umsatzerlöse für Waren	361,00 €	
Umsatzsteuer	68,59 €	
an Forderungen a. LL		429,59 €

OfficeCom KG

OfficeCom KG • Hansestr. 120 • 38112 Braunschweig

Telefon AG
Elektronstraße 12
65933 Frankfurt/Main

OfficeCom KG
Geschäftsräume:
Hansestraße 120
38112 Braunschweig
Tel.: 0531 3688941
Fax: 0531 4766083
E-Mail: info.officecom-wvd@t-online.de
Internet: www.officecomkg-wvd.de

Datum .. -04-01

Gutschriftanzeige - Auftrags-Nr.: 1 4/11 vom 8. Febr ...

Sehr geehrte Damen und Herren,

aufgrund telefonischer Vereinbarung vom 1. April .. haben Sie uns einen beschädigten Color Laserjet CL 410, zurückgesandt. Hierfür erhalten Sie eine Gutschrift in Höhe von 361,00 € zuzüglich 19 % Umsatzsteuer
Wir bitten um gleich lautende Buchung.

Mit freundlichen Grüßen

OfficeCom KG

ppa. *Wegener*

Wegener

Amtsgericht Braunschweig, Handelsregister Nr. HRB 126
Steuernr. 11/238/14805, USt-IDNr. DE 328 495 331
Bankverbindung:
Hartbank Braunschweig, IBAN: DE66 2705 0008 0021 3458 39
BIC: HABA BR2 XXX

Schematische Darstellung des Kontos „Umsatzerlöse für Waren“

Soll	Umsatzerlöse für Waren	Haben
▪ Rücksendungen (Nettowert) ▪ Erlösberichtigungen (aus dem Unterkonto „Erlösberichtigungen“)		▪ Verkäufe (Nettowert)

Beispiel:
Aufgrund der Buchungen auf den Seiten 264 und 265 ergeben sich auf dem Konto „Umsatzerlöse für Waren“ folgende Zahlen:

Soll		Umsatzerlöse für Waren	Haben
Forderungen a. LL	361,00	Forderungen a. LL	1.805,00
Erlösberichtigungen	36,10		

Begriffe

- Am Ende des Geschäftsjahres werden sämtliche Aufwands- und Ertragskonten über das **Gewinn- und Verlustkonto** abgeschlossen, sodass sich dort die Aufwendungen (auf der Soll-Seite) und die Erträge (auf der Haben-Seite) gegenüberstehen.
- Der Saldo aus den Umsätzen für Waren und den Aufwendungen für Waren (Wareneinsatz) wird als **Warenrohgewinn** bezeichnet.
- Werden dann die weiteren Erträge wie z.B. Umsatzerlöse für eigene Erzeugnisse, Zinserträge usw. hinzuaddiert und die übrigen Aufwendungen wie Löhne und Gehälter, Abschreibungen usw. abgezogen, ergibt sich der **Reingewinn** des Unternehmens.

Schematische Darstellung

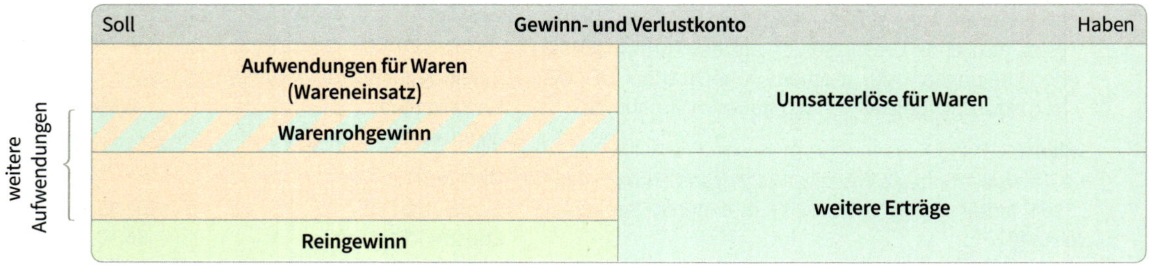

Beispiel:

Soll	Gewinn- und Verlustkonto der OfficeCom KG in € zum 31.12.20..		Haben
Aufwendungen für Roh-, Hilfs-, Betriebsstoffe	2.490.000,00	Umsatzerlöse für eigene Erzeugnisse	5.280.000,00
Aufwendungen für Waren	1.447.630,00	Umsatzerlöse für Waren	1.515.000,00
Löhne/Gehälter	2.640.000,00	Zinserträge	247.100,00
Abschreibungen auf Sachanlagen	650.000,00	sonstige Erträge	961.800,00
Büromaterial	17.800,00		
Zinsaufwendungen	390.000,00		
sonstige Aufwendungen	285.000,00		
Eigenkapital (Reingewinn)	83.470,00		
	8.003.900,00		8.003.900,00

Für die OfficeCom KG ergeben sich die folgenden Rechnungen:

Ermittlung des Warenrohgewinns

Umsatzerlöse für Waren	1.515.000,00 €
– Aufwendungen für Waren (Wareneinsatz)	1.447.630,00 €
= Warenrohgewinn	67.370,00 €

Ermittlung des Reingewinns

Warenrohgewinn	67.370,00 €
+ weitere Erträge	6.488.900,00 €
– weitere Aufwendungen	6.472.800,00 €
= Reingewinn	83.470,00 €

Abschreibungen auf Sachanlagen

Depreciation on tangible assets

Güter des Sachanlagevermögens

- Die Güter des Sachanlagevermögens sind dazu bestimmt, langfristig dem Unternehmen zu dienen.
- Sofern diese Güter abnutzbar sind, zum Beispiel technische Anlagen und Maschinen, Fuhrpark, Betriebs- und Geschäftsausstattung, ist die Nutzungsdauer begrenzt.
- Derartige Güter sind abzuschreiben, das heißt, die Wertminderungen sind als Aufwendungen in der Finanzbuchhaltung zu erfassen.
- Die Wertminderungen werden als Abschreibungen bezeichnet.

Abschreibung

Rechtliche Grundlage

§ 253 Abs. 3 Satz 1 und 2 HGB:

„Bei Vermögensgegenständen des Anlagevermögens, deren Nutzung zeitlich begrenzt ist, sind die Anschaffungs- oder Herstellungskosten um planmäßige Abschreibungen zu vermindern.
Der Plan muss die Anschaffungs- oder Herstellungskosten auf die Geschäftsjahre verteilen, in denen der Vermögensgegenstand voraussichtlich genutzt werden kann.“

(Der steuerrechtliche Begriff für Abschreibung ist „Absetzung für Abnutzung“ – AfA)

Wirtschaftliche Gründe

... für planmäßige Abschreibungen

- technischer Verschleiß durch ständigen Gebrauch
- natürlicher Verschleiß durch zeitabhängige Faktoren (z. B. Verrosten)

... für außerplanmäßige Abschreibungen

- technischer Fortschritt
- Bedarfsverschiebungen auf dem Absatzmarkt
- Preisverfall auf dem Beschaffungsmarkt

→ Aufwand

Berechnung der Abschreibung

- Die jährlichen Abschreibungsbeträge werden von den Anschaffungs- oder Herstellungskosten (netto, ohne Umsatzsteuer) berechnet.
- Dadurch ergeben sich in jedem Jahr gleich hohe Beträge; man spricht von linearer Abschreibung.

$$\text{Jährlicher Abschreibungsbetrag} = \frac{\text{Anschaffungs- oder Herstellungskosten}}{\text{betriebsgewöhnliche Nutzungsdauer}}$$

$$\text{Abschreibungsprozentsatz} = \frac{100\,\%}{\text{betriebsgewöhnliche Nutzungsdauer}}$$

Beispiel:

Anschaffungskosten eines Pkw:
50.000,00 € netto (= 100 %)
Betriebsgewöhnliche Nutzungsdauer: 8 Jahre

Jährlicher Abschreibungsbetrag

$$= \frac{50.000{,}00\ €}{8\ \text{Jahre}} = 6.250{,}00\ €/\text{Jahr}$$

$$\text{Abschreibungsprozentsatz} = \frac{100\,\%}{8} = 12{,}5\,\%$$

Jährlicher Abschreibungsbetrag
$= 50.000{,}00\ € \cdot 12{,}5\,\% = 6.250{,}00\ €$

Entwicklung des Buchwertes

- Der Buchwert ist der Wert, mit dem das abnutzbare Anlagegut in den Büchern, also z. B. in der Bilanz, ausgewiesen wird.
- Er errechnet sich im Jahr der Anschaffung aus den Anschaffungskosten minus der planmäßigen Abschreibung. In den Folgejahren ergibt er sich aus dem Buchwert am Ende des Vorjahres minus der planmäßigen Abschreibung.

Beispiel:

Anschaffungskosten eines Pkw: 50.000,00 € netto
Betriebsgewöhnliche Nutzungsdauer: 8 Jahre

Ende des Jahres	Abschreibungsbetrag in €	Buchwert in €
1	6.250,00	43.750,00
2	6.250,00	37.500,00
3	6.250,00	31.250,00
4	6.250,00	25.000,00
5	6.250,00	18.750,00
6	6.250,00	12.500,00
7	6.250,00	6.250,00
8	6.250,00	0

Abschreibungen auf Sachanlagen

Depreciation on tangible assets

6

Buchung der Abschreibung

- Die Abschreibung wird direkt auf dem entsprechenden Sachanlagekonto vorgenommen.
- Dadurch wird auf dem Sachanlagekonto als Saldo und in der Schlussbilanz nur der jeweilige Rest- oder Buchwert ausgewiesen.
- Das Aufwandskonto „Abschreibungen auf Sachanlagen“ wird über das Gewinn- und Verlustkonto abgeschlossen.

Beispiel:
Ein Pkw, Anschaffungskosten 25.000,00 € netto, wird fünf Jahre linear abgeschrieben.

Buchungssatz:
Abschreibungen auf Sachanlagen 5.000,00 €
an Fuhrpark 5.000,00 €

Soll	**Fuhrpark**		Haben
…	25.000,00	Abschr. auf SA	5.000,00
		(Saldo = Buchwert)	20.000,00

Soll	**Abschreibungen auf Sachanlagen**		Haben
Fuhrpark	5.000,00	GuV	5.000,00

Aktiva	**Schlussbilanz**		Passiva
Fuhrpark	20.000,00		

Soll	**Gewinn- und Verlustkonto**		Haben
Abschr. auf SA	5.000,00		

Erinnerungswert

Am Ende der Nutzungsdauer ist das Anlagegut bei linearer Abschreibung auf den Wert Null abgeschrieben. Wird das Anlagegut jedoch über das Ende der Nutzungsdauer hinaus im Betrieb verwendet, ist es in der Bilanz mit einem **Erinnerungswert von 1,00 €** auszuweisen. Daher ist die Abschreibung im letzten Jahr der geplanten Nutzungsdauer um 1,00 € geringer anzusetzen.

Beispiel:
Die OfficeCom KG hat am 2. Jan. 20.. ein Computersystem für 6.000,00 € angeschafft, dessen Nutzungsdauer 4 Jahre beträgt und das linear abgeschrieben wird. Daraus ergibt sich ein jährlicher Abschreibungsbetrag von 1.500,00 €. Der Buchwert beträgt am Ende des dritten Jahres 1.500,00 €. Wird das Computersystem auch noch im fünften Jahr genutzt, werden am Ende des vierten Jahres nur 1.499,00 € abgeschrieben, sodass sich Ende des vierten Jahres ein Buchwert von 1,00 € ergibt. Wird das Computersystem auch im sechsten Jahr genutzt, wird Ende des fünften Jahres nicht mehr abgeschrieben.

Abschreibung als Mittel der Finanzierung

- Die Abschreibungen werden – wie die übrigen Aufwendungen auch (z. B. Löhne, Gehälter, Wareneinsatz, Strom, Miete) – anteilig in die **Absatzpreise** der Waren **einkalkuliert**.
- Über den **Verkauf** der Waren fließen die einkalkulierten Abschreibungsbeträge als **liquide** oder flüssige **Mittel**, z. B. in Form von Bargeld, in das Unternehmen zurück.
- Diese Mittel können dann zur **Finanzierung** neuer Sachanlagegüter verwendet werden.

Abschreibungskreislauf

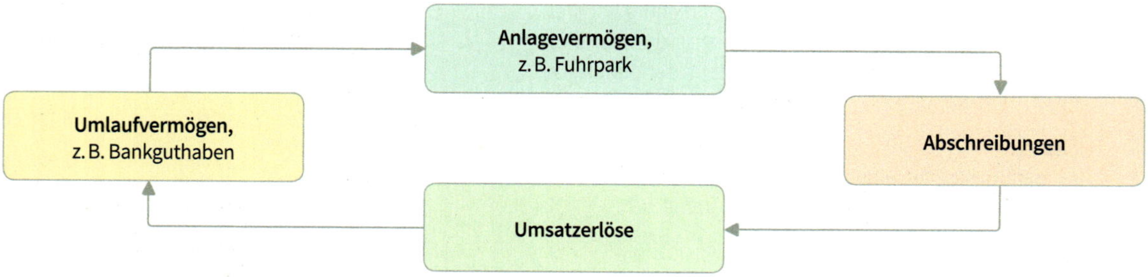

- Die geschäftliche Tätigkeit führt zu einer Vielzahl von **Werteströmen** in Form von Güterein- und -ausgängen sowie von Geldein- und -ausgängen, die sich am Ende eines Geschäftsjahres in der Bilanz und der Gewinn- und Verlustrechnung der Finanzbuchhaltung niederschlagen.
- Um einen komprimierten Einblick in die Vermögens-, Finanz- und Ertragslage des Unternehmens zu ermöglichen, werden die **Zahlen** der Bilanz und der Gewinn- und Verlustrechnung mithilfe sogenannter **Bilanzkennzahlen ausgewertet**.
- Damit können Lage und Entwicklung des Unternehmens im Zeitablauf dargestellt und mit anderen Unternehmen besser verglichen werden.

Am **Beispiel** der OfficeCom KG werden die nachfolgend aufgeführten **Bilanzkennzahlen** erläutert; Grundlage hierfür bilden die Bilanz des Berichtsjahrs von S. 236, die Bilanz des Vorjahrs und das Gewinn- und Verlustkonto des Berichtsjahrs von S. 266, die hier noch einmal aufgeführt werden:

Aktiva	Bilanz der OfficeCom KG in € zum 31.12.20..				Passiva
	Berichtsjahr	**Vorjahr**		**Berichtsjahr**	**Vorjahr**
I. Anlagevermögen			**I. Eigenkapital**	2.319.666,00	2.236.196,00
1. Gebäude	2.459.300,00	2.510.000,00	**II. Fremdkapital**		
2. Maschinen	660.550,00	725.300,00	1. Hypothekenschulden	1.600.000,00	1.600.000,00
3. Werkzeuge	148.986,00	151.500,00	2. Darlehensschulden	720.000,00	700.000,00
4. Betriebs- und Geschäftsausstattung	150.100,00	160.200,00	3. Verbindlichkeiten aus LL	229.540,00	321.600,00
5. Fuhrpark	408.000,00	365.900,00	4. Sonstige Verbindlichkeiten	34.980,00	127.004,00
II. Umlaufvermögen					
1. Rohstoffe	370.000,00	325.000,00			
2. Hilfsstoffe	62.000,00	57.000,00			
3. Betriebsstoffe	41.490,00	35.000,00			
4. Unfertige Erzeugnisse	80.100,00	40.800,00			
5. Fertige Erzeugnisse	216.800,00	324.700,00			
6. Waren	21.000,00	35.000,00			
7. Forderungen aus LL	191.500,00	245.950,00			
8. Kassenbestand	3.560,00	4.750,00			
9. Bankguthaben	90.000,00	3.700,00			
	4.904.186,00	4.984.800,00		4.904.186,00	4.984.186,00

Soll	Gewinn- und Verlustkonto der OfficeCom KG in € zum 31.12.20..		Haben
Aufwendungen für Roh-, Hilfs-, Betriebsstoffe	2.490.000,00	Umsatzerlöse für eigene Erzeugnisse	5.280.000,00
Aufwendungen für Waren	1.447.630,00	Umsatzerlöse für Waren	1.515.000,00
Löhne/Gehälter	2.640.000,00	Zinserträge	247.100,00
Abschreibungen auf Sachanlagen	650.000,00	sonstige Erträge	961.800,00
Büromaterial	17.800,00		
Zinsaufwendungen	390.000,00		
sonstige Aufwendungen	285.000,00		
Eigenkapital (Reingewinn)	83.470,00		
	8.003.900,00		8.003.900,00

Vermögensstruktur oder Konstitution

Die Vermögensstruktur eines Unternehmens hängt von der Branche und dem Grad der Mechanisierung und Automation ab. Sie beeinflusst die Anpassungsfähigkeit des Unternehmens an sich ändernde Marktsituationen. Je höher der Anteil des Anlagevermögens am Gesamtvermögen ist, zum Beispiel durch spezielle Maschinen, desto weniger flexibel kann ein Unternehmen reagieren.

Kennzahlen *(Beispiele)*:

Anlagenintensität (Anlagenquote) $= \frac{\text{Anlagevermögen}}{\text{Gesamtvermögen}} \cdot 100$

Forderungsquote $= \frac{\text{Forderungen}}{\text{Gesamtvermögen}} \cdot 100$

Vorratsquote $= \frac{\text{Vorräte}}{\text{Gesamtvermögen}} \cdot 100$

Auf gleiche Weise lassen sich die Anteile weiterer Vermögensarten am Gesamtvermögen des Unternehmens errechnen.

Beispiele:

Aufgrund der Bilanz ergeben sich für die OfficeCom KG folgende Werte:

Anlagenintensität (Anlagenquote)

Berichtsjahr: $\frac{3.826.936 \cdot 100}{4.904.186} = 78{,}0\,\%$ Vorjahr: $\frac{3.912.900 \cdot 100}{4.984.800} = 78{,}5\,\%$

Forderungsquote

Berichtsjahr: $\frac{191.500 \cdot 100}{4.904.186} = 3{,}9\,\%$ Vorjahr: $\frac{245.950 \cdot 100}{4.984.800} = 4{,}9\,\%$

Vorratsquote

Die Vorräte der OfficeCom KG umfassen die Bilanzpositionen 1. bis 6. des Umlaufvermögens.

Berichtsjahr: $\frac{791.390 \cdot 100}{4.904.186} = 16{,}1\,\%$ Vorjahr: $\frac{817.500 \cdot 100}{4.984.800} = 16{,}4\,\%$

Kapitalstruktur oder Finanzierung

Die Kapitalstruktur zeigt, mit welchen Mitteln (eigenen und fremden, langfristigen und kurzfristigen) das Vermögen finanziert wurde. Je höher der Anteil des Eigenkapitals am Gesamtkapital ist, desto größer sind Haftungsumfang, Kreditwürdigkeit und Krisenfestigkeit sowie finanzielle Unabhängigkeit des Unternehmens.

Kennzahlen *(Beispiele)*:

Grad der finanziellen Unabhängigkeit (Eigenkapitalquote) $= \frac{\text{Eigenkapital}}{\text{Gesamtkapital}} \cdot 100$

Anteil des kurzfristigen Fremdkapitals $= \frac{\text{kurzfr. Fremdkapital}}{\text{Gesamtkapital}} \cdot 100$

Auf gleiche Weise lassen sich die Anteile weiterer Kapitalarten am Gesamtkapital des Unternehmens errechnen.

Beispiele:

Für die OfficeCom KG werden folgende Werte anhand der Bilanz ermittelt:

Grad der finanziellen Unabhängigkeit (Eigenkapitalquote)

Berichtsjahr: $\frac{2.319.666 \cdot 100}{4.904.186} = 47{,}3\,\%$ Vorjahr: $\frac{2.236.196 \cdot 100}{4.984.800} = 44{,}9\,\%$

Anteil des kurzfristigen Fremdkapitals

Zum kurzfristigen Fremdkapital der OfficeCom KG gehören die Bilanzpositionen 3. und 4. des Fremdkapitals.

Berichtsjahr: $\frac{264.520 \cdot 100}{4.904.186} = 5{,}4\,\%$ Vorjahr: $\frac{448.604 \cdot 100}{4.984.800} = 9{,}0\,\%$

Anteil des Fremdkapitals (Fremdkapitalquote) $= \frac{\text{Fremdkapital}}{\text{Gesamtkapital}} \cdot 100$

Anteil des Fremdkapitals (Fremdkapitalquote)

Berichtsjahr	Vorjahr
$\frac{2.584.520 \cdot 100}{4.904.186} = 52{,}7\,\%$	$\frac{2.747.990 \cdot 100}{4.984.800} = 55{,}1\,\%$

Auf gleiche Weise lassen sich die Anteile weiterer Kapitalarten am Gesamtkapital errechnen.

Rentabilität

Die Rentabilität ist die innerbetriebliche Verzinsung des eingesetzten Kapitals, die den Erfolg des Unternehmens zum Ausdruck bringt. Die Erfolgsentwicklung ist u. a. bedeutsam für das Verhalten bestehender und zukünftiger Gesellschafter bzw. Investoren, Kunden und Lieferanten, aber auch der Geschäftsleitung zum Beispiel für eine alternative Geldanlage auf dem (langfristigen) Kapitalmarkt.

Kennzahlen *(Beispiele)*:

$$\text{Rentabilität des Eigenkapitals (Unternehmensrentabilität)} = \frac{\text{Bereinigter Unternehmensgewinn}^{1}}{\text{Durchschnittliches Eigenkapital}^{2}} \cdot 100$$

Diese Kennzahl wird deshalb als Unternehmerrentabilität bezeichnet, weil die Eigentümer (Unternehmer oder Anteilseigner) das Eigenkapital in das Unternehmen einbringen und daher den Gewinn als Verzinsung des eingebrachten Kapitals beanspruchen.

$$\text{Rentabilität des Gesamtkapitals (Unternehmensrentabilität)} = \frac{\text{Bereinigter Unternehmensgewinn} + \text{Fremdkapitalzinsen}}{\text{Durchschnittliches Gesamtkapital}} \cdot 100$$

Diese Kennzahl heißt auch Unternehmensrentabilität, weil das Unternehmen neben dem Gewinn der Anteilseigner auch die Zinsen für die Kreditgeber erwirtschaften soll.

$$\text{Rentabilität des Umsatzes} = \frac{\text{Bereinigter Unternehmensgewinn}}{\text{Umsatz}} \cdot 100$$

Beispiele:

Für die OfficeCom KG ergeben sich aus der Bilanz und dem Gewinn- und Verlustkonto für das Berichtsjahr folgende Zahlen (für das Vorjahr liegen keine Zahlen vor):

Durchschnittliches Eigenkapital im Berichtsjahr in €:

(2.319.666,00 + 2.236.196,00) : 2 = 2.277.931,00

Durchschnittliches Gesamtkapital im Berichtsjahr in €:

(4.904.186,00 + 4.984.800,00) : 2 = 4.944.493,00

Im Berichtsjahr betragen der Gewinn 83.490,00 €, der Umsatz 6.795.000,00 € und die Zinsaufwendungen 390.000,00 € (siehe Gewinn- und Verlustkonto S. 269). Außerordentliche Aufwendungen und außerordentliche Erträge liegen nicht vor.

Für das Berichtsjahr ergeben sich für die OfficeCom KG die folgenden Prozentzahlen:

Rentabilität des Eigenkapitals

$$\frac{83.490 \cdot 100}{2.277.931} = 3{,}7\,\%$$

Das Eigenkapital der OfficeCom KG wurde im Berichtsjahr mit 3,7 % verzinst oder anders ausgedrückt: 100,00 € Eigenkapital erbrachten 3,70 € Gewinn.

Rentabilität des Gesamtkapitals

$$\frac{(83.490 + 390.000) \cdot 100}{4.944.493} = 9{,}6\,\%$$

Das Gesamtkapital der OfficeCom KG wird mit 9,6 % verzinst.

Rentabilität des Umsatzes

$$\frac{83.490 \cdot 100}{6.795.000} = 1{,}2\,\%$$

Jede 100,00 € Umsatz brachten der OfficeCom KG im Berichtsjahr einen Gewinn von 1,20 €.

[1] Unternehmensgewinn
– außerordentliche Erträge
+ außerordentliche Aufwendungen
= Bereinigter Unternehmensgewinn

[2] Durchschnittliches Eigenkapital

$$= \frac{\text{Eigenkapital am 1. Jan.} + \text{Eigenkapital am 31. Dez.}}{2}$$

Auswertung des Jahresabschlusses *Evaluation of the balance sheet*

Liquidität

- Die Liquidität zeigt die **Fähigkeit** des Unternehmens an, jederzeit die **kurzfristigen Verbindlichkeiten**, zum Beispiel gegenüber Lieferanten oder den Mitarbeitern, **bezahlen** zu können.
- Sie ist insofern bedeutsam, als Zahlungsunfähigkeit die Einleitung eines **Insolvenzverfahrens** zur Folge hat.

Kennzahlen ***(Beispiele)*****:**

$$\text{Liquiditätsgrad I (Barliquidität)} = \frac{\text{Liquide Mittel}}{\text{Kurzfr. Verbindlichkeiten}} \cdot 100$$

Barliquidität bedeutet, dass zur Begleichung der kurzfristigen Schulden Bargeld sofort zur Verfügung steht.

Faustregel: Mindestens 20 % der kurzfristigen Schulden sollen durch Barmittel gedeckt sein.

(Zu dem Liquiditätsgrad II siehe LF 9, S. 337)

6

Beispiele:
Den Liquiditätsstatus der OfficeCom KG zeigen auf der Grundlage der Bilanz die folgenden Zahlen:

Liquiditätsgrad I (Liquidität 1. Grades)

Die liquiden Mittel der OfficeCom KG umfassen die Bilanzpositionen 8. und 9. des Umlaufvermögens, die kurzfristigen Verbindlichkeiten die Bilanzpositionen 3. und 4. des Fremdkapitals.

Berichtsjahr

$$\frac{93.560 \cdot 100}{264.520} = 35{,}4\,\%$$

Vorjahr

$$\frac{8.450 \cdot 100}{448.604} = 1{,}9\,\%$$

Die Barliquidität der OfficeCom KG hat sich im Berichtsjahr gegenüber dem Vorjahr deutlich verbessert.

Wirtschaftlichkeit

Unter Wirtschaftlichkeit wird das Verhältnis von Erträgen zu Aufwendungen verstanden.

Kennzahl ***(Beispiel)*****:**

$$\text{Wirtschaftlichkeit} = \frac{\text{Erträge}}{\text{Aufwendungen}}$$

Diese Kennzahl zeigt an, wie hoch der Ertrag ist, der mit 1,00 € Aufwand erzielt wird.

Beispiel:
Die OfficeCom KG berechnet die Wirtschaftlichkeit auf der Grundlage des Gewinn- und Verlustkontos:

Wirtschaftlichkeit

Berichtsjahr

$$\frac{8.003.900}{7.920.430} = 1{,}01$$

Mit einem Aufwand von 1,00 € wurde ein Ertrag von 1,01 € erzielt.

Rechnungswesen: Möglichkeiten zur Stabilisierung der Konzentration *Accountancy: Options for Stabilization of Concentration*

Die Grundsätze ordnungsmäßiger Buchführung (siehe S. 253) schreiben unter anderem vor, dass die Buchungen auf der Grundlage von Belegen zeitgerecht, geordnet und jederzeit nachprüfbar sind. Schließlich bildet die Finanzbuchhaltung einerseits die Grundlage für unternehmerische **Entscheidungen** wie zum Beispiel Einführung neuer Produkte, Betriebserweiterungen oder -stilllegungen, Aufnahme von Krediten usw. Andererseits muss das Zahlenwerk der Buchhaltung **nachprüfbar** sein, zum Beispiel im Zuge von Betriebsprüfungen durch das Finanzamt oder im Falle einer Insolvenzabwicklung.

Daher verlangen die Tätigkeiten der Mitarbeiter in der Finanzbuchhaltung **Genauigkeit, Vollständigkeit** und **Korrektheit** (siehe zum Beispiel die ereignisgesteuerte Prozesskette zur Belegbearbeitung auf S. 251). Dies setzt ein hohes Maß an **Konzentration** voraus, das nur dadurch erreicht werden kann, dass störende Einflüsse so weit wie möglich vermieden werden.

Im Folgenden werden einige **Möglichkeiten** zur **Stabilisierung der Konzentration** der Mitarbeiter aufgezeigt:

- Arbeiten gemäß dem eigenen Biorhythmus (siehe S. 94, Stichwort Chronobiologie)
- Nutzung der Hochphasen für denkintensive Aufgaben (siehe S. 94)
- Ansprechen der unterschiedlichen Sinne zur besseren Konzentration
- Vermeidung von Störungen und „Zeitdieben", um die Konzentration nicht zu unterbrechen (siehe S. 51 f.)
- gelegentlicher Wechsel der Tätigkeiten
- rechtzeitige Einlegung von Pausen
- Schaffung von Ordnung am Arbeitsplatz (siehe S. 52)

Statistik

Statistics

Anforderungen an statistische Maßzahlen

- Maß- oder Kennzahlen bilden die Grundlage dafür, einen bestimmten Sachverhalt quantitativ, also mithilfe von Zahlen, darzustellen.
- Sie müssen eindeutig definiert sein.
- Aufbau und Eignung einer Maßzahl haben ihren Ausgangspunkt in der aus ihr erwachsenden sachlichen Fragestellung.

Beispiel:
Welches Transportmittel ist sicherer, die Eisenbahn oder das Flugzeug?

Es ist eine Maßzahl zu finden, mit der die Unfallhäufigkeit und damit die unterschiedliche Sicherheit der beiden Verkehrsmittel verglichen werden kann.

Frage 1: Sollen bei den Unfällen nur die Toten oder auch die Verletzten gezählt werden?

Frage 2: Worauf soll die Zahl der Toten bzw. die Zahl der Toten und Verletzten bezogen werden? Welche Größe dient also als Maßzahl für den Umfang der Reisetätigkeit?

Als Maßzahl hierfür die „Zahl der Reisenden“ zu nehmen, ist nicht befriedigend. Ob ein Reisender A von Braunschweig über Würzburg nach München fährt oder ob der Reisende A von Braunschweig nach Würzburg fährt, dort aussteigt und der Reisende B den Platz von A einnimmt und nach München fährt – das Risiko eines Unfalls auf der Strecke Braunschweig – München ist gleich hoch. Nur haben wir als Bezugsgröße im ersten Fall einen Reisenden, im zweiten Fall zwei. Als Maß für den Umfang der Reisetätigkeit kommt daher nicht die Zahl der Reisenden, sondern die Zahl der „Personen-km“ in Betracht.

Arten von Maßzahlen

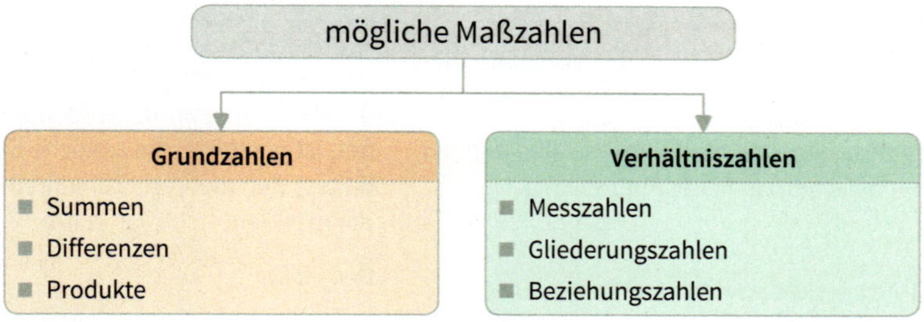

Grundzahlen

- Sie sind absolute Zahlen zur Darstellung quantitativer Sachverhalte.
- Sie erhalten ihre Bedeutung, wenn sie mit anderen absoluten Zahlen ins Verhältnis gesetzt werden. (→ Verhältniszahlen).

Beispiel:
Gewinn der OfficeCom KG im Jahr 20..: 2 Mio. €
Gewinn des Konkurrenzunternehmens: 3 Mio. €

Ergebnis: Der absolute Gewinn des Konkurrenzunternehmens ist höher.

Setzt man den Gewinn ins Verhältnis zum eingesetzten Eigenkapital, ergibt sich folgendes Bild:

$$\text{Eigenkapitalrentabilität} = \frac{\text{Gewinn}}{\text{Eigenkapital}} \cdot 100$$

OfficeCom KG: 2 Mio. € : 20 Mio. € · 100 = 10 %
Konkurrent: 3 Mio. € : 35 Mio. € · 100 = 8,6 %

Ergebnis: Die Verzinsung des Eigenkapitals bei der OfficeCom KG ist höher.

vgl. Scharf, Dirk: Einführung in das betriebliche Rechnungswesen und statistische Grundlagen, Gabler, Wiesbaden 1997, S. 26 f.

Verhältniszahlen

Sie ergeben sich dadurch, dass zwei in einem sachlichen Zusammenhang stehende Maßzahlen zueinander ins Verhältnis gesetzt werden. Das Ergebnis ist der Quotient (die Verhältniszahl).

Beispiel:

$$\frac{\text{Zahl der Toten und Verletzten pro Jahr}}{\text{Zahl der gefahrenen Eisenbahnkilometer pro Jahr}}$$

Messzahlen

- Eine Reihe gleichartiger Größen wird auf eine dieser Größen als gemeinsame Basis bezogen, zum Beispiel Monatsumsätze von Produkten.
- Messzahlen eignen sich gut zur Darstellung der zeitlichen Entwicklung von Sachverhalten.

Darstellungsformen von Messzahlen

Tabelle
Anforderungsmerkmale zur Gestaltung gemäß Normblatt DIN 55 301 sind u. a.

- Gliederung in Zeilen und Spalten, deren Kreuzung Fächer ergeben;
- Kennzeichnung der Zeileninhalte in der Vorspalte, der Spalteninhalte im Tabellenkopf;
- Beschreibung des dargestellten Sachverhaltes in einer Überschrift mit örtlicher/zeitlicher Abgrenzung.

Beispiel:

Monatsumsätze Handelswaren der OfficeCom KG im Jahr 20.. in Tsd. €

	Lampen	Telefone	Drucker	Faxgeräte	Gesamt
Januar	10	12	35	22	79
Februar	12	18	40	20	90
März	15	16	37	18	86
April	20	9	34	24	87
Mai	16	4	41	28	89
Juni	24	15	39	26	104
Juli	18	13	38	16	85
August	10	17	36	20	83
September	14	15	39	26	94
Oktober	19	10	40	24	93
November	20	11	33	21	85
Dezember	21	14	36	20	91
	199	154	448	265	1.066

Säulendiagramm

- Eignet sich zur Darstellung der zeitlichen Entwicklung nur einer Zahlenreihe
- Beschreibung des dargestellten Sachverhaltes mit einer Überschrift
- Benennung der Achsen

Beispiel:

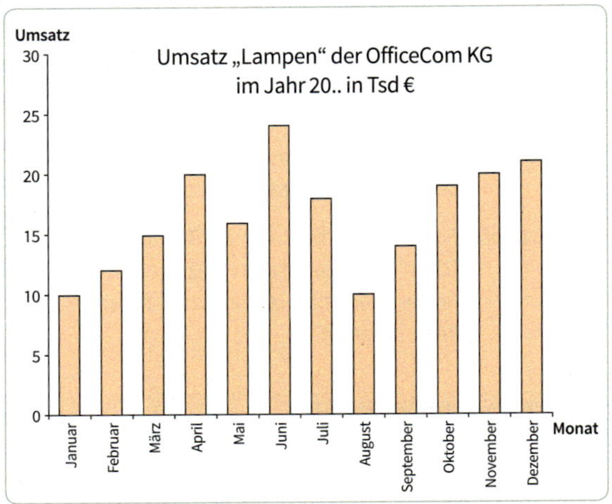

Liniendiagramm
Diese Art Diagramm, auch als Kurvendiagramm bezeichnet, ist geeignet, die zeitliche Entwicklung eines Sachverhaltes, der mehrere Zahlenreihen umfasst, übersichtlich darzustellen.

Beispiel:

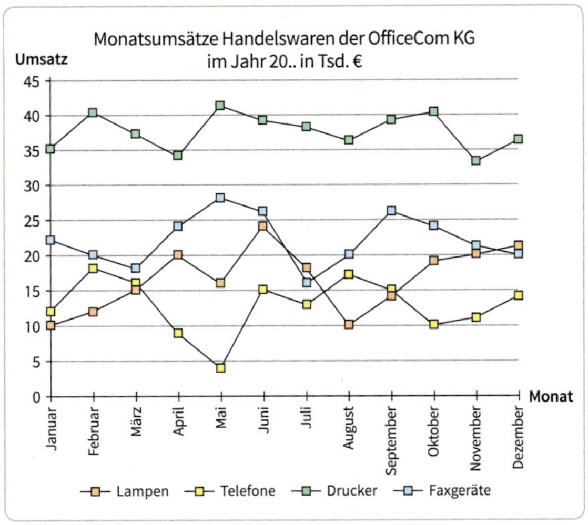

vgl: Hübscher, Heinrich u. a.: IT-Handbuch, IT-Systemkaufmann/-frau, Informatikkaufmann/-frau, 10. Aufl., Braunschweig 2017, S. 483 f.

Gliederungszahlen

- Wird eine Reihe von Teilgrößen durch eine übergeordnete Größe als gemeinsame Basis dividiert und mit Hundert multipliziert, sind die Ergebnisse Prozentzahlen, die als Gliederungs- oder Strukturzahlen bezeichnet werden.
- Mit ihrer Hilfe wird die Struktur der Gesamtheit deutlich.
- Gliederungszahl (in %)

$$= \frac{\text{Teilgröße (Einzelposition)}}{\text{übergeordnete Größe (Summe der Einzelpositionen)}} \cdot 100$$

Anwendungsbeispiele für Gliederungszahlen

Kreisdiagramme-Umsatzstruktur

- Sie machen Strukturunterschiede auch bei starker Größenvariation deutlich.
- Kleine Anteile sind noch deutlich sichtbar.
- Besondere Kreissegmente können herausgezogen werden.

Anteile der Monatsumsätze am Gesamtumsatz Lampen der OfficeCom KG im Jahr ...: 199.000,00 €

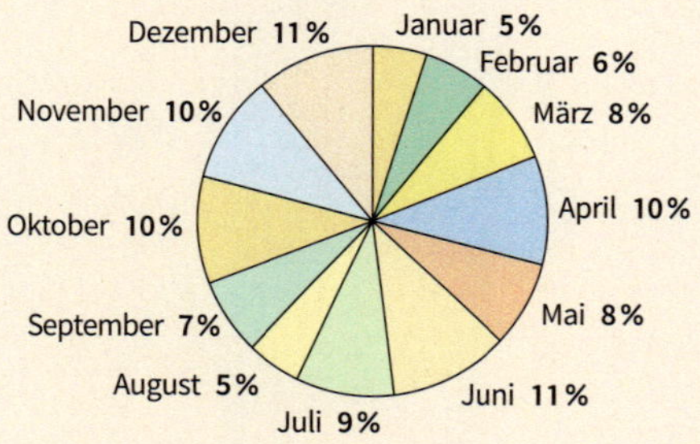

Anteile der verschiedenen Handelswaren der OfficeCom KG im Jahr .. am Gesamtumsatz Handelswaren von 1.066.000,00 €

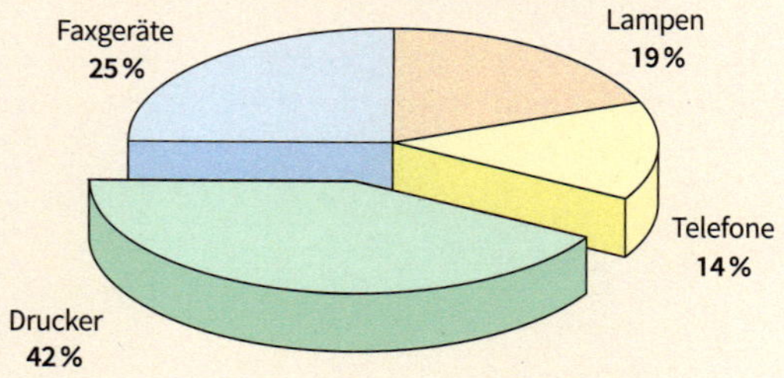

vgl.: Scharf, Dirk: Einführung in das betriebliche Rechnungswesen und statistische Grundlagen, Wiesbaden 1997, S. 33 ff.

Strukturbilanz

Aktiva	Strukturbilanz der OfficeCom KG per 31. Dez. 20..				Passiva
	€	%		€	%
Anlagevermögen	300.000,00	27,27	Eigenkapital	240.000,00	21,82
Umlaufvermögen	800.000,00	72,73	Fremdkapital	860.000,00	78,18
	1.100.000,00	100,00		1.100.000,00	100,00

Beziehungszahlen

Bei ihnen werden zwei verschiedene Größen, die in einem sachlich sinnvollen Zusammenhang stehen, zueinander ins Verhältnis gesetzt.

Anwendungsbeispiele aus dem Rechnungswesen

$$\text{Barliquidität} = \frac{\text{flüssige Mittel}}{\text{kurzfristige Verbindlichkeiten}} \cdot 100$$

$$\text{Anlagendeckungsgrad I} = \frac{\text{Eigenkapital}}{\text{Anlagevermögen}} \cdot 100$$

$$\text{Eigenkapitalrentabilität} = \frac{\text{Gewinn}}{\text{Eigenkapital}} \cdot 100$$

$$\text{Wirtschaftlichkeit} = \frac{\text{Erträge}}{\text{Aufwendungen}}$$

$$\text{Personalintensität} = \frac{\text{Personalaufwand}}{\text{Betriebsaufwendungen}}$$

$$\text{Leistungsergiebigkeit} = \frac{\text{Leistungen}}{\text{Kosten}}$$

$$\text{Stückkosten} = \frac{\text{Gesamtkosten}}{\text{Produktionsmenge}}$$

vgl.: Hübscher, Heinrich u. a.: IT-Handbuch, IT-Systemkaufmann/-frau, Informatikkaufmann/-frau, 10. Aufl., Braunschweig 2017, S. 484

7 Gesprächssituationen gestalten

Berufliche Gesprächssituationen

Conversational situations in business

Im beruflichen Alltag wird täglich eine Vielzahl von **Gesprächen** geführt mit unterschiedlichsten **Kommunikationspartnern** (z. B. Kunden, Lieferanten, Arbeitskollegen) und zu unterschiedlichsten **Anlässen** (z. B. bei der Kundenberatung, bei Preisverhandlungen mit Lieferanten).

Jedes Gespräch stellt seine **individuellen Anforderungen** an die Gesprächsteilnehmer. Der genaue **Gesprächsanlass** und die gegebene **Gesprächssituation** müssen situativ erfasst werden, bevor mit einer angemessenen Gesprächsführung reagiert werden kann. Soziologen sprechen davon, dass Menschen in bestimmten Situationen, z. B. auch in einem Gespräch, eine besondere **Rolle** einnehmen. Man unterscheidet grundsätzlich die folgenden **Arten von Rollen**:

- **Situationsrollen** (z. B. Berichtender, Zuhörer, Beschwerdeführer),
- **Positionsrollen** (z. B. Abteilungsleiter, Kundenberater, Großkunde),
- **Statusrollen** (z. B. Angehöriger eines Geschlechts, einer Altersgruppe, einer sozialen Schicht oder Nationalität).

Das **Rollenverständnis** der Gesprächsteilnehmer kann großen Einfluss auf den Gesprächsablauf haben – dabei kann dieses Rollenverständnis von der eigenen Person ganz anders aufgefasst werden als es von den anderen Gesprächsteilnehmern empfunden wird, **Selbst-** und **Fremdbild** müssen nicht übereinstimmen.

Schon zu Beginn des Gesprächs sollte die Gesprächssituation genau analysiert werden, sie wird sich häufig im Gesprächsverlauf verändern und nachträglich bei den Teilnehmern unterschiedlich in Erinnerung bleiben.

Fragen zur **Beurteilung von Gesprächssituationen** (Beispiele zum Gesprächsbeginn):

- Welche Personen mit welcher Funktion sind am Gespräch beteiligt?
- Welcher Gesprächsanlass ist gegeben?
- Können bei den Gesprächsteilnehmern unterschiedliche Gesprächsziele erwartet werden?
- Wie ist die Gesprächsatmosphäre am Gesprächsbeginn zu beurteilen?
- Nehmen die Gesprächsteilnehmer zu Gesprächsbeginn bestimmte Rollen ein?
- Weisen die Gesprächsteilnehmer zu Gesprächsbeginn besondere Verhaltensweisen auf?

Grundlagen der Kommunikation: Kommunikationsmodelle

Basics of communication: Communication models

Modellbetrachtung

Wissenschaftler unterschiedlicher Fachrichtungen (z. B. Soziologen, Psychologen) beschäftigen sich schon seit Jahrzehnten damit, wie die Vielschichtigkeit der menschlichen **Kommunikation** in **Modellen** dargestellt werden kann.

Eine modellhafte Betrachtung von Prozessen – hier des Kommunikationsprozesses – ermöglicht, z. B. wechselseitige Abhängigkeiten einzelner Wirkungsgrößen zu erkennen oder z. B. Wichtiges von eher Unwichtigem zu trennen, um daraus Schlussfolgerungen ziehen zu können.

In den folgenden dargestellten Kommunikationsmodellen wird der **Kommunikationsprozess** z. T. aus unterschiedlichen Blickwinkeln betrachtet – mal wird der Kommunikationsprozess eher **technisch**, mal eher **psychologisch** analysiert.

Grundlagen der Kommunikation: Kommunikationsmodelle

Basics of communication: Communication models

Einfaches Kommunikationsmodell

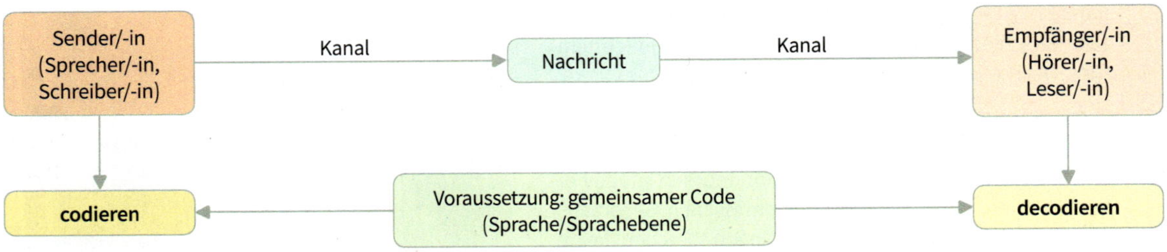

Die vier Seiten (Aspekte) einer Nachricht – das „4-Ohren-Modell"

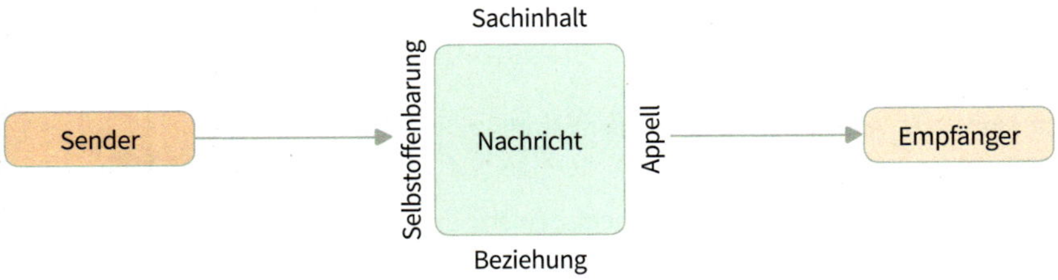

1. Sachinhalt	(oder: Worüber ich informiere)	Zunächst enthält die Nachricht eine Sachinformation.
2. Selbstoffenbarung	(oder: Was ich von mir selbst kundgebe)	In jeder Nachricht stecken nicht nur Informationen über die mitgeteilten Sachinhalte, sondern auch Informationen über die Person des Senders.
3. Beziehung	(oder: Was ich von dir halte und wie wir zueinander stehen)	Aus der Nachricht geht ferner hervor, wie der Sender zum Empfänger steht, was er von ihm hält. Oft zeigt sich dies in der gewählten Formulierung, im Tonfall und anderen nichtsprachlichen Begleitsignalen.
4. Appell	(oder: Wozu ich dich veranlassen möchte)	Kaum etwas wird „nur so" gesagt – fast alle Nachrichten haben die Funktion, auf den Empfänger *Einfluss zu nehmen*.

aus: Friedemann Schulz von Thun: Miteinander reden 1. 35. Aufl. Reinbek bei Hamburg: Rowohlt 2001, S. 26 ff.

Eisbergmodell

Mithilfe des sogenannten **Eisbergmodells** wird in den Wissenschaftsdisziplinen Kommunikationstheorie und Psychologie verdeutlicht, dass bei der zwischenmenschlichen Kommunikation nur **10–20%** der kommunikativen Botschaft – wie bei einem Eisberg – **sichtbar** sind, **80–90% eher unsichtbar**, also verborgen, bleiben. Demnach spielen z.B. **Gefühle, Einstellungen, Motive** oder **Absichten** eine sehr große Rolle bei der zwischenmenschlichen Kommunikation, ja, sie bestimmen häufig die Wirkung kommunikativer Äußerungen bzw. kommunikativen Verhaltens.

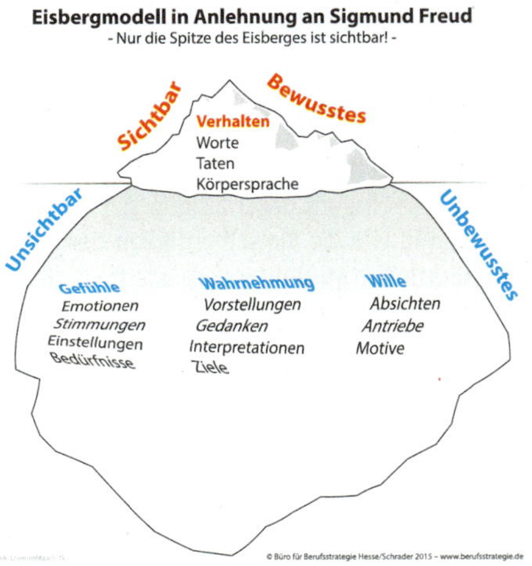

Grundlagen der Kommunikation: Kommunikationsmodelle

Basics of communication: Communication models

Gewaltfreie Kommunikation

Das Modell der **„Gewaltfreien Kommunikation“** beschreibt nicht, wie zwischenmenschliche Kommunikation abläuft, sondern es ist eher als ein wünschenswertes **Konzept** für einen friedlichen Umgang zwischen Menschen zu bezeichnen oder als eine **Konfliktlösetechnik** zu verstehen. Das Hauptziel besteht darin, verletzende oder schmerzhafte Kommunikation zu verhindern. Begründer dieses Modells ist der US-Amerikaner Marshall B. Rosenberg. Er möchte eine wertschätzende Kommunikation zwischen den Menschen unterstützen, deshalb ist die **Empathie**, also das „Hineinfühlen“ in die Situation des Kommunikationspartners, für ihn von besonderer Bedeutung. Dazu gehört das **aktive Zuhören**, um die **Bedürfnisse** (z. B. körperliche oder soziale Bedürfnisse) des Kommunikationspartners erkennen zu können. Bei der Beobachtung von Verhalten gilt es, zwischen der reinen Beobachtung und einer Bewertung des beobachteten Verhaltens zu unterscheiden. Herausgearbeitete **Gefühle** und **Bedürfnisse** sollen dem Kommunikationspartner schließlich in Form einer handlungsbezogenen **Bitte** – nicht in Form einer Forderung – entgegengebracht werden. Die Anwendung des Modells der Gewaltfreien Kommunikation setzt Vertrauen und letztendlich den Einsatz von viel Energie und Zeit voraus.

Techniken der Kommunikation

Conversation techniques

Gesprächsatmosphäre

Für die Führung eines erfolgreichen Gespräches ist eine **positive**, in der Regel **entspannte Gesprächsatmosphäre** die Grundvoraussetzung. Dies gilt in besonderem Maße für Beschwerde- oder Konfliktgespräche. Die folgenden **Fragen zur Gesprächsatmosphäre** können dazu dienen, eine angemessene Gesprächsatmosphäre zu schaffen:

- Ist der Raum (die Räumlichkeit, die Ausstattung) für den Gesprächsanlass geeignet?
- Wie sind die klimatischen Bedingungen?
- Welche Lichtverhältnisse sind angemessen?
- Welche Maßnahmen wurden getroffen, um vor möglichen äußeren Störungen gewappnet zu sein?
- Sind für den Gesprächsanlass das Angebot von Getränken und/oder Fingerfood notwendig?
- Sind die Gesprächsteilnehmer auf das Gespräch vorbereitet worden?
- Steht genügend Zeit für das Gespräch zur Verfügung?
- Welche Uhrzeit wurde für das Gespräch gewählt?
- Welche Begrüßung der Gesprächsteilnehmer ist situativ angemessen? Ist sie bei ausländischen Gästen zu den jeweiligen kulturellen Gepflogenheiten passend gewählt?
- Wird zur Gesprächseröffnung ein besonderer Smalltalk eingeplant, um z. B. bei Konfliktgesprächen das „Eis zu brechen“?
- Wurden vorher feste Gesprächsregeln vereinbart – eventuell der Einbezug eines Moderators?

Aktives Zuhören, verbale und nonverbale Kommunikation

Voraussetzung für das Gelingen eines Gesprächs ist in jedem Fall, dass die Gesprächsteilnehmer sich gegenseitig genügend **Zeit einräumen**, um zuzuhören. **Aktives Zuhören** bedeutet aber noch mehr: Es verlangt, sich in den Gesprächspartner **einzufühlen** (Empathie), seine **Gefühlsäußerungen wahrzunehmen**, ihm ausreichend **Aufmerksamkeit** zu schenken und dies durch Gesten und/oder Worte auszudrücken. Aktives Zuhören kann **nonverbal** (nichtsprachlich) und **verbal** (sprachlich) umgesetzt werden.

Signale der nonverbalen Kommunikation beim aktiven Zuhören:

- Einsatz von **Mimik** (Gesichtssprache),

  Beispiele: Augenkontakt herstellen, freundlicher Gesichtsausdruck, Kopfnicken, Kopfschütteln

- Nutzen von **Gestik** (Körpersprache), Körperhaltung, Körperbewegung, Körperentfernung (Distanzzonen)

  Beispiele: dem Redner zugewandte Körperhaltung, aufrecht gehaltener Oberkörper, gesprächsunterstützende Handbewegungen

Signale der verbalen Kommunikation beim aktiven Zuhören:

- Ausdruck kurzer **Gefühlsäußerungen**

  Beispiele: „Ach!", „Hm", „Na ja!", „Gern!"

- **paraphrasieren:** das vom Gesprächspartner Gesagte mit eigenen Worten ausdrücken

  Beispiel: „Habe ich Sie richtig verstanden, dass ...?"

- **verbalisieren:** empfundene Gefühle, Wahrnehmungen in Worten ausdrücken

  Beispiel: „Ich habe das Gefühl, dass ..."

Sprachvarianten

7

Im beruflichen Alltag werden Gespräche in unterschiedlichen **Sprachvarianten** geführt:

- Arbeitskollegen unterhalten sich untereinander in der Regel in der **Umgangssprache**,
- Unternehmensmitarbeiter verhandeln mit Geschäftspartnern häufig in der **Fachsprache**, die viele Fachausdrücke der Branche/der Fachdisziplin enthält;
- mit Neukunden wird sich zunächst in der **Standardsprache** (grammatisch und stilistisch korrekte Sprache) unterhalten, es werden aber zusätzlich fachsprachliche Elemente genutzt.

Es ist äußerst wichtig, entsprechend der **Kommunikationssituation** (z. B. privat oder beruflich) und im Hinblick auf die **Gesprächspersonen** (z. B. Arbeitskollegen, Vorgesetze, Geschäftspartner) die richtige Sprachvariante zu benutzen, da ansonsten schnell „Gesprächsstörungen" (z. B. Autoritätsverluste, Missverständnisse) entstehen können.

Regeln der Gesprächsführung

Der Erfolg beruflicher Gespräche hängt in hohem Maße davon ab, inwieweit die Gesprächsteilnehmer sprachlich geschult sind bzw. es gelernt und damit verinnerlicht haben, Regeln der Gesprächsführung situationsbedingt einzusetzen. Die folgende Aufzählung von **Gesprächsregeln** ist keinesfalls als vollständig anzusehen, sie soll aber dazu dienen, die Gesprächsführung zu professionalisieren:

- Dem Gesprächspartner ist ausreichend Zeit einzuräumen.
- Dem Kommunikationspartner sollte von Anfang an das Gefühl vermittelt werden, dass man ruhig und konzentriert zuhören kann.
- Der Gesprächspartner sollte keinesfalls bei seinen Äußerungen unterbrochen werden.
- Während des Gesprächsverlaufs sollte unbedingt Augenkontakt gehalten werden.
- Die eingesetzte Mimik und Gestik sollte dem Gesprächsinhalt und dem Gesprächsverlauf angepasst werden.
- Es ist prinzipiell eine höfliche Ausdrucksweise zu benutzen, dem „Gegenüber" sollte Wertschätzung entgegengebracht werden.
- Kulturelle Besonderheiten des Gesprächspartners (z. B. aus anderen Kulturkreisen) müssen beachtet werden (vgl. S. 434 f.).
- Der sprachliche Ausdruck (z. B. die Sprachvariante) sollte dem Aufnahmevermögen des Gesprächspartners und der Gesprächssituation angepasst werden.
- Die Stimme ist gezielt zu modulieren, um die Aufmerksamkeit und Aufnahmefähigkeit zu optimieren. Sprachliche Modulation geschieht durch Variation von:
  - Lautstärke,
  - Sprachgeschwindigkeit,
  - Setzen von Sprechpausen,
  - Betonung,
  - Deutlichkeit der Artikulation,
  - Satzmelodie/Tonhöhe/Emotionalität der Sprache.

- Störende Füllwörter, z. B. „Äh“, sollten vermieden werden.
- Komplizierte Sachverhalte sollten durch Beispiele und Visualisierungen verdeutlicht werden.
- Thesen sollten begründet werden, Rechtfertigungen und Stützungen (vgl. S. 496) sollten in der Argumentation benutzt werden.
- Formulierung von Ich-Botschaften (vgl. S. 496).

Fragetypen

Die zwischenmenschliche Kommunikation wird in erheblichem Maße durch die Formulierung von **Fragen** bestimmt, um zum Beispiel Informationen zu erhalten, Einstellungen zu hinterfragen oder das Gespräch in eine gewisse Richtung zu lenken. Die erfolgreiche Gesprächsführung nutzt dabei unterschiedliche **Fragetypen** (auch Fragearten oder Frageformen genannt), um das anvisierte **Gesprächsziel** zu erreichen. Man spricht auch davon, dass damit eine bestimmte **Fragetechnik** angewandt wird.

Fragetyp	Beschreibung	Fragebeispiel
offene Frage	Es sind sogenannte W-Fragen (z. B. Wer? Was? Warum? Wie? Wo?), die nicht mit „Ja“ oder „Nein“ zu beantworten sind.	Warum haben Sie sich gerade für unser Unternehmen entschieden?
geschlossene Frage	Sie sind mit „Ja“ oder „Nein“ zu beantworten und beginnen mit einem Verb.	Sind Sie mit Ihrem Auto gefahren?
Präzisierungsfrage	Es handelt sich häufig um W-Fragen, die Detailinformationen abfragen.	Wozu genau wollen Sie das wissen?
Suggestivfrage	Bei diesem Fragetyp wird der Befragte gezielt gelenkt und beeinflusst.	Wollen Sie nicht auch im Einklang mit der Natur leben?
rhetorische Frage	Bei diesem Fragetyp wird keine echte Antwort erwartet, die Antwortrichtung wird praktisch vorgegeben.	Habe ich es nicht gesagt?
Alternativfrage	Die Vielzahl von Antwortmöglichkeiten wird auf zwei eingegrenzt.	Möchten Sie lieber mehr Urlaub oder mehr Geld?

Anmerkung: Zu „Zuruf-“, „Einpunkt-“ und „Mehrpunktfrage“ siehe S. 467.

Verkaufsgespräch

Positive Verkaufsatmosphäre

Für den Verkaufserfolg ist es wichtig, eine angenehme **Gesprächsatmosphäre** zu schaffen, damit der Kunde eine positive Grundeinstellung zu dem Unternehmen/Produkt bekommt:

- freundliche Begrüßung evtl. mit Namensnennung
- sich selbst mit Namen vorstellen
- Platz und eventuell Getränk anbieten
- aktives Zuhören

Kundentypen und Reaktionen des Verkäufers

Es ist vorteilhaft, sich auf die verschiedenen Kundentypen einzustellen:

Aktive Kunden:
ruhig bleiben, Gespräch steuern, ggf. höflich unterbrechen, nicht laut, nervös und hektisch werden, sachlich informieren, Vorteile des Produktes sehr betonen

Passive Kunden:
Gespräch führen, Zeit geben, nicht unterbrechen, aktivieren, argumentieren

Die fünf Phasen des Verkaufsgeprächs

Kontakt	Bedarfsermittlung	Angebot	Einwandbehandlung	Abschluss
Empfangen des Kunden, z. B. freundliche Begrüßung	genaue Analyse der Kundenwünsche mithilfe offener Fragen	Präsentation der Produkte (Produktvorteil und -nutzen) und Dienstleistungen	Eingehen auf Bedenken des Kunden und entkräften	Zusammenfassen der Ergebnisse und Herbeiführen des Verkaufsabschlusses

Methoden zur Einwandbehandlung

Ja-aber-Methode

1. Phase: Zustimmung (Durch Zustimmen wird dem Kunden signalisiert, dass man Verständnis für seinen Einwand hat und er ernst genommen wird.)

2. Phase: Gegenargument (Die verständnisvolle Reaktion in Phase 1 schafft eine vertrauensvolle Basis und öffnet den Kunden für Gegenargumente.)

Beispiel:
Kunde: „Die Jacke gefällt mir zwar, doch ich wollte gern eine Goretex®-Jacke!"
Verkäufer: „Ja, Sie haben recht, die Goretex®-Folie hat sich sehr bewährt, aber bedenken Sie, dass die Mikrofaserjacke ebenfalls atmungsaktiv und wasserundurchlässig ist und sie sich darüber hinaus noch sehr viel weicher anfasst und preiswerter ist."

Vorteil-Nachteil-Methode

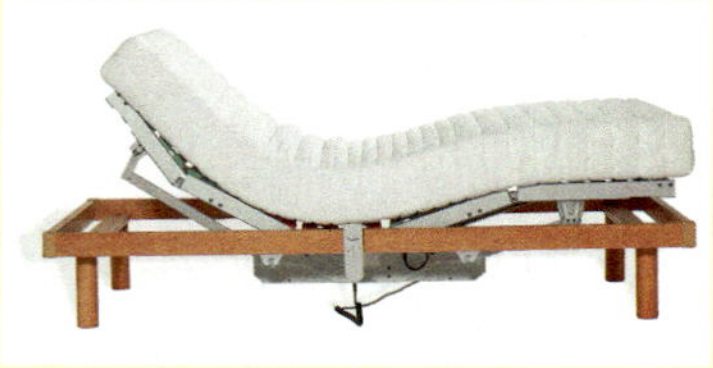

Der Nachteil des Produktes wird vom Verkaufspersonal anerkannt. Durch einen Vergleich mit den Vorteilen verliert der Nachteil an Bedeutung.

Beispiel:
Kunde: „Die Matratze ist aber sehr teuer!"
Verkäufer: „Das stimmt, dafür bietet sie aber einen hohen Schlafkomfort, passt sich den Bewegungen Ihres Körpers im Schlaf an, sorgt durch das intelligente Luftkammersystem für eine optimale Belüftung und ist für Ihren vorhandenen elektrischen Lattenrost gut geeignet."

7

Rückfragemethode

Der Verkäufer reagiert auf den Kundeneinwand mit einer Frage, durch die der Kunde seinen Einwand genauer darlegen soll.

Beispiel:
- „Warum kommt für Sie nur ein Fernsehgerät mit LCD-Bildschirm infrage?"
- „Wenn ich Sie richtig verstanden habe, gefällt Ihnen der Schrank, aber Sie sind sich nicht sicher, ob das Preis-Leistungs-Verhältnis auch stimmt?"

Vergleichsmethode

Kundeneinwände lassen sich anschaulich durch Vergleich mit anderen Produkten entkräften. Da der Kunde in diesen Vergleich einbezogen ist und seine Sinne aktiviert werden, ist dies eine besonders empfehlenswerte Methode der Einwandbehandlung.

Beispiel:
Kunde: „Der italienische Merlot schmeckt aber viel samtiger als der französische!"
Verkäufer: „Das hängt vom Anbaugebiet und Jahrgang ab. Probieren Sie doch bitte diesen Merlot, Jahrgang 2003, aus der Provence."

Bumerangmethode

Der Kundeneinwand wird in ein Kaufargument umgewandelt.

Beispiel:
Kunde: „Dieser digitale Fotoapparat ist aber sehr klein, man hat ja nichts in der Hand!"
Verkäufer: „Sie haben recht, er ist wirklich sehr klein, leicht und handlich. Sie können ihn in der Hosentasche diebstahlsicher verstauen und, leicht wie er ist, überallhin problemlos mitnehmen."

3503282

Verkaufsverhandlung

Unternehmen sind häufig für **internationale** Kunden tätig, deshalb sollte man die Gepflogenheiten der Länder kennen und beachten: z. B. verschiedene **Begrüßungsrituale**, unterschiedliche Ess- und Trinkgewohnheiten, vielfältige **kulturelle** Besonderheiten. Fremdsprachenkenntnisse sind erforderlich, internationale Verhandlungssprache ist **Englisch**.

Einbezug von Zusatzangeboten und Serviceleistungen

Bei der **Kundenberatung** gilt es, die **Kundenbedürfnisse** in den Mittelpunkt des Beratungs- oder Verkaufsgespräches zu stellen. Häufig denkt der Kunde aber beim Kauf nicht an sinnvolle **Zusatzangebote** oder spezielle **Serviceleistungen**. Aufgabe des Verkäufers ist es, **Ergänzungs-** oder **Zusatzartikel** (z. B. Batterien beim Kauf einer Fernbedienung, Füllhalteretui beim Füllhalterkauf) anzubieten.

Auch Serviceleistungen spielen im Rahmen der Kundenorientierung eine immer größere Rolle, sie sind ein zentrales Instrument der **Kundenbindung** und **Kundengewinnung**; eine positive Marktpositionierung (s. S. 192) wird dadurch verstärkt. Für den Kunden ist entscheidend, dass er den **Nutzen der Serviceleistung** deutlich erkennt, zum Beispiel:

Serviceleistung	Kundennutzen
kostenlose Parkplätze	Kosten- und Zeitersparnis
Zustellservice	Abbau körperlicher Belastung, Zeitersparnis
Wartungs- und Pflegeleistungen	Wert- und Nutzenerhalt der Ware

Die folgende Übersicht zeigt beispielhafte **Serviceleistungen** im Einzelhandel:

	Serviceleistungen			
Zeit / Art	kundenbezogen	warenbezogen	informationsbezogen	zahlungsbezogen
vor dem Kauf	▪ Parkplätze ▪ Einkaufswagen ▪ Toiletten	▪ Mitgeben der Ware z. B. zum Anprobieren bzw. Ausprobieren (z. B. Kleidungsstücke, Lautsprecher)	▪ Werbeprospekte ▪ Kundenbriefe ▪ E-Mail an Kunden ▪ Internet	▪ Kostenvoranschläge ▪ Bedarfsberechnungen ▪ Energiestatusberechnungen
während des Kaufs	▪ Umkleidekabinen ▪ Spielkonsolen ▪ Kinderbetreuung ▪ Toiletten ▪ Sitzgelegenheiten ▪ Wasserspender	▪ Verkostungen ▪ Produktvorführungen	▪ Kompetente Beratung ▪ Informationsveranstaltungen für Kunden	▪ Zahlung durch Kreditkarte und EC-Karte
nach dem Kauf	▪ Einpackservice ▪ Zustellservice ▪ Toiletten ▪ Kundenkarten ▪ Kundenclub ▪ Info-Briefe	▪ Entsorgung z. B. von Altgeräten und Verpackung ▪ Änderungsschneiderei ▪ Montageservice ▪ Einpackservice ▪ Transportservice	▪ Kundenbriefe ▪ Telefonanruf, ob mit der Ware zufrieden … ▪ E-Mail	▪ Ratenzahlungsmöglichkeiten ▪ Zahlung auf Rechnung ▪ Gewährung von nachträglich gewährtem Rabatt (Boni) ▪ Sammeln von Bonuspunkten

Telefongespräche

Telefongespräche sind für die Unternehmen eine zentrale Form der Kommunikation mit **Lieferanten** und **Kunden**, aber auch mit den Arbeitskollegen.

Gerade im Zeichen der zunehmenden **Kundenorientierung** gewinnen speziell eingerichtete **Callcenter** für die **Kundenberatung**, die **Bestellabwicklung** und auch für das **Beschwerdemanagement** an Bedeutung.

Der Erfolg eines beruflichen Telefongespräches hängt im hohen Maße davon ab, wie man die Führung des Gespräches vorbereitet. Folgende **Fragen** können dazu dienen, eine **professionelle Gesprächsvorbereitung** durchzuführen:

- Stellt das Telefon für den geplanten Kontakt das geeignete Kommunikationsmittel dar?
- Welcher Zeitpunkt bzw. -raum ist für das geplante Gespräch optimal?
- Sind die notwendigen Informationen über den Gesprächspartner zusammengetragen worden (z. B. Name, Aufgabengebiet/Funktion des Gesprächspartners, vorherige Korrespondenz) und liegen entsprechende Unterlagen gegebenenfalls in Griffnähe?
- Ist der PC eingeschaltet, um notwendige Daten abrufen oder Notizen machen zu können?
- Liegt Schreibmaterial bereit, um Notizen anfertigen zu können?
- Welches Gesprächsziel wird erwartet?
- Ist eine Gesprächs- bzw. Argumentationsstrategie grob vorbereitet worden?
- Sind (bei sehr wichtigen Telefonaten) Schlüsselfragen vorher schriftlich ausformuliert worden?

Beim **Gesprächsverlauf** sollten folgende **Gesichtspunkte** beachtet werden:

- Zu Gesprächsbeginn sollte man sich kurz und freundlich vorstellen (Personenname, Unternehmen, eventuell Abteilung/Funktion).
- Soweit gegeben, kann sich auf eine vorherige Kontaktaufnahme bezogen werden. Denkbar ist auch, sich auf eine persönliche Empfehlung kurz zu beziehen.
- Das Gesprächsanliegen sollte rasch angesprochen werden, keinesfalls sollte „weit ausgeholt" werden. Ein kurzer Smalltalk kann angemessen sein.
- Bei der Gesprächsführung sollte auf die Wahl der geeigneten Sprachvariante (s. S. 280) geachtet werden.
- Die Sprache ist durchgängig zu modulieren, d.h. beispielsweise, dass auf die Variation von Lautstärke, Betonung und Sprachgeschwindigkeit zu achten ist.
- Das aktive Zuhören (s. S. 279 f.) ist entscheidend für die Gesprächsführung. Formulierungen des Gesprächspartners sind bei der Antwort gegebenenfalls bewusst aufzunehmen.
- Während des Gesprächs sollte der Name des Gesprächspartners mehrfach benutzt werden.
- Die Verabschiedung sollte freundlich geschehen, eventuell sind wichtige Tatbestände/Entscheidungen zusammenfassend zu wiederholen.

Ein **Tipp:** Bevor Sie das Gespräch beginnen, lächeln Sie!

Gelegentlich kommt es vor, dass während eines Telefongespräches Namen oder Bezeichnungen buchstabiert werden müssen. Von einer professionellen Bürokraft wird erwartet, dass sie das deutsche **Buchstabieralphabet** (auch Buchstabiertafel genannt) beherrscht:

deutsche Buchstabiertafel							
A	Anton	G	Gustav	O	Otto	T	Theodor
Ä	Ärger	H	Heinrich	Ö	Ökonom	U	Ulrich
B	Bertra	I	Ida	P	Paula	Ü	Übermut
C	Cäsar	J	Julius	Q	Quelle	V	Viktor
Ch	Charlotte	K	Kaufmann	R	Richard	W	Wilhelm
D	Dora	L	Ludwig	S	Siegfried	X	Xantippe
E	Emil	M	Martha	Sch	Schule	Y	Yspilon
F	Friedrich	N	Nordpol	ß	Eszett	Z	Zeppelin

Laut DIN 5009 wird S mit Samuel und Z mit Zacharias buchstabiert.

Als sehr sinnvoll erweist sich bei beruflichen Telefongesprächen, eine **Telefonnotiz** zu nutzen, um wichtige Daten und Gesprächsinhalte festzuhalten:

Telefonnotiz

Uhrzeit: ~~10~~ 11 12 1 2 3 4 5 6 7 8 9 (10 angekreuzt)
Datum: ....-12-11

An: Herrn Rothe

Anruf von: Frau Krüger-Brandt, Lorenz AG, Buchhaltung
Fuggerstraße 7, 31789 Hameln

☐ ruft wieder an an/um

☒ bittet um Anruf ☎-Nr. 05151 121420

2. Mahnung vom 9. Dez. ....

Frau Krüger-Brandt teilte mit, dass die Rechnung Nr. 3794 vom 8. Okt. bereits am 6. Dez. .... durch Banküberweisung auf unser Konto bei der Nordbank beglichen wurde.

Be.

Telefonnotiz

Aufgenommen von: Frau Bentin

Erledigt durch
☐ Anruf
☐ Brief
☐ Besuch

Datum

Zchn.

Strategien zur Konfliktbewältigung und -vermeidung

Strategies for conflict management and prevention

Verbale und nonverbale Signale als Symptome einer Konfliktsituation

Im beruflichen Alltag kann es gelegentlich auch zu **Konfliktsituationen** mit **Geschäftspartnern** (z. B. Lieferanten und Kunden) kommen. Anlass können strittige Vertragsverhandlungen, unhöfliche Verhaltensweisen von Mitarbeitern oder problematische Situationen im Rahmen des Beschwerdemanagements (vgl. dazu S. 287) sein. Man sollte schon erste **Anzeichen** von Konflikten erkennen und situativ geschickt reagieren, um extreme Konfliktsituationen vermeiden zu können. Diese Anzeichen können sowohl im verbalen als auch im **nonverbalen Kommunikationsbereich** wahrgenommen werden (siehe auch S. 278 zum „Eisbergmodell").

Konfliktsituationen: erste verbale und nonverbale Signale des Geschäftspartners

***Beispiele* für verbale Signale**

- „kurzangebundene" Begrüßung, distanzierte Höflichkeit
- Veränderung des Tonfalls und größere Pausen im Gesprächsverlauf
- oberflächliche oder beschränkte Reaktion auf Äußerungen im Smalltalk
- Einsatz von „Killerphrasen" (z. B.: „Sie haben doch von der beruflichen Praxis keine Ahnung!")

***Beispiele* für nonverbale Signale**

- abweisender Blick, Unterbrechung des Augenkontaktes
- abweisende Körperhaltung (z. B. Körperdrehung, besondere Armhaltung, Handbewegung)
- ständiges Zuspätkommen bei Gesprächsterminen
- „Fluchtbewegung" des Gesprächspartners

7

Maßnahmen zur Konfliktbewältigung

Nimmt man entsprechende **Signale** einer Konfliktsituation wahr, gilt es, diese Signale richtig zu deuten, was nicht immer sehr leicht fällt. Zum Beispiel kann eine verschränkte Armhaltung nicht immer als abweisende Körperhaltung interpretiert werden. Der sogenannte **situative Kontext** ist hier entscheidend: In welcher Situation, in welchem Zusammenhang wurden die Signale vom Gesprächspartner gesendet? Welche Äußerungen sind vorher durch die andere Person vorgenommen worden, wie hat sie sich gegenüber dem Gesprächspartner verhalten?

Wie sollte man auf die wahrgenommenen Signale des Gesprächspartners reagieren? Die Kommunikationswissenschaft antwortet mit dem Ausspruch „Störungen haben Vorrang!" (US-Psychologin Ruth Cohn[1]) oder auch: „Sach- und Beziehungsebene müssen miteinander in Einklang gebracht werden" (siehe dazu auch S. 278). Bei diesen Äußerungen wird davon ausgegangen, dass man bei Konflikten keine **„Pokerstrategie"** („Es gibt bei jedem Konflikt Sieger und Verlierer, ich möchte der Gewinner sein!"), sondern eine **Problemlösungsstrategie** verfolgen möchte, d. h., dass man bewusst eine gemeinsame Lösung des Konflikts unter Achtung beider Interessen anstrebt.

Mögliche **Schritte zur Konfliktbewältigung** können sein:

- Es sollte sich ausreichend Zeit genommen werden, um wahrgenommene Kommunikationsstörungen anzusprechen. Dabei sollte auf die Schaffung einer angemessenen Gesprächsatmosphäre geachtet werden (siehe auch „Fragen zur Gesprächsatmosphäre" S. 279).
- Dem Gesprächspartner ist aufmerksam zuzuhören (vgl. „aktives Zuhören" S. 279 f. sowie „Regeln der Gesprächsführung" S. 495).
- Auf die Bedürfnisse und Interessen des Gesprächspartners ist einzugehen, eventuell müssen eigene Bedürfnisse zurückgestellt werden.
- Das Wertesystem des Gesprächspartners ist zu beachten; insbesondere kulturbedingte Werthaltungen sind zu respektieren.

[1] Ruth Cohn gilt als (Mit-)Begründerin der sogenannten „Themenzentrierten Interaktion" (TZI).

Strategien zur Konfliktbewältigung und -vermeidung

Strategies for conflict management and prevention

- Es sollte sich bemüht werden, gemeinsame Gesprächsziele (eine sogenannte Win-win-Situation, die beiden Gesprächspartnern Vorteile bringt) herauszuarbeiten.
- Ein gefundener Kompromiss muss die Bedürfnisse und Interessen beider Seiten angemessen berücksichtigen.
- Kann zunächst kein Kompromiss gefunden werden, sollte eine Gesprächsfortsetzung zu einem anderen Zeitpunkt, eventuell auch an einem anderen Ort, vereinbart werden. Eine dritte Person (z. B. ein Mediator – ein neutraler Gesprächsvermittler) kann unter Umständen helfend eingesetzt werden.

Zur Konfliktlösung wird häufig auch die **Harvard-Methode** (siehe dazu S. 497) angewandt.

Um **Konflikte** von vornherein **zu vermeiden**, sollte sich beim Kontakt mit Geschäftspartnern genügend Zeit genommen werden, um vermeintliche Störungen sofort erkennen und um aktives Zuhören stets praktizieren zu können. Zusammen mit den Arbeitskollegen sollten Geschäftskontakte im Team regelmäßig besprochen und ausgewertet werden. Dem Grundgedanken der **Kundenorientierung** im Unternehmen ist dabei höchste Priorität einzuräumen.

Beschwerdemanagement und Kundenbindung

Complaint management and customer loyalty

Kundenbeschwerden und **-reklamationen** gehören zum Alltag jedes Unternehmens. Von den Mitarbeitern werden diese Situationen häufig als sehr belastend empfunden, allerdings können diese Anlässe für Kundengespräche auch positiv für das Unternehmen genutzt werden. Schließlich bietet der direkte Kundenkontakt für das Unternehmen die Möglichkeit, sich „von der besten Seite zu zeigen“. Gerade der professionelle Umgang mit Kundenbeschwerden und -reklamationen kann dazu dienen, sich positiv von Mitbewerbern abzugrenzen. Ein freundliches Kundengespräch und großzügige Regelungen festigen die **Kundenbindung** (siehe dazu auch S. 197). Zufriedengestellte Kunden werden das Unternehmen in positiver Erinnerung behalten und es weiterempfehlen. Aus diesem Grund ist es ausgesprochen wichtig, bei Kundenbeschwerden angemessen und zielführend vorzugehen.

Vorgehen bei Kundenbeschwerden und -reklamationen

(1) Der Kunde ist zu beruhigen, für sein Anliegen ist Verständnis zu zeigen.

Die Wahl einer geringen Gesprächsgeschwindigkeit und eines beruhigenden Tonfalls bei mittlerer Lautstärke dienen diesem Zweck. Besonders wichtig ist es, dem Kunden aktiv zuzuhören (vgl. dazu S. 279 f.) und ihn keinesfalls zu unterbrechen.

↓

(2) Der zugrundeliegende Sachverhalt ist in beruhigender Form zu klären.

Bei der Analyse des Sachverhaltes sind eventuell Vertragsdaten bzw. -inhalte abzugleichen. Eventuell muss der Kunde um Verständnis gebeten werden, dass die Überprüfung der Angelegenheit noch einige Zeit dauert. In diesem Fall sollte ein neuer Gesprächstermin (eventuell ein Rückruf des Kundenberaters) vereinbart werden und gegebenenfalls eine Zwischenlösung bei Reklamationen gefunden werden (z. B. Zurverfügungstellung eines Ersatzproduktes).

↓

(3) Nach eingehender Prüfung des Sachverhaltes ist ein Lösungsvorschlag zu machen, der die Kundenbedürfnisse möglichst befriedigen sollte.

Wenn auch rechtliche Gesichtspunkte (vgl. dazu die Ausführungen zur „Mangelhaften Lieferung“ S. 170) beachtet werden, so ist doch in der Regel eine kaufmännische Lösung anzustreben. Wenn der Kunde z. B. wegen Fristüberschreitung keine Rechtsansprüche mehr geltend machen kann, so sollte großzügig geprüft werden, ob dem Kunden nicht durch eine **Kulanzregelung** entgegengekommen werden kann. Ein kurzfristiger Aufwand (Verlust) kann sich langfristig durch das Eingehen auf die Kundenbedürfnisse zu einem Ertrag (Gewinn) umkehren; aus einem Neukunden kann so ein zufriedener Stammkunde werden und dadurch die Kundenbindung gefördert werden.

↓

(4) Nach Akzeptanz durch den Kunden ist die gefundene Lösung rasch umzusetzen und dem Kunden das Gefühl der Sicherheit zu geben.

Die gefundene Lösung ist unter Umständen dem Kunden schriftlich zu bestätigen, falls noch Zeit bis zur Befriedigung des Kundenbedürfnisses zu überbrücken ist (z. B. bei einer Nachlieferung). Es können bei längeren Wartezeiten dem Kunden „Zwischenbescheide“ (z. B. per E-Mail) zum Stand der Prozessabwicklung zugeleitet werden. Sollte vorher noch keine Entschuldigung vorgenommen worden sein, ist dies zum Abschluss nachzuholen.

8 Personalwirtschaftliche Aufgaben wahrnehmen

Personalwirtschaft
Personnel management

Begriff

Die Personalwirtschaft umfasst einerseits die Bedürfnisse eines Unternehmens, indem sie für eine bestmögliche Versorgung mit geeigneten Mitarbeitern zu sorgen hat; andererseits hat sie für die Mitarbeiter eines Unternehmens Fürsorge zu leisten. Die Mitarbeiter müssen betreut, verwaltet, geführt und entlohnt werden.

Die **Objekte** der Personalwirtschaft sind alle Mitarbeiter einschließlich der leitenden Angestellten eines Unternehmens. Die **Träger** personalwirtschaftlicher Entscheidungen sind die für das Personalwesen verantwortlichen Organisationseinheiten (z. B. der Arbeitsdirektor in Kapitalgesellschaften mit mehr als 2.000 Beschäftigten) sowie alle Vorgesetzten, die personalwirtschaftliche Ziele und Entscheidungen umzusetzen haben.

Der **Betriebsrat** hat aufgrund der gesetzlich geregelten Mitbestimmungs- und Mitwirkungsrechte einen gewissen Einfluss auf personalwirtschaftliche Ziele und Entscheidungen sowie deren Umsetzung (siehe auch S. 17).

Ziele der Personalwirtschaft

wirtschaftliche Ziele

- Beschaffung, Bereitstellung und Erhaltung der quantitativ und qualitativ benötigten Arbeitskräfte unter Berücksichtigung der konjunkturellen und demografischen Situation
- Arbeitskräftereduzierung bei fehlendem Bedarf
- Arbeitsproduktivität verbessern
- Qualitätssicherung realisieren

soziale Ziele

- leistungsgerechte Entlohnung
- Arbeitsplatzsicherung
- Gesundheits- und Altersvorsorge
- humane Gestaltung der Arbeitsbedingungen
- Arbeitsschutz
- Datenschutz
- Personalentwicklung/Aus- und Weiterbildung
- Inklusion umsetzen

Aufgaben der Personalwirtschaft

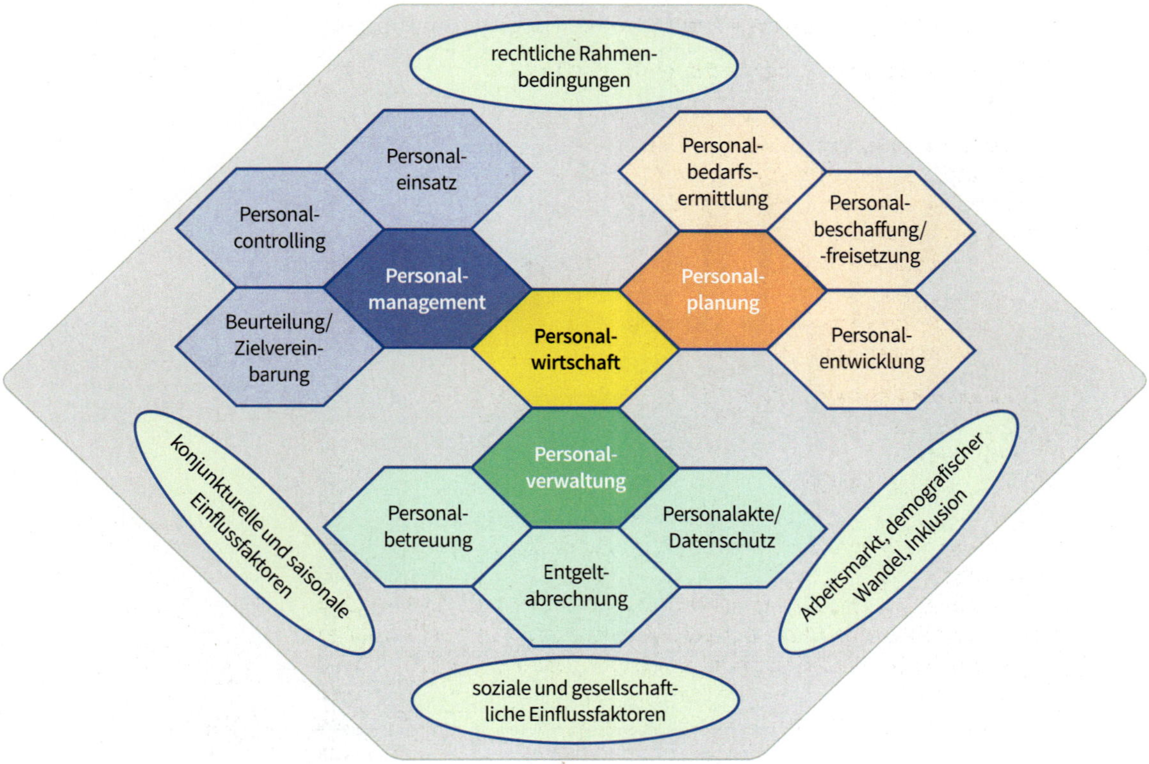

Spannungsfeld der Personalwirtschaft

Die Personalwirtschaft in einem Unternehmen sollte die unternehmerischen Zielsetzungen und die Interessen der Mitarbeiter in Zusammenarbeit mit den Arbeitnehmervertretungen in Einklang bringen. Weitere Faktoren wie z. B. die wirtschaftlich-konjunkturelle Lage, das gesellschaftlich-soziale Umfeld und die rechtlichen Vorgaben des Staates beeinflussen das Spannungsfeld der Personalwirtschaft.

Die Personalwirtschaft wird unterteilt in:

- Personalplanung (siehe Abb. Vorseite),
- Personalmanagement (siehe Abb. Vorseite),
- Personalverwaltung (siehe Abb. Vorseite).

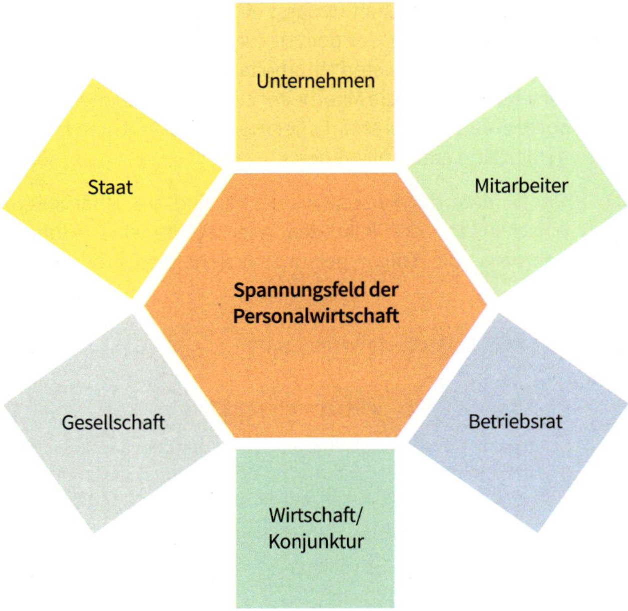

8

Personalwirtschaft und Konjunktur

Die Entwicklung auf dem Arbeitsmarkt wird in hohem Maße von der **konjunkturellen** Entwicklung beeinflusst. In der Regel führt ein Wachstum des Bruttoinlandsprodukts (BIP)[1] zu einer Steigerung der Erwerbstätigkeit. Eine Schrumpfung des BIP kann zu einem Rückgang der Beschäftigung führen.

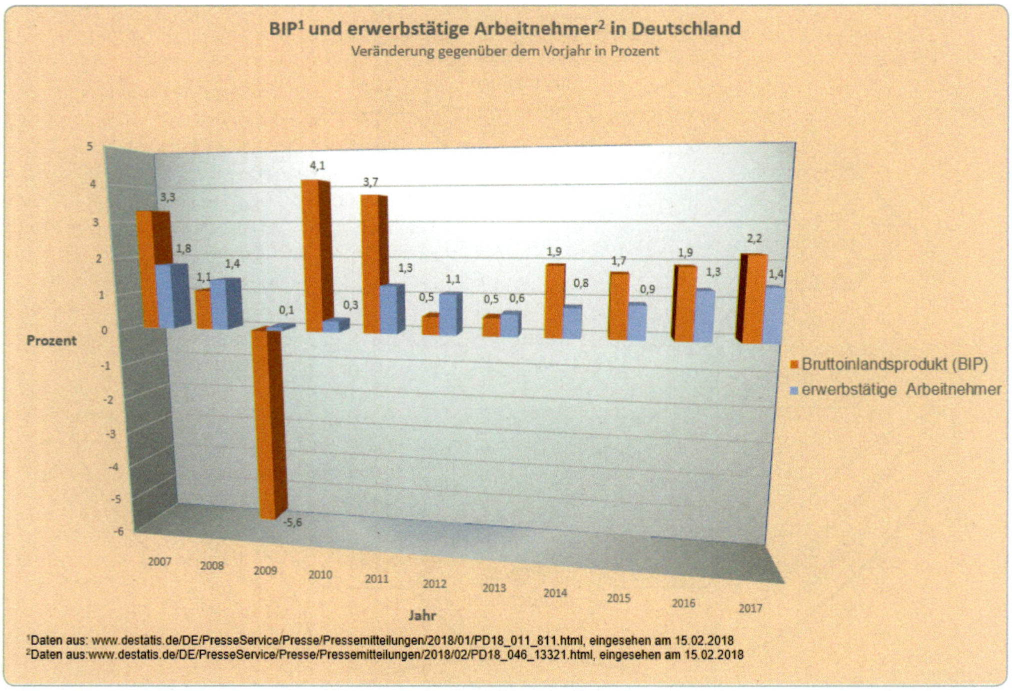

[1]Daten aus: www.destatis.de/DE/PresseService/Presse/Pressemitteilungen/2018/01/PD18_011_811.html, eingesehen am 15.02.2018
[2]Daten aus: www.destatis.de/DE/PresseService/Presse/Pressemitteilungen/2018/02/PD18_046_13321.html, eingesehen am 15.02.2018

[1] Das BIP beinhaltet den Gesamtwert aller Güter und Dienstleistungen, der in einer Volkswirtschaft in einem Jahr geschaffen wird. Die Entwicklung des Bruttoinlandsprodukts (BIP) ist der wichtigste Indikator zur Messung des Konjunkturverlaufs. Wird vom laufenden (nominalen) BIP die Preissteigerungsrate (Inflationsrate) abgezogen, ergibt sich das aussagekräftigere reale BIP. (siehe S. 293).

Konjunkturphasenmodell *Business cycle pattern*

Entstehung des Vier-Phasen-Schemas

Die wirtschaftliche Aktivität in einer Volkswirtschaft, die sich z. B. in der Höhe der Güterproduktion ausdrückt, unterliegt unterschiedlich starken Schwankungen. Das Auf und Ab dieser wirtschaftlichen Entwicklung wurde über Jahrzehnte gemessen und statistisch ausgewertet. Die dabei festgestellten Regelmäßigkeiten ließen es zu, die gewonnenen Datenreihen zum sogenannten **Konjunkturphasenmodell** zusammenzufassen. Die Wirtschaftswissenschaftler sprechen seitdem von einem Konjunkturzyklus, der in seiner Wellenbewegung die vier Konjunkturphasen Aufschwung, Hochkonjunktur, Abschwung und Konjunkturtief umfasst.

Die Konjunkturphasen

Klassischer Konjunkturverlauf

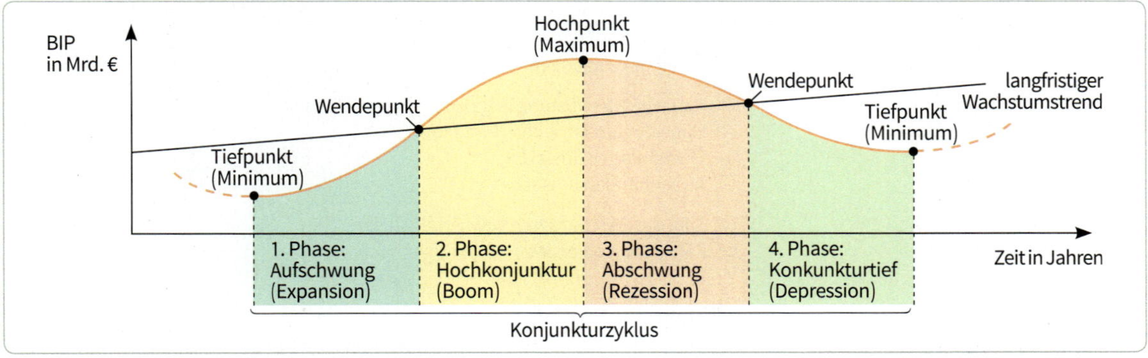

Konjunkturphase	charakteristische Merkmale
1. Phase: **Aufschwung** (Expansion)	Die Nachfrage nach Gütern und Dienstleistungen von privaten Haushalten (Verbrauchern), den Unternehmen, dem Staat und dem Ausland steigt. Als Folge davon werden mehr Güter produziert bzw. Dienstleistungen erbracht. Die höhere Nachfrage führt zu Preissteigerungen. Soweit es notwendig erscheint, werden infolge der erhöhten Produktion mehr Arbeitskräfte eingestellt. Unternehmen erhöhen aufgrund optimistischer Erwartungen die Investitionen. Als Folge des erhöhten Verbrauchs und der gestiegenen Investitionen werden mehr Kredite nachgefragt, wodurch die Zinsen steigen. Arbeitnehmerorganisationen (Gewerkschaften) können in der Regel höhere Löhne und Gehälter im Rahmen von Tarifverhandlungen durchsetzen. Die Gewinne der Unternehmen nehmen aufgrund der gestiegenen Kapazitätsauslastung und des erhöhten Umsatzes zu.
2. Phase: **Hochkonjunktur** (Boom)	Die Kapazitäten in der Wirtschaft sind aufgrund der sehr hohen Nachfrage voll ausgelastet. Sonderschichten und Überstunden werden in vielen Unternehmen geleistet, es herrscht Vollbeschäftigung, zum Teil sogar Arbeitskräftemangel. Die Einkommen steigen, aber auch die Preise und Zinsen ziehen weiter an. Weiter zunehmende Investitionen führen zu einer fortlaufenden Produktion, bis es schließlich zu einer Überhitzung kommt: Man spricht von einer Überproduktion, die Marktsättigung ist erreicht. An diesem Punkt nimmt das Bruttoinlandsprodukt nicht weiter zu, es tritt nun eine Wende dieser Entwicklung ein.
3. Phase: **Abschwung** (Rezession)	Die Marktsättigung führt dazu, dass die Nachfrage stagniert und schließlich sinkt. Die Erstellung von Gütern und Dienstleistungen passt sich der abnehmenden Nachfrage an, der Kapazitätsauslastungsgrad in den Unternehmen wird geringer. Arbeitskräfte werden entlassen und die Löhne und Gehälter beginnen zu sinken. Geringere Nachfrage führt zu fallenden Preisen. Die Unternehmen nehmen aufgrund pessimistischer Absatz- und Gewinnerwartungen nur noch die wichtigsten Investitionen vor. Es werden vornehmlich Rationalisierungs- und Ersatzinvestitionen statt Erweiterungsinvestitionen getätigt. Die Zinsen sinken, da die Nachfrage nach Krediten rückläufig ist. Das Bruttoinlandsprodukt sinkt als Folge der eingetretenen Entwicklung.
4. Phase: **Konjunkturtief** (Depression)	Die Nachfrage nach Gütern und Dienstleistungen erreicht in der Depression ihr niedrigstes Niveau. Die Kapazitätsauslastung in den Unternehmen ist gering, auch sinkende Preise können die Gesamtnachfrage kaum steigern. Löhne und Gehälter sinken weiter, die Arbeitslosigkeit steigt stark an. Viele Unternehmen müssen Insolvenz anmelden, die Investitionsneigung befindet sich auf einem Tiefpunkt. Die geringe Kreditnachfrage führt zu sehr niedrigen Zinssätzen. Die Wirtschaftssubjekte erhöhen – soweit möglich – aufgrund pessimistischer Zukunftserwartungen ihre Sparneigung. Das Bruttoinlandsprodukt ist stark gesunken. Ist die Talsohle (Tiefpunkt) des Konjunkturverlaufs erreicht, zeigen sich wieder leichte Aufschwunganzeichen. In Deutschland helfen häufig Nachfrageimpulse aus dem Ausland, die zum großen Teil auf die geringen Preise zurückzuführen sind, aus dem Konjunkturtief herauszukommen.

vgl.: Böker, Jürgen u. a.: Wirtschaftspolitik/Wirtschaftsordnung, 3. Aufl., Darmstadt 2005, S. 23 f.

Von der Konjunkturanalyse zur -prognose – Konjunkturindikatoren

Business cycle analysis and economic forecasting – economic indicators

Zur Beschreibung und Analyse der einzelnen Phasen des Konjunkturverlaufs werden charakteristische Merkmale der wirtschaftlichen Entwicklung herangezogen, wie z. B. die Höhe der Kapazitätsauslastung in der Industrie oder die Höhe des Bruttoinlandsprodukts. Diese Merkmale haben aber nicht nur beschreibenden Charakter, sie dienen auch der **Konjunkturprognose**. Aussagen über die Zukunft der wirtschaftlichen Entwicklung sind z. B. für Unternehmen wichtig, um Investitionsentscheidungen abzusichern, oder sie dienen dem Staat, um den Konjunkturverlauf rechtzeitig durch **konjunkturpolitische Maßnahmen**, wie z. B. Veränderung des Steuersatzes, zu beeinflussen.

Man kann die Konjunkturindikatoren nach ihrer zeitlichen Beziehung zum Konjunkturverlauf einteilen in:

- vorlaufende Indikatoren (Frühindikatoren),
- gleichlaufende Indikatoren (Gegenwartsindikatoren),
- nachlaufende Indikatoren (Spätindikatoren).

Art des Konjunkturindikators	*Beispiele*
vorlaufend (Frühindikator)	▪ Geschäftserwartungen von Unternehmen ▪ Entwicklung der Aktienkurse ▪ Auftragseingänge in Unternehmen ▪ Baugenehmigungen
gleichlaufend (Gegenwartsindikator)	▪ Kapazitätsauslastung in Industrieunternehmen ▪ Höhe der industriellen Produktion ▪ Einzelhandelsumsatz ▪ Außenhandelsumsatz
nachlaufend (Spätindikator)	▪ Zahl der Beschäftigten bzw. Arbeitslosen ▪ Zahl der Insolvenzen

8

Grafische Darstellung der unterschiedlichen Entwicklung von vor-, gleich- und nachlaufenden Konjunkturindikatoren

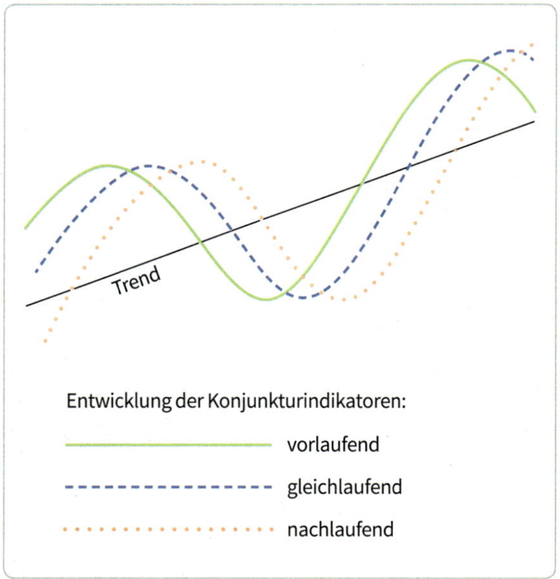

aus: Böker, Jürgen u. a.: Wirtschaftspolitik/Wirtschaftsordnung, 3. Aufl., Darmstadt 2005, S. 24 f.

Wachstumsraten des Bruttoinlandsprodukts in der Bundesrepublik Deutschland ab 1960

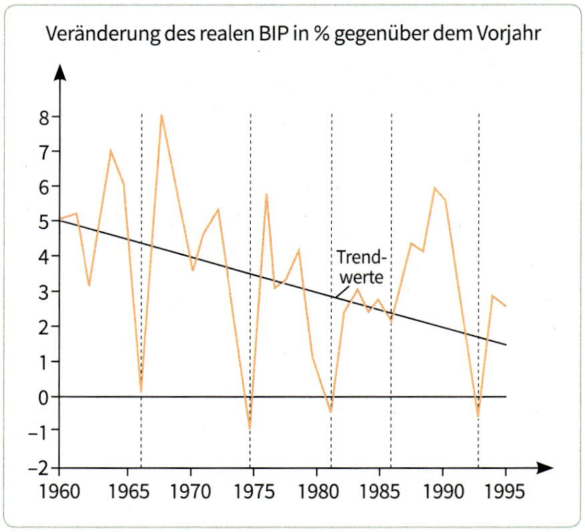

Konjunktur: Wachstumsraten und Trendwerte des Bruttoinlandsproduktes der Bundesrepublik Deutschland 1960 bis 1995 (ab 1992 einschließlich neue Bundesländer) in Preisen von 1991 (dargestellt sind jeweils die Veränderungen gegenüber dem Vorjahr in Prozent); die Jahre 1967, 1975, 1982 und 1993 markieren die unteren Wendepunkte eines Konjunkturzyklus (siehe auch S. 291).

nach: Brockhaus-Enzyklopädie in 24 Bänden. 20. überarbeitete und aktualisierte Aufl., Bd. 12, Mannheim 1997

Bruttonationaleinkommen (BNE)

Das **Bruttonationaleinkommen** (bis 1999 **Bruttosozialprodukt** = BSP genannt) ist der zu Marktpreisen gemessene Wert aller in einer Periode erstellten Güter und Dienstleistungen, die von den inländischen Staatsbürgern erwirtschaftet wurden, unabhängig davon, wo die Leistung - im Inland oder Ausland - erbracht wurde (*Inländerkonzept*).

Bruttoinlandsprodukt (BIP)

Das **Bruttoinlandsprodukt** ist der zu Marktpreisen gemessene Wert aller in einer Periode innerhalb der Staatsgrenzen einer Volkswirtschaft erstellten Güter und Dienstleistungen, unabhängig davon, wer - Inländer oder Ausländer - die Leistung erbracht hat (*Inlandskonzept*). Das BIP hat das BSP/BNE seit 1992 als Messgröße für das Wirtschaftswachstum verdrängt.

Wirtschaftswachstum[1]

Unter Wirtschaftswachstum versteht man die prozentuale Veränderung zum Beispiel des realen Bruttoinlandsprodukts eines Jahres gegenüber dem Vorjahr. Das gegenüber dem nominalen BIP (BIP zu Marktpreisen) aussagekräftigere reale BIP ergibt sich aus dem nominalen BIP abzüglich der Preissteigerungs- oder Inflationsrate.

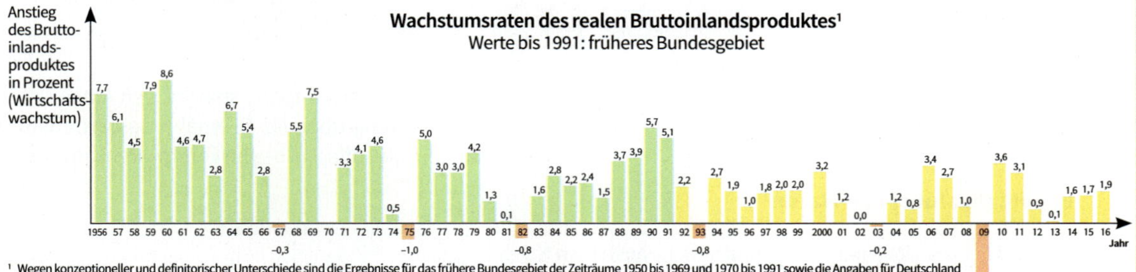

Wachstumsraten des realen Bruttoinlandsproduktes[1]
Werte bis 1991: früheres Bundesgebiet

[1] Wegen konzeptioneller und definitorischer Unterschiede sind die Ergebnisse für das frühere Bundesgebiet der Zeiträume 1950 bis 1969 und 1970 bis 1991 sowie die Angaben für Deutschland nicht voll vergleichbar. – Die preisbereinigten Ergebnisse für das frühere Bundesgebiet sind von 1953 bis 1969 in Preisen von 1991, von 1970 bis 1991 in Preisen von 1995 dargestellt. Die Ergebnisse für Deutschland werden in Preisen des jeweiligen Vorjahres als Kettenindex nachgewiesen. nach: Angaben des Statistischen Bundesamtes, Wiesbaden 2017

Kritik an der Theorie des Wachstums

An der Wachstumstheorie wird kritisiert, dass für die Berechnung des Bruttoinlandsprodukts nur die „bezahlte Arbeit“ berücksichtigt wird. Das bedeutet, manche nicht bezahlte „positive“ gesellschaftliche Leistung, wie z. B. Nachbarschaftshilfe, wird statistisch nicht erfasst.
Andererseits erhöhen „negative“ Faktoren, wie Kriegsereignisse oder Unfälle, durch entsprechende wirtschaftliche Leistungen, wie z. B. hohe Rüstungsausgaben oder Schadensbeseitigungen, das Bruttoinlandsprodukt, das demnach als Maßstab von Wohlstand und Lebensqualität nicht ausreichend geeignet ist. Die Kritiker der Wachstumstheorie fordern deswegen eine Abkehr vom rein quantitativen Wachstumsbegriff, sie sprechen sich für eine qualitative Betrachtung des volkswirtschaftlichen Wachstums aus.

[1] Geringfügige Abweichungen in den Zahlenwerten des Wirtschaftswachstums in den Grafiken erklären sich aus nachträglichen statistischen Korrekturen.
aus: Böker, Jürgen u. a.: Wirtschaftspolitik/Wirtschaftsordnung, 3. Aufl., Darmstadt 2005, S. 14

Außenhandel

Der Außenhandel umfasst den grenzüberschreitenden Warenverkehr einer Volkswirtschaft. In der Außenhandelsstatistik erfassen die Staaten jeweils den Import (Einfuhr) und den Export (Ausfuhr) von Waren; in der sogenannten **Handelsbilanz** werden beide Größen saldiert. Sind die Exporte größer als die Importe, spricht man von einer **aktiven Handelsbilanz** (Handelsbilanzüberschuss); im umgekehrten Fall von einer **passiven Handelsbilanz** (Handelsbilanzdefizit).

Import (Einfuhr) von Waren[1]

Jahr	Einfuhr in Mrd. €	Bruttoinlandsprodukt (BIP) in Mrd. €	Einfuhr in % des BIP (Importquote)[2]
2012	899,4	2.754,9	32,6
2013	890,4	2.820,8	31,6
2014	910,2	2.915,7	31,2
2015	949,3	3.025,9	31,4
2016	954,8	3.133,9	30,5

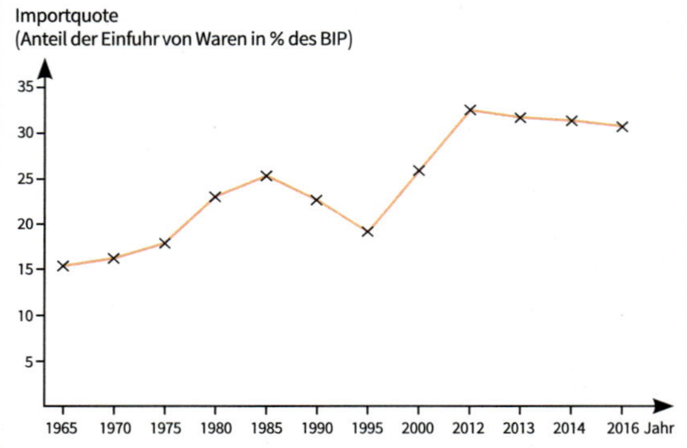

Die **Importquote** gibt den prozentualen Anteil des Warenimports am Bruttoinlands- oder am Bruttonationaleinkommen an.

Strukturveränderung der Einfuhr

Anteil (tatsächliche Werte) der Warengruppen an der Gesamtfuhr

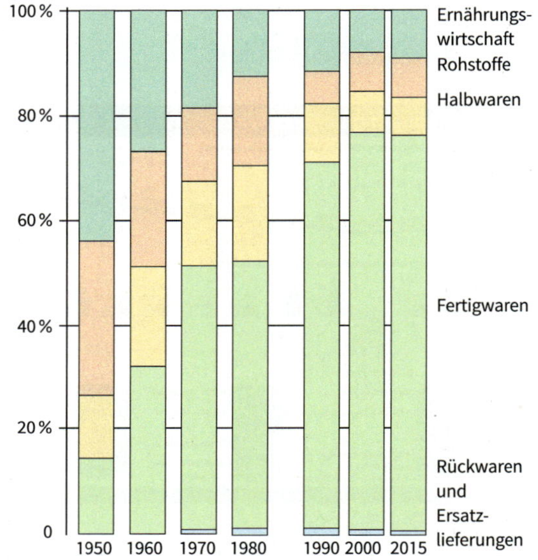

Bis einschließlich 1989 früheres Bundesgebiet.
Eigene Berechnungen auf der Grundlage von: www.destatis.de/DE/ZahlenFakten/Indikatoren/LangeReihen/Aussenhandel/lrahl02.html, eingesehen am 11.06.2016

Die Struktur des Imports spiegelt den Anteil unterschiedlicher Warengruppen (z. B. ernährungswirtschaftliche Produkte, Rohstoffe, Halb- und Fertigwaren) am Import wider.

Export (Ausfuhr) von Waren[1]

Jahr	Ausfuhr[2] in Mrd. €[3]	Bruttoinlandsprodukt (BIP) in Mrd. €	Ausfuhr in % des BIP (Exportquote)
2012	1.092,6	2.754,9	39,7
2013	1.088,0	2.820,8	38,6
2014	1.123,8	2.915,7	38,5
2015	1.193,6	3.025,9	39,5
2016	1.206,9	3.133,9	38,5

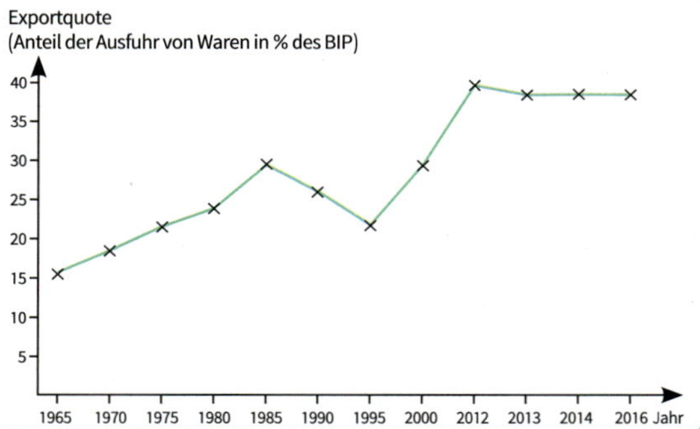

Die **Exportquote** gibt den prozentualen Anteil des Warenexports am Bruttoinlands- oder am Bruttonationaleinkommen an.

[1] www.destatis.de, abgerufen am 22.06.2017
[2] In der Fachliteratur werden die Import- und die Exportquote unterschiedlich definiert, d. h. entweder auf das BIP oder das BNE bezogen.
nach: Böker, Jürgen u. a.: Wirtschaftspolitik/Wirtschaftsordnung, 3. Aufl., Darmstadt 2005, S. 16 f.

Außenhandel

Export (Ausfuhr) von Waren

Die Struktur des Exports spiegelt den Anteil unterschiedlicher Warengruppen (z. B. Straßenfahrzeuge, Maschinen, chemische Erzeugnisse)[1] am Export wider.

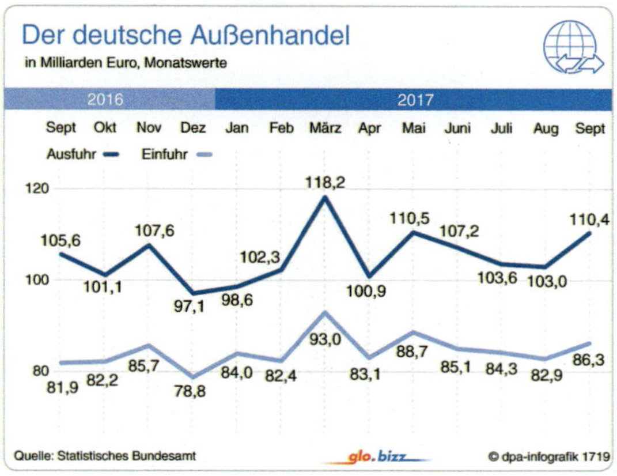

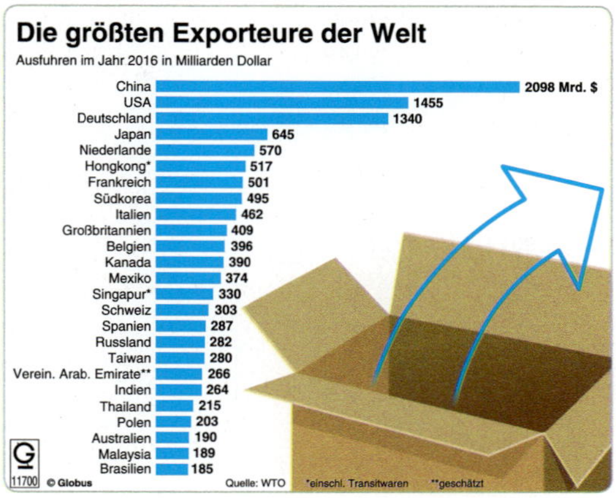

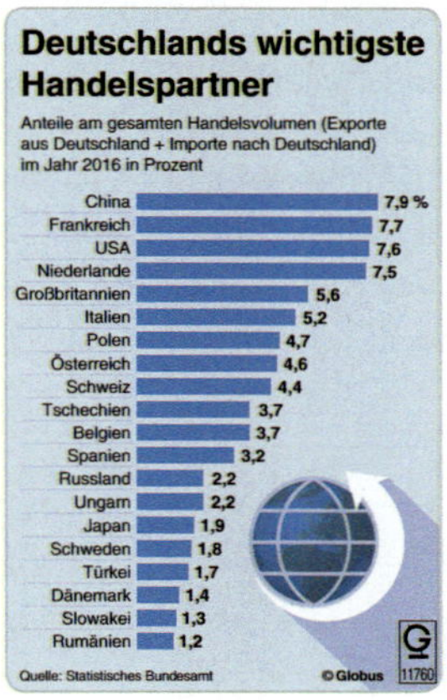

Ein- und Ausfuhr von Dienstleistungen[2]

Bei der Inanspruchnahme von ausländischen Dienstleistungen entstehen für die Wirtschaftssubjekte in einer Volkswirtschaft **Ausgaben** (z. B. für Auslandstourismus), bei der Ausfuhr von Dienstleistungen entstehen **Einnahmen** (z. B. für Transportleistungen).

Jahr	Ausgaben in Mrd. €
1995	97,5
2000	148,7
2005	169,0
2010	198,8
2011	212,7
2012	229,3
2013	248,2
2014	255,8
2015	272,4
2016	282,4

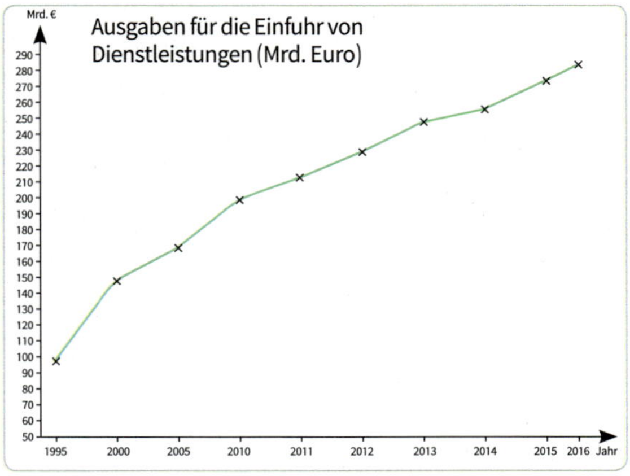

[1] Die veröffentlichten Statistiken des Statistischen Bundesamtes bzw. der Deutschen Bundesbank nennen als Warengruppen Erzeugnisse des Grundstoff- und Produktionsgüter-, des Investitionsgüter- und des Verbrauchsgütergewerbes.

[2] Destatis lange Reihe, Statistisches Bundesamt, Fachserie 18, Reihe 1.5., 2016, www.destatis.de, abgerufen am 22.06.2017

Ein- und Ausfuhr von Dienstleistungen

Jahr	Einnahmen in Mrd. €
1995	55,6
2000	90,3
2005	128,4
2010	171,8
2011	181,4
2012	196,9
2013	204,9
2014	220,0
2015	238,7
2016	245,1

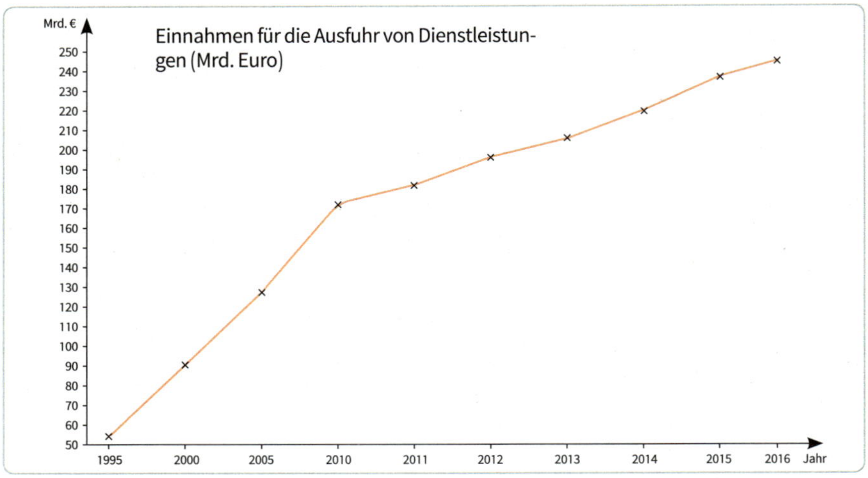

www.destatis.de, abgerufen am 22.06.2017

Ein- und Ausfuhr von Kapital (Kapitalimport und -export)

Von **Kapitalimport** wird gesprochen, wenn Ausländer in Deutschland Direktinvestitionen vornehmen, Wertpapiere (z. B. Aktien) kaufen oder z. B. kurz- oder langfristige Kredite an Inländer vergeben.

Von **Kapitalexport** wird gesprochen, wenn Inländer im Ausland Direktinvestitionen vornehmen, Wertpapiere (z. B. Aktien) kaufen oder z. B. kurz- oder langfristige Kredite an das Ausland vergeben.

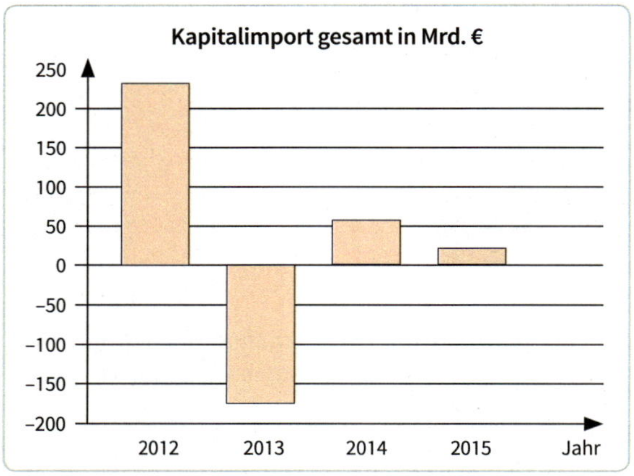

nach: www.destatis.de/DE/Publikationen/Statistisches Jahrbuch/Zahlungsbilanz.pdf, eingesehen am 01.11.2016

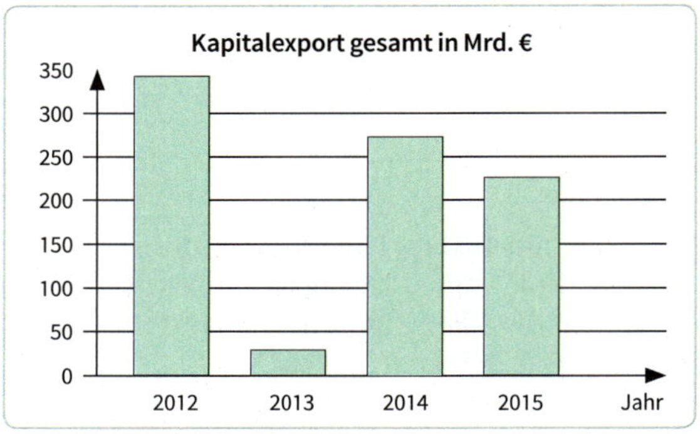

nach: www.destatis.de/DE/Publikationen/Statistisches Jahrbuch/Zahlungsbilanz.pdf, eingesehen am 01.11.2016

Welthandel

Die Summe sämtlicher Exporte der einzelnen Länder wird zum Welthandelsvolumen zusammengefasst. In der Regel wird es wertmäßig in einer Leitwährung ausgedrückt, bisher ist dies der US-Dollar.

nach: Böker, Jürgen u. a.: Wirtschaftspolitik/Wirtschaftsordnung, 3. Aufl., Darmstadt 2005, S. 19

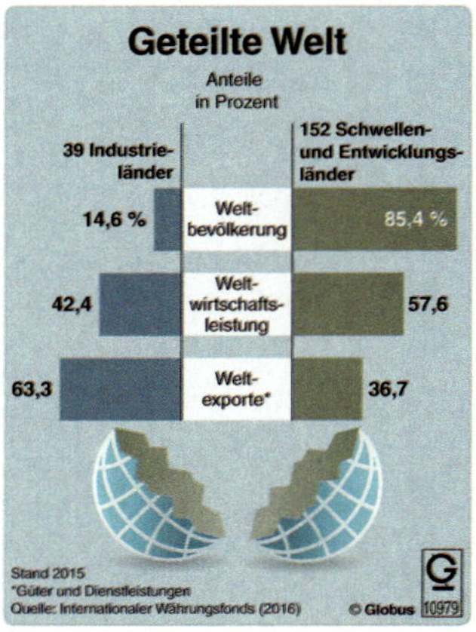

Demografischer Wandel

Durch den demografischen Wandel droht in den nächsten Jahrzehnten in Deutschland ein Arbeitskräftemangel, sodass es für Unternehmen immer schwieriger werden wird, freie Arbeitsplätze mit geeigneten Mitarbeitern zu besetzen.

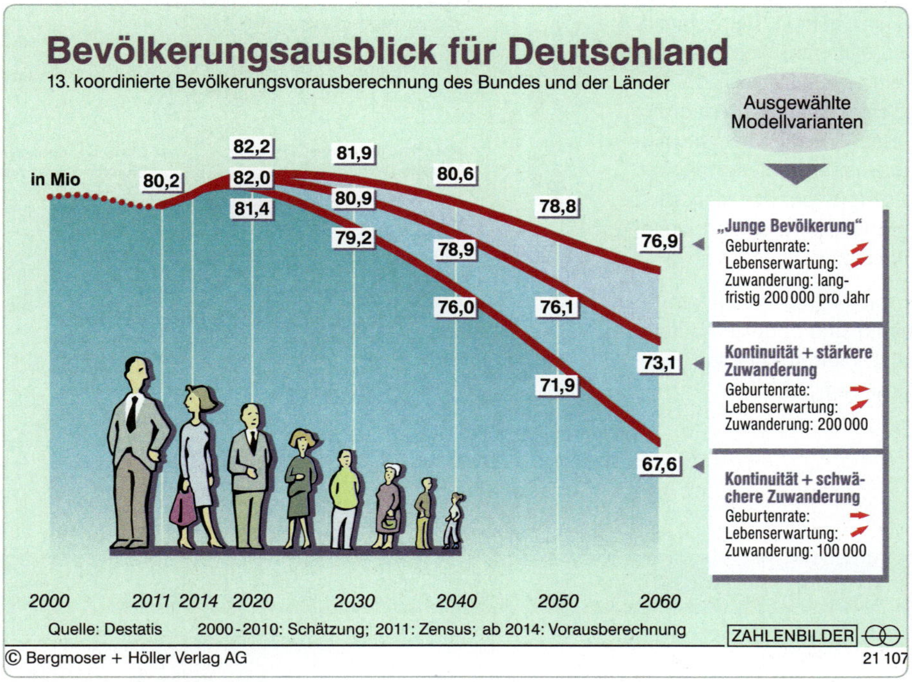

Inklusion

Menschen mit Behinderung, Ältere, Unqualifizierte und Menschen mit Migrationshintergrund sind überproportional häufig von Arbeitslosigkeit betroffen. Dieser Zustand erfüllt nicht die Forderung nach **Inklusion**[1]) in der Arbeitswelt. Sie ist dann verwirklicht, wenn jeder Mensch in seiner Individualität die Möglichkeit hat, in vollem Umfang am Arbeitsleben teilzuhaben.

Ein wichtiger Schritt zur Verbesserung der Teilhabe am Arbeitsleben für Menschen mit Behinderungen und anderen benachteiligten Bevölkerungsgruppen ist die **„Unterstützte Beschäftigung"**. Ziel dieser **Unterstützten Beschäftigung** ist, behinderten Menschen mit besonderem Unterstützungsbedarf eine angemessene, geeignete und sozialversicherungspflichtige Beschäftigung zu ermöglichen (§ 38a 7 SVG). Ein bestehendes sozialversicherungspflichtiges Beschäftigungsverhältnis kann im Bedarfsfall berufsbegleitend durch das Integrationsamt – zum Beispiel durch einen Integrationsfachdienst – gefördert werden. (§ 38a 7SVG).

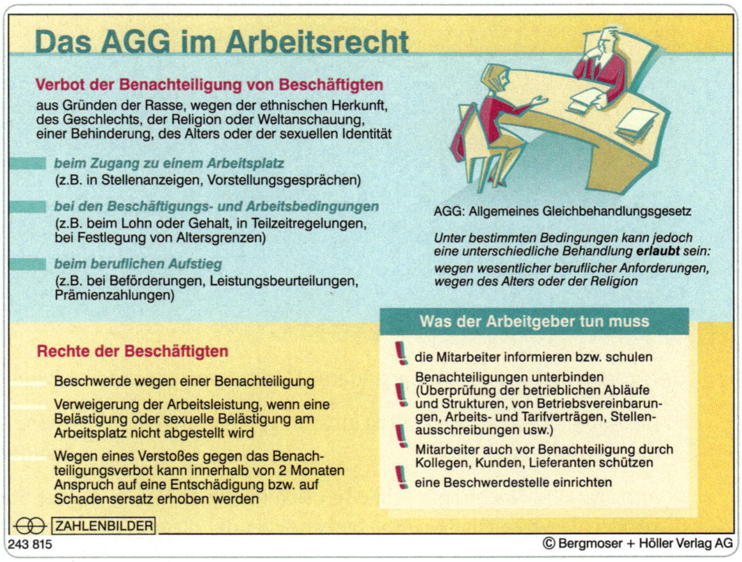

[1] Inklusion (lat.: inclusio, „Einschluss")

Migration

18,6 Millionen Menschen mit Migrationshintergrund lebten 2016 in Deutschland, das sind 22,6 % von 82,4 Millionen Menschen in Deutschland. Von den18,6 Millionen Menschen mit Migrationshintergrund weisen 12,7 Millionen eine eigne Migrationserfahrung auf, bei diesen Personen spricht man von der sogenannten 1. Generation. Die größte Gruppe bei den Menschen mit Migrationserfahrung sind zugewanderte Ausländer.

Menschen mit Migrationshintergrund in Deutschland sind deutlich häufiger von Arbeitslosigkeit, speziell von Langzeitarbeitslosigkeit, betroffen.

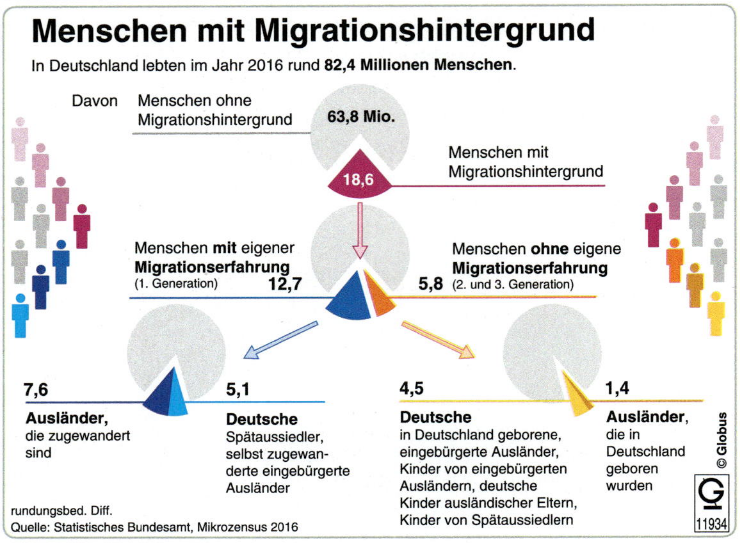

Arbeitsmarkt

Labour market

Begriff

Auf dem Arbeitsmarkt treffen – wie auf jedem Markt – Angebot und Nachfrage aufeinander. Bei der Unterscheidung von Angebot und Nachfrage auf dem Arbeitsmarkt muss genau festgelegt werden, ob sich die beiden Begriffe auf die **Arbeitskraft** oder den **Arbeitsplatz** beziehen:

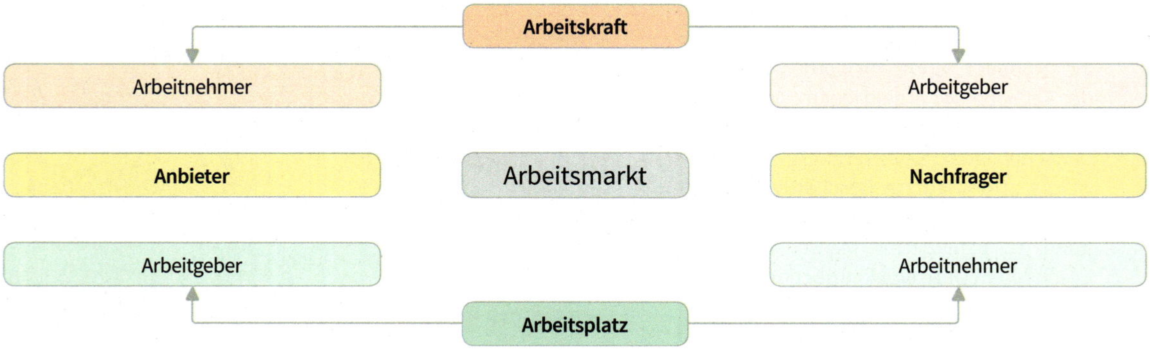

Der Arbeitsmarkt ist gegenüber anderen Märkten von besonderen Bedingungen geprägt:

- Der Anbieter von Arbeitskraft ist in der Regel gezwungen, diese anzubieten;
- Anbieter und Nachfrager schließen sich häufig zu Verbänden (Gewerkschaften, Arbeitgeberverbände) zusammen, um ihre Interessen wirksamer durchsetzen zu können;
- der Staat beeinflusst durch verschiedene Maßnahmen den Arbeitsmarkt, z. B. durch Gesetze und Vorschriften.

[1] Migration (lat.: *migratio*, „Wanderung“)

Arbeitsmarkt *Labour market*

Erwerbstätige

Erwerbstätige sind alle Personen, die in einem bestimmten Zeitraum zur Erzielung von Einkommen arbeiten (ca. 40 Mio., d. h. knapp die Hälfte der Einwohner der Bundesrepublik Deutschland). Sie setzen sich zusammen aus:

- abhängigen Erwerbstätigen[1] (ca. 35 bis 37 Mio.)
  - Arbeiter
  - Angestellte
  - Beamte
- Selbstständigen und mithelfenden Familienangehörigen (ca. 3 bis 4 Mio.).

Arbeitslosenquote

Die Arbeitslosenquote in Prozent errechnet sich wie folgt:

$$\frac{\text{Arbeitslose} \cdot 100}{\text{abhängige Erwerbstätige} + \text{Arbeitslose}^{2}}$$

Sie dient als aussagefähigere und besser vergleichbare Berechnungsgröße der Arbeitslosigkeit als die absolute Arbeitslosenzahl.

[1] einschließlich aller Auszubildenden (ca. 1 Mio.)
[2] abhängige Erwerbstätige + Arbeitslose = abhängige Erwerbspersonen
vgl.: Böker, Jürgen u. a.: Wirtschaftspolitik/Wirtschaftsordnung, 3. Aufl., Darmstadt 2005, S. 12

Arbeitslosigkeit *Unemployment*

Ursachen

saisonale Nachfrageschwankungen
z. B. schlechte Witterungsbedingungen in der Bauindustrie oder der Landwirtschaft

konjunkturelle Schwankungen
z. B. durch eine allgemeine Abschwächung der Wirtschaftstätigkeit

sektorale Veränderungen der Wirtschaftsstruktur
z. B. durch das Schrumpfen einzelner Wirtschaftszweige wie der Textilindustrie (sekundärer Sektor) bzw. durch das Wachsen von neuen Wirtschaftszweigen wie der Multimedia-Branche (tertiärer Sektor)

Wechsel des Arbeitsverhältnisses
z. B. wenn aus organisatorischen Gründen ein Arbeitsverhältnis nicht nahtlos in ein neues übergeht

Globalisierungsdruck
z. B. Arbeitsplatzabbau im Inland durch notwendige Verbesserung der Kostenstruktur der Unternehmen

unzureichende Qualifikation eines Teils der Erwerbstätigen
z. B. bei mangelnder Fortbildungsbereitschaft oder -fähigkeit

Überregulierung des Arbeitsmarktes
z. B. durch zu geringe Flexibilität des Tarifvertragssystems

aus: Böker, Jürgen u. a.: Wirtschaftspolitik/Wirtschaftsordnung, Lehrerband, Darmstadt 2005, S. 27

Versteckte Arbeitslosigkeit

Von versteckter Arbeitslosigkeit wird gesprochen, wenn

- sich Arbeitslose bei der Arbeitsagentur nicht registrieren lassen, da sie keine Ansprüche auf Arbeitslosengeld oder Arbeitslosengeld II mehr geltend machen können,
- Arbeitslose in Umschulungsmaßnahmen eintreten oder
- Arbeitslose oder durch Arbeitslosigkeit Bedrohte in den vorzeitigen Ruhestand eintreten.

Folgen der Arbeitslosigkeit

individuelle Folgen

- **materielle Einbußen** bei den Betroffenen durch geringeres Einkommen und Aufzehren von Sparguthaben
- **Einschränkung der Teilnahme am kulturellen Leben,** z. B. seltenerer Besuch von Theater, Kunstausstellungen, Musikveranstaltungen usw.
- **Verlust der gesellschaftlichen Anerkennung,** z. B. bei Nachbarn, ehemaligen Arbeitskollegen – Gefahr der gesellschaftlichen Ausgrenzung
- **seelische Belastung,** z. B. Verringerung des Selbstwertgefühls bis hin zu Lebensängsten; Gefahr von Drogenkonsum oder von Flucht in religiöse Scheinwelten

gesellschaftliche Folgen

- **Senkung des Bruttoinlandsproduktes;** hohe Zahl von Arbeitslosen schwächt die Konsumnachfrage und verringert den Wert des volkswirtschaftlichen Produktionsfaktors „Arbeit".
- **Ausfall** von **Steuereinnahmen** und **Beiträgen zur Sozialversicherung**
- **erhöhte staatliche Transferleistungen,** z. B. Unterstützungszahlungen an Arbeitslose, Subventionen für Arbeitslose und Unternehmen, Zuschüsse an das Sozialsystem (z. B. für die Rentenversicherung)
- **Einengung von Verteilungsspielräumen** des Staates
- **Zunahme des gesellschaftlichen Drucks** auf die im Arbeitsverhältnis stehenden Personen (z. B. im Krankheitsfall)
- **Soziale Spannungen** zwischen einkommensschwachen und -starken Gesellschaftsschichten nehmen zu; das Sicherheitsgefühl in der Bevölkerung nimmt stark ab.
- **Politische Radikalisierung,** Zunahme von extremistischen Gewalttaten; das Gewaltmonopol des Staates wird zusehends in Anspruch genommen, um gesellschaftliche Konflikte einzugrenzen.

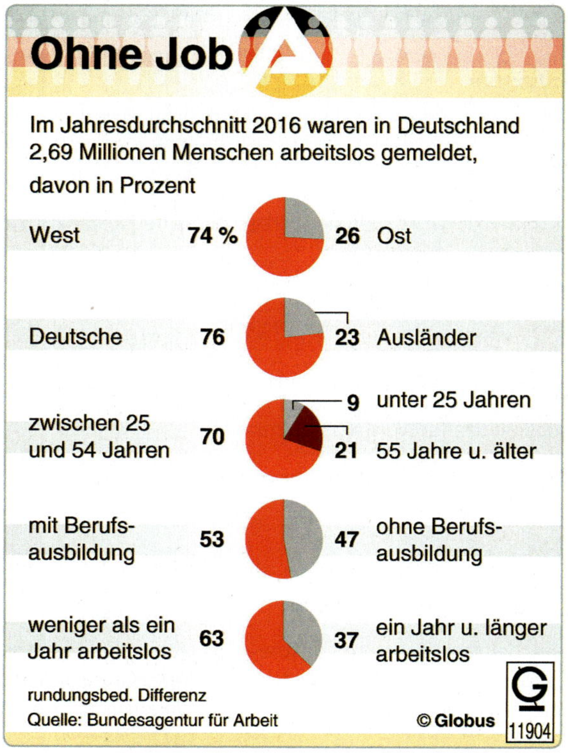

Kennzahlenmethode

Bei der Kennzahlenmethode wird zunächst ein Zusammenhang zwischen dem Personalbedarf und einer bestimmten Bezugsgröße (z. B. Anzahl der Kunden, Umsatzhöhe, Produktionsmenge) identifiziert. So hängt z. B. der Personalbedarf in der Vertriebsabteilung u. a. von der Anzahl der zu bearbeitenden Kundenaufträge ab. Die Kennzahl für dieses Beispiel drückt das Verhältnis der Anzahl von Kundenaufträgen zu den Vertriebsmitarbeitern aus.

Beispiel:
Anzahl der Vertriebsmitarbeiter: 20
Anzahl Kundenaufträge pro Monat: 4.000
Kundenaufträge je Vertriebsmitarbeiter: 200

Die Berechnung des Personalbedarfs erfolgt mit der Formel:

$$\text{Brutto-Personalbedarf} = \frac{\text{geschätzte Anzahl Kundenaufträge}}{\text{Mitarbeiter}}$$

Wenn zum Beispiel durch gezielte Marketingmaßnahmen damit gerechnet werden kann, dass die Anzahl der Kundenaufträge auf 6.000 pro Monat steigt, vergrößert sich der Personalbedarf auf 30 (6.000/200) Vertriebsmitarbeiter.

Stellenplanmethode

Grundlage der Personalbedarfsermittlung mithilfe der Stellenplanmethode ist ein Organigramm, in dem alle besetzten und unbesetzten Stellen gekennzeichnet sind:

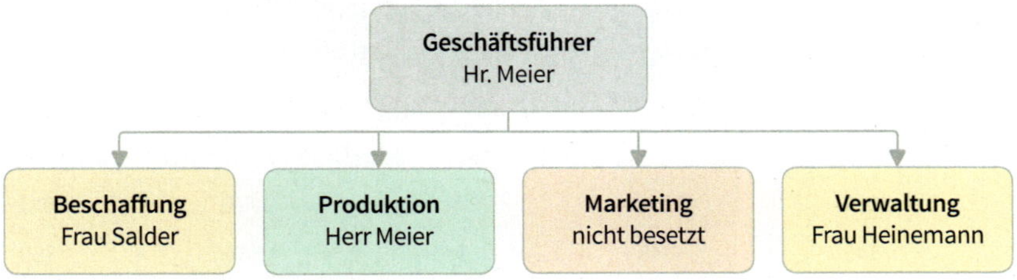

Das Organigramm ist für die zukünftigen Planungszeiträume fortzuschreiben. Aus dem fortgeschriebenen Organigramm ist ein Stellenplan abzuleiten, aus dem der Personalbedarf ermittelt werden kann.

Stellenbeschreibung

Zur optimalen Besetzung einer Stelle ist nicht nur der quantitative, sondern auch der qualitative Gesichtspunkt zu berücksichtigen. Dazu ist zunächst ein Anforderungsprofil für eine Stelle zu erstellen, das in der Regel in die Stellenbeschreibung integriert wird. Die Stellenbeschreibung beschreibt unabhängig von Personen die Ziele, die Aufgaben und Kompetenzen eines Arbeitsplatzes bzw. einer Arbeitsstelle sowie die Zusammenarbeit mit anderen Stellen. Außerdem enthält die Stellenbeschreibung die Anforderungen an den Stelleninhaber, z. B. eine einschlägige abgeschlossene Berufsausbildung und die organisatorische Eingliederung sowie die tarifliche Zuordnung.

Die Stellenbeschreibung kann als Grundlage für die Stellenausschreibung genutzt werden. Die Stellenausschreibung sollte eine Beschreibung des Arbeitsplatzes, die Anforderungen an den Bewerber und die Bewerbungsfrist enthalten. Die Stellenausschreibung muss auf Verlangen des Betriebsrats vor ihrer Besetzung intern erfolgen (z. B. am Schwarzen Brett).

Kann die Stelle nicht mit geeigneten eigenen Mitarbeitern besetzt werden, ist die Stellenanzeige u. a. ein Mittel zur externen Personalbeschaffung.

Beispiel:

Sie suchen eine neue Herausforderung? Seien Sie Ihr eigener Wegbereiter und starten Sie Ihre berufliche Zukunft jetzt neu als Einkäufer/-in.

Zur Erweiterung unseres Teams im Einkauf suchen wir eine

Sachbearbeiterin bzw. einen Sachbearbeiter für den Einkauf von Büroartikeln.

Ihre Aufgaben:
- Angebote einholen und vergleichen
- Lieferantendaten pflegen
- Kontakte zu Lieferanten pflegen
- Bestellungen schreiben
- Lieferungsprozesse verfolgen

Ihr Profil:
- Erfahrungen im Umgang mit Microsoft Office, insbesondere Word und Excel
- abgeschlossene kaufmännische Ausbildung

Wir bieten Ihnen:
- unbefristeten Arbeitsvertrag nach Ablauf der Probezeit von 6 Wochen
- gleitende Arbeitszeit
- tarifliche Vergütung

Rufen Sie uns an oder senden Sie uns Ihre Bewerbung per E-Mail.

OfficeCom KG
Hansestr. 120
Telefon: 0531 665533
38112 Braunschweig
E-Mail: personal@officecom.de

Personalbedarfsermittlung

Analysis of staff requirements

Arten des Personalbedarfs

- Der **Bruttopersonalbedarf** bestimmt die Anzahl der Mitarbeiter, die zur Leistungserstellung für einen bestimmten Zeitraum benötigt werden.
- Der Saldo aus dem Bruttobedarf und dem Personalbestand ergibt den **Nettopersonalbedarf**.
- Der **Ersatzbedarf** bestimmt die Anzahl der Mitarbeiter, die zum Erreichen eines Sollbestands beschafft werden müssen.
- Die Schaffung neuer Arbeitsplätze, z. B. durch Erweiterungsinvestitionen, verursacht einen **Neubedarf**.

Personalbedarfsanalyse

Zur Planung des zu beschaffenden Personals ist zunächst der Bruttopersonalbedarf (d. h. der gesamte zukünftige Personalbedarf) und der Personalbestand zu einem bestimmten Zeitpunkt zu ermitteln. Die Differenz aus dem Bruttopersonalbedarf und dem Personalbestand bestimmt den Nettopersonalbedarf:

Bruttopersonalbedarf – Personalbestand = Nettopersonalbedarf

Personalbedarfsrechnung

Beispiel:
Die OfficeCom KG beabsichtigt aufgrund der schlechten Konjunkturprognosen bis zum Jahr 2019 Personal geringfügig abzubauen. Ab 2020 erwartet das Unternehmen eine Belebung der Konjunktur und beurteilt die Entwicklung des Absatzes wieder positiv. Dadurch steigen auch die Gewinnerwartungen. Wegen der geplanten Steigerung der Produktion werden dann wieder zusätzliche Mitarbeiter/-innen benötigt.

8

Personalbedarfsrechnung zum 31. Dezember

Jahr	2017	2018	2019	2020	2021
Ist-Bestand am 1. Januar	345	348	345	340	350
geschätzte Personalabgänge	5	2	6	15	12
Soll-Bestand am 31. Dezember	348	345	340	350	355
Personalbedarf	8	0	1	25	17
▪ Ersatzbedarf	5	0	1	15	12
▪ Neubedarf	3	0	0	10	5
Personalüberhang	0	1	0	0	0

Personalbeschaffung

Personnel recruitment

Aufgabe

Die Personalbeschaffung hat die Aufgabe, den in der Personalbedarfsplanung ermittelten Nettopersonalbedarf zu decken. Dabei ist kurzfristiger und langfristiger Personalbedarf zu unterscheiden.

Arten der Personalbeschaffung

	langfristiger Personalbedarf	kurzfristiger Personalbedarf
externe Personalbeschaffung	▪ Neueinstellungen	▪ Zeitarbeitsverträge ▪ Personalleasing
interne Personalbeschaffung	▪ Fort- und Weiterbildung ▪ Versetzung	▪ Überstunden ▪ Urlaubsverlagerung

Personalbeschaffung *Personnel recruitment*

Die Personalbeschaffung hat die Aufgabe, den in der Personalbedarfsplanung festgestellten personellen Zusatz- und Ersatzbedarf zu beschaffen.

Interne Personalbeschaffung

- interne Stellenausschreibung
- Versetzung
- Beförderung
- Aus- und Weiterbildung

Externe Personalbeschaffung

- Personalwerbung
- Bewerbungsverfahren
- Personalauswahl
- Personaleinstellung

Personalbeschaffungsprozess

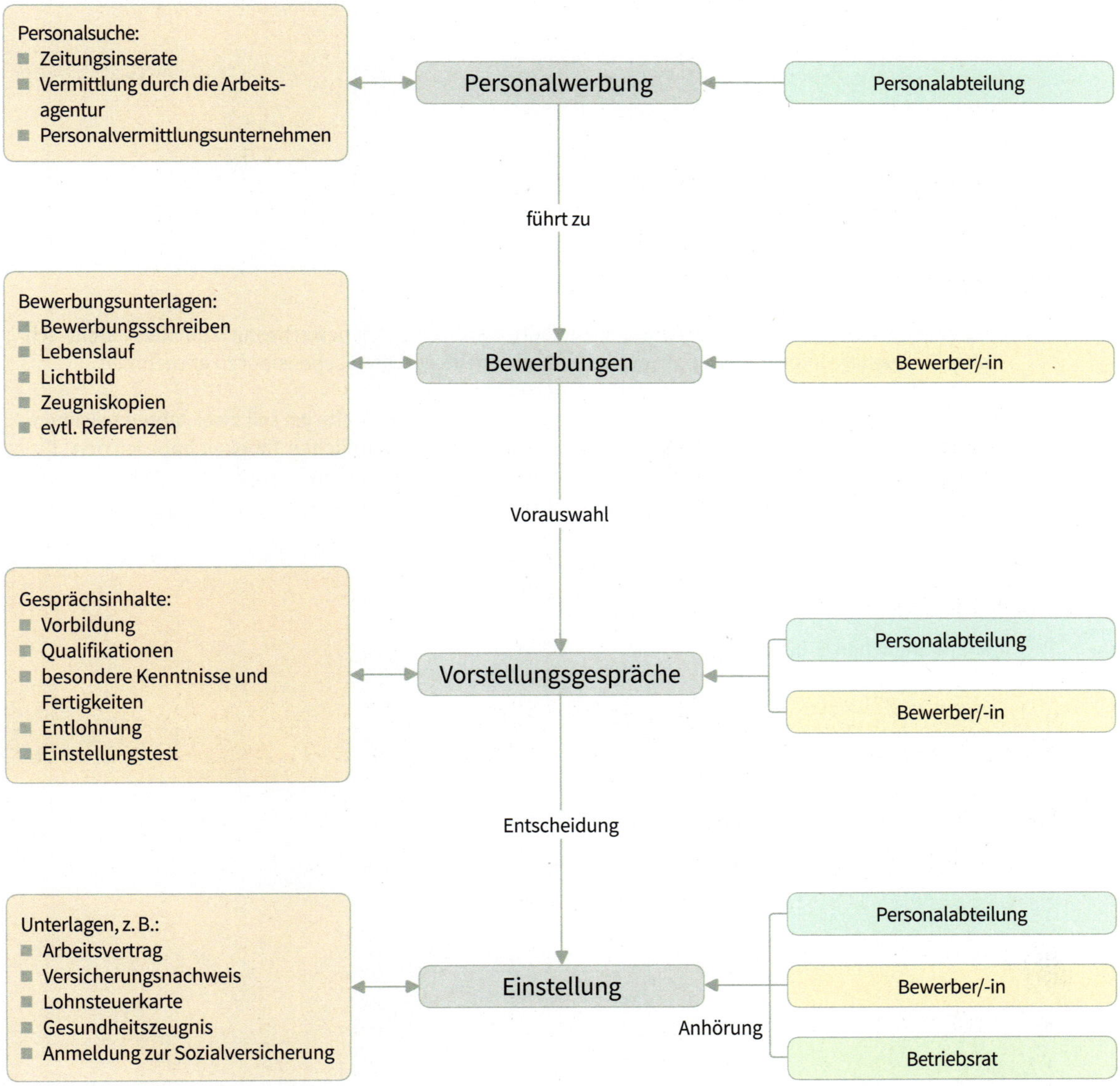

Externe Personalbeschaffung

Bewerbungsschreiben

Beispiel:

Karin Nagel
Hauptstraße 45
38304 Wolfenbüttel
Tel.: 05331 7654

OfficeCom KG
Hansestraße 120
38112 Braunschweig

12. Januar 20..

Bewerbung als Sachbearbeiterin für den Einkauf

Sehr geehrte Damen und Herren,

Sie suchen eine Sachbearbeiterin für den Einkauf – Büroartikel. Ich bewerbe mich um diese Stelle. Ich bitte Sie, weitere Informationen zu meiner Person dem beigefügten Lebenslauf zu entnehmen.

Nach der erfolgreich absolvierten Ausbildung zur Bürokauffrau arbeite ich seit zwei Jahren bei einem namhaften Büroartikelversand als Einkäuferin. Neben meiner beruflichen Tätigkeit habe ich den „Europäischen Computerführerschein“ bei der Volkshochschule Braunschweig erworben. Aufgrund meiner detaillierten Kenntnisse des Büroartikelbereichs und meiner guten EDV-Kenntnisse glaube ich, die Anforderungen der Stelle gut erfüllen zu können.

Ich bitte Sie, mich zu einem Vorstellungsgespräch einzuladen.

Mit freundlichen Grüßen

Karin Nagel

Anlagen
Lebenslauf
2 beglaubigte Zeugniskopien
1 Lichtbild

Externe Personalbeschaffung

Lebenslauf

Beispiel:

Karin Nagel

Hauptstraße 45
38304 Wolfenbüttel

Lebenslauf

Name:	Karin Nagel
Geburtsdatum:	14. März 1990
Geburtsort:	Goslar
Schulbesuch:	Grundschule in Goslar 1996–2000 Orientierungsstufe in Goslar 2000–2002 Realschule in Wolfenbüttel 2002–2006 Abschluss: Erweiterter Sekundarabschluss I Fachgymnasium Wirtschaft in Braunschweig 2006–2009 Abschluss: Abitur mit der Durchschnittsnote 2,9
Berufsausbildung:	Ausbildung zur Bürokauffrau Maschinenfabrik Hoffman & Schwarze AG Braunschweig 2010–2013 Abschluss: IHK-Prüfung mit der Durchschnittsnote 2
Praktische Tätigkeit:	seit 2013 BÜVA-Büroartikelversand GmbH Schöppenstedt, als Einkäuferin
Besondere Kenntnisse:	Teilnahme an Abendlehrgängen der Volkshochschule Braunschweig zum Erwerb des „Europäischen Computerführerscheins“ und zur Verbesserung meiner Französischkenntnisse
Sonstiges:	Teilnahme am Partnerschaftsprogramm AYUSA Deutscher Bundestag – Amerikanischer Kongress mit Besuch einer Highschool in Flagstaff, USA 2009–2010

Wolfenbüttel, 11. Januar 20..

Karin Nagel

Personalauswahl

Selection of personnel

Ziel

Ziel der Personalauswahl ist es, aus einer Vielzahl von Bewerberinnen/Bewerbern auf eine ausgeschriebene Stelle die am besten geeignete Bewerberin bzw. den am besten geeigneten Bewerber zu finden. Dabei sind die Anforderungen einer bestimmten Arbeitsaufgabe, die z. B. in einer Stellenbeschreibung festgelegt sind, den Kenntnissen, Fähigkeiten und Fertigkeiten einzelner Bewerber/-innen gegenüberzustellen und zu bewerten. Bei der Auswahl ist nicht nur die fachliche Kompetenz, sondern auch die soziale Kompetenz (z. B. Teamfähigkeit) zu berücksichtigen.

Beurteilungsunterlagen

Unterlagen bzw. Informationen, die zur Beurteilung herangezogen werden können:

- Bewerbungsschreiben
- Lebenslauf
- Schulzeugnisse
- Arbeitszeugnisse
- Referenzen
- Eignungstests
- Vorstellungsgesprächsnotizen
- Schriftgutachten
- ärztliche Untersuchungsergebnisse
- Zertifikate
- Beobachtungsprotokolle

Instrumente

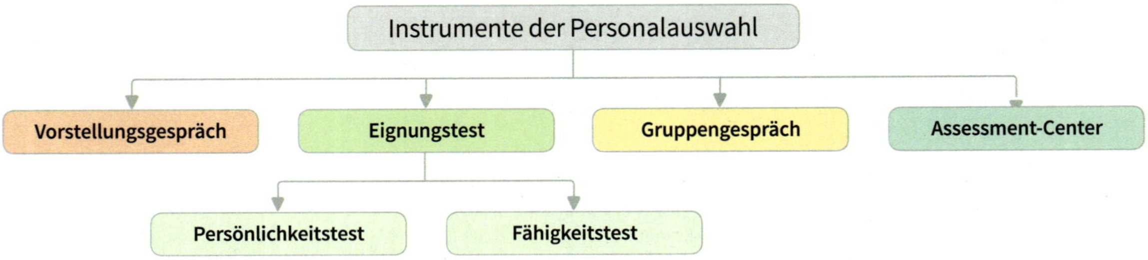

Um aus den nach einer Vorauswahl übrig gebliebenen Bewerbern die am besten für den zu besetzenden Arbeitsplatz geeignete Arbeitskraft zu ermitteln, gibt es verschiedene Instrumente:

Im **Vorstellungsgespräch** kann sich die Arbeitgeberseite einen Eindruck über die Kenntnisse und Fähigkeiten sowie die Persönlichkeitsstruktur des Bewerbers verschaffen. Der Bewerber erhält Informationen über den künftigen Arbeitsplatz und die Arbeitsbedingungen.

Eignungstests helfen dabei, die im Vorstellungsgespräch durch die Arbeitgeberseite gewonnenen Erkenntnisse zu erweitern. Die Eignungstests führen zu einer differenzierteren und besser begründeten Beurteilung des Bewerbers.

Bei den **Gruppengesprächen** diskutiert eine Gruppe von Bewerbern unter der Leitung eines Moderators und der Anwesenheit einiger Beobachter ein bestimmtes Thema. Verschiedene Eigenschaften der Bewerber (z. B. Umgangsformen, Auftreten, Kontaktfähigkeit) können so ermittelt werden.

Das **Assessment-Center** ist ein anspruchsvolles Personalauswahlverfahren. Beim klassischen Assessment-Center, das in der Regel in Gruppen durchgeführt wird, absolvieren die Bewerber verschiedene Übungen. Dabei werden deren Verhalten und deren Kompetenzen bewertet, um festzustellen, ob sie fachlich und charakterlich für die Stelle geeignet sind. Bei der Ausschreibung und Besetzung von Führungspositionen wird oft die Variante eines Einzel-Assessment-Centers angewandt.

Prozess der Personalauswahl

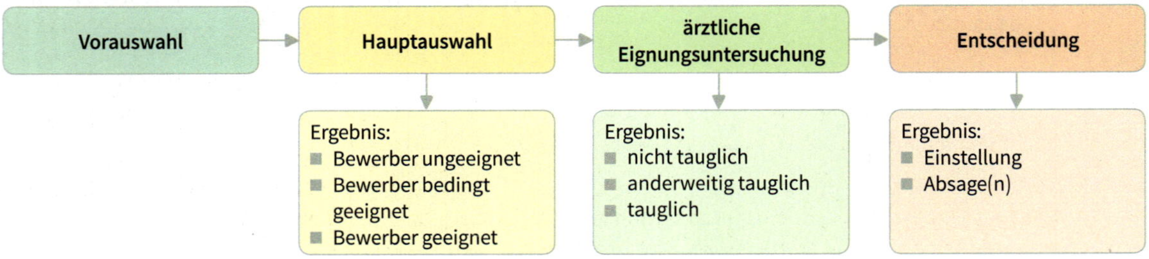

Personaleinstellung

Personnel placement

Überblick

Mit der Einstellung und dem damit verbundenen Abschluss eines Arbeitsvertrages wird ein Bewerber zum Mitarbeiter eines Unternehmens. Die rechtlichen Rahmenbedingungen sind in folgenden Gesetzen geregelt:

- Bürgerliches Gesetzbuch
- Betriebsverfassungsgesetz
- Mutterschutzgesetz
- Jugendarbeitsschutzgesetz
- Berufsbildungsgesetz
- Arbeitszeitordnung
- Bundesurlaubsgesetz
- Schwerbehindertengesetz (SGB)
- Wehrpflichtgesetz
- Arbeitsplatzschutzgesetz
- Kündigungsschutzgesetz
- Gewerbeordnung

Regelungen zum Arbeitsverhältnis enthalten darüber hinaus **Tarifverträge** zwischen Arbeitgeberverbänden und Gewerkschaften sowie **Betriebsvereinbarungen** zwischen Betriebsrat und Arbeitgeber. Auch die **Rechtsprechung** der Arbeitsgerichte regelt das Verhältnis zwischen Arbeitgebern und Arbeitnehmern aus dem Arbeitsvertrag.

Nach der Einstellung sind der neuen Mitarbeiterin bzw. dem neuen Mitarbeiter die Organisationsstruktur des Unternehmens, die Rahmenbedingungen und die Ziele, Aufgaben und Kompetenzen ihrer/seiner Stelle zu erläutern sowie die für ihre/seine Tätigkeit wichtigsten Personen vorzustellen.

Rechtliche Bestimmungen beim Abschluss eines Arbeitsvertrages

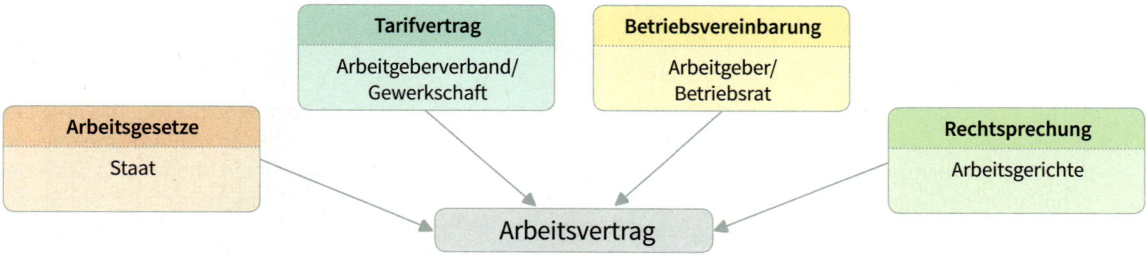

Mitwirkung des Betriebsrats

Nach § 99 BetrVG hat in Unternehmen mit in der Regel mehr als zwanzig Arbeitnehmern der Arbeitgeber den Betriebsrat vor jeder Einstellung über die geplante Maßnahme zu unterrichten. Ihm sind die erforderlichen Unterlagen vorzulegen und Auskunft über die geplante Maßnahme zu geben. Bei Einstellungen hat der Arbeitgeber insbesondere den in Aussicht genommenen Arbeitsplatz und die vorgesehene Eingruppierung mitzuteilen. Der Betriebsrat kann die Zustimmung verweigern, wenn …

- die personelle Maßnahme gegen ein Gesetz, eine Verordnung, eine Unfallverhütungsvorschrift, eine Bestimmung in einem Tarifvertrag oder Betriebsvereinbarung, eine gerichtliche Entscheidung oder eine behördliche Anordnung **verstoßen** würde.
- die personelle Maßnahme nach Verlangen des Betriebsrats **nicht** innerhalb des Betriebs **ausgeschrieben** wurde.
- die durch Tatsachen begründete Besorgnis besteht, dass durch die personelle Maßnahme im Betrieb beschäftigte Arbeitnehmer **gekündigt** werden **oder** ihnen **sonstige Nachteile** entstehen, ohne dass dies aus betrieblichen oder persönlichen Gründen gerechtfertigt ist.
- die Zustimmung des Betriebsrats zu den Richtlinien über die personelle Auswahl bei Einstellungen nicht eingeholt wurde.
- die durch Tatsachen begründete Besorgnis besteht, dass der für die personelle Maßnahme ausgewählte Bewerber den Betriebsfrieden durch **gesetzwidriges Verhalten** oder durch **grobe Verletzung** der Grundsätze für die Behandlung von Betriebsangehörigen stören werde. Nach § 75 Abs. 1 BetrVG hat jede unterschiedliche Behandlung von Personen wegen ihrer Abstammung, Religion, Nationalität, Herkunft, politischen oder gewerkschaftlichen Betätigung oder Einstellung oder wegen ihres Geschlechts oder ihrer sexuellen Identität zu unterbleiben.

Verweigert der Betriebsrat seine Zustimmung, kann der Arbeitgeber beim Amtsgericht beantragen, die Zustimmung zu ersetzen. (siehe auch S. 329)

Personaleinstellung *Personnel placement*

Abschluss des Arbeitsvertrages

Die rechtliche Grundlage für ein Arbeitsverhältnis ist ein **Arbeitsvertrag.** Der Arbeitsvertrag unterliegt zum Zeitpunkt des Abschlusses keinen gesetzlichen Formvorschriften. Wegen der Beweissicherung ist die Schriftform empfehlenswert.

Der Arbeitgeber ist nach dem Nachweisgesetz (NachwG) verpflichtet, die wesentlichen Bedingungen des Arbeitsvertrages spätestens nach einem Monat schriftlich niederzuschreiben und der Arbeitnehmerin bzw. dem Arbeitnehmer zu übergeben.

Diese Niederschrift muss enthalten:

- Namen und Anschriften der Vertragsparteien
- Beginn (bei befristeten Arbeitsverträgen auch Ende) des Arbeitsverhältnisses
- Arbeitsort
- Höhe des Arbeitsentgelts
- Arbeitszeit
- Urlaubsanspruch
- Kündigungsfristen
- Tätigkeitsbeschreibung
- Hinweise auf die dem Vertragsverhältnis zugrunde liegenden Tarifverträge sowie Dienst- und Betriebsvereinbarungen

Arbeitnehmerüberlassung

Bei der Arbeitnehmerüberlassung (auch: Zeitarbeit, Leiharbeit) wird ein Arbeitnehmer mit seinem Einverständnis von einem Arbeitsentleiher (z.B. Personalserviceunternehmen), in der Regel für einen bestimmten Zeitraum, an einen Arbeitsleiher ausgeliehen. Dabei wird der Arbeitsvertrag des Arbeitnehmers mit dem Entleiher abgeschlossen. Die Arbeitsleistung erbringt der Arbeitnehmer für den vereinbarten Zeitraum beim Arbeitsleiher. Das Arbeitsentgelt wird vom Arbeitsentleiher an den Arbeitnehmer gezahlt. Der Arbeitsleiher zahlt für die Überlassung des Arbeitnehmers an den Entleiher eine Leihgebühr. Die Rechte und Pflichten der Vertragspartner sind im Arbeitnehmerüberlassungsgesetz (AÜG) geregelt.

Rechte und Pflichten aus dem Arbeitsvertrag

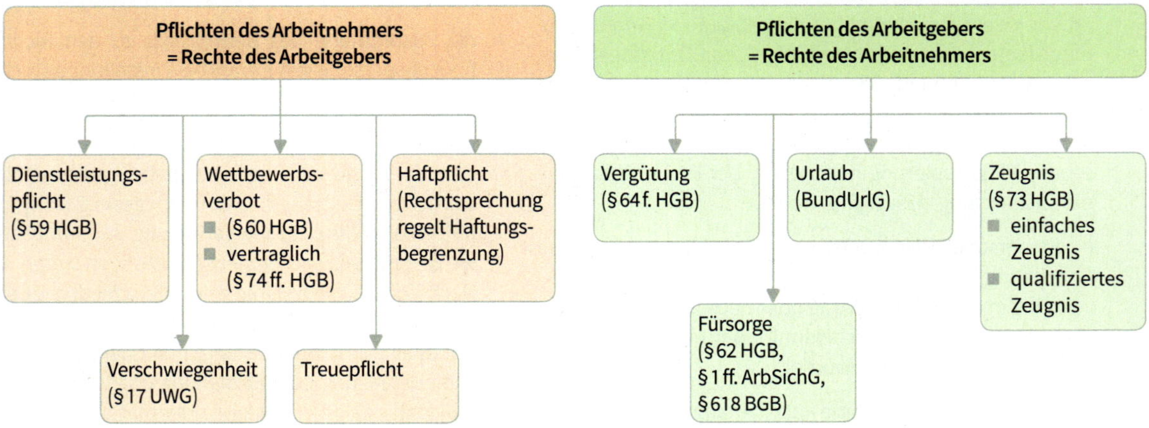

***Beispiel* eines Arbeitsvertrages**

Arbeitsvertrag

zwischen
OfficeCom KG, Braunschweig
im Folgenden „Arbeitgeber“

und

Karin Nagel
im Folgenden „Arbeitnehmerin“ genannt.

§ 1 Tätigkeit

Die Arbeitnehmerin wird zum 1. Juni 20.. als Sachbearbeiterin für den Einkauf – Büroartikel – eingestellt.

§ 2 Dauer des Arbeitsverhältnisses

Das Arbeitsverhältnis ist unbefristet.
Soweit das Arbeitsverhältnis nicht gekündigt wird, endet es mit Ablauf des Kalendermonats, in dem die Arbeitnehmerin in den Ruhestand eintritt.

§ 3 Probezeit

Die ersten drei Monate des Arbeitsverhältnisses gelten als Probezeit.

§ 4 Kündigung

Während der Probezeit kann das Arbeitsverhältnis von beiden Vertragsparteien mit einer Frist von zwei Wochen gekündigt werden. Nach Ablauf der Probezeit kann das Arbeitsverhältnis mit einer Frist von vier Wochen zum 15. oder zum Ende eines Monats gekündigt werden. Bei längerer Betriebszugehörigkeit gelten die verlängerten gesetzlichen Kündigungsfristen.

§ 5 Arbeitszeit

Die regelmäßige Arbeitszeit beträgt 38,5 Std. pro Woche. Beginn und Ende der Arbeitszeit richten sich nach den für den Betrieb geltenden tariflichen und betrieblichen Bestimmungen.

§ 6 Vergütung

Die Arbeitnehmerin erhält für ihre Tätigkeit nach den zurzeit geltenden tariflichen Bestimmungen für die Papier, Pappe und Kunststoffe verarbeitende Industrie ein monatliches Bruttogehalt von 2.300,00 €. Diese Vergütung wird entsprechend den tariflichen Abschlüssen angepasst.

§ 7 Urlaub

Pro Kalenderjahr erhält die Arbeitnehmerin einen Erholungsurlaub von 30 Arbeitstagen bezogen auf die Fünftagewoche. Der Zeitpunkt des Urlaubs ist mit der Unternehmensleitung abzustimmen.

§ 8 Schlussbestimmungen

Ergänzungen oder Nebenabreden bedürfen der Schriftform.
Ergänzend zu diesem Vertrag gelten die allgemeinen gesetzlichen Bestimmungen.

Braunschweig, 14. April 20..

i. A. Detlev Behrend — Karin Nagel

Arbeitgeber — Arbeitnehmerin

Personaleinsatz *Deployment of personnel*

Ziele und Aufgaben der Personaleinsatzplanung

Ziele
- Personalkostenminimierung
- hohe Arbeitsproduktivität
- hohe Arbeitsleistung
- Humanisierung der Arbeitsbedingungen

→ Aufgaben

kurzfristige Aufgaben

qualitative Zuordnung	quantitative Zuordnung
(auf jeden Arbeitsplatz die beste Arbeitskraft)	z. B. Personaleinsatzpläne

langfristige Aufgaben

qualitativ	quantitativ
Anpassung der Arbeitsplätze und -bedingungen	Personalbeschaffung
Anpassung der Fähigkeiten der Mitarbeiter	Personalfreisetzung

Personaleinsatzplanung

Methoden der Personaleinsatzplanung

Quantitative Zuordnung von Stellen und Arbeitskräften
Bei der quantitativen Zuordnung von Stellen und Arbeitskräften wird bestimmt, wie viele Mitarbeiter mit welcher Qualifikation wann und wo eingesetzt werden. Zu berücksichtigen sind dabei Fehlzeiten der Mitarbeiter durch Krankheit, Urlaub usw.

Qualitative Zuordnung von Stellen und Arbeitskräften
Hierbei sind zunächst die Anforderungen der Arbeitsplätze den Kenntnissen und Fähigkeiten der Mitarbeiter gegenüberzustellen. Anschließend ist eine optimale Zuordnung durch weitgehende Deckung der beiden Profile anzustreben. Bei einer größeren Abweichung besteht die Gefahr der Überforderung des einzelnen Mitarbeiters oder einer mangelhaften Nutzung seines Leistungspotenzials.

Qualitative Anpassung von Stellen und Arbeitskräften
- Die längerfristig angelegte Anpassung der Fähigkeiten der Mitarbeiter an die Anforderungen der Arbeitsplätze kann durch Personalentwicklungsmaßnahmen realisiert werden.
- Die längerfristig angelegte Anpassung der Anforderungen der Arbeitsplätze an die Fähigkeiten und Bedürfnisse der Mitarbeiter kann durch geeignete Arbeitsstrukturierungsmaßnahmen verwirklicht werden.

Arbeitsfeldstrukturierung

Arbeitsfeldstrukturierung

Arbeitsfeldverkleinerung

horizontale Arbeitsteilung
- Spezialisierung durch Reduzierung der Zahl der verschiedenen Arbeiten an einem Arbeitsplatz

vertikale Arbeitsteilung
- Spezialisierung durch Veränderung des Verhältnisses von Durchführungs- und Entscheidungsaufgaben

Arbeitsfeldvergrößerung (Humanisierung)

Arbeitsplatzwechsel (Jobrotation)
- Bisherigen Arbeitsinhalten werden neue hinzugefügt.

Aufgabenerweiterung (Jobenlargement)
- Den Mitarbeitern werden zusätzliche gleichartige Aufgaben zugewiesen.

Arbeitsbereicherung (Jobenrichment)
- Teilaufgaben verschiedener Stufen (z. B. Disposition, Durchführung, Kontrolle) werden zu einer neuen Aufgabe zusammengefasst.

Bildung autonomer Gruppen
- Ein Arbeitsprozess (z. B. Montage eines Getriebes) wird einer autonomen Arbeitsgruppe übertragen.

Personalbeurteilung *Personnel assessment*

Ziel der Personalbeurteilung

Ziel der Personalbeurteilung ist, die Entscheidungsgrundlage bei Lohnerhöhungen, bei Versetzungen, Beförderungen oder Kündigungen zu liefern. Außerdem ist eine als gerecht empfundene Personalbeurteilung ein wichtiges Instrument zur Steigerung der Motivation von Mitarbeitern. Die Beurteilungen sollten vergleichbar und möglichst objektiv, d.h. frei von persönlichen Ansichten, Gefühlen und Wertvorstellungen sein.

Arten

- **Summarische Beurteilung**
  Bei diesem Verfahren ist der Gesamteindruck der Mitarbeiterin/des Mitarbeiters entscheidend für die Beurteilung der Leistungsfähigkeit und Persönlichkeit. Es besteht die Gefahr einer subjektiven Beurteilung.
- **Analytische Beurteilung**
  Bei diesem Verfahren werden verschiedene Beurteilungskriterien (z.B. Fachkenntnisse, Arbeitsqualität) festlegt, die den Vorgesetzten eine objektivere Beurteilung der Mitarbeiter/-innen ermöglichen.

Analytischer Beurteilungsbogen

Beispiel:

Personalbeurteilungsbogen

Name: Jens König Abteilung: Verkauf

Beurteilungskriterien	liegt über den Erwartungen 4	entspricht den Erwartungen voll 3	entspricht den Erwartungen im Wesentlichen 2	entspricht den Erwartungen nicht 1	Punkte
Fachkenntnisse		3			3
Arbeitsleistung:					
▪ Arbeitsqualität			2		2
▪ Arbeitsschnelligkeit				1	1
▪ Arbeitssorgfalt	4				4
▪ Arbeitseinsatz		3			3
Verhalten:					
▪ gegenüber Vorgesetzten		3			3
▪ gegenüber Kollegen			2		2
Belastbarkeit				1	1
Kommunikationsfähigkeit	4				4
				Summe:	23
				Prozent:	64

Mitarbeiter/-in: Jens König Vorgesetzte/-r: Hans Schmitz

Datum: 20.05.20.. Datum: 20.05.20..

Personalentwicklung

Personnel development

Begriff

Unter dem Begriff **Personalentwicklung** werden alle Maßnahmen zusammengefasst, die die individuelle Entwicklung der Mitarbeiter fördern und ihnen unter Berücksichtigung ihrer persönlichen Wünsche und Interessen die Qualifikationen vermitteln, die zur optimalen Erfüllung ihrer Aufgaben nötig sind.

Ziele

aus der Sicht des Unternehmens

- flexibel agierende und reagierende Mitarbeiter
- aufgabengerechter Einsatz der Mitarbeiter entsprechend ihrer persönlichen und fachlichen Fähigkeiten
- wachsende Fähigkeit der Mitarbeiter, die immer komplexer werdenden Aufgaben in der betrieblichen Praxis zu erfüllen
- Schaffung einer Unternehmenskultur
- Verbesserung der Handlungsorientierung und der Selbstorganisation der Mitarbeiter
- Förderung der Bereitschaft der Mitarbeiter, neuen Entwicklungen positiv gegenüberzustehen
- Verbesserung der Fähigkeit der Mitarbeiter, das Lernen zu lernen

aus der Sicht der Mitarbeiter/-innen

- Aufgabenstellungen, die die individuellen Einsatzwünsche berücksichtigen
- Zufriedenheit am Arbeitsplatz
- Möglichkeit zur Fort- und Weiterbildung entsprechend der eigenen Vorstellungen
- Abbau von Über- oder Unterforderungen am Arbeitsplatz

Arten

Personalentwicklung

- **berufsvorbereitende Personalentwicklung**
  - **Berufsausbildung**
  - **Anlernung**
  - **Betriebliches Praktikum**
  - **Einführung von Hochschulabsolventen** – „Training on the job“ für Berufseinsteiger
- **berufsbegleitende Personalentwicklung**
  - **Anpassungsfortbildung** – Einführung, Reaktivierung
  - **Aufstiegsfortbildung** – Jobenlargement, Jobenrichment, Nachfolge-Laufbahnplanung
  - **Ergänzungsfortbildung** – Weiterbildung
- **berufsverändernde Personalentwicklung**
  - **Umschulung**
  - **Rehabilitation**

Personalentwicklung *Personnel development*

Inhalt

Inhalt der Personalentwicklung

Wissen	Können	Einstellung (Verhalten)
▪ tätigkeitsspezifisches Wissen	▪ manuelles Können	▪ Arbeitsverhalten
▪ tätigkeitsungebundenes Wissen	▪ geistiges Können	▪ Sozialverhalten

vgl.: Jung, Hans: Allgemeine Betriebswirtschaftslehre, a. a. O., Seite 899

Methoden

on the job → am Arbeitsplatz

- Systematische Vermittlung von Fertigkeiten für die Ausführung einzelner Arbeitsschritte. Der Lernvorgang erfolgt hierbei in genau festgelegten Lernschritten.
  Der formale Ablauf einer Unterweisung gliedert sich z. B. in folgende vier Stufen:
  - Vorbereitung
  - Vorführung und Erklärung durch den Unterweisenden
  - Ausführung durch die Lernende bzw. den Lernenden
  - Übung
- Anleitung und Beratung durch die vorgesetzten Stellen
- Mitarbeiter erhalten die Möglichkeit, durch ständigen Arbeitsplatzwechsel (Jobrotation) neue Aufgabengebiete kennenzulernen.
- Übertragung von mehr Kompetenzen und weiteren Aufgaben
- Arbeitsplatzorientierte Weiterbildungsmaßnahmen, z. B. Weiterbildungskonzeption für IT-Berufe

off the job → außerhalb des Arbeitsplatzes

- Die Mitarbeiter bzw. Auszubildenden erarbeiten sich im Selbststudium den Lehrstoff in kleinen Lernsequenzen mit ständiger Kontrolle über den Lernfortschritt.
- Ein Vortragender hält vor einer größeren Anzahl von Mitarbeitern bzw. Auszubildenden eine Vorlesung.
- Bei der Konferenzmethode werden die Mitarbeiter bzw. Auszubildenden aktiv im Rahmen einer Diskussion beteiligt.
- Fort- und Weiterbildungsmaßnahmen unter Einsatz der Fallmethode, des Rollenspiels und des Planspiels
- Mithilfe gruppendynamischer Methoden kann den Teilnehmern bewusst gemacht werden, wie sie auf andere Teilnehmer wirken und welche Reaktionen sie bei Kritik durch die anderen Teilnehmer zeigen.
- Assessment-Center können auch im Rahmen der Personalentwicklung eingesetzt werden. Konstruktive Kritik in Form von Rückkopplungsgesprächen und abschließenden Gutachten bietet den Teilnehmern Gelegenheit, ein realistisches Selbstbild zu entwickeln.

Personalförderung

Zur Personalentwicklung gehören Maßnahmen der persönlichen und beruflichen Förderung des Personals, die insbesondere Veränderungen des Arbeitsplatzes und der Arbeitsinhalte betreffen. In einem Personalgespräch können z. B. zusammen mit den Mitarbeitern der Förderungsbedarf und die Förderungsmöglichkeiten ermittelt werden. Anschließend sind die Förderungsmaßnahmen zu planen und durchzuführen.

Maßnahmen zur Personalförderung

- **Coaching**
  Dabei werden die Mitarbeiter durch Vorgesetzte und/oder Berater persönlich und fachlich bei der Bewältigung von arbeitsplatzspezifischen Problemstellungen beratend unterstützt.
- **Outdoortraining**
  Zur Förderung der Sozialkompetenz und der Teamfähigkeit der Mitarbeiter ist das Outdoortraining geeignet. Zum Beispiel müssen die Teilnehmer in Gruppen anspruchsvolle Aufgaben in einem Hochseilgarten, die von einem Trainer gestellt werden, lösen.
- **Mentoring**
  Beim Mentoring gibt ein berufserfahrener Mitarbeiter (Mentor) seine erworbenen Fachkenntnisse, Fertigkeiten und Erfahrungen an einen noch unerfahrenen Mitarbeiter weiter. Der Mentor übernimmt dabei die Rolle eines Ratgebers bzw. Beraters.
- **Traineeprogramme**
  Üblicherweise werden Nachwuchsmitarbeiter (z. B. neu eingestellte Hochschulabsolventen) oft in Gruppen über einen längeren Zeitraum durch das Absolvieren spezieller Förderprogramme auf Führungsaufgaben vorbereitet.

Definitionen und Bedeutung des Lohns

- Allgemein kann **Lohn** als Entgelt für die Leistung der Mitarbeiter definiert werden und bezeichnet den Betrag, den der Arbeitgeber aufgrund eines geschlossenen Arbeitsvertrages seinem Mitarbeiter schuldet.
- Synonym werden für das Arbeitsentgelt auch die Begriffe Entlohnung, Vergütung, Salär, Lohn und Gehalt verwendet.
- Historisch wurde das Arbeitsentgelt in **Lohn** (Entgelt für Arbeiter) und **Gehalt** (Entgelt für Angestellte) unterteilt. Diese Unterscheidung ist heute noch anzutreffen, wenn mit dem Begriff „Gehalt" ein feststehender monatlicher Geldbetrag gemeint ist und der Begriff „Lohn" bei der Berechnung des Arbeitsentgeltes auf Stundenbasis verwendet wird.
- Das Arbeitsentgelt kann als **geldliche Leistung** oder als **geldwerte Leistung** (z. B. in Form von privat nutzbaren Dienstwagen oder Handys) gezahlt werden.
- Aus der Sicht eines Unternehmens können **Entgeltzahlungen als Preis für den Einsatz des Produktionsfaktors Arbeit** aufgefasst werden. Sie stellen **Kosten** (Personalkosten) dar. Für den Arbeitnehmer sind Entgeltzahlungen eine wesentliche Grundlage für seine Existenz.
- Da die Entlohnung für den Mitarbeiter einen starken Motivationsfaktor darstellt, ist eine als **gerecht empfundene Entlohnung** anzustreben. Problematisch erweist sich, dass kein objektiver Maßstab für eine gerechte Entlohnung existiert.

Übersicht über wichtige Lohnformen

Lohnformen			
Zeitlohn		Leistungslohn	
Lohn	Gehalt	Akkordlohn (Zeit- und Stückakkord)	Prämienlohn

8

Zeitlohn und Prämienlohn

Grundlage für die Berechnung des Zeitlohns ist die im Unternehmen verbrachte Zeit. Der Zeitlohn kann als Gehalt (Arbeitsentgelt = vereinbarter Monatslohn) oder als Lohn (Arbeitsentgelt = Stundenlohn · Arbeitsstunden) berechnet werden. Häufig wird der Zeitlohn mit einer Leistungszulage (siehe Prämienlohn) kombiniert.

Der Prämienlohn besteht aus einem Grundlohn und aus der Prämie. Die Prämienzahlungen sind an das Erreichen quantitativer (z. B. Überschreiten einer bestimmten Produktionsmenge) oder qualitativer Vorgaben (z. B. Einhaltung von Terminen) gebunden. Der Prämienlohn wird gezahlt, wenn zusätzlich zum Zeitlohn Leistungsanreize geschaffen werden sollen.

Leistungslohn – Begriff und Bedeutung

- Beim Leistungslohn (Akkordlohn) wird eine Übereinstimmung zwischen erbrachter Leistung und der entsprechenden Entlohnung angestrebt. Deshalb ist die Berechnungsgrundlage beim Leistungslohn die mengenmäßig geleistete Arbeit, die innerhalb eines bestimmten Zeitraums erbracht wird.
- Der Leistungslohn besteht aus dem Mindestlohn (Akkordgrundlohn) und einem Akkordzuschlag, der i. d. R. 10–25 % des Mindestlohns beträgt.
- Der Arbeitnehmer kann bei der Berechnung eines Leistungslohns durch eine Erhöhung seiner Arbeitsleistung auch sein Arbeitsentgelt erhöhen.

Beteiligungslohn – Begriff und Bedeutung

Die Unternehmer erhalten einen Gewinnanteil vor allem als Entgelt für die eigene Arbeit im Unternehmen (Unternehmerlohn), als Verzinsung ihrer Kapitaleinlage und Risikoprämie. An dem noch übrig bleibenden Restgewinn (Residualgewinn) sollen nicht nur die Unternehmer, sondern auch die Arbeitnehmer beteiligt werden.

Individualbeteiligung	Kollektivbeteiligung
▪ Die Mitarbeiter werden mit Barzahlungen am Gewinn beteiligt. ▪ An die Mitarbeiter werden z. B. Belegschaftsaktien ausgegeben.	▪ Der Gewinnanteil für die Mitarbeiter wird in kollektive, d. h. der gesamten Belegschaft zugutekommende Einrichtungen investiert (z. B. Rentenkasse).

Einkunftsarten

Einkunftsarten nach § 2 Absatz 1 Einkommensteuergesetz (EStG)

- Einkünfte aus Land- und Forstwirtschaft (Obstanbau, Weinanbau, Teichwirtschaft)
- Einkünfte aus selbstständiger Arbeit (Ärzte Rechtsanwälte)
- Einkünfte aus Vermietung und Verpachtung (Grundstücke, Gebäude)
- Einkünfte aus Kapitalvermögen (Zins, Dividende)
- sonstige Einkünfte (Leibrenten, Unterhaltszahlungen, Spekulationsgewinne)
- Einkünfte aus nichtselbstständiger Arbeit (Löhne)
- Einkünfte aus Gewerbebetrieb (gewerbliche Unternehmen, Gewinnanteile OHG)

Alle diese Einkunftsarten unterliegen nach dem EStG der Einkommensteuerpflicht.

Ermittlung der Steuerschuld

Die Einkommensteuerschuld eines Arbeitnehmers ist abhängig vom …

- **zu versteuernden Einkommen**
- **Steuertarif**

Berechnung des zu versteuernden Einkommens eines Arbeitnehmers

Das zu versteuernde Einkommen berechnet sich wie folgt:

	Jährliches Bruttoarbeitsentgelt
–	Werbungskosten
–	Sonderausgaben
–	außergewöhnliche Belastungen
=	zu versteuerndes Einkommen

Werbungskosten

Kosten, die als Folge der Berufsausübung entstehen

Entstehen nur geringe Werbungskosten, müssen diese dem Finanzamt nicht nachgewiesen werden. Es nimmt von sich aus für jeden Arbeitnehmer/jede Arbeitnehmerin im Jahr einen Pauschbetrag von 1.000,00 € an (Stand: 2015). Dieser Betrag wird als sogenannter Arbeitnehmer-Pauschbetrag automatisch vom Finanzamt berücksichtigt.

Beispiele:

- Aufwendungen für Fahrten zwischen Wohnung und Arbeitsstätte mit 0,30 € je Entfernungskilometer (Entfernungskilometer: nur eine Fahrstrecke)
- Arbeitskleidung
- Gewerkschaftsbeiträge
- Fortbildungskosten in einem ausgeübten Beruf
- Aufwendungen für Arbeitsmittel, u. a. Fachliteratur

Berechnungsbeispiel: Werbungskosten

Die Arbeitnehmerin Hanna Braun (Steuerklasse I) erzielte einen Jahresbruttolohn von 20.000,00 €. Hanna Braun hat ein eigenes Auto, mit dem sie fünfmal pro Woche zur Arbeit fährt. Im Jahr sind das 250 Arbeitstage. Im betreffenden Kalenderjahr hatte Frau Braun 30 Arbeitstage Urlaub und an 5 Arbeitstagen lag Arbeitsunfähigkeit aufgrund von Krankheit vor.

Frau Braun legte bis zu ihrer Arbeitsstelle 20 Entfernungskilometer zurück. Für Arbeitsmittel (Fachbücher, Fachzeitschriften) hatte Frau Braun im Jahr 325,00 € ausgegeben.

An Werbungskosten sind entstanden:

■ die Fahrtkosten zur Arbeit 215 · (20 · 0,30 €)	=	1.290,00 €
■ Arbeitsmittel	=	325,00 €
Summe der Werbungskosten		1.615,00 €

Sonderausgaben

Aus sozialen Gründen lässt der Gesetzgeber zu, dass bestimmte private Ausgaben bei der Berechnung des zu versteuernden Einkommens abgezogen werden dürfen. Diese Ausgaben werden nur bis zu bestimmten Höchstgrenzen vom Finanzamt anerkannt.

Bei den Sonderausgaben gibt es verschiedene Pauschbeträge. Liegen die Sonderausgaben unter dem jeweiligen Pauschbetrag, wird dieser Pauschbetrag automatisch vom Finanzamt berücksichtigt.

Beispiele:

- Vorsorgeaufwendungen wie (Sozial-)Versicherungsbeiträge
- Unterhaltsleistungen, z. B. an den geschiedenen Ehegatten
- übrige Sonderausgaben wie Kirchensteuer, Spenden, Ausbildungskosten in einem nicht ausgeübten Beruf

Außergewöhnliche Belastungen

Eine außergewöhnliche Belastung eines Steuerpflichtigen liegt dann vor, wenn er zwangsläufig größere Aufwendungen hat als die überwiegende Mehrzahl der Steuerpflichtigen gleicher Einkommensverhältnisse; auch hier sind Höchstgrenzen zu beachten.

Beispiele:
- Aufwendungen wegen Betreuung von behinderten Kindern
- Aufwendungen für die auswärtige Unterbringung von Kindern

Berechnungsbeispiel: zu versteuerndes Einkommen

	Jährliches Bruttoarbeitsentgelt	20.000,00 €	
–	Werbungskosten	1.615,00 €	(Fahrtkosten, Arbeitsmittel)
–	Sonderausgaben	700,00 €	(Sozialversicherungsbeiträge)
–	außergewöhnliche Belastung	800,00 €	(auswärtige Unterbringung einer Tochter)
=	zu versteuerndes Einkommen	16.885,00 €	

Steuertarif

Wie hoch das zu versteuernde Einkommen **besteuert wird**, ergibt sich aus **dem Steuersatz**, dem sogenannten **Einkommensteuertarif**. Dabei muss der Gesetzgeber die Leistungsfähigkeit eines jeden Steuerpflichtigen berücksichtigen.

Berücksichtigung der Leistungsfähigkeit des Steuerpflichtigen …

durch den Grundfreibetrag

Der Grundfreibetrag als steuerliches „Existenzminimum“ wird nicht besteuert. Nur der Teil des Einkommens, der den Grundfreibetrag übersteigt, unterliegt der Steuerpflicht.

durch die **progressive Besteuerung**

Unter **progressiver Besteuerung** wird die Tatsache verstanden, dass mit zunehmender Höhe des zu versteuernden Einkommens auch die prozentuale Steuerbelastung steigt.

Einkommensteuertarif ab 2018 für ledige Steuerpflichtige

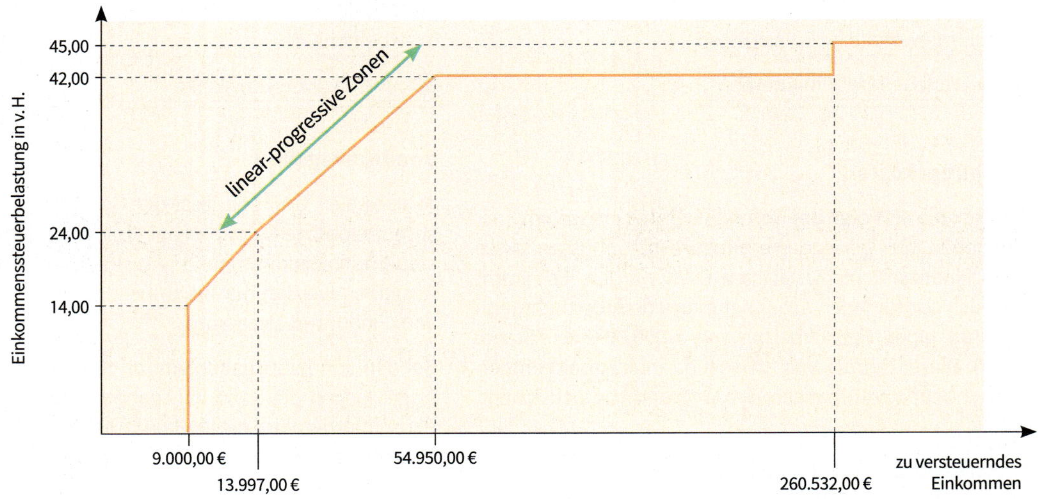

Für Verheiratete verdoppeln sich die relevanten Werte.

Einkommen-/Lohnsteuer *Income-tax assessment*

Lohnsteuerklassen

Die Steuerschuld hängt nur von der Höhe des zu versteuernden Einkommens und dem Steuertarif ab. Am Ende eines Kalenderjahres stellt das Finanzamt im Rahmen der Einkommensteuerveranlagung das zu versteuernde Einkommen und anhand des Steuertarifs die Steuerschuld fest. Der Arbeitgeber ist verpflichtet, für den Arbeitnehmer monatlich die Lohnsteuer ans Finanzamt zu überweisen.

Hatte der steuerpflichtige Arbeitnehmer im Laufe des Kalenderjahres zu viel an Lohnsteuer bezahlt, bekommt er diesen Teil auf Antrag erstattet. Mit dem Instrument der **Steuerklassen** hat der Gesetzgeber dem steuerpflichtigen Arbeitnehmer die Möglichkeit gegeben, durch bestimmte steuermindernde Tatbestände wie **Familienstand/Anzahl von Kindern** die Höhe der monatlichen Lohnsteuerabzüge zu verringern. Dadurch soll erreicht werden, dass diese Tatbestände schon beim monatlichen Steuerabzug berücksichtigt werden.

Steuerklassen	Zuordnung der Arbeitnehmer
I	nicht verheiratete Arbeitnehmer, verwitwete Arbeitnehmer, geschiedene Arbeitnehmer, verheiratete Arbeitnehmer, die ständig getrennt leben
II	Arbeitnehmer der Steuerklasse I mit mindestens einem Kind, wenn ihnen der Entlastungsbeitrag für Alleinerziehende von 1.308,00 € zusteht.
III	verheiratete Arbeitnehmer, deren Ehegatte keinen Arbeitslohn bezieht bzw. verheiratete Arbeitnehmer, deren Ehegatte Arbeitsentgelt bezieht und nach Steuerklasse V besteuert wird
IV	verheiratete Arbeitnehmer, wenn beide Ehepartner Arbeitslohn beziehen
V	für in Steuerklasse IV aufgeführte Arbeitnehmer, wenn ein Ehegatte in Klasse III eingereiht ist
VI	für ein zusätzliches Arbeitsverhältnis

Anmerkung:
Sind beide Ehepartner berufstätig, können sie die folgenden Steuerklassenkombinationen wählen:

- Beide wählen die Steuerklasse IV. Das werden sie dann tun, wenn beide etwa gleich viel verdienen.
- Wählt ein Ehepartner die Steuerklasse III, muss der andere nach Steuerklasse V besteuert werden. Diese Kombination wird i. d. R. gewählt, wenn die Arbeitsverdienste unterschiedlich hoch sind. Um die monatliche Steuerbelastung so gering wie möglich zu halten, wird der Ehepartner mit dem höheren Einkommen die Steuerklasse III wählen.

Versicherungen *Insurances*

Merkmale jeder Versicherung

Risiko	Die Gefahr, dass ein negatives Ereignis eintritt, von dem niemand weiß, ob/wann es geschieht.
Risiko-/Gefahren-gemeinschaft	Der Zusammenschluss einer größeren Zahl von Menschen, die von dem/der gleichen Risiko/Gefahr bedroht sind. Das Risiko wird auf viele Schultern verteilt.
Versicherungsfall	Ein genau definiertes Ereignis, das die Leistungspflicht hervorruft.
Prämie/Beitrag	Der Preis dafür, dass im Versicherungsfall der Bedarf/Schaden gedeckt wird.
Rechtsanspruch	Im Versicherungsfall hat jedes Mitglied der Risiko-/Gefahrengemeinschaft einen einklagbaren Anspruch auf Ersatz des Schadens.

Versicherungen

Insurances

Einordnung der Versicherungsarten

Versicherungen aufgrund eines Vertrages (Individualversicherung)

Der Versicherte und das Versicherungsunternehmen einigen sich im Rahmen der Vertragsfreiheit auf Versicherungsverträge.

Beispiele: Lebensversicherung, Hausratversicherung, Haftpflichtversicherung, private Krankenversicherung, Betriebsunterbrechungsversicherung

Versicherung kraft Gesetzes (gesetzliche Sozialversicherung)

Diese **Versicherungspflicht** ist unabhängig vom Willen der Beteiligten. Sie kann weder schriftlich noch mündlich ausgeschlossen werden.
Es gibt folgende gesetzliche Sozialversicherungen:

- Krankenversicherung
- Arbeitslosenversicherung
- Rentenversicherung
- Pflegeversicherung
- Unfallversicherung

Gründe für die Versicherungspflicht

Arbeitnehmer/-innen sind besonders schutzbedürftig. Sie sollen durch die Versicherungspflicht Mitglieder einer Risiko-/Gefahrengemeinschaft (**Solidargemeinschaft**) werden, die dem Einzelnen eine gewisse **soziale Sicherheit**, z. B. bei Krankheit, Alter, Arbeitsunfall, Arbeitslosigkeit oder Pflegebedürftigkeit gewährt.

Gesetzliche Versicherungen

Statutory insurances

8

Grundprinzipien der gesetzlichen Sozialversicherungen

Vorbemerkungen:

Informationen zur

- Beitragsberechnung in der Krankenversicherung (KV), Pflegeversicherung (PV), Rentenversicherung (RV), Arbeitslosenversicherung (ALV)
- Beitragsaufbringung in KV, PV, RV und ALV
- Beitragsbemessungsgrenzen in KV, PV, RV und ALV
- Versicherungspflichtgrenze in der KV und PV

siehe S. 327 Lohn- und Gehaltsabrechnung.

- **Versicherter Personenkreis:**
  Grundsätzlich sind alle Arbeitnehmer/-innen (Arbeiter, Angestellte, Auszubildende) in der gesetzlichen Sozialversicherung pflichtversichert. Beamte gehören nicht zum hier versicherten Personenkreis. Arbeitnehmer, die oberhalb der Versicherungspflichtgrenze verdienen, können sich in Kranken- und Pflegeversicherung von der Versicherungspflicht befreien lassen.

  Besonderheiten in der Unfallversicherung:
  In der gesetzlichen Unfallversicherung sind neben den Arbeitnehmern noch verschiedene andere Personenkreise pflichtversichert, wie Schüler, Kindergartenkinder, Blutspender, Nothelfer bei Unfällen.

- **Umlageverfahren:**
  Die Sozialversicherungen verwenden die laufenden Einnahmen für die laufenden Ausgaben. Sie leben sozusagen **„von der Hand in den Mund“.**

  Da bei rückläufigem Beitragseingang oder unerwartetem Ansteigen der Ausgaben (z. B. Auftreten einer Epidemie) die Leistungsfähigkeit der gesetzlichen Versicherung sofort gefährdet wäre, hat jeder gesetzliche Versicherungsträger zum Ausgleich von Einnahme- und Ausgabenschwankungen eine **Schwankungsreserve** und **Rücklagen** bereitzuhalten.

- **Solidaritätsprinzip in den gesetzlichen Sozialversicherungen:**
  Solidaritätsprinzip bedeutet, dass
  - jedes Mitglied z. B. der gesetzlichen Krankenversicherungen unabhängig von Alter, Geschlecht oder Gesundheitszustand einen prozentual gleichen Beitrag von seinem Bruttoarbeitsentgelt zahlt und
  - unabhängig von der Höhe der Beitragszahlung einen Anspruch auf die gleichen medizinischen Leistungen hat.

- **Äquivalenzprinzip in den gesetzlichen Sozialversicherungen:**
  Nach dem Äquivalenzprinzip besteht ein Zusammenhang zwischen Beitragshöhe und Leistungshöhe, d. h. je höher die Beiträge, desto höher die Leistungen. Das Äquivalenzprinzip gilt in der Sozialversicherung lediglich bei Geld- und Einkommensersatzleistungen (Renten, Arbeitslosengeld, Krankengeld).

Gesetzliche Krankenversicherung

Statutory health insurance

- **Träger:** zum Beispiel Ortskrankenkassen, Betriebskrankenkassen, Innungskrankenkassen, Ersatzkassen
- **Leistungsfälle:** zum Beispiel Krankheit oder Schwangerschaft
- **Leistungen:** zum Beispiel ärztliche und zahnärztliche Behandlungen, Krankengeld, Rehabilitationskuren, Arzneimittel

Alle Leistungen der gesetzlichen Krankenversicherung (nicht jedoch das Krankengeld) können grundsätzlich im Rahmen der **Familienversicherung** von den Ehegatten und den Kindern des Stammversicherten beansprucht werden. Unter „Familienversicherung" wird die beitragsfreie Mitversicherung von Familienangehörigen (z.B. Ehepartner und Kinder, sofern sie ein bestimmtes monatliches Gesamteinkommen nicht erreichen) verstanden.

***Beispiel* zur Berechnung von Krankengeld:**
Die versicherungspflichtige Industriekauffrau Schmidt (Monatsentgelt 2.100,00 € brutto/1.200,00 € netto/keine Einmalzahlungen wie Weihnachtsgeld, Urlaubsgeld) ist seit dem 2. März erkrankt. Erst nach Entgeltfortzahlung von sechs Wochen durch den Arbeitgeber wird Krankengeld gezahlt. Das Krankengeld wird für Kalendertage bezahlt. Es beträgt 70 % vom täglichen Bruttoarbeitsentgelt, darf aber 90 % des täglichen Nettolohnes nicht übersteigen, das heißt:

$$X_B = \frac{2.100,00 \cdot 70}{30 \cdot 100} = 49,00 \qquad X_N = \frac{1.200,00 \cdot 90}{30 \cdot 100} = 36,00$$

Das Krankengeld beträgt also kalendertäglich 36,00 €.

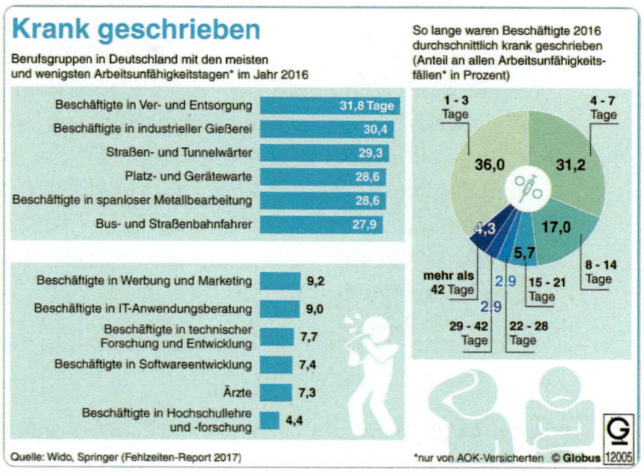

Gesetzliche Pflegeversicherung

Statutory nursing insurance

- **Träger:**
  Die bei den jeweiligen Krankenkassen errichteten Pflegekassen.
- **Leistungsfall:**
  Maßgeblich für das Vorliegen von Pflegebedürftigkeit sind Beeinträchtigungen in den nachfolgenden sechs Bereichen:

  - Mobilität
  - Kognitive und kommunikative Fähigkeiten
  - Verhaltensweisen und psychische Problemlagen
  - Selbstversorgung
  - Umgang mit Krankheit
  - Gestaltung des Alltagslebens

Es gibt 5 Pflegegrade. Sie werden durch pflegefachlich begründete Begutachtungsinstrumente ermittelt.

Pflegegrad 1 bedeutet: geringe Beeinträchtigung der Selbstständigkeit
Pflegegrad 5 bedeutet: schwerste Beeinträchtigung der Selbstständigkeit mit besonderen Anforderungen an die pflegerische Versorgung

Übersicht über die wichtigsten Geldleistungen der PV (ab 2017)

Pflegegradstufen	Zuschuss für pflegende Angehörige, Nachbarn, Freunde (Pflegepersonen) monatlich	Übernahme der Kosten für ambulante Pflegedienste (Sachleistungen) monatlich
Pflegegrad 1	–	125,00 €
Pflegegrad 2	316,00 €	689,00 €
Pflegegrad 3	545,00 €	1.298,00 €
Pflegegrad 4	728,00 €	1.612,00 €
Pflegegrad 5	901,00 €	1.995,00 €

Gesetzliche Unfallversicherung *Statutory accident insurance*

- **Versicherte**
In der Unfallversicherung sind neben den Arbeitnehmern noch verschiedene andere Personenkreise pflichtversichert, z. B. Schüler, Kindergartenkinder, Blutspender, Nothelfer bei Unfällen.

- **Beitragsberechnung in der gesetzlichen Unfallversicherung für Arbeitnehmer**
Die Beiträge der Unfallversicherung sind unter anderem abhängig von der **Lohnhöhe** des Arbeitnehmers/der Arbeitnehmerin und der **Gefahrenklasse des Unternehmens**, d.h. von der Unfallwahrscheinlichkeit des Berufes. So beträgt die Gefahrenklasse innerhalb der Verwaltungsberufsgenossenschaft für den Bereich „Information, Kommunikation und Medien" 0,46. Die Gefahrenklasse der bezahlten Sportler der Fußballbundesliga, (Verwaltungsberufsgenossenschaft) wird auf 58,43 festgelegt.

- **Träger:** zum Beispiel Berufsgenossenschaften, Gemeindeunfallversicherungsverbände

- **Leistungsfälle:** zum Beispiel Arbeitsunfall infolge der versicherungspflichtigen Beschäftigung, Wegeunfall (Unfälle auf dem unmittelbaren Weg nach und von dem Ort der Tätigkeit), Berufserkrankungen. Der Besuch von Kindergärten und Schulen ist der beruflichen Tätigkeit gleichgestellt.

- **Leistungen:** zum Beispiel Maßnahmen zur Verhütung von Arbeitsunfällen, Berufsförderung zur Wiederherstellung der Erwerbsfähigkeit, Renten wegen Minderung der Erwerbsfähigkeit

Beispiel: Liegt ein Arbeitsunfall vor?
Ein kaufmännischer Angestellter isst in der Betriebskantine. Er verschluckt einen Kotelettknochen und verletzt sich an der Speiseröhre.

Ein Arbeitsunfall im Sinne der gesetzlichen Unfallversicherung liegt unter anderem dann vor, wenn zwischen der versicherten Beschäftigung als kaufmännischer Angestellter und dem Verschlucken des Knochens ein Zusammenhang besteht.

Es liegt **kein Arbeitsunfall** vor, da der Angestellte sich in seiner Arbeitspause beim Essen, also einer privaten, eigenwirtschaftlichen Verrichtung verschluckte, die nichts mit seiner versicherungspflichtigen Beschäftigung zu tun hat. Die notwendigen ärztlichen Leistungen müssen von der gesetzlichen Krankenversicherung übernommen werden.

Gesetzliche Arbeitslosenversicherung und Grundsicherungsleistungen *Statutory unemployment insurance according to German Labour Promotion Act*

- **Träger:** zum Beispiel Arbeitsagenturen

- **Leistungsfälle:** zum Beispiel Berufslosigkeit, Arbeitslosigkeit

- **Leistungen:** zum Beispiel
  - Berufsberatung
  - Arbeitsvermittlung
  - Insolvenzausfallgeld
  - Maßnahmen zur Erhaltung und Schaffung von Arbeitsplätzen
  - Kurzarbeitergeld
  - Arbeitslosengeld I

- **Voraussetzungen für den Erhalt von Arbeitslosengeld I**
Der Versicherte muss ...
  1. arbeitslos sein,
  2. sich arbeitslos gemeldet haben,
  3. objektiv und subjektiv dem Arbeitsmarkt zur Verfügung stehen, d. h., er muss arbeiten wollen und arbeiten dürfen,
  4. einen Antrag gestellt haben,
  5. die Anwartschaftzeit erfüllt haben, d. h., er muss mindestens ein Jahr lang Beiträge in die Arbeitslosenversicherung gezahlt haben,
  6. jünger als 65 Jahre alt sein.

- **Dauer des Arbeitslosengeldbezuges I**
Die Dauer des Arbeitslosengeldbezuges ist abhängig
  1. von der Dauer der Beitragszahlung in die Arbeitslosenversicherung und
  2. vom Lebensalter des Arbeitslosen.

  Arbeitslosengeld wird grundsätzlich auf die Dauer von 12 Monaten begrenzt. Arbeitslose ab 50 Jahren können maximal 15 Monate Arbeitslosengeld I (ALG I) erhalten, ab 55 Jahren maximal für 18 Monate, über 58-Jährige haben einen Anspruch von maximal 24 Monaten.

- **Höhe des Arbeitslosengeldes I**
Die Höhe des Arbeitslosengeldes beträgt, wenn der Arbeitslose für mindestens **ein Kind** unterhaltspflichtig ist, **67 %** vom monatlichen Nettolohn. Muss der Betroffene **kein Kind** unterhalten, beträgt sein Arbeitslosengeld **60 %** vom monatlichen Nettolohn.

Bei dem Arbeitslosengeld I handelt es sich um eine Versicherungsleistung. Arbeitgeber und Arbeitnehmer zahlen Beiträge abhängig von der Höhe des Bruttoarbeitsentgeltes an die Bundesanstalt für Arbeit. Von diesen Beiträgen wird dann das Arbeitslosengeld I bezahlt.
Bei dem **Arbeitslosengeld II** handelt es sich um keine Versicherungsleistung. Beitragszahlungen stellen somit keine Voraussetzung für den Erhalt von Arbeitslosengeld II dar.

Gesetzliche Arbeitslosenversicherung und Grundsicherungsleistungen

Statutory unemployment insurance according to German Labour Promotion Act

Die Zahlungen für das **Arbeitslosengeld II** werden aus Steuermitteln finanziert.

Im Rahmen der Grundsicherungsleistungen für Arbeitssuchende (Sozialgesetzbuch II) ist das Arbeitslosengeld II gesetzlich geregelt.

Arbeitslosengeld II erhalten Personen, die

- das 15., aber nicht das 65. Lebensjahr vollendet haben,
- erwerbsfähig sind,
- hilfebedürftig sind,
- ihren gewöhnlichen Aufenthalt in der Bundesrepublik haben.

Unter Erwerbsfähigkeit wird die Fähigkeit verstanden, durch Erwerbstätigkeit Einkommen zu erzielen.

Hilfebedürftigkeit liegt vor, wenn jemand seinen notwendigen Lebensunterhalt nicht oder nicht ausreichend aus eigenen Kräften (z. B. fehlendes Arbeitseinkommen, Auslaufen des Bezuges von Arbeitslosengeld I) und Mitteln (z. B. fehlende Einnahmen aus Geld- oder Sachvermögen) bestreiten kann.

Fall: Der erwerbsfähige, hilfebedürftige arbeitslose Industriekaufmann X (ledig, 34 Jahre alt, wohnhaft in Berlin) stellt einen Antrag auf Arbeitslosengeld II bei der zuständigen Grundsicherungsstelle, z. B. ARGE.

Im Rahmen des Arbeitslosengeldes II erhält X 2017 u. a. folgende Leistungen:

1. einen monatlichen Regelbedarf für Ernährung, Kleidung, Körperpflege, Hausrat von 416,00 €
2. angemessene Kosten für Unterkunft: In Berlin hat eine Person für die angemessenen Wohnfläche von 50 qm einen Anspruch auf eine Kaltmiete in Höhe von 404,00 €.
3. beitragsloser/kostenloser Versicherungsschutz in der gesetzlichen Kranken- und Pflegeversicherung. Pauschal überweist der Staat dazu für jeden Hartz IV Empfänger monatlich 97,00 €.

Den Empfängern von Arbeitslosengeld II ist grundsätzlich jede Arbeit zumutbar. Bei fehlender Eigeninitiative bei der Arbeitssuche können die Leistungen gekürzt bzw. verweigert werden.

- **Kurzarbeitergeld:**
  Werden Arbeitnehmer wegen eines „erheblichen Arbeitsausfalles" nicht vom Arbeitgeber beschäftigt, haben sie keinen Anspruch auf Arbeitsentgelt. In diesem Fall zahlt die Bundesagentur Kurzarbeitergeld in Höhe von 60 % (Arbeitnehmer ohne Kind) bzw. 67 % (Arbeitnehmer mit Kind) vom entfallenen Nettolohn. Der Zweck des Kurzarbeitergeldes liegt darin, dass der Arbeitgeber die Personalkosten senken kann, ohne die Arbeitnehmer zu entlassen. Nach Wegfall des „erheblichen Arbeitsausfalls" werden die Arbeitnehmer wieder voll beschäftigt.

Gesetzliche Rentenversicherung

Statutory old-age pension insurance

- **Träger** – zum Beispiel:
  - Deutsche Rentenversicherung Westfalen
  - Deutsche Rentenversicherung Knappschaft – Bahn – See
  - Deutsche Rentenversicherung Bund
- **Leistungsfälle** – zum Beispiel:
  - Alter
  - Erwerbsunfähigkeit
  - Tod
- **Leistungen** – zum Beispiel:
  - Rehabilitation, Heilbehandlungen in Spezialkliniken, Umschulungsmaßnahmen. (Das Ziel der Rehabilitation ist es, Beeinträchtigungen der Erwerbsfähigkeit der Versicherten oder ihr vorzeitiges Ausscheiden aus dem Erwerbsleben zu verhindern oder diese Versicherten möglichst dauerhaft in das Erwerbsleben wieder einzugliedern. Es gilt das **Prinzip „Rehabilitation vor Rente"**.)
  - Witwen- bzw. Witwerrenten
  - Waisenrenten
  - Altersrenten
- **Voraussetzungen für den Erhalt der (Regel-)Altersrente:**
  Der Versicherte muss …
  1. die Wartezeit erfüllt haben, d. h., es müssen 5 Jahre (60 Monate) Beiträge zur Rentenversicherung eingezahlt worden sein,
  2. grundsätzlich das 65. Lebensjahr vollendet haben.

Jedoch werden aufgrund der u. a. durch den demographischen Wandel hervorgerufenen Finanzierungsprobleme der gesetzlichen Rentenversicherung ab 2012 die Altersgrenzen schrittweise über fast zwei Jahrzehnte hinweg auf das vollendete 67. Lebensjahr angehoben. Betroffen sind Versicherte ab dem Geburtsjahrgang 1947. Für diesen Jahrgang erhöht sich die Altersgrenze auf 65 Jahre und einen Monat. Ab dem Geburtsjahrgang 1964 beträgt die Altersgrenze 67 Jahre.

Gesetzliche Rentenversicherung *Statutory old-age pension insurance*

Will ein Versicherter eine Rente wegen Alters vorzeitig in Anspruch nehmen, verringert sich seine Rente für jeden früher genommenen Monat um 0,3 % (jährlich um 3,6 %). Für jeden später genommenen Monat erhöht sie sich um 0,5 % (jährlich 6 %).

Höhe einer Altersrente

Beispiel:
Der 66-jährige Arbeitnehmer A (Wohnort: Hamburg) ist seit 45 Jahren bei seinem Arbeitgeber ohne Unterbrechung beschäftigt. A beantragt Anfang 2018 seine Regelaltersrente. Um die Höhe der Regelaltersrente für A festzustellen, muss der Rentenversicherungsträger folgende Schritte durchführen:

1. Feststellung der jeweiligen jährlichen beitragspflichtigen Arbeitsentgelte des Arbeitnehmers A
2. Feststellung der jeweiligen jährlichen „Durchschnittsentgelte“ aller in der Rentenversicherung pflichtversicherten Arbeitnehmer. Diese „Durchschnittsentgelte“ werden jährlich neu berechnet. 2015 betrug das „Durchschnittsentgelt“ z. B. 35.363,00 €, 2017 37.103,00 €.
3. Feststellen der jährlichen „Entgeltpunkte“. Bei den jährlichen „Entgeltpunkten“ handelt es sich um das Wertverhältnis vom jährlichen beitragspflichtigen Arbeitsentgelt zum jährlichen „Durchschnittsentgelt“.

Gehen wir davon aus, dass unser Arbeitnehmer A 2017 ein jährliches Arbeitsentgelt von 37.103,00 € erzielte - also in der Höhe des „Durchschnittsentgeltes“ des Jahres 2017 -, erhält A für 2017 1 Entgeltpunkt. Hätte A 2017 die Hälfte des „Durchschnittsentgelts“ also nur 18.551,50 € verdient, erhält er für 2017 nur 0,5 Entgeltpunkte. Diese jährlichen „Entgeltpunkte“ werden zusammengezählt. Der Rentenversicherungsträger errechnet für den Arbeitnehmer A 45 „Entgeltpunkte“!

4. Die Berechnung der tatsächlichen Höhe der monatlichen Regelaltersrente ergibt sich nun daraus, dass die 45 „Entgeltpunkte“ mit dem „aktuellen Rentenwert“ multipliziert werden. Dieser „aktuelle Rentenwert“ wird vom Gesetzgeber jährlich vorgegeben und zwar

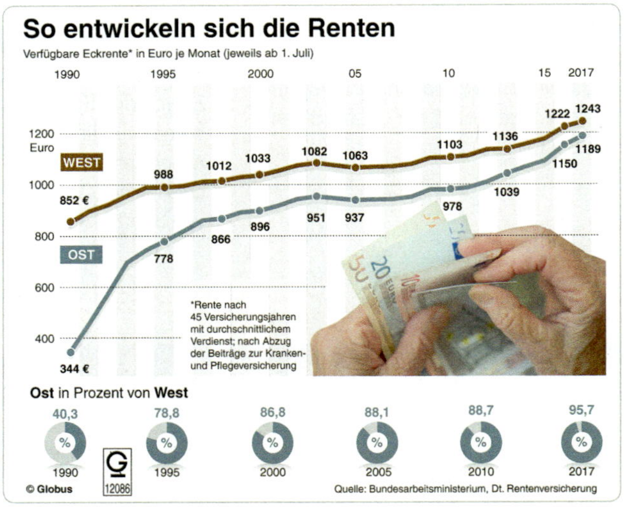

für die Zeit vom 01.07. bis zum 30.06. des jeweiligen Jahres. Ab 01.07.2017 beträgt der „aktuelle Rentenwert“ für die alten Bundesländer 31,03 € und für die neuen Bundesländer 29,69 €. Der „aktuelle Rentenwert“ gibt den Wert wieder, der einer monatlichen Regelaltersrente entspricht, wenn der Berechnung ein Jahr „Durchschnittsentgelt“ zugrunde gelegt wird.

Unser Rentner A erhält nun – 45 „Entgeltpunkte“ x 31,03 € „aktueller Rentenwert“ – eine monatliche Regelaltersrente in Höhe von 1396,35 €.

Generationenvertrag *Generation contract*

Grundbegriffe

„Vertragspartner“: Die Generationen der beitragszahlenden Erwerbstätigen und die Generationen der Rentenempfänger.

„Vertragsinhalt“: Die Arbeitnehmer bezahlen mit einem Teil ihres Arbeitsentgeltes die Renten. Gleichzeitig verlassen sich die Arbeitnehmer darauf, dass auch die folgende Generation ihnen ihren Ruhestand sichert.

Probleme des Generationenvertrages

Generationen im Wandel
(Demografische Betrachtung)

Deutschland wandelt sich. Auf der einen Seite ist die Zahl der Sterbefälle höher als die Zahl der Geburten. So kamen im Jahr 2011 in der Statistik 10,9 Gestorbene auf 1.000 Einwohner, aber nur 8,3 Neugeborene. Laut Statistischem Bundesamt wurden im Jahr 2016 792.000 Kinder lebend geboren, 911.00 Menschen starben. Auf der anderen Seite steigt die Lebenserwartung. Während sie 2005 noch 78,7 Jahre betrug, lag sie im Jahr 2011 bereits bei 80 Jahren. Ergebnis dieser Entwicklung ist eine zunehmende Alterung der Bevölkerung.

Diese Entwicklung belastet das soziale Sicherungssystem „Gesetzliche Rentenversicherung". Eine immer kleiner werdende Gruppe von Einzahlern muss eine immer größer werdende Anzahl von Rentnern mitfinanzieren. Die steigende Lebenserwartung bewirkt darüber hinaus einen längeren Rentenbezug.

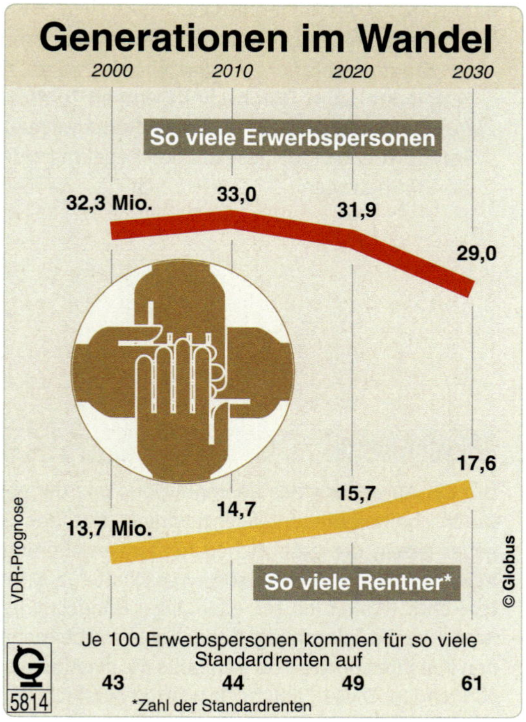

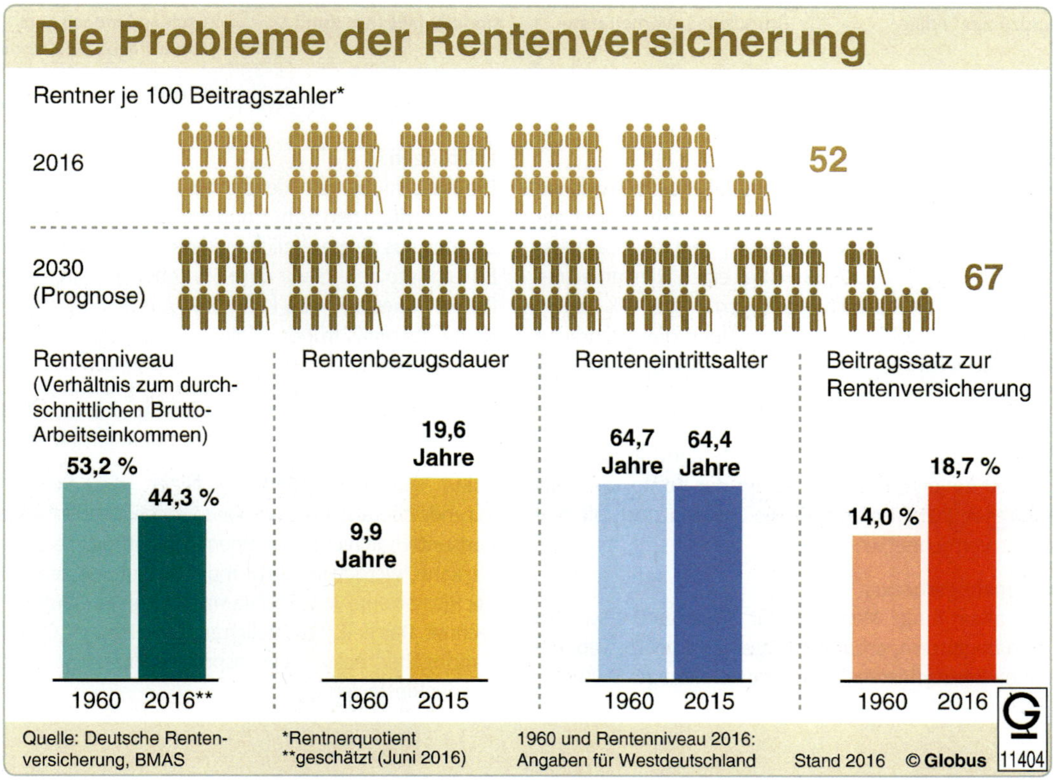

Private Vorsorge *Private provision*

Gründe

- Absenkung des Rentenniveaus
Das Rentenniveau – das Verhältnis der Rentenhöhe eines Standardrentners (45 Versicherungsjahre, 45 Entgeltpunkte) zum Durchschnittsentgelt (netto) – betrug 2017 47,5 %. 2030 wird das Rentenniveau einer Standardrente laut gesetzlicher Regelung nur noch ca. 43 % betragen.

- Durchschnittsrente / durchschnittlicher Rentenzahlbetrag (2015)

	Frauen	Männer
Ostdeutschland	840,00 Euro	1.071,00 Euro
Westdeutschland	591,00 Euro	1.013,00 Euro

Quelle: Deutsche Rentenversicherung

Auch wenn es sich bei den jährlich aktualisierten Werten zur Durchschnittsrente lediglich um einen statistischen Mittelwert handelt, zeigt er deutlich, dass viele Versicherte nur eine magere gesetzliche Rente erhalten.

Riester-Rente

Um der Absenkung des Rentenniveaus und der geringen Durchschnittsrente entgegenzuwirken, hat der Gesetzgeber neben der gesetzlichen Rentenversicherung neue freiwillige private Altersvorsorgen geschaffen, z. B. die Riester-Rente. (Walter Riester: ehemaliger Bundesminister für Arbeit und Sozialordnung) Danach sollen Arbeitnehmer einen Teil ihres Bruttoarbeitsentgelts für die Altersvorsorge verwenden. Diese Zahlungen werden staatlich durch direkte Zuschüsse gefördert. Man hofft, dass dadurch 70 % der Berechtigten motiviert werden, eine derartige private Altersvorsorge abzuschließen.

8

- **Berechtigte**
u. a. alle rentenversicherungspflichtigen Arbeitnehmer, Auszubildende
- **erforderliche jährliche Beiträge der berechtigten Arbeitnehmer**
4 % vom Vorjahresbruttoarbeitsentgelt (höchstens 2.100,00 €, Mindesteinlage 60,00 €)

maximale jährliche Förderung bei Einzahlung von 4 % des Vorjahresbruttoarbeitsentgelts			
Grundzulage Ledige	**Grundzulage Verheiratete**	**Kinderzulage (pro Kind)**	**Zuschlag für nach dem 31.12.07 geborene Kinder**
175,00 €	350,00 €	185,00 €	300,00 €

Beispiel für die Riester-Rente
Der kaufmännische Angestellte A. (30 Jahre alt, verheiratet, Ehefrau ist nicht berufstätig, zwei minderjährige Kinder, geboren nach dem 31.12.2007) hatte 2017 ein Bruttoarbeitsentgelt von 35.000,00 €. 2018 will er einen Riestervertrag abschließen. Grundsätzlich muss Herr A nun 4 % seines Bruttolohns (1.400,00 €) einzahlen. Doch diese jährliche Sparsumme verringert sich durch die Kinderzulage in Höhe von 600,00 € und durch die Grundzulage für Verheiratete in Höhe von 350,00 € auf 450,00 € jährlich bzw. 37,50 € monatlich. Obwohl A. 2018 auf das Riesterkonto tatsächlich nur 450,00 € eingezahlt hat, beträgt der Kontostand des Ehepaares A. 2018 1.400,00 €. Die Zulagen sind mit den Beiträgen verrechnet worden.

Berufseinsteigerbonus
Um vor allem junge Menschen für die private Altersvorsorge zu begeistern, erhalten Bürger bis zum 25. Lebensjahr einen Berufseinsteigerbonus von einmalig 200,00 €.

Leistungen
Die Auszahlung der Riester-Rente beginnt zeitgleich mit dem Eintritt in den Ruhestand und dem Beginn der Rentenzahlung aus der gesetzlichen Rentenversicherung. Tritt der Berechtigte bereits vor dem 65. Lebensjahr in den gesetzlichen Ruhestand ein, kann eine Auszahlung der Riester-Rente ebenfalls früher erfolgen, allerdings nicht vor dem 60. Lebensjahr.

Es handelt sich dabei um eine Leibrente, d. h. um eine Rente, die bis zum Tode des Empfängers monatlich gezahlt wird.

Sollte ein Riester-Rentenbezieher die Sozialleistung „Grundsicherung im Alter" beantragen, weil er seinen Lebensunterhalt nicht aus seinem Einkommen selbst bestreiten kann, werden seit 2018 monatlich mindestens 100,00 € der Riesterrente vom Sozialamt nicht als Einkommen angerechnet. Das heißt: zusätzlich zu der Leistung „Grundsicherung im Alter" besteht ein Anspruch auf mindestens 100,00 € aus der Riesterrente.

Bausparen

Im Schnitt werden gemäß einer Marktstudie des Immobilienverbandes Deutschland (IVD) in Berlin mehr als ein Drittel des Haushaltsnettoeinkommens für Miete und Betriebskosten aufgewendet.

Durch das staatlich geförderte Bausparen will der Staat erreichen, dass der Arbeitnehmer motiviert wird, Wohneigentum zu schaffen, um im Alter Mietkosten zu sparen.

Ein Bausparvertrag ist ein Sparvertrag, den der Bausparer mit einer Bausparkasse seiner Wahl abschließt. Er wird zur Finanzierung von Wohneigentum benutzt. Die vertraglich vereinbarte Bausparsumme (z. B. 50.000,00 €) wird mit einem vertraglich festgelegten Prozentsatz angespart.

Bei Zuteilung des Vertrages – es müssen ca. 40 % der vereinbarten Bausparsumme (z. B. 20.000,00 €) angespart worden sein –, wird der bis zur abgeschlossenen Vertragssumme fehlende Teil (z. B. 30.000,00 €) als Bauspardarlehen zu günstigen Sollzinsen gewährt. Der Bausparer kann also bei Zuteilung über die volle Bausparsumme verfügen.

Förderung des Bausparens durch die vermögenswirksame Leistung des Arbeitgebers

Die **vermögenswirksame Leistung (vL)** ist eine tarifvertragliche oder durch Arbeitsvertrag vereinbarte Geldleistung durch den Arbeitgeber zusätzlich zum Arbeitsentgelt. Diese vermögenswirksame Leistung (maximal 40,00 € monatlich) wird nicht auf das Gehaltskonto des Arbeitnehmers überwiesen, sondern auf das Konto der von ihm gewählten Bausparkasse.

Förderung des Bausparens durch staatliche Zulagen

Der Staat fördert das Bausparen auf zwei Arten: einmal durch das **Vermögensbildungsgesetz (Arbeitnehmersparzulage)** und darüber hinaus durch das Wohnungsbauprämiengesetz (**Wohnungsbauprämie**).

Förderung des Bausparens nach dem Vermögensbildungsgesetz durch die Arbeitnehmersparzulage	
geförderter Personenkreis	**Höchstförderung**
Arbeitnehmer, Beamte, Richter, Soldaten, die jährlich ▪ als Ledige nicht mehr als **17.900,00 €** und ▪ als Verheiratete nicht mehr als **35.800,00 €** pro Jahr zu versteuerndes Einkommen erzielen.	Es kann ein **Höchstsparbetrag** bis zu ▪ 470,00 € (Ledige) ▪ 940,00 € (Verheiratete) mit **9 %** Arbeitnehmersparzulage gefördert werden. Die maximale Förderung pro Jahr beträgt also: ▪ 42,30 € (Ledige) ▪ 84,60 € (Verheiratete)

Das Geld muss grundsätzlich **6 Jahre** lang *gespart* werden und ein Jahr ruhen. Mit dem Lohnsteuerjahresausgleich werden die Arbeitnehmer-Sparzulagen jährlich beim zuständigen FA beantragt und vom Finanzamt ausgezahlt.

Neben dem Bausparen fördert das Gesetz auch die Vermögensbildung von Produktivvermögen (z. B. Aktien) mit einer Arbeitnehmersparzulage. Ein Höchstsparbetrag von 400,00 € (jährlich) wird mit 20 % belohnt.

Förderung des Bausparens nach dem Wohnungsbauprämiengesetz durch die Wohnungsbauprämie	
geförderter Personenkreis	**Höchstförderung**
Berechtigter Personenkreis sind alle Personen, die das **16. Lebensjahr** vollendet haben, in Deutschland ansässig sind und als Ledige/Verheiratete die **Einkommensgrenze von 25.600,00 € / 51.200,00 €** zu versteuerndes Einkommen nicht überschreiten.	Es kann ein **Höchstsparbetrag** bis ▪ 512,00 € (Ledige) ▪ 1.024,00 € (Verheiratete) mit einer Prämie von 8,8 % gefördert werden. Die maximale Förderung pro Jahr beträgt also: ▪ 45,06 € (Ledige) ▪ 90,11 € (Verheiratete)

Die Wohnungsbauprämie wird jährlich mittels eines amtlich vorgeschriebenen Antrages an die zuständige Bausparkasse ermittelt.

Lohn- und Gehaltsabrechnung

Beiträge zur Sozialversicherung

Renten-, Arbeitslosen- und Pflegeversicherung

Die Beitragssätze der Renten-, Arbeitslosen- und Pflegeversicherung werden durch Gesetz bzw. durch Rechtsordnung bestimmt.

Die Beitragssätze[1]:

Rentenversicherung	18,6 %
▪ Arbeitnehmer	9,3 %
▪ Arbeitgeber	9,3 %
Arbeitslosenversicherung	3,0 %
▪ Arbeitnehmer	1,5 %
▪ Arbeitgeber	1,5 %
Pflegeversicherung[2]	2,35 %
▪ Arbeitnehmer	1,275 %
Sonderregelung in Sachsen	1,775 %
Erhöhung für Kinderlose[2]	0,25 %
▪ Arbeitgeber	1,275 %
Sonderregelung in Sachsen	0,775 %

[1] Stand Januar 2018
[2] ab Vollendung des 23. Lebensjahres für kinderlos Versicherte

8

Krankenversicherung

Für Arbeiter, Angestellte und Auszubildende, die Arbeitsentgelt bekommen, besteht bis zur Hohe der Versicherungspflichtgrenze Versicherungspflicht in der gesetzlichen Krankenversicherung. Für geringfügig Beschäftigte (maximal 450,00 € Arbeitsentgelt pro Monat) besteht keine Versicherungspflicht. Der Arbeitgeber zahlt für diese Arbeitnehmer einen Beitrag in Höhe von 13 % des Arbeitsentgelts (bei Beschäftigten in Privathaushalten 5 %).

Der **allgemeine Beitragssatz** für die gesetzliche Krankenversicherung beträgt seit 1. Januar 2015 14,6 %. Arbeitgeber und Arbeitnehmer zahlen jeweils 7,3 %. Die gesetzlichen Krankenkassen können einkommensabhängige **Zusatzbeiträge** für die Arbeitnehmer erheben. Sie werden prozentual, abhängig von dem beitragspflichtigen Einkommen des Mitglieds, erhoben. Der **durchschnittliche Zusatzbeitragssatz** ist für die Krankenkassen eine Richtgröße bei der Festlegung ihrer Zusatzbeitragssätze. Er beträgt für 2018 1,0 %. Der Arbeitgeberanteil in Höhe von 7,3 % ist festgeschrieben.

Der **ermäßigte Beitragssatz** für Mitglieder, die keinen Anspruch auf Krankengeld haben, beträgt 14 %. Arbeitnehmer und Arbeitgeber zahlen jeweils 7 %.

Beitragsbemessungsgrenzen

Die Beiträge zur Sozialversicherung orientieren sich nicht am individuellen Versicherungsrisiko, sondern an der wirtschaftlichen Leistungsfähigkeit der Versicherten. Diesem Solidaritätsprinzip sind Grenzen gesetzt. Bei der Ermittlung der Beiträge, des Krankengelds und der Rente bleiben Beträge, die über der Beitragsbemessungsgrenze liegen, beitragsfrei.

Monatliche Beitragsbemessungsgrenzen 2018

- Kranken- und Pflegeversicherung:
  - alte und neue Bundesländer 4.425,00 €
  - Versicherungspflichtgrenze 4.950,00 €
- Renten- und Arbeitslosenversicherung:
  - alte Bundesländer 6.500,00 €
  - neue Bundesländer 5.800,00 €

Versicherungspflichtgrenze

Arbeitnehmer dürfen sich nur noch dann privat in der Kranken- und Pflegeversicherung versichern, wenn ihr monatliches Bruttoeinkommen **ein Jahr lang** die jeweilige Pflichtgrenze (2018 → 4.950,00 €) übersteigt.

Vermögenswirksame Leistungen

Fest angestellte Arbeitnehmer können einen im Tarifvertrag oder in einer Betriebsvereinbarung geregelten Anspruch auf **vermögenswirksame Leistungen** haben. Die Höhe der Zahlung durch den Arbeitgeber kann bis zu 40,00 € pro Monat betragen. Die vermögenswirksamen Leistungen können in verschiedene Anlageformen, z. B. Bausparverträge oder Aktienfonds, eingezahlt werden. Bestimmte Anlageformen werden vom Staat mit einer Arbeitnehmersparzulage (seit April 2009 → 20 %) bis zu gesetzlich festgelegten Einkommensgrenzen (z. B. für Ledige bis zu einem zu versteuernden Jahreseinkommen von maximal 20.000,00 €) gefördert.

Kirchensteuer

Die Kirchensteuer wird bei Mitgliedern einer Kirche vom Arbeitgeber einbehalten und mit der Lohnsteuer und dem Solidaritätszuschlag an das Finanzamt abgeführt. Sie beträgt, je nach Bundesland, 8 % bzw. 9 % der Lohnsteuer.

Lohn- und Gehaltsabrechnung mit Excel

	A	B	C	D	E	F	G
1	***OfficeCom KG***						
2							
3					Personalnummer:		47112
4					Steuerklasse:		1
5					Abteilung:		Verkauf
6	Jens Neitzel im Hause				Kostenstelle:		5002
7					Gehaltsgruppe:		A08
8					Versicherungsnummer:		230408659
9					IBAN:		DE82270925550107050909
10					BIC:		GENODEF
11							
12	Abrechnungsmonat	April 20..					
13							
14	Bezüge:	Bruttoentgelt					2.300,00 €
15							
16	Abzüge:	Lohnsteuer					258,83 €
17		Solidaritätszuschlag[1]			5,50%		14,24 €
18		Kirchensteuer[1]			9,00%		23,29 €
19		Krankenversicherung[2]			8,40% [3]		193,20 €
20		Pflegeversicherung[2]			1,53% [4]		35,08 €
21		Rentenversicherung[2]			9,35%		215,05 €
22		Arbeitslosenversicherung2			1,50%		34,50 €
23							
24	Auszahlungsbetrag:						1.525,81 €
25							
26	[1] wird von der Lohnsteuer berechnet						
27	[2] Arbeitnehmeranteil						
28	[3]Arbeitnehmerbeitrag plus Zusatzbeitrag der Krankenkasse (z. B. 7,3 % + 1,1 %)						
29	[4]Arbeitnehmerbeitrag plus Zusatzbeitrag für Kinderlose (1,275 % + 0,25 %)						

Gesetzliche, tarifvertragliche und freiwillige Sozialleistungen

Zusätzlich zum Grundlohn bzw. -gehalt entstehen für die Arbeitgeber noch zahlreiche weitere Kosten, z. B.:

- Arbeitgeberanteile zur Sozialversicherung
- Beiträge zur Unfallversicherung
- Lohnfortzahlung im Krankheitsfall
- Urlaubsgeld
- Zulagen, z. B. für Mehrarbeit, Sonntagsarbeit, Nachtarbeit
- Prämien für Verbesserungsvorschläge
- Vermögenswirksame Leistungen des Betriebs
- 13. Monatsgehalt (Weihnachtsgeld)

Gründe

Die Notwendigkeit der Personalfreisetzung entsteht durch personelle Überkapazitäten. Diese entstehen z. B. durch Automatisierung (Ersatz menschlicher Arbeit durch Maschinen), Absatzeinbrüche durch eine schlechte Konjunkturlage, Bedarfsveränderungen und damit verbundene Nachfrageänderungen auf dem Markt sowie durch strukturelle und saisonale Beschäftigungsschwankungen.

Beendigung von Arbeitsverhältnissen

Möglichkeiten:
- Kündigung
- Aufhebungsvertrag
- Vertragsablauf
- Vereinbarung eines Altersteilzeitverhältnisses

Schriftform ist vorgeschrieben bei:
- Kündigungen
- Aufhebungsverträgen
- Befristungsabreden

Kündigungen

Die Kündigung eines Arbeitsverhältnisses wird durch eine einseitige, empfangsbedürftige Willenserklärung bewirkt.

Bei einer **ordentlichen Kündigung** sind gesetzliche oder tarifvertragliche Kündigungsfristen einzuhalten. Abhängig vom Kündigungsgrund wird häufig vor der eigentlichen Kündigung eine Abmahnung erteilt.

Liegt ein wichtiger Grund vor, z. B. Diebstahl, Beleidigung, Körperverletzung, kann ein Arbeitsverhältnis durch eine **außerordentliche Kündigung** aufgehoben werden.

Eine Kündigung, ein Aufhebungsvertrag oder ein befristetes Arbeitsverhältnis müssen, um rechtswirksam zu sein, schriftlich erfolgen.

Zum Kündigungsschutz siehe S. 329

Personalfreisetzung *Release from staff*

Gesetzliche Kündigungsfristen

allgemeine Kündigungsfrist	verlängerte Kündigungfrist							
Zum 15. oder zum Ende eines Kalendermonats mit vierwöchiger Frist (§ 622 Abs. 1 BGB)	Betriebszugehörigkeit ab dem 25. Lebensjahr in Jahren[1]	2	5	8	10	12	15	20
	Kündigungsfristen in Monaten zum Monatsende (§ 622 Abs. 2 BGB)	1	2	3	4	5	6	7

[1] Nach dem Urteil des Europäischen Gerichtshofs vom Januar 2010 müssen auch Beschäftigungszeiten vor dem 25. Lebensjahr berücksichtigt werden, da nach der bisherigen Regelung des BGB gegen das Diskriminierungsverbot verstoßen wird. Eine entsprechende Änderung des BGB-Paragrafen wird vorbereitet.

Arbeitspapiere

Der Arbeitgeber muss bei Beendigung des Arbeitsverhältnisses der Arbeitnehmerin/dem Arbeitnehmer die Arbeitspapiere aushändigen, z. B.: Lohnsteuerkarte und Sozialversicherungsnachweise.

Sozialplan

Unter Sozialplan versteht man ein Verfahren zur Vermeidung sozialer Ungerechtigkeiten bei Entlassungen. So müssen z. B. Arbeitgeber bei sogenannten „Massenentlassungen" (innerhalb 30 Kalendertagen 30 oder mehr Kündigungen) vorher die Arbeitsagentur von den Entlassungsplänen unterrichten. Darüber hinaus ist der Betriebsrat detailliert zu informieren, und es ist mit ihm darüber zu beraten, wie weitere Entlassungen vermieden oder deren Folgen gelindert werden können, z. B. durch Aufhebungsverträge.

Kündigungsschutz

Allgemeiner Kündigungsschutz

Alle Arbeitnehmer in Betrieben mit in der Regel mehr als 10 Beschäftigten und einer Beschäftigungsdauer von mindestens 6 Monaten in demselben Betrieb genießen einen allgemeinen Schutz vor einer sozial ungerechtfertigten Kündigung. Eine Kündigung ist sozial gerechtfertigt, wenn sie verhaltens-, personen- oder betriebsbedingt ist und der Betriebsrat befragt wurde (§ 1 KSchG).

Besonderer Kündigungsschutz

Wenn der Arbeitgeber kündigt, genießen folgende Arbeitnehmer/-innen einen besonderen Kündigungsschutz:

- Betriebsratsmitglieder sowie Jugend- und Auszubildendenvertreter
  - während der Amtszeit und ein Jahr danach
- werdende Mütter bzw. Mütter
  - während der Schwangerschaft (Arbeitgeber muss Kenntnis davon haben bzw. 2 Wochen nach einer Kündigung Kenntnis davon erlangen, z. B. durch ein ärztliches Attest)
  - während einer Frist von 4 Monaten nach der Entbindung
  - während der Elternzeit (maximal 3 Jahre)
- Auszubildende
  - während der Ausbildung nach der Probezeit
- freiwillig Wehrdienstleistende
  - bis zur Beendigung des freiwilligen Wehrdienstes
- Schwerbehinderte (mindestens 50 % Erwerbsminderung)
  - Die Kündigungsfrist beträgt mindestens 4 Wochen. Die Kündigung ist nur mit behördlicher Zustimmung möglich.

Arbeitszeugnis

Reference

Zeugnisarten

Bei Beendigung eines Arbeitsverhältnisses kann die Arbeitnehmerin/der Arbeitnehmer vom Arbeitgeber ein schriftliches Zeugnis verlangen.

Ein **einfaches Zeugnis** enthält Angaben über ...

- die Art der Beschäftigung und
- die Dauer des Arbeitsverhältnisses.

Ein **qualifiziertes Zeugnis** enthält zusätzlich Angaben über ...

- die Leistungen der Arbeitnehmerin/des Arbeitnehmers und
- das Verhalten der Arbeitnehmerin/des Arbeitnehmers.

Zeugniscodierung

Das Zeugnis, das für den neuen Arbeitgeber oft wichtige Informationen enthält, soll den Rechtsgrundsätzen Wahrheit und Wohlwollen gegenüber dem Arbeitnehmer entsprechen. Dennoch kann es vorkommen, dass es verschlüsselte Informationen enthält, deren Bedeutung dem Arbeitnehmer gar nicht bekannt ist. Aus diesem Grund spricht man von einer Art Geheimcode. Die folgenden Beispiele zeigen anschaulich den Informationsgehalt dieses Codes.

Zeugnistext	Informationsgehalt
Sie (er) hat unseren Erwartungen entsprochen, ... in jeder Hinsicht entsprochen. ... in bester Weise entsprochen. ... in jeder Hinsicht und in bester Weise entsprochen. ... in jeder Hinsicht und allerbester Weise entsprochen.	schlecht befriedigend ziemlich gut gut sehr gut
Wegen ihrer (seiner) Pünktlichkeit war sie (er) stets ein gutes Vorbild.	Ihre (seine) Leistungen liegen unter dem Durchschnitt.
Sie (er) hat sich bemüht, die ihr (ihm) übertragenen Arbeiten zu unserer Zufriedenheit zu erledigen.	unzureichende Leistungen
Sie (er) hat die ihr (ihm) übertragenen Arbeiten im Großen und Ganzen zu unserer Zufriedenheit erledigt.	mangelhafte Leistungen
Sie (er) hat die ihr (ihm) übertragenen Arbeiten zu unserer Zufriedenheit erledigt.	ausreichende Leistungen
Sie (er) hat die ihr (ihm) übertragenen Arbeiten zu unserer vollen Zufriedenheit erledigt.	befriedigende Leistungen
Sie (er) hat die ihr (ihm) übertragenen Arbeiten stets zu unserer vollen Zufriedenheit erledigt.	gute Leistungen
Sie (er) hat die ihr (ihm) übertragenen Arbeiten stets zu unserer vollsten Zufriedenheit erledigt.	sehr gute Leistungen

Die Beispiele belegen:

1. Von dem Laien als wohlklingend empfundene Formulierungen enthalten häufig **Negativwertungen** über den Mitarbeiter.
2. **Fehlende Angaben**, zum Beispiel das Weglassen eines bestimmten Adjektives, haben eine besondere Bedeutung.
3. Werden **Selbstverständlichkeiten** in den Mittelpunkt gerückt, kommt das einer negativen Beurteilung gleich.

Allerdings sollte man nicht hinter jeder Zeugnisformulierung einen Geheimcode vermuten, in vielen Fällen ist dieser nicht einmal dem Arbeitgeber bekannt. Befürchtet ein Arbeitnehmer, dass sein Arbeitszeugnis verschlüsselte Negativwertungen enthält, sollte er zunächst selbst das Zeugnis einer eingehenden sprachlichen Analyse unterziehen, das heißt, jede einzelne Formulierung und ihre Bedeutung für den Gesamtzusammenhang kritisch hinterfragen. Ist man nach dieser Überprüfung immer noch unsicher, so hilft eine fachliche Beratung, zum Beispiel durch ein Betriebsratsmitglied oder einen Rechtsanwalt.

aus: Krohne, Helmut; Richter, Klaus; Schuchard, Petra: Unsere Sprache im Beruf, Köln, 6. Auflage 2011, S. 189–190.

Gesundheits- und Unfallschutz

Das Gesetz über die Durchführung von Maßnahmen des Arbeitsschutzes zur Verbesserung der Sicherheit und des Gesundheitsschutzes der Beschäftigten bei der Arbeit (ArbSchG) verpflichtet die Arbeitgeber, die Arbeit so zu gestalten, dass eine Gefährdung für das Leben und die Gesundheit der Arbeitnehmer/-innen vermieden wird. Die Einhaltung der Bestimmung wird von den Gewerbeaufsichtsämtern und auf Betriebsebene von Sicherheitsbeauftragten überwacht. Die von den Berufsgenossenschaften erlassenen Unfallverhütungsvorschriften sind im Betrieb den Arbeitnehmerinnen/Arbeitnehmern bekannt zu geben.

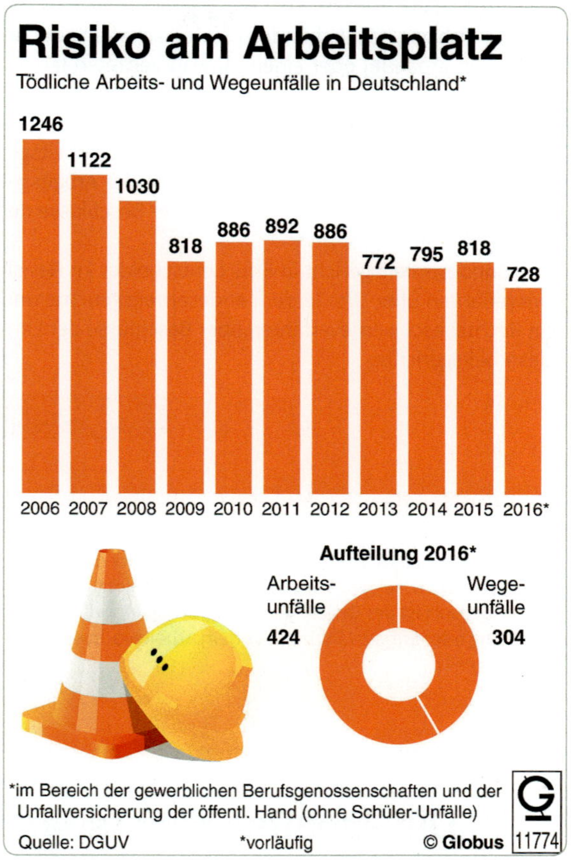

Frauen- und Mutterschutz

Aufgrund ihrer körperlichen Konstitution und ihrer Stellung in der Familie genießen Frauen im Arbeitsleben einen besonderen Schutz; sie dürfen z. B. im Bergbau nicht unter Tage arbeiten. Werdende Mütter bzw. Mütter dürfen sechs Wochen vor und acht Wochen nach der Entbindung nicht beschäftigt werden. Schwere körperliche Arbeit, Mehrarbeit, Akkord- und Fließbandarbeit, Nacht- und Sonntagsarbeit sind für werdende und stillende Mütter verboten (§ 3 ff. MuSchG). Die Mutter/der Vater können insgesamt zusammen nach der Geburt eines Kindes eine dreijährige Elternzeit in Anspruch nehmen (§ 15 ff. BEEG).

Arbeitszeitschutz

Nach dem Arbeitszeitgesetz (ArbZG) darf die tägliche Arbeitszeit in der Regel acht Stunden nicht überschreiten. Mit Zustimmung des Betriebsrates kann die Arbeitszeit auf bis zu zehn Stunden täglich erhöht werden. Die verlängerten Arbeitszeiten müssen innerhalb von sechs Monaten durch kürzere Arbeitszeiten oder finanziell ausgeglichen werden.

Schwerbehindertenschutz

Schwerbehinderte erhalten fünf Arbeitstage mehr Urlaub im Jahr. In allen Betrieben, die jahresdurchschnittlich mindestens 20 Arbeitnehmer/-innen (ohne Auszubildende) beschäftigen, muss der Anteil der Schwerbehinderten (mindestens 50 % Erwerbsminderung) wenigstens 5 Prozent der Beschäftigten betragen (Buch IX § 71 SGB). Ist dies nicht der Fall, muss eine Ausgleichsabgabe von 105,00 bis 260,00 € pro Monat für jeden nicht besetzten Schwerbehindertenplatz an das zuständige Integrationsamt gezahlt werden. Die Kündigung des Arbeitsverhältnisses eines Schwerbehinderten durch den Arbeitgeber ist nur mit der Zustimmung des Integrationsamtes zulässig (Buch IX § 85 SGB).

Beschäftigungsschutz

Nach dem Gesetz zum Schutz der Beschäftigten vor sexueller Belästigung am Arbeitsplatz (Beschäftigungsschutzgesetz) vom 1. September 1994 ist die Wahrung der Würde von Frauen und Männern am Arbeitsplatz durch Arbeitgeber und Dienstvorgesetzte zu gewährleisten. Dieser Personenkreis muss im Bedarfsfall entsprechende Maßnahmen, z. B. Abmahnung, Versetzung, Kündigung, veranlassen.

Arbeitsrechtliche Konflikte, bei denen eine außergerichtliche Lösung nicht herbeigeführt werden kann, werden von den Arbeitsgerichten geklärt. Die gegnerischen Parteien können sich von den Verbänden (Gewerkschaften oder Arbeitgeberverbände) oder einem Anwalt vertreten lassen. Da kein Anwaltszwang vor dem Arbeitsgericht besteht, können sie sich auch selbst vertreten.
In der zweiten Instanz entscheiden die Landesarbeitsgerichte im Berufungsverfahren über Urteile der Arbeitsgerichte oder im Beschwerdeverfahren über Beschlüsse der Arbeitsgerichte.
Das Bundesarbeitsgericht in Erfurt entscheidet im Revisionsverfahren über Urteile der Landesarbeitsgerichte und im Rechtsbeschwerdeverfahren über Beschlüsse der Landesarbeitsgerichte.

Bei den Landesarbeitsgerichten und beim Bundesarbeitsgericht besteht Anwaltszwang, d.h., dass sich jede Partei durch einen Rechtsanwalt oder einen Verband vertreten lassen muss.

Beispiel:
Der bei der OfficeCom KG beschäftigte Lagerarbeiter Friedrich Köster hat zum 30. Juni 20.. eine fristlose Kündigung von der Personalabteilung erhalten, weil er seiner Arbeitspflicht nicht nachgekommen sei. Köster hatte nach einer Krankheit mit ärztlichem Attest drei Tage zu spät die Arbeit wieder aufgenommen. Herr Köster fühlt sich ungerecht behandelt und sucht Hilfe beim Arbeitsgericht.

Zuständigkeiten

örtlich

Zuständig ist das Arbeitsgericht, in dessen Bezirk der Beklagte i. d. R. seinen Wohnsitz hat (Erfüllungsort). Erfüllungsort ist der Ort, an dem die Leistung (Arbeitsleistung oder Entgeltzahlung) aus dem Arbeitsvertrag zu erbringen ist.

sachlich

Zuständig ist das Arbeitsgericht für:
- Streitfälle zwischen Arbeitnehmern und Arbeitgebern
- Streitfälle zwischen Arbeitgebern und Gewerkschaften
- Streitfälle, die im Betriebsverfassungsgesetz geregelt sind (z. B. Einrichtung eines Betriebsrats)
- Streitfälle, die im Mitbestimmungsgesetz geregelt sind (z. B. Zusammensetzung des Aufsichtsrats)

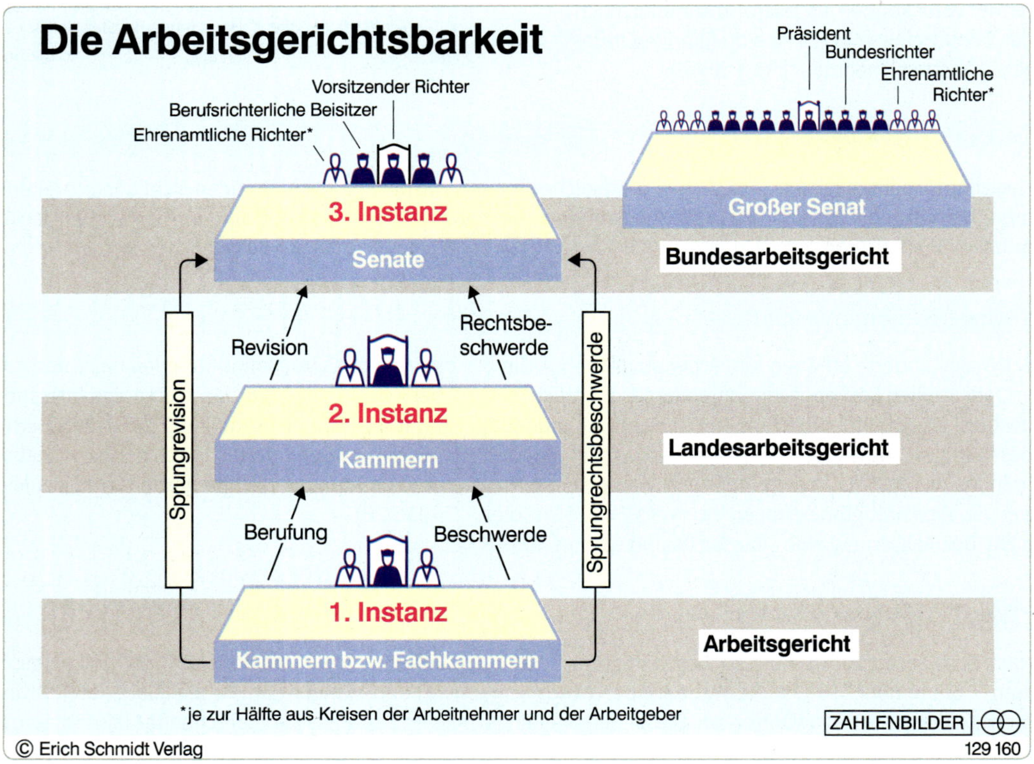

Personalverwaltung *Personnel administration*

Personalakte

Jeder Arbeitgeber muss über die Mitarbeiter/-innen eine Personalakte führen. Dazu gehören alle Daten der Beschäftigten/des Beschäftigten, die in unmittelbarem Zusammenhang mit dem Arbeits- und Dienstverhältnis stehen.

Die in der Akte enthaltenen Unterlagen bzw. Informationen sind vor unbefugten Zugriffen zu schützen, vertraulich zu behandeln und sicher aufzubewahren. Nur Mitarbeiter/-innen, die mit der Verwaltung von Personalunterlagen beauftragt sind, dürfen Zugang zu diesen haben.

Auskünfte aus Personalakten dürfen nur mit Einwilligung der Beschäftigten/des Beschäftigten gegeben werden. Die Arbeitnehmer/-innen haben ein Recht auf Einsicht in ihre vollständigen Personalakten. Zu den Personalaktendaten gehören auch Daten, die in Dateien (z. B. in einem Personalinformationssystem) informationstechnisch gespeichert sind.

Den Umgang mit personenbezogenen Daten aus Arbeits- und Dienstverhältnissen regeln das Bundesdatenschutzgesetz (BDSG) und die Datenschutzgesetze der Bundesländer sowie tarifvertragliche Vereinbarungen.

Hauptakte

Eine Reihe von Personalunterlagen muss aufgrund gesetzlicher und/oder tarifvertraglicher Regelungen aufbewahrt werden. Diese Unterlagen werden in der sogenannten Hauptakte (Personalgrundakte) geführt. Sie enthält u. a. folgende Unterlagen:

- Deckblatt, z. B.:
  persönliche Daten der Mitarbeiterin/des Mitarbeiters, wie
  - Anschrift,
  - Familienstand,
  - Bankverbindung
- Steuer- und Versicherungsunterlagen, z. B.:
  - Lohnsteuerbescheinigung
  - Kopie des Sozialversicherungsausweises
- Bewerbungsunterlagen, z. B.:
  - Bewerbungsschreiben
  - Lebenslauf
  - Lichtbild
  - Personalfragebogen
- Arbeitsvertrag
- Werdegang der Mitarbeiterin/des Mitarbeiters während des Beschäftigungszeitraums, z. B.:
  - Beurteilungen
  - Versetzungen
  - Ehrungen
  - Zwischenzeugnisse
  - Gehaltsänderungen
  - Verbesserungsvorschläge
  - Abmahnungen
- Kündigungsunterlagen, z. B.:
  - Kündigungsschreiben
  - Zeugnis
- Hinweise auf Nebenakten

Nebenakte

Um einen störungsfreien Ablauf der Personalverwaltung zu gewährleisten und jederzeit Zugriff auf Informationen über ein Beschäftigungsverhältnis haben zu können, werden zusätzlich Nebenakten geführt. Diese enthalten vor allem folgende Unterlagen bzw. Informationen:

- Entgeltabrechnungen
- Zeiterfassungskarten
- Urlaubsdaten
- Arbeitsunfähigkeitsbescheinigungen
- Reisekostenabrechnungen
- Fehlzeiten

Personalinformationssysteme

Moderne Personalverwaltungen arbeiten mit Computerunterstützung. Im Rahmen sogenannter **Personalinformationssysteme (PIS)** werden Personaldaten erfasst, gespeichert, gepflegt und ausgewertet. Sie liefern alle wichtigen Informationen für das Personalmanagement zur Erfüllung seiner Führungs- und Verwaltungsaufgaben und die grundlegenden Daten für die Lohn- und Gehaltsabrechnung.

Die Regelungen des Datenschutzes zur vertraulichen Behandlung dieser sensiblen Daten sind zu beachten (siehe S. 334).

Personalinformationssysteme werden auch als Module von **ERP-Systemen** (**E**nterprise-**R**esource-**P**lanning), z. B. SAP RI3 HR, angeboten.

Personalverwaltung

Personnel administration

Personaldatenverwaltung

Personaldatenverwaltung

- **Aufgaben**
  - Erfassung
  - Löschung
  - Aufbewahrung/Speicherung
  - Schutz
  - Sicherung
  - Pflege
  - Sortierung
  - Aktualisierung
  - Darstellung
  - Kontrolle
- **Bestandteile**
  - Entgeltberechnung
  - Personaldatenführung
  - Personalplanung und -entwicklung
  - Stellenbewirtschaftung
  - Personalstatistik
- **manuell**
  - Karteikarten
  - Ablage
  - Archivierung
- **computergestützt**
  - **Anwendungssystem(e)**
    - Entgeltabrechnungsprogramme
    - Personalinformationssysteme
    - Personaldatenverwaltungssysteme
    - Software-Tools, z. B. Word
  - **Personaldatenbank**
    - Personalstammdaten
    - Arbeitszeitdaten
    - Entgeltdaten
    - …

Datenschutz

„Zweck des Datenschutzgesetzes ist es, den Einzelnen davor zu schützen, dass er durch den Umgang mit seinen personenbezogenen Daten in seinem Persönlichkeitsrecht beeinträchtigt wird." Das Gesetz gilt für die Erhebung, Verarbeitung und Nutzung personenbezogener Daten in öffentlichen Stellen des Bundes und der Länder und für nicht öffentliche Stellen, z. B. Unternehmen, wenn sie die Daten in oder aus Dateien geschäftsmäßig oder für berufliche oder gewerbliche Zwecke verarbeiten oder nutzen. Dieser Umstand trifft insbesondere für die sensiblen (schutzwürdigen) Personaldaten und deren Speicherung in Dateien im Rahmen der Personalverwaltung zu.

Schutzwürdige Daten

Beispiele:

- Krankheitsdaten
- Ordnungswidrigkeiten
- Religionszugehörigkeit
- Lohn- oder Gehaltshöhe
- strafbare Handlungen
- Zeugnisdaten

Rechte der betroffenen Mitarbeiter/-innen

- Benachrichtigung über gespeicherte Daten
- Auskunft über gespeicherte Daten
- Berichtigung bei Speicherung unrichtiger Daten
- Löschung von Daten, z. B. bei unzulässiger Speicherung
- Sperrung von Daten, z. B. wenn die Richtigkeit oder Unrichtigkeit nicht feststellbar ist

Nicht schutzwürdige (freie) Daten

Beispiele:

- Namen und Anschrift
- Geburtsjahr
- Berufsbezeichnung
- Titel

Arbeitszeitmodelle

Um die veränderten Anforderungen an die Arbeitszeit, z. B. durch Kindererziehung, weite Anfahrtswege zum Arbeitsplatz, Familienpflichten, erfüllen zu können, sind in den vergangenen Jahren neue Arbeitszeitmodelle entwickelt worden. Auch die Unternehmen können von flexiblen Arbeitszeitregelungen profitieren. So können z. B. die Öffnungs- und Produktionszeiten verlängert, qualifizierte Mitarbeiter an das Unternehmen gebunden und konjunkturelle Schwankungen abgefedert werden.

Beispiele:

- **Gleitzeit**
  Mit den Mitarbeitern wird z.B. in Betriebsvereinbarungen eine feste Kernarbeitszeit vereinbart. Der Arbeitsanfang und das Arbeitsende können vom Mitarbeiter nach individuellen Bedürfnissen frei gewählt werden.
- **Jobsharing**
  Beim Jobsharing teilen sich mehrere Mitarbeiter eine Vollzeitstelle. Die Regelung des Umfangs der Zeitanteile sowie Beginn und Ende der täglichen Arbeitszeit wird oft den Mitarbeitern selbst überlassen.

Personalcontrolling

Das Personalcontrolling überprüft die **Effektivität** und die **Effizienz** personalwirtschaftlicher Maßnahmen. Unter **Effektivität** ist die Eignung eines Mittels zur Erreichnung eines bestimmten Ziels zu verstehen. **Effizienz** ermittelt das Verhältnis zwischen dem Ergebnis und dem getätigten Aufwand zur Erreichung des Ergebnisses. Effektivität und Effizienz sind miteinander verbunden und bedingen sich gegenseitig.

Personalkennzahlen

Personalstruktur

- Frauenanteil
- Durchschnittsalter der Belegschaft

Personalbeschaffung

- Fluktuationsrate
- Anzahl Versetzungswünsche

Personaleinsatz

- Überstundenquote

Personalerhaltung und Leistungsstimulation

- Krankheitsquote

Personalentwicklung

- jährliche Weiter-/Fortbildungszeit pro Mitarbeiter/-in

Betriebliches Vorschlagswesen

- Bearbeitungszeit pro Verbesserungsvorschlag
- Annahmequote

Personalfreisetzung

- Sozialplankosten pro Mitarbeiter/-in

Personalkostenplanung und -kontrolle

- Personalkosten je Mitarbeiter/-in

Personalstatistik

Personalstatistiken über …

Personalleistung

- Arbeitsproduktivität
- Umsatz je Mitarbeiter/-in
- …

Mitarbeiter/-innen

- Unfallzahlen
- Fehlzeiten
  - krankheitsbedingt
  - sonstige
- Versetzungen
- Kündigungen
- Urlaubstage
- Einstellungen
- …

Personalkosten

- Summe des Bruttoentgelts
- Summe der Überstundenentgelte
- Arbeitgeberanteile zur Sozialversicherung
- Leistungszulagen
- Aufwendungen für soziale Einrichtungen, z. B. Kantine
- Aufwendungen für Verbesserungsvorschläge
- Urlaubsgeld
- Weihnachtsgeld
- …

Personalstruktur

- Alter
- Geschlecht
- Staatsangehörigkeit
- Status
  - Angestellte
  - Arbeiter
  - Auszubildende
  - Praktikanten
- Schulbildung
  - Hauptschulabschluss
  - Realschulabschluss
  - Abitur
  - Fachhochschulreife
- Berufsbildung
  - gelernt
  - ungelernt
- Studium
- Wohnort
- Teilzeitkräfte

Beispiel:

	A	B	C	D	E	F	G	H	I	J	K	L	M	N	O	P	Q	R	S	T	U	V	W	X	Y	Z	AA	AB	AC	AD	AE	AF	AG
1	***OfficeCom KG***																																
2	Fehlzeitenstatistik						Monat: Juni 20..																										
3	Name	1	2	3	4	5	6	7	8	9	10	11	12	13	14	15	16	17	18	19	20	21	22	23	24	25	26	27	28	29	30	Krankheitstage	Urlaubstage
4	Frank Walte		K	K	K	K	K										U	U	U		U											5	4
5	Laura Sühl																															0	0
6	Görkan Ercan										U	U	U	U																		0	4

9 Liquidität sichern und Finanzierung vorbereiten

Damit ein Unternehmen langfristig am Markt bestehen kann, ist es nicht nur wichtig, die für ausgewählte Kundenzielgruppen richtigen Produkte und Dienstleistungen anzubieten (vgl. Kapitel 5), ebenso wichtig ist es, jederzeit **liquide** („flüssig“) zu bleiben, um seine laufenden Verbindlichkeiten bezahlen zu können. Immer wieder geraten Unternehmen in wirtschaftliche Schwierigkeiten, da deren **Liquidität** – insbesondere auch kurzfristig – nicht gesichert ist, obwohl die Unternehmen über attraktive Produkte und gut ausgebildetes Personal verfügen. Übersteigen die laufenden Ausgaben die Einnahmen in beträchtlichem Maße, spricht man von einer **Unterdeckung**.

Ursachen dieser **Unterdeckung** können zum Beispiel sein:

- Das Unternehmen hat keinen geordneten Überblick über die laufenden Ein- und Auszahlungsströme und gibt als Folge zu viel Geld aus.
- Großkunden können wegen eigener wirtschaftlicher Schwierigkeiten ihre Rechnungen nicht bei uns bezahlen.
- Bei Auslandskunden verhindern besondere Umstände (z. B. Naturkatastrophen, Kriege) die pünktliche Bezahlung unserer Rechnungen.
- Plötzliche konjunkturelle Veränderungen, zum Beispiel der Ausbruch einer Wirtschaftskrise (vgl. dazu S. 291), führen zu drastischen Einnahmeausfällen.
- Von uns entwickelte Produkte erleiden nichteinkalkulierte Rückschläge am Markt, zum Beispiel:
  - Bei unseren Produkten stellen sich unverhofft technische Mängel ein, die zu Einnahmeausfällen bzw. zu erhöhten Aufwendungen führen.
  - Die Gebrauchs- oder Verbrauchsgewohnheiten der Konsumenten verändern sich in erheblichem Maße.
  - Technische Innovationen der Mitbewerber „entwerten“ unsere Produkte, die daher weniger verkauft wurden.

Diese kurzfristigen Entwicklungen können rasch dazu führen, dass die Liquidität des Unternehmens ernstlich gefährdet ist. Die Liquidität eines Unternehmens wird mathematisch in den betrieblichen Kennzahlen des **Liquiditätsgrades** ausgedrückt. Während beim Liquiditätsgrad I, der sogenannten Barliquidität (vgl. S. 272), nur der Bestand an liquiden Mitteln ins Verhältnis zu den kurzfristigen Verbindlichkeiten gesetzt wird, werden beim Liquiditätsgrad II die folgenden Größen in Beziehung zueinander gesetzt:

Liquiditätsgrad II: (Einzugsbedingte Liquidität)

$$\frac{\text{liquide Mittel} + \text{Forderungen aus LL}}{\text{kurzfristige Verbindlichkeiten}} \cdot 100$$

Einzugsbedingt heißt, dass die Forderungen an Kunden erst noch zu Barmitteln werden müssen.

Als Faustregel gilt in der Betriebswirtschaftslehre, dass beim Liquiditätsgrad II eines Unternehmens mindestens eine Deckung von 100 % gegeben sein muss, damit bei unverhofften Einnahmeausfällen die Liquidität gesichert bleibt.

Häufig müssen **liquiditätssichernde Maßnahmen** überstürzt ergriffen werden, um das eigene Unternehmen in Krisensituationen zu retten.

Beispiele für **liquiditätssichernde Maßnahmen**:

- Verlängerung der Zahlungsziele bei Lieferanten, um den Geldabfluss auf spätere Zeitpunkte zu verschieben
- „beschleunigter“ Einzug ausstehender Forderungen bei Kunden (vgl. Mahnwesen, S. 342)
- Ausweitung der Kreditlinien bei Banken
- Verkauf von Vermögensteilen (z. B. Grundstücke, Gebäude oder Fuhrpark)

Kurzfristig helfen diese Maßnahmen sicherlich, die Liquidität zu sichern und damit das Unternehmen am Markt zu erhalten, **langfristig** können sich aber neue wirtschaftliche Risiken ergeben. So können zum Beispiel der Verkauf der eigenen Gebäude und die Anmietung von Fremdräumen zu einer drastischen Verschlechterung der Kostensituation führen. Damit diese Situation nicht eintritt, ist eine nachhaltige **Finanzplanung** durchzuführen.

Finanzplan

Budget

Begriff

Der **Finanzplan** eines Unternehmens enthält die Aufstellung der erwarteten **Einnahmen** und **Ausgaben** für eine Planungsperiode (z. B. ein Quartal, ein Halbjahr oder sogar mehrere Jahre). Die auf die Zukunft ausgerichteten Schätzwerte müssen – gerade bei langfristigen Finanzplanungen – laufend an die tatsächlichen betrieblichen Entwicklungen angepasst werden. Der Finanzplan muss **Teil** der **Gesamtplanung** eines Unternehmens sein.

Beispiel: Finanzplan vom ... bis ...						
	Januar				Februar	
	1. Woche	2. Woche	3. Woche	4. Woche	1. Woche	2. Woche
Zahlungsmittelbestand	50.000	96.000	106.000	10.000	37.000	– 66.000
Einzahlungen						
... aus Umsätzen	200.000	180.000	140.000	160.000	120.000	150.000
... des Finanzbereichs	–	10.000	2.000	–	–	–
... sonstige	–	–	–	10.000	–	–
Einzahlungen insgesamt	200.000	190.000	142.000	170.000	120.000	150.000
Auszahlungen						
... für Personal	58.000	64.000	64.000	60.000	60.000	58.000
... für Material	82.000	96.000	90.000	80.000	140.000	60.000
... für Steuern	–	–	–	–	20.000	–
... für Anlageninvestitionen	–	–	80.000	–	–	–
... des Finanzbereichs	4.000	4.000	4.000	3.000	3.000	2.000
... sonstige	10.000	16.000	–	–	–	–
Auszahlungen insgesamt	154.000	180.000	238.000	143.000	223.000	120.000
Überdeckung (+)/Unterdeckung (–)	+ 96.000	+ 106.000	+ 10.000	+ 37.000	– 66.000	– 36.000

Einordnung der Finanzplanung in die unternehmerische Gesamtplanung

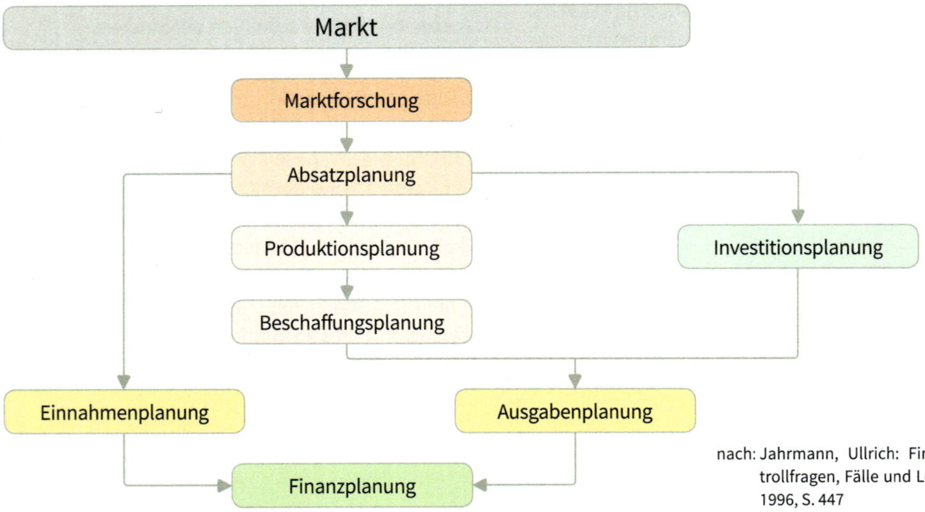

nach: Jahrmann, Ullrich: Finanzierung. Darstellung, Kontrollfragen, Fälle und Lösungen, 3. Aufl., Herne/Berlin 1996, S. 447

Ziel des Finanzplans

Ziel eines Finanzplans ist einerseits die Sicherstellung der Zahlungsfähigkeit (Liquidität) des Unternehmens, andererseits die Begrenzung überschüssiger Finanzierungsmittel, um die Rentabilität des Unternehmens optimal zu gestalten. Deshalb sollen durch eine vorausschauende Finanzplanung finanzielle Engpässe erkannt und eine Gegensteuerung frühzeitig ermöglicht werden.

Nutzung von Auskunfteien zur Absicherung von Finanzierungsrisiken

Credit agency

Auskunfteien sind Unternehmen, häufig in der Form eines Vereins geführt, die interessierten Unternehmen Informationen über bestehende oder zukünftige Geschäftsverbindungen anbieten. Die Auskünfte beziehen sich beispielsweise auf:

- Inhaber/Gesellschafter
- Rechtsform
- Haftungsverhältnisse
- Branche
- Kapitalausstattung
- Anzahl der Mitarbeiter/-innen
- Umsatz und Gewinn
- Strukturdaten von Aktiva und Passiva der Bilanz (z. B. Höhe von Forderungen und Verbindlichkeiten)
- Zahlungsverhalten gegenüber Gläubigern
- Kreditrisiken und Kreditlimits

Nicht in jedem Falle können die Auskunfteien Informationen über alle angeforderten Daten bieten, wie z. B. über die Gewinnhöhe bei bestimmten Rechtsformen.

Als **zusätzliche Dienstleistungen** bieten viele Auskunfteien Folgendes an:

- Inkassoleistungen (Abwicklung des kaufmännischen Mahnverfahrens, Einbringung von ausstehenden Forderungen),
- Marktuntersuchungen (z. B. bei beabsichtigten Firmenkäufen).

Auskunfteien mindern durch ihre Dienstleistungen die **Finanzierungsrisiken** von Unternehmen und unterstützen die unternehmerische **Entscheidungsfindung** (z. B. bei Geschäftsabschlüssen mit Neukunden).

Ort:	Neuss	Datum:	20..-05-22/142
Z. u. H. Nr:	Normalauskunft	Nr: Bl/:	1/135/0000058
Kontroll.-Nr:		Dch. VC:	Neuss
Ihr Zeichen	c/dh 1258-23	Mitgl. VC:	100-123456

Creditreform

Auskunft über: 100.0009875 — Creditreform-Nummer

Musterfirma GmbH
Musterstr. 123
12345 Musterstadt

Tel: 01234 97865-0
Fax: 01234 98765-99

Bonitätsindex * 2 1 9 * — Bonitätsindex

			Anmerkung
Rechtsform	GmbH	(10)	Creditreform-Schlüsselwerte
Gründung	16.5.1980 als Gewerbebetrieb	(03)	
	10.12.1990 als GmbH	(10)	
Handelsregister	19.12.1990, AG Musterstadt, HRB 9876	(1234)	
Gesellschafter	Max Mustermann, Musterstadt	135.000,00 €	
	Moritz Mustermann, Musterstadt	65.000,00 €	
Stammkapital		200.000,00 €	
Geschäftsführer	Max Mustermann, Maurermeister, geb. 10.5.1941, verheiratet Musterstr. 99, 12345 Musterstadt, allein vertretungsberechtigt		
Allgemeines	Bauunternehmung; gearbeitet wird überwiegend im Hochbau. Betriebsräume gemietet		Produkte und Tätigkeitsbeschreibung
	konstante Unternehmensentwicklung	(30)	Entwicklung
	zufrieden stellende Auftragslage	(30)	
	BRANCHE: Hoch- und Tiefbau	(45211)	Branchenschlüssel
Mitarbeiter	2000 3 Beschäftigte		
	2001 3 Beschäftigte		
Jahresumsatz	2000	350.000,00 €	
	2001	360.000,00 €	
Immobilien	keine		
Aktiva	Betriebs- und Geschäftsausstattung	50.000,00 €	Finanzdaten
	Forderungen	40.000,00 €	
Passiva	Gezeichnetes Kapital	200.000,00 €	
	Verbindlichkeiten	30.000,00 €	
	im Bedarfsfall steht Bankkredit zur Verfügung		
Anmerkung	Die Eheleute Mustermann gelten als Eigentümer des Wohnhauses Musterstr. 99 in Musterstadt.		
Banken	Deutsche Bank AG, Musterstadt	BLZ 30099999	
	Sparkasse Musterstadt, Musterstadt	BLZ 30599999	
Zahlungsweise	innerhalb vereinbarter Ziele	(21)	Zahlungsweise; Klassifizierende Merkmale
Kreditfrage	Geschäftsverbindung ist zulässig	(21)	Kreditfrage
	Höchstkredit 10.000,00 € (zehntausend)	(25)	Höchstkredit

aus: Creditreform: Bonitätsindex, Früherkennung und Vermeidung von Insolvenzrisiken. Verein Creditreform Braunschweig e. V., o. J.

Kaufmännisches (außergerichtliches) Mahnverfahren

Commercial (extrajudicial) warning

Terminüberwachung beim Rechnungsausgleich

Der Überwachung von Zahlungsfristen bei Ausgangsrechnungen durch die Buchhaltungsabteilung kommt eine große Bedeutung zu. Einerseits sollten Mahnverfahren jeglicher Art vermieden werden, um den Ruf des Unternehmens nicht nachhaltig zu schädigen und um den Aufbau langjähriger Geschäftsbeziehungen nicht zu gefährden. Andererseits sollten grundsätzlich alle unnötigen Kosten – z. B. für ein gerichtliches Mahnverfahren – vermieden werden. Entsprechende Dateien zur Rechnungsausgleichskontrolle sind daher in fast allen Betrieben üblich. Für den Gläubiger ist es wichtig, den Zahlungseingang für die Ausgangsrechnungen zu kontrollieren (z. B. durch eine Offene-Posten-Liste), da verspätete Zahlungen die Liquidität und damit auch den betrieblichen Leistungsprozess beeinträchtigen können.

Offene-Posten-Liste der OfficeCom KG

Datum:	15.05.20..

Summe der offenen Posten:	9.300,00 €

Rechnungs-nummer	Kunden-nummer	Name des Kunden	Rechnungs-betrag	Rechnungs-datum	Zahlungsziel in Tg.
123456	4711	Herbert Schlums	2.000,00 €	12.03.20..	30
123457	4712	Sabine Meier	5.800,00 €	15.03.20..	30
123458	4713	Tobias Falke	2.000,00 €	01.04.20..	30
234563	4718	Heinz Faber	2.400,00 €	02.04.20..	7

Fälligkeits-datum	Zahlungs-eingang	Zahlungs-eingang	Zahlungs-erinnerung	1. Mahnung	2. Mahnung
11.04.20..	13.04.20..	2.000,00 €	–	–	–
14.04.20..	11.04.20..	900,00 €	prüfen		
01.05.20..		0,00 €	ja	ja	
09.04.20..		0,00 €	ja	ja	ja

Erstellung von Mahnungen

Durch die Mahnung erinnert der Gläubiger den Schuldner an die Fälligkeit seiner Verbindlichkeit. Sollten mehrere Mahnschreiben erforderlich sein, so ist eine inhaltliche Abstufung von der freundlichen Zahlungserinnerung bis zur Androhung gerichtlicher Schritte praxisüblich.

Als **Zahlungserinnerung** wird häufiger nur eine Rechnungskopie versandt. Die **erste Mahnung** weist in der Regel folgende **Inhalte** auf:

- Hinweis auf ordnungsgemäße Übergabe/Lieferung der Ware an den Kunden
- Hinweis auf Überschreitung der Fälligkeit (Nennen von Rechungsnummer, -datum und -betrag sowie des Fälligkeitstermins
- Setzen einer angemessenen Nachfrist (z. B. 5 Tage) und evtl. Androhung von Mahnkosten
- Nennen der Kontoverbindung (IBAN, BIC)
- „Gegenstandslos-Klausel“: „Sollten Sie den Rechnungsbetrag bereits überwiesen haben, sehen Sie dieses Schreiben bitte als gegenstandslos an.“

Eine **zweite Mahnung** weist in der Regel ähnliche Inhalte wie die 1. Mahnung auf, sehr häufig werden außerdem Mahnkosten und Verzugszinsen betragsmäßig in Rechnung gestellt. Die **letzte Mahnung** droht zusätzlich gerichtliche Schritte an.

Zahlungsverzug

Delay in payment

Ablaufschema

Voraussetzung des Zahlungsverzuges

Die gelieferte Ware wird nicht fristgerecht bezahlt.

Eintritt des Zahlungsverzuges

Der Zahlungsverzug tritt bei kalendermäßig bestimmbaren Zahlungsterminen mit dem Ablauf des Zahlungszeitpunktes ein. Ansonsten tritt der Zahlungsverzug 30 Tage nach Fälligkeit und Zugang einer Rechnung oder einer gleichwertigen Zahlungsaufforderung ein.

Rechte des Gläubigers

ohne Nachfristsetzung

- Bestehen auf Bezahlung der Ware
- Berechnung von Verzugszinsen laut BGB bzw. HGB

mit Nachfristsetzung

- Schadensersatz statt Leistung oder Ersatz für vergebliche Aufwendung
- Rücktritt vom Kaufvertrag (auch einschließlich Schadensersatz statt der Leistung)

Vorgehensweise beim Zahlungsverzug

kaufmännisches Mahnverfahren | **gerichtliches Mahnverfahren**

aus: Hübscher, Heinrich u. a.: IT-Handbuch, IT-Systemkaufmann/-frau, Informatikkaufmann/-frau, 10. Aufl., Braunschweig 2017, S. 422

Kaufmännische Lösungen bei Kaufvertragsstörungen

Reaktion des Gläubigers beim Zahlungsverzug

kaufmännische Lösung

Regelung ohne juristische Mittel

← situationsabhängige Abwägung →

juristische Lösung

Regelung unter Ausnutzung des Rechtsweges

Der Unternehmer wird nur in Ausnahmefällen zum Kaufvertragsrecht des BGBs und HGBs greifen, um nach Lösungen für Kaufvertragsstörungen zu suchen. Zunächst wird er stets eine **kaufmännische Lösung** für Vertragsstörungen suchen, da es für ihn am wichtigsten ist, zu Kunden und Lieferanten gute Geschäftsverbindungen aufrechtzuerhalten. Er wird dem Vertragspartner entgegenkommen, damit sich **langfristige Geschäftsbeziehungen** ergeben können, denn nur dadurch wird er seine **Unternehmensziele** erreichen können.

Im Zweifel wird er sogar dem Vertragspartner Rechte zubilligen, die BGB bzw. HGB gar nicht vorsehen. Nur wenn eine gütliche Einigung nicht möglich ist, wird er vom Vertragsrecht Gebrauch machen und eventuell den **Rechtsweg**, z. B. mithilfe eines Rechtsanwaltes, einschlagen.

Gerichtliches Mahnverfahren *Court summons for unpaid debt*

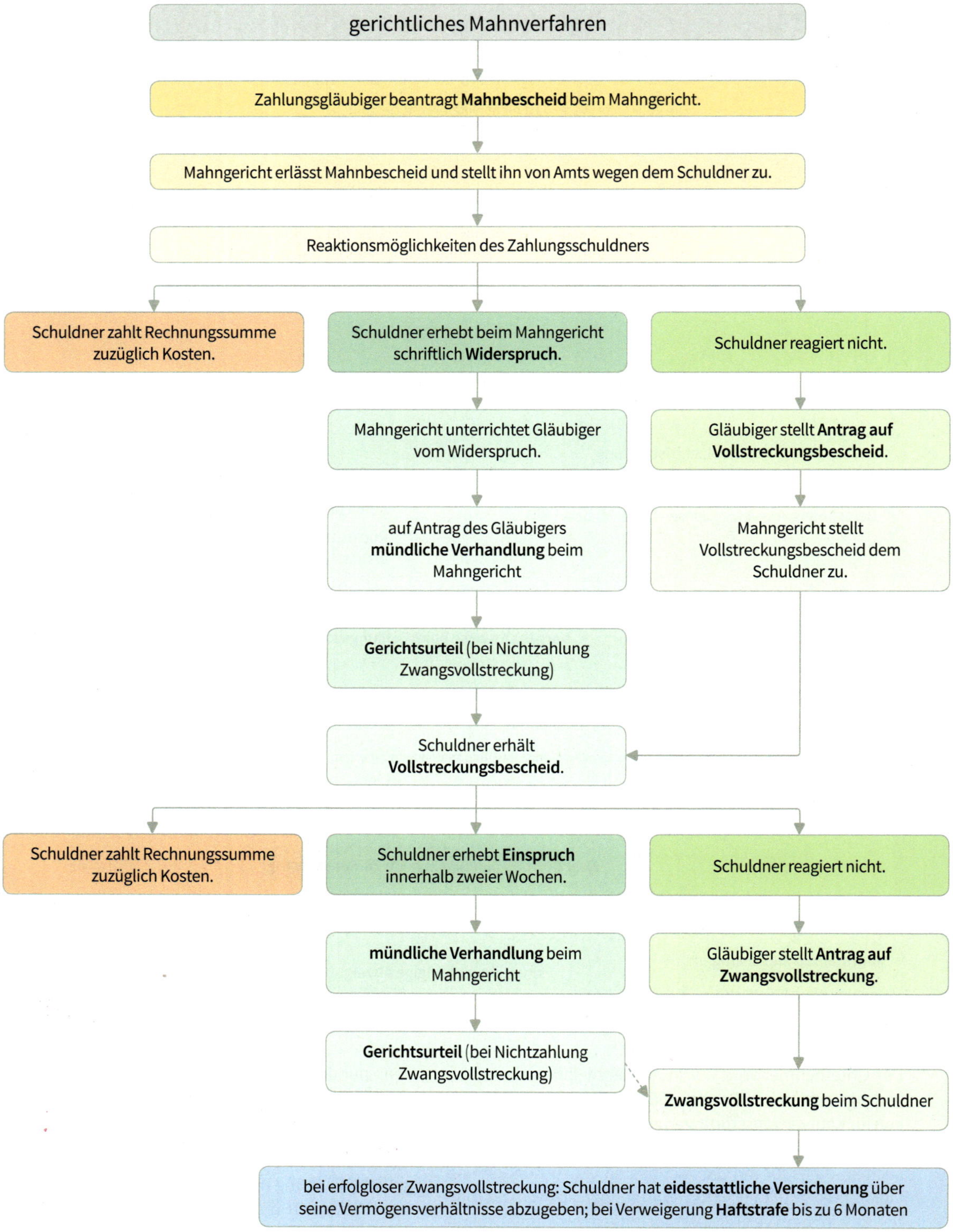

aus: Hübscher, Heinrich u. a.: IT-Handbuch, IT-Systemkaufmann/-frau, Informatikkaufmann/-frau, 10. Aufl., Braunschweig 2017, S. 423

Raum für Vermerke des Gerichts

Antrag auf Erlass eines Mahnbescheids

– Nicht verwendbar für Rechtsanwälte und registrierte Inkassodienstleister –

Zeilen-Nummer

1 Datum des Antrags — C — **Bitte beachten Sie die Ausfüllhinweise!**

2 **Antragsteller** — Bei mehreren Antragstellern: Es wird versichert, dass der in Spalte 1 Bezeichnete bevollmächtigt ist, die weiteren zu vertreten.

Spalte 1	Spalte 2 Weiterer Antragsteller
3 1 = Herr 2 = Frau; Vorname	1 = Herr 2 = Frau; Vorname
4 Nachname	Nachname
5 Straße, Hausnummer – **bitte kein Postfach!** –	Straße, Hausnummer – **bitte kein Postfach!** –
6 Postleitzahl, Ort, Ausl. Kz.	Postleitzahl, Ort, Ausl. Kz.

7 **Spalte 3 Nur Firma, juristische Person u. dgl. als Antragsteller** — Rechtsform, z. B. GmbH, AG, OHG, KG

8 3 = **nur** Einzelfirma 4 = **nur** GmbH u. Co KG — **sonst Rechtsform:** — Vollständige Bezeichnung

9 Fortsetzung von Zeile 9

10 Straße, Hausnummer – **bitte kein Postfach!** – — Postleitzahl, Ort, Ausl. Kz.

11

Gesetzlicher Vertreter	Gesetzlicher Vertreter (auch weiterer)
Nr. der Spalte, in der der Vertretene bezeichnet ist	*Nr. der Spalte, in der der Vertretene bezeichnet ist*
12 Stellung (z. B. Geschäftsführer, Vater, Mutter, Vormund)	Stellung
13 Vor- und Nachname	Vor- und Nachname
14 Straße, Hausnummer – **bitte kein Postfach!** –	Straße, Hausnummer – **bitte kein Postfach!** –
15 Postleitzahl, Ort, Ausl. Kz.	Postleitzahl, Ort, Ausl. Kz.

16

17 **Antragsgegner** — Falls der Antragsgegner unter das Zusatzabkommen zum NATO-Truppenstatut fällt, bitte Ausfüllhinweise beachten. — Antragsgegner sind Gesamtschuldner

Spalte 1	Spalte 2 Weiterer Antragsgegner
18 1 = Herr 2 = Frau; Vorname	1 = Herr 2 = Frau; Vorname
19 Nachname	Nachname
20 Straße, Hausnummer – **bitte kein Postfach!** –	Straße, Hausnummer – **bitte kein Postfach!** –
21 Postleitzahl, Ort, Ausl. Kz.	Postleitzahl, Ort, Ausl. Kz.

22 **Spalte 3 Nur Firma, juristische Person u. dgl. als Antragsgegner** — Rechtsform, z. B. GmbH, AG, OHG, KG

23 3 = **nur** Einzelfirma 4 = **nur** GmbH u. Co KG — **sonst Rechtsform:** — Vollständige Bezeichnung

24 Fortsetzung von Zeile 24

25 Straße, Hausnummer – **bitte kein Postfach!** – — Postleitzahl, Ort, Ausl. Kz.

26

Gesetzlicher Vertreter	Gesetzlicher Vertreter (auch weiterer)
Nr. der Spalte, in der der Vertretene bezeichnet ist	*Nr. der Spalte, in der der Vertretene bezeichnet ist*
27 Stellung (z. B. Geschäftsführer, Vater, Mutter, Vormund)	Stellung
28 Vor- und Nachname	Vor- und Nachname
29 Straße, Hausnummer – **bitte kein Postfach!** –	Straße, Hausnummer – **bitte kein Postfach!** –
30 Postleitzahl, Ort, Ausl. Kz.	Postleitzahl, Ort, Ausl. Kz.

31

ADVO BEDARF — Mahnbescheidsantrag Amtsgericht, 1. Blatt (1723-VI / 10) **Bestell-Nr. 33263-00**

Fassung 01. 06. 2010

Bitte die nächste Vordruckseite beachten!

Verjährung von Forderungen *Limitation of claims*

Begriff

Als **Verjährung** bezeichnet man den Ablauf eines Zeitraums (einer Frist), innerhalb dessen (derer) ein Anspruch bzw. eine Forderung mithilfe des Gerichtes durchgesetzt werden kann. Der Anspruch des Gläubigers erlischt aber nicht automatisch am Ende des Verjährungszeitraums, vielmehr muss der Schuldner die **„Einrede der Verjährung“** geltend machen. Aus Beweisgründen sollte dies schriftlich geschehen.

Hat der Schuldner aber bereits die Forderung trotz Verjährung beglichen, kann er die Zahlung nicht zurückfordern.

Durch die Möglichkeit der Einrede der Verjährung besteht für die Vertragspartner Rechtssicherheit und Rechtsfrieden. Bestünde diese Möglichkeit nicht, könnten auf Schuldner noch nach sehr langen Zeiträumen Forderungen zukommen, mit denen sie nicht mehr gerechnet haben. Dies könnte bei vielen Unternehmen zur Insolvenz führen.

Verjährungsfristen

- Laut § 195 BGB beträgt die **regelmäßige Verjährungsfrist** von Ansprüchen **drei Jahre**. Die regelmäßige Verjährungsfrist beginnt laut § 199 BGB mit dem **Schluss des Jahres**, in dem der Anspruch entstanden ist.
- Neben der regelmäßigen Verjährungsfrist gibt es für besondere Ansprüche jeweils **gesonderte Verjährungsfristen**:

Verjährungsfrist	Ansprüche *(Beispiele)*	Verjährungsbeginn	BGB
2 Jahre	Mängelansprüche bei einer gekauften neuen Sache	Ablieferung der gekauften Sache	§ 438
3 Jahre	Mängelansprüche bei arglistig verschwiegenen Mängeln, Ansprüche auf regelmäßig wiederkehrende Leistungen	Mit Schluss des Jahres, in dem der Anspruch entstanden ist (sogenannte Ultimo-Regelung)	§§ 438, 195 ff.
5 Jahre	Mängelansprüche bei einem Bauwerk und Sachen für ein Bauwerk	Übergabe des Grundstücks, Ablieferung einer Sache	§ 438
10 Jahre	Ansprüche auf Übertragung des Eigentums an einem Grundstück	Entstehung des Anspruchs	§ 196
30 Jahre	▪ Herausgabeansprüche aus Eigentum und anderen dinglichen Rechten ▪ familien- und erbrechtliche Ansprüche ▪ rechtskräftig festgestellte Ansprüche ▪ Ansprüche aus vollstreckbaren Vergleichen oder Urkunden ▪ vollstreckbare Ansprüche in einem Insolvenzverfahren	Entstehung des Anspruchs	§§ 197, 438

Die gesetzliche Verjährungsfrist kann vertraglich **verkürzt** oder **verlängert** werden. Eine Verlängerung der 30-jährigen Verjährungsfrist ist allerdings nicht möglich.

Bei einem **Verbrauchsgüterkauf** darf die gesetzliche Verjährungsfrist von mindestens zwei Jahren, bei gebrauchten Sachen von mindestens einem Jahr, nicht unterschritten werden – dies regelt § 475 BGB in Bezug auf § 437 BGB (Rechte des Käufers bei Mängeln).

Verjährung von Forderungen *Limitation of claims*

Verjährungsfristen

Beispiel:
Das Industrieunternehmen OfficeCom KG liefert dem Einzelhandelsunternehmen Ebel GmbH am 2. August 2018 Waren im Wert von 7.000,00 €. Zahlungsziel laut Kaufvertrag vom 10. Juli 2018: 2. September 2018.

Frage: Wann verjährt der Anspruch der OfficeCom KG gegenüber der Ebel GmbH?

Hemmung der Verjährung

Man spricht von einer **Hemmung** der Verjährung, wenn sich die Verjährungsfrist um einen bestimmten **Zeitraum verlängert. Gründe für die Hemmung** können z. B. sein:

- **Schwebende Verhandlungen** zwischen Schuldner und Gläubiger über einen Anspruch, bis eine Seite die Verhandlungen abbricht (§ 203 BGB). Die Verjährung tritt frühestens **drei Monate** nach dem Ende der Hemmung ein.
- **Rechtsverfolgung** laut § 204 BGB wie z. B.:
  - Erhebung der Klage auf Leistung
  - Zustellung des Mahnbescheides im Mahnverfahren
  - Anmeldung des Anspruchs im Insolvenzverfahren
- **Leistungsverweigerungsrecht** laut § 205 BGB
- **höhere Gewalt** laut § 206 BGB

Die Hemmung endet **sechs Monate** nach der rechtskräftigen Entscheidung oder anderweitiger Beendigung des eingeleiteten Verfahrens (§ 204 BGB).

Neubeginn der Verjährung

Die **Verjährung beginnt** laut § 212 BGB **erneut**, wenn

- der Schuldner dem Gläubiger gegenüber den Anspruch durch Abschlagszahlung, Zinszahlung, Sicherheitsleistung oder in anderer Weise anerkennt,
- eine gerichtliche oder behördliche Vollstreckungshandlung vorgenommen oder beantragt wird.

Beispiel:
Das Industrieunternehmen OfficeCom KG liefert dem Einzelhandelsunternehmen Konrad GmbH am 10. Oktober 2018 Waren im Wert von 4.500,00 €. Zahlungsziel laut Kaufvertrag vom 26. September 2018: 10. Dezember 2018.

Nach einer Zahlungserinnerung (Zusendung der Rechnungskopie) am 22. Dezember 2018 leistet die Konrad KG am 5. Januar 2019 eine Teilzahlung von 2.500,00 €.

Frage: Wann verjährt der Anspruch der OfficeCom KG gegenüber der Konrad KG?

Nach Teilzahlung am 5. Januar 2019:

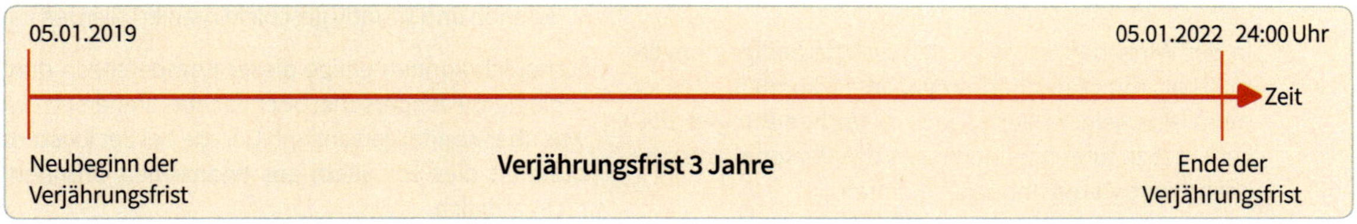

Handelsregister

Register of companies

Jeder Kaufmann ist laut § 29 HGB verpflichtet, sein Unternehmen im Handelsregister (öffentliches Verzeichnis aller Kaufleute) anzumelden. Gegenstand der **Eintragung** sind u. a.:

- Firma
- Sitz des Unternehmens
- Gegenstand des Unternehmens
- Inhaber
- Haftungsverhältnisse
- Rechtsform
- besondere Rechtsverhältnisse (z. B. Prokura)

Das zuständige Gericht (Amtsgericht) hat laut § 10 HGB die Eintragungen in das Handelsregister durch die Veröffentlichung im elektronischen Unternehmensregister (www.unternehmensregister.de) bekannt zu machen. Damit wird Vertrauensschutz für Geschäftspartner (z. B. Gläubiger) geschaffen. Eintragungen genießen **öffentlichen Glauben,** d. h., jeder muss sie gegen sich gelten lassen (z. B. beim Rechtsstreit). Das Handelsregister weist **zwei Abteilungen** auf:

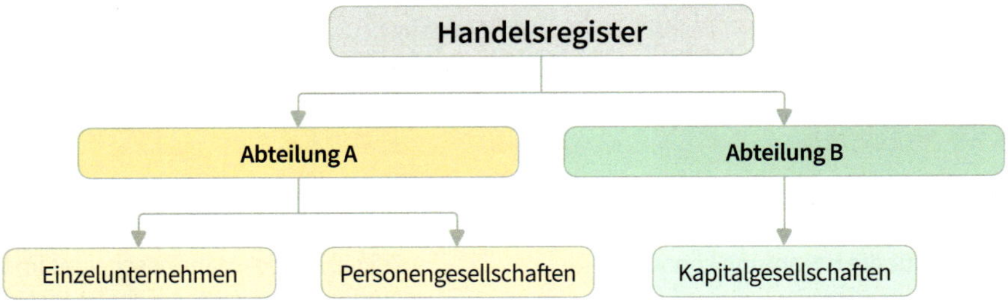

Bestimmungsgründe für die Wahl einer Rechtsform

Criteria determining the choice of a legal form

Bevor eine oder mehrere Personen ein Unternehmen rechtlich gründen, müssen verschiedene Überlegungen zur **Wahl der geeigneten Rechtsform** angestellt werden:

- **Kapitalaufbringung** (Anzahl der Personen, Höhe der Kapitalsumme)
- **Haftungsumfang** (Voll- oder Teilhafter)
- **steuerrechtliche Behandlung** (z. B. des Gewinns)
- **Entscheidungsbefugnisse** (z. B. Geschäftsführung, Vertretung)
- **Gewinn- und Verlustverteilung**
- **rechtliche Vorschriften zur Mitbestimmung**

Kompetenzen zur Unternehmensführung

Competence for company management

Rechtlich gesehen ist es sehr einfach möglich, ein Unternehmen zu gründen. **Kaufmännisch**, d. h. betriebswirtschaftlich gesehen, gehört aber viel mehr dazu, ein Unternehmen zu leiten, damit es Erfolg bringt und langfristig am Markt erhalten bleibt. Unverzichtbare **Kompetenzen** in diesem Sinne sind:

- Der Selbstständige muss über das notwendige **Branchenfachwissen** zum Führen eines Unternehmens verfügen. Dazu gehören auch entsprechende **Fachkenntnisse über die Ware**.
- In der Wirtschaft ist es für den Selbstständigen unverzichtbar, mit Menschen umgehen zu können, d. h., er muss einerseits in der Lage sein, **Verhandlungen** zielgerichtet zu führen, andererseits das **Personal** entsprechend **motivieren** und **leiten** können.
- Ein kaufmännisches, d. h. **betriebswirtschaftliches Grundwissen** ist gerade heute im Zeichen eines harten Wettbewerbs für das Führen eines Unternehmens überlebenswichtig. Engagement, Risikobereitschaft und „Spaß an der Branche" reichen nicht aus; werden grundlegende betriebswirtschaftliche Regeln missachtet, kommt es schnell zur Insolvenz. Zum betriebswirtschaftlichen Kernwissen gehört aber auch die Fähigkeit, **innovativ zu denken** (z. B. neue Ideen einfließen zu lassen), damit Marktveränderungen schnell erfasst werden können und situativ geschickt reagiert werden kann.

Sicherlich können einige dieser Kompetenzen durch einschlägiges Fachpersonal oder Fachberater ersetzt werden, was aber Kapital verschlingt. Gerade bei der **Existenzgründung** ist dies vor allem aus finanziellen Gründen meist nicht möglich.

Rechtsformen der Unternehmen *Legal forms of enterprises*

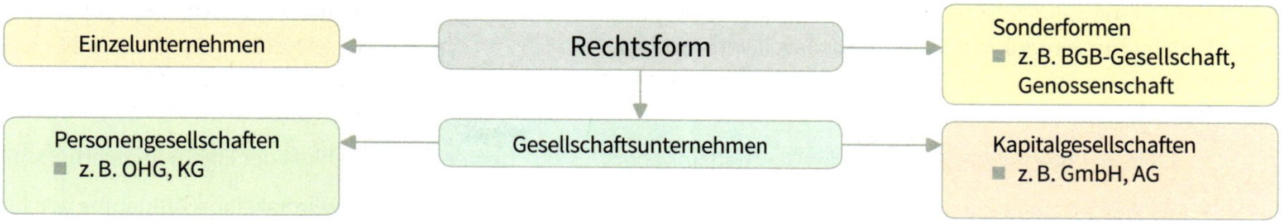

Merkmale ausgewählter Rechtsformen

Merkmale	Rechtsform				
	Einzelunternehmen	**Offene Handelsgesellschaft**	**Kommanditgesellschaft**	**Gesellschaft mit beschränkter Haftung**	**Aktiengesellschaft**
allgemeines Merkmal	Kaufmann	Betrieb eines Handelsgewerbes	Betrieb eines Handelsgewerbes	für jeden beliebigen Zweck	für jeden beliebigen Zweck
Firmenzusatz	eingetragene(r) Kauffrau/-mann	OHG	KG	GmbH	AG
Anzahl der Gründer	1 Person	mindestens 2 Personen	mindestens 2 Personen	mindestens 1 Person	mindestens 1 Person
Mindestkapital	keine Vorschriften	keine Vorschriften	keine Vorschriften	Stammkapital (gez. Kapital): 25.000,00 €; UG: 1,00 € (s. S. 349)	Grundkapital (gez. Kapital): 50.000,00 €
Haftung	▪ Betriebs- und Privatvermögen ▪ unbeschränkt	▪ Gesellschafter mit Einlage und Privatvermögen ▪ unbeschränkt, unmittelbar, solidarisch	▪ Komplementäre: wie OHG-Gesellschafter ▪ Kommanditisten: beschränkt auf die Einlage	Gesellschaft beschränkt auf das Gesellschaftsvermögen	Gesellschaft beschränkt auf das Gesellschaftsvermögen
gesetzliche Regelung der Geschäftsführungsbefugnis (Innenverhältnis)	Inhaber berechtigt und verpflichtet	▪ jeder Gesellschafter alleine ▪ Widerspruchsrecht der Gesellschafter ▪ Zustimmung aller Gesellschafter bei außergewöhnlichen Geschäften	▪ Komplementäre: wie OHG-Gesellschafter ▪ Kommanditisten: Kontrollrecht der Bilanz; Widerspruchsrecht bei außergewöhnlichen Geschäften	der Geschäftsführer bzw. die Geschäftsführer gemeinsam	alle Vorstandsmitglieder gemeinsam
gesetzliche Regelung der Vertretungsbefugnis (Außenverhältnis)	Inhaber berechtigt und verpflichtet	jeder Gesellschafter alleine	▪ Komplementäre: wie OHG-Gesellschafter ▪ Prokuraerteilung an Kommanditisten möglich	der Geschäftsführer bzw. die Geschäftsführer gemeinsam	alle Vorstandsmitglieder gemeinsam
gesetzliche Regelung der Erfolgsverteilung	insgesamt	▪ Gewinn: 4 % auf die Kapitaleinlage, Rest nach Köpfen ▪ Verlust nach Köpfen	▪ Gewinn: 4 % auf die Kapitaleinlage, Rest im angemessenen Verhältnis ▪ Verlust im angemessenen Verhältnis	im Verhältnis der Geschäftsanteile	im Verhältnis der Aktiennennbeträge
Organe	–	–	–	▪ Geschäftsführer ▪ Aufsichtsrat (ab 500 Arbeitnehmern zwingend) ▪ Gesellschafterversammlung	▪ Vorstand ▪ Aufsichtsrat ▪ Hauptversammlung

Einzelunternehmen *Single enterprise*

Viele mittelständische Unternehmen nutzen die Rechtsform des Einzelunternehmens. Die Darstellung der Vorteile dieser Rechtsform verdeutlicht, warum sie so weit verbreitet ist.

Vorteile:

- alleinige Entscheidungsfindung des Geschäftsinhabers
- rasche Entscheidungsfindung
- Gewinn steht allein dem Geschäftsinhaber zu.

Nachteile:

- begrenzte Möglichkeit der Eigenkapitalerhöhung
- begrenzte Kreditwürdigkeit bei Aufnahme von Krediten
- unbeschränkte Haftung des Eigentümers

Aktiengesellschaft (AG)

Begriff

Die AG ist laut § 1 AktG eine Gesellschaft mit eigener Rechtspersönlichkeit, bei der nur mit dem Gesellschaftsvermögen gehaftet wird. Diese Rechtsform hat ein in **Aktien** (Anteile) zerlegtes **Grundkapital**, das mindestens 50.000,00 € aufweisen muss. Bei den Aktien wird zwischen dem aufgedruckten **Nennbetrag** (Nennwert) und dem sich aufgrund von Angebot und Nachfrage an der Börse ergebenden **Kurswert** unterschieden.

Bedeutung

9

Aktiengesellschaften bieten die Möglichkeit, große Geldsummen über die Ausgabe von Aktien aufzubringen. Damit können **Großinvestitionen** (z. B. Luft- und Raumfahrttechnik) vorgenommen werden, die bei anderen Rechtsformen häufig am Kapitalmangel scheitern. Ein zusätzlicher Vorteil ist bei börsennotierten Aktiengesellschaften die **leichte Übertragbarkeit** der Aktien.

Organe

Vorstand

leitendes/ausführendes Organ (vertritt die AG nach außen, stellt Jahresabschluss und Lagebericht vor, beruft die Hauptversammlung ein); er wird auf 5 Jahre bestellt und besteht aus mindestens einer Person. Der Vorstand hat umfassende Berichtspflichten gegenüber dem Aufsichtsrat.

↑ bestellt den Vorstand

Aufsichtsrat

überwachendes Organ (Kontrollorgan) (überwacht die Geschäftsführung und hat Recht auf Einsicht und Prüfung der Bücher); er wird auf 4 Jahre gewählt. Der Aufsichtsrat besteht aus mindestens drei Mitgliedern.

↑ wählt Aktionärsvertreter des Aufsichtsrates

Hauptversammlung

beschlussfassendes Organ (Die Aktionäre haben Stimmrecht nach Nennbeträgen; sie entscheiden u. a. über die Verwendung des Bilanzgewinns.)

Gesellschaft mit beschränkter Haftung (GmbH)

Begriff und Bedeutung

Die Gesellschaft mit beschränkter Haftung ist laut § 13 f. GmbH-Gesetz eine Handelsgesellschaft mit **eigener Rechtspersönlichkeit.** Sie kann Eigentum erwerben, vor Gericht klagen und verklagt werden. Die Gesellschafter der GmbH sind mit Stammeinlagen am Stammkapital der Gesellschaft beteiligt. Die **Haftung** ist auf die Höhe des Gesellschaftsvermögens beschränkt.

Die **begrenzte Haftung** der Gesellschaft bzw. der einzelnen Gesellschafter hat dazu geführt, dass diese Rechtsform gerade in mittelständischen Unternehmen eine große Bedeutung gewonnen hat. Das Risiko der Selbstständigkeit kann somit begrenzt werden. Die Tatsache, dass eine GmbH auch nur von **einer Person** gegründet und geführt werden kann, unterstützt die Bedeutung für Kleinunternehmen.

Firma

Die Firma, also der **Name der Gesellschaft,** kann eine Personen-, Sach- oder Fantasiefirma bzw. eine gemischte Firma sein, die zusätzliche Bezeichnung „Gesellschaft mit beschränkter Haftung“ ist vorgeschrieben.

Gesellschaftsvertrag

Der Gesellschaftsvertrag muss Folgendes enthalten:

1. Firma und Sitz der Gesellschaft
2. Gegenstand des Unternehmens
3. Betrag des Stammkapitals
4. Zahl und Nennbeträge der Geschäftsanteile, die jeder Gesellschafter gegen Einlage auf das Stammkapital (Stammeinlage) übernimmt.

Der Gesellschaftsvertrag bedarf notarieller Form und ist von sämtlichen Gesellschaftern zu unterzeichnen.

Kapitalaufbringung

Jeder Gesellschafter der GmbH leistet die sogenannte Stammeinlage als Anteil am Stammkapital der Gesellschaft. Das Stammkapital muss mindestens 25.000,00 €[1], die Stammeinlage pro Gesellschafter mindestens 100,00 € betragen. Die Summe der Stammeinlagen muss mit dem Stammkapital übereinstimmen. Neben Geldeinlagen sind auch Sacheinlagen möglich.

Gewinn- und Verlustverteilung

Jeder Gesellschafter hat einen Anspruch auf Gewinn im Verhältnis der Stammeinlagen (Geschäftsanteile), soweit der Gesellschaftsvertrag nichts anderes vorsieht. Entsprechendes gilt für die Verteilung von Verlusten.

Organe

Geschäftsführer

Ein oder mehrere Geschäftsführer leiten die GmbH. Die Geschäftsführer können aus dem Kreis der Gesellschafter bestimmt werden, aber auch eine sogenannte dritte Person kann diese Aufgabe ausüben.

↑

Aufsichtsrat

Durch entsprechende Bestimmungen des Gesellschaftsvertrages kann als überwachendes Organ ein Aufsichtsrat eingerichtet werden; er ist ab 500 Arbeitnehmern gesetzlich vorgeschrieben (BetrVG). Der Aufsichtsrat wird von der Gesellschafterversammlung für 4 Jahre bestellt.

↑

Gesellschafterversammlung (Beschlussfassungsorgan der Gesellschafter)

Die Beschlüsse (z. B. zur Gewinnverwendung oder Kapitalerhöhung) werden mit einfacher Mehrheit gefasst.

[1] Das am 26. Juni 2008 vom Deutschen Bundestag beschlossene Gesetz zur Modernisierung des GmbH-Rechts und zur Bekämpfung von Missbräuchen (**MoMiG**) sieht als neue GmbH-Variante die haftungsbeschränkte **Unternehmergesellschaft** (**UG**) vor, die mit der Einzahlung von **1,00 €** durch die Gesellschafter entsteht. Diese GmbH darf ihre jährlichen Gewinne allerdings nicht im vollen Umfang ausschütten, dadurch soll das Mindeststammkapital der normalen GmbH von 25.000,00 € nach und nach angespart werden.

Kommanditgesellschaft (KG) als Beispiel einer Personengesellschaft

Begriff

Laut § 161 HGB ist eine KG eine Gesellschaft, deren Zweck auf den Betrieb eines Handelsgewerbes unter gemeinschaftlicher Firma gerichtet ist. Bedingung ist weiterhin, dass es sowohl mindestens einen Kommanditisten (Teilhafter) als auch mindestens einen Komplementär (Vollhafter) gibt.

Haftung und Geschäftsführung

Beim **Kommanditisten** ist die Haftung gegenüber den Gesellschaftsgläubigern auf den Betrag einer bestimmten Vermögenseinlage beschränkt, während beim **Komplementär** keine Haftungsbeschränkung existiert. Man nennt Letzteren deswegen auch persönlich haftenden Gesellschafter.

Jeder **Komplementär** haftet:
- **unbeschränkt** (mit Betriebs- und Privatvermögen)
- **gesamtschuldnerisch** (Ein Gläubiger kann einen einzelnen Komplementär mit der Gesamtschuldsumme belasten und entsprechend verklagen.)
- **unmittelbar** (Ein Komplementär kann Gläubiger bei Forderungen nicht auf andere Komplementäre verweisen.)

Aus dieser grundsätzlichen Unterscheidung zwischen Voll- und Teilhafter ergibt sich, dass die Komplementäre die Geschäfte führen und die Kommanditisten prinzipiell von der Geschäftsführung ausgeschlossen sind. Allerdings hat der Kommanditist die Möglichkeit, bei außergewöhnlichen Entscheidungen zu widersprechen. Die Geschäftsführung der Komplementäre ist prinzipiell eine **Einzelgeschäftsführung,** d. h., jeder kann allein Entscheidungen fällen. Nur bei **außergewöhnlichen Handlungen** (z. B. Bestellung eines Prokuristen oder Auflösung des Unternehmens) ist die Zustimmung aller Komplementäre notwendig.

Die KG wird **nach außen** durch die Komplementäre vertreten. Sie haben **Einzelvertretungsmacht,** d. h., jeder einzelne Vollhafter vertritt die KG sowohl bei gerichtlichen als auch bei außergerichtlichen Handlungen. Die Teilhafter, die Kommanditisten, haben keine Vertretungsmacht.

Gewinn- und Verlustverteilung

In der Regel wird bei Gründung einer Kommanditgesellschaft ein Gesellschaftsvertrag schriftlich geschlossen. In diesem Vertrag befinden sich auch Angaben über die geplante Gewinn- und Verlustverteilung. Das unterschiedliche Engagement oder bestimmte Fachkenntnisse der einzelnen Gesellschafter können so von vornherein für die Ergebnisverteilung zu unterschiedlichen Anteilen führen. Wird ein Gesellschaftsvertrag nicht vereinbart, so gilt die **gesetzliche Regelung** laut HGB. Danach erhalten sämtliche Gesellschafter zunächst 4 % auf ihr eingebrachtes Kapital. Übersteigt der zu verteilende Gewinn diese Höhe, ist der Rest im angemessenen Verhältnis zu verteilen.

Ein **Verlust** ist im angemessenen Verhältnis zu verteilen, allerdings kann der Kommanditist maximal bis zur Höhe seines Kapitalanteils belastet werden.

Kündigung

Ein Kommanditist hat eine Kündigungsfrist von sechs Monaten zum Ende des Geschäftsjahres.

Auflösung der KG

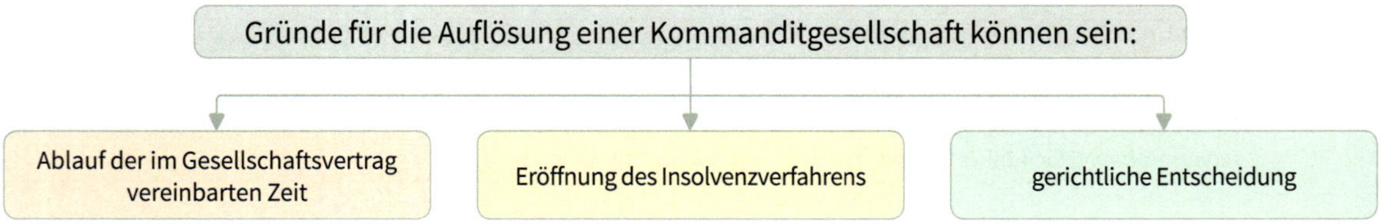

Selbstverständlich kann eine Kommanditgesellschaft auch durch die entsprechende Entscheidung der Gesellschafter aufgelöst werden. Dazu ist ein Beschluss mit qualifizierter Mehrheit notwendig.

Beim **Tod eines Kommanditisten** übernimmt der Erbe die Pflichten und Rechte, es sei denn, etwas anderes ist im Gesellschaftsvertrag vereinbart.

Finanzierung – Investition

Financing – Investment

Finanzierung

Finanzierung als betriebswirtschaftliche Funktion eines Unternehmens:

Sämtliche **Maßnahmen** eines Unternehmens, die der **Beschaffung von Kapital** für unternehmerische Aktivitäten dienen.

Damit sichert die Finanzierung

1. den **Erwerb** betrieblicher Vermögenswerte und
2. den **Erhalt** betrieblicher Vermögenswerte bzw. die Leistungsfähigkeit des Unternehmens (z. B. durch Liquiditätssicherung[1]).

[1] Liquiditätssicherung: Sicherung der Zahlungsfähigkeit eines Unternehmens

Mittelverwendung (Investition) und Mittelherkunft (Finanzierung)

Wird die **Finanzierung** als **Kapitalbeschaffung** definiert, so beschreibt die **Investition** ganz allgemein die **Kapitalverwendung.** Dieser Zusammenhang lässt sich in der Bilanz eines Unternehmens darstellen:

Bilanz

Aktiva (Vermögen)	**Passiva (Kapital)**
Anlagevermögen (z. B. Gebäude, Maschinen, Fuhrpark)	**Eigenkapital (Eigentümer)** (z. B. Bareinlage)
Umlaufvermögen (z. B. Roh-, Hilfs und Betriebsstoffe, Bankguthaben, Forderungen)	**Fremdkapital (Gläubiger)** (z. B. Darlehen, Verbindlichkeiten)

Wie wurde das Kapital angelegt? → Mittelverwendung = **Investition**

Woher stammt das Kapital? → Mittelherkunft = **Finanzierung**

Finanzierungs- und Investitionsanlässe

mögliche **Finanzierungsanlässe:**

- Kauf von Maschinen
- Erwerb einer Lizenz
- Aktualisierung der Software (Update)
- Umwandlung der Rechtsform (z. B. GmbH in eine AG)
- Schließung von Finanzierungslücken (z. B. durch Kreditaufnahme)

mögliche **Investitionsanlässe:**

- Erschließung eines neuen Marktes durch Errichtung von Auslandsfilialen
- Sicherung der Wettbewerbsfähigkeit durch Anschaffung neuer Produktionsanlagen
- Anpassungen an veränderte gesetzliche Vorschriften (z. B. Umweltrecht) durch Modernisierung bestehender Produktionsanlagen

Finanzierungsarten

Types of financing

1. Unterscheidungsgesichtspunkt: Welche **Rechtsstellung** haben die Kapitalgeber?

Eigenfinanzierung

Bilanzwerte (z. B. Maschinen) werden durch eigene finanzielle Mittel (Eigenkapital) finanziert.

Fremdfinanzierung

Bilanzwerte (z. B. Maschinen) werden durch fremde Mittel (Fremdkapital) finanziert.

2. Unterscheidungsgesichtspunkt: In welcher **Form** können Eigen- und Fremdfinanzierung auftreten?

Finanzierung aus:

Kapitalzufuhr alter/neuer Eigentümer
- = externe Eigenfinanzierung
- = Beteiligungsfinanzierung

Fremdkapitalaufnahme
- = externe Fremdfinanzierung

zurückbehaltenen Gewinnen
- = interne Eigenfinanzierung
- = Selbstfinanzierung

Abschreibungen
- = interne Eigenfinanzierung

dem Verkauf von Anlagegütern
- = Finanzierung aus Kapitalfreisetzung (Eigen- oder Fremdkapital)

3. Unterscheidungsgesichtspunkt: Welche **Herkunft** hat das Kapital?

Innenfinanzierung

Das Kapital wird von dem Unternehmen selbst erwirtschaftet.

Außenfinanzierung

Das Kapital fließt dem Unternehmen von außen zu.

Selbstfinanzierung

Beispiel: Gewinne werden im Unternehmen einbehalten und stehen für den Kauf einer Maschine zur Verfügung.

Finanzierung aus Kapitalfreisetzung

Beispiel: jährliche Abschreibungsrückflüsse bei einer Spezialmaschine

Rückstellungen

Beispiel: Rückstellungen für mögliche Gewerbesteuernachzahlungen

Beteiligungsfinanzierung

Beispiel: Aufnahme eines stillen Gesellschafters

Finanzierung aus Fremdkapitalaufnahme

Beispiel: Bankkredit zur Finanzierung eines Hallenneubaus

4. Unterscheidungsgesichtpunkt: Wie **lange** wird das Kapital überlassen?

- kurzfristiges Kapital
- mittelfristiges Kapital
- langfristiges Kapital

Investitionsarten

Types of investment

1. Unterscheidungsgesichtspunkt: Welchen **Zweck** erfüllt die Investition?

- **Erstinvestition**
  Beispiel: Kauf von Anlagegütern bei Unternehmensgründung
- **Ersatzinvestition**
  Beispiel: Ersatz einer alten Computeranlage durch eine neue
- **Rationalisierungsinvestition**
  Beispiel: Kauf moderner Lkws mit geringem Kraftstoffverbrauch
- **Erweiterungsinvestition**
  Beispiel: Bau einer zusätzlichen Lagerhalle

2. Unterscheidungsgesichtspunkt: Welche **betriebliche Funktion** erfüllt die Investition?

zum Beispiel

- **Forschungsinvestition** (z. B. Eigenlabor)
- **Lagerlogistikinvestition** (z. B. Transportsystem)
- **Absatzinvestition** (z. B. Werbekampagne)

3. Unterscheidungsgesichtspunkt: Welche **Vermögensart** wird durch die Investition berührt?

- **Sachinvestition** (z. B. Maschine)
- **Finanzinvestition** (z. B. Beteiligung)
- **immaterielle Investition** (z. B. Patent)

Lieferantenkredit

Supplier's credit

Bei dieser Kreditart räumt der Lieferant dem Unternehmen einen **Kredit** ein, sodass dieses die gelieferte Ware erst nach einer bestimmten Zeit, z. B. nach 4 Wochen, bezahlen muss. Das Unternehmen hat dieses **Zahlungsziel** mit dem Lieferanten im Kaufvertrag vereinbart. Dadurch wird es ihm möglich, seine Warenverbindlichkeiten aus den Umsatzerlösen der verkauften Waren zu begleichen; es benötigt dadurch wesentlich weniger Kapital von seiner Hausbank. Dem Unternehmen werden für die Inanspruchnahme des späteren Zahlungszeitpunktes direkt keine Zinsen ausgewiesen, sie werden aber vorher in die Verkaufspreise einkalkuliert. Um das Unternehmen zu einer vorzeitigen Zahlung zu bewegen, wird ihm der Lieferant die Gewährung von **Skonto**, z. B. 2 % Skonto bei Zahlung binnen 10 Tagen, anbieten. Der Lieferant kann den Lieferantenkredit über die Vereinbarung eines **Eigentumvorbehalts** (siehe S. 355) zusätzlich absichern.

Beispiel:
Kaufvertragsabschluss: 5. März
vereinbartes Zahlungsziel: 15. April

vereinbartes Lieferdatum: 15. März
Skonto: 2 % Skonto bei Zahlung innerhalb 14 Tagen

Kontokorrentkredit

Current account advance

Die Hausbank des Unternehmens, also ein Kreditinstitut, gewährt ihm einen **Überziehungskredit** bis zu einem vereinbarten Höchstbetrag (**Kreditlimit**). Das Unternehmen kann je nach Finanzbedarf das Geschäftskonto bis zum Limit überziehen. Die Bank verzinst nur den tatsächlich beanspruchten Kreditbetrag. Dafür berechnet sie ihm einen vereinbarten **Zinssatz**, zusätzlich kann die Bank – je nach Vereinbarung – noch eine Kreditprovision (Bereitstellungsgebühr) für das Kreditlimit und eine Umsatzprovision für die Kontoführung berechnen. Sollte das Kreditlimit überzogen werden, wird das Kreditinstitut einen erhöhten **Überziehungszinssatz** berechnen. Allerdings ist die Möglichkeit des Überziehens in der Höhe begrenzt.

Ein **Guthaben** wird in der Regel in Form von Habenzinsen verzinst. Kontokorrentkredite werden individuell zwischen Kreditinstitut und Unternehmen ausgehandelt, die Konditionen (insbesondere Sollzinsen) richten sich vor allem nach der **Bonität** (dem Ruf, der Zahlungsfähigkeit) des Unternehmens.

Beispiel:
Einem Unternehmen wird ein Kontokorrentkredit bis zu einem Limit von 250.000,00 € zu einem Zinssatz von 9,5 % eingeräumt, eine weitere Überziehung ist in Ausnahmefällen gegen einen höheren Zinssatz von 12,5 % bis zu einer Kredithöhe von 300.000,00 € möglich.

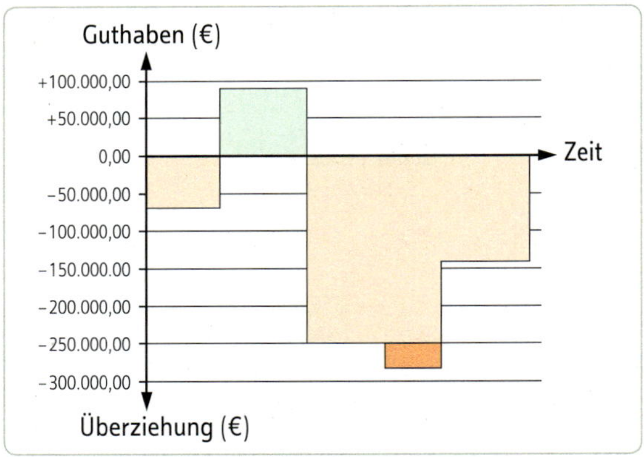

Darlehen

Credit

In einem **Darlehensvertrag** wird zwischen Darlehensgeber und -nehmer die **Überlassung eines Geldbetrages** gegen **Entgelt** (z. B. **Zinsen**) vereinbart. Diese Kreditform zählt zu den längerfristigen Kreditarten. Das Industrieunternehmen wird in der Regel ein Darlehen bei seinem Kreditinstitut aufnehmen, auch wenn andere Darlehensgeber denkbar sind, wie z. B. Geschäftsfreunde. Die Darlehenssumme kann je nach Vertragsart entweder in einer Summe am Tag der Fälligkeit oder in der Form gleich hoher Raten zurückgezahlt werden. Die Höhe des Zinssatzes richtet sich nach der Bonität des Darlehensnehmers, nach der Höhe des Darlehens, nach den angebotenen Sicherheiten und nach dem Zinsniveau auf dem Kapitalmarkt.

Sicherungsmöglichkeiten von Krediten *Security arrangements for credits*

Sicherungsmöglichkeiten von Krediten

Personalsicherheiten

Bei sogenannten Personalkrediten haften die Person oder Dritte für die Kreditsumme. Nach der Art der **persönlichen Haftung** werden folgende **Personalkredite** unterschieden:

Blankokredit

Der Kreditgeber gewährt Kredit ohne besondere Sicherheit.

Kredit mit Bürgschaftsabsicherung

Ihm liegen zwei Verträge zugrunde: Der **Kreditvertrag** (zwischen Kreditnehmer und Kreditgeber) und der **Bürgschaftsvertrag** (zwischen Bürge und Kreditgeber).
Beim **Bürgschaftsvertrag** verpflichtet sich der **Bürge**, für die Verbindlichkeiten des Kreditnehmers einzustehen, wenn dieser nicht leisten kann.

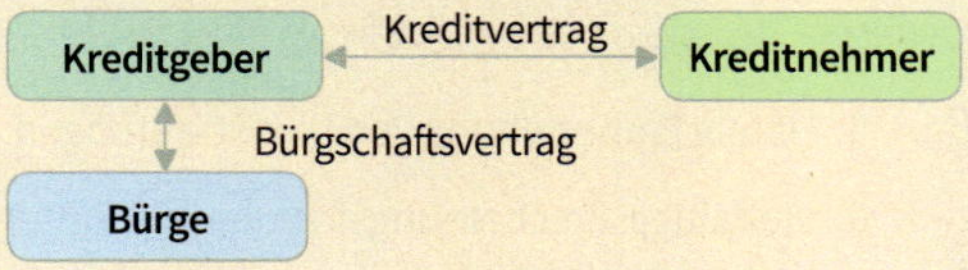

Kreditvertrag mit Zession (Sicherungsabtretung)

Bei dieser Kreditart werden Forderungen des Kreditnehmers gegenüber Dritten an den Kreditgeber als Sicherheit abgetreten.

Beispiel: Ein Kreditnehmer tritt eine Forderung aus einer bereits bestehenden Lebensversicherung an den Kreditgeber für den Fall ab, dass der Kreditnehmer den Kredit nicht zurückzahlen kann.

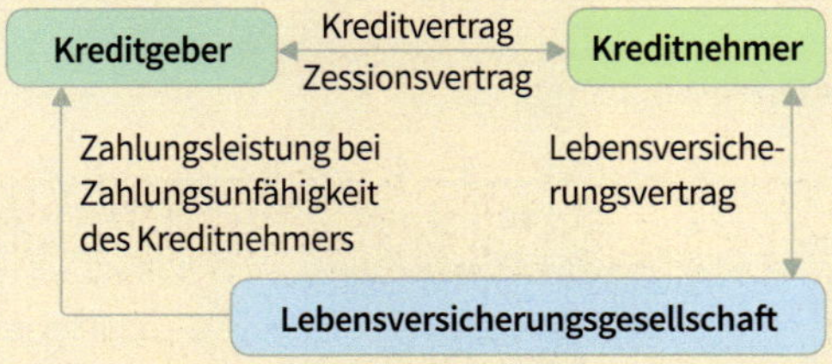

Zessionsarten

Bei der **stillen Zession** weiß der sogenannte Drittschuldner (z. B. Lebensversicherung) nichts von der Forderungsabtretung seines Gläubigers. Bei der **offenen Zession** wird der Drittschuldner von der Forderungsabtretung benachrichtigt.

Realsicherheiten

Bei sogenannten Realkrediten stehen nicht Personen, sondern bewegliche oder unbewegliche Sachen (dingliche Sicherheit) im Mittelpunkt der Kreditsicherung.
Nach der Art der **dinglichen Haftung** werden folgende **Realkredite** unterschieden:

Eigentumsvorbehalt

Der Verkäufer einer Ware bleibt bis zur vollständigen Bezahlung Eigentümer, der Käufer ist zunächst nur Besitzer der Ware.

Arten des Eigentumsvorbehalts
Beim **einfachen Eigentumsvorbehalt** erlischt der Anspruch auf Herausgabe der gelieferten Ware, z. B. bei Weiterverarbeitung. Soll dieser rechtliche Nachteil für den Verkäufer ausgeschlossen werden, kann der **verlängerte Eigentumsvorbehalt** vertraglich vereinbart werden: Er sieht z. B. eine Forderungsabtretung vor. Wird der sogenannte **erweiterte Eigentumsvorbehalt** vereinbart, erweitert sich der Zugriff des Verkäufers auch auf andere von ihm gelieferte Ware.

Sicherungsübereignungskredit

Bei dieser Kreditart wird das Eigentum an einer beweglichen Sache (z. B. einer Maschine, einem Auto) zur Kreditsicherung an den Kreditgeber abgetreten. Der Kreditnehmer bleibt aber im Besitz des Gegenstandes und kann ihn weiter nutzen.

Lombardkredit

Der Lombardkredit ist ein Kredit, der vor allem durch Wertpapiere, aber auch durch Bankguthaben oder Ansprüche aus Lebensversicherungspolicen mit Rückkaufswert gedeckt ist. Durch die Verpfändung geht der Besitz auf den Kreditgeber über, aber der Kreditnehmer bleibt Eigentümer des Vermögens.

Hypothek

Bei dieser Kreditart wird zur Absicherung einer Forderung dem Kreditgeber sowohl ein Pfandrecht an einem Grundstück (dingliche Sicherheit) als auch der Zugriff auf das gesamte Vermögen (persönliche Haftung) des Kreditnehmers eingeräumt. Die Hypothek wird ins Grundbuch eingetragen.

Grundschuld

Hierbei besteht ebenso wie bei der Hypothek ein Pfandrecht des Kreditgebers an einem Grundstück (dingliche Sicherheit), allerdings keine persönliche Haftung des Kreditnehmers. Die Grundschuld setzt das Bestehen einer Forderung nicht voraus.

vgl.: Hübscher, Heinrich u. a.: IT-Handbuch, IT-Systemkaufmann/-frau, Informatikkaufmann/-frau, 10. Aufl., Braunschweig 2017, S. 380

Leasing

Begriff

Werden Leasingobjekte (z. B. Maschinen, Autos) durch einen Leasinggeber (z. B. einen Hersteller) vermietet, spricht man von Leasing.

Im **Leasingvertrag** sind in der Regel die folgenden **Inhalte** vereinbart:

- Höhe der Anzahlung,
- Vertragslaufzeit und
- Höhe der monatlichen Leasingrate.

Diese Größen werden individuell nach Kundenwünschen festgelegt.

Nach Ablauf der Vertragslaufzeit kann das Leasingobjekt weiter gemietet, zum Restwert gekauft oder zurückgegeben werden.

Grundform des Leasings

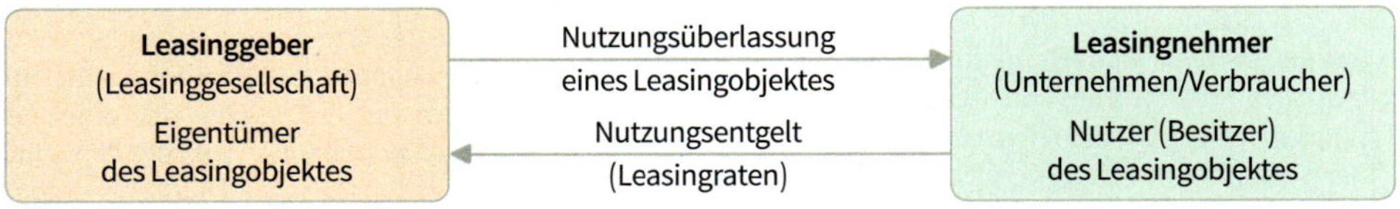

Merkmale des Leasings

9

1. 100 %ige Fremdfinanzierung, also kein Eigenkapitalbedarf
2. Steuerliche Berücksichtigung der Leasingraten als Aufwand
3. In der Regel keine Bilanzierung von Leasingobjekt und Leasingfinanzierung
4. Kein Eigentum
5. Häufig Einbeziehung von Dienstleistungen
6. Vielfältige Erscheinungsformen mit unterschiedlicher Vertragsgestaltung
7. Die Vorteilhaftigkeit des Leasings lässt sich nur individuell ermitteln, da sie von einer Mehrzahl von Einflussfaktoren abhängt, die für jedes Unternehmen unterschiedlich sein können.

vgl.: Jahrmann, Ulrich: Finanzierung. Darstellung, Kontrollfragen, Fälle und Lösungen, 3. Aufl., Herne/Berlin 1996, S. 24 u. S. 447

Vorteile des Firmenleasings aus der Sicht des Leasingnehmers

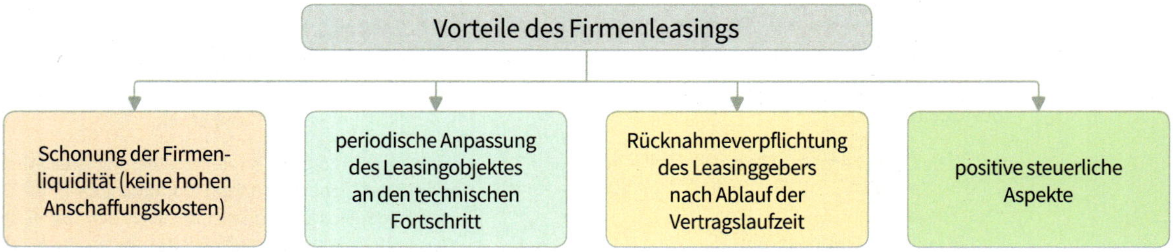

Leasing

Nachteile des Firmenleasings aus der Sicht des Leasingnehmers

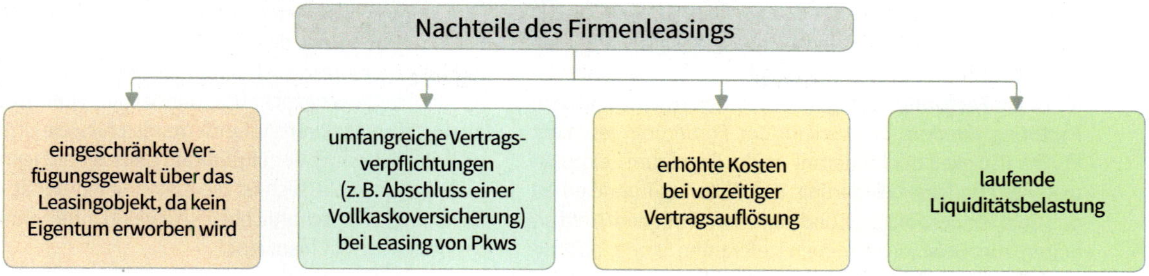

Leasingarten

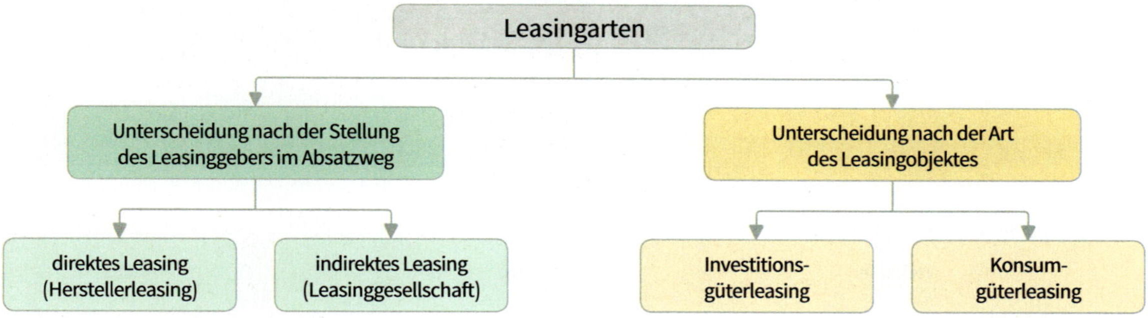

Direktes Leasing

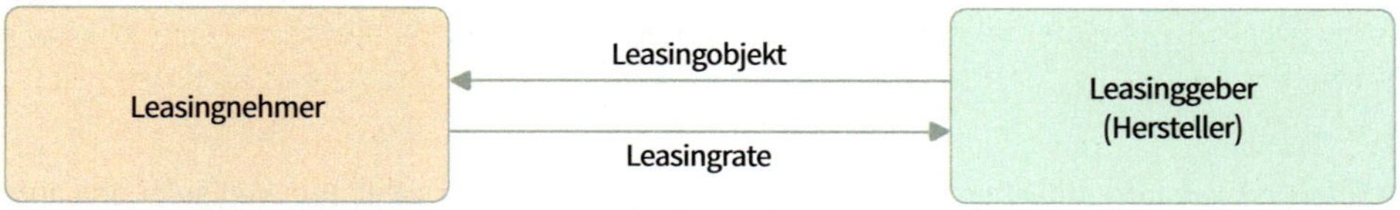

Indirektes Leasing

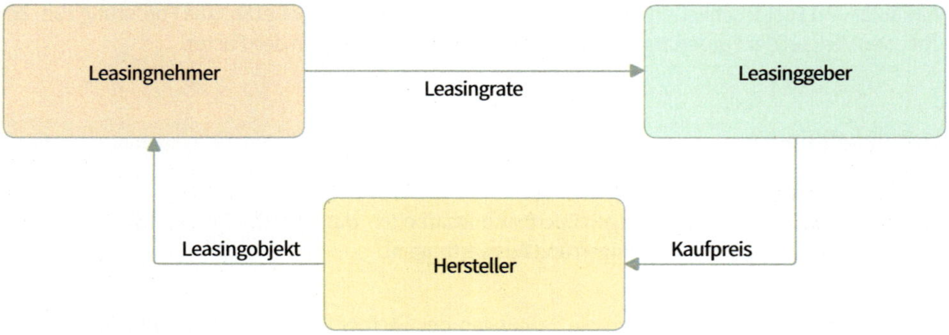

Privatleasing

Leasen Privatpersonen Leasingobjekte (z. B. Autos, PCs), entfällt der steuerliche Vorteil für den Leasingnehmer. Trotzdem gibt es Leasingverträge, bei denen die Privatperson nicht schlechter gestellt sein muss als beim Finanzierungskauf. In diesen Fällen wird zur Förderung des Absatzes eines Produktes ein Kostenvorteil gewährt (z. B. bei Pkws einer auslaufenden Serie).

Factoring

Begriff

Unter **Factoring** versteht man den **Verkauf von Forderungen** an einen **Factor** (eine Factoring-Gesellschaft), man spricht auch von einer Forderungsabtretung. Grundlage dafür ist ein **Factoringvertrag** zwischen dem Factor und dem **Factoring-Kunden.** Der Verkauf der Forderung geschieht vor der Fälligkeit der Forderung, in der Regel zum Zeitpunkt der Entstehung der Forderung. Der Factoring-Kunde erhält das Geld vor der Fälligkeit und kann somit mit dem Geld arbeiten, zum Beispiel bei seinem Lieferanten Skonto ausnutzen. Der Factor zieht die Forderung bei Fälligkeit direkt bei dem Vertragspartner des Factoring-Kunden ein. Der Factor berechnet dem Factoring-Kunden für die Dienstleistung (z. B. Buchhaltung, Inkasso, Mahnwesen) eine **Factoring-Gebühr** und für die frühzeitige Zahlung (Vorschuss-)**Zinsen**.

Bedeutung

Viele Unternehmen möchten mit dem Forderungseinzug nichts zu tun haben, da der Verwaltungsaufwand zu hoch und zu kostenintensiv ist. Die Unternehmen ziehen es vor, ihre Kräfte im **Kerngeschäft** zu bündeln und freie Kapazitäten dort zu investieren. Außerdem spielt für viele Unternehmen die Sicherung der **Liquidität** („Flüssigkeit") eine sehr große Rolle. Schließlich ist die fehlende Liquidität – nicht die fehlende Wirtschaftlichkeit – für viele Unternehmen die Hauptursache der Insolvenz.

Factoring-Gesellschaften sind häufig Tochtergesellschaften von Kreditinstituten. Der Factoringvertrag beinhaltet meist nicht den Verkauf einer einzelnen Forderung, sondern eher die langfristige Zusammenarbeit zwischen Factor und Factoring-Kunden, um eine Vielzahl von Einzelforderungen einzuziehen.

Ablauf

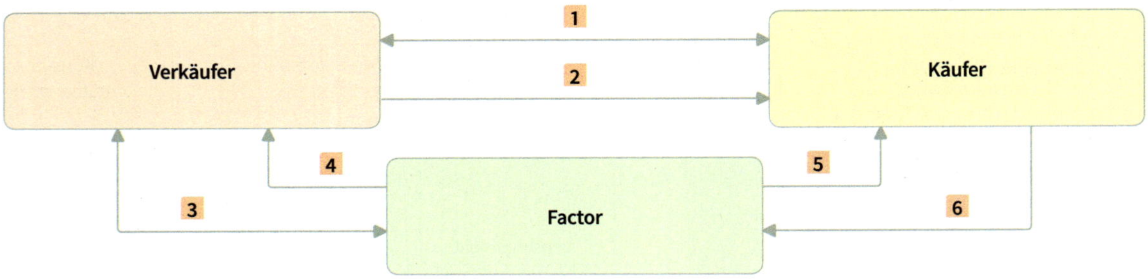

- **1** Käufer und Verkäufer schließen einen Kaufvertrag über die Lieferung einer Ware oder Dienstleistung.
- **2** Verkäufer liefert dem Käufer die vereinbarte Leistung.
- **3** Verkäufer und Factor schließen einen Factoringvertrag über den Verkauf der Forderung vor der Fälligkeit.
- **4** Factor zahlt dem Verkäufer den ausstehenden Forderungsbetrag abzüglich der Gebühren und Zinsen.
- **5** Factor erhebt Forderung gegenüber dem Käufer.
- **6** Käufer bezahlt die Forderung zum Zeitpunkt der Fälligkeit an den Factor.

Factoringfunktionen

- **Dienstleistungsfunktion:**
  Der Factor übernimmt die notwendigen Buchhaltungsarbeiten, das Inkasso- und Mahnwesen sowie eventuelle Sonderleistungen (z. B. statistische Erhebungen und Auswertungen).
- **Finanzierungsfunktion:**
  Der Factor-Kunde sichert sich durch die Zahlungen des Factors hohe Liquidität und kann somit Lieferantenkredite refinanzieren. Durch den frühzeitigen Zahlungseingang kann er Skontoabzug bei seinem Lieferanten ausnutzen.
- **Delkrederefunktion** (Kreditversicherungsfunktion):
  Der Factor übernimmt das Risiko der Zahlungsunfähigkeit des Käufers und die damit entstehenden Kosten.

Zinsrechnung

Calculation of interest

Begriff

Die Zinsrechnung dient dazu, Geldbeträge (Zinsen) zu ermitteln, die durch die zeitweilige Überlassung von Kapital entstehen. Die Zinsen stellen dabei den Preis für die Überlassung dar.

Die Zinsrechnung ist die Anwendung der Prozentrechnung unter Berücksichtigung einer weiteren Größe: der Zeit. Demgemäß geht man bei der Zinsrechnung von drei gegebenen Größen aus, um die vierte zu ermitteln. Folgende rechnerische Größen werden zur Zinsrechnung benötigt:

1. Das **Kapital (K)** ist eine Geldsumme, die von einem Geldgeber (z. B. einer Bank) entliehen wird, bei einer Bank angelegt oder einem Schuldner überlassen wird. In der Prozentrechnung entspricht dieser Wert dem Grundwert.
2. Die **Zinsen (Z)** sind der in Geld bewertete Aufwand für geliehenes Kapital oder der Ertrag für Dritten überlassenes Kapital. Sie entsprechen in der Prozentrechnung dem Prozentwert.
3. Der **Zinssatz (p)** ist der Prozentsatz, mit dem das Kapital verzinst wird. In der Prozentrechnung entspricht dieser Wert dem Prozentsatz.
4. Die **Zeit (t)** gibt den Zeitraum an, für den Zinsen zu zahlen sind bzw. erhalten werden. Diese Größe gibt es in der Prozentrechnung nicht.

Berechnung der Zinsen

Berechnung der Jahreszinsen

Beispiel:
Wir nehmen bei unserer Hausbank ein Darlehen von 120.000,00 € (Kapital) auf, für das wir einen Zinssatz von 6,5 % bezahlen müssen. Die Laufzeit beträgt 5 Jahre.

Gegeben:	Kapital	K = 120.000,00 €
	Zinssatz	p = 6,5 %
	Zeit	j = 5 Jahre

Fragesatz: Wie viel Zinsen müssen wir an unsere Hausbank insgesamt bezahlen?

Gesucht sind die Jahreszinsen. Sie können mithilfe folgender Formel berechnet werden:

$$\text{Jahreszinsen} = \frac{\text{Kapital (K)} \cdot \text{Zinssatz (p)} \cdot \text{Jahre (j)}}{100} = \frac{120.000,00 \cdot 6,5 \cdot 5}{100} = \underline{\underline{39.000,00}}$$

Antwortsatz:
Wir müssen an unsere Hausbank 39.000,00 € Jahreszinsen bezahlen.

Berechnung der Monatszinsen

Beispiel:
Wir nehmen bei unserer Hausbank einen kurzfristigen Kredit über 50.000,00 € (Kapital) zu einem Zinssatz von 8 % auf. Die Laufzeit beträgt 6 Monate.

Gegeben:	Kapital	K = 50.000,00 €
	Zinsatz	p = 8 %
	Zeit	m = 6 Monate

Fragesatz: Wie hoch sind die zu zahlenden Zinsen?

Gesucht sind die Monatszinsen. Sie können mithilfe folgender Formel berechnet werden:

$$\text{Monatszinsen} = \frac{\text{Kapital (K)} \cdot \text{Zinssatz (p)} \cdot \text{Monate (m)}}{100 \cdot 12} = \frac{50.000,00 \cdot 8 \cdot 6}{100 \cdot 12} = \underline{\underline{2.000,00}}$$

Antwortsatz:
Die zu zahlenden Monatszinsen betragen 2.000,00 €.

Berechnung der Tageszinsen

Beispiel:
Wir gewähren einem Kunden auf einen Rechnungsbetrag von 2.400,00 € einen Zahlungsaufschub von 100 Tagen. Der Zinssatz beträgt werbewirksame 1,9 %.

Fragesatz: Wie hoch ist unser Zinsaufwand?

Gegeben:	Kapital	K = 2.400,00 €
	Zinssatz	p = 1,9 %
	Zeit	t = 100 Tage

Gesucht sind die Tageszinsen. Sie können mithilfe folgender Formel berechnet werden:

$$\text{Tageszinsen} = \frac{\text{Kapital (K)} \cdot \text{Zinssatz (p)} \cdot \text{Tage (t)}}{100 \cdot 360}$$

$$= \frac{2.400,00 \cdot 1,9 \cdot 100}{100 \cdot 360} = \underline{\underline{12,67}}$$

Antwortsatz:
Unser Zinsaufwand beträgt 12,67 €.

Berechnung des Zinssatzes

Beispiel:
Eine Kapitalanlage von 75.000,00 € bei unserer Hausbank erbrachte nach 6 Monaten einen Zinsertrag von 1.125,00 €.

Fragesatz: Wie hoch war der für die Anlage gewährte Zinssatz?

Gegeben:	Kapital	K = 75.000,00 €
	Zinsen	Z = 1.125,00 €
	Zeit	t = 6 Monate = 180 Tage

Gesucht ist der Zinssatz p. Er kann mithilfe folgender Formel berechnet werden:

$$\text{Zinssatz (p)} = \frac{\text{Zinsen (Z)} \cdot 100 \cdot 360}{\text{Kapital (K)} \cdot \text{Tage}}$$

$$= \frac{1.125,00 \cdot 100 \cdot 360}{75.000,00 \cdot 180} = \underline{\underline{3,00}}$$

Antwortsatz:
Der Zinssatz betrug 3,00 %.

Berechnung des Kapitals

Beispiel:
Für einen Kredit mit einer Laufzeit von 90 Tagen mussten wir bei einem Zinssatz von 12 % 4.500,00 € Zinsen zahlen.

Fragesatz: Wie hoch war der Kreditbetrag?

Gegeben:	Zinsen	Z = 4.500,00 €
	Zinssatz	p = 12 %
	Zeit	t = 90 Tage

Gesucht ist das Kapital K. Es kann mithilfe folgender Formel berechnet werden:

$$\text{Kapital (K)} = \frac{\text{Zinsen (Z)} \cdot 100 \cdot 360}{\text{Zinssatz (p)} \cdot \text{Tage (t)}}$$

$$= \frac{4.500,00 \cdot 100 \cdot 360}{12 \cdot 90} = \underline{\underline{150.000,00}}$$

Antwortsatz:
Der Kreditbetrag belief sich auf 150.000,00 €.

Berechnung der Zeit

Beispiel:
Ein Lieferant berechnet uns für eine Verbindlichkeit über 20.000,00 € bei einem Zinssatz von 6 % Verzugszinsen in Höhe von 250,00 €.

Fragesatz: Um wie viele Tage haben wir unser Zahlungsziel überzogen?

Gegeben:	Kapital	K = 20.000,00 €
	Zinsen	Z = 250,00 €
	Zinssatz	p = 6 %

Gesucht ist die Zeit t. Sie kann mithilfe folgender Formel berechnet werden:

$$\text{Tage (t)} = \frac{\text{Zinsen (Z)} \cdot 100 \cdot 360}{\text{Kapital (K)} \cdot \text{Zinssatz (p)}}$$

$$= \frac{250,00 \cdot 100 \cdot 360}{20.000,00 \cdot 6} = \underline{\underline{75}}$$

Antwortsatz:
Wir haben unser Zahlungsziel um 75 Tage überzogen.

Skonto: Effektivzins

Cash discount: effective interest

Effektivzins bei Skontoausnutzung

Skonto: Gewährung eines Preisnachlasses für eine vorzeitige Bezahlung des Rechnungsbetrages

***Beispiel* für Effektivzinsberechnung**

Wir bekommen von unserem Lieferanten eine Rechnung über 4.220,00 €. Die Zahlungsbedingungen lauten: zahlbar innerhalb 10 Tagen mit 2 % Skonto oder in 30 Tagen ohne Abzug.

Wir bezahlen innerhalb 10 Tagen und ziehen vom Rechnungsbetrag 2 % Skonto ab:

	Rechnungsbetrag	4.220,00 €
–	Skonto 2 %	84,40 €
	Überweisungsbetrag	4.135,60 €

Welchem Jahreszins entspricht der Skontoabzug?

Lösung durch Dreisatz:

20 Tage ≙ 2 % Skonto

360 Tage ≙ x % Skonto

$$x = \frac{2 \cdot 360}{20} = 36$$

Erfolgt der Rechnungsausgleich 20 Tage vor Ablauf des Zahlungsziels, entspricht die Ersparnis durch den Skontoabzug einem Jahreszinssatz von 36 %.

Unsere Hausbank berechnet uns für die 20-tägige Überziehung unseres Kontokorrentkontos 12 % p. a. Welche Schlussfolgerung ist daraus zu ziehen?

Lösung durch Vergleichsrechnung:

	Effektivzins bei Kontoausnutzung:	36 %
–	Überziehungszinssatz:	12 %
	Differenz in Prozentpunkten:	24 %

Folgerung

Wenn der Effektivzins bei Skontoausnutzung den Überziehungszinssatz der Bank überschreitet, lohnt es sich, Skonto in Anspruch zu nehmen.

aus: Bentin, Margit u. a.: Beschaffungsprozess, Lehrerband, 3. Aufl., Braunschweig 2012, S. 135

10 Wertschöpfungsprozesse erfolgsorientiert steuern

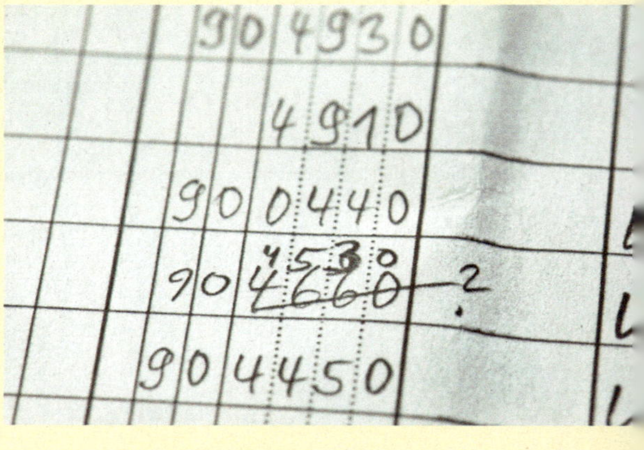

Wertschöpfungsprozesse und Kosten- und Leistungsrechnung

Value creation process and cost and performance accounting

Wertschöpfung

	Nettoverkaufspreis eines Produktes
–	eingekaufte Vorleistungen wie Werkstoffe, Betriebsmittel, Fremdleistungen für die Herstellung und den Verkauf des Produktes
=	**Wertschöpfung des Produktes**

Beispiel:
Der Nettoverkaufspreis eines Schreibtisches der OfficeCom KG beträgt 2.297,00 €. Die dafür eingekauften Werkstoffe kosten 420,00 €; die Abschreibungen und die Ausgaben für Werkzeuge und Energie betragen 1.060,00 €; das ergibt Vorleistungen von insgesamt 1.480,00 €. Durch die verschiedenen Arbeitsprozesse der Beschaffung, der Fertigung und des Vertriebs entsteht ein Mehrwert (eine Wertschöpfung) von 817,00 € (2.297,00 € – 1.480,00 €).

Wertschöpfungsprozesse

Die betriebliche Wertschöpfung beruht insbesondere auf den **direkten**, unmittelbaren **Wertschöpfungsprozessen**, wie z. B. Produktentwicklung und Fertigung, als auch auf **indirekten Wertschöpfungsprozessen** (unterstützenden oder Supportprozessen), wie z. B. Finanzbuchhaltung oder Personalkostenabrechnung (zu Geschäftsprozessen siehe S. 405 ff.).

Die vielen Tätigkeiten im Rahmen der Wertschöpfungsprozesse können auch unnötige Kosten verursachen, wenn Prozesse noch nicht optimiert sind (z. B. Doppelarbeiten) oder die Fertigung fehlerhaft war, sodass Nacharbeiten erforderlich sind. Um die **Kostensituation** mit dem Ziel einer stetigen Verbesserung **sichtbar** zu **machen**, ist der Einsatz von Steuerungsinstrumenten nötig, wie z. B. die **Kosten- und Leistungsrechnung**.

Kosten- und Leistungsrechnung

Cost and performance accounting

Abgrenzung von der Finanzbuchhaltung

Finanzbuchhaltung (Rechnungskreis I) ...	**Kosten- und Leistungsrechnung** (Rechnungskreis II) ...
▪ ist eine **externe** Rechnung, die überwiegend die finanziellen Beziehungen zwischen dem Unternehmen und der Außenwelt (z. B. Kunden, Lieferanten) erfasst;	▪ ist eine **interne** Rechnung, die der Planung, Steuerung und Kontrolle des Unternehmens dient;
▪ ist eine unternehmensbezogene Rechnung, die **alle** Erträge und Aufwendungen einer Abrechnungsperiode, unabhängig von ihrem Entstehungsgrund, aufzeichnet;	▪ ist eine betriebsbezogene Rechnung, die nur die Erträge (Leistungen) und Aufwendungen (Kosten) einer Abrechnungsperiode, die in engem Zusammenhang mit dem eigentlichen **Betriebszweck** – in einem Industriebetrieb Beschaffung, Produktion und Absatz – stehen, ausweist;
▪ ermittelt aus deren Gegenüberstellung das **Gesamtergebnis** des Unternehmens;	▪ ermittelt aus der Gegenüberstellung von Leistungen und Kosten das **Betriebsergebnis**;
▪ wird auf Konten durchgeführt und unterliegt gesetzlichen Vorschriften wie dem HGB, EstG, UStG usw.	▪ wird i. d. R. außerhalb der Konten durchgeführt und unterliegt keinen gesetzlichen Vorschriften.

Aufgaben

- Ermittlung des Verbrauchs an Werkstoffen und der zeitlichen Inanspruchnahme von Betriebsmitteln und Arbeitnehmern (Kostenarten) einer Abrechnungsperiode (Monat, Quartal)
- Ermittlung der Kosten in den einzelnen Kostenstellen als Grundlage für die Kostenkalkulation der Produkte bzw. Dienstleistungen (Kostenträger) zur Kontrolle der Kostenentwicklung
- Errechnung der Selbstkosten der Produkte als Grundlage für die Absatzpreiskalkulation sowie für die Ermittlung von Preisuntergrenzen
- Ermittlung des Jahres-Betriebsergebnisses (Leistungen minus Kosten) als der Teil des Unternehmensergebnisses, der auf die eigentliche betriebliche Tätigkeit zurückzuführen ist
- Darstellung der Anteile einzelner Produkte bzw. Produktgruppen am Betriebserfolg
- Lieferung von Grundlagen für Planungen und Entscheidungen der Unternehmensleitung, z. B. Eigenfertigung oder Fremdbezug von Produkten (make or buy), Kauf oder Leasing von Anlagegütern, Annahme eines Zusatzauftrages

Kosten- und Leistungsrechnung

Cost and performance accounting

10

Übersicht über die Kosten- und Leistungsrechnung

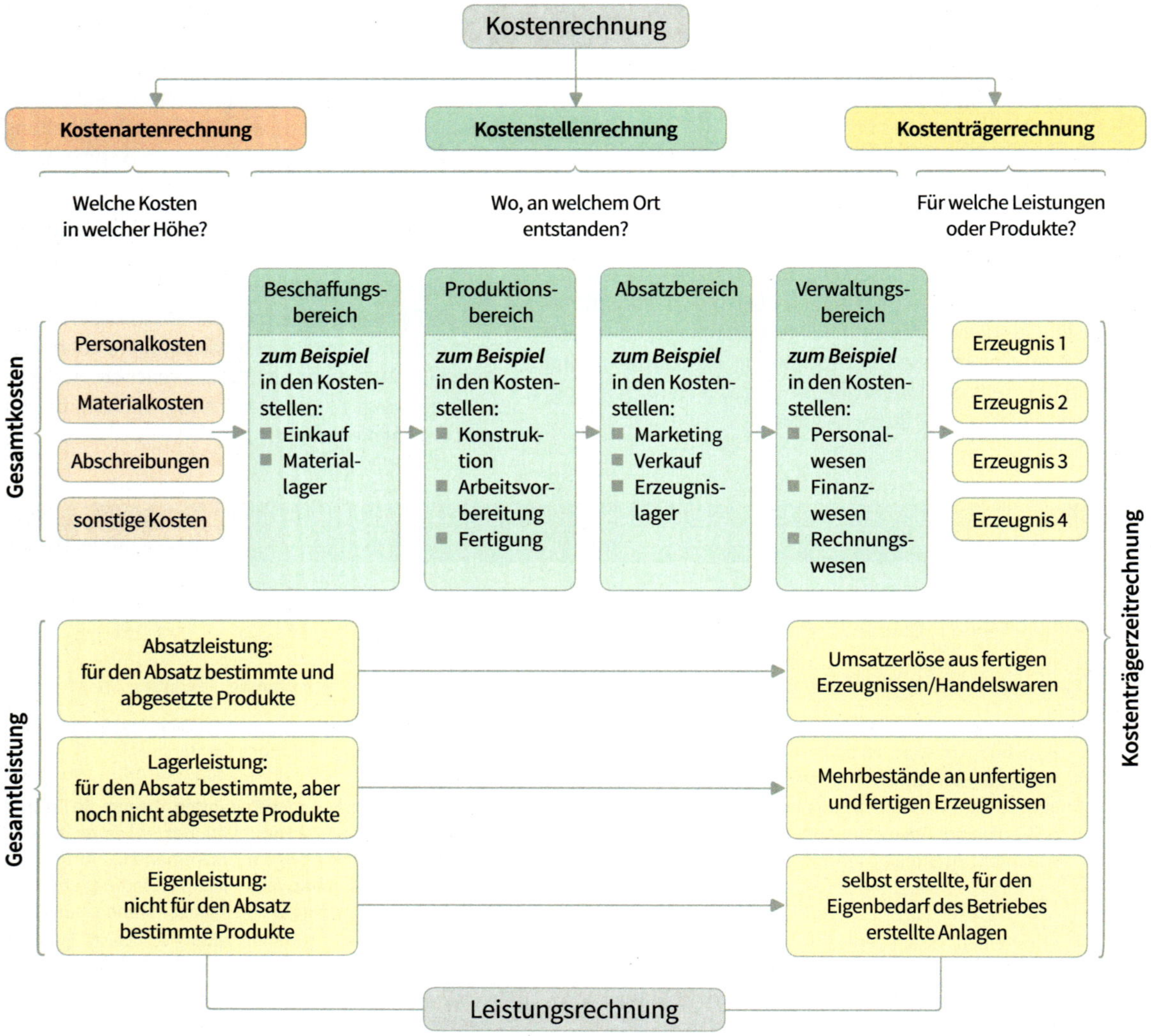

vgl.: David, Christian u. a.: Kosten- und Leistungsrechnung Schritt für Schritt, 8. Auflage, Haan-Gruiten 2009, S. 33

Phasen der Kostenrechnung

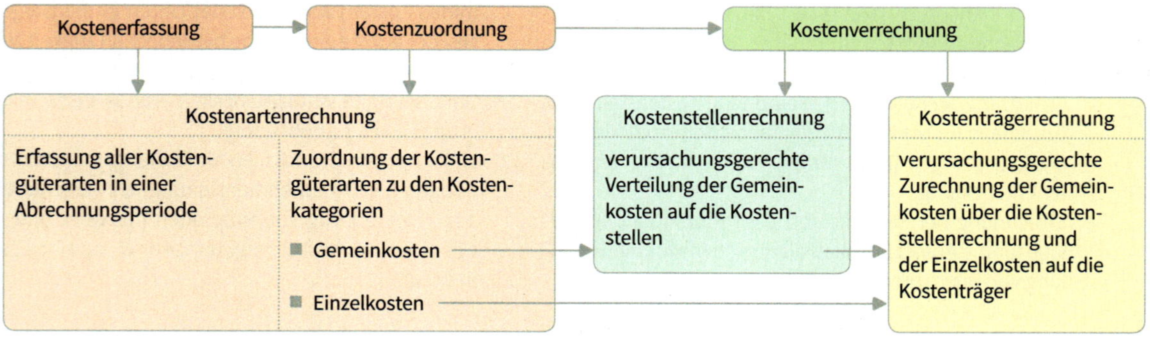

Abgrenzung Aufwendungen – Kosten, Erträge – Leistungen

Differentation Expenses – Costs, Income – Performances

Aufwendungen und Kosten

Aufwendungen = gesamter in GE bewerteter mengenmäßiger Verbrauch an Gütern und Leistungen in einem Unternehmen, unabhängig von ihrem Entstehungsgrund, in einer Abrechnungsperiode

Kosten = in Geldeinheiten (GE) bewerteter mengenmäßiger Verbrauch an Gütern und Leistungen zum Zweck der betrieblichen Leistungserstellung in einer Abrechnungsperiode

Aufwendungen			Kosten			*Beispiele*
neutrale Aufwendungen	Aufwendungen, nicht Kosten	betriebsfremde Aufwendungen				Abschreibungen auf Finanzanlagen, Instandhaltung von Werkswohnungen
neutrale Aufwendungen	Aufwendungen, nicht Kosten	betriebsbezogene, außerordentliche Aufwendungen				Verkauf einer Drehbank unter Buchwert
neutrale Aufwendungen	Aufwendungen, ungleich Kosten	betriebsbezogene, periodenfremde Aufwendungen				Gewerbesteuernachzahlung, bilanzielle Abschreibungen auf Sachanlagen
	Aufwendungen, gleich Kosten	betriebsbezogene, periodenbezogene Aufwendungen	= **Grundkosten**	Kosten, gleich Aufwendungen		Roh-, Hilfs-, Betriebsstoffverbrauch, Fertigungslöhne
			Anderskosten oder bewertungsverschiedene Kosten	Kosten, ungleich Aufwendungen	kalkulat. Kosten	kalkulatorische Abschreibungen auf Sachanlagen, kalkulatorische Wagnisse
			wesensmäßige **Zusatzkosten**	Kosten, nicht Aufwendungen	kalkulat. Kosten	kalkulatorischer Unternehmerlohn, kalkulatorische Zinsen

aus: Scharf, Dirk: Grundzüge des betrieblichen Rechnungswesens. 3. Auflage. Wiesbaden: Gabler Verlag 1997, S. 26.

Erträge und Leistungen

Erträge = alle erfolgswirksamen, in GE bewerteten Wertezuflüsse in einem Unternehmen, unabhängig von ihrem Entstehungsgrund, in einer Abrechnungsperiode

Leistungen = lediglich die in GE bewerteten erfolgswirksamen Wertezuflüsse in einer Abrechnungsperiode, die aus der betrieblichen Leistungserstellung resultieren

Erträge			Leistungen			*Beispiele*
neutrale Erträge	Erträge, nicht Leistungen	betriebsfremde Erträge				Mieterträge, Zinserträge, Erträge aus Beteiligungen
neutrale Erträge	Erträge, nicht Leistungen	betriebsbezogene, außerordentliche Erträge				Verkauf einer Maschine über Buchwert
neutrale Erträge	Erträge, ungleich Leistungen	betriebsbezogene, periodenfremde Erträge				Rückzahlung einer ausgebuchten Forderung
	Erträge, gleich Leistungen	betriebsbezogene, periodenbezogene Erträge	= **Grundleistungen** (Grunderlöse)	Leistungen, gleich Erträge		Umsatzerlöse aus dem Verkauf von Fertigerzeugnissen
			Andersleistungen oder bewertungsverschiedene Erlöse (Anderserlöse)	Leistungen, ungleich Erträge	kalkulat. Leistungen	Erhöhung des nach Handels- und Steuerrecht ermittelten Wertes der unfertigen und fertigen Erzeugnisse, wenn sie in der Bilanz sehr niedrig angesetzt sind
			Zusatzleistungen (Zusatzerlöse)	Leistungen, nicht Erträge	kalkulat. Leistungen	originärer Firmenwert, originäre Patente

aus: Scharf, Dirk: Grundzüge des betrieblichen Rechnungswesens. 3. Auflage. Wiesbaden: Gabler Verlag 1997, S. 26.

Unternehmensergebnis, Betriebsergebnis, Neutrales Ergebnis

Betriebsergebnis	= Leistungen	– Kosten
+ neutrales Ergebnis	= neutrale Erträge	– neutrale Aufwendungen
= Unternehmensergebnis	= sämtliche Erträge	– sämtliche Aufwendungen

Abgrenzungsrechnung

Calculation of deferrals and accruals

Aufgabe

- Grundlage der Kosten- und Leistungsrechnung ist die Gewinn- und Verlustrechnung aus der Finanzbuchhaltung.
- Aus den Aufwendungen und Erträgen der Gewinn- und Verlustrechnung werden mithilfe der Abgrenzungsrechnung die neutralen Aufwendungen und die neutralen Erträge herausgefiltert und damit von den Kosten und Leistungen getrennt (unternehmensbezogene Abgrenzung).
- Die Abgrenzungsrechnung wird außerhalb der Finanzbuchhaltung auf einem Formblatt, das als **Ergebnistabelle** bezeichnet wird, durchgeführt.
- Die Ergebnistabelle besteht aus zwei Teilen.
  - Im linken Teil werden der Inhalt des Gewinn- und Verlustkontos in Staffelform dargestellt und das Gesamtergebnis des Unternehmens ausgewiesen (Rechnungskreis I – siehe S. 367).
  - Der rechte Teil dient der Kosten- und Leistungsrechnung (Rechnungskreis II – siehe S. 367) mit den Bereichen „Unternehmensbezogene Abgrenzung“ – hier wird das neutrale Ergebnis ausgewiesen – und „Betriebsergebnisrechnung“ – hier wird das Betriebsergebnis ermittelt.

Beispiel Gewinn- und Verlustkonto

Das Gewinn- und Verlustkonto der OfficeCom KG weist per 31. Dezember 20.. folgende Zahlen aus:

Soll	Gewinn- und Verlustrechnung der OfficeCom KG zum 31.12.20.. in Euro		Haben
Aufwendungen für Rohstoffe	3.480.000,00	Umsatzerlöse für eigene Erzeugnisse	12.506.890,00
Aufwendungen für Hilfsstoffe	465.600,00	Zinserträge	39.170,00
Aufwendungen für Betriebsstoffe	66.490,00	Mieterträge	120.000,00
Fertigungslöhne	690.205,00		
Hilfslöhne	46.225,00		
Gehälter	73.000,00		
Arbeitgeberanteil zur SV	285.324,00		
Abschreibungen auf Sachanlagen[1]	4.429.210,00		
Zinsaufwendungen	112.450,00		
Steuern[2]	6.320,00		
Fremdinstandhaltungen[3]	23.510,00		
sonstige Aufwendungen[4]	39.180,00		
Gewinn	2.948.546,00		
	12.666.060,00		12.666.060,00

Zusatzinformationen für die Kosten- und Leistungsrechnung:

[1] davon entfallen auf vermietete Büroetagen 10 %
[2] Gewerbesteuer, Kfz-Steuer
[3] 3.900,00 € entfallen auf Instandhaltungen der vermieteten Büroetagen
[4] Büromaterial, Werbeaufwendungen, Transportkosten

Hinweis:

(Aus methodisch-didaktischen Gründen werden Handelswaren in der Gewinn- und Verlustrechnung und damit in den anschließenden Zahlenbeispielen der Office Com KG zur Kosten- und Leistungsrechnung nicht berücksichtigt. Der Kalkulation der Handelswaren ist dagegen ein gesondertes Kapitel gewidmet.)

Auf der Grundlage der hier dargestellten Gewinn- und Verlustrechnung wird auf den folgenden Seiten die Abgrenzungsrechnung schrittweise entwickelt, die schließlich in die endgültige Ergebnistabelle auf S. 370 mündet.

Beispiel Ergebnistabelle mit unternehmensbezogener Abgrenzung

Auf der Grundlage des Gewinn- und Verlustkontos der OfficeCom KG und der Zusatzinformationen (siehe S. 366) wird die folgende **vorläufige** Ergebnistabelle, die die unternehmensbezogene Abgrenzung zeigt, erstellt:

Vorläufige Ergebnistabelle in €

Finanzbuchhaltung			Kosten- und Leistungsrechnung			
Gesamtergebnisrechnung (GuV) der Finanzbuchhaltung			Abgrenzungsrechnung unternehmensbezogene Abgrenzungen		Betriebsergebnisrechnung	
Konto	**Aufwendungen**	**Erträge**	**Aufwendungen**	**Erträge**	**Kosten**	**Leistungen**
Umsatzerlöse f. eigene Erzeugnisse		12.506.890,00				12.506.890,00
Zinserträge		39.170,00		39.170,00		
Mieterträge		120.000,00		120.000,00		
Aufwendungen für Rohstoffe	3.480.000,00				3.480.000,00	
Aufwendungen für Hilfsstoffe	465.600,00				465.600,00	
Aufwendungen für Betriebsstoffe	66.490,00				66.490,00	
Fertigungslöhne	690.205,00				690.205,00	
Hilfslöhne	46.225,00				46.225,00	
Gehälter	73.000,00				73.000,00	
Arbeitgeberanteil zur SV	285.324,00				285.324,00	
Abschreibungen auf Sachanlagen	4.429.210,00		442.921,00		3.986.289,00	
Zinsaufwendungen	112.450,00				112.450,00	
Steuern	6.320,00				6.320,00	
Fremdinstandhaltungen	23.510,00		3.900,00		19.610,00	
sonstige Aufwendungen	39.180,00				39.180,00	
	9.717.514,00	12.666.060,00	446.821,00	159.170,00	9.270.693,00	12.506.890,00
	2.948.546,00			–287.651,00	3.236.197,00	
	12.666.060,00	12.666.060,00	446.821,00	446.821,00	12.506.890,00	12.506.890,00
	Gesamtergebnis		**neutrales Ergebnis**		**Betriebsergebnis**	

Abstimmung der Ergebnisse:

Gesamtergebnis der Finanzbuchhaltung (Rechnungskreis I): 2.948.546,00 € (Unternehmens- oder Gesamtgewinn)

neutrales Ergebnis	–287.651,00 €	(neutraler Verlust)
+ **Betriebsergebnis**	3.236.197,00 €	(Betriebsgewinn)

= **Gesamtergebnis** Rechnungskreis II 2.948.546,00 € (Unternehmens- oder Gesamtgewinn)

In der Spalte „unternehmensbezogene Abgrenzung“ werden solche Erträge und Aufwendungen erfasst, die nichts mit dem eigentlichen Geschäftszweck des Unternehmens zu tun haben.

Kostenrechnerische Korrekturen *Cost accounting corrections*

Grund

Nicht alle betriebsbedingten Aufwendungen aus der Finanzbuchhaltung können einfach in die Betriebsergebnisrechnung übernommen werden, obwohl sie aus dem eigentlichen Geschäftszweck resultieren – sie **entsprechen nicht den Anforderungen der Kosten- und Leistungsrechnung**.

Korrekturbedürftige Aufwendungen und Auswirkung auf die Ergebnistabelle

Für die Kosten- und Leistungsrechnung sind daher folgende Aufwendungen der Finanzbuchhaltung zu korrigieren und als kalkulatorische Kosten anzusetzen:

- Abschreibungen auf Sachanlagen → **Kalkulatorische Abschreibungen**
- Eingetretene Wagnisse wie Abschreibungen auf Forderungen → **Kalkulatorische Wagnisse**
- Zinsaufwendungen → **Kalkulatorische Zinsen**

In Einzelunternehmen und Personengesellschaften wird zusätzlich noch ein **kalkulatorischer Unternehmerlohn** in der Kosten- und Leistungsrechnung angesetzt.

Die Ergebnistabelle wird um die Doppelspalte „Kostenrechnerische Korrekturen" im Bereich Abgrenzungsrechnung erweitert. Die Erläuterung erfolgt in Verbindung mit den folgenden Beispielen.

Die folgende Darstellung der kalkulatorischen Kosten beschränkt sich gemäß Rahmenlehrplan für Kaufleute für Büromanagement auf die Behandlung der kalkulatorischen Abschreibungen und des kalkulatorischen Unternehmerlohns.

Kalkulatorische Abschreibungen *Imputed depreciations*

10

In der Kosten- und Leistungsrechnung ist allein der Betriebszweck Gegenstand der Betrachtung. Daher müssen die in der Gewinn- und Verlustrechnung der Finanzbuchhaltung ausgewiesenen Abschreibungen auf Sachanlagen (bilanzielle Abschreibungen) für die Kosten- und Leistungsrechnung mit einem anderen Wert (kalkulatorische Abschreibungen) angesetzt werden. Die folgende Gegenüberstellung zeigt die unterschiedlichen Bewertungsgrundlagen:

bilanzielle Abschreibungen = neutrale Aufwendungen	kalkulatorische Abschreibungen = Kosten
▪ werden von **allen** Gegenständen des abnutzbaren Anlagevermögens berechnet; ▪ werden höchstens von den **Herstellungs- bzw. Anschaffungskosten** berechnet (nominale Kapitalerhaltung); ▪ werden **weitgehend unabhängig vom tatsächlichen Werteverzehr** ermittelt; ▪ werden häufig über eine **kürzere Nutzungsdauer** als die kalkulatorische Abschreibung berechnet; ▪ beeinflussen das **Neutrale Ergebnis** und das **Gesamtergebnis**.	▪ werden vom **betriebsnotwendigen** abnutzbaren Anlagevermögen berechnet; ▪ werden vom **Wiederbeschaffungswert** berechnet (reale Kapitalerhaltung); ▪ sollen dem **tatsächlichen Werteverzehr** entsprechen; ▪ werden häufig über eine **längere Nutzungsdauer** als die bilanzielle Abschreibung berechnet; ▪ beeinflussen nur das **Betriebsergebnis**, sind bezüglich des Gesamtergebnisses erfolgsneutral.

Beispiel 1:
Im Januar 20.. kaufte die OfficeCom KG eine neue NC-gesteuerte Fräsmaschine, Anschaffungskosten 125.000,00 €. Für die bilanzielle Abschreibung wurde – nach Rücksprache mit dem Finanzamt – die Nutzungsdauer auf 8 Jahre festgelegt. Die Maschine wird linear abgeschrieben.
→ **Bilanzieller Abschreibungsbetrag** im ersten Jahr der Nutzung: 15.625,00 € (12,5 % von 125.000,00 €)

Für die kalkulatorische Abschreibung wurden der Wiederbeschaffungswert auf 135 % der Anschaffungskosten und die Nutzungsdauer auf 10 Jahre geschätzt. Die Maschine wird linear abgeschrieben.
→ **Kalkulatorischer Abschreibungsbetrag:** 16.875,00 € (10 % von 168.750,00 €)

Beispiel 2: Die kalkulatorischen Abschreibungen der OfficeCom KG betragen per 31. Dezember 20.. 4.620.320,00 €, die bilanziellen Abschreibungen auf das betriebsnotwendige abnutzbare Sachanlagevermögen gemäß Ergebnistabelle auf S. 367 3.986.289,00 €.
Behandlung in der Ergebnistabelle:

Kalkulatorische Abschreibungen *Imputed depreciations*

Ergebnistabelle in €								
Finanzbuchhaltung			Kosten- und Leistungsrechnung (KLR)					
Gesamtergebnisrechnung (GuV) der Finanzbuchhaltung			Abgrenzungsrechnung				Betriebsergebnis-rechnung	
			Unternehmensbezogene Abgrenzungen		Kostenrechnerische Korrekturen			
Konto	**Aufwendungen**	**Erträge**	**neutrale Aufwendungen**	**neutrale Erträge**	**betriebliche Aufwendungen**	**verrechnete Kosten**	**Kosten**	**Leistungen**
Abschreibungen SA	4.429.210,00		442.921,00		3.986.289,00	4.620.320,00	4.620.320,00	

Erläuterung:

- Die gesamten bilanziellen Abschreibungen auf Sachanlagen wurden zunächst aufgespalten in einen nicht betriebsbedingten oder neutralen Teil (442.921,00 €) und einen betriebsbedingten Teil (3.986.289,00 €). Die betriebsbedingten Abschreibungen werden jetzt jedoch nicht in die Betriebsergebnisrechnung übernommen, sondern in der Spalte „Kostenrechnerische Korrekturen“ unter „betriebliche Aufwendungen“ ausgewiesen.
- Die kalkulatorischen Abschreibungen (4.620.320,00 €) werden in der „Betriebsergebnisrechnung“ unter „Kosten“ ausgewiesen und mindern so das Betriebsergebnis. Damit sie jedoch das Gesamtergebnis nicht beeinflussen, werden sie als „Ertrag“ in der Spalte „Verrechnete Kosten“ „gegengebucht“.

Kalkulatorischer Unternehmerlohn *Imputed management earnings*

- In Kapitalgesellschaften erhalten Vorstandsmitglieder bzw. Geschäftsführer für ihre Arbeitsleistung Gehälter, die in der Finanzbuchhaltung als Aufwand gebucht und in gleicher Höhe in die Kosten- und Leistungsrechnung übernommen werden.
- Für die Arbeitsleistung geschäftsführender Inhaber von Einzelunternehmen und Gesellschafter von Personengesellschaften (OHG und KG) dürfen nach Handels- und Steuerrecht keine gewinnmindernden Aufwendungen geltend gemacht werden. Die Arbeitsleistung ist aus dem Gewinn abzugelten. In der Kosten- und Leistungsrechnung kann ein sogenannter kalkulatorischer Unternehmerlohn angesetzt werden – als Ausgleich für Nutzenentgang. Dadurch werden zudem die Kostenstrukturen und Betriebsergebnisrechnungen von Unternehmen unterschiedlicher Rechtsform vergleichbar.
- Die Höhe des kalkulatorischen Unternehmerlohnes könnte sich nach den Gehältern leitender Angestellter in vergleichbaren Positionen richten.

Beispiel: Für den geschäftsführenden Komplementär der OfficeCom KG, Dr. Frank Richter, werden 50.000,00 € angesetzt.

Ergebnistabelle in €								
Finanzbuchhaltung			Kosten- und Leistungsrechnung (KLR)					
Gesamtergebnisrechnung (GuV) der Finanzbuchhaltung			Abgrenzungsrechnung				Betriebsergebnis-rechnung	
			unternehmensbezogene Abgrenzungen		kostenrechnerische Korrekturen			
Konto	**Aufwendungen**	**Erträge**	**neutrale Aufwendungen**	**neutrale Erträge**	**betriebliche Aufwendungen**	**verrechnete Kosten**	**Kosten**	**Leistungen**
Unternehmerlohn						50.000,00	50.000,00	

- Da keine gewinnmindernden Aufwendungen für die unternehmerische Arbeit geltend gemacht werden dürfen, ist im Gewinn- und Verlustkonto kein entsprechender Aufwand ausgewiesen.
- Das Betriebsergebnis verringert sich um 50.000,00 €, während sich – durch die „Gegenbuchung“ – das neutrale Ergebnis um den gleichen Betrag verbessert. Das Gesamtergebnis bleibt dadurch unberührt.

Ergebnistabelle *Statement of results*

Beispiel: Auf der Grundlage des Gewinn- und Verlustkontos auf S. 366 sowie der vorangegangenen Beispiele zu den kalkulatorischen Abschreibungen und dem kalkulatorischen Unternehmerlohn ergibt sich für die OfficeCom KG zum 31. Dezember 20.. folgende **endgültige Ergebnistabelle:**

Ergebnistabelle in €

	Finanzbuchhaltung		Kosten- und Leistungsrechnung (KLR)					
	Gesamtergebnisrechnung (GuV) der Finanzbuchhaltung		Abgrenzungsrechnung				Betriebsergebnisrechnung	
			unternehmensbezogene Abgrenzungen		kostenrechnerische Korrekturen			
Konto	**Aufwendungen**	**Erträge**	**Aufwendungen**	**Erträge**	**Aufwendungen**	**verrechnete Kosten**	**Kosten**	**Leistungen**
Umsatzerlöse f. eigene Erzeugnisse		12.506.890,00						12.506.890,00
Zinserträge		39.170,00		39.170,00				
Mieterträge		120.000,00		120.000,00				
Aufwendungen für Rohstoffe	3.480.000,00						3.480.000,00	
Aufwendungen für Hilfsstoffe	465.600,00						465.600,00	
Aufwendungen für Betriebsstoffe	66.490,00						66.490,00	
Fertigungslöhne	690.205,00						690.205,00	
Hilfslöhne	46.225,00						46.225,00	
Gehälter	73.000,00						73.000,00	
Arbeitgeberanteil zur SV	285.324,00						285.324,00	
Abschreibungen auf Sachanlagen	4.429.210,00		442.921,00		3.986.289,00	4.620.320,00	4.620.320,00	
Kalkulatorischer Unternehmerlohn						50.000,00	50.000,00	
Zinsaufwendungen	112.450,00						112.450,00	
Steuern	6.320,00						6.320,00	
Fremdinstandhaltungen	23.510,00		3.900,00				19.610,00	
sonstige Aufwendungen	39.180,00						39.180,00	
	9.717.514,00	12.666.060,00	446.821,00	159.170,00	3.986.289,00	4.670.320,00	9.954.724,00	12.506.890,00
	2.948.546,00			−287.651,00	684.031,00		2.552.166,00	
	12.666.060,00	12.666.060,00	446.821,00	446.821,00	4.670.320,00	4.670.320,00	12.506.890,00	12.506.890,00
	Gesamtergebnis		Ergebnis der unternehmensbezogenen Abgrenzungen		Ergebnis der kostenrechnerischen Korrekturen		Betriebsergebnis	
			neutrales Ergebnis					

Abstimmung der Ergebnisse:

Gesamtergebnis der Finanzbuchhaltung (Rechnungskreis I) 2.948.546,00 € (Unternehmens- oder Gesamtgewinn)

Ergebnis der unternehmensbezogenen Abgrenzungen	−287.651,00 €		
+ Ergebnis der kostenrechnerischen Korrekturen	684.031,00 €		
= neutrales Ergebnis		396.380,00 €	(neutraler Gewinn)
+ Betriebsergebnis		2.552.166,00 €	(Betriebsgewinn)
= Gesamtergebnis Rechnungskreis II		**2.948.546,00 €**	**(Unternehmens- oder Gesamtgewinn)**

Kostenartenrechnung

Cost type accounting

Einteilung der Kosten

Die Kostenartenrechnung erfasst die in einem Betrieb entstandenen Kostengüterarten, die nach verschiedenen Kriterien eingeteilt werden können, für eine bestimmte Abrechnungsperiode (Monat, Quartal, Jahr):

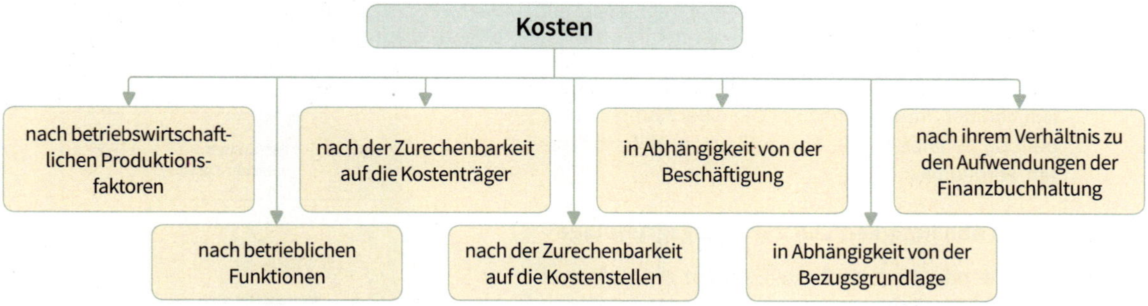

Kosten auf der Grundlage der betriebswirtschaftlichen Produktionsfaktoren (Kostengüterarten)

- **Werkstoffkosten**
- **Personalkosten**
- **Betriebsmittelkosten**
- **Finanzierungskosten**
- **Fremdleistungskosten**
- **Abgaben mit Kostencharakter**

Beispiele:
- Verbrauch von Roh- und Hilfsstoffen
- Fertigungslöhne, Gehälter
- Abschreibungen auf Anlagen, Zinsen
- Abschlussprovisionen, Disagio
- Telefonkosten, Kosten der Müllabfuhr
- Gewerbesteuer, Kfz-Steuer

Kosten auf der Grundlage der betrieblichen Funktionen

- **Beschaffungskosten**
- **Produktions- oder Fertigungskosten**
- **Absatz- oder Vertriebskosten**
- **Verwaltungskosten**
- **Lagerkosten**
- **Finanzierungskosten**

Kosten in Abhängigkeit von ihrer Zurechenbarkeit auf die Kostenträger

- **Einzelkosten:** Kosten, die direkt den Kostenträgern zugerechnet werden können

Beispiele:
Rohstoffkosten und Fremdbauteile aufgrund von Konstruktionszeichnungen u. Materialentnahmescheinen; Fertigungslöhne aufgrund von Zeitmessungen und Lohnscheinen

- **Gemeinkosten:** Kosten, die nicht direkt, sondern nur mithilfe von Verteilungsschlüsseln über die Kostenstellenrechnung den Kostenträgern zugerechnet werden können

Beispiele:
Gehälter der Angestellten, lineare Abschreibungen auf Maschinen und Gebäude, Hilfslöhne

Kosten in Abhängigkeit von ihrer Zurechenbarkeit auf die Kostenstellen

- **Kostenstelleneinzelkosten:** Gemeinkosten in Bezug auf die Kostenträger, die den Kostenstellen direkt zugerechnet werden können

Beispiele:
Hilfslöhne aufgrund von Stempelkarten, Gehälter aufgrund von Gehaltslisten des Personalbüros, Abschreibungen auf Maschinen

- **Kostenstellengemeinkosten:** Gemeinkosten in Bezug auf die Kostenträger, die den Kostenstellen nicht direkt, sondern nur mithilfe von Verteilungsschlüsseln zugerechnet werden können

Beispiele:
Heiz- und Stromkosten, wenn die Kostenstellen über keine eigenen Zähler verfügen; Gehälter von Meistern, die mehrere Arbeitsplätze (Kostenstellen) betreuen

Kosten in Abhängigkeit von der Beschäftigung

- **Fixe Kosten:** Kosten, die unabhängig von der Produktionsmenge in einer Abrechnungsperiode in gleicher Höhe anfallen (Kosten der Betriebsbereitschaft), z. B. Mietkosten Lagerhalle, Gehälter, Abschreibungen auf Sachanlagen
- **Variable Kosten:** Kosten, deren Höhe sich in Abhängigkeit von der Produktionsmenge in einer Abrechnungsperiode verändert, z. B. Rohstoffkosten, Hilfsstoffkosten, Fertigungslöhne

Kosten in Abhängigkeit von der Bezugsgrundlage

- **Gesamt- oder Periodenkosten:** Kosten, die insgesamt in einer Abrechnungsperiode anfallen, z. B. im Monat, im Jahr
- **Stückkosten oder Kosten pro Leistungseinheit:** Kosten pro Mengeneinheit, z. B. pro Stück, pro Liter

Kostenwürfel

Der Kostenwürfel zeigt, dass die jeweiligen Kosten immer gleichzeitig aus mehreren Perspektiven betrachtet werden können und somit mehrere Unterscheidungsmerkmale aufweisen: So sind z. B. Rohstoffkosten (als Teil der Werkstoffkosten) gleichzeitig variable Kosten, Einzelkosten, Grundkosten, Fertigungskosten, Stück- und/oder Gesamtkosten.

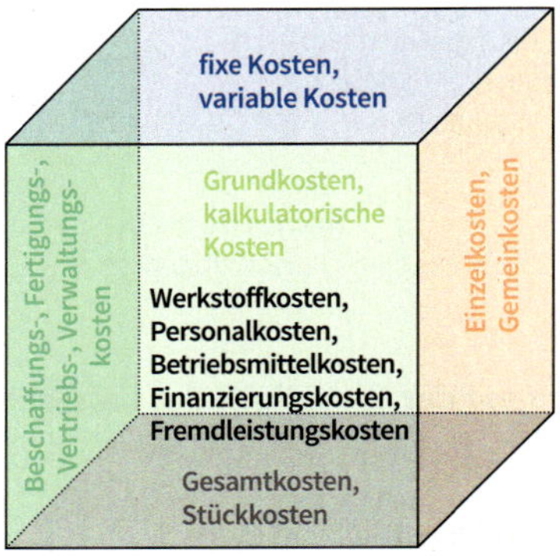

Grafische Darstellung von Kostenkurven

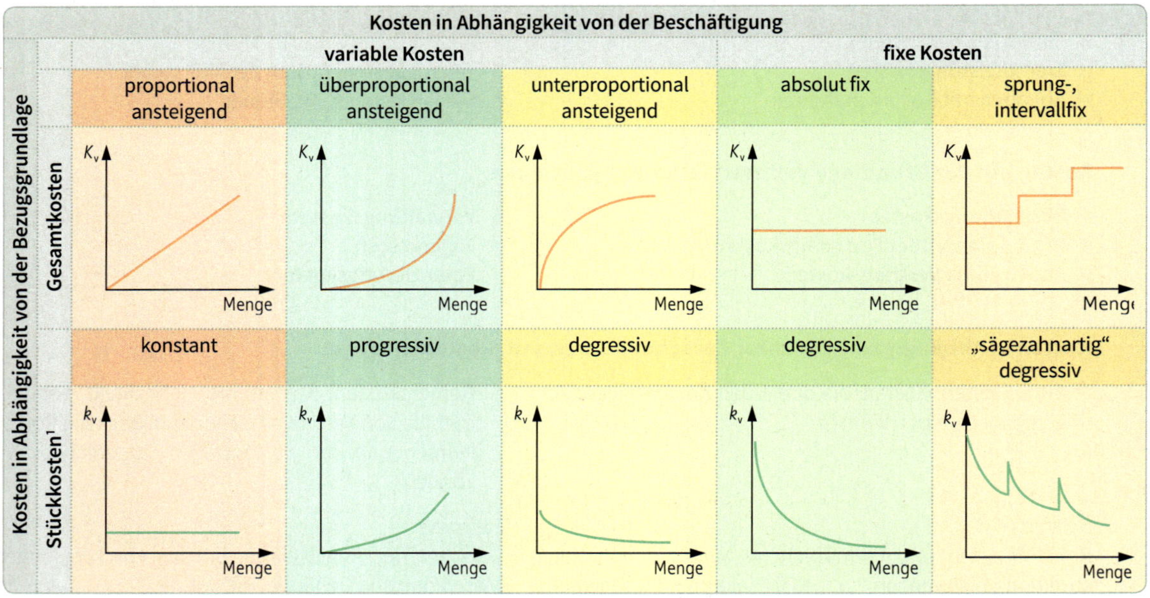

[1] Die Verläufe der Stückkostenkurven ergeben sich aus den darüber abgebildeten Verläufen der Gesamtkostenkurven, indem die jeweiligen Gesamtkosten durch die dazugehörigen Mengen geteilt werden.

Kosten nach ihrem Verhältnis zu den Aufwendungen der Finanzbuchhaltung

In ihrem Verhältnis zu den Aufwendungen der Finanzbuchhaltung lassen sich die Kosten wie folgt einteilen (siehe auch Grafik S. 365 „Aufwendungen und Kosten“):

- **Grundkosten** sind Aufwendungen der Finanzbuchhaltung, die unverändert in die Kosten- und Leistungsberechnung (KLR) übernommen werden können, z. B. Aufwendungen für Roh-, Hilfs- und Betriebsstoffe, Aufwendungen für Waren, Löhne, Gehälter, Personalnebenkosten.
- **Anderskosten** sind Aufwendungen der Finanzbuchhaltung, die in der KLR mit einem anderen Wert angesetzt werden müssen, z. B. kalkulatorische Abschreibungen auf Sachanlagen (siehe S. 368).
- **Zusatzkosten** sind kalkulatorische Kosten, denen in der Finanzbuchhaltung keine Aufwendungen gegenüberstehen, z. B. kalkulatorischer Unternehmerlohn (siehe S. 369).

Kostenstellenrechnung *Cost centre accounting*

Begriff Kostenstelle

- Orte, an denen die Kosten entstehen
- Zurechnungseinheiten, deren Bildung nur dann erforderlich ist, wenn mehrere Erzeugnisse einen Betrieb ungleichmäßig in Anspruch nehmen
- Sie können einen Arbeitsplatz, eine Unterabteilung, eine Abteilung oder einen aus den betrieblichen Funktionen abgeleiteten Betriebsbereich umfassen.

Aufgaben der Kostenstellenrechnung

- Ermittlung der Kosten einer Abrechnungsperiode in den verschiedenen Kostenstellen des Betriebes
- Notwendige Schnittstelle zwischen Kostenarten- und Kostenträgerrechnung
- Grundlage für die Zurechnung der Gemeinkosten auf die hergestellten Produkte (Kostenträger)
- Kontrolle der Kosten und der Wirtschaftlichkeit in den Kostenstellen

Einteilung der Kostenstellen

- nach dem Ort
- nach Funktionsbereichen
- nach Verantwortungsbereichen
- nach verrechnungstechnischer Bedeutung

Kostenstellen nach dem Ort

- Zusammenfassung räumlich abgegrenzter Betriebsteile mit jeweils einheitlichen Aufgaben oder
- Zusammenfassung unterschiedlicher Arbeitsgänge, die abrechnungstechnisch gleich behandelt werden können

Kostenstellen nach Funktionsbereichen

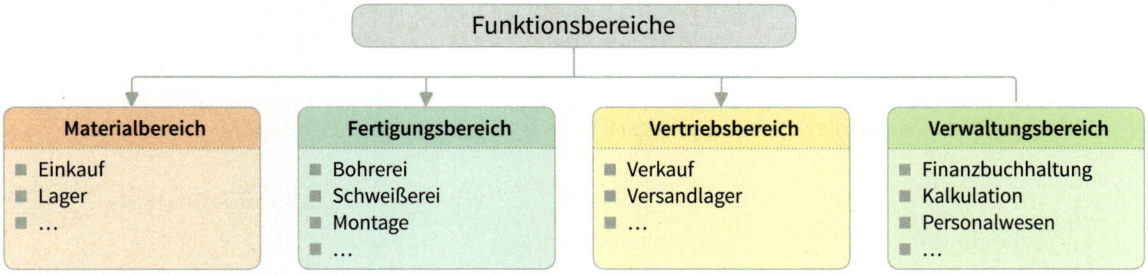

Kostenstellen nach Verantwortungsbereichen

Die Kostenstellenbildung nach Verantwortungsbereichen deckt sich im Regelfall mit der nach Funktionsbereichen.

Kostenstellen nach verrechnungstechnischer Bedeutung

- **selbstständige Stellen oder Hauptkostenstellen:** Ihre Kosten werden den Kostenträgern unmittelbar zugerechnet.

  Beispiele: Einkauf, Lager, Fertigung, Verkauf, Versand, Werbung, Buchhaltung, Personal, allgemeine Verwaltung

- **unselbstständige Stellen:**
  - **Hilfskostenstellen** erbringen Leistungen für Hauptkostenstellen; ihre Kosten werden den Hauptkostenstellen zugerechnet.

    Beispiele: Arbeitsvorbereitung für die Fertigung, Werkzeugmacherei für die Fertigung
  - **allgemeine Kostenstellen** erbringen Leistungen für alle übrigen Kostenstellen; ihre Kosten werden den Hilfs- und Hauptkostenstellen zugerechnet.

    Beispiele: Telefonzentrale, Archiv, werkseigenes Kraftwerk, Fuhrpark

Durchführung der Kostenstellenrechnung

Die Kostenstellenrechnung wird monatlich und jährlich in der Regel tabellarisch mithilfe des sogenannten **Betriebsabrechnungsbogens (BAB)** durchgeführt, sie vollzieht sich in fünf Schritten:

1. Schritt: Erstellung des Betriebsabrechnungsbogens
Der Betriebsabrechnungsbogen (BAB) ist eine tabellarische Darstellung der Kostenstellenrechnung, der senkrecht nach Gemeinkostenarten und waagerecht nach Kostenbereichen bzw. Kostenstellen gegliedert ist.

Beispiel:
Siehe BAB der OfficeCom KG auf Seite 375.

2. Schritt: Überprüfung sämtlicher Kostenarten im Hinblick auf ihre Zurechenbarkeit auf die Kostenträger
Sämtliche Kosten aus der Betriebsergebnisrechnung der Ereignistabelle werden daraufhin untersucht, ob sie sich den Erzeugnissen (= Kostenträgern) direkt zurechnen lassen (= Einzelkosten), oder ob sie sich den Kostenträgern nicht direkt zurechnen lassen (= Gemeinkosten; zur Definition von Einzel- und Gemeinkosten siehe S. 371).

Beispiel:
Folgende Kosten der OfficeCom KG (siehe Ergebnistabelle S. 370) sind als Einzelkosten anzusehen: Aufwendungen für Rohstoffe (3.480.000,00 €) sowie Fertigungslöhne mit den dazugehörigen Arbeitgeberanteilen zur Sozialversicherung (690.205,00 € + 243.297,20 €).

Alle übrigen Kosten stellen bei der OfficeCom KG Gemeinkosten dar.

(Wie schon auf Seite 368 ausgeführt, wird in diesem Zusammenhang aus methodisch-didaktischen Gründen auf die Berücksichtigung der Handelswaren verzichtet.

3. Schritt: Verteilung der Gemeinkostenarten auf die Kostenbereiche oder Kostenstellen
Die auf die Erzeugnisse bezogenen Gemeinkosten können entweder Kostenstelleneinzelkosten sein, die den Kostenstellen direkt mithilfe von Belegen zugerechnet werden. Kostenstellengemeinkosten hingegen werden mithilfe von Verteilungsschlüsseln auf die Kostenstellen aufgeteilt.

Beispiele:
In der OfficeCom KG wurde die Verteilung der Aufwendungen für Betriebsstoffe (z.B. Heizöl) und der kalkulatorischen Abschreibungen, beides Kostenstellengemeinkosten, folgendermaßen vorgenommen:

Gemeinkostenart	Zahlen des KLR-Bereichs	Verteilungsgrundlage	Kosten der Kostenstellen			
			I Material	II Fertigung	III Verwaltung	IV Vertrieb
Aufwendungen für Betriebsstoffe		umgebauter Raum, gesamt: 164.425 m³	5.175 m³	1511.025 m³	4.050 m³	4.175 m³
	66.490,00 €		2.092,66 €	61.071,32 €	1.637,73 €	1.688,28 €
Kalkulatorische Abschreibungen		Anteile aufgrund der Anlagendatei, gesamt: 20	3 Anteile	13 Anteile	3 Anteile	1 Anteile
	4.670.320,00 €		700.548,00 €	3.035.708,00 €	700.548,00 €	233.516,00 €

Berechnung der anteiligen Aufwendungen für Betriebsstoffe und der kalkulatorischen Abschreibung für die Kostenstelle I Material mithilfe des Dreisatzes:

$$164.425\ m^3 \triangleq 66.490{,}00\ €$$
$$5.175\ m^3 \triangleq x\ €$$

$$x = \frac{66.490{,}00\ € \cdot 5.175\ m^3}{164.425\ m^3} = 2.092{,}66\ €$$

$$20\ \text{Anteile} \triangleq 4.670.320{,}00\ €$$
$$3\ \text{Anteile} \triangleq x\ €$$

$$x = \frac{4.670.320{,}00\ € \cdot 3\ \text{Anteile}}{20\ \text{Anteile}} = 700.548{,}00\ €$$

Für die übrigen Kostenstellen sind die gleichen Berechnungen durchzuführen.

4. Schritt: Ermittlung der Gemeinkostensummen für die Kostenbereiche oder Kostenstellen
Addition der Gemeinkostenbeträge für jeden Kostenbereich bzw. jede Kostenstelle

Beispiel: BAB der OfficeCom KG zum 31.12.20..

Gemeinkostenarten	Zahlen des KLR-Bereichs in €	Verteilungsgrundlagen	Kosten der Kostenstellen in €			
			I Material	II Fertigung	III Verwaltung	IV Vertrieb
Aufwendungen für Hilfsstoffe	465.600,00	Materialentnahmescheine	34.920,00	349.200,00	11.640,00	69.840,00
Aufwendungen für Betriebsstoffe	66.490,00	umbauter Raum in m³	2.092,66	61.071,32	1.637,73	1.688,28
Hilfslöhne	46.225,00	Lohn- und Gehaltsliste	2.890,00	25.560,00	17.015,00	760,00
Gehälter	73.000,00	Lohn- und Gehaltsliste	8.770,00	27.890,00	29.350,00	6.990,00
Arbeitgeberanteil zur SV[1]	42.026,80	Hilfslöhne/Gehälter	4.110,15	18.841,12	16.343,66	2.731,87
kalkulatorische Abschreibungen	4.620.320,00	Anlagenkartei	693.048,00	3.003.208,00	693.048,00	231.016,00
kalkulatorischer Unternehmerlon	50.000,00	zeitliche Inanspruchnahme	7.500,00	32.500,00	7.500,00	2.500,00
Zinsaufwendungen	112.450,00	Darlehen	16.867,50	73.092,50	16.867,50	5.622,50
Steuern	6.320,00	Steuergegenstände	1.264,00	2.528,00	1.896,00	632,00
Fremdinstandhaltungen	19.610,00	Rechnungen	3.922,00	10.458,67	3.922,00	1.307,33
sonstige Aufwendungen	39.180,00	Rechnungen u. a.	5.597,14	8.395,71	8.395,71	16.791,43
Summe	5.541.221,80		780.981,45	3.612.745,32	807.615,61	339.879,42
[1] nur bezogen auf Hilfslöhne und Gehälter [2] einschließlich Arbeitgeberanteil zur Sozialversicherung		Zuschlagsgrundlagen:	Fertigungsmaterial 3.480.000,00	Fertigungslöhne[2] 933.502,20	Herstellkosten des Umsatzes 8.807.228,98	
		Gemeinkostenzuschlagssätze:	22,44 %	387,01 %	9,17 %	3,86 %

5. Schritt: Errechnung der sogenannten Gemeinkostenzuschlagssätze der Kostenbereiche oder Kostenstellen
Um zum Beispiel die Selbstkosten und darauf aufbauend den Angebotspreis eines eigenen Erzeugnisses zu kalkulieren, müssen neben den Einzelkosten, die dem Produkt direkt zurechenbar sind, auch die Gemeinkosten auf die Erzeugnisse verteilt werden. Wie hoch aber ist der kostenmäßige Anteil z. B. von Heizöl an den Selbstkosten einer Erzeugniseinheit? Um die Gemeinkosten auf die Produkte zu verteilen, bedient man sich folgender Vorgehensweise:

Die Gemeinkostensummen der jeweiligen Kostenbereiche oder Kostenstellen werden zu bestimmten Zuschlagsgrundlagen ins Verhältnis gesetzt. Das Ergebnis sind die Gemeinkostenzuschlagssätze, mit deren Hilfe die in den Kostenstellen des BAB ermittelten Gemeinkosten im Wege der Kalkulation auf die verschiedenen Kostenträger (Erzeugnisse bzw. Erzeugniseinheiten) verteilt werden können. (Die folgenden Beispiele beziehen sich auf den oben abgebildeten BAB.)

$$\text{Gemeinkostensatz einer Kostenstelle (in Prozent)} = \frac{\text{Summe der Gemeinkosten einer Kostenstelle}}{\text{Zuschlagsgrundlage der Kostenstelle}} \cdot 100$$

Materialgemeinkostenzuschlagssatz (MGKZ)

$$MGKZ = \frac{\text{Materialgemeinkosten}}{\text{Fertigungsmaterial}} \cdot 100$$

Es wird unterstellt, dass sich die Gemeinkosten des Materialbereichs im gleichen Verhältnis wie die Materialeinzelkosten (= Fertigungsmaterial) entwickeln.

Beispiel:

$$MGKZ = \frac{780.981{,}45\,€}{3.480.000{,}00\,€} \cdot 100 = 22{,}44\,\%$$

Bei einem Rohstoffverbrauch (Einzelkosten) von 100,00 € fallen noch zusätzlich Materialgemeinkosten von 22,44 € an.

Fertigungsgemeinkostenzuschlagssatz (FGKZ)

$$FGKZ = \frac{\text{Fertigungsgemeinkosten}}{\text{Fertigungslöhne}} \cdot 100$$

Die Gemeinkosten des Fertigungsbereichs entwickeln sich ebenfalls proportional zu den Fertigungseinzelkosten (= Fertigungslöhne).

Beispiel:

$$FGKZ = \frac{3.612.745{,}32\,€}{933.502{,}20\,€} \cdot 100 = 387{,}01\,\%$$

100,00 € an Fertigungslöhnen (Einzelkosten) führen noch zu zusätzlichen Gemeinkosten im Fertigungsbereich von 387,01 €.

Vertriebsgemeinkostenzuschlagssatz (VtrGKZ)

$$VtrGKZ = \frac{\text{Vertriebsgemeinkosten}}{\text{Herstellkosten des Umsatzes}} \cdot 100$$

Die Vertriebsgemeinkosten werden in der Praxis entweder zu den Herstellkosten der Erzeugung oder des Umsatzes ins Verhältnis gesetzt. **Herstellkosten des Umsatzes**:

	Fertigungsmaterial
+	Materialgemeinkosten
=	Materialkosten (I)
	Fertigungslöhne
+	Fertigungsgemeinkosten
=	Fertigungskosten (II)
I + II =	Herstellkosten der Erzeugung
–	Bestandsmehrungen an unfertigen/ fertigen Erzeugnissen
+	Bestandsminderungen an unfertigen/ fertigen Erzeugnissen
=	**Herstellkosten des Umsatzes**

10

Beispiel:

	Fertigungsmaterial	3.480.000,00 €
+	Materialgemeinkosten	780.981,45 €
=	Materialkosten (I)	4.260.981,45 €
	Fertigungslöhne	933.502,20 €
+	Fertigungsgemeinkosten	3.612.745,32 €
=	Fertigungskosten (II)	4.546.247,52 €
I + II =	Herstellkosten der Erzeugung	8.807.228,98 €
–	Bestandsmehrungen an unfertigen/ fertigen Erzeugnissen	0,00 €
+	Bestandsminderungen an unfertigen/ fertigen Erzeugnissen	0,00 €
=	**Herstellkosten des Umsatzes**	**8.807.228,98 €**

$$VtrGKZ = \frac{339.879{,}42\,€}{8.807.228{,}98\,€} \cdot 100 = 3{,}86\,\%$$

Umgesetzte, verkaufte Erzeugnisse im Wert von 100,00 € verursachen an Vertriebsgemeinkosten zusätzlich 3,86 €.

Verwaltungsgemeinkostenzuschlagssatz (VwGKZ)

$$VwGKZ = \frac{\text{Verwaltungsgemeinkosten}}{\text{Herstellkosten des Umsatzes}} \cdot 100$$

Beispiel:

$$VwGKZ = \frac{807.615{,}61\,€}{8.807.228{,}98\,€} \cdot 100 = 9{,}17\,\%$$

100,00 € umgesetzter Erzeugnisse verursachen 9,17 € an Verwaltungsgemeinkosten.

Die Verwaltungsgemeinkosten werden zu den Herstellkosten der Erzeugung oder des Umsatzes ins Verhältnis gesetzt.

Bei den errechneten Gemeinkostenzuschlagssätzen handelt es sich um gerundete Prozentsätze.

Kostenträgerrechnung (Überblick)

Cost unit accounting (overview)

Definition Kostenträger

- Die **Leistung eines Industriebetriebs** besteht darin, in einer Abrechnungsperiode bestimmte Produkte herzustellen und zu verkaufen. Häufig werden noch, zur Abrundung des Verkaufssortiments, sogenannte Handelswaren dazu gekauft und verkauft.
- Die selbst hergestellten Produkte und die Handelswaren (auch kurz Waren genannt) werden als **Kostenträger** bezeichnet, sie müssen also die in der Abrechnungsperiode angefallenen Kosten „tragen".
- ***Beispiel***
  Die eigene Leistung der OfficeCom KG besteht darin, Schreibtische, Aktenschränke und Schreibtischsessel zu fertigen und zu verkaufen (**hergestellte Produkte**).

  Außerdem handelt sie mit Schreibtischlampen, Schreibtischsets, Faxgeräten, Druckern und Telefonapparaten (**Handelswaren**).

Ziel der Kostenträgerrechnung

Eine wesentliche Aufgabe der Kosten- und Leistungsrechnung besteht darin, die in einem Betrieb entstandenen Kosten den hergestellten Produkten bzw. Handelswaren (Kostenträgern) verursachungsgerecht zuzurechnen. Dieser Vorgang wird als Kostenträgerrechnung bezeichnet (siehe auch die Phasen der Kostenrechnung auf S. 364).

Rechnungssysteme der Kostenträgerrechnung

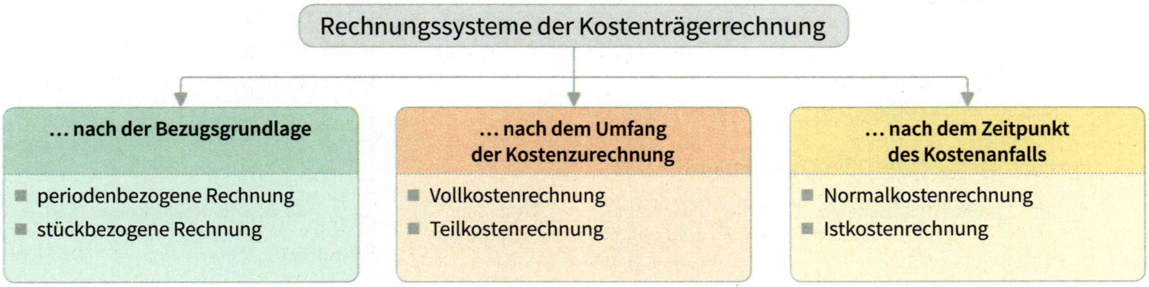

Kostenträgerzeitrechnung

Cost unit period accounting

Begriff

- Werden sämtliche Kosten einer Abrechnungsperiode auf die Produkte verteilt, so wird von einer **Kostenträgerzeitrechnung** auf Vollkostenbasis gesprochen.
- Die **Einzelkosten** wie Fertigungsmaterial und Fertigungslöhne werden den Produkten anhand von Belegen (Stücklisten, Materialentnahmescheine, Lohnscheine, Arbeitskarten) direkt zugerechnet.
- Die **Gemeinkosten** werden über die Kostenstellenrechnung mithilfe der im BAB errechneten Gemeinkostenzuschlagssätze anteilig auf die Produkte aufgeteilt.
- Das Ergebnis dieser Kostenverteilung wird auf dem sogenannten **Kostenträgerblatt**, das auch als BAB II bezeichnet wird, festgehalten.
- Werden dann noch die Umsatzerlöse der Produkte derselben Abrechnungsperiode den Kosten gegenübergestellt, können die Anteile der verschiedenen Produkte am **Betriebsergebnis** ermittelt werden.
- Dadurch wird die Kostenträgerrechnung zu einer **Ergebnisrechnung** ausgeweitet.

Kostenträgerblatt (Beispiel)

- Die **Zahlen des** unten abgebildeten **Kostenträgerblattes** basieren auf der Ergebnistabelle (siehe S. 370) und dem BAB (siehe S. 375).
- **Handelswaren** wurden **nicht berücksichtigt**.
- Die **Einzelkosten** Aufwendungen für Rohstoffe oder **Fertigungsmaterial** von 3.480.000,00 € wurden mithilfe von Stücklisten bzw. Materialentnahmescheinen wie folgt auf die Produktgruppen verteilt: Schreibtischsessel: 383.500,00 €, Aktenschränke: 2.678.000,00 € und Schreibtische: 418.500,00 €. Bei diesen Einzelbeträgen handelt es sich um angenommene Werte.
- Die **Einzelkosten Fertigungslöhne** von 933.502,20 € wurden mithilfe von Lohnscheinen auf die drei Produktgruppen verteilt; auch hierbei handelt es sich um angenommene Werte.
- Die **Gemeinkostensummen** der vier Kostenbereiche des BAB wurden in das Kostenträgerblatt übertragen und in diesem Fall mithilfe der **Verteilungsrechnung** auf die Produktgruppen verteilt. So wurden zum Beispiel die gesamten Materialgemeinkosten im Verhältnis der Fertigungsmaterialanteile auf die drei Produktgruppen verteilt. Dies sei am Beispiel der Produktgruppe Schreibtischsessel erläutert:

$$\text{Materialgemeinkosten der Produktgruppe Schreibtischsessel} = \frac{\text{Materialgemeinkosten gesamt}}{\text{Fertigungsmaterial gesamt}} \cdot \text{Fertigungsmaterial der Produktgruppe Schreibtischsessel}$$

$$\text{Materialgemeinkosten der Produktgruppe Schreibtischsessel} = \frac{774.453{,}45\ €}{3.480.000{,}00\ €} \cdot 383.500{,}00\ € = 85.345{,}66\ €$$

- Da die **Bestandsveränderungen** der Produktgruppen in diesem Modell **gleich null** sind, entsprechen die Herstellkosten der Erzeugung den Herstellkosten des Umsatzes.
- Die Zahlen der **Umsatzerlöse** für die einzelnen **Produktgruppen** sind angenommene Werte.

Kostenträgerblatt der OfficeCom KG zum 31.12.20...

Kalkulationsschema	Zuschlagssätze gemäß BAB in %	Istkosten gesamt in €	Kosten der Kostenträger in €		
			Schreibtischsessel	Aktenschränke	Schreibtische
1 Fertigungsmaterial		3.480.000,00	383.500,00	2.678.000,00	418.500,00
2 Materialgemeinkosten	22,44 %	780.981,45	86.065,05	600.996,64	93.919,75
3 Materialkosten (1 + 2)		4.260.981,45	469.565,05	3.278.996,64	512.419,75
4 Fertigungslöhne		933.502,20	76.600,00	751.400,00	105.502,20
5 Fertigungsgemeinkosten	387,01 %	3.612.745,32	296.449,53	2.907.991,90	408.303,89
6 Fertigungskosten (4 + 5)		4.546.247,52	373.049,53	3.659.391,90	513.806,09
7 Herstellkosten der Erzeugung (3 + 6)		8.807.228,97	842.614,59	6.938.388,54	1.026.225,84
8 Mehrbestand unfertige Erzeugnisse		0,00	0,00	0,00	0,00
9 Minderbestand fertige Erzeugnisse		0,00	0,00	0,00	0,00
10 Herstellkosten des Umsatzes (7 – 8 + 9)		8.807.228,97	842.614,59	6.938.388,54	1.026.225,84
11 Verwaltungsgemeinkosten	9,17 %	807.615,61	77.267,06	636.244,49	94.104,06
12 Vertriebsgemeinkosten	3,86 %	339.879,42	32.517,31	267.759,07	39.603,04
13 Selbstkosten des Umsatzes (10 + 11 + 12)		9.954.724,00	952.398,95	7.842.392,10	1.159.932,94
14 Umsatzerlöse		12.506.890,00	1.240.000,00	10.215.000,00	1.051.890,00
15 Betriebsergebnis (14 – 13)		2.552.166,00	287.601,05	2.372.607,90	– 108.042,94

Kostenträgerzeitrechnung

Cost unit period accounting

Informationen aus dem Kostenträgerblatt

- Höhe der Materialkosten je Kostenträger
- Höhe der Fertigungskosten je Kostenträger
- Höhe der Herstellkosten der Erzeugung je Kostenträger
- Höhe der Herstellkosten des Umsatzes je Kostenträger
- Höhe der Selbstkosten des Umsatzes je Kostenträger
- Anteil jedes Kostenträgers am Betriebsergebnis (unter Einbeziehung der Umsatzerlöse)

Kalkulation eigener Erzeugnisse (Zuschlagskalkulation)

Calculation of own products (Overhead costing)

Begriff Kalkulation

- Werden die Selbstkosten für eine Leistungseinheit (z. B. Kosten pro Stück oder pro Tonne oder pro Meter) ermittelt, so handelt es sich um die **Kostenträgerstückrechnung** auf Vollkostenbasis, die dem Begriff der **Kalkulation** entspricht.
- Werden noch Gewinnzuschlag, Rabatt und Skonto in die Rechnung einbezogen, so wird die Kostenkalkulation zu einer **Angebotspreiskalkulation** ausgeweitet.
- Je nach vorliegenden Produktions-, Fertigungsorganisations- und Absatzverhältnissen (z. B. Einproduktarten- oder Mehrproduktartenunternehmen) kommen unterschiedliche **Kalkulationsverfahren** zum Einsatz.

Begriff Zuschlagskalkulation

In Betrieben mit **mehreren unterschiedlichen Produkten** stellt die Zuschlagskalkulation ein geeignetes Verfahren dar, um die Selbstkosten für eine Mengeneinheit des jeweiligen Produkts zu ermitteln. Ausgehend von den Einzelkosten werden dem Kostenträger schrittweise die **Gemeinkosten** mithilfe der Gemeinkostenzuschlagssätze aus dem BAB bis zu den Selbstkosten hinzugerechnet, **zugeschlagen**.

Kalkulation der Selbstkosten mithilfe der Zuschlagskalkulation

Kalkulationsschema der Zuschlagskalkulation:

1.		Fertigungsmaterialkosten	(gemäß Stückliste)
2.	+	Materialgemeinkosten	(... % gemäß BAB)
3.	=	**Materialkosten (1. + 2.)**	
4.		Fertigungslöhne	(gemäß Lohnschein)
5.	+	Fertigungsgemeinkosten	(... % gemäß BAB)
6.	=	**Fertigungskosten (4. + 5.)**	
7.	=	**Herstellkosten**	
8.	+	Verwaltungsgemeinkosten	(... % gemäß BAB)
9.	+	Vertriebsgemeinkosten	(... % gemäß BAB)
10.	=	**Selbstkosten des Kostenträgers (7. + 8. + 9.)**	

Beispiel:

Die OfficeCom KG kalkuliert die Selbstkosten eines Schreibtisches, z. B. Modell ST 02.

Die Stückliste weist für den Schreibtisch Fertigungsmaterial im Wert von 280,00 € aus; die Fertigungslöhne betragen gemäß Lohnscheinen 310,00 €; die Gemeinkostenzuschlagssätze sind dem BAB auf S. 375 zu entnehmen:

	Fertigungsmaterial		280,00 €
+	Materialgemeinkosten	(22,44 %)	62,30 €
=	Materialkosten		342,30 €
	Fertigungslöhne		310,00 €
+	Fertigungsgemeinkosten	(387,01 %)	1.190,34 €
=	Fertigungskosten		1.500,34 €
=	Herstellkosten		1.842,64 €
+	Verwaltungsgemeinkosten	(9,17 %)	168,23 €
+	Vertriebsgemeinkosten	(3,86 %)	70,94 €
=	Selbstkosten		2.081,81 €

Kalkulation eigener Erzeugnisse (Zuschlagskalkulation)

Calculation of own products (Overhead costing)

Zuschlagskalkulation mithilfe des Tabellenkalkulationsprogramms Excel

Die Kalkulation mithilfe des Tabellenkalkulationsprogramms Excel könnte das unten dargestellte Aussehen haben. Sinnvoll ist dabei, die **unabhängigen Variablen**, nämlich die Einzelkosten und die Gemeinkostenzuschlagssätze, vor der eigentlichen Kalkulation **gesondert auszuweisen.**

	A	B	C	D
1	**Selbstkosten des Schreibtisches ST 02**			
2				
3	**Einzelkosten:**			
4	Material	280,00 €	Fertigung	310,00 €
5				
6	**Gemeinkostenzuschlagssätze:**			
7	Material	22,25 %	Verwaltung	9,13 %
8	Fertigung	383,98 %	Vertrieb	3,85 %
9				
10	Fertigungsmaterial		280,00 €	
11	Materialgemeinkosten		62,30 €	
12	Materialkosten			342,30 €
13	Fertigungslöhne		310,00 €	
14	Fertigungsgemeinkosten		1.190,34 €	
15	Fertigungskosten			1.500,34 €
16	Herstellkosten			1.842,64 €
17	Verwaltungsgemeinkosten			168,23 €
18	Vertriebsgemeinkosten			70,94 €
19	Selbstkosten			2.081,81 €

	A	B	C	D
1	**Selbstkosten des Schreibtisches ST 02**			
2				
3	**Einzelkosten:**			
4	Material	280,00 €	Fertigung	310,00 €
5				
6	**Gemeinkostenzuschlagssätze:**			
7	Material	22,25 %	Verwaltung	9,13 %
8	Fertigung	383,98 %	Vertrieb	3,85 %
9				
10	Fertigungsmaterial		=B4	
11	Materialgemeinkosten		=C10*B7	
12	Materialkosten			=SUMME(C10:C11)
13	Fertigungslöhne		=D4	
14	Fertigungsgemeinkosten		=C13*B8	
15	Fertigungskosten			=SUMME(C13:C14)
16	Herstellkosten			=SUMME(D12+D15)
17	Verwaltungsgemeinkosten			=D16*D7
18	Vertriebsgemeinkosten			=D16*D8
19	Selbstkosten			=SUMME(D16:D18)

Kalkulation des Verkaufspreises

Ausgehend von den **Selbstkosten** des eigenen Erzeugnisses, ermittelt mithilfe der Zuschlagskalkulation, gelangt man zum Listenverkaufspreis netto bzw. brutto, indem man zu den Selbstkosten den Gewinn hinzurechnet. Gegebenenfalls werden dem Kunden zu gewährende Nachlässe in Form von Skonto und Rabatt im Voraus in den **Listenverkaufspreis netto** eingerechnet. Wird schließlich noch die Umsatzsteuer berücksichtigt, erhält man den **Listenverkaufspreis brutto.**

Kalkulationsschema

	Selbstkosten	
+	Gewinn	(v. H.)[1]
=	Barverkaufspreis	
+	Kundenskonto	(i. H.)[1]
=	Zielverkaufspreis	
+	Kundenrabatt	(i. H.)[1]
=	Listenverkaufspreis (netto)	
+	Umsatzsteuer	(v. H.)[1]
=	Listenverkaufspreis (brutto)	

Beispiel:

Für die Verkaufspreisberechnung des Schreibtisches ST 02 kalkuliert die OfficeCom KG mit einem Gewinn von 8 %, Kundenskonto von 3 % und Kundenrabatt von 10 %; die Umsatzsteuer beträgt 19 %.

	Selbstkosten		2.081,81 €
+	Gewinn	8 %	166,54 €
=	Barverkaufspreis		2.248,35 €
+	Kundenskonto	3 %	69,54 €
=	Zielverkaufspreis		2.317,89 €
+	Kundenrabatt	10 %	257,54 €
=	Listenverkaufspreis (netto)		2.575,43 €
+	Umsatzsteuer	19 %	89,33 €
=	Listenverkaufspreis (brutto)		3.064,76 €

[1] v. H.: vom Hundert Grundwert), i. H.: im Hundert (verminderter Grundwert – zur Berechnung siehe S. 368)

Kalkulation von Waren (Handelskalkulation) *Trade costing*

Bezugspreiskalkulation

Kalkulationsschema

Gilt für den Einkauf von Roh-, Hilfs- und Betriebsstoffen, Fremdbauteilen und Handelswaren

Listeneinkaufspreis	
– Lieferantenrabatt	(v. H.)*
= Zieleinkaufspreis	
– Lieferantenskonto	(v. H.)*
+ Einkaufskosten	
= Bareinkaufspreis	
+ Bezugskosten	
= Einstandspreis (Bezugspreis)	

Einkaufskosten sind zum Beispiel:
- Provision für Kommissionär
- Maklergebühren
- sonstige kleine Kosten

Bezugskosten sind zum Beispiel:
- Fracht, Hausfracht (Rollgeld)
- Kosten für Wiegen, Verladen, Verpackung
- Zoll
- Transportversicherung

Beispiel:

Die OfficeCom KG handelt u. a. mit Faxgeräten, z. B. Typ FA 456. Die InterTEL AG in Hamburg liefert diese Faxgeräte zu folgenden Konditionen: Listenverkaufspreis netto: 135,00 €; bei Abnahme von 200 St. und mehr: 10 % Rabatt; Zahlungsbedingungen: 10 Tage mit 3 % Skonto, vier Wochen ohne Abzug; Fracht- und Verpackungskosten für 200 St.: 220,00 €.
Die OfficeCom KG, die grundsätzlich Skonto abzieht, kauft 250 Faxgeräte. Der Einstandspreis errechnet sich wie folgt:

Listeneinkaufspreis		135,00 €
– Lieferantenrabatt	(v. H.)[1]	13,50 €
= Zieleinkaufspreis		121,50 €
– Lieferantenskonto	(v. H.)[1]	3,65 €
+ Einkaufskosten		–
= Bareinkaufspreis		117,85 €
+ Bezugskosten		1,10 €
= Einstandspreis (Bezugspreis)		118,95 €

100 %
– 10 %
= 90 %

→

100 %
– 3 %
= 97 %

Prozentrechnung/Dreisatz

Lieferantenrabatt:
100 % = 135,00 €
10 % = x €

$$x = \frac{135{,}00\,€ \cdot 10\,\%}{100\,\%}$$

x = 13,50 €

Lieferantenskonto:
100 % = 121,50 €
3 % = x €

$$x = \frac{121{,}50\,€ \cdot 3\,\%}{100\,\%}$$

x = 3,65 €

Absatzpreiskalkulation für Handelwaren

Kalkulationsschema

Einstandspreis (Bezugspreis)	
+ Handlungskosten	(v. H.)[1]
= Selbstkostenpreis	
+ Gewinn	(v. H.)[1]
= Barverkaufspreis	
+ Kundenskonto	(i. H.)[1]
= Zielverkaufspreis	
+ Kundenrabatt	(i. H.)[1]
= Listenverkaufspreis (netto)	

Handlungskosten sind Kosten, die durch Lagerung und Verkauf der Handelswaren entstehen, wie zum Beispiel:
- Löhne, Gehälter des Lagerpersonals,
- Abschreibungen auf das Lagergebäude und die Lagereinrichtung,
- Transport- und Verpackungskosten,
- anteilige Verwaltungskosten,
- Zinsen für das in den Handelswaren gebundene Kapital.

Gewinn ist ein Entgelt für
- das in das Unternehmen eingebrachte Eigenkapital (Eigenkapitalverzinsung),
- die Arbeit des Unternehmers (Unternehmerlohn),
- das Risiko der Kapitalanlage im eigenen Unternehmen (Risikoprämie).

[1] v. H.: vom Hundert (Grundwert); i. H.: im Hundert (verminderter Grundwert)

Kalkulation von Waren (Handelskalkulation) *Trade costing*

Zuschlagssätze

Handlungskostenzuschlagssatz (HKZ)

Die Handlungskosten werden mithilfe des HKZ dem Einstandspreis hinzugerechnet, wobei der Einstandspreis 100 % beträgt.

$$\text{HKZ} = \frac{\text{Handlungskosten der vergangenen Periode}}{\text{Wareneinsatz der vergangenen Periode}} \cdot 100$$

Gewinnzuschlagssatz (GZ)

Jeder Unternehmer entwickelt eigene Vorstellungen über die Höhe der drei Gewinnkomponenten (siehe S. 381) unter Berücksichtigung der Durchsetzbarkeit am Markt.

Der Gewinn wird mithilfe des GZ dem Selbstkostenpreis hinzugerechnet, wobei der Selbstkostenpreis 100 % beträgt.

Kundenskonto

$$\text{Skontobetrag in €} = \frac{\text{Barverkaufspreis in €} \cdot \text{Skontosatz in \%}}{(100\,\% - \text{Skontosatz in \%})}$$

Kundenrabatt

$$\text{Rabattbetrag in €} = \frac{\text{Zielverkaufspreis in €} \cdot \text{Rabattsatz in \%}}{(100\,\% - \text{Rabattsatz in \%})}$$

Beispiel: Berechnung des Listenverkaufspreises für ein Faxgerät: Einstandspreis: 118,95 € (siehe S. 381), 18 % Handlungskosten, 8 % Gewinn, 3 % Kundenskonto, 10 % Kundenrabatt:

Einstandspreis		118,95 €
+ Handlungskosten	(v. H.)	21,41 €
= Selbstkostenpreis		140,36 €
+ Gewinn	(v. H.)	11,23 €
= Barverkaufspreis		151,59 €
+ Kundenskonto	(i. H.)	4,69 €
= Zielverkaufspreis		156,28 €
+ Kundenrabatt	(i. H.)	17,36 €
= Listenverkaufspreis		173,64 €

100 % + 18 % = 118 % → 100 % + 8 % = 108 % → 97 % + 3 % = 100 % → 90 % + 10 % = 100 %

Handlungskosten:

100 % = 118,95 €
18 % = x €

$$x = \frac{118{,}95\,€ \cdot 18\,\%}{100\,\%}$$

x = 21,41 €

Gewinn:

100 % = 140,36 €
8 % = x €

$$x = \frac{140{,}36\,€ \cdot 8\,\%}{100\,\%}$$

x = 11,23 €

Kundenskonto:

97 % = 151,59 €
3 % = x €

$$x = \frac{151{,}59\,€ \cdot 3\,\%}{97\,\%}$$

x = 4,69 €

Kundenrabatt:

90 % = 156,28 €
10 % = x €

$$x = \frac{156{,}28\,€ \cdot 10\,\%}{90\,\%}$$

x = 17,36 €

Vorwärtskalkulation

- Bei der Vorwärtskalkulation geht es darum, zunächst, ausgehend vom Listeneinkaufspreis, mithilfe der **Bezugspreiskalkulation** den Bezugs- oder Einstandspreis zu berechnen. Darauf aufbauend wird mithilfe der **Verkaufspreiskalkulation** der Listenverkaufspreis netto kalkuliert.
- Die Vorwärtskalkulation **folgt also dem Fluss der Handelswaren** vom Lieferanten „durch" das Industrieunternehmen zum Kunden (siehe hierzu die Grafik auf der folgenden Seite).

Kalkulation von Waren (Handelskalkulation)

Trade costing

Grafische Darstellung der Vorwärtskalkulation

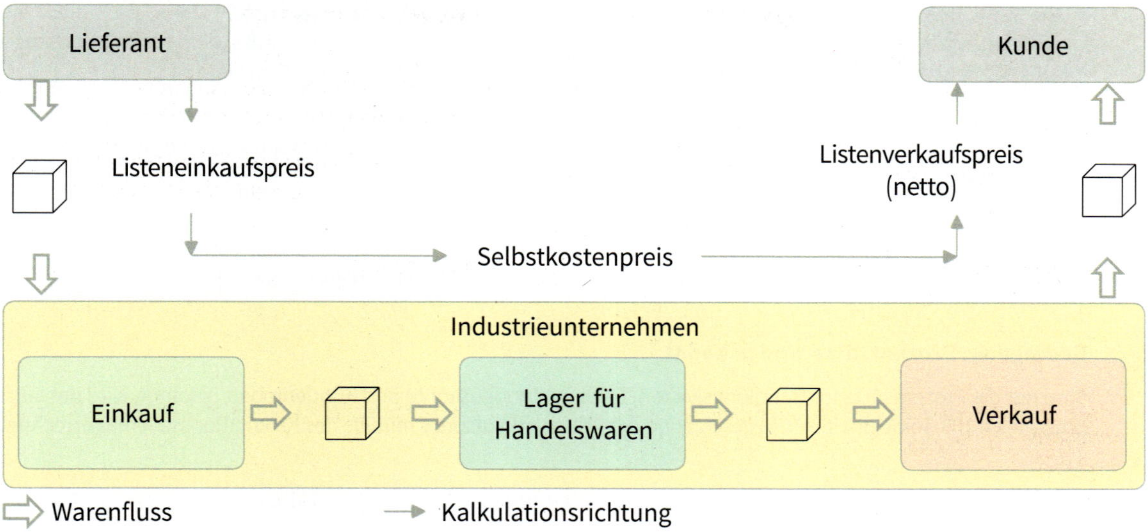

Vorwärtskalkulation mithilfe des Tabellenkalkulationsprogramm Excel

Beispiel:
Die OfficeCom KG kalkuliert den Listenverkaufspreis netto einer Schreibtischlampe auf der Grundlage der folgenden Daten: Listeneinkaufspreis 210,00 €, Lieferantenrabatt 10 %, Lieferantenskonto 2 %, Bezugskosten anteilig für eine Schreibtischlampe 6,50 €, Handlungskosten 45 %, Gewinn 9 %, Kundenskonto 3 %, Kundenrabatt 5 %

	A	B	C	D	E	F
1		**Listeneinkaufspreis einer Schreibtischlampe**				
2						
3		Listeneinkaufspreis		210,00 €	Lieferantenrabatt	10,00 %
4		Bezugskosten		6,50 €	Lieferantenskonto	2,00 %
5					Handlungskosten	45,00 %
6					Gewinn	9,00 %
7					Kundenskonto	3,00 %
8					Kundenrabatt	5,00 %
9						
10		Listeneinkaufspreis		210,00 €		
11	–	Lieferantenrabatt		21,00 €		
12	=	Zieleinkaufspreis		189,00 €		
13	–	Lieferantenskonto		3,78 €		
14	=	Bareinkaufspreis		185,22 €		
15	+	Bezugskosten		6,50 €	**Vorwärtskalkulation**	
16	=	Einstandspreis		191,72 €		
17	+	Handlungskosten		86,27 €		
18	=	Selbstkostenpreis		277,99 €		
19	+	Gewinn		25,02 €		
20	=	Bareinkaufspreis		303,01 €		
21	+	Kundenskonto		9,37 €		
22	=	Zielverkaufspreis		312,39 €		
23	+	Kundenrabatt		16,44 €		
24	=	Listenverkaufs-preis (netto)		328, 83 €		

	A	B	C	D	E	F
1		**Listenverkaufspreis einer Schreibtischlampe**				
2						
3		Listeneinkaufspreis		210,00 €	Lieferantenrabatt	10,00 %
4		Bezugskosten		6,50 €	Lieferantenskonto	2,00 %
5					Handlungskosten	45,00 %
6					Gewinn	9,00 %
7					Kundenskonto	3,00 %
8					Kundenrabatt	5,00 %
9						
10		Listeneinkaufspreis		=D3		
11	–	Lieferantenrabatt		=D10*F3		
12	=	Zieleinkaufspreis		=SUMME(D10-D11)		
13	–	Lieferantenskonto		=D12*F4		
14	=	Bareinkaufspreis		=SUMME(D12-D13)		
15	+	Bezugskosten		=D4	**Vorwärtskalkulation**	
16	=	Einstandspreis		=SUMME(D14+D15)		
17	+	Handlungskosten		=D16*F5		
18	=	Selbstkostenpreis		=SUMME(D16:D17)		
19	+	Gewinn		=D18*F6		
20	=	Bareinkaufspreis		=SUMME(D18:D19)		
21	+	Kundenskonto		=D20/(1-F7)*F7		
22	=	Zielverkaufspreis		=SUMME(D20:D21)		
23	+	Kundenrabatt		=D22/(1-F8)*F8		
24	=	Listenverkaufs-preis (netto)		=SUMME(D22:D23)		

Kalkulationszuschlagssatz

- Die **Kalkulation** des Listenverkaufspreises kann **vereinfacht** werden, wenn die Prozentsätze für die Handlungskosten, den Gewinn, den Kundenskonto und den Kundenrabatt bekannt sind.
- Die Vereinfachung besteht darin, dass diese vier Prozentsätze zu einer Größe, dem **Kalkulationszuschlagssatz**, zusammengefasst werden.
- Die Zusammenfassung ergibt sich nicht aus der Addition der einzelnen Prozentsätze, sondern aus dem Kalkulationsschema.

Der Listenverkaufspreis wird dann folgendermaßen kalkuliert:

Listenverkaufspreis = Einstandspreis · (1 + Kalkulationszuschlagssatz)

Bedingung: Prozentsätze sind bekannt

Sind nur die Prozentsätze für Handlungskosten, Gewinn, Kundenskonto und Kundenrabatt bekannt, wird der Einstandspreis gleich 100 Geldeinheiten (GE) gesetzt und der Listenverkaufspreis mithilfe des Kalkulationsschemas errechnet.

Kalkulationszuschlagssatz = Listenverkaufspreis – Einstandspreis

Beispiel:
Es gelten die Prozentsätze aus dem Beispiel auf S. 382:

Einstandspreis		100,00 GE
+ Handlungskosten	(v. H.)	18,00 GE
= Selbstkostenpreis		118,00 GE
+ Gewinn	(v. H.)	9,44 GE
= Barverkaufspreis		127,44 GE
+ Kundenskonto	(i. H.)	3,94 GE
= Zielverkaufspreis		131,38 GE
+ Kundenrabatt	(i. H.)	14,60 GE
= Listenverkaufspreis		145,98 GE

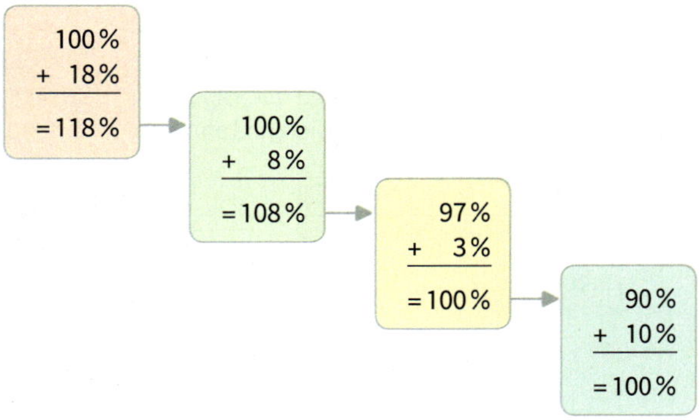

Kalkulationszuschlagssatz = 145,98 GE – 100,00 GE = 45,98 GE = 45,98 %.

Bedingung: Einkaufspreis und Listenverkaufspreis sind bekannt

Auf der Grundlage des bekannten Einstandspreises wird der Listenverkaufspreis mithilfe der ebenfalls bekannten Prozentsätze – wie auf S. 382 dargestellt – kalkuliert. Der Kalkulationszuschlagssatz errechnet sich dann wie folgt:

$$\text{Kalkulationszuschlagssatz (in v. H.)} = \frac{(\text{Listenverkaufspreis} - \text{Einstandspreis}) \cdot 100}{\text{Einstandspreis}}$$

Beispiel:
Der Einstandspreis für das Faxgerät FA456 beträgt 118,95 €. Werden 18 % Handlungskosten, 8 % Gewinn, 3 % Kundenskonto und 10 % Kundenrabatt berücksichtigt, ergibt sich ein Listenverkaufspreis von 173,64 € (siehe Berechnung S. 382).

$$\text{Kalkulationszuschlagssatz (in v. H.)} = \frac{(173{,}64\,€ - 118{,}95\,€) \cdot 100}{118{,}95\,€} = 45{,}98\,\%$$

Kalkulation von Waren (Handelskalkulation) *Trade costing*

Kalkulationsfaktor

- Der **Kalkulationsfaktor** dient ebenfalls der **Vereinfachung der Kalkulation.**
- Er ist eine Zahl, die, multipliziert mit dem Einstandspreis, den Listenverkaufspreis ergibt.

$$\text{Kalkulationsfaktor} = \frac{\text{Listenverkaufspreis}}{\text{Einstandspreis}}$$

Beispiel:
Einstandspreis für das Faxgerät FA 456: 118,95 €
Listenverkaufspreis: 173,64 €

$$\text{Kalkulationsfaktor} = \frac{173{,}64\,€}{118{,}95\,€} = \underline{\underline{1{,}4598}}$$

Handelt die OfficeCom KG auch mit Telefonapparaten, für die der Einstandspreis 85,00 € beträgt, und gelten die gleichen Zuschlagssätze wie für ein Faxgerät, z. B. FA 456, ergibt sich der Listenverkaufspreis für den Telefonapparat wie folgt:

$$\text{Listenverkaufspreis} = 85{,}00\,€ \cdot 1{,}4598 = \underline{\underline{124{,}08\,€}}$$

Rückwärtskalkulation

- Bei der Rückwärtskalkulation geht es darum, **ausgehend vom** eigenen **Listenverkaufspreis** (netto), **schrittweise** den eventuell auszuhandelnden **Listeneinkaufspreis** einer Ware des Lieferanten zu **errechnen.**
- Die Kalkulation erfolgt also **entgegen dem Warenfluss** vom Kunden „durch" das Industrieunternehmen zum Lieferanten:

Grafische Darstellung der Rückwärtskalkulation

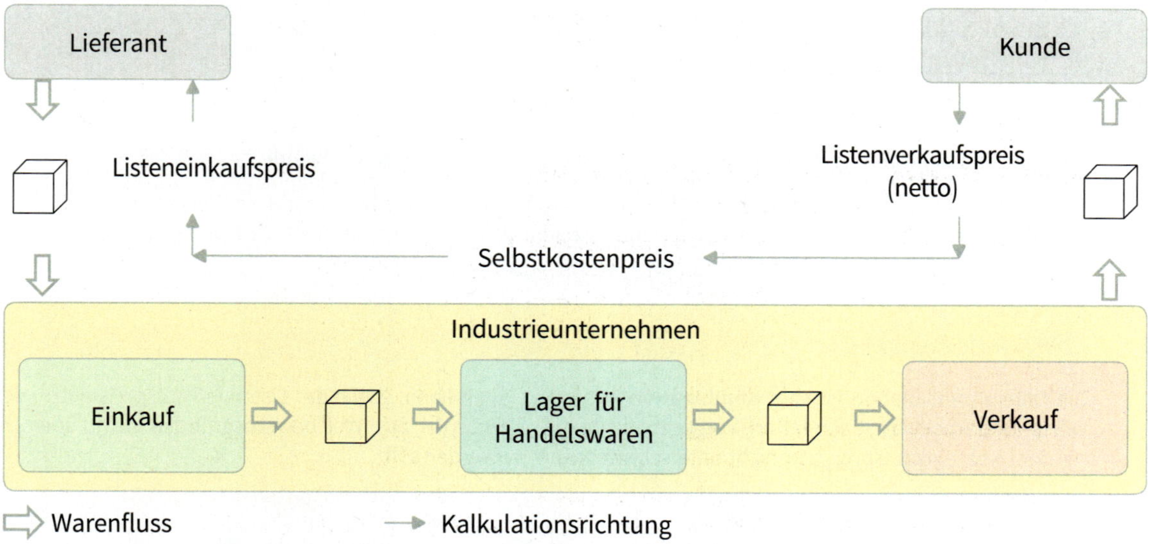

Handelsspanne

- Wird der Listenverkaufspreis durch den Markt bestimmt (konkurrenzorientierter Preis), möchte der Unternehmer wissen, ob er die ihm von den Lieferanten angebotenen Einstandspreise – unter Berücksichtigung seiner Vorstellungen über die eigenen Handlungskosten-, Gewinn-, Skonto- und Rabatt-Zuschlagssätze – bezahlen kann.

Kalkulation von Waren (Handelskalkulation) *Trade costing*

- Zur schnellen Überprüfung zieht er vom vorgegebenen Verkaufs- oder Marktpreis einen bestimmten Prozentsatz ab und gelangt so zu einem Einstandspreis, den er gerade noch bereit ist zu bezahlen. Dieser Prozentsatz, bezogen auf den Verkaufspreis, wird Handelsspanne genannt.
- Bei gegebenen Zuschlagssätzen errechnet sich die Handelsspanne, indem vom Verkaufspreis aus rückwärts zum Einstandspreis kalkuliert wird, wobei der Listenverkaufspreis 100,00 GE gesetzt wird.

Handelsspanne = Listenverkaufspreis – Einstandspreis

Beispiel: Die OfficeCom KG kalkuliert mit Handlungskosten: 18 %, Gewinn: 8 %, Kundenskonto: 3 %, Kundenrabatt: 10 %

Listenverkaufspreis netto		100,00 GE
– Kundenrabatt	(v. H.)	10,00 GE
= Zielverkaufspreis		90,00 GE
– Kundenskonto	(v. H.)	2,70 GE
= Barverkaufspreis		87,30 GE
– Gewinn	(a. H.)	6,47 GE
= Selbstkostenpreis		80,83 GE
– Handlungskosten	(a. H.)	12,33 GE
= Einstandspreis		68,50 GE

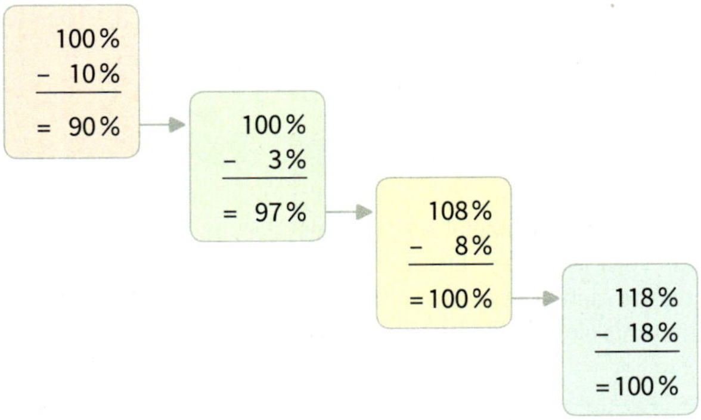

* a. H.: auf Hundert (vermehrter Grundwert)

Listenverkaufspreis netto	100,00 GE
– Einstandspreis	68,50 GE
= Handelsspanne	31,50 GE

Die Handelsspanne beträgt 31,50 %, da der Listenverkaufspreis 100,00 GE gesetzt wurde.

Beispiel: Handelt die OfficeCom KG mit Telefonapparaten, für die auf dem Absatzmarkt ein Preis von maximal 115,00 € zu erzielen ist, darf der Einstandspreis bei einer Handelsspanne von 31,50 % höchstens 78,78 € betragen:

Maximaler Einstandspreis = 115,00 € – (115,00 € · 31,50 %) = 78,78 €

Differenzkalkulation

Die Differenzkalkulation ist eine **Kombination aus Vorwärts- und Rückwärtskalkulation**. Vorgegeben sind dabei der Listeneinkaufspreis, der nicht unterschritten werden kann, sowie der Listenverkaufspreis netto, der zum Beispiel aus Wettbewerbsgründen nicht überschritten werden soll.

Schritte der Differenzkalkulation

Soll zum Beispiel geprüft werden, ob das Industrieunternehmen bei gegebenen Kalkulationsgrößen (siehe auch die folgende Beispielrechnung) seine Vorstellungen über den Gewinnzuschlag umsetzen kann, sind folgende **Schritte** durchzuführen:

(1) Zunächst wird **vorwärts** vom Listeneinkaufspreis bis zum Selbstkostenpreis kalkuliert.
(2) Anschließend wird **rückwärts** vom Listenverkaufspreis netto bis zum Barverkaufspreis gerechnet.
(3) Dann wird die **Differenz zwischen Selbstkostenpreis und Barverkaufspreis** gebildet. Sie stellt den tatsächlichen **Gewinn** in € dar.
(4) Dieser Gewinn wird ins Verhältnis zum Selbstkostenpreis (100 %) gesetzt. Mithilfe des Dreisatzes wird der tatsächliche Gewinnzuschlagssatz **in Prozent des Selbstkostenpreises** ermittelt.
(5) Schließlich wird der so errechnete tatsächliche Gewinnzuschlagssatz mit dem geplanten Gewinnzuschlagssatz **verglichen**.

Beispiel

Die OfficeCom KG prüft mithilfe der **Differenzkalkulation**, ob sie ihre Gewinnvorstellung von 12 % verwirklichen kann, wenn für die Schreibtischlampe SL 14 folgende Bedingungen gelten:
Der Lieferant verlangt 85,00 €/Stück (= Listeneinkaufspreis der OfficeCom KG) und gewährt darauf 15 % Rabatt sowie 3 % Skonto. Die Bezugskosten der OfficeCom KG betragen 3,50 €. Außerdem rechnet die OfficeCom KG mit einem Handlungskostenzuschlag von 45 %, Kundenskonto 2 % und Kundenrabatt 10 %. Der Listenverkaufspreis netto darf aus Konkurrenzgründen 130,00 € nicht übersteigen.

Listenverkaufspreis		85,00 €
– Lieferantenrabatt	15 %	12,75 €
= Zieleinkaufspreis		72,25 €
– Lieferantenskonto	3 %	2,17 €
= Bareinkaufspreis		70,08 €
+ Bezugskosten		3,50 €
= Einstandspreis		73,58 €
+ Handlungskostenzuschlag	45 %	33,11 €
= Selbstkostenpreis		106,69 €
Gewinn	**7,47 %**	**7,97 €**
= Barverkaufspreis		114,66 €
– Kundenskonto	2 %	2,34 €
= Zielverkaufspreis		117,00 €
– Kundenrabatt	10 %	13,00 €
= Listenverkaufspreis netto		130,00 €

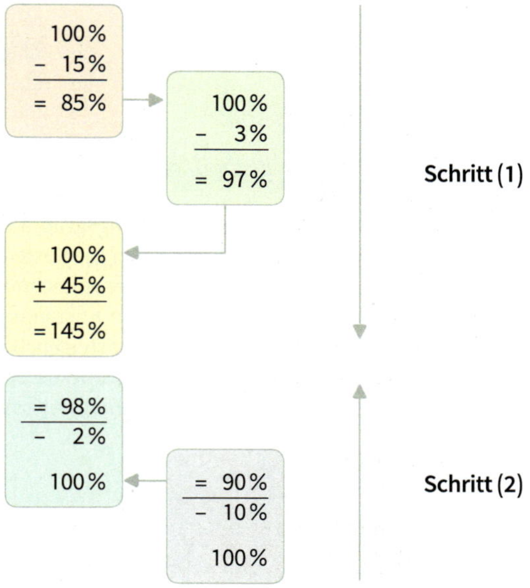

Schritt (3): Barverkaufspreis (114,66 €) – Selbstkostenpreis (106,69 €) = Gewinn (7,97 €)

Schritt (4): 106,69 € = 100 %
7,97 € = x %

$$x = \frac{100\,\% \cdot 7{,}97}{106{,}69} = 7{,}47\,\%$$

Schritt (5): Ergebnis:
Die OfficeCom KG käme nur auf einen Gewinnzuschlag von 7,47 %, könnte also bei den gegebenen Bedingungen die eigene Gewinnvorstellung von 12 % nicht verwirklichen. Die einzelnen Glieder der Kalkulation müssten im Hinblick auf mögliche Veränderungen überprüft werden, z. B. Erhöhung des Lieferantenrabatts.

Nachkalkulation

- Bei der Nachkalkulation wird mit den tatsächlich angefallenen (Handlungs)Kosten (**Istkosten**) gerechnet. Sie werden den bei der Vor- oder Angebotskalkulation zugrunde gelegten (Handlungs) Kosten (**Sollkosten**), die Vergangenheitswerte waren, gegenübergestellt. Mithilfe der Differenzkalkulation kann auf diese Weise der tatsächliche Gewinn festgestellt werden.
- Mithilfe der **Differenzkalkulation** kann also im Wege eines **Soll-Ist-Vergleichs** überprüft werden, ob bei einer Warenart die Handlungskosten aus preispolitischen Gründen gesenkt werden müssen und dafür eine andere Warenart eventuell mehr Handlungskosten tragen kann.

Beschäftigungsgrad und Stückkosten *Capacity utilisation level and costs per unit*

Beschäftigung, Kapazität und Beschäftigungsgrad

- Unter **Beschäftigung** versteht man z. B. die **tatsächlich** ausgebrachte Produktionsmenge oder die tatsächliche Absatzmenge eines Produktes in einer Abrechnungsperiode, zum Beispiel in einem Jahr.
- Die in einer Abrechnungsperiode **mögliche** Produktions- oder Absatzmenge wird als **Kapazität** bezeichnet.
- Werden tatsächliche und mögliche Produktions- oder Absatzmenge zueinander ins Verhältnis gesetzt, ergibt sich der **Beschäftigungsgrad**.

$$\text{Beschäftigungsgrad (in v. H.)} = \frac{\text{tatsächliche Menge}}{\text{mögliche Menge}} \cdot 100$$

Gesamtkosten, Stückkosten und Beschäftigungsgrad

- Wie **wirkt** sich der **Beschäftigungsgrad** auf die **Stückkosten** eines Unternehmens aus? Die Kosten lassen sich in fixe und variable Kosten einer Abrechnungsperiode einteilen. Während die variablen Kosten einer Periode mit zunehmender Beschäftigung steigen, bleiben die fixen Kosten unverändert; die **Gesamtkosten einer Periode** als Summe aus fixen und variablen Kosten **steigen**.
- Das **bedeutet für die Stückkosten:** Die fixen Kosten pro Stück werden mit zunehmender Beschäftigung immer geringer, da sich die Fixkosten der Periode auf eine größer werdende Menge verteilen. Man spricht hier von der **Fixkostendegression** und dem **Gesetz der Massenproduktion**. Umgekehrt steigen die fixen Stückkosten, wenn die Beschäftigung sinkt.

Zahlenbeispiel

Menge	Gesamtkosten				Stückkosten		
(1)	(2)	(3)	(4)	(5)	(6)	(7)	(8)
x	k_v	K_v (1).(2)	K_f	K (3)+(4)	k_v (3):(1)	k_f (4):(1)	k (6)+(7)
1	200,00 €	200,00 €	60.000,00 €	60.200,00 €	200,00 €	60.000,00 €	60.200 €
10	200,00 €	2.000,00 €	60.000,00 €	62.000,00 €	200,00 €	6.000,00 €	6.200,00 €
100	200,00 €	20.000,00 €	60.000,00 €	80.000,00 €	200,00 €	600,00 €	800,00 €
250	200,00 €	50.000,00 €	60.000,00 €	110.000,00 €	200,00 €	240,00 €	440,00 €
500	200,00 €	100.000,00 €	60.000,00 €	160.000,00 €	200,00 €	120,00 €	320,00 €

Legende:
x: Produktionsmenge
k_v: variable Kosten pro Stück
K_v: variable Kosten pro Periode
K_f: fixe Kosten pro Periode
K: Gesamtkosten pro Periode
k_f: fixe Kosten pro Stück
k: Kosten pro Stück

Grafische Darstellung

Gesamtkostenfunktion linear:

$$K = K_f + k_v \cdot x$$

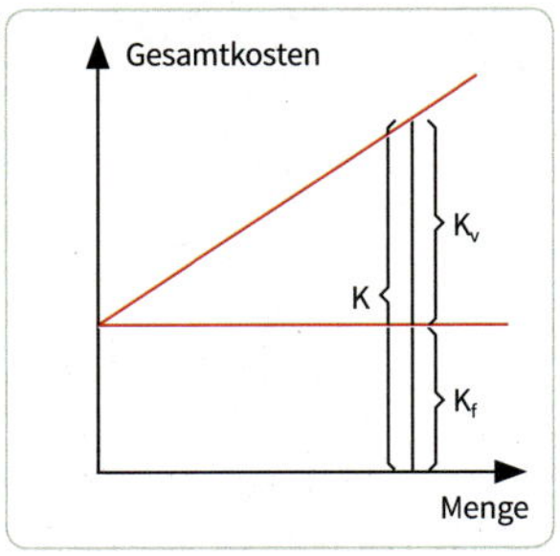

Stückkostenfunktion:

$$k = \frac{K}{x} \qquad k = \frac{K_f}{x} + k_v$$

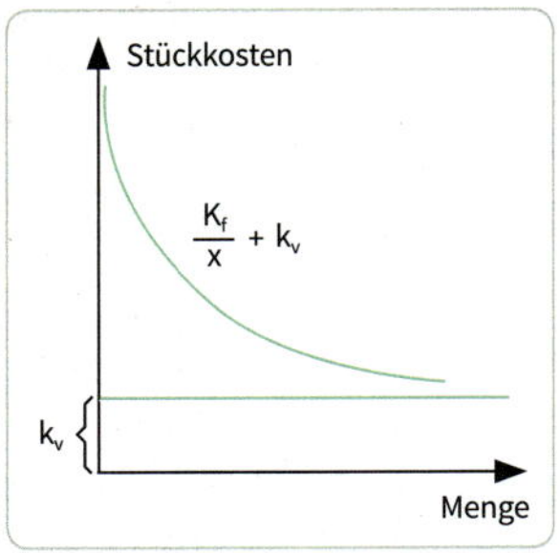

Deckungsbeitragsrechnung *Contribution margin accounting*

Vollkostenrechnung – Teilkostenrechnung – Deckungsbeitrag

- Werden alle Kosten der Abrechnungsperiode den Kostenträgern (Produkten oder Produktgruppen) zugerechnet, wie im Kostenträgerblatt auf S. 378 dargestellt, spricht man von **Vollkostenrechnung**.
- Werden dagegen nur Teile der insgesamt angefallenen Kosten, zum Beispiel nur die variablen Kosten, auf die Kostenträger aufgeteilt, liegt eine **Teilkostenrechnung** vor.
- Die Teilkostenrechnung auf der Grundlage von variablen und fixen Kosten wird als **Deckungsbeitragsrechnung** bezeichnet. Zieht man von den Umsatzerlösen der verschiedenen Produkte bzw. Produktgruppen die variablen Kosten ab, erhält man deren **Deckungsbeiträge**, die die **gesamten Fixkosten** decken und noch einen **Gewinn** beinhalten sollen.

Stückbezogene Deckungsbeitragsrechnung

	(Netto-)Verkaufspreis/Stück
–	variable Kosten/Stück
=	Deckungsbeitrag/Stück

Beispiel:

	(Netto-)Verkaufspreis/Stück	324,00 €
–	variable Kosten/Stück	198,00 €
=	Deckungsbeitrag/Stück	126,00 €

Periodenbezogene Deckungsbeitragrechnung

Umsatzerlöse – variable Kosten/Periode = Deckungsbeitrag/Periode

Beispiel: Die Selbstkosten des Umsatzes im Kostenträgerblatt der OfficeCom KG auf S. 378 sind zu 46 % variabel, zu 54 % dagegen fix. Damit ergeben sich für die drei Produktgruppen folgende Deckungsbeiträge:

Werte in €	Schreibtischsessel	Aktenschränke	Schreibtische	gesamt
Umsatzerlöse	1.240.000,00	10.215.000,00	1.051.890,00	
– variable Kosten	438.103,52	3.607.500,37	533.569,15	
= Deckungsbeitrag	801.896,48	6.607.499,63	518.320,85	7.927.716,96
– fixe Kosten				5.375.550,96
= Betriebsergebnis				2.552.166,00

Anwendungsbeispiel: (Nicht-)Bereinigung des Produktionsprogramms

Das Kostenträgerblatt der OfficeCom KG auf S. 378 zeigt, dass die Produktgruppe „Schreibtische“ auf der Basis der Vollkostenrechnung einen Verlust von 108.042,94 € erzielt. Sollte man, um diesen Verlust zu vermeiden, die Produktgruppe „Schreibtische“ aus dem Produktions- und Absatzprogramm nehmen? Die Deckungsbeitragrechnung würde dann folgendermaßen aussehen:

Werte in €	Schreibtischsessel	Aktenschränke	gesamt
Umsatzerlöse	1.240.000,00	10.215.000,00	
– variable Kosten	438.103,52	3.607.500,37	
= Deckungsbeitrag	801.896,48	6.607.499,63	7.409.396,11
– fixe Kosten			5.375.550,96
= Betriebsergebnis			2.033.845,15

Würden die Schreibtische aus dem Produktions- und Absatzprogramm genommen, blieben die Fixkosten bestehen und müssten von den verbleibenden Produkten abgedeckt werden – das Betriebsergebnis würde sich um 518.320,85 € verschlechtern; das entspricht der Höhe des Deckungsbeitrages der Schreibtische. Ergebnis: Solange der **Deckungsbeitrag** eines Produktes **positiv** ist, sollte es im Sortiment bleiben, da es mit dazu beiträgt, **fixe Kosten** zu **decken**.

Anwendungsbeispiel: Zusatzauftrag

- Aufträge **unterhalb des aktuellen Verkaufspreises** werden als Zusatzaufträge bezeichnet.
- Sie dienen dazu, nicht ausgelastete **Produktionskapazitäten zu nutzen, Arbeitsplätze zu sichern** und das **Betriebsergebnis zu verbessern.**
- Da noch Kapazitäten frei sind, **entstehen** durch den Zusatzauftrag keine zusätzlichen fixen Kosten, sondern **nur variable Kosten.**
- Die Annahme eines Zusatzauftrages **lohnt** sich immer dann, wenn der erzielbare Preis höher ist als die variablen Stückkosten. In dem Fall ist der **Deckungsbeitrag positiv.**
- Hat die bisherige Produktion bereits zu einem Betriebsgewinn geführt, waren also die fixen Kosten schon mehr als gedeckt, erhöht sich der Betriebsgewinn um den Stückdeckungsbeitrag des Zusatzauftrages, multipliziert mit der Menge des Zusatzauftrages.
- Waren die fixen Kosten durch die bisherige Produktion noch nicht gedeckt, verringert sich der Betriebsverlust in Höhe des zusätzlichen Deckungsbeitrages des Zusatzauftrages.

Beispiel:

- Bisherige Produktion und Absatz der OfficeCom KG lieferten gemäß Tabelle S. 389 einen Betriebsgewinn von 2.552.166,00 €. Da noch Kapazitäten frei sind, nimmt die OfficeCom KG einen Zusatzauftrag über 80 Schreibtische zum Stückpreis von 850,00 € an. Die variablen Stückkosten betragen 570,00 €.
- Der **Stückdeckungsbeitrag** beträgt 850,00 € – 570,00 € = **280,00 €.** Das bedeutet, jeder zusätzliche Schreibtisch erhöht den Betriebsgewinn um 280,00 €. Damit steigt der bisherige Betriebsgewinn von 2.552.166,00 € um 22.400,00 € (80 St. · 280,00 €) auf 2.574.566,00 €.

Anwendungsbeispiel: Gewinnschwellenanalyse (Break-even-Analyse)

- Ist der Absatzpreis für ein Produkt durch den Markt bestimmt, kann der Gewinn nur dadurch gesteigert werden, dass die Produktions- und Absatzmenge erhöht wird. Dabei stellt sich die Frage, welche Menge mindestens produziert und abgesetzt werden muss, ab der überhaupt ein Gewinn erzielt wird.
- Mithilfe der Gewinnschwellenanalyse – auch Break-even-Analyse genannt – wird die Produktions- und Absatzmenge (Break-even-Menge) ermittelt, bei der der Gewinn gleich null ist.
- Bedingung:
  Gewinn = Umsatz – Kosten = 0
  $G = U - K = 0 \rightarrow U = K$
  $U = p \cdot x$; $K = K_f + k_v \cdot x$
  $p \cdot x = K_f + k_v \cdot x$
  $p \cdot x - k_v \cdot x = K_f$
  $(p - k_v) \cdot x - K_f$
  $db \cdot x = K_f$

Der Gewinn ist also gleich null, wenn die Summe der Stückdeckungsbeiträge ($db \cdot x$) gleich den Fixkosten (K_f) ist.

Beispiel:

Absatzpreis/Stück (p): 50,00 €
variable Stückkosten (k_v): 30,00 €
fixe Kosten (K_f): 60.000,00 €

$50 \cdot x = 30 \cdot x + 60.000$
$(50 - 30) \cdot x = 60.000$
$20 \cdot x = 60.000$
$x = 3000$

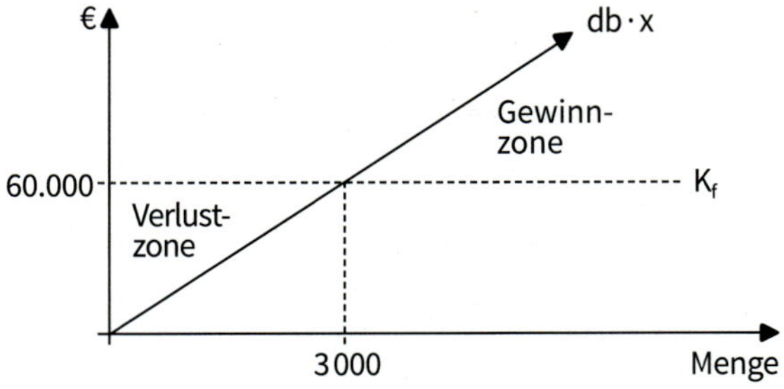

Anwendungsbeispiel: Preisuntergrenzen

- **Kurzfristige Preisuntergrenze**

  Preis = variable Stückkosten

  Der Deckungsbeitrag ist gleich null; das Unternehmen macht Verlust in Höhe der Fixkosten.
  Diesen Zustand kann ein Unternehmen nur kurze Zeit verkraften.

- **Langfristige Preisuntergrenze**

  Preis = Selbstkosten pro Stück

  Der Deckungsbeitrag ist positiv; das Unternehmen macht keinen Verlust, aber auch keinen Gewinn.
  Diesen Zustand kann ein Unternehmen einen längeren Zeitraum überstehen.

Normalkostenrechnung

- Rechnung, die auf den Kosten **vergangener Abrechnungsperioden** basiert
- **Normalgemeinkosten** sind Gemeinkosten, die bei der Angebotskalkulation mithilfe von Normalgemeinkostenzuschlagssätzen in den Selbstkosten- bzw. Angebotspreis eingerechnet werden.
- **Normalgemeinkostenzuschlagssätze** ergeben sich als Durchschnittswerte von Istgemeinkostenzuschlagssätzen mehrerer vergangener Abrechnungsperioden.

Istkostenrechnung

- **Gegenwartsbezogene** Rechnung, die die Kosten der laufenden Abrechnungsperiode erfasst und auswertet
- **Istgemeinkosten** sind Gemeinkosten, die in der laufenden Abrechnungsperiode entstanden sind und im BAB ausgewiesen werden.
- **Istgemeinkostenzuschlagssätze** werden errechnet, indem die Istgemeinkosten der Kostenstellen bzw. Kostenbereiche im BAB in Beziehung gesetzt werden zu den entsprechenden Zuschlagsgrundlagen (siehe S. 376).

Kostenüberdeckung (in €)

Normalgemeinkosten (kalkulierte Gemeinkosten)	>	Istgemeinkosten (tatsächlich entstandene Gemeinkosten)

Da die tatsächlich entstandenden Gemeinkosten geringer sind als die kalkulierten, verbessert sich bei unverändertem Angebotspreis das tatsächliche Betriebsergebnis gegenüber dem kalkulierten.

Kostenunterdeckung (in €)

Normalgemeinkosten (kalkulierte Gemeinkosten)	<	Istgemeinkosten (tatsächlich entstandene Gemeinkosten)

Da die tatsächlich entstandenen Gemeinkosten höher sind als die kalkulierten, verschlechtert sich bei unverändertem Angebotspreis das tatsächliche Betriebsergebnis gegenüber dem kalkulierten.

Kostenüber-, -unterdeckung

Beispiel:
Die Zahlen des folgenden Beispiels basieren auf den Zahlen des BAB von Seite 375.

Kostenüberdeckung/Kostenunterdeckung (in €)
Normalgemeinkostenzuschlagssätze:
Materialbereich: 23,61 %
Fertigungsbereich: 391,79 %
Verwaltungsbereich: 9,37 %
Vertriebsbereich: 4,19 %

Kalkulationsschema	Istkostenrechnung (gemäß BAB)	Normalkostenrechnung (kalkuliert)	Kostenüberdeckung (+) Kostenunterdeckung (–)	
Fertigungsmaterial Materialgemeinkosten Fertigungskosten	3.480.000,00 780.981,45 4.260.981,45	3.480.000,00 821.628,00 4.301.628,00	+ 40.646,55	Materialbereich
Fertigungslöhne Fertigungsgemeinkosten Fertigungskosten	933.502,20 3.612.745,32 4.546.247,52	933.502,20 3.657.368,27 4.590.870,47	+ 44.622,95	Fertigungsbereich
Herstellkosten der Erzeugung Bestandsmehrungen, -minderungen unfertiger, fertiger Erzeugnisse Herstellkosten des Umsatzes	8.807.228,97 0,00 8.807.228,97	8.892.498,47 0,00 8.892.498,47		
Verwaltungsgemeinkosten	807.615,61	833.227,11	+ 25.611,50	Verwaltungsbereich
Vertriebsgemeinkosten	339.879,42	372.595,69	+ 32.716,27	Vertriebsbereich
Selbstkosten des Umsatzes	9.954.724,00	10.098.321,26	+ 143.597,26	gesamt

11 Geschäftsprozesse darstellen und optimieren

Klassische betriebliche Organisation
Classic internal company organization

Bedeutungen des Begriffes

Organisation als

- Tätigkeit:
  Das Unternehmen wird organisiert.
- Zustand:
  Das Unternehmen hat eine Organisation.
- Institution:
  Das Unternehmen ist eine Organisation.

Aufgabe

Zieloptimale Kombination der betriebswirtschaftlichen Produktionsfaktoren

Bereiche der betrieblichen Organisation

Aufbauorganisation

stellt den **Betrieb in Bereitschaft** dar

und umfasst unter anderem

- die Zerlegung der Gesamtaufgabe in Teilaufgaben,
- die Bildung von Stellen und Abteilungen,
- die Übertragung von Aufgaben, Kompetenzen und Verantwortung auf die einzelnen Mitarbeiter,
- die Darstellung des Unternehmensaufbaus mit Festlegung des Dienst- und Informationsweges und
- die Entwicklung von Führungsformen und -techniken.

Ablauforganisation

stellt den **Betrieb in Aktion** dar

und regelt unter anderem

- den funktionalen Arbeitsablauf,
- den zeitlichen Arbeitsablauf und
- den räumlichen Arbeitsablauf.

als **organisatorische Hilfsmittel** dienen:

- Aufgabengliederungsplan
- Organigramme
- Stellenbeschreibungen

- Kommunikationsdiagramm
- Arbeitsablaufkarte
- Flussdiagramm
- Datenflussplan
- Balkendiagramm
- Netzplan

aus: Wamper, Horst: Betriebliche Organisationslehre. 5. Aufl. Köln: Stam Verlag 1993, S. 13.

Aufbauorganisation
Company organization structure

Aufgabenanalyse/-synthese

- **Aufgabenanalyse:**
  Zerlegung ganzheitlicher Arbeitsprozesse in Teilaufgaben bis hin zu kleinsten Arbeitseinheiten wie Arbeitsgriffe und Griffelemente (zurückzuführen auf Frederick Winslow Taylor [1856–1915])
- **Aufgabensynthese:**
  Anschließende Zusammenfassung sachlogisch zusammenhängender Teilaufgaben zu Aufgabenkomplexen und Zuordnung an Aufgabenträger
- **Ergebnis:**
  Bildung von Stellen und Abteilungen

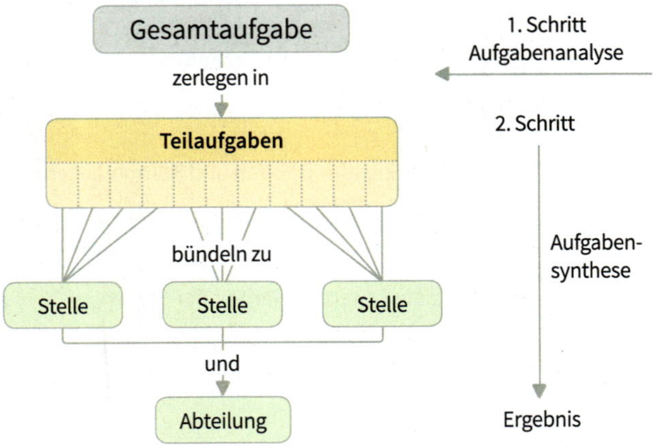

Aufbauorganisation *Company organization structure*

Kriterien der Aufgabengliederung

Gliederung der Aufgaben nach

Verrichtungen	Objekten	Rang	Phasen	Zweckbeziehung
z. B. ■ Beschaffung ■ Produktion ■ Absatz ■ …	*z. B.* ■ PC ■ Monitor ■ Scanner ■ Drucker ■ …	*z. B.* ■ dispositive Arbeit ■ ausführende Arbeit ■ …	■ Planung ■ Durchführung ■ Kontrolle	■ Primäraufgaben (unmittelbare Leistungserstellung) ■ Sekundäraufgaben (z. B. Personalwesen)

Stellenbildung

Begriff: Stelle

- kleinste Organisationseinheit im Unternehmen
- Zusammenfassung von Teilaufgaben zum Aufgabenbereich einer Person

Stellenarten

Linienstellen (Instanzen)
- Anordnungsbefugnis
- Entscheidungsbefugnis

Beispiel: Abteilungsleiter Einkauf, Abteilungsleiter Verkauf

Ausführende Stellen
- keine Leitungs- und Entscheidungsbefugnis

Beispiel: Schreibkraft, Sachbearbeiter

Stabsstellen
- Hilfsstelle von Linienstellen
- Beratung
- Entscheidungsvorbereitung
- keine Entscheidungs- und Anordnungsbefugnis

Beispiel: Rechtsabteilung, Organisationsabteilung

vgl.: Hübscher, Heinrich u. a.: IT-Handbuch. IT-Systemkaufmann/-frau, Informatikkaufmann/-frau, 10. Aufl., Braunschweig 2017, S. 50

11

Stellenbeschreibung

Begriff

In Stellenbeschreibungen werden die Aufgaben und Kompetenzen des Stelleninhabers, die Anforderungen an den Stelleninhaber sowie die Einordnung der Stelle in die Aufbauorganisation des Betriebes festgehalten.

Ziele

- Sicherung klarer Zuständigkeiten und Kompetenzen
- Regelung eindeutiger Über- und Unterordnungsverhältnisse
- Erleichterung der Zusammenarbeit der Stellen
- gerechte Beurteilung der Stelleninhaber

Inhalt

- Bezeichnung der Stelle
- Aufgaben, Kompetenzen und Verantwortungsbereich
  → Welche Tätigkeiten umfasst die Stelle?
- Anforderungen an den Stelleninhaber
  → Welche Voraussetzungen, Qualifikationen hat der Stelleninhaber mitzubringen?
- Bewertungsmaßstab der Stelle
  → Welche Kriterien zur Beurteilung des Stelleninhabers kommen in Betracht?
- Weisungs- und Informationsbeziehungen
  → Von wem (welcher Stelle) erhält der Stelleninhaber Weisungen? Wem kann er Weisungen erteilen? Wem muss er berichten?

Beispiel **Stellenbeschreibung**

Stellenbeschreibung für die Stelle eines Sachbearbeiters in der Einkaufsabteilung

1.	**Bezeichnung der Stelle** Einkäufer
2.	**Instanzielle Eingliederung** Untergeordnet: dem Leiter der Abteilung Einkauf Übergeordnet: –
3.	**Stellenvertretung** Wird vertreten von: Einkäufer für Rohstoffe Vertritt: Leiter der Einkaufsabteilung
4.	**Ziele der Stelle** Der Stelleninhaber hat vom Lager angeforderte Materialien rechtzeitig in der gewünschten Menge und Qualität sowie zu günstigsten Preisen zu beschaffen.
5.	**Aufgaben, Verantwortlichkeiten und Kompetenzen** ■ Einkauf von Büromaterialien und Büromaschinen ■ Ermittlung geeigneter Lieferant ■ Einholen von Angeboten ■ Auswertung von Angeboten ■ Führen der Einkaufsverhandlungen ■ Abschluss von Kaufverträgen bis zum Betrag von 5.000,00 €, darüber hinaus ist die Entscheidung der übergeordneten Instanz einzuholen ■ Überwachung der Liefertermine ■ Bearbeitung von Reklamationen ■ Besuch der Fachmessen
6.	**Persönliche Anforderungen an den Stelleninhaber** Vorbildung: Hauptschulabschluss, Kaufmannsgehilfenprüfung Kenntnisse: Branchenkenntnisse, Warenkenntnisse, technische Kenntnisse Eigenschaften: Verhandlungsgewandtheit, Kontaktfreudigkeit, Selbstständigkeit, Zuverlässigkeit

aus: Wamper, Horst: Betriebliche Organisationslehre. 5. Aufl. Köln: Stam Verlag 1993, S. 43.

Abteilungsbildung

Begriff Abteilung

- Zusammenfassung mehrerer Stellen unter einheitlicher Leitung

Ziele

- Schaffung überschaubarer, leicht kontrollierbarer Bereiche
- Strukturierung eines übersichtlichen Unternehmensaufbaus
- Schaffung von Verantwortungsbereichen mit speziellen Aufgaben

Betriebshierarchie

Betriebsgliederung (= Betriebshierarchie)

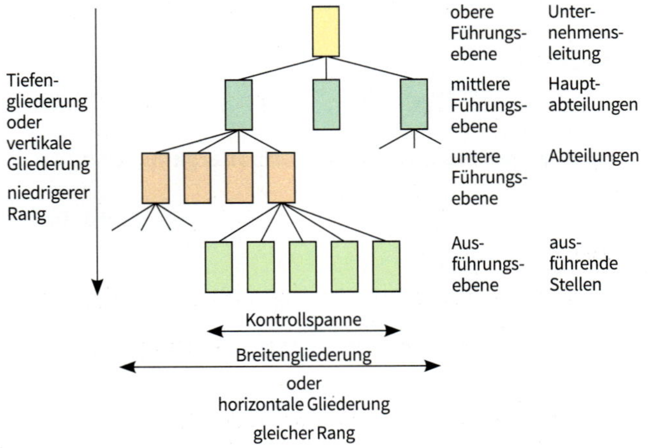

Aufbauorganisation *Company organization structure*

Kriterien der Abteilungsbildung

funktionsorientierte Organisation (functional type of organization)	**produktorientierte Organisation** (product type of organization *oder* divisional organization)	**regionorientierte Organisation** (geographical type of organization)	**personenorientierte Organisation** (personal type of organization)
Bildung von Abteilungen, wie ▪ „Einkauf“, ▪ „Verkauf“, ▪ „Finanzierung“, ▪ „Finanzbuchhaltung“.	Bildung von Abteilungen, wie ▪ „Produkt A“, ▪ „Produkt B“, ▪ „Produkt C“.	Bildung von Abteilungen, wie ▪ „Deutschland“, ▪ „Westeuropa“, ▪ „Amerika“.	Bildung von Abteilungen, wie ▪ „Friedrichs“, ▪ „Müller“, ▪ „Kramer“, ▪ „Richter“.

Organigramm

Begriff

Hilfsmittel zur grafischen Abbildung der Organisationsstruktur eines Unternehmens

Stellensymbol

in der Regel Rechtecke

Funktionen

Veranschaulichung
- der Aufgabengliederung,
- des hierarchischen Aufbaus,
- der Über- und Unterordnungsverhältnisse,
- der Kommunikationsbeziehungen.

***Beispiel:* funktionsorientierte Aufbauorganisation**

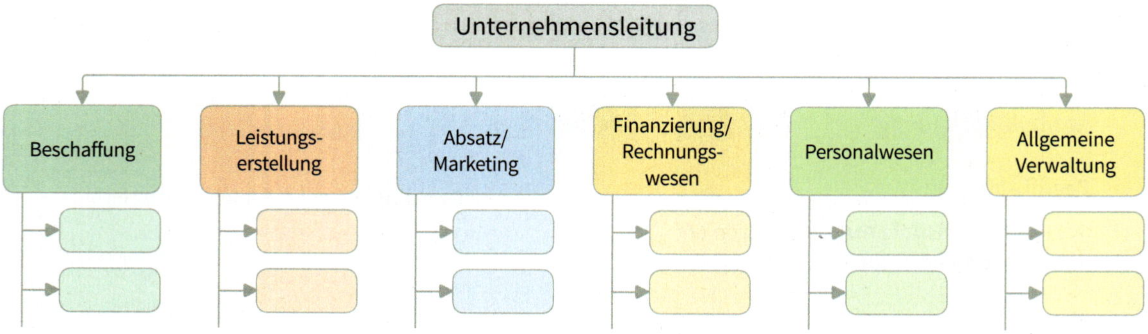

***Beispiel:* produktorientierte Aufbauorganisation**

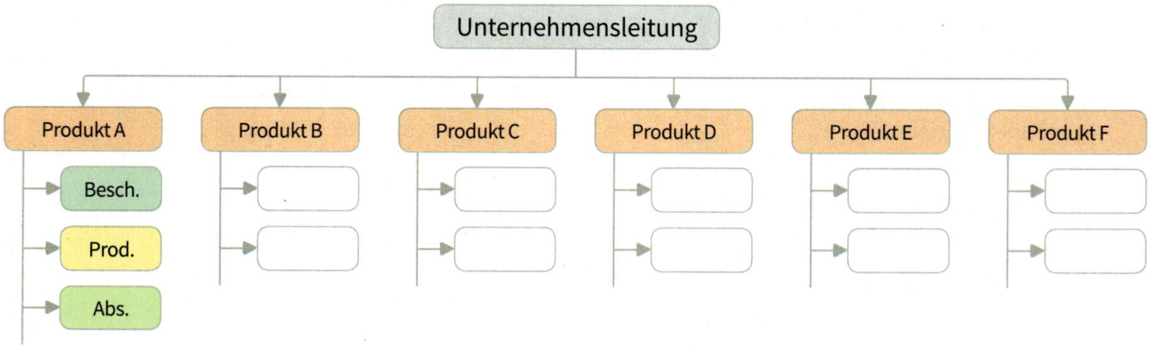

Beispiel: **Organisation nach strategischen Geschäftseinheiten**

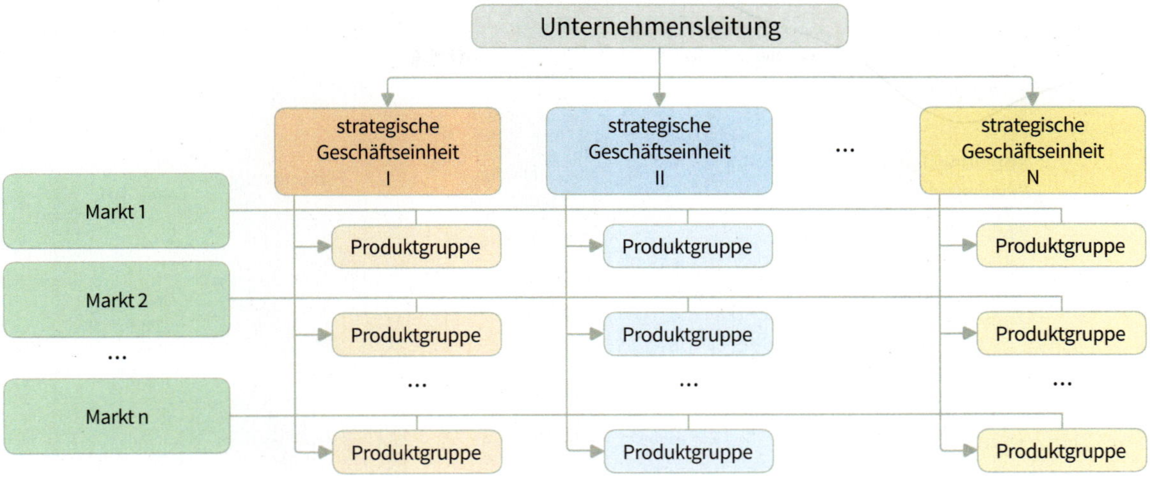

Um große, insbesondere international agierende, Unternehmen oder -konzerne kaufmännisch effektiver führen zu können, werden im Unternehmen/Konzern häufig eigenständige Organisationseinheiten gebildet, die als **strategische Geschäftseinheiten (SGE)** oder **strategische Geschäftsfelder (SGF)** bezeichnet werden. Eine strategische Geschäftseinheit kann ein Unternehmensbereich, eine Produktlinie, ein einzelnes Produkt oder eine Marke sein.

Eine strategische Geschäftseinheit ist immer durch eine bestimmte **Produkt-Markt-Kombination** (siehe auch S. 199 f. Portfolio-Analyse) gekennzeichnet:

Beispiel OfficeCom KG:

SGE	Produktgruppe	Zielgruppe
SGE 1	Büromöbel	Unternehmen
SGE 2	Büromöbel	Privatkunden

Darüber hinaus weisen strategische Geschäftsfelder **weitere Merkmale** auf, zum Beispiel autonome Zielsetzung und Planung sowie Realisation von Wettbewerbsstrategien, Wahrnehmung eigener Chancen, aber auch Eingehen eigener Risiken, Erstellung eigener Gewinn- und Verlustrechnungen (Profit Center).

Beispiel: **Objekt- oder kundenorientierte Aufbauorganisation mit Key-Account-Manager**

Als Schnittstelle zwischen der eigenen Aufbauorganisation und wichtigen Großkunden (A-Kunde) werden häufig sogenannte **Key-Account-Manager** (Key Account: engl. „Schlüsselkunden") platziert, die diese Kunden in allen Belangen über Aquise, technische Beratung, Auftrags- und Finanzierungsabwicklung bis zum After-Sales-Service betreuen.
Schlüsselkunden können z. B. mithilfe einer **ABC-Kundenanalyse** identifiziert werden. Als Messgrößen für die **Kundenwichtigkeit** dienen u. a. Absatz-, Umsatzhöhe, Deckungsbeitrag, Technologiepartnerschaft, Referenz- und Multiplikatorwirkung.
Das Key-Account-Management bildet häufig eine **eigenständige Organisationseinheit**. Ihre Verankerung in der Aufbauorganisation (Organigramm) hängt von der Organisationsstruktur des Unternehmens ab, zum Beispiel davon, ob ein funktionsorientierter oder ein objektorientierter (nach Kunden) Organisationsaufbau vorliegt.

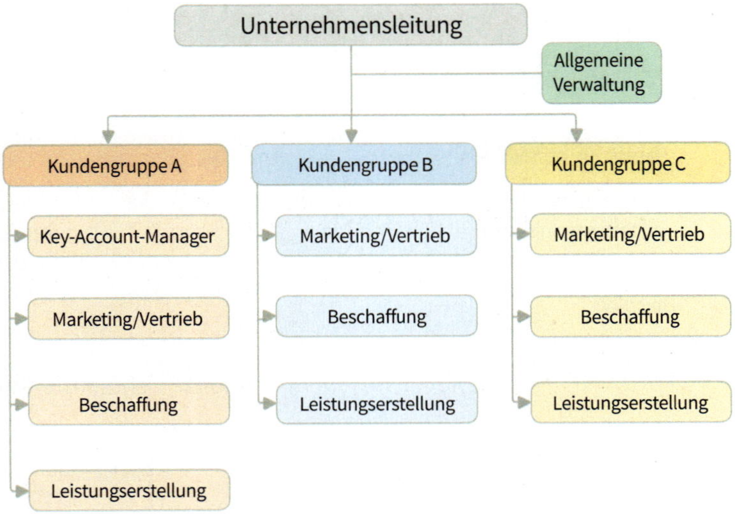

Stellenpyramide/Managementebenen

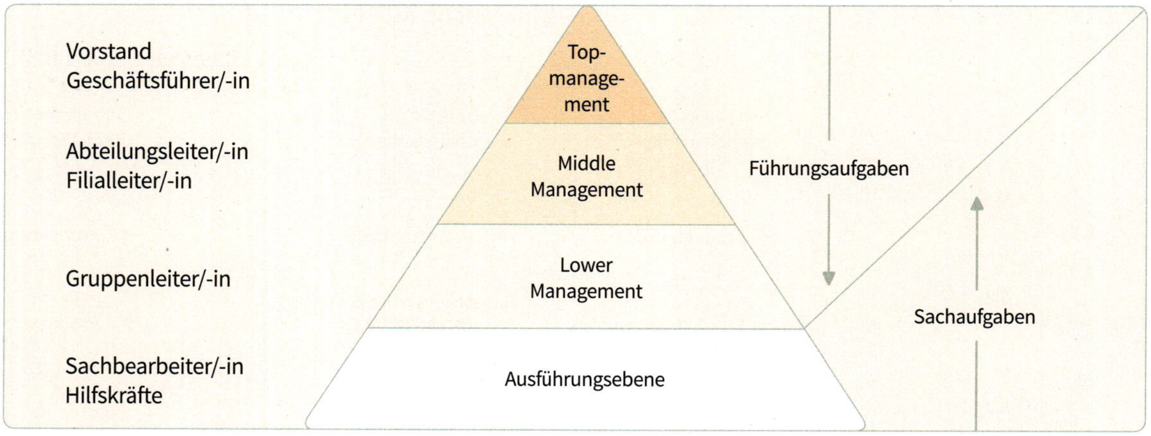

Einliniensystem

- Eine untergeordnete Stelle erhält nur von einer übergeordneten Stelle Anweisungen.
- Eine untergeordnete Stelle gibt Meldungen/Vorschläge nur an die unmittelbar übergeordnete Stelle (Instanz).

Beispiel:

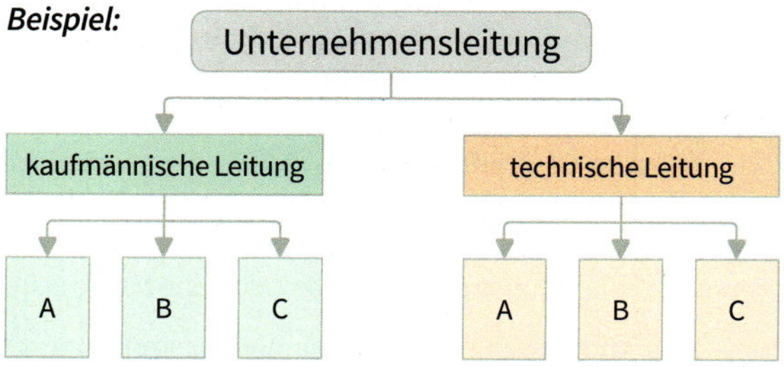

Mehrliniensystem

- Eine untergeordnete Stelle erhält Weisungen von mehreren übergeordneten Stellen.

Beispiel:

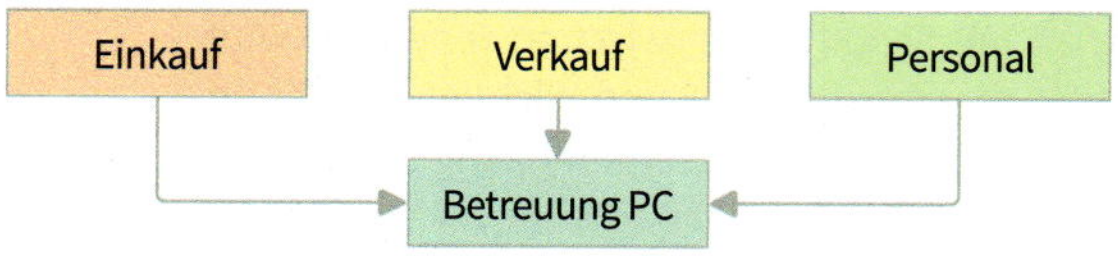

Stab-Linien-System

- Ergänzung des Einliniensystems durch Stellen der Stabsorganisation
- Stabsstellen entlasten die Linienstellen. Sie dienen häufig nicht nur einer einzelnen Instanz (Direktionsassistent), sondern dem ganzen Unternehmen.

Beispiel:

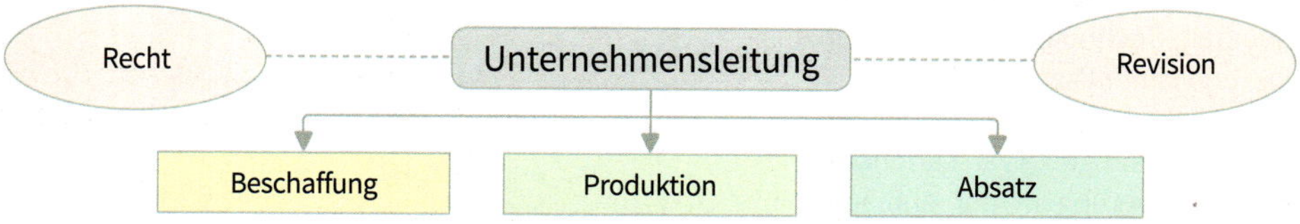

aus: Hübscher, Heinrich u. a.: IT-Handbuch. IT-Systemkaufmann/-frau, Informatikkaufmann/-frau, 10. Aufl., Braunschweig 2017, S. 52 f.

Matrixorganisation

Grundidee

- Weiterentwicklung des Mehrliniensystems, da jede Teilfunktion von zwei Entscheidungslinien beeinflusst wird.
- Kombination zweier gleichberechtigter Hierarchieebenen:
  - funktionsorientierte Organisation und
  - produktorientierte Organisation
- Zwei Fachabteilungen mit unterschiedlichen Sichtweisen bemühen sich um die Lösung derselben Aufgabe.

Beispiel:

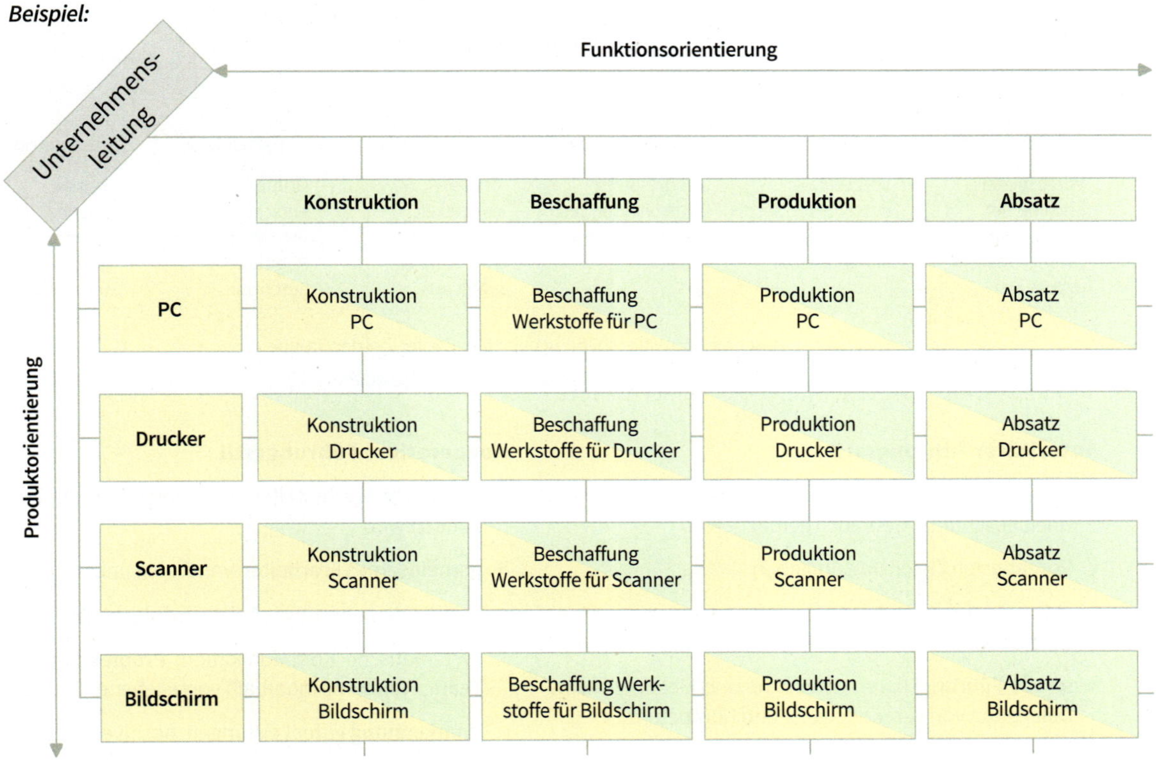

Erläuterung: „Beschaffung von Werkstoffen zur Fertigung von PCs“
Der Produktmanager „PC“ entscheidet über die Art der Materialien, der Leiter der Funktionsabteilung „Beschaffung“ entscheidet über die Auswahl der Lieferanten.

Vorteile

- Förderung der Teamarbeit
- Entlastung der Unternehmensleitung
- Verbesserung der Qualität von Problemlösungen durch das Einbringen verschiedener Denkansätze

Nachteile

- Auftreten von Kompetenzproblemen
- längere Entscheidungsdauer durch die Notwendigkeit der Abstimmung
- häufigere Kompromissentscheidungen durch Konfliktvermeidungsstrategie der Abteilungsleiter

vgl.: Hübscher, Heinrich u. a.: IT-Handbuch. IT-Systemkaufmann/-frau, Informatikkaufmann/-frau, 10. Aufl., Braunschweig 2017, S. 53

Unternehmensführung *Business management*

Begriff

- Unternehmensführung oder Management kennzeichnet eine Tätigkeit, die die Betriebspolitik durch **Planung**, das Treffen von **Grundsatzentscheidungen**, die Durchsetzung dieser Entscheidungen durch Erteilung von **Anweisungen** und die **Kontrolle** umfasst.
- Grundsatzentscheidungen haben langfristige Auswirkungen auf das Unternehmen. Sie sind risikobehaftet, weil die Informationen unvollkommen sind oder über zukünftige Entwicklungen nur unsichere Vorstellungen herrschen. Deshalb können sie nicht an untere Stellen delegiert werden.

Führungsstile und Führungsverhalten

Führungsstile

autoritär	patriarchalisch	informierend	kooperativ	partizipativ	demokratisch
Vorgesetzter entscheidet, häufig unter Zwang, und ordnet an.	Vorgesetzter entscheidet, setzt durch, häufig mit Manipulation.	Vorgesetzter entscheidet, setzt mit Überzeugung durch.	Gruppe entwickelt Vorschläge, Vorgesetzter wählt aus.	Gruppe entscheidet in vereinbartem Rahmen autonom.	Gruppe entscheidet autonom, Vorgesetzter als Koordinator.

zunehmende Willensbildung beim Mitarbeiter, bei der Gruppe →
abnehmende Willensbildung bei Vorgesetzten

Autoritärer Führungsstil

- **zentralisierte Machtstellung** des Vorgesetzten, von der uneingeschränkt Gebrauch gemacht wird
- **Vorgabe** von Zielen und Aufgaben
- starke **Ausführungskontrolle**; Information von „unten“ nach „oben“ nur zur **Kontrolle**
- **straffe Führung**; kaum Gespräche und Meetings, keine Delegation von Verantwortung und Kompetenzen
- **selten Anerkennung**, keine Motivation – häufig Kritik
- **mehr aufgabenorientierter** Führungsstil

Kooperativer Führungsstil

- **begrenzte Machtstellung** des Vorgesetzten, die wenig genutzt wird
- **gemeinsames Erarbeiten** von Zielen und Aufgaben
- geteilte Verantwortung bei der **Erfolgskontrolle**
- systematische Kommunikation, **Problemlösungen im Team**; Freiräume innerhalb vorgegebener Grenzen
- **Anerkennung** guter Leistungen, positives Feedback
- **mehr personenorientierter** Führungsstil

Führungsgrundsätze

Sie sind Gestaltungsmuster der Unternehmensführung, die für alle Führenden einheitlich, durchgängig und verbindlich sind. Sie sind Soll-Vorstellungen darüber, wie die Unternehmensführung zu gestalten, auf welche Ziele sie auszurichten und wie sie personell, instrumental und prozessual zu vollziehen ist.
Unterschieden werden folgende Führungsgrundsätze oder Management-by-Methoden:

Management-by-Methoden

- Management by Objectives
- Management by Delegation
- Management by Exception

Bei den Methoden handelt es sich um Teilaspekte der Leitungstätigkeit, die erst durch Kombination voll wirksam werden.

Unternehmensführung

Business management

Management by Objectives

Begriff
Führung durch kooperative Zielfindung, wobei die Ziele keine einmal festgelegten Daten sind, sondern durch innerbetriebliche Prozesse und insbesondere den Markt beeinflusst werden und daher fortgeschrieben werden müssen.

Ziele
Objektivierung des Zielsetzungs- und Leistungsprozesses; eindeutige Strategien, Fortschrittsorientierung, leistungsbezogenes Vergütungssystem

Voraussetzungen
Quantifizierung der Ziele; Festlegung klarer Aufgaben- und Verantwortungsbereiche und Delegation der entsprechenden Aufgaben; eindeutige Leistungs- und Beurteilungsmaßstäbe; Kontrolle durch Soll-Ist-Vergleich sowie Ermittlung und Analyse von Abweichungen

Management by Delegation

Begriff
Führung durch klare Aufgaben- und Kompetenzverteilung sowie Übertragung von Handlungsverantwortung auf die Mitarbeiter

Ziele
Förderung von Initiative und Mitverantwortung der Mitarbeiter; Übernahme von Mitunternehmerfunktion durch die Mitarbeiter; Aufgabenorientierung

Voraussetzungen
Stellenbeschreibungen und -abgrenzung; Ausschluss der Zurück- oder Weiterdelegation durch die Mitarbeiter; Eingriff des Vorgesetzten nur bei Fehlern oder in zuvor festgelegten Ausnahmefällen; geeignetes Informationssystem

Management by Exception

Begriff
Führung durch den Vorgesetzten nur in Ausnahmesituationen; Mitarbeiter entscheiden selbstständig innerhalb eines vorgegebenen Ermessensspielraumes

Ziele
Entlastung des Vorgesetzten von ausführenden bzw. Routinearbeiten und generell programmierbaren Entscheidungen

Voraussetzungen
Festlegung des Handlungsrahmens und Aufstellen von Grenzwertregeln im definierten Ausnahme- bzw. Abweichungsfall: Information an den Vorgesetzten; Eingriff bzw. Entscheidung durch den Vorgesetzten

Entscheidungssysteme der oberen Leitungsebene

Direktorialsystem

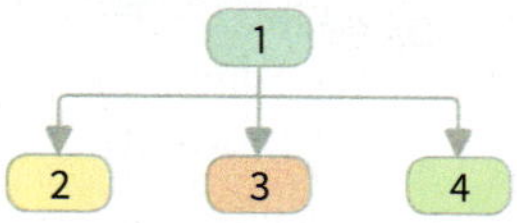

- Entscheidung durch eine einzige Person
- Vorteile:
  - Einheitlichkeit der Willensbildung
  - schnelle Entscheidung
  - straffe Unternehmensführung
- Nachteile:
  - Risiko von Fehlentscheidungen
  - Machtkonzentration
  - starke Belastung des Leitenden
  - Probleme bei der Vertretung, z. B. im Krankheitsfall

Kollegialsystem

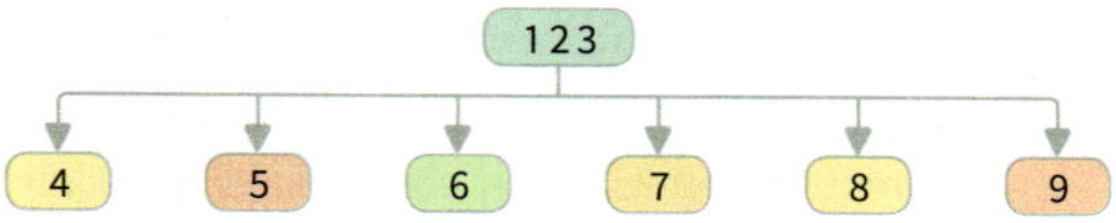

- Entscheidung durch mehrere Personen
- Arten:
  Primatkollegialität: (Primus inter Pares [lat]. = Erster unter Gleichen) Der Vorsitzende entscheidet bei Stimmengleichheit.

  Abstimmungskollegialität: Entscheidungen werden mit einfacher oder qualifizierter Mehrheit getroffen.

  Vetokollegialität: Entscheidungen können nur einstimmig getroffen werden. Durch das Veto (Widerspruch) eines Mitglieds des Führungsgremiums kommt der Beschluss nicht zustande.
- Vorteil:
  - Minderung der Gefahr von Fehlentscheidungen durch breitere Informationsgrundlage und mehr Sachverstand
- Nachteile:
  - langsamerer Entscheidungsprozess
  - Verfolgung von Eigeninteressen der Führungsmitglieder
  - Hintertreiben von Beschlüssen durch die Mitglieder, die dagegen gestimmt haben

Ablauforganisation *Workflow organization*

Begriff

- Ablauforganisation ist die rationale Gestaltung von Arbeitsprozessen zur Erfüllung betrieblicher Teilaufgaben. Arbeitsvorgänge, die zeitlich und räumlich hinter- oder nebeneinander verlaufen, werden geordnet.

Ziele

- Optimale Auslastung der Arbeitskräfte und Betriebsmittel
- Minimierung der Durchlaufzeiten für die Arbeitsprojekte

Gegenstand

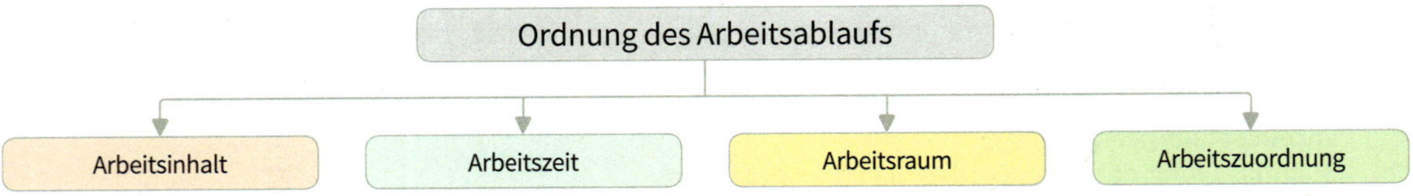

Ordnung des Arbeitsinhalts

- Bestimmung des Arbeitsobjektes und der einzelnen Verrichtungen im Wege der Arbeitsanalyse

Ordnung der Arbeitszeit

- Bestimmung der Reihenfolge der verschiedenen Teilaufgaben (Verrichtungen)
- Ermittlung der Zeitdauer und der kalendermäßigen Anfangs- und Endzeitpunkte der Teilaufgaben

Ordnung des Arbeitsraums

- Anordnung der einzelnen Stellen bzw. Arbeitsplätze zur Erledigung der Teilaufgaben im Hinblick auf größtmögliche Wirtschaftlichkeit

Arbeitszuordnung

- Einzelzuordnung: Eine Teilaufgabe wird **einem Aufgabenträger** zwingend vorgeschrieben.
- Gruppenzuordnung: Die Teilaufgabe wird **einer Gruppe** von Personen übertragen.

Formen der Darstellung

Ablaufdiagramm

Beispiel:

Inhalt:
Wörtliche Aufführung aller Arbeitsgänge in ihrer Reihenfolge

Form:
Arbeitsablaufkarte

Anwendungsbereich:
Einfache Tätigkeiten

Arbeitsablauf		**Inhalt: Auftragsbearbeitung**			
Lfd. Nr.	Ablaufstufen	Stellen			
		Sachbearbeiterin Poststelle	Sachbearbeiterin Versand	Sachbearbeiter Rechnungswesen	Sachbearbeiter Lager
1	Eingang Bestellschein (BS)	Tätigkeit			
2	BS an Sachbearbeiterin Versand		Transport		
3	Ablegen, wenn Lieferschein (LS) fehlt		Wartezeit, Stillstand		
4	2 LS-Kopien	Tätigkeit			
5	LS-Kopien an Sachbearbeiterin Versand		Transport		
6	Kopien trennen		Tätigkeit		
7	1. Kopie an Sachbearbeiter Lager				Transport
8	Lieferung buchen				Tätigkeit
9	Kopie ablegen				Ablage
10	Zusammenfügen von BS + 2. Kopie LS		Tätigkeit		
11	Konditionen prüfen		Kontrolle		
12	LS und BS an Sachbearbeiter Rechnungswesen			Transport	
13	Rechnung schreiben, LS, BS			Tätigkeit	
14	Kontrolle von Menge, Preis, Konditionen, Adresse			Kontrolle	
15	Kopien verteilen an Sachbearbeiter(in) Versand und Lager		Transport		Transport
16	Ablage Rechnung, LS, BS			Ablage	

Symbolerklärung: = Tätigkeit; = Wartezeit, Stillstand; = Transport; = Ablage; = Kontrolle

aus: Berner, Steffen; Müller, Jürgen; Richtsteiger, Klaus-Jürgen u. a.: Betriebswirtschaftslehre der Unternehmung. 25. Aufl. Haan-Gruiten: Europa Lehrmittel 2010, S. 184.

Flussdiagramm

Inhalt:
Darstellung zeitlicher bzw. logischer Folgen und Abläufe

Verwendete Symbole:

	Start, Stopp
	Bearbeitung, Tätigkeit
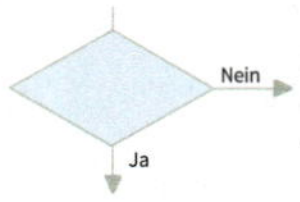	Entscheidung mit Ja-Nein-Verzweigung
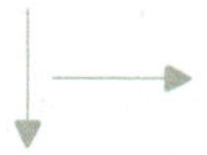	Ablauflinie. Die Flussrichtung erfolgt hauptsächlich in der Senkrechten.
	Anschlusspunkt, Sprungstelle
	Sprung ohne Rückkehr

Beispiel: Arbeitsablauf „Bearbeitung einer Bestellung von Kunden"

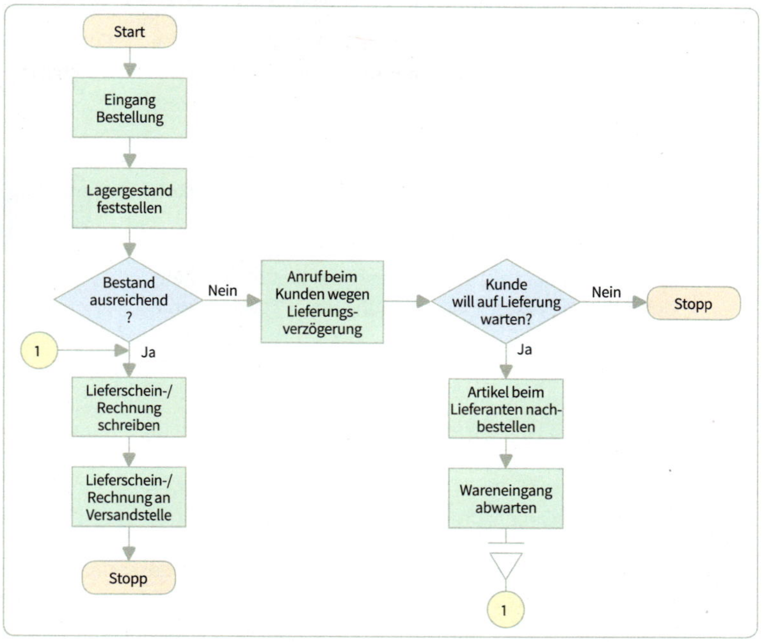

aus: Wamper, Horst: Betriebliche Organisationslehre, Büroorganisation, Automatisierte Datenverarbeitung. 5. Aufl. Köln, München: Stam Verlag 1993, S. 76.

Netzplan

Inhalt:
Beschreibung der Teilarbeiten von Prozessen/Projekten in der **Strukturanalyse**

Erläuterungen:
FAZ = frühester Anfangszeitpunkt
FEZ = frühester Endzeitpunkt
SAZ = spätester Anfangszeitpunkt
SEZ = spätester Endzeitpunkt
GP = Gesamtpuffer
FP = Freier Puffer
GP = SAZ – FAZ
FP = FAZ (Nachf.) – FEZ

Beispiele: Puffer für Vorgang G
GP = 26 – 20 = 6 Arbeitstage
FP = 22 – 22 = 0 Arbeitstage

Knoten:

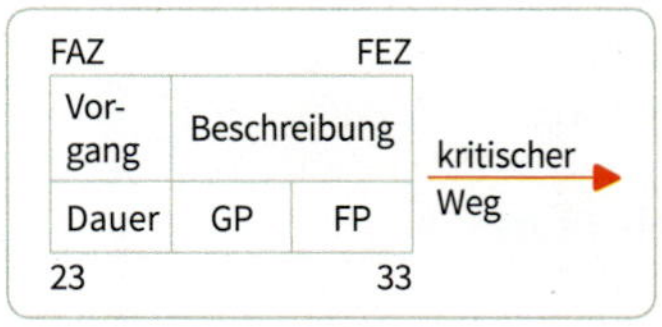

Kritischer Weg:
Weg ohne Pufferzeiten

vgl.: Berner, Steffen u. a.: Betriebswirtschaftslehre der Unternehmung, 25. Aufl., Haan-Gruiten, 2010, S. 137

Beispiel: Struktur- und Zeitanalyse sowie Netzplan „Bau einer Lagerhalle"

Vorgang	Strukturanalyse		Zeitanalyse						
	Beschreibung	Folgetätigkeit	Arbeitstage	FAZ	FEZ	SAZ	SEZ	GP	FP
A	Entwurf, Planung	B, F, G	20	0	20	0	20	0	0
B	Erdaushub Fundamente	C	3	20	23	20	23	0	0
C	Ausgießen Fundamente	D	2	23	25	23	25	0	0
D	Verschalung Betonsockel	E	5	25	30	25	30	0	0
E	Betonierung Betonsockel	I	3	30	33	30	33	0	0
F	Bestellung und Auslieferung Betonteile	I	10	20	30	23	33	3	3
G	Aushub Ver- und Entsorgungsleitungen	H	2	20	22	26	28	6	0
H	Leitungsverlegung	I	5	22	27	38	33	6	6
I	Montage Lagerhalle	J	7	33	40	33	40	0	0
J	Installationsarbeiten	–	4	40	44	40	44	0	0

Aus den Angaben der Struktur- und Zeitanalyse ergibt sich der Netzplan:

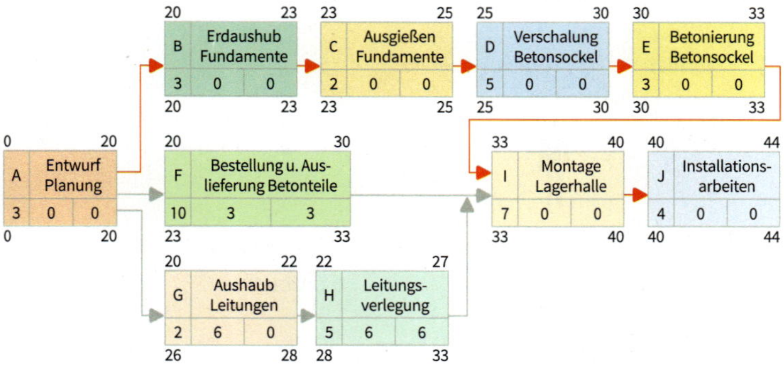

Funktions-/prozessorientierte Organisation *Function-/process-oriented organization*

Nachteile der Funktionsorientierung

- arbeitsplatz- und aufgabenbezogene Betrachtungsweise innerhalb einer Abteilung; Gliederung nach dem Prinzip der Tätigkeit
- Leistungsorientierung
- in der Regel Einzelarbeit und Routinearbeiten
- Erkennen, welche Tätigkeiten den Abteilungsnutzen erhöhen bzw. besonders kostenintensiv sind
- wenig ausgeprägtes Kosten-Nutzen-Denken
- Ausrichtung der Leistungsprozesse auf Kosten und Zeit
- betriebliche Prozesse laufen häufig „quer" zu den Funktionen
- Engpässe durch Schnittstellen zwischen den Abteilungen
- fehlende Datenintegration
- Datenredundanz

Funktionale Arbeitsteilung

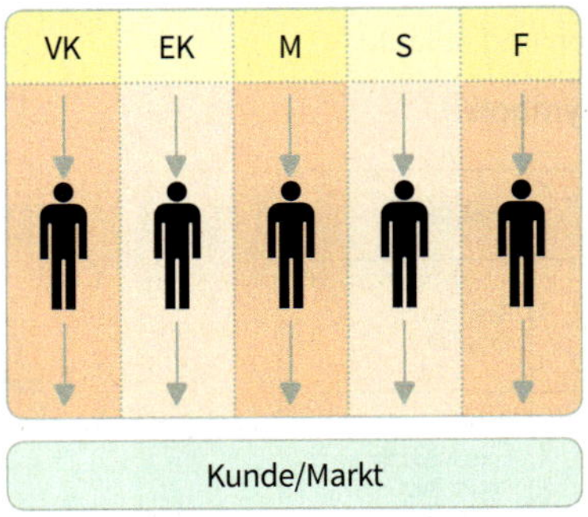

VK = Verkauf
EK = Einkauf
M = Montage
S = Service
F = Fakturierung

aus: IT-Ausbildung, Lernfelder und Kernkompetenzen, Der Betrieb und sein Umfeld, Geschäftsprozesse und betriebliche Organisation, Informationsquellen und Arbeitsmethoden, Band 1. 1. Auflage. Bremen : Institut zur Entwicklung moderner Unterrichtsmedien e. V. 1998, S. 63.

Vorteile der Geschäftsprozessorientierung

- bereichsübergreifende Betrachtungsweise; Gliederung nach dem Prinzip des Durchlaufs
- Ziel- und Ergebnisorientierung
- in der Regel Teamarbeit und konzeptionelle Problemlösungsarbeit
- Erkennen, welche Tätigkeiten den Kundennutzen erhöhen bzw. besonders kostenintensiv sind
- ausgeprägtes Kosten-Nutzen-Denken wegen größerer Mitverantwortung
- zielorientierte Ausrichtung der Leistungsprozesse am Kunden und am Markt

Prozessorientierte Arbeitsteilung

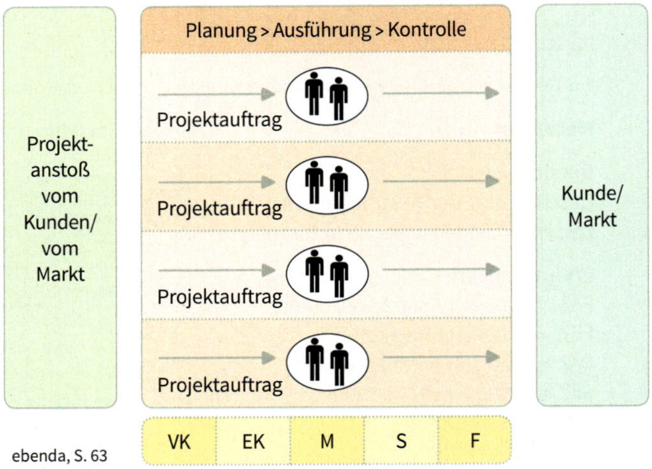

ebenda, S. 63

Kombination funktions- und prozessorientierter Organisation

Prozessorientierung über die Funktionsabteilungen hinweg: Die Schnittstellenprobleme zwischen den Funktionsbereichen werden überwunden und zum Kunden besteht nur noch eine Schnittstelle, nach dem Motto: „One face to the Customer".

Funktionsorientierte Organisation

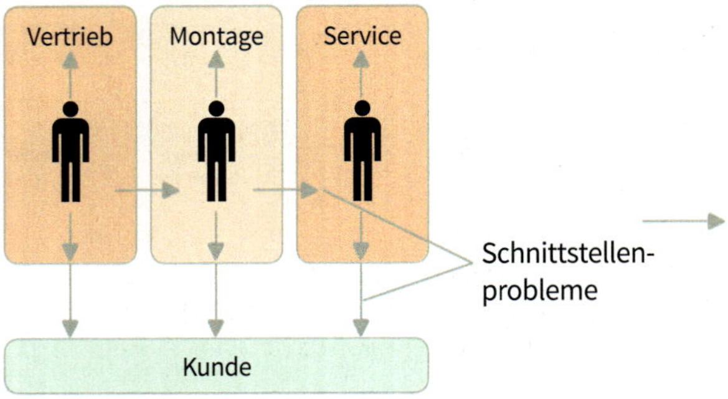

Den Funktionsbereichen überlagerte prozessorientierte Organisation

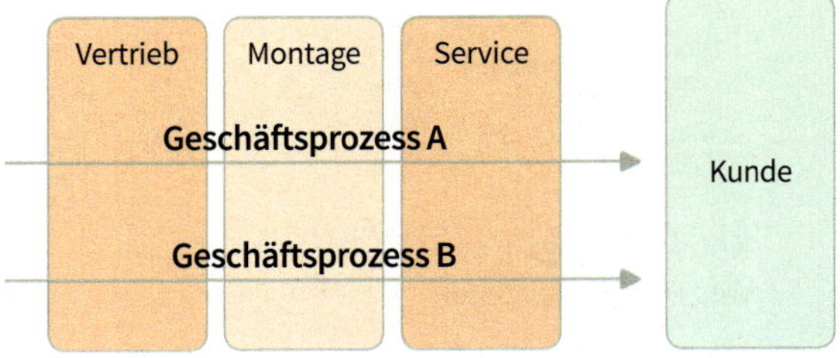

ebenda, S. 71

11

Geschäftsprozesse *Business processes*

Begriff

Ein Geschäftsprozess besteht aus einer zusammenhängenden, abgeschlossenen Folge von Tätigkeiten (Funktionen), die zur Erfüllung einer betrieblichen Aufgabe notwendig sind. (Zu einer ausführlichen Übersicht über die Funktionen eines Industriebetriebs, gegliedert in Grundfunktionen und Querschnittsfunktionen, siehe S. 32.)

Die Tätigkeiten werden von Aufgabenträgern in organisatorischen Einheiten unter Nutzung der benötigten Produktionsfaktoren geleistet. Unterstützt wird die Abwicklung der Geschäftsprozesse durch das Computergestützte Informationssystem (CIS) des Unternehmens.

Kunden können sowohl externe Nachfrager (Kunden im eigentlichen Sinne) als auch interne Nachfrager (z. B. Abteilungen des eigenen Unternehmens) sein.

***Beispiele* von Geschäftsprozessen:**

- Erstellung eines Angebotes
- Beschaffung von Fremdleistungen
- Abwicklung des Zahlungsverkehrs

***Beispiel:* Geschäftsprozess**

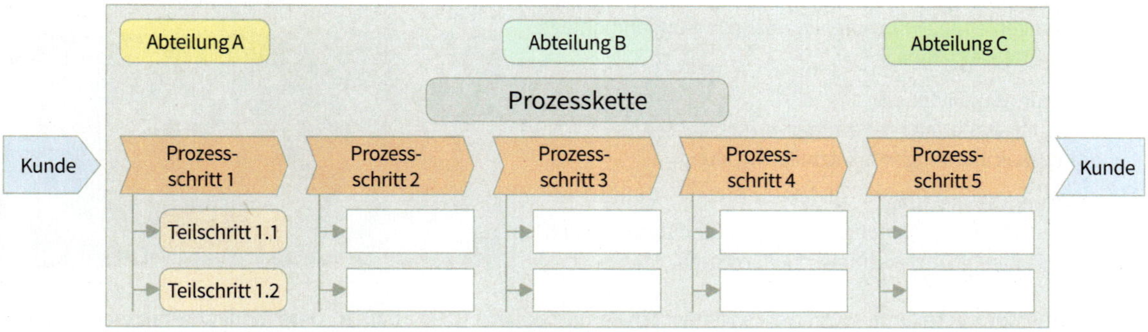

Ziele der Geschäftsprozessoptimierung

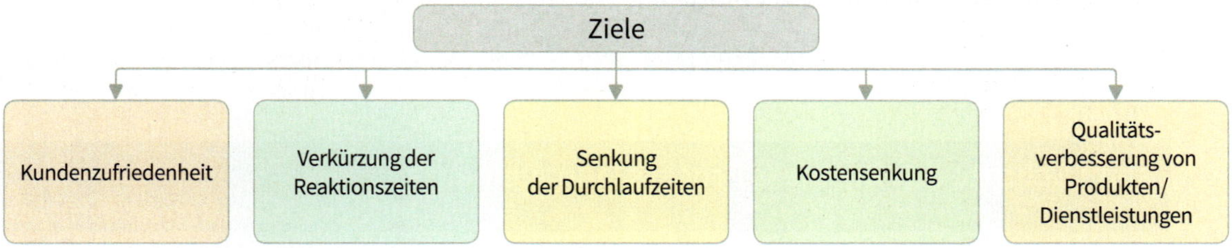

Arten von Geschäftsprozessen

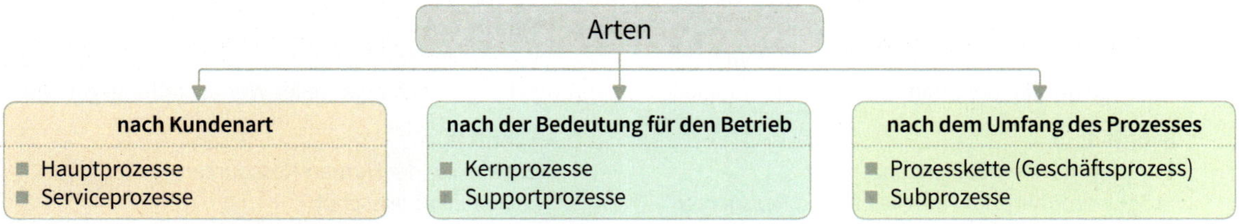

Unterteilung nach Kundenart

Hauptprozesse:
Folge von zusammenhängenden Tätigkeiten, die an **externe** Kunden geleistet werden.

Serviceprozesse:
Folge von zusammenhängenden Tätigkeiten, die an **interne** Kunden geleistet werden.

vgl.: Hübscher, Heinrich u. a.: IT-Handbuch. IT-Systemkaufmann/-frau, Informatikkaufmann/-frau, 10. Aufl., Braunschweig 2017, S. 69

Geschäftsprozesse *Business processes*

Unterteilung nach der Bedeutung für den Betrieb

Kernprozesse:
Geschäftsprozesse, mit denen die Hauptleistung eines Unternehmens erbracht wird, d. h. mit deren Hilfe die eigentliche Wertschöpfung (→ Betriebsertrag – Vorleistungen) erbracht wird.

- **Kundennahe Kernprozesse**

Kundenbetreuung
Kundenkontakte → Anfragebearbeitung → Projektierung → Angebotsausarbeitung → Vertragsverhandlungen → Auftragserteilung

Auftragsbearbeitung
Auftragsannahme → Auftragsklärung → Auftragsbestätigung → Auftragseinplanung → Auftragsabwicklung

Außenmontage
Montageplanung → Erzeugnisversand → Kundenmontage → Auftragsabnahme

Wartungsabwicklung
Wartungswerbung → Wartungsvertragsabschluss → Wartungsdurchführung → Ersatzteilabwicklung

Zahlungsabwicklung
Fakturierung → Zahlungseingangsbearbeitung → Zahlungseingangsüberwachung → Mahnwesen

- **Wertschöpungsintensive Kerngeschäftsprozesse**

Erzeugnisentwicklung
Erzeugnisanalyse → Konstruktion → Berechnung → Zeichnungserstellung → Stücklistenerarbeitung → Erzeugnistest → Prototypenfertigung → Nullserie → Erzeugniseinführung

Fertigung
Fertigungsplanung → Fertigungssteuerung → Teilefertigung → Baugruppenmontage → Erzeugnismontage → Versand

Supportprozesse: unterstützen die sogenannten Kernprozesse, z. B. Beschaffung der Produktionsfaktoren, Sicherung der Liquidität

Unterteilung nach dem Umfang des Prozesses

Prozesskette: Reihe zusammenhängender Prozesse

Subprozesse: Unterprozesse eines Geschäftsprozesses

11

Zehn Schritte des Business Process Managements *Ten steps of business process management*

Schritt 1:
Analysieren der bestehenden Abläufe
→ Status von Effizienz und Blindleistung

Schritt 2:
Definieren der Kernprozesse und Kernaktivitäten
→ Konzentration der unternehmerischen Tätigkeit

Schritt 3:
Ermitteln der Kernkompetenzen
→ Schwerpunkte der Fähigkeiten und Ressourcen

Schritt 4:
Festlegen von Maßnahmen mit großer Hebelwirkung
→ Prioritäten für Quantensprünge

Schritt 5:
Neustrukturieren des Wertschöpfungsprozesses
→ Prozesseigner für Insourcing und Outsourcing

Schritt 6:
Optimieren der Kunden-Lieferanten-Beziehungen
→ Interner und externer Customer Focus

Schritt 7:
Verbessern der Prozessphasen innerhalb Prozesskette
→ Feinschliff für ein steiles Wertschöpfungsgebirge

Schritt 8:
Entwickeln der Human-Ressourcen
→ Qualifikationsschub

Schritt 9:
Umsetzen der neuen Prozesse in das Tagesgeschäft
→ On-the-job-Implementierung

Schritt 10:
Durchführen einer periodischen Erfolgsmessung
→ Management by Facts

Notwendigkeit der Prozessanalyse

Der Einsatz moderner **betriebswirtschaftlicher Standardsoftware** (z. B. mySAP ERP) in den Kernprozessen des kaufmännischen Bereichs setzt i. d. R. voraus, dass eine Prozessorganisation im Unternehmen besteht. Dazu ist die Analyse und Abgrenzung der einzelnen Geschäftsprozesse als Hilfsmittel der Prozessorganisation notwendig. Der weltweite Globalisierungsdruck und die hohe Innovationsgeschwindigkeit in Wirtschaft und Technik machen es für die einzelnen Unternehmen notwendig, ihre Geschäftsprozesse ständig zu hinterfragen und sie an laufende Veränderungen anzupassen. Die folgende Grafik zeigt ein Beispiel eines kontinuierlichen Verbesserungsprozesses (KVP):

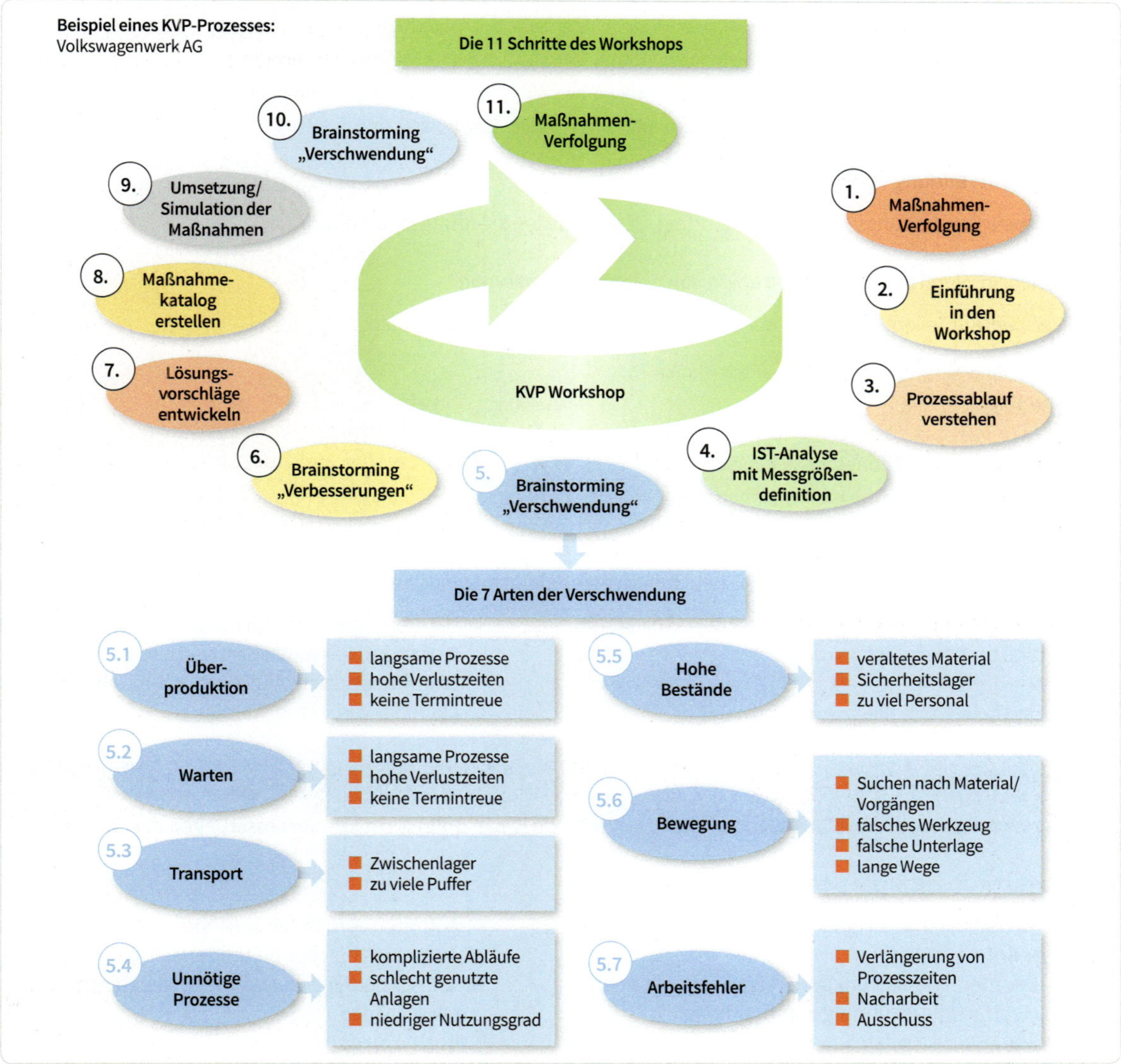

mit Genehmigung der Volkswagenwerk AG

Durchführung der Prozessanalyse

Sie wird in zwei Schritten durchgeführt:

- **Istaufnahme der bestehenden Organisation**
  Dazu werden Organisations- und Arbeitsunterlagen ausgewertet und gegebenenfalls Mitarbeiterinterviews durchgeführt.
- **Istanalyse der Prozesse**
  Als Methoden werden z. B. eingesetzt:
  - Benchmarking,
  - Workflowanalyse,
  - Schwachstellenanalyse,
  - Checklistentechnik.

Methoden der Prozessanalyse *Methods of process analysis*

Benchmarking

Hier werden Geschäftsprozesse im eigenen Unternehmen mit denen von Spitzenunternehmen derselben Branche verglichen. Dadurch sollen Verbesserungsmöglichkeiten für die Gestaltung von Geschäftsprozessen erkundet werden.

Vorgehensweise

1. Schritt: Festlegung der zu untersuchenden Merkmale

Beispiel:

Benchmarkingmerkmale	
Zeitbedarf	Prozessdauer – Bearbeitungszeiten – Liegezeiten
Mengen	Bearbeitungsmengen – Arbeitsgangzahlen – Informationsmengen
Fehleranfall	Garantieinanspruchnahme – Minderqualitäten – Rücklieferungen
Kostenumfang	Gesamtkosten – Deckungsbetrag – EDV-Kosten

vgl.: Steinbuch, Pitter A. (Hrsg.): Prozessorganisation – Business Reengineering – Beispiel R/3. Ludwigshafen (Rhein) 1997, S. 153

2. Schritt: Bildung von Relativzahlen

Beispiel: Bearbeitungszeit je Kundenauftrag, Gesamtkosten je Auftragsbearbeitung

3. Schritt: Vergleich mit Relativzahlen von Spitzenunternehmen

Beispiel: Ein Teilergebnis eines Benchmarking kann folgenden Inhalt haben:

Benchmarkingergebnis (Spitzenunternehmen = 100 %)

Relation	Maßeinheit	Betrachtetes Unternehmen	Spitzen-unternehmen	Abweichung in %
Gesamtkosten je Auftragsbearbeitung	€	82,05	44,90	+83
mittlere Durchlaufzeit je Kundenauftrag	AT	8,6	0,9	+856
mittlere Arbeitsgangzahl je Auftragsbearbeitung	AG/AB	7,5	1,8	+317

Das ausgewiesene Teilbeispiel eines Benchmarkings bedingt folgende **Folgerungen**:

- Die Zahl der Arbeitsgänge, also der Aktivitäten, muss drastisch reduziert werden.
- Die Arbeitsproduktivität muss durch erhöhten Informatikeinsatz radikal vergrößert werden.
- Die Arbeitsgeschwindigkeit kann und muss folglich ebenfalls verbessert werden.

vgl.: Steinbuch, Pitter A. (Hrsg.): ebenda, S. 154

11

Workflowanalyse

Der Workflow (Prozessablauf) wird auf häufig auftretende Fehler untersucht, um Verbesserungen zu erreichen.

Untersuchungskriterien

Zur Workflowanalyse bedient man sich beispielsweise solcher **Kriterien** wie:

- Erfordernis jeder Funktion/Folge der Funktionen
- Mehrfachdurchführung von Funktionen
- Stärke der Arbeitsteilung
- Einsatz solcher Ablaufkonstrukte wie Alternative, Schleife und Parallele
- Verfügbarkeit erforderlicher Informationen zum Bearbeitungszeitpunkt
- Fehlen von Ereignissen und damit zufallsbedingte Erledigung
- Doppelspeicherung von Informationen
- Auftreten von Medienbrüchen
- Auftreten von Verarbeitungswechseln
- Unterscheidung von Haupt- u. Nebenprozessen für Sondervorgänge
- Kosten für den Prozess

Die beiden grundsätzlichen Fragen, die bei der Workflowanalyse gestellt werden müssen, sind nach *Hammer* und *Champy*:

- Warum machen wir die Dinge, die wir tun?
- Weshalb machen wir sie so, wie wir sie tun?

vgl.: Steinbuch, Pitter A. (Hrsg.): ebenda, S. 161 f.

Methoden der Prozessanalyse *Methods of process analysis*

Schwachstellenanalyse

Zur Verbesserung eines Geschäftsprozesses wird von den vorliegenden Prozessmängeln auf die Schwachstellen des Geschäftsprozesses geschlossen. Folgende Schritte sind dabei vorzunehmen:

1. Schritt: Feststellung der Prozessmängel *Beispiel:* zu lange Bearbeitungszeit eines Kundenauftrags

2. Schritt: Quantifizierung der Mängel Die Mängelquantifizierung kann zum ***Beispiel*** zu folgendem Ergebnis führen:

Mängelliste			
Mangelart	Häufigkeit	Bezugsgröße	Anteil in %
überlange Bearbeitungszeit	572	1.306 Aufträge	42
falsche Artikelbezeichnung	17	9.743 Positionen	0
fehlerhafte Auftragsmengen	82	9.743 Positionen	1
Vergessen von Positionen	22	1.306 Aufträge	2
falsche Kundenzuordnung	33	1.306 Aufträge	3

vgl.: Steinbuch, Pitter A. (Hrsg.): ebenda, S. 155

3. Schritt: Ermittlung der Mängelursachen

Beispiel:

Art des Mangels	Ursache des Mangels
zu lange Bearbeitungszeit eines Kundenauftrags	fehlende Vertretungsmöglichkeiten von Sachbearbeitern in Krankheitsfällen

Checklistenanalyse

Um Schwachstellen eines Geschäftsprozesses sichtbar zu machen, werden Fragen einer zuvor erstellten Checkliste beantwortet.

***Beispiel:* Checkliste Arbeitsgänge**

1. Kann der Arbeitsgang mit einem anderen Arbeitsgang kombiniert werden?
2. Kann der Arbeitsgang zerlegt werden, um Arbeitsgangteile mit anderen Arbeitsgängen zu kombinieren?
3. Kann ein Teil des Arbeitsganges abgetrennt werden, um als eigenständiger Arbeitsgang ausgeführt zu werden?
4. Kommen einzelne Arbeitsgangteile so regelmäßig und häufig vor, dass sie als eigener Arbeitsgang einem spezialisiertem Aufgabenträger zugewiesen werden sollten?
5. Ist die Reihenfolge der Arbeitsgänge zweckmäßig?
6. Sollte der Arbeitsgang besser an einem anderen Arbeitsplatz oder in einem anderen Prozess ausgeführt werden?

vgl.: Steinbuch, Pitter A. (Hrsg.): ebenda, S. 157

Gestaltung von Geschäftsprozessen *Modeling business processes*

- Geschäftsprozesse werden in der Regel nicht als fortlaufender Text in Satzform beschrieben, sondern grafisch dargestellt.
- Als Standard haben sich dabei die sogenannten **Ereignisgesteuerten Prozessketten (EPK)** durchgesetzt.

Regeln Ereignisgesteuerter Prozessketten

- Prozessketten werden immer von einem Ereignis ausgelöst; daher wird am Anfang mit einem Ereignis begonnen.
- Ereignisse sind nur solche Situationen, die eine oder mehrere Funktionen (Tätigkeiten) auslösen oder das Ergebnis von Funktionen (Tätigkeiten) sind.
- Im Kontroll- oder Prozessfluss lösen sind Ereignisse und Funktionen ab.
- Entscheidungen werden ausschließlich bei Funktionen gefällt.
- Informationsobjekte werden als Input oder Output dargestellt.
- Prozessketten enden immer mit einem Ereignis.

Sinnbilder der EPK-Technik

Ereignis		Eingetretensein eines Zustandes, der eine Folge auslöst	**UND-Operator**		Verknüpfungsoperator UND
Funktion		Verarbeitungsaktivität, die eine Transformation vom Eingangszustand in den Zielzustand bewirkt	**ODER-Operator**		Verknüpfungsoperator ODER
Objekt		Informations- oder Material- oder Ressourcenobjekt, also die Abbildung eines Gegenstandes der realen Welt	**EXKLUSIV-ODER-Operator**	xor	Verknüpfungsoperator EXKLUSIV-ODER (entweder-oder)
			Kontrollfluss		Ausweis der zeitlich-logischen Abhängigkeiten von Ereignissen und Funktionen
Organisationseinheit		aufbauorganisatorische Stelle oder Gremium	**Informations- und Materialfluss**		Fluss von Informationen oder Materialien
Prozesswegweiser		Navigationshilfe, zur Darstellung der Verbindung von einem bzw. zu einem anderen Prozess	**Organisationseinheitenzuordnung**		Zuordnung von Organisationseinheiten oder Ressourcen zu Funktionen

aus: Steinbuch, Pitter A. (Hrsg.): Prozessorganisation – Business Reengineering – Beispiel R/3. Ludwigshafen (Rhein): Kiehl Verlag 1997, S. 117.

Ereignisgesteuertes Prozesskettendiagramm

***Beispiel:* Geschäftsprozess**

Die eingegangene Lieferantenrechnung wird von der Rechnungskontrolle mithilfe der

- Bestellkopie und dem
- Wareneingangsschein

geprüft. Erweist sich die Eingangsrechnung bei der Rechnungsprüfung als fehlerhaft, so wird von der Rechnungskontrolle ein Begleitschreiben erstellt, indem der Rechnungsfehler ausgewiesen und dargestellt wird. Begleitschreiben und fehlerhafte Rechnung werden an den Lieferanten zurückgeschickt.

Ist die Eingangsrechnung fehlerfrei, so wird sie von der Buchhaltung mithilfe eines Softwaresystems verbucht. Die Konten werden in der Kontendatei fortgeschrieben und der Buchungssatz in der Buchungsdatei gespeichert.

(weiteres Beispiel siehe S. 251)

***Beispiel:* Ergebnisgesteuertes Prozesskettendiagramm**

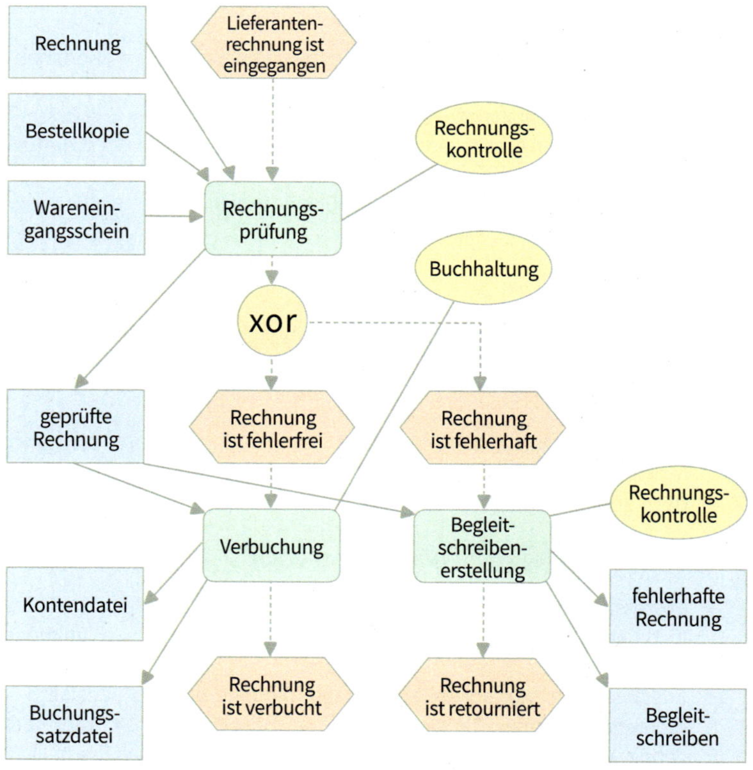

Kontrolle von Geschäftsprozessen *Controlling of business processes*

Realisierbarkeit, Akzeptanz und Ressourcenoptimierung

Schon im Planungsstadium der **Optimierung von Geschäftsprozessen** darf zum einen deren **Realisierbarkeit** (z. B. im Hinblick auf die Finanzierung entsprechender Maßnahmen) und zum anderen ihre **Akzeptanz** (z. B. durch die Mitarbeiter, die in der Regel von Geschäftsprozessänderungen betroffen sind – Stichwort „Mitarbeiterzufriedenheit") nicht außer acht gelassen werden.

Neben den Zielen der Prozessoptimierung wie Steigerung der Kundenzufriedenheit, Qualitätsverbesserung und Kostensenkung (siehe S. 405) steht die **Optimierung des Ressourceneinsatzes** im Vordergrund der Prozessplanung und -durchführung. Um sicherzustellen, dass der gewünschte Output (Produkte bzw. Dienstleistungen) erzielt und der (Herstellungs)Prozess reibungslos funktioniert, muss das Augenmerk auch auf den Input gerichtet werden. Ein zu geringer Einsatz an erforderlichen Ressourcen – also die betriebswirtschaftlichen Produktionsfaktoren ausführende Arbeit, Maschinen, Werkstoffe, externe Dienstleistungen und dispositive Arbeit – kann zu Verzögerungen bzw. sogar zum Stillstand im jeweiligen Geschäftsprozess (z. B. in der Fertigung) führen; eine zu umfangreiche Bereitstellung von Ressourcen wird dagegen die angestrebte Produktivität verhindern.

Geschäftsprozesscontrolling mithilfe von Erfolgsindikatoren und Messzahlen

Nach einer **Einführungskontrolle** des neuen Geschäftsprozesses, dem Vergleich von Soll- und Istorganisation, wird eine **Zielerreichungskontrolle** durchgeführt: Festgestellte **Istergebnisse** werden mit den **Zielvorgaben** verglichen.

Mithilfe von Erfolgsindikatoren kann geprüft werden, wie effektiv die neue Gestaltung eines Geschäftsprozesses erfolgte.

Mögliche **Erfolgsindikatoren** …	Beispiele für **Messfaktoren** …
des **Inputs:**	des **Inputs:**
Ausmaß der Mitarbeiterzufriedenheit	Fluktuationsrate
Arbeitssicherheit	Zahl der Unfälle pro Arbeitnehmer
Kapazitätsnutzungsgrad der Maschinen	$\frac{\text{tatsächliche Produktionsmenge}}{\text{kapazitative Produktionsmenge}} \cdot 100$
Qualität der Werkstoffe	Fehlerquote
Liefertermintreue der Lieferanten	tatsächlicher Liefertermin – vereinbarter Liefertermin
des **Prozesses:**	des **Prozesses:**
Zeitaufwand	Durchlaufzeit des Produktes, Reaktionszeit bei Kundenanfragen, Bestandshöhe an unfertigen Produkten
des **Outputs:**	des **Outputs:**
Qualität der erbrachten Leistung	fehlerfreie Mengen, Ausschussmenge, Ausschussmenge oder fehlerfreie Menge: Gesamtmenge, Nacharbeitungskosten
Zeit (Liefertermintreue)	tatsächlicher Liefertermin – vereinbarter Liefertermin
Kosten	Höhe der Prozesskosten, Anteil der Personalkosten an den Prozesskosten
Ausmaß der Kundenzufriedenheit	Anteil der Stammkunden an Kundengesamtheit, Anzahl Kundenbeschwerden pro Zeiteinheit

12 Veranstaltungen und Geschäftsreisen organisieren

Veranstaltungen und Geschäftsreisen: Grundlagen *Events and business trips: basics*

Begriffe Veranstaltungen und Geschäftsreisen

- **Veranstaltungen** sind **zeitlich begrenzte** und **geplante** Ereignisse mit einem bestimmten **Ziel**, einem **Programm** und einem **thematischen Zweck**.
- **Geschäftsreisen** sind **berufsbedingte zeitlich begrenzte** und **geplante Ortsveränderungen** außerhalb der Arbeits- und Wohnstätten der Reisenden.

Veranstaltungen und Geschäftsreisen liegen in der Verantwortung des Veranstalters. Um sie zu einem Erfolg werden zu lassen, bedarf es der sorgfältigen Planung aller Rahmenbedingungen.

Anforderungen an Mitarbeiter und externe Dienstleister

Die Planung und Durchführung von **Veranstaltungen** und **Geschäftsreisen** setzt bei den beauftragten **Mitarbeitern** bzw. **externen Dienstleistern** eine hohe Bereitschaft zum flexiblen Handeln, auch bei unvorhersehbaren Situationen (also eine Organisations- und Improvisationsfähigkeit), voraus. Sie müssen sich darüber im Klaren sein, dass ihr **persönlicher Einsatz** dabei von ausschlaggebender Bedeutung ist. Bei der Planung von Veranstaltungen und Geschäftsreisen müssen sie **zuverlässig, gewissenhaft** und **effizient** handeln. Jede Veranstaltung und Geschäftsreise sollte im Hinblick auf **ökonomische, ökologische, interkulturelle** und **rechtliche** Grundlagen nachhaltig konzipiert, koordiniert und organisiert werden. Dabei kennen die Mitarbeiter und externen Dienstleister ihre eigenen **Stärken** und **Schwächen** und können diese gezielt einsetzen, um der Veranstaltung bzw. der Geschäftsreise einen guten Verlauf zu geben.

Ökonomische, ökologische und rechtliche Grundlagen

Ökonomische, ökologische und rechtliche Grundlagen bei der Planung von Veranstaltungen und Geschäftsreisen

ökonomische Grundlagen

Beispiel: Anwendung des ökonomischen Prinzips (Eine Veranstaltung wird mit einem bestimmten Budget durchgeführt.)

ökologische Grundlagen

Beispiel: Beachtung von nachhaltigen und ökologischen Gesichtspunkten (Eine Veranstaltung kann mit öffentlichen Verkehrsmitteln erreicht werden.)

rechtliche Grundlagen

Beispiel: Einhaltung der Gewerbeordnung und des Urheberrechts (Großveranstaltungen müssen rechtzeitig angemeldet werden.)

Bei allen Planungsschritten sind kulturelle Gewohnheiten, Sitten und Gebräuche der Veranstaltungsteilnehmer und Geschäftspartner zu berücksichtigen (**interkulturelle Kompetenz**).

Ziele von Veranstaltungen *Goals of events*

Fragestellungen zur Beschreibung von Zielen

Die **Veranstaltungsziele** stehen im Vordergrund bei der Auswahl der **Veranstaltungsart**. Für die Veranstaltungsplanung ist das Festlegen der **Ziele** von großer Bedeutung, weil daraus weitere Plandaten abgeleitet werden können. Eine Veranstaltung ist erst dann **erfolgreich**, wenn sie ihre Ziele, dargestellt an festgelegten **Sollgrößen**, erfüllt. Diese Sollgrößen dienen bei der **Planung, Durchführung** und **Nachbereitung** als Orientierung. Sie müssen mit den erreichten **Istwerten** verglichen werden. Die folgenden **Fragestellungen** helfen bei der **Beschreibung** von Zielen:

- Welche **Zielgruppe** spricht die Veranstaltung an?
- Welche **Interessen** verfolgt die Zielgruppe?
- Welche **„Botschaft“** soll durch die Veranstaltung vermittelt werden?
- Worin liegen die **Unterschiede** zu Konkurrenzveranstaltungen?

Ziele von Veranstaltungen *Goals of events*

Es ist häufig schwierig, Ziele genau festzulegen und diese dann auch messbar zu machen. In der Praxis wird die folgende **Einteilung** von Zielen verwendet, um den **Veranstaltungserfolg** festzustellen:

quantitative Ziele	qualitative Ziele
Beispiele: Erhöhung des Umsatzes, des Gewinns und der Besucheranzahl	***Beispiele:*** Verbesserung der Kundenbindung, des Images und der Besucherzufriedenheit

Zielsetzungen von Veranstaltungen und Geschäftsreisen

Zielsetzungen von Veranstaltungen und Geschäftsreisen

Informationsvermittlung	Kommunikation	Pflege von Kundenbeziehungen	Pflege des Unternehmensimages und Bekanntheitsgrades	Weiterbildung
Informationsveranstaltung über neue Produkte und Dienstleistungen durchführen	gegenseitiger Informationsaustausch auf Messen und Ausstellungen	Kundenbindung aufrechterhalten und Neukunden gewinnen	Positionierung des eigenen Unternehmens im Markt und Abgrenzung von Mitbewerbern	Weiterbildungsveranstaltungen für Kunden und Mitarbeiter durchführen

„Klassische" Veranstaltungsarten *Traditional events*

Mithilfe der entwickelten Zielsetzungen lassen sich nun verschiedene Veranstaltungsarten planen. Die folgende Übersicht auf S. 415 zeigt die bekanntesten Veranstaltungsarten. Übergänge und Kombinationen sind möglich, wie in der Collage dargestellt.

12

„Klassische“ Veranstaltungsarten *Traditional events*

Veranstaltungsart	intern/ extern	Größe (Teilnehmerzahl)	durchschnittliche Dauer	vorrangige Ziele	Organisationsaufwand und Dokumentation	Beispiele
Besprechung, Sitzung	intern und extern	max. 20	wenige Stunden	Erreichen einer Problemlösung	gering, Protokoll	Abteilungsleiter und Mitarbeiter reden über die Neuorganisation der Abteilung.
Seminar	intern und extern	max. 30	ein- oder mehrtägig	Information, Entscheidungsfindung, Motivation	umfangreicher inhaltlicher und technischer Aufwand, Seminarunterlagen, Fragebögen	Die Mitarbeiter erhalten eine Schulung über ein neues EDV-System entweder direkt oder über online-Schulung.
Webinar	i. d. R. extern	theoretisch unbegrenzt	wenige Stunden	interaktive Online-Kommunikation	PC mit Internetanschluss, Soundkarte, Lautsprecher, Mikrofon (ggfs. Headset), evtl. Webcam	Fernstudienteilnehmer tauschen ihre Gedanken interaktiv aus.
Versammlung	intern und extern	bis zu mehreren tausend Teilnehmern	wenige Stunden	Information	umfangreicher inhaltlicher und technischer Aufwand, Geschäftsbericht, Protokoll	Hauptversammlungen von Aktiengesellschaften wie Volkswagen AG, Siemens AG
Tagung	intern und extern	max. 250	ab 1 Tag	Information, Entscheidungsfindung, Motivation, Kommunikation	4–6 Monate Vorplanung, Grob- und Feinplanung erforderlich, Tagungsrahmenprogramm notwendig, Tagungsmappen, Protokoll, Fragebögen, Soll-Ist-Analyse	Alle Geschäftsführer von Windenergieunternehmen treffen sich jährlich für eine Woche zum Erfahrungsaustausch in Stockholm.
Kongress	extern	ab 250 Teilnehmern	ein- oder mehrtägig	Information, Motivation, Kommunikation	bis zu 8 Jahren komplexe inhaltliche und methodische Vorbereitung, Kongressbericht, Protokolle	Bundesärztekongress
Messe und Ausstellung	extern oder intern	Aussteller/ Besucher: beliebige Anzahl	ein- oder mehrtägig	Information, Motivation, Kommunikation (Pflege von Kundenbeziehungen, Pflege des Unternehmensimages)	komplexe inhaltliche, methodische und technische Vorbereitung im Hinblick auf Infrastruktur, Ort, Verkehr, Sicherheit	Hinweise unter: www.messen.de §§ 64, 65 GewO

Neue Veranstaltungsarten *New forms of events*

In den letzten Jahren sind im Bereich des Veranstaltungsmanagements immer **neue Veranstaltungsarten** entstanden:

- Bei einem sogenannten **Event** handelt es sich um eine Übereinkunft von Personen zur **Förderung von Emotionen** wie z. B. Freude und Zusammengehörigkeit.
- Ein **Incentive** ist eine Veranstaltungsart, die im Geschäftsleben zur **Steigerung des Arbeitseinsatzes** und der **Loyalität** gegenüber dem Unternehmen dienen soll.
- Eine **Inszenierung** ist eine **Veranstaltungsart**, bei der das Unternehmen oder das Produkt öffentlich zugänglich gemacht wird. Dies kann im Rahmen eines **„Tags der offenen Tür“** erfolgen, aber auch eine **Ausstellung, Aufführung** oder **Vorführung** umfassen.

Veranstaltungsplanung: Grundlagen *Event planning: basics*

Vorüberlegungen

Für die Planung einer Veranstaltung sind viele **Teilschritte** erforderlich. Für große Veranstaltungen werden **Projektteams** (vgl. dazu S. 439 ff.) gebildet, die gemeinsam die Veranstaltung **planen, durchführen** und **nachbereiten** (evaluieren). Dies setzt bei den Mitarbeitern eine hohe **Teamfähigkeit** (vgl. S. 498) und **Kommunikationsbereitschaft** voraus. Dabei muss im Team geklärt werden, ob die Veranstaltung **selbst geplant** wird oder einem **externen Veranstaltungsplaner** überlassen werden soll (**make-or-buy-Entscheidung**). Hierzu müssen die **finanziellen Rahmenbedingungen** (Budgetvorgaben) geprüft werden.

Bei der **eigenen Planung** prüfen die Mitarbeiter, ob **betriebsinterne Vorbereitungsunterlagen** bereits existieren oder an die jeweilige Situation angepasst werden müssen. Die Mitarbeiter verteilen im Team **Aufgaben** zur **Vorbereitung, Durchführung** und **Reflexion** der Veranstaltung. Für diese **Teilschritte** werden im Internet **spezielle Software-Planungsprogramme** angeboten, z. B. bei **www.checklisten.de.** Bei der Planung berücksichtigen die Mitarbeiter bzw. externen Dienstleister auch **mögliche unerwartete Faktoren** und wägen ab, wie sie dabei **präventiv** vorgehen können.

Die auf S. 47 f. beschriebenen Zeitplanungstechniken und auf S. 51 dargestellten Outlook-Funktionen helfen sinnvoll bei der Planung von Veranstaltungen.

Detaillierte Veranstaltungsplanung

Die folgende Übersicht zeigt die wichtigsten **Plandaten** einer **detaillierten** Veranstaltungsplanung:

Plandaten	Erklärungen
Teilnehmer	Je nach **Zielsetzung** werden die **Teilnehmer** u. a. nach **Alter** und **Geschlecht, fachlicher Qualifikation** und anderen **Kriterien** ausgewählt.
Termin	Die Termine von Veranstaltungen sind von vielen **Faktoren** abhängig: Urlaubszeit, internationale, nationale und regionale Feiertage (www.feiertage.de), Wochentage, Tageszeiten, andere wichtige Veranstaltungen wie Messen und Ausstellungen.
Veranstaltungsort	Der Veranstaltungsort muss gemäß der **Zielsetzung** der Veranstaltung und unter Berücksichtigung von **ökonomischen, ökologischen** und **rechtlichen Anforderungen** gewählt werden.
Veranstaltungsdauer	Entsprechend der Zielsetzung und der finanziellen Rahmenbedingungen wird die **Dauer** der Veranstaltung festgelegt.
Mitwirkende	Je nach **Make-or-buy-Entscheidung** werden die Verantwortlichen für die einzelnen Schritte in Checklisten bestimmt. Dabei ist darauf zu achten, dass die Mitarbeiter bzw. die externen Dienstleister **flexibel, zuverlässig, gewissenhaft** und **effizient** arbeiten. Sie sollen ihre eigenen **Stärken und Schwächen** kennen und sich den Gegebenheiten bei der Veranstaltungsgestaltung **flexibel** anpassen können.
Budget	Die Unternehmensleitung legt ein **Budget** für die Planung, Durchführung und Dokumentation fest.
Vorbereitungszeit	Bei einer Veranstaltung mit bis zu **800** Teilnehmern beträgt die **Vorlaufzeit ca. 6–12 Monate**; bei mehr als 800 Teilnehmern durchschnittlich **2–3 Jahre.**
Beachten von kulturellen Gewohnheiten, Sitten und Gebräuchen	Bei der Planung und Organisation der Veranstaltung sind die jeweiligen kulturellen Gewohnheiten, Sitten und Gebräuche der Teilnehmer bzw. des Gastlandes zu berücksichtigen. Dazu gehören die entsprechenden **Wertmaßstäbe** wie beispielsweise Respekt für andere Kulturen und das Verstehen anderer Weltanschauungen.
gesetzliche Vorschriften	**Gesetzliche Vorschriften** sind einzuhalten. Dabei müssen Termine zur Anmeldung der Veranstaltung beachtet werden (s. S. 423).
Unterlagen	Veranstaltungsunterlagen werden angefertigt.
Programmplanung	Ein **Rahmenprogramm** wird geplant und eine Tagesordnung erstellt.
unerwartete Ereignisse	Für das Auftreten unerwarteter Ereignisse wird ein „Notfallplan" erarbeitet. Dabei werden sogenannte **Zeitfallen** und **Zeitdiebe** (s. S. 51 f.) berücksichtigt und **Zeitfenster** zur Behebung von **äußeren Störungen** eingeplant.

Hilfsmittel bei der Veranstaltungsplanung

Nachdem die oben genannten Plandaten feststehen, werden diese in gesonderten **Checklisten** in verfeinerte Planungsschritte unterteilt. Die Checklisten können elektronisch mit **speziellen Planungsprogrammen** individuell erstellt werden, siehe z. B. www.checklisten.de.

Weitere Hilfsmittel sind die auf S. 47 f. beschriebenen **Zeitplanungstechniken**. Ein weiteres Zeitplanungsprinzip ist das sogenannte **Pareto-Prinzip**, das besagt, dass 80 % der erarbeiteten Ergebnisse in 20 % der Gesamtzeit eines Projekts – wie die Planung einer Veranstaltung – erreicht werden. Die verbleibenden 20 % der Ergebnisse benötigen 80 % der Gesamtzeit, verursachen also die meiste Arbeit.

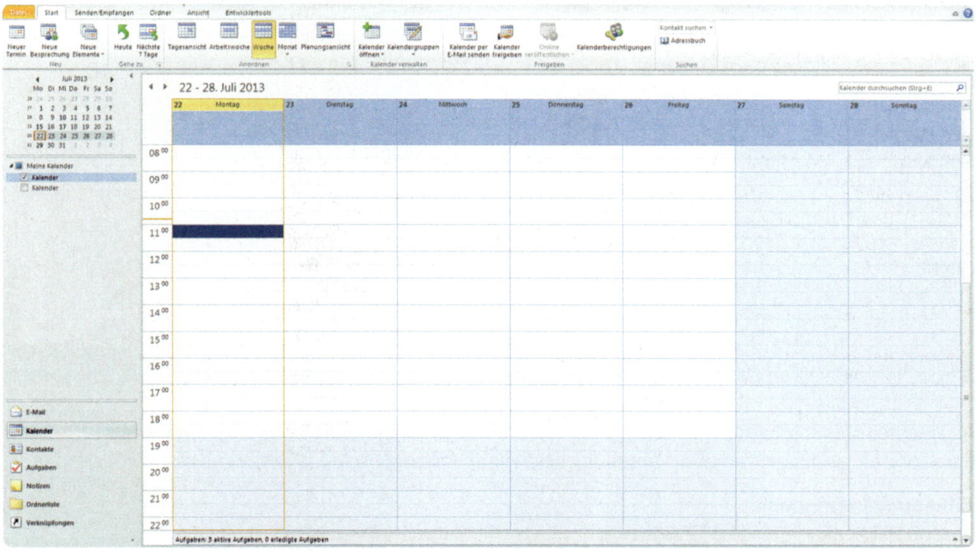

Schritte der detaillierten Veranstaltungsplanung *Detail plannings of events*

Erst wenn die Plandaten feststehen, kann mit der eigentlichen **Detailplanung** begonnen werden. Die nachfolgenden Checklisten zeigen, welche **Detailplanungsschritte** notwendig sind.

Teilnehmerprofil

Die genaue Beschreibung des Teilnehmerprofils ist notwendig, um die Veranstaltung optimal auf die Teilnehmer abstimmen zu können:

Typus	Teilnehmerzahl	Begleitpersonen	Sicherheit
Der Besuchertyp wird ermittelt, z. B. Naturwissenschaftler.	Die **genaue** Teilnehmerzahl wird zu einem bestimmten Zeitpunkt nach Eingang der Bestätigungen festgelegt und Reserveplätze werden berücksichtigt.	Bereits mit der **Einladung** werden persönliche Besonderheiten abgefragt, um danach ein eigenständiges **Rahmenprogramm** zu planen.	Mit den Unternehmen/Organisationen werden vor allem für **VIPs** (very important persons) Sicherheitsmaßnahmen abgestimmt. Der Veranstalter ist für die Sicherheit zuständig.
↓	↓	↓	↓
Für diese Teilnehmer wird ein spezielles Rahmenprogramm vorbereitet (z. B. Fachvorträge).	**Anmeldepflicht** bei einer Teilnehmerzahl von mehr als **20** Personen beim **Ordnungsamt**	Für Begleitpersonen kann z. B. der Besuch einer sozialkaritativen Einrichtung eingeplant werden.	Für bestimmte Teilnehmer müssen besondere Vorkehrungen getroffen werden, z. B. für Rollstuhlfahrer das Angebot barrierefreier Zugänge und spezieller sanitärer Einrichtungen.

Schritte der detaillierten Veranstaltungsplanung *Detail plannings of events*

Termin

Nachdem der Termin für die Veranstaltung festgelegt ist, wird in einer individuellen Checkliste die **Terminfeinabstimmung** vorgenommen:

Checkliste Terminfeinabstimmung *(Beispiel)*

Tätigkeit	erledigt am	Verantwortliche/r	Tätigkeit	erledigt am	Verantwortliche/r
Termin der Veranstaltung festlegen			Anmeldung beim Ordnungsamt		
Angebote von **Dienstleistern** einholen: Hotels, Caterer, Eventagenturen, sonstige			Anfordern von Referentenunterlagen		
Einladungen schreiben			Erstellen der Tagesordnung		
Hotelbuchungen			Protokollführung		

Einladung

Die Einladung zu einer entsprechenden Veranstaltung dient als **„Aushängeschild"** des einladenden Unternehmens. Die Einladung muss sorgfältig mit der Marketing-Abteilung oder einer entsprechenden Agentur abgestimmt werden.

Inhalte des Einladungsschreibens:

- korrekte Anrede (Titel, akademischer Grad)
- Anlass der Einladung
- Ort der Veranstaltung und Anfahrtskizze (Hinweis auf den entsprechenden Link der Homepage des Veranstalters)
- Tag und Uhrzeit der Veranstaltung
- Rahmenprogramm
- Rückantwort zu einem festen Termin
- Hinweis auf Kosten und Kontoverbindung

Die Zusagen/Absagen können z. B. per E-Mail, Telefax oder als Postkarten zurückgeschickt werden.

12

Veranstaltungsort

Die Veranstaltung kann **innerhalb** und **außerhalb** des Unternehmens stattfinden. Findet die Veranstaltung **außerhalb** des Unternehmens statt, müssen Angebote von den entsprechenden Hotels eingeholt werden. Die Recherche nach geeigneten Tagungshotels im Internet kann z. B. mithilfe der Homepage https://www.top250tagungshotels.de/ durchgeführt werden. An die infrage kommenden Hotels werden Checklisten mit den Leistungsanforderungen an die **Unterbringung**, die **Verpflegung**, den **Tagungsraum**, die **Verkehrsanbindung** unter **Berücksichtigung der Nachhaltigkeit** geschickt. Die Tagungshotels senden diese dann mit ihren Leistungsmöglichkeiten zurück. Nach den vorher festgelegten Auswahlkriterien treffen die Mitarbeiter im Team die **Entscheidung** aufgrund eines **Angebotsvergleichs**.

Checkliste Hotel *(Beispiel)*

Anforderungsprofil	Fragen zum Hotel	Antworten und Hinweise
Hotel (Kategorie)	Welche Art von Hotel soll gewählt werden? Welche Kategorie (Sterne) soll gewählt werden?	
gute Erreichbarkeit bzw. Verkehrsverbindungen	Wie weit sind die Entfernungen zu Bahnhöfen, Flughäfen und Autobahnen?	
Anfahrtskizze	Wer fertigt die Anfahrtskizze an? Wie soll die Anfahrtskizze den Teilnehmern zugänglich gemacht werden (Homepage, Brief, Fax)?	
Parkplätze	Wie viele Parkplätze stehen zur Verfügung? Wie viele davon sind behindertengerecht? Wo befinden sich die Parkplätze? Sind die Parkplätze bewacht und entsprechen den Sicherheitsanforderungen?	
Hotelservice	Welchen Service bietet das Hotel? (z. B. Sauna, Hallenbad, sonstige Wellnessangebote)	
Sicherheitsvorkehrungen	Welche Sicherheitsvorkehrungen bietet das Hotel? Welche müssen über Agenturen bereitgestellt werden?	
technische Ausstattung	Welche technische Ausstattung steht in den Zimmern bereit (z. B. Internetzugang, Media-Einsatz)?	

Checkliste Tagungsraum *(Beispiel)*

Leistungsprofil	Fragen zum Tagungsort	Antworten und Hinweise
Raum	Wo ist der Raum? Welche Sitzordnung ist möglich?	
behindertengerechte Räume	Wo befinden sich die Aufzüge für Rollstühle?	
Infrastruktur anfragen: Lüftung, Licht, Technik, Akustik, Tische, Stühle, Stehtische, Rednerpult, Bühne, Security	Welche Technik existiert? Welche Art von Bestuhlung, Tischen und Rednerpult ist vorhanden? Wie sieht die Bühne aus? Wie lassen sich Sicherheitsvorkehrungen durchführen?	
sanitäre Einrichtungen	Wo befinden sich die sanitären Einrichtungen? Sind sie behindertengerecht?	
Garderobe	Wo befindet sie sich? Wer beaufsichtigt sie? Ist sie kostenpflichtig?	
Umkleideräume für Künstler	Wo sind die Umkleideräume für Künstler?	
Auslagemöglichkeiten für Infomaterial	Wo kann Infomaterial präsentiert werden?	
Möglichkeiten zu Kaffee-/Teepausen	Wo befindet sich das Kaffee- bzw. Tee-Buffet? Was wird zum Getränk gereicht?	
Ausprobieren der Technik im Vorfeld	Wie wird die Technik im Vorfeld geprüft?	
Telekommunikation in den Pausen	Wo ist ein Extraraum für Telefax, Internetnutzung?	
Raum für Simultanübersetzungen	Wie werden Simultanübersetzungen organisiert? Hat das Hotel eigene Agenturen?	
Raum übersichtlich einrichten	Wie lassen sich bei geringer Besucherzahl die Räume umorganisieren, da erfahrungsgemäß 10 % der Gäste trotz Zusage nicht erscheinen?	
Sitzplätze für VIP-Gäste und Sicherheitskräfte reservieren	Wie werden die Sicherheitskräfte eingeplant?	

Leistungsprofil	Fragen zum Tagungsort	Antworten und Hinweise
hintere Sitzreihe reservieren	Wie wird die Sitzordnung organisiert, sodass die vorderen Reihen nicht frei bleiben?	
Stühle bereithalten	Wo befindet sich Ersatzbestuhlung?	
Lichteinfall von links	Wie erfolgt der Lichteinfall?	
Telekommunikation	Wo und wie ist eine Internetverbindung möglich? Sind Mobiltelefone zugelassen? Wie ist deren Empfang? Welche technischen Ausstattungen für Redner und Besucher sind vorhanden (z. B. Beamer, Laserpointer, Mikrofon- und Lautsprecheranlage, Smart-Board, Plasmadisplay)?	
Infotafel	Wo befindet sich die Information zur Veranstaltung im Hotel?	
Verpflegung und Anfrage der Tagungspauschale	Welche Verpflegungsmöglichkeit bietet das Hotel den Teilnehmern? Wo findet die Verpflegung statt? Wie hoch sind die Kosten?	

Hotels und ihre Sterne *** (www.hotelstars.eu)

*	alle Zimmer mit Dusche/WC, tägliche Reinigung
**	Internetzugang, Nachttischbeleuchtung, Sitzgelegenheit, TV, Frühstücksbuffet
***	14 Std. besetzte Rezeption, 24 Std. erreichbar, zweisprachig, Kofferablage, Spiegel, Radio, Telefon, Haartrockner
****	16 Std. besetzte Rezeption, 24 Std. erreichbar, zweisprachig, Bademantel, Hausschuhe, Kühlschrank, Internetanschluss und Bringdienst von Speisen bis 22 h
*****	24 Std. besetzte Rezeption, 24 Std. erreichbar, mehrsprachig, Gäste werden persönlich begrüßt und erhalten ein Willkommensgeschenk, Safe, Wellnessbereich , Concierge, Wagenmeisterservice, Bügel- und Schuhputzservice
******	zusätzlich Chauffeur

12

Internationale Begriffe aus der Hotelsprache

Continental breakfast: serviertes Frühstück, zusätzlich Käse und Wurst	**In-Room-Coffee:** Kaffeemaschine im Zimmer	**KIT:** Zimmer mit Küche (kitchen)	**Page:** Hoteldiener	**Operator:** Telefonvermittler	**Twin Room:** Raum mit zwei getrennten Betten

Schritte der detaillierten Veranstaltungsplanung *Detail plannings of events*

Catering

Catering (cater, engl.: etwas liefern) bezeichnet die professionelle Bereitstellung von Speisen und Getränken als Dienstleistung an einem beliebigen Ort. Der Leistungsumfang des Caterers variiert dabei von der Anlieferung der **vorproduzierten Speise** bis zur **Bereitstellung eines Gastbetriebs**. Daneben gibt es auch das **Non-Food-Catering,** das ausschließlich die Ausstattungsgegenstände für eine Veranstaltung liefert.

Checkliste Catering *(Beispiel)*

Anforderungsprofil	Fragen zum Catering	Hinweis
Getränke- und Speisenauswahl	Welche Getränke und Speisen bekommen die Gäste? Wo findet die Bewirtung statt? Wie hoch sind die Kosten pro Person?	
Getränke während der Tagung?	Wo erhalten sie die Getränke? Wie hoch sind die Kosten pro Person?	
Menüplan erstellen, Speisen abstimmen	Welche Art von Küche wird bevorzugt? (Fingerfood/leichte Kost/Menü?)	
Zeitplan für Essen erstellen	Wann erfolgt die Bewirtung? Wo erfolgt die Bewirtung? Wie erfolgt die Bewirtung?	
Dekoration bestimmen	Welche Art von Dekoration? Wo ist die Dekoration? Wann erfolgt die Dekoration? Wer erledigt die Dekoration?	
Blumenschmuck bestimmen	Welche Art von Blumenschmuck? Wo ist der Blumenschmuck? Wer sorgt für Blumenschmuck?	
Corporate-Identity beim Essen bestimmen	Welche Art? Wie erfolgt die Corporate-Identity (z. B. Flaggen, Servietten, Mappen)?	

Mitwirkende bei der Veranstaltung

Veranstaltungen benötigen für das Gelingen eine Vielzahl von **Dienstleistungen**, die von dem entsprechenden Fachpersonal erbracht werden müssen. Hier muss der Veranstalter überlegen, ob er **interne** oder **externe** Mitarbeiter beschäftigen möchte **(Make-or-buy-Entscheidung)**.

Checkliste Mitwirkende *(Beispiel)*

Anforderungsprofil	Fragen zu den Mitwirkenden	Hinweis
Personalagenturen	Welche Agenturen kommen infrage?	
Servicepersonal-Anforderung	Welche Qualifikationen soll das Servicepersonal haben? Welche Fremdsprachen werden gewünscht? Wie lange soll das Servicepersonal eingesetzt werden? Wie hoch ist dafür das Budget?	
Technik	Wer leitet die Technik? Wer ist für den Ersatz fehlerhafter Technik zuständig?	
Eingangskontrolle	Wer führt den Empfang durch? Wer steht ersatzweise zur Verfügung? Wie soll der Einsatz erfolgen? Welche Geschenke sollen überreicht werden? Wie sind Sicherheitskräfte einzubinden?	
Catering	Wer übernimmt das Catering? Was leistet das Catering?	
Hostessen für VIP-Betreuung	Wer wird begleitet? Wie lange wird begleitet? Wo wird begleitet? Wie hoch ist das Budget für Hostessen?	
Abendkasse bei Selbstzahlern	Wer führt die Abendkasse? Woher kommt das Wechselgeld? Wie wird die Abendkasse organisiert?	
Dolmetscher	Welche Sprachen sind notwendig? Wer wird als Dolmetscher eingesetzt? Woher kommen die Dolmetscher? Wie hoch ist das Budget für die Dolmetscher?	

Schritte der detaillierten Veranstaltungsplanung *Detail plannings of events*

Zusammenarbeit mit professionellen Dienstleistern

Nachfolgend aufgeführte **professionelle Dienstleister** können für die Organisation **großer** und **technisch aufwendiger** Veranstaltungen herangezogen werden:

Convention Büros[1]	PR-Agenturen	Event-Agenturen	Veranstaltungsagenturen
Verkehrsträger	Messebau-Unternehmen	Letter-Shops[2]	private Pressevertreter

Kosten der Veranstaltung *Costs of event*

In einer eigenen Checkliste werden die **Kostenarten** für die Veranstaltung aufgeführt und die **Kostenübernahme** geklärt. Spezielle Softwareprogramme, die z. B. im Internet zu finden sind, unterstützten die **Kostenkalkulation** und spätere **Abrechnung**.

Checkliste Kosten der Veranstaltung *(Beispiel)*

Kostenart	Kosten in €	Übernahme durch	Kostenart	Kosten in €	Übernahme durch
Unterbringungskosten			Steuern		
Verpflegungskosten			Sicherheitskosten		
Eintrittsgelder			sonstige Personalkosten		
Transfer-/Reisekosten			Kosten für technische Geräte		
Kosten der Pressearbeit (Pressekonferenz, Druckkosten usw.)			Beratungskosten		
Geschäftskosten (Porto, Telefon, Fax, Internet)			Versicherungskosten		
GEMA-Aufwendungen			Dekorationskosten		
Lizenzkosten für Software			Entsorgungskosten		

Veranstaltungen werden häufig durch **Sponsoren** (siehe S. 213) finanziert.

12

Kulturelle Gewohnheiten, Sitten und Gebräuche bei Veranstaltungen *Cultural habits, conventions and traditions at events*

Bei internationalen Veranstaltungen ist es angebracht, eine **Feinplanung** hinsichtlich der kulturellen Gewohnheiten, Sitten und Gebräuche des entsprechenden Landes vorzunehmen. Die Teilnehmer könnten beispielsweise über das Ergebnis eine kurze **Übersicht** erhalten.

[1] Convention Büros unterstützen Unternehmen bei der Veranstaltungsplanung auch an fremden Orten weltweit.

[2] Letter-Shops unterstützen Unternehmen bei der Erstellung der Korrespondenz anlässlich von Veranstaltungen.

Kulturelle Gewohnheiten, Sitten und Gebräuche bei Veranstaltungen

Cultural habits, conventions and traditions at events

Checkliste kulturelle Gewohnheiten, Sitten und Gebräuche *(Beispiel)*

Anforderungsprofil	Hinweise zur Durchführung
Konferenzsprache	ggfs. Dolmetscher auswählen
Gastgeschenk	Vorlieben berücksichtigen und Geschenke zum Anlass wählen
Dokumentation	rechtzeitiges Erstellen und Übersetzen der Dokumentation
Rahmenprogramm	Auswahl regionaler kultureller Einrichtungen
Verpflegung	Berücksichtigung teilnehmerspezifischer Essgewohnheiten, z. B. koschere Küche
Feiertage	Frage nach dem Umgang mit den Teilnehmern während der Feiertage (z. B. Ramadan)

Gesetzliche Vorschriften/Versicherungen

Statutory provisions/Insurance

Bei der Planung von Veranstaltungen müssen alle unten aufgeführten gesetzlichen Vorschriften berücksichtigt werden. Entsprechend der Veranstaltung können auch hierfür individuelle Checklisten erstellt werden.

- **Anmeldung beim Ordnungsamt**
  Jede **öffentliche Veranstaltung** muss beim Ordnungsamt angezeigt werden. Eine öffentliche Veranstaltung liegt dann vor, wenn sie öffentlich zugänglich ist, mehr als 20 Teilnehmer hat und gleichzeitig nicht in einer privaten Wohnung stattfindet. Bei 100 Teilnehmern und mehr muss die Veranstaltung mindestens eine Woche vorher angemeldet werden.
  Ausnahmen bilden Schulungen und Weiterbildungen: Sie gelten nicht als öffentliche Veranstaltungen und müssen daher nicht angemeldet werden.

- **Lärmschutzverordnung**
  Die Lärmschutzverordnung der Länder sieht vor, dass Veranstaltungen einen Lärmpegel von 50 dB am Tag und 24 dB ab 22 Uhr nicht überschreiten dürfen. Der Veranstalter muss für das Einhalten der Vorschriften sorgen.

- **GEMA**
  GEMA ist die Abkürzung für Gesellschaft für musikalische Aufführungsrechte und mechanische Vervielfältigungsrechte e.V. Sie ist die Verwertungsgesellschaft für die Wahrnehmung internationaler **Urheberrechte** auf dem Gebiet der Musik in Deutschland. Ihr Sitz ist in Berlin und München. Soll auf einer öffentlichen Veranstaltung Musik gespielt werden, muss geprüft werden, ob für die Nutzung **Lizenzgebühren** zu zahlen sind. Ein Werk ist GEMA-frei, wenn das Urheberrecht erloschen ist. Das ist dann der Fall, wenn der Urheber vor mehr als 70 Jahren gestorben und somit die Schutzfrist abgelaufen ist (§ 64 UrhG).

- **Künstlersozialkasse**
  Das Künstlersozialversicherungsgesetz (KSVG) von 1983 bietet selbstständigen Künstlern und Publizisten sozialen Schutz in der Renten-, Kranken- und Pflegeversicherung. Wie Arbeitnehmer zahlen sie nur etwa die Hälfte der Versicherungsbeiträge, die andere Beitragshälfte trägt die Künstlersozialkasse. Die für die Finanzierung erforderlichen Mittel werden aus einem Zuschuss des Bundes und aus einer Künstlersozialabgabe der Unternehmen finanziert, die künstlerische und publizistische Leistungen in Anspruch nehmen und verwerten (Verwerter). Unternehmen, die Leistungen selbstständiger Künstler/Publizisten (Auftritte bei Veranstaltungen) in Anspruch nehmen, müssen an dem gesetzlich geregelten Meldeverfahren teilnehmen. Dafür melden sie sich formlos bei der Künstlersozialkasse. Für die Bereiche Wort, Bildende Kunst, Musik und Darstellende Kunst gelten unterschiedliche Abgabesätze. Weitere Informationen erhält man unter **http://www.kuenstlersozialkasse.de/.**

- **Versicherungen**
  Im Vorfeld müssen für eventuelle Schadenfälle entsprechende Versicherungen abgeschlossen werden.

Versicherungsarten

Veranstaltungshaftpflichtversicherung
Diese Versicherung haftet für Schäden, die bei der Veranstaltung entstehen.

Veranstaltungsausfallversicherung
Diese Versicherung haftet für den unerwarteten Ausfall (z. B. durch Sturm) der Veranstaltung.

Brand- und Diebstahlversicherung
Diese Versicherung übernimmt die Schäden bei Brand und Diebstahl.

Veranstaltungsunterlagen und Veranstaltungsprogramm

Documents and programm of event

Veranstaltungsunterlagen

Vor der Durchführung einer Veranstaltung werden individuelle Checklisten zur Anfertigung von Unterlagen und sonstigen Produkten angefertigt:

Checkliste zur Anfertigung von Unterlagen *(Beispiel)*

Kostenart	hergestellt durch	Termin	Kostenart	hergestellt durch	Termin
Arbeitsmaterialien			Namensschilder		
Tagungsprogramm			Fragebögen		
Teilnehmerliste			Programmhefte		
Prospekte/Poster			Finanzamtsbescheinigungen		
Einladungen			Papier und Schreibgeräte		
Veranstaltungsprogramm					

Bei der Programmplanung unterscheidet man zwischen **Grob- und Feinplanung**, die sich im Laufe der Vorplanung noch sehr voneinander unterscheiden können. Bei der Planung des Programms stehen die **Bedürfnisse und interkulturellen Besonderheiten** der Teilnehmer im Vordergrund. Das Programm sollte **übersichtlich** gestaltet werden und die Veranstaltungspunkte sollten **aufeinander aufbauen**, sodass für die Teilnehmer eine interessante Veranstaltung entsteht. Dabei müssen der jeweilige **Zeitbedarf** für die Veranstaltungspunkte festgelegt und genügend **Pausen** und **Zeit für Diskussionen** eingeplant werden.

Reihenfolge der Tagesordnung

- Begrüßung und Eröffnung
- Feststellen der Anwesenheit und Beschlussfähigkeit
- Festlegung eines Protokollführers
- Ausführung der Berichte
- Diskussion der Themen
- Antragsformulierung und Beschlussfassung
- Verschiedenes

Checkliste Zeit- und Arbeitspläne *(Beispiel)*

Programmform	Programmart (Was?) Programmform (Wie?) Programmbeteiligte (Wer?) Programmort (Wo?)	Termine, Erledigungsvermerke und Hinweise (in rot zu markieren)
Workshop[1]	Was soll erarbeitet werden? Was soll präsentiert werden? Wie soll vorgestellt werden? Wer moderiert die Workshops? Wie viele Workshops gibt es?	Abgabetermin der Workshopthemen:
Vortrag (siehe S. 480)	Was soll vorgetragen werden? Wie soll vorgetragen werden? Wer soll vortragen? Wie lange soll der Redebeitrag sein? Wo wird vorgetragen?	Anmeldetermine in der Einladung festhalten:
Diskussion (siehe S. 481)	Was ist der Inhalt der Diskussion? Wie soll diskutiert werden? Wer soll diskutieren? Wie lange soll die Diskussion dauern? Wo soll die Diskussion stattfinden?	s. S. 481
Fachausstellung	Was soll präsentiert werden? Wie soll präsentiert werden? Wer soll präsentieren? Wo soll präsentiert werden?	Anmeldetermin:

Für alle Veranstaltungen müssen **Zeitpläne** und **Tagesordnungen** aufgestellt werden. Dabei muss berücksichtigt werden, dass die Redner ihre Manuskripte rechtzeitig abliefern, damit diese geprüft und eventuell als Handout gedruckt werden können.

[1] Ein **Workshop** ist eine Veranstaltung, die durch folgende Merkmale gekennzeichnet ist: kleine Gruppe, gemeinsames Ziel, begrenzte Zeitdauer und intensives kooperatives Arbeiten.

Veranstaltungsunterlagen und Veranstaltungsprogramm

Documents and programm of event

Veranstaltungsablauf

- Nach einer gründlichen Planung findet die Veranstaltung statt. Dabei **begrüßen** die Mitarbeiter die Teilnehmer, **erteilen Auskünfte, weisen Plätze** an und machen die Teilnehmer **miteinander bekannt**. Hierfür nutzen sie die geplante **Sitz- und Tischordnung** (siehe S. 56).
- Sie **betreuen** die Teilnehmer während der Veranstaltung, sind **Ansprechpartner für Beschwerden** und versuchen, **Missstände** abzustellen. Dabei finden sie **situativ angemessene Lösungen** für **Probleme oder Engpässe** und nutzen die „Notfallcheckliste", die sie im Planungsprozess angefertigt haben. Die Mitwirkenden sorgen für **Erfrischungen während der Pausen** und für ein ständig **gutes Raumklima.**
- **Während der Pausen** und am Rande der Veranstaltung führen die Mitwirkenden **gut vorbereitete** Gespräche **strukturiert** durch. Dabei setzen sie geeignete **Frage- und Gesprächstechniken** (wie auf S. 280 ff. beschrieben) ein und stellen eine gute **Gesprächsatmosphäre** her, damit Vertrauen zum Gesprächspartner aufgebaut werden kann.
- Sie unterhalten sich mit den **Teilnehmern bzw. Geschäftspartnern** auch in **fremden Sprachen** (siehe S. 280), unter Umständen mithilfe von Dolmetschern, und erteilen jederzeit gewünschte **Auskünfte**. Weiterhin vermitteln sie Gespräche zwischen den Teilnehmern und berücksichtigen dabei **kulturelle Gewohnheiten, Sitten und Gebräuche** auch der ausländischen Gäste.
- Die Mitwirkenden achten während der Veranstaltung auf ihr **Auftreten und ihr äußeres Erscheinungsbild.** Dies gilt vor allem für die Phasen: **Begrüßung – Bekanntmachung – Gespräche – Verabschiedung.** Bei allen Gesprächen beachten sie die notwendigen **Distanzzonen**[1]**, den Blickkontakt und die Regeln zur Konversation**, die auf S. 280 aufgeführt sind. Das äußere Erscheinungsbild umfasst das Aussehen (z. B. Kleidung) und die **Ausstrahlung** (Charisma). Bei der Kleidung wählen die Teilnehmer die üblichen „business-Formen", also dunkler Anzug und Krawatte beim Herrn, dunkles Kostüm bei der Dame. Farbige Krawatten oder Tücher können die Kleidung auflockern.
- Bei **Verhandlungen** mit Geschäftspartnern nutzen sie die bekannten **Verhandlungsstile** (distributiv und integrativ, siehe S. 282 ff.), sodass sie mit schwierigen Gesprächssituationen souverän umgehen können. Mit Teilnehmern der Veranstaltung kommunizieren sie situationsgemäß auch in einer **Fremdsprache** und verhalten sich gemäß **den interkulturellen Gepflogenheiten,** wie sie auf S. 435 beschrieben sind.
- Während der Veranstaltung führen die verantwortlichen Mitwirkenden je nach Veranstaltungsart **Protokoll** (siehe S. 479).

Tätigkeiten bei Veranstaltungsende und beim Abbau

Nach der Veranstaltung **organisieren und überwachen** die Mitwirkenden folgende Tätigkeiten:

- Abbau/Rückbau von Installationen
- Feststellen von Schwund/Schäden/Bruch und gegebenenfalls Meldung an die Versicherung
- Rücktransport des Materials
- Endreinigung und Müllentsorgung
- Kontrolle, dass der Raum ordnungsgemäß hinterlassen und sämtliches Material zurückgegeben wurde

Veranstaltungsnachbereitung und -dokumentation

Postprocessing and documentation of event

Neben dem Anfertigen eines **Protokolls** (siehe S. 479) müssen **nach der Tagung** folgende Tätigkeiten erfolgen:

- Pressearbeit
- Abrechnung erstellen
- Bildmaterial auswerten
- Dokumentation erstellen
- Soll-Ist-Vergleich vornehmen
- Dankschreiben erstellen
- Abschlussbericht formulieren
- Abschlussbesprechung durchführen
- alle Dokumente archivieren (EDV)

[1] **Distanzzonen** umfassen Abstand, Körperhöhe; Körperausrichtung und Formen der Berührung spielen dabei eine Rolle. Abhängig ist dieses Raumverhalten neben der aktuellen Situation u. a. von kulturspezifischen Normen.

Veranstaltungsnachbereitung und -dokumentation

Postprocessing and documentation of event

Pressearbeit

Eine wichtige Aufgabe bei der **Veranstaltungsdurchführung** ist die Zusammenarbeit mit der **regionalen und überregionalen Presse und der Fachpresse**. Je nach Größe und Bedeutung der Veranstaltung für die Region bzw. die Branche wird eine gesonderte **Pressekonferenz** nach der Veranstaltung durchgeführt. Zur Vor- und Nachbereitung dienen auch hier die entsprechenden Checklisten.

Checkliste Pressearbeit *(Beispiel)*

Art der Tätigkeit	Fragen zur Pressearbeit	Bemerkungen und Hinweise
Pressekonferenz organisieren	Wo findet die Pressenkonferenz statt? Wann findet sie statt? Wie findet sie statt? Welche Hilfsmittel werden benötigt?	
Fototermine anbieten	Die zu fotografierenden Personen werden vorher informiert.	
Pressemitteilung vorbereiten	Wer schreibt die Pressemitteilung? Wer steht als Ansprechpartner/Ersatz zur Verfügung?	
Fotografen für die eigene PR-Arbeit engagieren	Welche PR-Agentur kommt in Betracht?	
Pressemappen vorbereiten	Inhalt der Pressemappe: Darstellung des Unternehmens, Zielsetzung und Ergebnisse der Veranstaltung, Protokolle vorheriger Events, Gastgeschenke, Kugelschreiber, Blöcke	
Pressearbeit auf der Homepage und in sozialen Netzwerken	Wer erstellt die Homepage? Wie soll die Homepage aussehen? Wann soll die Homepage gestartet werden? Welche sozialen Netzwerke sollen genutzt werden? Es wird empfohlen, einen Download anzubieten, auf dem Informationsmaterial abgelegt wird.	
Protokollführung	Wer führt Protokoll? Wann wird Protokoll geführt? Welche Art von Protokoll soll geführt werden (Verlaufs- oder Ergebnisprotokoll)?	

Teilnehmerfeedback

Im Anschluss an die Veranstaltung holen die Mitwirkenden mithilfe einer **Befragung** ein **Teilnehmerfeedback** über die verfolgten **Ziele** ein. Danach überprüfen sie, inwieweit die Ziele Kommunikation und Austausch, Informationsweitergabe, Weiterbildung sowie Festigung und Vertiefung der Kundenbeziehungen erreicht sind.

12

Bedeutung von Tagungsunterlagen

Die **Tagungsunterlagen** (Tagungsbericht, Protokoll, Pressemitteilung, Presseberichte, Dankesschreiben an Referenten und Sponsoren, Planungschecklisten sowie eventuelle Fragebögen zum Soll-Ist-Vergleich und Abrechnungsunterlagen) dienen als **Vorbereitungsgrundlagen** für zukünftige Veranstaltungen.

Veranstaltungsbewertung

Evaluation of event

Nach der Veranstaltung erfolgt eine Bewertung. Fragebögen können dazu eingesetzt werden, um ein **Feedback** der unternehmenseigenen (internen) bzw. unternehmensfremden (externen) Mitwirkenden zur Veranstaltung zu erhalten, um **Schwachstellen für die Zukunft** zu erkennen und **Gegenmaßnahmen** einzuleiten.

Die folgenden Fragestellungen helfen, einen **Soll-Ist-Vergleich** vorzunehmen. Dabei wird überprüft, ob der Ablaufplan der Veranstaltung eingehalten wurde, also die **tatsächliche** Vorgehensweise der **geplanten** entsprach. Dabei können die Mitwirkenden die **Folgen** von Abweichungen für das Ergebnis der Veranstaltung **reflektieren**. Dadurch lassen sich **mögliche Schwächen und Fehler** bei der **Planung, Durchführung** und **Dokumentation** identifizieren und hinterfragen.

Veranstaltungsbewertung *Evaluation of event*

Fragen zur Bewertung von Veranstaltungen *(Beispiele)*:

Fragestellungen	Fragestellungen
■ Welche Abweichungen vom Plan sind aufgetreten? ■ Warum sind Abweichungen aufgetreten? ■ Welche Verbesserungsvorschläge wurden gemacht? ■ Welche Kosten brachte die Veränderung mit sich? ■ Welche Terminprobleme entstanden dadurch? ■ Was waren die Ursachen für Terminverzögerungen? ■ Waren die Detailpläne mit Schnittstellen in den Gesamtplan eingearbeitet? ■ Wie war das Ergebnis des Teilnehmerfeedbacks?	■ Waren die Kapazitäten ausreichend? ■ Gab es zwischenmenschliche Probleme? ■ Wie war die Teamfähigkeit zwischen den Mitwirkenden? ■ Wie gut war die Vernetzung interner und externer Beteiligter? ■ Welche Probleme brachte die technische Ausstattung mit sich? ■ Wie hoch waren die tatsächlichen Kosten? (Soll-Ist-Vergleich) ■ Hätte die Kostenüberschreitung durch eine bessere Planung vermieden werden können? ■ Welche Gesichtspunkte sind für zukünftige Veranstaltungen zu berücksichtigen?

Checkliste zum SOLL-IST-Vergleich einer Veranstaltung *(Beispiele)*:

Arbeitsschritte	SOLL	IST	Abweichung/ Verbesserung	Arbeitsschritte	SOLL	IST	Abweichung/ Verbesserung
Planung				Zeitplanung			
Termin, Uhrzeiten				Catering			
Programm				Technik			
Teilnehmer				Pressearbeit			
Durchführung				**Evaluation**			
Programm				Zielerreichung			
Rahmenprogramm				Fragebogen			

Veranstaltungsabrechnung *Clearing of event*

Für die **Abrechnung einer Veranstaltung** gibt es **spezielle Software** (z.B. **www.softguide.de**), die den individuellen Bedürfnissen der Unternehmen entgegenkommt. Im Internet sind z.B. unter **www.disque.de** Muster von Abrechnungen zu finden. Die Abrechnung einer Veranstaltung umfasst die folgenden Tätigkeiten:

- offene Rechnungen bezahlen
- Rechnungsstellung an Dritte
- Zuschüsse abrechnen
- alle Zahlungen abwickeln
- Soll-/Ist-Vergleich durchführen
- Zuschüsse abrechnen
- Mitarbeiter bei der Sozialversicherung abmelden
- mit dem Finanzamt abrechnen

Abrechnung (Muster)

Veranstaltungsart:	
Veranstaltungsort:	
Veranstaltungsdatum:	
Teilnehmer:	

Kostenart	Betrag in €	Zuschüsse
Übernachtungskosten		
Verpflegung		
Technische Ausstattung		
...		

Begriff und Zielsetzung

Kulturmanagement bezeichnet die **Planung, Organisation, Durchführung und das Controlling** bzw. die **Evaluation** von kulturellen Veranstaltungen durch

- private Unternehmen im Kulturbereich (z. B. Event-Agentur),
- staatliche Institutionen des Kulturbereichs (z. B. Theater) und
- private Institutionen (z. B. Kulturvereine und Kulturstiftungen).

Ziel ist es vordergründig, die finanziellen, personellen und materiellen Ressourcen **optimal** einzusetzen. Dazu bedient sich das Kulturmanagement der üblichen **Marketinginstrumente.** Auch spielen die aus Steuereinnahmen finanzierten **staatlichen Subventionen**, besonders in Deutschland, eine große Rolle bei der Finanzierung von Kulturveranstaltungen, da ohne diese Mittel viele Veranstaltungen nicht möglich wären.

Kulturelle Veranstaltungen haben weiterhin das **Ziel**, neue **Kulturformen** zu schaffen, **Künstler** zu unterstützen und **Freiraum für Ungeahntes** zu schaffen. Dabei werden **Förderer, Multiplikatoren** (Unternehmen) und **Nutzer** (Kunden) überzeugt und **neue Dienstleistungsformen** geschaffen. Häufig gehen auch kulturelle Veranstaltungen (z. B. Galas) mit einem **Benefiz-Gedanken** einher. Gerade große Unternehmen engagieren sich dann für karitative Zwecke und nehmen Anteil am soziokulturellen Leben einer Stadt oder Gemeinde (zum Beispiel Gala zugunsten herzkranker Kinder am Universitätskrankenhaus in Hamburg, unterstützt durch Künstler und internationale Unternehmen).

Kulturformen (Auswahl)

Theater	Musicals
Comedy	Kleinkunst
Konzerte	Ballett
Literatur	Bildende Künste
Ausstellungen	Filme
Kinderkultur	Festivals

12

Pressearbeit in Kulturbetrieben

Organisationen in Kulturbereich arbeiten mit einer Vielzahl von **Bezugsgruppen** zusammen (z.B. Besucher, Multiplikatoren, Künstler), die erheblichen Einfluss auf den Erfolg einer künstlerischen Veranstaltung haben. Daher ist es von entscheidender Bedeutung, diesem Personenkreis ein klares Bild zu vermitteln, **wofür** die entsprechende Kunst steht, **wofür** sie **einzigartig** ist und welche **Vision** sie anstrebt. Erst danach kann ein entsprechendes **Image** für die Bezugsgruppe entwickelt werden (Marke usw.) Dies ist umso wichtiger, da in Kulturorganisationen Menschen arbeiten, denen **Autonomie**, das Umsetzen **eigener Ideen** und die **Gestaltungsfreiheit** sehr wichtig sind.

Die **Pressearbeit** dient dazu, aktuelle Themen, die die **Öffentlichkeit** interessieren (z.B. eine neue Ausstellung, eine neue Inszenierung), den Medien entsprechend aufzubereiten. Dazu dienen **Checklisten, Pressemitteilungen, Pressemappen und Internet-Auftritte**.

Checkliste für die Planung von Pressearbeit in Kulturbetrieben

Interne Fragestellungen	Externe Fragestellungen
Wer sind wir?	Wer bestimmt das Programm?
Wie sehen wir uns?	Wie hoch ist das Budget?
Wie sehen uns die anderen?	Woher kommen die Finanzen?
Wie wollen wir gesehen werden?	Welche Marketinginstrumente werden benutzt?
Wer sind unsere Kunden?	Wer hat Einfluss auf den Spielplan?
Wie wollen wir uns präsentieren?	Wie hoch ist der Eintrittspreis?

Anforderungen an eine Pressemitteilung

- neutrale Formulierung
- zeitnahes Verschicken
- maximal zwei Seiten
- korrektes Anschreiben

* klar definierter Inhalt (wer, wie, wo, wann, was, warum)
* keine Vergleiche mit Mitbewerbern
* Beifügung qualitativ hochwertiger Fotos
* Angemessene Verteilung der Pressemitteilung

Anforderungen an den Inhalt einer Pressemappe

- aktuelle Daten zur Organisation
- Entstehung/Entwicklung
- Standorte

* Philosophie und Zielsetzung
* Leistungen
* Hintergrund- und Zusatzwissen

Einen guten beispielhaften **Internetauftritt** bietet die Seite des Hamburg-Balletts: www.hamburgballett.de

Organisation von Geschäftsreisen: Grundlagen *Organization of business trips: basics*

Begriff und Zielsetzung

Geschäftsreisen sind Reisen, die aus beruflichen Gründen außerhalb der regelmäßigen Arbeitsstätte stattfinden. Das sind beispielsweise Fahrten zu Kunden oder Lieferanten, zur Teilnahme an Kongressen, Tagungen und zur beruflichen Weiterbildung, zum Besuch von Messen und sonstigen auswärtigen Veranstaltungen.
Die **Organisation** von Geschäftsreisen ist eine verantwortungsvolle Aufgabe, die von den entsprechenden Mitarbeitern des Unternehmens **engagiert und flexibel** angegangen werden muss. Meistens werden in den Unternehmen im **Team** Geschäftsreisen geplant und entsprechend den **individuellen Ansprüchen der Reisenden** organisiert. Geschäftsreisen müssen **gewissenhaft und zuverlässig** geplant werden, um neue Geschäftspartner im Ausland nicht zu verlieren. Dabei sind **kulturelle Gewohnheiten, Sitten und Gebräuche** des jeweiligen Landes zu beachten. Größere Geschäftsreisen ins Ausland werden häufig mithilfe eines **Brainstormings** (siehe S. 500 geplant.

Die Organisation von Geschäftsreisen erfolgt in drei **Schritten**:

Planung → **Durchführung** → **Nachbereitung**

Zur Organisation werden, wie bei der Organisation von Veranstaltungen, häufig **Checklisten** eingesetzt, um nichts Wesentliches zu vergessen. Dabei müssen gegebenenfalls die **unternehmensinternen Richtlinien** für Geschäftsreisen beachtet werden.

Vorbereitung von Geschäftsreisen

Die Vorbereitung von Geschäftsreisen umfasst

- die **Zusammenstellung** der zentralen **Plandaten** und der **Reisepapiere**,
- die **Recherche** von Dienstleistern, insbesondere von **Verkehrsunternehmen und Hotels**,
- das **Einholen** und Vergleichen von **Angeboten**,
- das **Buchen** der Verkehrsmittel und der Unterbringung im Ausland,
- das Einkaufen von **Gastgeschenken**.

Dabei nutzen die Mitarbeiter die modernen Kommunikationsmittel und berücksichtigen gegebenenfalls **Zeitverschiebungen**. Die Mitarbeiter verfügen über **interkulturelle Kompetenzen** (s. S. 434) und beziehen diese in ihre Planung mit ein.

Liste der Plandaten

Plandaten	individuelle Daten	Plandaten	individuelle Daten
Reiseziel		Geschäftspartner	
Reisetermin		Zeitverschiebung	
Reisedauer		Wünsche der Reisenden	

Reisepapiere

Vor Antritt der Reise ist die Beachtung der nachfolgenden Checkliste hinsichtlich der **Reisepapiere** hilfreich (siehe auch **www.auswaertiges-amt.de**):

Checkliste Reisepapiere *(Beispiel)*

Reisepapiere	vorhanden/ gültig	erledigt	Reisepapiere	vorhanden/ gültig	erledigt
Personalausweis/Pass/Visum			Gepäckversicherung		
Auslandskrankenversicherung			Impfbescheinigung		
Auslandsreiseversicherung			sonstiges		

Verkehrsmittel- und Hotelauswahl *Choice of transports and hotels*

Begriff und Zielsetzung

Unter Verkehrsmitteln versteht man Reiseverkehrsmittel wie Flugzeug, Bahn, Bus, Pkw. Bei der Organisation von **Geschäftsreisen** sind die Vor- und Nachteile der einzelnen Verkehrsmittel abzuwägen und neben den **ökonomischen** Gesichtspunkten auch die ökologischen (wie bereits oben beschrieben) zu berücksichtigen.

Verkehrsmittel	Vorteile	Nachteile	Hinweis	Reiseunterlagen
Pkw 	flexibel einsetzbar, individueller Verkehr, kostengünstige Beförderung mehrerer Personen, Mitnahme von Gepäck, Besprechungen während der Fahrt möglich	anstrengend ohne Fahrer, hohes Unfallrisiko, unsichere Zeitplanung durch Staugefahr	Car-Sharing in allen größeren Städten möglich, Mitfahrzentralen im Internet buchbar, Mietwagen möglich, Weiterentwicklung durch selbstfahrende und stauvermeidende Pkws	Internationaler Führerschein, Stadtplan, Navigationsgerät, Pannenhilfeausweis, Telefonnummern von Pannenhilfe, Mitfahrzentralen und Autovermietern vor Ort
Bahn 	genaue Zeitplanung, sichere Beförderung, umfangreicher Service (vor allem in der 1. Klasse), keine Parkplatzsuche, entspanntes Reisen, Arbeiten und Reisen sind gleichzeitig möglich, große Strecken können überwunden werden durch Nachtzüge.	geringere Privatsphäre, feste Abfahrtzeiten, Verspätungen möglich, Wartezeiten möglich	Sonderangebote der Bahn im Internet, umweltfreundliche Alternative	Fahrkarte und ggfs. Platzreservierung
Flugzeug 	genaue Zeitplanung, schnelle Verbindung (auch interkontinental), angenehmes Reisen, Arbeiten und Reisen sind gleichzeitig möglich	hohe Umweltbelastung, hohe Strahlenbelastung ab 3000 m Höhe, gesundheitsschädigend bei Vielfliegern, lange Warte- und Umsteigezeiten möglich, hohe Kosten, Gepäckmitnahme oft eingeschränkt	günstige Flugangebote im Internet buchbar	Flugticket, Flugplan, Pass
Schiff 	genaue Zeitplanung, entspanntes Reisen, Mitnahme von Gepäck gut möglich	hoher Zeitaufwand, da langsames Verkehrsmittel	Anwendung häufig bei Fährverbindungen z. B. in Griechenland	Schiffsticket, Kabinennummer, Hafen
Datenautobahn/ Videokonferenz 	schnelle Verbindung, jederzeit möglich, keine Gesundheitsgefährdung, kein Zeitverlust, gut geeignet für Filialsysteme globaler Unternehmen	Kulturelle Gewohnheiten, Sitten und Gebräuche können wenig beachtet werden.	im Internet in Chatrooms möglich, Datensicherheit muss allerdings gewährleistet werden	Zugangsdaten

Mittlerweile ist **die Kosten- und Leistungsstruktur** der einzelnen Verkehrsträger für den Dienstreisenden so undurchschaubar und so **unterschiedlich**, dass im Einzelfall entsprechende **Internetportale** zum Herausfiltern der **optimalen Verbindung** genutzt werden. Dabei spielen die folgenden Faktoren eine große Rolle bei der Entscheidungsfindung:

Verkehrsmittel- und Hotelauswahl *Choice of transports and hotels*

Auswahlkriterien bei Verkehrsmitteln (*Beispiele*)

- Tageszeit
- Datum
- Streckenführung
- Länge des Aufenthalts
- Vorlieben

Nutzwertanalyse von Verkehrsmitteln

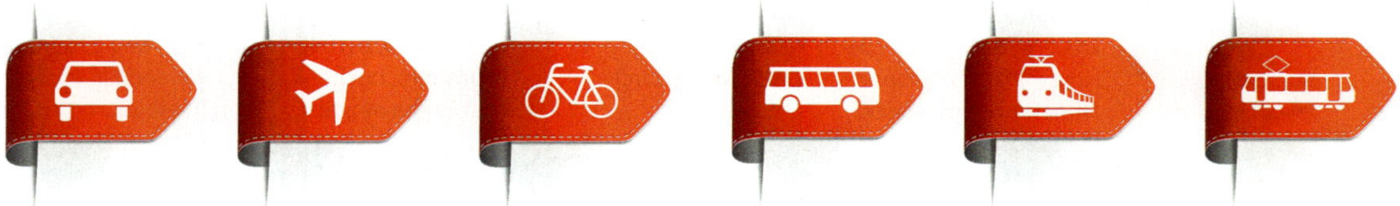

Mithilfe einer **Nutzwertanalyse** (erstellt in Excel, siehe S. 146 ff.) lassen sich Verkehrsmittel entsprechend zugrunde gelegter Bewertungskriterien auswählen:

Entscheidungskriterien	Gewichtung der Kriterien	Verkehrsmittel							
		Auto		Flugzeug		Bahn		Bus	
		Pkt.	gew. Pkt.	Pkt.	gew. Pkt.	Pkt.	gew. Pkt.	Pkt.	gew. Pkt.
örtliche Gegebenheiten									
Nachhaltigkeit									
Entfernung zum Tagungsort									
Preis									
Leistung									
Flexibilität									
Geschäftsanbahnung									
persönliche Präferenz									
Geschwindigkeit									
Bequemlichkeit									
Zuverlässigkeit									
Summe									

Hotelauswahl

Nachdem die Mitarbeiter Anfragen an verschiedene Hotels geschickt haben, vergleichen sie die Angebote anhand der nachfolgenden **Kriterien** und fällen dann eine Entscheidung. Mögliche Entscheidungskriterien für einen Angebotsvergleich von Hotels sind:

Lage (City)	Preis	Nähe zum Veranstaltungsort	Qualität (Sterne)
Anreisemöglichkeit	Wellness	Restaurant	Nachhaltigkeit

Die **Buchung** erfolgt häufig **über das Internet**, um besonders im Ausland bei großen Veranstaltungen eine **frühzeitige Reservierung** zu ermöglichen.

Erstellen eines Reiseplans

Generating an itinerary

Es ist sinnvoll, für Geschäftsreisende einen **Reiseplan** zu erstellen – häufig auf der Grundlage betriebsinterner Richtlinien –, aus dem die wesentlichen **Informationen** für die Durchführung von Geschäftsreisen hervorgehen:

Inhalt des Reiseplans	Eintragung der individuellen Daten	Bestätigungen erhalten	Inhalt des Reiseplans	Eintragung der individuellen Daten	Bestätigungen erhalten
Zeitraum			Mietwagen		
Reiseziel			Hotelbuchung		
Teilnehmer			Stadtplan		
Anlass			Navigationssystem Ausland		
Anfahrt			Versicherungen		
Abfahrt			firmeneigene Kreditkarte		
Reiseunterlagen			Bankkarte		
Bahncard			Bargeld		
Fahrkarten/Tickets/Flugplan			sonstiges		

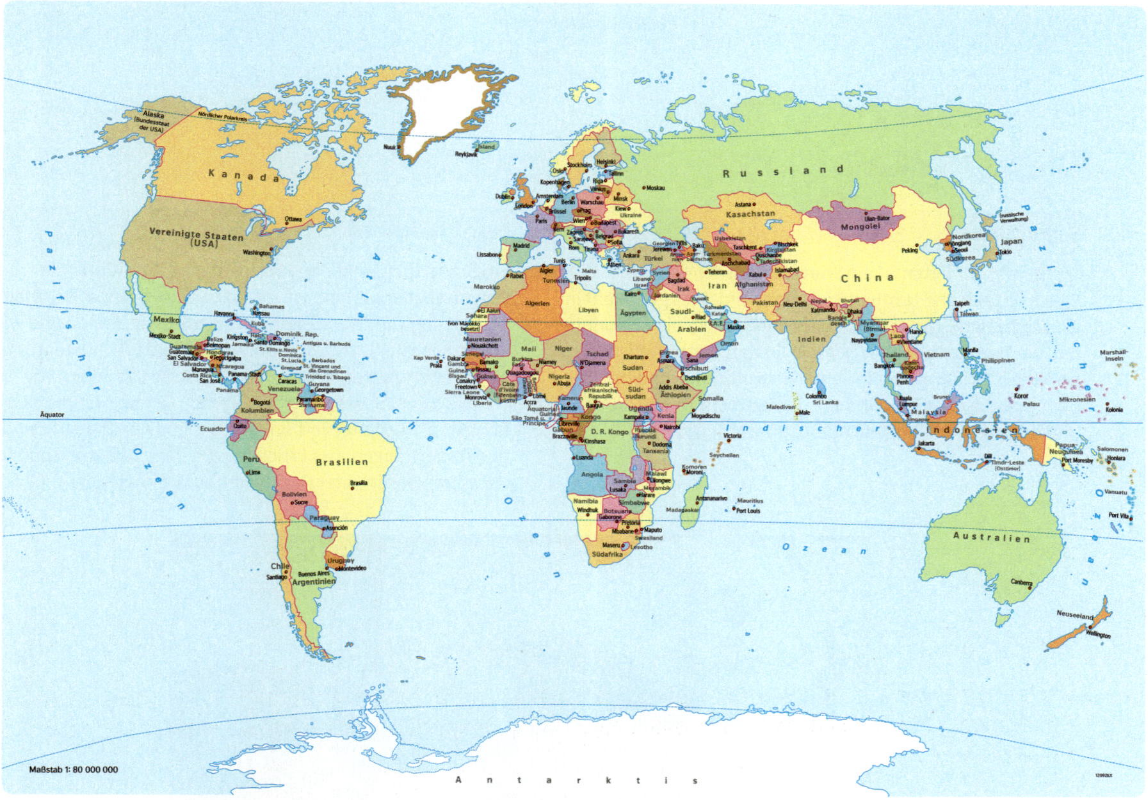

Kulturelle Gewohnheiten, Sitten und Gebräuche bei Geschäftsreisen

Cultural habits, conventions and traditions during business trips

Begriff interkulturelle Kompetenz

Unter interkultureller Kompetenz versteht man die Fähigkeit des Menschen, mit Individuen und Gruppen anderer Kulturen erfolgreich zu kommunizieren. Dies sollte schon im Kleinkindalter durch **interkulturelles Lernen** gefördert werden. Die **Basis** für die interkulturelle Kommunikation ist die sogenannte emotionale Kompetenz oder auch **interkulturelle Sensibilität. Voraussetzung** zum Erlernen der interkulturellen Kompetenz ist die **Empathie.** Unter Empathie versteht man das Einfühlen in die Denkweise anderer Menschen, wobei es dann häufig zu einem **Perspektivwechsel** des Betrachters kommt.

Komponenten interkultureller Kompetenz

Komponenten interkultureller Kompetenz		
Wissen	**Fähigkeiten**	**Fertigkeiten**
▪ Sprachkenntnisse ▪ landesspezifisches Wissen ▪ Kenntnis über Kulturprozessse ▪ Wissen über Migrationshintergründe ▪ Kulturkonzepte	▪ Beobachtung ▪ Wahrnehmung ▪ Anerkennung und Wertschätzung ▪ Selbstreflexion ▪ Fremdreflexion ▪ Offenheit ▪ Toleranz ▪ Sensibilität ▪ Perspektivenwechsel	▪ Stressmanagement ▪ Konfliktbewältigung ▪ Integrationsfähigkeit ▪ Kommunikationsfähigkeit ▪ Strategien zum Umgang mit Kulturschocks ▪ Umgang mit unvorhersehbaren Ereignissen

Sitten und Gebräuche

Begriff Sitten	**Begriff Gebräuche**
Der Begriff der Sitten ist ein **Wertekanon**, der durch moralische Werte, Regeln und Normen bestimmt wird. Dies geschieht in einer **sozialen Gruppe**. Sitten sind meist mehr als Gewohnheiten, weil sie moralische Werte wie **Anstand und Höflichkeit** umfassen. Sitten sind schwer nachzuvollziehen und bedürfen der empathischen Empfindung des Betrachters, die durch interkulturelle Bildung nachgeschult werden kann.	Ein Brauch (usus, lat.: benutzen) ist eine **Tradition** oder **Gewohnheit** innerhalb einer bestimmten Gruppe. Der Brauch kommt aufgrund von **Lebenserfahrungen** zustande und wird an die nächste Generation weitergegeben. Im Christentum sind dies im **Jahresverlauf** beispielsweise das Feiern von Weihnachten, Silvester, Dreikönigstag, Ostern, Himmelfahrt, Pfingsten. Die damit verbundenen regionalen Bräuche sind das Toraushängen, das Errichten von Pfingstbäumen oder das Verzehren bestimmter Backwaren zu Weihnachten.

Kulturelle Gewohnheiten, Sitten und Gebräuche bei Geschäftsreisen

Cultural habits, conventions and traditions during business trips

Umgangsformen ausländischer Geschäftspartner bei Geschäftsreisen im Ausland (Beispiel)

Bei Geschäftsreisen ins Ausland ist es notwendig, die **kulturbedingten Verhaltensweisen** der Geschäftspartner zu kennen, um sich darauf einstellen zu können. Dies ist eine nicht zu unterschätzende **Voraussetzung** dafür, die Geschäftsreise **erfolgreich** zu gestalten.[1] Die nachfolgende Übersicht zeigt eine kleine Auswahl kulturbedingter Verhaltensweisen.

- **Bekleidung**
  Prinzipiell gilt weltweit der **Business Dress**. Ausnahmen gibt es zum Beispiel in der Welt des Nahen Ostens wie im Iran – dort wird von Frauen das Tragen einer Kopfbedeckung erwartet.
- **Terminwahrnehmung durch Geschäftspartner**
  In einigen Regionen werden Terminvereinbarungen relativ flexibel eingehalten, zum Beispiel in Südeuropa, Südamerika und in der arabischen Welt.
- **Ess- und Trinkkultur**
  In vielen Ländern sind **ausgedehnte Geschäftsessen** üblich, bei denen auch Wein genossen wird, zum Beispiel in West- und Südeuropa und Südamerika. In Osteuropa werden häufig zum Essen hochprozentige Spirituosen gereicht, während in der arabischen Welt der Genuss von Alkohol untersagt ist.

Abrechnung und Auswertung von Geschäftsreisen

Clearing and evaluation of business trips

Abrechnung von Geschäftsreisen

Nach der **Durchführung der Geschäftsreise** müssen die Kosten der Reise abgerechnet werden. Dabei müssen folgende Aspekte berücksichtigt werden:

- Angaben über den Geschäftsreisenden
- Angabe über die Reisedauer
- Fahrtkosten
- Pauschbeträge für Verpflegungsmehraufwand
- Übernachtungspauschale
- Bewirtungsbelege
- Pauschbeträge für Verpflegung
- Sachbezugswerte
- Reisenebenkosten (Visagebühren)
- sonstige Belege

Eine **korrekte Reisekostenabrechnung** kann nur mit entsprechenden Nachweisen (z. B. Fahrkarten, Flugtickets, Tankquittungen, Fahrtenbuch) durchgeführt werden. Daher müssen alle Nachweise sorgfältig aufbewahrt werden. Bei der Abrechnung der Verpflegungskosten werden Einzelbelege und Staffelsätze berücksichtigt.

Auch **Nebenkosten** (siehe folgende Beispiele) werden abgerechnet:

- Gepäckbeförderung und -aufbewahrung,
- Kosten für Telefon und Internet,
- Parkplatzgebühren,
- Schadenersatzleistungen,
- Beförderungskosten (Taxi),
- Repräsentationskosten (Trinkgeld).

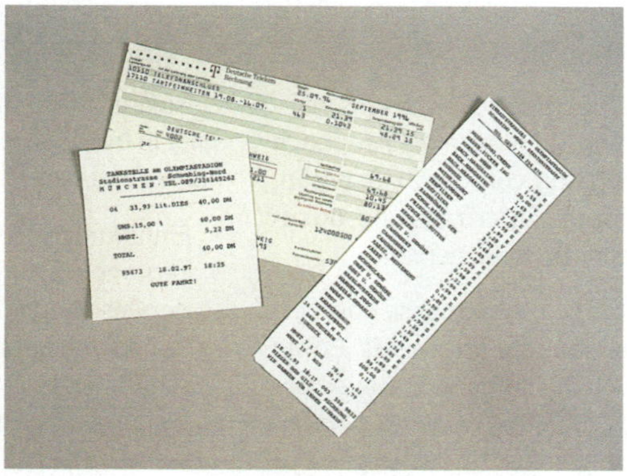

[1] Informationen über Umgangsformen in den einzelnen Ländern der Welt geben unter anderem auch die Auslandshandelskammern (**www.ahk.de**) und das Auswärtige Amt (**www.auswaertiges-amt.de**), eingesehen am 12. Juni 2014

Abrechnung und Auswertung von Geschäftsreisen

Clearing and evaluation of business trips

Struktur einer Reisekostenabrechnung *(Beispiel)*:

Reisekostenabrechnung						
Personal-Nr.	Name:		Abteilung:		Kostenstelle:	
Grund der Reise:	Reiseziel:		Reisezeitraum:			
Reiseverlauf:						
Tag/Monat	Antritt	Ende	Übernachtung	Frühstück	Mittag	Abend
Fahrtkosten:						
Einzelnachweise:						
Hotel	Parkplatz	Taxi	Trinkgeld	Eintritt	Verkehrsmittel	Sonstiges

Die nachfolgend aufgeführte Checkliste zur Reisekostenabrechnung kann als Grundlage für die Erstellung einer unternehmensinternen Richtlinie zur Reisekostenabrechnung benutzt werden.

Checkliste Reisekostenabrechnung *(Beispiel)*:

Kriterium	Empfehlung des Unternehmens	Kriterium	Empfehlung des Unternehmens
Welches Verkehrsmittel wurde benutzt?		Wie erfolgt die Abrechnung?	
Wie erfolgte die Buchung?		Welche Sanktionen drohen bei Nichteinhaltung der Vorgaben?	
Welche Kosten werden erstattet?		Wer prüft die Abrechnung?	

Aus diesen Fragestellungen werden die unternehmensinternen **Handlungsmuster für die künftige Organisation** von Geschäftsreisen abgeleitet.

Pflichten des Arbeitgebers bei Geschäftsreisen

Der Arbeitgeber hat die Pflicht, Beschäftigte, die Geschäftsreisen unternehmen, über die **Risiken** einer solchen Reise aufzuklären (§ 3 ArbSchG). Diese Pflicht kann er beispielsweise bei Auslandsreisen mit dem Hinweis auf die Mitteilungen des **Auswärtigen Amtes** erfüllen. Die Unterweisung muss **schriftlich** erfolgen und darf nicht länger **als 12 Monate** zurückliegen.

12

Auswertung von Geschäftsreisen

Informationen und Ergebnisse werden schon bereits während der Geschäftsreise notiert und dienen als **Feedback über die Qualität** der Organisation von Geschäftsreisen. Dabei wird das Handeln **kritisch hinterfragt** und **dokumentiert** (z. B. Protokoll, Aktennotiz, Reisebericht).

Beispielsweise gelten **Bestellungen, Abschlüsse von Verträgen und andere Geschäftsanbahnungen** als **Erfolg** einer Geschäftsreise. Aber auch das **Anbahnen neuer Geschäftsbeziehungen** und das damit aufgebaute **persönliche Vertrauen** kann ein Erfolg sein. Für das **Organisieren und Durchführen** von Geschäftsreisen müssen Ziele gesetzt und diese nach Abschluss der Geschäftsreisen hinsichtlich ihrer Erreichung beurteilt werden. Zusätzlich spielen bei der Auswertung von **Geschäftsreisen** folgende Punkte eine Rolle:

- Einhaltung von Vereinbarungen der Geschäftspartner
- Terminerfassung und -überwachung vor und während der Geschäftsreise
- Benachrichtigung aller Beteiligten während der Geschäftsreise
- Weiterleitung bzw. Archivierung der Korrespondenz, die während der Geschäftsreise anfällt
- Erarbeitung von Verbesserungsvorschlägen von allen an der Geschäftsreise Beteiligten

OfficeCom KG

Reisekostenabrechnung

Name:	Krause		
Vorname:	Robin		
Abteilung:	Einkauf	Kostenstelle:	3488
Zweck der Reise:	Besuch der Messe Paperworld		
Reiseziel (Ort/Land):	Frankfurt		
Reisebeginn (Datum):	03.06.2018	Reiseende (Datum):	05.06.2018
Reisebeginn (Uhrzeit):	07:00	Reiseende (Uhrzeit):	18:00

I. Fahrtkosten

Flugticket:[1]			Zuschläge:[1]		
Bahnticket:[1]			Zuschläge:[1]		
Öffentl. Nahverkehr:[1]					
Taxi:[1]					
Mietwagen:[1]			Tankbeleg:[1]		
Eigener PKW	Kilometer:	640	Kilometerpauschale:[2]	0,30 €	192,00 €
Nebenkosten:[1]	Art:				

II. Übernachtungskosten

Anzahl Übernachtungen:	2	incl. Frühstück	Preis pro Frühstück:	15,00 €	240,00 €
Hotelrechnung:[1]	240,00 €	ohne Frühstück		bitte ankreuzen	

III. Verpflegungskosten

Einzelnachweis(e):[1]					
Tagegeld An- und Abreise:			Höhe:	24,00 €	24,00 €
Tagegeld (> 24 Std.):	Anzahl:	1	Höhe pro Tag:	24,00 €	24,00 €
Tagegeld (8 – 24 Std.):	Anzahl:		Höhe pro Tag:		

IV. Reisenebenkosten

Art:[1]	W-Lan-Nutzung	10,00 €

[1] Beleg erforderlich
[2] lt. § 9 Einkommensteuergesetz (EStG)

	Summe:	490,00 €
Kürzungen (lt. § 9 Einkommensteuergesetz):	Frühstück (2 x 4,80 €)	9,60 €

Ort und Datum	Braunschweig, 10.06.2018	Unterschrift	Krause
IBAN:	DE24269910660123456789	BIC:	GENODEFFXXX

OfficeCom KG

	Unterschrift	Datum		Unterschrift	Datum
sachlich richtig	Brandt	12.06.2018	rechn. richtig	Gründel	13.06.2018
z. Zahlung angewiesen	Gründel	13.06.2018	Überweisungsbetrag:	480,40 €	

13 Ein Projekt planen und durchführen

Projekt

Project

Begriff

Nach DIN 69901 handelt es sich bei einem **Projekt** um „ein Vorhaben, das im Wesentlichen durch die Einmaligkeit 1 der Bedingungen in ihrer Gesamtheit 2 gekennzeichnet ist, wie z. B. Zielvorgabe 3, zeitliche 4, finanzielle 5, personelle 6 und andere Begrenzungen, Abgrenzung gegenüber anderen Vorhaben 7, projektspezifische Organisation 8 “.[1]

Projekte werden in Unternehmen, aber auch in politischen, sozialen und kulturellen Organisationen durchgeführt.

Beispiele für Projekte:

Anwendungsbereich	Projektgegenstand	Zeitrahmen
Schule	Planung, Durchführung und Auswertung einer Betriebserkundung	4 Wochen
Unternehmen	Planung, Durchführung und Evaluation einer Großveranstaltung (siehe Lernfeld 12)	9 Monate
Staat	Wiederaufbau der Ölfelder in Kuwait nach dem Golfkrieg	27 Monate

Projektmanagement wird als die „Gesamtheit von Führungsaufgaben, -organisation, -techniken und -mitteln für die Initiierung[2], Definition, Planung, Steuerung und den Abschluss von Projekten definiert.[3]

Projektmerkmale

Merkmal	Bedeutung
Einmaligkeit der Bedingungen 1	Projekte sind von ihrem Wesen her stets **innovativ**, einige Fachautoren sprechen in diesem Zusammenhang von revolutionären Veränderungen bei Projekten gegenüber sonst evolutionären Veränderungsprozessen. Diese Eigenschaft setzt hohe Anforderungen an die Projektbeteiligten im Hinblick auf **Fach-, Selbst-** und **Sozialkompetenz** und grenzt Projekttätigkeiten somit von laufenden Routinetätigkeiten, z. B. im Unternehmen, ab.
Komplexität/ Bedingungen in ihrer Gesamtheit 2	Das Zusammentreffen verschiedenster Bedingungen bei der Durchführung eines konkreten Projekts bedeutet, nicht nur unterschiedlichste **Einflussgrößen** des Projekts und ihre Abhängigkeiten zu berücksichtigen, sondern auch die **Veränderung** dieser Größen im Zeitablauf des Projektprozesses in ihrer Gesamtheit zu erfassen und darauf angemessen zu reagieren. Damit wird von allen Beteiligten **dynamisches Prozessdenken** verlangt; diese Anforderungen steigen mit dem Umfang der Komplexität.

Dimensionen der Projektkomplexität

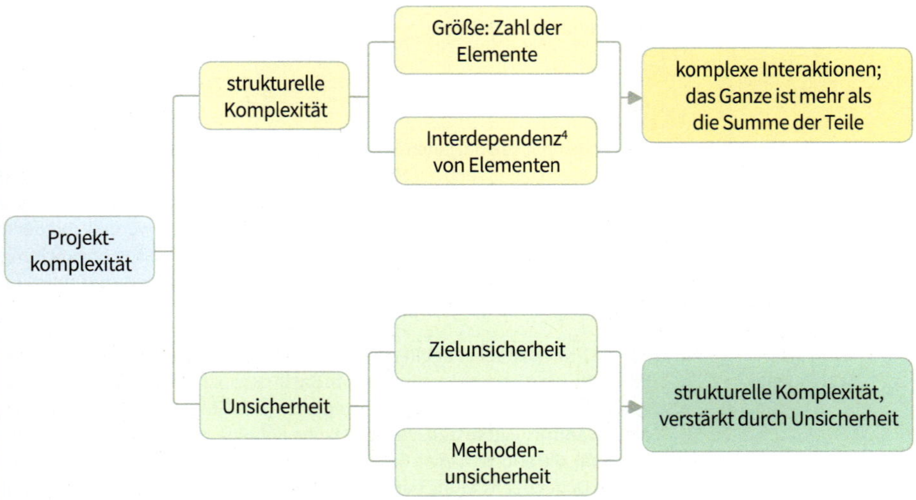

aus: Williams, Terry: Management von komplexen Projekten. Projektrisiken durch quantitative Modellierungstechniken steuern. Übersetzerin: Ayche, Karin. 1. Aufl. Weinheim: Wiley VCH 2003, S. 76.

[1,3] aus: DIN 69901-5. Projektmanagement – Projektmanagementsysteme – Teil 5: Begriffe. Berlin: Beuth, 2009.
[2] Initiierung im Sinne von „Anstoß“
[4] Interdependenz: wechselseitige Abhängigkeit

Projektmerkmale

Merkmal	Bedeutung
Zielvorgabe 3	Aus einem gegebenen Anlass heraus werden die Projektziele bestimmt. Zur Ideenfindung werden häufig Kreativitätstechniken (s. S. 500) angewandt. Sowohl das **Gesamtziel** als auch **Teilziele** eines Projekts müssen möglichst genau festgelegt werden, damit die von einem **Auftraggeber** (z. B. interne oder externe Auftraggeber eines Unternehmens) formulierten Ziele und Erwartungen auch punktgenau getroffen werden. Eventuelle **Zielkonflikte** zwischen einzelnen Teilzielen sowie spezielle **Projektrisiken** müssen vorher ausreichend beachtet werden. Sind die Projektziele genau definiert und vereinbart, um einen abgestimmten Projektzweck zu realisieren, kann im Rahmen der **Projektauswertung** (Projektevaluation) auch festgestellt werden, inwieweit dies erreicht wurde. Gerade ein externer Auftraggeber wird größten Wert darauf legen, dass die Zielerreichung messbar ist. Schließlich stellt er eine große Geldsumme zur Projektdurchführung zur Verfügung und möchte wissen, ob die getätigte Investition für ihn lohnend war. Ist das mit dem Auftraggeber abgestimmte Projektziel nicht im erforderlichen Umfang erreicht worden, kann es zu **Schadensersatzansprüchen** des Auftraggebers kommen. Die **Ziele** eines Projekts können nach unterschiedlichen **Gesichtspunkten** eingeteilt werden. Einteilung der **Projektziele** nach[1] … ■ der **Zielausrichtung**: – **Ergebnisziele** (beziehen sich auf das Projektergebnis) – **Arbeitsziele** (beziehen sich auf die Projektdurchführung) ■ dem **Zielinhalt**: – **qualitative Ziele** (nicht in Zahlen vorgebbar) – **quantitative Ziele** (zahlenmäßig vorgebbare Ziele) ■ der **Zielkategorie**: – **strategische Ziele** (langfristig) – **taktische Ziele** (mittelfristig) – **operative Ziele** (kurzfristig) Olfert/Steinbuch definieren als **grundlegende Ziele** aller Projekte[2]: ■ Einhaltung des ökonomischen Prinzips ■ konsequente Kundenfokussierung ■ systematische Prozessorientierung ■ Schonung der Umwelt [1] vgl.: Olfert, Klaus: Kompakt-Training Projektmanagement. 8., aktualisierte Aufl. Ludwigshafen (Rhein): Kiehl Verlag 2012, S. 18. [2] aus: Olfert, Klaus, a. a. O., S. 18.
zeitliche Begrenzung 4	Ein Projekt hat sowohl einen **Start-** als auch einen **Endtermin**. Der zeitliche Umfang kann sich z. B. auf wenige Wochen, aber auch auf Monate oder sogar Jahre erstrecken. Der **Arbeitsfortschritt** im Projektablauf muss stets zielgerichtet **gesteuert** und **überwacht** werden. Zu vorher festgelegten Zeitpunkten (z. B. am Monatsende) können sogenannte **Statusberichte** genutzt werden, mit denen der jeweilige Projektfortschritt den Verantwortlichen mitgeteilt wird. Eventuell müssen **Abweichungsanalysen** bei Zeitverzögerungen erstellt werden, um notwendige Korrekturen einleiten zu können. Eine genaue **Zeitplanung** ist Teil eines ganzheitlichen Projektmanagements.
finanzielle Begrenzung 5	Für ein Projekt steht in der Regel ein bestimmtes **Budget** zur Verfügung. Dieses soll die gesamten **Projektkosten** abdecken, also sowohl **Sach-** als auch **Personalkosten**. Der **Projektkostenplan** enthält die geschätzte Höhe der einzelnen Kostenarten (z. B. Softwarekosten für die Projektdauer) und ermittelt somit die **Gesamtprojektkosten**. Voraussetzung dafür ist, dass die einzelnen Projektaufgaben, das notwendige Personal, die erforderlichen Sachmittel vorher abgeschätzt werden und eine Terminplanung vorliegt, die die Dauer der Nutzung der einzelnen Ressourcen (Mittel) enthält. **Kostenrisiken** müssen vorherabgeschätzt werden, sogenannte Risikoreserven werden daher einkalkuliert. Ein **Projektcontrolling** wird während der Projektdurchführung (z. B. ein permanenter Soll-Ist-Vergleich der einzelnen Kostenarten) und zum Projektabschluss durchgeführt.

Projektmerkmale

<table>
<tr><th>Merkmal</th><th>Bedeutung</th></tr>
<tr><td>finanzielle Begrenzung
5</td><td>

Projektkosten und Projektlaufzeit

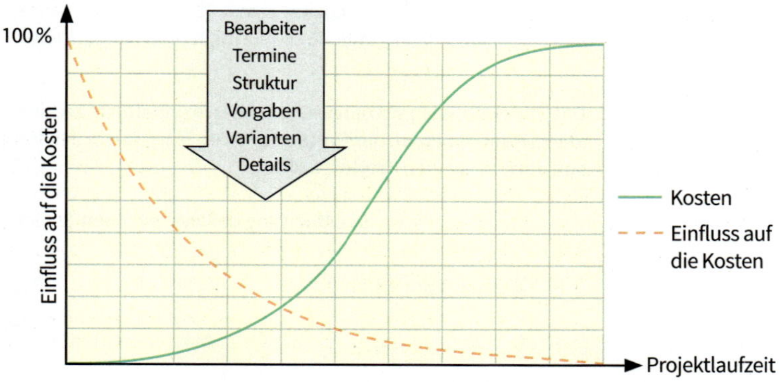

aus: Klose, Burkhard: Projektabwicklung: Arbeitshilfen, Fallbeispiele, Checklisten im Projektmanagement. 5. aktualisierte Auflage. München: Münchner Verlagsgruppe 2008, S. 15.

Um ein Projekt erfolgreich abschließen zu können, wird der Projektmanager (Projektleiter) das sogenannte **magische Viereck des Projekterfolgs** mit seinen Bestandteilen („Ecken“) **Lösungsumfang, Qualität, Kosten** und **Termine** ständig ausbalancieren müssen, um den Projektzweck zu erreichen. „Magisch ist dieses Viereck, weil eine Verbesserung an einer Ecke grundsätzlich nur zum Preis einer Verschlechterung an mindestens einer anderen Ecke zu erreichen ist.“[1]

Das magische Viereck des Projekterfolgs[2]

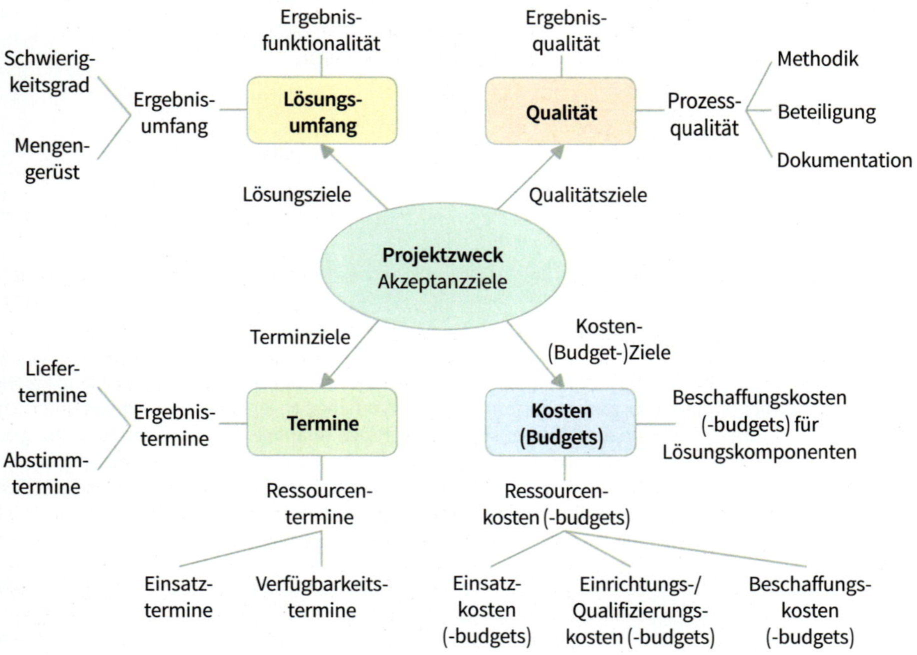

[1], [2] aus: Zöllner, Uwe: Praxisbuch Projektmanagement. Das neue, umfassende Handbuch für Führungskräfte und Projektmitarbeiter. 1. Aufl. Bonn: Rheinwerk 2003, S. 65.

</td></tr>
</table>

Projektmerkmale

<table>
<tr><th>Merkmal</th><th>Bedeutung</th></tr>
<tr><td>personelle Begrenzung
6</td><td>Eine personelle Bedarfsplanung (Kapazitätsplanung) umfasst den Bedarf an Personal, um das Projekt ordnungsgemäß durchführen zu können. Der Personalbedarf ist aber nicht nur quantitativ zu erfassen, es bedarf auch der Ermittlung des qualitativen Personalbedarfs (z. B. IT-Spezialisten). Diese Planungen sind Grundlage für den Personalkostenplan. In Großunternehmen werden Kosteneinsparungen durch Einsatz von Leiharbeitsfirmen und/oder Subunternehmen angestrebt.</td></tr>
<tr><td>Abgrenzung gegenüber anderen Vorhaben
7</td><td>Das Projekt muss in sich abgeschlossen sein: inhaltlich, zeitlich und organisatorisch. Das Projekt hat ein klares Handlungsziel: das Projektergebnis. Man spricht bei der Konzipierung eines konkreten Projekts von der ihm eigenen Projektstruktur.

Die Ableitung der wesentlichen Teile der Projektstruktur

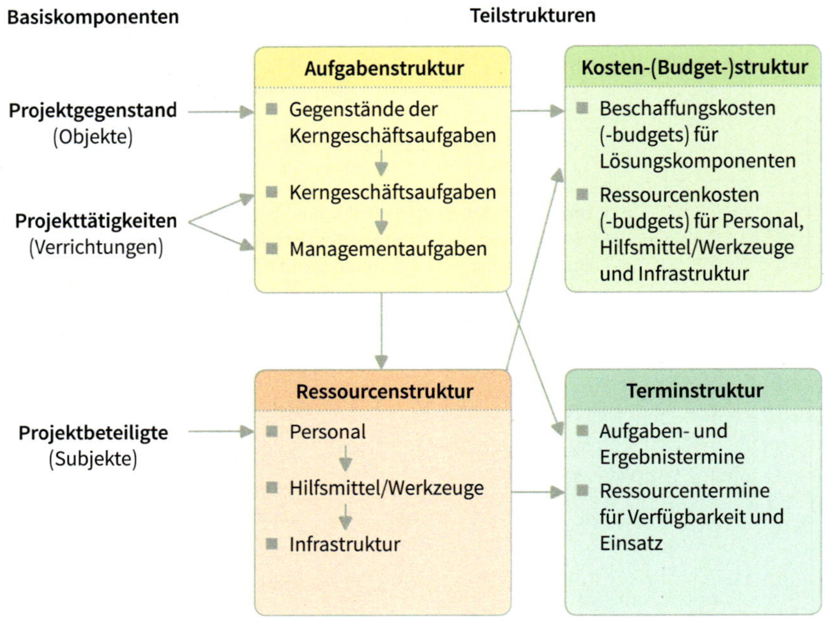

aus: Zöllner, Uwe: Praxisbuch Projektmanagement. Das neue, umfassende Handbuch für Führungskräfte und Projektmitarbeiter. 1. Aufl. Bonn: Rheinwerk 2003, S. 80.</td></tr>
<tr><td>projektspezifische Organisation
8</td><td>Da jedes Projekt in seiner Existenz einmalig ist, muss auch bei jedem Projekt neu überlegt werden, welche Organisationsform für dieses Vorhaben angemessen ist. In einem Unternehmen wird die Geschäftsleitung oder der Bereichsleiter einen Projektmanager (Projektleiter) zur Leitung des Projekts berufen. Ihm sind die Mitglieder der Projektgruppe unterstellt. Bei großen Projekten wird zwischen Projektmanager und einem ihm unterstellten Projektleiter unterschieden, häufig gibt es zusätzlich noch einen kaufmännischen Projektleiter. Ebenfalls möglich – wenn auch sehr selten anzutreffen – ist ein Selbstmanagement, bei dem alle Projektmitarbeiter gleichberechtigt sind.

Bei einigen Großprojekten wird oberhalb des Projektmanagers noch ein sogenannter Lenkungsausschuss eingesetzt, der eher auf der strategischen Entscheidungsebene des Unternehmens angesiedelt ist. Er dient als oberstes Entscheidungs- und Kontrollgremium, Mitglieder der Geschäftsführung eines Unternehmens werden in ihn entsandt.</td></tr>
</table>

Projektmerkmale

Merkmal	Bedeutung
projektspezifische Organisation 8	Wenn bei einem Projekt i. d. R. auch hierarchische Strukturen erkennbar sind, ist doch die vorherrschende Arbeitsweise die **Teamarbeit** (siehe hierzu S. 498). Alle für die Organisation eines Projekts notwendigen Informationen werden meist in einem sogenannten **Projekthandbuch** (siehe unten) festgehalten. Eine fortlaufende Überarbeitung des Projekthandbuchs ist notwendig und wird vom Projektmanager angewiesen und überwacht. Eine große Hilfe bei der Organisation eines Projekts kann der Einsatz von **Projektmanagementsoftware** (siehe hierzu S. 449 f.) sein.

***Beispiel* für ein Inhaltsverzeichnis eines Projekthandbuches:**

Projekthandbuch	3.11/B1
1 PROJEKTBESCHREIBUNG 1.1 Leistungen 1.2 Termine	Auftraggeber, Ziel des Auftrags, Standort der Anlagen, Besonderheiten (öffentlicher Auftrag, kritische Punkte usw.)
2 ORGANISATIONSSTRUKTUR 2.1 Projektleitung (technisch, kaufmännisch) 2.2 Zuständigkeiten	Hierarchie, Federführung, Zuständigkeiten, Aufgaben, Weisungsbefugnisse
3 PROJEKTBETEILIGTE 3.1 Auftraggeber 3.2 Kooperationspartner 3.3 Interne Mitarbeiter 3.4 Externe Mitarbeiter (Experten usw.)	Name, Funktion, Postanschrift, Telefonnummer, Fax-Nr., E-Mail, Aufgabe im Projekt, evtl. Vertreter
4 ABKÜRZUNGEN	Festlegung der Abkürzungen, die im Projekt verwendet werden
5 SCHRIFTVERKEHR 5.1 Form/Schriftordnung 5.2 Unterschriftenregelung 5.3 Korrespondenzverteilung	Festlegung der Form und der Verteilung der Korrespondenz (Beispielformulare)
6 INFORMATIONSAUSTAUSCH 6.1 Unterlagenverteilung 6.2 Besprechungen	Grundsätze und Durchführung des Informationsaustausches, Turnus, Ort, Teilnehmer der Besprechungen
7 AKTENORDNUNG	Festlegung des Ablagesystems
8 PROJEKTDOKUMENTATION 8.1 Vorgehensweise 8.2 Unterlagenverzeichnis	Anweisung zur Erfassung und Pflege, Zusammenstellung der verfügbaren Projektunterlagen
9 ANHANG Lageplan Beispiele (Brief, Aktennotiz usw.)	

aus: Klose, Burkhard: Projektabwicklung: Arbeitshilfen, Fallbeispiele, Checklisten im Projektmanagement. Frankfurt/Wien: Münchner Verlagsgruppe 2002, S. 58.

Begriff

Projektmanagement ist laut DIN 69901 „die Gesamtheit von Führungsaufgaben, -organisation, -techniken und -mitteln für die Initiierung, Definition, Planung, Steuerung und den Abschluss von Projekten". Die Abwicklung geschieht in sogenannten **Projektphasen**.

vgl.: DIN 69901-05. Projektmanagement – Projektmanagementsysteme – Teil 5: Begriffe. Berlin: Beuth 2009.

Projektphasen

Es gibt kein allgemein anerkanntes Begriffssystem für die Definition von einzelnen Projektphasen. Umstritten ist in der Fachliteratur auch, zu welchem Zeitpunkt ein Projekt als solches beginnt: Soll man schon bei der ersten **Projektidee** vom Projektbeginn sprechen oder beispielsweise erst bei der Vereinbarung eines Projektauftrags mit unternehmensinternen oder -externen Auftraggebern?

In jedem Fall können folgende **Projektphasen** grob abgegrenzt werden:

1. Projektvorbereitung

2. Projektplanung

3. Projektdurchführung

4. Projektabschluss und Projektevaluation[1]

Projektvorbereitung

Projekte in Unternehmen werden entweder intern von dazu autorisierten Stellen (z. B. der Geschäftsführung) oder von unternehmensexternen Kunden initiiert. Am Anfang steht meist eine wenig klar abgegrenzte **Projektidee**, die zu einer eindeutigen **Projektdefinition** fortentwickelt werden muss. Viele Projekte scheitern daran, dass diese Definition keine klaren Ziele für die Projektarbeit setzt oder den Projektzweck nicht eindeutig von ähnlichen Vorhaben abgrenzt. Die Projektdefinition mündet in einen **Projektantrag**, über den ein unternehmensinternes Gremium oder ein externer Kunde entscheidet. Der genehmigte Projektantrag führt zum rechtlich verbindlichen **Projektauftrag**.

Beispiel: Aufbau eines Projektantrages

Inhaltsgliederung für einen Projektantrag

Hauptbereiche	Spezifikationen
Ausgangslage und Zielsetzungen	▪ kurze Projektbeschreibung ▪ strategische Relevanz ▪ Projektziele ▪ Beziehungen zu anderen Projekten
Istzustand	▪ Problemlage, Bedarf ▪ kritische Erfolgsfaktoren ▪ Beschreibung der Aufgaben/Funktionen des Produkts ▪ Beschreibung des Datengerüstes/Mengengerüstes
gewünschte Ergebnisse und Anwendungserfordernisse (Sollkonzept)	▪ Ergebnisse des Projekts ▪ funktionale Anforderungen ▪ prozessuale Anforderungen ▪ informationelle Anforderungen
Lösungsalternativen	Beschreibung der Lösungsvarianten aus funktionaler und prozessualer Perspektive
Wirtschaftlichkeitsbeurteilung	▪ Kostenschätzung der Lösungsvarianten ▪ Kosten-Nutzen-Analyse
Projektplanung	▪ Aufwand und Zeitrahmen ▪ Finanzierungsplan ▪ Personalbedarfsplan ▪ Durchführungsplan (Ablauf in Phasen)
Umsetzung und Organisation	▪ interne Beteiligte, Einbindung in Unternehmensorganisation ▪ geplante Fremdvergaben ▪ Qualitätsmanagement ▪ Änderungsmanagement ▪ Risikomanagement ▪ Projektberichtswesen

aus: Tiemeyer, Ernst: Projekte erfolgreich managen. Methoden, Instrumente, Erfahrungen. Weinheim, Basel: Beltz 2002, S. 19.

Eine sogenannte **Projektumfeldanalyse** sollte bei Projektbeginn die Einstellungen der unterschiedlichen Interessengruppen (Stakeholder) erfassen, z. B. die Interessen des Auftraggebers, der Geschäftsleitung, anderer Abteilungen des Unternehmens, des Projektmanagers oder von Lieferanten. Eine derartige **Stakeholderanalyse** lässt frühzeitig Projektrisiken erkennen; geeignete Maßnahmen können so rechtzeitig ergriffen werden. Die Entscheidung ist abhängig von verschiedenen Einflussgrößen, die bei der vergleichenden Betrachtung zu berücksichtigen sind.

13

[1] Zum Teil werden auch Projektabschluss und Projektevaluation als jeweils eigenständige Projektphasen definiert.

Projektphasen

Projektvorbereitung

Beispiel für **Projektziele** bei einem Projekt zur Erstellung eines neuen Internetauftritts für einen Industriekonzern:

Projektziele formulieren	
Ausgangslage/Teilziele	**Zielformulierungen**
Projektbeschreibung und strategische Relevanz	Es soll ein optimierter Internetauftritt für einen Industriekonzern erstellt werden. Das Projekt hat hohe Relevanz für die Wettbewerbsfähigkeit des Unternehmens.
Leistungsziele	■ verbesserte Präsentation des Unternehmens ■ gezielte Sammlung und Auswertung von Kundenprofilen (Kundenwünsche, Kundenverhalten) ■ Erschließung neuer Märkte und Kundengruppen ■ stärkere Kundenbindung durch Umsetzung von Anregungen
ökonomische Ziele	■ Verminderung der Vertriebs- und Werbekosten ■ Senkung der Kommunikationskosten ■ Umsatzsteigerung durch höhere Kapazitätsauslastung
humane und soziale Ziele	■ höhere Flexibilität für die Kunden ■ bessere Zusammenarbeit der einzelnen Konzernteile
ökologische Ziele	Reduzierung der papiergebundenen Informationen um 50 %

Eine möglichst genaue Formulierung der Projektteilziele ist auch Grundlage für die Wirtschaftlichkeitsbeurteilung (siehe S. 272) des Projekts, d. h. für die Kostenschätzung der einzelnen Lösungsvarianten und der Kosten-Nutzen-Analyse.

Die Projektziele müssen schließlich **bewertet** werden, es ergibt sich eine Hierarchisierung (Rangordnung) nach Bedeutung und Dringlichkeit. Es ist durchaus möglich, dass aufgrund der Bewertung einzelne Zielvorstellungen des Projekts aufgegeben werden (müssen).

aus: Tiemeyer, Ernst: Projekte erfolgreich managen. Methoden, Instrumente, Erfahrungen. Weinheim, Basel: Beltz 2002, S. 21.

Der schriftlich fixierte **Projektauftrag** enthält zumindest Angaben über:
- Projektzweck
- Projektziele
- Projektbeginn, -ende
- Auftraggeber
- Projektmanager
- Projektzeitplan
- Projektbudget
- Projektergebnisse

Eine **Fortschreibung** des erstmalig erteilten Projektauftrags ist gerade bei größeren Projekten die Regel, da bei der Projektdurchführung häufig neue Situationen auftreten, über die dann entschieden werden muss.

Projektplanung

Die **Projektplanungsphase** ist die entscheidende Grundlage für die anschließende Projektdurchführungsphase. Je genauer geplant wird, desto reibungsloser kann die Realisierung des Projekts erfolgen. Im Rahmen der **Projektplanung** muss über folgende **Planungsgrößen** entschieden werden:
- einzelne Arbeitsschritte (Arbeitspakete)
- Ressourcen (Eigen- und Fremdpersonal)
- zeitliche Abfolge der einzelnen Arbeitsschritte
- finanzieller Aufwand

Im Rahmen der Projektplanungsphase wird das Projekt in kleinste Teilaufgaben aufgeteilt, in sogenannte **Arbeitspakete**, die folgendermaßen definiert werden können:

Arbeitspaket
■ Für jedes Arbeitspaket gibt es nur einen Verantwortlichen. ■ Es erfolgt eine eindeutige Abgrenzung zu anderen Arbeitspaketen. ■ Die Bearbeitung sollte weitgehend unabhängig von anderen Arbeitspaketen möglich sein. ■ Es wird eine eindeutige Zielsetzung fixiert. ■ Es wird ein überschaubarer Zeitrahmen vorgegeben. ■ Größere Arbeitspakete werden in Phasen mit Zwischenterminen gegliedert. ■ Es wird ein eindeutiger Zeit- und Kostenrahmen vorgegeben.

aus: Klose, Burkhard: Projektabwicklung: Arbeitshilfen, Fallbeispiele, Checklisten im Projektmanagement. 5. aktualisierte Auflage. München: Münchner Verlagsgruppe 2008, S. 52.

Projektphasen

Projektplanung

Beispiel für die **Arbeitspaketplanung**:

Arbeitspaketplanung

Projekt: **Überarbeitung des Internetauftritts**

Arbeitspaket: **Ist-Analyse Webauftritt**

Verantwortlich:

1. Abgrenzung, Inhalt und Umfang

Analyse der Ist-Situation des bisherigen Webauftritts des Industriekonzerns unter Berücksichtigung der angestrebten Ziele und vorhandener Verbesserungs- und Erweiterungspotenziale

2. Erwartete Ergebnisse

- Inhaltsbeschreibung (Dokumentation)
- Benutzerprofilanalyse (Anteil der Neukunden, Häufigkeit des Zugriffs durch Stammkunden)
- Bericht zur Akzeptanz des Webdesigns (Kundenbefragung)
- Beschreibung der Funktionalität (Datenbankunterstützung)

3. Abstimmung mit anderen Arbeitspaketen

Ist-Analyse ist die Basis zur Entwicklung eines Sollkonzepts

4. Einzuhaltende Spezifikationen

QS-Richtlinien des Industriekonzerns für Websites

5. Kapazitätsbedarf

Vier Personenwochen

6. Ecktermine

- Geplanter Beginn der Arbeiten:
- Geplantes Ende der Arbeiten:

Die **Arbeitspaketplanung** mündet in ihrer Gesamtheit in den **Projektstrukturplan (PSP)**. In ihm werden alle Projektaktivitäten systematisch erfasst. Die Reihenfolge der einzelnen Arbeitsschritte wird dabei noch nicht berücksichtigt, dies geschieht erst im **Projektablaufplan**.

Beispiel für einen **Projektstrukturplan**:

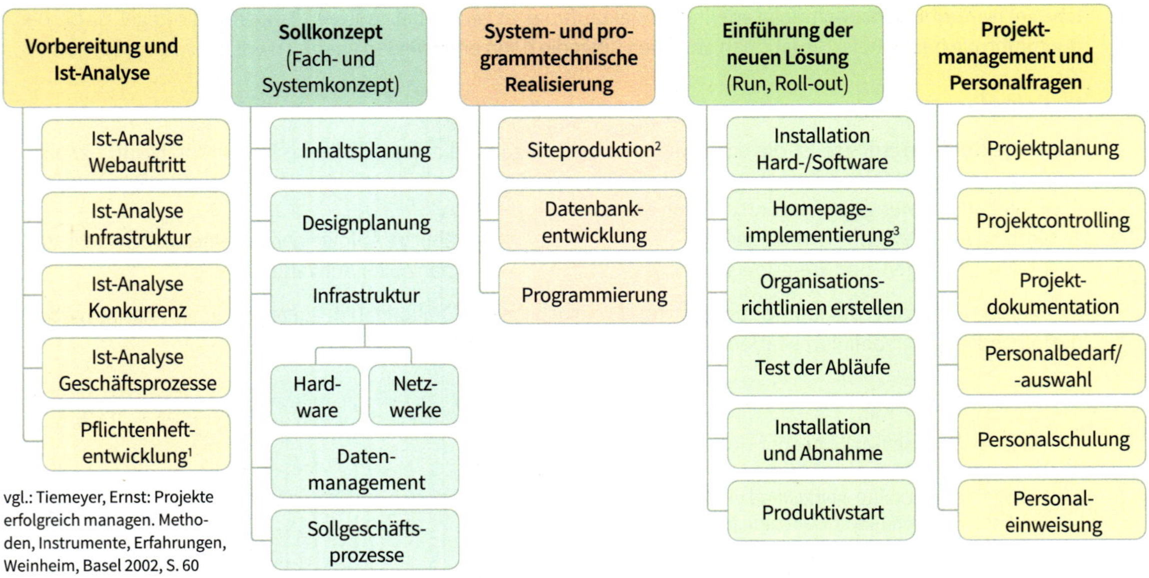

vgl.: Tiemeyer, Ernst: Projekte erfolgreich managen. Methoden, Instrumente, Erfahrungen, Weinheim, Basel 2002, S. 60

[1] Während beim sogenannten Lastenheft alle Anforderungen des Auftraggebers (Kunden) an die Leistungen des Auftragnehmers (Lieferanten) aufgelistet werden, enthält das Pflichtenheft Angaben darüber, wie und womit die Anforderungen des Auftraggebers zu verwirklichen sind.

[2] Site im Sinne von Website [3] Einpassung der Homepage

Projektphasen

Projektplanung

Beispiel für einen **Projektablaufplan**:

Nr.	Vorgang	Dauer (Wochen)	Unmittelbarer Vorgänger
1	grobe Vorstudie	1	–
2	Ist-Analyse	4	1
3	Pflichtenhefterstellung	2	2
4	Auftragserteilung	3	3
5	Entwurf „Geschäftsprozesse“	7	4
6	Datenmodellierung	3	5
7	Entwurf „Webdesign“	2	5
8	Entwurf „Organisation“	3	5
9	Infrastrukturplanung	4	6
10	Entscheidungssitzung	1 Tag	9; 8; 7
11	Screen-Design „Disposition“	6	10
12	Screen-Design „Marketing“	8	10
13	Screen-Design „Zusatzleistungen“	6	10
14	Screen-Design „Intranet“	10	10
15	Anlageninstallation	3	11; 12; 13; 14
16	Datenbankanbindung	3	15
17	Programmierarbeiten	2	16
18	Programminstallation und Abnahme	2	17; 14
19	Personalausbildung	4	14
20	Personaleinweisung	1	19; 18
21	Produktivstart	1	20; 18

Gerade durch die Möglichkeit, spezielle Projektmanagementsoftware zu nutzen, haben sich Balkendiagramme und Netzpläne zur Darstellung von Projektablaufplänen durchgesetzt (siehe dazu S. 449 ff.). Sie wenden sowohl die Arbeitspaketplanung als auch die **Meilensteintechnik** an. Als **Meilensteine** werden laut DIN „Ereignisse besonderer Bedeutung“[1] definiert. Sie sind Teil der Terminplanung des Projekts.

Sind Arbeitspaket- und Projektablaufplanung abgeschlossen, muss die **Ressourcen-** und **Kostenplanung** erfolgen. Die Ergebnisse der Kostenplanung gehen schließlich in einen allumfassenden **Projektfinanzplan** ein.

vgl.: Tiemeyer, Ernst: Projekte erfolgreich managen. Methoden, Instrumente, Erfahrungen. Weinheim, Basel: Beltz 2002, S. 62.

[1] aus: DIN 69901-5. Projektmanagement – Projektmanagementsysteme – Teil 5: Begriffe. Berlin: Beuth 2009.

Überblick: Projektplanungsphase

Projektplanung im Zusammenhang

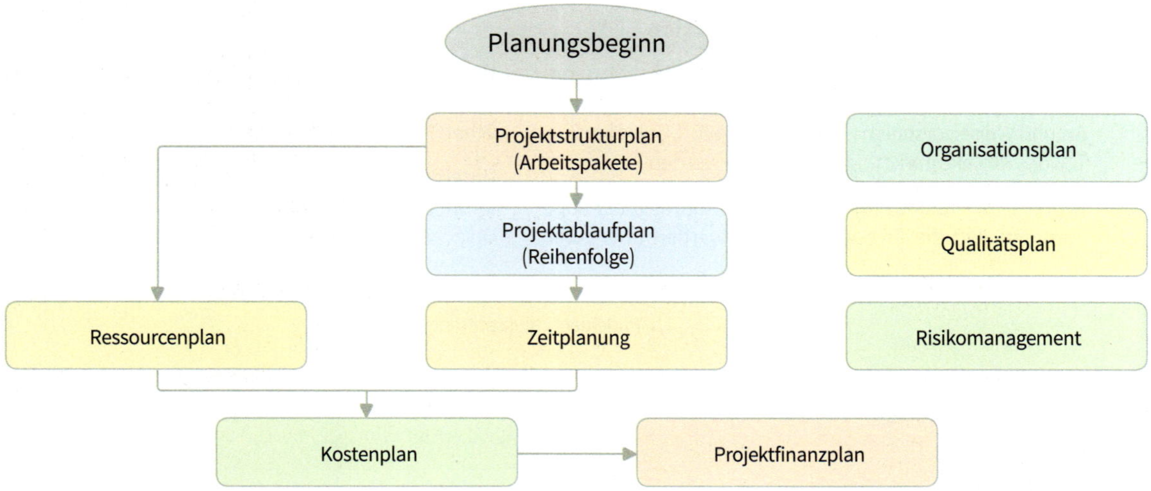

vgl.: Tiemeyer, Ernst: Projekte erfolgreich managen. Methoden, Instrumente, Erfahrungen, Weinheim, Basel 2002 S. 58

Vergleiche hierzu auch S. 445 und S. 446.

Projektphasen

Projektdurchführung

Ist die Entscheidung über die Durchführung des Projekts getroffen, wird meist mit einem sogenannten **Kick-off-Meeting** die Projektdurchführungsphase begonnen. Teilnehmer dieses Initiierungstreffens sind:

- Auftraggeber
- Projektmitarbeiter
- Projektmanager
- weitere Stakeholder (z. B. Lieferanten)

Das Kick-off-Meeting soll alle Projektbeteiligten in angemessener Umgebung zusammenführen, um die Motivation aller Beteiligten zu erhöhen und ein **Wir-Gefühl** (siehe auch S. 498) zu entwickeln. Der geplante Ablauf des gesamten Projekts wird präsentiert und erste Absprachen werden getroffen.

Im Rahmen der Projektdurchführung ist eine laufende **Projektsteuerung** und **-kontrolle** notwendig. Sie kann durch den Projektmanager, aber auch durch den Lenkungsausschuss oder spezielle **Projektcontroller** erfolgen. Mithilfe eines **Soll-Ist-Vergleichs** wird die Durchführung des Projekts hinsichtlich der Einhaltung der Projektziele und des Zeit- und Arbeitsplans bewertet. In **Projektbesprechungen** werden Strategien zur Optimierung der Projektabläufe entwickelt. In diesen Besprechungen werden spezielle **Gesprächs-** und **Feedbackregeln** (s. S. 496) beachtet und Beschlüsse protokolliert (s. S. 479).

Typische **Fragen** im Rahmen der **prozessorientierten Projektsteuerung** und **-kontrolle** können sein:

- Sind die vereinbarten Meilensteine zum richtigen Zeitpunkt erreicht worden?
- Konnte die Kostenplanung bisher eingehalten werden?
- Hat der Auftraggeber Änderungswünsche am Projektauftrag?
- Gibt es Probleme/Konflikte im Projektteam?
- Erfolgt die Projektdokumentation für alle Beteiligten (z. B. auch für den Auftraggeber) in ausreichendem Maße?

Das **Projektcontrolling** vergleicht laufend **Plan-** und **Ist-Daten** zur Kosten- sowie Zeitplanung und wertet sie aus; der Projektmanager muss unter Umständen korrigierend eingreifen. Änderungswünsche des Auftraggebers werden durch ein sogenanntes **Claim Management** geprüft und entsprechende Korrekturen am Projektablauf vorgenommen.

Um die **Projektdokumentation** für alle Beteiligten transparent zu gestalten, wird spezielle Software (s. S. 449 ff.) eingesetzt, eventuell wird auch das Internet als Systemplattform für alle Dokumente genutzt. Durch ein Passwort geschützt haben alle Projektbeteiligten beim sogenannten **Projekt-Hosting** jederzeit Zugriff auf alle Dokumente.

Um Auftraggeber und Stakeholder vor Projektabschluss aufbereitete Informationen über den Projektfortschritt zukommen zu lassen, ist ein entsprechendes **Projektmarketing** sinnvoll.

Projektabschluss und Projektevaluation

Das Projektteam wird in der Regel in einer **Abschlusspräsentation** die Ergebnisse des Projekts in ansprechender Art und Weise vorstellen (siehe dazu S. 486 ff.), dies kann als Teil des Projektmarketings verstanden werden.

Schließlich wird das Projekt durch den Auftraggeber abgenommen und die Projektergebnisse werden übergeben. Unter Umständen schließt sich eine Einweisung oder sogar Schulung an. Viele Auftraggeber erwarten auch einen förmlichen **Projektabschlussbericht.**

Unternehmensintern sollte eine **Auswertung**, eine **Evaluation**, der Projektarbeit erfolgen, z. B. im Hinblick auf die Ursachen von Störungen im Projektablauf.

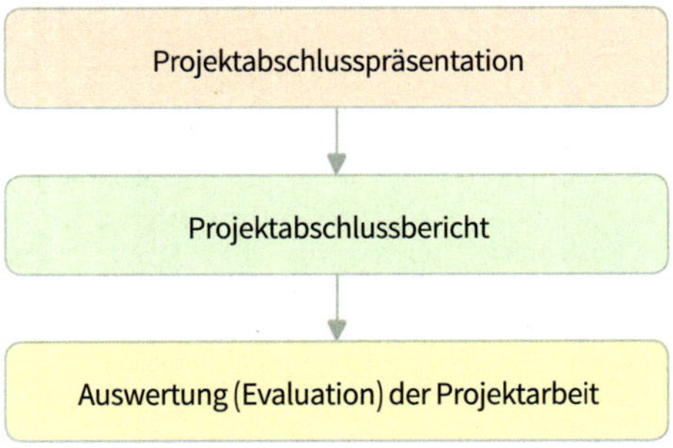

Begriff

Projektplanungsprogramme sind computergestützte Hilfsmittel, die den Verlauf eines Projekts bezüglich Planung, Steuerung, Dokumentation und Zielkontrolle unterstützen. Sie erlauben die Aufzeichnung der Organisation eines Projekts sowie seiner zeitlichen Abfolge und Gliederung in einzelne Arbeitsschritte mit zugehörigem Zeit-, Personal- und Materialbedarf.

Balkendiagramm (Gantt-Diagramm[1])

Beispiel: Bei der OfficeCom KG wird ein IT-Projekt „elektronische Dokumentenverwaltung“ geplant. Das Projekt beginnt mit einem sogenannten „Kick-off-Meeting“ (siehe S. 448). Danach folgen die Vorgänge Ist-Analyse, Soll-Konzeption, Datenbankentwicklung, Programmierung, Praxistest und Abnahme. Parallel zu diesen Projektphasen (siehe S. 444) werden die Ergebnisse dokumentiert. In einer „Meilensteinsitzung“ wird die Soll-Konzeption analysiert, bewertet und genehmigt.

Darstellung mit dem Tabellenkalkulationsprogramm Excel

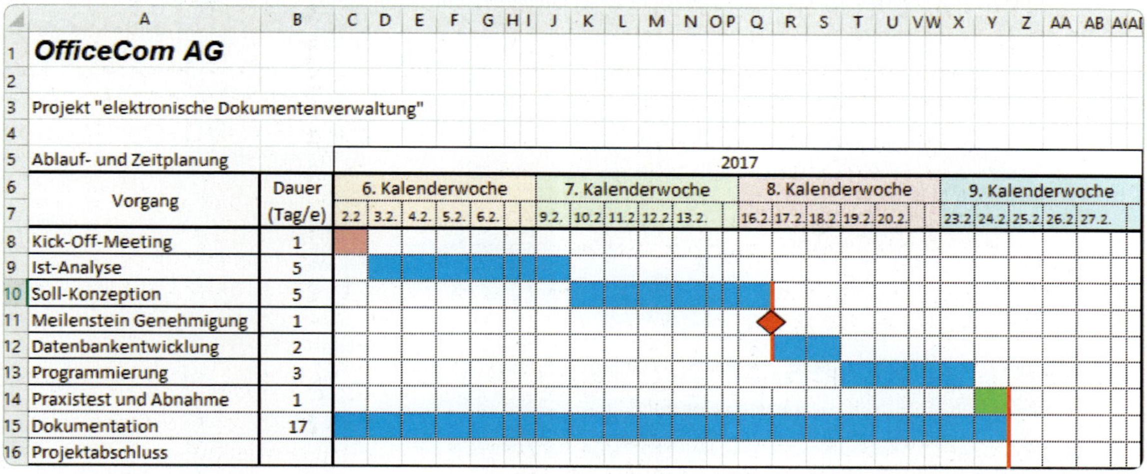

[1] nach Henry Gantt, 1861–1919, Pionier der wissenschaftlichen Projektplanung

Schritte zur Erstellung des Balkendiagramms mit Excel

1. Datei → Neu → leere Arbeitsmappe wählen

2. Spaltenbreite und Zellenhöhe anpassen:
   - betroffene Spalten/Zeilen markieren
   - rechte Maustaste betätigen
   - „Spaltenbreite" bzw. „Zeilenhöhe" auswählen

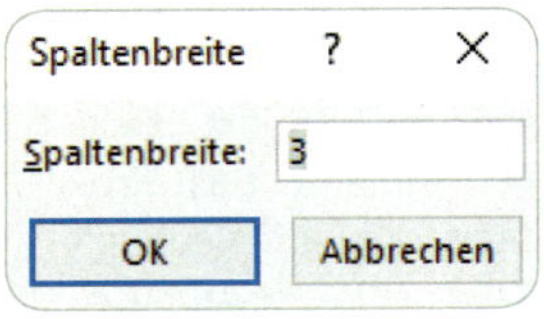

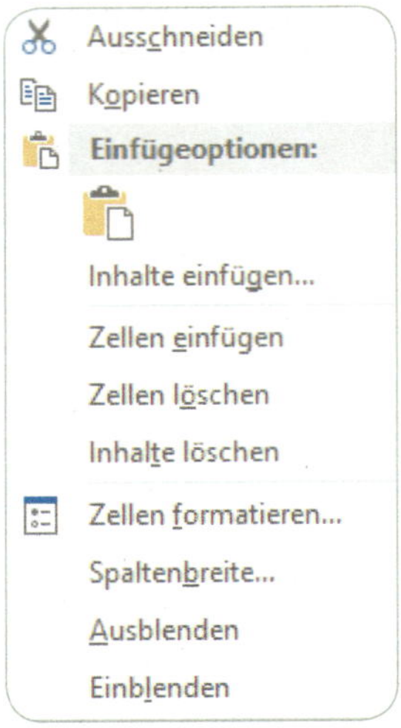

3. Überschriften, Kalenderdaten, Vorgänge und Dauer in die entsprechenden Zellen eingeben

4. Zellen rahmen:
   - betroffene Spalten markieren
   - rechte Maustaste betätigen
   - „Zellen formatieren" auswählen
   - Rahmenart auswählen
   - Rahmenart einfügen, OK

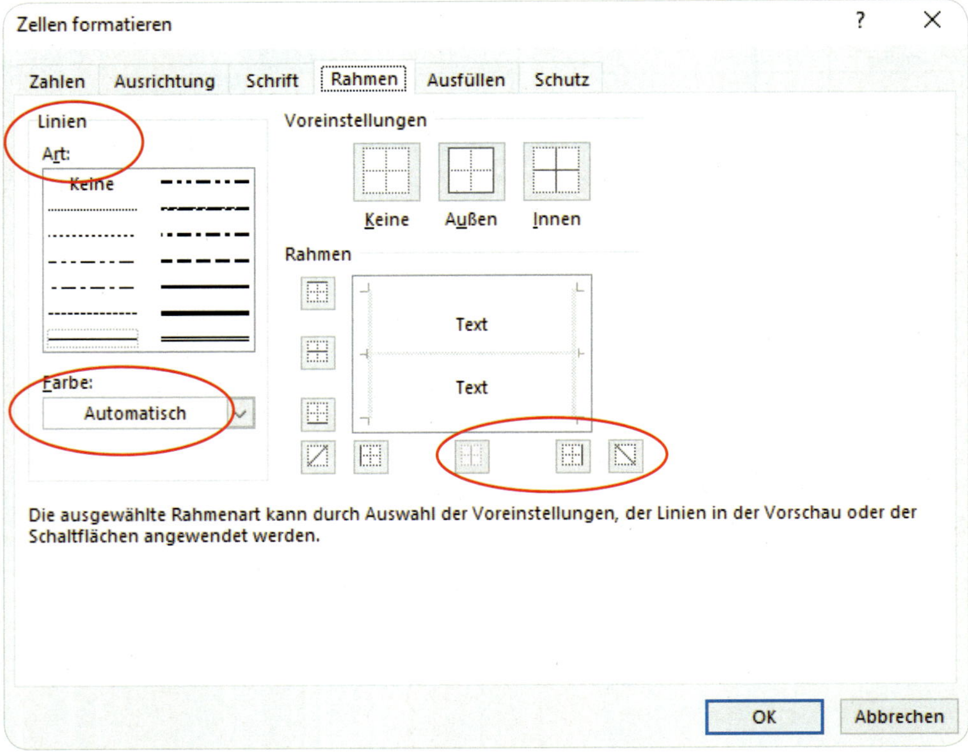

13

Darstellung mit dem Projektplanungsprogramm „GanttProject"[1]

Gantt-Diagramm:

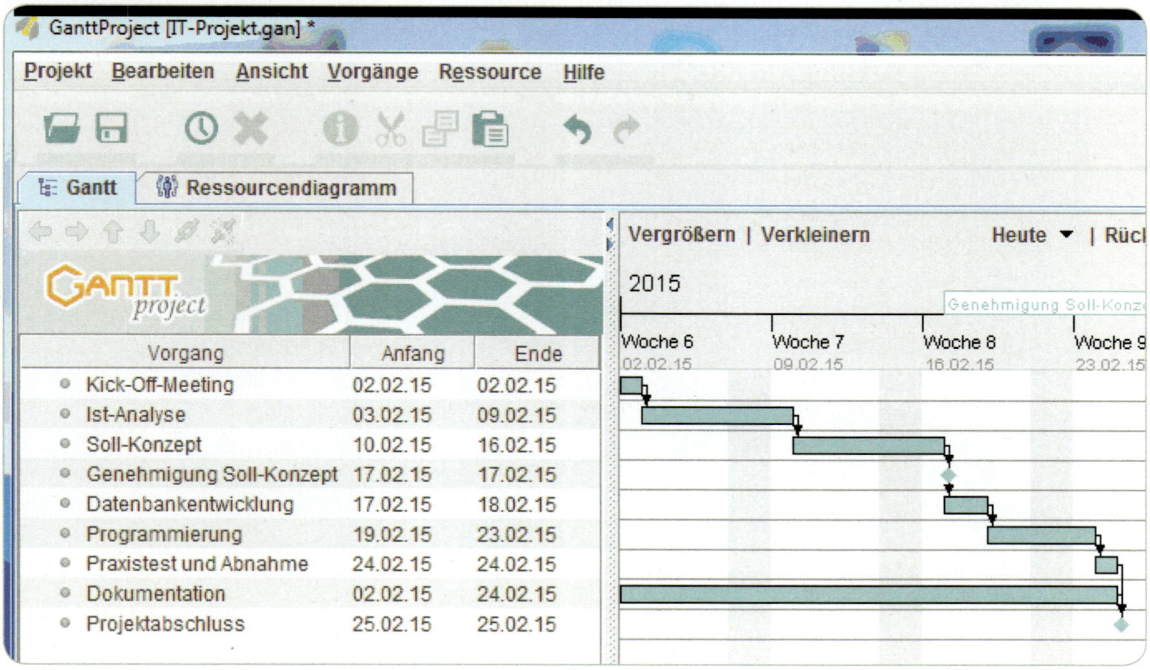

PERT[2]-Diagramm:

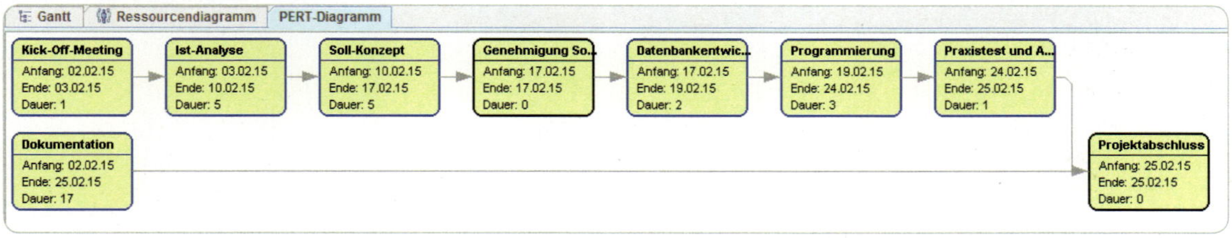

Programmfunktionen

- Entwicklung von Zeit- und Arbeitsplänen
- Aufteilung eines Projekts in Arbeitsvorgänge
- Darstellung von Meilensteinen
- Darstellung der Abhängigkeiten einzelner Arbeitsschritte
- Kennzeichnung des kritischen Pfads
- Darstellung eines Projektsplans mithilfe verschiedener Diagrammtypen (Gantt-Diagramm, Netzplan/PERT-Diagramm)
- Kalenderdarstellung
- Softwaregestützte Zeitrechnung
- Dokumentation
- Export- und Importfunktion

[1] Download des Gratis-Tools „Gantt-Project", z. B. **http://www.chip.de/downloads/GanttProject_20327781.html, abgerufen am 20.11.2017**

[2] PERT-Diagramme stammen aus der Netzplantechnik (PERT = **P**rogram **E**valuation and **R**eview **T**echnique)

14 Fachliches Englisch

Model company

Modellunternehmen

Company profile – *Unternehmensprofil*

Company name:	OfficeCom KG	Firma:	OfficeCom KG
Legal form of company:	limited partnership[1]	Rechtsform:	Kommanditgesellschaft
Location:	Braunschweig, Germany	Sitz:	Braunschweig, Deutschland
General partners:	Dr. Frank Richter, Frauke Schönau	Komplementäre:	Dr. Frank Richter, Frauke Schönau
Limited partners:	Herbert Hauser, Dr. Carla Seltig	Kommanditisten:	Herbert Hauser, Dr. Carla Seltig
Line of business:	production and distribution of office furniture and accessories	Gegenstand:	Herstellung und Vertrieb von Büromöbeln und Zubehör
Range of goods:	desks, filing cabinets, desk chairs, desk lamps, desk sets, fax machines, printers, telephones	Sortiment:	Schreibtische, Aktenschränke, Schreibtischsessel, Schreibtischlampen, Schreibtischsets, Faxgeräte, Drucker, Telefonapparate
Buildings:	factory, warehouse, office building	Gebäude:	Fabrik, Lagerhalle, Bürogebäude
Departments:	purchasing, production, warehousing, sales, marketing, administration	Abteilungen:	Einkauf, Produktion, Lager, Verkauf, Marketing, Verwaltung
Staff:	195 skilled workers, 47 unskilled and semiskilled workers, 60 employees	Mitarbeiter/-innen:	195 Facharbeiter/-innen, 47 Ungelernte und Angelernte, 60 Angestellte
Customers:	wholesale and retail companies	Kunden:	Großhandels- und Einzelhandelsunternehmen

Business activities – *Unternehmenstätigkeiten*

to manufacture goods/ products	Güter/Waren herstellen	to purchase semifinished goods/products	Halbfertigerzeugnisse beziehen/einkaufen
to produce goods	Waren herstellen	to sell finished goods/ products	Fertigprodukte verkaufen
to make goods	Waren herstellen		
to supply goods	Waren anbieten/liefern	to store products	Produkte lagern
to deal in goods	mit Waren handeln	to deliver articles	Artikel liefern
to trade in goods	mit Waren handeln	to offer services	Dienstleistungen anbieten
to buy raw materials	Rohstoffe einkaufen		

Types of companies – *Unternehmensarten*

producer, manufacturer	Hersteller	wholesale company	Großhandelsunternehmen
industrial company/enterprise	Industrieunternehmen	retail company	Einzelhandelsunternehmen
trading company	Handelsunternehmen	service company	Dienstleistungsunternehmen

Example sentences – *Beispielsätze*

OfficeCom KG is a limited partnership located in Braunschweig in the north of Germany.
The company manufactures office furniture and also deals in office accessories.
It employs a total of 302 staff working in the factory, the warehouse or in the offices.

[1] Die Limited Partnership (LP oder L. P.) ist eine Rechtsform britischer oder amerikanischer Unternehmen, die der deutschen Kommanditgesellschaft (KG) sehr ähnlich ist.

The personnel – *Das Personal*

personnel	Belegschaft, Personal	superior	Vorgesetzte/-r
staff	Belegschaft, Personal	owner	Inhaber/-in
employee	Angestellte/-r	managing director, MD	Geschäftsführer/-in
employer	Arbeitgeber/-in	chief executive officer, CEO	Geschäftsführer/-in
to employ sb[1]	jmdn.[2] anstellen/beschäftigen	branch manager	Filialleiter/-in
to work as a *(job)*	als *(Beruf)* arbeiten	department manager	Abteilungsleiter/-in
to work at/for	arbeiten bei	accountant	Buchhalter/-in
place of work, workplace	Arbeitsplatz	sales representative	Vertreter/-in
member of staff	Mitarbeiter/-in	secretary	Sekretär/-in
colleague	Kollege, Kollegin	stockroom worker	Lagerarbeiter/-in
boss	Chef/-in	temporary worker, temp	Aushilfe
	**employer** Arbeitgeber/-in		**employee** Arbeitnehmer/-in, Angestellte/-r

The employment relationship – *Das Arbeitsverhältnis*

contract of employment	Arbeitsvertrag	advanced/further vocational training	berufliche Fortbildung
working conditions	Arbeitsbedingungen		
pay	Bezahlung	training course	Fortbildungskurs, Schulung
pay rise (BRIT), pay raise (AM)	Lohnerhöhung	promotion	Beförderung
to earn	verdienen	to employ sb	jemanden einstellen
wage, wages *(pl.)*	Lohn	to be on sick leave	krankgeschrieben sein
salary	Gehalt	to retire	in den Ruhestand treten
gross salary	Bruttogehalt	retirement	Ruhestand
net salary	Nettogehalt	to lose one's job	seinen Arbeitsplatz verlieren
income tax	Einkommensteuer	out of work, unemployed, redundant (BRIT)	arbeitslos
social security contribution	Sozialabgabe		
health insurance	Krankenversicherung	unemployment	Arbeitslosigkeit
nursing care insurance	Pflegeversicherung	unemployment benefit	Arbeitslosengeld
unemployment insurance	Arbeitslosenversicherung	to give sb notice	jemandem kündigen
pension insurance	Rentenversicherung	to hand in one's notice	kündigen
accident insurance	Unfallversicherung	notice	Kündigung
commission	Provision	to dismiss sb	jemanden entlassen
employee discount	Personalrabatt	dismissal	Entlassung
holiday pay	Urlaubsgeld	job centre (BRIT), job center (AM)	Arbeitsamt/-agentur
Christmas bonus	Weihnachtsgeld		
working hours *(pl.[3])*	Arbeitszeit	collective agreement, labor contract (AM)	Tarifvertrag
to work overtime	Überstunden machen		
to work flexitime (BRIT)/ flextime (AM)	Gleitzeit arbeiten	(trade) union (BRIT), labor union (AM)	Gewerkschaft
to work full-time	Vollzeit arbeiten	union member	Gewerkschaftsmitglied
to work part-time	Teilzeit arbeiten	to negotiate	verhandeln
to take a holiday (BRIT)/ vacation (AM)	Urlaub nehmen	negotiation	Verhandlung
		to strike	streiken
probationary period	Probezeit	strike	Streik
working atmosphere, work climate	Arbeitsklima	to reach an agreement	zu einer Übereinkunft kommen

[1] sb = somebody
[2] jmdn. = jemanden, jmdm. = jemandem
[3] Es handelt sich hier um ein Nomen im Plural (in der Mehrzahl). Es muss also heißen: „My working hours are from 10 to 7."

3503454

The vocational training – *Die Berufsausbildung*

trainee	Auszubildende/-r	office management assistant	Kaufmann/Kauffrau für Büromanagement
to train as a *(job)*, to be trained to become a *(job)*	ausgebildet werden zu *(Beruf)*	trainer/instructor	Ausbilder/-in
trainee office management assistant	Auszubildende/-r zum Kaufmann/zur Kauffrau für Büromanagement[1]	training period	Ausbildungszeit
		to attend vocational school	zur Berufsschule gehen

Typical clerical activities – *Typische Bürotätigkeiten*

to send s.o. a catalogue	jmdm. einen Katalog schicken
to serve customers	Kunden bedienen
to give information on /about sth[2]	Informationen über etw.[3] erteilen
to advise customers on sth	Kunden über etw. beraten
to explain sth to sb	jmdm. etw. erklären
to make an offer	ein Angebot unterbreiten
to take an order	eine Bestellung aufnehmen
to look for sources of supply	Bezugsquellen ermitteln
to contact suppliers	sich mit Lieferanten in Verbindung setzen
to make a comparison of offers	einen Angebotsvergleich vornehmen
to negotiate prices and terms of delivery	über Preise und Lieferbedingungen verhandeln
to calculate sth	etw. ausrechnen
to order goods	Waren bestellen
to inspect a delivery	eine Lieferung kontrollieren
to do the stocktaking	Lagerbestände überprüfen
to transfer money	Geld überweisen
to process customer orders	Kundenaufträge bearbeiten
to make out invoices	Rechnungen schreiben
to monitor incoming payments	Zahlungseingänge überwachen
to make out a receipt	eine Quittung ausstellen
to enter sth. into the books	etw. buchen
to work at/on the computer	am Computer arbeiten
to enter data into the computer	Daten in den Computer eingeben
to work with spreadsheets	mit Tabellenkalkulationsprogrammen arbeiten
to compile statistics	Statistiken zusammenstellen
to work with word processing programs	mit Textverarbeitungsprogrammen arbeiten
to write business letters and emails	Geschäftsbriefe und E-Mails schreiben
to send faxes	Faxe versenden
to translate a letter	einen Brief übersetzen
to work in the personnel management	in der Personalverwaltung arbeiten
to answer the phone	ans Telefon gehen
to make a phone call in English	auf Englisch telefonieren
to make/arrange appointments	Termine vereinbaren
to welcome visitors	Besucher empfangen
to prepare meetings	Besprechungen vorbereiten
to take/make notes	Notizen machen
to plan business trips	Geschäftsreisen planen
to do the advertising/to advertise (sth)	(für etw.) werben

Example sentences – *Beispielsätze*

I train as an office management assistant at OfficeCom KG.
I like negotiating prices with the producers, but I don't like stocktaking at all.
What I like best is welcoming English-speaking visitors and showing them around the company.

[1] Achtung: In Ländern, in denen Englisch gesprochen wird, gibt es keine Ausbildungsberufe, die mit dem deutschen Ausbildungsberuf „Kaufmann/Kauffrau für Büromanagement" vergleichbar sind.
[2] sth = something
[3] etw. = etwas

Cardinal numbers – *Kardinalzahlen*

1	one	14	fourteen	80	eighty
2	two	15	fifteen	90	ninety
3	three	16	sixteen	100	a/one hundred[1]
4	four	20	twenty	101	a/one hundred and[2] one
5	five	21	twenty-one	123	a/one hundred and twenty-three
6	six	22	twenty-two	200	two hundred
7	seven	23	twenty-three	1000	a/one thousand
8	eight	24	twenty-four	1050	a/one thousand and fifty
9	nine	30	thirty	1147	one thousand one hundred and forty-seven[3]
10	ten	40	forty	10,000	ten thousand[4]
11	eleven	50	fifty	300,000	three hundred thousand
12	twelve	60	sixty	1,000,000	a/one million
13	thirteen	70	seventy	1,000,000,000	a/one billion

Ordinal numbers – *Ordnungszahlen*

1st	first	14th	fourteenth	80th	eightieth
2nd	second	15th	fifteenth	90th	ninetieth
3rd	third	16th	sixteenth	100th	hundredth
4th	fourth	20th	twentieth	101st	hundred and first
5th	fifth	21st	twenty-first	123rd	hundred and twenty-third
6th	sixth	22nd	twenty-second	200th	two hundredth
7th	seventh	23rd	twenty-third	1000th	thousandth
8th	eighth	24th	twenty-fourth	1050th	thousand and fiftieth
9th	ninth	30th	thirtieth	1147th	thousand one hundred and forty-seventh
10th	tenth	40th	fortieth	10,000th	ten thousandth
11th	eleventh	50th	fiftieth	300,000th	threehundred thousandth
12th	twelfth	60th	sixtieth	1,000,000th	millionth
13th	thirteenth	70th	seventieth	1,000,000,000th	billionth

Fractions, decimal numbers and percentages – *Brüche, Dezimalzahlen und Prozentsätze*

½	a/one half	0.2	oh point two, nought point two, zero point two (AM)
⅓	a/one third	.2	point two[5]
¼	a/one quarter	.25	point two five
¾	three quarters	1.25	one point two five
⅛	a/one eighth	2.865	two point eight six five
1/10	a/one tenth	6.03	six point oh/nought/ zero (AM) three
5/16	five sixteenths		
1/100	one hundredth	19 %	nineteen per cent (BRIT)/ percent (AM)
1½	one and a half		

Calculating – *Rechnen*

8 + 6 = 14	eight **and/plus** six **is/are/equals** fourteen
15 – 3 = 12	fifteen **take away/minus** three is twelve
3 · 3 = 9	three **times/multiplied by** three is nine
32 : 8 = 4	thirty-two **divided by** eight is four

[1] „A hundred" ist informelles (umgangssprachliches) Englisch.
[2] Im amerikanischen Englisch entfällt meist das „and" bei Zahlen über 100.
[3] „A thousand" wird nur benutzt bei „1000" und vor „and".
[4] Im Englischen werden bei Zahlen ab 10 000 Tausender, Millionen oder Milliarden durch Kommas abgetrennt: 10,000. Bei Dezimalzahlen setzt man hingegen einen Punkt: 0.2.
[5] Anders als im Deutschen kann im Englischen bei Dezimalzahlen unter eins die Null vor dem Komma entfallen.

Different types of charts – *Verschiedene Arten von Tabellen und Diagrammen*

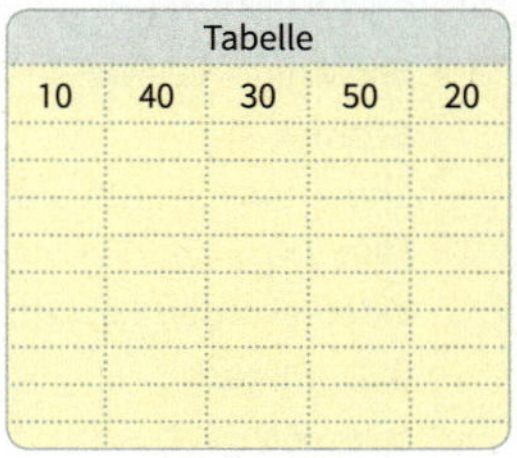

table, chart
Tabelle

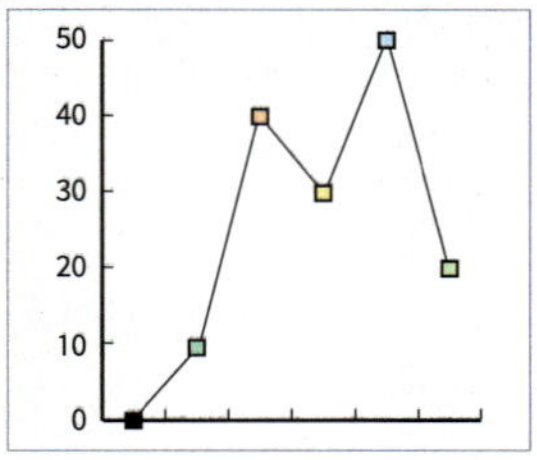

graph
Kurve

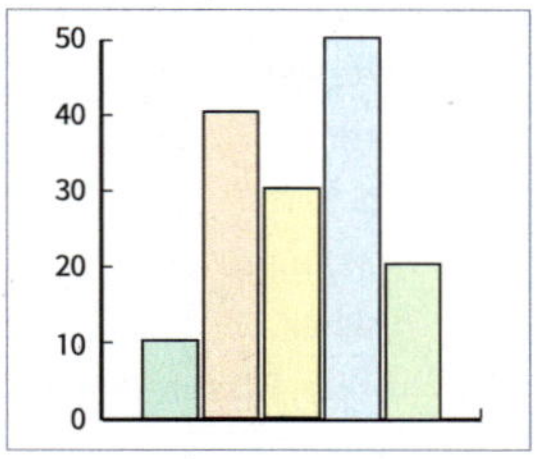

bar chart
Säulendiagramm

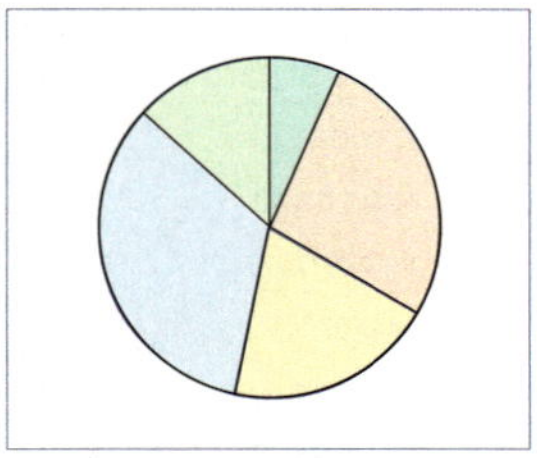

pie chart
Kreis-/Tortendiagramm

Trends – *Trends*

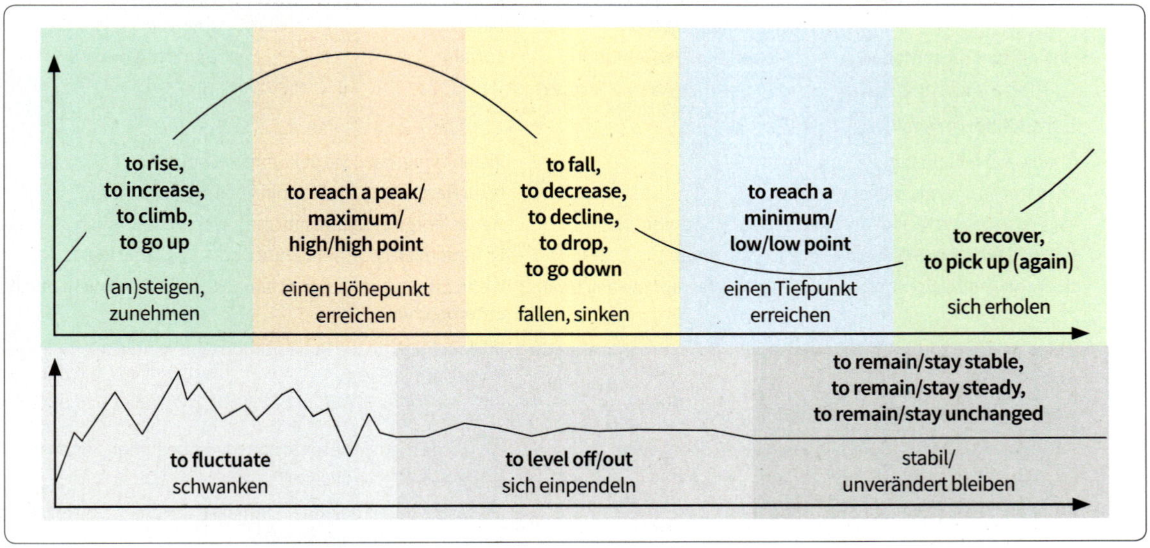

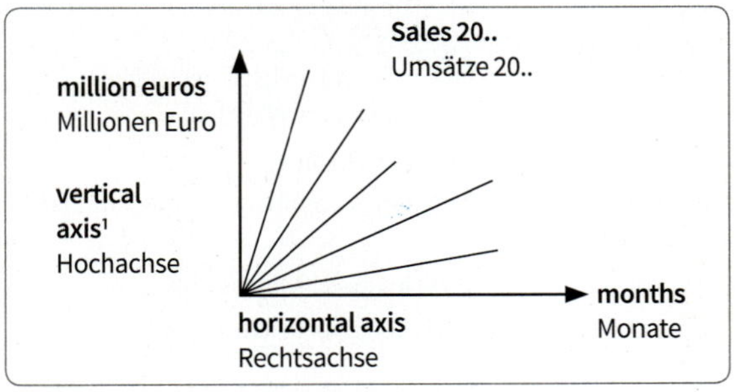

to rise	
... drastically	drastisch ...
... sharply	scharf ...
... considerably	erheblich ...
... steadily	stetig ...
... gradually	allmählich ...
... moderately	mäßig ....
... slowly	langsam ...
... slightly	leicht ...
	ansteigen

Example sentences – *Beispielsätze*

Between January and May sales rose **by** 12 per cent **from** 2,578 **to** 2,887 photocopiers.
Profits reached the lowest point **at** 2,300 euros in June.
In the third quarter, prices remained stable **at** 39 euros, but reached a minimum **of** 35 euros in December.
The monthly turnover fluctuated **between** 10,000 euros **and** 12,000 euros over the year.
Expenses went down gradually **from** August **to** December and levelled off **at** 4,000 euros.
Pencils have a share **of** only five per cent and ballpoint pens have a percentage **of** 55 per cent.
Only five per cent **of** the notepads are exported to the Netherlands.
Our Italian market is much smaller **than** our British market.
The US market is the biggest **with** about one third of all sales.
The Asian market is **as** important **as** the American market.

[1] Der Plural von „axis" ist „axes".

Equipment – *Ausstattung*

notes	Notizen	computer files	Computerdateien
prompt card	Karte mit Stichwörtern	screen	Bildschirm, Leinwand
handout	Handout, Handzettel	projector (BRIT), beamer (AM)	Beamer
flip chart	Flipchart	film	Film
whiteboard	Whiteboard	video recorder/cassette	Videorekorder/-kassette
wiper	Wischer	DVD (player)	DVD(-Player)
marker	(dicker) Filzstift, Marker	microphone	Mikrofon
catalogue	Katalog	extension lead (BRIT), extension cord (AM)	Verlängerungskabel
brochure, leaflet	Broschüre, Prospekt	plug	Stecker
sample	Muster	socket	Steckdose
OHP transparency	Overheadfolie	blind	Jalousie
overhead projector, OHP	Tageslichtschreiber, Overheadprojektor	curtain	Gardine, Vorhang
PowerPoint presentation	PowerPoint-Präsentation		

Giving a presentation – *Eine Präsentation vortragen*

Introduction – *Einleitung*	
Thank you for coming.	Vielen Dank, dass Sie gekommen sind.
My name is … and I'm responsible for …	Mein Name ist … und ich bin verantwortlich für …
This morning I'd like to talk to you about/show you …	Heute Morgen möchte ich über … sprechen/Ihnen … zeigen.
I'm very pleased to be here to talk to you about …	Es freut mich sehr, heute hier über … zu sprechen.
If you have questions, please feel free to interrupt me any time.	Wenn Sie Fragen haben, scheuen Sie sich bitte nicht, mich zu unterbrechen.
There will be enough time for questions and comments after the presentation.	Im Anschluss an die Präsentation wird genug Zeit für Fragen und Anmerkungen sein.
Giving an overview – *Einen Überblick geben*	
I'll begin my presentation by giving you an overview of …	Ich werde meine Präsentation damit beginnen, Ihnen einen Überblick über … zu geben.
I'll begin by telling you about … and then I'll go on to …	Ich werde damit beginnen, Ihnen etwas über … zu erzählen, und dann werde ich übergehen zu …
Main part – *Hauptteil*	
I should like to start/begin by telling you …	Ich möchte gern beginnen, indem ich Ihnen erzähle…/ Zu Beginn möchte ich Ihnen gern erzählen …
First, I should like to explain to you …	Zuerst möchte ich Ihnen erläutern …
Next, I'd like to tell you something about the new product.	Danach möchte ich Ihnen etwas über das neue Produkt erzählen.
This brings me to my third point.	Hiermit komme ich zu meinem dritten Punkt.
I should like to conclude by saying that …	Ich möchte gern schließen, indem ich sage, dass …
In conclusion, …	Abschließend …
Let's have a look at this.	Bitte sehen Sie sich dies an.
Here we can see …	Hier können wir … sehen.
I'd like to draw your attention to …	Ich möchte Ihre Aufmerksamkeit auf … lenken.
In addition, …	Zusätzlich …
What's especially important is …	Was besonders wichtig ist, ist …
The main thing is …	Das Wichtigste ist …
Above all, …	Vor allem …
Summarizing and answering questions – *Zusammenfassen und Fragen beantworten*	
To sum up, …	Um es zusammenzufassen, …
Thank you for your attention. Now, are there any questions you'd like to ask?	Vielen Dank für Ihre Aufmerksamkeit. Haben Sie noch Fragen?

14

Different terms of a contract – *Verschiedene Vertragsbedingungen*

general terms and conditions of business	allgemeine Geschäftsbedingungen	(irrevocable) letter of credit	(unwiderrufliches) Akkreditiv
quality	Qualität, Güte	credit period	Zahlungsziel
order volume	Auftragsvolumen	goods on consignment	Kommissionsware
quantity	Menge	delivery terms	Lieferbedingungen
minimum order quantity	Mindestbestellmenge	delivery deadline/date	Lieferfrist/-termin
(unit/list) price	(Stück-/Listen-)Preis	mode of transport	Transportmittel
discount	Rabatt	packaging	Verpackung
commission	Provision	warranty period	Garantiefrist
payment terms	Zahlungsbedingungen	contractual penalty	Vertragsstrafe
currency	Währung	sales training	Verkäuferschulung
means of payment	Zahlungsmittel	demonstration unit	Vorführgerät

The price – *Der Preis*

€2.99
two ninety-nine
two euros ninety-nine
two euros (and) ninety-nine cents

Currencies – *Währungen*

€1,00 = 100 ct	1 euro = 100 cents
£1 = 100 p	1 (British) pound (sterling) = 100 pence, 100 p
$1 = 100 ¢	1 (US) dollar = 100 cents
¥	yen

Price reductions – *Preisnachlässe*

adjustable/differential/graduated price	Staffelpreis	bulk/quantity/volume discount	Mengenrabatt
special offer	Sonderangebot	cash discount	Barzahlungsnachlass, Skonto
sale, sales *(pl.)*	Ausverkauf		
trade discount	Händlerrabatt	bonus	Bonus
introductory discount	Einführungsrabatt	loyalty discount	Treuerabatt

Prices have been reduced by 30 per cent.	Die Preise sind um 30 Prozent reduziert.
We can grant/offer you a discount of five per cent.	Wir können Ihnen fünf Prozent Rabatt gewähren/anbieten.
Coffee is on (special) offer this week.	Kaffee ist diese Woche im (Sonder-)Angebot.

Modes of payment – *Zahlungsarten*

Invoices can be paid:
Rechnungen können bezahlt werden:

- **(in) cash** – (in) bar
- **by debit card** – mit der Bankkarte/Debitkarte
- **by credit card** – mit der Kreditkarte
- **by cheque (BRIT)/check (AM)** – per Scheck
- **by banker's order/(credit) transfer order** – per Überweisung

Payments can be made in cash or by cheque.	Die Zahlung kann bar oder per Scheck erfolgen.
Many of our customers pay by credit card.	Viele unserer Kunden zahlen mit der Kreditkarte.
Please transfer the money to our current account (BRIT)/checking account (AM).	Bitte überweisen Sie das Geld auf unser Girokonto.
Please pay by international money order.	Bitte zahlen Sie per Auslandszahlungsauftrag.

Verbs for negotiating – *Verben für das Verhandeln*			
to negotiate (sth)	verhandeln, (etwas) aushandeln	to increase/reduce the size of the order	das Auftragsvolumen erhöhen/herabsetzen
to bargain (for sth)	(um etwas) handeln	to compromise	einen Kompromiss schließen
to offer sth	etwas anbieten		
to put sth forward, to propose sth	etwas vorschlagen	to come to/to reach an agreement	zu einer Einigung kommen
to draft a contract	einen Vertrag aufsetzen	to make/conclude/ close a deal (with sb)	ein Geschäft (mit jmdm.) abschließen
to quote a price	einen Preis nennen		
to lower an offer/a price	im Angebot heruntergehen, einen Preis senken	to draw up/sign/finalize a contract	einen Vertrag entwerfen/ unterschreiben/abschließen

Starting a negotiation – *Eine Verhandlung beginnen*	
We're pleased to announce that we offer a new line of stationery.	Wir freuen uns Ihnen mitteilen zu können, dass wir eine neue Schreibwarenserie anbieten.
This item is now available in three different versions.	Dieser Artikel ist jetzt in drei unterschiedlichen Ausführungen lieferbar.
We have adjusted our products to better suit the present market requirements.	Wir haben unsere Produkte den derzeitigen Markterfordernissen angepasst.
We are prepared to make you a good offer on our glue sticks.	Wir sind bereit, Ihnen ein gutes Angebot für unsere Klebestifte zu machen.
We need to talk about some of the details/conditions.	Wir müssen über einige der Einzelheiten/Bedingungen sprechen.
I wanted to talk to you about the samples you sent me last week.	Ich wollte mit Ihnen über die Muster sprechen, die Sie mir letzte Woche geschickt haben.
They are really rather good.	Sie sind wirklich recht gut.
We especially liked the felt-tip pens.	Uns gefielen besonders die Filzstifte.
We are thinking about buying/ordering/using them.	Wir erwägen, sie zu kaufen/bestellen/verwenden.

Convincing customers – *Kunden überzeugen*	
I'm sure/certain that …	Ich bin sicher, dass …
I'm positive that …	Ich bin mir ganz sicher, dass …
We shouldn't forget that …	Wir sollten nicht vergessen, dass …

Negotiating conditions of a contract – *Vertragsbedingungen aushandeln*	
How much/many are we talking about?	Um wie viel/viele geht es?
How much/many would you like?	Wie viel/viele hätten Sie gern?
Would you grant us better terms on the photocopiers?	Würden Sie uns bessere Konditionen für die Fotokopiergeräte einräumen?
The price needs to be as low as possible.	Der Preis muss so niedrig wie möglich sein.
What discount could you offer?	Was für einen Rabatt könnten Sie anbieten?
I propose a ten per cent discount if you buy 5,000 items.	Ich schlage einen Rabatt von zehn Prozent vor, wenn Sie 5 000 Stück kaufen.
Could you guarantee delivery of the order next week?	Könnten Sie garantieren, dass Sie die bestellte Ware nächste Woche liefern?
My proposal is that you guarantee delivery by the end of August.	Mein Vorschlag ist, dass Sie Lieferung bis Ende August zusichern.
And would you include a three-year warranty?	Und wären drei Jahre Garantie inbegriffen?
We'd like to have a demonstration unit.	Wir hätten gerne ein Vorführgerät.
What did you have in mind?	Was hatten Sie sich vorgestellt?
Provided that you extend the warranty period, I will accept your conditions.	Vorausgesetzt, dass Sie die Garantiefrist verlängern, werde ich Ihre Bedingungen akzeptieren.
Supposing I reduced the price, would you sign the contract?	Gesetzt den Fall, ich ginge mit dem Preis herunter, würden Sie dann den Vertrag unterschreiben?

Negotiating conditions of a contract – *Vertragsbedingungen aushandeln*	
If we said yes to five per cent, would you give us 30 days' credit?	Wenn wir Ja zu fünf Prozent sagten, würden Sie uns dann ein Zahlungsziel von 30 Tagen einräumen?
We could agree to your proposed price if you gave us better payment terms.	Wir könnten dem von Ihnen vorgeschlagenen Preis zustimmen, wenn Sie uns bessere Zahlungsbedingungen gewährten.
If we paid in pounds, would you increase the discount?	Wenn wir in Pfund bezahlten, würden Sie dann den Rabatt erhöhen?
If you agreed to the penalty clause, we might be able to offer you one million euros.	Wenn Sie der Vertragsstrafenklausel zustimmten, könnten wir Ihnen vielleicht eine Million Euro anbieten.
What sort of discount could we talk about if we agreed to pay in advance?	Über welche Art von Rabatt könnten wir sprechen, wenn wir uns einverstanden erklärten, im Voraus zu zahlen?
Is that acceptable?	Ist das akzeptabel?
Would this be satisfactory to you?	Wären Sie damit zufrieden?
This is my last offer.	Das ist mein letztes Angebot.
Rejecting an offer – *Ein Angebot ablehnen*	
That's not exactly what we had in mind.	Es ist nicht genau das, was wir uns vorgestellt hatten.
I'm sorry, but we can't accept that.	Es tut mir leid, aber das können wir nicht akzeptieren.
I still have to reject your offer.	Ich muss Ihr Angebot immer noch ablehnen.
It's unacceptable.	Das ist inakzeptabel.
It's out of the question./I'm afraid that's out of the question.	Das kommt nicht infrage./Leider kommt das nicht infrage.
That's expensive!	Das ist (aber) teuer!
We insist on delivery by Tuesday.	Wir bestehen auf Lieferung bis Dienstag.
I'm surprised the discount isn't higher.	Ich bin überrascht, dass der Rabatt nicht höher ist.
We didn't expect the price to be so high.	Wir haben nicht erwartet, dass der Preis so hoch sein würde.
You can't have six per cent.	Sie können keine sechs Prozent haben.
I'm sorry, but we always do this.	Es tut mir leid, aber das machen wir immer so.
I'm afraid it's customary/company policy/we always insist on this.	Ich bedauere, aber es ist üblich/es ist unsere Firmenpolitik/wir bestehen immer darauf.
It's absolutely/completely/totally against the company policy.	Es ist absolut/vollkommen/gänzlich gegen die Firmenpolitik.
Accepting an offer – *Ein Angebot annehmen*	
We could agree to this.	Dem könnten wir zustimmen.
OK, it's a deal.	O. K., abgemacht.
We could live with these terms.	Mit diesen Konditionen könnten wir leben.
I think we've come to an agreement.	Ich denke, wir sind uns einig.
This sounds good to me and I think I can accept it.	Das klingt gut und ich denke, ich kann es akzeptieren.
We can accept these terms.	Wir können diese Bedingungen akzeptieren.
It seems reasonable.	Das scheint annehmbar zu sein.
Could we check what we've agreed (on)?	Könnten wir überprüfen, worauf wir uns geeinigt haben?
Let's just summarize what we've agreed (on).	Lassen Sie uns eben zusammenfassen, worauf wir uns geeinigt haben.
To sum up, we have agreed on …	Um es zusammenzufassen, haben wir uns auf … geeinigt.

Telephoning

Telefonieren

to phone/telephone sb
to ring sb (up)
to call sb
} jmdn. anrufen

to make a phone call	anrufen	(tele)phone book	Telefonbuch
to get a phone call	einen Anruf erhalten	directory enquiries *(pl.)* (BRIT), directory assistance (AM)	Telefonauskunft
to dial a number	eine Nummer wählen		
to answer the phone	ans Telefon gehen	switchboard	zentrale Vermittlung
mobile phone (BRIT), cell(ular) phone (AM)	Mobiltelefon, Handy	operator	Telefonist/-in, Vermittlung
		answering machine	Anrufbeantworter

Giving identity – *Sich melden*	
OfficeCom KG. Good morning/afternoon/evening. What can I do for you?	OfficeCom KG. Guten Morgen/Tag/Abend. Was kann ich für Sie tun?
(This is) Lea Kahnert of OfficeCom KG. (speaking). I'm calling about …	(Hier ist) Lea Kahnert von der OfficeCom KG. Ich rufe wegen … an.
My name is Lea Kahnert.	Mein Name ist Lea Kahnert.
Who's speaking, please?	Wer ist am Apparat, bitte?
Asking for somebody – *Nach jemandem fragen*	
I'd like to speak to Mr Baker.	Ich möchte mit Herrn Baker sprechen.
Could I speak to Mr Baker, please?	Könnte ich bitte mit Herrn Baker sprechen?
Speaking.	Am Apparat.
Putting a caller through – *Einen Anrufer durchstellen*	
Hold the line, please. I'll put you through.	Bitte bleiben Sie am Apparat. Ich stelle Sie durch.
One moment, please.	Einen Moment, bitte.
I'll try to connect you.	Ich versuche, Sie durchzustellen.
Saying that somebody is not available – *Sagen, dass jemand nicht erreichbar ist*	
I'm sorry, the line is engaged (BRIT)/busy (AM).	Es tut mir leid, die Leitung ist besetzt.
I'm afraid he's not available/he's not in/he's in a meeting.	Ich fürchte, er ist nicht erreichbar/er ist nicht im Haus/ er ist in einer Besprechung.
I'll tell him you rang.	Ich sage ihm, dass Sie angerufen haben.
He'll call you back as soon as possible.	Er wird Sie so schnell wie möglich zurückrufen.
Can I take your number?	Kann ich Ihre Nummer aufnehmen?
I'll try again later.	Ich versuche es später noch einmal.
Taking or leaving a message – *Eine Nachricht aufnehmen oder hinterlassen*	
Can I take a message?	Kann ich eine Nachricht aufnehmen?
May I leave a message?	Kann ich eine Nachricht hinterlassen?
What message can I give him?	Welche Nachricht kann ich ihm geben?
I'm sorry, I didn't get that. Could you repeat that, please?	Es tut mir leid, das habe ich nicht verstanden. Könnten Sie das bitte wiederholen?
Could you speak more slowly, please?	Könnten Sie bitte langsamer sprechen?
May I have your name, please?	Wie ist Ihr Name, bitte?
Could you spell that, please?	Könnten Sie das bitte buchstabieren?
Finishing the call – *Den Anruf beenden*	
Thanks a lot for the information/your help.	Vielen Dank für die Informationen/Ihre Hilfe.
That's very kind of you.	Das ist sehr nett von Ihnen.
Thanks for calling.	Vielen Dank für Ihren Anruf.
You're welcome./Not at all.	Bitte. *(im Sinne von „Gern geschehen.")*
Bye-bye./Goodbye.	Auf Wiederhören.

Telephoning

Telefonieren

Telephone numbers – *Telefonnummern*

(0049) double oh four nine (BRIT)/ zero zero four nine (AM) **country (calling) code,** **international dialing code** (AM) Ländervorwahl	**0531** oh three oh (BRIT)/ zero three zero (AM) **(local) dialling code (BRIT),** **(local) area code (esp. AM)** Ortsnetzkennzahl	**721698** seven two one six nine eight **telephone number** Rufnummer	**11** double one (BRIT)/ one one (AM) **extension (number)** Durchwahl

Answering machines – *Anrufbeantworter*

Welcome to OfficeCom KG. This is Tobias Baumann's office. I'm not in at the moment, but I'll call you back. Please leave your message after the tone. Thank you for calling.	Herzlich willkommen bei OfficeCom KG. Sie sind mit dem Büro von Tobias Baumann verbunden. Ich bin zurzeit nicht da, aber ich rufe Sie zurück. Bitte hinterlassen Sie Ihre Nachricht nach dem Signalton. Vielen Dank für Ihren Anruf.

Times of the day

Uhrzeiten

Sofern es sich nicht um Fahrpläne, öffentliche Ankündigungen und Ähnliches handelt, werden die Stunden nur mit den Ziffern 1 bis 12 angegeben. Falls nötig, kann man „a.m." oder „p.m." (auch „am" und „pm" geschrieben), „at night" usw. verwenden. „O'clock" darf nur bei der vollen Stunde stehen.
Bei Minutenzahlen, die nicht durch fünf teilbar sind, muss „minutes" stehen.

12 a.m.
twelve o'clock at night/midnight

12 p.m.
twelve o'clock/midday/noon

11.59 p.m.

5 a.m.	It's five a.m. It's five o'clock at night/in the morning.	**5 p.m.**	It's five p.m. It's five o'clock in the afternoon.
10 a.m.	It's ten a.m. It's ten o'clock in the morning.	**10 p.m.**	It's ten p.m. It's ten o'clock at night.
10.00	ten (o'clock)	**10.25**	twenty-five (minutes) past ten *(gesprochen auch: ten twenty-five)*
10.01	one minute past ten *(gesprochen auch: ten oh one)*	**10.30**	half past ten *(gesprochen auch: ten thirty)*
10.05	five (minutes) past ten *(gesprochen auch: ten oh five)*	**10.35**	twenty-five (minutes) to eleven *(gesprochen auch: ten thirty-five)*
10.10	ten (minutes) past ten *(gesprochen auch: ten ten)*	**10.45**	(a) quarter to eleven *(gesprochen auch: ten forty-five)*
10.15	(a) quarter past ten *(gesprochen auch: ten fifteen)*	**10.55**	five (minutes) to eleven *(gesprochen auch: ten fifty-five)*
10.20	twenty (minutes) past ten *(gesprochen auch: ten twenty)*	**10.59**	one minute to eleven *(gesprochen auch: ten fifty-nine)*

Business hours – *Geschäftszeiten*

Mon.–Fri. 7 a.m.–5 p.m.

Our business hours are Monday to Friday from 7 a.m. to 5 p.m. To leave a message outside business hours, please phone us or send an email.	Unsere Geschäftszeiten sind Montag bis Freitag von 7 bis 17 Uhr. Um außerhalb der Geschäftszeiten eine Nachricht zu hinterlassen, rufen Sie uns bitte an oder schicken Sie eine E-Mail.

Monday	Tuesday	Wednesday	Thursday	Friday	Saturday	Sunday
during the week, on weekdays					at (BRIT)/on (AM) the weekend	

Layout – *Gestaltung*

1 **OfficeCom KG**

OfficeCom KG • Hansestraße 120 • 38112 Braunschweig

OfficeCom KG
Geschäftsräume:
Hansestraße 120
38112 Braunschweig

Tel.: 0531 3688941
Fax: 0531 4766083

E-Mail: info.officecom-wvd@t-online.de
Internet: www.officecomkg-wvd.de

2 Paper Mill Ltd
125 Queen Street
Manchester
M1 5ES
England

Ihr Zeichen, Ihre Nachricht vom	Unser Zeichen, unsere Nachricht vom	Telefon, Name 030 23537-	Datum
	3 **LK/bb**	**12** **Ms Kahnert**	4 **1 August 20..**

5 **Enquiry**

6 Dear Sir or Madam

7

We have seen your advertisement in the *Paperworld Today* of July.

OfficeCom KG is a leading manufacturer of office furniture, but we also deal in office accessories. At present we are extending our range of writing materials and are looking for potential suppliers of high quality ballpoint pens.

Could you please send us your latest catalogue and price list?

Please find enclosed our company brochure.

We are looking forward to hearing from you soon.

8 Yours faithfully

9

Lea Kahnert

Lea Kahnert
Purchasing Manager

10 Enc: company brochure

Amtsgericht Braunschweig, Handelsregister Nr. HRA 126
Steuernr. 11/238/14805, USt-IDNr. DE 328 495 331
Bankverbindung:
Hartbank Braunschweig,
IBAN: DE66 2705 0008 0021 345839, BIC: HABABR2

Letters and other documents – *Briefe und andere Dokumente*

enquiry, inquiry (esp. AM)	Anfrage	complaint, notice of defects	Reklamation, Mängelrüge
offer	Angebot	reminder	Mahnung
order	Bestellung	delivery note	Lieferschein
order form	Bestellformular	invoice	Rechnung

English business letters
Englische Geschäftsbriefe

General rules – *Allgemeine Regeln*

Das Muster links ist in einer weit verbreiteten Form des modernen englischen Geschäftsbriefes geschrieben, es sind aber auch andere Varianten anzutreffen. Insgesamt gilt:

- Die Regeln für deutsche und englische Geschäftsbriefe weichen häufig voneinander ab.
- Der Geschäftsbrief soll möglichst kurz und einfach sein.
- Englische Geschäftsbriefe werden meist mithilfe von standardisierten Mustersätzen geschrieben. Freie Formulierungen in der Fremdsprache sind oft falsch oder nicht gebräuchlich.

Parts – *Bestandteile*

1 Letterhead – *Briefkopf*
Der Briefkopf beinhaltet Firma, Adresse, Telefon- und Faxnummer sowie Internet- und E-Mail-Adresse des absendenden Unternehmens.

2 Inside address – *Empfängeranschrift*
Die Empfängeranschrift wird ohne Leerzeile geschrieben. Bei Auslandsbriefen muss das Empfängerland angegeben werden.

3 Reference – *Bezugszeichen*
Das Bezugszeichen besteht meistens aus den Initialen (Anfangsbuchstaben des Namens) des Verfassers und desjenigen, der den Brief in seinem Auftrag geschrieben hat. Manchmal enthält es auch noch Kundennummern o. Ä.

4 Date – *Datum*
Um Missverständnisse zu vermeiden, sind die Monate immer in Worten zu schreiben:

1 August 20.. (BRIT) August 1, 20.. (AM)[1]

Auf Ordnungszahlen („1st August 20..“ bzw. „August 1st, 2007“) wird heutzutage oft verzichtet.

5 Subject line – *Betreffzeile*
Der Betreff wird durch Fettdruck oder Unterstreichung hervorgehoben.

6 Salutation – *Anrede*
Im Englischen gibt es feste Kombinationen von Anrede und Grußformel:

	salutation	complimentary close
Der Empfängername ist unbekannt.	Dear Sir or Madam	Yours faithfully (BRIT) Yours truly (AM) Truly yours (AM)
Der Empfängername ist bekannt.	Dear Ms/Mrs/Mr[2] Baker (BRIT) Dear Ms./Mrs./Mr. Baker (AM)	Yours sincerely (BRIT) Sincerely yours (AM) Yours truly (AM)
Der Empfänger wird mit Vornamen angesprochen.	Dear Susan Dear Charles	Yours sincerely *(förmlicher)* Yours *(vertraulicher)*

Anrede und Grußformel müssen einheitlich entweder mit oder ohne Komma geschrieben werden. Häufig setzt man heutzutage keine Kommas.

7 Body of the letter – *Brieftext*
Das erste Wort des Brieftexts wird immer großgeschrieben. Kurzformen wie „I'm“ oder „we're“ sind zu vermeiden; man schreibt „I am“ und „we are“. Mit jedem neuen Gedanken wird auch ein neuer Absatz begonnen. Die Sätze sollten möglichst kurz sein.

8 Complimentary close – *Grußformel*
Die Grußformel muss zur Anrede passen (siehe Nr. 6).

9 Signature block – *Unterschriftsblock*
Zuerst erscheint die Unterschrift und dann der maschinenschriftliche Name des Absenders (evtl. mit Angabe der Anrede, wenn diese für den Empfänger nicht klar ist). Darunter kann die Funktion (z. B. „Managing Director“) oder die Abteilung („Marketing Department“) des Absenders angegeben werden.

10 Enclosure(s) – *Anlage(n)*
Die Abkürzungen lauten „Enc“ oder „Encl“ bei einer und „Encs“ oder „Encls“ bei mehreren Anlagen.

[1] Die Daten werden wie folgt gesprochen: „the first of August two thousand and seven“ und „August the first, two thousand and seven“.
[2] Ms: Anrede für eine unverheiratete oder verheiratete Frau; Mrs: Anrede für eine verheiratete Frau, Mr: Anrede für einen Mann

Enquiries – *Anfragen*

Opening – *Eröffnung*	
We have seen your advertisement in the July edition of *Paperworld Today*.	Wir haben Ihre Anzeige in der Juliausgabe von *Paperworld Today* gesehen.
We recently visited your stand at the trade fair *Office Life* in Leipzig.	Wir besuchten kürzlich Ihren Stand auf der Messe *Office Life* in Leipzig.
We were given your name by Mr Baker.	Herr Baker nannte uns Ihren Namen.
We have received your name from the Chamber of Commerce and Industry in Berlin.	Wir haben Ihren Namen von der Industrie- und Handelskammer in Berlin erhalten.
Reason for the enquiry – *Grund für die Anfrage*	
OfficeCom KG is a leading/medium-sized producer of office furniture in Braunschweig.	OfficeCom KG ist ein führender/mittelständischer Büromöbelhersteller in Braunschweig
We also trade in office accessories and specialize in desk sets.	Wir handeln außerdem mir Bürozubehör und haben uns auf Schreibtischsets spezialisiert.
At present we are extending our range of writing instruments.	Zurzeit erweitern wir unser Schreibgerätesortiment.
We are interested in ballpoint pens.	Wir interessieren uns für Kugelschreiber.
We are looking for potential suppliers of high quality ballpoint pens.	Wir suchen nach möglichen Lieferanten für hochwertige Kugelschreiber.
Request – *Bitte*	
Please send us your current/latest/new catalogue and price list.	Bitte schicken Sie uns Ihren aktuellen/neuesten/neuen Katalog und Ihre Preisliste.
We would (also) be grateful for a sample of your refills.	Wir wären Ihnen (auch) sehr dankbar für ein Muster Ihrer Minen.
Could you please send us information on trade discounts and delivery periods?	Könnten Sie uns bitte Informationen über Handelsrabatte und Lieferzeiten schicken?
We would like some information on felt-tip pens.	Wir hätten gern Informationen über Filzstifte.
Would you kindly let us have a quotation for ballpoint pens?	Würden Sie uns freundlicherweise ein Angebot für Kugelschreiber schicken?
Close – *Schluss*	
Thank you in advance for your help.	Vielen Dank im Voraus für Ihre Hilfe.
We look forward to hearing from you shortly/soon.	Wir freuen uns, bald von Ihnen zu hören.
We are looking forward to an early reply.	Wir freuen uns, bald von Ihnen zu hören.
We would appreciate an answer by 20 August 20.., if possible.	Wir wären für eine Antwort bis spätestens zum 20. August 20.. dankbar.

Offers – *Angebote*

Opening – *Eröffnung*	
Thank you for your enquiry of 1 August 20...	Vielen Dank für Ihre Anfrage vom 1. August 20...
Many thanks for your letter dated 1 August 20...	Vielen Dank für Ihren Brief vom 1. August 20...
Referring to your enquiry/telephone call of 1 August 20.. ...	Wir beziehen uns auf Ihre Anfrage/Ihren Anruf vom 1. August 20.. und ...
... we/We take pleasure in enclosing our catalogue and price list.	... freuen uns/Wir freuen uns, unseren Katalog und unsere Preisliste beizufügen.
... we/We are pleased to send you the following quotation: ...	... freuen uns/Wir freuen uns, Ihnen das folgende Angebot vorzulegen: ...
Terms – *Bedingungen*	
We are able to supply the ballpoint pens Cat. No. BP 144 at a unit price of €2.60.	Wir können Ihnen die Kugelschreiber Kat.-Nr. BP 144 zu einem Stückpreis von 2,60 € liefern.
We can quote/give you a unit price of €2.20 for orders over €500,00.	Wir können Ihnen einen Stückpreis von 2,20 € für Bestellungen über 500,00 € gewähren.

Offers – *Angebote*

Terms – *Bedingungen*	
We are able to offer/grant a 10 % discount on all orders exceeding €1000,00.	Wir können 10 % Rabatt auf alle Bestellungen anbieten/gewähren, die 1.000,00 € übersteigen.
We are pleased to give/offer you a cash discount of 3 % for payment within 20 days.	Wir sind bereit, Ihnen 3 % Skonto bei Bezahlung innerhalb von 20 Tagen einzuräumen/anzubieten.
We will dispatch the consignment by rail on receipt of order/within 10 days of receipt of order.	Wir werden die Sendung sofort nach Bestellungseingang/innerhalb von 10 Tagen nach Eingang der Bestellung per Bahn ausliefern.
Delivery will be made immediately/within two months.	Die Lieferung wird sofort/innerhalb von zwei Monaten erfolgen.
Our prices include packaging and carriage.	Unsere Preise schließen Verpackung und Transport ein.
Our prices are ex works/EXW[1]/free domicile.	Unsere Preise gelten ab Werk/EXW/frei Haus.
Payment should be made in advance/on receipt of the goods/within two weeks of delivery.	Zahlung sollte im Voraus/bei Erhalt der Waren/innerhalb von zwei Wochen nach Lieferung erfolgen.
Otherwise, our enclosed general terms and conditions of business apply.	Ansonsten gelten unsere allgemeinen Geschäftsbedingungen, die wir beifügen.
This offer is firm/valid until 1 October 20...	Dieses Angebot ist bis zum 1. Oktober 20.. gültig.
This offer is without engagement.	Dieses Angebot ist unverbindlich.
Close – *Schluss*	
We are certain that you will be satisfied with our products and look forward to receiving your order.	Wir sind sicher, dass Sie mit unseren Produkten zufrieden sein werden, und freuen uns auf Ihre Bestellung.
If you have any questions, do not hesitate to contact us.	Wenn Sie Fragen haben, zögern Sie bitte nicht, sich mit uns in Verbindung zu setzen.
We look forward to doing business with you.	Wir freuen uns darauf, mit Ihnen in Geschäftsbeziehung zu treten.

Orders – *Bestellungen*

Opening – *Eröffnung*	
Thank you (very much) for your offer/quotation of 12 August 20../your catalogue/price list.	Vielen Dank für Ihr Angebot vom 12. August 20../Ihren Katalog/Ihre Preisliste.
Instructions and conditions – *Anweisungen und Bedingungen*	
We would like to place the following order: ...	Wir möchten gern die folgende Bestellung aufgeben: ...
Please deliver the following items/products: ...	Bitte liefern Sie uns die folgenden Artikel/Produkte: ...
QUANTITY NAME MODEL UNIT PRICE 250 Slim BP 144 €2.20	MENGE NAME MODELL STÜCKPREIS 250 Slim BP 144 2,20 €
We would be grateful if you could supply the following goods at catalogue price/the price agreed.	Wir wären dankbar, wenn Sie uns die folgende Ware zum Katalogpreis/zum vereinbarten Preis liefern könnten.
Please arrange early delivery.	Bitte sorgen Sie für baldige Lieferung.
We look forward to receiving the ballpoint pens within four weeks.	Wir freuen uns darauf, die Kugelschreiber innerhalb von vier Wochen zu erhalten.
Please notify us as soon as the goods are shipped.	Bitte benachrichtigen Sie uns, sobald die Ware versandt worden ist.
Please dispatch the goods by road/rail/air/sea.	Bitte senden Sie die Waren per Lkw/per Luftfracht/per Schiff/mit der Bahn.
Close – *Schluss*	
Please acknowledge/confirm this order by fax/in writing/by return.	Bitte bestätigen Sie den Erhalt dieses Auftrags per Fax/schriftlich/umgehend.
Thank you for your trouble. We look forward to receiving the goods shortly.	Vielen Dank für Ihre Bemühungen. Wir freuen uns auf den baldigen Eingang der Ware.

[1] EXW = ex works, ab Werk

English emails *Englische E-Mails*

Formal and informal emails – *Formelle und informelle E-Mails*

Die E-Mail ersetzt heutzutage häufig den Geschäftsbrief, denn sie ist gerade ins Ausland besonders einfach, schnell und kostengünstig zu versenden. Je nach dem Empfänger können formelle oder informelle E-Mails verfasst werden.

Formelle englische E-Mails im Geschäftsverkehr haben viele Gemeinsamkeiten mit dem englischen Geschäftsbrief. Anrede und Grußformel sind identisch. Auch die typischen Redewendungen für Geschäftsbriefe aller Art können auf E-Mails übertragen werden. Umgangssprache und Standardkontraktionen wie „we've" anstelle von „we have" sind hier unangebracht.

Die informellen E-Mails eignen sich für Mitteilungen unter Kolleginnen und Kollegen sowie sehr vertrauten Geschäftspartnern. Diese E-Mails ähneln eher dem gesprochenen Alltagsenglisch und man findet hier Anreden wie „Hello", „Hi" und „Good morning" und Grußformeln wie „Regards", „Take care", „Yours", „Love", „Best regards" und „Thanks". Außerdem enthalten diese E-Mails häufig Smalltalk, bevor der Schreiber zum eigentlichen Thema kommt. Standardkontraktionen wie „I don't" sind bei der informellen E-Mail durchaus möglich. Häufig bestehen die Texte aus einer Mischung von informellen und formellen Wörtern und Redewendungen.

Sehr informell und daher für geschäftliche E-Mails nicht geeignet sind Anreden wie „Hey" und „Hiya", Grußformeln wie „Kisses" und „XXX" sowie Slangkontraktionen wie „gonna" anstelle von „going to", „textspeak" wie „u" anstelle von „you" sowie unvollständige Sätze wie „Have to go now".

Ausrufezeichen und Emoticons wie Smileys sind ebenso unangebracht wie das Schreiben ganzer Wörter in Großbuchstaben, den „capital letters" oder kurz „caps", da diese Schreibweise für Schreien steht.

Unabhängig davon, ob die E-Mail eher formell oder informell abgefasst wird, muss die Verfasserin oder der Verfasser sorgfältig darauf achten, dass sich keine Fehler in den Text einschleichen. An die Richtigkeit des Texts sind ebenso hohe Anforderungen zu stellen wie bei einem Geschäftsbrief.

Parts – *Bestandteile*

Von: Carmen Schuster <carmen.schuster@officecom.de> (1)
An: Christopher Lake <christopher.lake@smartcompany.co.uk> (2)
CC: Frauke Schönau (3)
BCC: (4)
Betreff: New beautiful desks in stock (5)
Anhänge: Schreibtischkatalog OfficeCom KG 2014.pdf (6)

Hi Chris (7)

How was your holiday? I'm just writing to ask if you've seen the new colourful desks on our homepage.

I'm attaching the brand new catalogue and am very much looking forward to hearing your opinion on our state-of-the-art furniture. (8)

Take care (9)

Carmen (10)

1 Sender (From:) – Absender (Von:)	6 Attachments – Dateianhänge
2 Recipient (To:) – Empfänger (An:)	7 Salutation – Anrede
3 Carbon Copy (CC) – Kopie (CC)[1]	8 Body – Inhalt
4 Blind Carbon Copy (BCC) – Blindkopie (BBC)[2]	9 Complimentary close – Grußformel
5 Subject – Betreff	10 Signature – Signatur

[1] Die Kopie wird „zur Kenntnisnahme" an einen oder mehrere weitere Empfänger versendet, wobei die Adressen in diesem Feld allen Empfängern angezeigt werden.
[2] Die Blindkopie wird an einen oder mehrere weitere Empfänger versendet, wobei die Adressen in diesem Feld den anderen Empfängern nicht angezeigt werden. Die Blindkopie dient damit dem Schutz der Privatsphäre.

Asking for an appointment – *Um einen Termin bitten*	
I'd like to make/arrange an appointment with your sales manager.	Ich möchte gern einen Termin mit Ihrem Verkaufsleiter vereinbaren.
Would it be possible for me to see Mrs Seltig?	Wäre es möglich, dass ich Frau Seltig treffe?
Could we meet at your offices to discuss the new contract?	Könnten wir uns bei Ihnen im Büro treffen, um über den neuen Vertrag zu sprechen?
Can we get together to talk about the situation?	Könnten wir uns zusammensetzen, um über die Situation zu sprechen?
Suggesting a date and time – *Datum und Zeit vorschlagen*	
What date and time would suit you best?	Welches Datum und welche Uhrzeit würden Ihnen am besten passen?
I'll just look in her diary. Would next week be convenient?	Ich sehe eben einmal in ihrem Terminkalender nach. Würde Ihnen die nächste Woche passen?
Are you available on Monday?	Haben Sie am Montag Zeit?
Mrs Seltig can see you on Tuesday. Would that suit you?	Frau Seltig kann sich am Dienstag mit Ihnen treffen. Würde Ihnen das passen?
She's free in the morning, at about ten.	Sie hat am Vormittag Zeit, so ungefähr um zehn.
Would half past ten be all right?	Wäre halb elf in Ordnung?
Can you come at 10.30 on Wednesday, 4th May (BRIT)/ May 5th (AM)?	Können Sie am Mittwoch, den 4. Mai, um 10:30 Uhr kommen?
So, shall we say 11 o'clock next Thursday, in the meeting room on the first floor?	So, sollen wir sagen nächsten Donnerstag, 11 Uhr, im Konferenzraum im ersten Stock?
Agreeing to a date and time – *Datum und Zeit zustimmen*	
11.30 on the 6th? Yes, I can make it then. That's fine.	11:30 Uhr am 6.? Ja, das geht bei mir. Das ist in Ordnung.
This would suit me very well.	Das würde mir sehr gut passen.
Next week would be perfect.	Die nächste Woche wäre perfekt.
Rejecting a date and time – *Datum und Zeit ablehnen*	
I'm afraid I'm busy/engaged/tied up all day on Thursday.	Ich fürchte, ich bin am Donnerstag den ganzen Tag über beschäftigt.
I'll be away on business during the week of 2nd to 6th May (BRIT)/ May 2nd to 6th (AE).	Ich bin in der Woche vom 2. bis 6. Mai geschäftlich unterwegs.
Mrs Seltig is out of the office that day.	Frau Seltig ist an diesem Tag außer Haus/nicht im Büro.
She's away the following week.	In der Folgewoche ist sie nicht da.
Sorry, I won't be able to make it then. What about the 20th?	Tut mir leid, da kann ich es nicht einrichten. Wie sieht es mit dem 20. aus?
Eleven o'clock is difficult. But I could make it later, at three, perhaps.	Elf Uhr ist schwierig. Aber ich könnte es später schaffen, vielleicht so um drei?
Cancelling an appointment – *Einen Termin absagen*	
Unfortunately, Mrs Seltig won't be able to keep the appointment for Thursday afternoon.	Leider kann Frau Seltig den Termin für Donnerstag Nachmittag nicht einhalten.
I'm afraid I have to cancel our meeting on Thursday. Something unexpected has come up. Can we fix another time later in the week?	Ich fürchte, ich muss unsere Besprechung am Donnerstag absagen. Es ist etwas Unvorhergesehenes passiert.
Concluding remarks – *Abschließende Bemerkungen*	
Fine. We'll look forward to seeing you on Friday then.	Gut. Wir freuen uns, Sie dann am Freitag zu sehen.
We'll confirm the appointment in writing.	Wir bestätigen den Termin schriftlich.
Just ask at the information desk when you arrive and someone will come to meet you.	Sagen Sie einfach am Empfang Bescheid, wenn Sie ankommen. Dann holt Sie jemand ab.

Business trips and different means of transport – *Geschäftsreisen und verschiedene Verkehrsmittel*

Mr Hauser is flying to New York to visit a trade fair for office furniture. His secretary has to book a flight with an American airline for him.	**Mrs Schönau is planning to attend a business meeting in Spain. She is going there by train and the tickets have to be reserved.**	**The Japanese business partner Mr Fujiwara wants to drive around Germany on his own. OfficeCom KG asks him whether they should hire a rental car.**
Herr Hauser fliegt nach New York, um eine Büromöbelmesse zu besuchen. Seine Sekretärin muss einen Flug bei einer amerikanischen Fluggesellschaft für ihn buchen.	Frau Schönau plant, an einem Geschäftstreffen in Spanien teilzunehmen. Sie fährt mit dem Zug dorthin und die Bahnfahrkarten müssen reserviert werden.	Der japanische Geschäftspartner Herr Fujiwara möchte gern selbst mit dem Auto durch Deutschland fahren. Die OfficeCom KG fragt ihn, ob sie einen Mietwagen für ihn buchen sollen.

Booking flights – *Flüge buchen*

I'd like to book a flight to New York on 25th August (BRIT)/August 25th (AM).	Ich möchte einen Flug nach New York für den 25. August buchen.
At what time do you want to depart/arrive?	Um welche Uhrzeit wollen Sie abfliegen/ankommen?
Would you like to go economy, business or first class?	Möchten Sie gern Economy, Business oder First Class fliegen?
Is there a direct flight from Hanover to New York?	Gibt es einen Direktflug von Hannover nach New York?
You can also fly via Amsterdam.	Sie können auch über Amsterdam fliegen.
How much baggage/luggage is allowed?	Wie viel Gepäck ist erlaubt?
Please reserve a return flight.	Reservieren Sie bitte einen Hin- und Rückflug.
I'd like to reserve an aisle seat/a window seat.	Ich möchte einen Gangplatz/Fensterplatz reservieren.
The ticket can be collected from the service desk.	Das Ticket kann am Serviceschalter abgeholt werden.
Please get to the airport two hours in advance of your flight.	Bitte seien Sie zwei Stunden vor Abflug am Flughafen.

Reserving train tickets – *Bahnfahrkarten reservieren*

When does the next train to Madrid leave?	Wann fährt der nächste Zug nach Madrid?
How long is the trip?	Wie lange dauert die Fahrt?
The departure is at 10.25, the arrival about two hours later, at 12.33.	Die Abfahrt ist um 10:25 Uhr, die Ankunft ungefähr zwei Stunden später, um 12:33 Uhr.
Do I have to change?	Muss ich umsteigen?
You can also reserve a seat.	Sie können auch einen Sitzplatz reservieren.
How much is the fare?	Wie hoch ist der Fahrpreis?

Hiring a rental car – *Ein Auto mieten*

We'd like to hire/rent a car with a manual/an automatic transmission for 5 days.	Wir möchten ein Auto mit Gangschaltung/Automatikgetriebe für 5 Tage mieten.
The rental fee is 40.00 euros per day and includes a mileage of 100 kilometres (BRIT)/kilometers (AM).	Der Mietpreis beträgt 40,00 Euro pro Tag inklusive 100 Freikilometer.
Mr. Fujiwara can pick up the car at Hanover Airport.	Herr Fujiwara kann das Auto am Flughafen Hannover abholen.

At the hotel – *Im Hotel*

lobby	receptionist	hotel room
Eingangshalle, Lobby	Empfangsmitarbeiter	Hotelzimmer

Types of rooms – *Zimmerarten*

hotel room	Hotelzimmer	smoking room	Raucherzimmer
single room	Einzelzimmer	non-smoking room	Nichtraucherzimmer
double room	Doppelzimmer	conference room	Konferenz-, Besprechungsraum
double room for single use	Doppelzimmer zur Alleinbenutzung		

Room facilities – *Zimmerausstattung*

bath, bathroom	Bad	air-conditioning	Klimaanlage
shower	Dusche	air-conditioned	mit Klimaanlage
bath tub, tub	Badewanne	television	Fernseher
twin beds	zwei Einzelbetten	free internet	kostenloses Internet
double bed	Doppelbett	balcony	Balkon

Catering facilities – *Verpflegungsarten*

room only	ohne Verpflegung	all inclusive	All Inklusive
bed and breakfast	Übernachtung mit Frühstück	continental breakfast	kontinentales Frühstück[1]
half board	Halbpension	full/Englisch/American breakfast	Englisches/Amerikanisches Frühstück[2]
full board	Vollpension	breakfast buffet	Frühstücksbuffet

Length of stay – *Länge des Aufenthalts*

check-in date	Anreise	for three nights from 10 December (BRIT)/December 10 (AM)	für drei Übernachtungen ab 10. Dezember
check-out date	Abreise		
for one night	eine Übernachtung		

Charges – *Kosten*

rates per night	Übernachtungskosten	prepayment	Vorauszahlung
including breakfast	mit Frühstück	cancellation free	Stornogebühr
discount	Rabatt	business/corporate rate	Geschäfts-/Businesstarif
deposit	Anzahlung	hotel bill	Hotelrechnung

Example sentences – *Beispielsätze*

I'd like to book/rent/reserve a hotel room.
When for?
I'll be staying for three nights from 10 December.
Do you have any vacancies?

Would you like a single or a double room?
The charge per night is 100 euros.
We're fully booked on New Year's Eve.

[1] Das „Kontinentale Frühstück" beinhaltet mindestens Brot, Brötchen, Butter, Konfitüre und Kaffee und Tee.
[2] Das „Englische Frühstück" oder „Amerikanische Frühstück" beinhaltet zusätzlich zum „Kontinentalen Frühstück" mindestens Eierspeisen, Speck und/oder Würstchen und Toast.

Market research – *Marktforschung*

When doing market research companies should …	Bei der Marktforschung sollten Unternehmen …
■ **try to know the characteristics of their target groups.**	■ versuchen, die Merkmale ihrer Zielgruppen zu kennen.
■ **gather statistical data on market segments.**	■ statistische Daten über Marksegmente erheben.
■ **analyse the strengths and weaknesses of their competitors.**	■ Stärken und Schwächen der Mitbewerber analysieren.
■ **use research methods such as surveys, interviews, focus groups, field tests, experiments and observation for primary market research.**	■ Erhebungsmethoden wie Umfragen, Interviews, Fokusgruppen, Feldversuche, Experimente und Beobachtung für die Primärforschung nutzen.
■ **use already existing data, e. g. reports and statistics, for secondary market research.**	■ bereits vorhandene Daten, z. B. Berichte und Statistiken, für die Sekundärforschung nutzen.

Marketing mix: The 4 Ps – *Marketingmix: Die 4 Ps*

The marketing mix describes the optimal combination of the four marketing tools, also known as the "4 Ps". With the help of this marketing mix a company wants to pursue its marketing strategy and reach its marketing goals.

Das Marktingmix beschreibt die optimale Abstimmung der vier Marketinginstrumente, auch die „4 Ps" genannt. Mit diesem Marketingmix will ein Unternehmen seine Marketingstrategie verfolgen und seine Marketingziele erreichen.

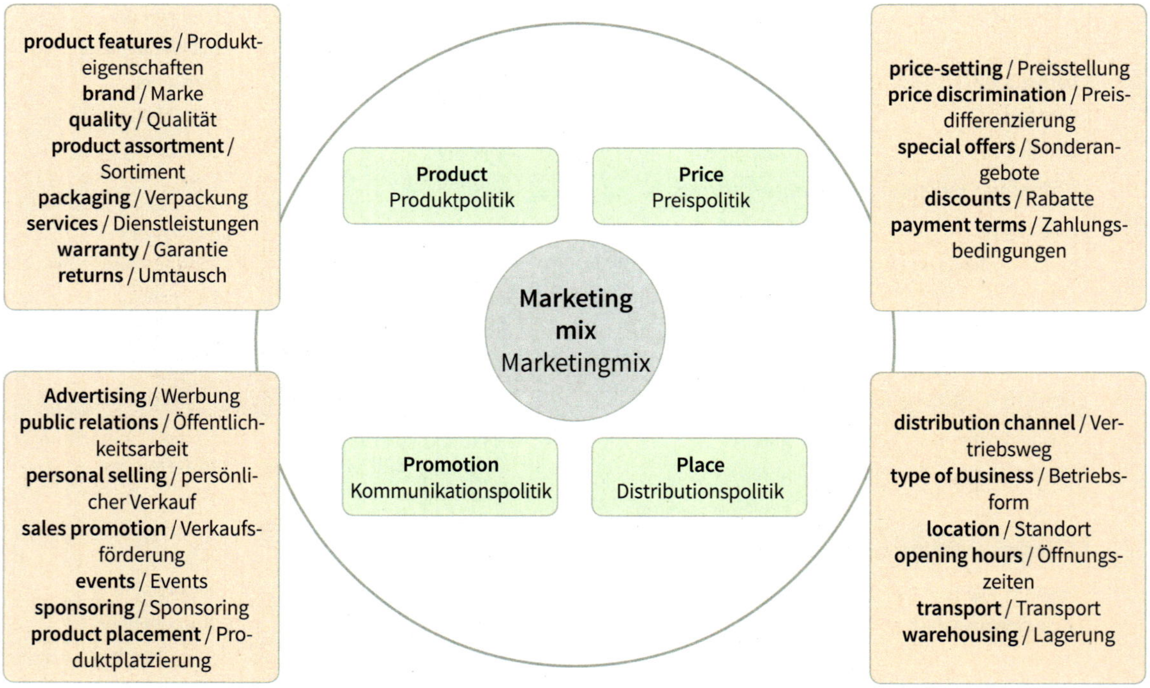

Irregular verbs

Unregelmäßige Verben

Infinitive, past simple, past participle Infinitiv, Vergangenheit, Partizip Perfekt	**German translation** Deutsche Übersetzung	**Infinitive, past simple, past participle** Infinitiv, Vergangenheit, Partizip Perfekt	**German translation** Deutsche Übersetzung
be, was/were, been	sein	let, let, let	lassen, erlauben
become, became, become	werden	lose, lost, lost	verlieren
begin, began, begun	anfangen, starten	make, made, made	machen, tun
break, broke, broken	brechen, kaputt machen	mean, meant, meant	bedeuten
bring, brought, brought	bringen	meet, met, met	treffen
build, built, built	bauen	pay, paid, paid	bezahlen
burn, burnt, burnt[1] (burned)	brennen, verbrennen	put, put, put	legen, stellen
buy, bought, bought	kaufen	read, read, read	lesen
catch, caught, caught	fangen	ride, rode, ridden	reiten, fahren
choose, chose, chosen	wählen	rise, rose, risen	steigen, sich erheben
come, came, come	kommen	ring, rang, rung	klingeln, anrufen
cost, cost, cost	kosten	run, ran, run	laufen
cut, cut, cut	schneiden	say, said, said	sagen
deal, dealt, dealt	handeln, sich beschäftigen mit	see, saw, seen	sehen
		sell, sold, sold	verkaufen
do, did, done	tun, machen	send, sent, sent	senden
draw, drew, drawn	zeichnen, ziehen	set, set, set	setzen, stellen, legen
drink, drank, drunk	trinken	shake, shook, shaken	schütteln
drive, drove, driven	fahren	show, showed, shown (showed)[1]	zeigen
eat, ate, eaten	essen	shut, shut, shut	schließen
fall, fell, fallen	fallen	sing, sang, sung	singen
feel, felt, felt	fühlen	sit, sat, sat	sitzen
fight, fought, fought	kämpfen	sink, sank, sunk	sinken
fly, flew, flown	fliegen	sleep, slept, slept	schlafen
forget, forgot, forgotten	vergessen	smell, smelt, smelt (smelled)[1]	riechen
freeze, froze, frozen	(ge)frieren, einfrieren	speak, spoke, spoken	sprechen
get, got, got	bekommen	spend, spent, spent	ausgeben
give, gave, given	geben	stand, stood, stood	stehen
go, went, gone	gehen	steal, stole, stolen	stehlen
grow, grew, grown	wachsen	swim, swam, swum	schwimmen
have, had, had	haben	take, took, taken	nehmen
hear, heard, heard	hören	teach, taught, taught	unterrichten, beibringen
hide, hid, hidden	(sich) verstecken	tear, tore, torn	zerreißen
hit, hit, hit	schlagen	tell, told, told	erzählen
hold, held, held	halten	think, thought, thought	denken
hurt, hurt, hurt	wehtun	throw, threw, thrown	werfen
keep, kept, kept	behalten	wake, woke, woken	wecken
know, knew, known	wissen, kennen	wear, wore, worn	tragen (Kleidung usw.)
lay, laid, laid	legen	win, won, won	gewinnen
learn, learnt, learnt (learned)[1]	lernen	write, wrote, written	schreiben

infinitive
Infinitiv
→ **present simple** (I *go*) | **will-future simple** (I will *go*)

past simple
Vergangenheit
→ **past simple** (I *went*)

past participle
Partizip Perfekt
→ **present perfect simple** (I have *gone*) | **past perfect simple** (I had *gone*)

[1] „Burn", „learn", „show" und „smell" können auch regelmäßig sein.

15 Arbeitsmethoden im Unterricht

Protokoll *Minutes*

Arten

Prinzipiell werden unterschieden:

- **Verlaufsprotokoll** (gibt den Verlauf eines Gesprächs oder Ablauf einer Handlung wieder)
- **Ergebnisprotokoll** (Festhalten der Gesprächsergebnisse bzw. der Handlungsergebnisse)

Aufbau/Inhalt

Protokollkopf

- Protokollanlass (Überschrift)
- Datum und Zeitangabe, in der Regel der Beginn (Uhrzeit)
- Ortsangabe
- Namen der anwesenden Personen (z. T. werden auch abwesende Personen genannt, eventuell unter Nennung des Fehlgrundes)
- Tagesordnungspunkte

Protokolltext

- Ereignisse bzw. Abläufe werden beim Verlaufsprotokoll in chronologischer Form schriftlich festgehalten.
- Ergebnisse werden in chronologischer Form oder nach der Wichtigkeit geordnet schriftlich fixiert.

Protokollfuß

- Ende des Gesprächs bzw. der Handlung
- eventuell Hinweis auf Anlagen
- Ort und Datum der Protokollabfassung
- Unterschrift des Protokollanten/der Protokollantin (links unten)
- Unterschrift des Gegenzeichnenden, z. B. Konferenzleiterin (rechts unten). Diese Unterschrift bestätigt die sachliche Richtigkeit des Protokollinhaltes.

Sprachliche Gestaltung

- Als Tempus (Zeitraum) wird das Präsens (die Gegenwart) benutzt.
- Die direkte Rede wird mittels des Konjunktivs (Möglichkeitsform) in die indirekte Rede übertragen; ein wörtliches Zitat kann als Ausnahme benutzt werden.

Beispiel:

Protokoll der Vorstandssitzung der OfficeCom KG

am:	15. Oktober 20..
um:	14:00 Uhr (Beginn)
Ort:	OfficeCom KG, Braunschweig, Konferenzsaal B/2
Anwesende:	Herr Herbert Hauser, Frau Frauke Schönau, Frau Dr. Carla Seltig Frau von Carolath (Protokollantin)
Tagesordnung:	1. Bericht des Vorstandes 2. Geschäftliche Entwicklung im 3. Quartal 20.. 3. Zukünftige Geschäftspolitik 4. Verschiedenes
Zu TOP 1:	Herr Hauser begrüßt die Anwesenden und weist darauf hin, dass er heute großen Termindruck habe, deshalb müssten alle Tagesordnungspunkte bis 16 Uhr besprochen sein.

.
.
.
.
.
.

Ende der Konferenz: 15:45 Uhr

von Carolath — Protokollantin

Hauser — Vorsitzender

Begriff und Zielsetzung

In der schulischen und betrieblichen Aus- und Fortbildung nimmt das (Kurz-)Referat einen zentralen Stellenwert ein, um wichtige Inhalte in kurzer und prägnanter Form zu vermitteln. Als Gesprächsform zählt das Referat zu den Monologen. Im Anschluss an den Vortrag tritt häufig ein Wechsel in der Gesprächsform auf, der Referent/die Referentin tritt dann in einen Dialog mit seinen/ihren Zuhörern ein.

Vorbereitung des Referates

Damit ein Referent/eine Referentin bei der Vermittlung seiner/ihrer Aussagen einen optimalen Wirkungsgrad erreicht, sollte er/sie sich gut auf das Referat vorbereiten.

Die wichtigsten **Schritte bei der Vorbereitung** sind:

- Entsprechende Materialien zur Abfassung des Referates sind zu sammeln (z. B. Zeitungsausschnitte, Statistiken). Eine Internetrecherche (siehe S. 504) bietet sich in jedem Fall an.
- Die Inhalte der beschafften Materialien sind auf ihre Glaubwürdigkeit hin zu prüfen (vor allem wichtig bei einer Internetrecherche), eine Gewichtung der beschafften Informationen ist vorzunehmen.
- Eine Grobgliederung ist zu erstellen, die später durch eine Feingliederung zu ergänzen ist.
- Abstrakte Inhalte sollten unter Zuhilfenahme von Beispielen verdeutlicht werden.
- Entlang der Feingliederung ist zu formulieren, auf eine adressatengemäße Ausdrucksweise ist zu achten.
- Die Länge des Referates ist angemessen zu wählen.
- Um Monotonie beim Vortragen zu verhindern, sind entsprechende Textpassagen zu markieren – damit kann die Betonung bzw. das Einlegen von Sprechpausen vorbereitet werden.
- Insbesondere die Einleitung des Schlussteils ist durch eine entsprechende Formulierung anzukündigen.
- Benötigte Medien (z. B. Beamer oder Overheadprojektor) sind zu besorgen und vorher auszuprobieren.
- Der Vortragsraum muss für das Referat angemessen ausgewählt werden (z. B. Beachtung der Akustik und der Lichtverhältnisse).
- Es ist zu entscheiden, ob ein Thesenpapier zu erstellen ist.

Durchführung des Referates

- Ein eventuell angefertigtes Thesenpapier ist zu verteilen, unter Umständen sind dazu kurze Anmerkungen zu machen.
- Die Lautstärke ist entsprechend der Entfernung zu den Zuhörern zu wählen; die Variierung der Lautstärke dient der Betonung.
- Das Referat sollte keinesfalls monoton gelesen werden, neben der Variierung durch Lautstärke, Betonung und Sprechgeschwindigkeit ist auf gelegentlichen Blickkontakt zu den Zuhörern zu achten. Sprechpausen sind gezielt einzusetzen.
- Es ist auf den gezielten Einsatz von Gestik (Körpersprache) und Mimik (Gesichtssprache) zu achten, um die Aufmerksamkeit der Zuhörer zu erhöhen.
- Der Einsatz der Medien muss störungsfrei verlaufen (z. B. durch Vermeidung von störenden Nebengeräuschen).

Diskussion

Discussion

Begriff und Zielsetzung

Eine besondere Form der Argumentation stellt die Diskussion dar, bei der sich die Diskussionsteilnehmer sprachlich mit einem Thema auseinandersetzen, ein Streitgespräch führen. Da sich an dieser Gruppenkommunikationsform mehrere Personen beteiligen, wird bei größeren Gruppen ein/-e Diskussionsleiter/-in benötigt.

Diskussionsleiter/-in

Seine/Ihre Aufgabe besteht vor allem darin, auf die Form der Diskussion Einfluss zu nehmen. Dementsprechend hat er/sie auf die richtige Reihenfolge der Redebeiträge zu achten, persönliche Beleidigungen hat er/sie zu unterbinden, die Diskussion wird von ihm/ihr eröffnet und meist mit einem Schlusswort beendet.

Diskussionsregeln

Von den Diskussionsteilnehmern untereinander kann erwartet werden, dass sie die Meinung des anderen achten und zumindest bereit sind, sich von anderen überzeugen zu lassen. Das bedeutet nicht, dass jede Diskussion mit einem Konsens oder einem Kompromiss enden muss.

Damit die Diskussion von allen Teilnehmern/Teilnehmerinnen als nützlich angesehen werden kann, sollten folgende Regeln eingehalten werden:

- Man muss bereit sein, allen Teilnehmern aufmerksam zuzuhören, auf jeden Fall sollte man den Gesprächspartner ausreden lassen.
- Bei längeren Ausführungen der anderen Diskussionsteilnehmer sollte man sich Notizen machen; eigenen Beitrag mithilfe von Stichwörtern vorstrukturieren.
- Die gewichtigsten Argumente sollte man für die Schlussphase „aufsparen“.
- Beim eigenen Redebeitrag sollte man sich auf die Aussagen des Vorgängers beziehen.
- Die Redebeiträge sind so kurz und anschaulich wie möglich zu halten.
- Es ist prinzipiell sachlich zu argumentieren, was nicht heißen soll, dass Gefühle ausgeklammert werden müssen; auf jeden Fall sind Kränkungen und Beleidigungen anderer zu unterlassen.

Vorbereitung einer Diskussion

- Sammlung umfangreichen Informationsmaterials, z. B. durch eine Internetrecherche oder durch Zusammentragen von Zeitungsausschnitten
- Gegenüberstellung von Pro- und Kontra-Argumenten aufgrund der beschafften Informationen
- Vorbereitung auf Gegenargumente, z. B. durch Empathieübungen (sich hineinversetzen in die Gegenposition)
- Auswahl geeigneter Räume und sinnvolle Anordnung der Stühle und Tische
- Bestimmung eines/einer Diskussionsleiters/Diskussionsleiterin
- Festlegung der zur Verfügung stehenden Zeit
- Abstimmung mit Teilnehmern und/oder Beobachtern, wie mögliche Diskussionsergebnisse ausgewertet und weitergenutzt werden können

Begriff und Zielsetzung

Das Rollenspiel ist eine Variante der Simulationsspiele. Lernende probieren in vorgegebenen Situationen „spielend“ ihr Handlungsrepertoire aus und erweitern es, ohne negative Folgen befürchten zu müssen. Dabei sollen Hemmungen, besonders vor schwierigen Situationen der Realität, durch Erfolgserlebnisse im Spiel abgebaut werden. Die Rollenspielenden übernehmen ungewohnte Rollen, um die gespielten Personen verstehen zu lernen und für diese zu handeln und zu entscheiden. In der Nachbereitung (Reflexion) des Rollenspiels überdenken sie ihr im Spiel gezeigtes Verhalten und bewerten es im Hinblick auf zukünftiges eigenes Tun in der Realität. Den Beobachtern des Rollenspiels kommt eine besondere Bedeutung bei der anschließenden Auswertung zu (siehe „Beobachtung und Auswertung“).

Das Rollenspiel dient dazu, dass Schülerinnen und Schüler …

- lernen, ihre Interessen wirkungsvoll zu vertreten, indem sie ihre Meinung überzeugend darstellen,
- ihr Verhaltensrepertoire für kritische Situationen erweitern und ihr Selbstvertrauen steigern,
- Widersprüche eher aushalten,
- ihre Kommunikationstechniken verbessern,
- lernen, sich in die Meinung anderer einzufühlen und
- damit Strategien für Konfliktlösungen entwickeln.

vgl.: Steinmann, Bodo; Weber, Birgit (Hrsg.): Handlungsorientierte Methoden in der Ökonomie, Neusäß 1995, S. 30 ff.

Ablaufgestaltung

Ablauf		Phase
Alle Schüler lesen die Informationskarte.		Informationsphase
Alle Schüler (außer den Rollenspielern) lösen die Aufgaben zur Informationskarte.	Die Rollenspieler lesen ihre Rollenkarten und sammeln Argumente für das Rollenspiel.	Vorbereitungsphase für das Rollenspiel
Die Schüler verfolgen die Diskussion der Rollenspieler (evtl. Notizen) und bilden sich eine eigene Meinung.	**Das Rollenspiel**	Rollenspielphase
Diskussion in der Klasse über die Argumente der Rollenspieler		Diskussionsphase
Durch den Spielleiter, Lehrer oder andere Schüler werden die Ergebnisse der Diskussion (eine oder mehrere Lösungen) zusammengefasst.		Ergebnisphase
Alle Schüler lesen die Ergebnis- und Aufgabenkarte, die über den speziellen Fall hinaus allgemeine Erkenntnisse vermittelt.		Generalisierungsphase
Zur Festigung der allgemeinen Erkenntnisse lösen die Schüler die Aufgaben der Ergebniskarte.		Generalisierungsphase
Die so gewonnenen Informationen und Erkenntnisse aus dem Rollenspiel ermöglichen die Lösung analoger Fallsituationen.		Transferphase

aus: Kaiser, Franz-Josef: Entscheidungstraining. Die Methoden der Entscheidungsfindung: Fallstudie – Simulation – Planspiel. Bad Heilbrunn: Klinkhardt, 1973 S. 73.

Beobachtung und Auswertung

Wichtige Fragen für die Beobachter:

- Wer hat am meisten/wenigsten gesagt?
- Wann hat jemand eine Rede unterbrochen?
- Welche Fragen/Argumente wurden nicht beantwortet?
- Wie hat sich die allgemeine Atmosphäre während des Spiels verändert?
- Welche noch möglichen Lösungen wurden übersehen?
- Haben die Sprecher Augenkontakt behalten?
- Welche Gefühlsregungen nahmen sie wahr?
- Welche Teilnehmer hatten großen, welche geringen Einfluss?
- Wer hat die Diskussion am Thema gehalten? Wie?
- Welche Aktionen förderten den Problemlösungsprozess?
- Wie wurden schweigsame Zeiten aufgenommen?
- Wer hat mit wem/wer nicht mit wem gesprochen?

vgl.: Van Ments, Morry: Rollenspiel effektiv, München 1998, S. 77

Moderationsmethode *Method of facilitation*

Begriff und Zielsetzung

Die in den 60er-Jahren des 20. Jahrhunderts entstandene Methode hat das **Ziel**, zwischen Mitgliedern einer Gruppe eine Art **gleichberechtigter Kommunikation** zu ermöglichen, bei der ein Moderator darauf achtet, dass bestimmte Kommunikationsregeln eingehalten werden. Der **Moderator**/die **Moderatorin** lenkt die Gruppe nicht inhaltlich, er/sie unterstützt die Gruppenmitglieder nur darin, ihre eigenen Zielvorstellungen und Erkenntnisse zu aktivieren, zu visualisieren und eine Problemlösung oder Entscheidungsfindung zielgerichtet voranzutreiben. Bei der Moderationsmethode werden in starkem Maße sowohl **Visualisierungs-** als auch **Frage-** und **Antworttechniken** genutzt, um eine ausgesprochen interaktive Kommunikation zwischen den Gruppenmitgliedern zu ermöglichen.

Voraussetzungen

- Alle Gruppenmitglieder akzeptieren die Grundregeln der Moderationsmethode.
- Gruppe und Moderator(en) akzeptieren sich gegenseitig.
- Der Moderator hat so viel Vorwissen über das zu bearbeitende Thema, dass er die Kommunikation effektiv gestalten kann.
- Der Moderator verfügt sowohl über grundlegende Visualisierungs- als auch über Frage- und Antworttechniken.
- Die emotionale Betroffenheit des Themas ist für den Moderator allenfalls in geringem Maße gegeben.
- Die Größe der Gruppe sollte beschränkt sein (optimale Gruppengröße: ca. 15 Personen).

Visualisierungshilfsmittel (Beispiele)

- Pinnwand
- Flipchart
- Wandzeitung
- Magnettafel
- Schreibgeräte (z. B. Filzstifte)
- Moderationskarten in unterschiedlichen Formen (eckig, oval, rund), Größen und Farben
- Klebepunkte
- eventuell zusätzliche Piktogramme/Symbole, z. B. „Blitzpfeil"

Visualisierungstechniken

Diese Techniken verfolgen folgende **Ziele**:

- Ermöglichung einer gleichberechtigten Kommunikation durch Einbeziehung möglichst aller Gruppenmitglieder
- Erhöhung der Behaltensquote durch zusätzliche Nutzung von Schriftsprache und Grafik
- permanente Rückverfolgung des Diskussionsstrangs
- Trennung von Wichtigem und Unwichtigem bzw. Gewichtung ausgewählter Merkmale bzw. Aussagen
- gezielte Ergebnissicherung (auch von Zwischenergebnissen)

Mithilfe der verschiedenen Visualisierungshilfsmittel (s. o.) können unterschiedliche **Visualisierungstechniken** angewandt werden:

- Gliederung von **Ober-** und **Unterbegriffen**:

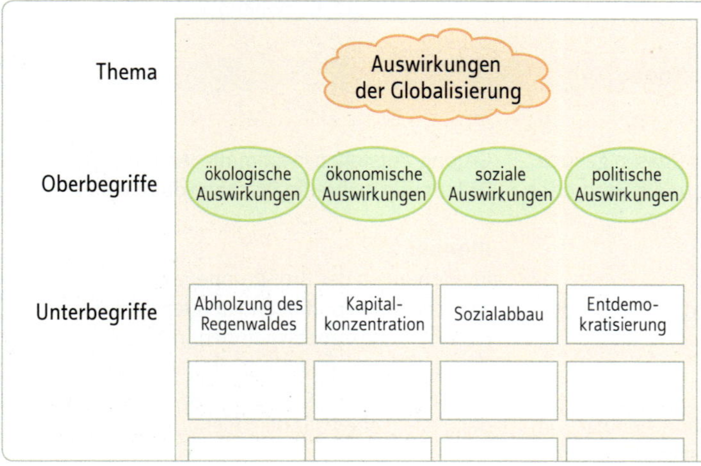

- Erstellung von **Struktogrammen**:

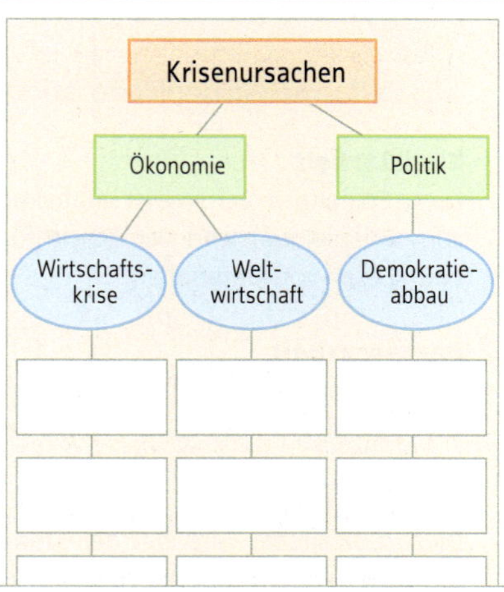

Moderationsmethode

Method of facilitation

Visualisierungstechniken

- Erstellung eines **Netzes:**

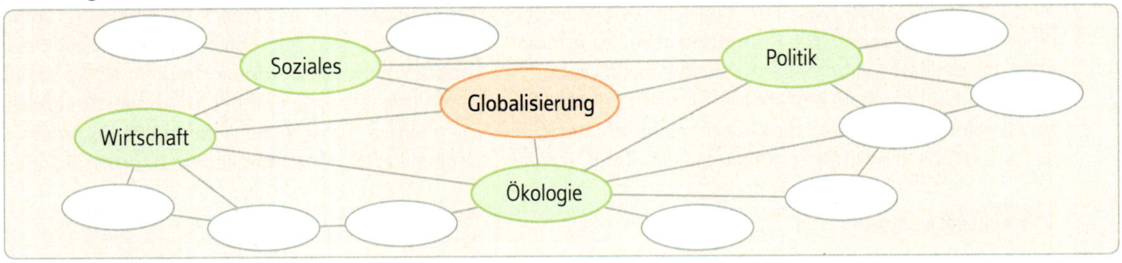

- Erstellung einer **Liste** (z. B. von Regeln oder zu bearbeitenden Aufgaben):

Kommunikationsregeln

Halte Blickkontakt!	
Sprich deutlich!	
Moduliere die Stimme!	
Hör genau zu!	

- Aufbau einer **Tabelle** oder **Matrix:**

Auswirkungen von Alter und Haushaltsgröße auf Lebenseinstellungen

Haushaltsgröße / Alter	Single-haushalt	Partner-haushalt	Wohn-gemein-schaft	Familien-haushalt
bis 25 J.				
25–50 J.				
über 50 J.				

Verhaltensregeln für Moderatoren/Moderatorinnen

Der Moderator/die Moderatorin sollte

- niemals inhaltlich Stellung beziehen
- alle Gruppenmitglieder einbeziehen
- allen Gruppenmitgliedern ausreichend zuhören
- Störungen im Gruppenprozess beachten („Störungen haben Vorrang!“)
- flexibel bzw. situativ reagieren (z. B. in Schwächephasen motivieren)
- Fragen eindeutig formulieren
- Gesprochenes visualisieren (soweit sinnvoll)
- Pausen- und Arbeitszeiten mit der Gruppe abstimmen

Sozialformen in der Moderationsmethode

Einzelarbeit
Diese Sozialform wird meist nur in kurzen Phasen genutzt, zum Beispiel während der Beschriftung von Karten oder beim Lesen von Materialien.

Partnerarbeit
Zwei Partner/-innen arbeiten zusammen, um einen klar überschaubaren Arbeitsauftrag gemeinsam zu lösen.

Gruppenarbeit
Diese Sozialform wird bei der Moderation benutzt, um die Vorteile von Gruppenprozessen zu nutzen. Erst in der Gruppe entstehen bestimmte Arbeitsergebnisse, da der Diskurs von mehreren Personen dafür Voraussetzung ist.

Plenum
Im Plenum, in der Großgruppe, wird der Moderationsprozess begonnen und beendet. Auch viele Sammlungs- und Entscheidungsprozesse finden in dieser Sozialform statt, da die Meinung und Kreativität aller Beteiligten zeitgleich gefragt ist. Die Entscheidung über die Bildung von Teilgruppen obliegt ebenfalls dem Plenum.

Frage- und Antworttechniken

Kartenabfrage

Der Moderator stellt eine Frage – meist zusätzlich schriftlich visualisiert – und lässt sie per Moderationskarten (in der Regel rechteckige Karten) schriftlich beantworten. Dies kann in Einzel- und Partnerarbeit, offen oder anonym geschehen. Anschließend werden die Karten gesammelt und vom Plenum nach Ober- und Unterbegriffen an der Pinnwand geordnet (geclustert). Für weitergehende Sortierungsphasen steht meistens eine zweite Pinnwand zur Verfügung. Oberbegriffe können vor oder auch erst nach der Sammlungsphase gebildet werden. Die Kartenabfrage ist meist Grundlage für eine weiterführende Gruppenarbeitsphase.

Zuruffrage

Der Moderator stellt eine Frage und notiert die mündlichen Antworten selbst (z. B. auf Karten) oder lässt sie von einem Zweitmoderator schriftlich fixieren. Die Zuruffrage kann mit der Methode des Mindmappings kombiniert werden (siehe hierzu S. 489 f.).

+ Vorteile:

- Zeitersparnis (gegenüber der Kartenabfrage)
- Nutzung des Gruppenprozesses bei der Artikulierung der Zurufe

– Nachteile:

- fehlende Anonymität
- geringe Zeit, um Antwort zu überlegen
- Kommunikationsgehemmte Personen bringen sich nicht ein.

Einpunktfrage

Eine Frage wird schriftlich vom Moderator z. B. an einer Pinnwand oder einem Flipchart fixiert. Die Gruppenmitglieder erhalten für die Gestaltung der Antwort (der Skalierung) einen Klebepunkt. Das anonyme Abfragen von Meinungen oder Stimmungen steht bei der Einpunktfrage im Vordergrund.

Beispiele für die Einpunktfrage:

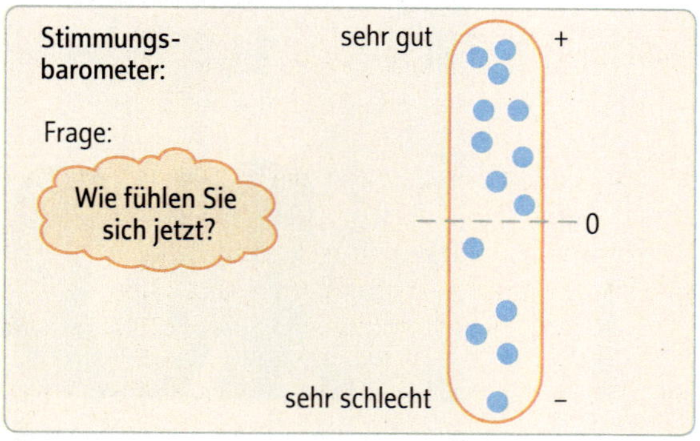

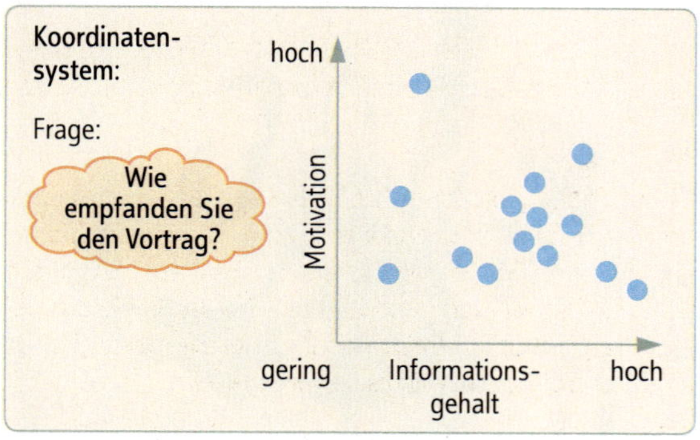

Mehrpunktfrage

Auf einer Pinnwand oder einer Wandzeitung wird ein Fragenkomplex offen oder anonym bearbeitet, indem die Gruppenmitglieder schriftlich vorgegebene Antworten mithilfe von Klebepunkten gewichten. Eine beschränkte Anzahl von Klebepunkten (z. B. drei Klebepunkte für fünf mögliche Antworten) führt zu einer eindeutigen Entscheidungsfindung.

Beispiel für die Mehrpunktfrage:

Möchte man einer Gruppe von Personen, z. B. in der Schule oder im Betrieb, ein **Arbeitsergebnis präsentieren**, wird man darüber entscheiden müssen, in welcher **Form** man dies umsetzt.

Im Einzelnen müssen vor allem die folgenden **Fragen** bei der **Vorbereitung der Präsentation** beantwortet werden:

- Wie viel **Zeit** darf für die Präsentation eingeplant werden?
- Welche **Räumlichkeiten** stehen für die Präsentation zur Verfügung?
- Soll die Präsentation durch **eine** Person **oder** durch **mehrere Personen** erfolgen?
- Soll die Präsentation prinzipiell eher einem **Vortrag** gleichen **oder** durch **„spielerische/darstellende Elemente"** (z. B. durch ein Rollenspiel oder ein Standbild) geprägt sein?
- Welche **Medien** sollen bzw. können bei der Präsentation eingesetzt werden?
- An welche **Adressaten** (Zielgruppen) richtet sich die Präsentation, mit welchen **Erwartungen** muss man bei den Zuhörern rechnen?
- Passt die Form der Präsentation zu deren Anlass?
- Müssen **urheberrechtliche Vorgaben** berücksichtigt werden (z. B. durch das Urheberrechtsgesetz)?

Die Form der Präsentation entscheidet auch mit darüber, inwieweit das Präsentierte vom Zuhörer aufgenommen, **verarbeitet** und **abgespeichert** wird. Die **Behaltensquote** wird z. B. auch dadurch gesteigert, dass bei einem Vortrag dessen **Struktur** (Gliederung, Agenda) mündlich oder besser noch zusätzlich schriftlich vorgestellt wird.

Grundsätzlich ist es von Vorteil, die sogenannten **vier goldenen Regeln der Präsentation** einzuhalten:

- **Strukturieren** Sie Ihre Präsentation!
- **Visualisieren** Sie Kernaussagen!
- **Modulieren** Sie Ihre Sprache (z. B. durch Variation der Lautstärke, Betonung und Sprechgeschwindigkeit)!
- **Kommunizieren** Sie mit den Zuhörern (z. B. durch den gezielten Einsatz der Körpersprache)!

aus: Krohne, Helmut; Richter, Klaus; Schuchard, Petra: Unsere Sprache im Beruf. 6. Auflage. Köln: Bildungsverlag 1 2011, S. 119.

Bei der Auswahl der geeigneten Präsentationsform steht immer wieder die Wahl der **Präsentationsmedien** im Vordergrund – daher sollen hier die wichtigsten genannt werden:

- herkömmliche (Kreide-)Tafel
- White-Board-Tafel
- Flipchart
- Wandzeitung/Plakat
- Pinnwand
- PC mit Beamer
- interaktive (elektronische) Tafel
- Dokumentenkamera

Häufig wird auch schon vor, während oder nach der Präsentation ein **„Handout"** (meist auf Papier) verteilt, um die Aufmerksamkeit und Aufnahmefähigkeit beim Publikum zu erhöhen.

Damit die Präsentation schließlich mit Erfolg durchgeführt werden kann, ist es in jedem Fall ratsam, vor der Präsentation eine **To-do-Liste** zu erstellen, die festhält, wer was wann (evtl. wo) macht.

15

Präsentation von Gruppenarbeitsergebnissen *Presentation of group results*

Ziele

Sowohl bei den Präsentierenden als auch bei den Zuhörern sollen gefördert werden:

- Kommunikationskompetenz (z. B. Stellen und Beantworten von Verständnisfragen)
- Sozialkompetenz (z. B. diszipliniertes Zuhören und Abstimmung der Präsentationsergebnisse)
- Fachkompetenz (z. B. durch selbstständiges Formulieren von Sachverhalten)

Tipps/Empfehlungen zur Präsentation

- Jedes Mitglied der Arbeitsgruppe soll sich an der Präsentation beteiligen.
- Der Sprechanteil jedes Einzelnen sollte ungefähr gleich groß sein.
- Jedes Mitglied der Arbeitsgruppe sollte beim Vortrag der anderen konzentriert sein, um gegebenenfalls helfen zu können.

Inhaltliche Aspekte

Schon in der Erarbeitungsphase sollten folgende Gesichtspunkte für eine erfolgreiche Präsentation beachtet werden:

- Das Thema muss eindeutig strukturiert werden: Gliederung, Überschriften, Unterpunkte, Absätze.
- Die Problematik sollte umfassend bearbeitet worden sein, damit Hintergrundwissen vorhanden ist (Recherche, z. B. Bibliothek, Internet).
- Die Aussagen müssen eindeutig formuliert sein.
- Die schriftliche Ausarbeitung muss sprachlich korrekt sein.
- Beispiele können vor allem schwierige Sachverhalte veranschaulichen.
- Im Anschluss an die (oder während der) Präsentation sollte auf Fragen eingegangen werden.

Gestalterische Aspekte

- Es müssen geeignete Medien benutzt werden, z. B. Tafel, Folie, Plakat, Moderationskarten, farbige Kreide, farbige Stifte, Beamer, Videorekorder, Kassettenrekorder.
- Die Schrift muss groß, deutlich und gut lesbar sein.
- Es sollen ansprechende Farbtöne verwendet werden, z. B. bei farbigen Plakaten.
- Zur Veranschaulichung eignen sich besonders Grafiken, Abbildungen, Schaubilder, Fotos, Dias und Plakate.

Sprachliche Aspekte

- Die Stimme muss klar, laut und deutlich sein.
- Die Stimme sollte variiert werden, z. B. Betonung einzelner Wörter.
- Es sollte nicht zu schnell, aber auch nicht zu langsam gesprochen werden.
- Bei neuen Gliederungspunkten sollte eine kurze Sprechpause erfolgen.

Gestik/Mimik

- Man sollte die Zuhörer/-innen immer ansehen (freies Sprechen).
- Für den Vortrag sollte man sich hinstellen.
- Die Körperhaltung sollte aufrecht sein, man darf weder zu steif noch zu locker wirken.
- Die Mimik muss zum vorgetragenen Sachverhalt passen.
- Ein freundliches Lächeln kann die Spannung lösen.

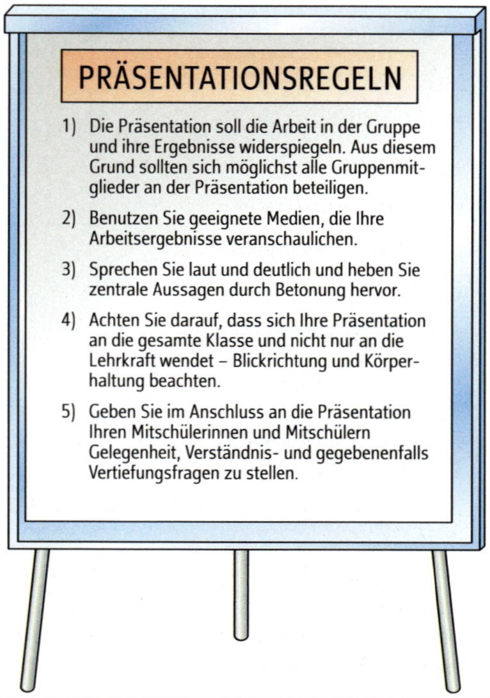

aus: Bentin, Margit u. a.: Beschaffungsprozess. 5. Aufl. Braunschweig: Bildungshaus Schulbuchverlage 2012, S. 91.

Bewertung von Präsentationen *Evaluation of presentations*

Sicherlich kann man davon ausgehen, dass die Zuhörer einer Präsentation diese intuitiv, sozusagen aus dem Bauchgefühl heraus, bewerten. Geäußerte Gefühle des Publikums während oder nach der Präsentation können ohne Weiteres von den Gesichtern oder der Körperhaltung der Zuhörer abgelesen werden. Möchte man seine **Präsentationskompetenz** auf Dauer steigern, wird es aber sinnvoll sein, die **Bewertung der Präsentation** durch die Zuhörer **systematisch**, d. h. nach vorher **festgelegten Gesichtspunkten (Kriterien)**, vorzunehmen. Mögliche Bewertungskriterien können sein:

- **Inhalt**
  - Umfang
  - Tiefe
  - sachliche Richtigkeit
  - Aktualität
  - Ausgewogenheit
- **Form der Darstellung**
  - Struktur/Gliederung
  - Visualisierung (z. B. Einsatz von Farben, Nutzung bildhafter Elemente)
  - Medienwahl
  - Angebot eines Handouts
- **Sprache**
  - Einhaltung der sprachlichen Normen (Rechtschreibung, Zeichensetzung, Grammatik)
  - Sprachmodulation (z.B. Wahl der Sprachgeschwindigkeit, Lautstärke, Betonung)
  - Einsatz einer adressatenbezogenen Sprache
  - Nutzung nonverbaler Mittel (z.B. Mimik, Gestik, Halten des Blickkontakts)
- **Äußere Erscheinung der Präsentierenden**
  - Kleidung
  - Körperhaltung
- **Einhaltung der geplanten Präsentationszeit**

Um diese Beobachtungskriterien zu bewerten, bieten sich unterschiedliche **Bewertungsmethoden** an, zum Beispiel:

- Fragebogen
- Kartenabfrage (s. S. 485)
- Abfrage eines Feedbacks nach festgelegten Feedbackregeln (s. S. 496)
- **Blitzlicht** (Zuhörer schildern spontan und unsystematisch – „blitzartig" – ihre Eindrücke)
- Stimmungsbarometer (s. S. 485)

Beispiel für einen **Bewertungsbogen** zur Sprachmodulation und Artikulation eines Präsentierenden:

Rhetorik: Auswertungsbogen zur Sprachmodulation und Artikulation

Name des Redners: ______________________________

Beobachtungsaspekte	**Bewertung** (Zutreffendes bitte ankreuzen)				**Name des Beobachters**
	sehr gut	**gut bis befriedigend**	**verbesserungs-bedürftig**	**stark verbesserungs-bedürftig**	
Lautstärke					
Sprachgeschwindigkeit					
Setzen von Sprechpausen					
Betonung					
Deutlichkeit der Artikulation					
Satzmelodie/Emotionalität der Sprache					

Anmerkungen zur Bewertung (bei Bedarf):

____

____

Hinweis:
Meist ist es sinnvoller, dass nicht ein Beobachter viele verschiedene Beobachtungsaspekte auswertet – vielmehr gilt: „Weniger ist mehr!" Verteilen Sie daher die einzelnen Beobachtungsaspekte auf mehrere Beobachter.

aus: Krohne, Helmut; Richter, Klaus; Schuchard, Petra: Unsere Sprache im Beruf. 6. Auflage. Köln: Bildungsverlag 1 2011, BuchPlusWeb, S. 8.

Mindmapping

Begriff

Mindmapping ist eine **Arbeitsmethode** oder **Lerntechnik**, bei der Gedanken, Ideen oder Gesprächsinhalte in ihrer Originalfassung aufgenommen werden, ohne sie sofort in eine richtige Reihenfolge zu bringen. Mindmaps sind Gedanken-Landkarten. Eine Gedanken-Landkarte besteht aus Haupt- und Nebenästen.

Beispiel:

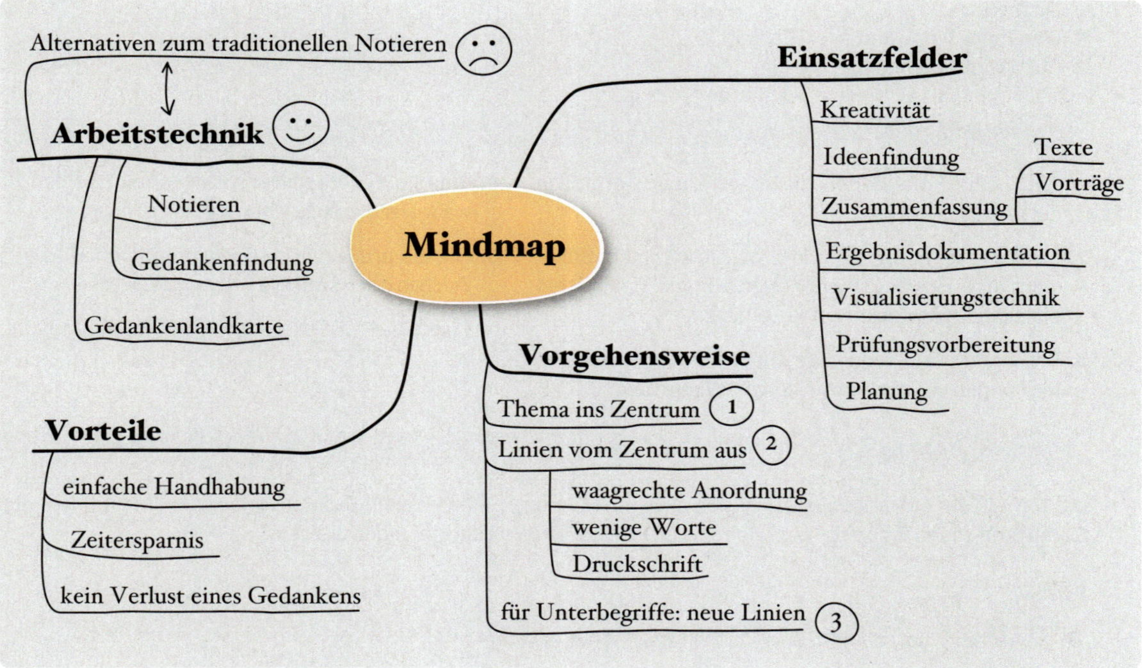

Ziele

- Bildhaftes Denken und durch Sprache initiiertes Denken werden sehr gut verbunden.
- Die Visualisierung erleichtert das Lernen von Inhalten und Strukturen und kommt bestimmten Lerntypen besonders entgegen (v. a. „Sehtyp").
- Die sogenannte Behaltensquote erhöht sich durch die Verbindung von Sehen, Hören, Sprechen und Handeln.
- Kreativität und Kommunikationsfähigkeit werden durch das Ansprechen unterschiedlicher Sinne gefördert.

Anwendungsmöglichkeiten

Einsatzmöglichkeiten der Methode des Mindmappings in Schule und Ausbildung:

- spontanes Zusammentragen von Gedanken zu einem bestimmten Thema
- Präsentation der Ergebnisse einer Gruppenarbeit
- Erarbeiten von Problemlösungen in der Klasse/im Team, z. B. Planen von Projekten

Mindmapping

Tipps/Empfehlungen zur Erstellung von Mindmaps

Material
- farbige Stifte bzw. farbige Kreide
- Tapetenrolle oder große Blätter (A3)
- Moderationskarten
- Befestigungsmaterial, wie z. B. Pinnnadeln, Klebeband, Magnete
- Wandtafel, Pinnwand oder Flipchart
- PC mit entsprechender Software

Gestaltung
- groß und gut lesbar schreiben (z. B. Druckschrift)
- Hauptäste nur mit Schlüsselwörtern (Normen) versehen
- waagerecht schreiben
- Groß- und Kleinbuchstaben verwenden

Mindmapping – Vorgehensweise

1. Das Thema, Problem oder die Fragestellung wird groß in die Mitte geschrieben.
2. Die Gedanken werden notiert, wie sie kommen (Brainstorming). Schlüsselwörter werden auf Hauptästen platziert, Ergänzungen auf Nebenästen.
3. Unwichtige Äste können gestrichen, zwischen den Ästen können Verknüpfungen hergestellt werden.
4. Die Äste (Linien) sollten so angeordnet werden, dass sie waagerecht beschrieben werden können.
5. Für die anschauliche Gestaltung können auch Bilder, Zeichen oder Symbole verwendet werden.

Mindmapping am PC

Die Technik des Mindmappings lässt sich auch am PC nutzen. Mithilfe einer Suchmaschine kann im Internet unter dem Suchbegriff „mind mapping“ eine Vielzahl von Links zu WWW-Seiten gefunden werden.

Beispiel:

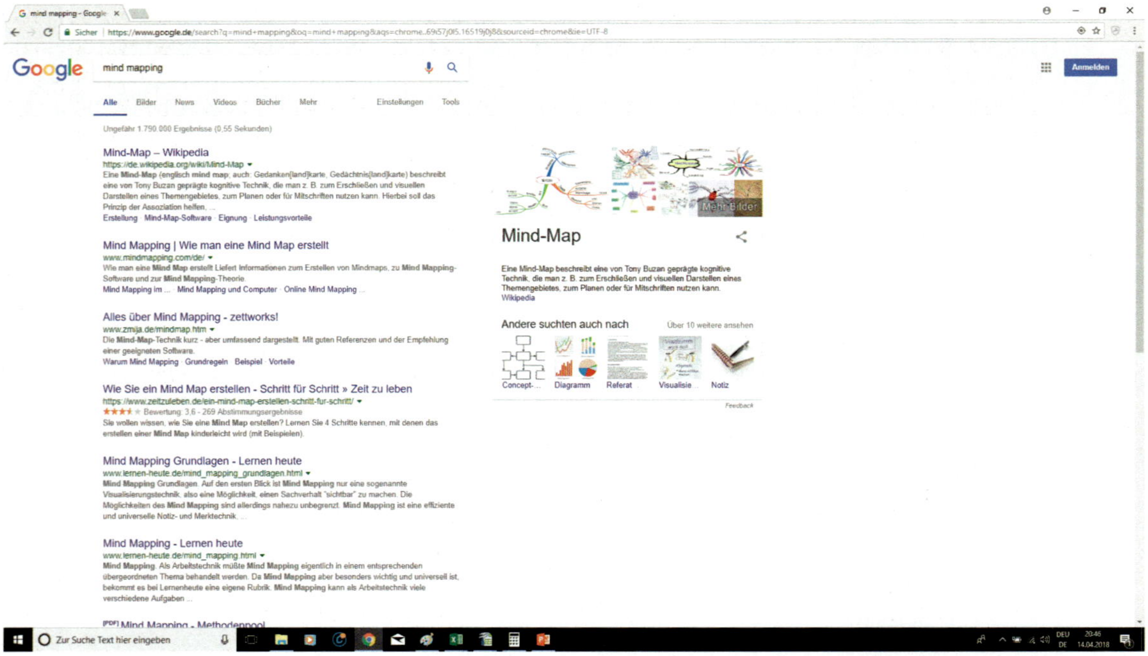

Google Inc.

Erkundung *Investigation*

Begriff und Zielsetzung

Von der Erkundung wird sowohl die Betriebsbesichtigung als auch das Betriebspraktikum abgegrenzt.

Während die **Betriebsbesichtigung** einen ersten, eher oberflächlichen Eindruck von dem Unternehmen vermittelt, dient das **Betriebspraktikum** dazu, Arbeitsprozesse im Unternehmen über längere Zeit beobachten und „ausprobieren" zu können.

Bei der **Erkundung** spielt die genaue Vorbereitung, z. B. durch Erstellung eines detaillierten Fragebogens, eine große Rolle. Die beschafften Informationen schließen zum einen Wissenslücken, bieten zum anderen Hilfe bei Fragen nach Zusammenhängen und ermöglichen die Initiierung von Erkenntnisprozessen. Theoretische Vorstellungen bzw. Modelle werden mit Praxiserfahrungen konfrontiert und somit überprüft.

Phasen der Erkundung

Vorbereitungsphase (Planungsphase)

↓

Durchführungsphase (Realisierungsphase)

↓

Auswertungsphase (Reflexionsphase)

Tipps zur Vorbereitungsphase

- Zu Beginn sollte die **Zielsetzung** der Erkundung genau festgelegt werden.
- Über das zu erkundende Unternehmen sind zunächst **Vorinformationen** einzuholen, z. B. über eine Internetrecherche (Homepage des Unternehmens) oder durch eine kurze Anfrage bei der zuständigen Kammer (z. B. IHK).
- **organisatorische Vorbereitungen** sind zu treffen, z. B.:
  - Klärung der infrage kommenden Gesprächspartner (Experten)
  - Festlegung der vorbereitenden Einzelschritte (z. B. Einholen von Genehmigungen, Festlegung des Transportmittels) und ihre genaue zeitliche Planung
- Die bei der Erkundung zu stellenden Fragen sollten vorher zusammengetragen werden. Dabei muss überlegt werden, ob der **Fragenkatalog** in Einzel-, Partner- oder Gruppenarbeit erstellt werden soll.
- Der **Ablauf der Erkundung** muss **inhaltlich** und **zeitlich** genau geplant werden. Dazu ist vielleicht auch eine vorherige örtliche Begehung des Unternehmens notwendig.
- Es muss vorher überlegt werden, wie **Erkundungsergebnisse gesichert** werden (z. B. über einen vorbereiteten Fragebogen, Festlegung von Protokollanten).
- Eventuell sollen neben der Lehrkraft einige Schüler/-innen als **Ansprechpartner/Moderatoren** festgelegt werden.

Tipps zur Durchführung

- Das **pünktliche Erscheinen** ist in jedem Fall sicherzustellen.
- Die **Begrüßungs- und Vorstellungsphase** sollte angemessen ablaufen (z. B. Vorstellung der Klasse bei allen Gesprächspartnern, Äußerung erster Dankesworte).
- Der vorbereitete Fragenkatalog ist so „abzuarbeiten", dass auf die Schwerpunkte einzelner Gesprächspartner **situativ reagiert** werden kann.
- Zum Abschluss ist auf eine **angemessene Verabschiedung** zu achten (abschließende Dankesworte sind in jedem Fall zu äußern).

Tipps zur Auswertungsphase

- Die zusammengetragenen **Informationen** und **Eindrücke** müssen – soweit noch nicht geschehen – **gesichert** werden (z. B. über ein Gedächtnisprotokoll).
- Es muss entschieden werden, ob die gesammelten Informationen von allen **gemeinsam** oder **arbeitsteilig** (z. B. in Gruppenarbeit) **ausgewertet** werden.
- Auch die **Systematisierung** der Auswertungsergebnisse muss schriftlich **gesichert** werden.
- Die Ergebnisse sollen nicht nur inhaltlich kritisch gewürdigt werden. Es sollte auch überlegt werden, ob die Methode Erkundung angemessen eingesetzt war.
- Das Ergebnis der Auswertung kann eventuell **veröffentlicht** werden (z. B. über eine Schulhomepage), falls das besuchte Unternehmen keine Einwände vorbringt.
- Den Gesprächspartnern der Erkundung ist eventuell noch einmal **schriftlich zu danken**, gegebenenfalls sind Auswertungsergebnisse mitzusenden.

Kommunikationsregeln *Rules of communication*

Kommunikationsanlässe

Die **Kommunikation,** d.h. die Verständigung, ist für das Lebewesen Mensch nahezu wesensbestimmend. In jedem Lebensalter und in allen Lebenssituationen – im Privat- wie im Berufsleben – gehört die zwischenmenschliche Verständigung zur menschlichen Existenz. Gezielte Kommunikation findet im beruflichen Alltag mit Kollegen und Vorgesetzten, mit Kunden und Lieferanten statt. Gerade im Berufsleben ist es wichtig, gewisse **Kommunikationsregeln** zu beachten, um eine **effektive Kommunikation**, z.B. beim Kunden- oder Vorstellungsgespräch, zu erzielen. Diese Regeln können aber auch in beruflichen **Konfliktsituationen**, z.B. bei Problemen zwischen Kollegen, dazu beitragen, die Konflikte zu lösen. Wird im **Team** gearbeitet, z.B. im Rahmen eines Projekts, dienen Kommunikationsregeln vor allem dazu, den **Gruppenprozess** optimal zu gestalten.

Kommunikationsmodell

Sogenannte **Kommunikationsmodelle** versuchen, das Beziehungsgeflecht des **Kommunikationsprozesses** umfassend abzubilden. Dabei wird zwischen eher kommunikationstechnischen oder kybernetischen und eher psychologischen Modellen unterschieden.

Kommunikationstechnisches Kommunikationsmodell:

Mithilfe eines **Übertragungskanals** wird eine **Nachricht** zwischen **Sender** und **Empfänger** ausgetauscht. Damit sich beide Kommunikationspartner verstehen, müssen sie über ein Zeichensystem, einen **Code**, verfügen, der von beiden verstanden wird.

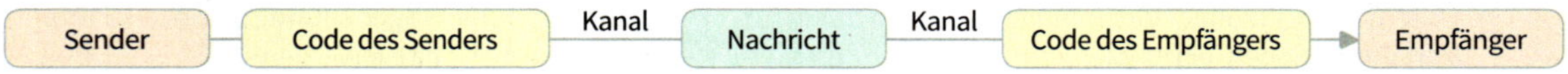

Psychologisches Kommunikationsmodell:

Friedemann Schulz von Thun unterscheidet in seinem Kommunikationsmodell **vier Seiten** einer **Nachricht**:

Die vier Seiten (Aspekte) einer Nachricht – ein psychologisches Modell der zwischenmenschlichen Kommunikation

1. **Sachinhalt (oder: Worüber ich informiere)**
   Zunächst enthält die Nachricht eine Sachinformation. [...]
2. **Selbstoffenbarung (oder: Was ich von mir selbst kundgebe)**
   In jeder Nachricht stecken nicht nur Informationen über die mitgeteilten Sachinhalte, sondern auch Informationen über die Person des Senders. [...]
3. **Beziehung (oder: Was ich von dir halte und wie wir zueinander stehen)**
   Aus der Nachricht geht ferner hervor, wie der Sender zum Empfänger steht, was er von ihm hält. Oft zeigt sich dies in der gewählten Formulierung, im Tonfall und anderen nichtsprachlichen Begleitsignalen. Für diese Seite der Nachricht hat der Empfänger ein besonders empfindliches Ohr; denn hier fühlt er sich als Person in bestimmter Weise behandelt (oder misshandelt). [...]
4. **Appell (oder: Wozu ich dich veranlassen möchte)**
   Kaum etwas wird „nur so" gesagt – fast alle Nachrichten haben die Funktion, auf den Empfänger Einfluss zu nehmen.

aus: Schulz von Thun, Friedemann: Miteinander reden. Band 1. Störungen und Klärungen. Allgemeine Psychologie der Kommunikation. Reinbek bei Hamburg: Rowohlt 1981, S. 26 ff.

Kommunikationsregeln

Rules of communication

Kommunikationsarten und -formen

Kommunikationsarten

- **menschliche Kommunikation**
  Beispiel:
  Kundengespräch
- **Mensch-Maschine-Kommunikation**
  Beispiel:
  Datenbankabfrage durch Nutzer
- **maschinelle Kommunikation**
  Beispiel:
  automatischer Datenabgleich

Kommunikationsformen

- **akustische Kommunikation**
  Beispiel:
  Telefongespräch
- **optische Kommunikation**
  Beispiel:
  Plakattext und -gestaltung
- **taktile Kommunikation**
  Beispiel:
  menschliche Berührung

Verbale und nonverbale Kommunikation

Die **verbale Kommunikation** nutzt die gesprochene oder geschriebene Sprache als Kommunikationsmittel, die **nonverbale Kommunikation** bedient sich vor allem visueller Elemente, also zum Beispiel der Mimik (Gesichtssprache) und Gestik (Körpersprache). So kann die Sitzhaltung einer Person oder die Haltung der Hände hohen Aussagegehalt im Kommunikationsprozess aufweisen.

Regeln zur Gestaltung des Kommunikationsprozesses

Jeder Kommunikationsanlass, jede Kommunikationssituation wird andere Kommunikationsregeln erfordern. Optimal ist es, wenn von den Kommunikationspartnern für den speziellen Kommunikationszweck gemeinsam Kommunikationsregeln festgelegt werden können, zum Beispiel im Rahmen einer Weiterbildungsveranstaltung zum Kommunikationstraining.

Beispiel für Kommunikationsregeln bei der mündlichen Kommunikation:

1. dem/den Kommunikationspartner(n) intensiv zuhören
2. auf Gesprächsäußerungen genau eingehen, den Gesprächsfaden konstruktiv weiterspinnen
3. Thesen (Behauptungen) begründen
4. verständlich sprechen, alle Facetten der Sprachmodulation nutzen (z. B. Sprechgeschwindigkeit, -lautstärke, Betonung)
5. nonverbale Gesprächselemente wahrnehmen und darauf angemessen reagieren
6. auf Störungen in der Kommunikation situativ reagieren

Methoden der Kommunikationsanalyse

Gesprächssoziogramm

Um das Gesprächs- oder Interaktionsverhalten von Mitgliedern einer Gruppe (z. B. Projektteam, Schulklasse) analysieren zu können, kann das **Gesprächssoziogramm** nützliche Dienste leisten. Dazu werden die in der Gruppe geführten Gespräche, z. B. im Rahmen einer Gruppendiskussion, grafisch aufgezeichnet.
Jeder Sprechakt wird von dem bzw. den Beobachter(n) in Form einer **Strichliste** festgehalten. Möchte man auch den Gesprächspartner kenntlich machen, so kann dies zusätzlich über **Richtungspfeile** grafisch verdeutlicht werden.

Weitere Differenzierungen können durch zusätzliche Symbole vorgenommen werden.
Die Aufzeichnung kann anschließend dazu dienen, das Gesprächsverhalten in einer Gruppe auszuwerten (z. B. Hinweise auf Vielsager, Schweiger).

Beispiel:

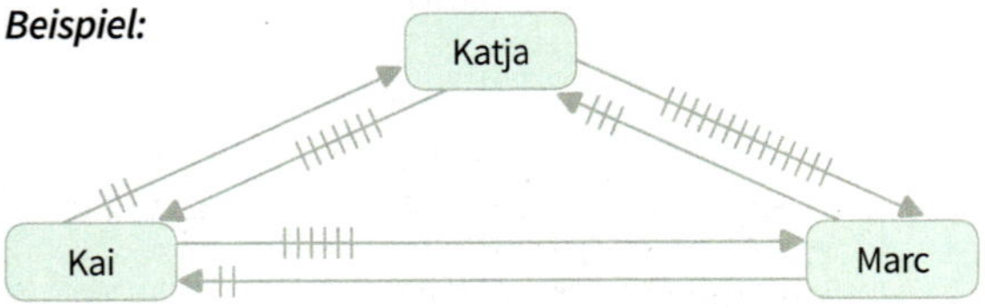

Methoden der Kommunikationsanalyse

Fishbowl mit Beobachtungsbogen

Eine Gruppe wird in einen **Innenkreis** mit Gesprächspartnern und in einen **Außenkreis** mit Beobachtern eingeteilt. Die Beobachter analysieren mithilfe eines vorbereiteten **Beobachtungsbogens** das Gesprächsverhalten der Personen des Innenkreises. Anschließend wird das beobachtete Kommunikationsverhalten gemeinsam analysiert.

Beispiel für einen Beobachtungsbogen:

Beobachtungsbogen

Gesprächsverhalten

Kreuzen Sie in den einzelnen Zeilen an, wie Sie den von Ihnen zu beobachtenden Schüler während des Gesprächs erlebt haben. Je weiter links Ihr Kreuz, desto positiver, je weiter rechts, desto negativer. Versuchen Sie am Ende eine „Gesamtnote“ zu finden und überlegen Sie sich eine Begründung. Anschließend können Sie Ihre Eindrücke mit einigen anderen Schülern besprechen, die ebenfalls Ihre „Bezugsperson“ beobachtet haben.

	+ –	
beteiligt sich gut	._._._._._._._._._._._._._._.	beteiligt sich kaum
bleibt beim Thema	._._._._._._._._._._._._._._.	schweift vom Thema ab
spricht andere an	._._._._._._._._._._._._._._.	kümmert sich nicht um andere
redet deutlich	._._._._._._._._._._._._._._.	redet undeutlich
spricht freundlich	._._._._._._._._._._._._._._.	spricht aggressiv
leitet das Gespräch	._._._._._._._._._._._._._._.	ist Mitläufer
ist bei der Sache	._._._._._._._._._._._._._._.	hört nicht zu
geht auf Vorredner ein	._._._._._._._._._._._._._._.	redet nur seinen Kram
blickt Mitschüler an	._._._._._._._._._._._._._._.	blickt zum Lehrer hin
bringt eigene Gedanken	._._._._._._._._._._._._._._.	plappert nur nach
macht anderen Mut	._._._._._._._._._._._._._._.	schreckt andere ab
bringt das Gespräch voran	._._._._._._._._._._._._._._.	ist eher ein Hemmschuh
redet in ganzen Sätzen	._._._._._._._._._._._._._._.	redet bruchstückhaft
redet überzeugend	._._._._._._._._._._._._._._.	schwafelt nur
ist kompromissbereit	._._._._._._._._._._._._._._.	ist rechthaberisch
redet in Maßen	._._._._._._._._._._._._._._.	redet zu viel
bezieht andere ein	._._._._._._._._._._._._._._.	denkt nur an sich selbst
redet verständlich	._._._._._._._._._._._._._._.	redet umständlich
redet knapp und präzise	._._._._._._._._._._._._._._.	redet ausschweifend
redet lebendig	._._._._._._._._._._._._._._.	redet langweilig
lässt andere ausreden	._._._._._._._._._._._._._._.	fällt anderen ins Wort

Gesamtnote „Gesprächsverhalten“: 1 2 3 4 5 (ankreuzen)

nach: Klippert, Heinz: Kommunikations-Training. Übungsbausteine für den Unterricht, 9. Aufl., Weinheim und Basel 2002, S. 153

Kommunikationsprobleme – Konfliktbewältigung

Sowohl im Privat- als auch im Berufsleben treten immer wieder **Kommunikationsprobleme** auf, die sich zu regelrechten **Konflikten** „hochschaukeln" können. Erste **Anzeichen** für diesen Prozess können z. B. im Berufsalltag sein: Mit einigen Arbeitskollegen wird nur das Allernötigste besprochen, anderen weicht man sogar völlig aus. Bei einigen Gesprächen, zum Beispiel mit Vorgesetzten, spielen Hemmungen oder Ängste eine große Rolle. In vielen Fällen sind die genauen Kommunikationsprobleme gar nicht bekannt, man spürt allenfalls eine innere Unzufriedenheit. Möchte man diese Probleme lösen, muss man sie zuerst genau erkennen, ihre **Ursachen** aufdecken.

Beispiel: Gesprächsführung – woran erkennt man Kommunikationsprobleme?

Erkennungszeichen von Problemen in der Gesprächsführung:

- Zwischen den Kommunikationspartnern tritt eine gereizte Stimmung auf.
- Ein Gespräch wird nur sehr oberflächlich geführt, sogenannte Gesprächsfloskeln bestimmen einen Großteil der Unterhaltung.
- Man versucht, das Gespräch relativ schnell zu beenden, obwohl kein eigentlicher Zeitdruck besteht.
- Der Gesprächsverlauf ist stockend und gehemmt.
- Man hat während des Gesprächs das Gefühl, dass man „aneinander vorbeiredet".
- Man vermeidet bewusst oder unbewusst, dem Kommunikationspartner während des Gesprächs in die Augen zu sehen.
- Gefühle werden während des Gesprächs unterdrückt, man spürt gerade am Ende der Kommunikation eine innere Unzufriedenheit.

Noch schwieriger als das Erkennen von Kommunikationsproblemen ist deren **Lösung**. Allgemein lässt sich feststellen, dass diese Probleme nur gelöst werden können, wenn man die **Ursachen** beseitigt. Dazu gehört, dass die Kommunikationspartner ihre Schwierigkeiten in der zwischenmenschlichen Verständigung offen aussprechen mit dem Ziel, die Probleme im gegenseitigen Interesse zu lösen. Bei einer derartigen **Aussprache**, bei der eventuell eine dritte Person moderiert, sollten folgende Punkte beachtet werden:

- Beide Gesprächspartner müssen bereit sein, das **„Anderssein"** des jeweils anderen prinzipiell zu akzeptieren. Lösung von Kommunikationsproblemen kann nicht bedeuten, die Persönlichkeit, die Individualität eines Menschen beschneiden zu wollen.
- Die Lösung von Kommunikationsproblemen darf nicht mit dem Beseitigen von **betrieblichen Strukturen** oder **Abhängigkeiten** verwechselt werden. Zum Beispiel ist die offene Gesprächsbereitschaft eines Vorgesetzten nicht als die Aufgabe seiner Vorgesetztenrolle zu interpretieren.
- Es wird selten der Fall sein, dass bereits ein erstes Gespräch zur Lösung der Probleme führt. **Geduld** und **Toleranz** sind notwendige Voraussetzungen der Gesprächsführung.
- Bei dem Gespräch sollte nicht nur sachlogisch argumentiert werden. Genauso wichtig sind häufig **gefühlsbetonte Ausdrucksweisen**. Gerade sogenannte nonverbale Kommunikationsmittel, Mimik und Gestik, können eine bedeutende Rolle spielen. Sie helfen in vielen Fällen, eventuell bestehende Hemmungen und Ängste abzubauen.
- **Schwächen des Kommunikationspartners**, egal welcher Art, dürfen nicht zur „Lösung" der Probleme ausgenutzt werden. Auch wenn es zunächst so aussehen sollte, als käme man mit dieser „Technik" eher an sein Ziel, führt dieses Vorgehen in der Regel nur zu neuen Schwierigkeiten.
- Der sprachliche Ausdruck ist **situations-** und **partnerbezogen** zu wählen. Es ist zum Beispiel sehr wichtig, sich an die jeweilige Aufnahmefähigkeit des Kommunikationspartners und dessen Ausdrucksweise anzupassen.

Kommunikationsregeln

Rules of communication

Argumentation

Begriff

Unter einem **Argument** versteht man die Begründung für eine Behauptung (These). Die **Argumentation** wird in einem Lexikon folgendermaßen definiert: „Beweisführung mit dem Ziel, die Zustimmung oder den Widerspruch wirklicher oder fiktiver Gesprächspartner zu einer Aussage oder Norm durch schrittweisen oder lückenlosen Rückgang auf bereits gemeinsam anerkannte Aussagen oder Normen zu erreichen.“[1]

[1] aus: Brockhaus Enzyklopädie in vierundzwanzig Bänden Band 2. 19. Aufl. Mannheim: Brockhaus 1987, S. 103.

Argumentationsstruktur

Eine **Argumentationsstruktur** kann in den folgenden vier Schritten bzw. Stufen beschrieben werden:

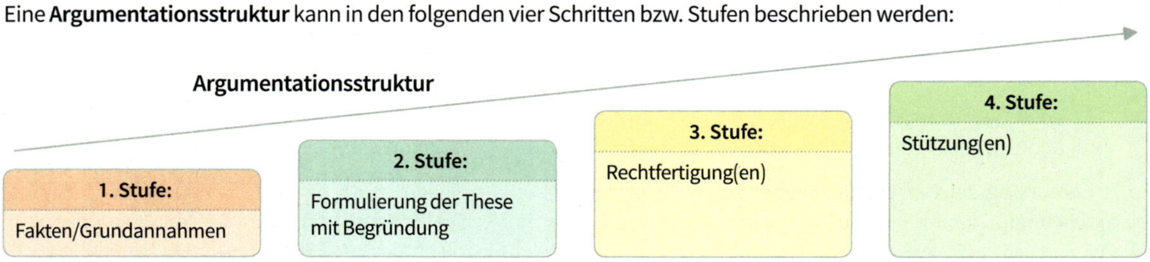

Zu Stufe 1: Vermeintlich allgemein anerkannte **Fakten** oder **Annahmen** bilden die Basis der Argumentation und sorgen häufig dafür, dass der Kommunikationspartner überhaupt bereit ist, die folgenden Argumentationsschritte nachzuvollziehen.

Zu Stufe 2: Die angeführten Fakten oder Annahmen sind die Grundlage für die aufzustellende **These**, die mit einem Argument begründet wird.

Zu Stufe 3: Um vom Kommunikationspartner akzeptiert zu werden, dienen **Rechtfertigungen**, z. B. der Hinweis auf Naturgesetze oder allgemeine gesellschaftliche Normen, der Untermauerung der These.

Zu Stufe 4: Zur argumentativen Ergänzung der Rechtfertigung können **Stützungen** (Absicherungen) behilflich sein. Das kann z. B. der Verweis auf wissenschaftliche Forschungsergebnisse oder auf ein Zitat einer anerkannten Persönlichkeit sein.

Feedbackregeln

Lernt man über ein **Feedback** eines Kommunikationspartners, dienen diese Rückmeldungen dazu, sein eigenes Verhalten, seine eigenen Überlegungen zu überdenken und eventuell zu verändern. Ist man selbst in der Verantwortung, ein Feedback zu geben, sollte man bei diesem Mitteilungsprozess die folgenden **Regeln** beachten, um den Lernprozess effektiv zu gestalten:

1 Hören Sie aufmerksam zu!
Bevor Kritik geäußert wird, sollte man die Meinung des anderen genau kennen. Dazu gehört, dass man dem Kommunikationspartner genau zuhört und ihn stets aussprechen lässt.

2 Verstärken Sie Positives!
Ein Feedback sollte prinzipiell von Stärken des Kommunikationspartners ausgehen, bevor andere Bereiche angesprochen werden.

3 Äußern Sie die Kritik sachgemäß!
Die geäußerte Kritik sollte sich auf die Sache, nicht auf die Person beziehen. Dabei ist prinzipiell zwischen objektiven Fakten und subjektiven Wahrnehmungen zu unterscheiden.

4 Formulieren Sie Ich-Botschaften!
Urteile über andere Menschen wirken schnell verletzend und erschweren dadurch den Interaktionsprozess.
Wird Kritik an Einstellungen oder am Verhalten anderer Menschen geübt, sollte man Verallgemeinerungen verhindern (z. B. „*Alle* sind der Meinung, dass du ...“), stattdessen sollten Ich-Botschaften formuliert werden (z. B. „*Ich* bin der Meinung, dass du ...“), die das abgegebene Urteil als subjektiv kennzeichnen.

5 Nutzen Sie die nonverbale Kommunikation!
Die Aussagen sind durch nonverbale Elemente zu unterstützen, z. B. durch eine bestimmte Mimik oder Gestik. Der Aussagegehalt wird dadurch nicht nur gesteigert, sondern die Kommunikation wird unter Umständen auch vertrauenswürdiger (z. B. durch eine Mimik, die Verständnis oder Anteilnahme ausdrückt).

Verhandlungstechniken

Techniques of negotiation

Begriff

Es reicht nicht aus, gute Ideen zu haben und über viel Wissen zu verfügen, man muss auch in der Lage sein, bei Besprechungen oder **Verhandlungen** zu überzeugen. Dabei sollte man stets fair bleiben, denn die Zusammenarbeit soll kollegial, team- und kundenorientiert sein. Streit schadet dem guten Betriebsklima und der Teamorientierung, wodurch effektives Arbeiten gestört wird.

Daher ist es wichtig, Konflikte frühzeitig zu erkennen und mithilfe eines **Konfliktgesprächs** (auch Kritikgespräch genannt) zu entschärfen. Ein konstruktives Konfliktgespräch kann allerdings nur erfolgreich sein, wenn jeder der Gesprächsteilnehmer bereit ist, seine Einstellung zu überdenken und ggf. zu ändern. Das Prinzip sollte sein, dass jeder ein wenig auf den anderen zugeht.[1]

Verhandeln nach der Harvard-Methode

Bei der an der Havard-Universität entwickelten Methode sollen **vier Grundsätze** dafür sorgen, dass ein Ausgleich der Interessen erreicht wird. Bedingung: Die Verhandlung leitet eine neutrale Person.

1. **Menschen und Sachthemen sind getrennt zu behandeln.**
   Verhandlungen bedeuten Stress, sind emotional belastend und die Verhandlungspartner gehen selten tolerant miteinander um. Trotzdem muss das gemeinsame Ziel im Vordergrund stehen.
2. **Die Interessen sind wichtig, nicht die Positionen.**
   Es geht nicht darum, eigene Ziele durchzusetzen, sondern beide Parteien legen ihre Interessen dar. Dann wird gemeinschaftlich versucht, den Interessen fast vollständig zu entsprechen.
3. **Es sind Alternativen zu entwickeln und zu berücksichtigen.**
   Ein neutraler Dritter soll den Blickwinkel der Beteiligten erweitern, sodass neue Sichtweisen weitere Lösungsansätze ermöglichen.
4. **Es müssen Kriterien zur Qualitätsmessung des Verhandlungsergebnisses definiert werden.**
   Werden Kriterien vereinbart, z. B. Corporate Identity stärken, kann ein kreativer Prozess beginnen, denn die Verhandlung wird zu einem gemeinsamen Projekt.[2]

Das Drei-Phasen-Modell zur Konfliktaussprache

Das Phasenmodell sollte in Rollenspielen geübt werden, bevor tatsächliche Konflikte aufgetreten sind.

1. **Erkennen des Standpunktes der Gegenseite**
   Die erste Phase darf nicht durch ein Hin und Her von Behauptungen und Forderungen geprägt sein, denn diese Haltung würde aus der offenen Aussprache ein Wortgefecht werden lassen. Aufgabe der Gesprächspartner ist es, dem anderen zuzuhören und Fragen zu stellen, ruhig und sachlich zu bleiben.
2. **klare Vermittlung des eigenen Standpunktes**
   In der zweiten Phase kommt es darauf an, dem Gegenüber die eigene Position zu verdeutlichen. Hierbei ist es besonders wichtig, keine Beleidigungen oder Angriffe einfließen zu lassen.
3. **Entwickeln einer gemeinsamen Lösung**
   Ideal wäre es, wenn sich die Gesprächspartner auf einen Kompromiss einigen könnten.[3]

Konfliktgespräch führen im Berufsalltag: Beispiel

Konfliktgespräch	
1) Gesprächseröffnung ▪ fachlich, sachlich	**3) Lösungssuche** ▪ gemeinsam eine Lösung finden ▪ konkrete Vereinbarungen schriftlich festhalten
2) Situationsanalyse ▪ sagen, was man festgestellt hat ▪ Partner dazu Stellung nehmen lassen ▪ gegenseitig befragen und zuhören	**4) Abschluss** ▪ positiven Gesprächsabschluss erzielen (wichtig für weitere Zusammenarbeit!)

[1,3] vgl.: Kellner, Hedwig: Konflikte verstehen, verhindern, lösen, München, Wien 2000, S. 1 u. S. 93–95

[2] vgl.: Kellner, Hedwig: Rhetorik, München, Wien 2000, S. 166–169

Teamarbeit *Teamwork*

Begriff

Das Arbeiten in Teams ist heutzutage in allen gesellschaftlichen Bereichen zum Alltag geworden, in Unternehmen genauso wie in der Schule. Werden neue Mitarbeiter in Unternehmen eingestellt, wird nahezu überall Teamfähigkeit verlangt.

Merkmale der Teamarbeit:

- Eine **Gruppe** von Personen (meist 5–10) arbeitet für ein **gemeinsames Ziel** zusammen.
- Die Zusammenarbeit ist häufig **zeitlich befristet**, z. B. im Rahmen eines Projekts.
- Eine Person führt i. d. R. als **Teamleiter** die Gruppe, er definiert sich eher als „Primus inter Pares“ (Erster unter Gleichen).
- Bei der Verfolgung des Gruppenziels kommt es auf die Ausprägung eines **Wir-Gefühls** an; es werden dabei hohe Anforderungen an die **Kommunikationsbeziehungen** des Teams gestellt (z. B. Offenheit, Gleichberechtigung).
- Die gestellten **Aufgaben** sind meist so **komplex** und/oder **innovativ,** dass diese Arbeitsform ihre besonderen Vorzüge nutzt: Die Arbeitsleistung eines Teams ist mehr als die Summe der Einzelleistungen, man geht von **Synergieeffekten**[1] (**„2 + 2 = 5“**) aus.
- Die **Arbeitsverteilung** innerhalb des Teams sollte transparent und gerecht erfolgen, jedes Teammitglied hat sich aktiv am Gruppenprozess zu beteiligen.
- Die **Verantwortung** für das gemeinsame Ziel lastet auf allen Mitgliedern.
- **Konflikte** müssen deutlich angesprochen werden, sie werden i. d. R. vom Team selbst gelöst (siehe zu Kommunikationsproblemen S. 495), allerdings können auch externe Personen (z. B. Berater) zur **Teamentwicklung** herangezogen werden.
- Die **Bewertung** der Teamleistung kann sowohl **intern** als auch **extern** (z. B. durch die Unternehmensleitung) vorgenommen werden, sogenannte Feedbackregeln (siehe dazu S. 496) können dabei unterstützend eingesetzt werden.

Vorteile (Chancen)	Nachteile (Probleme)
▪ höhere Arbeitsleistung durch Ausnutzen von Synergieeffekten ▪ hohe Arbeitsmotivation der Teammitglieder (z. B. durch Gleichberechtigung) ▪ Teammitarbeiter bilden sich gegenseitig fort (Kostenersparnis) ▪ Entwicklung eines guten Betriebsklimas (z. B. durch Entwickeln eines Wir-Gefühls) ▪ Verbesserung von Kommunikationsbeziehungen durch Teamentwicklung	▪ geringere Arbeitsleistung und höherer Zeitaufaufwand durch die Notwendigkeit umfangreicher Maßnahmen zur Konfliktbewältigung ▪ Kompetenzstreitigkeiten bei schlechter Teamentwicklung ▪ Gefahr von „schlechten Kompromissen“ durch Rücksicht auf Mehrheitsmeinung ▪ Gruppendruck verschlechtert das Arbeitsklima ▪ Dominanz von „Vielrednern“ und „Besserwissern“

15

[1] Synergieeffekt: Wirkung, die aus dem Zusammenschluss oder der Kooperation mehrerer Teilkomponenten hervorgeht

Lernstrategien
Strategies of learning

Begriff

Beim Aneignen von Wissen, z. B. für eine Klassenarbeit oder eine Prüfung, geht es meist darum, aus schriftlich abgefassten Texten den Kerngehalt herauszufiltern und den Inhalt im Gedächtnis zu speichern. Soll das Wissen nicht nur kurzfristig abgespeichert werden, sondern möglichst **langfristig** zur Verfügung stehen, um es abrufen und in unterschiedlichen Lebenssituationen anwenden zu können, gilt es, **sich aktiv mit** den abzuspeichernden **Informationen** oder Daten **auseinanderzusetzen** (siehe auch S. 500: Wissensspeicherung). Das Verfolgen der sogenannten **Elaborationsstrategie** (lat. laborare: arbeiten) beim Lernen besagt, dass man neue Wissensinhalte mit bereits bestehendem Wissen im Gehirn verknüpfen muss, sie in vorhandene Wissensstrukturen integrieren muss. Das kann z.B. dadurch geschehen, dass man Fragen zu den neuen Wissensinhalten formuliert oder neue Beispiele zum Erlernten bildet, das Erlernte mit eigenen Worten erklärt oder „Eselsbrücken" zum bisherigen Wissen baut. Wird diese Lernstrategie erfolgreich angewandt, wird sich die **Selbstkompetenz** der Lernenden erhöhen. Bestimmte Lernprozesse finden auch erst in besonderen **Sozialformen**, z. B. in Partner- oder Gruppenarbeit, statt, wie zum Beispiel das Erlernen von Konfliktfähigkeit. Erst die Interaktion mit Kommunikationspartnern führt dann zu den angestrebten Lernergebnissen (siehe zu Kommunikationsregeln S. 493 ff.) und damit zur Steigerung der **Sozialkompetenz**.

Lernatmosphäre

Um Textinhalte verstehen und abspeichern zu können, muss man sich eine geeignete **Lernatmosphäre** schaffen. Dazu gehört:

- **Einrichten** eines angemessenen **Arbeitsplatzes**
  - geeignete Lese- oder Schreibfläche (z. B. Schreibtisch) schaffen
  - richtige Körperhaltung wählen: stehen (z. B. Stehpult), liegen (z. B. Arbeitsliege) oder sitzen (z. B. Bürostuhl)
  - gute Lichtverhältnisse schaffen
  - ausreichende Sauerstoffzufuhr sichern (z. B. durch Öffnen des Fensters)
  - eventuelle Störquellen (z. B. Lärm) beseitigen
  - Arbeitsmaterialien sortieren
  - Ergänzungsmaterialien bereithalten (z. B. Fremdwörterlexikon)

- **Wählen** der geeigneten **Tageszeit**
  - optimale Lernzeit auswählen (individuell unterschiedlich)
  - Ess- und Ruhephasen beachten
  - Gesamtlernzeit einschätzen (eventuell Mehrtagesplan aufstellen)

- **ernährungsphysiologische Erkenntnisse** nutzen
  - Flüssigkeitszufuhr ermöglichen (z. B. Mineralwasser oder Obstsaft)
  - „leichte Kost" verbrauchen (z. B. Joghurt, Obst)

Arbeitstechniken
Methods of work

Textbearbeitung

Um einen schriftlich abgefassten Text erfassen zu können, sind einige **Techniken der Textbearbeitung** anzuwenden:

- Kernbegriffe oder -sätze markieren (Wichtiges wird vom Unwichtigen getrennt)
- Randnotizen machen (z. B. auch durch Nutzen von geeigneten Piktogrammen)
- Textteile/Absätze durch Teilüberschriften gliedern
- längere Textpassagen durch eigene Formulierungen zusammenfassen (z. B. durch Nutzen von Klebezetteln oder Karteikarten)
- bildhafte Elemente (z. B. Abbildungen, Diagramme) erschließen und Textpassagen zuordnen
- Zusammenhänge visuell verdeutlichen (z. B. durch Bilden von Verweisen oder Nutzen von Pfeilsymbolen)
- Strukturen des Textes herausarbeiten, z. B. durch:
  - Erstellen einer Textgliederung
  - Herstellen einer Mindmap (siehe hierzu S. 489 f.)
  - Anfertigen eines Ablaufdiagramms
  - Anlegen von Karteikarten mit Schlüsselbegriffen (einschließlich Erläuterungstext und Textverweis)
- offengebliebene Fragen herausschreiben und Ergänzungsliteratur suchen (z. B. mithilfe einer Internetrecherche, siehe S. 504)

Wissensspeicherung

Um sich zentrale Textinhalte aneignen, sie speichern zu können, genügt es nicht, bestimmte Schlüsselbegriffe auswendig zu lernen. Vielmehr gilt es, sich mit den Inhalten und **Strukturen** auseinanderzusetzen. Beispielsweise können schriftlich **Fragen** an den Textgehalt formuliert werden, die den Text strukturell erschließen. Um eine Struktur zu erfassen, müssen aus unterschiedlichen Blickrichtungen Fragen an den Textgehalt gestellt werden, es müssen unterschiedliche **Fragekriterien** herausgearbeitet werden.

Beispiel: Analyse eines Wirtschaftstextes
Mögliche **Fragekriterien**:
- Wie könnte der Textinhalt aus betriebswirtschaftlicher Sicht gesehen werden?
- Wie könnte der Textinhalt aus volkswirtschaftlicher Sicht gesehen werden?
- Wie könnte der Textinhalt aus ökologischer Sicht gesehen werden?
- Wie könnte der Textinhalt aus gesellschaftspolitischer Sicht gesehen werden?
- Wie könnte der Textinhalt aus historischer Sicht gesehen werden?

Das Formulieren von Fragen an den Textgehalt dient zum einen dazu, **Zusammenhänge** innerhalb des neu zu erwerbenden Wissens herzustellen, zum anderen hilft es, neues Wissen mit bereits vorhandenen Wissensbeständen zu verknüpfen (Verfolgen der **Elaborationsstrategie** beim Lernen, siehe S. 499: Lernstrategien).

Gesteigert wird der **Lernerfolg**, wenn Fragen an die Struktur des Textes von mehreren Personen formuliert werden und ein Gruppengespräch, eventuell sogar eine **Gruppendiskussion**, daraus entsteht. Möglicherweise ergibt sich auch eine Änderung in der **Lernmotivation**.

In jedem Fall wird durch Verfolgung kooperativer Lernstrategien die sogenannte **Behaltensquote** erhöht, das Verbinden von Hören, Sehen und Sprechen (und eventuell auch Handeln) wirkt leistungssteigernd gegenüber der Nutzung nur einzelner Elemente (z. B. nur Hören oder nur Sehen).

Brainstorming

Begriff

Beim Brainstorming („Gehirn- oder Gedankensturm") handelt es sich um eine **Kreativitätstechnik**, die in Unternehmen zunächst zur Findung von Produktideen eingesetzt wurde. Heute wird diese Technik in unterschiedlichsten Anwendungsbereichen genutzt, z. B. auch bei Problemlöseprozessen im Schulunterricht.

Zielsetzung

Als Kreativitätstechnik dient Brainstorming dazu, in **möglichst kurzer Zeit** eine **Vielzahl von Ideen**, Lösungsansätzen u. Ä. zu finden. Da es keine „unsinnigen" Einfälle bei dieser Technik gibt, werden auch unkonventionelle Lösungen entwickelt, **assoziatives Denken** wird dabei angewandt. Das aktive Einbeziehen aller Beteiligten kann als weiteres Ziel angesehen werden, deswegen wird diese Technik auch im Rahmen der Moderationsmethode (siehe hierzu S. 483 ff.) genutzt.

Regeln

- Alle Brainstormingteilnehmer beteiligen sich mündlich und/oder schriftlich an der Ideensammlung!
- Alle Ideen, Lösungsansätze u. Ä. sind erlaubt – es gibt keine falschen Ideen! Quantität vor Qualität!
- Negativkritik gegenüber einzelnen Vorschlägen ist verboten!
- Vorgetragene Ideen dürfen aufgenommen und weiterentwickelt werden!

Ablauf

Festlegen der Frage- oder Problemstellung
↓
Vorgabe der zur Verfügung stehenden Zeit
↓
Bekanntgabe oder gemeinsame Festlegung der Regeln
↓
Sammlung aller geäußerten Ideen
↓
Sortierung und Bewertung der gesammelten Ideen
↓
Auswahl „geeigneter" Ideen und Weiterbearbeitung der Lösungsansätze

3503500

Brainwriting/6-3-5-Methode

Ziele

Ebenso wie das Brainstorming stellt das Brainwriting eine Kreativitätstechnik dar. In schriftlicher Form werden kreative **Ideen** entwickelt oder **Problemlösungsansätze** gewonnen. Diese Methode **aktiviert** alle Teilnehmer gleichermaßen und führt in der Regel zu einem **kreativen Gruppendenkprozess.**

Begriff

Bei dieser Methode formulieren **sechs** Personen jeweils **drei** Ideen/Vorschläge auf einem vorstrukturierten Formblatt und reichen es an die anderen Personen **fünfmal** weiter.

Ablauf

Phase 1: Ein zu lösendes Problem wird der Gruppe vorgestellt und als Aufgabenstellung schriftlich (z. B. an der Tafel) formuliert.

Phase 2: Jede der sechs Personen erhält ein Formblatt mit 18 Feldern und trägt in ihr Formblatt in die oberste Reihe drei Ideen/Vorschläge zur Lösung der Aufgabenstellung ein.

Phase 3: Nach der Bearbeitungszeit von ca. fünf Minuten wird das Formblatt im Uhrzeigersinn an den Sitznachbarn weitergereicht. Die 2. Person trägt ihre drei Ideen in die 2. Reihe des Formblattes ein. Dies wiederholt sich, bis alle Gruppenmitglieder alle sechs Formblätter ausgefüllt haben.

Phase 4: Durch die sechs Personen wurden insgesamt 108 Ideen gesammelt. Es gilt nun, die Vielzahl dieser Ideen zu prüfen und auszuwerten. Dies kann beispielsweise mithilfe der Moderationsmethode geschehen (siehe S. 483 ff.).

Formblatt

Name	Idee/Vorschlag	Idee/Vorschlag	Idee/Vorschlag
1			
2			
3			
4			
5			
6			

Vorteile

- Diese Methode führt relativ schnell zu neuen Ideen bzw. Lösungsvorschlägen.
- Die Ideen der einzelnen Personen stellen Denkanstöße für die anderen Teilnehmer dar.
- Durch die vielen Ideen kann ein Problem von vielen Seiten betrachtet werden.
- Alle Teilnehmer können sich gleichberechtigt in den Gruppendenkprozess einbringen.
- Die klaren Regeln führen zu einem gut strukturierten Ablauf.

Nachteile

- Während der Ideenfindungsphase kann nicht zwischen sinnvollen und unsinnigen Ideen unterschieden werden.
- Die hohe Anzahl von Ideen kann zu Auswertungsproblemen führen.

Arbeit mit Gesetzestexten

Dealing with the wording of law

Aufbau

Die von der Legislative, der gesetzgebenden Gewalt, beschlossenen Gesetze werden in einer juristischen Fachsprache abgefasst. Diese normierenden Sachtexte sind in ihrem Aufbau klar gegliedert: in Paragrafen, Absätze, Sätze und Nummern.

Bezieht man sich auf Gesetzestexte, so sind die entsprechenden Gesetzesteile genau anzugeben, zum Beispiel: Vergleiche § 573 Absatz 2 Nr. 1 BGB.

Beispiel:

§ 573 Ordentliche Kündigung des Vermieters

Paragraf	Absatz 1	Satz 1	(1) Der Vermieter kann nur kündigen, wenn er ein berechtigtes Interesse an der Beendigung des Mietverhältnisses hat.
		Satz 2	Die Kündigung zum Zwecke der Mieterhöhung ist ausgeschlossen.
	Absatz 2		(2) Ein berechtigtes Interesse des Vermieters an der Beendigung des Mietverhältnisses liegt insbesondere vor, wenn
		Nr. 1	1. der Mieter seine vertraglichen Pflichten schuldhaft nicht unerheblich verletzt hat,
			2. der Vermieter die Räume als Wohnung für sich, seine Familienangehörigen oder Angehörige seines Haushalts benötigt oder (...)

Bei einem Verweis auf mehrere Paragrafen gilt:

Beispiele	Bedeutung
§§ 17 f. BGB	§ 17 und (der folgende) § 18 BGB
§§ 17 ff. BGB	§ 17 und mehrere (darauffolgende) Paragrafen BGB

Gesetzeskommentare

Zu den wichtigsten Gesetzen gibt es von Juristen verfasste **Gesetzeskommentare**. Sie besitzen keine Gesetzeskraft, sie stellen aber fachlich begründete „Meinungen" (Interpretationen) von Juristen zur Auslegung der einzelnen Paragrafen eines Gesetzes dar. Dabei arbeiten die Juristen die bereits durch Einzelurteile festgestellten Gerichtsentscheidungen in ihre Kommentare ein und nehmen häufig auch Bezug zu Gesetzesinterpretationen in der übrigen Fachliteratur. Einer der berühmtesten Gesetzeskommentare ist der „Palandt", ein Kommentar zum BGB (Gesetzestext siehe S. 516 ff.). Für viele Gesetze gibt es verschiedene Kommentare, also von unterschiedlichen Juristen verfasste Texte.

Vernetztes Denken *Network thinking*

Begriff und Zielsetzung

Um komplexe Zusammenhänge in Wirtschaft und Gesellschaft verstehen und beurteilen zu können, reicht das lineare Denken – zum Beispiel in Form einer Ablaufkette – nicht mehr aus. Stattdessen müssen eine Vielzahl von wechselseitigen Abhängigkeiten und Verknüpfungen von einzelnen Elementen untersucht werden, man spricht von der **Methodik des vernetzten Denkens**. Die Komplexität eines Systems lässt sich mithilfe eines sogenannten **Netzwerks** veranschaulichen.

Die Netzwerktechnik hat das Ziel, die einzelnen Elemente (Faktoren) eines Systems und ihre Beziehungen in Form eines **Modells** abzubilden.

Symbole der Netzwerktechnik

- Wirkungszusammenhänge einzelner Faktoren werden mithilfe von **Pfeilen** abgebildet, wobei die Stärke des Pfeils den Umfang oder Grad der Wirkung widerspiegelt.
- Eine **gleichgerichtete Wirkung** („je mehr … desto mehr …") wird durch ein **Pluszeichen**, eine **gegensätzliche Wirkung** („je mehr … desto weniger …" bzw. „je weniger … desto mehr …") durch ein **Minuszeichen** verdeutlicht.

Beispiel: Überlegungen zur Auswirkung einer Werbemaßnahme

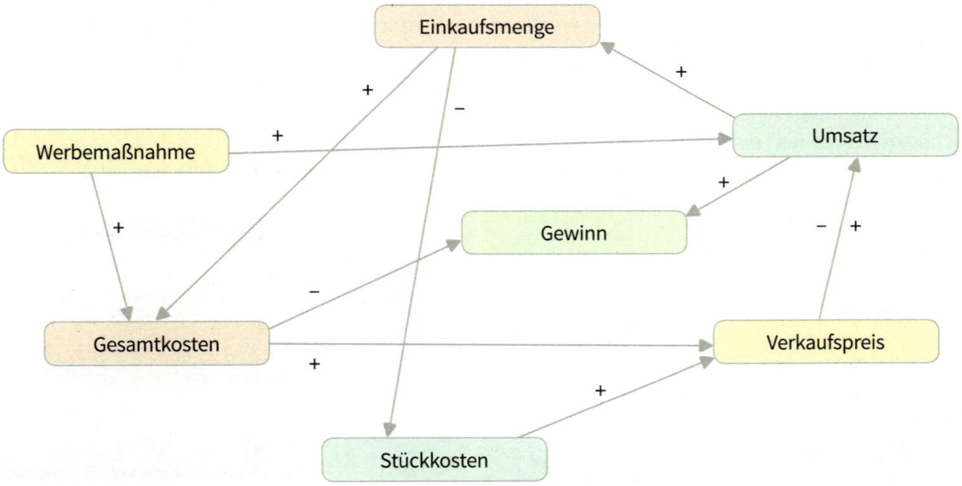

Vorteile der Netzwerktechnik

- Da komplexe Zusammenhänge mithilfe des Netzwerks veranschaulicht werden, können zum Beispiel Langzeitwirkungen von bestimmten Maßnahmen nicht so leicht übersehen werden.
- Netzwerke ermöglichen eine Absicherung von Entscheidungsprozessen.
- Auch komplizierte Zusammenhänge können für Laien mithilfe von Netzwerken transparent gemacht werden. Die Netzwerktechnik unterstützt damit demokratische Entscheidungsprozesse.

Grenzen der Aussagekraft

- Je mehr Elemente in ein Netzwerk eingefügt werden, desto unübersichtlicher wird es. Es besteht die Gefahr, dass die Unübersichtlichkeit einen Entscheidungsprozess eher erschwert als erleichtert.
- Werden nur die vermeintlich wichtigsten Elemente in das Modell aufgenommen, entsteht eventuell ein falsches Abbild der Wirklichkeit. Die Summe der Wirkungen von vielen kleinen Faktoren kann unterschätzt werden, es werden unter Umständen falsche Schlussfolgerungen gezogen.

Begriff und Vorgehensweise

Umfassende Suche nach Informationen anhand von Stichwörtern mithilfe des elektronischen Mediums Internet.
Vor einer Internetrecherche sollte der **Informationsbedarf** präzise eingegrenzt werden, z. B. durch die genaue Bestimmung des Themas, den Zweck der Recherche und eventuell die Zielgruppe.
Wegen der Informationsfülle im Internet ist es wichtig, eine klare **Informationsbeschaffungsstrategie** zu verfolgen, d.h. die Informationen nach folgenden Merkmalen zu filtern und zu bewerten:

- Umfang/Tiefe
- Aktualität
- sachliche Richtigkeit
- Glaubwürdigkeit
- Ausgewogenheit
- Visualisierung
- Verweise (Links)

Ziele

- schneller und unmittelbarer Zugriff auf Informationen
- Nutzen der Vielfalt des Informationsangebots
- Einholen der Informationen direkt vom Arbeitsplatz oder von zu Hause aus und zu jeder Zeit

Beispiel:
Ein Unternehmen plant einen neuen Standort in Dresden und möchte über die Stadt Informationen einholen.

Schritt 1:
- Aufruf der Suchmaschine, z. B. „www.google.de“
- Suchbegriff „Dresden“ eingeben
- Schaltfläche „Lupe“ anklicken

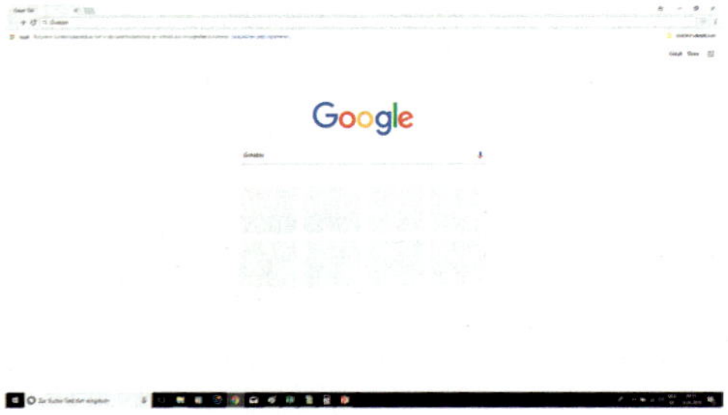

Schritt 2:
- Es erscheint die Trefferliste. Der erste Treffer ist die Startseite der sächsischen Landeshauptstadt. Anklicken.

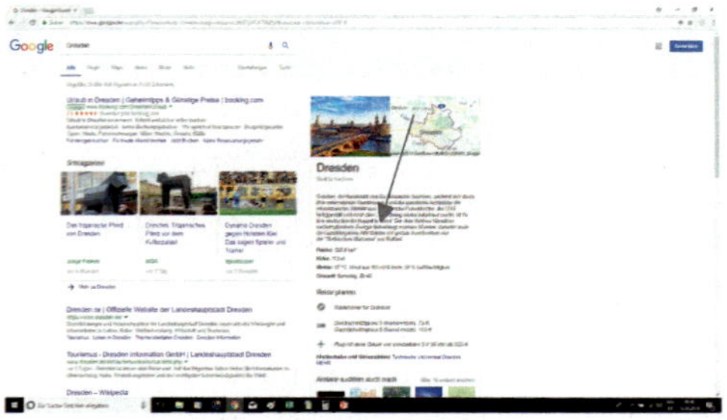

Schritt 3:
- Die Homepage der Landeshauptstadt Dresden erscheint.
- Die Zeile „Wirtschaft“ anklicken

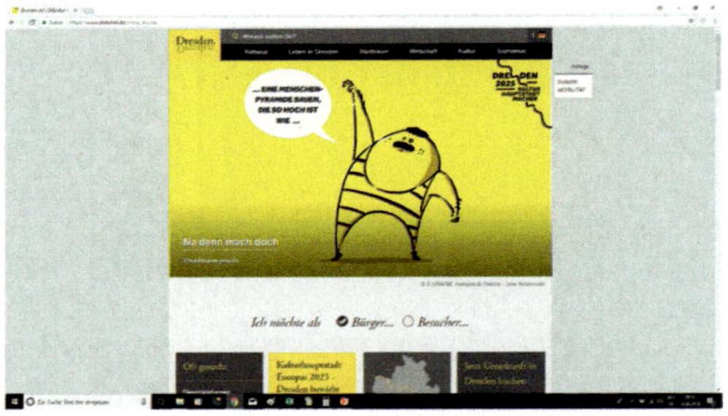

Schritt 4:
Es erscheint das Inhaltsverzeichnis der Informationen über Wirtschaft der Stadt Dresden.

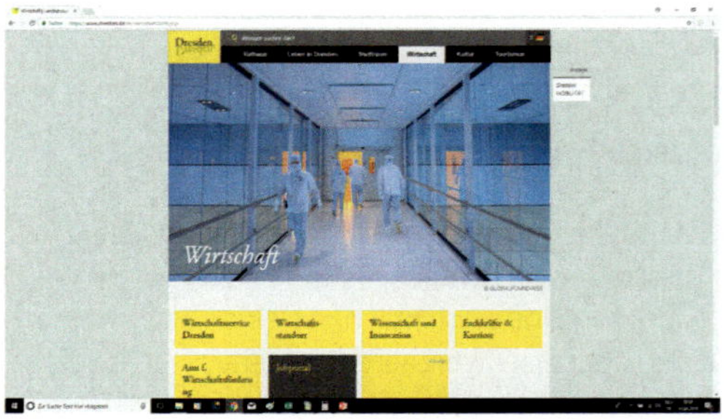

Projekt

Projects

Begriff

Das Projekt zählt zu den sogenannten methodischen Großformen des Unterrichts. Ausgehend von den Interessen der Beteiligten wird ein Thema oder Problem umfassend bearbeitet, d. h. geplant, durchgeführt und ausgewertet. Die Lehrkraft sieht sich dabei eher als Lernberater oder Moderator. Ergebnis des Projekts ist in der Regel ein Handlungsprodukt, z. B. eine erstellte Schülerzeitung.

Ziele

- Förderung der Selbstorganisation und des Verantwortungsbewusstseins
- Herstellung von Problem- und Praxisbezug
- Realisierung fächerübergreifenden Unterrichts
- Förderung ganzheitlichen Denkens, Einbeziehen vieler Sinne
- Verstärkung von Interaktionsbeziehungen der Projektteilnehmer/-innen

Projektphasen

Projektinitiative

Ausgangspunkt ist in der Regel eine Problemstellung oder eine Projektidee.

↓

Projektskizze

Die Projektteilnehmer/-innen setzen sich mit der Projektinitiative auseinander. Ergebnis des Diskussionsprozesses ist eine gemeinsame Projektskizze, die die Absichten und Ideen kurz umreißt.

↓

Projektplan

Ausgehend von der Projektskizze wird ein genauer Projektplan erstellt, der neben den einzelnen geplanten Projektschritten auch die Zeitplanung aufweist. Schriftlich festgehalten werden außerdem die Personen, die bestimmte Aufgaben zu übernehmen haben.

↓

Projektdurchführung

Aufgrund des Projektplans werden die einzelnen Projektschritte durchgeführt; eventuell ergibt sich die Notwendigkeit, die Planung leicht zu verändern. In der Regel wird am Ende des Projekts ein Handlungsprodukt erstellt sein.

↓

Projektabschluss

In der Abschlussphase wird das Handlungsprodukt vor einem ausgewählten Personenkreis (z. B. Schulöffentlichkeit, Internetbenutzer) präsentiert. Am Ende wird sicherlich der Ablauf des gesamten Projektprozesses kritisch reflektiert, sowohl inhaltlich als auch methodisch. Möglicherweise mündet das Projekt in der Absicht, längerfristig zu einem bestimmten Problem zusammenzuarbeiten (z. B. Gründung einer Arbeitsgemeinschaft).

Im gesamten Projektverlauf werden zusätzlich sogenannte **Fixpunkte** verankert. Das sind abgestimmte Zeitpunkte, zu denen die Projektteilnehmer zusammenkommen, um Informationen auszutauschen und sich so effektiv abzustimmen. Zusätzlich können Termine vereinbart werden, um Beziehungsprobleme zwischen den Projektteilnehmern aufzuarbeiten – man spricht von sogenannten **Metainteraktionen**.

Zukunftswerkstatt *Forward planning workshop*

Ziele der Zukunftswerkstatt

Die Methode der Zukunftswerkstatt ist aus der kritischen Arbeit sozial engagierter Zukunftsforscher, z. B. Robert Jungk, entstanden und in die Bürgerinitiativenbewegung der 60er- und 70er-Jahre integriert worden.

Ziel dieser Methode war es zunächst, die Demokratisierung der Gesellschaft voranzutreiben, indem die Bürger/-innen an die aktive Mitarbeit zur Veränderung der Gesellschaft herangeführt wurden.

Mit der Übernahme dieser Methode in den pädagogischen Alltag des Schul- und Ausbildungswesens steht vor allem die Förderung von Analyse- und Kritikfähigkeit sowie von Kreativität im Vordergrund; die Beteiligten sollen eigene **Zukunftsentwürfe** entwickeln. Hohe Lernaktivität soll innerhalb dieses Prozesses zu selbstbestimmtem Lernen führen.

Ablauf der Methode

Charakteristisch für die Methode der Zukunftswerkstatt ist ihre Aufteilung in mehrere voneinander deutlich – auch zeitlich – getrennte **Phasen**:

1. **Die Kritik- oder Beschwerdephase**
2. **Die Fantasie- oder Utopiephase**
3. **Die Realisierungs- oder Verwirklichungsphase**

Eine einleitende **Vorbereitungsphase** dient vor allem dazu, den Teilnehmenden die Methode zu erklären und benötigte Arbeitsmaterialien (z. B. Wandzeitungspapier, Schreibgeräte, Pinnwände, Moderationskarten) zu beschaffen.

Eine abschließende **Nachbereitungsphase** dient überwiegend der Auswertung, der Reflexion der Methode. Sinnvoll ist die vorherige Auswahl eines oder mehrerer Moderatoren bzw. Moderatorinnen, die möglichst bereits Erfahrungen mit der Methode gesammelt haben sollten. Ihre Aufgabe ist es, vor allem auf die Einhaltung der Spielregeln zu achten und u. U. Impulse (z. B. gezieltes Nachfragen) für den Gruppenprozess zu geben.

Kritikphase

In dieser Phase sollen die Beteiligten Kritik am ausgewählten Thema, z. B. an der bestehenden Wirtschaftsordnung und ihren gesellschaftlichen Folgen, offen äußern. Mögliche Fragen des Moderators bzw. der Moderatorin zum Einstieg könnten sein:

- Was stört Sie an der bestehenden Wirtschaftsordnung?
- Was kritisieren Sie an den Folgen dieser Wirtschaftsordnung?

Die wichtigsten Regeln der Kritikphase

1. Jeder Teilnehmer äußert seine Kritik in der Regel mündlich oder schriftlich (stichwortartig z. B. auf Moderationskarten oder Wandzeitung), ohne dass andere diese Kritik kommentieren oder diskutieren. Es ist möglich, die Anzahl der Kritikpunkte pro Teilnehmer zu beschränken.
2. Die kritischen Äußerungen sollen noch keine Lösungsvorschläge enthalten.

15

aus: Böker, Jürgen u. a.: Wirtschaftspolitik/Wirtschaftsordnung, 3. Aufl., Darmstadt 2005, S. 61

Kritikphase

Am Ende der Kritikphase gilt es, die vorgebrachten Kritikpunkte zu ordnen und zu systematisieren. Am einfachsten lassen sich beschriebene Moderationskarten an der Pinnwand umstecken, für verschiedene Kritikbereiche können Oberbegriffe formuliert werden. Falls die Zeit für die Durchführung der Zukunftswerkstatt begrenzt ist, ist es sinnvoll, zunächst die wichtigsten Kritikpunkte herauszustellen (z. B. durch die Vergabe von Klebepunkten). Die Anzahl der zu vergebenden Punkte pro Teilnehmer sollte dabei beschränkt werden.

Als Sitzordnung für die Kritikphase hat sich der Stuhlhalbkreis bewährt:

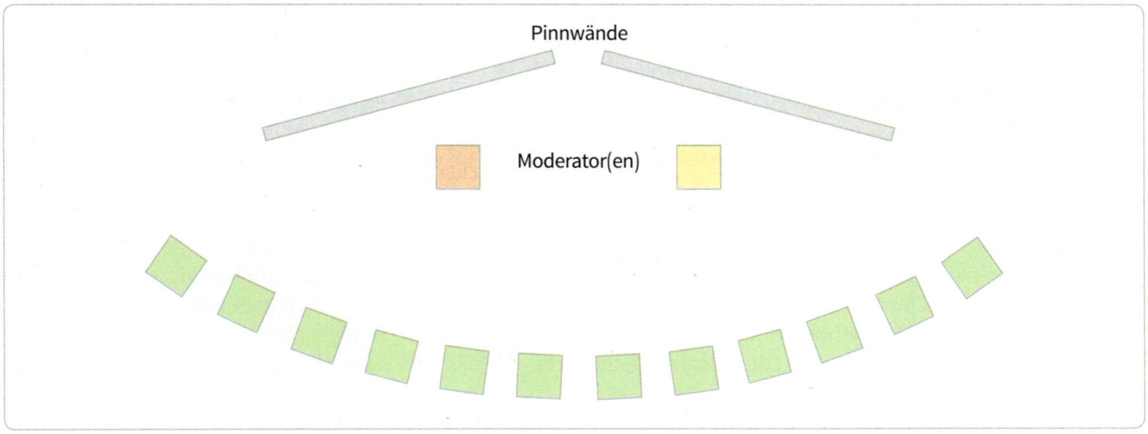

Fantasie- oder Utopiephase

Das Ziel dieser Phase besteht darin, Ideen für wünschenswerte Zukunftsideen zu sammeln, wobei es unbedeutend ist, ob sie auch zu realisieren sind. Gesucht werden Idealvorstellungen von utopischen Entwürfen. Der Moderator bzw. die Moderatorin könnten z. B. einleitend fragen:

- Wie stellen Sie sich eine optimale Wirtschaftsordnung der Zukunft vor?
- Welche Wesensmerkmale müsste Ihrer Meinung nach eine wünschenswerte Wirtschaftsordnung aufweisen?

Die Hauptregeln der Fantasie- oder Utopiephase

1. „Sie haben alle Macht und alles Geld dieser Welt – alles geht."
2. Unsinnige Ideen sind nicht nur zugelassen, sie sind sogar erwünscht.
3. Eine Kommentierung oder Diskussion einzelner Ideen ist nicht erlaubt.

Um es den Teilnehmern leichter zu machen, Utopien zu beschreiben, können von den Moderatoren/-innen bestimmte Techniken angewendet werden, um eine „Fantasieatmosphäre" zu schaffen, z. B.:

- Bildung von Assoziationen (z. B. aus der Natur)
- Förderung von Übertreibungen durch Setzen von Impulsen
- Durchführung einer Fantasiereise
- Malen von Bildern
- Erstellen von Collagen
- Durchführung von Rollenspielen

Die Fantasiephase kann im Plenum, aber auch arbeitsteilig oder arbeitsgleich in Gruppenarbeit stattfinden. Moderationskarten können hier dazu dienen, die Wunschvorstellungen sprachlich zu fixieren und sie anschließend zu ordnen. Falls es gewünscht wird, können die utopischen Entwürfe auch in nichtschriftlicher Form vor dem Plenum präsentiert werden (z. B. Videofilm, szenisches Spiel, Nachrichtensendung, Collage).

vgl.: Böker, Jürgen u. a.: Wirtschaftspolitik/Wirtschaftsordnung, 3. Aufl., Darmstadt 2005, S. 62

Fantasie- oder Utopiephase

Wenn in der anschließenden Realisierungsphase aus Zeitgründen nicht alle Zukunftsvorstellungen berücksichtigt werden können, muss am Ende der Fantasiephase wieder eine Gewichtung, eine Auswahl einzelner Zukunftsentwürfe – z. B. durch Punktekleben – vorgenommen werden.

Realisierungsphase

Ausgangspunkt der Realisierungsphase sind die Ergebnisse der Fantasiephase: die utopischen Entwürfe. Zum Vergleich können die Resultate der Kritikphase herangezogen werden. In der Realisierungsphase geht es darum, Wege zu finden, wie man von den gegenwärtigen – kritisierten – Zuständen zu den wünschenswerten Zukunftsvorstellungen gelangt. Verwirklichungsstrategien werden entwickelt – ob anhand ausgewählter Schwerpunkte im Plenum oder in abgestimmter Gruppenarbeit. Der Ausgangspunkt für diese Strategien sind Ansätze in der Realität. Unterschiedliche Realisierungsmöglichkeiten können dargestellt, gegebenenfalls wieder gewichtet werden. In die Verwirklichungsphase können verschiedene Methoden integriert werden, um den Praxisbezug zu erhöhen und die Ergebnisorientierung zu effektivieren. Beispiele hierfür sind:

- Durchführung von Expertengesprächen (z. B. Befragen von Politikern oder Wissenschaftlern)
- Planung und Durchführung von Fragebogenaktionen
- Analyse fachwissenschaftlicher Aufsätze (z. B. mittels einer Internetrecherche)

Schließlich kann die Zukunftswerkstatt auch überleiten in die Vorbereitung und Realisation eines **Projekts**.

In einer **Nachbereitungsphase** geht es vor allem darum, die gewonnenen Erkenntnisse zu sammeln und zu ordnen, eine abschließende **Ergebnissicherung** ist vorzunehmen. In jedem Fall sollte positive und negative Kritik zur durchgeführten Zukunftswerkstatt protokolliert und ausgewertet werden.

aus: Böker, Jürgen u. a.: Wirtschaftspolitik/Wirtschaftsordnung, 3. Aufl., Darmstadt 2005, S. 63

Szenariotechnik *Staging technique*

Begriff

Die Szenariotechnik ist eine Methode, mit der langfristige Entwicklungen und Vorstellungen über die Zukunft im Unterricht untersucht und aufbereitet werden können.

Ziele

- Erarbeitung von wahrscheinlichen Zukunftsentwicklungen in Wirtschaft und Gesellschaft
- Training von sachlich-analytischem Arbeiten
- Erstellung von fundierten Grundlagen, um sachlogische Entscheidungen zu ermöglichen
- Förderung ganzheitlichen Denkens, Einbeziehen vieler Sinne

Phasen

1. Phase: Problembeschreibung
Ein wirtschaftliches oder gesellschaftliches Problem (z. B. die Entwicklung des Weltenergieverbrauchs) ist der Ausgangspunkt der Szenariomethode.

2. Phase: Bestimmung von Einflussbereichen und -faktoren
Unterschiedliche Einflussbereiche und -faktoren werden herausgearbeitet, die auf das ausgewählte Problem einwirken.

3. Phase: Entwicklung von alternativen Szenarien
Aufgrund der wahrscheinlichen Entwicklung der ausgewählten Einflussfaktoren können – je nach Gewichtung und Verknüpfung – unterschiedliche Szenarien entwickelt werden. Als drei **Grundtypen** von Szenarien werden prinzipiell unterschieden:

Der Szenariotrichter und die drei Grundtypen des Szenarios

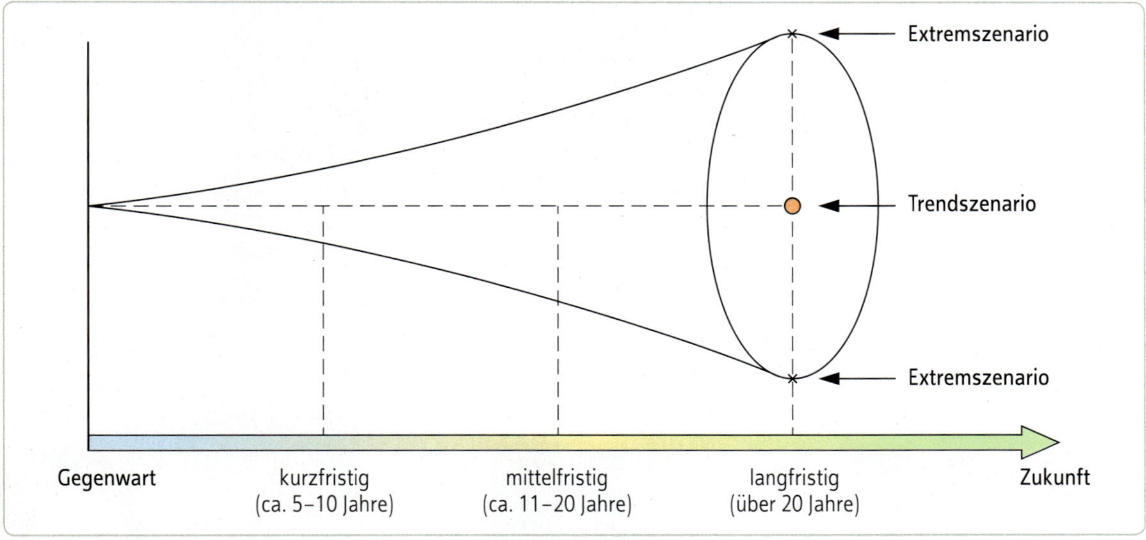

- ein positives Extremszenario: Es bezeichnet die *bestmögliche* Zukunftsentwicklung,
- ein negatives Extremszenario: Es bezeichnet den *schlechtestmöglichen* Entwicklungsverlauf,
- ein Trendszenario: Es beinhaltet die *Fortschreibung* der heutigen Situation in die Zukunft.

aus: Weinbrenner, Peter: Selbstgesteuertes Lernen. In: Sander, Wolfgang (Hrsg.): Handbuch politische Bildung. Schwalbach: Wochenschau Verlag 1997, S. 494.

4. Phase: Entwicklung von Handlungsstrategien
Die in der 3. Phase erstellten Szenarien zeigen unterschiedliche Entwicklungsmöglichkeiten auf. In der 4. Phase geht es darum, Handlungsstrategien zu entwickeln, um unerwünschte Entwicklungen zu verhindern und positive Entwicklungsalternativen zu fördern. Am Ende der 4. Phase sollte die benutzte Methode in ihrer Gesamtheit kritisch reflektiert werden.

16 Gesetzestexte

Teil 1 Allgemeine Vorschriften

§ 1 Ziele und Begriffe der Berufsbildung

(1) Berufsbildung im Sinne dieses Gesetzes sind die Berufsausbildungsvorbereitung, die Berufsausbildung, die berufliche Fortbildung und die berufliche Umschulung.

(2) Die Berufsausbildungsvorbereitung dient dem Ziel, durch die Vermittlung von Grundlagen für den Erwerb beruflicher Handlungsfähigkeit an eine Berufsausbildung in einem anerkannten Ausbildungsberuf heranzuführen.

(3) Die Berufsausbildung hat die für die Ausübung einer qualifizierten beruflichen Tätigkeit in einer sich wandelnden Arbeitswelt notwendigen beruflichen Fertigkeiten, Kenntnisse und Fähigkeiten (berufliche Handlungsfähigkeit) in einem geordneten Ausbildungsgang zu vermitteln. Sie hat ferner den Erwerb der erforderlichen Berufserfahrungen zu ermöglichen.

(4) Die berufliche Fortbildung soll es ermöglichen, die berufliche Handlungsfähigkeit zu erhalten und anzupassen oder zu erweitern und beruflich aufzusteigen.

(5) Die berufliche Umschulung soll zu einer anderen beruflichen Tätigkeit befähigen.

(...)

Teil 2 Berufsbildung

Kapitel 1 Berufsausbildung

Abschnitt 1
Ordnung der Berufsausbildung; Anerkennung von Ausbildungsberufen

(...)

Abschnitt 2 Berufsausbildungsverhältnis
Unterabschnitt 1 Begründung des Ausbildungsverhältnisses

§ 10 Vertrag

(1) Wer andere Personen zur Berufsausbildung einstellt (Ausbildende), hat mit den Auszubildenden einen Berufsausbildungsvertrag zu schließen.

(2) Auf den Berufsausbildungsvertrag sind, soweit sich aus seinem Wesen und Zweck und aus diesem Gesetz nichts anderes ergibt, die für den Arbeitsvertrag geltenden Rechtsvorschriften und Rechtsgrundsätze anzuwenden.

(3) Schließen die gesetzlichen Vertreter oder Vertreterinnen mit ihrem Kind einen Berufsausbildungsvertrag, so sind sie von dem Verbot des § 181 des Bürgerlichen Gesetzbuchs befreit.

(4) Ein Mangel in der Berechtigung, Auszubildende einzustellen oder auszubilden, berührt die Wirksamkeit des Berufsausbildungsvertrages nicht.

(5) Zur Erfüllung der vertraglichen Verpflichtungen der Ausbildenden können mehrere natürliche oder juristische Personen in einem Ausbildungsverbund zusammenwirken, soweit die Verantwortlichkeit für die einzelnen Ausbildungsabschnitte sowie für die Ausbildungszeit insgesamt sichergestellt ist (Verbundausbildung).

§ 11 Vertragsniederschrift

(1) Ausbildende haben unverzüglich nach Abschluss des Berufsausbildungsvertrages, spätestens vor Beginn der Berufsausbildung, den wesentlichen Inhalt des Vertrages gemäß Satz 2 schriftlich niederzulegen; die elektronische Form ist ausgeschlossen. In die Niederschrift sind mindestens aufzunehmen

1. Art, sachliche und zeitliche Gliederung sowie Ziel der Berufsausbildung, insbesondere die Berufstätigkeit, für die ausgebildet werden soll,
2. Beginn und Dauer der Berufsausbildung,
3. Ausbildungsmaßnahmen außerhalb der Ausbildungsstätte,
4. Dauer der regelmäßigen täglichen Ausbildungszeit,
5. Dauer der Probezeit,
6. Zahlung und Höhe der Vergütung,
7. Dauer des Urlaubs,
8. Voraussetzungen, unter denen der Berufsausbildungsvertrag gekündigt werden kann,
9. ein in allgemeiner Form gehaltener Hinweis auf die Tarifverträge, Betriebs- oder Dienstvereinbarungen, die auf das Berufsausbildungsverhältnis anzuwenden sind.

(2) Die Niederschrift ist von den Ausbildenden, den Auszubildenden und deren gesetzlichen Vertretern und Vertreterinnen zu unterzeichnen.

(3) Ausbildende haben den Auszubildenden und deren gesetzlichen Vertretern und Vertreterinnen eine Ausfertigung der unterzeichneten Niederschrift unverzüglich auszuhändigen.

(4) Bei Änderungen des Berufsausbildungsvertrages gelten die Absätze 1 bis 3 entsprechend.

§ 12 Nichtige Vereinbarungen

(1) Eine Vereinbarung, die Auszubildende für die Zeit nach Beendigung des Berufsausbildungsverhältnisses in der Ausübung ihrer beruflichen Tätigkeit beschränkt, ist nichtig. Dies gilt nicht, wenn sich Auszubildende innerhalb der letzten sechs Monate des Berufsausbildungsverhältnisses dazu verpflichten, nach dessen Beendigung mit den Ausbildenden ein Arbeitsverhältnis einzugehen.

(2) Nichtig ist eine Vereinbarung über

1. die Verpflichtung Auszubildender, für die Berufsausbildung eine Entschädigung zu zahlen,
2. Vertragsstrafen,
3. den Ausschluss oder die Beschränkung von Schadensersatzansprüchen,
4. die Festsetzung der Höhe eines Schadensersatzes in Pauschbeträgen.

Unterabschnitt 2 Pflichten der Auszubildenden

§ 13 Verhalten während der Berufsausbildung

Auszubildende haben sich zu bemühen, die berufliche Handlungsfähigkeit zu erwerben, die zum Erreichen des Ausbildungsziels erforderlich ist. Sie sind insbesondere verpflichtet,

1. die ihnen im Rahmen ihrer Berufsausbildung aufgetragenen Aufgaben sorgfältig auszuführen,
2. an Ausbildungsmaßnahmen teilzunehmen, für die sie nach § 15 freigestellt werden,
3. den Weisungen zu folgen, die ihnen im Rahmen der Berufsausbildung von Ausbildenden, von Ausbildern oder Ausbilderinnen oder von anderen weisungsberechtigten Personen erteilt werden,
4. die für die Ausbildungsstätte geltende Ordnung zu beachten,
5. Werkzeug, Maschinen und sonstige Einrichtungen pfleglich zu behandeln,
6. über Betriebs- und Geschäftsgeheimnisse Stillschweigen zu wahren.

Unterabschnitt 3 Pflichten der Ausbildenden

§ 14 Berufsausbildung

(1) Ausbildende haben

1. dafür zu sorgen, dass den Auszubildenden die berufliche Handlungsfähigkeit vermittelt wird, die zum Erreichen des Ausbildungsziels erforderlich ist, und die Berufsausbildung in einer durch ihren Zweck gebotenen Form planmäßig, zeitlich und sachlich gegliedert so durchzuführen, dass das Ausbildungsziel in der vorgesehenen Ausbildungszeit erreicht werden kann,

2. selbst auszubilden oder einen Ausbilder oder eine Ausbilderin ausdrücklich damit zu beauftragen,
3. Auszubildenden kostenlos die Ausbildungsmittel, insbesondere Werkzeuge und Werkstoffe zur Verfügung zu stellen, die zur Berufsausbildung und zum Ablegen von Zwischen- und Abschlussprüfungen, auch soweit solche nach Beendigung des Berufsausbildungsverhältnisses stattfinden, erforderlich sind,
4. Auszubildende zum Besuch der Berufsschule sowie zum Führen von schriftlichen Ausbildungsnachweisen anzuhalten, soweit solche im Rahmen der Berufsausbildung verlangt werden, und diese durchzusehen,
5. dafür zu sorgen, dass Auszubildende charakterlich gefördert sowie sittlich und körperlich nicht gefährdet werden.

(2) Auszubildenden dürfen nur Aufgaben übertragen werden, die dem Ausbildungszweck dienen und ihren körperlichen Kräften angemessen sind.

§ 15 Freistellung

Ausbildende haben Auszubildende für die Teilnahme am Berufsschulunterricht und an Prüfungen freizustellen. Das Gleiche gilt, wenn Ausbildungsmaßnahmen außerhalb der Ausbildungsstätte durchzuführen sind.

§ 16 Zeugnis

(1) Ausbildende haben den Auszubildenden bei Beendigung des Berufsausbildungsverhältnisses ein schriftliches Zeugnis auszustellen. Die elektronische Form ist ausgeschlossen. Haben Ausbildende die Berufsausbildung nicht selbst durchgeführt, so soll auch der Ausbilder oder die Ausbilderin das Zeugnis unterschreiben.

(2) Das Zeugnis muss Angaben enthalten über Art, Dauer und Ziel der Berufsausbildung sowie über die erworbenen beruflichen Fertigkeiten, Kenntnisse und Fähigkeiten der Auszubildenden. Auf Verlangen Auszubildender sind auch Angaben über Verhalten und Leistung aufzunehmen.

Unterabschnitt 4 Vergütung

§ 17 Vergütungsanspruch

(1) Ausbildende haben Auszubildenden eine angemessene Vergütung zu gewähren. Sie ist nach dem Lebensalter der Auszubildenden so zu bemessen, dass sie mit fortschreitender Berufsausbildung, mindestens jährlich, ansteigt.

(2) Sachleistungen können in Höhe der nach § 17 Abs. 1 Satz 1 Nr. 4 des Vierten Buches Sozialgesetzbuch festgesetzten Sachbezugswerte angerechnet werden, jedoch nicht über 75 Prozent der Bruttovergütung hinaus.

(3) Eine über die vereinbarte regelmäßige tägliche Ausbildungszeit hinausgehende Beschäftigung ist besonders zu vergüten oder durch entsprechende Freizeit auszugleichen.

§ 18 Bemessung und Fälligkeit der Vergütung

(1) Die Vergütung bemisst sich nach Monaten. Bei Berechnung der Vergütung für einzelne Tage wird der Monat zu 30 Tagen gerechnet.

(2) Die Vergütung für den laufenden Kalendermonat ist spätestens am letzten Arbeitstag des Monats zu zahlen.

§ 19 Fortzahlung der Vergütung

(1) Auszubildenden ist die Vergütung auch zu zahlen
1. für die Zeit der Freistellung (§ 15),
2. bis zur Dauer von sechs Wochen, wenn sie
   a) sich für die Berufsausbildung bereithalten, diese aber ausfällt oder
   b) aus einem sonstigen, in ihrer Person liegenden Grund unverschuldet verhindert sind, ihre Pflichten aus dem Berufsausbildungsverhältnis zu erfüllen.

(2) Können Auszubildende während der Zeit, für welche die Vergütung fortzuzahlen ist, aus berechtigtem Grund Sachleistungen nicht abnehmen, so sind diese nach den Sachbezugswerten (§ 17 Abs. 2) abzugelten.

Unterabschnitt 5 Beginn und Beendigung des Ausbildungsverhältnisses

§ 20 Probezeit

Das Berufsausbildungsverhältnis beginnt mit der Probezeit. Sie muss mindestens einen Monat und darf höchstens vier Monate betragen.

§ 21 Beendigung

(1) Das Berufsausbildungsverhältnis endet mit dem Ablauf der Ausbildungszeit. Im Falle der Stufenausbildung endet es mit Ablauf der letzten Stufe.

(2) Bestehen Auszubildende vor Ablauf der Ausbildungszeit die Abschlussprüfung, so endet das Berufsausbildungsverhältnis mit Bekanntgabe des Ergebnisses durch den Prüfungsausschuss.

(3) Bestehen Auszubildende die Abschlussprüfung nicht, so verlängert sich das Berufsausbildungsverhältnis auf ihr Verlangen bis zur nächstmöglichen Wiederholungsprüfung, höchstens um ein Jahr.

§ 22 Kündigung

(1) Während der Probezeit kann das Berufsausbildungsverhältnis jederzeit ohne Einhalten einer Kündigungsfrist gekündigt werden.

(2) Nach der Probezeit kann das Berufsausbildungsverhältnis nur gekündigt werden
1. aus einem wichtigen Grund ohne Einhalten einer Kündigungsfrist,
2. von Auszubildenden mit einer Kündigungsfrist von vier Wochen, wenn sie die Berufsausbildung aufgeben oder sich für eine andere Berufstätigkeit ausbilden lassen wollen.

(3) Die Kündigung muss schriftlich und in den Fällen des Absatzes 2 unter Angabe der Kündigungsgründe erfolgen.

(4) Eine Kündigung aus einem wichtigen Grund ist unwirksam, wenn die ihr zugrunde liegenden Tatsachen dem zur Kündigung Berechtigten länger als zwei Wochen bekannt sind. Ist ein vorgesehenes Güteverfahren vor einer außergerichtlichen Stelle eingeleitet, so wird bis zu dessen Beendigung der Lauf dieser Frist gehemmt.

§ 23 Schadensersatz bei vorzeitiger Beendigung

(1) Wird das Berufsausbildungsverhältnis nach der Probezeit vorzeitig gelöst, so können Ausbildende oder Auszubildende Ersatz des Schadens verlangen, wenn die andere Person den Grund für die Auflösung zu vertreten hat. Dies gilt nicht im Falle des § 22 Abs. 2 Nr. 2.

(2) Der Anspruch erlischt, wenn er nicht innerhalb von drei Monaten nach Beendigung des Berufsausbildungsverhältnisses geltend gemacht wird.

Unterabschnitt 6 Sonstige Vorschriften

§ 24 Weiterarbeit

Werden Auszubildende im Anschluss an das Berufsausbildungsverhältnis beschäftigt, ohne dass hierüber ausdrücklich etwas vereinbart worden ist, so gilt ein Arbeitsverhältnis auf unbestimmte Zeit als begründet.

Erster Abschnitt - Allgemeine Vorschriften

§ 1 JArbSchG - Geltungsbereich

(1) Dieses Gesetz gilt in der Bundesrepublik Deutschland und in der ausschließlichen Wirtschaftszone für die Beschäftigung von Personen, die noch nicht 18 Jahre alt sind,
1. in der Berufsausbildung,
2. als Arbeitnehmer oder Heimarbeiter,
3. mit sonstigen Dienstleistungen, die der Arbeitsleistung von Arbeitnehmern oder Heimarbeitern ähnlich sind,
4. in einem der Berufsausbildung ähnlichen Ausbildungsverhältnis.

(2) Dieses Gesetz gilt nicht
1. für geringfügige Hilfeleistungen, soweit sie gelegentlich
   a) aus Gefälligkeit,
   b) aufgrund familienrechtlicher Vorschriften,
   c) in Einrichtungen der Jugendhilfe,
   d) in Einrichtungen zur Eingliederung Behinderter erbracht werden,
2. für die Beschäftigung durch die Personensorgeberechtigten im Familienhaushalt.

§ 2 JArbSchG - Kind, Jugendlicher

(1) Kind im Sinne dieses Gesetzes ist, wer noch nicht 15 Jahre alt ist.

(2) Jugendlicher im Sinne dieses Gesetzes ist, wer 15, aber noch nicht 18 Jahre alt ist.

(3) Auf Jugendliche, die der Vollzeitschulpflicht unterliegen, finden die für Kinder geltenden Vorschriften Anwendung.

§ 3 JArbSchG - Arbeitgeber

Arbeitgeber im Sinne dieses Gesetzes ist, wer ein Kind oder einen Jugendlichen gemäß § 1 beschäftigt.

§ 4 JArbSchG - Arbeitszeit

(1) Tägliche Arbeitszeit ist die Zeit vom Beginn bis zum Ende der täglichen Beschäftigung ohne die Ruhepausen (§ 11).

(2) Schichtzeit ist die tägliche Arbeitszeit unter Hinzurechnung der Ruhepausen (§ 11).

(3) Im Bergbau unter Tage gilt die Schichtzeit als Arbeitszeit. Sie wird gerechnet vom Betreten des Förderkorbes bei der Einfahrt bis zum Verlassen des Förderkorbes bei der Ausfahrt oder vom Eintritt des einzelnen Beschäftigten in das Stollenmundloch bis zu seinem Wiederaustritt.

(4) Für die Berechnung der wöchentlichen Arbeitszeit ist als Woche die Zeit von Montag bis einschließlich Sonntag zugrunde zu legen. Die Arbeitszeit, die an einem Werktag infolge eines gesetzlichen Feiertags ausfällt, wird auf die wöchentliche Arbeitszeit angerechnet.

(5) Wird ein Kind oder ein Jugendlicher von mehreren Arbeitgebern beschäftigt, so werden die Arbeits- und Schichtzeiten sowie die Arbeitstage zusammengerechnet.

Zweiter Abschnitt - Beschäftigung von Kindern

§ 5 JArbSchG - Verbot der Beschäftigung von Kindern

(1) Die Beschäftigung von Kindern (§ 2 Abs. 1) ist verboten.

(2) Das Verbot des Absatzes 1 gilt nicht für die Beschäftigung von Kindern
1. zum Zwecke der Beschäftigungs- und Arbeitstherapie,
2. im Rahmen des Betriebspraktikums während der Vollzeitschulpflicht,
3. in Erfüllung einer richterlichen Weisung.

Auf die Beschäftigung finden § 7 Satz 1 Nr. 2 und die §§ 9 bis 46 entsprechende Anwendung.

(3) Das Verbot des Absatzes 1 gilt ferner nicht für die Beschäftigung von Kindern über 13 Jahre mit Einwilligung des Personensorgeberechtigten, soweit die Beschäftigung leicht und für Kinder geeignet ist. Die Beschäftigung ist leicht, wenn sie aufgrund ihrer Beschaffenheit und der besonderen Bedingungen, unter denen sie ausgeführt wird,
1. die Sicherheit, Gesundheit und Entwicklung der Kinder,
2. ihren Schulbesuch, ihre Beteiligung an Maßnahmen zur Berufswahlvorbereitung oder Berufsausbildung, die von der zuständigen Stelle anerkannt sind, und
3. ihre Fähigkeit, dem Unterricht mit Nutzen zu folgen,

nicht nachteilig beeinflusst. Die Kinder dürfen nicht mehr als zwei Stunden täglich, in landwirtschaftlichen Familienbetrieben nicht mehr als drei Stunden täglich, nicht zwischen 18 und 8 Uhr, nicht vor dem Schulunterricht und nicht während des Schulunterrichts beschäftigt werden. Auf die Beschäftigung finden die §§ 15 bis 31 entsprechende Anwendung.

(4) Das Verbot des Absatzes 1 gilt ferner nicht für die Beschäftigung von Jugendlichen (§ 2 Abs. 3) während der Schulferien für höchstens vier Wochen im Kalenderjahr. Auf die Beschäftigung finden die §§ 8 bis 31 entsprechende Anwendung.

(4 a) Die Bundesregierung hat durch Rechtsverordnung mit Zustimmung des Bundesrates die Beschäftigung nach Absatz 3 näher zu bestimmen.

(4 b) Der Arbeitgeber unterrichtet die Personensorgeberechtigten der von ihm beschäftigten Kinder über mögliche Gefahren sowie über alle zu ihrer Sicherheit und ihrem Gesundheitsschutz getroffenen Maßnahmen.

(5) Für Veranstaltungen kann die Aufsichtsbehörde Ausnahmen gemäß § 6 bewilligen.

§ 6 JArbSchG - Behördliche Ausnahmen für Veranstaltungen

(1) Die Aufsichtsbehörde kann auf Antrag bewilligen, dass
1. bei Theatervorstellungen Kinder über sechs Jahre bis zu vier Stunden täglich in der Zeit von 10 bis 23 Uhr,
2. bei Musikaufführungen und anderen Aufführungen, bei Werbeveranstaltungen sowie bei Aufnahmen im Rundfunk (Hörfunk und Fernsehen), auf Ton- und Bildträger sowie bei Film- und Fotoaufnahmen
   a) Kinder über drei bis sechs Jahre bis zu zwei Stunden täglich in der Zeit von 8 bis 17 Uhr,
   b) Kinder über sechs Jahre bis zu drei Stunden täglich in der Zeit von 8 bis 22 Uhr

   gestaltend mitwirken und an den erforderlichen Proben teilnehmen. Eine Ausnahme darf nicht bewilligt werden für die Mitwirkung in Kabaretts, Tanzlokalen und ähnlichen Betrieben sowie auf Vergnügungsparks, Kirmessen, Jahrmärkten und bei ähnlichen Veranstaltungen, Schaustellungen oder Darbietungen.

(2) Die Aufsichtsbehörde darf nach Anhörung des zuständigen Jugendamtes die Beschäftigung nur bewilligen, wenn
1. die Personensorgeberechtigten in die Beschäftigung schriftlich eingewilligt haben,
2. der Aufsichtsbehörde eine nicht länger als vor drei Monaten ausgestellte ärztliche Bescheinigung vorgelegt wird, nach der gesundheitliche Bedenken gegen die Beschäftigung nicht bestehen,
3. die erforderlichen Vorkehrungen und Maßnahmen zum Schutze des Kindes gegen Gefahren für Leben und Gesundheit sowie zur Vermeidung einer Beeinträchtigung der körperlichen oder seelisch-geistigen Entwicklung getroffen sind,
4. Betreuung und Beaufsichtigung des Kindes bei der Beschäftigung sichergestellt sind,
5. nach Beendigung der Beschäftigung eine ununterbrochene Freizeit von mindestens 14 Stunden eingehalten wird,
6. das Fortkommen in der Schule nicht beeinträchtigt wird.

(3) Die Aufsichtsbehörde bestimmt,

1. wie lange, zu welcher Zeit und an welchem Tage das Kind beschäftigt werden darf,
2. Dauer und Lage der Ruhepausen,
3. die Höchstdauer des täglichen Aufenthalts an der Beschäftigungsstätte.

(4) Die Entscheidung der Aufsichtsbehörde ist dem Arbeitgeber schriftlich bekannt zu geben. Er darf das Kind erst nach Empfang des Bewilligungsbescheides beschäftigen.

§ 7 JArbSchG – Beschäftigung von nicht vollzeitschulpflichtigen Kindern

Kinder, die der Vollzeitschulpflicht nicht mehr unterliegen, dürfen

1. im Berufsausbildungsverhältnis,
2. außerhalb eines Berufsausbildungsverhältnisses nur mit leichten und für sie geeigneten Tätigkeiten bis zu sieben Stunden täglich und 35 Stunden wöchentlich

beschäftigt werden. Auf die Beschäftigung finden die §§ 8 bis 46 entsprechende Anwendung.

Dritter Abschnitt – Beschäftigung Jugendlicher

§ 8 JArbSchG – Dauer der Arbeitszeit

(1) Jugendliche dürfen nicht mehr als acht Stunden täglich und nicht mehr als 40 Stunden wöchentlich beschäftigt werden.

(2) Wenn in Verbindung mit Feiertagen an Werktagen nicht gearbeitet wird, damit die Beschäftigten eine längere zusammenhängende Freizeit haben, so darf die ausfallende Arbeitszeit auf die Werktage von fünf zusammenhängenden, die Ausfalltage einschließenden Wochen nur dergestalt verteilt werden, dass die Wochenarbeitszeit im Durchschnitt dieser fünf Wochen 40 Stunden nicht überschreitet. Die tägliche Arbeitszeit darf hierbei achteinhalb Stunden nicht überschreiten.

(2a) Wenn an einzelnen Werktagen die Arbeitszeit auf weniger als acht Stunden verkürzt ist, können die Jugendlichen an den übrigen Werktagen derselben Woche achteinhalb Stunden beschäftigt werden.

(3) In der Landwirtschaft dürfen Jugendliche über 16 Jahre während der Erntezeit nicht mehr als neun Stunden täglich und nicht mehr als 85 Stunden in der Doppelwoche beschäftigt werden.

§ 9 JArbSchG – Berufsschule

(1) Der Arbeitgeber hat den Jugendlichen für die Teilnahme am Berufsschulunterricht freizustellen. Er darf den Jugendlichen nicht beschäftigen

1. vor einem vor 9 Uhr beginnenden Unterricht; dies gilt auch für Personen, die über 18 Jahre alt und noch berufsschulpflichtig sind,
2. an einem Berufsschultag mit mehr als fünf Unterrichtsstunden von mindestens je 45 Minuten, einmal in der Woche,
3. in Berufsschulwochen mit einem planmäßigen Blockunterricht von mindestens 25 Stunden an mindestens fünf Tagen; zusätzliche betriebliche Ausbildungsveranstaltungen bis zu zwei Stunden wöchentlich sind zulässig.

(2) Auf die Arbeitszeit werden angerechnet

1. Berufsschultage nach Absatz 1 Nr. 2 mit acht Stunden,
2. Berufsschulwochen nach Absatz 1 Nr. 3 mit 40 Stunden,
3. im Übrigen die Unterrichtszeit einschließlich der Pausen.

(3) Ein Entgeltausfall darf durch den Besuch der Berufsschule nicht eintreten.

16

§ 10 JArbSchG – Prüfungen und außerbetriebliche Ausbildungsmaßnahmen

(1) Der Arbeitgeber hat den Jugendlichen

1. für die Teilnahme an Prüfungen und Ausbildungsmaßnahmen, die aufgrund öffentlich-rechtlicher oder vertraglicher Bestimmungen außerhalb der Ausbildungsstätte durchzuführen sind,
2. an dem Arbeitstag, der der schriftlichen Abschlussprüfung unmittelbar vorangeht,

freizustellen.

(2) Auf die Arbeitszeit werden angerechnet

1. die Freistellung nach Absatz 1 Nr. 1 mit der Zeit der Teilnahme einschließlich der Pausen,
2. die Freistellung nach Absatz 1 Nr. 2 mit acht Stunden.

Ein Entgeltausfall darf nicht eintreten.

§ 11 JArbSchG – Ruhepausen, Aufenthaltsräume

(1) Jugendlichen müssen im Voraus feststehende Ruhepausen von angemessener Dauer gewährt werden. Die Ruhepausen müssen mindestens betragen

1. 30 Minuten bei einer Arbeitszeit von mehr als viereinhalb bis zu sechs Stunden,
2. 60 Minuten bei einer Arbeitszeit von mehr als sechs Stunden.

Als Ruhepause gilt nur eine Arbeitsunterbrechung von mindestens 15 Minuten.

(2) Die Ruhepausen müssen in angemessener zeitlicher Lage gewährt werden, frühestens eine Stunde nach Beginn und spätestens eine Stunde vor Ende der Arbeitszeit. Länger als viereinhalb Stunden hintereinander dürfen Jugendliche nicht ohne Ruhepause beschäftigt werden.

(3) Der Aufenthalt während der Ruhepausen in Arbeitsräumen darf den Jugendlichen nur gestattet werden, wenn die Arbeit in diesen Räumen während dieser Zeit eingestellt ist und auch sonst die notwendige Erholung nicht beeinträchtigt wird.

(4) Absatz 3 gilt nicht für den Bergbau unter Tage.

§ 12 JArbSchG – Schichtzeit

Bei der Beschäftigung Jugendlicher darf die Schichtzeit (§ 4 Abs. 2) 10 Stunden, im Bergbau unter Tage 8 Stunden, im Gaststättengewerbe, in der Landwirtschaft, in der Tierhaltung, auf Bau- und Montagestellen 11 Stunden nicht überschreiten.

§ 13 JArbSchG – Tägliche Freizeit

Nach Beendigung der täglichen Arbeitszeit dürfen Jugendliche nicht vor Ablauf einer ununterbrochenen Freizeit von mindestens 12 Stunden beschäftigt werden.

§ 14 JArbSchG – Nachtruhe

(1) Jugendliche dürfen nur in der Zeit von 6 bis 20 Uhr beschäftigt werden.

(2) Jugendliche über 16 Jahre dürfen

1. im Gaststätten- und Schaustellergewerbe bis 22 Uhr,
2. in mehrschichtigen Betrieben bis 23 Uhr,
3. in der Landwirtschaft ab 5 Uhr oder bis 21 Uhr,
4. in Bäckereien und Konditoreien ab 5 Uhr

beschäftigt werden.

(3) Jugendliche über 17 Jahre dürfen in Bäckereien ab 4 Uhr beschäftigt werden.

(4) An dem einem Berufsschultag unmittelbar vorangehenden Tag dürfen Jugendliche auch nach Absatz 2 Nr. 1 bis 3 nicht nach 20 Uhr beschäftigt werden, wenn der Berufsschulunterricht am Berufsschultag vor 9 Uhr beginnt.

(5) Nach vorheriger Anzeige an die Aufsichtsbehörde dürfen in Betrieben, in denen die übliche Arbeitszeit aus verkehrstechnischen Gründen nach 20 Uhr endet, Jugendliche bis 21 Uhr beschäftigt werden, soweit sie hierdurch unnötige Wartezeiten vermeiden können. Nach vorheriger Anzeige an die Aufsichtsbehörde dürfen ferner in mehrschichtigen Betrieben Jugendliche über 16 Jahre ab 05:30 Uhr oder bis 23:30 Uhr beschäftigt werden, soweit sie hierdurch unnötige Wartezeiten vermeiden können.

(6) Jugendliche dürfen in Betrieben, in denen die Beschäftigten in außergewöhnlichem Grade der Einwirkung von Hitze ausgesetzt sind, in der warmen Jahreszeit ab 5 Uhr beschäftigt werden. Die Jugendlichen sind berechtigt, sich vor Beginn der Beschäftigung und danach in regelmäßigen Zeitabständen arbeitsmedizinisch untersuchen zu lassen. Die Kosten der Untersuchungen hat der Arbeitgeber zu tragen, sofern er diese nicht kostenlos durch einen Betriebsarzt oder einen überbetrieblichen Dienst von Betriebsärzten anbietet.
(7) Jugendliche dürfen bei Musikaufführungen, Theatervorstellungen und anderen Aufführungen, bei Aufnahmen im Rundfunk (Hörfunk und Fernsehen), auf Ton- und Bildträger sowie bei Film- und Fotoaufnahmen bis 23 Uhr gestaltend mitwirken. Eine Mitwirkung ist nicht zulässig bei Veranstaltungen, Schaustellungen oder Darbietungen, bei denen die Anwesenheit Jugendlicher nach den Vorschriften des Jugendschutzgesetzes verboten ist. Nach Beendigung der Tätigkeit dürfen Jugendliche nicht vor Ablauf einer ununterbrochenen Freizeit von mindestens 14 Stunden beschäftigt werden.

§ 15 JArbSchG – 5-Tage-Woche
Jugendliche dürfen nur an fünf Tagen in der Woche beschäftigt werden. Die beiden wöchentlichen Ruhetage sollen nach Möglichkeit aufeinander folgen.

§ 16 JArbSchG – Samstagsruhe
(1) An Samstagen dürfen Jugendliche nicht beschäftigt werden.
(2) Zulässig ist die Beschäftigung Jugendlicher an Samstagen nur
1. in Krankenanstalten sowie in Alten-, Pflege- und Kinderheimen,
2. in offenen Verkaufsstellen, in Betrieben mit offenen Verkaufsstellen, in Bäckereien und Konditoreien, im Friseurhandwerk und im Marktverkehr,
3. im Verkehrswesen,
4. in der Landwirtschaft und Tierhaltung,
5. im Familienhaushalt,
6. im Gaststätten- und Schaustellergewerbe,
7. bei Musikaufführungen, Theatervorstellungen und anderen Aufführungen, bei Aufnahmen im Rundfunk (Hörfunk und Fernsehen), auf Ton- und Bildträger sowie bei Film- und Fotoaufnahmen,
8. bei außerbetrieblichen Ausbildungsmaßnahmen,
9. beim Sport,
10. im ärztlichen Notdienst,
11. in Reparaturwerkstätten für Kraftfahrzeuge.

Mindestens zwei Samstage im Monat sollen beschäftigungsfrei bleiben.
(3) Werden Jugendliche am Samstag beschäftigt, ist ihnen die 5-Tage-Woche (§ 15) durch Freistellung an einem anderen berufsschulfreien Arbeitstag derselben Woche sicherzustellen. In Betrieben mit einem Betriebsruhetag in der Woche kann die Freistellung auch an diesem Tage erfolgen, wenn die Jugendlichen an diesem Tage keinen Berufsschulunterricht haben.
(4) Können Jugendliche in den Fällen des Absatzes 2 Nr. 2 am Samstag nicht acht Stunden beschäftigt werden, kann der Unterschied zwischen der tatsächlichen und der nach § 8 Abs. 1 höchstzulässigen Arbeitszeit an dem Tage bis 13 Uhr ausgeglichen werden, an dem die Jugendlichen nach Absatz 3 Satz 1 freizustellen sind.

§ 17 JArbSchG – Sonntagsruhe
(1) An Sonntagen dürfen Jugendliche nicht beschäftigt werden.
(2) Zulässig ist Beschäftigung Jugendlicher an Sonntagen nur
1. in Krankenanstalten sowie in Alten-, Pflege- und Kinderheimen,
2. in der Landwirtschaft und Tierhaltung mit Arbeiten, die auch an Sonn- und Feiertagen naturnotwendig vorgenommen werden müssen,
3. im Familienhaushalt, wenn der Jugendliche in die häusliche Gemeinschaft aufgenommen ist,
4. im Schaustellergewerbe,
5. bei Musikaufführungen, Theatervorstellungen und anderen Aufführungen sowie bei Direktsendungen im Rundfunk (Hörfunk und Fernsehen),
6. beim Sport,
7. im ärztlichen Notdienst,
8. im Gaststättengewerbe.

Jeder zweite Sonntag soll, mindestens zwei Sonntage im Monat müssen beschäftigungsfrei bleiben.
(3) Werden Jugendliche am Sonntag beschäftigt, ist ihnen die 5-Tage-Woche (§ 15) durch Freistellung an einem anderen berufsschulfreien Arbeitstag derselben Woche sicherzustellen. In Betrieben mit einem Betriebsruhetag in der Woche kann die Freistellung auch an diesem Tage erfolgen, wenn die Jugendlichen an diesem Tage keinen Berufsschulunterricht haben.

§ 18 JArbSchG – Feiertagsruhe
(1) Am 24. und 31. Dezember nach 14 Uhr und an gesetzlichen Feiertagen dürfen Jugendliche nicht beschäftigt werden.
(2) Zulässig ist die Beschäftigung Jugendlicher an gesetzlichen Feiertagen in den Fällen des § 17 Abs. 2, ausgenommen am 25. Dezember, am 1. Januar, am ersten Osterfeiertag und am 1. Mai.
(3) Für die Beschäftigung an einem gesetzlichen Feiertag, der auf einen Werktag fällt, ist der Jugendliche an einem anderen berufsschulfreien Arbeitstag derselben oder der folgenden Woche freizustellen. In Betrieben mit einem Betriebsruhetag in der Woche kann die Freistellung auch an diesem Tage erfolgen, wenn die Jugendlichen an diesem Tage keinen Berufsschulunterricht haben.

§ 19 JArbSchG – Urlaub
(1) Der Arbeitgeber hat Jugendlichen für jedes Kalenderjahr einen bezahlten Erholungsurlaub zu gewähren.
(2) Der Urlaub beträgt jährlich
1. mindestens 30 Werktage, wenn der Jugendliche zu Beginn des Kalenderjahres noch nicht 16 Jahre alt ist,
2. mindestens 27 Werktage, wenn der Jugendliche zu Beginn des Kalenderjahres noch nicht 17 Jahre alt ist,
3. mindestens 25 Werktage, wenn der Jugendliche zu Beginn des Kalenderjahres noch nicht 18 Jahre alt ist.

Jugendliche, die im Bergbau unter Tage beschäftigt werden, erhalten in jeder Altersgruppe einen zusätzlichen Urlaub von drei Werktagen.
(3) Der Urlaub soll Berufsschülern in der Zeit der Berufsschulferien gegeben werden. Soweit er nicht in den Berufsschulferien gegeben wird, ist für jeden Berufsschultag, an dem die Berufsschule während des Urlaubs besucht wird, ein weiterer Urlaubstag zu gewähren.
(4) Im Übrigen gelten für den Urlaub der Jugendlichen § 3 Abs. 2, §§ 4 bis 12 und § 13 Abs. 3 des Bundesurlaubsgesetzes. Der Auftraggeber oder Zwischenmeister hat jedoch abweichend von § 12 Nr. 1 des Bundesurlaubsgesetzes den jugendlichen Heimarbeitern für jedes Kalenderjahr einen bezahlten Erholungsurlaub entsprechend Absatz 2 zu gewähren; das Urlaubsentgelt der jugendlichen Heimarbeiter beträgt bei einem Urlaub von 30 Werktagen 11,6 vom Hundert, bei einem Urlaub von 27 Werktagen 10,3 vom Hundert und bei einem Urlaub von 25 Werktagen 9,5 vom Hundert.

Jugendarbeitsschutzgesetz (JArbSchG) - *Auswahl*

§ 21 JArbSchG - Ausnahmen in besonderen Fällen

(1) Die §§ 8 und 11 bis 18 finden keine Anwendung auf die Beschäftigung Jugendlicher mit vorübergehenden und unaufschiebbaren Arbeiten in Notfällen, soweit erwachsene Beschäftigte nicht zur Verfügung stehen.

(2) Wird in den Fällen des Absatzes 1 über die Arbeitszeit des § 8 hinaus Mehrarbeit geleistet, so ist sie durch entsprechende Verkürzung der Arbeitszeit innerhalb der folgenden drei Wochen auszugleichen.

(3) (aufgehoben)

(...)

§ 22 JArbSchG - Gefährliche Arbeiten

(1) Jugendliche dürfen nicht beschäftigt werden

1. mit Arbeiten, die ihre physische oder psychische Leistungsfähigkeit übersteigen,
2. mit Arbeiten, bei denen sie sittlichen Gefahren ausgesetzt sind,
3. mit Arbeiten, die mit Unfallgefahren verbunden sind, von denen anzunehmen ist, dass Jugendliche sie wegen mangelnden Sicherheitsbewusstseins oder mangelnder Erfahrung nicht erkennen oder nicht abwenden können,
4. mit Arbeiten, bei denen ihre Gesundheit durch außergewöhnliche Hitze oder Kälte oder starke Nässe gefährdet wird,
5. mit Arbeiten, bei denen sie schädlichen Einwirkungen von Lärm, Erschütterungen oder Strahlen ausgesetzt sind,
6. mit Arbeiten, bei denen sie schädlichen Einwirkungen von Gefahrsstoffen im Sinne des Chemikaliengesetzes ausgesetzt sind,
7. mit Arbeiten, bei denen sie schädlichen Einwirkungen von biologischen Arbeitsstoffen im Sinne der Richtlinie 90/679/EWG des Rates vom 26. November 1990 zum Schutze der Arbeitnehmer gegen Gefährdung durch biologische Arbeitsstoffe bei der Arbeit ausgesetzt sind.

(2) Absatz 1 Nr. 3 bis 7 gilt nicht für die Beschäftigung Jugendlicher, soweit

1. dies zur Erreichung ihres Ausbildungszieles erforderlich ist,
2. ihr Schutz durch die Aufsicht eines Fachkundigen gewährleistet ist und
3. der Luftgrenzwert bei gefährlichen Stoffen (Absatz 1 Nr. 6) unterschritten wird.

Satz 1 findet keine Anwendung auf den absichtlichen Umgang mit biologischen Arbeitsstoffen der Gruppen 3 und 4 im Sinne der Richtlinie 90/679/EWG des Rates vom 26. November 1990 zum Schutze der Arbeitnehmer gegen Gefährdung durch biologische Arbeitsstoffe bei der Arbeit.

(3) Werden Jugendliche in einem Betrieb beschäftigt, für den ein Betriebsarzt oder eine Fachkraft für Arbeitssicherheit verpflichtet ist, muss ihre betriebsärztliche oder sicherheitstechnische Betreuung sichergestellt sein.

§ 23 JArbSchG - Akkordarbeit; tempoabhängige Arbeiten

(1) Jugendliche dürfen nicht beschäftigt werden

1. mit Akkordarbeit und sonstigen Arbeiten, bei denen durch ein gesteigertes Arbeitstempo ein höheres Entgelt erzielt werden kann,
2. in einer Arbeitsgruppe mit erwachsenen Arbeitnehmern, die mit Arbeiten nach Nummer 1 beschäftigt werden,
3. mit Arbeiten, bei denen ihr Arbeitstempo nicht nur gelegentlich vorgeschrieben, vorgegeben oder auf andere Weise erzwungen wird.

(2) Absatz 1 Nr. 2 gilt nicht für die Beschäftigung Jugendlicher,

1. soweit dies zur Erreichung ihres Ausbildungszieles erforderlich ist oder
2. wenn sie eine Berufsausbildung für diese Beschäftigung abgeschlossen haben

und ihr Schutz durch die Aufsicht eines Fachkundigen gewährleistet ist.

(...)

§ 32 JArbSchG - Erstuntersuchung

(1) Ein Jugendlicher, der in das Berufsleben eintritt, darf nur beschäftigt werden, wenn

1. er innerhalb der letzten vierzehn Monate von einem Arzt untersucht worden ist (Erstuntersuchung) und
2. dem Arbeitgeber eine von diesem Arzt ausgestellte Bescheinigung vorliegt.

(2) Absatz 1 gilt nicht für eine nur geringfügige oder eine nicht länger als zwei Monate dauernde Beschäftigung mit leichten Arbeiten, von denen keine gesundheitlichen Nachteile für den Jugendlichen zu befürchten sind.

(...)

Bürgerliches Gesetzbuch (BGB) - *Auswahl*

Buch 1 - Allgemeiner Teil

Abschnitt 1 - Personen

Titel 1 - Natürliche Personen, Verbraucher, Unternehmer

§ 1 BGB - Beginn der Rechtsfähigkeit

Die Rechtsfähigkeit des Menschen beginnt mit der Vollendung der Geburt.

§ 2 BGB - Eintritt der Volljährigkeit

Die Volljährigkeit tritt mit der Vollendung des 18. Lebensjahres ein.

(...)

§ 13 BGB - Verbraucher

Verbraucher ist jede natürliche Person, die ein Rechtsgeschäft zu Zwecken abschließt, die überwiegend weder ihrer gewerblichen noch ihrer selbstständigen beruflichen Tätigkeit zugerechnet werden können.

§ 14 BGB - Unternehmer

(1) Unternehmer ist eine natürliche oder juristische Person oder eine rechtsfähige Personengesellschaft, die bei Abschluss eines Rechtsgeschäfts in Ausübung ihrer gewerblichen oder selbstständigen beruflichen Tätigkeit handelt.

(2) Eine rechtsfähige Personengesellschaft ist eine Personengesellschaft, die mit der Fähigkeit ausgestattet ist, Rechte zu erwerben und Verbindlichkeiten einzugehen.

(...)

Abschnitt 2 - Sachen und Tiere

§ 90 BGB - Begriff der Sache

Sachen im Sinne des Gesetzes sind nur körperliche Gegenstände.

§ 90a BGB – Tiere
Tiere sind keine Sachen. Sie werden durch besondere Gesetze geschützt. Auf sie sind die für Sachen geltenden Vorschriften entsprechend anzuwenden, soweit nicht etwas anderes bestimmt ist.

§ 91 BGB – Vertretbare Sachen
Vertretbare Sachen im Sinne des Gesetzes sind bewegliche Sachen, die im Verkehre nach Zahl, Maß oder Gewicht bestimmt zu werden pflegen.
(…)

Abschnitt 3 – Rechtsgeschäfte

Titel 1 – Geschäftsfähigkeit
§ 104 BGB – Geschäftsunfähigkeit
Geschäftsunfähig ist:
1. wer nicht das siebente Lebensjahr vollendet hat;
2. wer sich in einem die freie Willensbestimmung ausschließenden Zustande krankhafter Störung der Geistestätigkeit befindet, sofern nicht der Zustand seiner Natur nach ein vorübergehender ist.

§ 105 BGB – Nichtigkeit der Willenserklärung
(1) Die Willenserklärung eines Geschäftsunfähigen ist nichtig.
(2) Nichtig ist auch eine Willenserklärung, die im Zustande der Bewusstlosigkeit oder vorübergehender Störung der Geistestätigkeit abgegeben wird.

§ 106 BGB – Beschränkte Geschäftsfähigkeit Minderjähriger
Ein Minderjähriger, der das siebente Lebensjahr vollendet hat, ist nach Maßgabe der §§ 107 bis 113 in der Geschäftsfähigkeit beschränkt.

§ 107 BGB – Einwilligung des gesetzlichen Vertreters
Der Minderjährige bedarf zu einer Willenserklärung, durch die er nicht lediglich einen rechtlichen Vorteil erlangt, der Einwilligung seines gesetzlichen Vertreters.

§ 108 BGB – Vertragsschluss ohne Einwilligung
(1) Schließt der Minderjährige einen Vertrag ohne die erforderliche Einwilligung des gesetzlichen Vertreters, so hängt die Wirksamkeit des Vertrags von der Genehmigung des Vertreters ab.
(2) Fordert der andere Teil den Vertreter zur Erklärung über die Genehmigung auf, so kann die Erklärung nur ihm gegenüber erfolgen; eine vor der Aufforderung dem Minderjährigen gegenüber erklärte Genehmigung oder Verweigerung der Genehmigung wird unwirksam. Die Genehmigung kann nur bis zum Ablauf von zwei Wochen nach dem Empfang der Aufforderung erklärt werden; wird sie nicht erklärt, so gilt sie als verweigert.
(3) Ist der Minderjährige unbeschränkt geschäftsfähig geworden, so tritt seine Genehmigung an die Stelle der Genehmigung des Vertreters.

§ 109 BGB – Widerrufsrecht des anderen Teils
(1) Bis zur Genehmigung des Vertrags ist der andere Teil zum Widerruf berechtigt. Der Widerruf kann auch dem Minderjährigen gegenüber erklärt werden.
(2) Hat der andere Teil die Minderjährigkeit gekannt, so kann er nur widerrufen, wenn der Minderjährige der Wahrheit zuwider die Einwilligung des Vertreters behauptet hat; er kann auch in diesem Falle nicht widerrufen, wenn ihm das Fehlen der Einwilligung bei dem Abschlusse des Vertrags bekannt war.

§ 110 BGB – Bewirken der Leistung mit eigenen Mitteln
Ein von dem Minderjährigen ohne Zustimmung des gesetzlichen Vertreters geschlossener Vertrag gilt als von Anfang an wirksam, wenn der Minderjährige die vertragsmäßige Leistung mit Mitteln bewirkt, die ihm zu diesem Zwecke oder zu freier Verfügung von dem Vertreter oder mit dessen Zustimmung von einem Dritten überlassen worden sind.

§ 111 BGB – Einseitige Rechtsgeschäfte
Ein einseitiges Rechtsgeschäft, das der Minderjährige ohne die erforderliche Einwilligung des gesetzlichen Vertreters vornimmt, ist unwirksam. Nimmt der Minderjährige mit dieser Einwilligung ein solches Rechtsgeschäft einem anderen gegenüber vor, so ist das Rechtsgeschäft unwirksam, wenn der Minderjährige die Einwilligung nicht in schriftlicher Form vorlegt und der andere das Rechtsgeschäft aus diesem Grunde unverzüglich zurückweist. Die Zurückweisung ist ausgeschlossen, wenn der Vertreter den anderen von der Einwilligung in Kenntnis gesetzt hatte.

§ 112 BGB – Selbstständiger Betrieb eines Erwerbsgeschäfts
(1) Ermächtigt der gesetzliche Vertreter mit Genehmigung des Familiengerichts den Minderjährigen zum selbstständigen Betrieb eines Erwerbsgeschäfts, so ist der Minderjährige für solche Rechtsgeschäfte unbeschränkt geschäftsfähig, welche der Geschäftsbetrieb mit sich bringt. Ausgenommen sind Rechtsgeschäfte, zu denen der Vertreter der Genehmigung des Familiengerichts bedarf.
(2) Die Ermächtigung kann von dem Vertreter nur mit Genehmigung des Familiengerichts zurückgenommen werden.

§ 113 BGB – Dienst- oder Arbeitsverhältnis
(1) Ermächtigt der gesetzliche Vertreter den Minderjährigen, in Dienst oder in Arbeit zu treten, so ist der Minderjährige für solche Rechtsgeschäfte unbeschränkt geschäftsfähig, welche die Eingehung oder Aufhebung eines Dienst- oder Arbeitsverhältnisses der gestatteten Art oder die Erfüllung der sich aus einem solchen Verhältnis ergebenden Verpflichtungen betreffen. Ausgenommen sind Verträge, zu denen der Vertreter der Genehmigung des Familiengerichts bedarf.
(2) Die Ermächtigung kann von dem Vertreter zurückgenommen oder eingeschränkt werden.
(3) Ist der gesetzliche Vertreter ein Vormund, so kann die Ermächtigung, wenn sie von ihm verweigert wird, auf Antrag des Minderjährigen durch das Familiengericht ersetzt werden. Das Familiengericht hat die Ermächtigung zu ersetzen, wenn sie im Interesse des Mündels liegt.
(4) Die für einen einzelnen Fall erteilte Ermächtigung gilt im Zweifel als allgemeine Ermächtigung zur Eingehung von Verhältnissen derselben Art.
(…)

Titel 2 – Willenserklärung
§ 117 BGB – Scheingeschäft
(1) Wird eine Willenserklärung, die einem anderen gegenüber abzugeben ist, mit dessen Einverständnis nur zum Schein abgegeben, so ist sie nichtig.
(2) Wird durch ein Scheingeschäft ein anderes Rechtsgeschäft verdeckt, so finden die für das verdeckte Rechtsgeschäft geltenden Vorschriften Anwendung.

§ 118 BGB – Mangel der Ernstlichkeit
Eine nicht ernstlich gemeinte Willenserklärung, die in der Erwartung abgegeben wird, der Mangel der Ernstlichkeit werde nicht verkannt werden, ist nichtig.

§ 119 BGB – Anfechtbarkeit wegen Irrtums
(1) Wer bei der Abgabe einer Willenserklärung über deren Inhalt im Irrtum war oder eine Erklärung dieses Inhalts überhaupt nicht abgeben wollte, kann die Erklärung anfechten, wenn anzunehmen ist, dass er sie bei Kenntnis der Sachlage und bei

verständiger Würdigung des Falles nicht abgegeben haben würde.
(2) Als Irrtum über den Inhalt der Erklärung gilt auch der Irrtum über solche Eigenschaften der Person oder der Sache, die im Verkehr als wesentlich angesehen werden.

§ 120 BGB – Anfechtbarkeit wegen falscher Übermittlung
Eine Willenserklärung, welche durch die zur Übermittlung verwendete Person oder Einrichtung unrichtig übermittelt worden ist, kann unter der gleichen Voraussetzung angefochten werden wie nach § 119 eine irrtümlich abgegebene Willenserklärung.

§ 121 BGB – Anfechtungsfrist
(1) Die Anfechtung muss in den Fällen der §§ 119, 120 ohne schuldhaftes Zögern (unverzüglich) erfolgen, nachdem der Anfechtungsberechtigte von dem Anfechtungsgrund Kenntnis erlangt hat. Die einem Abwesenden gegenüber erfolgte Anfechtung gilt als rechtzeitig erfolgt, wenn die Anfechtungserklärung unverzüglich abgesendet worden ist.
(2) Die Anfechtung ist ausgeschlossen, wenn seit der Abgabe der Willenserklärung zehn Jahre verstrichen sind.

§ 122 BGB – Schadensersatzpflicht des Anfechtenden
(1) Ist eine Willenserklärung nach § 118 nichtig oder aufgrund der §§ 119, 120 angefochten, so hat der Erklärende, wenn die Erklärung einem anderen gegenüber abzugeben war, diesem, andernfalls jedem Dritten den Schaden zu ersetzen, den der andere oder der Dritte dadurch erleidet, dass er auf die Gültigkeit der Erklärung vertraut, jedoch nicht über den Betrag des Interesses hinaus, welches der andere oder der Dritte an der Gültigkeit der Erklärung hat.
(2) Die Schadensersatzpflicht tritt nicht ein, wenn der Beschädigte den Grund der Nichtigkeit oder der Anfechtbarkeit kannte oder infolge von Fahrlässigkeit nicht kannte (kennen musste).

§ 123 BGB – Anfechtbarkeit wegen Täuschung oder Drohung
(1) Wer zur Abgabe einer Willenserklärung durch arglistige Täuschung oder widerrechtlich durch Drohung bestimmt worden ist, kann die Erklärung anfechten.
(2) Hat ein Dritter die Täuschung verübt, so ist eine Erklärung, die einem anderen gegenüber abzugeben war, nur dann anfechtbar, wenn dieser die Täuschung kannte oder kennen musste. Soweit ein anderer als derjenige, welchem gegenüber die Erklärung abzugeben war, aus der Erklärung unmittelbar ein Recht erworben hat, ist die Erklärung ihm gegenüber anfechtbar, wenn er die Täuschung kannte oder kennen musste.

§ 124 BGB – Anfechtungsfrist
(1) Die Anfechtung einer nach § 123 anfechtbaren Willenserklärung kann nur binnen Jahresfrist erfolgen.
(2) Die Frist beginnt im Falle der arglistigen Täuschung mit dem Zeitpunkt, in welchem der Anfechtungsberechtigte die Täuschung entdeckt, im Falle der Drohung mit dem Zeitpunkt, in welchem die Zwangslage aufhört. Auf den Lauf der Frist finden die für die Verjährung geltenden Vorschriften der §§ 206, 210 und 211 entsprechende Anwendung.
(3) Die Anfechtung ist ausgeschlossen, wenn seit der Abgabe der Willenserklärung zehn Jahre verstrichen sind.

§ 125 BGB – Nichtigkeit wegen Formmangels
Ein Rechtsgeschäft, welches der durch Gesetz vorgeschriebenen Form ermangelt, ist nichtig. Der Mangel der durch Rechtsgeschäft bestimmten Form hat im Zweifel gleichfalls Nichtigkeit zur Folge.
(...)

§ 128 BGB – Notarielle Beurkundung
Ist durch Gesetz notarielle Beurkundung eines Vertrags vorgeschrieben, so genügt es, wenn zunächst der Antrag und sodann die Annahme des Antrags von einem Notar beurkundet wird.

§ 129 BGB – Öffentliche Beglaubigung
(1) Ist durch Gesetz für eine Erklärung öffentliche Beglaubigung vorgeschrieben, so muss die Erklärung schriftlich abgefasst und die Unterschrift des Erklärenden von einem Notar beglaubigt werden. Wird die Erklärung von dem Aussteller mittels Handzeichen unterzeichnet, so ist die im § 126 Abs. 1 vorgeschriebene Beglaubigung des Handzeichens erforderlich und genügend.
(2) Die öffentliche Beglaubigung wird durch die notarielle Beurkundung der Erklärung ersetzt.
(...)

§ 134 BGB – Gesetzliches Verbot
Ein Rechtsgeschäft, das gegen ein gesetzliches Verbot verstößt, ist nichtig, wenn sich nicht aus dem Gesetz ein anderes ergibt.
(...)

§ 138 BGB – Sittenwidriges Rechtsgeschäft; Wucher
(1) Ein Rechtsgeschäft, das gegen die guten Sitten verstößt, ist nichtig.
(2) Nichtig ist insbesondere ein Rechtsgeschäft, durch das jemand unter Ausbeutung der Zwangslage, der Unerfahrenheit, des Mangels an Urteilsvermögen oder der erheblichen Willensschwäche eines anderen sich oder einem Dritten für eine Leistung Vermögensvorteile versprechen oder gewähren lässt, die in einem auffälligen Missverhältnis zu der Leistung stehen.
(...)

Titel 3 – Vertrag
§ 145 BGB – Bindung an den Antrag
Wer einem anderen die Schließung eines Vertrags anträgt, ist an den Antrag gebunden, es sei denn, dass er die Gebundenheit ausgeschlossen hat.

§ 146 BGB – Erlöschen des Antrags
Der Antrag erlischt, wenn er dem Antragenden gegenüber abgelehnt oder wenn er nicht diesem gegenüber nach den §§ 147 bis 149 rechtzeitig angenommen wird.

§ 147 BGB – Annahmefrist
(1) Der einem Anwesenden gemachte Antrag kann nur sofort angenommen werden. Dies gilt auch von einem mittels Fernsprechers oder einer sonstigen technischen Einrichtung von Person zu Person gemachten Antrag.
(2) Der einem Abwesenden gemachte Antrag kann nur bis zu dem Zeitpunkt angenommen werden, in welchem der Antragende den Eingang der Antwort unter regelmäßigen Umständen erwarten darf.

§ 148 BGB – Bestimmung einer Annahmefrist
Hat der Antragende für die Annahme des Antrags eine Frist bestimmt, so kann die Annahme nur innerhalb der Frist erfolgen.

§ 149 BGB – Verspätet zugegangene Annahmeerklärung
Ist eine dem Antragenden verspätet zugegangene Annahmeerklärung dergestalt abgesendet worden, dass sie bei regelmäßiger Beförderung ihm rechtzeitig zugegangen sein würde, und musste der Antragende dies erkennen, so hat er die Verspätung dem Annehmenden unverzüglich nach dem Empfang der Erklärung anzuzeigen, sofern es nicht schon vorher geschehen ist.

Verzögert er die Absendung der Anzeige, so gilt die Annahme als nicht verspätet.

§ 150 BGB – Verspätete und abändernde Annahme

(1) Die verspätete Annahme eines Antrags gilt als neuer Antrag.

(2) Eine Annahme unter Erweiterungen, Einschränkungen oder sonstigen Änderungen gilt als Ablehnung verbunden mit einem neuen Antrag.

§ 151 BGB – Annahme ohne Erklärung gegenüber dem Antragenden

Der Vertrag kommt durch die Annahme des Antrags zustande, ohne dass die Annahme dem Antragenden gegenüber erklärt zu werden braucht, wenn eine solche Erklärung nach der Verkehrssitte nicht zu erwarten ist oder der Antragende auf sie verzichtet hat. Der Zeitpunkt, in welchem der Antrag erlischt, bestimmt sich nach dem aus dem Antrag oder den Umständen zu entnehmenden Willen des Antragenden.

(...)

Abschnitt 5 – Verjährung

Titel 1 – Gegenstand und Dauer der Verjährung

§ 194 BGB – Gegenstand der Verjährung

(1) Das Recht, von einem anderen ein Tun oder ein Unterlassen zu verlangen (Anspruch), unterliegt der Verjährung.

(2) Ansprüche aus einem familienrechtlichen Verhältnis unterliegen der Verjährung nicht, soweit sie auf die Herstellung des dem Verhältnis entsprechenden Zustandes für die Zukunft oder auf die Einwilligung in eine genetische Untersuchung zur Klärung der leiblichen Abstammung gerichtet sind.

§ 195 BGB – Regelmäßige Verjährungsfrist

Die regelmäßige Verjährungsfrist beträgt drei Jahre.

§ 196 BGB – Verjährungsfrist bei Rechten an einem Grundstück

Ansprüche auf Übertragung des Eigentums an einem Grundstück sowie auf Begründung, Übertragung oder Aufhebung eines Rechts an einem Grundstück oder auf Änderung des Inhalts eines solchen Rechts sowie die Ansprüche auf die Gegenleistung verjähren in zehn Jahren.

§ 197 BGB – Dreißigjährige Verjährungsfrist

(1) In 30 Jahren verjähren, soweit nicht ein anderes bestimmt ist,

1. Schadensersatzansprüche, die auf der vorsätzlichen Verletzung des Lebens, des Körpers, der Gesundheit, der Freiheit oder der sexuellen Selbstbestimmung beruhen,
2. Herausgabeansprüche aus Eigentum, anderen dinglichen Rechten, den §§ 2018, 2130 und 2362 sowie die Ansprüche, die der Geltendmachung der Herausgabeansprüche dienen,
3. rechtskräftig festgestellte Ansprüche,
4. Ansprüche aus vollstreckbaren Vergleichen oder vollstreckbaren Urkunden,
5. Ansprüche, die durch die im Insolvenzverfahren erfolgte Feststellung vollstreckbar geworden sind, und
6. Ansprüche auf Erstattung der Kosten der Zwangsvollstreckung.

(2) Soweit Ansprüche nach Absatz 1 Nr. 3 bis 5 künftig fällig werdende regelmäßig wiederkehrende Leistungen zum Inhalt haben, tritt an die Stelle der Verjährungsfrist von 30 Jahren die regelmäßige Verjährungsfrist.

§ 198 BGB – Verjährung bei Rechtsnachfolge

Gelangt eine Sache, hinsichtlich derer ein dinglicher Anspruch besteht, durch Rechtsnachfolge in den Besitz eines Dritten, so kommt die während des Besitzes des Rechtsvorgängers verstrichene Verjährungszeit dem Rechtsnachfolger zugute.

§ 199 BGB – Beginn der regelmäßigen Verjährungsfrist und Höchstfristen

(1) Die regelmäßige Verjährungsfrist beginnt mit dem Schluss des Jahres, in dem

1. der Anspruch entstanden ist und
2. der Gläubiger von den den Anspruch begründenden Umständen und der Person des Schuldners Kenntnis erlangt oder ohne grobe Fahrlässigkeit erlangen müsste.

(2) Schadensersatzansprüche, die auf der Verletzung des Lebens, des Körpers, der Gesundheit oder der Freiheit beruhen, verjähren ohne Rücksicht auf ihre Entstehung und die Kenntnis oder grob fahrlässige Unkenntnis in 30 Jahren von der Begehung der Handlung, der Pflichtverletzung oder dem sonstigen, den Schaden auslösenden Ereignis an.

(3) Sonstige Schadensersatzansprüche verjähren

1. ohne Rücksicht auf die Kenntnis oder grob fahrlässige Unkenntnis in zehn Jahren von ihrer Entstehung an und
2. ohne Rücksicht auf ihre Entstehung und die Kenntnis oder grob fahrlässige Unkenntnis in 30 Jahren von der Begehung der Handlung, der Pflichtverletzung oder dem sonstigen, den Schaden auslösenden Ereignis an.

Maßgeblich ist die früher endende Frist.

(3a) Ansprüche, die auf einem Erbfall beruhen oder deren Geltendmachung die Kenntnis einer Verfügung von Todes wegen voraussetzt, verjähren ohne Rücksicht auf die Kenntnis oder grob fahrlässige Unkenntnis in 30 Jahren von der Entstehung des Anspruchs an.

(4) Andere Ansprüche als die nach den Absätzen 2 bis 3a verjähren ohne Rücksicht auf die Kenntnis oder grob fahrlässige Unkenntnis in zehn Jahren von ihrer Entstehung an.

(5) Geht der Anspruch auf ein Unterlassen, so tritt an die Stelle der Entstehung die Zuwiderhandlung.

§ 200 BGB – Beginn anderer Verjährungsfristen

Die Verjährungsfrist von Ansprüchen, die nicht der regelmäßigen Verjährungsfrist unterliegen, beginnt mit der Entstehung des Anspruchs, soweit nicht ein anderer Verjährungsbeginn bestimmt ist. § 199 Abs. 5 findet entsprechende Anwendung.

§ 201 BGB – Beginn der Verjährungsfrist von festgestellten Ansprüchen

Die Verjährung von Ansprüchen der in § 197 Abs. 1 Nr. 3 bis 6 bezeichneten Art beginnt mit der Rechtskraft der Entscheidung, der Errichtung des vollstreckbaren Titels oder der Feststellung im Insolvenzverfahren, nicht jedoch vor der Entstehung des Anspruchs. § 199 Abs. 5 findet entsprechende Anwendung.

§ 202 BGB – Unzulässigkeit von Vereinbarungen über die Verjährung

(1) Die Verjährung kann bei Haftung wegen Vorsatzes nicht im Voraus durch Rechtsgeschäft erleichtert werden.

(2) Die Verjährung kann durch Rechtsgeschäft nicht über eine Verjährungsfrist von 30 Jahren ab dem gesetzlichen Verjährungsbeginn hinaus erschwert werden.

Titel 2 – Hemmung, Ablaufhemmung und Neubeginn der Verjährung

§ 203 BGB – Hemmung der Verjährung bei Verhandlungen

Schweben zwischen dem Schuldner und dem Gläubiger Verhandlungen über den Anspruch oder die den Anspruch begründenden Umstände, so ist die Verjährung gehemmt, bis der eine oder der andere Teil die Fortsetzung der Verhandlungen verweigert. Die Verjährung tritt frühestens drei Monate nach dem Ende der Hemmung ein.

§ 204 BGB – Hemmung der Verjährung durch Rechtsverfolgung

(1) Die Verjährung wird gehemmt durch

1. die Erhebung der Klage auf Leistung oder auf Feststellung des Anspruchs, auf Erteilung der Vollstreckungsklausel oder auf Erlass des Vollstreckungsurteils,
2. die Zustellung des Antrags im vereinfachten Verfahren über den Unterhalt Minderjähriger,
3. die Zustellung des Mahnbescheids im Mahnverfahren oder des Europäischen Zahlungsbefehls im Europäischen Mahnverfahren nach der Verordnung (EG) Nr. 1896/2006 des Europäischen Parlaments und des Rates vom 12. Dezember 2006 zur Einführung eines Europäischen Mahnverfahrens (ABl. EU Nr. L 399 S. 1),
4. die Veranlassung der Bekanntgabe des Güteantrags, der bei einer durch die Landesjustizverwaltung eingerichteten oder anerkannten Gütestelle oder, wenn die Parteien den Einigungsversuch einvernehmlich unternehmen, bei einer sonstigen Gütestelle, die Streitbeilegungen betreibt, eingereicht ist; wird die Bekanntgabe demnächst nach der Einreichung des Antrags veranlasst, so tritt die Hemmung der Verjährung bereits mit der Einreichung ein,
5. die Geltendmachung der Aufrechnung des Anspruchs im Prozess,
6. die Zustellung der Streitverkündung,
   (...)
7. die Zustellung des Antrags auf Durchführung eines selbstständigen Beweisverfahrens,
8. den Beginn eines vereinbarten Begutachtungsverfahrens,
9. die Zustellung des Antrags auf Erlass eines Arrests, einer einstweiligen Verfügung oder einer einstweiligen Anordnung, oder, wenn der Antrag nicht zugestellt wird, dessen Einreichung, wenn der Arrestbefehl, die einstweilige Verfügung oder die einstweilige Anordnung innerhalb eines Monats seit Verkündung oder Zustellung an den Gläubiger dem Schuldner zugestellt wird,
10. die Anmeldung des Anspruchs im Insolvenzverfahren oder im Schifffahrtsrechtlichen Verteilungsverfahren,
11. den Beginn des schiedsrichterlichen Verfahrens,
12. die Einreichung des Antrags bei einer Behörde, wenn die Zulässigkeit der Klage von der Vorentscheidung dieser Behörde abhängt und innerhalb von drei Monaten nach Erledigung des Gesuchs die Klage erhoben wird; dies gilt entsprechend für bei einem Gericht oder bei einer in Nummer 4 bezeichneten Gütestelle zu stellende Anträge, deren Zulässigkeit von der Vorentscheidung einer Behörde abhängt,
13. die Einreichung des Antrags bei dem höheren Gericht, wenn dieses das zuständige Gericht zu bestimmen hat und innerhalb von drei Monaten nach Erledigung des Gesuchs die Klage erhoben oder der Antrag, für den die Gerichtsstandsbestimmung zu erfolgen hat, gestellt wird, und
14. die Veranlassung der Bekanntgabe des erstmaligen Antrags auf Gewährung von Prozesskostenhilfe oder Verfahrenshilfe; wird die Bekanntgabe demnächst nach der Einreichung des Antrags veranlasst, so tritt die Hemmung der Verjährung bereits mit der Einreichung ein.

(2) Die Hemmung nach Absatz 1 endet sechs Monate nach der rechtskräftigen Entscheidung oder anderweitigen Beendigung des eingeleiteten Verfahrens. Gerät das Verfahren dadurch in Stillstand, dass die Parteien es nicht betreiben, so tritt an die Stelle der Beendigung des Verfahrens die letzte Verfahrenshandlung der Parteien, des Gerichts oder der sonst mit dem Verfahren befassten Stelle. Die Hemmung beginnt erneut, wenn eine der Parteien das Verfahren weiter betreibt.

(3) Auf die Frist nach Absatz 1 Nr. 9, 12 und 13 finden die §§ 206, 210 und 211 entsprechende Anwendung.

§ 205 BGB – Hemmung der Verjährung bei Leistungsverweigerungsrecht

Die Verjährung ist gehemmt, solange der Schuldner aufgrund einer Vereinbarung mit dem Gläubiger vorübergehend zur Verweigerung der Leistung berechtigt ist.

§ 206 BGB – Hemmung der Verjährung bei höherer Gewalt

Die Verjährung ist gehemmt, solange der Gläubiger innerhalb der letzten sechs Monate der Verjährungsfrist durch höhere Gewalt an der Rechtsverfolgung gehindert ist.

(...)

§ 209 BGB – Wirkung der Hemmung

Der Zeitraum, während dessen die Verjährung gehemmt ist, wird in die Verjährungsfrist nicht eingerechnet.

(...)

§ 212 BGB – Neubeginn der Verjährung

(1) Die Verjährung beginnt erneut, wenn

1. der Schuldner dem Gläubiger gegenüber den Anspruch durch Abschlagszahlung, Zinszahlung, Sicherheitsleistung oder in anderer Weise anerkennt oder
2. eine gerichtliche oder behördliche Vollstreckungshandlung vorgenommen oder beantragt wird.

(2) Der erneute Beginn der Verjährung infolge einer Vollstreckungshandlung gilt als nicht eingetreten, wenn die Vollstreckungshandlung auf Antrag des Gläubigers oder wegen Mangels der gesetzlichen Voraussetzungen aufgehoben wird.

(3) Der erneute Beginn der Verjährung durch den Antrag auf Vornahme einer Vollstreckungshandlung gilt als nicht eingetreten, wenn dem Antrag nicht stattgegeben oder der Antrag vor der Vollstreckungshandlung zurückgenommen oder die erwirkte Vollstreckungshandlung nach Absatz 2 aufgehoben wird.

(...)

Titel 3 – Rechtsfolgen der Verjährung

§ 214 BGB – Wirkung der Verjährung

(1) Nach Eintritt der Verjährung ist der Schuldner berechtigt, die Leistung zu verweigern.

(2) Das zur Befriedigung eines verjährten Anspruchs Geleistete kann nicht zurückgefordert werden, auch wenn in Unkenntnis der Verjährung geleistet worden ist. Das Gleiche gilt von einem vertragsmäßigen Anerkenntnis sowie einer Sicherheitsleistung des Schuldners.

(...)

Buch 2 – Recht der Schuldverhältnisse

Abschnitt 1 – Inhalt der Schuldverhältnisse

Titel 1 Verpflichtung zur Leistung

§ 241 BGB – Pflichten aus dem Schuldverhältnis

(1) Kraft des Schuldverhältnisses ist der Gläubiger berechtigt, von dem Schuldner eine Leistung zu fordern. Die Leistung kann auch in einem Unterlassen bestehen.

(2) Das Schuldverhältnis kann nach seinem Inhalt jeden Teil zur Rücksicht auf die Rechte, Rechtsgüter und Interessen des anderen Teils verpflichten.

§ 241a BGB - Unbestellte Leistungen
(1) Durch die Lieferung beweglicher Sachen, die nicht auf Grund von Zwangsvollstreckungsmaßnahmen oder anderen gerichtlichen Maßnahmen verkauft werden (Waren), oder durch die Erbringung sonstiger Leistungen durch einen Unternehmer an den Verbraucher wird ein Anspruch gegen den Verbraucher nicht begründet, wenn der Verbraucher die Waren oder sonstigen Leistungen nicht bestellt hat.
(2) Gesetzliche Ansprüche sind nicht ausgeschlossen, wenn die Leistung nicht für den Empfänger bestimmt war oder in der irrigen Vorstellung einer Bestellung erfolgte und der Empfänger dies erkannt hat oder bei Anwendung der im Verkehr erforderlichen Sorgfalt hätte erkennen können.
(3) Von den Regelungen dieser Vorschrift darf nicht zum Nachteil des Verbrauchers abgewichen werden. Die Regelungen finden auch Anwendung, wenn sie durch anderweitige Gestaltungen umgangen werden.

§ 242 BGB - Leistung nach Treu und Glauben
Der Schuldner ist verpflichtet, die Leistung so zu bewirken, wie Treu und Glauben mit Rücksicht auf die Verkehrssitte es erfordern.

§ 243 BGB - Gattungsschuld
(1) Wer eine nur der Gattung nach bestimmte Sache schuldet, hat eine Sache von mittlerer Art und Güte zu leisten.
(2) Hat der Schuldner das zur Leistung einer solchen Sache seinerseits Erforderliche getan, so beschränkt sich das Schuldverhältnis auf diese Sache.

§ 244 BGB - Fremdwährungsschuld
(1) Ist eine in einer anderen Währung als Euro ausgedrückte Geldschuld im Inland zu zahlen, so kann die Zahlung in Euro erfolgen, es sei denn, dass Zahlung in der anderen Währung ausdrücklich vereinbart ist.
(2) Die Umrechnung erfolgt nach dem Kurswert, der zur Zeit der Zahlung für den Zahlungsort maßgebend ist.

§ 245 BGB - Geldsortenschuld
Ist eine Geldschuld in einer bestimmten Münzsorte zu zahlen, die sich zur Zeit der Zahlung nicht mehr im Umlauf befindet, so ist die Zahlung so zu leisten, wie wenn die Münzsorte nicht bestimmt wäre.

§ 246 BGB - Gesetzlicher Zinssatz
Ist eine Schuld nach Gesetz oder Rechtsgeschäft zu verzinsen, so sind vier vom Hundert für das Jahr zu entrichten, sofern nicht ein anderes bestimmt ist.
(...)

§ 249 BGB - Art und Umfang des Schadensersatzes
(1) Wer zum Schadensersatz verpflichtet ist, hat den Zustand herzustellen, der bestehen würde, wenn der zum Ersatz verpflichtende Umstand nicht eingetreten wäre.
(2) Ist wegen Verletzung einer Person oder wegen Beschädigung einer Sache Schadensersatz zu leisten, so kann der Gläubiger statt der Herstellung den dazu erforderlichen Geldbetrag verlangen.
(...)

§ 252 BGB - Entgangener Gewinn
Der zu ersetzende Schaden umfasst auch den entgangenen Gewinn. Als entgangen gilt der Gewinn, welcher nach dem gewöhnlichen Lauf der Dinge oder nach den besonderen Umständen, insbesondere nach den getroffenen Anstalten und Vorkehrungen, mit Wahrscheinlichkeit erwartet werden konnte.

§ 253 BGB - Immaterieller Schaden
(1) Wegen eines Schadens, der nicht Vermögensschaden ist, kann Entschädigung in Geld nur in den durch das Gesetz bestimmten Fällen gefordert werden.
(...)

§ 269 BGB - Leistungsort
(1) Ist ein Ort für die Leistung weder bestimmt noch aus den Umständen, insbesondere aus der Natur des Schuldverhältnisses, zu entnehmen, so hat die Leistung an dem Ort zu erfolgen, an welchem der Schuldner zur Zeit der Entstehung des Schuldverhältnisses seinen Wohnsitz hatte.
(2) Ist die Verbindlichkeit im Gewerbebetrieb des Schuldners entstanden, so tritt, wenn der Schuldner seine gewerbliche Niederlassung an einem anderen Ort hatte, der Ort der Niederlassung an die Stelle des Wohnsitzes.
(3) Aus dem Umstand allein, dass der Schuldner die Kosten der Versendung übernommen hat, ist nicht zu entnehmen, dass der Ort, nach welchem die Versendung zu erfolgen hat, der Leistungsort sein soll.

§ 270 BGB - Zahlungsort
(1) Geld hat der Schuldner im Zweifel auf seine Gefahr und seine Kosten dem Gläubiger an dessen Wohnsitz zu übermitteln.
(2) Ist die Forderung im Gewerbebetrieb des Gläubigers entstanden, so tritt, wenn der Gläubiger seine gewerbliche Niederlassung an einem anderen Ort hat, der Ort der Niederlassung an die Stelle des Wohnsitzes.
(3) Erhöhen sich infolge einer nach der Entstehung des Schuldverhältnisses eintretenden Änderung des Wohnsitzes oder der gewerblichen Niederlassung des Gläubigers die Kosten oder die Gefahr der Übermittlung, so hat der Gläubiger im ersteren Falle die Mehrkosten, im letzteren Falle die Gefahr zu tragen.
(4) Die Vorschriften über den Leistungsort bleiben unberührt.

§ 271 BGB - Leistungszeit
(1) Ist eine Zeit für die Leistung weder bestimmt noch aus den Umständen zu entnehmen, so kann der Gläubiger die Leistung sofort verlangen, der Schuldner sie sofort bewirken.
(2) Ist eine Zeit bestimmt, so ist im Zweifel anzunehmen, dass der Gläubiger die Leistung nicht vor dieser Zeit verlangen, der Schuldner aber sie vorher bewirken kann.
(...)

§ 286 BGB - Verzug des Schuldners
(1) Leistet der Schuldner auf eine Mahnung des Gläubigers nicht, die nach dem Eintritt der Fälligkeit erfolgt, so kommt er durch die Mahnung in Verzug. Der Mahnung stehen die Erhebung der Klage auf die Leistung sowie die Zustellung eines Mahnbescheids im Mahnverfahren gleich.
(2) Der Mahnung bedarf es nicht, wenn
1. für die Leistung eine Zeit nach dem Kalender bestimmt ist,
2. der Leistung ein Ereignis vorauszugehen hat und eine angemessene Zeit für die Leistung in der Weise bestimmt ist, dass sie sich von dem Ereignis an nach dem Kalender berechnen lässt,
3. der Schuldner die Leistung ernsthaft und endgültig verweigert,
4. aus besonderen Gründen unter Abwägung der beiderseitigen Interessen der sofortige Eintritt des Verzugs gerechtfertigt ist.

(3) Der Schuldner einer Entgeltforderung kommt spätestens in Verzug, wenn er nicht innerhalb von 30 Tagen nach Fälligkeit und Zugang einer Rechnung oder gleichwertigen Zahlungsaufstellung leistet; dies gilt gegenüber einem Schuldner, der Ver-

braucher ist, nur, wenn auf diese Folgen in der Rechnung oder Zahlungsaufstellung besonders hingewiesen worden ist. Wenn der Zeitpunkt des Zugangs der Rechnung oder Zahlungsaufstellung unsicher ist, kommt der Schuldner, der nicht Verbraucher ist, spätestens 30 Tage nach Fälligkeit und Empfang der Gegenleistung in Verzug.
(4) Der Schuldner kommt nicht in Verzug, solange die Leistung infolge eines Umstands unterbleibt, den er nicht zu vertreten hat.
(...)

§ 287 BGB – Verantwortlichkeit während des Verzugs
Der Schuldner hat während des Verzugs jede Fahrlässigkeit zu vertreten. Er haftet wegen der Leistung auch für Zufall, es sei denn, dass der Schaden auch bei rechtzeitiger Leistung eingetreten sein würde.

§ 288 BGB – Verzugszinsen und sonstiger Verzugsschaden
(1) Eine Geldschuld ist während des Verzugs zu verzinsen. Der Verzugszinssatz beträgt für das Jahr fünf Prozentpunkte über dem Basiszinssatz.
(2) Bei Rechtsgeschäften, an denen ein Verbraucher nicht beteiligt ist, beträgt der Zinssatz für Entgeltforderungen acht Prozentpunkte über dem Basiszinssatz.
(3) Der Gläubiger kann aus einem anderen Rechtsgrund höhere Zinsen verlangen.
(4) Die Geltendmachung eines weiteren Schadens ist nicht ausgeschlossen.
(...)

Titel 2 – Verzug des Gläubigers
§ 293 BGB – Annahmeverzug
Der Gläubiger kommt in Verzug, wenn er die ihm angebotene Leistung nicht annimmt.
(...)

§ 300 BGB – Wirkungen des Gläubigerverzugs
(1) Der Schuldner hat während des Verzugs des Gläubigers nur Vorsatz und grobe Fahrlässigkeit zu vertreten.
(2) Wird eine nur der Gattung nach bestimmte Sache geschuldet, so geht die Gefahr mit dem Zeitpunkt auf den Gläubiger über, in welchem er dadurch in Verzug kommt, dass er die angebotene Sache nicht annimmt.
(...)

Abschnitt 2 – Gestaltung rechtsgeschäftlicher Schuldverhältnisse durch Allgemeine Geschäftsbedingungen

§ 305 BGB – Einbeziehung Allgemeiner Geschäftsbedingungen in den Vertrag
(1) Allgemeine Geschäftsbedingungen sind alle für eine Vielzahl von Verträgen vorformulierten Vertragsbedingungen, die eine Vertragspartei (Verwender) der anderen Vertragspartei bei Abschluss eines Vertrags stellt. Gleichgültig ist, ob die Bestimmungen einen äußerlich gesonderten Bestandteil des Vertrags bilden oder in die Vertragsurkunde selbst aufgenommen werden, welchen Umfang sie haben, in welcher Schriftart sie verfasst sind und welche Form der Vertrag hat. Allgemeine Geschäftsbedingungen liegen nicht vor, soweit die Vertragsbedingungen zwischen den Vertragsparteien im Einzelnen ausgehandelt sind.
(2) Allgemeine Geschäftsbedingungen werden nur dann Bestandteil eines Vertrags, wenn der Verwender bei Vertragsschluss

1. die andere Vertragspartei ausdrücklich oder, wenn ein ausdrücklicher Hinweis wegen der Art des Vertragsschlusses nur unter unverhältnismäßigen Schwierigkeiten möglich ist, durch deutlich sichtbaren Aushang am Ort des Vertragsschlusses auf sie hinweist und
2. der anderen Vertragspartei die Möglichkeit verschafft, in zumutbarer Weise, die auch eine für den Verwender erkennbare körperliche Behinderung der anderen Vertragspartei angemessen berücksichtigt, von ihrem Inhalt Kenntnis zu nehmen,

und wenn die andere Vertragspartei mit ihrer Geltung einverstanden ist.
(3) Die Vertragsparteien können für eine bestimmte Art von Rechtsgeschäften die Geltung bestimmter Allgemeiner Geschäftsbedingungen unter Beachtung der in Absatz 2 bezeichneten Erfordernisse im Voraus vereinbaren.
(...)

§ 305b BGB – Vorgang der Individualabrede
Individuelle Vertragsabreden haben Vorrang vor Allgemeinen Geschäftsbedingungen.
(...)

Abschnitt 4 – Erlöschen der Schuldverhältnisse

Titel 2 – Hinterlegung
§ 372 BGB – Voraussetzungen
Geld, Wertpapiere und sonstige Urkunden sowie Kostbarkeiten kann der Schuldner bei einer dazu bestimmten öffentlichen Stelle für den Gläubiger hinterlegen, wenn der Gläubiger im Verzug der Annahme ist. Das Gleiche gilt, wenn der Schuldner aus einem anderen in der Person des Gläubigers liegenden Grund oder infolge einer nicht auf Fahrlässigkeit beruhenden Ungewissheit über die Person des Gläubigers seine Verbindlichkeit nicht oder nicht mit Sicherheit erfüllen kann.
(...)

§ 374 BGB – Hinterlegungsort; Anzeigepflicht
(1) Die Hinterlegung hat bei der Hinterlegungsstelle des Leistungsorts zu erfolgen; hinterlegt der Schuldner bei einer anderen Stelle, so hat er dem Gläubiger den daraus entstehenden Schaden zu ersetzen.
(2) Der Schuldner hat dem Gläubiger die Hinterlegung unverzüglich anzuzeigen; im Falle der Unterlassung ist er zum Schadensersatz verpflichtet. Die Anzeige darf unterbleiben, wenn sie untunlich ist.
(...)

§ 381 BGB – Kosten der Hinterlegung
Die Kosten der Hinterlegung fallen dem Gläubiger zur Last, sofern nicht der Schuldner die hinterlegte Sache zurücknimmt.
(...)

§ 383 BGB – Versteigerung hinterlegungsunfähiger Sachen
(1) Ist die geschuldete bewegliche Sache zur Hinterlegung nicht geeignet, so kann der Schuldner sie im Falle des Verzugs des Gläubigers am Leistungsort versteigern lassen und den Erlös hinterlegen. Das Gleiche gilt in den Fällen des § 372 Satz 2, wenn der Verderb der Sache zu besorgen oder die Aufbewahrung mit unverhältnismäßigen Kosten verbunden ist.
(2) Ist von der Versteigerung am Leistungsort ein angemessener Erfolg nicht zu erwarten, so ist die Sache an einem geeigneten anderen Ort zu versteigern.
(3) Die Versteigerung hat durch einen für den Versteigerungsort bestellten Gerichtsvollzieher oder zu Versteigerungen befugten anderen Beamten oder öffentlich angestellten Versteigerer öffentlich zu erfolgen (öffentliche Versteigerung). Zeit und Ort der Versteigerung sind unter allgemeiner Bezeichnung der Sache öffentlich bekannt zu machen.
(4) Die Vorschriften der Absätze 1 bis 3 gelten nicht für eingetragene Schiffe und Schiffsbauwerke.

§ 384 BGB – Androhung der Versteigerung
(1) Die Versteigerung ist erst zulässig, nachdem sie dem Gläubiger angedroht worden ist; die Androhung darf unterbleiben, wenn die Sache dem Verderb ausgesetzt und mit dem Aufschub der Versteigerung Gefahr verbunden ist.
(2) Der Schuldner hat den Gläubiger von der Versteigerung unverzüglich zu benachrichtigen; im Falle der Unterlassung ist er zum Schadensersatz verpflichtet.
(3) Die Androhung und die Benachrichtigung dürfen unterbleiben, wenn sie untunlich sind.

§ 385 BGB – Freihändiger Verkauf
Hat die Sache einen Börsen- oder Marktpreis, so kann der Schuldner den Verkauf aus freier Hand durch einen zu solchen Verkäufen öffentlich ermächtigten Handelsmäkler oder durch eine zur öffentlichen Versteigerung befugte Person zum laufenden Preis bewirken.

§ 386 BGB – Kosten der Versteigerung
Die Kosten der Versteigerung oder des nach § 385 erfolgten Verkaufs fallen dem Gläubiger zur Last, sofern nicht der Schuldner den hinterlegten Erlös zurücknimmt.
(...)

Abschnitt 8 – Einzelne Schuldverhältnisse

Titel 1 – Kauf, Tausch

Untertitel 1 – Allgemeine Vorschriften

§ 433 BGB – Vertragstypische Pflichten beim Kaufvertrag
(1) Durch den Kaufvertrag wird der Verkäufer einer Sache verpflichtet, dem Käufer die Sache zu übergeben und das Eigentum an der Sache zu verschaffen. Der Verkäufer hat dem Käufer die Sache frei von Sach- und Rechtsmängeln zu verschaffen.
(2) Der Käufer ist verpflichtet dem Verkäufer den vereinbarten Kaufpreis zu zahlen und die gekaufte Sache abzunehmen.

§ 434 BGB – Sachmangel
(1) Die Sache ist frei von Sachmängeln, wenn sie bei Gefahrübergang die vereinbarte Beschaffenheit hat. Soweit die Beschaffenheit nicht vereinbart ist, ist die Sache frei von Sachmängeln.
1. wenn sie sich für die nach dem Vertrag vorausgesetzte Verwendung eignet,
2. wenn sie sich für die gewöhnliche Verwendung eignet und eine Beschaffenheit aufweist, die bei Sachen der gleichen Art üblich ist und die der Käufer nach der Art der Sache erwarten kann.

Zu der Beschaffenheit nach Satz 2 Nr. 2 gehören auch Eigenschaften, die der Käufer nach den öffentlichen Äußerungen des Verkäufers, des Herstellers (§ 4 Abs. 1 und 2 des Produkthaftungsgesetzes) oder seines Gehilfen insbesondere in der Werbung oder bei der Kennzeichnung über bestimmte Eigenschaften der Sache erwarten kann, es sei denn, dass der Verkäufer die Äußerung nicht kannte und auch nicht kennen musste, dass sie im Zeitpunkt des Vertragsschlusses in gleichwertiger Weise berichtigt war oder dass sie die Kaufentscheidung nicht beeinflussen konnte.
(2) Ein Sachmangel ist auch dann gegeben, wenn die vereinbarte Montage durch den Verkäufer oder dessen Erfüllungsgehilfen unsachgemäß durchgeführt worden ist. Ein Sachmangel liegt bei einer zur Montage bestimmten Sache ferner vor, wenn die Montageanleitung mangelhaft ist, es sei denn, die Sache ist fehlerfrei montiert worden.
(3) Einem Sachmangel steht es gleich, wenn der Verkäufer eine andere Sache oder eine zu geringe Menge liefert.

§ 435 BGB – Rechtsmangel
Die Sache ist frei von Rechtsmängeln, wenn Dritte in Bezug auf die Sache keine oder nur die im Kaufvertrag übernommenen Rechte gegen den Käufer geltend machen können. Einem Rechtsmangel steht es gleich, wenn im Grundbuch ein Recht eingetragen ist, das nicht besteht.
(...)

§ 437 BGB – Rechte des Käufers bei Mängeln
Ist die Sache mangelhaft, kann der Käufer, wenn die Voraussetzungen der folgenden Vorschriften vorliegen und soweit nicht ein anderes bestimmt ist,
1. nach § 439 Nacherfüllung verlangen,
2. nach den §§ 440, 323 und 326 Abs. 5 von dem Vertrag zurücktreten oder nach § 441 den Kaufpreis mindern und
3. nach den §§ 440, 280, 281, 283 und 311a Schadensersatz oder nach § 284 Ersatz vergeblicher Aufwendungen verlangen.

§ 438 BGB – Verjährung der Mängelansprüche
(1) Die in § 437 Nr. 1 und 3 bezeichneten Ansprüche verjähren
1. in 30 Jahren, wenn der Mangel
   a) in einem dinglichen Recht eines Dritten, aufgrund dessen Herausgabe der Kaufsache verlangt werden kann, oder
   b) in einem sonstigen Recht, das im Grundbuch eingetragen ist,

besteht,
2. in fünf Jahren
   a) bei einem Bauwerk und
   b) bei einer Sache, die entsprechend ihrer üblichen Verwendungsweise für ein Bauwerk verwendet worden ist und dessen Mangelhaftigkeit verursacht hat, und
3. im Übrigen in zwei Jahren.

(2) Die Verjährung beginnt bei Grundstücken mit der Übergabe, im Übrigen mit der Ablieferung der Sache.
(3) Abweichend von Absatz 1 Nr. 2 und 3 und Absatz 2 verjähren die Ansprüche in der regelmäßigen Verjährungsfrist, wenn der Verkäufer den Mangel arglistig verschwiegen hat. Im Falle des Absatzes 1 Nr. 2 tritt die Verjährung jedoch nicht vor Ablauf der dort bestimmten Frist ein.
(4) Für das in § 437 bezeichnete Rücktrittsrecht gilt § 218. Der Käufer kann trotz einer Unwirksamkeit des Rücktritts nach § 218 Abs. 1 die Zahlung des Kaufpreises insoweit verweigern, als er aufgrund des Rücktritts dazu berechtigt sein würde. Macht er von diesem Recht Gebrauch, kann der Verkäufer vom Vertrag zurücktreten.
(5) Auf das in § 437 bezeichnete Minderungsrecht finden § 218 und Absatz 4 Satz 2 entsprechende Anwendung.

§ 439 BGB – Nacherfüllung
(1) Der Käufer kann als Nacherfüllung nach seiner Wahl die Beseitigung des Mangels oder die Lieferung einer mangelfreien Sache verlangen.
(2) Der Verkäufer hat die zum Zwecke der Nacherfüllung erforderlichen Aufwendungen, insbesondere Transport-, Wege-, Arbeits- und Materialkosten zu tragen.
(3) Der Verkäufer kann die vom Käufer gewählte Art der Nacherfüllung unbeschadet des § 275 Abs. 2 und 3 verweigern, wenn sie nur mit unverhältnismäßigen Kosten möglich ist. Dabei sind insbesondere der Wert der Sache in mangelfreiem Zustand, die Bedeutung des Mangels und die Frage zu berücksichtigen, ob auf die andere Art der Nacherfüllung ohne erhebliche Nachteile für den Käufer zurückgegriffen werden könnte. Der Anspruch des Käufers beschränkt sich in diesem Fall auf die andere Art der Nacherfüllung; das Recht des Verkäufers, auch diese unter den Voraussetzungen des Satzes 1 zu verweigern, bleibt unberührt.

(4) Liefert der Verkäufer zum Zwecke der Nacherfüllung eine mangelfreie Sache, so kann er vom Käufer Rückgewähr der mangelhaften Sache nach Maßgabe der §§ 346 bis 348 verlangen.

§ 440 BGB – Besondere Bestimmungen für Rücktritt und Schadensersatz

Außer in den Fällen des § 281 Abs. 2 und des § 323 Abs. 2 bedarf es der Fristsetzung auch dann nicht, wenn der Verkäufer beide Arten der Nacherfüllung gemäß § 439 Abs. 3 verweigert oder wenn die dem Käufer zustehende Art der Nacherfüllung fehlgeschlagen oder ihm unzumutbar ist. Eine Nachbesserung gilt nach dem erfolglosen zweiten Versuch als fehlgeschlagen, wenn sich nicht insbesondere aus der Art der Sache oder des Mangels oder den sonstigen Umständen etwas anderes ergibt.

§ 441 BGB – Minderung

(1) Statt zurückzutreten, kann der Käufer den Kaufpreis durch Erklärung gegenüber dem Verkäufer mindern. Der Ausschlussgrund des § 323 Abs. 5 Satz 2 findet keine Anwendung.

(2) Sind auf der Seite des Käufers oder auf der Seite des Verkäufers mehrere beteiligt, so kann die Minderung nur von allen oder gegen alle erklärt werden.

(3) Bei der Minderung ist der Kaufpreis in dem Verhältnis herabzusetzen, in welchem zur Zeit des Vertragsschlusses der Wert der Sache in mangelfreiem Zustand zu dem wirklichen Wert gestanden haben würde. Die Minderung ist, soweit erforderlich, durch Schätzung zu ermitteln.

(4) Hat der Käufer mehr als den geminderten Kaufpreis gezahlt, so ist der Mehrbetrag vom Verkäufer zu erstatten. § 346 Abs. 1 und § 347 Abs. 1 finden entsprechende Anwendung.

§ 442 BGB – Kenntnis des Käufers

(1) Die Rechte des Käufers wegen eines Mangels sind ausgeschlossen, wenn er bei Vertragsschluss den Mangel kennt. Ist dem Käufer ein Mangel infolge grober Fahrlässigkeit unbekannt geblieben, kann der Käufer Rechte wegen dieses Mangels nur geltend machen, wenn der Verkäufer den Mangel arglistig verschwiegen oder eine Garantie für die Beschaffenheit der Sache übernommen hat.

(2) Ein im Grundbuch eingetragenes Recht hat der Verkäufer zu beseitigen, auch wenn es der Käufer kennt.

§ 443 Garantie

(1) Geht der Verkäufer, der Hersteller oder ein sonstiger Dritter in einer Erklärung oder einschlägigen Werbung, die vor oder bei Abschluss des Kaufvertrags verfügbar war, zusätzlich zu der gesetzlichen Mängelhaftung insbesondere die Verpflichtung ein, den Kaufpreis zu erstatten, die Sache auszutauschen, nachzubessern oder in ihrem Zusammenhang Dienstleistungen zu erbringen, falls die Sache nicht diejenige Beschaffenheit aufweist oder andere als die Mängelfreiheit betreffende Anforderungen nicht erfüllt, die in der Erklärung oder einschlägigen Werbung beschrieben sind (Garantie), stehen dem Käufer im Garantiefall unbeschadet der gesetzlichen Ansprüche die Rechte aus der Garantie gegenüber demjenigen zu, der die Garantie gegeben hat (Garantiegeber).

(2) Soweit der Garantiegeber eine Garantie dafür übernommen hat, dass die Sache für eine bestimmte Dauer eine bestimmte Beschaffenheit behält (Haltbarkeitsgarantie), wird vermutet, dass ein während ihrer Geltungsdauer auftretender Sachmangel die Rechte aus der Garantie begründet.

§ 446 BGB – Gefahr- und Lastenübergang

Mit der Übergabe der verkauften Sache geht die Gefahr des zufälligen Untergangs und der zufälligen Verschlechterung auf den Käufer über. Von der Übergabe an gebühren dem Käufer die Nutzungen und trägt er die Lasten der Sache. Der Übergabe steht es gleich, wenn der Käufer im Verzug der Annahme ist.

§ 447 BGB – Gefahrübergang beim Versendungskauf

(1) Versendet der Verkäufer auf Verlangen des Käufers die verkaufte Sache nach einem anderen Ort als dem Erfüllungsort, so geht die Gefahr auf den Käufer über, sobald der Verkäufer die Sache dem Spediteur, dem Frachtführer oder der sonst zur Ausführung der Versendung bestimmten Person oder Anstalt ausgeliefert hat.

(2) Hat der Käufer eine besondere Anweisung über die Art der Versendung erteilt und weicht der Verkäufer ohne dringenden Grund von der Anweisung ab, so ist der Verkäufer dem Käufer für den daraus entstehenden Schaden verantwortlich.

§ 448 BGB – Kosten der Übergabe und vergleichbare Kosten

(1) Der Verkäufer trägt die Kosten der Übergabe der Sache, der Käufer die Kosten der Abnahme und der Versendung der Sache nach einem anderen Ort als dem Erfüllungsort.

(2) Der Käufer eines Grundstücks trägt die Kosten der Beurkundung des Kaufvertrags und der Auflassung, der Eintragung ins Grundbuch und der zu der Eintragung erforderlichen Erklärungen.

§ 449 BGB – Eigentumsvorbehalt

(1) Hat sich der Verkäufer einer beweglichen Sache das Eigentum bis zur Zahlung des Kaufpreises vorbehalten, so ist im Zweifel anzunehmen, dass das Eigentum unter der aufschiebenden Bedingung vollständiger Zahlung des Kaufpreises übertragen wird (Eigentumsvorbehalt).

(2) Aufgrund des Eigentumsvorbehalts kann der Verkäufer die Sache nur herausverlangen, wenn er vom Vertrag zurückgetreten ist.

(3) Die Vereinbarung eines Eigentumsvorbehalts ist nichtig, soweit der Eigentumsübergang davon abhängig gemacht wird, dass der Käufer Forderungen eines Dritten, insbesondere eines mit dem Verkäufer verbundenen Unternehmens, erfüllt.

(...)

§ 453 BGB – Rechtskauf

(1) Die Vorschriften über den Kauf von Sachen finden auf den Kauf von Rechten und sonstigen Gegenständen entsprechende Anwendung.

(2) Der Verkäufer trägt die Kosten der Begründung und Übertragung des Rechts.

(3) Ist ein Recht verkauft, das zum Besitz einer Sache berechtigt, so ist der Verkäufer verpflichtet, dem Käufer die Sache frei von Sach- und Rechtsmängeln zu übergeben.

Untertitel 2 – Besondere Arten des Kaufs

Kapitel 1 – Kauf auf Probe

§ 454 BGB – Zustandekommen des Kaufvertrags

(1) Bei einem Kauf auf Probe oder auf Besichtigung steht die Billigung des gekauften Gegenstandes im Belieben des Käufers. Der Kauf ist im Zweifel unter der aufschiebenden Bedingung der Billigung geschlossen.

(2) Der Verkäufer ist verpflichtet, dem Käufer die Untersuchung des Gegenstandes zu gestatten.

(...)

Untertitel 3 – Verbrauchsgüterkauf

§ 474 BGB – Begriff des Verbrauchsgüterkaufs; anwendbare Vorschriften

(1) Verbrauchsgüterkäufe sind Verträge, durch die ein Verbraucher von einem Unternehmer eine bewegliche Sache kauft. Um

einen Verbrauchsgüterkauf handelt es sich auch bei einem Vertrag, der neben dem Verkauf einer beweglichen Sache die Erbringung einer Dienstleistung durch den Unternehmer zum Gegenstand hat.
(2) Für den Verbrauchsgüterkauf gelten ergänzend die folgenden Vorschriften dieses Untertitels. Dies gilt nicht für gebrauchte Sachen, die in einer öffentlich zugänglichen Versteigerung verkauft werden, an der der Verbraucher persönlich teilnehmen kann.
(3) Ist eine Zeit für die nach § 433 zu erbringenden Leistungen weder bestimmt noch aus den Umständen zu entnehmen, so kann der Gläubiger diese Leistungen abweichend von § 271 Absatz 1 nur unverzüglich verlangen. Der Unternehmer muss die Sache in diesem Fall spätestens 30 Tage nach Vertragsschluss übergeben. Die Vertragsparteien können die Leistungen sofort bewirken.
(4) § 447 Absatz 1 gilt mit der Maßgabe, dass die Gefahr des zufälligen Untergangs und der zufälligen Verschlechterung nur dann auf den Käufer übergeht, wenn der Käufer den Spediteur, den Frachtführer oder die sonst zur Ausführung der Versendung bestimmte Person oder Anstalt mit der Ausführung beauftragt hat und der Unternehmer dem Käufer diese Person oder Anstalt nicht zuvor benannt hat.
(5) Auf die in diesem Untertitel geregelten Kaufverträge ist § 439 Absatz 4 mit der Maßgabe anzuwenden, dass Nutzungen nicht herauszugeben oder durch ihren Wert zu ersetzen sind. Die §§ 445 und 447 Absatz 2 sind nicht anzuwenden.

§ 475 BGB – Abweichende Vereinbarungen
(1) Auf eine vor Mitteilung eines Mangels an den Unternehmer getroffene Vereinbarung, die zum Nachteil des Verbrauchers von den §§ 433 bis 435, 437, 439 bis 443 sowie von den Vorschriften dieses Untertitels abweicht, kann der Unternehmer sich nicht berufen. Die in Satz 1 bezeichneten Vorschriften finden auch Anwendung, wenn sie durch anderweitige Gestaltungen umgangen werden.
(2) Die Verjährung der in § 437 bezeichneten Ansprüche kann vor Mitteilung eines Mangels an den Unternehmer nicht durch Rechtsgeschäft erleichtert werden, wenn die Vereinbarung zu einer Verjährungsfrist ab dem gesetzlichen Verjährungsbeginn von weniger als zwei Jahren, bei gebrauchten Sachen von weniger als einem Jahr führt.
(3) Die Absätze 1 und 2 gelten unbeschadet der §§ 307 bis 309 nicht für den Ausschluss oder die Beschränkung des Anspruchs auf Schadensersatz.

§ 476 BGB – Beweislastumkehr
Zeigt sich innerhalb von sechs Monaten seit Gefahrübergang ein Sachmangel, so wird vermutet, dass die Sache bereits bei Gefahrübergang mangelhaft war, es sei denn, diese Vermutung ist mit der Art der Sache oder des Mangels unvereinbar.

§ 477 BGB – Sonderbestimmungen für Garantien
(1) Eine Garantieerklärung (§ 443) muss einfach und verständlich abgefasst sein. Sie muss enthalten
1. den Hinweis auf die gesetzlichen Rechte des Verbrauchers sowie darauf, dass sie durch die Garantie nicht eingeschränkt werden und
2. den Inhalt der Garantie und alle wesentlichen Angaben, die für die Geltendmachung der Garantie erforderlich sind, insbesondere die Dauer und den räumlichen Geltungsbereich des Garantieschutzes sowie Namen und Anschrift des Garantiegebers.

(2) Der Verbraucher kann verlangen, dass ihm die Garantieerklärung in Textform mitgeteilt wird.
(3) Die Wirksamkeit der Garantieverpflichtung wird nicht dadurch berührt, dass eine der vorstehenden Anforderungen nicht erfüllt wird.

§ 478 BGB – Rückgriff des Unternehmers
(1) Wenn der Unternehmer die verkaufte neu hergestellte Sache als Folge ihrer Mangelhaftigkeit zurücknehmen musste oder der Verbraucher den Kaufpreis gemindert hat, bedarf es für die in § 437 bezeichneten Rechte des Unternehmers gegen den Unternehmer, der ihm die Sache verkauft hatte (Lieferant), wegen des vom Verbraucher geltend gemachten Mangels einer sonst erforderlichen Fristsetzung nicht.
(2) Der Unternehmer kann beim Verkauf einer neu hergestellten Sache von seinem Lieferanten Ersatz der Aufwendungen verlangen, die der Unternehmer im Verhältnis zum Verbraucher nach § 439 Abs. 2 zu tragen hatte, wenn der vom Verbraucher geltend gemachte Mangel bereits beim Übergang der Gefahr auf den Unternehmer vorhanden war.
(3) In den Fällen der Absätze 1 und 2 findet § 476 mit der Maßgabe Anwendung, dass die Frist mit dem Übergang der Gefahr auf den Verbraucher beginnt.
(4) Auf eine vor Mitteilung eines Mangels an den Lieferanten getroffene Vereinbarung, die zum Nachteil des Unternehmers von den §§ 433 bis 435, 437, 439 bis 443 sowie von den Absätzen 1 bis 3 und von § 479 abweicht, kann sich der Lieferant nicht berufen, wenn dem Rückgriffsgläubiger kein gleichwertiger Ausgleich eingeräumt wird. Satz 1 gilt unbeschadet des § 307 nicht für den Ausschluss oder die Beschränkung des Anspruchs auf Schadensersatz. Die in Satz 1 bezeichneten Vorschriften finden auch Anwendung, wenn sie durch anderweitige Gestaltungen umgangen werden.
(5) Die Absätze 1 bis 4 finden auf die Ansprüche des Lieferanten und der übrigen Käufer in der Lieferkette gegen die jeweiligen Verkäufer entsprechende Anwendung, wenn die Schuldner Unternehmer sind.
(6) § 377 des Handelsgesetzbuchs bleibt unberührt.

§ 479 BGB – Verjährung von Rückgriffsansprüchen
(1) Die in § 478 Abs. 2 bestimmten Aufwendungsersatzansprüche verjähren in zwei Jahren ab Ablieferung der Sache.
(2) Die Verjährung der in den §§ 437 und 478 Abs. 2 bestimmten Ansprüche des Unternehmers gegen seinen Lieferanten wegen des Mangels einer an einen Verbraucher verkauften neu hergestellten Sache tritt frühestens zwei Monate nach dem Zeitpunkt ein, in dem der Unternehmer die Ansprüche des Verbrauchers erfüllt hat. Diese Ablaufhemmung endet spätestens fünf Jahre nach dem Zeitpunkt, in dem der Lieferant die Sache dem Unternehmer abgeliefert hat.
(3) Die vorstehenden Absätze finden auf die Ansprüche des Lieferanten und der übrigen Käufer in der Lieferkette gegen die jeweiligen Verkäufer entsprechende Anwendung, wenn die Schuldner Unternehmer sind.
(…)

Titel 5 – Mietvertrag, Pachtvertrag
Untertitel 1 – Allgemeine Vorschriften für Mietverhältnisse
§ 535 BGB – Inhalt und Hauptpflichten des /s
(1) Durch den Mietvertrag wird der Vermieter verpflichtet, dem Mieter den Gebrauch der Mietsache während der Mietzeit zu gewähren. Der Vermieter hat die Mietsache dem Mieter in einem zum vertragsgemäßen Gebrauch geeigneten Zustand zu überlassen und sie während der Mietzeit in diesem Zustand zu erhalten. Er hat die auf der Mietsache ruhenden Lasten zu tragen.
(2) Der Mieter ist verpflichtet, dem Vermieter die vereinbarte Miete zu entrichten.
(…)

§ 542 BGB - Ende des Mietverhältnisses

(1) Ist die Mietzeit nicht bestimmt, so kann jede Vertragspartei das Mietverhältnis nach den gesetzlichen Vorschriften kündigen.

(2) Ein Mietverhältnis, das auf bestimmte Zeit eingegangen ist, endet mit dem Ablauf dieser Zeit, sofern es nicht

1. in den gesetzlich zugelassenen Fällen außerordentlich gekündigt oder
2. verlängert wird.

(...)

Titel 6 - Leihe

§ 598 BGB - Vertragstypische Pflichten bei der Leihe

Durch den Leihvertrag wird der Verleiher einer Sache verpflichtet, dem Entleiher den Gebrauch der Sache unentgeltlich zu gestatten.

§ 599 BGB - Haftung des Verleihers

Der Verleiher hat nur Vorsatz und grobe Fahrlässigkeit zu vertreten.

(...)

§ 604 BGB - Rückgabepflicht

(1) Der Entleiher ist verpflichtet, die geliehene Sache nach dem Ablauf der für die Leihe bestimmten Zeit zurückzugeben.

(...)

Titel 7 - Sachdarlehensvertrag

§ 607 BGB - Vertragstypische Pflichten beim Sachdarlehensvertrag

(1) Durch den Sachdarlehensvertrag wird der Darlehensgeber verpflichtet, dem Darlehensnehmer eine vereinbarte vertretbare Sache zu überlassen. Der Darlehensnehmer ist zur Zahlung eines Darlehensentgelts und bei Fälligkeit zur Rückerstattung von Sachen gleicher Art, Güte und Menge verpflichtet.

(2) Die Vorschriften dieses Titels finden keine Anwendung auf die Überlassung von Geld.

§ 608 BGB - Kündigung

(1) Ist für die Rückerstattung der überlassenen Sache eine Zeit nicht bestimmt, hängt die Fälligkeit davon ab, dass der Darlehensgeber oder der Darlehensnehmer kündigt.

(2) Ein auf unbestimmte Zeit abgeschlossener Sachdarlehensvertrag kann, soweit nicht ein anderes vereinbart ist, jederzeit vom Darlehensgeber oder Darlehensnehmer ganz oder teilweise gekündigt werden.

§ 609 BGB - Entgelt

Ein Entgelt hat der Darlehensnehmer spätestens bei Rückerstattung der überlassenen Sache zu bezahlen.

(...)

Titel 8 - Dienstvertrag

§ 611 BGB - Vertragstypische Pflichten beim Dienstvertrag

(1) Durch den Dienstvertrag wird derjenige, welcher Dienste zusagt, zur Leistung der versprochenen Dienste, der andere Teil zur Gewährung der vereinbarten Vergütung verpflichtet.

(2) Gegenstand des Dienstvertrags können Dienste jeder Art sein.

§ 611a und 611b

(weggefallen)

§ 612 BGB - Vergütung

(1) Eine Vergütung gilt als stillschweigend vereinbart, wenn die Dienstleistung den Umständen nach nur gegen eine Vergütung zu erwarten ist.

(2) Ist die Höhe der Vergütung nicht bestimmt, so ist bei dem Bestehen einer Taxe die taxmäßige Vergütung, in Ermangelung einer Taxe die übliche Vergütung als vereinbart anzusehen.

(3) weggefallen

§ 614 BGB - Fälligkeit der Vergütung

Die Vergütung ist nach der Leistung der Dienste zu entrichten. Ist die Vergütung nach Zeitabschnitten bemessen, so ist sie nach dem Ablauf der einzelnen Zeitabschnitte zu entrichten.

(...)

§ 623 BGB - Schriftform der Kündigung

Die Beendigung von Arbeitsverhältnissen durch Kündigung oder Auflösungsvertrag bedürfen zu ihrer Wirksamkeit der Schriftform; die elektronische Form ist ausgeschlossen.

(...)

§ 630 BGB - Pflicht zur Zeugniserteilung

Bei der Beendigung eines dauernden Dienstverhältnisses kann der Verpflichtete von dem anderen Teil ein schriftliches Zeugnis über das Dienstverhältnis und dessen Dauer fordern. Das Zeugnis ist auf Verlangen auf die Leistungen und die Führung im Dienst zu erstrecken. Die Erteilung des Zeugnisses in elektronischer Form ist ausgeschlossen. (...)

Titel 9 - Werkvertrag und ähnliche Verträge

Untertitel 1 - Werkvertrag

§ 631 BGB - Vertragstypische Pflichten beim Werkvertrag

(1) Durch den Werkvertrag wird der Unternehmer zur Herstellung des versprochenen Werkes, der Besteller zur Entrichtung der vereinbarten Vergütung verpflichtet.

(2) Gegenstand des Werkvertrags kann sowohl die Herstellung oder Veränderung einer Sache als auch ein anderer durch Arbeit oder Dienstleistung herbeizuführender Erfolg sein.

§ 632a Abschlagszahlungen

(1) Der Unternehmer kann von dem Besteller für eine vertragsgemäß erbrachte Leistung eine Abschlagszahlung in der Höhe verlangen, in der der Besteller durch die Leistung einen Wertzuwachs erlangt hat. Wegen unwesentlicher Mängel kann die Abschlagszahlung nicht verweigert werden. § 641 Abs. 3 gilt entsprechend. Die Leistungen sind durch eine Aufstellung nachzuweisen, die eine rasche und sichere Beurteilung der Leistungen ermöglichen muss. Die Sätze 1 bis 4 gelten auch für erforderliche Stoffe oder Bauteile, die angeliefert oder eigens angefertigt und bereitgestellt sind, wenn dem Besteller nach seiner Wahl Eigentum an den Stoffen oder Bauteilen übertragen oder entsprechende Sicherheit hierfür geleistet wird.

(2) Wenn der Vertrag die Errichtung oder den Umbau eines Hauses oder eines vergleichbaren Bauwerks zum Gegenstand hat und zugleich die Verpflichtung des Unternehmers enthält, dem Besteller das Eigentum an dem Grundstück zu übertragen oder ein Erbbaurecht zu bestellen oder zu übertragen, können Abschlagszahlungen nur verlangt werden, soweit sie gemäß einer Verordnung auf Grund von Artikel 244 des Einführungsgesetzes zum Bürgerlichen Gesetzbuche vereinbart sind.

(3) Ist der Besteller ein Verbraucher und hat der Vertrag die Errichtung oder den Umbau eines Hauses oder eines vergleichbaren Bauwerks zum Gegenstand, ist dem Besteller bei der ersten Abschlagszahlung eine Sicherheit für die rechtzeitige Herstellung des Werkes ohne wesentliche Mängel in Höhe von 5 vom Hundert des Vergütungsanspruchs zu leisten. Erhöht sich der Vergütungsanspruch infolge von Änderungen oder Ergänzungen des Vertrages um mehr als 10 vom Hundert, ist dem Besteller bei der nächsten Abschlagszahlung eine weitere Sicherheit in Höhe

von 5 vom Hundert des zusätzlichen Vergütungsanspruchs zu leisten. Auf Verlangen des Unternehmers ist die Sicherheitsleistung durch Einbehalt dergestalt zu erbringen, dass der Besteller die Abschlagszahlungen bis zu dem Gesamtbetrag der geschuldeten Sicherheit zurückhält.
(4) Sicherheiten nach dieser Vorschrift können auch durch eine Garantie oder ein sonstiges Zahlungsversprechen eines im Geltungsbereich dieses Gesetzes zum Geschäftsbetrieb befugten Kreditinstituts oder Kreditversicherers geleistet werden.

§ 633 BGB – Sach- und Rechtsmangel
(1) Der Unternehmer hat dem Besteller das Werk frei von Sach- und Rechtsmängeln zu verschaffen.
(2) Das Werk ist frei von Sachmängeln, wenn es die vereinbarte Beschaffenheit hat. Soweit die Beschaffenheit nicht vereinbart ist, ist das Werk frei von Sachmängeln,
1. wenn es sich für die nach dem Vertrag vorausgesetzte, sonst
2. für die gewöhnliche Verwendung eignet und eine Beschaffenheit aufweist, die bei Werken der gleichen Art üblich ist und die der Besteller nach der Art des Werks erwarten kann.

Einem Sachmangel steht es gleich, wenn der Unternehmer ein anderes als das bestellte Werk oder das Werk in zu geringer Menge herstellt.
(3) Das Werk ist frei von Rechtsmängeln, wenn Dritte in Bezug auf das Werk keine oder nur die im Vertrag übernommenen Rechte gegen den Besteller geltend machen können.

§ 634 BGB – Rechte des Bestellers bei Mängeln
Ist das Werk mangelhaft, kann der Besteller, wenn die Voraussetzungen der folgenden Vorschriften vorliegen und soweit nicht ein anderes bestimmt ist,
1. nach § 635 Nacherfüllung verlangen,
2. nach § 637 den Mangel selbst beseitigen und Ersatz der erforderlichen Aufwendungen verlangen,
3. nach den §§ 636, 323 und 326 Abs. 5 von dem Vertrag zurücktreten oder nach § 638 die Vergütung mindern und
4. nach den §§ 636, 280, 281, 283 und 311a Schadensersatz oder nach § 284 Ersatz vergeblicher Aufwendungen verlangen.

§ 634a BGB – Verjährung der Mängelansprüche
(1) Die in § 634 Nr. 1, 2 und 4 bezeichneten Ansprüche verjähren
1. vorbehaltlich der Nummer 2 in zwei Jahren bei einem Werk, dessen Erfolg in der Herstellung, Wartung oder Veränderung einer Sache oder in der Erbringung von Planungs- oder Überwachungsleistungen hierfür besteht,
2. in fünf Jahren bei einem Bauwerk und einem Werk, dessen Erfolg in der Erbringung von Planungs- oder Überwachungsleistungen hierfür besteht, und
3. im Übrigen in der regelmäßigen Verjährungsfrist.

(2) Die Verjährung beginnt in den Fällen des Absatzes 1 Nr. 1 und 2 mit der Abnahme.
(3) Abweichend von Absatz 1 Nr. 1 und 2 und Absatz 2 verjähren die Ansprüche in der regelmäßigen Verjährungsfrist, wenn der Unternehmer den Mangel arglistig verschwiegen hat. Im Fall des Absatzes 1 Nr. 2 tritt die Verjährung jedoch nicht vor Ablauf der dort bestimmten Frist ein.
(4) Für das in § 634 bezeichnete Rücktrittsrecht gilt § 218. Der Besteller kann trotz einer Unwirksamkeit des Rücktritts nach § 218 Abs. 1 die Zahlung der Vergütung insoweit verweigern, als er aufgrund des Rücktritts dazu berechtigt sein würde. Macht er von diesem Recht Gebrauch, kann der Unternehmer vom Vertrag zurücktreten.
(5) Auf das in § 634 bezeichnete Minderungsrecht finden § 218 und Absatz 4 Satz 2 entsprechende Anwendung.
(…)

§ 651 BGB – Anwendung des Kaufrechts
Auf einen Vertrag, der die Lieferung herzustellender oder zu erzeugender beweglicher Sachen zum Gegenstand hat, finden die Vorschriften über den Kauf Anwendung. § 442 Abs. 1 Satz 1 findet bei diesen Verträgen auch Anwendung, wenn der Mangel auf den vom Besteller gelieferten Stoff zurückzuführen ist. Soweit es sich bei den herzustellenden oder zu erzeugenden beweglichen Sachen um nicht vertretbare Sachen handelt, sind auch die §§ 642, 643, 645, 649 und 650 mit der Maßgabe anzuwenden, dass an die Stelle der Abnahme der nach den §§ 446 und 447 maßgebliche Zeitpunkt tritt.
(…)

Buch 3 – Sachenrecht

Abschnitt 2 – Allgemeine Vorschriften über Rechte an Grundstücken

§ 873 BGB – Erwerb durch Einigung und Eintragung
(1) Zur Übertragung des Eigentums an einem Grundstück, zur Belastung eines Grundstücks mit einem Recht sowie zur Übertragung oder Belastung eines solchen Rechtes ist die Einigung des Berechtigten und des anderen Teiles über den Eintritt der Rechtsänderung und die Eintragung der Rechtsänderung in das Grundbuch erforderlich, soweit nicht das Gesetz ein anderes vorschreibt.
(2) Vor der Eintragung sind die Beteiligten an die Einigung nur gebunden, wenn die Erklärungen notariell beurkundet oder vor dem Grundbuchamt abgegeben oder bei diesem eingereicht sind oder wenn der Berechtigte dem anderen Teil eine den Vorschriften der Grundbuchordnung entsprechende Eintragungsbewilligung ausgehändigt hat.
(…)

Abschnitt 3 – Eigentum

Titel 2 – Erwerb und Verlust des Eigentums an Grundstücken
§ 925 BGB – Auflassung
(1) Die zur Übertragung des Eigentums an einem Grundstück nach § 873 erforderliche Einigung des Veräußerers und des Erwerbers (Auflassung) muss bei gleichzeitiger Anwesenheit beider Teile vor einer zuständigen Stelle erklärt werden. Zur Entgegennahme der Auflassung ist, unbeschadet der Zuständigkeit weiterer Stellen, jeder Notar zuständig. Eine Auflassung kann auch in einem gerichtlichen Vergleich oder in einem rechtskräftig bestätigten Insolvenzplan erklärt werden.
(2) Eine Auflassung, die unter einer Bedingung oder einer Zeitbestimmung erfolgt, ist unwirksam.
(…)

Titel 3 – Erwerb und Verlust des Eigentums an beweglichen Sachen
Untertitel 1 – Übertragung
§ 929 BGB – Einigung und Übergabe
Zur Übertragung des Eigentums an einer beweglichen Sache ist erforderlich, dass der Eigentümer die Sache dem Erwerber übergibt und beide darüber einig sind, dass das Eigentum übergehen soll. Ist der Erwerber im Besitz der Sache, so genügt die Einigung über den Übergang des Eigentums.
(…)

§ 930 BGB – Besitzkonstitut
Ist der Eigentümer im Besitz der Sache, so kann die Übergabe dadurch ersetzt werden, dass zwischen ihm und dem Erwerber ein Rechtsverhältnis vereinbart wird, vermöge dessen der Erwerber den mittelbaren Besitz erlangt.

Bürgerliches Gesetzbuch (BGB) – *Auswahl*

§ 931 BGB – Abtretung des Herausgabeanspruchs
Ist ein Dritter im Besitz der Sache, so kann die Übergabe dadurch ersetzt werden, dass der Eigentümer dem Erwerber den Anspruch auf Herausgabe der Sache abtritt.

§ 932 BGB – Gutgläubiger Erwerb vom Nichtberechtigten
(1) Durch eine nach § 929 erfolgte Veräußerung wird der Erwerber auch dann Eigentümer, wenn die Sache nicht dem Veräußerer gehört, es sei denn, dass er zu der Zeit, zu der er nach diesen Vorschriften das Eigentum erwerben würde, nicht in gutem Glauben ist. In dem Falle des § 929 Satz 2 gilt dies jedoch nur dann, wenn der Erwerber den Besitz von dem Veräußerer erlangt hatte.
(2) Der Erwerber ist nicht in gutem Glauben, wenn ihm bekannt oder infolge grober Fahrlässigkeit unbekannt ist, dass die Sache nicht dem Veräußerer gehört.
(...)

§ 935 BGB – Kein gutgläubiger Erwerb von abhandengekommenen Sachen
(1) Der Erwerb des Eigentums aufgrund der §§ 932 bis 934 tritt nicht ein, wenn die Sache dem Eigentümer gestohlen worden, verloren gegangen oder sonst abhandengekommen war. Das Gleiche gilt, falls der Eigentümer nur mittelbarer Besitzer war, dann, wenn die Sache dem Besitzer abhandengekommen war.
(2) Diese Vorschriften finden keine Anwendung auf Geld oder Inhaberpapiere sowie auf Sachen, die im Wege öffentlicher Versteigerung veräußert werden.
(...)

Handelsgesetzbuch (HGB) – *Auswahl*

Erstes Buch – Handelsstand

Erster Abschnitt – Kaufleute

§ 1 HGB
(1) Kaufmann im Sinne dieses Gesetzbuchs ist, wer ein Handelsgewerbe betreibt.
(2) Handelsgewerbe ist jeder Gewerbebetrieb, es sei denn, dass das Unternehmen nach Art oder Umfang einen in kaufmännischer Weise eingerichteten Geschäftsbetrieb nicht erfordert.

§ 2 HGB
Ein gewerbliches Unternehmen, dessen Gewerbebetrieb nicht schon nach § 1 Abs. 2 Handelsgewerbe ist, gilt als Handelsgewerbe im Sinne dieses Gesetzbuchs, wenn die Firma des Unternehmens in das Handelsregister eingetragen ist. Der Unternehmer ist berechtigt, aber nicht verpflichtet, die Eintragung nach den für die Eintragung kaufmännischer Firmen geltenden Vorschriften herbeizuführen. Ist die Eintragung erfolgt, so findet eine Löschung der Firma auch auf Antrag des Unternehmers statt, sofern nicht die Voraussetzung des § 1 Abs. 2 eingetreten ist.
(...)

Zweiter Abschnitt – Handelsregister; Unternehmensregister

§ 8 Handelsregister
(1) Das Handelsregister wird von den Gerichten elektronisch geführt.
(2) Andere Datensammlungen dürfen nicht unter Verwendung oder Beifügung der Bezeichnung „Handelsregister" in den Verkehr gebracht werden.

§ 8a Eintragungen in das Handelsregister; Verordnungsermächtigung
(1) Eine Eintragung in das Handelsregister wird wirksam, sobald sie in den für die Handelsregistereintragungen bestimmten Datenspeicher aufgenommen ist und auf Dauer inhaltlich unverändert in lesbarer Form wiedergegeben werden kann.
(2) Die Landesregierungen werden ermächtigt, durch Rechtsverordnung nähere Bestimmungen über die elektronische Führung des Handelsregisters, die elektronische Anmeldung, die elektronische Einreichung von Dokumenten sowie deren Aufbewahrung zu treffen, soweit nicht durch das Bundesministerium der Justiz nach § 387 Abs. 2 des Gesetzes über das Verfahren in Familiensachen und in den Angelegenheiten der freiwilligen Gerichtsbarkeit entsprechende Vorschriften erlassen werden. Dabei können sie auch Einzelheiten der Datenübermittlung regeln sowie die Form zu übermittelnder elektronischer Dokumente festlegen, um die Eignung für die Bearbeitung durch das Gericht sicherzustellen. Die Landesregierungen können die Ermächtigung durch Rechtsverordnung auf die Landesjustizverwaltungen übertragen.

§ 8b Unternehmensregister
(1) Das Unternehmensregister wird vorbehaltlich einer Regelung nach § 9a Abs. 1 vom Bundesministerium der Justiz elektronisch geführt.
(2) Über die Internetseite des Unternehmensregisters sind zugänglich:
1. Eintragungen im Handelsregister und deren Bekanntmachung und zum Handelsregister eingereichte Dokumente;
2. Eintragungen im Genossenschaftsregister und deren Bekanntmachung und zum Genossenschaftsregister eingereichte Dokumente;
3. Eintragungen im Partnerschaftsregister und deren Bekanntmachung und zum Partnerschaftsregister eingereichte Dokumente;
4. Unterlagen der Rechnungslegung nach den §§ 325 und 339, soweit sie bekannt gemacht wurden;
5. gesellschaftsrechtliche Bekanntmachungen im Bundesanzeiger;
6. im Aktionärsforum veröffentlichte Eintragungen nach § 127a des Aktiengesetzes;
7. Veröffentlichungen von Unternehmen nach dem Wertpapierhandelsgesetz oder dem Vermögensanlagengesetz im Bundesanzeiger, von Bietern, Gesellschaften, Vorständen und Aufsichtsräten nach dem Wertpapiererwerbs- und Übernahmegesetz im Bundesanzeiger sowie Veröffentlichungen nach der Börsenzulassungs-Verordnung im Bundesanzeiger;
8. Bekanntmachungen und Veröffentlichungen von Kapitalverwaltungsgesellschaften und extern verwalteten Investment-

gesellschaften nach dem Kapitalanlagegesetzbuch, dem Investmentgesetz und dem Investmentsteuergesetz im Bundesanzeiger;

9. Veröffentlichungen und sonstige der Öffentlichkeit zur Verfügung gestellte Informationen nach den §§ 2b, 15 Abs. 1 und 2, § 15a Abs. 4, § 26 Abs. 1, §§ 26a, 29a Abs. 2, §§ 30e, 30f Abs. 2, § 37v Abs. 1 bis § 37x Abs. 1, §§ 37y, 37z Abs. 4 und § 41 Abs. 4a des Wertpapierhandelsgesetzes, sofern die Veröffentlichung nicht bereits über Nummer 4 oder Nummer 7 in das Unternehmensregister eingestellt wird;
10. Mitteilungen über kapitalmarktrechtliche Veröffentlichungen an die Bundesanstalt für Finanzdienstleistungsaufsicht, sofern die Veröffentlichung selbst nicht bereits über Nummer 7 oder Nummer 9 in das Unternehmensregister eingestellt wird;
11. Bekanntmachungen der Insolvenzgerichte nach § 9 der Insolvenzordnung, ausgenommen Verfahren nach dem Neunten Teil der Insolvenzordnung.

(3) Zur Einstellung in das Unternehmensregister sind dem Unternehmensregister zu übermitteln:

1. die Daten nach Absatz 2 Nr. 4 bis 8 und die nach § 326 Absatz 2 von einer Kleinstkapitalgesellschaft hinterlegten Bilanzen durch den Betreiber des Bundesanzeigers;
2. die Daten nach Absatz 2 Nr. 9 und 10 durch den jeweils Veröffentlichungspflichtigen oder den von ihm mit der Veranlassung der Veröffentlichung beauftragten Dritten.

Die Landesjustizverwaltungen übermitteln die Daten nach Absatz 2 Nr. 1 bis 3 und 11 zum Unternehmensregister, soweit die Übermittlung für die Eröffnung eines Zugangs zu den Originaldaten über die Internetseite des Unternehmensregisters erforderlich ist. Die Bundesanstalt für Finanzdienstleistungsaufsicht überwacht die Übermittlung der Veröffentlichungen und der sonstigen der Öffentlichkeit zur Verfügung gestellten Informationen nach den §§ 2b, 15 Abs. 1 und 2, § 15a Abs. 4, § 26 Abs. 1, §§ 26a, 29a Abs. 2, §§ 30e, 30f Abs. 2, § 37v Abs. 1 bis § 37x Abs. 1, §§ 37y, 37z Abs. 4 und § 41 Abs. 4a des Wertpapierhandelsgesetzes an das Unternehmensregister zur Speicherung und kann Anordnungen treffen, die zu ihrer Durchsetzung geeignet und erforderlich sind. Die Bundesanstalt kann die gebotene Übermittlung der in Satz 3 genannten Veröffentlichungen, der Öffentlichkeit zur Verfügung gestellten Informationen und Mitteilung auf Kosten des Pflichtigen vornehmen, wenn die Übermittlungspflicht nicht, nicht richtig, nicht vollständig oder nicht in der vorgeschriebenen Weise erfüllt wird. Für die Überwachungstätigkeit der Bundesanstalt gelten § 4 Abs. 3 Satz 1 und 3, Abs. 7, 9 und 10, § 7 und § 8 des Wertpapierhandelsgesetzes entsprechend.

(4) Die Führung des Unternehmensregisters schließt die Erteilung von Ausdrucken sowie die Beglaubigung entsprechend § 9 Abs. 3 und 4 hinsichtlich der im Unternehmensregister gespeicherten Unterlagen der Rechnungslegung im Sinn des Absatzes 2 Nr. 4 ein. Gleiches gilt für die elektronische Übermittlung von zum Handelsregister eingereichten Schriftstücken nach § 9 Abs. 2, soweit sich der Antrag auf Unterlagen der Rechnungslegung im Sinn des Absatzes 2 Nr. 4 bezieht; § 9 Abs. 3 gilt entsprechend.

(...)

§ 9 Einsichtnahme in das Handelsregister und das Unternehmensregister

(1) Die Einsichtnahme in das Handelsregister sowie in die zum Handelsregister eingereichten Dokumente ist jedem zu Informationszwecken gestattet. Die Landesjustizverwaltungen bestimmen das elektronische Informations- und Kommunikationssystem, über das die Daten aus den Handelsregistern abrufbar sind, und sind für die Abwicklung des elektronischen Abrufverfahrens zuständig. Die Landesregierung kann die Zuständigkeit durch Rechtsverordnung abweichend regeln; sie kann diese Ermächtigung durch Rechtsverordnung auf die Landesjustizverwaltung übertragen. Die Länder können ein länderübergreifendes, zentrales elektronisches Informations- und Kommunikationssystem bestimmen. Sie können auch eine Übertragung der Abwicklungsaufgaben auf die zuständige Stelle eines anderen Landes sowie mit dem Betreiber des Unternehmensregisters eine Übertragung der Abwicklungsaufgaben auf das Unternehmensregister vereinbaren.

(2) Sind Dokumente nur in Papierform vorhanden, kann die elektronische Übermittlung nur für solche Schriftstücke verlangt werden, die weniger als zehn Jahre vor dem Zeitpunkt der Antragstellung zum Handelsregister eingereicht wurden.

(3) Die Übereinstimmung der übermittelten Daten mit dem Inhalt des Handelsregisters und den zum Handelsregister eingereichten Dokumenten wird auf Antrag durch das Gericht beglaubigt. Dafür ist eine qualifizierte elektronische Signatur nach dem Signaturgesetz zu verwenden.

(4) Von den Eintragungen und den eingereichten Dokumenten kann ein Ausdruck verlangt werden. Von den zum Handelsregister eingereichten Schriftstücken, die nur in Papierform vorliegen, kann eine Abschrift gefordert werden. Die Abschrift ist von der Geschäftsstelle zu beglaubigen und der Ausdruck als amtlicher Ausdruck zu fertigen, wenn nicht auf die Beglaubigung verzichtet wird.

(5) Das Gericht hat auf Verlangen eine Bescheinigung darüber zu erteilen, dass bezüglich des Gegenstandes einer Eintragung weitere Eintragungen nicht vorhanden sind oder dass eine bestimmte Eintragung nicht erfolgt ist.

(6) Für die Einsichtnahme in das Unternehmensregister gilt Absatz 1 Satz 1 entsprechend. Anträge nach den Absätzen 2 bis 5 können auch über das Unternehmensregister an das Gericht vermittelt werden. Die Einsichtnahme in die Bilanz einer Kleinstkapitalgesellschaft (§ 267a), die von dem Recht nach § 326 Absatz 2 Gebrauch gemacht hat, erfolgt nur auf Antrag durch Übermittlung einer Kopie.

(...)

§ 10 Bekanntmachung der Eintragungen

Das Gericht macht die Eintragungen in das Handelsregister in dem von der Landesjustizverwaltung bestimmten elektronischen Informations- und Kommunikationssystem in der zeitlichen Folge ihrer Eintragung nach Tagen geordnet bekannt; § 9 Abs. 1 Satz 4 und 5 gilt entsprechend. Soweit nicht ein Gesetz etwas anderes vorschreibt, werden die Eintragungen ihrem ganzen Inhalt nach veröffentlicht.

Dritter Abschnitt – Handelsfirma

§ 17 HGB

(1) Die Firma eines Kaufmanns ist der Name, unter dem er seine Geschäfte betreibt und die Unterschrift abgibt.

(2) Ein Kaufmann kann unter seiner Firma klagen und verklagt werden.

§ 18 HGB

(1) Die Firma muss zur Kennzeichnung des Kaufmanns geeignet sein und Unterscheidungskraft besitzen.

(2) Die Firma darf keine Angaben enthalten, die geeignet sind, über geschäftliche Verhältnisse, die für die angesprochenen Verkehrskreise wesentlich sind, irrezuführen. Im Verfahren vor dem Registergericht wird die Eignung zur Irreführung nur berücksichtigt, wenn sie ersichtlich ist.

§ 19 HGB
(1) Die Firma muss, auch wenn sie nach den §§ 21, 22, 24 oder nach anderen gesetzlichen Vorschriften fortgeführt wird, enthalten:
1. bei Einzelkaufleuten die Bezeichnung „eingetragener Kaufmann“, „eingetragene Kauffrau“ oder eine allgemein verständliche Abkürzung dieser Bezeichnung, insbesondere „e. K.“, „e. Kfm.“ oder „e. Kffr.“;
2. bei einer offenen Handelsgesellschaft die Bezeichnung „offene Handelsgesellschaft“ oder eine allgemein verständliche Abkürzung dieser Bezeichnung;
3. bei einer Kommanditgesellschaft die Bezeichnung „Kommanditgesellschaft“ oder eine allgemein verständliche Abkürzung dieser Bezeichnung.

(2) Wenn in einer offenen Handelsgesellschaft oder Kommanditgesellschaft keine natürliche Person persönlich haftet, muss die Firma, auch wenn sie nach den §§ 21, 22, 24 oder nach anderen gesetzlichen Vorschriften fortgeführt wird, eine Bezeichnung enthalten, welche die Haftungsbeschränkung kennzeichnet.
(…)

§ 29 HGB
Jeder Kaufmann ist verpflichtet, seine Firma und den Ort seiner Handelsniederlassung bei dem Gericht, in dessen Bezirk sich die Niederlassung befindet, zur Eintragung in das Handelsregister anzumelden.
(…)

§ 37a HGB
(1) Auf allen Geschäftsbriefen des Kaufmanns, die an einen bestimmten Empfänger gerichtet werden, müssen seine Firma, die Bezeichnung nach § 19 Abs. 1 Nr. 1, der Ort seiner Handelsniederlassung, das Registergericht und die Nummer, unter der die Firma in das Handelsregister eingetragen ist, angegeben werden.
(2) Der Angaben nach Absatz 1 bedarf es nicht bei Mitteilungen oder Berichten, die im Rahmen einer bestehenden Geschäftsverbindung ergehen und für die üblicherweise Vordrucke verwendet werden, in denen lediglich die im Einzelfall erforderlichen besonderen Angaben eingefügt zu werden brauchen.
(3) Bestellscheine gelten als Geschäftsbriefe im Sinne des Absatzes 1. Absatz 2 ist auf sie nicht anzuwenden.
(4) Wer seiner Pflicht nach Absatz 1 nicht nachkommt, ist hierzu von dem Registergericht durch Festsetzung von Zwangsgeld anzuhalten. § 14 Satz 2 gilt entsprechend.
(…)

Zweites Buch – Handelsgesellschaften und stille Gesellschaft

Erster Abschnitt – Offene Handelsgesellschaft

Erster Titel – Errichtung der Gesellschaft
§ 105 HGB
(1) Eine Gesellschaft, deren Zweck auf den Betrieb eines Handelsgewerbes unter gemeinschaftlicher Firma gerichtet ist, ist eine offene Handelsgesellschaft, wenn bei keinem der Gesellschafter die Haftung gegenüber den Gesellschaftsgläubigern beschränkt ist.
(…)

Dritter Titel – Rechtsverhältnis der Gesellschafter zu Dritten
§ 125a HGB
(1) Auf allen Geschäftsbriefen der Gesellschaft, gleichviel welcher Form, die an einen bestimmten Empfänger gerichtet werden, müssen die Rechtsform und der Sitz der Gesellschaft, das Registergericht und die Nummer, unter der die Gesellschaft in das Handelsregister eingetragen ist, angegeben werden. Bei einer Gesellschaft, bei der kein Gesellschafter eine natürliche Person ist, sind auf den Geschäftsbriefen der Gesellschaft ferner die Firmen der Gesellschafter anzugeben, sowie für die Gesellschafter die nach § 35a des Gesetzes betreffend die Gesellschaften mit beschränkter Haftung oder § 80 des Aktiengesetzes für Geschäftsbriefe vorgeschriebenen Angaben zu machen. Die Angaben nach Satz 2 sind nicht erforderlich, wenn zu den Gesellschaftern der Gesellschaft eine offene Handelsgesellschaft oder Kommanditgesellschaft gehört, bei der ein persönlich haftender Gesellschafter eine natürliche Person ist.
(2) Für Vordrucke und Bestellscheine ist § 37a Abs. 2 und 3, für Zwangsgelder gegen die zur Vertretung der Gesellschaft ermächtigten Gesellschafter oder deren organschaftliche Vertreter und die Liquidatoren ist § 37a Abs. 4 entsprechend anzuwenden.
(…)

Sechster Titel – Verjährung. Zeitliche Begrenzung der Haftung

Zweiter Abschnitt – Kommanditgesellschaft

§ 161 HGB
(1) Eine Gesellschaft, deren Zweck auf den Betrieb eines Handelsgewerbes unter gemeinschaftlicher Firma gerichtet ist, ist eine Kommanditgesellschaft, wenn bei einem oder bei einigen von den Gesellschaftern die Haftung gegenüber den Gesellschaftsgläubigern auf den Betrag einer bestimmten Vermögenseinlage beschränkt ist (Kommanditisten), während bei dem anderen Teil der Gesellschafter eine Beschränkung der Haftung nicht stattfindet (persönlich haftende Gesellschafter).
(2) Soweit nicht in diesem Abschnitt ein anderes vorgeschrieben ist, finden auf die Kommanditgesellschaft die für die offene Handelsgesellschaft geltenden Vorschriften Anwendung.
(…)

Drittes Buch – Handelsbücher

Vorschriften für alle Kaufleute

I. Buchführung, Inventar

§ 238 HGB – Buchführungspflicht
(1) [1]Jeder Kaufmann ist verpflichtet, Bücher zu führen und in diesen seine Handelsgeschäfte und die Lage seines Vermögens nach den Grundsätzen ordnungsmäßiger Buchführung ersichtlich zu machen. [2]Die Buchführung muss so beschaffen sein, dass sie einem sachverständigen Dritten innerhalb angemessener Zeit einen Überblick über die Geschäftsvorfälle und über die Lage des Unternehmens vermitteln kann. [3]Die Geschäftsvorfälle müssen sich in ihrer Entstehung und Abwicklung verfolgen lassen.
(2) Der Kaufmann ist verpflichtet, eine mit der Urschrift übereinstimmende Wiedergabe der abgesandten Handelsbriefe (Kopie, Abdruck, Abschrift oder sonstige Wiedergabe des Wortlauts auf einem Schrift-, Bild- oder anderen Datenträger) zurückzubehalten.

§ 239 HGB – Führung der Handelsbücher
(1) [1]Bei der Führung der Handelsbücher und bei den sonst erforderlichen Aufzeichnungen hat sich der Kaufmann einer lebenden Sprache zu bedienen. [2]Werden Abkürzungen, Ziffern, Buchstaben oder Symbole verwendet, muss im Einzelfall deren Bedeutung eindeutig festliegen.
(2) Die Eintragungen in Büchern und die sonst erforderlichen Aufzeichnungen müssen vollständig, richtig, zeitgerecht und geordnet vorgenommen werden.
(3) [1]Eine Eintragung oder eine Aufzeichnung darf nicht in einer Weise verändert werden, dass der ursprüngliche Inhalt nicht mehr feststellbar ist. [2]Auch solche Veränderungen dürfen nicht

vorgenommen werden, deren Beschaffenheit es ungewiss lässt, ob sie ursprünglich oder erst später gemacht worden sind.
(4) [1]Die Handelsbücher und die sonst erforderlichen Aufzeichnungen können auch in der geordneten Ablage von Belegen bestehen oder auf Datenträgern geführt werden, soweit diese Formen der Buchführung einschließlich des dabei angewandten Verfahrens den Grundsätzen ordnungsmäßiger Buchführung entsprechen. [2]Bei der Führung der Handelsbücher und der sonst erforderlichen Aufzeichnungen auf Datenträgern muss inbesondere sichergestellt sein, dass die Daten während der Dauer der Aufbewahrungsfrist verfügbar sind und jederzeit innerhalb angemessener Frist lesbar gemacht werden können. [3]Absätze 1 bis 3 gelten sinngemäß.

§ 240 HGB – Inventar
(1) Jeder Kaufmann hat zu Beginn seines Handelsgewerbes seine Grundstücke, seine Forderungen und Schulden, den Betrag seines baren Geldes sowie seine sonstigen Vermögensgegenstände genau zu verzeichnen und dabei den Wert der einzelnen Vermögensgegenstände und Schulden anzugeben.
(2) [1]Er hat demnächst für den Schluss eines jeden Geschäftsjahr ein solches Inventar aufzustellen. [2]Die Dauer des Geschäftsjahrs darf zwölf Monate nicht überschreiten. [3]Die Aufstellung des Inventars ist innerhalb der einem ordnungsmäßigen Geschäftsgang entsprechenden Zeit zu bewirken.
(3) [1]Vermögensgegenstände des Sachanlagevermögens sowie Roh-, Hilfs- und Betriebsstoffe können, wenn sie regelmäßig ersetzt werden und ihr Gesamtwert für das Unternehmen von nachrangiger Bedeutung ist, mit einer gleich bleibenden Menge und einem gleich bleibenden Wert angesetzt werden, sofern ihr Bestand in seiner Größe, seinem Wert und seiner Zusammensetzung nur geringer Veränderungen unterliegt. [2]Jedoch ist in der Regel alle drei Jahre eine körperliche Bestandsaufnahme durchzuführen.
(4) Gleichartige Vermögensgegenstände des Vorratsvermögens sowie andere gleichartige oder annähernd gleichwertige bewegliche Vermögensgegenstände und Schulden können jeweils zu einer Gruppe zusammengefasst und mit dem gewogenen Durchschnittswert angesetzt werden.

II. Eröffnungsbilanz – Jahresabschluss

§ 242 HGB – Pflicht zur Aufstellung der Bilanz
(1) [1]Der Kaufmann hat zu Beginn seines Handelsgewerbes und für den Schluss eines jeden Geschäftsjahrs einen das Verhältnis seines Vermögens und seiner Schulden darstellenden Abschluss (Eröffnungsbilanz, Bilanz) aufzustellen. [2]Auf die Eröffnungsbilanz sind die für den Jahresabschluss geltenden Vorschriften entsprechend anzuwenden, soweit sie sich auf die Bilanz beziehen.
(2) Er hat für den Schluss eines jeden Geschäftsjahrs eine Gegenüberstellung der Aufwendungen und Erträge des Geschäftsjahrs (Gewinn- und Verlustrechnung) aufzustellen.
(3) Die Bilanz und die Gewinn- und Verlustrechnung bilden den Jahresabschluss.
(4) Die Absätze 1 bis 3 sind auf Einzelkaufleute im Sinn des § 241a nicht anzuwenden. Im Fall der Neugründung treten die Rechtsfolgen nach Satz 1 schon ein, wenn die Werte des § 241a Satz 1 am ersten Abschlussstichtag nach der Neugründung nicht überschritten werden.

§ 243 HGB – Aufstellungsgrundsatz
(1) Der Jahresabschluss ist nach den Grundsätzen ordnungsmäßiger Buchführung aufzustellen.
(2) Er muss klar und übersichtlich sein.
(3) Der Jahresabschluss ist innerhalb der einem ordnungsmäßigen Geschäftsgang entsprechenden Zeit aufzustellen.

§ 244 HGB – Sprache, Währungseinheit
Der Jahresabschluss ist in deutscher Sprache und in Euro aufzustellen.

§ 245 HGB – Unterzeichnung
[1]Der Jahresabschluss ist vom Kaufmann unter Angabe des Datums zu unterzeichnen. [2]Sind mehrere persönlich haftende Gesellschafter vorhanden, so haben sie alle zu unterzeichnen.

§ 246 HGB – Vollständigkeit, Verrechnungsverbot
(1) Der Jahresabschluss hat sämtliche Vermögensgegenstände, Schulden, Rechnungsabgrenzungsposten sowie Aufwendungen und Erträge zu enthalten, soweit gesetzlich nichts anderes bestimmt ist. Vermögensgegenstände sind in der Bilanz des Eigentümers aufzunehmen; ist ein Vermögensgegenstand nicht dem Eigentümer, sondern einem anderen wirtschaftlich zuzurechnen, hat dieser ihn in seiner Bilanz auszuweisen. Schulden sind in die Bilanz des Schuldners aufzunehmen. Der Unterschiedsbetrag, um den die für die Übernahme eines Unternehmens bewirkte Gegenleistung den Wert der einzelnen Vermögensgegenstände des Unternehmens abzüglich der Schulden im Zeitpunkt der Übernahme übersteigt (entgeltlich erworbener Geschäfts- oder Firmenwert), gilt als zeitlich begrenzt nutzbarer Vermögensgegenstand.
(2) Posten der Aktivseite dürfen nicht mit Posten der Passivseite, Aufwendungen nicht mit Erträgen, Grundstücksrechte nicht mit Grundstückslasten verrechnet werden. Vermögensgegenstände, die dem Zugriff aller übrigen Gläubiger entzogen sind und ausschließlich der Erfüllung von Schulden aus Altersversorgungsverpflichtungen oder vergleichbaren langfristig fälligen Verpflichtungen dienen, sind mit diesen Schulden zu verrechnen; entsprechend ist mit den zugehörigen Aufwendungen und Erträgen aus der Abzinsung und aus dem zu verrechnenden Vermögen zu verfahren. Übersteigt der beizulegende Zeitwert der Vermögensgegenstände den Betrag der Schulden, ist der übersteigende Betrag unter einem gesonderten Posten zu aktivieren.
(3) Die auf den vorhergehenden Jahresabschluss angewandten Ansatzmethoden sind beizubehalten. § 252 Abs. 2 ist entsprechend anzuwenden.

§ 247 HGB – Inhalt der Bilanz
(1) In der Bilanz sind das Anlage- und das Umlaufvermögen, das Eigenkapital, die Schulden sowie die Rechnungsabgrenzungsposten gesondert auszuweisen und hinreichend aufzugliedern.
(2) Beim Anlagevermögen sind nur die Gegenstände auszuweisen, die bestimmt sind, dauernd dem Geschäftsbetrieb zu dienen.

Viertes Buch – Handelsgeschäfte

Erster Abschnitt – Allgemeine Vorschriften

§ 343 HGB
(1) Handelsgeschäfte sind alle Geschäfte eines Kaufmanns, die zum Betrieb seines Handelsgewerbes gehören.
(...)

§ 345 HGB
Auf ein Rechtsgeschäft, das für einen der beiden Teile ein Handelsgeschäft ist, kommen die Vorschriften über Handelsgeschäfte für beide Teile gleichmäßig zur Anwendung, soweit nicht aus diesen Vorschriften sich ein anderes ergibt.
(...)

Zweiter Abschnitt – Handelskauf

§ 373 HGB
(1) Ist der Käufer mit der Annahme der Ware im Verzug, so kann der Verkäufer die Ware auf Gefahr und Kosten des Käufers in ei-

nem öffentlichen Lagerhaus oder sonst in sicherer Weise hinterlegen.
(2) Er ist ferner befugt, nach vorgängiger Androhung die Ware öffentlich versteigern zu lassen; er kann, wenn die Ware einen Börsen- oder Marktpreis hat, nach vorgängiger Androhung den Verkauf auch aus freier Hand durch einen zu solchen Verkäufen öffentlich ermächtigten Handelsmakler oder durch eine zur öffentlichen Versteigerung befugte Person zum laufenden Preise bewirken. Ist die Ware dem Verderb ausgesetzt und Gefahr im Verzuge, so bedarf es der vorgängigen Androhung nicht; dasselbe gilt, wenn die Androhung aus anderen Gründen untunlich ist.
(3) Der Selbsthilfeverkauf erfolgt für Rechnung des säumigen Käufers.
(4) Der Verkäufer und der Käufer können bei der öffentlichen Versteigerung mitbieten.
(5) Im Falle der öffentlichen Versteigerung hat der Verkäufer den Käufer von der Zeit und dem Ort der Versteigerung vorher zu benachrichtigen; von dem vollzogenen Verkauf hat er bei jeder Art des Verkaufs dem Käufer unverzüglich Nachricht zu geben. Im Falle der Unterlassung ist er zum Schadensersatz verpflichtet. Die Benachrichtigungen dürfen unterbleiben, wenn sie untunlich sind.
(...)

§ 376 HGB
(1) Ist bedungen, dass die Leistung des einen Teiles genau zu einer festbestimmten Zeit oder innerhalb einer festbestimmten Frist bewirkt werden soll, so kann der andere Teil, wenn die Leistung nicht zu der bestimmten Zeit oder nicht innerhalb der bestimmten Frist erfolgt, von dem Vertrag zurücktreten oder, falls der Schuldner im Verzug ist, statt der Erfüllung Schadensersatz wegen Nichterfüllung verlangen. Erfüllung kann er nur beanspruchen, wenn er sofort nach dem Ablauf der Zeit oder der Frist dem Gegner anzeigt, dass er auf Erfüllung bestehe.
(2) Wird Schadensersatz wegen Nichterfüllung verlangt und hat die Ware einen Börsen- oder Marktpreis, so kann der Unterschied des Kaufpreises und des Börsen- oder Marktpreises zur Zeit und am Orte der geschuldeten Leistung gefordert werden.
(3) Das Ergebnis eines anderweit vorgenommenen Verkaufs oder Kaufes kann, falls die Ware einen Börsen- oder Marktpreis hat, dem Ersatzanspruch nur zugrunde gelegt werden, wenn der Verkauf oder Kauf sofort nach dem Ablaufe der bedungenen Leistungszeit oder Leistungsfrist bewirkt ist. Der Verkauf oder Kauf muss, wenn er nicht in öffentlicher Versteigerung geschieht, durch einen zu solchen Verkäufen oder Käufen öffentlich ermächtigten Handelsmakler oder eine zur öffentlichen Versteigerung befugte Person zum laufenden Preise erfolgen.
(4) Auf den Verkauf mittels öffentlicher Versteigerung findet die Vorschrift des § 373 Abs. 4 Anwendung. Von dem Verkauf oder Kauf hat der Gläubiger den Schuldner unverzüglich zu benachrichtigen; im Falle der Unterlassung ist er zum Schadensersatz verpflichtet.

§ 377 HGB
(1) Ist der Kauf für beide Teile ein Handelsgeschäft, so hat der Käufer die Ware unverzüglich nach der Ablieferung durch den Verkäufer, soweit dies nach ordnungsmäßigem Geschäftsgange tunlich ist, zu untersuchen und, wenn sich ein Mangel zeigt, dem Verkäufer unverzüglich Anzeige zu machen.
(2) Unterlässt der Käufer die Anzeige, so gilt die Ware als genehmigt, es sei denn, dass es sich um einen Mangel handelt, der bei der Untersuchung nicht erkennbar war.
(3) Zeigt sich später ein solcher Mangel, so muss die Anzeige unverzüglich nach der Entdeckung gemacht werden; anderenfalls gilt die Ware auch in Ansehung dieses Mangels als genehmigt.
(4) Zur Erhaltung der Rechte des Käufers genügt die rechtzeitige Absendung der Anzeige.
(5) Hat der Verkäufer den Mangel arglistig verschwiegen, so kann er sich auf diese Vorschriften nicht berufen.
(...)

Betriebsverfassungsgesetz (BetrVerfG) – *Auswahl*

Erster Teil. Allgemeine Vorschriften

§ 1 Errichtung von Betriebsräten
(1) In Betrieben mit in der Regel mindestens fünf ständigen wahlberechtigten Arbeitnehmern, von denen drei wählbar sind, werden Betriebsräte gewählt. Dies gilt auch für gemeinsame Betriebe mehrerer Unternehmen.
(...)

§ 2 Stellung der Gewerkschaften und Vereinigungen der Arbeitgeber
(1) Arbeitgeber und Betriebsrat arbeiten unter Beachtung der geltenden Tarifverträge vertrauensvoll und im Zusammenwirken mit den im Betrieb vertretenen Gewerkschaften und Arbeitgebervereinigungen zum Wohl der Arbeitnehmer und des Betriebs zusammen.
(2) Zur Wahrnehmung der in diesem Gesetz genannten Aufgaben und Befugnisse der im Betrieb vertretenen Gewerkschaften ist deren Beauftragten nach Unterrichtung des Arbeitgebers oder seines Vertreters Zugang zum Betrieb zu gewähren, soweit dem nicht unumgängliche Notwendigkeiten des Betriebsablaufs, zwingende Sicherheitsvorschriften oder Schutz von Betriebsgeheimnissen entgegenstehen.
(3) Die Aufgaben der Gewerkschaften und der Vereinigungen der Arbeitgeber, insbesondere die Wahrnehmung der Interessen ihrer Mitglieder, werden durch dieses Gesetz nicht berührt.
(...)

Zweiter Teil. Betriebsrat, Betriebsversammlung, Gesamt- und Konzernbetriebsrat

§ 7 Wahlberechtigung
Wahlberechtigt sind alle Arbeitnehmer, die das 18. Lebensjahr vollendet haben. Werden Arbeitnehmer eines anderen Arbeitgebers zur Arbeitsleistung überlassen, so sind diese wahlberechtigt, wenn sie länger als drei Monate im Betrieb eingesetzt werden.

§ 8 Wählbarkeit

(1) Wählbar sind alle Wahlberechtigten, die sechs Monate dem Betrieb angehören oder als in Heimarbeit Beschäftigte in der Hauptsache für den Betrieb gearbeitet haben. Auf diese sechsmonatige Betriebszugehörigkeit werden Zeiten angerechnet, in denen der Arbeitnehmer unmittelbar vorher einem anderen Betrieb desselben Unternehmens oder Konzerns (§ 18 Abs. 1 des Aktiengesetzes) angehört hat. Nicht wählbar ist, wer infolge strafgerichtlicher Verurteilung die Fähigkeit, Rechte aus öffentlichen Wahlen zu erlangen, nicht besitzt.
(…)

§ 9 Zahl der Betriebsratsmitglieder

Der Betriebsrat besteht in Betrieben mit in der Regel 5 bis 20 wahlberechtigten Arbeitnehmern aus einer Person, 21 bis 50 wahlberechtigten Arbeitnehmern aus 3 Mitgliedern,
51 wahlberechtigten Arbeitnehmern
bis 100 Arbeitnehmern aus 5 Mitgliedern,
101 bis 200 Arbeitnehmern aus 7 Mitgliedern,
201 bis 400 Arbeitnehmern aus 9 Mitgliedern,
401 bis 700 Arbeitnehmern aus 11 Mitgliedern,
701 bis 1 000 Arbeitnehmern aus 13 Mitgliedern,
1 001 bis 1 500 Arbeitnehmern aus 15 Mitgliedern,
1 501 bis 2 000 Arbeitnehmern aus 17 Mitgliedern,
2 001 bis 2 500 Arbeitnehmern aus 19 Mitgliedern,
2 501 bis 3 000 Arbeitnehmern aus 21 Mitgliedern,
3 001 bis 3 500 Arbeitnehmern aus 23 Mitgliedern,
3 501 bis 4 000 Arbeitnehmern aus 25 Mitgliedern,
4 001 bis 4 500 Arbeitnehmern aus 27 Mitgliedern,
4 501 bis 5 000 Arbeitnehmern aus 29 Mitgliedern,
5 001 bis 6 000 Arbeitnehmern aus 31 Mitgliedern,
6 001 bis 7 000 Arbeitnehmern aus 33 Mitgliedern,
7 001 bis 9 000 Arbeitnehmern aus 35 Mitgliedern,
In Betrieben mit mehr als 9 000 Arbeitnehmern erhöht sich die Zahl der Mitglieder des Betriebsrats für je angefangene weitere 3 000 Arbeitnehmer um 2 Mitglieder.

§ 13 Zeitpunkt der Betriebsratswahlen

(1) Die regelmäßigen Betriebsratswahlen finden alle vier Jahre in der Zeit vom 1. März bis 31. Mai statt. (…)

§ 14 Wahlvorschriften

(1) Der Betriebsrat wird in geheimer und unmittelbarer Wahl gewählt.
(2) Die Wahl erfolgt nach den Grundsätzen der Verhältniswahl. Sie erfolgt nach den Grundsätzen der Mehrheitswahl, wenn nur ein Wahlvorschlag eingereicht wird oder wenn der Betriebsrat im vereinfachten Wahlverfahren nach § 14a zu wählen ist.
(3) Zur Wahl des Betriebsrats können die wahlberechtigten Arbeitnehmer und die im Betrieb vertretenen Gewerkschaften Wahlvorschläge machen.
(4) Jeder Wahlvorschlag der Arbeitnehmer muss von mindestens einem Zwanzigstel der wahlberechtigten Arbeitnehmer, mindestens jedoch von drei Wahlberechtigten unterzeichnet sein; in Betrieben mit in der Regel bis zu zwanzig wahlberechtigten Arbeitnehmern genügt die Unterzeichnung durch zwei Wahlberechtigte. In jedem Fall genügt die Unterzeichnung durch fünfzig wahlberechtigte Arbeitnehmer.
(5) Jeder Wahlvorschlag einer Gewerkschaft muss von zwei Beauftragten unterzeichnet sein.

§ 14a Vereinfachtes Wahlverfahren für Kleinbetriebe

(1) In Betrieben mit in der Regel fünf bis fünfzig wahlberechtigten Arbeitnehmern wird der Betriebsrat in einem zweistufigen Verfahren gewählt. Auf einer ersten Wahlversammlung wird der Wahlvorstand nach § 17a Nr. 3 gewählt. Auf einer zweiten Wahlversammlung wird der Betriebsrat in geheimer und unmittelbarer Wahl gewählt. Diese Wahlversammlung findet eine Woche nach der Wahlversammlung zur Wahl des Wahlvorstandes statt. (…)

§ 15 Zusammensetzung nach Beschäftigungsarten und Geschlechtern

(1) Der Betriebsrat soll sich möglichst aus Arbeitnehmern der einzelnen Organisationsbereiche und der verschiedenen Beschäftigungsarten der im Betrieb tätigen Arbeitnehmer zusammensetzen.
(2) Das Geschlecht, das in der Belegschaft in der Minderheit ist, muss mindestens entsprechend seinem zahlenmäßigen Verhältnis im Betriebsrat vertreten sein, wenn dieser aus mindestens drei Mitgliedern besteht.

§ 19 Wahlanfechtung

(1) Die Wahl kann beim Arbeitsgericht angefochten werden, wenn gegen wesentliche Vorschriften über das Wahlrecht, die Wählbarkeit oder das Wahlverfahren verstoßen worden ist und eine Berichtigung nicht erfolgt ist, es sei denn, dass durch den Verstoß das Wahlergebnis nicht geändert oder beeinflusst werden konnte.
(…)

§ 20 Wahlschutz und Wahlkosten

(1) Niemand darf die Wahl des Betriebsrats behindern. Insbesondere darf kein Arbeitnehmer in der Ausübung des aktiven und passiven Wahlrechts beschränkt werden.
(2) Niemand darf die Wahl des Betriebsrats durch Zufügung und Androhung von Nachteilen oder durch Gewährung oder Versprechen von Vorteilen beeinflussen.
(3) Die Kosten der Wahl trägt der Arbeitgeber. Versäumnis von Arbeitszeit, die zur Ausübung des Wahlrechts, zur Betätigung im Wahlvorstand oder zur Tätigkeit als Vermittler (…) erforderlich ist, berechtigt den Arbeitgeber nicht zur Minderung des Arbeitsentgelts.

§ 21 Amtszeit

Die regelmäßige Amtszeit des Betriebsrats beträgt vier Jahre.
(…)

§ 26 Vorsitzender des Betriebsrats

(1) Der Betriebsrat wählt aus seiner Mitte den Vorsitzenden und dessen Stellvertreter.
(…)

§ 27 Betriebsausschuss

(1) Hat ein Betriebsrat neun oder mehr Mitglieder, so bildet er einen Betriebsausschuss. (…)
(2) Der Betriebsausschuss führt die laufenden Geschäfte des Betriebsrats.
(…)

§ 30 Betriebsratssitzungen

Die Sitzungen des Betriebsrats finden in der Regel während der Arbeitszeit statt. Der Betriebsrat hat bei der Ansetzung von Betriebsratssitzungen auf die betrieblichen Notwendigkeiten Rücksicht zu nehmen. Der Arbeitgeber ist vom Zeitpunkt der Sitzung vorher zu verständigen. Die Sitzungen des Betriebsrats sind nicht öffentlich.

§ 39 Sprechstunden

(1) Der Betriebsrat kann während der Arbeitszeit Sprechstunden einrichten. Zeit und Ort sind mit dem Arbeitgeber zu vereinbaren.
(…)

(3) Versäumnis von Arbeitszeit, die zum Besuch der Sprechstunden oder durch sonstige Inanspruchnahme des Betriebsrats erforderlich ist, berechtigt den Arbeitgeber nicht zur Minderung des Arbeitsentgelts des Arbeitnehmers.

§ 40 Kosten und Sachaufwand des Betriebsrats
(1) Die durch die Tätigkeit des Betriebsrats entstehenden Kosten trägt der Arbeitgeber.
(2) Für die Sitzungen, die Sprechstunden und die laufende Geschäftsführung hat der Arbeitgeber in erforderlichem Umfang Räume, sachliche Mittel, Informations- und Kommunikationstechnik sowie Büropersonal zur Verfügung zu stellen.
(...)

§ 43 Regelmäßige Betriebs- und Abteilungsversammlungen
(1) Der Betriebsrat hat einmal in jedem Kalendervierteljahr eine Betriebsversammlung einzuberufen und in ihr einen Tätigkeitsbericht zu erstatten. (...)
(2) Der Arbeitgeber ist zu den Betriebs- und Abteilungsversammlungen unter Mitteilung der Tagesordnung einzuladen. Er ist berechtigt, in den Versammlungen zu sprechen. Der Arbeitgeber oder sein Vertreter hat mindestens einmal in jedem Kalenderjahr in einer Betriebsversammlung über das Personal- und Sozialwesen einschließlich des Stands der Gleichstellung von Frauen und Männern im Betrieb sowie der Integration der im Betrieb beschäftigten ausländischen Arbeitnehmer, über die wirtschaftliche Lage und Entwicklung des Betriebs sowie über den betrieblichen Umweltschutz zu berichten, soweit dadurch nicht Betriebs- oder Geschäftsgeheimnisse gefährdet werden.
(...)

Dritter Teil – Jugend- und Auszubildendenvertretung

§ 60 Errichtung und Aufgabe
(1) In Betrieben mit in der Regel mindestens fünf Arbeitnehmern, die das 18. Lebensjahr noch nicht vollendet haben (jugendliche Arbeitnehmer) oder die zu ihrer Berufsausbildung beschäftigt sind und das 25. Lebensjahr noch nicht vollendet haben, werden Jugend- und Auszubildendenvertretungen gewählt. (2) Die Jugend- und Auszubildendenvertretung nimmt nach Maßnahme der folgenden Vorschriften die besonderen Belange der in Absatz 1 genannten Arbeitnehmer wahr.

§ 61 Wahlberechtigung und Wählbarkeit
(1) Wahlberechtigt sind alle in § 60 Abs. 1 genannten Arbeitnehmer des Betriebs.
(2) Wählbar sind alle Arbeitnehmer des Betriebs, die das 25. Lebensjahr noch nicht vollendet haben; § 8 Abs. 1 Satz 3 findet Anwendung. Mitglieder des Betriebsrats können nicht zu Jugend- und Auszubildendenvertretern gewählt werden.

§ 62 Zahl der Jugend- und Auszubildendenvertreter, Zusammensetzung der Jugend- und Auszubildendenvertretung.
(1) Die Jugend- und Auszubildendenvertretung besteht in Betrieben mit in der Regel
5 bis 20 der in § 60 Abs. 1 genannten Arbeitnehmer aus einer Person,
21 bis 50 der in § 60 Abs. 1 genannten Arbeitnehmer aus 3 Mitgliedern,
51 bis 150 der in § 60 Abs. 1 genannten Arbeitnehmer aus 5 Mitgliedern,
151 bis 300 der in § 60 Abs. 1 genannten Arbeitnehmer aus 7 Mitgliedern,
301 bis 500 der in § 60 Abs. 1 genannten Arbeitnehmer aus 9 Mitgliedern,
501 bis 700 der in § 60 Abs. 1 genannten Arbeitnehmer aus 11 Mitgliedern,
701 bis 1 000 der in § 60 Abs. 1 genannten Arbeitnehmer aus 13 Mitgliedern,
mehr als 1 000 der in § 60 Abs. 1 genannten Arbeitnehmer aus 15 Mitgliedern.
(...)
(3) Das Geschlecht, das unter den in § 60 Abs. 1 genannten Arbeitnehmern in der Minderheit ist, muss mindestens entsprechend seinem zahlenmäßigen Verhältnis in der Jugend- und Auszubildendenvertretung vertreten sein, wenn diese aus mindestens drei Mitgliedern besteht.
(...)

§ 64 Zeitpunkt der Wahlen und Amtszeit
(1) Die regelmäßigen Wahlen der Jugend- und Auszubildendenvertretung finden alle zwei Jahre in der Zeit vom 1. Oktober bis zum 30. November statt. (...)
(2) Die regelmäßige Amtszeit der Jugend- und Auszubildendenvertretung beträgt zwei Jahre.
(...)

§ 67 Teilnahme an Betriebsratssitzungen
(1) Die Jugend- und Auszubildendenvertretung kann zu allen Betriebsratssitzungen einen Vertreter entsenden. Werden Angelegenheiten behandelt, die besonders die in § 60 Abs. 1 genannten Arbeitnehmer betreffen, so hat zu diesen Tagesordnungspunkten die gesamte Jugend- und Auszubildendenvertretung ein Teilnahmerecht.
(2) Die Jugend- und Auszubildendenvertreter haben Stimmrecht, soweit die zu fassenden Beschlüsse des Betriebsrats überwiegend die in § 60 Abs. 1 genannten Arbeitnehmer betreffen.
(3) Die Jugend- und Auszubildendenvertretung kann beim Betriebsrat beantragen, Angelegenheiten, die besonders die in § 60 Abs. 1 genannten Arbeitnehmer betreffen und über die sie beraten hat, auf die nächste Tagesordnung zu setzen. Der Betriebsrat soll Angelegenheiten, die besonders die in § 60 Abs. 1 genannten Arbeitnehmer betreffen, der Jugend- und Auszubildendenvertretung zur Beratung zuleiten.
(...)

§ 69 Sprechstunden
In Betrieben, die in der Regel mehr als fünfzig der in § 60 Abs. 1 genannten Arbeitnehmer beschäftigen, kann die Jugend- und Auszubildendenvertretung Sprechstunden während der Arbeitszeit einrichten. (...)

§ 70 Allgemeine Aufgaben
(1) Die Jugendvertretung hat folgende allgemeine Aufgaben:
1. Maßnahmen, die den in § 60 Abs. 1 genannten Arbeitnehmern dienen, insbesondere in Fragen der Berufsbildung und der Übernahme der zu ihrer Berufsausbildung Beschäftigten in ein Arbeitsverhältnis beim Betriebsrat zu beantragen; (...)
2. darüber zu wachen, dass die zugunsten der in § 60 Abs. 1 genannten Arbeitnehmer geltenden Gesetze, Verordnungen, Unfallverhütungsvorschriften, Tarifverträge und Betriebsvereinbarungen durchgeführt werden;
3. Anregungen von in § 60 Abs. 1 genannten Arbeitnehmern, insbesondere in Fragen der Berufsbildung, entgegenzunehmen und, falls sie berechtigt erscheinen, beim Betriebsrat auf eine Erledigung hinzuwirken. Die Jugend- und Auszubildendenvertretung hat die betroffenen in § 60 Abs. 1 genannten Arbeitnehmer über den Stand und das Ergebnis der Verhandlungen zu informieren,

4. die Integration ausländischer, in § 60 Abs. 1 genannter Arbeitnehmer im Betrieb zu fördern und entsprechende Maßnahmen beim Betriebsrat zu beantragen.

(…)

§ 71 Jugend- und Auszubildendenversammlung
Die Jugend- und Auszubildendenvertretung kann vor oder nach jeder Betriebsversammlung im Einvernehmen mit dem Betriebsrat eine betriebliche Jugend- und Auszubildendenversammlung einberufen. (…)

Vierter Teil – Mitwirkung und Mitbestimmung der Arbeitnehmer

(…)

§ 76 Einigungsstelle
(1) Zur Beilegung von Meinungsverschiedenheiten zwischen Arbeitgeber und Betriebsrat, Gesamtbetriebsrat oder Konzernbetriebsrat ist bei Bedarf eine Einigungsstelle zu bilden. Durch Betriebsvereinbarung kann eine ständige Einigungsstelle errichtet werden.
(2) Die Einigungsstelle besteht aus einer gleichen Anzahl von Beisitzern, die vom Arbeitgeber und Betriebsrat bestellt werden, und einem unparteiischen Vorsitzenden, auf dessen Person sich beide Seiten einigen müssen. Kommt eine Einigung über die Person des Vorsitzenden nicht zustande, so bestellt ihn das Arbeitsgericht. Dieses entscheidet auch, wenn kein Einverständnis über die Zahl der Beisitzer erzielt wird.
(3) Die Einigungsstelle hat unverzüglich tätig zu werden. Sie fasst ihre Beschlüsse nach mündlicher Beratung mit Stimmenmehrheit. Bei der Beschlussfassung hat sich der Vorsitzende zunächst der Stimme zu enthalten; kommt eine Stimmenmehrheit nicht zustande, so nimmt der Vorsitzende nach weiterer Beratung an der erneuten Beschlussfassung teil. Die Beschlüsse der Einigungsstelle sind schriftlich niederzulegen, vom Vorsitzenden zu unterschreiben und Arbeitgeber und Betriebsrat zuzuleiten.
(…)
(8) Durch Tarifvertrag kann bestimmt werden, dass an die Stelle der in Absatz 1 bezeichneten Einigungsstelle eine tarifliche Schlichtungsstelle tritt.
(…)

§ 77 Durchführung gemeinsamer Beschlüsse; Betriebsvereinbarungen
(1) Vereinbarungen zwischen Betriebsrat und Arbeitgeber, auch soweit sie auf einem Spruch der Einigungsstelle beruhen, führt der Arbeitgeber durch, es sei denn, dass im Einzelfall etwas anderes vereinbart ist. Der Betriebsrat darf nicht durch einseitige Handlungen in die Leitung des Betriebes eingreifen.
(2) Betriebsvereinbarungen sind von Betriebsrat und Arbeitgeber gemeinsam zu beschließen und schriftlich niederzulegen. (…)
(3) Arbeitsentgelte und sonstige Arbeitsbedingungen, die durch Tarifvertrag geregelt sind oder üblicherweise geregelt werden, können nicht Gegenstand einer Betriebsvereinbarung sein. Dies gilt nicht, wenn ein Tarifvertrag den Abschluss ergänzender Betriebsvereinbarungen ausdrücklich zulässt.
(4) Betriebsvereinbarungen gelten unmittelbar und zwingend. Werden Arbeitnehmern durch die Betriebsvereinbarung Rechte eingeräumt, so ist ein Verzicht auf sie nur mit Zustimmung des Betriebsrats zulässig.
(…)

§ 78a Schutz Auszubildender in besonderen Fällen
(1) Beabsichtigt der Arbeitgeber, einen Auszubildenden, der Mitglied der Jugend- und Auszubildendenvertretung, des Betriebsrats, der Bordvertretung oder des Seebetriebsrats ist, nach Beendigung des Berufsausbildungsverhältnisses nicht in ein Arbeitsverhältnis auf unbestimmte Zeit zu übernehmen, so hat er dies drei Monate vor Beendigung des Berufsausbildungsverhältnisses dem Auszubildenden schriftlich mitzuteilen.
(2) Verlangt ein in Absatz 1 genannter Ausbildender innerhalb der letzten drei Monate vor Beendigung des Berufsausbildungsverhältnisses schriftlich vom Arbeitgeber die Weiterbeschäftigung, so gilt zwischen Auszubildenden und Arbeitgeber im Anschluss an das Berufsausbildungsverhältnis ein Arbeitsverhältnis auf unbestimmte Zeit als begründet.
(3) Die Absätze 1 und 2 gelten auch, wenn das Berufsausbildungsverhältnis vor Ablauf eines Jahres nach Beendigung der Amtszeit der Jugend- und Auszubildendenvertretung, des Betriebsrats, der Bordvertretung oder des Seebetriebsrats endet.
(…)

§ 79 Geheimhaltungspflicht
(1) Die Mitglieder und Ersatzmitglieder des Betriebsrats sind verpflichtet, Betriebs- oder Geschäftsgeheimnisse, die ihnen wegen ihrer Zugehörigkeit zum Betriebsrat bekannt geworden und vom Arbeitgeber ausdrücklich als geheimhaltungsbedürftig bezeichnet worden sind, nicht zu offenbaren und nicht zu verwerten. Dies gilt auch nach dem Ausscheiden aus dem Betriebsrat. Die Verpflichtung gilt nicht gegenüber Mitgliedern des Betriebsrats.
(…)

§ 80 Allgemeine Aufgaben des Betriebsrats
(1) Der Betriebsrat hat folgende allgemeine Aufgaben:
1. darüber zu wachen, dass die zugunsten der Arbeitnehmer geltenden Gesetze, Verordnungen, Unfallverhütungsvorschriften, Tarifverträge und Betriebsvereinbarungen durchgeführt werden;
2. Maßnahmen, die dem Betrieb und der Belegschaft dienen, beim Arbeitgeber zu beantragen;
2a. die Durchsetzung der tatsächlichen Gleichstellung von Frauen und Männern, insbesondere bei der Einstellung, Beschäftigung, Aus-, Fort- und Weiterbildung und dem beruflichen Aufstieg, zu fördern;
2b. die Vereinbarkeit von Familie und Erwerbstätigkeit zu fördern;
3. Anregungen von Arbeitnehmern und der Jugend- und Auszubildendenvertretung entgegenzunehmen und, falls sie berechtigt erscheinen, durch Verhandlungen mit dem Arbeitgeber auf eine Erledigung hinzuwirken; er hat die betreffenden Arbeitnehmer über den Stand und das Ergebnis der Verhandlungen zu unterrichten;
4. die Eingliederung Schwerbeschädigter und sonstiger besonders schutzbedürftiger Personen zu fördern;
5. die Wahl einer Jugend- und Auszubildendenvertretung vorzubereiten und durchzuführen und mit dieser zur Förderung der Belange der in § 60 Abs. 1 genannten Arbeitnehmer eng zusammenzuarbeiten; er kann von der Jugend- und Auszubildendenvertretung Vorschläge und Stellungnahmen anfordern;
6. die Beschäftigung älterer Arbeitnehmer im Betrieb zu fördern;
7. die Integration ausländischer Arbeitnehmer im Betrieb und das Verständnis zwischen ihnen und den deutschen Arbeitnehmern zu fördern sowie Maßnahmen zur Bekämpfung von Rassismus und Fremdenfeindlichkeit im Betrieb zu beantragen;
8. die Beschäftigung im Betrieb zu fördern und zu sichern;
9. Maßnahmen des Arbeitsschutzes und des betrieblichen Umweltschutzes zu fördern.

(2) Zur Durchführung seiner Aufgaben nach diesem Gesetz ist der Betriebsrat rechtzeitig und umfassend vom Arbeitgeber zu unterrichten; die Unterrichtung erstreckt sich auch auf

von Personen, die nicht in einem Arbeitsverhältnis zum Arbeitgeber stehen. Dem Betriebsrat sind auf Verlangen jederzeit die zur Durchführung seiner Aufgaben erforderlichen Unterlagen zur Verfügung zu stellen; in diesem Rahmen ist der Betriebsausschuss oder ein nach § 28 gebildeter Ausschuss berechtigt, in die Listen über die Bruttolöhne und -gehälter Einblick zu nehmen.
(...)

§ 83 Einsicht in die Personalakten
(1) Der Arbeitnehmer hat das Recht, in die über ihn geführten Personalakten Einsicht zu nehmen. Er kann hierzu ein Mitglied des Betriebsrats hinzuziehen. Das Mitglied des Betriebsrats hat über den Inhalt der Personalakte Stillschweigen zu bewahren, soweit es vom Arbeitnehmer im Einzelfall nicht von dieser Verpflichtung entbunden wird.
(2) Erklärungen des Arbeitnehmers zum Inhalt der Personalakte sind dieser auf sein Verlangen beizufügen.
(...)

§ 87 Mitbestimmungsrechte in sozialen Angelegenheiten
(1) Der Betriebsrat hat, soweit eine gesetzliche oder tarifliche Regelung nicht besteht, in folgenden Angelegenheiten mitzubestimmen:
1. Fragen der Ordnung des Betriebs und des Verhaltens der Arbeitnehmer im Betrieb;
2. Beginn und Ende der täglichen Arbeitszeit einschließlich der Pausen sowie Verteilung der Arbeitszeit auf die einzelnen Wochentage;
3. vorübergehende Verkürzung oder Verlängerung der betriebsüblichen Arbeitszeit;
4. Zeit, Ort und Art der Auszahlung der Arbeitsentgelte;
5. Aufstellung allgemeiner Urlaubsgrundsätze und des Urlaubsplans sowie die Festsetzung der zeitlichen Lage des Urlaubs für einzelne Arbeitnehmer, wenn zwischen dem Arbeitgeber und den beteiligten Arbeitnehmern kein Einverständnis erzielt wird;
6. Einführung und Anwendung von technischen Einrichtungen, die dazu bestimmt sind, das Verhalten oder die Leistung der Arbeitnehmer zu überwachen;
7. Regelungen über die Verhütung von Arbeitsunfällen und Berufskrankheiten sowie über den Gesundheitsschutz im Rahmen der gesetzlichen Vorschriften oder der Unfallverhütungsvorschriften;
8. Form, Ausgestaltung und Verwaltung von Sozialeinrichtungen, deren Wirkungsbereich auf den Betrieb, das Unternehmen oder den Konzern beschränkt ist;
9. Zuweisung und Kündigung von Wohnräumen, die den Arbeitnehmern mit Rücksicht auf das Bestehen eines Arbeitsverhältnisses vermietet werden, sowie die allgemeine Festlegung der Nutzungsbedingungen;
10. Fragen der betrieblichen Lohngestaltung, insbesondere die Aufstellung von Entlohnungsgrundsätzen und die Einführung und Anwendung von neuen Entlohnungsmethoden sowie deren Änderung;
11. Festsetzung der Akkord- und Prämiensätze und vergleichbarer leistungsbezogener Entgelte, einschließlich der Geldfaktoren;
12. Grundsätze über das betriebliche Vorschlagswesen;
13. Grundsätze über die Durchführung von Gruppenarbeit; Gruppenarbeit im Sinne dieser Vorschrift liegt vor, wenn im Rahmen des betrieblichen Arbeitsablaufs eine Gruppe von Arbeitnehmern eine ihr übertragene Gesamtaufgabe im Wesentlichen eigenverantwortlich erledigt.

(2) Kommt eine Einigung über eine Angelegenheit nach Absatz 1 nicht zustande, so entscheidet die Einigungsstelle. Der Spruch der Einigungsstelle ersetzt die Einigung zwischen Arbeitgeber und Betriebsrat.

§ 88 Freiwillige Betriebsvereinbarungen
Durch Betriebsvereinbarung können insbesondere geregelt werden
1. zusätzliche Maßnahmen zur Verhütung von Arbeitsunfällen und Gesundheitsschädigungen;

1a. Maßnahmen des betrieblichen Umweltschutzes;

2. die Errichtung von Sozialeinrichtungen, deren Wirkungsbereich auf den Betrieb, das Unternehmen oder den Konzern beschränkt ist;
3. Maßnahmen zur Förderung der Vermögensbildung;
4. Maßnahmen zur Integration ausländischer Arbeitnehmer sowie zur Bekämpfung von Rassismus und Fremdenfeindlichkeit im Betrieb.

(...)

§ 90 Unterrichtungs- und Beratungsrechte für die Gestaltung von Arbeitsplatz, Arbeitsablauf und Arbeitsumgebung
Der Arbeitgeber hat den Betriebsrat über die Planung
1. von Neu-, Um- und Erweiterungsbauten von Fabrikations-, Verwaltungs- und sonstigen betrieblichen Räumen,
2. von technischen Anlagen,
3. von Arbeitsverfahren und Arbeitsabläufen oder
4. der Arbeitsplätze

rechtzeitig unter Vorlage der erforderlichen Unterlagen zu unterrichten.
(2) Der Arbeitgeber hat mit dem Betriebsrat die vorgesehenen Maßnahmen und ihre Auswirkungen auf die Arbeitnehmer, insbesondere auf die Art ihrer Arbeit sowie die sich daraus ergebenden Anforderungen an die Arbeitnehmer so rechtzeitig zu beraten, dass Vorschläge und Bedenken des Betriebsrats bei der Planung berücksichtigt werden können. Arbeitgeber und Betriebsrat sollen dabei auch die gesicherten arbeitswissenschaftlichen Erkenntnisse über die menschengerechte Gestaltung der Arbeit berücksichtigen.

§ 91 Mitbestimmungsrecht
Werden die Arbeitnehmer durch Änderungen der Arbeitsplätze, des Arbeitsablaufs oder der Arbeitsumgebung, die den gesicherten arbeitswissenschaftlichen Erkenntnissen über die menschengerechte Gestaltung der Arbeit offensichtlich widersprechen, in besonderer Weise belastet, so kann der Betriebsrat angemessene Maßnahmen zur Abwendung, Milderung oder zum Ausgleich der Belastung verlangen. Kommt eine Einigung nicht zustande, so entscheidet die Einigungsstelle. Der Spruch der Einigungsstelle ersetzt die Einigung zwischen Arbeitgeber und Betriebsrat.

§ 92 Personalplanung
(1) Der Arbeitgeber hat den Betriebsrat über die Personalplanung, insbesondere über den gegenwärtigen und künftigen Personalbedarf sowie über die sich daraus ergebenden personellen Maßnahmen und Maßnahmen der Berufsbildung anhand von Unterlagen rechtzeitig und umfassend zu unterrichten. Er hat mit dem Betriebsrat über die Art und Umfang der erforderlichen Maßnahmen und über die Vermeidung von Härten zu beraten.
(2) Der Betriebsrat kann dem Arbeitgeber Vorschläge für die Einführung einer Personalplanung und ihre Durchführung machen.
(...)

§ 93 Ausschreibung von Arbeitsplätzen
Der Betriebsrat kann verlangen, dass Arbeitsplätze, die besetzt werden sollen, allgemein oder für bestimmte Arten von Tätigkeiten vor ihrer Besetzung innerhalb des Betriebs ausgeschrieben werden.

3503536

§ 94 Personalfragebogen; Beurteilungsgrundsätze

(1) Personalfragebogen bedürfen der Zustimmung des Betriebsrats. Kommt eine Einigung über ihren Inhalt nicht zustande, so entscheidet die Einigungsstelle. Der Spruch der Einigungsstelle ersetzt die Einigung zwischen Arbeitgeber und Betriebsrat.

(...)

§ 95 Auswahlrichtlinien

(1) Richtlinien über die personelle Auswahl bei Einstellungen, Versetzungen, Umgruppierungen und Kündigungen bedürfen der Zustimmung des Betriebsrats. Kommt eine Einigung über die Richtlinien oder ihren Inhalt nicht zustande, so entscheidet auf Antrag des Arbeitgebers die Einigungsstelle. Der Spruch der Einigungsstelle ersetzt die Einigung zwischen Arbeitgeber und Betriebsrat.

(...)

§ 99 Mitbestimmung bei personellen Einzelmaßnahmen

(1) In Unternehmen mit in der Regel mehr als zwanzig wahlberechtigten Arbeitnehmern hat der Arbeitgeber den Betriebsrat vor jeder Einstellung, Eingruppierung, Umgruppierung und Versetzung zu unterrichten, ihm die erforderlichen Bewerbungsunterlagen vorzulegen und Auskunft über die Person der Beteiligten zu geben; er hat dem Betriebsrat unter Vorlage der erforderlichen Unterlagen Auskunft über die Auswirkungen der geplanten Maßnahme zu geben und die Zustimmung des Betriebsrats zu der geplanten Maßnahme einzuholen. Bei Einstellungen und Versetzungen hat der Arbeitgeber insbesondere den in Aussicht genommenen Arbeitsplatz und die vorgesehene Eingruppierung mitzuteilen. (...)

Der Betriebsrat kann die Zustimmung verweigern, wenn

1. die personelle Maßnahme gegen ein Gesetz, eine Verordnung, eine Unfallverhütungsvorschrift oder gegen eine Bestimmung in einem Tarifvertrag oder in einer Betriebsvereinbarung oder gegen eine gerichtliche Entscheidung oder eine behördliche Anordnung verstoßen würde, (...)
3. die durch Tatsachen begründete Besorgnis besteht, dass infolge der personellen Maßnahme im Betrieb beschäftigte Arbeitnehmer gekündigt werden oder sonstige Nachteile erleiden, ohne dass dies aus betrieblichen oder persönlichen Gründen gerechtfertigt ist; als Nachteil gilt bei unbefristeter Einstellung auch die Nichtberücksichtigung eines gleich geeigneten befristet Beschäftigten,
4. der betroffene Arbeitnehmer durch die personelle Maßnahme benachteiligt wird, ohne dass dies aus betrieblichen oder in der Person des Arbeitnehmers liegenden Gründen gerechtfertigt ist,
5. eine nach § 93 erforderliche Ausschreibung im Betrieb unterblieben ist (...)

(4) Verweigert der Betriebsrat seine Zustimmung, so kann der Arbeitgeber beim Arbeitsgericht beantragen, die Zustimmung zu ersetzen.

(...)

§ 102 Mitbestimmung bei Kündigungen

(1) Der Betriebsrat ist vor jeder Kündigung zu hören. Der Arbeitgeber hat ihm die Gründe für die Kündigung mitzuteilen. Eine ohne Anhörung des Betriebsrats ausgesprochene Kündigung ist unwirksam.

(2) Hat der Betriebsrat gegen eine ordentliche Kündigung Bedenken, so hat er diese unter Angabe der Gründe dem Arbeitgeber spätestens innerhalb einer Woche schriftlich mitzuteilen. Äußert er sich innerhalb dieser Frist nicht, gilt seine Zustimmung zur Kündigung als erteilt. Hat der Betriebsrat gegen eine außerordentliche Kündigung Bedenken, so hat er diese unter Angabe der Gründe dem Arbeitgeber unverzüglich, spätestens jedoch innerhalb von drei Tagen, schriftlich mitzuteilen. Der Betriebsrat soll, soweit dies erforderlich erscheint, vor seiner Stellungnahme den betroffenen Arbeitnehmer hören.

(3) Der Betriebsrat kann innerhalb der Frist des Absatzes 2 Satz 1 der ordentlichen Kündigung widersprechen, wenn

1. der Arbeitgeber bei der Auswahl des zu kündigenden Arbeitnehmers soziale Gesichtspunkte nicht oder nicht ausreichend berücksichtigt hat,
2. die Kündigung gegen eine Richtlinie nach § 95 verstößt,
3. der zu kündigende Arbeitnehmer an einem anderen Arbeitsplatz im selben Betrieb oder in einem anderen Betrieb des Unternehmens weiterbeschäftigt werden kann,
4. die Weiterbeschäftigung des Arbeitnehmers nach zumutbaren Umschulungs- oder Fortbildungsmaßnahmen möglich ist oder
5. eine Weiterbeschäftigung des Arbeitnehmers unter geänderten Vertragsbedingungen möglich ist und der Arbeitnehmer sein Einverständnis hiermit erklärt hat.

(...)

§ 103 Außerordentliche Kündigung in besonderen Fällen

(1) Die außerordentliche Kündigung und Versetzung von Mitgliedern des Betriebsrats, der Jugendvertretung, der Bordvertretung und des Seebetriebsrats, des Wahlvorstands sowie von Wahlbewerbern bedarf der Zustimmung des Betriebsrats.

(2) Verweigert der Betriebsrat seine Zustimmung, so kann das Arbeitsgericht sie auf Antrag des Arbeitgebers ersetzen, wenn die außerordentliche Kündigung unter Berücksichtigung aller Umstände gerechtfertigt ist. In dem Verfahren vor dem Arbeitsgericht ist der betroffene Arbeitnehmer Beteiligter. (...)

§ 104 Entfernung betriebsstörender Arbeitnehmer

Hat ein Arbeitnehmer durch gesetzwidriges Verhalten oder durch grobe Verletzung der in § 75 Abs. 1 enthaltenen Grundsätze, insbesondere durch rassistische oder fremdenfeindliche Betätigungen, den Betriebsfrieden wiederholt ernstlich gestört, so kann der Betriebsrat vom Arbeitgeber die Entlassung oder Versetzung verlangen. Gibt das Arbeitsgericht einem Antrag des Betriebsrats statt, dem Arbeitgeber aufzugeben die Entlassung oder Versetzung durchzuführen, und führt der Arbeitgeber die Entlassung oder Versetzung einer rechtskräftigen gerichtlichen Entscheidung zuwider nicht durch, so ist auf Antrag des Betriebsrats vom Arbeitsgericht zu erkennen, dass er zur Vornahme der Entlassung oder Versetzung durch Zwangsgeld anzuhalten sei. Das Höchstmaß des Zwangsgeldes beträgt für jeden Tag der Zuwiderhandlung 250,00 Euro.

(...)

§ 106 Wirtschaftsausschuss

(1) In allen Unternehmungen mit in der Regel mehr als einhundert ständig beschäftigten Arbeitnehmern ist ein Wirtschaftsausschuss zu bilden. Der Wirtschaftsausschuss hat die Aufgabe, wirtschaftliche Angelegenheiten mit dem Unternehmer zu beraten und den Betriebsrat zu unterrichten.

(2) Der Unternehmer hat den Wirtschaftsausschuss rechtzeitig und umfassend über die wirtschaftlichen Angelegenheiten des Unternehmens unter Vorlage der erforderlichen Unterlagen zu unterrichten, soweit dadurch nicht die Betriebs- und Geschäftsgeheimnisse des Unternehmens gefährdet werden, sowie die sich daraus ergebenden Auswirkungen auf die Personalplanung darzustellen ...

(3) Zu den wirtschaftlichen Angelegenheiten im Sinne dieser Vorschrift gehören insbesondere

1. die wirtschaftliche und finanzielle Lage des Unternehmens;

2. die Produktions- und Absatzlage;
3. das Produktions- und Investitionsprogramm;
4. Rationalisierungsvorhaben;
5. Fabrikations- und Arbeitsmethoden, insbesondere die Einführung neuer Arbeitsmethoden;
5a. Fragen des betrieblichen Umweltschutzes;
6. die Einschränkung oder Stilllegung von Betrieben oder von Betriebsteilen;
7. die Verlegung von Betrieben oder Betriebsteilen;
8. der Zusammenschluss oder die Spaltung von Unternehmen oder Betrieben;
9. die Änderung der Betriebsorganisation oder des Betriebszwecks;
9a. die Übernahme des Betriebes, wenn hiermit der Erwerb der Kontrolle verbunden ist, sowie
10. sonstige Vorgänge und Vorhaben, welche die Interessen der Arbeitnehmer des Unternehmens wesentlich berühren können.

§ 107 Bestellung und Zusammensetzung des Wirtschaftsausschusses

(1) Der Wirtschaftsausschuss besteht aus mindestens drei und höchstens sieben Mitgliedern, die dem Unternehmen angehören müssen, darunter mindestens einem Betriebsratsmitglied. (...) Die Mitglieder sollen die zur Erfüllung ihrer Aufgaben erforderliche fachliche und persönliche Eignung besitzen.
(2) Die Mitglieder des Wirtschaftsausschusses werden vom Betriebsrat für die Dauer seiner Amtszeit bestimmt.
(...)

§ 108 Sitzungen

(1) Der Wirtschaftsausschuss soll monatlich einmal zusammentreten.
(2) An den Sitzungen des Wirtschaftsausschusses hat der Unternehmer oder sein Vertreter teilzunehmen. Er kann sachkundige Arbeitnehmer des Unternehmens einschließlich der in § 5 Abs. 3 genannten Angestellten hinzuziehen. Für die Hinzuziehung und die Verschwiegenheitspflicht von Sachverständigen gilt § 80 Abs. 3 und 4 entsprechend.
(3) Die Mitglieder des Wirtschaftsausschusses sind berechtigt, in die nach § 106 Abs. 2 vorzulegenden Unterlagen Einsicht zu nehmen.
(4) Der Wirtschaftsausschuss hat über jede Sitzung dem Betriebsrat unverzüglich und vollständig zu berichten.
(5) Der Jahresabschluss ist dem Wirtschaftsausschuss unter Beteiligung des Betriebsrats zu erläutern.
(6) Hat der Betriebsrat oder der Gesamtbetriebsrat eine anderweitige Wahrnehmung der Aufgaben des Wirtschaftsausschusses beschlossen, so gelten die Absätze 1 bis 5 entsprechend.
(...)

§ 110 Unterrichtung der Arbeitnehmer

(1) In Unternehmen mit in der Regel mehr als 1 000 ständig beschäftigten Arbeitnehmern hat der Unternehmer mindestens einmal in jedem Kalendervierteljahr nach vorheriger Abstimmung mit dem Wirtschaftsausschuss oder den in § 107 Abs. 3 genannten Stellen und dem Betriebsrat die Arbeitnehmer schriftlich über die wirtschaftliche Lage und Entwicklung des Unternehmens zu unterrichten.
(2) In Unternehmen, die die Voraussetzungen des Absatzes 1 nicht erfüllen, aber in der Regel mehr als zwanzig Wahlberechtigte ständige Arbeitnehmer beschäftigen, gilt Absatz 1 mit der Maßgabe, dass die Unterrichtung der Arbeitnehmer mündlich erfolgen kann. Ist in diesen Unternehmen ein Wirtschaftsausschuss nicht zu errichten, so erfolgt die Unterrichtung nach vorheriger Abstimmung mit dem Betriebsrat.

§ 111 Betriebsänderungen

In Unternehmen mit in der Regel mehr als zwanzig wahlberechtigten Arbeitnehmern hat der Unternehmer den Betriebsrat über geplante Betriebsänderungen, die wesentliche Nachteile für die Belegschaft oder erhebliche Teile der Belegschaft zur Folge haben können, rechtzeitig und umfassend zu unterrichten und die geplanten Betriebsänderungen mit dem Betriebsrat zu beraten. (...) Als Betriebsänderungen im Sinne des Satzes 1 gelten

1. Einschränkung und Stilllegung des ganzen Betriebs oder von wesentlichen Betriebsteilen,
2. Verlegung des ganzen Betriebs oder von wesentlichen Betriebsteilen,
3. Zusammenschluss mit anderen Betrieben oder die Spaltung von Betrieben,
4. grundlegende Änderungen der Betriebsorganisation, des Betriebszwecks oder der Betriebsanlagen,
5. Einführung grundlegend neuer Arbeitsmethoden und Fertigungsverfahren.

§ 112 Interessenausgleich über die Betriebsänderung; Sozialplan

(1) Kommt zwischen Unternehmer und Betriebsrat ein Interessenausgleich über die geplante Betriebsänderung zustande, so ist dieser schriftlich niederzulegen und vom Unternehmer und Betriebsrat zu unterschreiben. Das Gleiche gilt für eine Einigung über den Ausgleich oder die Milderung der wirtschaftlichen Nachteile, die den Arbeitnehmern infolge der geplanten Betriebsänderung entstehen (Sozialplan). Der Sozialplan hat die Wirkung einer Betriebsvereinbarung. § 77 Abs. 3 ist auf den Sozialplan nicht anzuwenden.
(2) Kommt ein Interessenausgleich über die geplante Betriebsänderung oder eine Einigung über den Sozialplan nicht zustande, so können der Unternehmer oder der Betriebsrat den Vorstand der Bundesagentur für Arbeit um Vermittlung ersuchen, der Vorstand kann die Aufgabe auf andere Bedienstete der Bundesagentur für Arbeit übertragen. Erfolgt kein Vermittlungsersuchen oder bleibt der Vermittlungsversuch ergebnislos, so können der Unternehmer oder der Betriebsrat die Einigungsstelle anrufen. Auf Ersuchen des Vorsitzenden der Einigungsstelle nimmt ein Mitglied des Vorstands der Bundesagentur für Arbeit oder ein vom Vorstand der Bundesagentur für Arbeit benannter Bediensteter der Bundesagentur für Arbeit an der Verhandlung teil.
(3) Unternehmer und Betriebsrat sollen der Einigungsstelle Vorschläge zur Beilegung der Meinungsverschiedenheiten über den Interessenausgleich und den Sozialplan machen. Die Einigungsstelle hat eine Einigung der Parteien zu versuchen. Kommt eine Einigung zustande, so ist sie schriftlich niederzulegen und von den Parteien und vom Vorsitzenden zu unterschreiben.
(4) Kommt eine Einigung über den Sozialplan nicht zustande, so entscheidet die Einigungsstelle über die Aufstellung eines Sozialplans. Der Spruch der Einigungsstelle ersetzt die Einigung zwischen Arbeitgeber und Betriebsrat.
(5) Die Einigungsstelle hat bei ihrer Entscheidung nach Absatz 4 sowohl die sozialen Belange der betroffenen Arbeitnehmer zu berücksichtigen als auch auf die wirtschaftliche Vertretbarkeit ihrer Entscheidung für das Unternehmen zu achten. Dabei hat die Einigungsstelle sich im Rahmen billigen Ermessens insbesondere von folgenden Grundsätzen leiten zu lassen:

1. Sie soll beim Ausgleich oder bei der Milderung wirtschaftlicher Nachteile, insbesondere durch Einkommensminderung, Wegfall von Sonderleistung oder Verlust von Anwartschaften auf betriebliche Altersversorgung, Umzugskosten oder erhöhte Fahrtkosten, Leistungen vorsehen, die in der Regel den Gegebenheiten des Einzelfalles Rechnung tragen.

2. Sie hat die Aussichten der betroffenen Arbeitnehmer auf dem Arbeitsmarkt zu berücksichtigen. Sie soll Arbeitnehmer von Leistungen ausschließen, die in einem zumutbaren Arbeitsverhältnis im selben Betrieb oder in einem anderen Betrieb des Unternehmens weiterbeschäftigt werden können und die Weiterbeschäftigung ablehnen; die mögliche Weiterbeschäftigung an einem anderen Ort begründet für sich allein nicht die Unzumutbarkeit.

2a. Sie soll insbesondere die im Dritten Buch des Sozialgesetzbuches vorgesehenen Förderungsmöglichkeiten zur Vermeidung von Arbeitslosigkeit berücksichtigen.

3. Sie hat bei der Bemessung des Gesamtbetrages der Sozialplanleistungen darauf zu achten, dass der Fortbestand des Unternehmens oder die nach Durchführung der Betriebsänderung verbleibenden Arbeitsplätze nicht gefährdet werden.

(...)

§ 113 Nachteilsausgleich

(1) Weicht der Unternehmer von einem Interessenausgleich über die geplante Betriebsänderung ohne zwingenden Grund ab, so können Arbeitnehmer, die infolge dieser Abweichung entlassen werden, beim Arbeitsgericht Klage erheben mit dem Antrag, den Arbeitgeber zur Zahlung von Abfindung zu verurteilen; § 10 des Kündigungsschutzgesetzes gilt entsprechend.

(2) Erleiden Arbeitnehmer infolge einer Abweichung nach Absatz 1 andere wirtschaftliche Nachteile, so hat der Unternehmer diese Nachteile bis zu einem Zeitraum von zwölf Monaten auszugleichen.

(3) Die Absätze 1 und 2 gelten entsprechend, wenn der Unternehmer eine geplante Betriebsänderung nach § 111 durchführt, ohne über sie einen Interessenausgleich mit dem Betriebsrat versucht zu haben, und infolge der Maßnahme Arbeitnehmer entlassen werden oder andere wirtschaftliche Nachteile erleiden.

Sechster Teil – Straf- und Bußgeldvorschriften

§ 119 Straftaten gegen Betriebsverfassungsorgane und ihre Mitglieder

(1) Mit Freiheitsstrafe bis zu einem Jahr oder mit Geldstrafe wird bestraft, wer

1. eine Wahl des Betriebsrats, der Jugend- und Auszubildendenvertretung, der Bordvertretung, des Seebetriebsrats oder der in § 3 Abs. 1 Nr. 1 bis 3 oder 5 bezeichneten Vertretungen der Arbeitnehmer behindert oder durch Zufügung oder Androhung von Nachteilen oder durch Gewährung oder Versprechen von Vorteilen beeinflusst,
2. die Tätigkeit des Betriebsrats, des Gesamtbetriebsrats, des Konzernbetriebsrats, der Jugend- und Auszubildendenvertretung, der Gesamt-Jugend- und Auszubildendenvertretung, der Konzern-Jugend- und Auszubildendenvertretung, der Bordvertretung, des Seebetriebsrats, der in § 3 Abs. 1 bezeichneten Vertretungen der Arbeitnehmer, der Einigungsstelle, der in § 76 Abs. 8 bezeichneten tariflichen Schlichtungsstelle, der in § 86 bezeichneten betrieblichen Beschwerdestelle oder des Wirtschaftsausschusses behindert oder stört, oder
3. ein Mitglied oder ein Ersatzmitglied des Betriebsrats, des Gesamtbetriebsrats, des Konzernbetriebsrats, der Jugend- und Auszubildendenvertretung, der Gesamt-Jugend- und Auszubildendenvertretung, der Konzern-Jugend- und Auszubildendenvertretung, der Bordvertretung, des Seebetriebsrat, der in § 3 Abs. 1 bezeichneten Vertretungen der Arbeitnehmer, der Einigungsstelle, der in § 76 Abs. 8 bezeichneten Schlichtungsstelle, der in § 86 bezeichneten betrieblichen Beschwerdestelle oder des Wirtschaftsausschusses um seiner Tätigkeit willen oder eine Auskunftsperson nach § 80 Abs. 2 Satz 3 um ihrer Tätigkeit willen benachteiligt oder begünstigt.

(2) Die Tat wird nur auf Antrag des Betriebsrats, des Gesamtbetriebsrats, des Konzernbetriebsrats, der Bordvertretung, des Seebetriebsrats, einer der in § 3 Abs. 1 bezeichneten Vertretungen der Arbeitnehmer, des Wahlvorstands, des Unternehmens oder einer im Betrieb vertretenen Gewerkschaft verfolgt.

§ 120 Verletzung von Geheimnissen

(1) Wer unbefugt ein fremdes Betriebs- oder Geschäftsgeheimnis offenbart, das ihm in seiner Eigenschaft als

1. Mitglied oder Ersatzmitglied des Betriebsrats oder einer der in § 79 Abs. 2 bezeichneten Stellen,
2. Vertreter einer Gewerkschaft oder Arbeitgebervereinigung,
3. Sachverständiger, der vom Betriebsrat nach § 80 Abs. 3 hinzugezogen oder von der Einigungsstelle nach § 109 Satz 3 angehört worden ist,

3a. Berater, der vom Betriebsrat nach § 111 Satz 2 hinzugezogen worden ist,

3b. Auskunftsperson, die dem Betriebsrat nach § 80 Abs. 2 Satz 3 zur Verfügung gestellt worden ist, oder

4. Arbeitnehmer, der vom Betriebsrat nach § 107 Abs. 3 Satz 3 oder vom Wirtschaftsausschuss nach § 108 Abs. 2 Satz 2 hinzugezogen worden ist,

bekannt geworden und das vom Arbeitgeber ausdrücklich als geheimhaltungsbedürftig bezeichnet worden ist, wird mit Freiheitsstrafe bis zu einem Jahr oder mit Geldstrafe bestraft.

(2) Ebenso wird bestraft, wer unbefugt ein fremdes Geheimnis eines Arbeitnehmers, namentlich ein zu dessen persönlichem Lebensbereich gehörendes Geheimnis, offenbart, das ihm in seiner Eigenschaft als Mitglied oder Ersatzmitglied des Betriebsrats oder einer der in § 79 Abs. 2 bezeichneten Stellen bekannt geworden ist und über das nach den Vorschriften dieses Gesetzes Stillschweigen zu bewahren ist.

(3) Handelt der Täter gegen Entgelt oder in der Absicht, sich oder einen anderen zu bereichern oder einen anderen zu schädigen, so ist die Strafe Freiheitsstrafe bis zu zwei Jahren oder Geldstrafe. Ebenso wird bestraft, wer unbefugt ein fremdes Geheimnis, namentlich ein Betriebs- oder Geschäftsgeheimnis, zu dessen Geheimhaltung er nach den Absätzen 1 oder 2 verpflichtet ist, verwertet.

(4) Die Absätze 1 bis 3 sind auch anzuwenden, wenn der Täter das fremde Geheimnis nach dem Tode des Betroffenen unbefugt offenbart oder verwertet.

(5) Die Tat wird nur auf Antrag des Verletzten verfolgt. Stirbt der Verletzte, so geht das Antragsrecht nach § 77 Abs. 2 des Strafgesetzbuches auf die Angehörigen über, wenn das Geheimnis zum persönlichen Lebensbereich des Verletzten gehört; in anderen Fällen geht es auf die Erben über. Offenbart der Täter das Geheimnis nach dem Tode des Betroffenen, so gilt Satz 2 sinngemäß.

§ 121 Bußgeldvorschriften

(1) Ordnungswidrig handelt, wer eine der in § 90 Abs. 1, 2 Satz 1, § 92 Abs. 1 Satz 1 auch in Verbindung mit Absatz 3, § 99 Abs. 1, § 106 Abs. 2, § 108 Abs. 5, § 110 oder § 111 bezeichneten Aufklärungs- oder Auskunftspflichten nicht, wahrheitswidrig, unvollständig oder verspätet erfüllt.

(2) Die Ordnungswidrigkeit kann mit einer Geldstrafe bis zu zehntausend Euro geahndet werden.

17 Rahmenlehrplan Kaufmann und Kauffrau für Büromanagement

Übersicht über die Lernfelder für den Ausbildungsberuf Kaufmann und Kauffrau für Büromanagement

Lernfelder		Zeitrichtwerte in Stunden		
Nr.		1. Jahr	2. Jahr	3. Jahr
1	Die eigene Rolle im Betrieb mitgestalten und den Betrieb präsentieren	40		
2	Büroprozesse gestalten und Arbeitsvorgänge organisieren	80		
3	Aufträge bearbeiten	80		
4	Sachgüter und Dienstleistungen beschaffen und Verträge schließen	120		
5	Kunden akquirieren und binden		80	
6	Werteströme erfassen und beurteilen		80	
7	Gesprächssituationen gestalten		40	
8	Personalwirtschaftliche Aufgaben wahrnehmen		80	
9	Liquidität sichern und Finanzierung vorbereiten			80
10	Wertschöpfungsprozesse erfolgsorientiert steuern			80
11	Geschäftsprozesse darstellen und optimieren			40
12	Veranstaltungen und Geschäftsreisen organisieren			40
13	Ein Projekt planen und durchführen			40
	Summen (insgesamt 880 Stunden)	**320**	**280**	**280**

Lernfeld 1: Die eigene Rolle im Betrieb mitgestalten und den Betrieb präsentieren

1. Ausbildungsjahr • Zeitrichtwert: 40 Stunden

Die Schülerinnen und Schüler besitzen die Kompetenz, ihre Rolle innerhalb des Betriebs aktiv zu gestalten und ihren Betrieb zu präsentieren.

Die Schülerinnen und Schüler klären ihren Verantwortungsbereich im Betrieb und identifizieren sich mit ihrer Rolle als Auszubildender und als zukünftiger Arbeitnehmer, die auf unterschiedlichen rechtlichen Grundlagen basieren.

Die Schülerinnen und Schüler analysieren ihre eigenen Rechte und Pflichten, informieren sich über Inhalte und Regelungen der Ausbildungsverträge, ihre Mitbestimmungsrechte durch die Jugend-und Auszubildendenvertretung. Sie informieren sich über geltendes Recht *(Berufsbildungsgesetz, Jugendarbeitsschutzgesetz)* und das für sie geltende Tarifrecht. Ebenso erkunden sie Möglichkeiten beruflicher Fort- und Weiterbildung.

Die Schülerinnen und Schüler suchen und bewerten Informationen und deren Quellen zur Darstellung ihres Betriebes. Sie erschließen das Leistungsspektrum ihres Betriebes, die eingesetzten betriebswirtschaftlichen Produktionsfaktoren, die Ziele ihres Betriebes sowie dessen Stellung in der arbeitsteiligen Wirtschaft und innerhalb des erweiterten Wirtschaftskreislaufes.

Sie erfassen ihre Stellung innerhalb des Aufbaus des Betriebes und die wesentlichen Arbeits- und Geschäftsprozesse des Betriebes sowie ihren eigenen Handlungsrahmen *(Vertretungsvollmachten)*.

Die Schülerinnen und Schüler entwickeln auf der Grundlage von Rechten und Pflichten ihre Kompetenzen im Betrieb weiter und initiieren eine zielorientierte, auf ständiger Weiterentwicklung basierende Einstellung zum lebenslangen Lernen als engagierter Mitarbeiter. Sie stellen sich realistische Ziele. Sie wählen für ihre Ergebnisse eine geeignete Präsentationsform und berücksichtigen dabei die Rahmenbedingungen und Präsentationsregeln. Zur Bewertung von Präsentationen erstellen sie einen Kriterienkatalog.

Die Schülerinnen und Schüler werden ihrer Rolle im Betrieb gerecht. Sie beachten und nutzen die gesetzlichen und vertraglichen Regelungen. Sie erledigen ihre Aufgabenstellungen selbstständig und sind bereit, mit Kollegen zusammenzuarbeiten. Sie nehmen anstehende Arbeiten aufmerksam wahr und erledigen diese unaufgefordert und eigenverantwortlich.

Sie präsentieren ihren Betrieb mit geeigneten Medien. Sie wenden Arbeitsstrategien *(Informationsbeschaffungsstrategie, Elaborationsstrategie)* an und finden für einfache und komplexe Anforderungen selbstständig Lösungen. Sie sind in der Lage, sich schwierigen Situationen zu stellen und situationsgerecht gegen innere Widerstände anzukämpfen. Sie zeigen Durchhaltevermögen, um längerfristige Ziele zu erreichen.

Sie beurteilen ihre eigene Rolle und das eigene Handeln vor dem Hintergrund der für sie veränderten Rahmenbedingungen sowie die Reaktion der anderen kritisch. Sie kontrollieren kontinuierlich ihre Arbeitsergebnisse und bessern diese selbstständig und eigenverantwortlich nach. Die Schülerinnen und Schüler bewerten ihre Präsentation mithilfe des Kriterienkataloges.

Sie hinterfragen die eigene Einstellung, respektieren die Vorstellungen anderer und ziehen Schlussfolgerungen für ihr zukünftiges Handeln. Sie nehmen konstruktives Feedback an und beachten dies bei zukünftigen Präsentationen.

Lernfeld 2: Büroprozesse gestalten und Arbeitsvorgänge organisieren

1. Ausbildungsjahr • Zeitrichtwert: 80 Stunden

Die Schülerinnen und Schüler besitzen die Kompetenz, ihre Arbeitsprozesse im Büro eigenverantwortlich und effizient zu planen und zu gestalten sowie gesundheitliche und rechtliche Aspekte, auch im Umgang miteinander, zu berücksichtigen.

Die Schülerinnen und Schüler zeigen die Bereitschaft und Flexibilität, die komplexen Herausforderungen ihres Aufgabenbereichs engagiert und verantwortungsbewusst zu bewältigen. Sie analysieren die Anforderungen an die Gestaltung ihrer jeweiligen Arbeitsprozesse sowie ihres Arbeitsplatzes und Arbeitsraumes. Sie überprüfen ihre Schreibfertigkeit an Geräten der Informationstechnik, inwiefern sie für die Erledigung ihrer Aufgaben angemessen ist.

Die Schülerinnen und Schüler informieren sich über die Anforderungen an bürowirtschaftliche Abläufe. Sie erkunden gesetzliche Vorschriften zur Gestaltung des Arbeitsplatzes und -raumes sowie ergonomische und ökologische Erfordernisse.

Die Schülerinnen und Schüler recherchieren Maßnahmen zur Erhaltung und Förderung ihrer Gesundheit. Sie ermitteln Strategien zur Bewältigung von Belastungen am Arbeitsplatz *(Stress, Burnout)* und Konflikten *(Mobbing)*.

Sie planen unter ergonomischen, ökologischen und ablauforganisatorischen Aspekten die Gestaltung ihres Arbeitsplatzes. Die Schülerinnen und Schüler achten auf die Arbeitssicherheit und die Erhaltung und Förderung ihrer Gesundheit *(Bewegung, Ernährung, Stressregulation, Suchtprävention)*.

Die Schülerinnen und Schüler strukturieren ihre Arbeitsprozesse effizient. Dabei identifizieren sie mögliche Störungen, Zeitdiebe und Zeitfallen und schalten diese aus. Sie erstellen Checklisten für ihre Arbeitsabläufe und nutzen weitere Methoden des Zeitmanagements *(ABC-Analyse, Eisenhower-Prinzip)* sowie Techniken des Selbstmanagements *(Selbstbeobachtung, Zielklärung und -setzung, Selbstkontrolle)*.

Die Schülerinnen und Schüler gestalten ihren Arbeitsplatz und -raum und beachten dabei die Auswirkungen auf ihre Leistungsfähigkeit.

Die Schülerinnen und Schüler koordinieren und überwachen Termine und erstellen digitale Terminpläne unter Berücksichtigung verschiedener Terminarten.

Sie bereiten Sitzungen und Besprechungen vor, begleiten die Durchführung und geben bei Bedarf einfache Auskünfte in einer fremden Sprache. Sie bereiten Sitzungen und Besprechungen nach, dokumentieren diese, insbesondere in Form von Protokollen. Dabei setzen sie Standardsoftware ein und erschließen sich selbstständig die hierzu notwendigen Funktionen der gewählten Softwareprogramme. Sie optimieren ihre Schreibfertigkeit durch eigenverantwortliches Schreibtraining.

Die Schülerinnen und Schüler bereiten eingehende Informationen zur innerbetrieblichen Weitergabe auf. Sie sortieren die ausgehenden Informationen und entscheiden sich jeweils für die zweckmäßigste Versandart unter Berücksichtigung von Sicherheit, Vertraulichkeit, Schnelligkeit, Kosten und Rechtsverbindlichkeit.

Die Schülerinnen und Schüler wählen zweckmäßige Systeme für eine normgerechte Ordnung und Aufbewahrung von Schriftstücken und elektronischen Dokumenten und verwenden gezielt Speichermedien. Sie realisieren die Datensicherheit und Datenpflege. Sie achten auf die Einhaltung der gesetzlichen und betrieblichen Vorschriften für die Dauer der Aufbewahrung der Schriftstücke und Daten.

Sie arbeiten kooperativ im Team und berücksichtigen bei Entscheidungen die Notwendigkeit von Kompromissen. Sie vertreten gegenüber anderen überzeugend ihre Meinung, entwickeln ihre Kommunikationsfähigkeit *(verbale und nonverbale Kommunikationstechniken)* und ihr Selbstbewusstsein *(Selbstwirksamkeit, realistisches Selbstbild)*. Sie verhalten sich im Umgang miteinander kooperationsbereit und wertschätzend und sind für Aspekte der Inklusion sensibilisiert. Sie interessieren sich für die Verschiedenheit der Teammitglieder und sehen darin Potentiale für ihre eigene Weiterentwicklung und die des Betriebes.

Sie beurteilen selbstkritisch ihr Verhalten im Team, die Gestaltung ihres Arbeitsplatzes und -raumes sowie ihre Arbeitsprozesse. Die Schülerinnen und Schüler reflektieren ihren Beitrag zum Erfolg des Betriebes und zur Gestaltung eines angenehmen Betriebsklimas.

Sie hinterfragen den Beitrag, den sie selbst erbringen können, um ein gelingendes Miteinander im Ausbildungsbetrieb zu gewährleisten. Dabei respektieren sie die Wertvorstellungen ihrer Kollegen.

Lernfeld 3: Aufträge bearbeiten

1. Ausbildungsjahr • Zeitrichtwert: 80 Stunden

Die Schülerinnen und Schüler besitzen die Kompetenz, Anfragen zu beantworten, Angebote zu erstellen und Aufträge anzunehmen sowie störungsfreie Prozesse fachgerecht auszuführen.

Die Schülerinnen und Schüler analysieren den Geschäftsprozess der Auftragsbearbeitung und ihren Verantwortungsbereich sowie ihre Befugnisse in diesem Prozess. Sie sind bereit, mit anderen zusammenzuarbeiten und nehmen Kunden als wichtige Partner wahr. Sie erschließen sich die Struktur von büroüblichen Applikationen.

Die Schülerinnen und Schüler sondieren die betrieblichen Rahmenbedingungen für die Erstellung von Angeboten. Sie informieren sich über die Formulierung und normgerechte Gestaltung von Texten des internen und externen Schriftverkehrs.

Die Schülerinnen und Schüler organisieren eine fachgerechte und kundenorientierte Abwicklung von Aufträgen. Sie berücksichtigen dabei die Interessen des Betriebes, unterschiedliche Bedürfnisse der Kunden und Gesichtspunkte der Nachhaltigkeit.

Die Schülerinnen und Schüler führen mithilfe eines Tabellenkalkulationsprogramms *(Aufbau und Formatierung von Tabellen, Einsatz einfacher Funktionen und Formeln sowie geeignete Zelladressierungen)* einfache Preisberechnungen durch. Dabei wenden sie kaufmännische Rechenarten *(Dreisatz, Prozentrechnen)* sicher an. Sie formulieren verlangte und unverlangte Angebote. Sie reagieren sachgerecht auch auf fremdsprachliche Anfragen und Aufträge und organisieren und überwachen die Auftragsabwicklung, erstellen alle nötigen Dokumente *(Auftragsbestätigung, Lieferschein, Rechnung)*. Dabei berücksichtigen sie relevante rechtliche Normen sowie die Gestaltungsaspekte des kaufmännischen Schriftverkehrs *(Formatierung, Normen)* und das Corporate-Design des Betriebes. Bei der Kommunikation mit Kunden setzen sie die Leistungskomponenten von Textverarbeitungsprogrammen zum bedarfsgerechten und rationellen Entwickeln und Gestalten von Formularen, Verwenden von Textbausteinen und Einbinden von Objekten ein.

Sie vervielfältigen Schriftstücke *(Kopieren, Drucken, Scannen)* und nutzen geeignete Dateiformate auch unter Beachtung nachhaltiger Gesichtspunkte.

Die Schülerinnen und Schüler kommunizieren ziel- und kundenorientiert, bei Bedarf auch in einer fremden Sprache, und berücksichtigen interkulturelle Unterschiede. Dabei nutzen sie Kommunikationssysteme *(Intranet, Internet, E-Mail, Fax und Telefon)* situationsgerecht.

Sie kontrollieren den Erfolg ihrer betrieblichen Tätigkeit in Hinblick auf Effizienz, Qualität und Kundenzufriedenheit.

Sie reflektieren ihre Arbeitsweise und sind sich stets ihrer Verantwortung bewusst. Ausgehend von Diskrepanzerfahrungen beim Vergleich von tatsächlichem und erwartetem Verhalten im Umgang mit Kunden überprüfen die Schülerinnen und Schüler ihre Rolle als Dienstleister. Sie überdenken dabei, inwiefern sie ihrer Rolle gerecht werden und Regeln und Normen einhalten.

Lernfeld 4: Sachgüter und Dienstleistungen beschaffen und Verträge schließen

1. Ausbildungsjahr • Zeitrichtwert: 120 Stunden

Die Schülerinnen und Schüler besitzen die Kompetenz, Beschaffungsprozesse zu planen, durchzuführen und zu überwachen.

Die Schülerinnen und Schüler definieren ihren Verantwortungsbereich bei der Durchführung von Beschaffungs- und Lagerhaltungsprozessen.

Die Schülerinnen und Schüler ermitteln den Bedarf an betriebsnotwendigen Gütern und beachten dabei das ökonomische Prinzip sowie Aspekte des nachhaltigen Wirtschaftens. Sie recherchieren Bezugsquellen unter Verwendung verschiedener Kommunikationswege und Datenquellen. Sie informieren sich über die Inhalte von Angeboten. Sie identifizieren rechtliche und ökonomische Handlungsspielräume sowie betriebliche Vorgaben bei Konflikten in Kaufvertragsstörungen.

Die Schülerinnen und Schüler bestimmen die erforderlichen Bestell- und Lieferzeitpunkte sowie die optimale Bestellmenge. Sie erstellen mit einem Tabellenkalkulationsprogramm geeignete Diagramme und nutzen diese für ihre Entscheidung. Sie wählen geeignete Möglichkeiten der Lagerung aus.

Die Schülerinnen und Schüler schreiben mithilfe eines Textverarbeitungsprogramms Anfragen norm-und sachgerecht. Sie bewerten und vergleichen eingehende Angebote nach quantitativen und qualitativen Kriterien mithilfe der Nutzwertanalyse und setzen dafür ein Tabellenkalkulationsprogramm ein. Dabei nutzen sie notwendige Funktionen wie WENN, ZÄHLENWENN, SUMMEWENN und SVERWEIS.

Sie bestellen auch online Sachgüter und Dienstleistungen bei ausgewählten Lieferanten und schließen Verträge *(Kaufvertrag, Mietvertrag, Werkvertrag, Dienstvertrag)* ab. Dabei beachten sie Rechtsnormen und deren Wirkung *(Nichtigkeit, Anfechtung, Eigentum, Besitz)* sowie die Allgemeinen Geschäftsbedingungen. Bei Bestellungen und Vertragsformulierungen nutzen sie auch ein Textverarbeitungsprogramm.

Die Schülerinnen und Schüler überwachen und prüfen den Wareneingang, lagern die Waren sachgerecht ein und nehmen Dienstleistungen ab.

Die Schülerinnen und Schüler kontrollieren Rechnungen und veranlassen die situationsgerechte Bezahlung *(Skontonutzung, Electronic-Banking, Kreditkartenzahlung)*.

Sie entwickeln, auch im Team, geeignete Lösungsvorschläge bei identifizierten Vertragsstörungen *(Nicht-Rechtzeitig-Lieferung und Schlechtleistung)* und kommunizieren bei deren Umsetzung sach- und normgerecht mit den Vertragspartnern.

Die Schülerinnen und Schüler beurteilen die Beschaffungsprozesse hinsichtlich nachhaltiger Wirkungen und zeigen begründete Möglichkeiten ihrer Optimierung auf.

Die Schülerinnen und Schüler durchdenken ihr Verhalten in Beschaffungs- und Lagerhaltungsprozessen und prüfen Verbesserungsmöglichkeiten. Sie reflektieren ihre Mitverantwortung für Menschen und Umwelt im Zusammenhang mit Beschaffungs- und Lagerhaltungsprozessen.

Lernfeld 5: Kunden akquirieren und binden

2. Ausbildungsjahr • Zeitrichtwert: 80 Stunden

Die Schülerinnen und Schüler verfügen über die Kompetenz, den Einsatz von Preis- und Kommunikationspolitik für die Kundengewinnung und -bindung zu nutzen.

Die Schülerinnen und Schüler analysieren anhand der Daten der Marktforschung *(Primär- und Sekundärforschung)* und der Kundendaten die aktuelle Marktsituation *(Kundenstruktur, Konkurrenz, konjunkturelle Lage)* zum Leistungsangebot des Betriebes. Sie gestalten auf der Basis vorgegebener Elemente einen Fragebogen mit den Anwendungsmöglichkeiten *(Formulargestaltung)* eines Textverarbeitungsprogramms.

Die Schülerinnen und Schüler informieren sich darüber, auf welchem Markt *(Käufer-und Verkäufermarkt)* sich ihr Betrieb befindet. Sie leiten daraus die absatzpolitischen Ziele und Möglichkeiten der Preisfestsetzung auch mithilfe von Modellen *(vollständige Konkurrenz)* ab.

Sie nehmen Kunden als wichtige Partner wahr und ermitteln den spezifischen Nutzen von Produkten oder Dienstleistungen für diese. Sie identifizieren geeignete Wettbewerbsstrategien, um die absatzpolitischen Ziele des Betriebes zu erreichen.

Im Rahmen einer Werbeplanung treffen die Schülerinnen und Schüler Entscheidungen zur Zielgruppe sowie zum Streugebiet und zur Streuzeit. Sie planen dabei den möglichen Einsatz von sozialen Netzwerken zur Optimierung der Unternehmensprofilbildung und der Erhöhung der Kundenzufriedenheit.

Die Schülerinnen und Schüler beurteilen die Markt- und Wettbewerbssituation ihres Betriebes und entwickeln innerhalb eines Marketingkonzeptes einen Mix aus Preis- und Kommunikationspolitik. Bei der Festlegung der Preise berücksichtigen sie die Kunden-, Konkurrenz- und Kostensituation ihres Betriebes.

Sie formulieren einen Werbebrief als Serienbrief an ihre Kundinnen und Kunden und gestalten diesen und weitere Werbemittel mithilfe eines Textverarbeitungsprogramms. Zur Gewinnung ausländischer Kunden verfassen sie einen Brief auch in einer Fremdsprache. Sie nutzen auch Möglichkeiten aktueller Kommunikationswege im Rahmen der Kommunikationspolitik.

Die Schülerinnen und Schüler berücksichtigen wirtschaftliche, rechtliche und ethische Grenzen der Werbung und artikulieren dabei eigene Wertvorstellungen. Sie respektieren die Wertvorstellung anderer.

Sie dokumentieren, präsentieren und beurteilen ihre Ergebnisse. Die Schülerinnen und Schüler bewerten den Erfolg der angewendeten Marketingmaßnahmen für den Betrieb.

Sie reflektieren ihre Vorgehensweise beim Einsatz von Marketinginstrumenten zur Kundenbindung und -gewinnung. Sie beurteilen die ökonomischen Wirkungen von Marketingmaßnahmen und deren Einfluss auf gesellschaftliche Prozesse.

Die Schülerinnen und Schüler schätzen ein, inwiefern die ausgewählten Maßnahmen der Verantwortung des Betriebes für unterschiedliche Interessengruppen gerecht werden.

Lernfeld 6: Werteströme erfassen und beurteilen

2. Ausbildungsjahr • Zeitrichtwert: 80 Stunden

Die Schülerinnen und Schüler besitzen die Kompetenz, Werteströme im Betrieb prozessbegleitend zu erfassen und ordnungsgemäß zu dokumentieren sowie die Auswirkungen auf den Betriebserfolg zu beurteilen.

Die Schülerinnen und Schüler identifizieren mit den Kategorien Güter, Geld und Information systematisch Werteströme ihres Betriebes anhand von Belegen, die im Rahmen der Geschäftsprozesse entstehen.

Sie informieren sich über die rechtlichen Anforderungen an eine ordnungsgemäße Buchführung *(Handelsgesetzbuch, Abgabenordnung, Umsatzsteuergesetz)*.

Die Schülerinnen und Schüler strukturieren zeitliche und organisatorische Abläufe zur Bearbeitung der Belege unter Berücksichtigung der betrieblichen Rahmenbedingungen.

Die Schülerinnen und Schüler kontieren Eingangsrechnungen von Sachgütern und Dienstleistungen und dokumentieren die zugrunde liegenden Geschäftsvorfälle. Sie nutzen das aufwandsrechnerische Verfahren beim Einkauf von Handelswaren und buchen Ausgangsrechnungen aus deren Verkauf. Sie buchen die notwendigen Zahlungen unter Berücksichtigung von Skonto. Sie führen Stornobuchungen *(Rücksendung)* durch. Sie erfassen buchhalterisch Wertminderungen von Anlagegütern. Sie berücksichtigen die Umsatzsteuer und erstellen Umsatzsteuervoranmeldungen.

Die Schülerinnen und Schüler vergleichen die Ergebnisse aus der Finanzbuchhaltung mit den tatsächlichen Bestandswerten und klären den Korrekturbedarf.

Sie ermitteln den Erfolg des Betriebes und beurteilen dessen Auswirkungen für die Bilanz. Sie berechnen die Eigenkapitalrentabilität des Betriebes und bewerten mit den gewonnenen Daten die Wirtschaftlichkeit des Betriebes. Sie arbeiten konzentriert, verantwortungsbewusst und sorgfältig.

Die Schülerinnen und Schüler durchdenken ihre Tätigkeiten in der Finanzbuchhaltung hinsichtlich Genauigkeit, Vollständigkeit und Korrektheit. In der retrospektiven Konfrontation mit dem Geleisteten hinterfragen sie ihre Konzentrationsfähigkeit und ergreifen bei Bedarf Maßnahmen, diese zu verbessern.

Lernfeld 7: Gesprächssituationen gestalten

2. Ausbildungsjahr • Zeitrichtwert: 40 Stunden

Die Schülerinnen und Schüler besitzen die Kompetenz, in Gesprächssituationen mit Geschäftspartnern angemessen und sachgerecht zu handeln.

Die Schülerinnen und Schüler erfassen die unterschiedlichen Anforderungen, die Gesprächssituationen *(Beratung, Beschwerde, Reklamation)* mit sich bringen. Sie zeigen Bereitschaft und Flexibilität, Gespräche engagiert und verantwortungsbewusst zu führen.

Die Schülerinnen und Schüler erkennen mögliche Konflikte und deren Ursachen in Gesprächssituationen.

Die Schülerinnen und Schüler informieren sich über die Möglichkeiten der Kommunikation mit Geschäftspartnern ihres Betriebes. Dazu schätzen sie die jeweilige Kommunikationssituation ein. Sie recherchieren Techniken der Kommunikation sowie rechtliche und betriebliche Regelungen, wobei sie auch interkulturelle Besonderheiten ermitteln.

Die Schülerinnen und Schüler ermitteln die Wünsche, Emotionen und Interessen der Geschäftspartner durch aktives Zuhören und gezielte Fragestellung sowie durch die Analyse von Äußerungen und Verhalten.

Die Schülerinnen und Schüler definieren die situationsbezogenen Gesprächsziele und sammeln Argumente für die Gespräche. Sie achten auf eine positive Gesprächsatmosphäre zur Umsetzung ihrer Ziele.

Für einen verständnisvollen Umgang mit Geschäftspartnern entwickeln sie Strategien zur Konfliktbewältigung und -vermeidung. Sie berücksichtigen dabei die Wirkung der eigenen Persönlichkeit. Sie sind sich ihrer emotionalen Reaktionstendenz bewusst und passen diese bei Bedarf zielorientiert an.

Sie erstellen Kriterienkataloge zur Beurteilung von Gesprächssituationen.

Die Schülerinnen und Schüler nehmen Geschäftspartner als wichtige Partner wahr. Sie informieren und beraten diese auch in einer fremden Sprache.

Sie vertreten die Interessen des Betriebes und verhalten sich verantwortungsvoll den Geschäftspartnern und sich selbst gegenüber. Sie artikulieren verständlich den Sachverhalt und reagieren situativ angemessen auf verbale und nonverbale Äußerungen der Geschäftspartner. Sie halten Gesprächsregeln ein und berücksichtigen die Wirkung ihrer eigenen Persönlichkeit. Sie entwickeln ein Gespür für die emotionale Lage des Gesprächspartners und verwenden Techniken, mit den Emotionen sinnvoll umzugehen, ohne sich und anderen zu schaden.

Die Schülerinnen und Schüler überprüfen Beschwerden und Reklamationen auf Rechtmäßigkeit und berücksichtigen dabei betriebliche und gesetzliche Regelungen. Sie wägen die Interessen des Betriebes und die Bedürfnisse der Geschäftspartner gegeneinander ab. Zu Geschäftspartnern bauen sie ein Vertrauensverhältnis auf, zeigen Einfühlungsvermögen und agieren selbstbewusst *(realistisches Selbstbild, Reaktion auf Kritik)*.

Sie nutzen ihre Argumente entsprechend der Kundenbedürfnisse und begegnen überzeugend Kundeneinwänden. Sie beziehen Zusatzangebote und Serviceleistungen des Betriebes in die Kundengespräche ein.

Sie erkennen Konfliktursachen in der Kommunikation und führen Konfliktgespräche *(Eisbergmodell, gewaltfreie Kommunikation)*. Die Schülerinnen und Schüler wenden Strategien zur Lösung von möglichen Konflikten in Gesprächssituationen an. Sie nutzen das Beschwerdemanagement als Instrument der Kundenbindung. Sie zeigen im Umgang mit in- und ausländischen Kunden Empathie für kulturbedingte Besonderheiten.

Sie werten den Ablauf ihrer geführten Gespräche anhand des Kriterienkatalogs aus und nehmen Rückmeldungen konstruktiv an.

Die Schülerinnen und Schüler reflektieren selbstkritisch ihr Verhalten in Gesprächssituationen und leiten daraus Konsequenzen für sich ab.

Lernfeld 8: Personalwirtschaftliche Aufgaben wahrnehmen

2. Ausbildungsjahr • Zeitrichtwert: 80 Stunden

Die Schülerinnen und Schüler besitzen die Kompetenz, bei der Beschaffung, Verwaltung und Entwicklung von Personal sowie bei der Beendigung von Arbeitsverhältnissen mitzuwirken.

Die Schülerinnen und Schüler analysieren den Personalbestand in quantitativer und qualitativer Hinsicht, um personalwirtschaftliche Entscheidungen vorzubereiten. Dabei berücksichtigen sie die konjunkturelle Situation und gesamtwirtschaftliche Faktoren *(Demografie, außenwirtschaftliche Entwicklungen)* und gesellschaftliche Verantwortung *(Inklusion, Migration)*.

Die Schülerinnen und Schüler bestimmen den quantitativen und qualitativen Personalbedarf unter Berücksichtigung der betrieblichen Ziele. Sie informieren sich bei einer Unterdeckung über geeignete Wege der Personalbeschaffung *(intern, extern)*, über die Kompetenzanforderungen sowie die organisatorische Einbindung neuer Mitarbeiter und Mitarbeiterinnen.

Die Schülerinnen und Schüler ermitteln die rechtlichen Anforderungen *(Gesetze, Tarifverträge, Betriebsvereinbarungen)* beim Abschluss und der Beendigung von unterschiedlichen Arten eines Arbeitsvertrages. Sie informieren sich über die gesetzlichen Bestimmungen des sozialen Arbeitsschutzes *(Mutterschutzgesetz)* sowie über die Erfordernisse der Inklusion.

Die Schülerinnen und Schüler sondieren für die zu besetzenden Stellen Modelle der Arbeitszeitregelung und berücksichtigen die Formen des betrieblichen Entgelts.

Sie organisieren den Ablauf des Auswahl-und Einstellungsverfahrens einschließlich der erforderlichen Arbeitspapiere und des Schriftverkehrs.

Die Schülerinnen und Schüler formulieren Stellenanzeigen auf der Grundlage einer vorliegenden Stellenbeschreibung, die auch Bewerberinnen und Bewerber im Ausland ansprechen. Sie wirken bei der Durchführung von Auswahlverfahren mit und beachten dabei, dass die Arbeitsmarktsituation und arbeitsrechtliche Vorschriften die Auswahlmöglichkeiten beeinflussen. Sie prüfen, ob bei personalrechtlichen Entscheidungen die Rechte der Arbeitnehmervertretung *(Betriebsrat, Personalrat)* eingehalten werden. Sie wirken beim Erstellen von Arbeitsverträgen mit und berücksichtigen dabei arbeits-, steuer- und sozialversicherungsrechtliche Auswirkungen.

Die Schülerinnen und Schüler legen Personalakten an und führen diese unter besonderer Berücksichtigung der Erfordernisse des Datenschutzes.

Sie unterstützen die Planung des Personaleinsatzes und berücksichtigen dabei Arbeitszeitregelungen und Urlaubsansprüche. Sie berechnen und dokumentieren Arbeits- und Abwesenheitszeiten. Sie überwachen wichtige arbeitsrechtliche Fristen *(Probezeit, Mutterschutz, Entgeltfortzahlung, Kündigung)*.

Die Schülerinnen und Schüler ermitteln das Bruttoentgelt unter Berücksichtigung bestehender rechtlicher Ansprüche *(Entgelttarifvertrag, Betriebsvereinbarung, Arbeitsvertrag)* und berechnen das Nettoentgelt.

Die Schülerinnen und Schüler entwickeln Ideen zur Mitarbeiterinnen- und Mitarbeiterbetreuung sowie zur Personalförderung als eine wichtige Aufgabe zur Erhaltung der Leistungsmotivation und zur Bindung an den Betrieb. Sie schlagen für Mitarbeiterinnen und Mitarbeiter Fortbildungsmaßnahmen vor, die lebenslanges Lernen ermöglichen und zur Sicherung des Arbeitsplatzes beitragen.

Sie wirken bei der Beendigung von Arbeitsverhältnissen, dem Erstellen von Abmahnungen, Kündigungsschreiben und Arbeitszeugnissen mit. Bei der Durchführung dieser Maßnahmen handeln sie umsichtig.

Die Schülerinnen und Schüler erstellen mithilfe eines Tabellenkalkulationsprogramms Personalstatistiken und werten diese aus.

Die Schülerinnen und Schüler bewerten ihren Arbeitsprozess hinsichtlich eingehaltener Sorgfalt, Vertraulichkeit und Objektivität. Sie beurteilen ihr Auftreten und Verhalten gegenüber den Mitarbeiterinnen und Mitarbeitern und nehmen konstruktive Rückmeldungen selbstkritisch an.

Die Schülerinnen und Schüler hinterfragen, inwieweit sie auf Problemstellungen im personalwirtschaftlichen Bereich sachgerecht und rational reagieren, und entwickeln Strategien, um Lösungsansätze aufzuzeigen. Hierbei vergegenwärtigen sie sich ihre eigene Position als Arbeitnehmer im Betrieb und die daraus resultierenden Konfliktpotenziale.

3503548

Lernfeld 9: Liquidität sichern und Finanzierung vorbereiten

3. Ausbildungsjahr • Zeitrichtwert: 80 Stunden

Die Schülerinnen und Schüler verfügen über die Kompetenz, die Liquidität ihres Betriebes zu sichern und Finanzierungsentscheidungen für Investitionen unter Berücksichtigung der Rechtsform des Betriebes vorzubereiten.

Die Schülerinnen und Schüler analysieren mögliche Maßnahmen für den Betrieb, um liquide zu bleiben. Sie sondieren ihren Handlungsspielraum bei der Sicherung der Liquidität. Sie klären die Vorgaben für die Finanzierung von geplanten Anschaffungen des Betriebes und ihren jeweiligen Verantwortungsbereich.

Die Schülerinnen und Schüler informieren sich über die Möglichkeiten der anlassbezogenen Bonitätsprüfung sowie über die Erfassung von Zahlungsströmen. Sie ermitteln Zahlungsstörungen und bestimmen eine liquiditäts- und kundenorientierte Reaktion darauf.

Sie eruieren Alternativen der Finanzierung von Investitionen.

Sie erkunden die Regelungen zur Vertretung, Geschäftsführung, Haftung und Gewinnverteilung in Abhängigkeit von der Rechtsform des Unternehmens *(Einzelunternehmung, Kommanditgesellschaft, Gesellschaft mit beschränkter Haftung)*.

Sie informieren sich über die grundsätzliche Vorgehensweise bei der Beantragung von Krediten und deren Sicherungen. Die Schülerinnen und Schüler planen mit Budgets und ordnen die künftigen Einnahmen und Ausgaben des Betriebes nach deren Fälligkeit.

Die Schülerinnen und Schüler treffen Maßnahmen, um einen Liquiditätsengpass zu vermeiden. Sie überwachen den Liquiditätsstatus des Betriebes und sorgen für den Zahlungseingang durch die Kunden. Dazu veranlassen sie gegebenenfalls Bonitätsprüfungen und mahnen im Fall der Nicht-Rechtzeitig-Zahlung kaufmännisch unter der Beachtung von Kundenbeziehungen und berechnen Verzugszinsen. Die Schülerinnen und Schüler wägen ab, ob aus Kulanzgründen bei Kunden alle Maßnahmen, die rechtlich möglich wären, tatsächlich eingeleitet werden. Bei Bedarf beantragen sie das gerichtliche Mahnverfahren. Sie wirken drohender Verjährung entgegen.

Die Schülerinnen und Schüler schlagen ausgehend von der Rechtsform ihres Unternehmens für geplante Investitionen Alternativen der Außen-und Innenfinanzierung *(Lieferantenkredit, Kontokorrentkredit, Darlehen, Selbstfinanzierung, Beteiligungsfinanzierung)* und mögliche Sicherheiten *(einfacher Eigentumsvorbehalt, selbstschuldnerische Bürgschaft, Sicherungsübereignung, Lombardkredit, Grundpfandrecht)* vor. Sie bereiten die Beantragung von Krediten und deren Sicherungen vor. Sie führen einfache Zinsberechnungen im Rahmen der Finanzierung durch und entscheiden über die Inanspruchnahme von Skonto. Sie berücksichtigen bei ihren Vorschlägen auch Leasing und Factoring als Alternativen.

Die Schülerinnen und Schüler erstellen mittels Textverarbeitungsprogramm situationsbezogene Dokumente.

Die Schülerinnen und Schüler bewerten die Liquidität des Betriebes *(Liquidität 2. Grades)*. Sie schätzen ihre Vorschläge zur Finanzierung von Investitionen auf Realisierbarkeit in ihrem Betrieb ein. Sie bewerten die Qualität ihrer Arbeitsergebnisse, bessern selbstständig nach und beurteilen den Arbeitsprozess hinsichtlich der Effektivität.

Sie reflektieren, dass sie mit ihrem sorgfältigen Handeln einen direkten Beitrag zur Liquiditätssicherung ihres Ausbildungsbetriebes leisten.

Lernfeld 10: Wertschöpfungsprozesse erfolgsorientiert steuern

3. Ausbildungsjahr • Zeitrichtwert: 80 Stunden

Die Schülerinnen und Schüler besitzen die Kompetenz, Wertschöpfungsprozesse auf Grundlage der Daten der Kosten- und Leistungsrechnung zu analysieren, erfolgsorientiert zu steuern und zu beurteilen.

Die Schülerinnen und Schüler identifizieren Kosten *(Einzel- und Gemeinkosten, fixe und variable Kosten)* und Leistungen in ihrem Betrieb.

Die Schülerinnen und Schüler informieren sich über die Kostenarten des Betriebes.

Die Schülerinnen und Schüler bereiten alle Daten für die Durchführung der Kostenarten- sowie der Kostenstellenrechnung vor.

Die Schülerinnen und Schüler ermitteln das Betriebsergebnis mithilfe der Ergebnistabelle. Dazu grenzen sie Aufwendungen und Erträge ab und berücksichtigen kalkulatorische Kosten *(kalkulatorischer Unternehmerlohn, kalkulatorische Abschreibungen)*.

Die Schülerinnen und Schüler nutzen die ermittelten Kosten für die Kostenstellenrechnung und führen diese auf der Grundlage des einfachen Betriebsabrechnungsbogens *(BAB I)* durch.

Sie errechnen im Rahmen einer Kostenträgerrechnung auf Vollkostenbasis Selbstkosten und kalkulieren Angebotspreise für die Produkte und Dienstleistungen ihres Betriebes *(einfache Zuschlagskalkulation, Kalkulation von Handelswaren in Form der Vorwärts- und Rückwärtskalkulation)*. Dabei nutzen sie die Tabellenkalkulation.

Sie wenden die einstufige Deckungsbeitragsrechnung zur Ermittlung der Gewinnschwelle, einer Preisuntergrenze sowie zur Entscheidung über die Annahme eines Zusatzauftrages an.

Die Schülerinnen und Schüler beurteilen die ermittelten Daten im Rahmen einer Nachkalkulation sowie durch den Vergleich von Normal- und Ist-Kosten *(Kostenüber- und -unterdeckung)*. Sie realisieren, welchen Einfluss der Beschäftigungsgrad ihres Betriebes auf die Kosten *(Gesetz der Massenproduktion)* hat. Sie hinterfragen die eigene Einstellung zur Arbeit und reflektieren die Vorstellungen anderer.

Die Schülerinnen und Schüler erkennen ihre Verantwortung für die Kosten und Leistungen des Betriebes und überprüfen ihre Einflussmöglichkeiten.

Lernfeld 11: Geschäftsprozesse darstellen und optimieren

3. Ausbildungsjahr • Zeitrichtwert: 40 Stunden

Die Schülerinnen und Schüler besitzen die Kompetenz, die Arbeits- und Geschäftsprozesse des Betriebes darzustellen, zu optimieren und zur Qualitätssicherung sowie zur kontinuierlichen Verbesserung von Arbeitsprozessen beizutragen.

Die Schülerinnen und Schüler differenzieren die Geschäftsprozesse *(Kern- und Unterstützungsprozesse)* des Betriebes.

Sie informieren sich über Schnittstellen bei der Vorgangsbearbeitung und Informationsweitergabe. Dabei nutzen sie Handbücher und Verfahrensanweisungen als Informationsmittel.

Sie recherchieren mögliche Darstellungsformen von Geschäfts- und Arbeitsprozessen.

Die Schülerinnen und Schüler stellen den organisatorischen Aufbau des Betriebes mit seinen Aufgaben und Zuständigkeiten und dessen Leitungssystem dar. Sie fertigen eine Ist-Aufnahme der Prozesse an, um die Geschäfts-und Arbeitsprozesse in geeigneter Form *(Ablaufdiagramme, ereignisgesteuerte Prozesskette)* darzustellen und identifizieren Schwachstellen. Sie entwickeln auch im Team Vorschläge zur Optimierung der Abläufe im Rahmen der kontinuierlichen Verbesserung von Kern- und Unterstützungsprozessen und dokumentieren diese. Dabei berücksichtigen sie die Informations- und Entscheidungswege sowie Schnittstellen.

Die Schülerinnen und Schüler schätzen die Realisierbarkeit und Akzeptanz ihrer unterbreiteten Vorschläge ein. Sie beurteilen diese im Hinblick auf die Kosteneinsparung, den Ressourceneinsatz, die Arbeitsplatzsicherheit sowie auf die Kundenzufriedenheit.

Die Schülerinnen und Schüler reflektieren ihre Stärken und Schwächen sowie ihre Leistungen im Team und treffen Maßnahmen zur Optimierung ihrer Arbeitsweise.

Lernfeld 12: Veranstaltungen und Geschäftsreisen organisieren

3. Ausbildungsjahr • Zeitrichtwert: 40 Stunden

Die Schülerinnen und Schüler besitzen die Kompetenz, Veranstaltungen und Geschäftsreisen eigenverantwortlich und effizient zu planen, mitzugestalten und zu dokumentieren.

Sie zeigen Bereitschaft und Flexibilität, Veranstaltungen und Geschäftsreisen engagiert und verantwortungsbewusst zu organisieren.

Die Schülerinnen und Schüler informieren sich über die Zielsetzungen und Anforderungen ihrer jeweiligen Veranstaltungsart *(Sitzung, Konferenz, Videokonferenz, Kongress, Messe, Seminar, Webinar, Tagung)*.

Sie erfassen die Rahmenbedingungen und Wünsche der Reisenden an die Geschäftsreisen und sondieren Angebote für die Verkehrsmittel sowie die Unterkunft für die Reise.

Die Schülerinnen und Schüler bereiten Veranstaltungen vor. Sie stellen gemäß dem Anlass das Programm und die Tagesordnung zusammen. Sie sorgen für die notwendigen Ressourcen, wie die Bereitstellung der Räume, der Medien und des Caterings. Sie verfassen Einladungsschreiben, auch in einer Fremdsprache.

Sie erstellen Zeit-und Arbeitspläne ihrer Veranstaltung. Sie nutzen moderne inner- und außerbetriebliche Kommunikationssysteme und Standardsoftware.

Die Schülerinnen und Schüler wählen geeignete Verkehrswege, -mittel und Übernachtungsmöglichkeiten für die Geschäftsreise. Sie beachten dabei die Dauer, Entfernungen und örtliche Gegebenheiten des Reiseziels und den Gesichtspunkt der Nachhaltigkeit.

Die Schülerinnen und Schüler wirken bei der Durchführung einer Veranstaltung mit. Sie kommunizieren bei Bedarf in einer fremden Sprache. Sie achten auf die Einhaltung der Planungen und finden bei Abweichungen kreative Lösungen. Sie agieren als Ansprechpartner gegenüber den Teilnehmern und gehen konstruktiv mit Kritik um. Sie berücksichtigen kulturelle Gewohnheiten, Sitten und Gebräuche. Sie achten auf ihr Auftreten und ihr äußeres Erscheinungsbild.

Sie bereiten Veranstaltungen nach und dokumentieren diese.

Sie organisieren Geschäftsreisen, nehmen entsprechende Buchungen vor und fertigen Dokumente *(Reiseplan, Reiseunterlagen)* an.

Sie erstellen die Reisekostenabrechnung auch unter Beachtung betriebsinterner Anweisungen. Dabei nutzen sie Standardsoftware.

Sie arbeiten im Team und verhalten sich im Umgang miteinander kooperationsbereit und wertschätzend.

Die Schülerinnen und Schüler beurteilen den Verlauf von Veranstaltungen und Geschäftsreisen und reflektieren die Auswirkungen ihrer Planungen und Vorbereitungen auf das Ergebnis der Veranstaltung. Sie setzen den Organisationsaufwand in Relation zum Erfolg der Veranstaltung.

Die Schülerinnen und Schüler leiten aus der Evaluation der Planung, Durchführung und Dokumentation von Veranstaltungen und Geschäftsreisen neue Handlungsmuster für ihr künftiges Handeln ab.

Lernfeld 13: Ein Projekt planen und durchführen

3. Ausbildungsjahr • Zeitrichtwert: 40 Stunden

Die Schülerinnen und Schüler besitzen die Kompetenz, selbstständig und eigenverantwortlich ein branchenbezogenes Projekt von der Projektidee bis zur Projektauswertung zu realisieren.

Die Schülerinnen und Schüler formulieren aus einem gegebenen Anlass heraus die Projektziele. Zur Ideenfindung wenden sie Kreativitätstechniken an.

Sie informieren sich über die für das Projekt erforderliche Projektorganisation *(Struktur, Gestaltung, systematische Durchführung, Hilfsmittel)*, sondieren die für ihre Zielerreichung geeigneten Maßnahmen und leiten daraus die notwendigen Arbeitspakete ab.

Die Schülerinnen und Schüler organisieren sich selbstständig in einem Projektteam und erstellen einen Projektstrukturplan sowie Projektablauf- und Terminpläne, Kapazitäts- und Qualitätspläne.

Sie argumentieren überzeugend für den Plan, stellen sich möglicher Kritik und gewinnen das Team für die Umsetzung des Plans. Sie legen Regeln insbesondere zur Konfliktlösung und das Projektinformationssystem fest.

Die Schülerinnen und Schüler kontrollieren den Projektstatus, erstellen Abweichungsanalysen und setzen notwendige Korrekturen um. Sie dokumentieren die Ergebnisse und Arbeitsaufträge jeder Projektsitzung. Sie nutzen geeignete Software, arbeiten strukturiert und sorgfältig und haben einen maßgeblichen Anteil am Erfolg des Projekts. Sie übernehmen Verantwortung in der Gruppe, halten sich an Vereinbarungen und kommunizieren angemessen.

Die Schülerinnen und Schüler beurteilen ihre Planung der Arbeitsabläufe. Sie bewerten mithilfe eines Soll-Ist-Vergleichs die Durchführung des Projekts hinsichtlich der Einhaltung der Projektziele und des Zeit- und Arbeitsplans. Sie entwickeln Strategien zur Optimierung der Projektabläufe. Sie stellen fest, welche Fehler durch ihr eigenes Handeln oder durch äußere Ursachen entstanden sind, und übernehmen Verantwortung für ihre eigenen Fehler.

Die Schülerinnen und Schüler hinterfragen ihr Vorgehen während des Projekts und beziehen dabei Verfahren der Fremdreflexion ein. Sie berücksichtigen dabei auch ihr individuelles Verhalten und ihr Verhalten im Team.

Bilanz nach HGB

Balance sheet according to HGB (German commercial code)

Mindestgliederung für große und mittelgroße Kapitalgesellschaften nach § 266 Absatz 2 und 3 HGB

Bilanz

Aktivseite

A. Anlagevermögen:

I. Immaterielle Vermögensgegenstände:
1. selbst geschaffene gewerbliche Schutzrechte und ähnliche Rechte und Werte;
2. entgeltlich erworbene Konzessionen, gewerbliche Schutzrechte und ähnliche Rechte und Werte sowie Lizenzen an solchen Rechten und Werten;
3. Geschäfts- oder Firmenwert;
4. geleistete Anzahlungen.

II. Sachanlagen:
1. Grundstücke, grundstücksgleiche Rechte und Bauten einschließlich der Bauten auf fremden Grundstücken;
2. technische Anlagen und Maschinen;
3. andere Anlagen, Betriebs- u. Geschäftsausstattung;
4. geleistete Anzahlungen und Anlagen im Bau.

III. Finanzanlagen:
1. Anteile an verbundenen Unternehmen;
2. Ausleihungen an verbundene Unternehmen;
3. Beteiligungen;
4. Ausleihungen an Unternehmen, mit denen ein Beteiligungsverhältnis besteht;
5. Wertpapiere des Anlagevermögens;
6. sonstige Ausleihungen.

B. Umlaufvermögen:

I. Vorräte:
1. Roh-, Hilfs- und Betriebsstoffe;
2. unfertige Erzeugnisse, unfertige Leistungen;
3. fertige Erzeugnisse und Waren;
4. geleistete Anzahlungen.

II. Forderungen und sonstige Vermögensgegenstände:
1. Forderungen aus Lieferungen und Leistungen;
2. Forderungen gegen verbundene Unternehmen;
3. Forderungen geg. Unternehmen, mit denen ein Beteiligungsverhältnis besteht;
4. sonstige Vermögensgegenstände.

III. Wertpapiere:
1. Anteile an verbundenen Unternehmen;
2. eigene Anteile;
3. sonstige Wertpapiere.

IV. Schecks, Kassenbestand, Bundesbank- und Postbankguthaben, Guthaben bei Kreditinstituten.

C. Rechnungsabgrenzungsposten

D. Aktive latente Steuern

E. Aktiver Unterschiedsbetrag aus der Vermögensverrechnung

Passivseite

A. Eigenkapital:

I. Gezeichnetes Kapital

II. Kapitalrücklage

III. Gewinnrücklagen:
1. gesetzliche Rücklage;
2. Rücklage für Anteile an einem herrschenden oder mehrheitlich beteiligten Unternehmen;
3. satzungsmäßige Rücklage;
4. andere Gewinnrücklagen.

IV. Gewinnvortrag/Verlustvortrag

V. Jahresüberschuss/Jahresfehlbetrag

B. Rückstellungen:
1. Rückstellungen für Pensionen und ähnliche Verpflichtungen;
2. Steuerrückstellungen;
3. sonstige Rückstellungen.

C. Verbindlichkeiten:
1. Anleihen, davon konvertibel;
2. Verbindlichkeiten gegenüber Kreditinstituten;
3. erhaltene Anzahlungen auf Bestellungen;
4. Verbindlichkeiten aus Lieferungen und Leistungen;
5. Verbindlichkeiten aus der Annahme gezogener Wechsel und der Ausstellung eigener Wechsel;
6. Verbindlichkeiten gegenüber verbundenen Unternehmen;
7. Verbindlichkeiten gegenüber Unternehmen, mit denen ein Beteiligungsverhältnis besteht;
8. sonstige Verbindlichkeiten, davon aus Steuern, davon im Rahmen der sozialen Sicherheit.

D. Rechnungsabgrenzungsposten

E. Passive latente Steuern

Gewinn- und Verlustrechnung nach dem Gesamtkostenverfahren

Mindestgliederung nach § 275 Absatz 2 HGB

1. Umsatzerlöse
2. Erhöhung oder Verminderung des Bestandes an fertigen und unfertigen Erzeugnissen
3. andere aktivierte Eigenleistungen
4. sonstige betriebliche Erträge
5. Materialaufwand:
   a) Aufwendungen für Roh-, Hilfs- und Betriebsstoffe und für bezogene Waren
   b) Aufwendungen für bezogene Leistungen
6. Personalaufwand:
   a) Löhne und Gehälter
   b) soziale Abgaben und Aufwendungen für Altersversorgung und für Unterstützung, davon für Altersversorgung
7. Abschreibungen:
   a) auf immaterielle Vermögensgegenstände des Anlagevermögens und Sachanlagen
   b) auf Vermögensgegenstände des Umlaufvermögens, soweit diese die in der Kapitalgesellschaft üblichen Abschreibungen überschreiten
8. sonstige betriebliche Aufwendungen
9. Erträge aus Beteiligungen, davon aus verbundenen Unternehmen
10. Erträge aus anderen Wertpapieren und Ausleihungen des Finanzanlagevermögens, davon aus verbundenen Unternehmen
11. sonstige Zinsen und ähnliche Erträge, davon aus verbundenen Unternehmen
12. Abschreibungen auf Finanzanlagen und auf Wertpapiere des Umlaufvermögens
13. Zinsen und ähnliche Aufwendungen, davon an verbundene Unternehmen
14. Steuern vom Einkommen und vom Ertrag
15. Ergebnis nach Steuern
16. sonstige Steuern
17. Jahresüberschuss/Jahresfehlbetrag

Gewinn- und Verlustrechnung nach dem Umsatzkostenverfahren

Mindestgliederung nach § 275 Absatz 3 HGB

1. Umsatzerlöse
2. Herstellungskosten der zur Erzielung der Umsatzerlöse erbrachten Leistungen
3. Bruttoergebnis vom Umsatz
4. Vertriebskosten
5. allgemeine Verwaltungskosten
6. sonstige betriebliche Erträge
7. sonstige betriebliche Aufwendungen
8. Erträge aus Beteiligungen, davon aus verbundenen Unternehmen
9. Erträge aus anderen Wertpapieren und Ausleihungen des Finanzanlagevermögens, davon aus verbundenen Unternehmen
10. sonstige Zinsen und ähnliche Erträge, davon aus verbundenen Unternehmen
11. Abschreibungen auf Finanzanlagen und auf Wertpapiere des Umlaufvermögens
12. Zinsen und ähnliche Aufwendungen, davon an verbundene Unternehmen
13. Steuern vom Einkommen und vom Ertrag
14. Ergebnis nach Steuern
15. sonstige Steuern
16. Jahresüberschuss/Jahresfehlbetrag

Industrie-Kontenrahmen (IKR) für Aus- und Fortbildung[1]

1987 herausgegeben vom Bundesverband der Deutschen Industrie

Kontenklassen

AKTIVA

0 Immaterielle Vermögensgegenstände u. Sachanlagen

00 Ausstehende Einlagen
- 0000 Ausstehende Einlagen

01 Frei

Immaterielle Vermögensgegenstände

02 Konzessionen, gewerbliche Schutzrechte u. ähnliche Rechte und Werte sowie Lizenzen an solchen Rechten und Werten
- 0200 Konzessionen

03 Geschäfts- oder Firmenwert
- 0300 Geschäfts- oder Firmenwert

04 Frei

Sachanlagen

05 Grundstücke, grundstücksgleiche Rechte und Bauten einschließlich der Bauten auf fremden Grundstücken
- 0500 Unbebaute Grundstücke
- 0510 Bebaute Grundstücke
- 0520 Gebäude (Sammelkonto)
- 0530 Betriebsgebäude
- 0540 Verwaltungsgebäude
- 0550 Andere Bauten
- 0560 Grundstückseinrichtungen
- 0570 Gebäudeeinrichtungen
- 0590 Wohngebäude

06 Frei

07 Technische Anlagen und Maschinen[2]
- 0700 Anlagen und Maschinen der Energieversorgung
- 0710 Anlagen der Materiallagerung und -bereitstellung
- 0720 Anlagen und Maschinen der mechanischen Materialbearbeitung, -verarbeitung und -umwandlung
- 0730 Anlagen für Wärme-, Kälte- und chemische Prozesse sowie ähnliche Anlagen
- 0740 Anlagen für Arbeitssicherheit und Umweltschutz
- 0750 Transportanlagen und ähnliche Betriebsvorrichtungen
- 0760 Verpackungsanlagen und -maschinen
- 0770 Sonstige Anlagen und Maschinen
- 0780 Reservemaschinen und -anlagenteile
- 0790 Geringwertige Anlagen und Maschinen

08 Andere Anlagen, Betriebs- und Geschäftsausstattung[2]
- 0800 Andere Anlagen
- 0810 Werkstätteneinrichtung
- 0820 Werkzeuge, Werksgeräte und Modelle, Prüf- und Messmittel
- 0830 Lager- und Transporteinrichtungen
- 0840 Fuhrpark
- 0850 Sonstige Betriebsausstattung
- 0860 Büromaschinen, Organisationsmittel und Kommunikationsanlagen
- 0870 Büromöbel und sonstige Geschäftsausstattung
- 0880 Reserveteile für Betriebs- und Geschäftsausstattung
- 0890 Geringwertige Vermögensgegenstände der Betriebs- und Geschäftsausstattung
- 0891 GWG-Sammelposten

09 Geleistete Anzahlungen und Anlagen in Bau
- 0900 Geleistete Anzahlungen auf Sachanlagen
- 0950 Anlagen im Bau

1 Finanzanlagen

10 bis 12 frei

13 Beteiligungen

14 Frei

15 Wertpapiere des Anlagevermög.
- 1500 Wertpapiere des Anlagevermögens

16 Sonstige Finanzanlagen
- 1600 Sonstige Finanzanlagen

2 Umlaufvermögen und aktive Rechnungsabgrenzung

Vorräte

20 Roh-, Hilfs- und Betriebsstoffe[5]
- 2000 Rohstoffe/Fertigungsmaterial
  - 2001 Bezugskosten
  - 2002 Nachlässe
- 2010 Vorprodukte/Fremdbauteile
  - 2011 Bezugskosten
  - 2012 Nachlässe
- 2020 Hilfsstoffe
  - 2021 Bezugskosten
  - 2022 Nachlässe
- 2030 Betriebsstoffe
  - 2031 Bezugskosten
  - 2032 Nachlässe
- 2070 Sonstiges Material
  - 2071 Bezugskosten
  - 2072 Nachlässe

21 Unfertige Erzeugnisse, unfertige Leistungen
- 2100 Unfertige Erzeugnisse
- 2190 Unfertige Leistungen

22 Fertige Erzeugnisse und Waren
- 2200 Fertige Erzeugnisse
- 2280 Waren (Handelswaren)[5]
  - 2281 Bezugskosten
  - 2282 Nachlässe

23 Geleistete Anzahlungen auf Vorräte
- 2300 Geleistete Anzahlungen auf Vorräte

Forderungen und sonstige Vermögensgegenstände (24–26)

24 Forderungen aus Lieferungen und Leistungen
- 2400 Forderungen aus Lieferungen und Leistungen
- 2420 Kaufpreisforderungen
- 2421 Umsatzsteuerforderungen
- 2450 Wechselforderungen aus Lieferungen und Leistungen (Besitzerwechsel)
- 2470 Zweifelhafte Forderungen
- 2480 Protestwechsel

25 Innergemeinschaftlicher Erwerb/Einfuhr
- 2500 Innergemeinschaftl. Erwerb
- 2501 Bezugskosten
- 2502 Nachlässe
- 2510 Gütereinfuhr
- 2511 Bezugskosten
- 2512 Nachlässe

26 Sonstige Vermögensgegenstände
- 2600 Vorsteuer
  - 2602 Vorsteuer (19 %) i. E.
  - 2604 Einfuhrumsatzsteuer
- 2630 Sonstige Forderungen an Finanzbehörden
- 2640 SV-Vorauszahlung
- 2650 Forderungen an Mitarbeiter
- 2690 Übrige sonstige Forderungen

27 Wertpapiere des Umlaufvermögens
- 2700 Wertpapiere des Umlaufvermögens

28 Flüssige Mittel
- 2800–2842 Guthaben bei Kreditinstituten (Bank)
- 2850 Postgiro
- 2860 Schecks
- 2870 Bundesbank
- 2890 Nebenkassen

29 Aktive Rechnungsabgrenzung (und Bilanzfehlbetrag)
- 2900 Aktive Jahresabgrenzung
- 2920 Umsatzsteuer auf erhaltene Anzahlungen
- 2930 Disagio
- 2990 (nicht durch Eigenkapital gedeckter Fehlbetrag)

PASSIVA

3 Eigenkapital und Rückstellungen

Eigenkapital

30 Eigenkapital/Gezeichnetes Kapital

Bei Einzelkaufleuten:
- 3000 Eigenkapital
  - 3001 Privatkonto

Bei Personengesellschaften:
- 3000 Kapital Gesellschafter A
  - 3001 Privatkonto A
- 3010 Kapital Gesellschafter B
  - 3011 Privatkonto B
- 3070 Kommanditkapital Gesellschafter C
- 3080 Kommanditkapital Gesellschafter D

Bei Kapitalgesellschaften:
- 3000 Gezeichnetes Kapital (Grundkapital/Stammkapital)

31 Kapitalrücklage
- 3100 Kapitalrücklage

32 Gewinnrücklagen
- 3210 Gesetzliche Rücklagen
- 3230 Satzungsmäßige Rücklagen
- 3240 Andere Gewinnrücklagen

33 Ergebnisverwendung
- 3310 Jahresergebnis des Vorjahres
- 3320 Ergebnisvortrag aus früheren Perioden
- 3340 Veränderungen der Gewinnrücklagen vor Bilanzergebnis
- 3350 Bilanzgewinn/Bilanzverlust
- 3360 Ergebnisausschüttung
- 3390 Ergebnisvortrag auf neue Rechnung

34 Jahresüberschuss/Jahresfehlbetrag
- 3400 Jahresüberschuss/Jahresfehlbetrag

35 Sonderposten mit Rücklageanteil
- 3500 Sonderposten mit Rücklageanteil

36 Wertberichtigungen
(Bei Kapitalgesellschaften als Passivposten der Bilanz nicht mehr zulässig)
- 3610 – zu Sachanlagen
- 3650 – zu Finanzanlagen
- 3670 Einzelwertberichtigung zu Forderungen
- 3680 Pauschalwertberichtigung zu Forderungen

Rückstellungen

37 Rückstellungen für Pensionen und ähnliche Verpflichtungen
- 3700 Rückstellungen für Pensionen und ähnliche Verpflichtungen

38 Steuerrückstellungen
- 3800 Steuerrückstellungen

39 Sonstige Rückstellungen[3]
- 3910 – für Gewährleistung
- 3930 – für andere ungewisse Verbindlichkeiten
- 3970 – für drohende Verluste aus schwebenden Geschäften
- 3990 – für Aufwendungen

4 Verbindlichkeiten und passive Rechnungsabgrenzung

40 Frei

41 Anleihen
- 4100 Anleihen

42 Verbindlichkeiten gegenüber Kreditinstituten
- 4210 Kurzfristige Bankverbindlichkeiten
- 4230 Mittelfristige Bankverbindlichkeiten
- 4250 Langfristige Bankverbindlichkeiten

43 Erhaltene Anzahlungen auf Bestellungen
- 4300 Erhaltene Anzahlungen

44 Verbindlichkeiten aus Lieferungen und Leistungen
- 4400 Verbindlichkeiten aus Lieferungen und Leistungen
- 4420 Kaufpreisverbindlichkeiten

45 Wechselverbindlichkeiten
- 4500 Schuldwechsel

46 und 47 Frei

48 Sonstige Verbindlichkeiten
- 4800 Umsatzsteuer
- 4802 Umsatzsteuer (19 %) für i. E.
- 4820 Zollverbindlichkeiten
- 4830 Sonstige Verbindlichkeiten gegenüber Finanzbehörden
- 4840 Verbindlichkeiten gegenüber Sozialversicherungsträgern
- 4850 Verbindlichkeiten gegenüber Mitarbeitern
- 4860 Verbindlichkeiten aus vermögenswirksamen Leistungen
- 4870 Verbindlichkeiten gegenüber Gesellschaftern (Dividende)
- 4890 Übrige sonstige Verbindlichkeiten

49 Passive Rechnungsabgrenzung
- 4900 Passive Jahresabgrenzung

Vgl.: Deitermann/Rückwart/Schmolke: Industrielles Rechnungswesen – IKR, 38. Auflage, 2010

Anmerkungen:

[1] Aus EDV-Gründen sind die Kontenziffern vierstellig.

[2] Die Konten der Kontengruppe **07** und **08** werden als Sammelkonten **0700 Technische Anlagen** und Maschinen bzw. **0800 Andere Anlagen/Betriebs- und Geschäftsausstattung** geführt.

[3] Die Konten der Kontengruppe 39 werden als Sammelkonto **3900 Sonstige Rückstellungen** geführt.

[4] Die Konten **6400** und **6410** werden als Sammelkonto **6400 Arbeitgeberanteil zur Sozialversicherung** geführt.

[5] Werden die Material- und Wareneinkäufe nicht bestandorientiert in der Kontengruppe **20** (RHB) bzw. im Konto **2280 Waren** (Handelswaren) gebucht, sondern aufwandsorientiert in der Kontengruppe **60**, sind auch die Unterkonten „Bezugskosten" und „Nachlässe" in der **Kontengruppe 60** statt in der Kontengruppe **20** zu buchen.

Industrie-Kontenrahmen (IKR) für Aus- und Fortbildung[1]

Kontenklassen

Erträge

5 Erträge

50 Umsatzerlöse für eigene Erzeugnisse u. andere Leistungen
5000 Umsatzerlöse für eigene Erzeugnisse
5001 Erlösberichtigungen
5050 Umsatzerlöse für andere eigene Leistungen
5051 Erlösberichtigungen
5060 Erlöse aus innergemeinschaftlicher Lieferung (i. L.)
5061 Erlösberichtigungen
5070 Erlöse aus Güterausfuhr
5071 Erlösberichtigungen
51 Umsatzerlöse für Waren und sonstige Umsatzerlöse
5100 Umsatzerlöse für Waren
5101 Erlösberichtigungen
5190 Sonstige Umsatzerlöse
5191 Erlösberichtigungen
52 Erhöhung oder Verminderung des Bestandes an unfertigen und fertigen Erzeugnissen
5200 Bestandsveränderungen
5201 Bestandsveränderungen an unfertigen Erzeugnissen und nicht abgerechneten Leistungen
5202 Bestandsveränderungen an fertigen Erzeugnissen
53 Andere aktivierte Eigenleistungen
5300 Aktivierte Eigenleistungen
54 Sonstige betriebliche Erträge
5400 Mieterträge
5401 Leasingerträge
5410 Sonstige Erlöse (z. B. aus Provisionen oder Anlageabgängen)
5420 Entnahme von Gegenständen und sonstigen Leistungen
5430 Andere sonstige betriebliche Erträge
5440 Erträge aus Werterhöhungen von Gegenständen des Anlagevermögens (Zuschreibungen)
5450 Erträge aus der Auflösung oder Herabsetzung von Wertberichtigungen auf Forderungen
5460 Erträge aus dem Abgang von Vermögensgegenständen
5480 Erträge aus der Herabsetzung von Rückstellungen
5490 Periodenfremde Erträge
55 Erträge aus Beteiligungen
5500 Erträge aus Beteiligungen
56 Erträge aus anderen Wertpapieren und Ausleihungen des Finanzanlagevermögens
5600 Erträge aus anderen Finanzanlagen
57 Sonstige Zinsen und ähnliche Erträge
5710 Zinserträge
5730 Diskonterträge
5780 Erträge aus Wertpapieren des Umlaufvermögens
5790 Sonstige zinsähnliche Erträge
58 Außerordentliche Erträge
5800 Außerordentliche Erträge
59 Frei

Aufwendungen

6 Betriebliche Aufwendungen

Materialaufwand
60 Aufwendungen für Roh-, Hilfs- und Betriebsstoffe und für bezogene Waren[4]
6000 Aufwendungen für Rohstoffe/Fertigungsmaterial
6001 Bezugskosten
6002 Nachlässe
6010 Aufwendungen für Vorprodukte/Fremdbauteile[4]
6020 Aufwendungen für Hilfsstoffe[4]
6030 Aufwendungen für Betriebsstoffe/Verbrauchswerkzeuge[4]
6040 Aufwendungen für Verpackungsmaterial
6050 Aufwendungen für Energie
6060 Aufwendungen für Reparaturmaterial
6070 Aufwendungen für sonstiges Material
6080 Aufwendungen für Waren[4]
61 Aufwendungen für bezogene Leistungen
6100 Fremdleistungen für Erzeugnisse und andere Umsatzleistungen
6140 Frachten und Nebenkosten
6150 Vertriebsprovisionen
6160 Fremdinstandhaltung
6170 Sonstige Aufwendungen für bezogene Leistungen
Personalaufwand
62 Löhne
6200 Löhne einschl. tariflicher, vertraglicher oder arbeitsbedingter Zulagen
6210 Urlaubs- u. Weihnachtsgeld
6220 Sonstige tarifliche oder vertragliche Aufwendungen für Lohnempfänger
6230 Freiwillige Zuwendungen
6250 Sachbezüge
6260 Vergütungen an gewerbliche Auszubildende
63 Gehälter
6300 Gehälter und Zulagen
6310 Urlaubs- u. Weihnachtsgeld
6320 Sonstige tarifliche oder vertragliche Aufwendungen
6330 Freiwillige Zuwendungen
6350 Sachbezüge
6360 Vergütung an Auszubildende
64 Sonstige Abgaben und Aufwendungen für Altersversorgung und für Unterstützung
6400 Arbeitgeberanteil zur Sozialversicherung (Lohnbereich)[3]
6410 Arbeitgeberanteil zur Sozialversicherung (Gehaltsbereich)[3]
6420 Beiträge zur Berufsgenossenschaft
6440 Aufwend. für Altersversorg.
6450 Aufwend. für Unterstützung
65 Abschreibungen
Abschreibungen auf Anlagevermögen
6510 Abschreibungen auf immaterielle Vermögensgegenstände des Anlagevermögens
6520 Abschreibungen auf Sachanlagen
6540 Abschreibungen auf geringwertige Wirtschaftsgüter
6550 Außerplanmäßige Abschreibungen auf Sachanlagen
6570 Unüblich hohe Abschreibungen auf Umlaufvermögen
66 Sonstig. Personalaufwendungen
6979 Anlagenabgänge
6980 Zuführung zu Rückstellungen für Gewährleistung
6990 Periodenfremde Aufwendungen
6600 Aufwendungen für Personaleinstellung
6610 Aufwendungen für übernommene Fahrtkosten
6620 Aufwendungen für Werksarzt und Arbeitssicherheit
6630 Personenbezogene Versicherungen
6640 Aufwendungen für Fort- u. Weiterbildung
6650 Aufwendg. für Dienstjubiläen
6660 Aufwendungen für Belegschaftsveranstaltungen
6670 Aufwendungen für Werksküche u. Sozialeinrichtungen
6680 Ausgleichsabgabe nach dem Schwerbehindertengesetz
6690 Übrige sonstige Personalaufwendungen
67 Aufwendung. für d. Inanspruchnahme von Rechten u. Diensten
6700 Mieten, Pachten
6710 Leasingaufwendungen
6720 Lizenzen und Konzessionen
6730 Gebühren
6750 Kosten des Geldverkehrs
6760 Provisionsaufwendungen (außer Vertriebsprovisionen)
6770 Rechts- u. Beratungskosten
68 Aufwendungen für Kommunikation (Dokumentation, Informationen, Reisen, Werbung)
6800 Büromaterial
6810 Zeitungen und Fachliteratur
6820 Portokosten
6830 Kosten der Telekommunikation
6850 Reisekosten
6860 Bewirtung und Präsentation
6870 Werbung
6880 Spenden
69 Aufwendungen für Beiträge und Sonstiges sowie Wertkorrekturen und periodenfremde Aufwendungen
6900 Versicherungsbeiträge
6920 Beiträge zu Wirtschaftsverbänden u. Berufsvertretung.
6930 Verluste aus Schadensfällen
6940 Sonstige Aufwendungen
6950 Abschreibung. auf Forderung.
6960 Verluste aus d. Abgang von Vermögensgegenständen
6979 Anlagenabgänge
6980 Zuführung zu Rückstellungen für Gewährleistung
6990 Periodenfremde Aufwendungen

7 Weitere Aufwendungen

70 Betriebliche Steuern
7020 Grundsteuer
7030 Kraftfahrzeugsteuer
7070 Ausfuhrzölle
7080 Verbrauchsteuern
7090 Sonstig. betriebliche Steuern
71 bis 73 Frei
74 Abschreibungen auf Finanzanlagen und auf Wertpapiere des Umlaufvermögens und Verluste aus entsprechenden Abgängen
7400 Abschreibg. auf Finanzanlag.
7420 Abschreibung. auf Wertpapiere des Umlaufvermögens
7450 Verluste aus dem Abgang von Finanzanlagen
7460 Verluste aus d. Abgang von Wertpapieren d. Umlaufverm.
75 Zinsen u. ähnliche Aufwendung.
7510 Zinsaufwendungen
7530 Diskontenaufwendungen
7590 Sonst. zinsähnlich. Aufwendg.
76 Außerordentliche Aufwendung.
7600 Außerordentliche Aufwendg.
77 Steuern. v. Einkommen u. Ertrag
7700 Gewerbesteuer
7710 Körperschaftsteuer
7720 Kapitalertragsteuer
78 Diverse Aufwendungen
7800 Diverse Aufwendungen
79 Frei

Ergebnisrechnungen

8 Ergebnisrechnungen

80 Eröffnung/Abschluss
8000 Eröffnungsbilanzkonto
8010 Schlussbilanzkonto
8020 GuV-Konto Gesamtkostenverfahren
8030 GuV-Konto Umsatzkostenverfahren
8050 Saldenvorträge (Sammelkonto)
Konten der Kostenbereiche für die GuV im Umsatzkostenverfahren
81 Herstellungskosten
82 Vertriebskosten
83 Allgemeine Verwaltungskosten
84 Sonstige betriebliche Aufwendungen

Konten der kurzfristigen Erfolgsrechnung (KER) für innerjährige Rechnungsperioden (Monat, Quartal oder Halbjahr)
85 Korrekturkonten zu d. Erträgen der Kontenklasse 5
86 Korrekturkonten zu den Aufwendungen der Kontenklasse 6
87 Korrekturkonten zu den Aufwendungen der Kontenklasse 7
88 Kurzfristige Erfolgsrechnung (KER)
8800 Gesamtkostenverfahren
8810 Umsatzkostenverfahren
89 Innerjährige Rechnungsabgrenzung
8900 aktive Rechnungsabgrenzung
8950 passive Rechnungsabgrenzung

Kosten- und Leistungsrechnung

9 Weitere Aufwendungen

90 Unternehmensbezogene Abgrenzung (neutrale Aufwendungen und Erträge)
91 Kostenrechnerische Korrekturen
92 Kostenarten u. Leistungsarten
93 Kostenstellen
94 Kostenträger
95 Fertige Erzeugnisse
96 Interne Lieferungen und Leistungen sowie deren Kosten
97 Umsatzkosten
98 Umsatzleistungen
99 Ergebnisausweise

(In der Praxis wird die KLR gewöhnlich tabellarisch durchgeführt.)

Anmerkungen:
[1] Aus EDV-Gründen sind die Kontenziffern vierstellig.

Stichwortverzeichnis

B

3503558

C

3503560

G

Stichwortverzeichnis

Q

R

3503570

Stichwortverzeichnis

Stichwortverzeichnis

Bildquellenverzeichnis

A1PIX – Your Photo Today, Ottobrunn: PHA 157.
Adel & Link Public Relations, Frankfurt/M.: 178.
adpic Bildagentur, Köln: E. Wodicka 226; H. Richter 224; J. Röse-Oberreich 186; M. Benik 336; Nezhinskiy, S. 336; R. Jegg 186; Yuri Arcurs 226, 284.2, 498.
Autorenteam Hannover (ATH), Hannover: 431.1.
Bank of Greece, Athen: 580.6.
BC GmbH Verlags- und Medien-, Forschungs- und Beratungsgesellschaft, Wiesbaden: 97.3, 98 .1, 98.2.
Bergmoser + Höller Verlag AG, Aachen: Zahlenbilder 16, 297, 297.1, 328, 332.
Berufsgenossenschaft Energie Textil Elektro Medienerzeugnisse (ETEM), Köln: 97, 97, 97.
bildagentur-online GmbH, Burgkunstadt: TIPS / Patti Mc Conville 162.6.
Bildjournalistik Gerhard Blank, München: 70.
Bundesministerium der Finanzen, Berlin: 580, 580, 580, 580, 580, 580, 580, 580, 580, 580, 580, 580, 580, 580, 580, 580.
Büro für Berufsstrategie Hesse/Schrader, Berlin: Lorenzo Maschi 278.
Caro Fotoagentur, Berlin: Riedmiller 406.
Colourbox.com, Odense: 58.2, 256.5, 438, 471.1; Eric Audras / PhotoAlto 412.2.
ddp images GmbH, Hamburg: Jens Koehler 162.3.
deckermedia GbR, Vechelde: 145.
Deiseroth, Dieter, Niederaula: 317.
Design Pics, Berlin: 276.1.
Deutsche Bank AG, Frankfurt/Main: 180.1.
Deutsche Gesetzliche Unfallversicherung e. V (DGUV), Sankt Augustin: 46.1.
Deutsche Lufthansa AG, Frankfurt/M.: Gerd Rebenich 431.3.
Deutsche Post AG, Bonn: 65.1, 65.2, 65.3, 65.4.
Deutsche Post DHL Group, Bonn: 173.3.
Druwe & Polastri, Cremlingen/Weddel: 36.3, 53, 435.
EURO Kartensysteme GmbH, Frankfurt am Main: 178.1, 178.4.
Europäische Kommission, Berlin: 35.2.
Fabian, Michael, Hannover: 29, 256.4, 454.
Fachgruppe Putz & Dekor im Verband der deutschen Lackindustrie e. V., Frankfurt/Main: 50.
Fairmont Hotel Vier Jahreszeiten, Hamburg: 420.
fotolia.com, New York: Andrea Berger 431; Andrey_Lobachev 580.8; beermedia 207; bluedesign/Oliver Boehmer 414.4; CandyBox Images 486.2; contrastwerkstatt 10, 34, 34, 284.1, 412.1, 438; designer_an 264.2; FotoDesignPP 120.2; Franz Pfluegl 10; Gajus 57.2; Gina Sanders 57.3, 99.6, 121.3; goodluz 353; Guido Grochowski 102.1; Jeanette Dietl 99.4, 276.2, 279, 280; Jeremias Münch 462.2; JiSign 51.3, 432; Josef Becker 70.1; Lucky Dragon 50.5; Maridav 99.5; multimartinator 434; myFood 56.2; Nagel's Blickwinkel 329; Nick Freund 414.1; Nik 36.2; Nmedia 60; PA 277; Paulus Rusyanto 36.1; Photographee.eu 286; pressmaster 57.1; Robert Kneschke 99.1, 282.4; RRF 58.1; Stefan Balk 176; sunt 50.6; sverker 348; Syda Productions 99.2; Tiberius Gracchus 418; V.Gerasimov 99.3; VRD 63.2; womue 456.1; Yang, Stefan 174; Zerbor 50.1.
FRANKEN Planung und Organisationsmittel GmbH, Neuss: 50.8, 51.2.
Getty Images, München: Steve Chenn 61, 431.5.
Google Germany GmbH – a + o Ges.f.Kommunikationsberatung, Hamburg: © 2017 Google LLC, Verwendung mit Genehmigung.Google und das Google-Logo sind eingetragene Marken von Google LLC 135.1.
Google LLC, Mountain View: Verwendung mit Genehmigung. Google und das Google-Logo sind eingetragene Marken von Google LLC 490.1, 504.1, 504.2.
Gröblinghoff, Ullrich, Peine: 11.2.
Hild, Claudia, Angelburg: 27, 27, 39, 40, 43, 50, 56, 62, 62, 62, 62, 71, 71, 71, 71, 71, 71, 71, 71, 71, 71, 71, 71, 71, 71, 71, 71, 71, 71, 71, 71, 71, 71, 71, 88, 89, 91, 173, 258, 259, 260, 262, 282, 282, 282, 343, 372, 372, 372, 372, 489.
Imago, Berlin: magebroker/siepmann 470.3.
Institut für Arbeitsmarkt und Berufsforschung, Nürnberg: 27.
integra Software Services PVT Ltd, Pondicherry: 577.
Interfoto, München: imagebroker 414.3.
iStockphoto.com, Calgary: Kevin Miller 471.3; Lorenzo Puricelli 128.2; ollo 431.2; Wackerhausen, Jacob/michaeljung Titel.
Jochen Tack Fotografie, Essen: 162.2.
JOKER: Fotojournalismus, Bonn: Martina Hengesbach 508.
Keystone Pressedienst, Hamburg: Volkmar Schulz 462.1.
laif, Köln: Kruell 157.1.
Landeshauptstadt Dresden – Öffentlichkeitsarbeit, Dresden: 504.3, 504.4.
Lantelmé, Jörg, Kassel: 157.6.
MasterCard Europe SPRL, Frankfurt am Main: 178.
mauritius images GmbH, Mittenwald: 495; COMSTOCK 471.2; Uwe Umstaetter 480.
Messe Frankfurt GmbH: 414.1.
OKAPIA KG – Michael Grzimek & Co., Frankfurt/M.: 29.1.
Picture Press Bild- und Textagentur GmbH, Hamburg: Illustration Source 162.5.
Picture-Alliance GmbH, Frankfurt/M.: Adrian Weinbrecht/Cultura RM 288.1; BSIP/CHASSENE 362.1; chromorange 494; dpa Grafik 4810 179; dpa-infografik 18, 85, 93.1, 93.2, 182, 183, 200.1, 200.2, 223.1, 223.2, 293.1, 295, 295.1, 295.3, 296.3, 298, 300, 319, 322, 323, 323.2, 327.2, 331; dpa/Angelika Warmuth 128.1; EPA 452.2; Frank May 392.2, 478.1, 478.2; Ghislain & Marie David de Lossy/ Cultura RM 288.2; Jens Schierenbeck/dpa Themendienst 163; Keith Hunter/Arcaid 222.2; landov/Frank Polich 452.1; Maximilian Schönherr 362.2; Nicholas Kane 222.1; Nicholas Kane/Arcaid 102.2; Normann Hochheimer/chromorange 392.1; Peter Förster/ ZB 110; Press_Association_Images 312; ZB 142; ZB/H. Wiedl 159.
plainpicture, Hamburg: A. Lechner 157.2.
RAL gGmbH Deutsches Institut für Gütersicherung und Kennzeichnung e. V., St. Augustin: 35.1.
Ringhut, Daniela, Dreieich: 11, 28, 59, 74, 107, 108, 112, 129, 155, 165, 168, 172, 173, 181, 199, 199, 199, 199, 224, 227, 230, 241, 243, 247, 247, 247, 247, 256, 264, 265, 339, 354, 372, 372, 372, 372, 372, 372, 404, 404, 464, 483, 484, 484, 484, 485, 485, 485, 487, 499, 499, 499, 508, 508, 509, 576, 576.
Scharf, Dirk, Meine: 256.1, 256.2, 256.3.
Shutterstock.com, New York: 123.1.
Stephan, Hans-Peter, Lörrach: 114, 115, 116.
stock.adobe.com, Dublin: Björn Wylezich 502; Christian Schwier 481; contrastwerkstatt 44, 454.2; Destina 84; Eray 470.1; flashpics 70.2; freefly 282.2; highwaystarz 486.1; ipopba 428.2; Janni 428.1; jeancliclac 429; Joachim B. Albers 50.4, 70; massimo_g 73; matteo avanzi 470.2; Matthias Stolt 162.1; Nick Freund 101; Nienhaus, Gunnar 51.1; Peter Atkins 157.5; pholidito 473.1; RealVector 180.2; Rekowski, Kathleen 63.1; ufotopixl10 473.2; Zerbor 162.4.
Visum Foto GmbH, Hannover: Thomas Langreder 157.4.
Wer liefert was? GmbH, Hamburg: 135.2, 135.3, 135.4.

Coverfotos: istockphoto.com (Wackerhausen, Jacob/michaeljung)

3503574

Die 2-Euro-Münze und 20 Rückseiten

Während alle Münzwerte einheitliche Vorderseiten aufweisen, hat jedes Euro-Teilnehmerland seine Rückseiten mit eigenen Motiven ausgestattet; hier dargestellt am Beispiel der 2-Euro-Münze. Weitere Euro-Teilnehmerländer sind Zypern und San Marino (hier nicht abgebildet).

Die **Belgier** haben sich für das Porträt ihres Königs Albert II. entschieden.

In **Deutschland** zeigt die 2-Euro-Münze den Bundesadler.

Der kleinste der drei baltischen Staaten, **Estland**, führte zum 1. Januar 2011 den Euro ein. Die Esten entschieden sich für die Landesgrenzen als Motiv.

Finnland prägt auf die 2-Euro-Münze die dort weit verbreitete Moltebeere.

Frankreich hat sich für einen Lebensbaum und die revolutionäre Losung „Liberté, Egalité, Fraternité" entschieden.

Die **Griechen** wählten die Sage von Zeus, der in Gestalt eines weißen Stiers Europa entführt.

Die **Iren** haben ihr nationales Symbol, die Harfe, auf die Münzrückseiten prägen lassen.

In **Italien** ist auf der 2-Euro-Münze Dante, einer der größten Dichter Italiens, abgebildet.

In **Lettland** zeigt die 2-Euro-Münze ein lettisches Trachtenmädchen.

Auf den **luxemburgischen** Münzen ist das Konterfei des Großherzogs Henri abgebildet.

Das Malteserkreuz ist auf den 2-Euro-Münzen **Maltas** abgebildet.

In **Monaco** ist auf der 2-Euro-Münze das Porträt von Fürst Rainier III. abgebildet.

Die **Niederländer** haben sich für das Bildnis der Königin Beatrix entschieden.

Die **österreichischen** Münzen zeigen die Friedenskämpferin Bertha von Suttner.

Die **Portugiesen** bilden auf ihren Münzen historische Siegel von König Alfonso Henriques aus dem 12. Jahrhundert ab.

Auf den 2-Euro-Münzen der **Slowakei** steht ein Doppelkreuz auf drei Hügeln in Anlehnung an das slowakische Staatswappen für die Stabilität des Landes.

Die **Slowenen** bilden ihren größten Dichter France Prešeren auf der 2-Euro-Münze ab.

Die **Spanier** ehren ihren König Juan Carlos I. auf der 2-Euro-Münze.

Quelle: www.bundesbank.de